INTRODUCTION TO ECONOMETRICS

4th Edition

计量经济学

（原书第4版）

[美] **詹姆斯 · H. 斯托克**（James H. Stock）哈佛大学 **马克 · W. 沃森**（Mark W. Watson）普林斯顿大学 ◎著

王立勇 徐晓莉 ◎译

机械工业出版社
CHINA MACHINE PRESS

图书在版编目（CIP）数据

计量经济学：原书第4版 /（美）詹姆斯·H. 斯托克（James H. Stock），（美）马克·W. 沃森（Mark W. Watson）著；王立勇，徐晓莉译. -- 北京：机械工业出版社，2022.6（2025.4重印）

书名原文：Introduction to Econometrics，4th Edition

ISBN 978-7-111-70760-8

Ⅰ. ①计… Ⅱ. ①詹… ②马… ③王… ④徐… Ⅲ. ①计量经济学 Ⅳ. ① F224.0

中国版本图书馆 CIP 数据核字（2022）第 088676 号

北京市版权局著作权合同登记 图字：01-2021-2346 号。

James H. Stock, Mark W. Watson. Introduction to Econometrics, 4th Edition.

ISBN 978-0-13-446199-1

本书是经典的计量经济学入门教材，全面系统地介绍了计量经济学的基本知识，将现实世界的问题和数据与理论的发展联系起来，介绍了大量实证分析中的重要发现，反映了现代理论和实践的发展，给出的理论和假设都与实际应用相符。全书共分为5篇，内容包括：导论与知识回顾、回归分析基础、回归分析的高级专题、经济时间序列数据的回归分析和回归分析的计量经济学理论。

本书适用于经济学及其相关专业的本科生、研究生。

出版发行：机械工业出版社（北京市西城区百万庄大街22号 邮政编码：100037）

责任编辑：王洪波	责任校对：马荣敏
印　　刷：固安县铭成印刷有限公司	版　　次：2025年4月第1版第7次印刷
开　　本：185mm×260mm　1/16	印　　张：34.5
书　　号：ISBN 978-7-111-70760-8	定　　价：109.00元

客服电话：（010）88361066　68326294

詹姆斯·H. 斯托克（James H. Stock）

哈佛大学教授、副教务长，兼任哈佛肯尼迪学院教授。他曾担任奥巴马总统经济顾问委员会成员和哈佛大学经济系主任。研究领域为经济计量方法、宏观经济预测、货币政策等，目前集中在能源和环境经济学，重点是燃料和美国气候变化政策。他在多家国际核心期刊上发表论文 90 多篇，并著有若干部专著，拥有加州大学伯克利分校统计学硕士和经济学博士学位。

马克·W. 沃森（Mark W. Watson）

普林斯顿大学教授，美国国家经济研究局副研究员，美国艺术与科学院院士。他目前的研究重点是时间序列计量经济学、实证宏观经济学和宏观经济预测。他曾任教西北大学、芝加哥大学、哈佛大学等高校，也曾担任普林斯顿大学经济系副主任、公共与国际事务执行院长，并获普林斯顿大学研究生导师奖、Richard E. Quandt 本科生教学奖等。此外，他还曾担任 *Econometrica*、*Journal of Applied Econometrics* 等众多知名期刊的主编和副主编。

译者简介 | About the Translators

王立勇

中央财经大学龙马学者特聘教授、博士生导师，国家社科基金重大项目首席专家，教育部新世纪优秀人才，现任中央财经大学国际经济与贸易学院副院长、国际经济大数据研究中心主任，兼任中国数量经济学会副会长、经济计量与经济统计专业委员会理事长、中国系统工程学会社会经济系统工程专业委员会副理事长、CSSCI 期刊《数量经济研究》编委以及多所大学兼职教授。

研究领域为财政政策、开放宏观、国际经济与贸易、计量经济与政策评估，已在 SSCI、SCI 和《经济研究》《世界经济》《管理世界》等期刊上发表论文近 150 篇；专著 5 部、译著 4 部；案例集 1 部；发表《光明日报(理论版)》等文章 10 余篇，近 20 项成果被《人民日报内参》、全国哲社办《成果专报》、《中国社会科学院要报》及政府部门采纳。

主持国家社科基金重大项目、国家自科基金面上项目(结项为优秀)、国家自科基金青年项目(结项为优秀)、国家社科基金项目、北京社科基金重点项目等 30 余项，研究成果获北京市哲学社会科学优秀成果二等奖、安徽省哲学社会科学优秀成果奖二等奖等。

徐晓莉

经济学博士，北京交通大学经济管理学院讲师，研究方向为数量经济、财政政策等，已在《经济研究》《财政研究》《宏观经济研究》等期刊上发表论文数篇。

Preface | 前言

不论是对于教师还是对于学生来说，计量经济学都是一门非常有趣的课程。它涉及经济、企业以及政府的现实世界，复杂且混乱，充斥着亟待解决的冲突和问题。例如，究竟是颁布严格的法令还是提高酒水的税率能更有效地减少酒后驾车？在股票市场，你应该通过买入价格相对较低的股票赚钱，还是应该依照股票价格随机游走理论静观其走势？是应该通过缩小班级规模来提升小学教育质量，还是仅让孩子们每天听10分钟莫扎特的乐曲？计量经济学能够帮助我们从许多疯狂的想法中筛选出合理的思想，并寻求重要定量问题的定量答案。它在这个复杂的世界中为我们打开了一扇窗，让我们可以挖掘个人、企业以及政府做决策时所依据的内在逻辑。

本书是适用于本科阶段计量经济学的入门课程。我们的经验是，在初级课程中，应注重计量经济学理论与应用的联系，应用会推动理论的发展，而理论必须与应用相符。这一简单的原则是本书与其他计量经济学教材的主要区别。在过去的教材中，理论模型和假设常与实际应用不相符，这也是为什么一些学生在花费了大量的时间学习后却发现这些假设并不现实，于是又要去学习解决这些与应用不相符的假设所带来“问题”的方法，从而对计量经济学中理论和应用的联系产生怀疑。我们认为，最好从具体应用出发寻找解决方法，随后提出一些简单的、与应用相符的假设，使理论与应用直接联系起来，让计量经济学变得更加生动，易于理解。

为了让学生的学习效果更好，我们建议教师将本书内容和 MyLab Economics 相结合教授。MyLab Economics 是一个教学平台，在该教学平台上教师可以接触到每个学生。通过将一些值得信赖的作者的研究内容与灵活的平台相结合，MyLab Economics 可以个性化学习体验，并帮助学生学习课程的重要概念，同时发展职业技能。MyLab Economics 可以帮助教师以自己的方式教授课程。若要了解更多信息，请访问 www.pearson.com/mylab/economics[⊖]。

⊖ 本书网站需注册付费使用。——编者注

第 4 版的变化

- 增加了关于大数据和机器学习的章节。
- 增加了使用大数据集预测时间序列数据的内容。
- 介绍了动态因子模型。
- 介绍了使用回归进行预测的并行处理和因果推断。
- 介绍了实际波动率和自回归条件异方差。
- 修正了对弱工具变量的讨论。

大数据集正越来越多地被应用于经济学和相关领域，包括预测消费者的选择、衡量医院或学校的质量、分析文本数据等非标准数据以及使用多个变量进行宏观经济预测。与之前的版本相比，第 4 版中的三个主要补充内容介绍了这一日益增长和令人兴奋的应用领域的基本原理。

首先，我们新增了一章(第 14 章)，重点介绍大数据和机器学习方法。在经济学中，迄今为止的许多应用都集中在所谓的多因子预测问题上(其中预测因子的数量相对于样本量是很大的，甚至可能超过样本量)。当有许多预测因子时，普通最小二乘(OLS)法的预测效果较差，而其他方法，例如 LASSO，可以提供更好的预测结果，利用这些方法得到的样本外预测误差会小很多。本章将介绍样本外预测的概念、OLS 预测效果较差的原因以及收缩是如何改进 OLS 预测的。本章主要介绍收缩方法以及基于主成分的预测，说明如何通过交叉验证选择收缩参数，并解释如何使用这些方法分析文本数据等非标准数据。和其他章一样，本章有一个实证例子，在这个例子中，给定学校特征，预测加利福尼亚州小学的学校层面的测试成绩。

其次，在第 17 章(重新编号后的)中，我们将第 14 章中介绍的多因子预测扩展到时间序列数据中。具体地，第 17 章将说明动态因子模型如何处理大量时间序列数据，并说明如何使用主成分分析法进行动态因子模型分析。我们将用美国季度宏观经济时间的 131 个变量数据集来说明动态因子模型及其在预测上的用途。

最后，我们在第 4 章中介绍了回归的两个用途——因果推断和预测。回归是一种统计工具，可用于进行因果推断或预测，这两种应用对收集的数据有不同的要求。当数据来自随机对照实验时，可用 OLS 估计因果效应。在观测数据中，如果我们对估计因果效应感兴趣，那么经济学家就需要使用控制变量和/或工具变量，对感兴趣的变量进行随机化。相反，在预测时，我们并不关心因果效应，因此不需要似乎随机化的变动；然而，估计(“训练”)数据集必须与用于预测的观测数据来自同一个总体。

与之前的版本相比，第 4 版有几个变化。例如，在分析具有波动集群性特征的时间序列数据时，我们引入了实际波动率作为 GARCH 模型的补充。此外，我们扩展了第 12 章中关于工具变量回归的历史起源的讨论(见新增专栏 12-1)。在专栏中，我们首次复制了 IV 估计量的原始推导，该推导出现在 1926 年春天 Philip Wright 写给他儿子 Sewall 的信中，他这封信中对第一个 IV 回归进行了讨论，即对亚麻籽供给弹性的估计。

解决教学挑战

与其他教材相比，本书主要有以下三个特点。第一，我们将现实问题和数据与理论发展紧密融合，并且认真对待实证分析所得到的一系列结论；第二，我们所选取的内容反映了现代理论和实践的最新发展；第三，我们所给出的理论和假设与实际应用相符。我们的目的是使学生能够尽快适应、掌握和熟练应用计量经济学工具。

现实世界的问题和数据

我们讨论的每个专题和方法都围绕一个需要给出明确定量答案的重要现实问题展开。例如，在估计学校投入对学校产出影响的问题(即更小的班级规模是否会提高学生的测试成绩)中，我们讲授了一元回归、多元回归及函数形式分析等内容；在分析酒驾相关法律对交通事故死亡率影响的问题中，我们讲授了面板数据方法；在分析房屋贷款市场中是否可能存在种族歧视现象的问题中，我们讲授了二元被解释变量回归(logit 模型和 probit 模型)；在估计香烟需求弹性的问题中，我们讲授了工具变量估计方法。尽管这些实例都涉及经济推理，但只要学过初等经济学课程的学生都能理解，并且对其中大部分问题的理解不需要具备任何经济学专业知识。教师可以集中精力讲授计量经济学知识，而不用花时间去回顾或复习微观经济学和宏观经济学知识。

我们详细分析了每一个实证案例，向学生展示他们能从数据中得到什么，与此同时，我们指导他们认真思考并认识到实证分析的局限性。通过实证案例分析，我们指导学生积极探索其他模型设定并评价他们的主要发现是否稳健。实证应用中提出的问题很重要，我们给出了严肃、可靠的解答。然而，我们也鼓励教师和学生提出不同意见，并积极参与到数据的再分析中，相关内容可参见本书的配套网站(http://www.pearsonglobaleditions.com/stock)和 MyLab Economics 教学平台。

在整本书中，我们都致力于帮助学生理解、掌握和应用计量经济学的基本思想。每章章首提出了现实世界的问题和背景，并为接下来的讨论提供了一个简要清晰的路径。重要术语在每章中首次出现时都用黑体字表示且给出定义；重要概念则简单回顾一些主要概念。专栏提供了一些有趣的话题，并利用书中讨论的方法或概念分析现实世界的问题。本章小结总结了本章的主要内容，并帮助学生建立起一个能够涵盖本章内容的结构框架。

MyLab Economics 教学平台提供了本书中的概念问题回顾、习题和实证练习，可供学生练习或教师布置作业。这些问题和习题是自动评分的，学生可以使用书中的数据集自己动手解决问题，积累实证经验。

- 各章中所有的内容复习题都可在 MyLab Economics 上找到。
- 部分习题和实证练习可在 MyLab Economics 上找到。许多实证练习是计算题并需要使用本书中的数据集。这些习题要求学生使用 Excel 或计量经济学软件包分析数据并得出结果。

现代化专题的选取

本书中的专题涵盖了现代应用计量经济学的主要内容。鉴于本书是初级课程的教材，我们主要介绍实践中常用的方法和检验。例如：

- **工具变量回归。**我们将工具变量回归作为处理解释变量和回归误差项相关的一般方法。造成该相关性的原因很多，如遗漏变量、双向因果关系等。我们还介绍了有效工具变量应满足的两个假设条件，即外生性和相关性；然后进一步讨论了如何寻找工具变量，以及存在过度识别约束时的检验方法。此外，我们还讨论了弱工具变量的诊断，并给出了弱工具变量问题的处理方法。

- **项目评估**。越来越多的计量经济学研究涉及随机对照实验或准实验(或称自然实验)。第13章是与此有关的专题，即“项目评估”专题。我们将这一研究方法表述为解决遗漏变量、双向因果关系、选择偏误问题的一种替代方法，并介绍了利用实验和准实验数据进行分析的优缺点。
- **大数据预测**。第14章讨论了大型横截面数据带来的机遇和挑战。计量经济学中一个越来越普遍的应用是在预测因子数量非常大时进行预测。本章重点介绍使用的预测因子数量非常多时的方法，以产生准确和精确的样本外预测。本章介绍当预测因子数量非常多时对OLS的一些改进方法。此外，本章还对这些方法进行了拓展，可用于非标准数据，如文本数据。
- **预测**。在关于预测的章(第15章)中，我们讨论了基于时间序列回归而非大型联立结构方程模型的一元(自回归)和多元预测。我们关注简单且可靠的方法，如自回归和利用信息准则进行模型选择，这些方法在实践中的应用效果较好。本章从建立稳定且可靠的时间序列预测模型的角度出发，给出结构突变检验(已知和未知突变点)和伪样本外预测等实用处理方法。
- **时间序列回归**。本书利用时间序列数据进行因果推断的章(第16章)着重讨论不同的估计方法(包括广义最小二乘法)在什么情况下能够或者不能够得到有效的因果推断，以及在何种情况下可以使用异方差和自相关一致标准误的OLS方法估计动态回归模型。

与应用相匹配的理论

虽然计量经济学的最好学习方式是通过实证应用来学习，但学生需要掌握足够的计量经济学理论才能理解这些方法的优势和局限性。因此，本书采用了现代教学方法，使理论和应用之间的联系尽可能紧密，并且只需要用到代数知识。

现代实证应用具有一些共同的特征：数据集一般较大(观测值有成百上千个，甚至更多)；解释变量在重复取样时不固定，需通过随机抽样得到(或者通过其他机制保证其随机性)；数据不满足正态分布；没有先验理由认为误差项是同方差的(尽管通常有理由认为它们是异方差的)。

正是由于这些特征，本书以与其他教材不同的逻辑来展开理论论述：

- **大样本方法**。由于数据集较大，我们一开始就应用抽样分布的大样本正态近似来做假设检验和置信区间。以我们的经验，讲授大样本近似原理所花费的时间要少于讲授学生t分布、精确F分布及自由度修正等内容所花费的时间。学生们常发现由于非正态误差项的存在，他们所掌握的精确分布理论并不适用，于是产生了困惑，而大样本方法能够使学生们从这种困惑中解脱出来。一旦讲授了样本均值在大样本下的假设检验和置信区间，便可以将其直接推广到多元回归分析、logit模型和probit模型、工具变量估计和时间序列回归方法中。
- **随机抽样**。由于计量经济学应用中的解释变量很少是固定的，所以我们一开始就将所有变量(包括解释变量和被解释变量)的数据看作随机抽样的结果。这个假设与我们一开始的横截面数据应用是相符的，并且可以很容易推广到面板数据和时间序列数据中；由于采用了大样本方法，这样做不会造成理解或者数学上的困难。
- **异方差**。应用计量经济学家通常是通过使用异方差-稳健标准误来消除关于是否存在异方差的担忧的。而在本书中，我们没有将异方差作为一种特例或者待解决的“问题”，而是从一开始就允许异方差的存在，并只需采用异方差-稳健标准误，同时将同方差视作OLS理论的一种特殊情况。

系统学习，熟练使用

我们希望学习本书的学生能够熟练地进行实证分析，为此，不仅要学习如何使用回归分析方法，还要学会如何评价实证分析的有效性。

本书分三个层次讲授如何评价实证研究。

首先，在介绍完回归分析的主要工具之后，我们在第9章集中讨论了实证研究中内部和外部有效性所面临的威胁，分别讨论了数据问题和将结果推广到其他情形时所产生的问题，还讨论了回归分析的主要威胁，包括遗漏变量、函数形式误设、变量测量偏误、选择偏误、双向因果关系以及识别这些有效性威胁的方法。

其次，我们通过考虑其他设定或系统处理本书中所分析的有效性威胁，将这些评价实证研究有效性的方法应用于书中所讨论的实证分析案例中。

最后，若想熟练使用这些方法，学生必须亲力亲为。主动学习优于被动学习，而计量经济学是一门需要主动学习的课程。因此，本书的网站提供了数据集、软件，以及针对不同层次的实证练习。

针对不同数学基础的内容安排

本课程不论是在一个“较高”还是“较低”的数学水平上讲授，我们都致力于让学生熟练掌握现代回归分析工具。本书第1～4篇(涵盖了大量的内容)适合只学过微积分预备知识的学生，相比于其他初级计量经济学教材，前4篇侧重于应用，较其他本科教材所涉及的方程要少。根据我们的经验，对大多数学生而言，更多的数学推导并不会带来更深刻的理解。

学习方式因人而异，对那些数学基础较好的学生，详尽的数学过程能够加深理解。因此，我们将那些放在正文中显得过于深奥的关键计算放在了第1～4篇中有些章的附录里。此外，本书第5篇介绍了适合具有较好数学基础的学生学习的计量经济学理论。我们认为，将第5篇中的数学部分与第1～4篇中的内容结合起来，本书同样适用于高年级的本科生或硕士生的计量经济学课程。

发展职业技能

为了让学生在瞬息万变的就业市场中取得成功，他们应该了解自己的职业选择以及如何发展各种技能。数据分析是一项越来越受到市场欢迎的技能。本书为学生提供了一系列的数据分析应用，包括因果推断和预测。此外，本书还介绍了使用大数据进行预测的核心概念。

内容组织

本书一共分为5篇，我们假定学生已经学习过概率论和数理统计课程。尽管如此，本书在第1篇中依然回顾了相关知识，第2篇涵盖了回归分析的核心内容，第3～5篇分别介绍了一些以第2篇核心内容为基础的高级专题。

第1篇

第1章介绍了计量经济学，并强调了对定量问题进行定量解答的重要性，讨论了统计研究中因果效应的概念，并且考察了计量经济学中可能遇到的不同的数据类型；第2章和第3章分别回顾了概率论和统计学的相关知识，是在课程中讲授这些内容还是仅仅将其作为参考，这取决于学生的基础。

第2篇

第4章介绍了一元线性回归和普通最小二乘(OLS)法；第5章讨论了一元线性回归模型中的假设检验和置信区间；第6章讲授了如何利用多元回归处理遗漏变量偏差，从而可以在保证其他解释变量不变的条件下估计某个解释变量的影响；第7章涵盖了多元回归中包含F检验在内的假设检验和置信区间等内容；第8章将线性回归模型拓展到具有非线性总体回归函数的模型，着重讨论了参数线性(此时可用OLS估计参数)的回归函数；在第9章中，学生将会在学习如何应用内部和外部有效性概念的过程中，重新认识回归研究的优势和局限性。

第3篇

第3篇的内容涉及回归方法的拓展。第10章介绍如何利用面板数据控制不随时间变化的不可观测变量；第11章是关于二元被解释变量的回归；第12章说明了如何利用工具变量回归来处理导致回归误差项和解释变量相关的一系列问题，并且分析了如何寻找和评价有效的工具变量；第13章介绍了实验和准实验(或自然实验)数据的分析，这些专题通常被称为“项目评估”；第14章介绍了使用大数据集时所产生的计量问题，并重点介绍了当预测因子数量非常多时如何进行预测。

第4篇

第4篇讨论了时间序列数据的回归。其中，第15章侧重预测，还介绍了时间序列回归分析中的各种现代工具，如平稳性检验；第16章讨论了如何使用时间序列数据来估计因果效应；第17章介绍了一些更高级的时间序列分析方法，包括刻画波动集群性的相关模型和动态因子模型等。

第5篇

第5篇系统介绍了计量经济学理论，这一部分不仅是书中省略的数学细节的补充，还独立地阐述了线性回归模型中关于估计和推断的计量经济学理论。第18章建立了一元回归分析的理论，尽管这部分比本书其他部分需要更高的数学水平，但我们没有应用矩阵代数进行阐述；第19章使用矩阵讨论了多元回归模型、工具变量回归、线性模型的广义矩估计及主成分分析。

本书的预备知识

不同教师所强调的重点不尽相同，因此我们在编写本书时也考虑到不同的教学偏好。我们尽可能地使第3~5篇中各章内容“自成一体”，即学习时不需要预先讲授之前的所有章节。每一章具体需要的预备知识见表0-1。我们发现本书所选专题的顺序在我们的课程教学中效果很好，教师也可按照实际授课需要来调整专题次序。

表 0-1　第 3~5 篇专题章节的预备知识要求

第 3~5 篇专题章节	预备部分或章节								
	第 1 篇	第 2 篇		第 3 篇		第 4 篇			第 5 篇
	第 1~3 章	第 4~7 章，第 9 章	第 8 章	10.1 节，10.2 节	12.1 节，12.2 节	15.1~15.4 节	15.5~15.8 节	第 16 章	第 18 章
第 10 章	X①	X①	X						
第 11 章	X①	X①	X						
12.1 节，12.2 节	X①	X①	X						
12.3~12.6 节	X①	X①	X	X	X				
第 13 章	X①	X①	X	X	X				
第 14 章	X①	X①	X						
第 15 章	X①	X①	②						
第 16 章	X①	X①	②			X			
第 17 章	X①	X①	②			X	X	X	
第 18 章	X	X	X						
第 19 章	X	X	X		X				X

注：该表列出了讲授给定章节内容的最低预备知识要求。例如，在学习利用时间序列数据估计动态因果效应（第 16 章）之前，首先要学习第 1 篇（根据学生水平决定是否需要，例外情况见表注①）、第 2 篇（除了第 8 章，见表注②）以及 15.1~15.4 节。

① 第 10~17 章主要应用了大样本近似抽样分布，因此可以跳过 3.6 节（检验均值的学生 t 分布）和 5.6 节（检验回归系数的学生 t 分布）的学习。

② 如果教师想要解释应用对数变换来近似百分比变化，则在讲授第 15~17 章（时间序列章节）前无须讲授第 8 章（非线性回归函数）。

课程范例

本书可采取不同的课程组织结构。

标准初级计量经济学

这一课程将介绍计量经济学（第 1 章），并可根据需要复习概率论和统计学的知识（第 2 章和第 3 章），随后介绍一元线性回归、多元线性回归、函数形式分析基础，以及回归研究有效性的评价（第 2 篇的全部内容）。然后，这一课程可以介绍面板数据回归（第 10 章），含受限被解释变量的回归分析（第 11 章），若时间允许还可讲授工具变量回归（第 12 章）。最后讨论实验和准实验（第 13 章），这些专题能使我们回到本课程一开始所提出的因果效应估计问题上，并概括总结核心回归方法。如果还有时间，可以介绍大数据和机器学习方法（第 14 章）。所需预备知识：代数及统计学基础。

包含时间序列分析和预测的初级计量经济学

与标准初级课程相似，这一课程涵盖第 1 篇（根据需要）和第 2 篇的全部内容。接下来可选择性地简要介绍面板数据（10.1 节和 10.2 节），以及工具变量回归（第 12 章，或仅讲授 12.1 节与 12.2 节）。然后讲授第 14 章（横截面大数据集中的预测）。随后可讲授第 4 篇中的预测（第 15 章）和动态因果效应估计（第 16 章）。如果时间允许，这门课程还可介绍波动集群性（17.5 节）及多因子预测（17.6 节）等时间序列分析的高级专题。所需预备知识：代数及统计学基础。

应用时间序列分析及预测

本书也可用作应用时间序列分析及预测的短期课程教材，但需要具有回归分析的预备知识。可以花时间回顾第2篇中所介绍的基本回归分析方法，所需时间可根据学生水平来安排。随后可直接学习第4篇，即学习预测(第15章)、动态因果效应估计(第16章)和时间序列分析的高级专题(第17章)，包括向量自回归。如果时间允许，可讲授大数据预测(第14章和17.6节)。本课程的一个重要内容是进行预测练习，可从第15章和第17章章末的实证练习中获取相关内容。所需预备知识：代数及初级计量经济学基础知识或同等内容。

计量经济学理论介绍

本书也可用于具有较高数学水平的高年级本科生或硕士生的计量经济学课程。本课程首先简要回顾统计学和概率论的基础知识(第1篇)，其次介绍第2篇中的回归分析，接着讲授第18章和第19章(19.5节)中的计量经济学理论。随后，本课程可讨论受限被解释变量回归(第11章)和极大似然估计(附录11B)。最后，本课程可选内容包括：工具变量回归与广义矩方法(第12章及19.7节)、时间序列回归方法(第15章)、应用时间序列数据和广义最小二乘法估计因果效应(第16章及19.6节)和/或机器学习方法(第14章和附录19G)。所需预备知识：微积分及统计学基础，第18章需要矩阵代数知识。

教学资源

本书附带以下教学资源：

以下教学资源可从网站 www.pearsonhighered.com 上获取	教学资源特色
习题答案	章末习题的答案
试题库 经克莱蒙特麦肯纳大学的 Manfred Keil 授权	1 000 道多项选择题、文章和较长的问题以及下列题型的数学和画图问题 ● 题型(多项选择题、简答题、图形分析题)
测试生成软件 TestGen	TestGen 允许教师： ● 自定义、保存和生成课堂测试 ● 从测试文件中编辑、添加或删除题目 ● 分析测试成绩 ● 构建测试和学生成绩的数据库
幻灯片	课件中包含了本书中所有的图形、表格和方程 幻灯片符合残障学生的无障碍标准，课件特色包括但不限于： ● 通过键盘和屏幕阅读器访问 ● 图片的替代文本 ● 背景色和前景色之间的高色彩对比
公司网站	公司网站还为学生和教师提供了众多其他资源，包括更深入的实证练习、实证练习所需的数据集，本书中报告的实证结果的复制文件以及 EViews 学习指导等

致谢

很多人为本书的第1版做出了贡献。最感谢的是我们在哈佛大学和普林斯顿大学的同事，他们在课堂中采用本书初稿作为教材。哈佛大学肯尼迪学院的 Suzanne Cooper 提出了非常宝贵的建议并对本书多版草稿给予了详细评述。作为本书其中一位作者(斯托克)的助教，她在肯尼迪学院讲授硕士研究生的必修课程时，还帮助审阅了本书的大部分内容。同时我们也感谢肯尼迪学院的其他两位同事 Alberto Abadie 和 Sue Dynarski，感谢他们对准试验和项目评估领域的耐心介绍及对本书初稿的细致评述。普林斯顿大学的 Eli Tamer 采用本书初稿进行授课，同时还就本书的内容提出了有帮助的评述。

我们还非常感谢计量经济学领域的许多朋友和同事，他们和我们探讨了本书的内容并提出了有帮助的建议。在此就不一一列举了。

目录 | Contents

第 3 篇　回归分析的高级专题

PART 1

第1篇

导论与知识回顾

第1章　经济问题和数据

第2章　概率论知识回顾

第3章　统计学知识回顾

CHAPTER1

第 1 章 经济问题和数据

什么是计量经济学？不同的计量经济学家会给出不同的答案。

有人会说计量经济学是检验经济理论的一门科学；有人会说计量经济学是预测经济变量未来值的工具，如预测公司销售额、经济增长趋势或股票价格走势等；也有人会说计量经济学是利用数理经济模型拟合实际数据的过程；还有人会说计量经济学是基于历史数据为政府和企业提供定量化政策建议的一门科学和艺术。

实际上，所有这些回答都是正确的。广义上讲，计量经济学是基于经济理论和统计工具分析经济数据的一门科学和艺术。计量经济学广泛应用于金融学、劳动经济学、宏观经济学、微观经济学、市场营销及政治经济学等众多经济学分支学科中，计量经济学方法也常被应用于政治学、社会学等其他社会科学中。

本书旨在介绍计量经济学家常用的核心方法，并应用这些方法来分析企业和政府决策中存在的各种各样的具体定量问题。本章将提出四个问题，并粗略讨论解决这些问题所需的计量经济学方法。最后，本章将总结计量经济学家在回答这些问题及其他定量问题时所用到的主要数据类型。

1.1 我们研究的经济问题

许多经济、商业及政府决策都取决于我们对周围世界的变量之间关系的理解。这些决策通常需要我们对定量问题进行定量的分析与回答。

本书研究了当前经济活动中的一些定量问题，第 1 章将讨论教育政策、抵押贷款中的种族歧视、香烟消费及宏观经济预测四个问题。

1.1.1 问题 1：缩小班级规模能否提高小学教育质量

关于美国公共教育系统改革的一系列提议引发了激烈的争论。其中，很多提议都关注小学教育。小学教育有各种各样的目标，如培养社交能力等，但对于很多家长和教育工作者而言，最重要的目标是阅读、写作及初等数学等基础学科的学习。关于改善学习成绩最引人注目的一项提议是缩小小学班级规模，理由是：一个班级的学生人数越少，争论也会越少，每个学生得到老师的关注就越多，班级中的混乱也会更少，学生能够集中注意力，学习效率也会随之提高，成绩也就提高了。

但是，缩小班级规模对小学教育效果的影响究竟有多大呢？缩小班级规模需要一定的花费：如需要雇用更多的老师，如果学校可用教室已达到饱和，则需要新建更多的教室。决策者需要权衡雇用更多教师带来的成本和收益，这就需要对缩小班级规模的可能收益有一个精确的定量估计。缩小班级规模对学生学习成绩的改善效应是大还是小？缩小班级规模会不会对学生的学习成绩根本没有影响呢？

尽管凭借常识和日常经验，我们可能认为学生人数越少，学生能学到的知识就越多。但关于“缩小班级规模对学生的学习成绩究竟有多大影响？”这一问题。常识无法给出定量的、精确的答案。为了回答这个问题，我们必须获得小学教育的班级规模与基础学习成绩之间关系的经验证据，即基于数据分析而得到的证据。

在本书中，我们利用 1999 年加利福尼亚州 420 个学区的数据来研究班级规模与学生基础学习成绩之间的关系。该数据显示，与班级规模较大的学区相比，班级规模较小的学区的学生在标准化测试中往往表现更好。虽然这个事实与“班级规模越小，学生成绩越好”的观点相吻合，但这可能只是反映了小班学区的学生在其他方面比大班学区的学生有更多优势。例如，小班学区的居民往往比大班学区的居民更富有，因此小班学区的学生有更多课外学习的机会。可能正是这些额外的学习机会(而不是较小的班级规模)，才使得他们取得更好的成绩。在第 2 篇中，我们将利用多元回归模型分离出班级规模变化和其他一些因素(如学生经济状况等)变化对学生成绩的影响。

1.1.2　问题 2：住房贷款市场中存在种族歧视吗

大部分人都是通过抵押贷款(即以房产价值作为担保的大额贷款)来购买房子的。根据法律，美国借贷机构不能根据购房者的种族来决定接受还是拒绝购房者的抵押贷款申请，即除了种族不同之外，如果申请人的其他方面都一样，则他们抵押贷款申请被批准的可能性应该相同。从理论上说，在抵押贷款市场中不应该存在种族歧视。

然而，现实不同于理论，波士顿联邦储备银行的研究人员发现(基于 20 世纪 90 年代初期的数据)，在申请抵押贷款时，有 28%的非洲裔美国人申请者遭到拒绝，而仅有 9%的白人申请者被拒。这些数据是否表明在抵押贷款市场中实际上存在种族歧视呢？如果存在，这种歧视有多严重？

波士顿联邦储备银行调查数据显示的申请抵押贷款时，非洲裔美国人被拒比例高于白人这一事实本身并不能说明抵押贷款市场中存在种族歧视，因为非洲裔美国人和白人之间除了种族不同之外，还存在很多其他方面的差异。在得出抵押贷款市场中存在种族歧视这一结论之前，我们必须进一步研究这些数据，以了解除种族之外的其他方面都相同的申请者被拒绝的可能性是否存在差异，如果存在，这种差异是大还是小。为此，我们将在第 11 章中介绍几种计量方法来解决这个问题，在固定和控制申请者其他特征(尤其是他们的还款能力)的情况下，定量分析种族对获得抵押贷款概率的影响。

1.1.3 问题3：烟草税能在多大程度上减少吸烟

吸烟是一个备受世界关注的公共健康问题。其他社会成员也要承担吸烟所引起的后果，如担负那些因吸烟致病的人的医疗费用和吸二手烟所要承受的难以估量的损失。由于这些成本由社会上所有人，而非仅仅由吸烟者承担，所以政府有必要对吸烟进行干预以减少香烟的消费，其中最灵活的手段之一便是提高烟草税。

基础经济学理论表明，香烟的需求量会随着香烟价格的上升而下降。但会下降多少呢？如果香烟销售价格上涨1%，其销售量会下降多少个百分点呢？价格上升1%所引起的需求量的百分比变化被称为需求价格弹性(price elasticity of demand)。如果我们想通过增加烟草税来减少一定量的香烟消费，如减少20%，那么我们需要知道香烟的需求价格弹性，以此来计算为了减少这些香烟消费量，价格需要上升多少。但香烟的需求价格弹性是多少呢？

虽然经济理论为我们提供了有助于回答这个问题的相关概念，但它没有告诉我们需求价格弹性的具体数值。因此我们必须通过研究有关吸烟者和潜在吸烟者行为的经验证据来了解弹性，换句话说，我们需要分析香烟消费和价格的相关数据。

我们研究了20世纪80年代和90年代美国各州的香烟销售额、销售价格、税收及个人收入等相关数据。这些数据显示，在税收较低从而香烟价格较低的州，吸烟率较高；而在香烟价格较高的州，吸烟率则较低。然而，由于因果关系是双向的(一方面，低税收会导致高需求；另一方面，如果一个州内吸烟者较多，则当地政治家们可能会试图维持较低的烟草税来取悦爱吸烟的选民)，因此对这些数据的分析有些复杂。在第12章中，我们将讨论处理这种“双向因果关系”的方法，并用来估计香烟的需求价格弹性。

1.1.4 问题4：美国明年的GDP将增长多少

人们似乎总想窥测未来。某个正在考虑购入新设备的公司明年的销售额会是多少？下个月的股票价格会上涨吗？如果上涨，会涨多少？某城市明年的税收收入能满足其在城市服务上的计划支出吗？下周的微观经济学考试重点是外部性还是垄断呢？周六是去海滩的好日子吗？

未来的经济增长(以实际国内生产总值，即GDP来衡量)是宏观经济学家尤其感兴趣的问题。某管理咨询公司基于对经济增长的乐观预测可能会建议其制造商客户扩大生产规模。美国联邦储备委员会的经济学家被授权来制定相关政策，以使实际GDP接近潜在GDP，从而使就业率达到最大。如果他们预测到明年GDP将增长乏力，他们就会通过降低利率或其他措施来扩大流动性，从而提振经济。

专家通常利用计量经济模型来做出上述预测。一名预测人员的工作就是基于过去预测未来，而计量经济学家则基于经济理论和统计方法来寻找历史数据中的数量关系，并以此进行预测。

我们通常使用美国过去的GDP和期限利差来预测GDP的增长率。**期限利差**(term spread)是长期利率与短期利率之差。在其他方面，它还能衡量投资者是否预期短期利率在未来会上升或者下降。期限利差通常是正的，但当出现经济衰退时，它会迅速减小。我们将在第15章介绍一种基于期限利差的GDP增长率预测方法。

1.1.5 定量问题，定量答案

上述四个问题都分别要求给出一个数值答案。经济理论提供了回答这些问题的思路，比如当香烟价格上升时其消费量应该下降，但具体数值答案必须通过经验分析(数据分析)才能得到。由于我们基于数据来回答这些定量问题，所以给出的答案往往具有某种不确定性，不同的数据集会产生不同的数值答案。因此，我们所使用的分析框架不仅需要给出问题的数值解，还需要给出评价答案精确度的方法。

本书使用的分析框架是多元回归模型，它是计量经济学的主要内容。我们将在第 2 篇中介绍这一模型，该模型提供了一种在保持其他变量不变的情形下，量化某一变量变化对另一变量产生的影响的数学方法。例如，在学生特征(如家庭收入)保持不变的情况下，班级规模变化对学生测试成绩有何影响？在其他因素(如你的偿还贷款能力)保持不变的情况下，你的种族对你抵押贷款申请获批的可能性有何影响？在吸烟者和潜在吸烟者的收入保持不变的情况下，香烟价格上涨 1%会对香烟消费有何影响？多元回归模型及其扩展形式为我们提供了一个使用数据解答这些问题并量化答案不确定性的分析框架。

1.2　因果效应和理想化随机对照实验

正如计量经济学中遇到的许多其他问题一样，1.1 节的前三个问题均涉及变量之间的因果关系。一般情况下，如果某一结果是某一行为的直接结果，则称该行为导致了该结果。触摸热炉子会烫伤你；喝水会让你解渴；给轮胎打气会让它们膨胀起来；给番茄苗施肥会使它们结出更多的番茄。因果关系意味着某特定行为(施肥)会导致某一特定的可度量的结果(更多的番茄)。

1.2.1　因果效应的估计

若给番茄苗施加一定量的肥料，如 100 克/米^2，我们如何度量其对番茄产量(以千克计)的因果效应呢？

度量这种因果效应的一种方法是做实验。在这个实验中，园艺研究人员种植很多块番茄地，除了施肥量不同之外，对每块地的其他管理都一样，即对一些番茄地施肥 100 克/米^2，而其余番茄地不施肥。另外，为了保证每块地的其他差异与是否对其施肥无关，我们由电脑随机决定对哪些地施肥。在番茄生长季节末，园艺研究人员会称量每块地收获的番茄，施肥与未施肥番茄地在每平方米土地上的平均产量之差即为施肥对番茄产量的因果效应。

这就是一个**随机对照实验**(randomized controlled experiment)的例子。我们说它是“对照”的，某种意义上是指存在着没有接受处理(未施肥)的**对照组**(control group)和接受处理(施肥 100 克/米^2)的**处理组**(treatment group)。我们说它是“随机”的，某种意义上是指处理(施肥)是随机分配的。这种随机分配消除了可能存在的系统性关系，例如番茄地接受的阳光是否充足与是否给它施肥之间的系统性关系，因此处理组和对照组之间唯一的系统性差别在于是否接受处理。如果该实验规模足够大且能够被准确实施，则我们可以估计出处理(施肥 100 克/米^2)对结果(番茄产量)的因果效应。

本书中的**因果效应**(causal effect)被定义为某一给定行为或处理(treatment)对结果的影响，正如在理想化随机对照实验中度量的一样。在这样一个实验中，导致处理组和对照组的结果存在差异的原因只能是某一处理本身。

通过设计一个理想化随机对照实验即可分别回答 1.1 节中的前三个问题。例如，为了研究班级规模问题，我们可以设想将不同班级规模的“处理”随机分配到不同的学生组中。如果这样设计并实施这个实验，则造成不同学生组之间系统差异的因素只能是班级规模，从理论上来说，这个实验可以在保证其他所有变量不变的情况下来估计缩小班级规模对学生学习成绩的影响。

实验在计量经济学中的应用越来越广泛。然而在现实应用中，它们经常不会被考虑，因为这些实验通常是不道德的、无法圆满实施的或者代价高昂的。即使用非实验数据进行分析，理想化随机对照实验的概念也很重要，因为它提供了因果效应的定义。

1.2.2 预测和因果关系

虽然 1.1 节中的前三个问题都涉及因果效应，但第四个问题并未涉及，它只涉及 GDP 增长率的预测。

预测是用一些变量的信息来推测另一个变量的值(prediction)，或是推测一个变量的未来值(forecast)，例如明年的 GDP 增长。

在预测的时候并不需要了解其中的因果关系。“预测”是否正在下雨的一个好办法是观察行人是否都撑着伞，但撑伞这一行为并不会导致下雨。

当预测变量较少且数据不随时间变化时，第 2 篇中介绍的多元回归模型可以提供可靠的预测值。预测通常可以得到改进，当预测变量较多时，我们需要使用包含多个预测因子的模型进行预测，这些方法将在第 14 章中介绍。

当对变量的未来值预测时，所使用的变量数据是随着时间发生变动的，这带来了新的挑战和机遇。正如我们将在第 15 章中看到的，多元线性回归模型使我们能通过量化变量的历史关系，检验这些关系随时间变化是不是稳定的，从而对变量的未来值做出定量预测并评估这些预测的精确性。

1.3 数据：来源和类型

计量经济学中的数据主要来自实验或者对现实世界的非实验观测。本书将分别考察实验数据集和观测数据集。

1.3.1 实验数据与观测数据

实验数据(experimental data)来自为评估某种处理(或某项政策)，抑或研究某种因果效应而设计的实验。例如，20 世纪 80 年代，田纳西州提供经费进行了一项调查班级规模的大型随机对照实验，在该实验中，数千名学生被随机分配到不同规模的班级中，他们学习若干年并且参加每年的标准化测试，我们将在第 13 章中研究这项实验。

田纳西州的班级规模实验花费了数百万美元，并且还要求很多相关管理人员、家长及老师持续多年的配合。因为很难管理和控制现实中以人为主体的实验，所以相对于理想化随机实验而言，这样的实验存在缺陷。此外，在某些情况下，这类实验不仅成本高昂、难以控制，而且也不道德(比如，为了研究青少年对香烟的需求而向随机选取的青少年提供廉价香烟，这样做道德吗?)。正是由于这些经济、实践及道德上的问题，经济学实验相对罕见。相反地，大部分经济数据都是通过观察现实行为获得的。

通过观察实验之外的实际行为而获得的数据被称为**观测数据**(observational data)。观测数据可以通过调查收集，例如对消费者的电话调查，也可以通过查询行政记录收集，例如查询由贷款机构保留的抵押贷款申请的历史记录。

我们在尝试用计量经济学方法估计因果效应时，观测数据给我们带来很大挑战，因此需要设计和引入计量工具以解决这些挑战。现实中，“处理”的水平(如番茄实验中的施肥量，班级规模实验中的学生-教师比)并非随机分配，所以我们很难将其他相关因素产生的效应与“处理”效应区分开来。计量经济学和本书中的许多内容都致力于研究如何解决在用现实数据估计因果效应过程中所面临的问题。

不论实验数据还是观测数据，都可分为三种主要类型：截面数据、时间序列数据及面板数据。在本书中，这三种类型的数据我们都会遇到。

1.3.2 截面数据

截面数据(cross-sectional data)是在同一时间收集到的关于不同个体(如工人、消费者、公司或事业单位等)的数据。例如，加利福尼亚州各学区的测试成绩数据是截面数据，这些数据是420个个体(学区)在某一特定时期(1999 年)的观测数据。一般情况下，我们用 n 表示观测的个体数，如在加利福尼亚州数据集中，$n=420$。

加利福尼亚州测试成绩数据集包含了各个学区不同变量的观测值。部分数据如表 1-1 所示，其中每一行数据表示一个学区。例如，第一个学区(“学区 1”)的平均测试成绩为 690.8，这是该学区所有五年级学生在 1999 年参加标准化测试(the Stanford Achievement Test)中数学和科学的平均成绩。这一学区的学生-教师比为 17.89，即学生数量与教师数量之比为 17.89。学区 1 中每个学生的平均支出为 6 385 美元。这一学区仍然在学习英语的学生，即第二语言是英语且不精通英语的学生比例为 0%。

表 1-1　1999 年加利福尼亚州各学区测试成绩及其他变量的部分观测值

观测(学区)序号	学区平均测试成绩(五年级)	学生-教师比	每个学生的支出(美元)	学习英语的学生比例(%)
1	690.8	17.89	6 385	0.0
2	661.2	21.52	5 099	4.6
3	643.6	18.70	5 502	30.0
4	647.7	17.36	7 102	0.0
5	640.8	18.67	5 236	13.9
⋮	⋮	⋮	⋮	⋮
418	645.0	21.89	4 403	24.3
419	672.2	20.20	4 776	3.0
420	655.8	19.04	5 993	5.0

注：加利福尼亚州测试成绩数据集说明详见附录 4A。

其他行表示其他学区的数据，行的排列顺序是随意的，用来组织数据且被称为**观测序号**(observation number)的学区序号也是随意分配的。表 1-1 显示，变量取值相差很大。

有了截面数据，我们可以通过研究某一特定时期内不同的人、公司或其他经济个体之间的差异，来了解变量之间的关系。

1.3.3　时间序列数据

时间序列数据(time series data)是对同一个体(如个人、公司、国家等)在多个不同时期内收集到的数据。美国 GDP 增长率和期限利差的数据集就是时间序列数据集的一个例子。该数据集包含了一个个体(美国)的两个变量(GDP 增长率和期限利差)在 232 个时期中的观测值。其中每一期指一个季度(1 月、2 月、3 月为第一季度，4 月、5 月、6 月为第二季度，以此类推)。这一数据集的观测开始于 1960 年第一季度(用 1960：Q1 表示)，到 2017 年第四季度(用 2017：Q4 表示)结束。我们在这里用 T 表示时间序列数据集的观测次数(即期数)。由于从 1960 年第一季度到 2017 年第四季度共有 232 个季度，所以这个数据集共有 $T=232$ 个观测值。

该数据集的部分观测值如表 1-2 所示，其中每一行对应不同的时期(年和季度)。例如，1960 年第一季度的 GDP 年增长率为 8.8%，换句话说，如果 GDP 以第一季度的增长率持续增长四个季度，那么 1960 年的 GDP 水平值将增长 8.8%。1960 年第一季度的长期利率为 4.5%，短期利率为 3.9%，因此两者之差即期限利差为 0.6%。

表 1-2　美国 1960 年第一季度到 2017 年第 4 季度 GDP 增长率及期限利差的部分季度观测值

观测序号	时期 (年份：季度)	GDP 增长率 (年增长率，%)	期限利差 (%)
1	1960：Q1	8.8	0.6
2	1960：Q2	-1.5	1.3
3	1960：Q3	1.0	1.5
4	1960：Q4	-4.9	1.6
5	1961：Q1	2.7	1.4
⋮	⋮	⋮	⋮
230	2017：Q2	3.0	1.4
231	2017：Q3	3.1	1.2
232	2017：Q4	2.5	1.2

注：美国 GDP 和期限利差数据集说明详见附录 15A。

通过对某一个体一段时间的追踪，时间序列数据可用于研究变量随着时间推移而发生的演变，同时可以预测这些变量的未来值。

1.3.4　面板数据

面板数据(panel data)，也被称为**纵向数据**(longitudinal data)，是多个个体分别在两期或多个时期内观测到的数据。香烟消费和价格的数据集就是面板数据的一个例子，其部分变量和观测数据如表 1-3 所示。我们用 n 表示面板数据的个体数，用 T 表示期数。香烟数据集包含了 $n=48$ 个美国州(个体)从 1985～1995 年共 $T=11$ 年(时期)的观测值。因此该数据集共有 $n\times T=48\times 11=528$ 个观测值。

表 1-3 1985～1995 年美国各州每年的香烟销售量、价格和税收的部分观测值

观测序号	州	年份	香烟销售量（包/人）	每包的平均价格（含税）（美元）	总税收（香烟销售税+销售税）（美元）
1	亚拉巴马州	1985	116.5	1.022	0.333
2	阿肯色州	1985	128.5	1.015	0.370
3	亚利桑那州	1985	104.5	1.086	0.362
⋮	⋮	⋮	⋮	⋮	⋮
47	西弗吉尼亚州	1985	112.8	1.089	0.382
48	怀俄明州	1985	129.4	0.935	0.240
49	亚拉巴马州	1986	117.2	1.080	0.334
⋮	⋮	⋮	⋮	⋮	⋮
96	怀俄明州	1986	127.8	1.007	0.240
97	亚拉巴马州	1987	115.8	1.135	0.335
⋮	⋮	⋮	⋮	⋮	⋮
528	怀俄明州	1995	112.2	1.585	0.360

注：香烟消费数据集说明详见附录 12A。

部分香烟消费数据如表 1-3 所示。其中第一组中的 48 个观测值按英文字母顺序（从亚拉巴马州到怀俄明州）列出了各州 1985 年的数据，第二组的 48 个观测值列出了 1986 年的数据，以此类推到 1995 年。例如，1985 年阿肯色州人均香烟消费量为 128.5 包（即 1985 年阿肯色州销售的香烟总包数除以阿肯色州总人口等于 128.5）。阿肯色州 1985 年每包香烟的含税平均价格为 1.015 美元，其中每 1 美元中有 37 美分为联邦、州和地方税。

我们可以从面板数据中很多不同个体的经历和每个个体的变量随时间的变化情况来了解经济关系。

截面数据、时间序列数据及面板数据的定义见重要概念 1-1。

重要概念 1-1 截面数据、 时间序列数据和面板数据

- 截面数据由多个不同个体在同一时点上的观测值组成。
- 时间序列数据由某一个体在多个不同时期内的观测值组成。
- 面板数据（也称为纵向数据）由多个不同个体分别在两期或多个时期内的观测值组成。

本章小结

1. 很多商业和经济决策都需要定量估计一个变量变化对另一个变量所产生的影响。
2. 从概念上讲，估计因果效应的方法是进行理想化随机对照实验，但在实际经济生活中实施这样的实验往往是不道德的、不切实际的或是成本高昂的。
3. 计量经济学提供了利用观测（非实验的）数据或实验数据估计因果效应的方法。
4. 计量经济学还提供了利用其他相关变量中的信息来预测感兴趣的变量值的工具。
5. 截面数据是在同一时点上收集到的关于多个不同个体的数据；时间序列数据是某一个体分别在多个不同时点上收集到的数据；面板数据是多个不同个体分别在多个不同时点上收集到的数据。

重要术语

随机对照实验	观测数据	对照组	截面数据	处理组
观测序号	因果效应	时间序列数据	面板数据	预测
纵向数据	实验数据			

内容复习

1.1 设计一个假想的理想化随机对照实验来研究投入的学习时间对微观经济学考试成绩所产生的影响，试提出现实中实施这一实验可能遇到的阻碍。

1.2 设计一个假想的理想化随机对照实验来研究系安全带对高速公路交通事故死亡率的影响，试提出现实中实施这一实验可能遇到的阻碍。

1.3 现要求你研究某一生产车间职工培训时间(用每人每周小时数表示)与其生产率(用每人每小时产出表示)的因果关系，试描述：

(1) 度量这一因果效应的理想化随机对照实验。

(2) 研究这一效应的截面观测数据集。

(3) 研究这一效应的时间序列观测数据集。

(4) 研究这一效应的面板观测数据集。

第 2 章 概率论知识回顾

CHAPTER2

本章所包含的概率论知识是理解回归分析和计量经济学的基础。我们假设你已经完成了概率论与数理统计入门课程的学习。如果你已经淡忘了概率论相关知识，希望你通过本章的学习加以回顾。如果你在这方面有扎实的基础，你可以快速浏览本章。本章最后的重要概念及重要术语可以帮助你进一步熟悉相关理论和符号。

我们周围的世界充满了随机性，概率论提供了描述和量化这种随机性的数学工具。本章 2.1 节回顾了一维随机变量的概率分布，2.2 节讨论了一维随机变量的数学期望、均值和方差等内容。由于大多数让人感兴趣的经济学问题都涉及两个或两个以上的变量，因此 2.3 节将介绍关于二维随机变量的概率论知识。2.4 节讨论了在统计学与计量经济学中处于核心地位的三种分布：正态分布、χ^2 分布及 F 分布。

本章的最后两节重点讨论计量经济学中一种特殊的随机性：从总体中随机抽取样本而产生的随机性。例如，假设你随机调查 10 个刚毕业的大学生，记录(或“观测”)他们的收入，然后用这 10 个样本点(或“观测值”)计算他们的平均收入。你若再次随机抽取 10 个大学生，由于样本是随机抽取的，你可能会抽取到与原先不同的 10 个毕业生，观测到与原先不同的 10 个收入数据，计算得出的样本平均值自然也不一样。由于随机抽取的样本不同，会导致得到的样本均值也不同，从而样本均值本身也是一个随机变量。因此，样本均值服从一定的概率分布。由于这个分布描述了不同抽样所对应的样本均值的可能取值，从而也被称为抽样分布。

2.5 节讨论了样本均值的抽样分布。一般情况下，抽样分布是非常复杂的。然而当样本量足够大时，样本均值的抽样分布就会近似于正态分布，即 2.6 节将讨论的中心极限定理。

2.1 随机变量和概率分布

2.1.1 概率、样本空间和随机变量

概率和结果。你遇到的下一个陌生人的性别、某次考试的成绩以及当你写学期论文时无线网络连接失败都含有偶然性或随机性成分。在上面的每个例子中，其最终结果都是无法预知的。

随机过程的每个互斥的可能后果被称为**结果**(outcomes)。例如，你的电脑无线网络连接没有失败过、失败过一次、失败过两次等。其中只有一种结果会最终发生(结果是互相排斥的)，并且每种结果发生的可能性并不一定相等。

某个结果发生的**概率**(probability)是指该结果在长期内发生次数的比例或频率。例如，你写学期论文过程中电脑无线网络连接没有失败过的概率是 80%，这意味着，你在撰写很多份学期论文的过程中，有 80%的论文写作没有遇到电脑无线网络连接失败的情况。

样本空间和事件。所有可能结果的集合被称为**样本空间**(sample space)。一个**事件**(event)是样本空间的一个子集，换言之，一个事件是由一个或多个结果组成的集合。事件“我的电脑无线网络连接失败次数不超过一次”意味着这个集合包含两种结果“连接没有失败过”和“连接失败一次”。

随机变量。一个随机变量是一个随机结果的数值描述，你写学期论文时电脑无线网络连接失败的次数是随机的，且具有数值属性，因此它是一个随机变量。

有些随机变量是离散的，而有些随机变量则是连续的。顾名思义，**离散型随机变量**(discrete random variable)只能取离散值，如 0、1、2 等；而**连续型随机变量**(continuous random variable)则可以取连续值。

2.1.2 离散型随机变量的概率分布

概率分布。离散型随机变量的**概率分布**(probability distribution)是指由变量的所有可能取值及其对应的发生概率所组成的列表。所有取值的概率之和等于 1。

例如，用 M 表示你写学期论文时电脑无线网络连接失败的次数，则随机变量 M 的概率分布是关于每种可能结果发生概率的列表：$M=0$ 的概率记为 $\Pr(M=0)$，表示电脑无线网络连接没有失败过的概率，而 $\Pr(M=1)$ 表示电脑无线网络连接失败过一次的概率，以此类推。表 2-1 的第一行给出了电脑无线网络连接失败次数 M 的概率分布。根据此分布，电脑无线网络连接不会失败的概率是 80%，失败一次的概率是 10%，失败 2 次、3 次、4 次的概率分别是 6%、3%、1%，上述所有概率总和为 100%。这一概率分布如图 2-1 所示。

表 2-1 电脑无线网络连接失败 M 次的概率

	结果(失败次数)				
	0	1	2	3	4
概率分布	0.80	0.10	0.06	0.03	0.01
累积概率分布	0.80	0.90	0.96	0.99	1.00

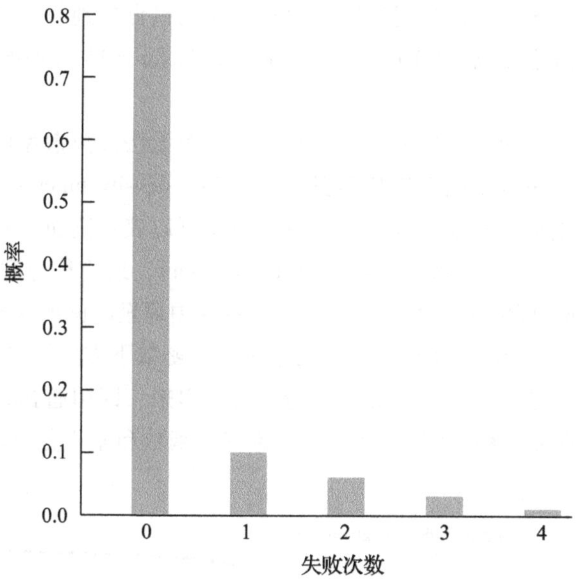

图 2-1　电脑无线网络连接失败次数的概率分布

注：每根柱子的高度表示给定电脑无线网络连接失败次数的概率。第一根柱子的高度为 0.8，表明电脑无线网络连接失败 0 次的概率为 80%。第二根柱子的高度为 0.1，表明电脑无线网络连接失败的概率为 10%，以此类推。

事件的概率。根据概率分布可以计算出一个事件发生的概率。例如，电脑无线网络连接失败 1 次或 2 次的概率是组成这一事件的各个结果的概率之和，即 $\Pr(M=1$ 或 $M=2)=\Pr(M=1)+\Pr(M=2)=0.10+0.06=0.16$，或表示为 16%。

累积概率分布。累积概率分布(cumulative probability distribution)是指随机变量的取值小于或等于某特定值的概率。表 2-1 中的最后一行给出了随机变量 M 的累积概率分布。例如，电脑无线网络连接失败最多发生一次的概率 $\Pr(M\leqslant 1)$ 为 90%，即电脑无线网络连接没有失败的概率(80%)和发生一次失败的概率(10%)之和。

累积概率分布也可称为**累积分布函数**(cumulative distribution function，简称 c. d. f.)，或**累积分布**(cumulative distribution)。

伯努利分布。离散型随机变量的一个重要特例是随机变量为二元变量的情形，即其结果只有 0 或 1 两种。二元随机变量被称为**伯努利随机变量**(Bernoulli random variable)(以纪念 17 世纪的瑞士数学家和科学家雅各布 · 伯努利)，这一随机变量的概率分布被称为**伯努利分布**(Bernoulli distribution)。

例如，用 G 来表示你遇见的下一个陌生人的性别，其中 $G=0$ 表示这个人是男性，$G=1$ 表示这个人是女性。G 的结果及其对应的概率如下

$$G=\begin{cases}1 & \text{概率为 } p \\ 0 & \text{概率为 } 1-p\end{cases} \tag{2-1}$$

其中，p 为你遇见的下一个陌生人为女性的概率，式(2-1)中的概率分布即为伯努利分布。

2.1.3　连续型随机变量的概率分布

累积概率分布。一个连续型随机变量的累积概率分布的定义与离散型随机变量相同，即连续型随机变量的累积概率分布为该随机变量小于或等于某个特定值的概率。

接下来，考虑某个学生开车上学的例子。该学生开车上学的通勤时间可以取连续值，又因

为通勤时间依赖于天气情况、交通状况等随机因素，因此很自然地将其当作一个连续型随机变量。图 2-2a 是通勤时间的假想累积分布。例如，通勤时间低于 15 分钟的概率为 20%，低于 20 分钟的概率为 78%。

概率密度函数。因为连续型随机变量取连续值，从而无法像离散型随机变量那样列出所有可能取值的概率。因此，可以用**概率密度函数**(probability density function)表示连续型随机变量的概率，任意两点之间的概率密度函数下方区域的面积可以表示随机变量落入这两点之间的概率。概率密度函数也称为 p. d. f、**密度函数**(density function)，或简称为**密度**(density)。

图 2-2b 描绘了通勤时间的概率密度函数，与图 2-2a 中通勤时间的累积分布相对应。通勤时间为 15～20 分钟的概率等于位于 15～20 分钟的概率密度函数下方区域的面积，即 0. 58 或 58%。同样地，这一概率也可以通过图 2-2a 中的累积分布计算出来，即用通勤时间少于 20 分钟的概率(78%)减去少于 15 分钟的概率(20%)。因此，概率密度函数和累积分布函数利用不同的形式表达了同样的信息。

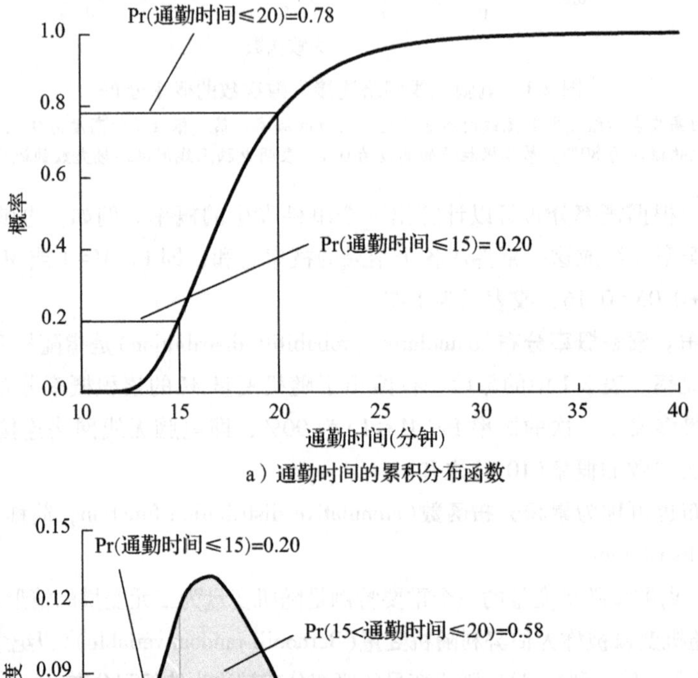

a）通勤时间的累积分布函数

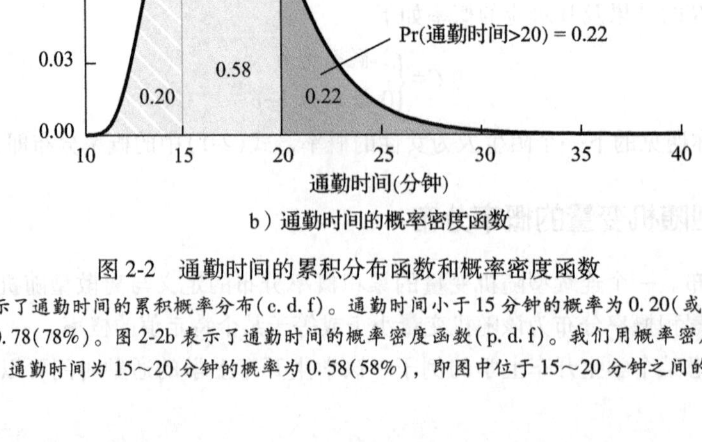

b）通勤时间的概率密度函数

图 2-2 通勤时间的累积分布函数和概率密度函数

注：图 2-2a 表示了通勤时间的累积概率分布(c. d. f)。通勤时间小于 15 分钟的概率为 0. 20(或 20%)，小于 20 分钟的概率为 0. 78(78%)。图 2-2b 表示了通勤时间的概率密度函数(p. d. f)。我们用概率密度函数下方的面积来表示概率。通勤时间为 15～20 分钟的概率为 0. 58(58%)，即图中位于 15～20 分钟之间的曲线下方的面积。

2.2 期望值、均值和方差

2.2.1 随机变量的期望值

期望值。随机变量 Y 的**期望值**(expected value)，记作 $E(Y)$，是指随机变量经过多次重复实验所得到的长期平均值。离散型随机变量的期望值等于随机变量所有可能结果的加权平均值，权重为每一结果出现的概率。Y 的期望值也称为 Y 的**期望**(expectation)或 Y 的**均值**(mean)，记作 μ_Y。

例如，假设你以 10%的利率借给你的朋友 100 美元。如果你的朋友到期偿付，你将拿到 110 美元(100 美元的本金加上 10 美元的利息)，但存在 1%的违约风险，在违约的情况下，你一分钱都拿不到，因此你所得到的偿付实际上是一个随机变量。该随机变量有 99%的可能性等于 110 美元，而有 1%的可能性等于 0。经过多次这样的借贷以后，其中有 99%的次数你可以拿到 110 美元，1%的次数你一无所获，所以你所获得的平均金额为 $110\times0.99+0\times0.01=108.91$ 美元。因此，你所得到的偿付的期望值为 108.91 美元。

第二个例子，假设你电脑无线网络连接失败的次数 M 服从表 2-1 中的概率分布。M 的期望值是你多次撰写学期论文过程中电脑无线网络连接失败次数的加权平均数，权重是对应失败次数的发生概率。于是

$$E(M)=0\times0.80+1\times0.10+2\times0.06+3\times0.03+4\times0.01=0.35 \tag{2-2}$$

也就是说，在撰写学期论文的过程中，电脑无线网络连接失败次数的期望值为 0.35。当然，电脑无线网络连接失败的具体次数必须是一个整数，在写某篇学期论文过程中电脑无线网络连接失败 0.35 次是没有道理的！式(2-2)中的计算结果是指在多次撰写学期论文的过程中电脑无线网络连接失败的平均次数为 0.35 次。

取 k 个不同值的离散型随机变量 Y 的期望公式见重要概念 2-1(重要概念 2-1 用了“求和符号”，其将出现在习题 2.25 中)。

重要概念 2-1　期望值和均值

假设随机变量 Y 有 k 个可能值，即 y_1，y_2，…，y_k，其中 y_1 表示第一个取值，y_2 表示第二个取值，以此类推。同时 Y 取 y_1 的概率为 p_1，取 y_2 的概率为 p_2，以此类推。则 Y 的期望值，记作 $E(Y)$，为

$$E(Y)=y_1p_1+y_2p_2+\cdots+y_kp_k=\sum_{i=1}^{k}y_ip_i \tag{2-3}$$

式中，$\sum_{i=1}^{k}y_ip_i$ 是 i 从 1 到 k 的各项 y_ip_i 相加之和。Y 的期望值又称 Y 的均值或 Y 的期望，用 μ_Y 表示。

伯努利随机变量的期望值。伯努利随机变量的期望是重要概念 2-1 的一个重要特例。用 G 表示伯努利随机变量，其概率分布如式(2-1)所示，则 G 的期望值为

$$E(G)=1\times p+0\times(1-p)=p \tag{2-4}$$

因此，伯努利随机变量的期望值为 p，即取值为“1”的概率。

连续型随机变量的期望值。连续型随机变量的期望值也是随机变量所有可能结果取值的概率加权平均值。由于连续型随机变量的可能值是连续的，因此其期望值的数学定义涉及积分，具体计算参见附录 18A。

2.2.2 标准差与方差

标准差与方差度量的是概率分布的离散或“偏差”程度。随机变量 Y 的**方差**(variance)记作 $\text{var}(Y)$，是 Y 与其均值的偏差平方的期望值，即 $\text{var}(Y)=E[(Y-\mu_y)^2]$。

因为方差包含了 Y 的平方，所以方差的单位便是 Y 平方的单位，这使得方差解释起来显得有些奇怪。因此，通常用**标准差**(standard deviation)，即方差的平方根来度量偏差程度，记作 σ_Y。标准差与 Y 的单位一致。这些概念参见重要概念 2-2。

例如，电脑无线网络连接失败次数 M 的方差就是 M 与其均值 0.35 之差的平方的概率加权平均值

$$\text{var}(M)=(0-0.35)^2\times0.80+(1-0.35)^2\times0.10+(2-0.35)^2\times0.06+(3-0.35)^2\times0.03+(4-0.35)^2\times0.01=0.6475 \quad (2\text{-}5)$$

而 M 的标准差是方差的平方根，即 $\sigma_M=\sqrt{0.6475}\approx0.80$。

重要概念 2-2 方差与标准差

离散型随机变量 Y 的方差，记作 σ_Y^2，为

$$\sigma_Y^2=\text{var}(Y)=E[(Y-\mu_Y)^2]=\sum_{i=1}^{k}(y_i-\mu_Y)^2p_i \quad (2\text{-}6)$$

Y 的标准差记作 σ_Y，即方差的平方根。标准差的单位与 Y 的单位一致。

伯努利随机变量的方差。服从式(2-1)中概率分布的伯努利随机变量 G 的均值为 $\mu_G=p$(见式(2-4))，因此其方差为

$$\text{var}(G)=\sigma_G^2=(0-p)^2\times(1-p)+(1-p)^2\times p=p(1-p) \quad (2\text{-}7)$$

由此可知，伯努利随机变量的标准差为 $\sigma_G=\sqrt{p(1-p)}$。

2.2.3 随机变量线性函数的均值与方差

本部分讨论由线性函数联系起来的随机变量(如，X 与 Y)。例如，我们考虑如下的所得税征收方案：某工人的个人所得税率为 20%，同时他也可以得到免税的 2 000 美元补助。在这种征税方案下，税后收入 Y 和税前收入 X 之间的关系如下列等式

$$Y=2\,000+0.8X \quad (2\text{-}8)$$

也就是说，税后收入等于 80%的税前收入加上 2 000 美元的补助。

假设某工人明年的税前收入是一个均值为 μ_X、方差为 σ_X^2 的随机变量。因为税前收入是随机的，所以税后收入必然也是随机的。在这种征税方案下，此人税后收入的均值和标准差是多少呢？扣除所得税后，他的收入为 80%的税前收入加上 2 000 美元。因此，其税后收入的期望值为

$$E(Y)=\mu_Y=2\,000+0.8\mu_X \quad (2\text{-}9)$$

税后收入的方差是$(Y-\mu_Y)^2$的期望值。由于$Y=2\,000+0.8X$，则$Y-\mu_Y=2\,000+0.8X-(2\,000+0.8\mu_X)=0.8(X-\mu_X)$。因此，$E[(Y-\mu_Y)^2]=E\{[0.8(X-\mu_X)]^2\}=0.64E[(X-\mu_X)^2]$，由此可知，$\mathrm{var}(Y)=0.64\mathrm{var}(X)$。对上式两边开平方，可得 Y 的标准差为

$$\sigma_Y=0.8\sigma_X \tag{2-10}$$

也就是说，该工人的税后收入分布的标准差为税前收入分布的标准差的 80%。

上述分析可以推广至 Y 取决于 X 且截距为 a(代替 2 000 美元)、斜率为 b(代替 0.8)的情形，即

$$Y=a+bX \tag{2-11}$$

则 Y 的均值和方差为

$$\mu_Y=a+b\mu_X \tag{2-12}$$

及

$$\sigma_Y^2=b^2\sigma_X^2 \tag{2-13}$$

同时，Y 的标准差为$\sigma_Y=b\sigma_X$。式(2-9)和式(2-10)是式(2-12)和式(2-13)更通用的应用，其中$a=2\,000$，$b=0.8$。

2.2.4 分布形态的其他度量指标

均值和标准差度量了一个分布的两个重要特征：中心位置(均值)和离散程度(标准差)。本部分将介绍分布的其他两个特征：偏度(用来度量分布的非对称性)和峰度(度量分布尾部粗细或厚薄特征)。均值、方差、偏度、峰度都是基于**分布的矩**(moments of a distribution)来定义的。

偏度。图 2-3 描绘了四个分布，其中两个是对称的(图 2-3a 和图 2-3b)，另外两个是非对称的(图 2-3c 和图 2-3d)。可以看到，图 2-3d 中的分布比图 2-3c 中的更不对称。分布的偏度提供了一种描述分布不对称性程度的数学方法。

随机变量 Y 的分布的**偏度**(skewness)为

$$\text{偏度}=\frac{E[(Y-\mu_Y)^3]}{\sigma_Y^3} \tag{2-14}$$

其中，σ_Y为 Y 的标准差。对于一个对称分布而言，Y 的取值大于其均值或小于其均值的可能性是相同的。若如此，平均而言(用期望表示)，$(Y-\mu_Y)^3$的正值恰好被概率相同的负值所抵消。因此，对于一个对称分布而言，$E[(Y-\mu_Y)^3]=0$，即对称分布的偏度为 0。如果分布是非对称的，则$(Y-\mu_Y)^3$的正值和负值不能相互抵消，所以非对称分布的偏度不为 0。式(2-14)中，分子Y^3和分母σ_Y^3的单位相互抵消，因此偏度是无单位的。换言之，改变 Y 的单位不会改变其偏度。

图 2-3 中四个分布的下方给出了其对应的偏度。如果一个分布有较长的右尾，则$(Y-\mu_Y)^3$的正值不会被负值完全抵消，因此偏度为正。如果一个分布有较长的左尾，则其偏度为负。

峰度。分布的**峰度**(kurtosis)是度量其尾部厚薄程度的指标。因此，它衡量了 Y 的方差在多大程度上是由极端值引起的。Y 的极端值称为**异常值**(outlier)。分布的峰度越大，出现异常值的可能性越高。

Y 的分布的峰度为

$$\text{峰度}=\frac{E[(Y-\mu_Y)^4]}{\sigma_Y^4} \tag{2-15}$$

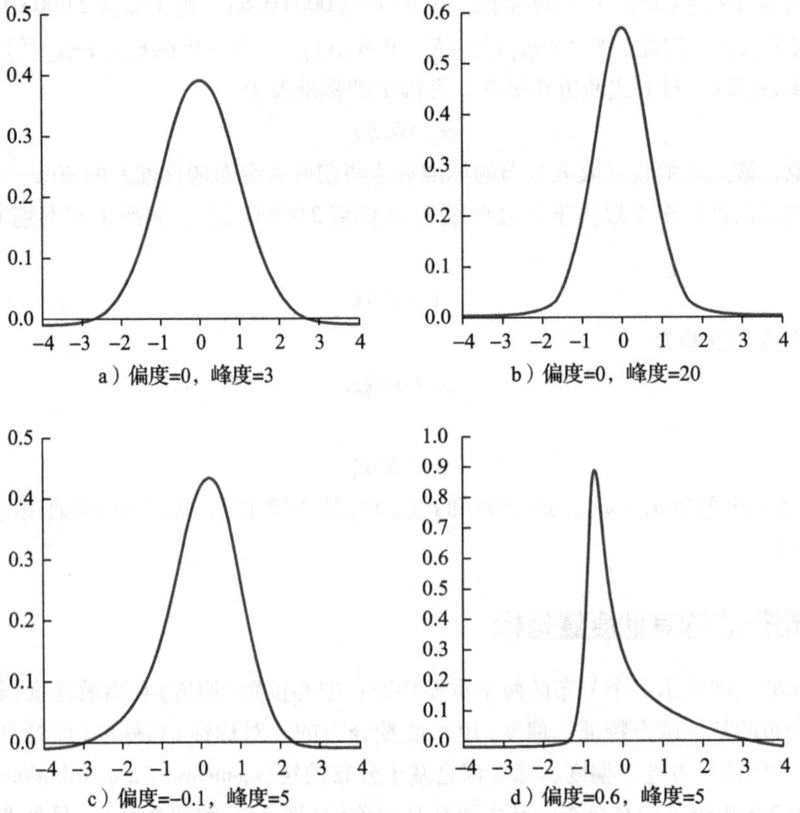

图 2-3　四个具有不同偏度和峰度的分布

注：这四个分布的均值皆为 0，方差皆为 1。偏度为 0 的分布（图 2-3a 和图 2-3b）是对称的，而偏度不为 0 的分布（图 2-3c 和图 2-3d）是非对称的。峰度大于 3 的分布（图 2-3b、图 2-3c 和图 2-3d）为厚尾分布。

如果分布的尾部较厚，则 Y 出现严重偏离其均值的极端情况的可能性较大，且平均而言（以期望形式表示），这些极端值将会导致较大的 $(Y-\mu_Y)^4$。因此，厚尾分布的峰度较大。由于 $(Y-\mu_Y)^4$ 的取值不可能为负，故峰度也是非负的。

正态分布随机变量的峰度为 3，所以对于一个峰度超过 3 的随机变量，其尾部厚度一定大于正态分布随机变量。峰度超过 3 的分布被称为**尖峰**（leptokurtic）或简称为厚尾。如同偏度一样，峰度同样是无单位的，所以改变 Y 的单位不会影响其峰度。

图 2-3 中四个分布的下方给出其对应的峰度。图 2-3b、图 2-3c 和图 2-3d 中的分布是厚尾分布。

矩。Y 的均值 $E(Y)$，通常也被称为 Y 的一阶矩。而 Y 的平方的期望值，即 $E(Y^2)$，被称为 Y 的二阶矩。通常来说，Y^r 的期望值被称为随机变量 Y 的**第 r 阶矩**（r^{th} moment）。换言之，Y 的第 r 阶矩为 $E(Y^r)$。偏度是随机变量 Y 的一阶矩、二阶矩、三阶矩的函数，而峰度是 Y 的一阶矩至四阶矩的函数。

2.2.5　标准化随机变量

通过将随机变量减去其均值，再除以其标准差，可以将一个随机变量转化为均值为 0、标准差为 1 的随机变量，该转化过程称为标准化。具体而言，假设随机变量 Y 的均值为 μ_Y、方差为

σ^Y，Y 所对应的**标准化随机变量**(standardized random variable)为$\frac{Y-\mu_Y}{\sigma_Y}$。该标准化随机变量的均值为$\frac{E(Y-\mu_Y)}{\sigma_Y}=\frac{EY-\mu_Y}{\sigma_Y}=0$，其方差为 $\text{var}\left[\frac{(Y-\mu_Y)}{\sigma_Y}\right]=\frac{\text{var}(Y)}{\sigma_Y^2}=1$。标准化随机变量没有单位，由于 σ_Y 的单位与 Y 的单位相同，因此 Y 的单位在与 σ_Y 相除的过程中抵消了。

2.3　二维随机变量

大多数我们所感兴趣的经济问题通常涉及两个或两个以上的随机变量。例如，大学毕业生是否比非大学毕业生更容易找到工作？与男性的收入分布相比，女性的收入分布会有怎样的不同？这些问题都需要同时考虑两个随机变量(如第一个例子中的教育和就业状态，第二个例子中的收入和性别)。为了回答这些问题，我们需要详细了解联合概率分布、边缘概率分布及条件概率分布等概念。

2.3.1　联合分布和边缘分布

联合分布。两个离散型随机变量(如 X 和 Y)的**联合概率分布**(joint probability distribution)是指这两个变量同时取某些确定的值(如 x 和 y)的概率。所有可能的(x，y)组合的概率相加等于1。联合概率分布可以表示为函数 $\Pr(X=x, Y=y)$。

例如，天气情况(如是否下雨)会影响 2.1 节所提及的学生上学的通勤时间。令 Y 表示一个二元随机变量，当通勤时间很短(小于 20 分钟)时 Y 等于 1，否则 Y 等于 0。令 X 同样表示一个二元随机变量，当下雨时 X 取 0，不下雨时 X 取 1。在这两个随机变量之间存在着以下四种可能结果：下雨且通勤时间长($X=0$，$Y=0$)；下雨且通勤时间短($X=0$，$Y=1$)；不下雨且通勤时间长($X=1$，$Y=0$)；不下雨且通勤时间短($X=1$，$Y=1$)。联合概率分布是指，在重复多次的开车上学过程中，以上四种结果各自发生的频率。

表 2-2 给出了这两个随机变量的联合分布的一个例子。根据该分布，在多次开车上学的过程中，15%的天数下雨且通勤时间长($X=0$，$Y=0$)，即下雨且通勤时间长的概率为 15%，或者说 $\Pr(X=0, Y=0)=0.15$。同样地，$\Pr(X=0, Y=1)=0.15$，$\Pr(X=1, Y=0)=0.07$，$\Pr(X=1, Y=1)-0.63$。这四个互斥的结果构成了样本空间，且四个概率相加为 1。

表 2-2　天气情况和通勤时间的联合分布

	下雨($X=0$)	不下雨($X=1$)	总计
通勤时间长($Y=0$)	0.15	0.07	0.22
通勤时间短($Y-1$)	0.15	0.63	0.78
总计	0.30	0.70	1.00

边缘概率分布。随机变量 Y 的**边缘概率分布**(marginal probability distribution)是其概率分布的另一种表述形式。这一术语用于区分单个随机变量 Y 的分布(边缘分布)与 Y 和其他随机变量的联合分布。

Y 的边缘概率分布可以通过 X 和 Y 的联合分布计算得到，即 Y 取某个特定值时对存在的所有可能结果的概率进行加总。如果 X 有 l 种不同的取值：x_1，…，x_l，则 Y 取 y 时的边缘概率为

$$\Pr(Y=y)=\sum_{i=1}^{l}\Pr(X=x_i,Y=y) \tag{2-16}$$

例如，在表 2-2 中，下雨且通勤时间长的概率为 15%，不下雨且通勤时间长的概率为 7%，因此通勤时间长(无论是否下雨)的概率为 22%。表 2-2 的最后一列给出了通勤时间的边缘概率分布。相似地，如表 2-2 的最后一行所示，下雨的边缘概率为 30%。

2.3.2　条件分布

条件分布。在给定随机变量 X 取某个值的条件下，另一随机变量 Y 的分布被称为给定 X 时 Y 的**条件分布**(conditional distribution)。当 X 取 x 值时，Y 取 y 值的条件概率记作 $\Pr(Y=y\mid X=x)$。

例如，如果你已经知道会下雨($X=0$)，则通勤时间长($Y=0$)的概率是多少？从表 2-2 可知，下雨且通勤时间短的联合概率为 15%，下雨且通勤时间长的联合概率为 15%，因此在下雨的假设条件下，通勤时间长或者短的可能性是相等的，即在给定天气下雨($X=0$)这一条件下，通勤时间长($Y=0$)的概率为 50%，即 $\Pr(Y=y\mid X=x)=0.50$。等价地，由于下雨的边缘概率为 30%，即在重复多次开车上学的过程中，有 30% 的可能性在下雨，而在下雨的条件下，又有 50%(0.15/0.30)的可能性出现通勤时间长的情况。

一般地，给定 $X=x$ 时 Y 的条件分布为

$$\Pr(Y=y\mid X=x)=\frac{\Pr(X=x,\ Y=y)}{\Pr(X=x)} \tag{2-17}$$

例如，在给定下雨的条件下，通勤时间长的条件概率为 $\Pr(Y=0\mid X=0)=\dfrac{\Pr(X=0,\ Y=0)}{\Pr(X=0)}=\dfrac{0.15}{0.30}=0.50$。

接下来我们讨论第二个例子，我们对电脑无线网络连接失败的例子进行了小小的修改。假设有一半的时间你在学校图书馆写学期论文，图书馆有新的无线网络；有一半的时间你在自己房间里写，自己房里的无线网络是旧的。如果我们把你写学期论文的位置看作随机的，那么网络年龄 A(如果是新网络，$A=1$，如果是旧网络，$A=0$)是一个随机变量。假设随机变量 M 和 A 的联合分布如表 2-3 中 A 部分所示。那么，在给定网络年龄条件下，电脑无线网络连接失败的条件概率如表 2-3 中 B 部分所示。例如，$M=0$ 且 $A=0$ 的联合概率为 0.35，由于你有一半的时间在使用旧网络。因此，在给定“你使用的是旧网络”这一条件下，电脑网络连接没有失败的条件概率为 $\Pr(M=0\mid A=0)=\dfrac{\Pr(M=0,\ A=0)}{\Pr(A=0)}=\dfrac{0.35}{0.50}=0.70$，或 70%。相反地，如果给定“你使用的是新网络”这一条件，则电脑网络连接没有失败的条件概率为 90%。根据表 2-3 中 B 部分的条件分布，新网络比旧网络连接失败的可能性要小。例如，旧网络连接失败 3 次的概率为 5%，而新网络为 1%。

表 2-3　电脑无线网络连接失败次数(M)和网络年龄(A)的联合分布和条件分布

	A. 联合分布					
	$M=0$	$M=1$	$M=2$	$M=3$	$M=4$	总计
旧网络($A=0$)	0.35	0.065	0.05	0.025	0.01	0.5
新网络($A=1$)	0.45	0.035	0.01	0.005	0.00	0.5
总计	0.8	0.10	0.06	0.03	0.01	1.00

(续)

	B. 给定 A 时 M 的条件分布					
	$M=0$	$M=1$	$M=2$	$M=3$	$M=4$	总计
$\Pr(M \mid A=0)$	0.70	0.13	0.10	0.05	0.02	1.00
$\Pr(M \mid A=1)$	0.90	0.07	0.02	0.01	0.00	1.00

条件期望。给定 X 时 Y 的**条件期望**(conditional expectation)也被称为给定 X 时 Y 的**条件均值**(conditional mean)，是指当 X 取某一特定值时，Y 的条件分布的平均值。也就是说，条件期望是指给定 X 时 Y 的期望值，可以通过给定 X 时 Y 的条件分布计算得到。如果 Y 有 k 种取值如 y_1，y_2，…，y_k，则给定 $X=x$ 时 Y 的条件均值为

$$E(Y \mid X=x)=\sum_{i=1}^{k} y_i \Pr(Y=y_i \mid X=x) \tag{2-18}$$

例如，基于表 2-3 中的条件分布，给定"使用的是旧网络"的条件下，电脑网络连接失败的期望次数为 $E(M \mid A=0)=0\times0.70+1\times0.13+2\times0.10+3\times0.05+4\times0.02=0.56$。而给定"使用的是新网络"的条件下，电脑网络连接失败的期望次数为 $E(M \mid A=1)=0.14$，比旧网络连接失败的期望次数少。

给定 $X=x$ 时 Y 的条件期望是指，当 $X=x$ 时 Y 的平均值。如表 2-3 中的例子，旧网络连接失败的平均次数为 0.56，所以给定"使用的是旧网络"的条件下，Y 的条件期望为 0.56。类似地，新网络连接失败的平均次数为 0.14，即给定"使用的是新网络"的条件下，Y 的条件期望为 0.14。

期望迭代法则。Y 的均值等于给定 X 时 Y 的条件期望的加权平均值，权重为 X 的概率分布。例如，成年人的平均身高等于男性平均身高与女性平均身高的加权平均数，权重为男女人数的比例。用数学公式表示的话，若 X 有 l 种取值，x_1，x_2，…，x_l，则

$$E(Y)=\sum_{i=1}^{l} E(Y \mid X=x_i)\Pr(X=x_i) \tag{2-19}$$

式(2-19)可由式(2-17)和式(2-18)推导得到(参见习题 2.19)。

换言之，Y 的期望是给定 X 时 Y 的条件期望的期望，即

$$E(Y)=E[E(Y \mid X)] \tag{2-20}$$

其中，式(2-20)等号右边中括号内的期望是给定 X 时 Y 的条件期望，而中括号外的期望可通过 X 的边缘分布进行计算。式(2-20)通常称为**期望迭代法则**(law of iterated expectations)。

例如，电脑网络连接失败次数 M 的均值为给定旧网络条件下 M 的条件期望和给定新网络条件下 M 的条件期望的加权平均，即 $E(M)=E(M \mid A=0)\times\Pr(A=0)+E(M \mid A=1)\times\Pr(A=1)=0.56\times0.50+0.14\times0.50=0.35$。这便是 M 的边缘分布的均值，和式(2-2)的计算结果相同。

期望迭代法则意味着，如果给定 X 时 Y 的条件期望为 0，则 Y 的均值也为 0。这一结论可以从式(2-20)中推出：若 $E(Y \mid X)=0$，则 $E(Y)=E[E(Y \mid X)]=E(0)=0$。换句话说，如果给定 X 时 Y 的均值为 0，则其条件均值的概率加权平均值一定为 0，即 Y 的均值必然为 0。

期望迭代法则同样适用于给定多个随机变量为条件时的情形。例如，令 X、Y 和 Z 为联合分布的随机变量，则期望迭代法则意味着 $E(Y)=E[E(Y \mid X, Z)]$，其中 $E(Y \mid X, Z)$ 表示给定 X 和 Z 时 Y 的条件均值。例如，在表 2-3 电脑网络连接失败的例子中，令 P 表示使用该网络的人数，则 $E(M \mid A, P)$ 表示当网络年龄为 A 且有 P 个用户连接该网络时发生连接失败的期望次数。

电脑网络总共连接失败次数的期望 $E(M)$ 是给定网络年龄 A 且用户人数 P 时连接该网络时发生失败的期望次数的加权平均，其中权重为连接该网络时网络年龄为 A 且用户人数为 P 出现的次数占连接总次数的比例。

习题 2.20 给出了给定多个变量为条件时条件期望的其他性质。

条件方差。给定 X 时 Y 的方差是指给定 X 时 Y 的条件分布的方差。用数学公式表示的话，给定 X 时 Y 的**条件方差**(conditional variance)为

$$\operatorname{var}(Y \mid X=x)=\sum_{i=1}^{k}\left[y_i-E(Y \mid X=x)\right]^2 \Pr(Y=y_i \mid X=x) \tag{2-21}$$

例如，当使用旧网络时，网络连接失败次数的条件方差为 $\operatorname{var}(M \mid A=0)=(0-0.56)^2\times0.70+(1-0.56)^2\times0.13+(2-0.56)^2\times0.10+(3-0.56)^2\times0.05+(4-0.56)^2\times0.02\approx0.99$。因此，给定 $A=0$ 时 M 的条件分布的标准差是 $\sqrt{0.99}=0.99$。给定 $A=1$ 时，M 的条件方差可以参见表 2-3 中 B 部分第二行的分布的方差，为 0.22，所以当使用新网络时 M 的条件标准差为 $\sqrt{0.22}=0.47$。对于表 2-3 中的条件分布，新网络连接失败的期望次数(0.14)小于旧网络连接失败的期望次数(0.56)，同时，衡量网络连接失败次数的分布离散程度的条件标准差，新网络(0.47)也小于旧网络(0.99)。

贝叶斯法则。贝叶斯法则(Bayes' rule)认为在给定 X 时 Y 的条件概率为给定 X 时的条件概率乘以 Y 和 X 的相对边缘概率

$$\Pr(Y=y \mid X=x)=\frac{\Pr(X=x \mid Y=y)\Pr(Y=y)}{\Pr(X=x)}\text{（贝叶斯法则）} \tag{2-22}$$

式(2-22)可以由式(2-17)所示的条件分布的定义得到，这意味着 $\Pr(X=x, Y=y)=\Pr(Y=y \mid X=x)\Pr(X=x)$，且 $\Pr(X=x, Y=y)=\Pr(X=x \mid Y=y)\Pr(Y=y)$。将这两个等式的右边部分相等并重新排列即可得到贝叶斯法则。

利用贝叶斯法则，借助于边缘概率，可以由逆条件概率推导出条件概率。例如，假设你告诉朋友你昨晚在写学期论文时网络连接失败了三次，而你的朋友知道你一半的时间在图书馆写论文，一半的时间在你的房间写论文。然后，你的朋友可以从表 2-3 中推断出，当你的网络连接失败 3 次时，昨晚你在房间里写论文的概率是 83%(习题 2.28)。

条件均值是最小均方误差预测值。条件均值在预测中起着重要作用，准确来讲，它是给定 $X=x$ 的条件下，Y 的最优预测。

统计预测问题的一个常见构想是，假设预测误差的成本随着误差平方的增加而增加。这种用平方误差衡量预测损失的原因是，预测中的小误差可能无关紧要，但在实际应用中，大误差可能会造成巨大损失。用数学公式表示，预测问题是：能最小化均方预测误差 $E[Y-g(X)]^2$ 的函数 $g(X)$ 是什么？答案是条件均值 $E(Y \mid X)$：在使用信息 X 的所有可能方法中，条件均值使均方预测误差最小。附录 2B 证明了这一结果。

2.3.3　独立性

若两个随机变量 X 和 Y 中某一个变量的取值无法提供关于另一个变量取值的相关信息，则这两个变量是**独立分布**(independently distributed)的，或者说两个变量是**独立的**(independent)。特别地，如果给定 X 时 Y 的条件分布与 Y 的边缘分布相等，则 X 和 Y 是独立的。换言之，如果 X 和 Y 是独立分布的，则对于 x 和 y 所有取值来说，有

$$\Pr(Y=y \mid X=x)=\Pr(Y=y)\ (X \text{ 和 } Y \text{ 独立}) \tag{2-23}$$

将式(2-23)代入式(2-17)，可以得到独立随机变量的另一种表述形式，即如果 X 和 Y 是独立的，则

$$\Pr(Y=y,\ X=x)=\Pr(X=x)\Pr(Y=y) \tag{2-24}$$

也就是说，两个独立随机变量的联合分布等于它们边缘分布的乘积。

2.3.4 协方差与相关系数

协方差。协方差是一种用来度量两个随机变量同时变动程度的指标。X 与 Y 的**协方差**(covariance)是指期望值 $E[(X-\mu_X)(Y-\mu_Y)]$，其中 μ_X 是 X 的均值，μ_Y 是 Y 的均值。协方差可以记作 $\text{cov}(X,\ Y)$ 或者 σ_{xy}。如果 X 可以取 l 个值，而 Y 可以取 k 个值，则协方差可以通过以下公式计算

$$\begin{aligned}\text{cov}(X,\ Y) &= \sigma_{xy} = E[(X-\mu_X)(Y-\mu_Y)] \\ &= \sum_{i=1}^{k}\sum_{j=1}^{l}(x_j-\mu_X)(y_i-\mu_Y)\Pr(X=x_j,\ Y=y_i)\end{aligned} \tag{2-25}$$

如果当 X 大于其均值(即 $X-\mu_X$ 为正)时，Y 也趋向大于其均值($Y-\mu_Y$ 为正)，而当 X 小于其均值($X-\mu_X$ 为负)时，Y 也小于其均值($Y-\mu_Y$ 为负)，在这两种情形下，$(X-\mu_X)$ 与 $(Y-\mu_Y)$ 的乘积为正，因此协方差为正。相反地，如果 X 和 Y 向相反的方向变动(X 变大时 Y 变小，反之亦然)，则协方差为负。最后，如果 X 和 Y 是独立的，则协方差为 0 (见习题 2. 19)。

相关系数。由于 X 和 Y 的协方差是 X 和 Y 对它们均值偏离程度的乘积，从而协方差的单位是 X 的单位乘以 Y 的单位。这个稍显麻烦的“单位”问题让我们难以解释协方差的数值含义。

相关系数是衡量 X 和 Y 之间依赖程度的另一个指标，它解决了协方差的“单位”问题。具体而言，X 与 Y 的**相关系数**(correlation)是 X 和 Y 的协方差除以它们的标准差

$$\text{corr}(X,\ Y)=\frac{\text{cov}(X,\ Y)}{\sqrt{\text{var}(X)\,\text{var}(Y)}}=\frac{\sigma_{XY}}{\sigma_X\sigma_Y} \tag{2-26}$$

因为式(2-26)中分子与分母的单位相同，两者的单位相互抵消了，因此相关系数是无单位的。如果 $\text{corr}(X,\ Y)=0$，则称随机变量 X 和 Y 是**不相关的**(uncorrelated)。

相关系数总是介于−1 和 1 之间，具体证明参见附录 2A。

$$-1 \leqslant \text{corr}(X,\ Y) \leqslant 1\ (\text{相关系数不等式}) \tag{2-27}$$

相关系数与条件均值。如果 Y 的条件均值不依赖于 X，则 Y 和 X 是不相关的，即

$$\text{如果 } E(Y \mid X)=\mu_Y,\ \text{则 } \text{cov}(X,\ Y)=0 \text{ 且 } \text{corr}(Y,\ X)=0 \tag{2-28}$$

我们接下来证明这一结论。首先，假设 Y 和 X 的均值均为 0，因此 $\text{cov}(Y,\ X)=E[(Y-\mu_Y)(X-\mu_X)]=E(YX)$。又因为 $E(Y \mid X)=0$，根据式(2-20)所示的期望迭代法则，有 $E(YX)=E[E(YX \mid X)]=E[E(Y \mid X)X]=0$，所以 $\text{cov}(Y,\ X)=0$。将 $\text{cov}(Y,\ X)=0$ 代入式(2-26)，可得式(2-28)中的结论。如果 Y 和 X 的均值都不为零，则可以先减去它们的均值，然后再通过上述步骤证明。

然而，上述结论反过来不一定成立，即当 X 和 Y 不相关时，给定 X 时 Y 的条件均值不依赖于 X 的结论不一定成立。换句话说，Y 的条件均值有可能是 X 的函数，但 Y 与 X 却是不相关的。相关的例子见习题 2. 23。

2.3.5　随机变量之和的均值与方差

两个随机变量 X 与 Y 之和的均值是二者均值的和

$$E(X+Y)=E(X)+E(Y)=\mu_X+\mu_Y \tag{2-29}$$

专栏 2-1

2015 年美国的收入分布情况

一些家长告诉孩子，如果他们接受高等教育，会比那些没有接受高等教育的人更容易找到一份更好、收入更高的工作。家长是正确的吗？大学毕业的工人和只有高中文凭的工人之间的收入分布有差异吗？如果有，差异有多大？有着相近教育背景的男性和女性的收入分布有差异吗？收入最高的女性大学毕业生与收入最高的男性大学毕业生的收入是否相同？

回答这些问题的一种方法是在给定所获得的最高学历（高中或本科学历）和性别的条件下，研究全职工人的收入分布。这四个条件分布如图 2-4 所示，其均值、标准差和条件分布的部分分位数在表 2-4 [⊖] 中给出。例如，一个最高学历为高中的女性其收入的条件均值 E(收入 | 最高学历 = 高中，性别 = 女) = 16.28 美元/小时。

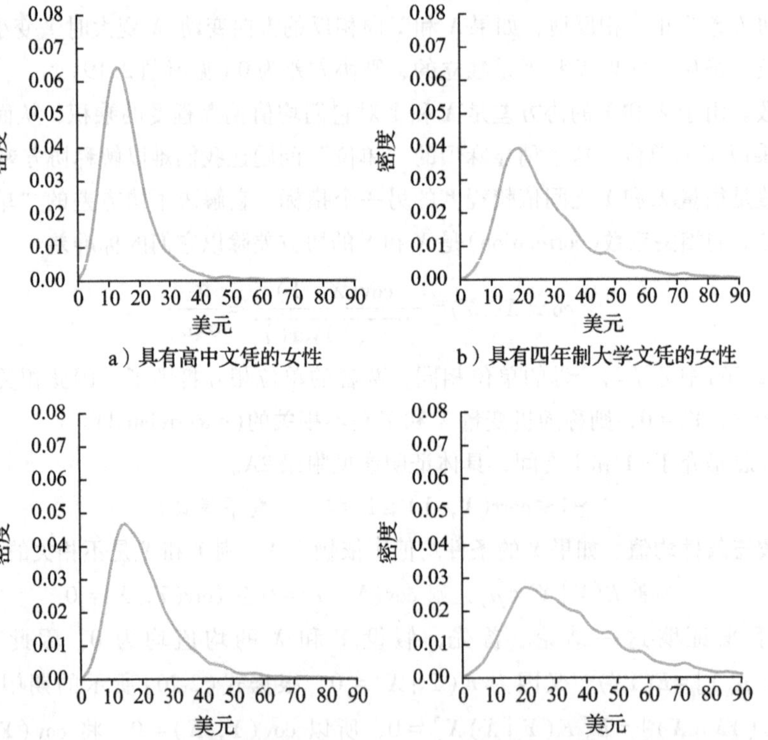

a）具有高中文凭的女性　b）具有四年制大学文凭的女性

c）具有高中文凭的男性　d）具有四年制大学文凭的男性

图 2-4　2015 年美国全职工人平均时薪的条件分布（给定教育水平和性别）

注：这四幅图分别是最高教育水平为高中的男性和女性的收入分别（图 a 和图 c），以及最高教育水平为四年制大学的男性和女性的收入分布（图 b 和图 d）。

⊖　这些分布根据 2016 年 3 月的人口调查数据计算得出，该调查数据将在附录 3A 中详细讨论。

表 2-4　2015 年美国全职工人平均时薪的条件分布（给定教育水平和性别）

（单位：美元）

	均值	标准差	分位数			
			25%	50%（中位数）	75%	90%
(a)具有高中文凭的女性	16.28	8.91	10.99	14.42	19.23	25.64
(b)具有四年制大学文凭的女性	27.23	16.18	16.83	23.56	33.65	47.6
(c)具有高中文凭的男性	21.22	11.96	13.22	19.12	26.10	36.06
(d)具有四年制大学文凭的男性	35.10	20.36	20.67	30.92	44.71	60.90

注：平均时薪收入为每年的税前工资、薪水、小费和奖金的总和除以每年工作的小时数。

女性大学毕业生的平均时薪分布（图 2-4b）位于仅有高中文凭的女性的平均时薪分布的右侧（图 2-4a）；同样的相对位置关系也可以从两组男性的平均时薪分布中看出（图 2-4d 和图 2-4c）。可见，无论对于男性还是女性，大学毕业生的平均收入水平更高（表 2-4 中的第一列数字）。有趣的是，用标准差度量的大学毕业生收入分布的离散程度大于高中毕业生。此外，无论男性还是女性，大学毕业生收入的 90%分位数都要远大于只拥有高中文凭的工人。最终的对比与此前家长的忠告相一致，即大学毕业生比高中毕业生拥有更多获得更高收入的工作机会。

这些分布的另一个特点是，在给定教育水平下，男性的收入分布位于女性收入分布的右侧。这种“性别差异”也是收入分布中的一个重要且令许多人担忧的问题。我们将会在本书以后章节中重新讨论这个问题。

重要概念 2-3　随机变量之和的均值、方差、协方差

令 X、Y 和 V 是随机变量，令 X 的均值为 μ_X、方差为 σ_X^2，X 和 Y 的协方差为 σ_{XY}（对于其他变量，以此类推），a、b 和 c 为常数，则由均值、方差和协方差的定义能够推导出式（2-30）～式（2-36）。

$$E(a+bX+cY)=a+b\mu_X+c\mu_Y \tag{2-30}$$

$$\text{var}(a+bY)=b^2\sigma_Y^2 \tag{2-31}$$

$$\text{var}(aX+bY)=a^2\sigma_X^2+2ab\sigma_{XY}+b^2\sigma_Y^2 \tag{2-32}$$

$$E(Y^2)=\sigma_Y^2+\mu_Y^2 \tag{2-33}$$

$$\text{cov}(a+bX+cV,\ Y)=b\sigma_{XY}+c\sigma_{VY} \tag{2-34}$$

$$E(XY)=\sigma_{XY}+\mu_X\mu_Y \tag{2-35}$$

$$|\text{corr}(X,\ Y)|\leqslant 1,\ 且\ |\sigma_{XY}|\leqslant\sqrt{\sigma_X^2\sigma_Y^2}\ (\text{相关系数不等式}) \tag{2-36}$$

X 和 Y 之和的方差等于它们方差的和加上协方差的两倍，即

$$\text{var}(X+Y)=\text{var}(X)+\text{var}(Y)+2\text{cov}(X,\ Y)=\sigma_X^2+\sigma_Y^2+2\sigma_{XY} \tag{2-37}$$

如果 X 与 Y 相互独立，则协方差为 0，两个变量之和的方差就等于其方差的和，即

$$\text{var}(X+Y)=\text{var}(X)+\text{var}(Y)=\sigma_X^2+\sigma_Y^2\ (\text{如果 } X \text{ 和 } Y \text{ 相互独立}) \tag{2-38}$$

有关随机变量加权和的期望、方差及协方差的公式见重要概念 2-3，其推导过程参见附录 2A。

2.4　正态分布、χ^2分布、学生 t 分布及 F 分布

在计量经济学中，最常见的概率分布是正态分布、χ^2 分布、学生 t 分布及 F 分布。

2.4.1　正态分布

服从**正态分布**(normal distribution)的连续型随机变量具有如图 2-5 所示的钟形概率密度曲线。附录 18A 给出了正态分布概率密度函数的具体函数形式。如图 2-5 所示，均值为 μ、方差为 σ^2 的正态分布概率密度曲线是关于均值对称的，且落入 $\mu-1.96\sigma$ 与 $\mu+1.96\sigma$ 之间的概率为 95%。

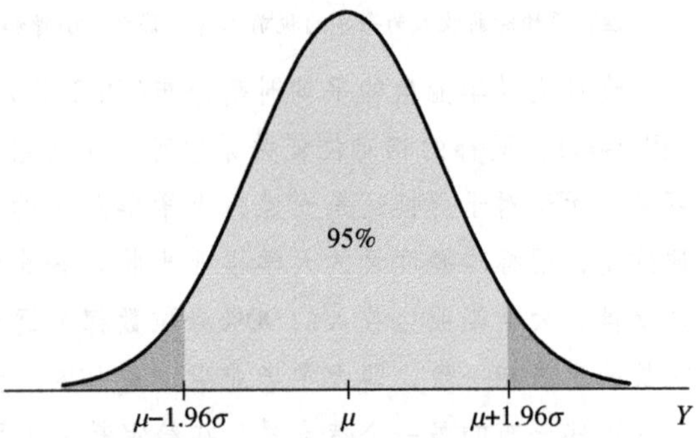

图 2-5　正态概率密度

注：均值为 μ、方差为 σ^2 的正态概率密度函数的形状为钟形曲线，中心为 μ。介于 $\mu-1.96\sigma$ 与 $\mu+1.96\sigma$ 之间且位于正态概率密度函数之下的那部分面积为 0.95。正态分布记作 $N(\mu, \sigma^2)$。

以下是一些关于正态分布的专用符号和术语。均值为 μ、方差为 σ^2 的正态分布可以简记为 $N(\mu, \sigma^2)$。**标准正态分布**(standard normal distribution)指的是均值 $\mu=0$、方差 $\sigma^2=1$ 的正态分布，记作 $N(0, 1)$。服从标准正态分布 $N(0, 1)$ 的随机变量通常被记作 Z，标准正态累积分布函数通常用希腊字母 Φ 表示，因此 $\Pr(Z\leqslant C)=\Phi(c)$，其中 c 为常数。标准正态累积分布函数的值见本书的附表 A-1。

重要概念 2-4　计算正态随机变量的概率

假设 Y 服从均值为 μ、方差为 σ^2 的正态分布，换句话说，Y 服从于 $N(\mu, \sigma^2)$。通过将 Y 减去其均值再除以其标准差，可将 Y 标准化，得到 $Z=\frac{Y-\mu}{\sigma}$。

令 c_1、c_2 表示两个数，其中 $c_1<c_2$，令 $d_1=\frac{c_1-\mu}{\sigma}$，$d_2=\frac{c_2-\mu}{\sigma}$，则

$$\Pr(Y\leqslant c_2)=\Pr(Z\leqslant d_2)=\Phi(d_2) \tag{2-39}$$

$$\Pr(Y\geqslant c_1)=\Pr(Z\geqslant d_1)=1-\Phi(d_1) \tag{2-40}$$

$$\Pr(c_1\leqslant Y\leqslant c_2)=\Pr(d_1\leqslant Z\leqslant d_2)=\Phi(d_2)-\Phi(d_1) \tag{2-41}$$

正态累积分布函数 Φ 的值参见附表 A-1。

为了查找具有一般均值和方差的正态随机变量的概率，我们需要先将其标准化，即减去其均值再除以其标准差。例如，假设 Y 服从 $N(1, 4)$，即 Y 服从于均值为 1、方差为 4 的正态分布，则 $Y\leqslant 2$ 的概率是多少呢？换言之，图 2-6a 中阴影部分所示的面积是多少呢？首先将 Y 标准化，即 $\frac{Y-1}{\sqrt{4}}=\frac{1}{2}(Y-1)$。因此，随机变量 $\frac{1}{2}(Y-1)$ 服从均值为 0、方差为 1 的正态分布(参见习题

2.8)，即服从如图 2-6b 所示的标准正态分布。现在 $Y\leqslant 2$ 等价于 $\frac{1}{2}(Y-1)\leqslant\frac{1}{2}(2-1)$，即 $\frac{1}{2}(Y-1)\leqslant\frac{1}{2}$，因此

$$\Pr(Y\leqslant 2)=\Pr\left[\frac{1}{2}(Y-1)\leqslant\frac{1}{2}\right]=\Pr\left(Z\leqslant\frac{1}{2}\right)=\Phi(0.5)=0.691 \tag{2-42}$$

其中，数值 0.691 根据附表 A-1 得到。

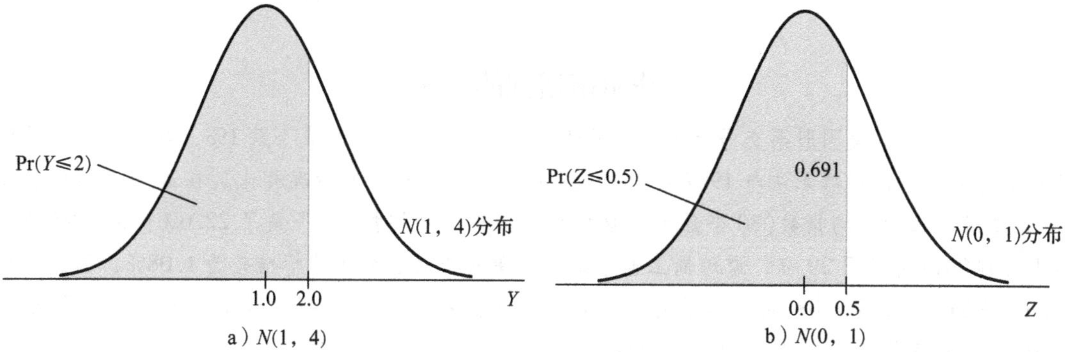

图 2-6　当 Y 服从 $N(1,4)$ 时，计算 $Y\leqslant 2$ 的概率

注：为了计算 $\Pr(Y\leqslant 2)$，首先需要将 Y 标准化，然后使用标准正态分布表进行计算。通过减去均值($\mu=1$)并除以标准差($\sigma=2$)，可以将 Y 标准化。$Y\leqslant 2$ 的概率如图 2-6a 所示，Y 标准化后对应的概率如图 2-6b 所示。由于标准化后的随机变量 $\frac{Y-1}{2}$ 是标准正态随机变量(Z)，因此 $\Pr(Y\leqslant 2)=\Pr\left[\frac{Y-1}{2}\leqslant\frac{2-1}{2}\right]=\Pr(Z\leqslant 0.5)$。由附表 A-1 可知，$\Pr(Z\leqslant 0.5)=\Phi(0.5)=0.691$。

我们可以通过同样的方法计算出服从正态分布的随机变量大于某个值或者位于某个区间之内的概率，计算步骤详见重要概念 2-4。专栏 2-2 “华尔街糟糕的一天” 描述了一个累积正态分布的特殊应用。

正态分布是对称的，其偏度为 0，峰度为 3。

多维正态分布。可以将正态分布推广到描述一组随机变量联合分布的情形。在这种情形下的分布被称为**多维正态分布**(multivariate normal distribution)，或者，若只考虑两个变量，则称为**二维正态分布**(bivariate normal distribution)。二维正态分布的概率密度函数公式见附录 18A，一般情形下的多维正态分布的概率密度函数公式见附录 19B。

多维正态分布有四个重要特征。如果 X 和 Y 服从协方差为 σ_{XY} 的二维正态分布，a 和 b 是常数，则 $aX+bY$ 服从正态分布，即

$$aX+bY \text{ 服从 } N(a\mu_X+b\mu_Y,\ a^2\sigma x^2+b^2\sigma_Y^2+2ab\sigma_{XY})$$
$$(X,\ Y \text{ 为二维正态分布}) \tag{2-43}$$

更一般地，如果 n 个随机变量服从多维正态分布，则这些变量的任意线性组合(如它们的和)也服从正态分布。

第二，如果一组变量服从多维正态分布，则其中每个变量的边缘分布都为正态分布(例如，通过设置 $a=1$ 和 $b=0$，可从式(2-43)中得出)。

第三，如果服从多元正态分布的变量之间的协方差为 0，则这些变量是相互独立的。因此，如果 X 和 Y 服从二维正态分布且 $\sigma_{XY}=0$，则 X 和 Y 相互独立。我们在 2.3 节中已指出，如果 X

和 Y 是相互独立的，则无论它们的联合分布是什么，其协方差 σ_{XY} 都等于0。然而，如果 X 和 Y 服从联合正态分布，则上述命题反过来也成立。这一结论，即协方差为0意味着独立性，是多维正态分布的特殊性质，但对一般分布而言并不适用。

第四，如果 X 和 Y 服从二维正态分布，则给定 X 时 Y 的条件期望是 X 的线性函数，即 $E(Y|X=x)=a+bx$，其中 a 和 b 为常数（参见习题18.11）。联合正态分布意味着条件期望是线性的，但条件期望为线性并不意味着变量服从联合正态分布。

专栏2-2

华尔街糟糕的一天

在某一天内，美国股票交易市场中交易的股票总价值可以上涨或下跌1%，甚至更多。尽管这一数量很大，但仍然无法与1987年10月19日星期一所发生的情况相比。在这个“黑色星期一”，道琼斯工业平均指数（30个最大工业类股票价格的平均指数）下跌了22.6%！从1980年1月1日到2017年9月29日，道琼斯工业平均指数单日变动百分比的标准差为1.08%，因此下跌22.6%是21（=22.6/1.08）倍标准差的负回报。这一暴跌可以从图2-7中看出，该图刻画了20世纪80年代道琼斯工业平均指数的日变化率。

如果单日股价变动的百分比服从正态分布，则至少变动21个标准差的概率是 $\Pr(|Z|\geqslant 21)=2\Phi(-21)$。你会发现在附表A-1中无法找到这个值，但可以通过电脑计算出来（试试看！）。这一概率值是 6.6×10^{-98}，即0.000…000 66，总共有97个零！

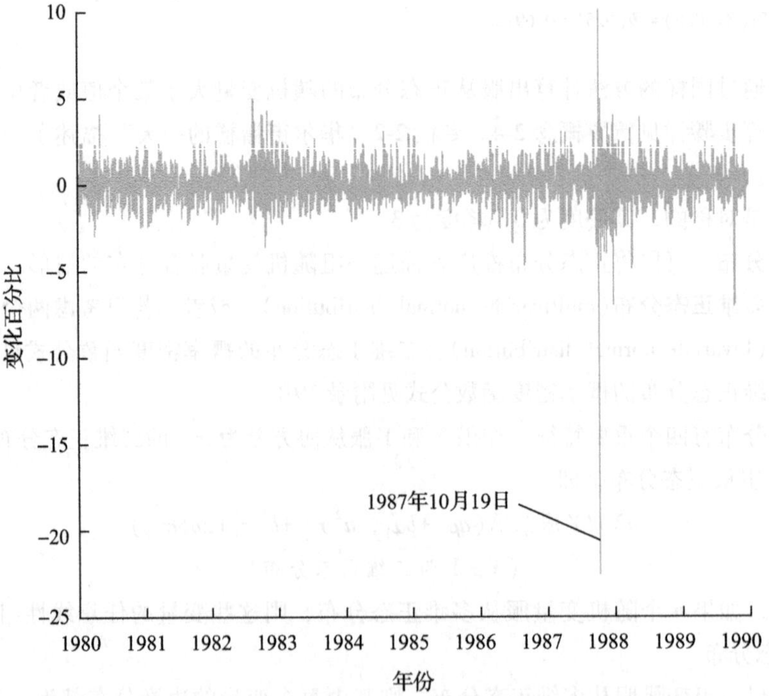

图2-7　20世纪80年代道琼斯工业平均指数的日百分比变动

注：1980年1月到2017年9月，道琼斯工业平均指数的平均日百分比变动为0.04%，标准差为1.08%。而在1987年10月19日（“黑色星期一”）下跌了22.6%，为标准差的21倍。

6.6×10^{-98} 有多小呢？可以考虑以下情形：

- 世界总人口大约是 76 亿，在这些人中随机中一次彩票的概率是 76 亿分之一，或者 1.3×10^{-10}。
- 通常认为宇宙已经存在了 140 亿年，或大约 5×10^{17} 秒，因此从计时开始的所有秒数中随机抽取其中一秒的概率是 2×10^{-18}。
- 距离地球表面 1 000 米处大约存在着 10^{43} 个气体分子，随机抽取其中一个的概率是 10^{-43}。

虽然华尔街经历了糟糕的一天，但事实上这一情形发生的概率要大于 6.6×10^{-98}。实际上，大幅度的股价波动（无论是涨还是跌）出现的次数非常多，从而不能将其视为一个不变方差的正态分布。表 2-5 列举了 1980 年 1 月 1 日至 2017 年 9 月 29 日期间共 9 521 个交易日中道琼斯工业平均指数单日价格百分比变动最大的 10 个，同时给出了使用该期间的均值和方差计算得到的标准化后的变化情况。这 10 次的变动幅度都超过了 6.6 倍标准差，对于正态分布而言，这种情形是极为罕见的。

表 2-5　1980 年 1 月至 2017 年 9 月道琼斯工业平均指数最大的 10 次日百分比变动以及变动幅度高于这些变动的正态概率

日期	百分比变动(x)	标准化后的变动 $z=(x-\mu)/\sigma$	变动幅度至少为这么大的正态概率 $\Pr(\lvert Z\rvert \geqslant \lvert z\rvert)=2\Phi(-\lvert z\rvert)$
1987 年 10 月 19 日	−22.6	−21.0	6.6×10^{-98}
2008 年 10 月 13 日	11.1	10.2	1.5×10^{-24}
2008 年 10 月 28 日	10.9	10.0	1.0×10^{-23}
1987 年 10 月 21 日	10.1	9.4	7.7×10^{-21}
1987 年 10 月 26 日	−8.0	−7.5	7.2×10^{-14}
2008 年 10 月 15 日	−7.9	−7.3	2.3×10^{-13}
2008 年 12 月 1 日	−7.7	−7.2	7.4×10^{-13}
2008 年 10 月 9 日	−7.3	−6.8	8.5×10^{-12}
1997 年 10 月 27 日	−7.2	−6.7	2.2×10^{-11}
2001 年 9 月 17 日	−7.1	−6.6	3.1×10^{-11}

显然，股价变动百分比所服从的分布比正态分布有着更厚的尾部。为此，金融专家采用其他模型描述股票价格的变动。其中一个模型假设股价变动服从正态分布，但其方差随着时间的变化而变化，类似 1987 年 10 月和 2008 年秋季金融危机期间的股价波动会比其他时间段更大（时变方差模型将在第 17 章中讨论）。另外一些模型则摒弃正态分布，转而采用厚尾分布，这种思想在纳西姆·塔勒布（Nassim Taleb）2007 年所著的《黑天鹅》（*The Black Swan*）一书中非常流行。这些模型与我们在华尔街实际看到的那些暴涨暴跌的情形更相符。

2.4.2 χ^2分布

χ^2分布通常应用于统计学和计量经济学中某些类型的假设检验。

m 个独立的标准正态随机变量的平方和服从**χ^2分布**（chi-squared distribution），这一分布依赖于 m，m 也被称为χ^2分布的自由度。例如，令 Z_1、Z_2、Z_3 为三个独立的标准正态随机变量，则有 $Z_1^2+Z_2^2+Z_3^2$ 服从自由度为 3 的χ^2分布。这一分布的名称源于用于表示该分布的希腊字母：自由

度为 m 的 χ^2 分布记作 χ_m^2。

χ_m^2 分布的某些百分位数可以参见附表 A-3。例如，通过附表 A-3，我们可以知道 χ_3^2 分布的 95%分位数为 7.81，因此 $\Pr(Z_1^2+Z_2^2+Z_3^2 \leq 7.81)=0.95$。

2.4.3 学生 *t* 分布

令 Z 为一个标准正态随机变量，W 为一个自由度为 m 的 χ^2 分布随机变量，且 Z 和 W 相独立，则随机变量 $\frac{Z}{\sqrt{\frac{W}{m}}}$ 服从自由度为 m 的**学生 *t* 分布**（也称 ***t* 分布**（*t* distribution））。这一分布记作 t_m。*t* 分布的某些百分位数可以参见附表 A-2。

学生 t 分布依赖于自由度 m，因此 t_m 分布的 95%分位数依赖于自由度 m。学生 t 分布有类似于正态分布的钟形形状，但它的尾部更厚，即它的钟形形状比正态分布更“胖”。当 m 大于等于 30 时，学生 t 分布与标准正态分布非常近似，且 t_∞ 分布等同于标准正态分布。

2.4.4 *F* 分布

自由度为 m 和 n 的 ***F* 分布**（*F* distribution），记作 $F_{m,n}$，被定义为自由度为 m 的 χ^2 分布随机变量与其自由度 m 的商，和另一个与之独立的自由度为 n 的 χ^2 分布随机变量与其自由度 n 的商的比值所服从的分布。用数学公式表述的话，令 W 是自由度为 m 的 χ^2 分布随机变量，V 是自由度为 n 的 χ^2 分布随机变量，且 W 与 V 相独立，则 $\frac{\frac{W}{m}}{\frac{V}{n}}$ 服从于 $F_{m,n}$ 分布，即 F 分布的分子自由度为 m，分母自由度为 n。

在统计学和计量经济学中，F 分布的一个重要特例就是当分母自由度足够大时，分布 $F_{m,n}$ 可以用 $F_{m,\infty}$ 近似。在这一极限情形中，分母的随机变量 V/n 表示无限个标准正态随机变量平方和的均值。由于标准正态随机变量的平方的均值为 1，则平方和的均值也为 1（见习题 2.24）。因此 $F_{m,\infty}$ 分布可表述为自由度为 m 的 χ^2 随机变量除以 m 的分布，即 W/m 服从 $F_{m,\infty}$ 分布。举例而言，从附表 A-4 中可知，$F_{3,\infty}$ 分布的 95%分位数为 2.60，与 χ_3^2 分布的 95%分位数 7.81（由附表 A-2 可知）除以其自由度 3 的值相同（$7.81 \div 3 = 2.60$）。

给定自由度 m 和 n 的值时，$F_{m,n}$ 分布的 90%、95%和 99%分位数参见附表 A-5。例如，$F_{3,30}$ 分布的 95%分位数为 2.92，$F_{3,90}$ 的 95%分位数为 2.71。当分母自由度 n 增大时，$F_{3,n}$ 分布的 95%分位数趋近于分布 $F_{3,\infty}$ 的 95%分位数的极限值 2.60。

2.5 随机抽样与样本均值的抽样分布

本书中几乎所有用到的统计学和计量经济学方法都涉及样本数据的平均值或加权平均值。因此刻画样本均值的分布特征是理解计量经济学方法优劣的必要环节。

本节将介绍有关随机抽样和贯穿全书始终的均值分布的一些基本概念。我们从讨论随机抽样开始。随机抽样行为(即从较大总体中随机地抽取样本)使得样本均值本身成为随机变量。由于样本均值是随机变量，因此它有概率分布，一般称为抽样分布。本节最后讨论样本均值抽样分布的一些特性。

2.5.1 随机抽样

简单随机抽样。假设 2.1 节中开车上学的学生立志成为一名统计学家，并决定记录她在不同日期开车上学的通勤时间，她从一个学年内随机地抽取了某些天，每天通勤时间的累积分布函数如图 2-2a 所示。由于这些天是随机抽取的，因此知道其中某天的通勤时间对了解其他几天的通勤时间不能提供任何信息；换言之，由于这些天是随机抽取的，因此不同天的通勤时间的取值是相互独立的随机变量。

前面所述的案例是统计学中最简单的一种抽样方案，称为**简单随机抽样**(simple random sampling)，即从**总体**(population)(通勤天数的总体)中随机抽取 n 个样本，且总体中的每一个体(每一天)都有相等的可能性被抽中。

将样本中的 n 个观测值记作 Y_1，Y_2，…，Y_n，其中 Y_1 为第一个观测值，Y_2 是第二个观测值，以此类推。在开车上学的例子中，Y_1 表示这位学生在 n 次随机抽样中第一次抽中的那一天的通勤时间，Y_i 表示在第 i 次随机抽中的那一天的通勤时间。

因为样本中的个体是随机抽取的，从而观测值 Y_1，Y_2，…，Y_n 本身也是随机的。随机抽样意味着 Y_1，Y_2，…，Y_n 可以被视为随机变量。在抽样之前，Y_1，Y_2，…，Y_n 可以取许多不同的可能值，而在抽样之后，每一个观测就只对应一个特定值。

独立同分布抽样。由于 Y_1，Y_2，…，Y_n 都是随机地从同一总体中抽取，因此对于 $i=1$，2，…，n，Y_i 的边缘分布都是相同的。该边缘分布就是抽样总体 Y 的分布。对于 $i=1$，2，…，n，当 Y_i 有相同的边缘分布时，称 Y_1，Y_2，…，Y_n 是**同分布**(identically distributed)。

在简单随机抽样下，已知 Y_1 的取值无法提供任何关于 Y_2 取值的信息，所以给定 Y_1 取值时 Y_2 的条件分布等同于 Y_2 的边缘分布。换句话说，在简单随机抽样下，Y_1，Y_2，…，Y_n 是独立分布的。

当 Y_1，Y_2，…，Y_n 从同一分布中抽取并相互独立时，则称它们为**独立同分布**(independently and identically distributed，i.i.d.)。

关于简单随机抽样和独立同分布的总结参见重要概念 2-5。

重要概念 2-5　简单随机抽样和独立同分布的随机变量

在简单随机抽样中，从总体中随机抽取 n 个个体，每一个个体被抽中的可能性相同。将第 i 次抽中的随机变量 Y 的值记作 Y_i。由于每个个体被抽中的可能性相同，且对所有的 i 而言，Y_i 的分布都是相同的，所以随机变量 Y_1，Y_2，…，Y_n 是独立同分布的(i.i.d.)。也就是说，对于所有的 $i=1$，2，…，n，Y_i 的分布都相同，且 Y_1 与 Y_2，Y_3，…，Y_n 独立，以此类推。

2.5.2 样本均值的抽样分布

n 个观测值 Y_1，Y_2，…，Y_n 的**样本平均数**(sample average)或**样本均值**(sample mean)$\overline{Y}$ 为

$$\overline{Y}=\frac{1}{n}(Y_1+Y_2+\cdots+Y_n)=\frac{1}{n}\sum_{i=1}^{n}Y_i \tag{2-44}$$

随机抽样使得样本均值 $\overline{Y}$ 成为一个随机变量。因为样本是随机抽取的，所以每一个 Y_i 的值是随机的。又由于 Y_1，Y_2，…，Y_n 都是随机的，因此它们的平均数也是随机的。当抽取一组不同的样本时，其观测值和样本均值也会不同：一组随机抽样的 $\overline{Y}$ 与另一组随机抽样的 $\overline{Y}$ 不同。

例如，假设学生随机抽取 5 天来记录开车上学的通勤时间，然后计算这 5 次通勤时间的平均值。然而，如果她选择了另外 5 天，那么她将会记录 5 个不同的通勤时间，计算出来的样本平均值也将不同。

由于 $\overline{Y}$ 是随机的，它有一个概率分布。$\overline{Y}$ 的分布被称为 $\overline{Y}$ 的**抽样分布**(sampling distribution)，这是因为该分布是与 $\overline{Y}$ 的可能值相关的概率分布，其中 $\overline{Y}$ 的可能值可通过对不同的可能样本 Y_1，Y_2，…，Y_n 计算得到。

平均值和加权平均值的抽样分布在统计学和计量经济学中具有非常重要的核心地位。下面我们首先从计算 $\overline{Y}$ 的均值和方差入手来讨论 $\overline{Y}$ 的抽样分布。

$\overline{Y}$ 的均值和方差。假设观测值 Y_1，Y_2，…，Y_n 是独立同分布的，令 μ_Y 和 σ_Y^2 分别表示 Y_i 的均值和方差(因为观测值为独立同分布，所以对于所有的 $i=1$，2，…，n，均值和方差是相同的)。当 $n=2$ 时，Y_1+Y_2 的均值通过式(2-29)可计算得出：$E(Y_1+Y_2)=\mu_Y+\mu_Y=2\mu_Y$。因此，样本平均数的均值等于 $E\left[\frac{1}{2}(Y_1+Y_2)\right]=\frac{1}{2}\times 2\mu_Y=\mu_Y$。一般而言

$$E(\overline{Y})=\frac{1}{n}\sum_{i=1}^{n}E(Y_i)=\mu_Y \tag{2-45}$$

$\overline{Y}$ 的方差可以通过式(2-38)计算得出。例如，当 $n=2$ 时，$\mathrm{var}(Y_1+Y_2)=2\sigma_Y^2$，因此 $\mathrm{var}(\overline{Y})=\frac{1}{2}\sigma_Y^2$[利用式(2-32)，并假定 $a=b=\frac{1}{2}$，且 $\mathrm{cov}(Y_1, Y_2)=0$]。对于更一般的 n，由于 Y_1，Y_2，…，Y_n 独立同分布，因此对于所有的 $i\neq j$ 而言，Y_i 和 Y_j 都是相互独立的，故 $\mathrm{cov}(Y_i, Y_j)=0$。因此

$$\mathrm{var}(\overline{Y})=\mathrm{var}\left(\frac{1}{n}\sum_{i=1}^{n}Y_i\right)=\frac{1}{n^2}\sum_{i=1}^{n}\mathrm{var}(Y_i)+\frac{1}{n^2}\sum_{i=1}^{n}\sum_{j=1, i\neq j}^{n}\mathrm{cov}(Y_i, Y_j)=\frac{\sigma_Y^2}{n} \tag{2-46}$$

$\overline{Y}$ 的标准差是方差的平方根，即 $\frac{\sigma_Y}{\sqrt{n}}$。

总之，假设观测值 Y_1，Y_2，…，Y_n 是独立同分布的，$\overline{Y}$ 的均值、方差和标准差为

$$E(\overline{Y})=\mu_Y \tag{2-47}$$

$$\mathrm{var}(\overline{Y})=\sigma_{\overline{Y}}^2=\frac{\sigma_Y^2}{n} \tag{2-48}$$

$$\mathrm{std.\ dev}(\overline{Y})=\sigma_{\overline{Y}}=\frac{\sigma_Y}{\sqrt{n}} \tag{2-49}$$

上述结论对于 Y 的任意分布都成立。也就是说，要使得式(2-47)～式(2-49)成立，Y 并不需要服从某些特定的分布(如正态分布)。

符号 $\sigma_{\overline{Y}}^2$ 表示样本均值 $\overline{Y}$ 的抽样分布的方差。与此不同，σ_Y^2 表示的是每个 Y_i 的方差，即总

体分布的方差。类似地，$\sigma_{\bar{Y}}$ 表示 $\bar{Y}$ 的抽样分布的标准差。

专栏 2-3

投资分散化和资产组合

投资分散化原则认为，相对于将所有的钱用来购买单独一种资产，持有小额且多样的资产能够降低风险。因此，你不应该把所有的鸡蛋放在同一个篮子里。

分散化投资风险的数学表达可以根据式(2-46)推导而来。假设你将 1 美元进行等分并投资于 n 种资产。令 Y_i 表示一年后第 i 种资产的收益情况。因为你对每种资产都投资了 $1/n$ 美元，你的资产组合在一年后的实际收益情况为 $\frac{Y_1+Y_2+\cdots+Y_n}{n}=\bar{Y}$。为了简化例子，这里假设每一种资产的期望收益为 μ_Y，方差为 σ^2，同时每两种资产之间都存在着相同的正相关系数 ρ[因此 $\operatorname{cov}(Y_i, Y_j)=\rho\sigma^2$]。这样一来，期望收益为 $E(\bar{Y})=\mu_Y$，同时当 n 很大时，资产组合收益的方差为 $\operatorname{var}(\bar{Y})=\rho\sigma^2$(习题 2.26)。将所有的钱投资于一项资产与将钱同等地分散于 n 项资产具有相同的期望收益，但分散化投资使方差从 σ^2 减少到了 $\rho\sigma^2$。

分散化投资的数学逻辑引致了一些金融产品的诞生，如股票型共同基金。这种基金持有多种股票，而投资者持有基金份额，这就使得投资者能够持有小额且数量众多的股票。但分散化投资也有着自身的局限性：对许多资产而言，收益情况是正相关的，因此即使 n 很大，$\operatorname{var}(\bar{Y})$ 依然为正。在上述股票的例子中，可以通过持有资产组合来降低风险，但资产组合仍然会受到整体股票市场中无法预测的波动的影响。

当 Y 服从正态分布时 $\bar{Y}$ 的抽样分布。假设 Y_1，Y_2，…，Y_n 是独立同分布，且是从正态分布 $N(\mu_Y, \sigma_Y^2)$ 中抽取的。正如式(2-43)所示，n 个正态分布随机变量的和也服从正态分布。由于 $\bar{Y}$ 的均值为 μ_Y，方差为 $\frac{\sigma_Y^2}{n}$，这就意味着如果 Y_1，Y_2，…，Y_n 是独立同分布且从正态分布 $N(\mu_Y, \sigma_Y^2)$ 中抽取，则 $\bar{Y}$ 服从正态分布 $N\left(\mu_Y, \frac{\sigma_Y^2}{n}\right)$。

2.6 抽样分布的大样本近似

抽样分布在统计学和计量经济学的发展过程中起着至关重要的作用，因此从数学意义上去了解 $\bar{Y}$ 的抽样分布是非常重要的。刻画抽样分布的方法有两种："精确"法和"近似"法。

"精确"法要求推导出对任意的 n 都精确成立的抽样分布公式。对任意的 n 都能够精确描述出 $\bar{Y}$ 分布情况的抽样分布，被称为 $\bar{Y}$ 的**精确分布**(exact distribution)或**有限样本分布**(finite-sample distribution)。例如，如果 Y 服从正态分布，且 Y_1，Y_2，…，Y_n 是独立同分布，则 $\bar{Y}$ 的精确分布是均值为 μ_Y、方差为 $\frac{\sigma_Y^2}{n}$ 的正态分布(如 2.5 节所讨论的)。不幸的是，如果 Y 不服从正态分布，

则 $\overline{Y}$ 的精确抽样分布通常会非常复杂，同时依赖于 Y 的分布情况。

"近似"法是指当样本容量较大时，利用数学近似来描述抽样分布。抽样分布的大样本近似分布通常被称为**渐近分布**(asymptotic distribution)，称其为"渐近"是因为当 n 趋近于∞时，近似是精确的。在本节中，我们可以看到，即使样本总量只有 $n=30$，这种近似也可能是相当精确的。因为计量经济学中所用到的样本容量通常以百、千计，所以这些渐近分布能够为精确抽样分布提供一个很好的近似。

本节给出了讨论大样本条件下渐近分布的两个重要工具：大数定律和中心极限定理。大数定律认为，当样本容量很大时，$\overline{Y}$ 以很高的概率逼近 μ_Y。中心极限定理认为，当样本容量很大时，标准化后的样本均值 $\dfrac{\overline{Y}-\mu_Y}{\sigma_{\overline{Y}}}$ 的抽样分布近似地服从正态分布。

虽然精确抽样分布非常复杂，且依赖于 Y 的分布，但渐近分布是相对简单的。另外，更重要的是，$\dfrac{\overline{Y}-\mu_Y}{\sigma_{\overline{Y}}}$ 的渐近正态分布并不依赖于 Y 的分布。这种渐近正态分布使问题大大简化，也构成了本书回归理论的基础。

2.6.1　大数定律和一致性

大数定律(law of large numbers)认为，在一般条件下，当 n 很大时，$\overline{Y}$ 以很高的概率逼近 μ_Y，有时也称"平均值定律"。当我们计算具有相同均值的大量随机变量的平均值时，大值和小值相互抵消，从而样本均值接近于它们共同的均值。

举例说明，考虑学生开车上学例子的简化版本：她只记录通勤时间是短(小于等于 20 分钟)还是长。当随机选取的第 i 天通勤时间短时，令 Y_i 等于 1，反之则等于 0。因为她使用的是简单随机抽样，所以 Y_1，Y_2，…，Y_n 为独立同分布。因此，Y_1，Y_2，…，Y_n 可以看作取自伯努利随机变量的独立同分布样本，其中 $Y_i=1$ 的概率为 0.78(由表 2-2 可知)。因为伯努利随机变量的期望恰好等于其成功的概率，$E(Y_i)=\mu_Y=0.78$。样本均值 $\overline{Y}$ 是其样本中通勤时间短的天数所占的比例。

重要概念 2-6　依概率收敛、一致性和大数定律

如果当 n 增大时，对于任意的常数 $c>0$，$\overline{Y}$ 落入 μ_Y-c 和 μ_Y+c 之间的概率充分接近于 1，则称样本均值 $\overline{Y}$ 依概率收敛于 μ_Y(或等价地，$\overline{Y}$ 是 μ_Y 的一致估计量)。$\overline{Y}$ 依概率收敛于 μ_Y 可记作 $\mu_Y \xrightarrow{p} \mu_Y$。

大数定律认为，如果 Y_1，Y_2，…，Y_n 是独立同分布的，$E(Y_i)=\mu_Y$ 且不存在大的异常值 $[\mathrm{var}(Y_i)=\sigma_Y^2<\infty]$，则 $\overline{Y}\xrightarrow{p}\mu_Y$。

图 2-8 描绘了在不同样本容量 n 下 $\overline{Y}$ 的抽样分布情况。当 $n=2$ 时(见图 2-8a)，$\overline{Y}$ 只能取三个值：0、1/2 和 1(两天的通勤时间都长，一天长一天短，两天的通勤时间都短)，其中没有一个接近总体的真实均值 0.78。然而，当 n 增大时(见图 2-8b～图 2-8d)，$\overline{Y}$ 可以取更多的值，同时抽样分布会更紧密地集中在 μ_Y 附近。

$\overline{Y}$ 接近于 μ_Y 的概率随着 n 的增大接近于 1 的这一性质被称为**依概率收敛**(convergence in

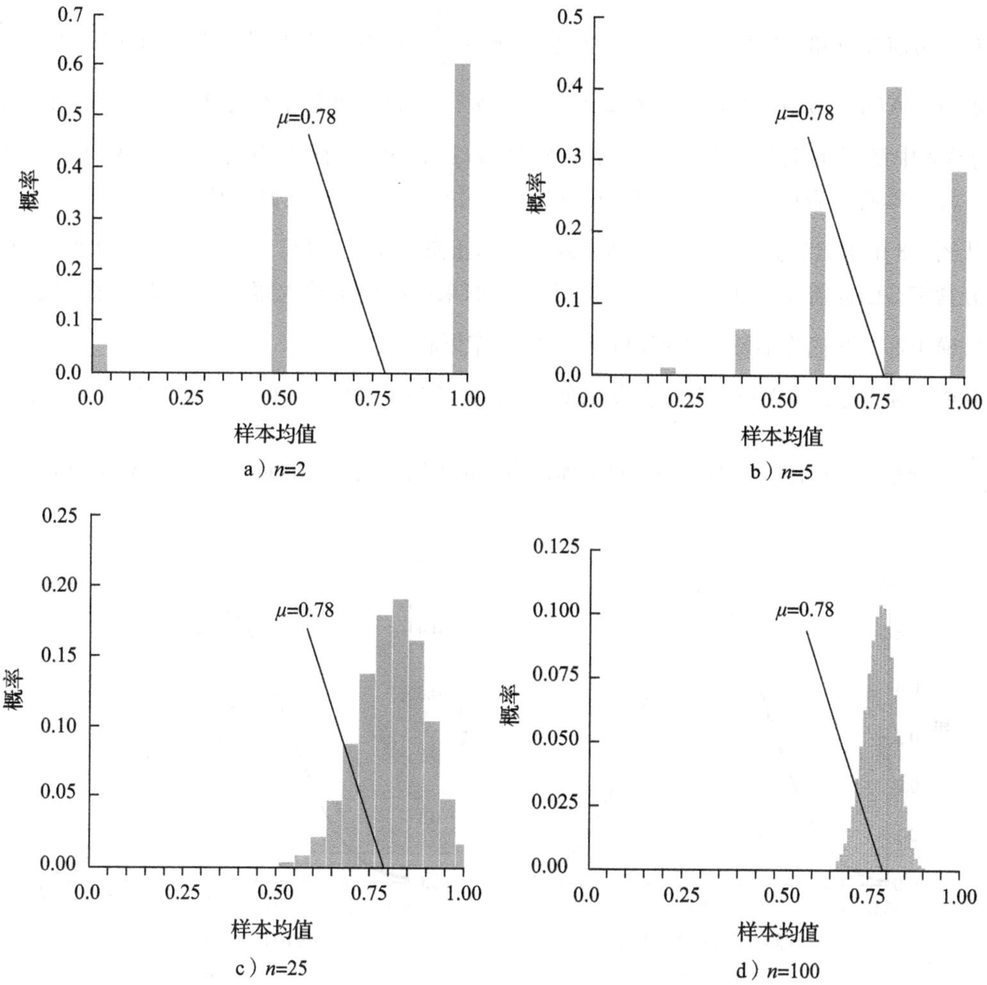

图 2-8　n 个伯努利随机变量样本均值的抽样分布

注：上述分布是 n 个 $p=\Pr(Y_i=1)=0.78$(通勤时间短的概率为 78%)的独立伯努利随机变量样本均值 $\bar{Y}$ 的抽样分布。随着样本 n 的增大，$\bar{Y}$ 的抽样分布的方差逐渐减小，因此抽样分布越来越紧密地聚集在均值 $\mu=0.78$ 附近。

probability)，或简称**一致性**(见重要概念 2-6)。大数定律认为，在某些条件下，Y 依概率收敛于 μ_Y，或等价地，$\bar{Y}$ 是 μ_Y 的一致估计量。

在本书中，满足大数定律所要求的条件是，对于 Y_1，Y_2，…，Y_n 是独立同分布的，且 Y_i 的方差 σ_Y^2 有界。这些条件的作用及大数定律的证明见 18.2 节。如果样本是简单随机抽取的，则独立同分布假设成立。关于方差有界的假设认为，Y_i 的极端值(即大的异常值)是不太可能出现的，也很少会被观测到，否则，这些极端值会影响 $\bar{Y}$，从而使样本平均值不再可靠。在本书的例子中，这一假设是合理的。例如，由于学生的通勤时间是有上限的(如果交通情况糟糕透顶，则她可以步行上学)，因此通勤时间的分布的方差是有界的。

2.6.2　中心极限定理

中心极限定理(central limit theorem)认为，在一般条件下，当 n 很大时，$\bar{Y}$ 的分布近似于正态分布。由前面可知，$\overline{Y}$ 的均值为 μ_Y，方差为 $\sigma_{\overline{Y}}^2=\frac{\sigma_Y^2}{n}$。根据中心极限定理，当 n 很大时，$\overline{Y}$ 的分布近似于 $N(\mu_Y, \sigma_{\overline{Y}}^2)$。如同我们在 2.5 节最后所讨论的，如果样本是从服从正态分布 $N(\mu_Y, \sigma_Y^2)$ 的总体中随机抽取的，则 $\overline{Y}$ 的分布恰好是 $N(\mu_Y, \sigma_{\overline{Y}}^2)$。而中心极限定理认为，即使 Y_1，Y_2，…，Y_n 本身不服从正态分布，但当 n 很大时，上述结论依然近似正确。

从图 2-8 中可以看到 $\overline{Y}$ 的分布逐渐收敛到钟形正态分布的过程。然而，当 n 很大时，分布变得十分紧密，因此需要仔细分辨才能看得出来。如果能够借助放大镜或用其他方法放大或者直接扩大横坐标，我们将能够更清楚地看清 $\overline{Y}$ 的分布形状。

其中一种方法是将 $\overline{Y}$ 标准化，使其均值为 0，方差为 1。这一过程使我们能够对 $\overline{Y}$ 标准化后，即 $\frac{\overline{Y}-\mu_Y}{\sigma_{\overline{Y}}}$ 的分布进行讨论。根据中心极限定理，当 n 很大时，这一分布近似服从于 $N(0, 1)$。

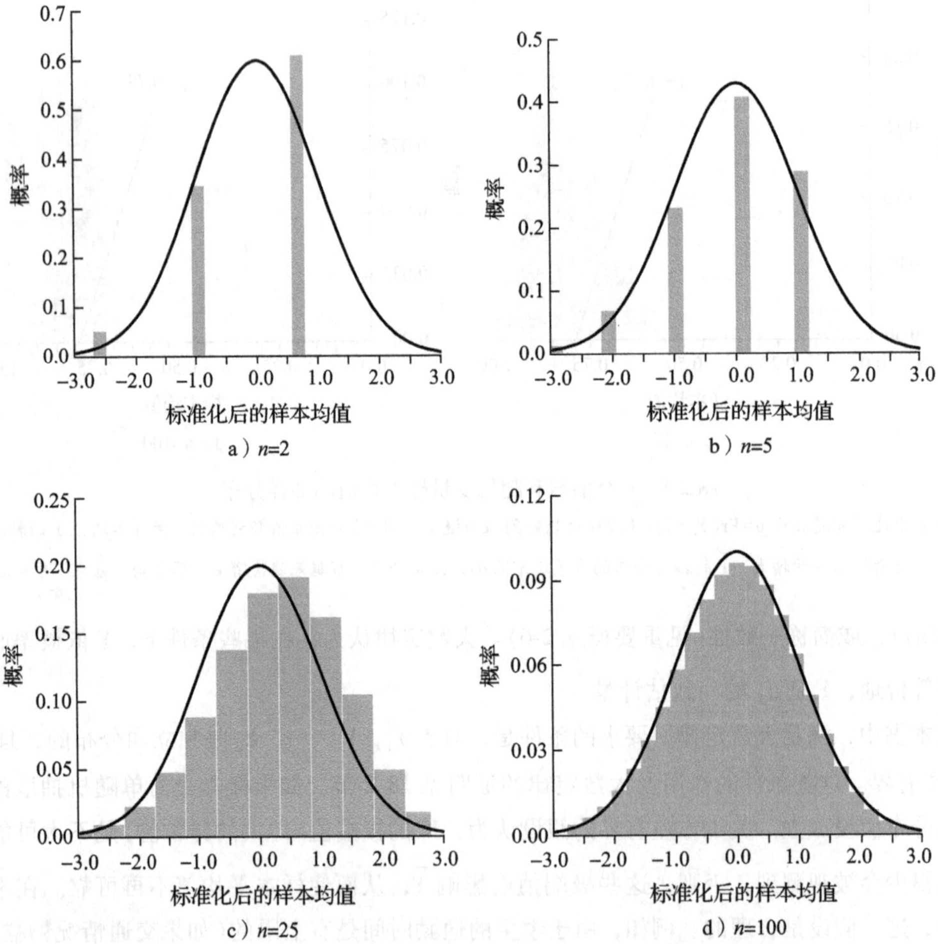

图 2-9 n 个 $p=0.78$ 的伯努利随机变量的标准化后的样本均值的分布

注：这里给出的是图 2-8 中 $\overline{Y}$ 的抽样分布经过标准化后的图形。该图中心化了图 2-8 的分布，并将横坐标放大了 $\sqrt{n}$ 倍。当样本容量很大时，如中心极限定理所预测的，$\overline{Y}$ 的抽样分布越来越接近正态分布(实线)。由于正态分布经过了比例缩放，因此上述四图中分布的高度大致相等。

对应于图 2-8 中的分布，图 2-9 描绘了标准化后的均值$\frac{\overline{Y}-\mu_Y}{\sigma_{\overline{Y}}}$的分布情况。从图 2-9 中可以看出，除了横坐标的比例发生改变(标准化后的变量服从均值为 0、方差为 1 的分布)之外，图 2-9 中的分布与图 2-8 中的分布几乎完全相同。通过比例变换，我们能够清楚地发现，当 n 足够大时，$\overline{Y}$ 近似服从于正态分布。

有人可能会问，多大才算“足够大”呢？换言之，n 必须达到多大才能够使 $\overline{Y}$ 的分布近似为正态分布呢？答案是“视情况而定”。正态分布近似的效果取决于构成平均值的 Y_i 的分布。在一种极端情况下，如果 Y_i 本身服从正态分布，则对于所有的 n，$\overline{Y}$ 都精确地服从正态分布。相反，如果 Y_i 本身的分布情况与正态分布差别很大时，则要求 $n=30$ 或更大，才能实现正态分布的近似。

这一点通过图 2-10 所示的总体分布可以说明。在图 2-10a 中，该总体分布与伯努利分布截

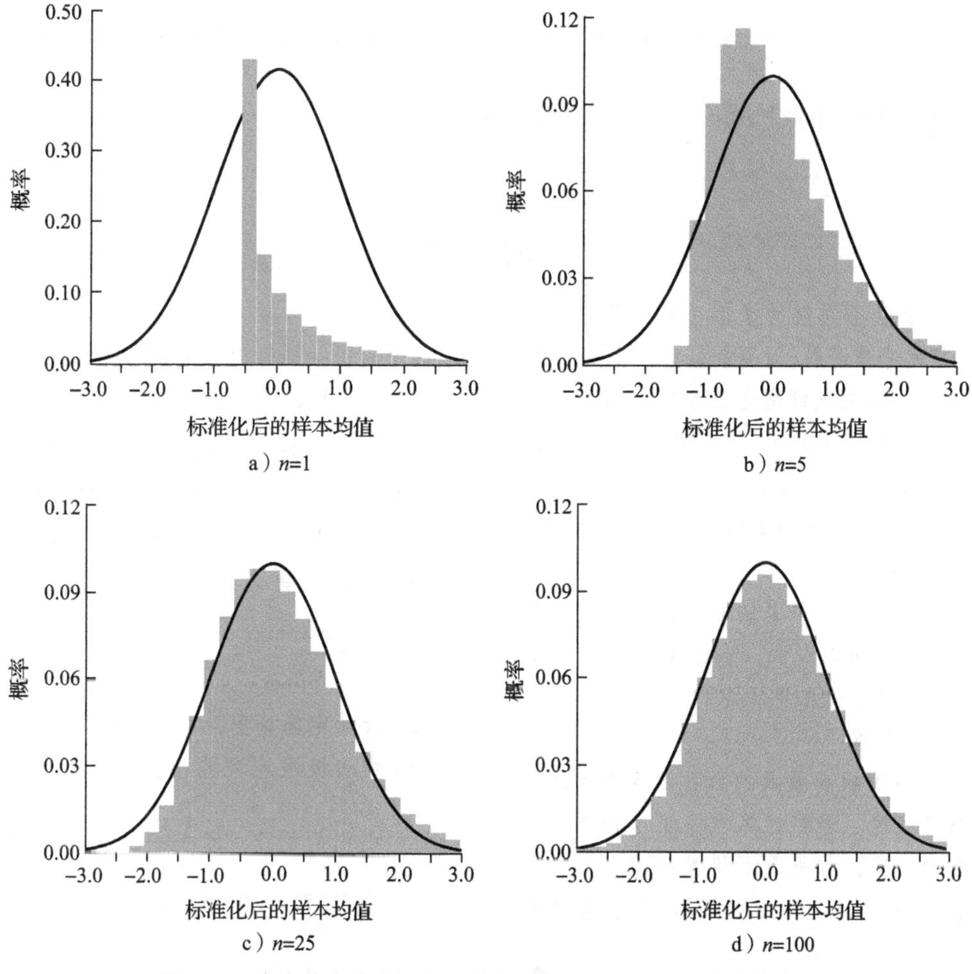

图 2-10　来自偏态分布的 n 个样本的标准化后的样本均值的分布

注：本图描绘了从图 2-10a 所示的总体分布为偏态(非对称)分布中抽取的 n 个样本的标准化后的样本均值的抽样分布。当 n 较小时($n=5$)，和总体分布一样，抽样分布是偏态的。但当 n 很大时($n=100$)，正如中心极限定理所说的，抽样分布近似于一个标准正态分布(实线)。正态分布经过了比例缩放，因此上述四图中分布的高度大体相等。

然不同，这一分布有着很长的右尾（右偏）。标准化后的抽样分布如图 2-10b～图 2-10d 所示，n 分别为 5、25 和 100。虽然当 $n=25$ 时，抽样分布已经接近于钟形，但这并不是正态分布的完美近似。然而，当 $n=100$ 时，正态近似的效果非常理想。实际上，当 $n\geqslant 100$ 时，对于大多数的总体分布来说，$\overline{Y}$ 的抽样分布均能够很好地近似于正态分布。

中心极限定理是一个非常重要的结论。虽然在 n 非常小的情况下，图 2-9b、图 2-9c 与图 2-10b、图 2-10c 所示的分布复杂且差异明显，然而当 n 很大时，图 2-9d 和图 2-10d 所示的分布的形状惊人地相似。因为当 n 增大时，$\overline{Y}$ 的分布近似于正态分布，因此称 $\overline{Y}$ 服从**渐近正态分布**（asymptotic normal distribution）。

正态近似的便利性，以及因中心极限定理而产生的广泛适用性，使其成为现代应用计量经济学中的重要基础。中心极限定理的概述参见重要概念 2-7。

重要概念 2-7　中心极限定理

假设 Y_1，Y_2，…，Y_n 为独立同分布，且 $E(Y_i)=\mu_Y$，$\mathrm{var}(Y_i)=\sigma_Y^2$，其中 $0<\sigma_Y^2<\infty$。当 n 趋于 ∞ 时，$\dfrac{\overline{Y}-\mu_Y}{\sigma_{\overline{Y}}}$ 的分布$\left(\text{其中 } \sigma_{\overline{Y}}^2=\dfrac{\sigma_Y^2}{n}\right)$近似服从于标准正态分布。

本章小结

1. 随机变量取不同值的概率可用累积分布函数、概率分布函数（对离散型变量而言）和概率密度函数（对连续型变量而言）来刻画。
2. 随机变量 Y 的期望值（也可称为均值，μ_Y）记作 $E(Y)$，它是变量的概率加权平均值。Y 的方差为 $\sigma_Y^2=E[(Y-\mu_Y)^2]$，$Y$ 的标准差是方差的平方根。
3. 两个随机变量 X 和 Y 的联合概率由它们的联合概率分布来表示。给定 $X=x$ 时 Y 的条件概率分布，是给定 X 取值为 x 的条件下，Y 的概率分布。
4. 正态分布随机变量具有如图 2-5 所示的钟形概率密度。若要计算有关正态分布随机变量的概率，首先需要将其标准化，然后再查阅附表 A-1 所示的标准正态累积分布表。
5. 简单随机抽样可以产生 n 个随机观测值 Y_1，Y_2，…，Y_n，它们是独立同分布的。
6. 当选取不同的样本时，样本均值 $\overline{Y}$ 也不同，因此它是一个服从抽样分布的随机变量。如果 Y_1，Y_2，…，Y_n 是独立同分布的，则
   (1) $\overline{Y}$ 的抽样分布的均值为 μ_Y，方差为 $\sigma_{\overline{Y}}^2=\dfrac{\sigma_Y^2}{n}$。
   (2) 大数定律指出，$\overline{Y}$ 依概率收敛于 μ_Y。
   (3) 中心极限定理指出，当 n 很大时，标准化后的 $\overline{Y}$，即 $\dfrac{\overline{Y}-\mu_Y}{\sigma_{\overline{Y}}}$，服从标准正态分布（即 $N(0,1)$）。

重要术语

结果	均值	条件方差	简单随机抽样
概率	方差	贝叶斯法则	总体
样本空间	标准差	独立分布	同分布

事件	分布的矩	独立性	独立同分布
离散型随机变量	偏度	协方差	样本平均数
连续型随机变量	峰度	相关系数	样本均值
概率分布	异常值	不相关	抽样分布
累积概率分布	尖峰	正态分布	精确（有限样本）分布
累积分布函数	第 r 阶矩	标准正态分布	渐近分布
累积分布	标准化随机变量	多维正态分布	大数定律
伯努利随机变量	联合概率分布	二维正态分布	依概率收敛
伯努利分布	边缘概率分布	χ^2 分布	一致性
概率密度函数	条件分布	学生 t 分布	中心极限定理
密度函数	条件期望	t 分布	渐近正态分布
密度	条件均值	F 分布	期望值
期望迭代法则	期望		

内容复习

2.1　在本章中，关于随机变量的案例包括：①你遇见的下一个人的性别；②电脑无线网络连接失败的次数；③开车上学的通勤时间；④是否会下雨。请解释为什么上述变量可以被看作随机的。

2.2　假设随机变量 X 和 Y 是独立的，且其分布已知。请解释为什么知道 X 的取值对知道 Y 的取值没有任何帮助。

2.3　假设 X 表示在一个随机选中的月份中你的家乡的降雨总量，Y 表示相同月份洛杉矶的婴儿出生数量。X 和 Y 是独立的吗？请解释。

2.4　一个计量经济学班级有 80 名学生，学生体重的均值为 145 磅[⊖]。从班级中随机抽取四位学生作为样本，计算出他们的平均体重。样本中学生的平均体重等于 145 磅吗？为什么？利用这个例子解释为什么样本均值 $\overline{Y}$ 是随机变量。

2.5　假设 Y_1，Y_2，…，Y_n 是独立同分布的随机变量，且服从 $N(1, 4)$。试着画出 $n=2$ 时 Y 的概率密度图，并对 $n=10$ 和 $n=100$ 重复以上步骤。为什么这些概率密度不同？你的答案和大数定律又有什么联系呢？

2.6　假设 Y_1，Y_2，…，Y_n 是独立同分布的随机变量，且其概率分布同图 2-10a。倘若你想计算出 $\Pr(\overline{Y} \leqslant 0.1)$，则在 $n=5$ 的情况下使用正态分布近似是合理的吗？在 $n=25$ 和 $n=100$ 的情况下呢？请解释。

2.7　Y 是 $\mu_Y=0$、$\sigma_Y=1$、偏度 $=0$、峰度 $=100$ 的随机变量。试着画出 Y 的一个假想概率分布图。我们从这个分布中随机抽取的 n 个随机变量，请解释为什么这 n 个随机变量中可能会出现某些大的异常值。

习　题

2.1　令 Y 表示抛掷两枚硬币时出现“正面”　　　　的次数。

⊖　1 磅 = 0.453 6 千克。

(1) 推导 Y 的概率密度。

(2) 推导 Y 的累积概率密度。

(3) 推导 Y 的均值和方差。

2.2 使用表 2-2 中的概率分布计算：

(1) $E(Y)$ 和 $E(X)$。

(2) σ_X^2 和 σ_Y^2。

(3) σ_{XY} 和 $\text{corr}(X, Y)$。

2.3 使用表 2-2 中的随机变量 X 和 Y，考虑以下两个新的随机变量：$W=3+6X$ 和 $V=20-7Y$。计算：

(1) $E(W)$ 和 $E(V)$。

(2) σ_W^2 和 σ_V^2。

(3) σ_{WV} 和 $\text{corr}(W, V)$。

2.4 假设 X 是 $\Pr(X=1)=P$ 的伯努利随机变量。

(1) 证明：$E(X^3)=p$。

(2) 证明：对于 $k>0$，$E(X^k)=p$。

(3) 假设 $p=0.3$。计算 X 的均值、方差、偏度和峰度。(提示：你在习题 2.21 中可能会发现有用的公式。)

2.5 在 9 月，西雅图的日高温均值为 70°F [⊖]，标准差为 7°F，则以摄氏度表示的均值、标准差及方差是什么？

2.6 下表给出了 2017 年 9 月美国达到劳动年龄人口(包括找到工作或正在找工作的人)的就业状况和大学毕业情况的联合概率分布。

2017 年 9 月美国 25 岁及以上年龄人口的就业状况和大学毕业情况的联合分布

	失业($Y=0$)	就业($Y=1$)	总计
非大学毕业($X=0$)	0.026	0.576	0.602
大学毕业($X=1$)	0.009	0.389	0.398
总计	0.035	0.965	1.000

(1) 计算 $E(Y)$。

(2) 失业率是总劳动力人口中未就业的那部分比例。证明：失业率为 $1-E(Y)$。

(3) 计算 $E(Y|X=1)$ 和 $E(Y|X=0)$。

(4) 计算：①大学毕业生的失业率；②非大学毕业生的失业率。

(5) 从总体中随机抽取的某个人没有工作，则该人是大学毕业生的概率是多少？非大学毕业生的概率是多少？

(6) 教育水平和就业状况是独立的吗？请解释。

2.7 在给定的夫妻双方都工作的总体中，男方的年均收入为 40 000 美元，标准差为 12 000 美元。而女方的年均收入为 45 000 美元，标准差为 18 000 美元。夫妻双方之间男方和女方收入的相关系数为 0.8。令 C 表示随机抽取的一对夫妻的总收入。

(1) C 的均值是多少？

(2) 男方和女方收入的协方差是多少？

(3) C 的标准差是多少？

(4) 将单位从美元转化为欧元，重新计算前三题。

2.8 随机变量 Y 的均值为 1，方差为 4。令 $Z=\frac{1}{2}(Y-1)$。证明：$\mu_Z=0$，$\sigma_Z^2=1$。

2.9 X 和 Y 是服从如下联合分布的离散随机变量：

		Y值				
		14	22	30	40	65
X值	1	0.02	0.05	0.10	0.03	0.01
	5	0.17	0.15	0.05	0.02	0.01
	8	0.02	0.03	0.15	0.10	0.09

即 $\Pr(X=1, Y=14)=0.02$，以此类推。

(1) 计算 Y 的概率分布、均值和方差。

(2) 计算给定 $X=8$ 时，Y 的概率分布、均值和方差。

(3) 计算 X 和 Y 之间的协方差和相关系数。

⊖ 1°F=1°C×1.8+32。

2.10 计算如下概率：

(1) 如果 Y 服从 $N(1, 4)$，计算 $\Pr(Y \leqslant 3)$。

(2) 如果 Y 服从 $N(3, 9)$，计算 $\Pr(Y > 0)$。

(3) 如果 Y 服从 $N(50, 25)$，计算 $\Pr(40 \leqslant Y \leqslant 52)$。

(4) 如果 Y 服从 $N(5, 2)$，计算 $\Pr(6 \leqslant Y \leqslant 8)$。

2.11 计算如下概率：

(1) 如果 Y 服从 χ_4^2，计算 $\Pr(Y \leqslant 7.78)$。

(2) 如果 Y 服从 χ_{10}^2，计算 $\Pr(Y > 18.31)$。

(3) 如果 Y 服从 $F_{10,\infty}$，计算 $\Pr(Y > 1.83)$。

(4) 为什么(2)(3)两小题的答案相同？

(5) 如果 Y 服从 χ_1^2，计算 $\Pr(Y \leqslant 1.0)$。(提示：使用 χ_1^2 的定义。)

2.12 计算如下概率：

(1) 如果 Y 服从 t_{15}，计算 $\Pr(Y > 1.75)$。

(2) 如果 Y 服从 t_{90}，计算 $\Pr(-1.99 \leqslant Y \leqslant 1.99)$。

(3) 如果 Y 服从 $N(0, 1)$，计算 $\Pr(-1.99 \leqslant Y \leqslant 1.99)$。

(4) 为什么(2)(3)两小题的答案非常近似？

(5) 如果 Y 服从 $F_{7,4}$，计算 $\Pr(Y > 4.12)$。

(6) 如果 Y 服从 $F_{7,120}$，计算 $\Pr(Y > 2.79)$。

2.13 X 是 $\Pr(X=1)=0.99$ 的伯努利随机变量，Y 服从 $N(0, 1)$，W 服从 $N(0, 100)$，且 X、Y 和 W 相互独立。令 $S = XY + (1-X)W$。(即当 $X=1$ 时，有 $S=Y$；当 $X=0$ 时，有 $S=W$。)

(1) 证明：$E(Y^2)=1$，$E(W^2)=100$。

(2) 证明：$E(Y^3=0)$，$E(W^3)=0$。(提示：对称分布的偏度是多少？)

(3) 证明：$E(Y^4)=3$，$E(W^4)=3\times 100^2$。(提示：使用正态分布峰度等于 3 的事实。)

(4) 推导 $E(S)$、$E(S^2)$、$E(S^3)$ 和 $E(S^4)$。(提示：使用 $X=0$ 和 $X=1$ 条件下的期望迭代法则。)

(5) 推导 S 的偏度和峰度。

2.14 在一个 $\mu_Y=100$，$\sigma_Y^2=43$ 的总体中，使用中心极限定理回答下列问题：

(1) 在 $n=100$ 的随机样本中，计算 $\Pr(\overline{Y} \leqslant 101)$。

(2) 在 $n=165$ 的随机样本中，计算 $\Pr(\overline{Y} > 98)$。

(3) 在 $n=64$ 的随机样本中，计算 $\Pr(101 \leqslant \overline{Y} \leqslant 103)$。

2.15 假设有 $Y_1, Y_2, \cdots, Y_n$ 是独立同分布的随机变量，均服从 $N(10, 4)$。

(1) 分别计算当①$n=20$；②$n=100$；③$n=1\ 000$ 时的 $\Pr(9.6 \leqslant \overline{Y} \leqslant 10.4)$。

(2) 假设 c 是正数。证明 $\Pr(10-c \leqslant \overline{Y} \leqslant 10+c)$ 随着 n 的增大而趋于 1.0。

(3) 利用第(2)小题的结论证明 $\overline{Y}$ 依概率收敛于 10。

2.16 Y 服从 $N(5, 100)$ 分布，假如你希望计算出 $\Pr(Y \leqslant 3.6)$。不幸的是，你手头没有教科书，因此无法参考附表 A-1 中的正态概率表。但你拥有一台电脑，并且可以编写一个从 $N(5, 100)$ 中生成独立同分布抽样的程序。请解释你该怎么使用电脑计算出 $\Pr(Y < 3.6)$ 的精确近似值。

2.17 $Y_1, Y_2, \cdots, Y_n$ 是表示 $p=0.4$ 的独立同分布伯努利随机变量。令 $\overline{Y}$ 表示样本均值。

(1) 利用中心极限定理计算下列近似值：

①当 $n=100$ 时，$\Pr(\overline{Y} \geqslant 0.43)$。

②当 $n=400$ 时，$\Pr(\overline{Y} \leqslant 0.37)$。

(2) 为了保证 $\Pr(0.39 \leqslant \overline{Y} \leqslant 0.41) \geqslant 0.95$，则 n 应该为多大？(利用中心极限定理计算近似的答案。)

2.18 在任何年份，风暴天气都可能摧毁你的住房。但是，不同年份的毁坏程度是随机的。令 Y 表示在某年造成的损失的美元价值。设在 95% 的年份里，$Y=0$ 美元，而在 5% 的年份里，$Y=20\,000$ 美元。

(1) 在某一年份，风暴造成损失的均值和标准差是多少？

(2) 现在考虑一个 100 人的“保险池”，这些人的住宅位置充分分散。由于住宅充分分散，因此在任何一年中，不同住宅受到的损失可以被看作独立分布的随机变量。令 $\overline{Y}$ 表示一年内这 100 人的平均损失。那么：

①平均损失 $\overline{Y}$ 的期望值是多少？

② $\overline{Y}$ 超过 2 000 美元的概率是多少？

2.19 考虑两个随机变量 X 和 Y，假设 Y 可以取 k 个值 $y_1, y_2, \cdots, y_k$，而 X 可以取 l 个值 $x_1, x_2, \cdots, x_l$。

(1) 证明 $\Pr(Y=y_j)=\sum_{i=1}^{l}\Pr(Y=y_j \mid X=x_i)\Pr(X=x_i)$。（提示：使用 $\Pr(Y=y_j \mid X=x_i)$ 的定义。）

(2) 利用第(1)小题的结论证明式(2-19)。

(3) 假设 X 与 Y 相互独立，证明 $\sigma_{XY}=0$ 和 $\mathrm{corr}(X, Y)=0$。

2.20 考虑三个随机变量 X、Y 和 Z。假设 Y 可以取 k 个值 $y_1, y_2, \cdots, y_k$，X 可以取 l 个值 $x_1, x_2, \cdots, x_l$，而 Z 可以取 m 个值 $z_1, z_2, \cdots, z_m$。X, Y 和 Z 的联合概率分布为 $\Pr(X=x, Y=y, Z=z)$，给定 X 和 Z 条件下，Y 的条件概率分布为 $\Pr(Y=y \mid X=x, Z=z)=\dfrac{\Pr(X=x, Y=y, Z=z)}{Pr(X=x, Z=z)}$。

(1) 请解释为什么 $Y=y$ 的边缘概率可以通过联合概率分布计算得出。（提示：这是式(2-16)的一般形式。）

(2) 证明 $E(Y)=E[E(Y \mid X, Z)]$。（提示：这是式(2-19)和式(2-20)的一般形式。）

2.21 X 为随机变量，其矩为 $E(X)$，$E(X^2)$，$E(X^3)$，以此类推。

(1) 证明 $E(X-\mu)^3=E(X^3)-3[E(X^2)]\cdot[E(X)]+2[E(X)]^3$。

(2) 证明 $E(X-\mu)^4=E(X)^4-4[E(X)]\cdot[E(X^3)]+6[E(X)]^2[E(X^2)]-3[E(X)]^4$。

2.22 假设你有一笔钱进行投资（为了简单起见，假设是 1 美元），而你计划将其中的 ω 投资于股票市场共同基金，而其余的 $1-\omega$ 投入债券共同基金。假设投资于股票市场的 1 美元将在一年之后收回 R_s，而投资于债券市场的 1 美元在一年之后会收回 R_b，假设 R_s 是均值为 0.08 (8%) 且标准差为 0.07 的随机变量，而 R_b 是均值为 0.05 (5%) 且标准差为 0.04 的随机变量，R_s 和 R_b 的相关系数为 0.25。如果你将资金中的一定比例 ω 投入股票基金，而其余的 $1-\omega$ 投入债券基金，则投资的回报为 $R=\omega R_s+(1-\omega)R_b$。

(1) 假设 $\omega=0.5$，计算 R 的均值和标准差。

(2) 假设 $\omega=0.75$，计算 R 的均值和标准差。

(3) 什么样的 ω 值会使 R 的均值达到最大？取该 ω 值时，R 的标准差是多少？

(4)（本题较难）使 R 的标准差达到最小的 ω 值为多少？（使用图表、代数或微积分证明。）

2.23 假设有两个随机变量 X 和 Y，其中当给定 X 时 Y 的条件均值取决于 X，但 $\mathrm{corr}(X, Y)=0$。令 X 和 Z 为两个独立分布的标准正态随机变量，同时令 $Y=X^2+Z$。

(1) 证明 $E(Y \mid X)=X^2$。

(2) 证明 $\mu_Y=1$。

(3) 证明 $E(XY)=0$。（提示：标准正态随机变量的奇数矩均为 0。）

(4) 证明 $\text{cov}(X, Y)=0$，从而 $\text{corr}(X, Y)=0$。

2.24 假设对于 $i=1, 2, \cdots, n$，Y_i 为独立同分布的随机变量，且服从 $N(0, \sigma^2)$。

(1) 证明 $E(Y_i^2 \mid \sigma^2)=1$。

(2) 证明 $W=\frac{1}{\sigma^2}\sum_{i=1}^{n} Y_i^2$ 服从 χ_n^2。

(3) 证明 $E(W)=n$。(提示：使用第(1)题的答案。)

(4) 证明 $V=\frac{Y_1}{\sqrt{\frac{\sum_{i=2}^{n} Y_i^2}{n-1}}}$ 服从 t_{n-1}。

2.25 (回顾求和符号)令 $x_1, x_2, \cdots, x_n$ 表示一个数字序列，而 $y_1, y_2, \cdots, y_n$ 表示另一个数字序列，a、b 和 c 为三个常数。证明：

(1) $\sum_{i=1}^{n} a x_i = a\sum_{i=1}^{n} x_i$。

(2) $\sum_{i=1}^{n} (x_i + y_i) = \sum_{i=1}^{n} x_i + \sum_{i=1}^{n} y_i$。

(3) $\sum_{i=1}^{n} a = na$。

(4) $\sum_{i=1}^{n} (a + bx_i + cy_i)^2 = na^2 + b^2\sum_{i=1}^{n} x_i^2 + c^2\sum_{i=1}^{n} y_i^2 + 2ab\sum_{i=1}^{n} x_i + 2ac\sum_{i=1}^{n} y_i + 2bc\sum_{i=1}^{n} x_i y_i$。

2.26 假设 $Y_1, Y_2, \cdots, Y_n$ 皆为均值为 μ_Y、方差为 σ_Y^2 的随机变量，它们两两之间的相关系数均为 ρ(因此，对所有的 i 和 j 而言，当 $i \neq j$ 时，Y_i 和 Y_j 的相关系数均相等，且为 ρ)。

(1) 证明当 $i \neq j$ 时，有 $\text{cov}(X_i, Y_j)=\rho\sigma_Y^2$。

(2) 假设 $n=2$，证明 $E(\bar{Y})=\mu_Y$ 且 $\text{var}(\bar{Y})=\frac{1}{2}\sigma_Y^2+\frac{1}{2}\rho\sigma_Y^2$。

(3) 假设 $n \geq 2$，证明 $E(\bar{Y})=\mu_Y$ 且 $\text{var}(\bar{Y})=\frac{\sigma_Y^2}{n}+\frac{(n-1)}{n}\rho\sigma_Y^2$。

(4) 当 n 非常大时，证明 $\text{var}(\bar{Y}) \approx \rho\sigma_Y^2$。

2.27 考虑使用另一个变量 X 来预测变量 Y，因此对 Y 的预测是 X 的函数，比如 $g(X)$。假设预测的质量由所有预测的预测误差的平方的均值来衡量，即 $E\{[Y-g(X)]^2\}$。本练习提供了一个非微积分证明，即在所有可能的预测函数 g 中，最佳预测是由条件期望 $E(Y \mid X)$ 实现的。

(1) 令 $\hat{Y}=E(Y \mid X)$，同时令 $u=Y-\hat{Y}$ 表示其预测误差，证明 $E(u)=0$。(提示：使用期望迭代法则。)

(2) 证明 $E(uX)=0$。

(3) 令 $\tilde{Y}=g(X)$ 表示使用 X 对 Y 的不同预测，并令 $v=Y-\tilde{Y}$ 表示其误差，证明 $E[(Y-\tilde{Y})^2]>E[(Y-\hat{Y})^2]$。[提示：令 $h(X)=g(X)-E(Y \mid X)$，则有 $v=[Y-E(Y \mid X)]-h(X)$，然后再推导 $E(v^2)$。]

2.28 参考表 2-3 的 B 部分中的在给定网络年龄 A 的条件下网络连接失败次数的条件分布。令 $\Pr(A=0)=0.5$，也就是说，你 50% 的时间在你的房间工作。

(1) 计算网络连接失败三次的概率 $\Pr(M=3)$。

(2) 使用贝叶斯法则计算 $\Pr(A=0 \mid M=3)$。

(3) 假设你四分之一的时间在你的房间工作，即 $\Pr(A=0)=0.25$。使用贝叶斯法则计算 $\Pr(A=0 \mid M=3)$。

实证练习

2.1 在本书网站链接 http://www.pearsonhighered.com/stock_watson/中，你可以找到

数据表格 Age_HourlyEarnings，这里面包含了2015年教育水平在高中学历以上的25～34岁全职工人的年龄(Age)和平均时薪(AHE)的联合分布。利用这个联合分布完成以下练习。(注意：对于这些练习，你需要得出计算结果，以及利用电子表格绘制图表。)

(1) 计算Age的边缘分布。

(2) 计算每个年龄的全职工人的AHE的均值，即计算 $E(AHE \mid Age=25)$，以此类推。

(3) 计算并绘制AHE对Age的均值。AHE与Age有关系吗？请解释。

(4) 用期望迭代法则来计算AHE的均值，即计算 $E(AHE)$。

(5) 计算AHE的方差。

(6) 计算AHE与Age间的协方差。

(7) 计算AHE与Age间的相关系数。

(8) 将计算出来的(6)(7)题的答案与第(3)题绘制的图表联系起来。

附录2A 重要概念2-3中结果的推导

本附录推导了重要概念2-3中的等式。

式(2-30)可由期望的定义推导得到。

为了得到式(2-31)，利用方差的定义可以得到 $\mathrm{var}(a+bY)=E\{[a+bY-E(a+bY)]^2\}=E\{[b(Y-\mu_Y)]^2\}=b^2E[(Y-\mu_Y)^2]=b^2\sigma_Y^2$。

为了得到式(2-32)，利用方差的定义可以得到

$$
\begin{aligned}
&\mathrm{var}(aX+bY)\\
&=E\{[(aX+bY)-(a\mu_X+b\mu_Y)]^2\}\\
&=E\{[a(X-\mu_X)+b(Y-\mu_Y)]^2\}\\
&=E[a^2(X-\mu_X)^2]+2E[ab(X-\mu_X)(Y-\mu_Y)]+\\
&\quad E[b^2(Y-\mu_Y)^2]\\
&=a^2\mathrm{var}(X)+2ab\mathrm{cov}(X,Y)+b^2\mathrm{var}(Y)\\
&=a^2\sigma_X^2+2ab\sigma_{XY}+b^2\sigma_Y^2 \qquad (2\text{-}50)
\end{aligned}
$$

其中，第二个等式通过移项合并得到，第三个等式通过平方项的展开得到，第四个等式由方差与协方差的定义得到。

为了得到式(2-33)，我们由 $E(Y-\mu_Y)=0$ 可知，$E(Y^2)=E\{[(Y-\mu_Y)+\mu_Y]^2\}=E[(Y-\mu_Y)^2]+2\mu_YE(Y-\mu_Y)+\mu_Y^2=\sigma_Y^2+\mu_Y^2$。

为了得到式(2-34)，利用协方差的定义可以得到

$$
\begin{aligned}
&\mathrm{cov}(a+bX+cV,Y)\\
&=E\{[a+bX+cV-E(a+bX+cV)][Y-\mu_Y]\}\\
&=E\{[b(X-\mu_X)+c(V-\mu_v)][Y-\mu_Y]\}\\
&=E\{[b(X-\mu_X)][Y-\mu_Y]\}+E\{[c(V-\mu_V)][Y-\mu_Y]\}\\
&=b\sigma_{XY}+c\sigma_{VY} \qquad (2\text{-}51)
\end{aligned}
$$

上式即式(2-34)。

为了得到式(2-35)，我们有 $E(XY)=E\{[(X-\mu_X)+\mu_X][(Y-\mu_Y)+\mu_Y]\}=E[(X-\mu_X)\cdot(Y-\mu_Y)]+\mu_XE(Y-\mu_Y)+\mu_YE(X-\mu_X)+\mu_X\mu_Y=\sigma_{XY}+\mu_X\mu_Y$。

我们现在来证明式(2-36)中的相关系数不等式，即 $|\mathrm{corr}(X,Y)|\leqslant 1$。令 $a=\dfrac{-\sigma_{XY}}{\sigma_X^2}$ 且 $b=1$，将其应用于式(2-32)，则可以得到

$$
\begin{aligned}
&\mathrm{var}(aX+Y)\\
&=a^2\sigma_X^2+\sigma_Y^2+2a\sigma_{XY}\\
&=\left(-\frac{\sigma_{XY}}{\sigma_X^2}\right)^2\sigma_X^2+\sigma_Y^2+2\left(-\frac{\sigma_{XY}}{\sigma_X^2}\right)\sigma_{XY}\\
&=\sigma_Y^2-\frac{\sigma_{XY}^2}{\sigma_X^2} \qquad (2\text{-}52)
\end{aligned}
$$

由于 $\mathrm{var}(aX+Y)$ 是方差，它不可能为负，所以式(2-52)的最后一行 $\sigma_Y^2-\dfrac{\sigma_{XY}^2}{\sigma_X^2}\geqslant 0$ 必然成立。重新整理上述不等式，可得

$$\sigma_{XY}^2\leqslant\sigma_X^2\sigma_Y^2\text{(协方差不等式)} \qquad (2\text{-}53)$$

协方差不等式意味着 $\dfrac{\sigma_{XY}^2}{\sigma_X^2\sigma_Y^2}\leqslant 1$，或者等价地 $\left|\dfrac{\sigma_{XY}}{\sigma_X\sigma_Y}\right|\leqslant 1$，从而可证明相关系数不等式(利用相关系数的定义)，即 $|\mathrm{corr}(X,Y)|\leqslant 1$。

附录 2B　条件均值是实现最小均方误差的预测值

一般而言，统计预测问题是，如何最好地利用随机变量 X 中的信息来预测另一个随机变量 Y 的值？

要回答这个问题，我们首先必须精确地从数学上说明一个预测比另一个预测好意味着什么。一种常见的方法是考虑产生预测误差的成本。这种成本，也就是所谓的预测损失，取决于预测误差的大小。例如，如果你的工作是对销售进行预测，以便生产主管可以制订生产计划，那么少量的休假不太可能会影响客户或中断生产过程。但是，如果你的生产量太低，你的公司可能会失去那些需要等待很长时间才能收到他们订单的客户，或者如果生产量太高，公司将拥有昂贵的过剩库存。在任何一种情况下，一个大的预测误差可能比一个小的预测误差代价更高。

使上述逻辑成立的一种方法是用预测误差的平方来衡量该预测误差的代价，因此当预测误差为 2 时，预测误差的代价为 4。具体而言，给定随机变量 X，用 X 对 Y 进行预测时，则 Y 的预测值为 $g(X)$。预测误差为 $Y-g(X)$，与该预测相关的损失为

$$\text{Loss}=E\{[Y-g(X)]^2\} \tag{2-54}$$

我们现在来证明，在所有可能的函数 $g(X)$ 中，式(2-54)中的损失(Loss)最小值在 $g(X)=E(Y|X)$ 处取得。我们使用离散随机变量对该结论进行证明，但是该结论同样可以拓展到连续随机变量。在这里，我们使用微积分的知识进行证明；习题 2.27 运用了非微积分的知识对该结论进行证明。

首先考虑一个简单问题，求解 m，使得 $E[(Y-m)^2]$ 最小化。根据期望的定义，$E[(Y-m)^2]=\sum_{i=1}^{k}(Y_i-m)^2p_i$。为了求解最小化 $E[(Y-m)^2]$ 的 m 值，取 $\sum_{i=1}^{k}(Y_i-m)^2p_i$ 关于 m 的导数，并将其设为 0

$$\begin{aligned}&\frac{\mathrm{d}}{\mathrm{d}m}\sum_{i=1}^{k}(Y_i-m)^2p_i\\&=-2\sum_{i=1}^{k}(Y_i-m)p_i\\&=-2\left(\sum_{i=1}^{k}Y_ip_i-m\sum_{i=1}^{k}p_i\right)\\&=-2\left(\sum_{i=1}^{k}Y_ip_i-m\right)=0\end{aligned} \tag{2-55}$$

其中，得到最后一个等式使用概率和为 1 的事实。根据式(2-55)中的最后一个等式可得，预测误差平方的最小值在 $m=\sum_{i=1}^{k}Y_ip_i=E(Y)$ 处取得，即将 m 取值为 Y 的均值。

为了找到可以使式(2-54)所示的损失最小化的 $g(X)$，使用期望迭代法则将损失(Loss)表示为，$\text{Loss}=E\{[Y-g(X)]^2\}=E\{E\{[Y-g(X)]^2|X\}\}$。因此，如果函数 $g(X)$ 可以使每个 x 值对应的 $E\{[Y-g(X)]^2|X=x\}$ 都最小化，则 $g(X)$ 可以最小化式(2-54)所示的损失。但是当 X 取固定值 $X=x$ 时，$g(X)=g(x)$ 也是一个固定值，所以这个问题和刚才解决的简单问题是一样的，即在给定 $X=x$ 的情况下，通过选择 $g(x)$ 作为 y 的均值来最小化损失，这对于每个 x 值都是成立的。因此，$g(X)=E(Y|X)$ 可以使得式(2-54)中的平方误差损失最小化。

CHAPTER 3

第3章 统计学知识回顾

统计学是借助数据来认识周围世界的一门学科。统计工具可以帮助我们分析某些总体分布的未知特征。比如说，刚毕业的大学生的平均收入是多少？男女收入水平有明显差异吗？如果有，差异是多少？

这些问题都与劳动者总体的收入分布有关。回答这类问题的一种方法是针对所有劳动者总体进行全面调查，调查每一个人的收入水平，找到收入的总体分布。但是，这样的全面调查所花费的成本是巨大的。有关美国人口的唯一一项全面调查是十年一次的人口普查，2010 年的人口普查耗资 130 亿美元。从设计问卷到管理和实施调查，再到编辑和分析数据结果，总共要历时 10 年。尽管投入金额是惊人的，但总体中依旧有相当多的人由于疏忽而没有被调查到。因此，我们需要一种不同的、更具可行性的方法。

从统计学的角度，我们能够通过抽取总体中的一个随机样本来了解总体分布。我们可以不调查美国的全部人口，而是通过简单随机抽样仅调查总人口中的 1 000 人。利用统计学方法，我们可以使用该样本得到一些初步结论，进而对总体特征进行统计推断。

贯穿计量经济学始终的三类统计方法分别是估计、假设检验和置信区间。其中，估计是指利用样本数据得到有关总体分布某一未知特征（如均值）的“最佳数值猜测”。假设检验首先给出关于总体的一个具体假设，然后利用样本数据来验证该假设是否成立。置信区间则是利用样本数据来估计未知总体特征的区间范围。3.1～3.3 节分别回顾了未知总体均值的估计、假设检验和置信区间。

我们所感兴趣的大多数经济学问题都涉及两个或多个随机变量之间的相互关系或不同总体之间的比较。例如，在刚毕业的大学生中，男女的平均收入存在差异吗？在 3.4 节，我们将 3.1～3.3 节中关于单个总体的研究方法推广到两个不同总体均值的比较。3.5 节讨论了如何将两个总体的比较方法用于估计因果效应。其中 3.2～3.5 节重点讨论了当样本容量较大时，如何利用正态分布进行假设检验及构建置信区间。在一些特殊情形下，可以用学生 t 分布替代正态分布进行假设检验和计算置信区间，这些特殊情形将在 3.6 节进行讨论。最后，3.7 节讨论了样本相关系数和散点图。

3.1　总体均值的估计

假设你想知道总体 Y 的均值(即 μ_Y)，比如刚毕业的女大学生的平均收入水平。一个常用的方法是利用 n 个独立同分布观测值 Y_1，Y_2，…，Y_n(正如前面所述，如果 Y_1，Y_2，…，Y_n 是通过简单随机抽样抽取的，那么它们是独立同分布的)的样本均值 $\overline{Y}$ 来估计这一均值 μ_Y。本节将讨论 μ_Y 的估计，以及 $\overline{Y}$ 作为 μ_Y 估计量的性质。

3.1.1　估计量及其性质

估计量(estimators)。利用样本均值 $\overline{Y}$ 估计 μ_Y 是常用的做法，但并不是唯一的方法。例如，另一种估计 μ_Y 的方法是仅使用第一个观测值 Y_1 来估计 μ_Y。$\overline{Y}$ 和 Y_1 都是用来估计 μ_Y 的样本数据的函数；如果用重要概念 3-1 中的术语来表述，二者都是 μ_Y 的估计量。在重复抽样时，$\overline{Y}$ 和 Y_1 都会随着样本的不同而取不同的值(得到了不同的估计值)。因此，估计量 $\overline{Y}$ 和 Y_1 都有抽样分布。实际上，μ_Y 有很多估计量，$\overline{Y}$ 和 Y_1 只是 μ_Y 众多估计量中的两个例子。

在众多可能的估计量中，如何评价一个估计量比另外一个“更好”？由于估计量是随机变量，因而这个问题可以更准确地描述为：估计量的抽样分布有哪些优良性质？一般而言，我们希望估计量至少在某种平均意义上尽可能地靠近未知的真实值；换言之，估计量的抽样分布应该尽可能紧密聚集在未知值的周围。由此可得到估计量的三个特殊优良特性：无偏性(没有偏差)、一致性和有效性。

重要概念 3-1　估计量与估计值

估计量是从总体中随机抽取的样本数据的函数，而**估计值**(estimate)是基于特定样本数据计算得到的估计量的取值。由于抽样是随机的，因此估计量是随机变量，但估计值却是一个非随机的数。

无偏性(unbiasedness)。假设你多次重复利用随机样本来计算估计量的值。很自然地，你希望得到一个在平均意义上正确的结果。因此，估计量的一个优良性质是其抽样分布的均值等于 μ_Y。在这种情况下，该估计量是无偏的。

用数学语言表述这一概念，即令 $\hat{\mu}_Y$ 表示 μ_Y 的某个估计量，如 $\overline{Y}$ 或 Y_1。(符号“∧”在本文中代表估计量，所以 $\hat{\mu}_Y$ 是 μ_Y 的一个估计量。)如果 $E(\hat{\mu}_Y)=\mu_Y$，则估计量 $\hat{\mu}_Y$ 是无偏的，其中 $E(\hat{\mu}_Y)$ 表示 $\hat{\mu}_Y$ 抽样分布的均值；否则，$\hat{\mu}_Y$ 是有偏的。

一致性(consistency)。估计量 $\hat{\mu}_Y$ 的另一个优良性质是当样本容量较大时，由样本的随机变化带来 $\hat{\mu}_Y$ 取值的不确定性很小。更准确地说，当样本容量增大时，$\hat{\mu}_Y$ 落入真实值 μ_Y 的微小邻域区间内的概率接近于 1，即 $\hat{\mu}_Y$ 是 μ_Y 的一致估计量(重要概念 2-6)。

方差(variance)和**有效性**(efficiency)。假设存在两个候选估计量 $\hat{\mu}_Y$ 和 $\widetilde{\mu}_Y$，二者均满足无偏性。你将如何在二者之间做出选择？一种方法是选择一个抽样分布最集中的估计量，即在 $\hat{\mu}_Y$ 和 $\widetilde{\mu}_Y$ 之间选择一个方差最小的估计量。如果 $\hat{\mu}_Y$ 的方差比 $\widetilde{\mu}_Y$ 更小，则称 $\hat{\mu}_Y$ 比 $\widetilde{\mu}_Y$ 更有效。术语"有效性"来源于此：如果 $\hat{\mu}_Y$ 的方差比 $\widetilde{\mu}_Y$ 更小，则 $\hat{\mu}_Y$ 对数据信息的使用比 $\widetilde{\mu}_Y$ 更有效。

偏差(bias)、**一致性**和**有效性**的概念见重要概念 3-2。

重要概念 3-2 偏差、一致性和有效性

假设 $\hat{\mu}_Y$ 是 μ_Y 的一个估计量，则：

- $\hat{\mu}_Y$ 的偏差为 $E(\hat{\mu}_Y)-\mu_Y$。
- 如果 $E(\hat{\mu}_Y)=\mu_Y$，则 $\hat{\mu}_Y$ 是 μ_Y 的一个无偏估计量。
- 如果 $\hat{\mu}_Y \xrightarrow{p} \mu_Y$，则 $\hat{\mu}_Y$ 是 μ_Y 的一个一致估计量。
- 令 $\widetilde{\mu}_Y$ 是 μ_Y 的另一估计量，且假定 $\hat{\mu}_Y$ 和 $\widetilde{\mu}_Y$ 均是无偏的。如果 $\mathrm{var}(\hat{\mu}_Y)<\mathrm{var}(\widetilde{\mu}_Y)$，则称 $\hat{\mu}_Y$ 比 $\widetilde{\mu}_Y$ 更有效。

3.1.2 $\overline{Y}$ 的性质

依据偏差、一致性和有效性三个原则，$\overline{Y}$ 作为 μ_Y 估计量的效果究竟如何？

偏差和一致性。$\overline{Y}$ 的抽样分布已经在 2.5 节和 2.6 节中讨论过。正如 2.5 节所述，$E(\overline{Y})=\mu_Y$，所以 $\overline{Y}$ 是 μ_Y 的无偏估计量。类似地，由大数定律(重要概念 2-6)可知 $\overline{Y} \xrightarrow{p} \mu_Y$，即 $\overline{Y}$ 是一致的。

有效性。$\overline{Y}$ 的有效性如何？由于有效性涉及与其他估计量的比较，因此我们首先需要确定与 $\overline{Y}$ 进行比较的估计量。

我们从比较 $\overline{Y}$ 和 Y_1 的有效性开始。因为 Y_1，Y_2，…，Y_n 是独立同分布的，Y_1 抽样分布的均值为 $E(Y_1)=\mu_Y$，因此 Y_1 是 μ_Y 的无偏估计量，其方差为 $\mathrm{var}(Y_1)=\sigma_Y^2$。根据 2.5 节，$\overline{Y}$ 的方差为 $\frac{\sigma_Y^2}{n}$。因此，当 $n\geqslant 2$ 时，$\overline{Y}$ 的方差小于 Y_1 的方差；也就是说，$\overline{Y}$ 比 Y_1 更有效。因此，根据有效性原则，应该使用 $\overline{Y}$ 而非 Y_1。很明显，对你而言，Y_1 是一个非常糟糕的估计量——为什么要麻烦地去收集 n 个观测值，但只使用第一个观测值呢？有效性概念提供了一个更正规的方法来证明估计量 $\overline{Y}$ 比 Y_1 更优良。

如何筛选那些看上去不太明显的糟糕估计量呢？考虑轮流以 $\frac{1}{2}$ 和 $\frac{3}{2}$ 为权重的一个加权平均

$$\widetilde{Y}=\frac{1}{n}\left(\frac{1}{2}Y_1+\frac{3}{2}Y_2+\frac{1}{2}Y_3+\frac{3}{2}Y_4+\cdots+\frac{1}{2}Y_{n-1}+\frac{3}{2}Y_n\right) \tag{3-1}$$

为了简单起见，我们假定观测值数目 n 是一个偶数。$\widetilde{Y}$ 的均值为 μ_Y，方差为 $\mathrm{var}(\widetilde{Y})=\frac{1.25\sigma_Y^2}{n}$(习题 3.11)，因此 $\widetilde{Y}$ 是无偏的。同时，当 n 趋近于∞时，$\mathrm{var}(\widetilde{Y})$ 趋近于 0，因此 $\widetilde{Y}$ 是一致的。然而 $\widetilde{Y}$ 的方差比 $\overline{Y}$ 大，因此 $\overline{Y}$ 比 $\widetilde{Y}$ 更有效。

估计量 $\overline{Y}$、Y_1 和 $\widetilde{Y}$ 有共同的数学结构：它们均是 Y_1，Y_2，…，Y_n 的加权平均。上述的两次比较表明，加权平均数 Y_1 和 $\widetilde{Y}$ 的方差比 $\overline{Y}$ 更大。事实上，这些比较反映出一个更具一般性的结论：在 Y_1，Y_2，…，Y_n 所有的加权平均类无偏估计量中，$\overline{Y}$ 是最有效的。换句话说，$\overline{Y}$ 是**最佳线性无偏估计量**(best linear unbiased estimator，BLUE)，即在 Y_1，Y_2，…，Y_n 所有的线性函数类无偏估计量中，$\overline{Y}$ 是最有效的估计量。这一结论参见重要概念 3-3，其证明见第 5 章。

重要概念 3-3 $\overline{Y}$ 的有效性：$\overline{Y}$ 为最佳线性无偏估计量

令 $\hat{\mu}_Y$ 表示 μ_Y 的估计量，同时为 Y_1，Y_2，…，Y_n 的加权平均数，即 $\hat{\mu}_Y=\frac{1}{n}\sum_{i=1}^{n}a_iY_i$，其中 a_1，a_2，…，a_n 是非随机的常数。如果 $\hat{\mu}_Y$ 是无偏的，则除 $\hat{\mu}_Y=\overline{Y}$ 外，有 $\text{var}(\overline{Y})<\text{var}(\hat{\mu}_Y)$。所以 $\overline{Y}$ 是最佳线性无偏估计量，即在所有 Y_1，Y_2，…，Y_n 加权平均类无偏估计量中，$\overline{Y}$ 是 μ_Y 最有效的估计量。

$\overline{Y}$ 是 μ_Y 的最小二乘估计量。在所有可能的估计量中，样本均值 $\overline{Y}$ 对数据的拟合效果最好，即观测值与 $\overline{Y}$ 之间的差值平方和的均值最小。

考虑以下问题，找到一个使下式达到最小的估计量 m

$$\sum_{i=1}^{n}(Y_i-m)^2 \tag{3-2}$$

式(3-2)是关于估计量 m 与样本点之间的差值或距离平方和的度量。因为 m 是 $E(Y)$ 的估计量，你可以将其看作 Y_i 的一个预测值，从而差值 Y_i-m 可以被视作预测误差。式(3-2)中的差值平方和可以被看作预测误差的平方和。

式(3-2)中使预测误差 Y_i-m 平方和达到最小的估计量 m 被称为**最小二乘估计量**(least squares estimator)。可以设想使用试错法来解决最小二乘问题：给 m 赋予不同的值，使得式(3-2)中的值尽可能小，直到满意为止。另外，也可以使用附录 3B 中的方法，利用代数或微积分去证明 $m=\overline{Y}$ 使得式(3-2)所示的预测误差平方和达到最小，因此 $\overline{Y}$ 就是 μ_Y 的最小二乘估计量。

3.1.3 随机抽样的重要性

我们假设 Y_1，Y_2，…，Y_n 是独立同分布的，比如通过简单随机抽样而获得的样本。这一假设之所以非常重要，是因为非随机抽样会导致 $\overline{Y}$ 有偏。假设以下情形，为了估计某一国家的月失业率，统计部门采用了以下抽样方案：采访者调查每个月第二个星期三上午 10：00 坐在公园里符合劳动年龄的成年人。因为大多数雇员在这一时间正在工作(不会坐在公园里)，该样本过多地代表了失业人员，因此根据这种抽样方案得到的失业率估计值是有偏的。产生这种偏差，是由于这一抽样方案过多代表或过多抽取了总体中的失业人员。这个例子虽然是虚拟的，但专栏 3-1 “兰顿获胜”给出了一个真实世界中由于不完全随机抽样而导致偏差的例子。

设计一个使偏差最小化的样本选择方案是非常重要的。附录 3A 讨论了劳工统计局在执行美国《当前人口调查》时的具体操作方法，这一调查用来估计美国月度失业率。

专栏3-1

兰顿获胜

在1936年美国总统大选前夕，《文艺报》公布了一项民意调查，结果显示兰顿将以57%对43%的压倒性胜利击败当时的总统罗斯福。调查结果中提到的压倒性胜利确实发生了，但是弄错了谁是赢家：罗斯福以59%比41%击败了兰顿！

为什么《文艺报》会犯下如此巨大的错误呢？它的样本是从电话记录和汽车登记档案中选取的，但在1936年许多家庭并没有汽车或电话，这些基本上只属于富人——他们大多是共和党人。由于电话调查并非从总体中随机抽样，从而民主党人的数量抽样过少，因此得到的估计量是有偏的，《文艺报》犯了一个尴尬无比的错误。

此后，政治民调变得更加复杂，并针对抽样偏差进行了调整，但他们仍然可能犯错误。在2016年希拉里·克林顿与唐纳德·特朗普的总统大选中，民意调查正确预测希拉里·克林顿将赢得全国选票，但州级民意调查错误预测她将赢得选举团[结果该选举团中唐纳德·特朗普大获全胜(304票对227票)]。根据美国公众意见研究协会(2017年)的说法，州级的民意调查出错的原因之一是，他们未能针对受访者中大学毕业生人数过多的情况做出调整——这是民意调查者在未来不太可能犯的错误。

3.2 关于总体均值的假设检验

许多关于周围世界的假设可以简单地被表述为是或否的问题。例如，现在美国大学毕业生的平均收入是每小时20美元吗？男性和女性大学毕业生的平均收入水平是一样的吗？这两个问题都包含了有关收入总体分布的特定假设。统计学的任务是基于样本数据提供的证据回答这些问题。本节描述了有关总体均值的**假设检验**(hypothesis tests)(如收入的总体均值是20美元/小时吗?)。3.4节讨论了关于两个总体的假设检验(男性和女性的平均收入是否相同)。

3.2.1 原假设和备择假设

统计检验的出发点是设定需要检验的假设，被称为**原假设**(null hypothesis)。假设检验需要使用数据将原假设与另一个假设进行比较，另一个假设被称为**备择假设**(alternative hypothesis)，即当原假设不成立时，该假设成立。

原假设是指总体均值 $E(Y)$ 取某个特定值，记作 $\mu_{Y,0}$。原假设记作 H_0，因此可表述为

$$H_0: E(Y)=\mu_{Y,0} \tag{3-3}$$

例如，大学毕业生每小时平均工资为20美元的猜想构成了关于时薪总体分布的原假设。用数学语言表述为：如果 Y 代表随机选择的刚毕业大学生的时薪，则原假设是 $E(Y)=20$，即式(3-3)中的 $\mu_{Y,0}=20$。

备择假设指出了当原假设不成立时，什么才是正确的。最为一般化的备择假设是 $E(Y)\neq\mu_{Y,0}$。因为它允许了 $E(Y)$ 大于或小于 $\mu_{Y,0}$，所以被称为**双边备择假设**(two-sided alternative hypothesis)。双边备择假设可写为

$$H_1: E(Y)\neq\mu_{Y,0}\text{(双边备择假设)} \tag{3-4}$$

单边备择假设也可能存在，后面将会讨论这一情况。

统计学家面临的问题就是如何利用随机抽样数据来决定是接受原假设 H_0，还是拒绝它从而接受备择假设 H_1。如果“接受”原假设，并不意味着统计学家支持它是正确的；相反，它仅仅是被暂时接受了，之后也可能基于其他证据拒绝它。正由于这一原因，统计假设检验可以被表述为拒绝原假设或不能拒绝原假设。

3.2.2 p 值

对于任意给定的样本，样本均值 $\overline{Y}$ 不太可能恰好等于假设值 $\mu_{Y,0}$。造成 $\overline{Y}$ 和 $\mu_{Y,0}$ 存在差异的原因可能是真实的均值不等于 $\mu_{Y,0}$(即原假设是错误的)，或者虽然真实值等于 $\mu_{Y,0}$(即原假设是正确的)，但随机抽样使得 $\overline{Y}$ 不等于 $\mu_{Y,0}$，而要明确区分这两种可能性则比较困难。然而，虽然样本数据无法提供有关原假设的决定性证据，但可以通过计算概率，即利用衡量抽样不确定性的方法来检验原假设，这一计算过程涉及使用数据计算原假设的 p 值。

p 值(p-value)，也称**显著性概率**(significance probability)，是指在原假设为真的情况下，抽取到的统计量与原假设值之间的差异程度大于样本计算值与原假设之间的差异程度的概率。例如，p 值是指抽样得到的 $\overline{Y}$ 与原假设值 $\mu_{Y,0}$ 的距离大于实际计算的样本均值与原假设值的距离的概率。

举例而言，假设你所收集到的最近毕业的大学生样本中，平均小时工资是 22.64 美元，则 p 值是指在原假设为真的条件下，$\overline{Y}$ 的观测值与 20 美元(原假设下的总体均值)的差异大于实际计算得到的 22.64 美元与 20 美元之间差异的概率。如果 p 值很小，比如为 0.1%，则说明在原假设成立的情况下不太可能抽中这种样本；因此一种合理的结论是原假设不成立。相反，如果 p 值很大，如 40%，则当原假设成立时，很可能仅仅由于随机抽样变化而得到一个 22.64 美元的样本平均数观测值；因此反对原假设的证据从概率角度上是很微弱的，故不能拒绝原假设。

用数学语言表述 p 值的概念。令 $\overline{Y}^{act}$ 表示利用样本数据实际计算得到的样本均值，$\Pr_{H_0}$ 表示原假设为真时所计算出的概率[即假设 $E(Y_i)=\mu_{Y,0}$]，则

$$p\text{ 值} = \Pr_{H_0}[\,|\overline{Y}-\mu_{Y,0}| > |\overline{Y}^{act}-\mu_{Y,0}|\,] \tag{3-5}$$

换言之，p 值是在原假设下 $\overline{Y}$ 的分布位于 $\mu_{Y,0}\pm|\overline{Y}^{act}-\mu_{Y,0}|$ 区域之外的尾部面积。当 p 值较大时，观测值 $\overline{Y}^{act}$ 与原假设相一致；当 p 值较小时，则不一致。

为了计算 p 值，必须首先知道原假设条件下 $\overline{Y}$ 的抽样分布。正如 2.6 节讨论的，当样本容量很小时，$\overline{Y}$ 的分布是复杂的。然而，根据中心极限定理，当样本容量较大时，$\overline{Y}$ 的抽样分布近似于正态分布。原假设条件下的正态分布的均值为 $\mu_{Y,0}$，因此原假设条件下 $\overline{Y}$ 的分布为 $N(\mu_{Y,0},\sigma_{\overline{Y}}^2)$，其中 $\sigma_{\overline{Y}}^2=\dfrac{\sigma_Y^2}{n}$。只要样本容量足够大，即使不知道 Y 的总体分布，我们也可以利用大样本下的渐近正态性质来计算 p 值，但详细的计算仍取决于 σ_Y^2 是否已知。

3.2.3 当 σ_Y 已知时 p 值的计算

当 σ_Y 已知时，p 值的计算方法见图 3-1。如果样本容量较大，则原假设条件下 $\overline{Y}$ 的抽样分布

为 $N(\mu_{Y,0},\ \sigma_{\bar{Y}}^2)$，其中 $\sigma_{\bar{Y}}^2=\frac{\sigma_Y^2}{n}$。因此，在原假设条件下，$\bar{Y}$ 的标准化形式$\frac{\bar{Y}-\mu_{Y,0}}{\sigma_{\bar{Y}}}$服从标准正态分布。因此，$p$ 值是指，在原假设条件下，得到一个 $\bar{Y}$ 值的概率，其中该 $\bar{Y}$ 值与 $\mu_{Y,0}$ 之间的距离大于$\bar{Y}^{act}$与 $\mu_{Y,0}$ 之间的距离，或者等价地说，p 是$\frac{\bar{Y}-\mu_{Y,0}}{\sigma_{\bar{Y}}}$的绝对值大于$\frac{\bar{Y}^{act}-\mu_{Y,0}}{\sigma_{\bar{Y}}}$的绝对值的概率。该概率为图 3-1 中阴影部分的面积。用数学公式表述的话，图 3-1 中阴影部分的尾部概率(即 p 值)为

$$p\text{ 值}=\Pr_{H_0}\left(\left|\frac{\bar{Y}-\mu_{Y,0}}{\sigma_{\bar{Y}}}\right|>\left|\frac{\bar{Y}^{act}-\mu_{Y,0}}{\sigma_{\bar{Y}}}\right|\right)$$

$$=2\Phi\left(-\left|\frac{\bar{Y}^{act}-\mu_{Y,0}}{\sigma_{\bar{Y}}}\right|\right) \tag{3-6}$$

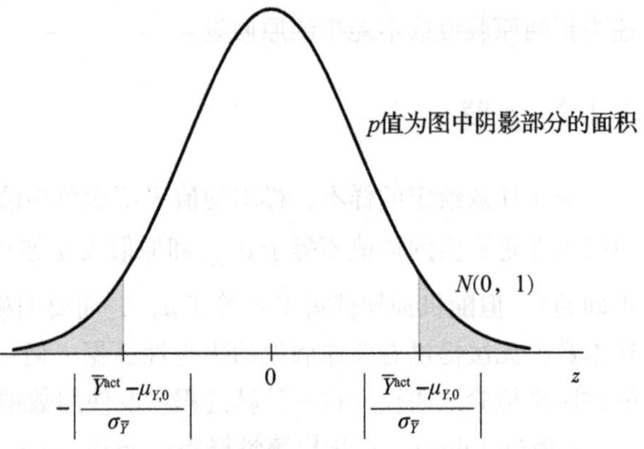

图 3-1 计算 p 值

注：p 值是 $\bar{Y}$ 与 $\mu_{Y,0}$ 之间的距离大于 $\bar{Y}^{act}$ 与 $\mu_{Y,0}$ 之间距离的概率。在大样本下，$\bar{Y}$ 在原假设条件下服从 $N(\mu_{Y,0},\ \sigma_{\bar{Y}}^2)$，$\frac{\bar{Y}-\mu_{Y,0}}{\sigma_{\bar{Y}}}$服从 $N(0,\ 1)$。因此，p 值就是标准正态分布中位于$\pm\frac{|\bar{Y}^{act}-\mu_{Y,0}|}{\sigma_{\bar{Y}}}$之外阴影部分的面积。

其中，Φ 是标准正态累积分布函数，即 p 值等于标准正态分布位于$\pm\frac{|\bar{Y}^{act}-\mu_{Y,0}|}{\sigma_{\bar{Y}}}$之外尾部区域的面积。

式(3-6)中 p 值的计算依赖于总体分布的方差 σ_Y^2。在实践中，这一方差通常是未知的(一个例外情况是 Y_i 为服从伯努利分布的二值变量，在这种情况下，其方差由原假设确定，参见式(2-7)与习题 3.2)。由于一般情况下，在计算 p 值之前必须首先估计出 σ_Y^2 的值，所以现在我们回到估计 σ_Y^2 的值的问题上。

3.2.4 样本方差、样本标准差与标准误

样本方差 s_Y^2 是总体方差 σ_Y^2 的估计量，样本标准差 s_Y 是总体标准差 σ_Y 的估计量，而样本均值 $\bar{Y}$ 的标准误是 $\bar{Y}$ 的抽样分布标准差的估计量。

样本方差和样本标准差。 **样本方差**(sample variance)s_Y^2 为

$$s_Y^2=\frac{1}{n-1}\sum_{i=1}^{n}(Y_i-\bar{Y})^2 \tag{3-7}$$

样本标准差(sample standard deviation)s_Y 是样本方差的平方根。

样本方差的公式看起来和总体方差的公式非常相似。总体方差 $E(Y-\mu_Y)^2$ 是$(Y-\mu_Y)^2$ 总体分布的均值。同样地，样本方差是$(Y_i-\mu_Y)^2$ 的样本均值，$i=1,\ 2,\ \cdots,\ n$，其中做了两点修改：第一，用 $\bar{Y}$ 替换 μ_Y；第二，用 $n-1$ 代替 n 作为求均值的除数。

进行第一点修改(用 $\bar{Y}$ 替换 μ_Y)的原因在于 μ_Y 是未知的，必须对其进行估计；很自然地，μ_Y 的一个估计量是 $\bar{Y}$。进行第二点修改(除以 $n-1$ 而不是 n)的原因在于用 $\bar{Y}$ 替换 μ_Y 后，在$(Y_i-\bar{Y})^2$ 中引入了微小的向下偏差。特别指出的是，正如习题 3.18 所示，$E[(Y_i-\bar{Y})^2]=\frac{n-1}{n}\sigma_Y^2$。因此

$E\sum_{i=1}^{n}(Y_i-\overline{Y})^2=nE[(Y_i-\overline{Y})^2]=(n-1)\sigma_Y^2$，式(3-7)用 $n-1$ 代替 n 作为除数修正了这一微小的向下偏差，所以 s_Y^2 是无偏的。

式(3-7)用 $n-1$ 代替 n 作为除数被称为**自由度**(degrees of freedom)修正——这是因为均值的估计用掉了某些信息，即用掉了数据中的 1 个自由度，因而只剩下了 $n-1$ 个自由度。

样本方差的一致性。样本方差是总体方差的一致估计量

$$s_Y^2 \xrightarrow{p} \sigma_Y^2 \tag{3-8}$$

换句话说，当 n 较大时，样本方差以很大的概率趋近于总体方差。

式(3-9)的证明见附录 3C，证明过程假定 Y_1，Y_2，…，Y_n 是独立同分布的，且 Y_i 的四阶矩是有界的，即 $E(Y_i^4)<\infty$。直观上看，由于 s_Y^2 是一个样本均值，因此它是一致的，所以 s_Y^2 遵循大数定律。但要使得 s_Y^2 遵循重要概念 2-6 中的大数定律，$(Y_i-\mu_Y)^2$ 必须具有有界方差，从而意味着 $E(Y_i^4)$ 必须有界；换句话说，Y_i 的四阶矩是有界的。

$\overline{Y}$ 的标准误。由于 $\overline{Y}$ 的抽样分布的标准差为 $\sigma_{\overline{Y}}=\frac{\sigma_Y}{\sqrt{n}}$，式(3-9)证明了利用 $\frac{s_Y}{\sqrt{n}}$ 作为 $\sigma_{\overline{Y}}$ 的估计量是合理的。$\sigma_{\overline{Y}}$ 的估计量 $\frac{s_Y}{\sqrt{n}}$，被称为 **$\overline{Y}$ 的标准误**(standard error of $\overline{Y}$)，记作 $SE(\overline{Y})$ 或 $\hat{\sigma}_{\overline{Y}}$。$\overline{Y}$ 的标准误概念见重要概念 3-4。

当 Y_1，Y_2，…，Y_n 是从成功概率为 p 的伯努利分布中抽取的独立同分布时，$\overline{Y}$ 的方差公式可以简化为 $\frac{p(1-p)}{n}$(参见习题 3.2)。标准误的公式也可以简写为：$SE(\overline{Y})=\sqrt{\frac{\overline{Y}(1-\overline{Y})}{n}}$，即标准误仅仅取决于 $\overline{Y}$ 和 n。

重要概念 3-4 $\overline{Y}$ 的标准误

$\overline{Y}$ 的标准误是指 $\overline{Y}$ 的标准差的估计量。$\overline{Y}$ 的标准误可记作 $SE(\overline{Y})$ 或 $\hat{\sigma}_{\overline{Y}}$，当 Y_1，Y_2，…，Y_n 是独立同分布时，有

$$SE(\overline{Y})=\hat{\sigma}_{\overline{Y}}=\frac{s_Y}{\sqrt{n}} \tag{3-9}$$

3.2.5 当 σ_Y 未知时 p 值的计算

因为 s_Y^2 是 σ_Y^2 的一致估计量，所以可以使用标准误 $SE(\overline{Y})=\hat{\sigma}_{\overline{Y}}$ 替代式(3-6)中的 $\sigma_{\overline{Y}}$ 来计算 p 值，即当 σ_Y 未知且 Y_1，Y_2，…，Y_n 是独立同分布时，p 值可以用以下公式计算

$$p\text{ 值}=2\Phi\left(-\left|\frac{\overline{Y}^{act}-\mu_{Y,0}}{SE(\overline{Y})}\right|\right) \tag{3-10}$$

3.2.6 t 统计量

标准化样本均值 $\frac{\overline{Y}-\mu_{Y,0}}{SE(\overline{Y})}$ 在统计假设检验中起着至关重要的作用，它有一个特殊的名字，被

称为 **t 统计量**（t statistic）或 **t 比率**（t ratio）

$$t=\frac{\overline{Y}-\mu_{Y,0}}{\mathrm{SE}(\overline{Y})} \tag{3-11}$$

一般而言，**检验统计量**（test statistic）是用来进行假设检验的，而 t 统计量是其中重要的一种检验统计量。

t 统计量的大样本分布。当 n 较大时，s_Y^2 以很高的概率趋近于 σ_Y^2。因此，t 统计量的分布近似于$\frac{\overline{Y}-\mu_{Y,0}}{\sigma_{\overline{Y}}}$的分布；同时由中心极限定理（重要概念 2-7）可知，当 n 较大时，上述分布近似于标准正态分布。因此，在原假设条件下

$$\text{当 } n \text{ 较大时，} t \text{ 近似地服从于 } N(0,\ 1) \tag{3-12}$$

式(3-10)中 p 值的公式可以使用 t 统计量来表示。令 t^{act} 表示实际计算出的 t 统计量的值，则有

$$t^{act}=\frac{\overline{Y}^{act}-\mu_{Y,0}}{\mathrm{SE}(\overline{Y})} \tag{3-13}$$

相应地，当 n 很大时，p 值可以利用下式计算

$$p\text{ 值}=2\Phi(-|t^{act}|) \tag{3-14}$$

现考虑一个假想的例子，假如我们用一个 $n=200$ 的刚毕业大学生的样本去检验平均工资 $E(Y)$ 为每小时 20 美元的原假设。样本的平均工资为$\overline{Y}^{act}=22.64$ 美元，样本标准差为 $s_Y=18.14$ 美元，则 $\overline{Y}$ 的标准误为$\frac{s_Y}{\sqrt{n}}=\frac{18.14}{\sqrt{200}}=1.28$。$t$ 统计量的值为 $t^{act}=\frac{22.64-20}{1.28}=2.06$。从附表 A-1 可知，对应的 p 值是 $2\Phi(-2.06)=0.039$，或 3.9%。这就是说，在假定原假设为真的条件下，观测到的样本均值和原假设值的距离大于实际计算出的值与原假设值的距离的概率为 3.9%。

3.2.7 给定显著性水平下的假设检验

当进行假设检验时，你可能会犯两类错误：你可能错误地拒绝那些实际上为真的原假设，或者当这些原假设不为真时，你却没有拒绝它们。如果你愿意提前指定一个在容忍范围内犯第一类错误（错误地拒绝了本来为真的原假设）的概率，则进行假设检验时无须计算 p 值。如果你选择了一个事先给定的拒绝原本为真的原假设的概率（如 5%），则当且仅当 p 值小于 5%时才拒绝原假设。这种方法对原假设给予了优待，但在很多实际情况下，这种优待是合适的。

给定显著性水平下的假设检验。假设当 p 值小于 5%时拒绝原假设。因为标准正态分布处于 ±1.96 以外的尾部面积是 5%，由此可以得到一个简单规则

$$\text{当 } |t^{act}|>1.96 \text{ 时，拒绝 } H_0 \tag{3-15}$$

即当通过样本计算出 t 统计量的绝对值大于 1.96 时，拒绝原假设。如果 n 足够大，则原假设条件下的 t 统计量服从 $N(0,\ 1)$。因此错误地拒绝原假设（拒绝实际上为真的原假设）的概率是 5%。

重要概念 3-5 假设检验的术语

假设检验可能会犯两种类型的错误：**第一类错误**（type Ⅰ error）是指拒绝了实际上为真的原假设；**第二类错误**（type Ⅱ error）是指没有拒绝实际上错误的原假设。当原假设为真时，我们将事先给定的拒绝原假设的概率（事先给定的犯第一类错误的概率）称为检验的**显著性水平**（significance level)。检验统计量的**临界值**(critical value)是指在给定的显著性水平下刚好拒绝原假设的统计量的值，拒绝原假设的统计量的取值集合为**拒绝域**(rejection region)，而无法拒绝原假设的统计量的取值集合为**接受域**(acceptance region)。原假设为真时，错误地拒绝原假设的概率称为**检验的水平**(size of the test)，而当正确地拒绝原假设，即备择假设为真时的概率称为**检验的势**(power of the test)。

p 值是指当原假设为真时，由于随机抽样的变化而得到的统计量与原假设值之间的差异大于实际观测值与原假设值之间差异的概率。等价地，p 值是指能够拒绝原假设的最小显著性水平。

关于假设检验的一些专业术语可参见重要概念 3-5。式(3-15)中检验的显著性水平为 5%，双边检验临界值为 1.96，拒绝域为±1.96 以外 t 统计量的取值。若在 5%的显著性水平下拒绝原假设，则称总体均值 μ_Y 在 5%的显著性水平下显著异于 $\mu_{Y,0}$。

利用给定显著性水平进行假设检验不需要计算 p 值。前例关于刚毕业大学生的平均收入等于每小时 20 美元的这一假设检验中，t 统计量等于 2.06。该值大于 1.96，因此在 5%的显著性水平下拒绝了上述假设。尽管在 5%的显著性水平下进行假设检验比较容易，但仅仅报告给定显著性水平下是否拒绝原假设要比报告 p 值所传递的信息少。

实践中应该选择多大的显著性水平? 这是一个具有争议的问题。一直以来，统计学家和计量经济学家通常使用 5%这一显著性水平。如果你在 5%的显著性水平下去检验大量统计假设，则平均每 20 次将有 1 次会错误地拒绝原假设。这是不是一个小数目取决于你如何看待它。如果所有被测试的原假设中只有一小部分实际上是错误的，那么在那些被拒绝的测试中，原假设实际上是错误的概率可能很小(习题 3.22)，我们将所有拒绝中错误拒绝所占的比率称为假阳性率。假阳性率有很大的实际意义。例如，对于新报告的药物，对于其治疗效果，统计学上具有显著性意义，而假阳性率实际上是治疗无效的部分。由于担心使用 5%显著性水平时假阳性率可能很高，一些统计学家建议在报告新结果时使用 0.5%显著性水平(Benjamin 等人，2017)。类似的担心也适用于法律环境，在法律环境中，司法旨在将错误定罪率保持在较低水平。当 t 统计量的绝对值超过 2.81 时，使用 0.5%显著性水平会导致双边拒绝。在这种情况下，p 值在 0.005 到 0.05 之间，可以被视为建议性的，但不是决定性的，反对无罪的证据值得进一步调查。

对于显著性水平的选择需要进行判断且取决于实际应用。在某些经济学应用中，假阳性的问题可能比在医疗环境中要小，在医疗环境中，假阳性可能导致患者接受无效治疗。在这种情况下，5%的显著性水平是合适的。

无论显著性水平如何，重要的是要记住，p 值是为检验原假设而设计的，所以它们和 t 统计量一样，只有当原假设本身有意义时才有用。本节以收入为例，尽管许多实习生没有报酬，但没有人认为在平均水平下工人根本没有收入，因此，收入为零的原假设毫无意义，不值得检验。相比之下，男性和女性的平均收入相同的这一原假设是有趣的，且具有社会意义，这一原假设在第 3.4 节进行了检验。

重要概念 3-6 概括了总体均值双边备择假设的假设检验。

重要概念 3-6　检验假设为 $E(Y)=\mu_{Y,0}$，备择假设为 $E(Y)\neq\mu_{Y,0}$

1. 计算 $\overline{Y}$ 的标准误，$SE(\overline{Y})$(式(3-8))。

2. 计算 t 统计量(式(3-13))。

3. 计算 p 值(式(3-14))。如果 p 值小于 0.05(等价地，如果 $|t^{act}|>1.96$)，则在 5%的显著性水平下拒绝原假设。

3.2.8 单边备择假设

在某些情况下，备择假设可能是均值大于 $\mu_{Y,0}$。举例而言，有人认为教育水平对就业有帮助，因此对应的原假设为大学毕业生和非大学毕业生具有相同的收入水平，备择假设不应该是二者的收入水平不同，而是大学毕业生的薪水比非大学毕业生更高。这被称为**单边备择假设**（one-sided alternative hypothesis），可以写作

$$H_1: E(Y) > \mu_{Y,0}\text{（单边备择假设）} \tag{3-16}$$

双边备择假设使用的计算 p 值及假设检验的方法同样适用于单边备择假设检验，但有一点需要修正，即 t 统计量仅在取较大的正值而不是较大的绝对值时拒绝原假设。具体而言，为了检验式(3-16)中的单边假设检验，构建式(3-13)所示的 t 统计量。p 值是标准正态分布位于计算得到的 t 统计量右侧的面积。换言之，如果用 $N(0,1)$ 作为 t 统计量的近似分布，则 p 值为

$$p\text{ 值} = \Pr_{H_0}(Z > t^{act}) = 1 - \Phi(t^{act}) \tag{3-17}$$

若以 $N(0,1)$ 作为 t 统计量的近似分布，在 5%的显著性水平下，单边检验的临界值为 1.64。该检验的拒绝域是所有大于 1.64 的 t 统计量值集合。

式(3-16)所示的单边备择假设关注的是超过 $\mu_{Y,0}$ 的 μ_Y 取值。如果备择假设变更为 $E(Y) < \mu_{Y,0}$，则前面的讨论除了需要变更符号外依然适用。例如，5%的显著性水平下的拒绝域由小于 -1.64 的 t 统计量的值构成。

3.3 总体均值的置信区间

由于随机抽样会产生误差，因此我们无法仅仅利用样本信息去确定 Y 总体均值的精确值。但我们可以利用样本数据去构建一个给定概率下包含真实总体均值 μ_Y 的取值集合。这样的集合被称为**置信集**（confidence set），使 μ_Y 包含在集合之中的给定概率被称为**置信水平**（confidence level）。μ_Y 的置信集实际上是均值在上限和下限之间所有可能的取值，因而置信集是一个区间，被称为**置信区间**（confidence interval）。

以下是一种构建总体均值的95%置信集的方法。首先选定均值的任一取值，称其为 $\mu_{Y,0}$。通过计算 t 统计量来进行原假设为 $\mu_Y=\mu_{Y,0}$、备择假设为 $\mu_Y \neq \mu_{Y,0}$ 的假设检验；如果 t 统计量的绝对值小于 1.96，则在 5%的显著性水平下无法拒绝假设值 $\mu_{Y,0}$，随即在列表中记下这个无法拒绝的 $\mu_{Y,0}$。然后再任选一个 $\mu_{Y,0}$ 进行以上检验；如果不能拒绝，则再将这个值记入列表，不断重复以上过程。实际上，需要尝试所有总体均值的可能取值。如此反复，最终能够得到在 5%的显著性水平下双边假设检验不能拒绝的总体均值的所有取值。

这一列表是有用的，因为它概括了基于数据所得到的能够或不能够拒绝（在 5%的显著性水平下）的假设值的集合：如果有人带着特定的数值来问你，你可以通过在列表上查找到的数值来告诉他假设值是否被拒绝。稍做推理便可以发现，该集合包含真实总体均值的概率为 95%。

推理过程如下：假设 μ_Y 的真实值为 21.5（尽管我们不知道），则 $\overline{Y}$ 服从均值为 21.5 的正态分布，同时检验原假设 $\mu_Y=21.5$ 的 t 统计量服从 $N(0,1)$ 分布。因此，如果 n 较大，则在 5%的显著性水平下拒绝原假设 $\mu_Y=21.5$ 的概率为 5%。但是，在构建集合的过程中，由于检验了总体均值的所有可能取值，尤其检验了真实值 $\mu_Y=21.5$，即在 95%的所有样本中，你将会正确地

接受 21.5；这就意味着在 95%的所有样本中，你的列表将包含 μ_Y 的真实值。因此，列表中的数值构成了 μ_Y 的 95%的置信集。

这种构建置信集的方法实际上是不可行的，因为它要求你将 μ_Y 的所有可能值作为原假设去进行检验。幸运的是，存在一种更加简单的方法。根据式(3-13)中 t 统计量的公式，如果 $\mu_{Y,0}$ 的一个试验值与 $\overline{Y}$ 的距离大于 1.96 倍的标准误，则可以在 5%的置信水平下拒绝它。因此，在 5%的显著性水平下无法被拒绝的 μ_Y 取值集合是由介于 $\overline{Y}-1.96SE(\overline{Y})$ 和 $\overline{Y}+1.96SE(\overline{Y})$ 之间的取值所构成的。也就是说，μ_Y 的 95%置信区间为 $\overline{Y}-1.96SE(\overline{Y})\leqslant\mu_Y\leqslant\overline{Y}+1.96SE(\overline{Y})$。重要概念 3-7 概述了这一方法。

重要概念 3-7　总体均值的置信区间

μ_Y 的 95%双边置信区间是一个以 95%的概率包含真实值 μ_Y 的区间，当样本容量 n 较大时，μ_Y 的 90%、95%和 99%置信区间为

μ_Y 的 90%置信区间 $=[\overline{Y}\pm1.64SE(\overline{Y})]$

μ_Y 的 95%置信区间 $=[\overline{Y}\pm1.96SE(\overline{Y})]$

μ_Y 的 99%置信区间 $=[\overline{Y}\pm2.58SE(\overline{Y})]$

例如，考虑如下问题：利用 200 个刚毕业的大学生的假设随机样本来构建时薪均值的 95%置信区间，其中该样本的 $\overline{Y}=22.64$ 美元，$SE(\overline{Y})=1.28$，则时薪均值的 95%置信区间为 $[22.64\pm1.96\times1.28]=[22.64\pm2.51]=[20.13$ 美元，25.15 美元$]$。

到目前为止，所有讨论都集中在双边置信区间。当然，也可以用单边假设检验不能拒绝的 μ_Y 值的集合构建单边置信区间。虽然单边置信区间在统计学的某些分支中有所应用，但在应用计量经济分析中并不常见。

覆盖概率。总体均值置信区间的**覆盖概率**(coverage probability)是指通过所有可能的随机样本计算出的包含总体真实均值的概率。

3.4　不同总体间的均值比较

刚毕业的男女大学生的平均收入相同吗？回答该问题涉及两个不同总体分布间的均值比较。本节将介绍如何进行两个不同总体均值之差的假设检验，以及如何构建其置信区间。

3.4.1　两个总体均值之差的假设检验

为了刻画两个总体均值之差的检验，令 μ_w 表示刚毕业的女性大学生总体的平均时薪，而令 μ_m 表示刚毕业的男性大学生总体的平均时薪。现考虑原假设为两个总体平均收入之间存在某种程度的差距，如 d_0，则原假设和备择假设可以分别写为

$$H_0: \mu_m-\mu_w=d_0 \text{ 与 } H_1: \mu_m-\mu_w\neq d_0 \tag{3-18}$$

如果原假设为男性和女性的收入均值相等，则式(3-18)中 H_0 变为 $d_0=0$。

由于两个总体均值是未知的，它们必须通过男女大学生的样本进行估计。假设我们从各自总体中随机抽取 n_m 个男性样本和 n_w 个女性样本。令男性样本的平均年收入为 $\overline{Y}_m$，女性样本的

平均年收入为 $\overline{Y}_w$，则 $\mu_m-\mu_w$ 的估计量为 $\overline{Y}_m-\overline{Y}_w$。

为了利用 $\overline{Y}_m-\overline{Y}_w$ 检验原假设 $\mu_m-\mu_w=d_0$，我们需要知道 $\overline{Y}_m-\overline{Y}_w$ 的分布。由中心极限定理可知，$\overline{Y}_m$ 近似服从 $N\left(\mu_m,\ \frac{\sigma_m^2}{n_m}\right)$，其中 σ_m^2 为男性收入的总体方差。同样地，$\overline{Y}_w$ 近似服从 $N\left(\mu_w,\ \frac{\sigma_w^2}{n_w}\right)$，其中 σ_w^2 为女性收入的总体方差。同时，回想 2.4 节所学的内容，两个正态分布随机变量的加权平均也服从正态分布。由于 $\overline{Y}_m$ 和 $\overline{Y}_w$ 是由随机抽取的不同样本所计算的，它们是独立随机变量，因此 $\overline{Y}_m-\overline{Y}_w$ 服从 $N\left[\mu_m-\mu_w,\ \frac{\sigma_m^2}{n_m}+\frac{\sigma_w^2}{n_w}\right]$。

如果 σ_m^2 和 σ_w^2 已知，则可以利用上述的正态分布来计算用于检验原假设 $\mu_m-\mu_w=d_0$ 所需的 p 值。然而，在实践中，总体方差通常是未知的，因此必须对它们进行估计。正如前面章节所介绍的，可以通过样本方差 s_m^2 和 s_w^2 来估计它们。其中 s_m^2 的定义参考式(3-7)，但只使用样本中男生的数据来计算该统计量，同理也可以定义女生的 s_w^2。因此，$\overline{Y}_m-\overline{Y}_w$ 的标准误为

$$\mathrm{SE}(\overline{Y}_m-\overline{Y}_w)=\sqrt{\frac{s_m^2}{n_m}+\frac{s_w^2}{n_w}} \tag{3-19}$$

当 Y 是伯努利随机变量时，可以将式(3-19)简化，具体见习题 3.15。

用于检验原假设的 t 统计量的构建方法与检验单个总体均值的 t 统计量的构建方法类似，即用估计量 $\overline{Y}_m-\overline{Y}_w$ 减去 $\mu_m-\mu_w$ 的原假设值，再除以 $\overline{Y}_m-\overline{Y}_w$ 的标准误。

$$t=\frac{(\overline{Y}_m-\overline{Y}_w)-d_0}{\mathrm{SE}(\overline{Y}_m-\overline{Y}_w)}\text{（比较两个均值的 } t \text{ 统计量）} \tag{3-20}$$

如果 n_m 和 n_w 都较大，当原假设为真时，上述 t 统计量服从标准正态分布。

因为在 n_m 和 n_w 都较大的情况下，式(3-20)中的 t 统计量在原假设条件下服从标准正态分布，因此双边检验的 p 值计算与单个总体情形完全相同，即可以通过式(3-14)计算其 p 值。

对于给定显著性水平下的假设检验，只需简单计算出式(3-20)中的 t 统计量，并将其与相应临界值进行比较即可。例如，如果 t 统计量的绝对值大于 1.96，则在 5%的显著性水平下拒绝原假设。

如果备择假设是单边而非双边的(即如果备择假设是 $\mu_m-\mu_w>d_0$)，则可以根据 3.2 节中的内容对假设检验进行修正。根据式(3-17)计算出 p 值，且当 $t>1.64$ 时，可以在 5%的显著性水平下拒绝原假设。

3.4.2 两个总体均值之差的置信区间

3.3 节所概括的置信区间构建方法可以推广到均值之差 $d=\mu_m-\mu_w$ 的置信区间构建中。由于当 $|t|>1.96$ 时，原假设 d_0 的值在 5%的显著性水平下被拒绝，故仅当 $|t|\leqslant 1.96$ 时，d_0 才落入置信集中。然而 $|t|\leqslant 1.96$ 表示两均值之差的估计量 $\overline{Y}_m-\overline{Y}_w$ 与 d_0 的距离小于 1.96 倍的标准误，因此 d 的 95%双边置信区间是由位于±1.96 倍 $\overline{Y}_m-\overline{Y}_w$ 的标准误范围内的那些 d 值组成的。

$d=\mu_m-\mu_w$ 的 95%置信区间为

$$[(\overline{Y}_m-\overline{Y}_w)\pm 1.96\mathrm{SE}(\overline{Y}_m-\overline{Y}_w)] \tag{3-21}$$

基于上述公式，下面的专栏 3-2 “美国大学毕业生收入的性别差异” 中包含了对美国大学生收入的性别差异所进行的经验性调查。

专栏 3-2

美国大学毕业生收入的性别差异

第 2 章中的专栏 2-1 “2015 年美国的收入分布情况” 表明，平均而言，男性大学毕业生比女性大学毕业生获得的收入更高。那么，这种收入的 “性别差异” 的发展趋势如何呢？美国管理工作场合中性别歧视的社会规范和法律发生了巨大变化，大学毕业生收入的性别差异随着时间的推移是保持稳定还是发生变化了呢？

表 3-1 给出了基于《当前人口调查》(CPS) 数据得到的 25～34 岁拥有大学文凭的全职员工在 1996 年、2008 年和 2015 年的时薪收入。1996 年和 2008 年的收入数据利用 2015 年的消费价格指数进行了调整，以消除通货膨胀的影响。[⊖]在 2015 年，1 917 名受访男性的平均时薪为 28.06 美元，男性收入的标准差为 14.37 美元。同时，2015 年 1 816 名受访女性的平均时薪为 23.04 美元，女性收入的标准差为 11.22 美元。因此，2015 年收入的性别差异估计值为 5.02 美元 (=28.06 美元−23.04 美元)，标准差为 0.42 美元 $\left(=\sqrt{\frac{14.37^2}{1\,917}+\frac{11.22^2}{1\,816}}\right)$。2015 年收入性别差异的 95%置信区间为 [5.02±1.96×0.42] = [4.19 美元，5.84 美元]。在 1%显著性水平下 $\left(t\right.$ 统计量为 $\frac{5.02}{0.42}=11.9$，大于 1%的显著性水平下的双边临界值为 2.58$\left.\right)$，没有性别差异的原假设被拒绝。

由表 3-1 中的结果可以得到四个结论：第一，收入的性别差异是巨大的，如果假设每周工作 40 小时、每年 50 个工作周，持续一年之后 5.02 美元的时薪差异将会增大超过 10 000 美元。第二，1996～2015 年，用实际价格表示的时薪性别差异增加了 1.14 美元，从每小时 3.88 美元增加到 5.02 美元，这一增加量在 5%的显著性水平下显著(习题 3.17)。第三，如果用百分比来表示增加量，则收入的性别差异同样也是很大的：根据表 3-1 中的估计结果，2015 年女性比男性每小时少赚了 18% (5.02 美元/28.06 美元)，相比 1996 年 16%的差异(3.88 美元/24.87 美元)略微有所增加。第四，年轻大学毕业生收入的性别差异(表 3-1 中的分析)小于所有大学毕业生收入的性别差异(表 2-4 中的分析)：正如表 2-4 所示，2015 年拥有大学文凭的全部女性全职员工的平均时薪为 27.23 美元，而男性的平均时薪为 35.10 美元，拥有大学文凭的全部全职员工收入的性别差异为 22% $\left(=\frac{35.10-27.23}{35.10}\right)$。

表 3-1　1996～2015 年美国 25～34 岁大学毕业生时薪的变化趋势(以 2015 年美元价格计算)

年份	男性			女性			男性和女性的差异		
	$\overline{Y}_m$	s_m	n_m	$\overline{Y}_w$	s_w	n_w	$\overline{Y}_m-\overline{Y}_w$	$SE(\overline{Y}_m-\overline{Y}_w)$	d 的 95%置信区间
1996	24.87	11.44	1 387	20.99	8.93	1 232	3.88①	0.40	3.09～4.66
2008	27.94	13.88	1 855	23.16	11.11	1 877	4.78①	0.41	3.98～5.59
2015	28.06	14.37	1 917	23.04	11.22	1 816	5.02①	0.42	4.19～5.84

注：这些估计值是基于下一年度 3 月份进行的《当前人口调查》中 25～34 岁美国全职工作者的数据所计算的(例如 2015 年的数据是于 2016 年 3 月份收集的)。

① 表示差异在 1%的显著性水平下显著异于 0。

⊖ 由于通货膨胀，1996 年的 1 美元比 2015 年的 1 美元更值钱，即 1996 年的 1 美元能比 2015 年的 1 美元买到更多的物品和劳务。因此，在没有进行通货膨胀调整之前，1996 年的收入不能直接与 2015 年的收入进行比较。其中一种调整方式是利用消费价格指数(CPI)，它是劳工统计局计算并公布的一篮子物品和劳务的价格。在 1996～2015 年这 19 年间，CPI 上升了 51.1%；换言之，1996 年花 100 美元可以购买的一篮子物品和劳务在 2015 年要花费 151.10 美元。为了使表 3-1 中 1996 年和 2015 年的收入可比，我们用整体 CPI 价格膨胀率调整了 1996 年的收入，即用 1.511 乘以 1996 年的收入得到用 “2015 年美元” 衡量的 1996 年的收入。

上述经验分析表明时薪的“性别差异”是非常大的。同时在过去的几年内总体保持稳定(或稍有增加)。但是，这一分析并没有告诉我们为什么存在这一差异，是来源于劳动力市场的性别歧视，还是反映了男女之间技能、经验或教育水平的差异？是反映了择业上的差别，还是某些其他的原因？等掌握了第2篇的多元回归分析工具后，我们再来回答这些问题。

3.5 基于实验数据估计因果效应

回顾1.2节曾介绍过的随机对照实验：从感兴趣的总体中随机选择实验对象(个体，或者更一般的实体)，然后将它们随机分配到接受实验处理的处理组，或者不接受实验处理的对照组。处理组和对照组的样本均值之差便是处理的因果效应估计量。

3.5.1 作为条件期望之差的因果效应

处理的因果效应是指在理想化的随机对照实验中，某一处理对我们感兴趣结果的预期影响。这种影响可以表述为两个条件期望之差。具体地，处理水平 X 对 Y 的**因果效应**(causal effect)是指两个条件期望之差，即 $E(Y|X=x)-E(Y|X=0)$，其中 $E(Y|X=x)$ 是指理想化随机对照实验中 Y 在处理组(接受处理水平 $X=x$)中的期望值，而 $E(Y|X=0)$ 是指 Y 在对照组(接受处理水平 $X=0$)中的期望值。在实验中，因果效应又被称为**处理效应**(treatment effect)。如果只有两种处理水平(即处理是二值的)，则我们可以令 $X=0$ 代表对照组，而 $X=1$ 代表处理组。在这种情况下，理想化随机对照实验的因果效应(即处理效应)为 $E(Y|X=1)-E(Y|X=0)$。

3.5.2 利用均值之差估计因果效应

如果随机对照实验的处理是二值的，则可以使用处理组和对照组之间样本平均结果之差来估计因果效应。处理无效的假设等价于两者均值相等的假设，因此这时可以使用式(3-20)中比较两个均值的 t 统计量进行检验。两组均值之差的95%置信区间即是因果效应的95%置信区间，因此可以利用式(3-21)来构建因果效应的95%置信区间。

一个设计优良、运行稳定的实验可以得到关于因果效应有说服力的估计。正因为这一原因，随机对照实验通常被应用于某些领域，如医学。然而，在经济学中，实验往往是高成本且难以管理的，同时在某些情况下还涉及道德问题，因此这种实验非常罕见。正因为如此，计量经济学家有时研究“自然实验”，又称准实验，其中某些与处理或个体特征无关的事件使得某些个体得到了处理，就好比它们是随机对照实验的一部分。专栏3-3“刺激退休储蓄的新方法”是上述准实验的一个例子，从中你会发现一些不可思议的结论。

专栏3-3

刺激退休储蓄的新方法

许多经济学家认为人们并没有为退休进行足够的储蓄。鼓励退休储蓄的常规方法是财政激励，但近年来也涌现出一些鼓励退休储蓄的非常规方法。

Brigitte Madrian 和 Denni Shea 在2001年公开发表了一项重要研究，其中考虑了一种刺激退休储蓄的非常规方法。许多公司提供这样一种退休储蓄计划，即公司给予参与计划员工的补贴与员工所需支付的金额全额或部分相匹配。参与这种以美国免税代码适用部门命名的 401(K)计划通常是自愿的。然而，有些公司的雇员被默认自动地纳入该计划，除非他们明确选择不参加；而其他公司的雇员往往仅在自主选择参加时才被纳入该计划。根据传统的行为经济学模型，参与计划的方式(选择退出或加入)并没有实际区别：理性的员工会自行计算出他们的最优化行动，并且执行。但是，Madrian 和 Shea 想知道：传统经济学可能是错误的吗？参与储蓄计划的方式直接影响参与率了吗？

为了度量参与方式对参与率的影响，Madrian 和 Shea 调查了一家将其参与 401(K)计划的方式由默认不加入更改为默认加入的大型公司。他们比较了两组员工：一类是那些在公司改变之前就被聘用，且默认不参加退休储蓄计划(他们可以选择参加)的员工；另一类是在公司改变之后才被聘用，且默认参加退休储蓄计划(他们可以选择退出)的员工。两种计划在支付金额的角度上完全一样，而 Madrian 和 Shea 认为此前已被聘用的员工和计划变更后才被聘用的员工之间没有系统性差异。因此，从计量经济学家的角度看，这种改变就好比随机分配的处理，同时两组均值之差可以用来估计这种改变的因果效应。

Madrian 和 Shea 发现，默认的参与方式导致了巨大的差异："可以选择参加"的一组(对照组)的参与率为 37.4%(n=4 249)，而"可以选择退出"的一组(处理组)的参与率为 85.9%(n=5 801)。处理效应的估计值为 48.5%(=85.9%-37.4%)。由于他们的样本容量很大，因此处理效应的 95%置信区间较窄(46.8%～50.2%)(在习题 3.15 中计算)。

为什么默认选择方式会导致如此之大的差异？或许是员工对他们的财务选择太过头疼，或许是他们只是没有考虑过年老之后的事情。以上两种解释都不符合经济学理性，但二者都与行为经济学的预期相符，且二者都会导致选择默认的参与计划。

这一研究具有重要的实践意义。2006 年 8 月，美国国会通过了《养老金保护法案》，除此之外还鼓励公司提供默认参与方式的 401(K)计划。Madrian 和 Shea 以及其他人的计量经济学发现在该立法的证词中具有突出贡献。

越来越多的证据表明，像默认选择性参加这样的小"推动"会对复杂的个人财务决策产生很大影响。例如，Bettinger 等人(2012)与一家大型税务筹划公司一起进行了一项随机对照实验，其中一些使用该公司服务的低收入家长在填写美国联邦学生资助表时随机获得少量帮助。他们发现，这种"推动"大大提高了大学申请率，最终提高了大学入学率。要了解更多关于行为经济学和退休储蓄计划设计的信息，请参见 Benartzi 和 Thaler(2007)以及 Beshcars、Choi、Laibson 和 Madrian(2008)。

2017 年，理查德·塞勒(Richard Thaler)因其建立行为经济学领域的工作获得了诺贝尔经济学奖。要了解行为经济学影响经济思维和经济政策的多种方式，请参阅诺贝尔委员会总结(诺贝尔委员会，2017 年)。

3.6　样本容量较小时的 t 统计量

在 3.2～3.5 节，t 统计量和基于标准正态分布得到的临界值一起被用来进行假设检验和构建置信区间，这是因为当样本容量较大时，中心极限定理保证了采用标准正态分布的合理性。

但当样本容量较小时，用标准正态分布去近似 t 统计量分布的效果并不理想。然而，如果总体本身服从正态分布，检验单个总体均值的 t 统计量的精确分布（即有限样本分布，参见 2.6 节）就是自由度为 $n-1$ 的学生 t 分布，临界值也可以通过学生 t 分布得到。

3.6.1 t 统计量和学生 t 分布

检验均值的 t 统计量。利用样本数据 Y_1，Y_2，…，Y_n 可以计算用于检验“Y 的均值为 $\mu_{Y,0}$”这一假设的 t 统计量。该统计量的公式见式(3-10)，其中 $\overline{Y}$ 的标准误在式(3-8)中给出。将后一个表达式代入前一个表达式，即可得到 t 统计量的公式

$$t=\frac{\overline{Y}-\mu_{Y,0}}{\sqrt{\frac{s_Y^2}{n}}} \tag{3-22}$$

其中 s_Y^2 的定义见式(3-7)。

正如在 3.2 节中所讨论的，如果样本容量较大且原假设为真，则一般条件下的 t 统计量服从标准正态分布（参见式(3-12)）。当 n 较大时，不管 Y 服从何种分布，用标准正态分布近似 t 统计量分布都是可靠的，但当 n 较小时，这种近似就不那么可靠了。t 统计量的精确分布依赖于 Y 的分布，而这可能是非常复杂的。然而，在某种特殊情形下，t 统计量的精确分布是相对简单的：如果 Y_1，Y_2，…，Y_n 是取自于正态分布的独立同分布，则式(3-22)中 t 统计量服从自由度为 $n-1$ 的学生 t 分布（其数学证明见 18.4 节和 19.4 节）。

如果总体分布服从正态分布，则可以使用学生 t 分布的临界值来进行假设检验及构建置信区间。例如，假设 $t^{act}=2.15$，$n=8$，则自由度为 $n-1=7$。从附表 A-2 可知，t_7 分布的 5% 双边临界值为 2.36。由于 t 统计量的绝对值小于临界值（$2.15<2.36$），所以相对于双边备择假设，原假设在 5% 的显著性水平下不被拒绝。利用 t_7 分布构建 μ_Y 的 95% 置信区间为 $\overline{Y}\pm2.36SE(\overline{Y})$。这一置信区间在某种程度上比利用标准正态分布临界值 1.96 所构建的置信区间要宽一些。

检验均值之差的 t 统计量。即使 Y 的总体分布服从正态分布，式(3-20)中所给出的检验均值之差的 t 统计量也不服从学生 t 分布（学生 t 分布并不适用，是因为用于计算式(3-19)中标准误的方差估计量并不构成 t 统计量中服从 χ^2 分布的分母）。

当 Y 服从正态分布时，基于不同的标准误公式（即“合并”标准误公式）可以得到修正后的均值之差的 t 统计量，该统计量服从精确的学生 t 分布。然而，合并标准误公式仅在两组数据方差相同或每组观测值数量相同的特殊情况下才适用（习题 3.21）。采用式(3-19)中的符号将两组数据分别记为 m 和 w，则合并方差估计量为

$$s_{\text{pooled}}^2=\frac{1}{n_m+n_w-2}\left[\sum_{\substack{i=1\\ \text{group } m}}^{n_m}(Y_i-\overline{Y}_m)^2+\sum_{\substack{i=1\\ \text{group } w}}^{n_w}(Y_i-\overline{Y}_m)^2\right] \tag{3-23}$$

第一个求和是针对第 m 组观测值，而第二个求和是针对第 w 组观测值，则均值之差的合并标准误为 $SE_{\text{pooled}}(\overline{Y}_m-\overline{Y}_w)=s_{\text{pooled}}\times\sqrt{\frac{1}{n_m}+\frac{1}{n_w}}$，利用式(3-20)可以计算合并 t 统计量，其中标准误即为合并标准误 $SE_{\text{pooled}}(\overline{Y}_m-\overline{Y}_w)$。

如果第 m 组中 Y 总体服从 $N(\mu_m, \sigma_m^2)$，第 w 组中 Y 的总体服从 $N(\mu_w, \sigma_w^2)$，且两者方差相

同($\sigma_m^2=\sigma_w^2$)，则在原假设条件下，使用合并标准误计算出的 t 统计量服从自由度为 n_w+n_m-2 的学生 t 分布。

使用合并方差估计量 s_{pooled}^2 的缺点在于，它仅仅适用于两组总体方差相等的情况(假设 $n_w \neq n_m$)。如果总体方差不相等，则合并方差估计量是有偏且不一致的。如果总体方差不相等，但使用了合并方差公式，则即使数据服从正态分布，原假设条件下的合并 t 统计量也并不服从学生 t 分布。实际上，在大样本条件下它也不服从标准正态分布。因此，除非你有很好的理由去相信总体方差是相同的，否则不应该使用合并标准误和合并 t 统计量。

3.6.2 学生 t 分布在实践中的应用

在检验 Y 均值的问题中，如果 Y 的总体分布服从正态分布，则使用学生 t 分布是可行的。然而，很多经济变量并不服从正态分布(例如，参见第 2 章的专栏 2-1“2015 年美国的收入分布情况”和专栏 2-2“华尔街糟糕的一天”)。但即使数据本身不是正态分布，如果样本容量较大，使用正态分布去近似 t 统计量的分布也是有效的。因此，有关分布均值的推断(包括假设检验及构建置信区间)应该基于大样本下的正态近似。

在进行两组均值的比较时，关于两组均值不同的任何经济解释均暗示二者可能具有不同的方差。相应地，使用合并标准误公式就不再适宜了，而允许方差不同的正确标准误公式在式(3-19)中给出。但即使总体服从正态分布，利用式(3-19)计算出的 t 统计量也不服从学生 t 分布。因此，在实践中，有关均值之差的推断应基于式(3-19)和大样本下的标准正态近似。

虽然经济学中很少使用学生 t 分布，但有一些软件使用学生 t 分布计算 p 值和置信区间。实践中，这并不构成问题，因为当样本容量较大时，学生 t 分布和标准正态分布之间的差异是可以忽略不计的。当 $n>15$ 时，利用学生 t 分布和标准正态分布计算出的 p 值之差不会超过 0.01；当 $n>80$ 时，p 值之差不会超过 0.002。在大多数现代应用及本书所有的应用中，样本容量都是成百上千的，这足以忽略学生 t 分布和标准正态分布之间的差异。

3.7 散点图、样本协方差和样本相关系数

年龄和收入之间是什么关系？就像其他问题一样，这个问题也涉及一个变量 X(年龄)和另一个变量 Y(收入)之间的关系。本节将回顾描述变量间关系的三种方法：散点图、样本协方差和样本相关系数。

3.7.1 散点图

散点图(scatterplot)是关于 X_i 和 Y_i 的 n 组观测值的图形，其中每组观测值都被表示为点(X_i，Y_i)。例如，图 3-2 是 2016 年 3 月《当前人口调查》中从信息产业管理者数据中抽取的 200 个样本的年龄(X)和时薪(Y)的散点图。图 3-2 中的每一点都对应(X，Y)的一组观测值。例如，样本中的一名员工年龄为 45 岁，收入为每小时 49.15 美元；该员工的年龄和收入在图 3-2 中用灰色的圆点表示。散点图显示，该样本中的年龄和收入呈正向关系：老员工往往挣得比年轻员工多。然而，这一关系并不十分准确，仅仅根据一个人的年龄无法完美预测其收入水平。

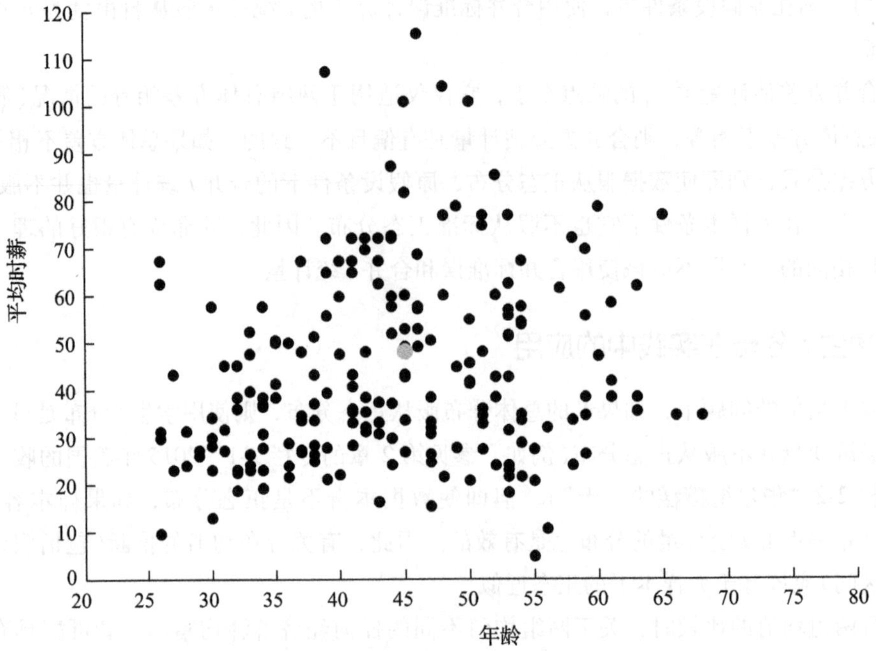

图 3-2 平均时薪和年龄的散点图

注：图中的每个点表示 200 个工人样本中每个工人的年龄和平均时薪。灰色的圆点对应了一个 45 岁且时薪为 49.15 美元的工人。数据来源于 2016 年 3 月的《当前人口调查》。

3.7.2 样本协方差和相关系数

我们曾在 2.3 节介绍过协方差和相关系数，它们是随机变量 X 和 Y 联合概率分布的两个特征。在实践中，由于总体分布是未知的，故我们并不知道总体协方差和相关系数。然而，通过从总体中随机抽取 n 个样本，根据样本数据(X_i, Y_i)，$i=1, 2, \cdots, n$，可以估计出总体协方差和相关系数。

样本协方差和相关系数是总体协方差和相关系数的估计量。如同本章前几节讨论过的其他估计量一样，我们可用样本均值代替总体均值(期望)进行计算，由此得到**样本协方差**(sample covariance，记作 s_{XY})为

$$s_{XY}=\frac{1}{n-1}\sum_{i=1}^{n}(X_i-\overline{X})(Y_i-\overline{Y}) \tag{3-24}$$

如同样本方差，式(3-24)中的平均值也是用 $n-1$ 代替 n 作为除数；同样地，这里也用 $\overline{X}$ 和 $\overline{Y}$ 分别估计总体均值。当 n 很大时，除以 n 或 $n-1$ 没有太大区别。

样本相关系数(sample correlation coefficient)，记为 r_{XY}，是样本协方差和样本标准差之比

$$r_{XY}=\frac{s_{XY}}{s_X s_Y} \tag{3-25}$$

样本相关系数度量了由 n 个观测值所构成的样本中 X 与 Y 之间线性关系的强度。如同总体相关系数，样本相关系数也是无量纲的，其取值位于−1～1 之间，即 $|r_{XY}|\leqslant 1$。

若对于所有的 i 均有 $X_i=Y_i$，则样本相关系数等于 1；若对于所有的 i 均有 $X_i=-Y_i$，则样本

相关系数为-1。更一般地，如果散点图是一条直线，则相关系数为±1；若直线向上倾斜，则 X 与 Y 之间正相关，且相关系数为 1；若直线向下倾斜，则为负相关且相关系数为-1。散点图越接近于直线，相关系数越趋近于±1。较高的相关系数并不意味着直线的斜率很陡，它仅仅表明，散点图中的点都落在一条直线附近。

样本协方差和相关系数的一致性。和样本方差一样，样本协方差也是一致的，即

$$s_{XY} \xrightarrow{p} \sigma_{XY} \tag{3-26}$$

换句话说，大样本下的样本协方差以很高的概率趋近于总体协方差。

在假设(X_i, Y_i)为独立同分布且 X_i 和 Y_i 具备有限四阶矩的前提下，式(3-26)的证明类似于附录 3C 中样本协方差一致性的证明，其详细证明过程留作习题(习题 3.20)。

由于样本方差和样本协方差都是一致的，所以样本相关系数也同样是一致的，即 $r_{XY} \xrightarrow{p} \text{corr}(X_i, Y_i)$。

举例。考虑图 3-2 中年龄和收入的数据。对于这 200 个员工，年龄的样本标准差为 $s_A = 9.57$ 岁，而收入的样本标准差为 $s_E = 19.93$ 美元/小时。年龄和收入的协方差为 $s_{AE} = 91.51$(单位：岁×美元/小时，不容易解释)。因此，样本相关系数为 $r_{AE} = \frac{91.51}{9.57 \times 19.93} = 0.48$ 或 48%。相关系数为 0.48 意味着年龄和收入之间呈正相关，但如同散点图所示，这一关系并不明显。

为了证明相关系数并不依赖于度量单位，假设收入以美分为单位，则收入的样本标准差为 1 993 美分/时，且年龄和收入之间的协方差为 9 151(单位是岁×美分/小时)，那么相关系数为 9 151/(9.57×1 993)= 0.48 或 48%。

图 3-3 给出了其他散点图和相关系数的例子。图 3-3a 表示变量之间具有较强的正向线性关系，样本相关系数为 0.9。

图 3-3b 表示出较强的负相关关系，样本相关系数为-0.8。图 3-3c 表示变量之间无明显关系，样本相关系数为 0。图 3-3d 显示：当 X 增加时，Y 先增加后减小。尽管 X 与 Y 之间的这种关系是清晰可辨的，但样本相关系数依然为 0；原因在于，对于这些数据而言，较小的 Y 值同时对应较大和较小的 X 值。

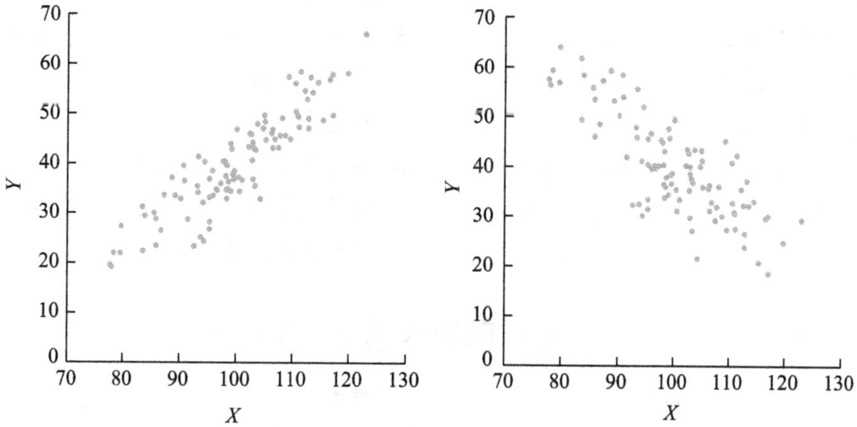

a）相关系数=+0.9　　b）相关系数=-0.8

图 3-3　四个假象数据集的散点图

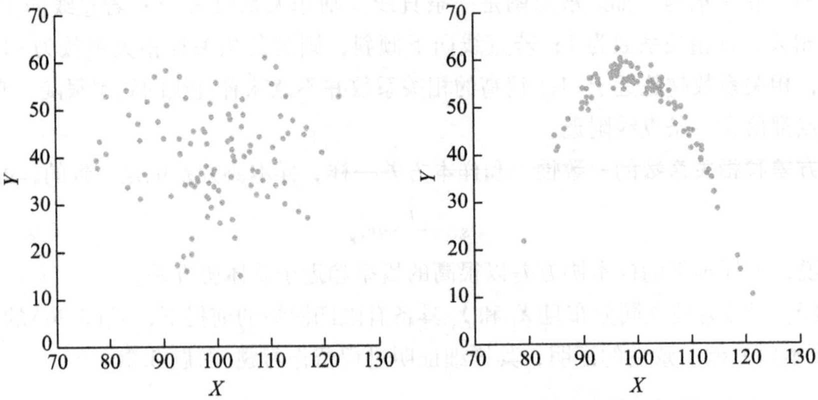

c）相关系数=0　　d）相关系数=0（二次曲线）

图 3-3 （续）

注：图 3-3a 和图 3-3b 中的散点图表明 X 和 Y 之间存在强线性关系。在图 3-3c 中，X 与 Y 相互独立，故两者不相关。在图 3-3d 中，即使两个变量间存在非线性关系，但它们依然不相关。

最后一个例子强调了一个重点，即相关系数是线性关系的度量。图 3-3d 中的两个变量存在关系，但不是线性关系。

本章小结

1. 样本均值 $\overline{Y}$ 是总体均值 μ_Y 的估计量。当 Y_1，Y_2，…，Y_n 为独立同分布时，有
   (1) $\overline{Y}$ 的抽样分布的均值为 μ_Y，方差为 $\sigma_{\overline{Y}}^2=\frac{\sigma_Y^2}{n}$。
   (2) $\overline{Y}$ 是无偏的。
   (3) 根据大数定律，$\overline{Y}$ 是一致的。
   (4) 根据中心极限定理，当样本容量较大时，$\overline{Y}$ 的抽样分布近似于正态分布。
2. t 统计量用于检验总体均值取某一特定值的原假设。当 n 较大时，t 统计量在原假设为真的条件下服从标准正态抽样分布。
3. t 统计量可以用来计算和原假设相关的 p 值。p 值是在假设原假设是正确的条件下，得出至少与你使用样本实际计算的原假设相反的统计量的概率。较小的 p 值意味着原假设是错误的。
4. μ_Y 的 95% 置信区间是指有 95% 的概率包含 μ_Y 真值的区间。
5. 两个总体均值之差的假设检验和置信区间与单个总体均值的假设检验和置信区间在概念上是类似的。
6. 样本相关系数是总体相关系数的估计量，它度量了两个变量之间的线性关系，即其散点图与直线的拟合程度。

重要术语

估计量	估计值	偏差	一致性
有效性	最佳线性无偏估计量	最小二乘估计量	假设检验
原假设	备择假设	双边备择假设	p 值
样本方差	样本标准差	自由度	$\overline{Y}$ 的标准误

t 统计量	t 比率	检验统计量	第一类错误
第二类错误	显著性水平	临界值	拒绝域
接受域	检验的水平	检验的势	单边备择假设
置信集	置信区间	覆盖概率	因果效应
处理效应	散点图	样本协方差	样本相关系数

内容复习

3.1 解释样本均值 $\overline{Y}$ 和总体均值的差别。

3.2 解释估计量和估计值的区别，并各举一例。

3.3 设某总体分布的均值为 10，方差为 16。从该总体中随机抽取 $n=10$、$n=100$、$n=1\ 000$ 的独立同分布样本，请分别计算 $\overline{Y}$ 的均值和方差。将你的答案同大数定律联系起来。

3.4 中心极限定理在统计假设检验中起到的作用是什么？在构建置信区间的过程中又起什么作用呢？

3.5 原假设和备择假设的区别是什么？检验的水平、显著性水平和检验的势之间的区别是什么？单边备择假设和双边备择假设之间的区别是什么？

3.6 为什么置信区间所包含的信息比单个的假设检验结果所包含的信息要多？

3.7 请解释为什么随机对照实验的均值差异估计量是处理效应的估计量。

3.8 大致画出总体相关系数为 1.0、-1.0、0.9、-0.5、0.0 五种情形下两个随机变量 10 个样本的散点图。

习 题

3.1 在某个总体中，$\mu_Y=100$，$\sigma_Y^2=43$。利用中心极限定理回答下列问题：

(1) 对样本容量为 $n=100$ 的随机样本，计算 $\Pr(\overline{Y}<101)$。

(2) 对样本容量为 $n=64$ 的随机样本，计算 $\Pr(101<\overline{Y}<103)$。

(3) 对样本容量为 $n=165$ 的随机样本，计算 $\Pr(\overline{Y}>98)$。

3.2 令 Y 为成功概率是 $\Pr(Y=1)=p$ 的伯努利随机变量，同时设 $Y_1, Y_2, \cdots, Y_n$ 是从该分布中抽取的独立同分布的随机变量。令 $\hat{p}$ 表示样本中成功的比例。

(1) 证明 $\hat{p}=\overline{Y}$。

(2) 证明 $\hat{p}$ 是 p 的无偏估计量。

(3) 证明 $\mathrm{var}(\hat{p})=\dfrac{p(1-p)}{n}$。

3.3 在一次针对 400 个可能投票的选民调查中，其中 215 个选民回答其会投票给现任者，而其他 185 个选民回答他们会投票给挑战者。令 p 表示在调查时期内所有可能投票的选民中投票给现任者所占的比例，令 $\hat{p}$ 表示调查中支持现任者所占的比例。

(1) 利用调查结果估计 p。

(2) 利用 $\hat{p}$ 的方差估计量 $\dfrac{\hat{p}(1-\hat{p})}{n}$ 计算你给出的估计量的标准误。

(3) 假设 H_0: $p=0.5$ 和 H_1: $p\neq0.5$，该假设检验的 p 值是多少？

(4) 假设 H_0: $p=0.5$ 和 H_1: $p>0.5$，该假设检验的 p 值是多少？

(5) 上述(3)和(4)的结果为什么存在差别？

(6) 该调查是否存在显著证据以证明调查时期内现任者比挑战者有优势？

请解释。

3.4 基于习题3.3中的数据进行以下计算：

(1) 构建p的95%置信区间。

(2) 构建p的99%置信区间。

(3) 为什么(2)中构建的置信区间要比(1)中的置信区间宽？

(4) 无须进行其他额外计算，在5%的显著性水平下检验H_0：$p=0.5$和H_1：$p\neq0.5$。

3.5 在一项针对1 055个注册选民的调查中，要求选民在候选人A和候选人B中做出选择。令p表示总体中投给候选人A的比例，令$\hat{p}$表示样本中投给候选人A的比例。

(1) 你对假设H_0：$p=0.5$和H_1：$p\neq0.5$很感兴趣。假设当$|\hat{p}-0.5|>0.02$时，你会拒绝H_0。那么

①检验的水平是多少？

②如果$p=0.53$，计算检验的势。

(2) 在调查中$\hat{p}=0.54$

①在5%的显著性水平下检验假设H_0：$p=0.5$和H_1：$p\neq0.5$。

②在5%的显著性水平下检验假设H_0：$p=0.5$和H_1：$p>0.5$。

③构建p的95%置信区间。

④构建p的99%置信区间。

⑤构建p的50%置信区间。

(3) 假设进行了20次调查，每次调查均独立抽取投票者。针对每次调查，我们均构建了p的95%置信区间。

①p的真实值包含在所有20个置信区间中的概率为多少？

②你预期上述置信区间有多少个包含了p的真实值？

(4) 用调查的专业术语来表述，"误差幅度"为$1.96\times SE(\hat{p})$；它是95%置信区间长度的一半。假如你希望设计一个误差幅度最多为1%的调查，即你希望$Pr(|\hat{p}-p|>0.01)\leqslant 0.05$。如果使用简单随机抽样进行调查，则$n$应该为多大？

3.6 令Y_1，Y_2，…，Y_n是从均值为μ的分布中抽取的独立同分布随机变量。利用t统计量检验H_0：$\mu=5$和H_1：$\mu\neq5$所得到的p值为0.03。

(1) 95%的置信区间包含$\mu=5$吗？请解释。

(2) 你能确定$\mu=6$包含在95%置信区间内吗？请解释。

3.7 在给定总体中，11%的投票者是非洲裔美国人，一项基于600个固定电话号码的简单随机抽样发现，其中8%是非洲裔美国人，有证据显示调查是有偏的吗？请解释。

3.8 对随机选取的1 000名高三学生安排一项新版的SAT测试，测试成绩的样本均值为1 110，样本标准差为123。构建高三学生测试成绩总体均值的95%置信区间。

3.9 假设灯泡厂生产的灯泡平均寿命为2 000小时，标准差为200小时，一位发明家声称他所发明的一项改进工艺能够生产出平均寿命更长且标准差相同的灯泡。工厂经理随机抽取了按这种工艺生产的100个灯泡。经理认为如果灯泡寿命的样本均值大于2 100小时则相信发明家所言；否则，她将得出新工艺和旧工艺相同的结论。令μ表示新工艺的均值，原假设和备择假设分别为H_0：$\mu=2\,000$和H_1：$\mu>2\,000$。

(1) 工厂经理检验方法的水平是多少？

(2) 假设新工艺的确更好，且灯泡平均寿命为2 150小时，则工厂经理检验方法的势是多少？

(3) 如果经理希望检验的水平为5%，则她应该采取何种检验方法？

3.10 假设对新泽西州随机选取的100名三年级学生安排了一项新的标准化测试。

测试成绩的样本均值 $\overline{Y}$ 为 58 分，样本标准差 s_Y 为 8 分。

(1) 若决定对新泽西州所有的三年级学生进行该项测试，请构建新泽西州所有三年级学生成绩均值的 95% 置信区间。

(2) 假设对随机抽取的 200 名艾奥瓦州三年级学生进行同样的测试，得到的样本均值为 62 分，样本标准差为 11 分。构建艾奥瓦州与新泽西州成绩均值之差的 90%置信区间。

(3) 你能够以较高水平的置信度得到艾奥瓦州与新泽西州学生成绩总体均值存在差异的结论吗？(两个样本均值之差的标准误是多少？检验原假设为均值不存在差异、备择假设为均值存在差异的 p 值是多少？)

3.11 考虑式(3-1)中定义的估计量 $\widetilde{Y}$，证明：

(1) $E(\widetilde{Y})=\mu_Y$；

(2) $\text{var}(\widetilde{Y})=\dfrac{1.25\sigma_Y^2}{n}$。

3.12 为了调查某公司可能存在的性别歧视，随机抽取相似职位的 100 位男性和 64 位女性的样本，其月收入结果见下表：

	平均收入(美元)	标准差(美元)	n
男性	3 100	200	100
女性	2 900	320	64

(1) 上述数据表明公司的工资水平存在差异吗？它们提供了显著证据表明男性和女性工资不同吗？(为了回答这一问题，首先，需要给出原假设和备择假设；其次，计算出对应的 t 统计量；再次，计算出对应于 t 统计量的 p 值；最后，利用 p 值回答上述问题。)

(2) 这些数据表明公司在薪酬制度上存在性别歧视吗？请解释。

3.13 由加利福尼亚州 420 个学区的五年级学生测试成绩数据得到平均成绩 $\overline{Y}=654.2$，标准差 $s_Y=19.1$。

(1) 构建总体测试成绩均值的 95%置信区间。

(2) 当把学区分为小班(每位老师所教授的学生数<20)学区和大班(每位老师所教授的学生数 ≥20)学区后，我们发现如下结果：

班级规模	平均成绩($\overline{Y}$)	标准差(s_Y 分)	n
小班	657.4	19.4	238
大班	650.0	17.9	182

是否存在显著证据表明小班学区比大班学区平均测试成绩得分更高？请解释。

3.14 记录样本内 300 名大学男生的身高(X，单位：英寸[⊖])和体重(Y，单位：磅)。得到下面的描述性统计量：$\overline{X}=70.5$ 英寸，$\overline{Y}=158$ 磅，$s_X=1.8$ 英寸，$s_Y=14.2$ 磅，$s_{XY}=21.73$ 英寸×磅，$r_{XY}=0.85$。将上述统计量转化为公制计量单位(米和千克)。

3.15 令 Y_a 和 Y_b 分别表示从两个不同总体 a 和 b 中抽取的伯努利随机变量。假设 $E(Y_a)=p_a$，$E(Y_b)=p_b$。此外，从总体 a 中随机抽取容量为 n_a 的样本，样本均值为 $\hat{p}_a$，并从总体 b 中随机抽取容量为 n_b 的样本，样本均值为 $\hat{p}_b$。假设总体 a 中抽取的样本独立于总体 b 中抽取的样本。

(1) 证明 $E(\hat{p}_a)=p_a$，$\text{var}(\hat{p}_a)=\dfrac{p_a(1-p_a)}{n_a}$，并证明 $E(\hat{p}_b)=p_b$，$\text{var}(\hat{p}_b)=\dfrac{p_b(1-p_b)}{n_b}$。

⊖ 1 英寸=0.025 4 米。

(2) 证明 $\mathrm{var}(\hat{p}_a-\hat{p}_b)=\frac{p_a(1-p_a)}{n_a}+\frac{p_b(1-p_b)}{n_b}$。(提示：两组样本相互独立。)

(3) 假设 n_a 和 n_b 非常大，证明 p_a-p_b 的95%置信区间为 $(\hat{p}_a-\hat{p}_b)\pm1.96\sqrt{\frac{\hat{p}_a(1-\hat{p}_a)}{n_a}+\frac{\hat{p}_b(1-\hat{p}_b)}{n_b}}$。同样地，应该如何构建 p_a-p_b 的90%置信区间？

(4) 阅读3.5节的专栏3-3“刺激退休储蓄的新方法”。令总体 a 表示“选择退出”(处理)组，令总体 b 表示“选择参加”(对照)组。构建处理效应 p_a-p_b 的95%置信区间。

3.16 已知美国学生标准化测试的平均成绩为1 000，同时对随机抽取的453名佛罗里达州的学生进行该测试，在这一样本中，样本均值为1 013，标准差(s)为108。

(1) 构建佛罗里达州所有学生平均测试成绩的95%置信区间。

(2) 是否有显著证据表明佛罗里达州的学生成绩与美国其他地区的学生成绩存在差异？

(3) 再从佛罗里达州随机抽取另外503名学生。考前给他们上3小时的复习课。他们的平均测试成绩为1 019，标准差为95。

①构建由考前复习所引起的平均测试成绩变化的95%置信区间。

②是否存在显著证据表明复习课程对考试有帮助？

(4) 给原先的453名学生上完复习课后再进行一次考试，得到他们成绩的平均变化为9分，变化的标准差为60分。

①构建平均成绩变化的95%置信区间。

②是否存在显著证据表明学生参加了复习课程后的第二次考试成绩会提高？

③参加第二次考试的学生成绩有所提高，可能是由于他们接受了复习课程，也可能是由于他们从第一次考试中获取了经验。描述一个能够量化这两种效应的实验。

3.17 阅读3.4节的专栏3-2“美国大学毕业生收入的性别差异”。

(1) 构建1996年和2015年男性平均时薪变动的95%置信区间。

(2) 构建1996年和2015年女性平均时薪变动的95%置信区间。

(3) 构建1996年和2015年由性别引起的平均时薪差距变动的95%置信区间。(提示：$\overline{Y}_{m,1996}-\overline{Y}_{w,1996}$ 独立于 $\overline{Y}_{m,2015}-\overline{Y}_{w,2015}$。)

3.18 本题证明了当 $Y_1, Y_2, \cdots, Y_n$ 是均值为 μ_Y、方差为 σ_Y^2 的独立同分布时，样本方差是总体方差的无偏估计量。

(1) 使用式(2-32)证明 $E(Y_i-\overline{Y})^2=\mathrm{var}(Y_i)-2\mathrm{cov}(Y_i,\overline{Y})+\mathrm{var}(\overline{Y})$。

(2) 使用式(2-34)证明 $\mathrm{cov}(Y_i,\overline{Y})=\frac{\sigma_Y^2}{n}$。

(3) 使用前两个小题的结论证明 $E(s_Y^2)=\sigma_Y^2$。

3.19 (1) 如果 $\overline{Y}$ 是 μ_Y 的无偏估计量，则 $\overline{Y}^2$ 是 μ_Y^2 的无偏估计量吗？

(2) 如果 $\overline{Y}$ 是 μ_Y 的一致估计量，则 $\overline{Y}^2$ 是 μ_Y^2 的一致估计量吗？

3.20 假设(X_i, Y_i)为独立同分布且具有有界四阶矩。证明样本协方差是总体协方差的一致估计量，即 $s_{XY}\xrightarrow{p}\sigma_{XY}$，其中 s_{XY} 的定义见式(3-24)。(提示：参考附录3C中的证明方法。)

3.21 证明当两组样本的样本容量相等时($n_m=n_w$)，式(3-23)所给出的合并标准误 $SE_{pooled}(\overline{Y}_m-\overline{Y}_w)$ 等于由式(3-19)给出的均值差异的一般标准误。

3.22 假设 Y_i 是服从 $N(\mu_Y, \sigma_Y^2)$ 的独立同分布($i=1, \cdots, n$)，其中 σ_Y^2 已知。对于检验原假设 H_0: $\mu_Y=0$ 与备择假设 H_1: $\mu_Y>0$ 的 t 统计量为 $t=\dfrac{\overline{Y}-0}{SE(\overline{Y})}$，其中 $SE(\overline{Y})=\dfrac{\sigma_Y}{\sqrt{n}}$。假设 $\sigma_Y=10$，$n=100$，则 $SE(\overline{Y})=1$。在显著性水平为5%的情况下，当 $t>1.64$ 时，拒绝原假设。

(1) 假设 $\mu_Y=0$，原假设为真，则原假设被拒绝的概率为多少？

(2) 假设 $\mu_Y=2$，备择假设为真，则原假设被拒绝的概率为多少？

(3) 假设有90%的概率数据从原假设为真的总体($\mu_Y=0$)中抽取，有10%的概率数据从备择假设为真且 $\mu_Y=2$ 的总体中抽取。你的数据来自第一个或者第二个总体，但是你并不知道来自哪一个。

①计算 t 统计量。$t>1.64$ 的概率是多少(也就是拒绝原假设的概率为多少)？

②假设你拒绝了原假设，即 $t>1.64$，那么样本来自 $\mu_Y=0$ 的总体的概率为多少？

(4) 找到一种新的有效药物是非常困难的。假设90%的新药无效，只有10%的新药有效。令 Y 表示服用了新药的一名患者的血液毒素的下降。如果药物无效，则 $\mu_Y=0$，$\sigma_Y=10$；如果药物有效，则 $\mu_Y=2$，$\sigma_Y=10$。

①在包含100名患者的随机样本中对一种新药进行测试，并记录数据，发现 t 统计量的值大于1.64。药物无效的概率是多少(即使用 $t>1.64$ 的测试的假阳性率是多少)？

②假设单边检验使用0.5%的显著性水平。药物无效的概率是多少(即假阳性率是多少)？

实证练习

3.1 在本书网站(http://www.pearsonhighered.com/stock_watson/)上，可以找到数据文件CPS96_15，它是表3-1中所用到的1996～2015年数据的扩展版本。该数据文件包括了年龄在25～34岁且最高学历为高中或大学的全职雇员的信息。有关数据的详细描述参见网站上的文件CPS96_15_Description。基于这些数据回答下列问题。

(1) ①计算1996年和2015年平均时薪(AHE)的样本均值。

②计算1996年和2015年平均时薪(AHE)的样本标准差。

③计算1996年和2015年平均时薪(AHE)总体均值95%置信区间。

④构建1996年与2015年之间平均时薪(AHE)总体均值变化量的95%置信区间。

(2) 在2015年，消费者价格指数(CPI)为237.0，而在1996年，CPI为156.9。使用以2015年实际美元价格度量的AHE重新计算(1)，即用1996～2015年间发生的通货膨胀对1996年的数据进行调整。

(3) 如果你对1996～2015年间雇员的购买力变化很感兴趣，你会使用(1)中的结果还是(2)中的结果？请解释。

(4) 基于 2015 年的数据:
①构建高中毕业生 AHE 均值的 95%置信区间。
②构建大学毕业生 AHE 均值的 95%置信区间。
③构建两者均值之差的 95%置信区间。
(5) 使用以 2015 年实际美元价格度量的 1996 年数据重新计算第(4)题。
(6) 运用合适的估计值、置信区间和统计量回答下列问题:
①1996~2015 年,高中毕业生的实际工资(经通货膨胀调整后)增长了吗?
②1996~2015 年,大学毕业生的实际工资(经通货膨胀调整后)增长了吗?
③大学和高中毕业生的收入差距扩大了吗?
(7) 表 3-1 给出了大学毕业生收入的性别差异的信息。使用 1996 年和 2015 年的数据对高中毕业生建立一个类似的表格。高中毕业生和大学毕业生之间存在明显差异吗?

3.2 一位消费者可以花 1 美元买一张棒球卡,但他拒绝了这个交易。如果现在消费者获得了这张棒球卡,他会愿意以 1 美元的价格卖出吗?传统消费理论的回答是肯定的,但行为经济学家认为"所有者"会以更高的价格卖出产品。也就是说,当消费者卖出此棒球卡时,他会要价比 1 美元更多(如 1.2 美元);而当其购买棒球卡时,他希望以低于 1 美元的价格买入(如 0.88 美元)。行为经济学家称这种现象为"禀赋效应"。约翰·李斯特(John List)在一场随机化实验中研究了禀赋效应,这次实验涉及一场运动卡片展会中运动纪念品的交易者。交易者被随机分配两种体育收藏品中的一种,如商品 A 或商品 B,两者有着相等的市场价值。[㊀]那些得到商品 A 的交易者有机会和其他交易者进行交换以获得商品 B,而那些得到商品 B 的交易者也可以和其他交易者进行交换以获得商品 A。实验数据和相关描述详见网站 http://www.pearsonhighered.com/stock_watson/中的文件 Sportscards 和 Sportscards_Description。[㊁]

(1) ①假设不存在任何禀赋效应,所有人都更加喜欢商品 A 胜过商品 B。你预测实验对象中将随机分配得到的商品进行交易以获得另一商品的人数占比是多少?(因为是随机分配两种处理,所以实验对象获得商品 A 和商品 B 的概率各占 50%。)
②假设不存在任何禀赋效应,50%的人喜欢商品 A 胜过商品 B,另外 50%的人喜欢商品 B 胜过商品 A。你预测实验对象中将随机分配得到的商品进行交易以获得另一商品的人数占比是多少?
③假设不存在任何禀赋效应,X%的人喜欢商品 A 胜过商品 B,另外($100-X$)%的人喜欢商品 B 胜过商品 A。证明你预测 50%的实验对象会将随机分配得到的商品进行交易从而获得另一商品。
(2) 运用该数据集,实验对象中将随机分配得到的商品进行交易以获得另一商品的人数占比是多少?是否存在显著证据表明该比例不等于 50%?是否存在显著证据表明禀赋

㊀ 商品 A 是 Cal Ripken, Jr. 创造多场连胜纪录的票根,商品 B 是 Nolan Ryan 赢得他第 300 场比赛的纪念品。
㊁ 这些数据由芝加哥大学的约翰·李斯特教授提供,该数据已用于其论文,"Does Market Experience Eliminate Market Anomalies," Quarterly Journal of Economics, 2003, 118(1): 41-71。

效应的存在？（提示：回顾习题 3.2 和习题 3.3。）

（3）一些人认为禀赋效应是存在的，但随着交易者获得更多的交易经验，禀赋效应逐渐消失。一半的实验对象是商人，另一半的实验对象不是商人。商人比非商人拥有更多的经验。对商人和非商人重复问题（2），他们的行为是否存在显著差异？是否存在显著证据表明，随着交易者获得更多的交易经验，禀赋效应逐渐消失？（提示：复习习题 3.15。）

附录 3A 美国当前人口调查

美国劳工部劳工统计局每月都会进行当前人口调查（CPS），该调查提供了人口劳动力特征的数据，包括就业、失业情况及收入等。每个月都有接近 54 000 个美国家庭接受调查。调查样本是从一个地址数据库中随机抽取的，该地址数据库是在最近一次人口普查基础上加入新住户信息扩展而成的。具体的抽样机制非常复杂（首先随机选择一些较小的地理区域，接着随机选择该区域的住户）；详细说明可参见《劳工统计年鉴》以及美国劳工部网站。

每年 3 月份进行的调查要比其他月份详细得多，会询问关于上一年收入的问题。表 2-4 和表 3-1 中的统计量就是基于 3 月份调查数据计算得到的。《当前人口调查》中的收入数据是针对全职雇员的，全职雇员是指上一年至少工作 48 周且每周工作时间超过 35 小时的雇员。

有关数据的更多详细信息，请参见本章的复制材料，在网站 http://www.princeton.edu/～mwatson/Stock-Watson_4E 上可获得。

附录 3B $\overline{Y}$ 是 μ_Y 的最小二乘估计量的两种证明方法

本附录提供了两种方法以证明 $\overline{Y}$ 使得式（3-2）中预测误差平方和最小化，即 $\overline{Y}$ 是 $E(Y)$ 的最小二乘估计量。其中一种方法使用了微积分，而另一种则没有。

微积分证明

为了最小化预测误差平方和，需要取导数并令其为 0

$$\frac{\mathrm{d}}{\mathrm{d}m}\sum_{i=1}^{n}(Y_i-m)^2=-2\sum_{i=1}^{n}(Y_i-m)=-2\sum_{i=1}^{n}Y_i+2mn=0 \tag{3-27}$$

求解最后一个等式，可证明当 $m=\overline{Y}$ 时，$\sum_{i=1}^{n}(Y_i-m)^2$ 达到最小。

非微积分证明

这种方法是要证明最小二乘估计量与 $\overline{Y}$ 的差必为 0，从而得到 $\overline{Y}$ 是最小二乘估计量。令 $d=\overline{Y}-m$，得到 $m=\overline{Y}-d$，则 $(Y_i-m)^2=[Y_i-(\overline{Y}-d)]^2=[Y_i-\overline{Y}+d]^2=(Y_i-\overline{Y})^2+2d(Y_i-\overline{Y})+d^2$。所以预测误差平方和［式（3-2）］为

$$\sum_{i=1}^{n}(Y_i-m)^2=\sum_{i=1}^{n}(Y_i-\overline{Y})^2+2d\sum_{i=1}^{n}(Y_i-\overline{Y})+nd^2=\sum_{i=1}^{n}(Y_i-\overline{Y})^2+nd^2 \tag{3-28}$$

其中第二个等式利用了 $\sum_{i=1}^{n}(Y_i-\overline{Y})=0$。因为式（3-28）中最后一个多项式中的两项都非负，且第一项不依赖于 d，故选取使第二项 nd^2 尽可能小的 d 值，以使 $\sum_{i=1}^{n}(Y_i-m)^2$ 达到最小。为此，只需令 $d=0$，即 $m=\overline{Y}$，因此 $\overline{Y}$ 是 $E(Y)$ 的最小二乘估计量。

附录 3C 样本方差一致性的证明

本附录利用大数定律证明了在 Y_1, Y_2, …, Y_n 为独立同分布且 $E(Y_i^4)<\infty$ 的条件下，样本方差 s_Y^2 是总体方差 σ_Y^2 的一致估计量，正如式(3-9)所示。

首先，考虑由 n 代替 $n-1$ 作为除数的样本方差

$$\begin{aligned}&\frac{1}{n}\sum_{i=1}^{n}(Y_i-\overline{Y})^2\\&=\frac{1}{n}\sum_{i=1}^{n}Y_i^2-2\overline{Y}\sum_{i=1}^{n}Y_i+\overline{Y}^2\\&=\frac{1}{n}\sum_{i=1}^{n}Y_i^2-\overline{Y}^2\xrightarrow{p}(\sigma_Y^2+\mu_Y^2)-\mu_Y^2\\&=\sigma_Y^2\end{aligned}\tag{3-29}$$

其中第一个等式利用了 $(Y_i-\overline{Y})^2=Y_i^2-2\overline{Y}Y_i+\overline{Y}^2$，第二个等式利用了 $\frac{1}{n}\sum_{i=1}^{n}Y_i=\overline{Y}$。

第三行收敛性的证明如下：

①根据大数定律，有 $\frac{1}{n}\sum_{i=1}^{n}Y_i^2\xrightarrow{p}E(Y^2)$（由于 Y_i^2 独立同分布且 $E(Y_i^4)<\infty$，即具有有限方差，故满足大数定律条件）。

②又 $E(Y^2)=\sigma_Y^2+\mu_Y^2$（重要概念 2-3）。

③由于 $\overline{Y}\xrightarrow{p}\mu_Y$，故 $\overline{Y}^2\xrightarrow{p}\mu_Y^2$。

④由式(3-29)及 $\left(\frac{n}{n-1}\right)\to 1$ 可得，$s_Y^2=\frac{n}{n-1}\left(\frac{1}{n}\sum_{i=1}^{n}(Y_i-\overline{Y})^2\right)\xrightarrow{p}\sigma_Y^2$，即样本方差具有一致性。

PART 2

第2篇

回归分析基础

CHAPTER 4

第4章 一元线性回归

现在某小学学区的主管需要决定是否再雇用一些教师，她需要你的建议。如果她雇用这些教师，则平均每位老师对应的学生数(学生-教师比)就会比原来减少2人，但会增加学区的开支。所以她问你：如果她将班级规模平均减少2名学生，那么会对该学区学生的标准化测试成绩产生何种影响?

现在假设一位父亲告诉你，他的家庭想要搬到一个有良好的学校系统的城镇。他对一个特定的学区感兴趣：这个学区的考试分数是不公开的，但是父亲可以根据学区的学生-教师比知道班级规模。所以他问你：如果他告诉你学区的班级规模，你能预测那个学区的标准化测试成绩吗?

这两个问题显然是相关的：它们都与班级规模和考试成绩之间的关系有关，但是它们又是不同的。要回答主管的问题，你需要估计一个变量(学生-教师比，X)的变化对另一个变量(测试成绩，Y)的因果效应。要回答父亲的问题，你需要知道平均来说不同学区X与Y之间的关系，以此来利用这个关系预测给定学区X时Y的取值。

这两个问题是计量经济学中出现的两种不同类型问题的示例。第一类问题与**因果推断**(causal inference)有关：使用数据估计通过改变另一个变量值的干预措施对你所感兴趣的结果的影响效应。第二类问题与**预测**(prediction)有关：使用某些变量的观测值来预测另一个变量的值。

本章将介绍线性回归模型，用于建立一个变量X与另一个变量Y之间的某种联系。该模型假定X与Y之间具有线性关系。正如Y的均值是Y总体分布的一个未知特征参数，联系X和Y的直线的截距和斜率也是X和Y联合分布的未知特征参数。计量经济学告诉我们如何利用这两个变量的样本数据来估计截距和斜率。

与均值的差异一样，线性回归是一种可用于因果推断和预测的统计方法。然而，这两种用途对数据提出了不同的要求。3.5节解释了在一个实验中，当处理是随机分配时，如何用处理组和对照组结果的均值之差来估计处理的因果效应。当

X 是连续变量时，计算均值之差不再有效，因为 X 可以取很多值，而不仅仅是两个。但是，如果我们附加假设 X 与 Y 之间的关系是线性的，那么如果 X 是随机分配的，我们可以使用线性回归来估计改变 X 的干预对 Y 的因果效应。即使 X 不是随机分配的，线性回归提供了一种方法来预测给定 X 时 Y 的值，即建立模型将给定 X 时 Y 的条件均值作为 X 的线性函数。只要预测 Y 的观测值与用于估计线性回归的数据来自同一个总体，回归线就提供了一种给定 X 时预测 Y 的方法。

4.1～4.3 节介绍线性回归模型以及斜率与截距的最小二乘估计量。在 4.4 节中，我们讨论估计因果效应对数据的要求。实质上，关键要求是要么 X 在实验中是随机的，要么 X 是接近随机的。

我们对因果推断的关注一直持续到第 13 章，在第 14 章讨论预测的问题。

4.1　线性回归模型

回到父亲的问题：如果他告诉你学区的班级规模，你能预测那个学区的标准化测试成绩吗？在第 2 章中，我们使用符号 $E(Y \mid X=x)$ 来表示当 X 取 x 值时 Y 的均值，即给定 $X=x$ 时 Y 的条件期望。当 X 可以取多个值时，定义 X 函数最简单的起点是假设它是线性的。在测试成绩和班级规模的例子中，这个线性函数可以写成

$$E(\text{TestScore} \mid \text{ClassSize}) = \beta_0 + \beta_{\text{ClassSize}} \times \text{ClassSize} \tag{4-1}$$

其中 β 是希腊字母 beta，β_0 是截距，$\beta_{\text{ClassSize}}$ 是斜率。

如果你有幸知道 β_0 和 $\beta_{\text{ClassSize}}$，你可以用式(4-1)来回答这位父亲的问题。例如，假如他正在看一个班级规模为 20 的学区，且 $\beta_0=720$，$\beta_{\text{ClassSize}}=-0.6$。然后你可以回答他的问题：当给定班级规模为 20 时，你可以预测测试成绩为 $720-0.6\times20=708$。

式(4-1)告诉你对于具有某种班级规模的学区，平均测试成绩是多少，它没有告诉你任何一个学区的具体测试成绩是多少。具有相同班级规模大小的学区在许多方面可能不同，通常会有不同的测试成绩。因此，如果我们使用式(4-1)对一个给定的学区进行预测，我们知道预测并不会完全正确：预测会有误差。用数学语言表述的话，对于任何给定的学区，班级规模和测试成绩之间不完美的关系可以写成

$$\text{TestScore} = \beta_0 + \beta_{\text{ClassSize}} \times \text{ClassSize} + \text{error} \tag{4-2}$$

式(4-2)的第一部分 $\beta_0+\beta_{\text{ClassSize}}\times\text{ClassSize}$ 表示学区的测试成绩，它表示在所有学区总体中，班级规模和测试成绩之间的平均关系，第二部分 error 表示用式(4-1)进行预测时所产生的误差。

尽管之前的讨论都集中在学生测试成绩和班级规模上，但式(4-2)所表达的思想却更具普遍性，因此有必要引入更一般的符号来加以表述。假设现有一个包含 n 个学区的样本，令 Y_i 表示第 i 个学区学生的平均测试成绩，X_i 表示第 i 个学区的平均班级规模，所以式(4-1)简化为 $E(Y_i \mid X_i)=\beta_0+\beta_1 X_i$。令 u_i 表示用条件均值预测 Y_i 产生的误差，则对每一个学区（$i=1, 2, \cdots, n$），式(4-2)可表述为更一般的形式

$$Y_i = \beta_0 + \beta_1 X_i + u_i \tag{4-3}$$

其中，β_0 表示直线的截距，β_1 表示斜率。由于式(4-3)使用的是一般变量 X，所以我们用一般符号 β_1 而不是 $\beta_{\text{ClassSize}}$ 来表示斜率。

式(4-3)便是**一元线性回归模型**（linear regression model with a single regressor），其中 Y 被称为**被解释变量**（dependent variable），X 被称为**解释变量**（independent variable）或**回归元**（regressor）。

式(4-3)右侧第一部分 $\beta_0+\beta_1 X_i$ 被称为**总体回归线**（population regression line）或**总体回归函数**（population regression function），描述的是 X 和 Y 在总体平均水平上的关系。因此，如果已知 X

的值，根据总体回归线就可以预测被解释变量 Y 的值，该值是给定 X 时的条件均值。该条件均值由式(4-1)给出，在式(4-3)中更一般的表示为 $E(Y|X)=\beta_0+\beta_1X$。

截距(intercept)β_0 和**斜率**(slope)β_1 被称为总体回归线的**系数**(coefficients)，也被称作总体回归线的**参数**(parameters)。斜率 β_1 表示 X 变化一个单位所引起的 Y 的变化，截距表示当 $X=0$ 时总体回归线的取值，是总体回归线与 Y 轴的交点。在有些计量经济学应用中，截距具有明确的经济学含义；而在其他应用中，截距并没有实际含义，例如，当 X 表示班级规模时，严格来说，截距项表示班级里没有学生时测试成绩的预测值。当截距项没有明确的经济学含义时，可以仅从数学角度将其理解为决定回归线水平(或高度)的一个参数。

式(4-3)中的 u_i 被称为**误差项**(error term)，在预测问题中，u_i 表示 Y_i 与使用总体回归线的预测值之间的差。

线性回归模型及其术语见重要概念 4-1。

重要概念 4-1　一元线性回归模型的术语

线性回归模型为

$$Y_i=\beta_0+\beta_1X_i+u_i$$

式中，下标 i 表示第 i 次观测，$i=1, 2, \cdots, n$；

Y_i 是被解释变量、回归子或左侧变量；

X_i 是解释变量、回归元或右侧变量；

$\beta_0+\beta_1X_i$ 是总体回归线或总体回归函数；

β_0 是总体回归线的截距；

β_1 是总体回归线的斜率；

u_i 是误差项。

图 4-1 描述了基于 7 组假想的测试成绩(Y)和班级规模(X)样本观测值构建的一元线性回归模型，其中的直线 $\beta_0+\beta_1X_i$ 为总体回归线。总体回归线向下倾斜($\beta_1<0$)，这意味着具有较低学生-教师比(即班级规模较小)的学区，其测试成绩往往较高。截距 β_0 的数学含义是总体回归线与 Y 轴相交时 Y 的取值，然而正如前面所提到的，本例中的截距没有实际含义。

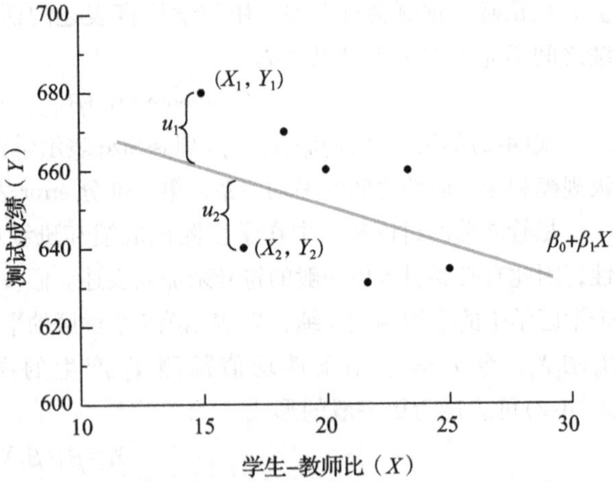

图 4-1　测试成绩与班级规模(学生-教师比)的散点图(假想数据)

注：散点图绘出了 7 个学区的假想观测值。$\beta_0+\beta_1X_i$ 为总体回归线，第 i 个点到总体回归线的垂直距离为 $Y_i-(\beta_0+\beta_1X_i)$，即为第 i 个观测对应的总体误差项 u_i。

图 4-1 的假设性观察结果并没有完全落在总体回归线上。例如，学区 1 的 Y 值 Y_1 高于总体回归线。这意味着该学区的测试成绩比总体回归线预测的要好，因此该学区的误差项 u_1 是正的。而 Y_2 低于总体回归线，所以该学区的测试成绩比预测的差，$u_2<0$。

4.2　线性回归模型的系数估计

在实际应用中，如在上面所述的班级规模和测试成绩的例子中，总体回归线的截距 β_0 和斜率 β_1 都是未知的，需要借助已知的样本数据来估计未知的系数。

这一估计问题类似于你在第 3 章遇到的问题。例如，你想比较刚毕业的大学生中男性和女性的平均收入，尽管总体平均收入是未知的，但我们可以利用男性和女性大学毕业生的随机样本来估计总体均值，即样本中女性大学毕业生的平均收入就是未知的女性大学毕业生总体平均收入的估计量。

这种思想可推广到线性回归模型：虽然我们不清楚关于 X(班级规模)和 Y(测试成绩)的总体回归线的斜率 $\beta_{ClassSize}$ 的总体值，但正如可以通过从总体中抽取的样本数据来估计总体均值一样，在这里我们也可以利用样本数据来估计总体斜率 $\beta_{ClassSize}$。

我们所分析的数据集中包括加利福尼亚州 1999 年 420 个学区(覆盖学前班到八年级学制的学区)的测试成绩和班级规模数据。其中，测试成绩采用的是各学区五年级学生阅读和数学的平均成绩，而班级规模可以用多种方式进行度量，这里我们采用一种最广泛使用的度量方式，即用学区内的学生数除以教师数，即学区的学生-教师比。数据的详细说明参见附录 4A。

表 4-1 给出了该样本中测试成绩和班级规模的分布。其中，平均的学生-教师比为 19.6，即每个教师对应 19.6 个学生，标准差为 1.9。学生-教师比分布的第 10 百分位数为 17.3(即只有10%的学区的学生-教师比低于 17.3)，而处于第 90 百分位数的学区学生-教师比为 21.9。

表 4-1　1999 年加利福尼亚 420 个 K-8 学区的学生-教师比和五年级测试成绩分布

	均值	标准差	百分位数						
			10%	25%	40%	50%(中位数)	60%	75%	90%
学生-教师比	19.6	1.9	17.3	18.6	19.3	19.7	20.1	20.9	21.9
测试成绩	654.2	19.1	630.4	640.0	649.1	654.5	659.4	666.7	679.1

以上关于测试成绩和学生-教师比的 420 组观测值的散点图见图 4-2。样本相关系数为

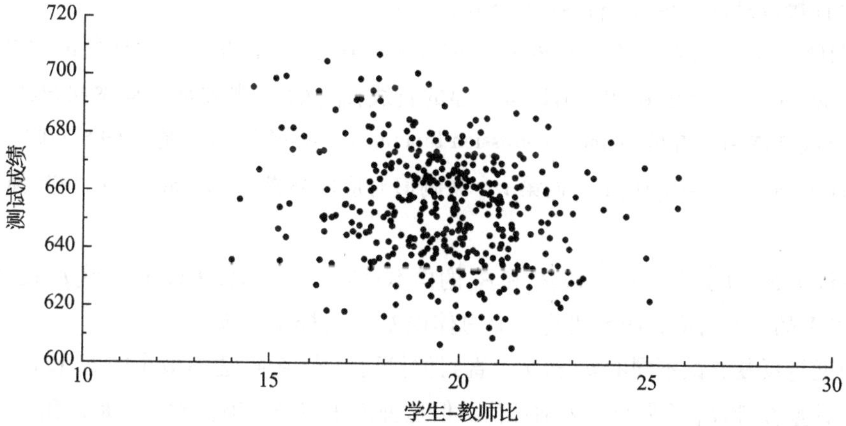

图 4-2　测试成绩与班级规模(学生-教师比)的散点图(加利福尼亚州的学区数据)

注：数据来源于加利福尼亚州的 420 个学区。由图可见，学生-教师比和测试成绩之间存在弱负相关关系：样本相关系数为-0.23。

-0.23，表明这两个变量之间存在弱负相关关系。虽然样本中班级规模较大的学区的测试成绩通常较低，但还存在很多影响测试成绩的其他因素使得观测值并未落在直线上。

尽管二者的相关系数较低，但如果我们能够画出一条穿过这些数据的直线，则该直线的斜率就是基于这些数据得到的 $\beta_{ClassSize}$ 的估计值。画出这条线的一种方法是利用铅笔和尺子，通过目测画出你认为最好的直线。虽然这种方法很简单，但并不科学，而且不同的人画出的估计线也会不同。

那么，应该如何在众多可能的直线中进行选择呢？目前最常用的方法是选择“最小二乘”拟合这些数据的那条直线，即使用普通最小二乘(OLS)估计量。

4.2.1 普通最小二乘估计量

OLS 估计量是选择能够使估计的回归线与观测数据尽可能接近的回归系数，这一接近程度使用给定 X 时 Y 的预测误差平方和来度量。

正如3.1节所讨论的，样本均值 $\overline{Y}$ 是总体均值 $E(Y)$ 的最小二乘估计量，即在所有可能的估计量 m 中，$\overline{Y}$ 是使预测误差平方和 $\sum_{i=1}^{n}(Y_i-m)^2$ 达到最小的估计量，见式(3-2)。

OLS 估计量将这种思想推广到线性回归模型中。令 b_0 和 b_1 分别表示 β_0 和 β_1 的某个估计量，基于这些估计量的回归线为 b_0+b_1X，则由这条直线得到 Y_i 的预测值为 $b_0+b_1X_i$。因此，第 i 个观测的预测误差为 $Y_i-(b_0+b_1X_i)=Y_i-b_0-b_1X_i$。所有 n 个观测的预测误差平方和为

$$\sum_{i=1}^{n}(Y_i-b_0-b_1X_i)^2 \tag{4-4}$$

式(4-4)中线性回归模型的预测误差平方和是式(3-2)均值估计问题中的误差平方和的推广。事实上，如果没有解释变量 X_i，则式(4-4)中便不会出现 b_1，那么除了符号不同之外(式(3-2)中是 m，而式(4-4)中是 b_0)，这两个问题是完全相同的。正如存在唯一的估计量 $\overline{Y}$ 使式(3-2)达到最小，这里也存在 β_0 和 β_1 的唯一一对估计量使式(4-4)达到最小。

式(4-4)中使预测误差平方和达到最小的截距和斜率的估计量被称为 β_0 和 β_1 的**普通最小二乘(OLS)估计量**(ordinary least squares(OLS) estimators)。

OLS 有其特定的符号和术语，β_0 的 OLS 估计量记作 $\hat{\beta}_0$，β_1 的 OLS 估计量记作 $\hat{\beta}_1$。**OLS 回归线**(OLS regression line)是由 OLS 估计量构建的直线 $\hat{\beta}_0+\hat{\beta}_1X$，也被称为**样本回归线**(sample regression line)或**样本回归方程**(sample regression function)。给定 X_i 时，基于 OLS 回归线的 Y_i 的**预测值**(predict value)为 $\hat{Y}_i=\hat{\beta}_0+\hat{\beta}_1X_i$。而第 i 个观测值对应的**残差**(residual)为 Y_i 与其预测值之差：$\hat{u}_i=Y_i-\hat{Y}_i$。

OLS 估计量 $\hat{\beta}_0$ 和 $\hat{\beta}_1$ 是总体系数 β_0 和 β_1 的样本对应，类似地，OLS 回归线 $\hat{\beta}_0+\hat{\beta}_1X$，是总体回归线 $\beta_0+\beta_1X$ 的样本对应，OLS 残差 $\hat{u}_i$ 是总体误差 u_i 的样本对应。

你可以通过反复尝试不同的 b_0 和 b_1，直到你找到使式(4-4)达到最小的 b_0 和 b_1，它们便是最小二乘估计量 $\hat{\beta}_0$ 和 $\hat{\beta}_1$ 的最小二乘估计值。但这种方法相当烦琐。幸运的是，我们可以利用求解式(4-4)最小化问题的微积分公式，从而简化 OLS 估计量的计算。

OLS 公式及其术语见重要概念4-2。这些公式的推导见附录4B，几乎所有的电子制表软件和统计软件都能运行这些公式。

重要概念 4-2　OLS 估计量、预测值和残差

斜率 β_1 和截距 β_0 的 OLS 估计量分别为

$$\hat{\beta}_1=\frac{\sum_{i=1}^{n}(X_i-\overline{X})(Y_i-\overline{Y})}{\sum_{i=1}^{n}(X_i-\overline{X})^2}=\frac{s_{XY}}{s_X^2} \tag{4-5}$$

$$\hat{\beta}_0=\overline{Y}-\hat{\beta}_1\overline{X} \tag{4-6}$$

OLS 预测值 $\hat{Y}_i$ 和残差 $\hat{u}_i$ 分别为

$$\hat{Y}_i=\hat{\beta}_0+\hat{\beta}_1X_i,\ i=1,\ 2,\ \cdots,\ n \tag{4-7}$$

$$\hat{u}_i=Y_i-\hat{Y}_i,\ i=1,\ 2,\ \cdots,\ n \tag{4-8}$$

截距估计值($\hat{\beta}_0$)、斜率估计值($\hat{\beta}_1$)及残差估计值($\hat{u}_i$)是利用 X_i 和 $Y_i(i=1,\ 2,\ \cdots,\ n)$ 的 n 组样本观测数据计算得到的，它们分别是未知总体截距(β_0)、斜率(β_1)及误差(u_i)真值的估计值。

4.2.2　测试成绩与学生-教师比关系的 OLS 估计

当我们利用图 4-2 中的 420 组观测数据，借助 OLS 方法估计刻画学生-教师比和测试成绩关系的直线时，得到斜率的估计值为-2.28，截距的估计值为 698.9。因此，这 420 组观测值对应的 OLS 回归线为

$$\widehat{TestScore}=698.9-2.28\times STR \tag{4-9}$$

式中，TestScore 为学区的平均测试成绩；STR 为学生-教师比。式(4-9)中 TestScore 上方的符号“$\widehat{\ }$”表示这是基于 OLS 回归线的预测值。图 4-3 在图 4-2 的数据散点图的基础上添加了这条 OLS 回归线。

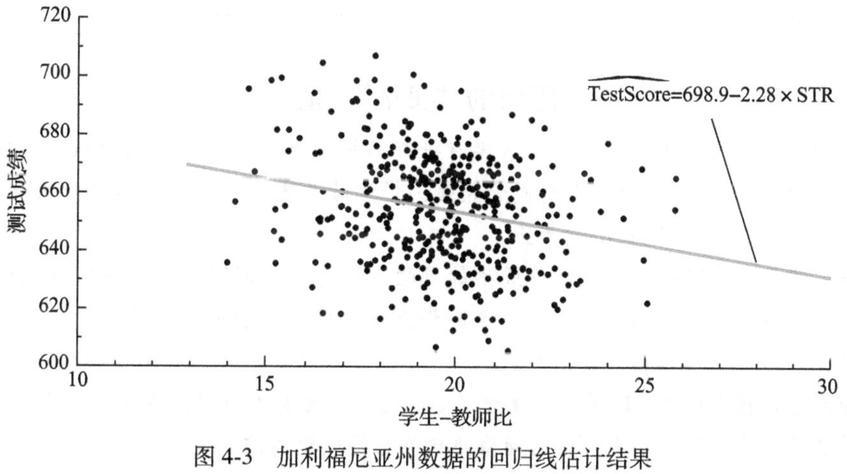

图 4-3　加利福尼亚州数据的回归线估计结果

注：估计的回归线表明，测试成绩与学生-教师比之间存在负相关关系。对于班级规模不同(每个班级相差一名学生)的两个学区，班级规模较大的学区平均测试成绩低 2.28 分。

斜率为-2.28，这表明当比较两个学区的班级规模时，每个班级的学生数相差一个(即 STR 相差 1)，班级规模较大的学区的考试成绩平均低 2.28 分。每个班级的学生-教师比相差 2 个学

生，平均而言，测试成绩会相差4.56分[=(-2)×(-2.28)]。负斜率表示每个老师所教学生数量更多的学区(班级规模较大)在考试中表现更差。

现在我们可以根据学生-教师比的取值来预测学区的测试成绩了。例如，若某一学区的学生-教师比为20，即平均每个教师对应20个学生，则该学区的测试成绩的预测值为698.9-2.28×20=653.3。当然，由于还有其他因素也在影响着学区的测试成绩，所以该预测值不会很精确。但回归线确实给出了一个预测(OLS预测)，即在没有其他因素的情况下，根据该地区的师生比，该地区的测试成绩会是多少。

那么，这个斜率的估计值是大还是小呢？根据式(4-9)，对于两个学生-教师比相差2的学区，测试成绩的预测值会相差4.56分。对于加利福尼亚州的数据，每班两名学生的这一差异很大：大约是表4-1中的中位数和第10百分位数之间的差异。然而，与数据中测试成绩的分布相比，对应的测试成绩差异很小：4.56分略小于测试成绩中位数和第60百分位数之间的差异。换句话说，虽然这些学校之间的班级规模差异较大，但预测的测试成绩之间的差异很小。

4.2.3 为什么使用OLS估计量

为什么使用OLS估计量$\hat{\beta}_0$和$\hat{\beta}_1$呢？这里存在实际和理论上两方面的原因：

第一，OLS是实践中最常用的方法，它已成为经济、金融(见专栏4-1“股票的‘贝塔’值”)及社会科学回归分析中的“通用语言”。利用OLS(或它的变形，见本书后面的讨论)得出结论意味着你与其他经济学家和统计学家使用了“同种语言”。几乎所有的电子制表软件和统计软件包中都装有OLS公式，从而使得OLS易于使用。

第二，OLS估计量具有理想的理论性质。这些性质与3.1节中研究的$\overline{Y}$作为总体均值的估计量的理想性质类似。在满足4.4节所提及的假设条件下，OLS估计量是无偏且一致的。另外，在一系列无偏估计量中，OLS估计量也是有效的，但这种有效性的结论仅在一些附加的特殊条件下才成立，我们将在第5.5节中进一步讨论。

专栏4-1

股票的“贝塔”值

现代金融学的基本理念是：投资者需要有投资回报的激励才会选择承担风险。换言之，风险投资的期望收益[⊖]R必须超过安全的或无风险的投资收益R_f。因此，就像持有公司股票那样，风险投资的期望超额收益$R-R_f$必须为正。

乍一想，我们似乎可用方差来衡量股票的风险。但是，我们可以通过持有其他股票的“组合”来大大降低这种风险，即多样化你的金融资产。这就意味着衡量股票风险的正确方法不是用它的方差，而是用它与市场的协方差。

资本资产定价模型(CAPM)系统地阐述了这一思想。根据CAPM，某资产的期望超额收益与所有可能的资产组合(“市场组合”)的期望超额收益是成比例的，即

$$R-R_f=\beta(R_m-R_f) \tag{4-10}$$

⊖ 一项投资的收益包括价格变化前后的差异和占最初价格一定比例的投资奖金(股息)。例如，我们在1月1日以100美元买进一只股票，且这只股票的年股息是2.5美元，并在12月1日以105美元卖出，则我们获得的收益$R=[(105-100)+2.5]/100=7.5\%$。

其中，R_m 是市场组合的期望收益；β 是 $R-R_f$ 对 R_m-R_f 的总体回归系数。实际上，通常将美国国债短期利率作为无风险收益。根据 CAPM，$\beta<1$ 的股票风险低于市场组合，因此它的期望超额收益也低于市场组合；相反地，$\beta>1$ 的股票风险高于市场组合，从而具有较高的期望超额收益。

股票的“贝塔”值成为投资行业的一个重要指标，你可以从投资公司网站上查到成百上千只股票的 β 估计值。这些 β 值都是通过股票的实际超额收益，对主要市场指数的实际超额收益进行 OLS 回归得到的。

下表给出了美国7只股票的 β 估计值。沃尔玛和可口可乐等消费类大宗商品的低风险卖家和生产商的贝塔系数较低，而风险较高的股票的贝塔系数较高。

公司	β 的估计值
沃尔玛	0.1
可口可乐	0.6
威瑞森电信	0.7
谷歌	1.0
通用电气	1.1
波音	1.3
美国银行	1.7

资料来源：finance.yahoo.com.

4.3 拟合优度与预测精度

在估计完线性回归模型之后，你可能想知道该回归线拟合数据的效果如何。解释变量解释了大部分还是仅解释了一小部分被解释变量的变化呢？观测值是紧密地聚集在回归线周围还是很分散呢？

R^2 和回归标准误度量了 OLS 回归线拟合数据的效果。R^2 的取值范围为 0～1，它度量了能被 X_i 解释的 Y_i 方差的比例；回归标准误度量了 Y_i 与其预测值偏差的大小。

4.3.1 R^2

回归 R^2（regression R^2）是指可由 X 解释（或预测）的 Y 样本方差的比例。由预测值和残差的定义（见重要概念 4-2），我们可以将被解释变量 Y_i 写成预测值 $\hat{Y}_i$ 和残差 $\hat{u}_i$ 之和

$$Y_i = \hat{Y}_i + \hat{u}_i \tag{4-11}$$

于是，R^2 即为 $\hat{Y}$ 的样本方差与 Y 的样本方差之比。

用数学公式表述的话，R^2 可表示为被解释平方和与总平方和之比，其中**被解释平方和**（explained sum of squares，ESS）为 Y_i 的预测值 $\hat{Y}_i$ 与其均值的离差平方和，而**总平方和**（total sum of squares，TSS）为 Y_i 与其均值的离差平方和

$$\text{ESS} = \sum_{i=1}^{n} (\hat{Y}_i - \overline{Y})^2 \tag{4-12}$$

$$\text{TSS} = \sum_{i=1}^{n} (Y_i - \overline{Y})^2 \tag{4-13}$$

式(4-12)利用了 OLS 预测值的样本均值$\overline{\hat{Y}}$等于$\overline{Y}$这一事实(证明见附录 4C)。

R^2 为被解释平方和与总平方和之比

$$R^2=\frac{ESS}{TSS} \tag{4-14}$$

另一方面，R^2 也可以用不能由 X_i 解释的 Y_i 的方差的比例来表示。**残差平方和**(sum of squared residuals，SSR)为 OLS 残差的平方和

$$SSR = \sum_{i=1}^{n} \hat{u}_i^2 \tag{4-15}$$

附录 4C 证明了 TSS=ESS+SSR。所以 R^2 也可被表示为 1 减去残差平方和与总平方和之比

$$R^2=1-\frac{SSR}{TSS} \tag{4-16}$$

最后，Y 关于一元变量 X 回归的 R^2 也是 Y 和 X 相关系数的平方(习题 4. 12)。

R^2 的取值范围为 0～1。如果 $\hat{\beta}_1=0$，则表明 X_i 不能解释 Y_i 的任何变化，且 Y_i 的预测值为 $\hat{Y}_i=\hat{\beta}_0=\overline{Y}$(由式(4-6)得出)。在这种情况下，被解释平方和为 0，残差平方和等于总平方和，因此 R^2 为 0。相反地，如果 X_i 解释了 Y_i 的所有变化，则对所有的 i，有 $Y_i=\hat{Y}_i$，且所有残差都为 0 (即 $\hat{u}_i=0$)，于是 ESS=TSS 且 $R^2=1$。一般来说，R^2 不取 0 或 1 这样的极端值，而是取两者之间的某个值。R^2 接近 1 表明解释变量能够很好地预测 Y_i，而 R^2 接近 0 则表明解释变量不能较好地预测 Y_i。

4.3.2 回归标准误

回归标准误(standard error of the regression，SER)是回归误差项 u_i 的标准差的估计量。u_i 与 Y_i 具有相同的单位，所以 SER 采用被解释变量的单位来度量观测值在回归线附近的离散程度。例如，被解释变量的单位是美元，则 SER 以美元为单位来度量观测值与回归线的偏差，即回归标准误的大小。

由于回归误差项 u_1，…，u_n 是不可观测的，所以我们利用样本中相应的 OLS 残差 $\hat{u}_i$，…，$\hat{u}_n$ 来计算 SER。故 SER 的表达式为

$$SER = s_{\hat{u}} = \sqrt{s_{\hat{u}}^2}，\text{其中 } s_{\hat{u}}^2 = \frac{1}{n-2}\sum_{i=1}^{n} \hat{u}_i^2 = \frac{SSR}{n-2} \tag{4-17}$$

其中，$s_{\hat{u}}^2$ 的公式中用到了 OLS 残差的样本均值为 0 的结论(证明见附录 4C)。

式(4-17)中 SER 的表达式与式(3-7)中 Y 的样本标准差的表达式类似，只是这里用 $\hat{u}_i$ 代替了式(3-7)中的 $Y_i-\overline{Y}$，并将式(3-7)中的除数 $n-1$ 替换为 $n-2$。这里使用 $n-2$(而不是 n)作为除数的原因和式(3-7)中使用 $n-1$ 作为除数的原因相同：它修正了估计两个回归系数时产生的微小向下偏误。以上做法被称为“自由度修正”，因为我们估计了两个系数(β_0 和 β_1)，数据损失了 2 个自由度，所以该式中的除数为 $n-2$(其中的数学推导见 5. 6 节)。但当 n 很大时，除以 n 还是除以 $n-1$ 或除以 $n-2$ 几乎没什么差别。

4.3.3 OLS 预测

对于第 i 个观测，预测值 $\hat{Y}_i$ 是当 X 取值 X_i 时，OLS 回归线预测的 Y 值。该观测值称为**样本**

内预测(in-sample prediction)，因为进行预测的观测值也用于估计回归系数。

在实际应用中，当 X 已知而 Y 未知时，用预测方法来预测 Y，这样的观测值不在用于估计系数的数据集中。对不在估计样本中的观测值的预测称为**样本外预测**(out-of-sample prediction)。

预测的目的是提供准确的样本外预测。例如，在父亲的预测问题中，他感兴趣的是用该地区的学生-教师比预测一个还没有成绩报告的学区的测试成绩。在一元线性回归模型中，当观测取 X 值时的样本外观测的预测值为 $\hat{Y}=\hat{\beta}_0+\hat{\beta}_1X$。

由于没有任何一个预测是完美的，所以预测应伴随着对其精度的估计，即可以合理地预期该预测有多准确的估计。这种精度的自然度量是使用样本外预测误差 $Y-\hat{Y}$ 的标准差。由于 Y 是未知的，我们无法直接估计这种样本外标准差。如果被预测的观测值是从用于估计回归系数的数据的相同总体中抽取的，那么样本外预测误差的标准差可以用样本内预测误差的样本标准差来进行估计，这就是回归的标准误。报告预测及其精度的常用方法是预测±SER，即 $\hat{Y}\pm s_{\hat{u}}$。更精确的预测精度的度量方法将在第 14 章中进行介绍。

4.3.4 在测试成绩例子中的应用

式(4-9)给出了基于加利福尼亚州的样本数据所得到的标准化测试成绩(TestScore)对学生-教师比(STR)回归线的估计结果，该回归的 R^2 为 0.051 或 5.1%，SER 为 18.6。

R^2 为 0.051，表明解释变量 STR 解释了被解释变量 TestScore 5.1% 的变动。图 4-3 在 TestScore 和 STR 数据的散点图上画出了这条样本回归线。正如该散点图显示的，学生-教师比解释了测试成绩的部分变化，但还有很大一部分变化不能被它所解释。

SER 为 18.6，表明回归残差的标准差为 18.6，其单位与测试成绩的单位(分)相同。因为标准差是对离散程度的一个度量，SER 为 18.6 表明图 4-3 中的散点在回归线附近比较分散。较大的离散程度意味着，仅用该学区的学生-教师比这一变量来预测测试成绩通常会有较大误差。

我们应该如何认识这种低 R^2 和高 SER 的情形呢？回归 R^2 低(且 SER 大)的事实本身并不意味着该回归是“好”还是“坏”，但低的 R^2 确实能够告诉我们还存在其他重要因素影响着测试成绩，这些因素可能包括学区间学生的差异、与学生-教师比无关的教学质量的差异或考试的运气。低 R^2 和高 SER 并不能告诉我们这些其他因素具体是什么，但确实指出了学生-教师比仅能解释测试成绩变化的一小部分。

4.4 因果推断的最小二乘假设

在测试成绩的例子中，使用加利福尼亚州的学区数据估计的样本回归线，回答了父亲在知道某个学区的学生-教师比而不知道该学区的测试成绩时，预测该学区测试成绩的问题。

然而，学区主管对预测考试成绩不感兴趣：她想提高自己学区的测试成绩。为此，她需要知道如果她要降低学生-教师比，会对测试成绩产生怎样的因果效应。换言之，主管对 β_1 有一个非常特殊的定义：改变学生-教师比的干预对测试成绩的因果效应。

当 β_1 被定义为因果效应时，OLS 是否能很好地估计它取决于数据的性质。如第 3.5 节所述，在理想随机实验中，处理组和对照组之间的均值差异是二元处理的因果效应的无偏估计；也就是说，如果 X 是随机分配的，处理的因果效应为 $E(Y|X=1)-E(Y|X=0)$。均值差异是一个可

以用于多种目的的统计工具；当 X 被随机分配时，它提供了二元处理的因果效应的无偏估计。我们将这种逻辑扩展到线性回归模型和最小二乘估计量。

在本节中，我们将 β_1 定义为 X 变化一单位的因果效应。由于 X 可以取很多值，给定 X 变化 Δx 的因果效应，为 $\beta_1 \Delta x$。希腊字母 Δ(delta)表示“变化”。这种将兴趣变量(例如，STR)的系数作为其因果效应的定义，在第 13 章中得以保留。

这一节列出了 OLS 估计因果效应的三个数学假设。第一个假设将 X 是随机分配(或者是类似随机分配)的思想转化为线性回归的语言。另外两个假设是技术性的，在这两个假设下，OLS 估计量的抽样分布可以在大样本中近似正态分布，后两个假设是关于样本均值 $\overline{Y}$ 满足弱大数定理(重要概念 2-6)和中心极限定理(重要概念 2-7)的两个假设的扩展：数据是独立同分布，且不可能出现离群值。

4.4.1 假设 1：给定 X_i 时，u_i 的条件均值为零

第一个最小二乘假设转化为回归分析的语言，即对于因果效应的估计，X 必须是随机分配或是类似随机分配的。为了转换成回归分析的语言，我们首先需要更具体地说明误差项 u_i 是什么。

在测试成绩的例子中，班级规模只是小学教育的众多因素之一。一个学区可能有更好的教师，或者可能使用更好的教科书。两个在班级规模、教师和教科书等方面相似的学区可能仍然有着截然不同的学生群体，也许一个学区有更多移民(母语为英语的人比较少)或更富裕的家庭。最后，即使两个学区在所有这些方面都是相同的，但由于一些随机原因，如个别学生在考试当天的表现或成绩记录出错，这两个学区可能有着不同的测试成绩。班级规模回归中的误差项表示所有这些被忽略的因素对考试成绩的影响。

第一个**最小二乘假设**(least squares assumptions)是给定 X_i 时，u_i 的条件均值为 0。该假设是对 u_i 中所包含的其他因素的规范数学表述。该假设意味着，在给定 X_i 取值时，其他因素的分布的均值为 0，表明这些因素与 X_i 不相关。

随机对照实验中 u 的条件均值。在一个二元处理的随机对照实验中，实验对象被随机分配到处理组($X=1$)或对照组($X=0$)。我们通常用与实验对象无关的计算机程序来实现随机分配，以确保 X 的分布独立于实验对象的所有个体特征，包括那些决定 Y 的个体特征。由于随机分配，在给定 X 时，u 的条件均值为 0。由于回归分析对条件均值建模，因此 X 不需要独立分布于其他包含 u 的所有因素。然而，u 的平均值不能与 X 相关，也就是说，$E(u_i \mid X_i)=0$。

在观测数据中，X 不是随机分配的。但仍然希望 X 就像是随机分配的，准确点说，即 $E(u_i \mid X_i)=0$。在实证应用中，这一假设是否成立还需要我们仔细考虑和判断，以后我们会反复重申这个问题。

相关系数和条件均值。由 2.3 节可知，如果给定一个随机变量，另一随机变量的条件均值为零，则这两个随机变量的协方差为零，即两个变量不相关(式(2-28))。因此，条件均值假设 $E(u_i \mid X_i)=0$ 表明 X_i 与 u_i 不相关或 $\mathrm{corr}(X_i, u_i)=0$。因为相关系数度量的只是线性关系，所以上述结论反过来不成立；即使 X_i 和 u_i 不相关，给定 X_i 时 u_i 的条件均值也可能不为 0(见图 3-3)。然而，如果 X_i 和 u_i 是相关的，则 $E(u_i \mid X_i)$ 必定不为 0。因此，利用 X_i 和 u_i 之间可能存在的相关关系来讨论条件均值假设往往更为方便。如果 X_i 与 u_i 相关，就违背了条件均值假设。

4.4.2　假设 2：对于 $i=1, \cdots, n$，(X_i, Y_i)独立同分布

第二个最小二乘假设是(X_i, Y_i)，$i=1, 2, \cdots, n$ 的观测独立同分布。正如 2.5 节（重要概念 2-5）讨论的，这一假设是关于如何抽样的表述。如果观测值是从单个较大总体中通过简单随机抽样得到的，则(X_i, Y_i)，$i=1, 2, \cdots, n$ 满足独立同分布。例如，令 X 表示工人的年龄，Y 表示其收入，假设从工人总体中随机抽取 1 人，则该随机抽取的人具有某个年龄和收入（即 X 和 Y 分别取某个值），如果从这个总体中抽取了 n 个工人的样本，则(X_i, Y_i)，$i=1, 2, \cdots, n$ 必定具有相同的分布。如果抽样过程是随机的，则各个观测之间也是独立分布的，即它们满足独立同分布假设。

独立同分布假设对很多数据收集方案而言都是合理的。例如，从总体中随机抽取的调查数据可被看作是独立同分布的。

然而，并不是所有的抽样方案都能保证(X_i, Y_i)的观测值满足独立同分布假设。其中一种情况就是 X 的值不是从总体中随机抽取的，而是作为实验的一部分由研究人员确定的。例如，某园艺研究人员想要研究不同的有机除草方法（X）对番茄产量（Y）的影响，相应地，她在不同的番茄地中采用不同的有机除草方法。如果她在第 i 块番茄地上使用某种除草方法（X 的水平），并且在所有重复实验中对第 i 块地都使用同种方法，则 X_i 的取值在不同样本间保持不变。换个说法，X 在重复实验（重复抽取样本）中是固定的。故 X_i 是非随机的（尽管产量 Y_i 是随机的），所以该抽样方案不满足独立同分布假设。本章在解释变量满足独立同分布假设下得到的一些结论，也适用于非随机解释变量的情形。然而，非随机解释变量是一种特殊情形。例如，现代实验协议要求园艺研究人员通过计算机的随机数生成器，将不同水平的 X 随机分配到不同的番茄地中，以此避免了园艺研究人员本身偏好所造成的误差（她可能会在阳光最充足的番茄地上使用她最喜欢的除草方法）。当遵守了这一实验协议之后，上述实验中 X 的水平便是随机的，且(X_i, Y_i)满足独立同分布。

另一个不满足独立同分布抽样的例子是按照时间顺序得到的观测。例如，我们拥有某公司投资水平（Y）和借款利率（X）的数据，这些数据都是该公司在不同时点收集到的，如每年四次（每季度）且连续收集 30 年。这是一个时间序列数据的例子，时间序列数据的一个重要特点是时间相近的观测不是相互独立而是相关的。如果当前的利率较低，则下一季度的利率很可能也较低。这种相关性违背了独立同分布假设中的“独立”部分。时间序列数据具有一定复杂性，最好留到学习完回归分析的基本工具之后再来处理，因此我们到第 15 章再来讨论时间序列数据。

4.4.3　假设 3：不存在大的异常值

第三个最小二乘假设是 X_i 或 Y_i 的观测值中不存在落在正常数据范围之外较远处的大的异常值。大的异常值会让 OLS 回归结果产生误导性。图 4.4 中的假想数据说明了 OLS 对异常值潜在的敏感性。

本书关于“不存在大的异常值”这一假设，在数学上的精确表达为：假定 X 和 Y 具有非零有限四阶矩，即 $0<E(X_i^4)<\infty$，$0<E(Y_i^4)<\infty$。该假设的另一种表述方式是，X 和 Y 具有有限峰度。

我们在 OLS 检验统计量渐近分布的数学证明中用到了有限峰度的假设。我们在第 3 章讨论样本方差的一致性时曾碰到过该假设。具体地，式（3-9）表明，样本方差是总体方差 σ_Y^2 的一致估计量（$s_Y^2 \xrightarrow{p} \sigma_Y^2$）。如果 $Y_1, Y_2, \cdots, Y_n$ 满足独立同分布，且 Y_i 的四阶矩有限时，重要概念 2-6

中的大数定律可应用于平均值 $\frac{1}{n}\sum_{i=1}^{n}Y_i^2$，这是附录 3C 关于 s_Y^2 一致性证明中的关键一步。

出现大的异常值的一种可能是数据录入错误，如印刷错误或对不同的观测值错误地采用了不同的单位。试想收集以米为单位的学生身高数据，但不小心将其中一名学生的身高记成了以厘米为单位，故样本中将出现一个大的异常值。发现异常值的一种方法是描绘数据图。如果你确定某个异常值是由于数据录入错误引起的，则你可以改正这个错误。如果不能改正，就将它从数据集中删除。

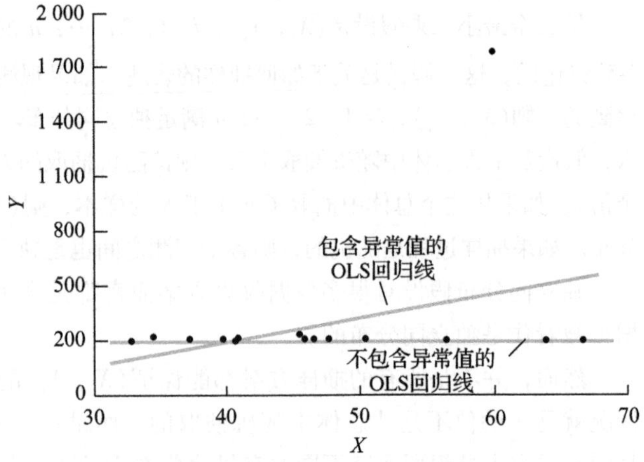

图 4-4 OLS 对大的异常值的敏感性

注：这一假想的数据集中存在一个异常值，包含异常值的 OLS 回归线估计结果显示 X 和 Y 之间具有强正相关关系，但不包含异常值的 OLS 回归线显示 X 和 Y 之间无相关关系。

不考虑数据录入错误，有限峰度假设在很多经济数据应用中都是合理的。班级规模再大也要受到教室容量的限制；标准化测试中能取得的最好成绩就是答对所有题目，而最差成绩就是将所有题目都答错。由于班级规模和测试成绩的取值范围都是有限的，所以它们必定具有有限峰度。更一般地，常用分布(如正态分布)都具有四阶矩。当然，从数学角度来看，有些分布的四阶矩是无限的，而该假设排除了这些分布。如果有限四阶矩的假设成立，则基于 OLS 的统计推断不太可能被少数几个观测值所决定。

4.4.4 最小二乘假设的作用

重要概念 4-3 总结了线性回归模型的三个最小二乘假设。最小二乘假设具有两个作用，在本书中我们会反复提到这一点。

重要概念 4-3 因果推断的最小二乘假设

$Y_i=\beta_0+\beta_1X_i+u_i$，$i=1, 2, \cdots, n$

其中，β_1 是 Y 对 X 的因果效应，且：

1. 给定 X_i 时，误差项 u_i 的条件均值为 0，即 $E(u_i \mid X_i)=0$；
2. 从联合总体中抽取的(X_i, Y_i)，$i=1, 2, \cdots, n$ 满足独立同分布(i. i. d.)；
3. 不存在大的异常值，即 X_i 和 Y_i 具有非零有限四阶矩。

第一个作用体现在数学方面：在下一节我们将看到，若这些假设成立，则在大样本条件下，OLS 估计量是一致的且抽样分布服从正态分布，这使我们能够基于 OLS 估计量进行假设检验和构建置信区间。

第二个作用是避免 OLS 对因果效应 β_1 的估计出现问题。正如我们将看到的，第一个最小二乘假设是实践中需要重点考虑的。第 6 章将讨论第一个最小二乘假设可能不成立的一个原因，而第 9.2 节会讨论其他原因。

在实际应用中，关于第二个假设是否成立，我们也应该重点考虑。虽然这一独立性假设对大多数截面数据集而言都是成立的，但对面板数据和时间序列数据却不适用。在这些数据集里，基于第二个假设发展起来的一些回归方法在应用于某些时间序列数据时需要做一些修正。我们将在第 10 章、15～17 章给出这些修正方法。

第三个假设提醒我们，OLS 估计结果对大的异常值很敏感。如果你的数据集中包含大的异常值，你应该仔细检查这些异常值，以确保观测值被正确录入数据集中。

重要概念 4-3 中的假设适用于研究目的是估计因果效应(即 β_1 是因果效应)的情况。附录 4D 列出了一组用于预测的最小二乘假设，并讨论了它们与重要概念 4-3 中的假设之间的关系。

4.5 OLS 估计量的抽样分布

由于 OLS 估计量 $\hat{\beta}_0$ 和 $\hat{\beta}_1$ 都是基于随机抽取的样本计算得到的，所以这些估计量本身就是服从某一概率分布(即抽样分布)的随机变量，该概率分布描述了估计量在不同随机样本中可能取值的情况。在小样本中，这些分布比较复杂，但在大样本中，根据中心极限定理，它们的分布是近似正态的。

回顾 $\overline{Y}$ 的抽样分布。回顾一下 2.5 节和 2.6 节讨论过的样本均值 $\overline{Y}$(即 Y 的总体均值 μ_Y 的估计量)的抽样分布。由于 $\overline{Y}$ 是基于随机抽取的样本计算得到的，所以 $\overline{Y}$ 是一个随机变量，对不同的样本取不同的值；将这些不同取值的概率概括起来便是其抽样分布。尽管当样本容量很小时，$\overline{Y}$ 的抽样分布比较复杂，但还是能够得到一些对所有 n 都成立的性质。特别地，其抽样分布的均值为 μ_Y，即 $E(\overline{Y})=\mu_Y$，因此 $\overline{Y}$ 是 μ_Y 的一个无偏估计量。而当 n 较大时，我们能得到更多关于抽样分布的性质。特别地，由中心极限定理(2.6 节)可知，该分布是近似正态的。

$\hat{\beta}_0$ 和 $\hat{\beta}_1$ 的抽样分布。将上述思想运用到总体回归线的未知截距 β_0 和斜率 β_1 的 OLS 估计量 $\hat{\beta}_0$ 和 $\hat{\beta}_1$ 中。因为 OLS 估计量是基于随机样本计算得到的，故 $\hat{\beta}_0$ 和 $\hat{\beta}_1$ 是随机变量，对不同的样本取不同的值，将这些不同取值的概率概括起来就是其抽样分布。

尽管当样本容量较小时，$\hat{\beta}_0$ 和 $\hat{\beta}_1$ 的抽样分布比较复杂，但还是能够得到一些对所有 n 都成立的性质。特别是 $\hat{\beta}_0$ 和 $\hat{\beta}_1$ 的抽样分布的均值分别为 β_0 和 β_1。换句话说，在满足重要概念 4-3 中所述的最小二乘假设下，有

$$E(\hat{\beta}_0)=\beta_0, \quad E(\hat{\beta}_1)=\beta_1 \tag{4-18}$$

即 $\hat{\beta}_0$、$\hat{\beta}_1$ 分别是 β_0 和 β_1 的无偏估计量。$\hat{\beta}_1$ 的无偏性证明见附录 4C，而 $\hat{\beta}_0$ 的无偏性证明留作习题 4.7。

如果样本足够大，根据中心极限定理，$\hat{\beta}_0$ 和 $\hat{\beta}_1$ 的抽样分布近似于二维正态分布(2.4 节)。这意味着，在大样本下，$\hat{\beta}_0$ 和 $\hat{\beta}_1$ 的边缘分布都是正态分布。

上述结论用到了中心极限定理。严格地讲，中心极限定理关注的是均值(如 $\overline{Y}$)的分布。如果你观察一下式(4-5)中 $\hat{\beta}_1$ 的分子，就会发现它也是一种平均值，不过它不是像 $\overline{Y}$ 那么简单的平均值，而是乘积 $(Y_i-\overline{Y})(X_i-\overline{X})$ 的平均值。正如附录 4C 中所讨论的，像简单均值 $\overline{Y}$ 一样，我们可以将中心极限定理应用于该均值，从而在大样本条件下它也服从正态分布。

关于大样本条件下 OLS 估计量分布的渐近正态性质，详见重要概念 4-4(这些公式的推导见

附录4C)。一个重要问题是：n 究竟多大时，这些近似才是可靠的？在2.6节中，我们指出 $n=100$ 已经足够使 $\overline{Y}$ 的抽样分布很好地近似正态分布，有些情况下 n 还可以再小一点。这一准则也适用于回归分析中出现的更复杂的平均值。在几乎所有现代计量经济学应用中，都有 $n>100$，因此除非有更好的理由，否则我们认为OLS估计量分布的渐近正态性质是可靠的。

重要概念 4-4　$\hat{\beta}_0$ 和 $\hat{\beta}_1$ 的大样本分布

如果重要概念4-3中的最小二乘假设成立，则在大样本下，$\hat{\beta}_0$ 和 $\hat{\beta}_1$ 服从联合正态分布。$\hat{\beta}_1$ 的大样本正态分布为 $N(\beta_1, \sigma^2_{\hat{\beta}_1})$，其中该分布的方差 $\sigma^2_{\hat{\beta}_1}$ 为

$$\sigma^2_{\hat{\beta}_1}=\frac{1}{n}\frac{\operatorname{var}[(X_i-\mu_X)u_i]}{[\operatorname{var}(X_i)]^2} \tag{4-19}$$

$\hat{\beta}_0$ 的大样本正态分布为 $N(\beta_0, \sigma^2_{\hat{\beta}_0})$，其中

$$\sigma^2_{\hat{\beta}_0}=\frac{1}{n}\frac{\operatorname{var}(H_iu_i)}{[E(H_i^2)]^2}，\text{其中 } H_i=1-\left[\frac{\mu_X}{E(X_i^2)}\right]X_i \tag{4-20}$$

重要概念4-4中的结论表明，OLS估计量是一致的，即当样本容量很大时，$\hat{\beta}_0$ 和 $\hat{\beta}_1$ 分别以较高的概率接近总体参数 β_0 和 β_1 的真值。这是因为估计量的方差 $\sigma^2_{\hat{\beta}_0}$ 和 $\sigma^2_{\hat{\beta}_1}$ 会随着 n 的增大而减小到零（n 出现在方差公式的分母中），因此当 n 较大时，OLS估计量的分布将紧密集中在它们的均值 β_0 和 β_1 附近。

重要概念4-4关于分布的另一推论是，一般而言，X_i 的方差越大，$\hat{\beta}_1$ 的方差 $\sigma^2_{\hat{\beta}_1}$ 越小。从数学角度来看，这是因为式(4-19)中 $\hat{\beta}_1$ 的方差与 X_i 方差的平方成反比：$\operatorname{var}(X_i)$ 越大，式(4-19)中的分母就越大，从而 $\sigma^2_{\hat{\beta}_1}$ 就越小。为了更好地理解这一点，我们来看图4-5，这是150组 X 和 Y 假想数据的散点图。其中，最接近 $\overline{X}$ 的75组观测数据用灰点表示。假设现在让你来画一条通过灰点或黑点的尽可能精确的直线，你会选择哪一条呢？显然画出一条通过黑点的精确直线会相对容易，因为黑点的方差比灰点大。同样地，X_i 的方差越大，$\hat{\beta}_1$ 越精确。

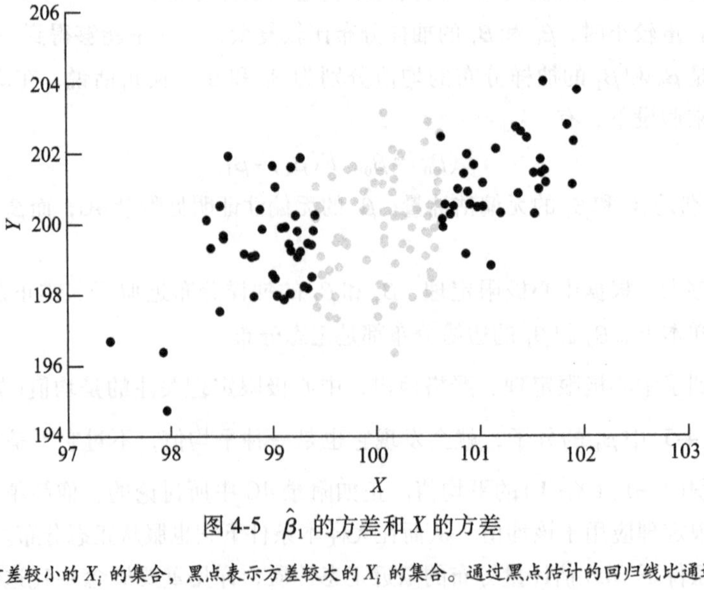

图4-5　$\hat{\beta}_1$ 的方差和 X 的方差

注：灰点表示方差较小的 X_i 的集合，黑点表示方差较大的 X_i 的集合。通过黑点估计的回归线比通过灰点估计得更精确。

重要概念 4-4 也表明，误差 u_i 的方差越小，则 $\hat{\beta}_1$ 的方差也越小。从数学角度来看，式(4-19)中 u_i 出现在 $\sigma^2_{\hat{\beta}_1}$ 的分子中，而不是分母中：如果所有的 u_i 都减小一半而保持 X 不变，则 $\sigma_{\hat{\beta}_1}$ 将减小一半，从而 $\sigma^2_{\hat{\beta}_1}$ 将减小为原来的$\frac{1}{4}$(习题 4. 13)。用不太数学化的语言来表达：在 X 不变的情况下，误差越小，数据越会紧密地散布在总体回归线附近，从而可以更准确地估计其斜率。

$\hat{\beta}_0$ 和 $\hat{\beta}_1$ 抽样分布的渐近正态性质是一个强大的工具。有了这一特性，我们可以仅利用样本数据来建立推断回归参数总体真值的方法。

4.6 结论

本章主要讨论了基于被解释变量 Y 和一元解释变量 X 的 n 组样本观测值，利用普通最小二乘法来估计总体回归线的截距和斜率。用 OLS 估计的样本回归线，可用于预测给定 X 值时的 Y 值。当 β_1 定义为 X 单位变化对 Y 的因果效应，且因果推断的最小二乘假设(重要概念 4-3)成立时，斜率和截距的 OLS 估计量是无偏且一致的，且抽样分布的方差与样本容量 n 成反比。此外，当 n 足够大时，OLS 估计量的抽样分布为正态分布。

因果推断的第一个最小二乘假设是，当给定回归元 X 时，线性回归模型中的误差项的条件均值为 0。当 X 在一个实验中是随机分配的或者 X 在观测数据中是类似随机分配的，这个假设成立。在这个假设条件下，OLS 估计量是因果效应 β_1 的一个无偏估计量。

第二个最小二乘假设是，(X_i, Y_i)满足独立同分布，类似于用简单随机抽样方式收集数据的情形。由这一假设可以得到重要概念 4-4 中 OLS 估计量方差的公式。

第三个最小二乘假设是，不存在大的异常值，即 X 和 Y 具有有限四阶矩(有限峰度)。提出这一假设的原因是，当存在大的异常值时，OLS 估计结果是不可靠的。总的来说，正如重要概念 4-4 中表述的，这三个最小二乘假设成立意味着，在大样本下，OLS 估计量服从正态分布。

本章最后描述了 OLS 估计量的抽样分布，但这些信息本身不足以对 β_1 估计量进行假设检验或构建 β_1 的置信区间，我们还需要了解抽样分布标准差的估计量，即 OLS 估计量的标准误。下一章将给出这些信息。

本章小结

1. 总体回归线 $\beta_0+\beta_1X$ 是 X 的函数，它代表 Y 的均值。斜率 β_1 表示 X 值相差一个单位的两个观测之间 Y 的期望值之差。截距 β_0 决定了回归线的水平(或高度)。线性回归模型的相关术语见重要概念 4-1。
2. 我们可以基于样本观测值(Y_i, X_i)，$i=1, 2, \cdots, n$，且利用普通最小二乘法来估计总体回归线。截距和斜率的 OLS 估计量分别记作 $\hat{\beta}_0$ 和 $\hat{\beta}_1$。给定 X 时 Y 的预测值为 $\hat{\beta}_0+\hat{\beta}_1X$。
3. R^2 和回归标准误(SER)度量了 Y_i 与所估计的回归线的接近程度。R^2 的取值范围在 0～1，R^2 取值较大表明 Y_i 靠近这条直线。回归标准误是回归误差项的标准差的估计量。
4. 用线性回归模型估计因果效应时有三个重要假设：①给定解释变量 X_i 时，回归误差项 u_i 的均值为零；②从总体中随机抽取的样本观测值满足独立同分布；③不存在大的异常值。如果以上假设成立，则 OLS 估计量 $\hat{\beta}_1$ 是：①因果效应 β_1 的无偏估计量；②一致的；③当样本较大时服从正态分布。

重要术语

因果推断	预测	一元线性回归模型	被解释变量
解释变量	回归元	总体回归线	总体回归函数
截距	斜率	系数	参数
误差项	普通最小二乘(OLS)估计量		OLS 回归线
样本回归线	样本回归函数	预测值	残差
回归 R^2	被解释平方和(ESS)	总平方和(TSS)	残差平方和(SSR)
回归标准误(SER)	样本内预测	样本外预测	最小二乘假设

内容复习

4.1 解释 $\hat{\beta}_1$ 和 β_1 的区别、残差 $\hat{u}_i$ 和回归误差项 u_i 的区别，以及 OLS 预测值 $\hat{Y}_i$ 和 $E(Y_i|X_i)$ 的区别。

4.2 对每一个最小二乘假设，分别给出一个假设成立的例子和一个假设不成立的例子。

4.3 SER 和 R^2 都是回归的"拟合优度"。解释 SER 如何度量回归的拟合效果，SER 的单位是什么？解释 R^2 如何度量回归的拟合效果，R^2 的单位又是什么？

4.4 画出回归 $R^2=0.9$ 的假想数据散点图，再画出 $R^2=0.5$ 的假想数据散点图。

习　题

4.1 某研究人员基于 100 组三年级的班级规模(CS)和平均测试成绩(TestScore)数据估计的 OLS 回归方程为

$$\widehat{TestScore}=520.4-5.82\times CS,$$
$$R^2=0.08,\ SER=11.5$$

(1) 若某班有 22 名学生，则该班平均测试成绩的预测值为多少？

(2) 某班去年有 19 名学生，而今年有 23 名，则班级平均测试成绩变化的预测值是多少？

(3) 这 100 个班级的班级规模的样本均值是 21.4，则这 100 个班级测试成绩的样本均值是多少？(提示：参考 OLS 估计量的公式。)

(4) 这 100 个班级测试成绩的样本标准差为多少？(提示：参考 R^2 和 SER 的公式。)

4.2 从总体中抽取样本量为 200 的 20 岁男性的随机样本，并记录他们的身高和体重，得到体重(Weight)对身高(Height)的回归方程为

$$\widehat{Weight}=-99.41+3.94\times Height,$$
$$R^2=0.81,\ SER=10.2$$

其中，体重的单位为英磅[⊖]，身高的单位为英寸。

(1) 身高为 70 英寸的人，其体重的预测值为多少？65 英寸的呢？74 英寸的呢？

(2) 某人发育较晚，一年内长高了 1.5 英寸，则其体重增加多少？

⊖ 1 英磅 = 0.454 千克。

(3) 假如不用英磅和英寸度量体重和身高，而分别使用千克和厘米，则基于新的单位(千克和厘米)的回归方程是什么？(给出所有结果，包括回归系数估计值、R^2 和 SER。)

4.3 基于25～65岁大学毕业的全职员工的随机样本数据，得到平均每周收入(AWE，以美元为单位)对年龄(Age，以年为单位)的回归方程为

$$\widehat{AWE}=696.7+9.6\times Age,$$

$$R^2=0.023,\ SER=624.1$$

(1) 分别解释系数696.7和9.6的含义。

(2) 回归标准误(SER)为624.1，其度量单位是什么(美元、年或无量纲)？

(3) 回归 R^2 为0.023，其度量单位是什么(美元、年或无量纲)？

(4) 基于上述回归方程，25岁工人的预计收入为多少？45岁工人的预计收入呢？

(5) 基于上述回归方程，能对99岁工人的收入做出可靠预测吗？

(6) 假设你已知收入的分布信息，则你认为回归误差项服从正态分布是合理的吗？(提示：你认为分布是对称的还是有偏的？最低收入是多少？它与正态分布相符吗？)

(7) 此样本的平均年龄为41.6岁，则AWE的样本平均值是多少呢？(提示：参见重要概念4-2。)

4.4 阅读4.2节的专栏4-1：“股票的‘贝塔’值”，请回答：

(1) 设某只股票的 β 值大于1，证明该股票的 $(R-R_f)$ 的方差大于 (R_m-R_f) 的方差。

(2) 设某只股票的 β 值小于1，则该股票的 $(R-R_f)$ 的方差可能大于 (R_m-R_f) 的方差吗？(提示：不要忘了回归误差。)

(3) 在某年，3个月期短期国库券的收益率为2.0%，而大型股票投资组合(S&P 500)的收益率为5.3%。对专栏表格中列出的公司，利用 β 的估计值估计各公司股票的预期收益率。

4.5 某教授决定进行一项实验，来研究时间压力对期末考试成绩的影响。他发给班上400名学生同样的期末考试试卷，但其中一些学生的考试时间为90分钟，而其他学生的考试时间为120分钟。通过掷硬币的方式来随机分配学生的考试时间。令 Y_i 表示第 i 名学生的考试成绩 $(0\leqslant Y_i\leqslant 100)$，$X_i$ 表示学生的考试时间 $(X_i=90$ 或 $120)$，考虑回归模型 $Y_i=\beta_0+\beta_1X_i+u_i$：

(1) 解释误差项 u_i 代表什么？为什么不同的学生有不同的 u_i 值？

(2) 解释为什么该回归模型满足 $E(u_i\mid X_i)=0$。

(3) 重要概念4-3中的其他假设满足吗？试解释。

(4) 若回归估计结果为 $Y_i=49+0.24X_i$

①根据回归结果分别计算考试时间为90分钟、120分钟、150分钟时，学生平均成绩的预测值。

②若给某学生10分钟的额外考试时间，估计该学生成绩的提高幅度。

4.6 证明：第一个最小二乘假设 $E(u_i\mid X_i)=0$ 意味着 $E(Y_i\mid X_i)=\beta_0+\beta_1X_i$。

4.7 证明：$\hat{\beta}_0$ 是 β_0 的无偏估计量。(提示：利用附录4C中关于 $\hat{\beta}_1$ 是无偏的结论。)

4.8 设在重要概念4-3中，除了第1个假设变为 $E(u_i\mid X_i)=2$ 之外，其他所有回归假设都满足，则重要概念4-4中的哪些部分仍然成立？哪些部分改变了？为什么？(在大样本条件下，$\hat{\beta}_1$ 服从重要概念4-4给出的均值和方差的正态分布吗？$\hat{\beta}_0$ 呢？)

4.9 (1) 若线性回归得到 $\hat{\beta}_1=0$，证明 $R^2=0$。

(2) 若线性回归得到 $R^2=0$，这是否意味着 $\hat{\beta}_1=0$?

4.10 设 $Y_i=\beta_0+\beta_1X_i+u_i$，其中$(X_i, u_i)$满足独立同分布，且 X 是满足 $\Pr(X=1)=0.20$ 的伯努利随机变量。当 $X=1$ 时，u_i 服从 $N(0, 4)$；当 $X=0$ 时，u_i 服从 $N(0, 1)$。

(1) 证明重要概念 4-3 中的回归假设都成立。

(2) 推导 $\hat{\beta}_1$ 的大样本方差的表达式。(提示：计算式(4-19)中的项。)

4.11 考虑回归模型 $Y_i=\beta_0+\beta_1X_i+u_i$。

(1) 若已知 $\beta_0=0$，推导 β_1 的最小二乘估计量公式。

(2) 若已知 $\beta_0=4$，推导 β_1 的最小二乘估计量公式。

4.12 (1) 证明：Y 对 X 回归的 R^2 等于 X 和 Y 的样本相关系数的平方，即证明 $R^2=r_{XY}^2$。

(2) 证明：Y 对 X 回归的 R^2 与 X 对 Y 回归的 R^2 相同。

(3) 证明：$\hat{\beta}_1=r_{XY}\left(\frac{s_Y}{s_X}\right)$，其中 r_{XY} 为 X 和 Y 的样本相关系数，s_X 和 s_Y 分别为 X 和 Y 的样本标准差。

4.13 设 $Y_i=\beta_0+\beta_1X_i+\kappa u_i$，其中 κ 为非零常数且(Y_i, X_i)满足 3 个最小二乘假设。证明 $\hat{\beta}_1$ 的大样本方差为

$$\sigma_{\hat{\beta}_1}^2=\kappa^2\ \frac{1}{n}\ \frac{\operatorname{var}[(X_i-\mu_X)u_i]}{[\operatorname{var}(X_i)^2]}$$

(提示：该式为式(4-19)中的方差乘以常数 κ^2。)

4.14 证明样本回归线经过点$(\overline{X}, \overline{Y})$。

4.15 (参考附录 4D) 从 $E(Y|X)=\beta_0+\beta_1X$ 的总体中收集样本(X_i, Y_i)，$i=1, 2, \cdots, n$，并用于计算最小二乘估计量 $\hat{\beta}_0$ 和 $\hat{\beta}_1$。你所感兴趣的是对随机抽取的样本外观测值 $X^{oos}=x^{oos}$ 时预测 Y^{oos} 的值。

(1) 假设样本外观测与样本内观测(X_i, Y_i)来自同一总体，并且是独立于样本内观测而选择的。

①解释为什么 $E(Y^{oos}|X^{oos}=x^{oos})=\beta_0+\beta_1x^{oos}$

②令 $\hat{Y}^{oos}=\hat{\beta}_0+\hat{\beta}_1x^{oos}$，证明 $E(\hat{Y}^{oos}|X^{oos}=x^{oos})=\beta_0+\beta_1x^{oos}$

③令 $u^{oos}=Y^{oos}-(\beta_0+\beta_1X^{oos})$，$\hat{u}^{oos}=Y^{oos}-(\hat{\beta}_0+\hat{\beta}_1X^{oos})$。证明 $\operatorname{var}(\hat{u}^{oos})=\operatorname{var}(u^{oos})+\operatorname{var}(\hat{\beta}_0+\hat{\beta}_1X^{oos})$。

(2) 假设样本外观测是从与样本内观测不同的总体中抽取的，并且这两个总体的 X 和 Y 的联合分布是不同的。继续令 β_0 和 β_1 是样本内总体的总体回归线系数。

①$E(Y^{oos}|X^{oos}=x^{oos})=\beta_0+\beta_1x^{oos}$ 吗?

②$E(\hat{Y}^{oos}|X^{oos}=x^{oos})=\beta_0+\beta_1x^{oos}$ 吗?

实证练习

4.1 在本书的网站上(http://www.pearsonhighered.com/stock_watson/)可以找到数据文件 Growth，其中包含了 1960～1995 年间 65 个国家的平均经济增长率及其他与经济增长有潜在关系的变量数据。[⊖]详细的描述见网站上的文件 Growth_Description。本题中，你需要研究增长与贸易之间的关系。

(1) 画出平均年增长率(Growth)对平均贸易份额(TradeShare)的散点图。它们看上去有关系吗?

(2) 马耳他的贸易份额远大于其他国

⊖ 这些数据由加州大学伯克利分校的 Ross Levine 教授提供，并在其与 Thorsten Beck 和 Norman Loayza 合著的论文中使用，参见论文“Finance and the Sources of Growth,” Journal of Financial Economics，2000，58：261-300。

家，在散点图中找出马耳他，它看上去像异常值吗？

(3) 利用所有的观测值，建立 Growth 对 TradeShare 的回归方程。斜率的估计值为多少？截距的估计值又为多少呢？利用该回归方程预测贸易份额分别为 0.5 和 1.0 的国家的增长率。

(4) 利用剔除马耳他之后的数据来估计相同的回归方程，并重新回答问题(3)。

(5) 画出(3)和(4)中的回归线，并结合(1)中的散点图来解释为什么利用包含马耳他数据得到的回归线比剔除马耳他数据得到的回归线要陡呢？

(6) 马耳他在哪里？为什么它的贸易份额如此之大？分析中是否应该包含马耳他的数据呢？

4.2 在本书的网站上(http://www.pearsonhighered.com/stock_watson/)可以找到数据文件 Earnings_and_Height，其中包含了美国工人的收入、身高和其他特征的随机样本数据。㊀详细描述见网站上的文件 Earnings_and_Height_Description。本题中，你需要研究收入与身高之间的关系。

(1) 样本中身高的平均值是多少？

(2) ①估计身高不超过 67 英寸的工人的平均收入。

②估计身高超过 67 英寸的工人的平均收入。

③平均来说，个子高的工人挣得比个子低的工人多吗？多挣多少呢？平均收入之差的 95% 置信区间是多少呢？

(3) 画出年收入(Earnings)对身高(Height)的散点图。注意到图中的这些点沿着水平线排列(只有 23 个明显不同的年收入值)。为什么？(提示：仔细阅读详细的数据描述。)

(4) 建立年收入(Earnings)对身高(Height)的回归模型。

①斜率的估计值为多少？

②利用该回归方程预测身高分别为 67 英寸、70 英寸和 65 英寸的工人收入。

(5) 假设身高是以厘米为单位而不是英寸。回答下列年收入(Earnings)对身高(Height)回归的相关问题。

①回归的斜率的估计值为多少？

②截距的估计值为多少？

③R^2 为多少？

④回归标准误是多少？

(6) 仅仅利用女性工人的数据建立年收入(Earnings)对身高(Height)的回归模型。

①斜率的估计值为多少？

②一名随机抽取的女性的身高比样本中女性的平均身高高 1 英寸，则其收入比样本中女性的平均收入高还是低呢？高多少或者低多少？

(7) 仅仅利用男性工人的数据建立年收入(Earnings)对身高(Height)的回归模型，并回答(6)中的问题。

(8) 你认为身高与影响收入的其他因素不相关吗？即你认为当给定身高(X_i)时，回归误差项 u_i 具有零条件均值吗？(在后面章节关于年收入和身高的习题中，你将会更多地研究该问题。)

㊀ 这些数据是由 Anne Case 教授(普林斯顿大学)和 Christina Paxson 教授(布朗大学)提供的，参见他们合著的论文，“Stature and Status: Height, Ability, and Labor Market Outcomes,” Journal of Political Economy, 2008, 116(3): 499-532。

附录 4A 加利福尼亚州的测试成绩数据集

加利福尼亚州标准化测试成绩数据集包含了关于测试成绩、学校特征和学生人口背景的数据。这里使用的数据来源于加利福尼亚州 1999 年共 420 个 K-6 和 K-8 学区的数据。测试成绩是针对五年级学生在标准化测试(Stanford 9 Achievement)中的阅读和数学的平均成绩。学校特征(取学区内的平均值)包括招生数、教师数(用"全职教师"人数来度量)、每个班级拥有的计算机台数及每位学生的开支。这里使用的学生-教师比是学区内学生的数量除以全职教师的数量。学生的人口特征变量也取自学区内的平均值。人口特征变量包括参加公共资助项目 CalWorks(原 AFDC)学生的占比、有资格享受折扣午餐的学生占比及学习英语的学生(即英语是第二语言的学生)占比。所有这些数据都是从加利福尼亚州的教育部门(www. cde. ca. gov)获得的。

附录 4B OLS 估计量的推导

附录 4B 利用微积分来推导重要概念 4-2 中给出的 OLS 估计量的公式。为了最小化预测误差平方和 $\sum_{i=1}^{n}(Y_i-b_0-b_1X_i)^2$(式(4-4)),首先将该式关于 b_0 和 b_1 求偏导数,可得到以下两个等式

$$\frac{\partial}{\partial b_0}\sum_{i=1}^{n}(Y_i-b_0-b_1X_i)^2=-2\sum_{i=1}^{n}(Y_i-b_0-b_1X_i) \tag{4-21}$$

$$\frac{\partial}{\partial b_1}\sum_{i=1}^{n}(Y_i-b_0-b_1X_i)^2=-2\sum_{i=1}^{n}(Y_i-b_0-b_1X_i)X_i \tag{4-22}$$

OLS 估计量 $\hat{\beta}_0$ 和 $\hat{\beta}_1$ 是使 $\sum_{i=1}^{n}(Y_i-b_0-b_1X_i)^2$ 达到最小值的 b_0 和 b_1 值,或者换句话说,$\hat{\beta}_0$ 和 $\hat{\beta}_1$ 是使式(4-21)和式(4-22)所示的偏导数为 0 时的 b_0 和 b_1 值。因此,令这些偏导数等于 0,整理后得到 OLS 估计量 $\hat{\beta}_0$ 和 $\hat{\beta}_1$ 必须满足的两个方程

$$\overline{Y}-\hat{\beta}_0-\hat{\beta}_1\overline{X}=0 \tag{4-23}$$

$$\frac{1}{n}\sum_{i=1}^{n}X_iY_i-\hat{\beta}_0\overline{X}-\hat{\beta}_1\frac{1}{n}\sum_{i=1}^{n}X_i^2=0 \tag{4-24}$$

求解这对关于 $\hat{\beta}_0$ 和 $\hat{\beta}_1$ 的方程组,得到

$$\hat{\beta}_1=\frac{\frac{1}{n}\sum_{i=1}^{n}X_iY_i-\overline{X}\,\overline{Y}}{\frac{1}{n}\sum_{i=1}^{n}X_i^2-(\overline{X})^2}=\frac{\sum_{i=1}^{n}(X_i-\overline{X})(Y_i-\overline{Y})}{\sum_{i=1}^{n}(X_i-\overline{X})^2} \tag{4-25}$$

$$\hat{\beta}_0=\overline{Y}-\hat{\beta}_1\overline{X} \tag{4-26}$$

即为重要概念 4-2 中给出的 $\hat{\beta}_0$ 和 $\hat{\beta}_1$ 的公式。公式 $\hat{\beta}_1=s_{XY}/s_X^2$ 是通过将式(4-25)中的分子与分母同除以 $n-1$ 得到的。

附录 4C OLS 估计量的抽样分布

在本附录中,我们将证明 OLS 估计量 $\hat{\beta}_1$ 是无偏的,且在大样本条件下服从重要概念 4-4 中给出的正态分布。

利用解释变量和误差项表示 $\hat{\beta}_1$

我们首先利用解释变量和误差项来表示 $\hat{\beta}_1$。因为 $Y_i=\beta_0+\beta_1X_i+u_i$,$Y_i-\overline{Y}=\beta_1(X_i-X)+u_i-\overline{u}$,所以式(4-25)中 $\hat{\beta}_1$ 的分子可改写为

$$\begin{aligned}&\sum_{i=1}^{n}(X_i-\overline{X})(Y_i-\overline{Y})\\&=\sum_{i=1}^{n}(X_i-\overline{X})[\beta_1(X_i-\overline{X})+(u_i-\overline{u})]\\&=\beta_1\sum_{i=1}^{n}(X_i-\overline{X})^2+\sum_{i=1}^{n}(X_i-\overline{X})(u_i-\overline{u})\end{aligned} \tag{4-27}$$

现有 $\sum_{i=1}^{n}(X_i-\overline{X})(u_i-\overline{u})=\sum_{i=1}^{n}(X_i-\overline{X})u_i-\sum_{i=1}^{n}(X_i-\overline{X})\overline{u}=\sum_{i=1}^{n}(X_i-\overline{X})u_i$，其中最后一个等式是由 $\overline{X}$ 的定义得到的，即 $\sum_{i=1}^{n}(X_i-\overline{X})\overline{u}=\left(\sum_{i=1}^{n}X_i-n\overline{X}\right)\overline{u}=0$。将 $\sum_{i=1}^{n}(X_i-\overline{X})(u_i-\overline{u})=\sum_{i=1}^{n}(X_i-\overline{X})u_i$ 代入式(4-27)中的最后一个表达式，得到 $\sum_{i=1}^{n}(X_i-\overline{X})(Y_i-\overline{Y})=\beta_1\sum_{i=1}^{n}(X_i-\overline{X})^2+\sum_{i=1}^{n}(X_i-\overline{X})u_i$。将上式代入式(4-25)中的 $\hat{\beta}_1$ 表达式，得到

$$\hat{\beta}_1=\beta_1+\frac{\frac{1}{n}\sum_{i=1}^{n}(X_i-\overline{X})u_i}{\frac{1}{n}\sum_{i=1}^{n}(X_i-\overline{X})^2} \qquad (4\text{-}28)$$

$\hat{\beta}_1$ 无偏性的证明

在第一个最小二乘假设下，$\hat{\beta}_1$ 是无偏的论证使用了期望迭代法则(式(2-20))。首先，通过对式(4-28)两边取期望得到 $E(\hat{\beta}_i\mid X_1, X_2, \cdots, X_n)$的表达式

$$\begin{aligned}&E(\hat{\beta}\mid X_1, X_2, \cdots, X_n)\\&=\beta_1+E\left[\left.\frac{\frac{1}{n}\sum_{i=1}^{n}(X_i-\overline{X})u_i}{\frac{1}{n}\sum_{i=1}^{n}(X_i-\overline{X})^2}\right|X_1, X_2, \cdots, X_n\right]\\&=\beta_1+\frac{\frac{1}{n}\sum_{i=1}^{n}(X_i-\overline{X})E(u_i\mid X_1, X_2, \cdots, X_n)}{\frac{1}{n}\sum_{i=1}^{n}(X_i-\overline{X})^2}\end{aligned} \qquad (4\text{-}29)$$

根据第二个最小二乘假设，除了第 i 个观测，u_i 与其他所有 X 的观测都独立，因此 $E(u_i\mid X_1, X_2, \cdots, X_n)=E(u_i\mid X_i)$。又根据第一个最小二乘假设有 $E(u_i\mid X_i)=0$。因此，式(4-29)中最后一行中的第二项为0，由此得出 $E(\hat{\beta}_1\mid X_1, X_2, \cdots, X_n)=\beta_1$。

由于给定 $X_1, X_2, \cdots, X_n$ 时 $\hat{\beta}_1$ 是无偏的，在对所有样本 $X_1, X_2, \cdots, X_n$ 取平均之后也是无偏的，因此根据式(4-29)和期望迭代法则可得 $\hat{\beta}_1$ 的无偏性：$E(\hat{\beta}_1)=E[E(\hat{\beta}_1\mid X_1, X_2, \cdots, X_n)]=\beta_1$。

OLS 估计量的大样本正态分布(渐近正态分布)

根据式(4-28)中的最后一项，我们可推导出 $\hat{\beta}_1$ 大样本下的渐近正态性(重要概念4-4)。

首先考虑这一项的分子，因为 $\overline{X}$ 是一致的，所以如果样本容量足够大，$\overline{X}$ 会近似等于 μ_X。故式(4-28)的分子非常接近于样本均值 $\overline{\nu}$，其中 $\nu_i=(X_i-\mu_X)u_i$。根据第一个最小二乘假设，ν_i 的均值为0；根据第二个最小二乘假设，ν_i 满足独立同分布；根据第三个最小二乘假设，ν_i 的方差 $\sigma_\nu^2=[\mathrm{var}(X_i-\mu_X)u_i]$是非零且有限的。因此，$\overline{\nu}$ 满足中心极限定理的所有条件(重要概念2-7)，即在大样本下，$\frac{\overline{\nu}}{\sigma_{\overline{\nu}}}$服从 $N(0, 1)$，其中 $\sigma_{\overline{\nu}}^2=\frac{\sigma_\nu^2}{n}$。故用分布 $N(0, \sigma_\nu^2/n)$能很好地近似 $\overline{\nu}$ 的分布。

接下来再看式(4-28)最后一项的分母，这是X的样本方差(只是除数是n而不是$n-1$，但当n较大时这点就不重要了)。正如3.2节所讨论的(式(3-8))，样本方差是总体方差的一个一致估计量，因此在大样本下，它无限接近X的总体方差。

根据这两条结论，在大样本下，我们有 $\hat{\beta}_1-\beta_1\approx\overline{\nu}/\mathrm{var}(X_i)$。因此，在大样本下，$\hat{\beta}_1$ 的抽样分布为 $N(\hat{\beta}_1, \sigma_{\hat{\beta}_1}^2)$，其中 $\sigma_{\hat{\beta}_1}^2=\frac{\mathrm{var}(\overline{\nu})}{[\mathrm{var}(X_i)]^2}=\frac{\mathrm{var}[(X_i-\mu_X)u_i]}{\{n[\mathrm{var}(X_i)]^2\}}$，即式(4-19)中的表达式。

关于 OLS 的其他代数性质

OLS 残差和预测值满足

$$\frac{1}{n}\sum_{i=1}^{n}\hat{u}_i=0 \qquad (4\text{-}30)$$

$$\frac{1}{n}\sum_{i=1}^{n}\hat{Y}_i=\overline{Y} \qquad (4\text{-}31)$$

$$\sum_{i=1}^{n} \hat{u}_i X_i = 0，且 s_{\hat{u}X} = 0 \quad (4\text{-}32)$$

$$\text{TSS} = \text{SSR} + \text{ESS} \quad (4\text{-}33)$$

式(4-30)～式(4-33)表明 OLS 残差的样本均值为0；OLS 预测值的样本均值为 $\overline{Y}$；OLS 残差和解释变量之间的样本协方差 $s_{\hat{u}X}$ 为0；总平方和等于残差平方和加上被解释平方和。(ESS、TSS 和 SSR 的定义分别见式(4-12)、式(4-13)和式(4-15)。)

为了证明式(4-30)，我们根据 $\hat{\beta}_0$ 的定义可将 OLS 残差写为 $\hat{u}_i = Y_i - \hat{\beta}_0 - \hat{\beta}_1 X_i = (Y_i - \overline{Y}) - \hat{\beta}_1 (X_i - \overline{X})$，从而有

$$\sum_{i=1}^{n} \hat{u}_i = \sum_{i=1}^{n} (Y_i - \overline{Y}) - \hat{\beta}_1 \sum_{i=1}^{n} (X_i - \overline{X})$$

又由 $\overline{Y}$ 和 $\overline{X}$ 的定义可知，$\sum_{i=1}^{n} (Y_i - \overline{Y}) = 0$ 且 $\sum_{i=1}^{n} (X_i - \overline{X}) = 0$，故 $\sum_{i=1}^{n} \hat{u}_i = 0$。

为了证明式(4-31)，利用 $Y_i = \hat{Y}_i + \hat{u}_i$，得到 $\sum_{i=1}^{n} Y_i = \sum_{i=1}^{n} \hat{Y}_i + \sum_{i=1}^{n} \hat{u}_i = \sum_{i=1}^{n} \hat{Y}_i$，其中第二个等式由式(4-30)得到。

为了证明式(4-32)，利用 $\sum_{i=1}^{n} \hat{u}_i = 0$，得出 $\sum_{i=1}^{n} \hat{u}_i X_i = \sum_{i=1}^{n} \hat{u}_i (X_i - \overline{X})$，故有

$$\begin{aligned}\sum_{i=1}^{n} \hat{u}_i X_i &= \sum_{i=1}^{n} [(Y_i - \overline{Y}) - \hat{\beta}_1 (X_i - \overline{X})](X_i - \overline{X}) \\ &= \sum_{i=1}^{n} (Y_i - \overline{Y})(X_i - \overline{X}) - \hat{\beta}_1 \sum_{i=1}^{n} (X_i - \overline{X})^2 \\ &= 0 \end{aligned} \quad (4\text{-}34)$$

其中式(4-34)中的最后一个等式是利用式(4-25)中 $\hat{\beta}_1$ 的公式推得的。这个结果与前面的结果相加，可以得出 $s_{\hat{u}X} = 0$。

利用前面的结论和如下代数运算即得式(4-33)

$$\begin{aligned}\text{TSS} &= \sum_{i=1}^{n} (Y_i - \overline{Y})^2 \\ &= \sum_{i=1}^{n} (Y_i - \hat{Y}_i + \hat{Y}_i - \overline{Y})^2 \\ &= \sum_{i=1}^{n} (Y_i - \hat{Y}_i)^2 + \sum_{i=1}^{n} (\hat{Y}_i - \overline{Y})^2 + \\ &\quad 2\sum_{i=1}^{n} (Y_i - \hat{Y}_i)(\hat{Y}_i - \overline{Y}) \\ &= \text{SSR} + \text{ESS} + 2\sum_{i=1}^{n} \hat{u}_i \hat{Y}_i \\ &= \text{SSR} + \text{ESS} \end{aligned} \quad (4\text{-}35)$$

其中，最后一个等式是根据前面结论 $\sum_{i=1}^{n} \hat{u}_i \hat{Y}_i = \sum_{i=1}^{n} \hat{u}_i (\hat{\beta}_0 + \hat{\beta}_1 X_i) = \hat{\beta}_0 \sum_{i=1}^{n} \hat{u}_i + \hat{\beta}_1 \sum_{i=1}^{n} \hat{u}_i X_i = 0$ 推得的。

附录4D 预测的最小二乘假设

4.4节提供了估计因果效应的最小二乘假设。现在我们介绍用于预测的一组最小二乘假设。这两组假设之间的差异源于两个问题之间的差异。对于因果效应的估计，X 必须是随机分配或类似随机分配，由此产生了重要概念4-3中的最小二乘假设1。相反，如4.3节所述，预测的目的是提供准确的样本外预测。为此，估计的回归线必须与预测的观测值相关。如果用于估计的数据和预测的观测值来自同一总体分布，则会出现这种情况。

例如，回到主管和父亲的问题。主管感兴趣的问题是 STR 的变化对测试成绩的因果效应。理想情况下，为了回答她的问题，我们可以从一个学生被随机分配到不同班级的实验中获得数据。如果没有这样的实验，她可能会或不会对用加利福尼亚的 STR 测试分数的回归感到满意，这取决于 β_1 被定义为因果效应的最小二乘假设1是否得到满足。

相反，父亲感兴趣的问题是预测未报告其测试成绩的加利福尼亚州某学区的测试成绩，因此就其目的而言，他感兴趣的是将与测试成绩和 STR 联系起来的总体回归线，该回归线的斜率可能是也可能不是因果效应。

为了精确起见，我们引入了一些附加的

符号。令(X^{oos}, Y^{oos})表示要进行预测的样本外("oos")观测值，并继续令(X_i, Y_i)，$i=1, 2, \cdots, n$作为估计回归系数的数据。用于预测的最小二乘假设是

$E(Y|X)=\beta_0+\beta_1 X$，且$u=Y-E(Y|X)$

其中，

(1) (X^{oos}, Y^{oos})与(X_i, Y_i)，$i=1, 2, \cdots, n$从相同的总体分布中随机抽取；

(2) (X_i, Y_i)，$i=1, 2, \cdots, n$，是从它们的联合分布中抽取的独立同分布；

(3) 不存在大的异常值：X_i和Y_i具有非零有限四阶矩。

这些假设与重要概念 4-3 中的假设有两个不同之处。第一个是β_1的定义。最佳预测值由$E(Y|X)$给出(其中，最佳预测值由均方预测误差定义；参见附录 2B)。在线性假设下，对于预测β_1，定义为该条件期望的斜率，其可能是也可能不是因果效应。第二，由于回归线是使用样本内观测值估计的，但用于预测样本外观测值，第一个假设是假设这些数据来自同一总体。

第二和第三个假设与第 4.4 节中的估计因果效应的假设相同。它们确保了 OLS 估计量与总体预测线的系数是一致的，并且当n较大时，OLS 估计量服从正态分布。

在预测的最小二乘假设条件下，Y^{oos}的 OLS 预测值是无偏的

$$E(\hat{Y}^{oos} | X^{oos}=x^{oos}) = E(\hat{\beta}_0+\hat{\beta}_1 X^{oos} | X^{oos}=x^{oos}) = E(\hat{\beta}_0)+E(\hat{\beta}_1)x^{oos} \tag{4-36}$$

由于(X^{oos}, Y^{oos})与计算 OLS 估计量所用的观测值无关，因此可得第二个等式。对于预测问题，u被定义为$u=Y-E(Y|X)$，因此根据定义$E(u_i|X_i)=0$，附录 4C 中的代数可直接应用。因此，$E(\hat{\beta}_0)+E(\hat{\beta}_1)x^{oos}=\beta_0+\beta_1 x^{oos}=E(Y^{oos}|X^{oos}=x^{oos})$。将此表达式与公式(4-36)中的第一个表达式结合，我们得到$E(Y^{oos}-\hat{Y}^{oos}|X^{oos}=x^{oos})=0$；也就是说，OLS 预测是无偏的。

预测的最小二乘假设还可以确保回归 SER 估计样本外预测误差的方差，$\hat{u}^{oos}=Y^{oos}-\hat{Y}^{oos}$。为了证明这个，将样本外预测误差写成两项之和：所产生的误差是已知的回归系数和需要估计它们所产生的误差。写为$\hat{u}^{oos}=Y^{oos}-(\hat{\beta}_0+\hat{\beta}_1 X^{oos})=\beta_0+\beta_1 X^{oos}+u^{oos}-(\hat{\beta}_0+\hat{\beta}_1 X^{oos})=u^{oos}-[(\hat{\beta}_0-\beta_0)+(\hat{\beta}_1-\beta_1)X^{oos}]$。因此$\mathrm{var}(\hat{u}^{oos})=\mathrm{var}(u^{oos})+\mathrm{var}(\hat{\beta}_0+\hat{\beta}_1 X^{oos})$(习题 4.15)。这个最终表达式中的第二项是估计误差对样本外预测误差的贡献。当样本量较大时，该最终表达式中的第一项大于第二项。由于样本内和样本外观测值来自同一总体，$\mathrm{var}(u^{oos})=\mathrm{var}(u_i)=\sigma_u^2$，所以$\hat{u}^{oos}$的标准偏差可由 SER 估计。

CHAPTER5

第5章 一元线性回归：假设检验和置信区间

本章将继续讨论一元线性回归模型。第4章解释了斜率参数 β_1 的 OLS 估计量 $\hat{\beta}_1$ 的分布特征。本章中，我们将分析 OLS 估计量的标准误，它可以衡量 $\hat{\beta}_1$ 分布的离散程度。5.1 节给出该标准误的一个表达式(以及截距的 OLS 估计量的标准误表达式)，接着说明如何利用 $\hat{\beta}_1$ 和其标准误来进行假设检验；5.2 节解释了如何构建 β_1 的置信区间；5.3 节讨论了解释变量为二元变量的情形。

在5.1～5.3 节中，我们假设重要概念4-3所提及的三个最小二乘假设均成立。除此之外，如果还能满足其他一些更强的假设条件，则可以推导出关于 OLS 估计量分布的一些更进一步的结论。其中一个更强的假设条件便是 5.4 节介绍的误差同方差性假设；5.5 节给出了高斯-马尔科夫(Gauss-Markov)定理，该定理指出，在某些特定条件下，OLS 估计量满足有效性(具有最小方差)；5.6 节讨论了当回归误差项服从正态分布时的 OLS 估计量的分布特征。

5.1 关于某个回归系数的假设检验

你的客户，即前面提到的学区主管打电话跟你说她遇到的一个问题：一个愤怒的纳税人来到她的办公室，声称雇用更多老师并不能帮助提高测试成绩而只会浪费金钱。此纳税人断言，班级规模对测试成绩并无影响。

该纳税人的话可以用回归分析的语言重新表述：纳税人宣称班级规模的变化对测试成绩的真正因果效应为0，即 $\beta_{ClassSize}=0$。

在重要概念4-3的最小二乘假设成立的前提下，你已经用加利福尼亚州学区的420个观测样本，向主管提供了一个 $\beta_{ClassSize}$ 的估计值。对此，学区主管想问在你的数据中是否有证据表明斜率不为零。你会拒绝该纳税人的假设 $\beta_{ClassSize}$，还是在没找到新证据前暂时接受该假设呢？

本节将讨论与总体系数 β_0 和 β_1 有关的假设检验。我们首先详细讨论斜率 β_1 的双边检验，然后再讨论其单边检验及关于截距 β_0 的假设检验。

重要概念 5-1　*t* 统计量的一般形式

一般来说，t 统计量具有如下形式

$$t=\frac{\text{估计量}-\text{假设值}}{\text{估计量的标准误}} \tag{5-1}$$

5.1.1 β_1 的双边假设

对系数 β_1 进行假设检验的一般方法与对总体均值进行假设检验的方法相同，因此我们首先简要回顾一下关于总体均值的假设检验。

总体均值的假设检验。回顾第 3.2 节，Y 的均值等于某一特定值 $\mu_{Y,0}$ 的原假设可以表示为 H_0：$E(Y)=\mu_{Y,0}$，而双边备择假设为 H_1：$E(Y)=\mu_{Y,0}$。

对原假设 H_0 的检验可以按照重要概念 3-6 中概括的三个步骤进行。第一步是计算 $\bar{Y}$ 的标准误 $SE(\bar{Y})$，它是 $\bar{Y}$ 抽样分布标准差的估计量；第二步是计算 t 统计量，重要概念 5-1 中给出了它的一般形式，具体应用到这里的 t 统计量为 $t=\frac{\bar{Y}-\mu_{Y,0}}{SE(\bar{Y})}$。

第三步是计算 p 值，它是基于实际观测到的检验统计量得到的能够拒绝原假设的最低显著性水平。或者说，p 值是在假定原假设成立的条件下，得到与原假设值的差异至少与实际观测到的统计量与原假设值的差异一样大的统计量的概率（重要概念 3-5）。由于在原假设条件下，t 统计量在大样本下服从标准正态分布，故双边假设检验的 p 值为 $2\Phi(-|t^{act}|)$，其中 t^{act} 为实际计算得到的 t 统计量值，Φ 为表 A-1 列出的标准正态分布的累积分布函数。此外，第三步还可以简单比较实际得到的 t 统计量与期望显著性水平所对应的临界值大小。例如，如果 $|t^{act}|>1.96$，则在 5%的显著性水平下，将拒绝原假设。即在这种情况下我们认为，在 5%的显著性水平下，从统计角度看，总体均值显著不同于原假设。

斜率 β_1 的假设检验。从理论上讲，上述关于总体均值的检验过程准确有效的关键之处在于：在大样本下，$\bar{Y}$ 的抽样分布是近似正态的。由于在大样本中，$\hat{\beta}_1$ 也服从正态分布，所以我们也可以利用上述方法来检验关于斜率 β_1 真值的假设。

在进行检验之前，我们需要明确列示出原假设和备择假设，如愤怒的纳税人的原假设是 $\beta_{ClassSize}=0$。更一般地，原假设是总体系数 β_1 的真值等于某个特定值 $\beta_{1,0}$，双边备择假设为 β_1 不等于 $\beta_{1,0}$，即**原假设**和**双边备择假设**分别为

$$H_0: \beta_1=\beta_{1,0} \quad H_1: \beta_1\neq\beta_{1,0}\text{（双边备择假设）} \tag{5-2}$$

为了检验原假设 H_0，我们采用与总体均值假设检验相同的三个步骤。

第一步，计算 $\hat{\beta}_1$ 的**标准误** $SE(\hat{\beta}_1)$。它是 $\hat{\beta}_1$ 抽样分布的标准差 $\sigma_{\hat{\beta}_1}$ 的估计量。具体地

$$SE(\hat{\beta}_1)=\sqrt{\hat{\sigma}^2_{\hat{\beta}_1}} \tag{5-3}$$

其中

$$\hat{\sigma}^2_{\hat{\beta}_1} = \frac{1}{n} \times \frac{\frac{1}{n-2}\sum_{i=1}^{n}(X_i - \bar{X})^2\hat{u}_i^2}{\left[\frac{1}{n}\sum_{i=1}^{n}(X_i - \bar{X})^2\right]^2} \tag{5-4}$$

式(5-4)中方差估计量的讨论见附录 5A。尽管 $\hat{\sigma}^2_{\hat{\beta}_1}$ 的公式很复杂，但在实际应用中我们通常利用回归软件来计算，所以使用起来比较容易。

第二步，计算 t 统计量

$$t = \frac{\hat{\beta}_1 - \beta_{1,0}}{SE(\hat{\beta}_1)} \tag{5-5}$$

第三步，计算 p 值，即在原假设成立的条件下，得到与 $\beta_{1,0}$ 的距离至少和实际计算的估计值 $\hat{\beta}_1^{act}$ 与 $\beta_{1,0}$ 的距离相同的 $\hat{\beta}_1$ 的概率。其数学表达式为

$$p\ 值 = \Pr_{H_0}[\,|\hat{\beta}_1 - \beta_{1,0}| > |\hat{\beta}_1^{act} - \beta_{1,0}|\,] = \Pr_{H_0}\left[\left|\frac{\hat{\beta}_1 - \beta_{1,0}}{SE(\hat{\beta}_1)}\right| > \left|\frac{\hat{\beta}_1^{act} - \beta_{1,0}}{SE(\hat{\beta}_1)}\right|\right] = \Pr_{H_0}(|t| > |t^{act}|) \tag{5-6}$$

其中，$\Pr_{H_0}$ 表示在原假设成立的条件下计算得到的概率，第二个等式是由上式同除以 $SE(\hat{\beta}_1)$ 得到的。因为在大样本下 $\hat{\beta}_1$ 近似服从正态分布，因此在原假设条件下，t 统计量近似服从标准正态分布，故在大样本下有

$$p\ 值 = \Pr(|Z| > |t^{act}|) = 2\Phi(-|t^{act}|) \tag{5-7}$$

若 p 值小于 5%，则意味着在原假设条件下，得到至少和实际观测值与原假设距离相同的 $\hat{\beta}_1$ 值的概率小于 5%，从而提供了反对原假设的证据，即在 5% 的显著性水平下拒绝原假设。

另一种方法是在 5% 的显著性水平下，只需比较 t 统计量的绝对值和双边检验的临界值 1.96 就可检验原假设，若 $|t^{act}| > 1.96$，则在 5% 的显著性水平下拒绝原假设。

重要概念 5-2 概括了这些步骤。

重要概念 5-2　检验原假设 $\beta_1 = \beta_{1,0}$ 和备择假设 $\beta_1 \neq \beta_{1,0}$

(1) 计算 $\hat{\beta}_1$ 的标准误 $SE(\hat{\beta}_1)$（式(5-3)）。

(2) 计算 t 统计量（式(5-5)）。

(3) 计算 p 值（式(5-7)）。如果 p 值小于 0.05 或 $|t^{act}| > 1.96$，则在 5% 的显著性水平下拒绝原假设。标准误、检验 $\beta_1 = 0$（典型）的 t 统计量和 p 值都可通过回归软件自动计算得到。

回归结果的报告形式及在测试成绩例子中的应用。测试成绩对学生-教师比的 OLS 回归得到 $\hat{\beta}_0 = 698.9$ 及 $\hat{\beta}_1 = -2.28$，具体见式(4-9)。这些估计的标准误分别为 $SE(\hat{\beta}_0) = 10.4$ 及 $SE(\hat{\beta}_1) = 0.52$。

由于标准误很重要，因此按照惯例将它们和 OLS 参数估计结果一同给出。报告标准误的一种简洁方法是把它们分别写在 OLS 回归线中各自系数下方的圆括号内

$$\widehat{TestScore} = \underset{(10.4)}{698.9} - \underset{(0.52)}{2.28} \times STR,\quad R^2 = 0.051,\quad SER = 18.6 \tag{5-8}$$

式(5-8)在估计的回归线后面还给出了回归 R^2 及回归标准误(SER)。式(5-8)给出了估计的回归线、斜率和截距的标准误，以及该回归线拟合程度的两种度量(R^2 和 SER)。这是报告一元线性回归方程的一种常用形式，本书其余部分都将采用这种报告形式。

假设你想在 5%的显著性水平下检验式(5-8)所对应的总体斜率 β_1 为 0 的原假设。为此，构建 t 统计量，并将其绝对值与标准正态分布的 5%(双边)临界值 1.96 进行比较。其中，t 统计量是通过将原假设下 β_1 的假设值(0)与式(5-8)中斜率的估计值及其标准误代入式(5-5)中得到的，结果为 $t^{act}=\frac{-2.280}{0.52}=-4.38$，其绝对值大于 5%的双边临界值 1.96，故在 5%的显著性水平下，拒绝原假设而接受双边备择假设。

另一种方法是计算与 $t^{act}=-4.38$ 相对应的 p 值。这一概率为图 5-1 所示的标准正态分布的尾部面积。该值非常小，接近 0.000 01 或 0.001%。即如果原假设 $\beta_{ClassSize}=0$ 为真，则得到与原假设值的距离至少和实际观测值与原假设值距离相同的 $\hat{\beta}_1$ 值的概率非常小，低于 0.001%。由于这一事件几乎不可能发生，从而得出原假设错误的结论是合理的。

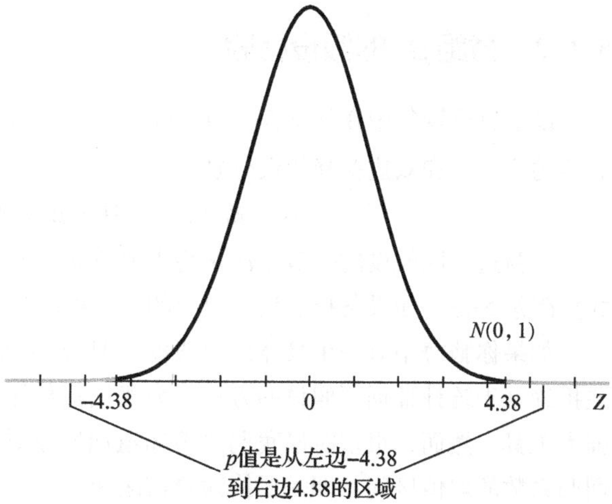

图 5-1　当 $t^{act}=-4.38$ 时双边检验的 p 值计算

注：双边检验的 p 值为 $|Z|>|t^{act}|$ 的概率，其中 Z 为标准正态随机变量，t^{act} 是利用样本计算得到的 t 统计量值。当 $t^{act}=-4.38$ 时，p 值仅有 0.000 01。

5.1.2 β_1 的单边假设

以上讨论均集中在假设 $\beta_1=\beta_{1,0}$ 与假设 $\beta_1\neq\beta_{1,0}$ 的检验上。由于备择假设中的 β_1 可能大于或小于 $\beta_{1,0}$，因此这是一个双边假设检验。然而，有时使用单边假设检验可能更合适。例如，在学生-教师比和测试成绩的例子中，很多人认为较小的班级规模会提供一个更好的学习环境。在这种假设下，β_1 是负的，即班级规模越小，学生测试成绩越高。因此检验原假设 $\beta_1=0$(无效果)和备择假设 $\beta_1<0$ 可能更有意义。

对于单边检验，其原假设和单边备择假设分别为

$$H_0: \beta_1=\beta_{1,0} \text{ vs. } H_1: \beta_1<\beta_{1,0}(\text{单边备择假设}) \tag{5-9}$$

其中，$\beta_{1,0}$ 为原假设下 β_1 的取值(在学生-教师比的例子中取值为零)，备择假设为 β_1 小于 $\beta_{1,0}$。如果备择假设为 β_1 大于 $\beta_{1,0}$，则式(5-9)中不等号方向相反。

因为单边和双边假设检验的原假设均相同，故 t 统计量的构建也一样。两者之间的唯一区别在于如何解释 t 统计量。对于式(5-9)中的单边备择假设而言，当 t 统计量取较大负值而不是较大正值时拒绝原假设，即在 5%的显著性水平下，不是当 $t^{act}>1.96$ 时拒绝原假设，而是当 $t^{act}<-1.64$ 时拒绝原假设。

单边检验的 p 值可通过标准正态分布的累积分布函数得到，即

$$p\text{-value}=\Pr(Z<t^{act})=\Phi(t^{act})(p\text{ 值，单边左尾检验}) \tag{5-10}$$

如果备择假设为 β_1 大于 $\beta_{1,0}$，则式(5-9)和式(5-10)中的不等号方向相反，故 p 值为右尾概率 $\Pr(Z>t^{act})$。

什么时候使用单边检验？在实际应用中，只有存在明确的理由时，我们才使用单边备择假设。这个理由可能来自经济理论、先验证据或者二者皆有。然而，即使一开始认为相关备择假设可能是单边的，但仔细考虑后却未必如此。比如一种正在进行临床试验的新配方药物可能被

证实是有害的，但在此之前并未发现它的副作用。再如，在班级规模的例子中，颇具玩味的毕业情况提醒我们，大学成功的秘诀是招收有才能的学生，然后确保教师不干预或尽量少干预学生的学习。事实上，这种不确定性常常使得计量经济学家采用双边检验。

在测试成绩例子中的应用。对于检验班级规模对测试成绩没有影响的假设（即式(5-9)中 $\beta_{1,0}=0$），t 统计量为 $t^{act}=-4.38$，小于 -2.33（1%的显著性水平下单边检验的临界值），因此在1%的显著性水平下，我们拒绝原假设而接受单边备择假设。事实上，p 值小于0.000 6%。基于这些数据，你可以驳回愤怒的纳税人的言论。

5.1.3 截距 β_0 的假设检验

以上讨论皆集中在斜率 β_1 的假设检验上。然而我们偶尔也会关心截距 β_0 的假设检验。关于截距的原假设和双边备择假设分别为

$$H_0: \beta_0=\beta_{0,0} \text{ vs. } H_1: \beta_0\neq\beta_{0,0}\text{（双边备择假设）} \tag{5-11}$$

检验这一原假设的一般方法是将重要概念5-2中介绍的三个步骤应用于 β_0（$\hat{\beta}_0$ 的标准误的公式见附录5A）。如果备择假设是单边的，则检验过程与之前关于斜率的假设检验的讨论一样。

如果你脑海中有一个具体的原假设（同愤怒的纳税人一样），则假设检验是很有用的。接受或拒绝基于统计证据原假设的方法，为我们提供了在利用样本了解总体时处理内在不确定性的强大工具。然而，很多时候我们并不知道回归系数对应的具体假设是什么，于是我们需要了解回归系数的取值区间，即需要构建置信区间。

5.2 回归系数的置信区间

由于斜率 β_1 的任何估计结果都存在不确定性，因此我们不能仅通过一组样本数据来准确推测 β_1 的真值。然而，我们可以利用OLS估计量及其标准误来构建斜率 β_1 或截距 β_0 的置信区间。

β_1 的置信区间。回顾3.3节关于置信区间的讨论，即 **95% β_1 的置信区间**（confidence interval）有两个等价的定义。其一是在5%的显著性水平下利用双边假设检验不能拒绝的 β_1 的取值集合。其二是以95%的概率包含 β_1 真值的区间，即抽取的可能样本中有95%的样本构建的置信区间中包含了 β_1 的真值。因为在95%的所有样本的置信区间中都包含了真值，故称其具有95%的**置信水平**（confidence level）。

这两个定义等价的原因是：根据定义，5%的显著性水平下的假设检验只能在5%的所有可能样本中拒绝 β_1 的真值，即在95%的所有可能样本中不会拒绝 β_1 的真值。又因为95%置信区间（根据第一种定义）是在5%的显著性水平下不会被拒绝的所有 β_1 的取值集合，故说明95%的所有可能样本的置信区间都包含了 β_1 的真值。

与总体均值置信区间的情形（3.3节）类似，原则上，在5%的显著性水平下，我们可以利用 t 统计量检验 β_1 的所有可能值（即对所有的 $\beta_{1,0}$ 值，检验原假设 $\beta_1=\beta_{1,0}$）来计算95%置信区间，则95%置信区间便是不能拒绝的所有 β_1 值的集合。但我们不可能对 β_1 的所有取值构建 t 统计量。

注意到当假设值 $\beta_{1,0}$ 落在 $\hat{\beta}_1\pm1.96SE(\hat{\beta}_1)$ 范围之外时，t 统计量将拒绝假设值 $\beta_{1,0}$，故我们得到一种构建置信区间的简易方法，即 $\hat{\beta}_1$ 的95%置信区间为 $[\hat{\beta}_1-1.96SE(\hat{\beta}_1),\ \hat{\beta}_1+1.96$

$SE(\hat{\beta}_1)$]。该方法与构建总体均值置信区间的方法类似。

β_1 的置信区间构建见重要概念 5-3。

重要概念 5-3　β_1 的置信区间

β_1 的 95%双边置信区间是指以 95%的概率包含 β_1 真值的区间，即在所有可能的随机抽取的样本中有 95%的样本置信区间包含了 β_1 的真值。等价地，它是显著性水平为 5%的双边假设检验中不能拒绝的 β_1 的取值集合。当样本容量较大时，该置信区间的构建如下

$$95\% \text{ confidence interval for } \beta_1 = [\hat{\beta}_1 - 1.96SE(\hat{\beta}_1),\ \hat{\beta}_1 + 1.96SE(\hat{\beta}_1)] \tag{5-12}$$

β_0 的置信区间。β_0 的 95%置信区间的构建方法类似于重要概念 5-3，只需用 $\hat{\beta}_0$ 和 $SE(\hat{\beta}_0)$ 分别代替 $\hat{\beta}_1$ 和 $SE(\hat{\beta}_1)$。

在测试成绩例子中的应用。式(5-8)中测试成绩对学生-教师比的 OLS 回归结果显示，$\hat{\beta}_1 = -2.28$，$SE(\hat{\beta}_1) = 0.52$。则 β_1 的 95%双边置信区间为[$-2.28-1.96\times0.52$，$-2.28+1.96\times0.52$]，或 $-3.30 \leqslant \beta_1 \leqslant -1.26$。$\beta_1 = 0$ 没有落在该置信区间中，因此在 5%的显著性水平下，我们拒绝原假设 $\beta_1 = 0$(我们已在 5.1 节中得知这一点)。

***X* 变化的预期效应的置信区间。**β_1 的 95%置信区间可用于构建 X 的变化所引起的预期效应的 95%置信区间。

考虑 X 变化一定的量 Δx，则对应的 Y 的预期变化为 $\beta_1 \Delta x$。尽管斜率 β_1 是未知的，但因为我们可以构建 β_1 的置信区间，所以我们也能构建预期效应 $\beta_1 \Delta x$ 的置信区间。因为 β_1 的 95%置信区间的一个端点为 $\hat{\beta}_1 - 1.96SE(\hat{\beta}_1)$，利用 β_1 的这一估计得到 X 变化 Δx 的预期效应为[$\hat{\beta}_1 - 1.96SE(\hat{\beta}_1)$]$\times\Delta x$。类似地，$\beta_1$ 的 95%置信区间的另一个端点为 $\hat{\beta}_1 + 1.96SE(\hat{\beta}_1)$，得到 X 变化 Δx 的预期效应为[$\hat{\beta}_1 + 1.96SE(\hat{\beta}_1)$]$\times\Delta x$。于是，当 X 变化 Δx 时，预期效应的 95%置信区间可表示为

$$95\% \text{ confidence interval for } \beta_1 \Delta x = [(\hat{\beta}_1 - 1.96SE(\hat{\beta}_1))\Delta x,\ (\hat{\beta}_1 + 1.96SE(\hat{\beta}_1))\Delta x] \tag{5-13}$$

例如，我们假设学区主管正在考虑减少 2 个单位的学生-教师比。因为 β_1 的 95%置信区间为[-3.30，-1.26]，减少 2 个单位学生-教师比的效应大到 $-3.30\times(-2) = 6.60$，或小到 $-1.26\times(-2) = 2.52$。因此，置信水平为 95%时，若减少 2 个单位的学生-教师比，预期测试成绩将提高 2.52～6.60 分。

5.3　*X* 为二元变量时的回归

到目前为止的讨论均集中在解释变量为连续变量的情形。回归分析也可用于解释变量是二元变量的情形，即解释变量只能取 0 或 1 两个值。例如，X 可能表示工人的性别(女性时取 1，男性时取 0)、某学区位于市区还是郊区(位于市区取 1，位于郊区取 0)，或者学区的班级规模是大还是小(班级规模小取 1，规模大取 0)。二元变量有时也称作**指示变量**(indicator variable)或**虚拟变量**(dummy variable)。

回归系数的解释。二元解释变量的回归模型结构同连续解释变量的结构一样，但对 β_1 的解释却有所不同。二元变量的回归等价于 3.4 节中描述的均值差值的分析。

为了理解这一点，设有一变量 D_i，其值等于 0 还是 1 取决于学生-教师比是否小于 20，即

$$D_i=\begin{cases}1, & \text{学生-教师比小于 20}\\0, & \text{学生-教师比大于或等于 20}\end{cases} \tag{5-14}$$

以 D_i 为解释变量的总体回归模型为

$$Y_i=\beta_0+\beta_1 D_i+u_i,\ i=1,\ 2,\ \cdots,\ n \tag{5-15}$$

除了解释变量是二元变量 D_i 之外，该模型与连续型解释变量 X_i 的回归模型相同。由于 D_i 是不连续的，故将 β_1 看作斜率没什么用，因为 D_i 只能取两个值，所以不存在“直线”，从而讨论斜率也就没有任何意义。因此我们并没有将式(5-15)中的 β_1 看作斜率，相反地，我们简单地将 β_1 看作回归中**乘以 D_i 的系数**(coefficient multiplying D_i)，或简称为 **D_i 的系数**(coefficient on D_i)。

如果式(5-15)中的 β_1 不是斜率，那它是什么呢？在含有二元解释变量的回归中，解释 β_0 和 β_1 的最好方法是分别讨论 $D_i=0$ 和 $D_i=1$ 的情形。如果学生-教师比很高，则 $D_i=0$，于是式(5-15)变为

$$Y_i=\beta_0+u_i \quad (D_i=0) \tag{5-16}$$

因为 $E(u_i \mid D_i)=0$，则当 $D_i=0$ 时，Y_i 的条件期望为 $E(Y_i \mid D_i=0)=\beta_0$，即当学生-教师比很高时，测试成绩的总体均值为 β_0。同样地，当 $D_i=1$ 时

$$Y_i=\beta_0+\beta_1+u_i \quad (D_i=1) \tag{5-17}$$

从而，当 $D_i=1$ 时，$E(Y_i \mid D_i=1)=\beta_0+\beta_1$，即当学生-教师比很低时，测试成绩的总体均值为 $\beta_0+\beta_1$。

因为 $\beta_0+\beta_1$ 是 $D_i=1$ 时 Y_i 的总体均值，且 β_0 是 $D_i=0$ 时 Y_i 的总体均值，则二者之差 $(\beta_0+\beta_1)-\beta_0=\beta_1$ 即为两均值之差。换句话说，β_1 为 $D_i=0$ 和 $D_i=1$ 时 Y_i 的条件期望之差，即 $\beta_1=E(Y_i \mid D_i=1)-E(Y_i \mid D_i=0)$。在测试成绩的例子中，$\beta_1$ 表示学生-教师比较低的学区的平均测试成绩与学生-教师比较高学区的平均测试成绩之差。

由于 β_1 为总体均值之差，所以可将 OLS 估计量 β_1 看作两组抽样的 Y_i 的样本均值之差。

假设检验和置信区间。如果两个总体均值相同，则式(5-15)中的 β_1 为 0。所以，两个总体均值相同的原假设可以通过检验原假设 $\beta_1=0$ 和备择假设 $\beta_1\neq 0$ 来进行。我们可以利用 5.1 节概括的方法来检验这一假设。具体而言，当 OLS 的 t 统计量 $t=\hat{\beta}_1/\mathrm{SE}(\hat{\beta}_1)$ 的绝对值大于 1.96 时，在 5%的显著性水平下，我们拒绝原假设。类似地，如 5.2 节所描述的，$\hat{\beta}_1$ 的 95%置信区间 $\hat{\beta}_1\pm 1.96\mathrm{SE}(\hat{\beta}_1)$ 给出了两总体均值之差的 95%置信区间。

在测试成绩例子中的应用。作为一个例子，基于图 4-2 中的 420 组观测值，利用 OLS 估计测试成绩对式(5-14)中定义的学生-教师比二元变量 D 的回归方程为

$$\widehat{TestScore}=\underset{(1.3)}{650.0}+\underset{(1.8)}{7.4}D,\quad R^2=0.037,\quad SER=18.7 \tag{5-18}$$

其中，系数 β_0 和 β_1 的 OLS 估计值下方圆括号中给出了其 OLS 估计的标准差。故当学生-教师比大于或等于 20(即 $D=0$)时，子样本的平均测试成绩为 650.0；当学生-教师比小于 20(即 $D=1$)时，子样本的平均测试成绩为 650.0+7.4=657.4。两组样本的平均测试成绩之差为 7.4，这正是学生-教师比这一二元变量 D 的系数 β_1 的 OLS 估计值。

在 5%的显著性水平下，两组学区的测试成绩的总体均值在统计上是否具有显著差异呢？为了回答这个问题，我们构建 β_1 的 t 统计量：$t=7.4/1.8=4.04$，其绝对值大于 1.96，说明在 5%的显著性水平下，我们可以拒绝“学生-教师比高的学区和学生-教师比低的学区的测试成绩的总体均值相同”这一原假设。

OLS 估计量及其标准误可用来构建测试成绩均值之差的 95%置信区间，即 $7.4\pm 1.96\times 1.8=$

(3.9，10.9)。这一置信区间不包含 $\beta_1=0$，所以（正如我们在上一段所讨论的）在 5%的显著性水平下拒绝原假设 $\beta_1=0$。

5.4 异方差和同方差

上面关于误差项 u_i 的分布的唯一假设是：给定 X_i 时，其均值为 0（第一个最小二乘假设）。进一步讲，如果 u_i 的方差不依赖于 X_i，则称误差项是同方差的。本节将讨论同方差的含义、同方差条件下 OLS 估计量标准误的简化公式，以及在实践中应用这些简化公式时存在的风险。

5.4.1 什么是异方差和同方差

异方差和同方差的定义。若对任意的 $i=1, 2, \cdots, n$，给定 X_i 时 u_i 的方差为常数且不依赖于 X_i，则称误差项 u_i 是**同方差的**（homoskedastic）；否则，误差项便是**异方差的**（heteroskedastic）。

同方差和异方差在图 5-2 中给予说明。图中给出了不同的 x 值所对应的误差项 u_i 的分布。由于该分布只对应指定的 x 值，所以它是给定 $X_i=x$ 时 u_i 的条件分布。根据第一个最小二乘假设，对于所有 x，该分布的均值都为 0。在图 5-2a 中，所有这些条件分布都具有相同的离散程度，更准确地说，对于不同的 x 值，这些分布的方差相同。即在图 5-2a 中，给定 $X_i=x$ 时 u_i 的方差不依赖于 x，因此，图 5-2a 所示的误差项是同方差的。

相反地，图 5-2b 举例说明了 u_i 的条件分布随着 x 的增大而变得越发分散的情形。当 x 较小时，分布的离散程度较小；当 x 较大时，分布的离散程度也较大。故在图 5-2 中，给定 $X_i=x$ 时，u_i 的方差随着 x 的增大而增大，即图 5-2 中的误差项是异方差的。

异方差和同方差的定义见重要概念 5-4。

重要概念 5-4　异方差和同方差

对任意的 $i=1, 2, \cdots, n$，给定 X_i 时，若 u_i 的方差 $\mathrm{var}(u_i \mid X_i=x)$ 为常数且不依赖于 x，则误差项 u_i 是同方差的；否则，误差项是异方差的。

实例。尽管我们经常提及这些术语，但其定义似乎比较抽象。为了可以用一个实例来更好地阐明，我们先将学生-教师比和测试成绩问题放在一边，来看一下第 3 章的专栏 3-2 标题为“美国大学毕业生收入的性别差异”中所探讨的男性和女性大学毕业生收入的例子。设 MALE_i 为二元变量，取 1 时表示男性大学毕业生，取 0 时表示女性大学毕业生，则大学毕业生的收入（Earnings）对其性别的二元变量回归模型为

$$\mathrm{Earnings}_i=\beta_0+\beta_1\mathrm{MALE}_i+u_i \tag{5-19}$$

因为解释变量是二元变量，故 β_1 表示两组样本的总体均值之差，在本例中，β_1 表示男性和女性大学毕业生的平均收入之差。

同方差的定义指出 u_i 的方差不依赖于解释变量。这里的解释变量是 MALE_i，所以问题就变为误差项的方差是否依赖于 MALE_i。换句话说，男性和女性的误差项方差相同吗？如果相同，则误差项是同方差的；如果不同，则是异方差的。

要确定 u_i 的方差是否依赖于 MALE_i，我们首先需要仔细考虑误差项究竟代表什么。就这一点而言，先将式（5-19）分别写成针对每个性别的两个单独的等式：

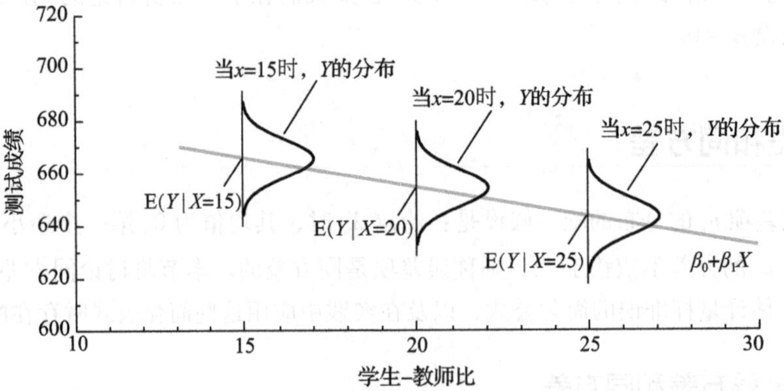

a）误差是同方差的

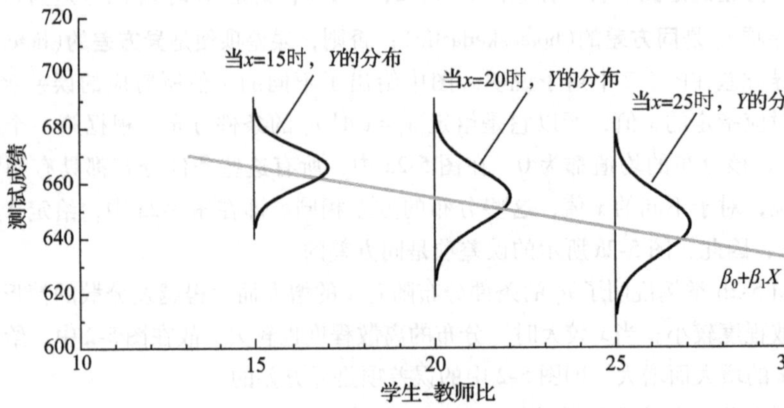

b）误差是异方差的

图 5-2 同方差和异方差

注：这个图描绘了三个不同班级规模(x)所对应的测试成绩的条件分布。在图 a 中，这些分布的分散不依赖于 x，也就是说，$\text{var}(u \mid X=x)$ 不依赖于 x，所以这些误差是同方差的。在图 b 中，班级规模越大，对应的分布越分散（具有较大方差），因此，给定 X 时，u 的方差 $\text{var}(u \mid X=x)$ 依赖于 x，故 u 是异方差的。

$$\text{Earnings}_i = \beta_0 + u_i \quad (\text{females}) \tag{5-20}$$

$$\text{Earnings}_i = \beta_0 + \beta_1 + u_i \quad (\text{males}) \tag{5-21}$$

因此，对女性而言，u_i 表示第 i 个女性的收入与女性总体平均收入(β_0)的偏差；对男性而言，u_i 表示第 i 个男性的收入与男性总体平均收入($\beta_0+\beta_1$)的偏差。由此可得，"u_i 的方差不依赖于 MALE_i" 等价于 "两个性别收入的方差相同"。换句话说，在本例中，如果收入总体分布的方差对于男性和女性而言都相同，则说明误差项是同方差的；如果不同，则说明误差项是异方差的。

5.4.2 同方差条件下的数学性质

OLS 估计量仍然是无偏且渐近正态的。由于重要概念 4-3 中的最小二乘假设对条件方差没有限制，故它们既适用于异方差的情形，也适用于同方差的情形。因此，即使误差是同方差的，OLS 估计量仍然是无偏且一致的。另外，即使误差是同方差的，OLS 估计量在大样本下仍然服从正态分布。不论误差项是同方差的还是异方差的，OLS 估计量都是无偏、一致且渐近正态的。

同方差条件下 OLS 估计量的有效性。如果重要概念 4-3 中的最小二乘假设成立且误差是同方差的，则 OLS 估计量 $\hat{\beta}_0$ 和 $\hat{\beta}_1$ 在所有线性估计量中是有效且无偏的。这一结论称作高斯-马尔科夫定理，我们将在 5.5 节中详细讨论。

同方差适用的方差公式。如果误差项是同方差的，则我们可以简化重要概念 4-4 中 $\hat{\beta}_0$ 和 $\hat{\beta}_1$ 的方差公式。因此，当误差项为同方差时，$\hat{\beta}_0$ 和 $\hat{\beta}_1$ 的标准误具有专门的公式。$\hat{\beta}_1$ 的**同方差适用的标准误**（homoskedasticity-only standard error）为 $SE(\hat{\beta}_1)=\sqrt{\tilde{\sigma}^2_{\hat{\beta}_1}}$，其中 $\tilde{\sigma}^2_{\hat{\beta}_1}$ 为 $\hat{\beta}_1$ 方差的同方差适用估计量，其推导过程见附录 5A。

$$\tilde{\sigma}^2_{\hat{\beta}_1}=\frac{s^2_{\hat{u}}}{\sum_{i=1}^{n}(X_i-\overline{X})^2}\text{(homoskedasticity-only)} \tag{5-22}$$

其中，$s^2_{\hat{u}}$ 见式(4-17)。$\hat{\beta}_0$ 的标准误的同方差适用公式见附录 5A。在 X 为二元变量的特殊情况下，同方差条件下 $\hat{\beta}_1$ 的方差估计量（即在同方差条件下，$\hat{\beta}_1$ 的标准误的平方）即为式(3-23)中均值之差的合并方差公式。

因为这些公式都是在误差项为同方差的特殊条件下推导出来的，且不适用于误差项为异方差的情形，所以称它们是 OLS 估计量的方差和标准误的“同方差适用”公式。正如其名称所示，若误差项为异方差，则同方差适用的标准误便不适用。当误差项为异方差时，利用同方差适用的标准误计算的 t 统计量即使在大样本下也不服从标准正态分布。事实上，用同方差适用的标准误计算的 t 统计量需要用到的确切临界值取决于异方差的精确性质，因此无法给出这些临界值。类似地，如果误差项是异方差，一般情况下，即使在大样本情形下，我们利用±1.96 倍的同方差适用的标准误来构建的置信区间包含参数真值的概率也不再是 95%。

相反地，由于同方差是异方差的一种特殊情形，所以不论误差项是同方差的还是异方差的，式(5-4)和式(5-26)给出的关于 $\hat{\beta}_1$ 和 $\hat{\beta}_0$ 方差估计量 $\hat{\sigma}^2_{\hat{\beta}_1}$ 和 $\hat{\sigma}^2_{\hat{\beta}_0}$ 的统计推断都是有效的。因此，不论误差项是不是异方差的，基于这些标准误的假设检验和置信区间都是有效的。由于不论误差项是不是异方差的，我们目前使用的标准误的统计推断都是有效的，故称其为**异方差-稳健标准误**（heteroskedasticity-robust standard errors）。因为这些公式是由 Eicker（1967）、Huber（1967）和 White（1980）提出的，故又称其为 Eicker-Huber-White 标准误。

5.4.3　实际应用中的具体含义

异方差和同方差，哪一个更常见？对这一问题的回答取决于实际应用。该问题可以通过前面大学毕业生收入的性别差异的例子来阐明。通过了解我们周围的人的薪酬状况可以为我们判断哪个假设更合理提供线索。多年来，至少一直到今天，在高收入工作岗位中没有发现女性：总是会有低收入的男性，但很少有高收入的女性。这表明女性收入的分布比男性的更紧密（见第 3 章的专栏 3-2“美国大学毕业生收入的性别差异”）。换句话说，式(5-20)中女性误差项的方差似乎小于式(5-21)中男性误差项的方差。因此，在高收入岗位中仍然很少出现女性的现象表明，式(5-19)中二元变量回归模型中的误差项是异方差的。除非你有令人信服的理由来反驳这一点，但我们找不到这样的理由，所以在本例中将误差项当作异方差的情形来处理是相对合理的。

正如以上实例所说明的，异方差存在于很多计量经济学应用中。一般情况下，经济学理论很少给出误差项是同方差的理由。因此，除非你有充分的理由说明误差项是同方差的，否则应谨慎一点，即假设它是异方差的。

经验做法。在实际问题分析中，我们应该使用异方差-稳健标准误还是同方差适用的标准误呢？让我们设想一下：我们可以先计算二者，然后再在它们之间做选择。如果同方差适用的标准误和异方差-稳健标准误相同，则我们可以使用异方差-稳健标准误，这不会影响结果；然而，如果它们不同，则我们更应该使用允许存在异方差的更为可靠的标准误。所以，现实中最简单的方法便是一直使用异方差-稳健标准误。

由于历史原因，很多软件程序将同方差适用的标准误作为其默认设置，所以需要使用者自己主动选择异方差-稳健标准误的选项。执行异方差-稳健标准误的具体操作方式取决于你所使用的软件包。

除非书中明确指出，本书所有实证例子使用的都是异方差-稳健标准误。㊀

专栏 5-1

一年教育的经济价值：是同方差还是异方差

平均而言，受教育程度高的工人收入要高于受教育程度低的工人。但如果薪酬最高的工作主要面向大学毕业生，则很可能意味着受教育程度更高的工人其收入分布的离散程度更大。那么收入分布会随着受教育年限的增加而变得更加分散吗？

这是一个实证问题，因此需要通过数据分析来回答。图 5-3 描绘了 2015 年美国 2 731 个年龄在 29～30 岁、受教育年限在 8～18 年的全职工人的平均时薪和受教育年限的散点图。数据来源于附录 3A 中所描述的 2016 年 3 月的《当前人口调查》。

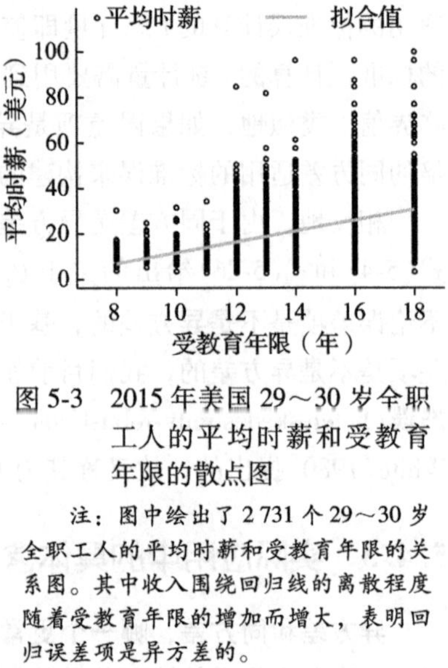

图 5-3　2015 年美国 29～30 岁全职工人的平均时薪和受教育年限的散点图

注：图中绘出了 2 731 个 29～30 岁全职工人的平均时薪和受教育年限的关系图。其中收入围绕回归线的离散程度随着受教育年限的增加而增大，表明回归误差项是异方差的。

图 5-3 具有两个显著特点：一是收入（Earnings）分布的均值随着受教育年限（Years Eduction）的增加而增大，这一点可通过 OLS 回归线加以刻画

$$\widehat{Earnings} = -12.12 + 2.37\ Years\ Education$$
$$(1.36)\quad(0.10)$$
$$R^2 = 0.185,\ SER = 11.24 \tag{5-23}$$

图 5-3 中给出了这条直线。OLS 回归线中的系数 2.37 表示每多接受一年教育会使时薪平均增加 2.37 美元。这一系数的 95%置信区间为[2.37-1.96×0.1，2.37+1.96×0.1]，即 2.17～2.57 美元。

图 5-3 中第二个显著特点是收入分布的离散程度随着受教育年限的增加而增大。虽然存在一些受多年教育的工人从事低收入工作，却几乎没有低教育水平的工人从事高收入工作。通过观察 OLS 回归线周围残差的离散程度就能发现这一点。对接受过 10 年教育的工人，残差的标准差为 6.31 美元；对具有高中文凭的工人，其残差标准差为 8.54 美元；对具有大学文凭的工人，

㊀ 如果我们将本书与其他课本结合使用，则需要注意一点，即有些课本将同方差性也包含在最小二乘假设中。但是，正如上面所讨论的，只要我们使用了异方差-稳健标准误，在分析 OLS 的回归有效性时便不需要这一额外的假设。

其残差标准差上升至 13.55 美元。因为这些标准差随着受教育水平的不同而不同，即式(5-23)中回归残差的方差依赖于解释变量(受教育年限)的取值；换句话说，回归误差项是异方差的。贴近现实的表述就是，不是所有的大学毕业生在 29 岁时都能拿到 75 美元的时薪，但有些人可以，而那些仅接受过 10 年教育的工人是无缘从事这些工作的。

*5.5 普通最小二乘法的理论基础[⊖]

正如 4.5 节所讨论的，OLS 估计量是无偏且一致的，其方差与 n 成反比，且当样本容量较大时服从正态分布。另外，在一些假设条件下，OLS 估计量比某些其他估计量更有效。特别是当最小二乘假设成立且误差项为同方差时，OLS 估计量在所有线性无偏估计量中具有最小方差。这是高斯-马尔科夫定理的基本内容，本节对其进行解释和讨论。本节最后讨论了在高斯-马尔科夫条件不成立的情况下比 OLS 更有效的其他估计量。

5.5.1 线性无偏估计量和高斯-马尔科夫定理

如果重要概念 4-3 中的三个最小二乘假设成立，且误差项是同方差的，则 OLS 估计量在所有线性无偏估计量中具有最小方差。换句话说，OLS 估计量是**最佳线性无偏估计量**(best linear conditionally unbiased estimator，BLUE)。该结论是重要概念 3-3 中关于“样本均值 $\overline{Y}$ 是总体均值的所有无偏估计量中最有效的估计量”这一结论的推广。

线性无偏估计量。β_1 的线性无偏估计量是由所有满足以下条件的估计量组成的：它们是 Y_1，Y_2，…，Y_n 的线性函数，且在给定 X_1，X_2，…，X_n 时均具有无偏性，即如果 $\widetilde{\beta}_1$ 是一个线性估计量，则它可以表示为

$$\widetilde{\beta}_1 = \sum_{i=1}^{n} a_i Y_i \quad (\widetilde{\beta}_1\text{ 是线性的}) \tag{5-24}$$

其中，权重 a_1，a_2，…，a_n 依赖于 X_1，X_2，…，X_n，但不依赖于 Y_1，Y_2，…，Y_n。若给定 X_1，X_2，…，X_n 时，$\widetilde{\beta}_1$ 的期望值为 β_1，则称估计量 $\widetilde{\beta}_1$ 是条件无偏的。即若

$$E(\widetilde{\beta}_1 \mid X_1, X_2, \cdots, X_n) = \beta_1 \quad (\widetilde{\beta}_1\text{ 是条件无偏的}) \tag{5-25}$$

则估计量 $\widetilde{\beta}_1$ 是条件无偏的。

如果估计量 $\widetilde{\beta}_1$ 可以表示成式(5-24)的形式(是线性的)且式(5-25)成立(是条件无偏的)，则称其为线性无偏估计量。附录 5B 证明了 OLS 估计量是线性和条件无偏的。

高斯-马尔科夫定理。**高斯-马尔科夫定理**(Gauss-Markov theorem)指出，在满足一系列高斯-马尔科夫条件下，给定 X_1，X_2，…，X_n 时，OLS 估计量 $\hat{\beta}_1$ 在 β_1 的所有线性无偏估计量中具有最小方差，即 OLS 估计量为 BLUE。附录 5B 中给出的高斯-马尔科夫条件可由三个最小二乘假设及误差项是同方差的假设推得。因此，若三个最小二乘假设成立且误差项是同方差的，则 OLS 估计量为 BLUE。重要概念 5-5 中给出了高斯-马尔科夫定理，其证明见附录 5B。

⊖ 标*内容为选学内容。

重要概念 5-5 $\hat{\beta}_1$ 的高斯-马尔科夫定理

如果重要概念4-3中的三个最小二乘假设成立且误差项是同方差的，则 OLS 估计量 $\hat{\beta}_1$ 是最佳（最有效的）线性无偏估计量（BLUE）。

高斯-马尔科夫定理的局限性。高斯-马尔科夫定理为使用 OLS 方法提供了理论依据。然而这一定理具有两个主要的局限性：第一，其条件在实际应用中可能不成立，特别是实际经济应用中的模型误差项通常是异方差的，此时 OLS 估计量便不再是 BLUE。正如 5.4 节所讨论的，虽然异方差的存在并不影响基于异方差-稳健标准误的推断，但它意味着 OLS 估计量不再是有效线性无偏估计量。如果我们已知异方差的具体形式，便可以利用加权最小二乘估计量来代替 OLS 估计量，我们后面会对其进行讨论。

高斯-马尔科夫定理的第二个局限性是，即使定理的条件成立，但还可能存在其他的非线性无偏估计量，并且在某些条件下，这些估计量比 OLS 估计量更有效。

5.5.2 不同于 OLS 的回归估计量

在一定条件下，某些回归估计量比 OLS 更有效。

加权最小二乘估计量。如果误差项是异方差的，则 OLS 估计量不再是 BLUE。如果已知异方差的具体形式，则可以构建一个比 OLS 估计量方差更小的估计量。这一方法称为**加权最小二乘法**（weighted least squares，WLS），其中，第 i 个观测的权重为给定 X_i 时 u_i 的方差平方根的倒数。因为经过加权后的回归误差是同方差的，所以基于加权数据的 OLS 估计量为 BLUE。尽管理论上很完美，但加权最小二乘法面临的实际问题是，我们必须知道 u_i 的方差是如何依赖于 X_i 的，而这在计量经济学应用中几乎无法获悉。因此，加权最小二乘法远比 OLS 用得少。我们将在第 18 章中进一步讨论 WLS。

最小绝对差估计量。正如 4.3 节所讨论的，OLS 估计量对异常值比较敏感。如果存在几个极端异常值，则其他估计量可能会比 OLS 估计量更有效，据此进行的统计推断也会更加可靠。最小绝对差（LAD）估计量便是这样一种估计量，我们可以通过求解类似式（4-4）中的最小化问题来得到回归系数 β_0 和 β_1 的估计结果，只是这里把式（4-4）中预测“误差”的平方改成了预测“误差”的绝对值，即 β_0 和 β_1 的 LAD 估计量是使 $\sum_{i=1}^{n} |Y_i - b_0 - b_1X_i|$ 达到最小的 b_0 和 b_1。与 OLS 相比，LAD 估计量对 u 中的大异常值不太敏感。

在大部分经济数据中，极少出现极端异常值，所以 LAD 估计量或其他对异常值不太敏感的估计量在应用中并不常见。因此，本书剩余部分仅应用最小二乘法来处理线性回归。

*5.6 样本容量较小时的 t 统计量应用

当样本容量较小时，上面构建的 t 统计量的精确分布变得较为复杂且依赖于误差项的分布信息。但如果三个最小二乘假设成立，同时回归误差项是同方差的且服从正态分布，则 OLS 估计量服从正态分布，且同方差适用的 t 统计量服从学生 t 分布。这五个假设，即三个最小二乘假设、误差项是同方差的及误差项服从正态分布，统称为**同方差正态回归假设**（homoskedastic normal regression assumptions)。

5.6.1 t 统计量和学生 t 分布

回顾 2.4 节，自由度为 m 的 t 分布被定义为$\frac{Z}{\sqrt{W/m}}$，其中 Z 为服从标准正态分布的随机变量，W 为服从自由度为 m 的 χ^2 分布的随机变量，且 Z 和 W 相互独立。在原假设条件下，上面利用同方差适用的标准误计算的 t 统计量可以表示为上述形式。

18.4 节和 19.4 节将给出同方差适用的 t 统计量的详细计算过程，在此介绍其主要思想。检验 $\beta_1=\beta_{1,0}$ 的同方差适用的 t 统计量为 $\widetilde{t}=\frac{\hat{\beta}_1-\beta_{1,0}}{\widetilde{\sigma}_{\hat{\beta}_1}}$，其中 $\widetilde{\sigma}^2_{\hat{\beta}_1}$ 的定义见式(5-22)。在同方差正态回归假设下，给定 X_1，X_2，…，X_n 时，Y_i 服从正态分布。正如 5.5 节所讨论的，OLS 估计量是 Y_1，Y_2，…，Y_n 的加权平均，且其权重取决于 X_1，X_2，…，X_n(见附录 5B 中的式(5-32))。由于独立正态随机变量的线性组合仍服从正态分布，所以在给定 X_1，X_2，…，X_n 时，$\hat{\beta}_1$ 服从正态分布。因此，给定 X_1，X_2，…，X_n 时，$(\hat{\beta}_1-\beta_{1,0})$ 在原假设下服从均值为 0 的正态分布。另外，在 18.4 节和 19.4 节中，我们将同方差适用的方差估计量表示为自由度为 $n-2$ 的 χ^2 分布除以 $n-2$，且 $\widetilde{\sigma}^2_{\hat{\beta}_1}$ 和 $\hat{\beta}_1$ 是独立分布的。因此，同方差适用的 t 统计量服从自由度为 $n-2$ 的学生 t 分布。

这一结论与 3.6 节中所讨论的检验两样本均值相等时的结论有密切联系。在 3.6 节中，如果两总体服从具有相同方差的正态分布，且 t 统计量是利用合并标准误公式(式(3-23))计算得到的，则(合并)t 统计量服从学生 t 分布。当 X 是二元变量时，$\hat{\beta}_1$ 的同方差适用的标准误就可简化为均值之差的合并标准误公式。由此可见，3.5 节中的结论是同方差正态回归假设成立时同方差适用的 t 统计量服从学生 t 分布的一个特例(见习题 5.10 题)。

5.6.2 学生 t 分布在实践中的应用

如果回归误差项为同方差且服从正态分布，同时使用了同方差适用的 t 统计量，则临界值应由学生 t 分布(见表 A-2)确定，而不是标准正态分布。由于当 n 适中或足够大时，学生 t 分布和正态分布之间的差异可忽略不计，所以只有当样本容量较小时讨论二者的差别才有意义。

在计量经济学应用中，很少有理由相信误差项是同方差的且服从正态分布。但因为样本容量通常较大，故可根据 5.1 节和 5.2 节的讨论进行推断，即首先计算异方差-稳健标准误，然后再利用标准正态分布计算 p 值，从而进行假设检验或构建置信区间。

5.7 结论

我们回到第 4 章开头那个问题，即学区主管正在考虑雇用更多教师以降低学生-教师比，我们所学的哪些内容会对她有所帮助呢？

基于加利福尼亚州的 420 组测试成绩观测数据的回归分析表明，学生-教师比与测试成绩之间存在负相关关系，即班级规模越小的学区，其学生测试成绩越高。从实际意义上讲，该回归系数大小适中，即每个教师对应的学生数减少 2 名时，该学区的学生测试成绩平均提高 4.6 分。

与之相对应，位于测试成绩分布第 50 百分位数的学区会移到第 60 百分位数附近。

在 5%的显著性水平下，学生-教师比的系数统计上显著异于零。尽管从理论上讲，总体系数可能为零，或许只是由于随机抽样误差导致我们估计出负的系数，但实际上出现这一结果的概率非常小，大约为 0.001%。β_1 的 95%置信区间为 $-3.30 \leqslant \beta_1 \leqslant -1.26$。

这一结论有助于进一步回答学区主管的问题，但仍存在令人生疑之处。尽管学生-教师比与测试成绩之间存在着负相关关系，但这个关系是否真的能成为学区主管科学可靠的决策依据呢？平均而言，学生-教师比相对较低的学区，其测试成绩确实较高，但这是否能说明减少学生-教师比就一定会提高测试成绩？

应用于加利福尼亚州数据的 OLS 是否估计了班级规模对考试成绩的因果效应，这个问题可以通过回到重要概念 4-3 的最小二乘假设来解决。第一个最小二乘假设要求，当 β_1 可以被定义为因果效应时，误差项分布的条件平均值为 0。这一要求实际上解释了为什么要求 X(班级规模)是随机分配或类似随机分配。由于加利福尼亚州的数据是观测数据，班级规模不是随机分配的，所以问题是：在加利福尼亚州的数据中，班级规模是不是类似随机分配的，即 $E(u \mid X)=0$？

事实上，确实有理由担心这一点。毕竟雇用更多的教师需要更多费用，所以较富裕的学区比较容易承担建立较小规模的班级所需的支出。但同时较富裕学区的学生相比于贫困学区的学生还具有其他优势，比如有更好的办学设施、更新的书本或待遇更好的教师。另外，较富裕学区的学生往往来自较富裕的家庭，所以他们还具有其他与学校没有直接关系的优势。例如，加利福尼亚州有较大的移民社区，这些移民往往相对贫困，并且在多数情况下，他们孩子的母语不是英语。所以，我们估计出的测试成绩与学生-教师比的负相关关系可能是较大班级规模和其他很多真正导致测试成绩较低的因素共同作用的结果。

这些其他因素或“遗漏变量”可能会导致目前所做的 OLS 分析对学区主管来说没有多大价值。确实，这样的 OLS 分析可能会对学区主管产生误导：仅仅改变学生-教师比并不会改变影响学生在校表现的其他因素。为了解决这个问题，我们需要一种方法使我们能够在保持其他因素不变的情况下，分离出学生-教师比变动对测试成绩的影响。第 6 章和第 7 章的主要内容就是介绍这种方法，即多元回归分析。

本章小结

1. 对回归系数的假设检验类似于对总体均值的假设检验，即都是利用 t 统计量来计算 p 值，然后决定是接受还是拒绝原假设。类似于总体均值的置信区间，回归系数的 95%置信区间为估计量 ±1.96×标准误。
2. 当 X 是二元变量时，可以利用回归模型估计“$X=0$”组和“$X=1$”组的总体均值之差，并进行假设检验。
3. 一般来说，误差项 u_i 是异方差的，即给定 X_i 时 u_i 的方差 $\mathrm{var}(u_i \mid X_i=x)$ 依赖于 x。一个特例是误差项是同方差的，即 $\mathrm{var}(u_i \mid X_i=x)$ 是常数。当误差项是异方差的时，同方差适用的标准误不能给出有效的统计推断，但异方差-稳健标准误却可以。
4. 如果三个最小二乘假设成立且回归误差项是同方差的，则由高斯-马尔科夫定理知，OLS 估计量是 BLUE。
5. 如果三个最小二乘假设成立，回归误差是同方差的且服从正态分布，则利用同方差适用的标准误计算的 t 统计量在原假设成立的条件下服从学生 t 分布。当样本容量适中或足够大时，学生 t 分布和正态分布之间的差异可忽略不计。

重要术语

原假设	双边备择假设	$\hat{\beta}_1$ 的标准误
t 统计量	p 值	β_1 的置信区间
置信水平	指示变量	虚拟变量乘以 D_i 的系数
D_i 的系数	异方差和同方差	同方差适用的标准误
异方差-稳健标准误	高斯-马尔科夫定理	最佳线性无偏估计量(BLUE)
加权最小二乘法(WLS)	同方差正态回归假设	高斯-马尔科夫条件

内容复习

5.1　基于独立同分布观测 Y_i，$i=1, 2, \cdots, n$，对于双边检验 H_0：$\mu_Y=0$，概括计算其 p 值的步骤。基于独立同分布观测 (Y_i, X_i)，$i=1, 2, \cdots, n$，对于线性回归模型中的双边检验 H_0：$\beta_1=0$，概括计算其 p 值的步骤。

5.2　基于男性和女性的收入数据，解释如何利用线性回归模型估计收入的性别差异。其中的被解释变量和解释变量分别是什么？

5.3　给出同方差和异方差的定义。给出一个你认为误差项是异方差的假想实例，并说明你的理由。

5.4　考虑回归模型 $Y_i=\beta_0+\beta_1X_i+u_i$，其中 Y_i 表示工人平均每小时的收入(以美元为单位)，X_i 是二元(或指示)变量，即如果工人具有大学学历，$X_i=1$；否则 $X_i=0$。假设 $\beta_1=8.1$，解释其含义，并给出 β_1 的单位。

习　题

5.1　假设某研究人员利用 100 组三年级的班级规模(CS)和平均测试成绩(TestScore)数据估计的 OLS 回归方程为

$$\widehat{TestScore}=520.4-5.82\times CS$$
$$(20.4)\quad(2.21)$$
$$R^2=0.08,\ SER=11.5$$

(1) 构建斜率参数 β_1 的 95%置信区间。

(2) 计算原假设为 H_0：$\beta_1=0$ 时双边检验的 p 值。在 5%的显著性水平下拒绝原假设吗？1%的显著性水平呢？

(3) 计算原假设为 H_0：$\beta_1=-5.6$ 时双边检验的 p 值。在不进行任何其他运算的情况下，能否确定-5.6 是否包含在 β_1 的 95%置信区间内？

(4) 构建 β_0 的 99%置信区间。

5.2　假设某研究人员利用随机选取的 250 名男性工人和 280 女性工人的工资(Wage)数据估计的 OLS 回归方程为

$$\widehat{Wage}=12.52+2.12\times Male,$$
$$(0.23)\quad(0.36)$$
$$R^2=0.06,\ SER=4.2$$

其中，Wage 的单位为美元/小时，Male 是二元变量，等于 1 时表示男性，等于 0 时表示女性。用男性和女性的平均收入之差来定义工资的性别差异。

(1) 性别差异的估计值为多少？

(2) 性别差异的估计值显著异于零吗？(计算原假设为不存在性别差异所

对应的p值。)

(3) 构建性别差异的95%置信区间。

(4) 样本中女性的平均工资是多少?男性的呢?

(5) 另一个研究人员利用相同的数据建立了Wage对Female的回归,其中Female为二元变量,等于1时表示女性,等于0时表示男性。由此估计出的回归方程是什么?

$$\widehat{Wage} = \_\_\_\_ + \_\_\_\_ \times Female,$$

$$R^2 = \_\_\_\_, \quad SER = \_\_\_\_$$

5.3 假设从总体中抽取一容量为200的20岁男性的随机样本,并记录他们的身高和体重,建立体重(Weight)对身高(Height)的回归方程为

$$\widehat{Weight} = -99.41 + 3.94 \times Height,$$
$$(2.15)\quad(0.31)$$
$$R^2 = 0.81, \quad SER = 10.2$$

其中,Weight的单位为英磅,Height的单位为英寸。你的两个同学在身高上的差距是1.5英寸,构建这两人体重差值的99%置信区间。

5.4 阅读5.4节的专栏5-1"一年教育的经济价值:同方差还是异方差"。利用式(5-23)中的回归结果回答下列问题:

(1) 某个随机抽取的30岁工人接受了16年的教育,则该工人平均时薪预计是多少?

(2) 某个高中毕业生(接受了12年的教育)打算到两年制的社区大学攻读学位,则其平均时薪预计增加多少?

(3) 某个高中学校的顾问告诉学生,大学毕业生的时薪平均比高中毕业生多10美元。这一说法与回归结果相吻合吗?什么范围的值是与回归结果相吻合的?

5.5 20世纪80年代,田纳西州做了一项实验,该实验将幼儿园的学生随机分配到"常规"班和"小"班中,并在年末进行标准化测试(常规班大约有24名学生,小班大约有15名学生)。假设标准化测试的总体平均成绩为925分,标准差为75分。设SmallClass为二元变量,学生被分配到小班时SmallClass=1;否则SmallClass=0。则测试成绩(TestScore)对SmallClass的回归方程为

$$TestScore = 918.0 + 13.9 \times SmallClass,$$
$$(1.6)\quad(2.5)$$
$$R^2 = 0.01, \quad SER = 74.6$$

(1) 小班有利于提高成绩吗?若是,提高了多少呢?这一影响大吗?试解释。

(2) 班级规模对测试成绩的影响在统计上显著吗?请在5%的显著性水平上进行检验。

(3) 构建SmallClass对TestScore影响的99%置信区间。

(4) 最小二乘假设1对这个回归是否合理?解释一下。

5.6 继续第5.5题中所描述的回归。

(1) 你认为回归误差项是同方差的吗?试解释。

(2) 利用式(5-3)计算得到$SE(\hat{\beta}_1)$。假设回归误差项是同方差的,会影响习题5.5(3)中构建的置信区间的有效性吗?试解释。

5.7 设(Y_i, X_i)满足重要概念4-3中的最小二乘假设,基于随机抽取的容量为$n=250$的样本,回归得到如下结果

$$\hat{Y} = 5.4 + 3.2X$$
$$(3.1)\quad(1.5)$$
$$R^2 = 0.26, \quad SER = 6.2$$

(1) 在5%的显著性水平下检验H_0: $\beta_1 = 0$和H_1: $\beta_1 \neq 0$。

(2) 构建β_1的95%置信区间。

(3) 如果告诉你Y_i和X_i相互独立,你会感到诧异吗?试解释。

(4) 假设Y_i和X_i相互独立,多次抽取

容量为 $n=250$ 的样本，估计模型，并进行(1)和(2)中的计算。请问从(1)中得到的 H_0 在多大程度上会被拒绝？(2)中的 β_1 的 95%置信区间中包含 $\beta_1=0$ 的样本比例是多少？

5.8 设(Y_i，X_i)满足重要概念 4-3 中的最小二乘假设，u_i 服从分布 $N(0, \sigma_u^2)$ 且与 X_i 相互独立。基于一个容量为 $n=30$ 的样本，回归得到如下结果

$$\hat{Y}=43.2+61.5X$$
$$(10.2)\ (7.4)$$
$$R^2=0.54,\ \text{SER}=1.52$$

其中，圆括号内的数字为回归系数的同方差适用的标准误。

(1) 构建 β_0 的 95%置信区间。

(2) 在 5%的显著性水平下检验 H_0：$\beta_1=55$ 和 H_1：$\beta_1\neq 55$。

(3) 在 5%的显著性水平下检验 H_0：$\beta_1=55$ 和 H_1：$\beta_1>55$。

5.9 考虑回归模型

$$Y_i=\beta X_i+u_i$$

其中 u_i 和 X_i 满足重要概念 4-3 中的最小二乘假设。令 $\bar{\beta}$ 表示 β 的某个估计量，且 $\bar{\beta}=\frac{\bar{Y}}{\bar{X}}$，其中 $\bar{Y}$ 和 $\bar{X}$ 分别表示 Y_i 和 X_i 的样本均值。

(1) 证明 $\bar{\beta}$ 是 Y_1，Y_2，…，Y_n 的线性函数。

(2) 证明 $\bar{\beta}$ 是无偏的。

5.10 令 X_i 表示二元变量，考虑回归 $Y_i=\beta_0+\beta_1 X_i+u_i$。令 $\bar{Y}_0$ 表示 $X=0$ 时的样本均值，令 $\bar{Y}_1$ 表示 $X=1$ 时的样本均值。证明 $\hat{\beta}_0=\bar{Y}_0$，$\hat{\beta}_0+\hat{\beta}_1=\bar{Y}_1$，且 $\hat{\beta}_1=\bar{Y}_1-\bar{Y}_0$。

5.11 某随机样本包含 $n_m=120$ 名男性和 $n_w=131$ 名女性工人。其中，男性每周收入的样本均值 $\left[\bar{Y}_m=\left(\frac{1}{n_m}\right)\sum_{i=1}^{n_m}Y_{m,i}\right]$ 为 523.10 美元，且样本标准差 $\left[s_m=\sqrt{\frac{1}{n_m-1}\sum_{i=1}^{n_m}(Y_{m,i}-\bar{Y}_m)^2}\right]$ 为 68.10 美元。女性相应的值为 $\bar{Y}_w=485.10$ 美元，且 $s_w=51.10$ 美元。设 Women 表示二元变量，等于 1 时表示女性，等于 0 时表示男性，并且在建立回归 $Y_i=\beta_0+\beta_1 \text{Women}_i+u_i$ 时用到了全部 251 个观测值。求 β_0 和 β_1 的 OLS 估计值及其标准误。

5.12 从式(4-20)出发，推导附录 5A 中式(5-28)给出的同方差条件下 $\hat{\beta}_0$ 的方差。

5.13 设(Y_i，Y_i)满足重要概念 4-3 中的最小二乘假设，另外 u_i 服从分布 $N(0, \sigma_u^2)$ 且与 X_i 相互独立。

(1) $\hat{\beta}_1$ 是无偏的吗？

(2) $\hat{\beta}_1$ 是 β_1 的最佳线性无偏估计量吗？

(3) 如果仅仅假设(Y_i，X_i)满足重要概念 4-3 中的最小二乘假设且 $\text{var}(u_i \mid X_i=x)$ 为常数，则对(1)和(2)的回答会有什么样的变化？

(4) 如果仅仅假设(Y_i，X_i)满足重要概念 4-3 中的最小二乘假设，则对(1)和(2)的回答又会有什么样的变化？

5.14 设 $Y_i=\beta X_i+u_i$，其中(u_i，X_i)满足式(5-31)给出的高斯-马尔科夫条件。

(1) 求 β 的最小二乘估计量，并证明它是 Y_1，Y_2，…，Y_n 的线性函数。

(2) 证明该估计量是无偏的。

(3) 推导该估计量的方差。

(4) 证明该估计量为 BLUE。

5.15 某研究人员有两组关于(Y_i，X_i)观测值的样本。具体地，令 Y_i 表示收入，X_i 表示受教育年限，且两组相互独立的

样本是分别关于男性和女性的。对男性的回归方程为 $Y_{m,i}=\beta_{m,0}+\beta_{m,1}X_{m,i}+u_{m,i}$，对女性的回归方程为 $Y_{w,i}=\beta_{w,0}+\beta_{w,1}X_{w,i}+u_{w,i}$。令 $\hat{\beta}_{m,1}$ 表示基于男性样本得到的 OLS 估计量，$\hat{\beta}_{w,1}$ 表示基于女性样本得到的 OLS 估计量，$SE(\hat{\beta}_{m,1})$ 和 $SE(\hat{\beta}_{w,1})$ 分别表示相应的标准误。证明 $\hat{\beta}_{m,1}-\hat{\beta}_{w,1}$ 的标准误 $SE(\hat{\beta}_{m,1}-\hat{\beta}_{w,1})=\sqrt{[SE(\hat{\beta}_{m,1})]^2+[SE(\hat{\beta}_{w,1})]^2}$。

实证练习

5.1 利用第 4 章实证练习第 2 题中描述的 Earnings_and_Height 数据集完成下面的练习。

(1) 建立 Earnings 对 Height 的回归方程。

①估计的斜率系数显著异于零吗？

②构建斜率系数 95%的置信区间。

(2) 只利用女性的数据回答(1)。

(3) 只利用男性的数据回答(1)。

(4) 检验原假设：身高对收入的影响对于男性和女性来说是一样的。

(5) 身高对收入产生影响的一种解释是，有些职业对体力是有要求的，而体力又与身高相关。当选取的样本局限在那些对体力没有要求的职业时，身高对收入的影响会消失吗？

5.2 利用第 4 章实证练习第 1 题中描述的 Growth 数据集，但去掉马耳他这个国家的数据，建立 Growth 对 TradeShare 的回归方程。

(1) 估计的斜率系数在统计上显著吗？分别在 10%、5%和 1%的显著性水平上，对原假设 H_0: $\beta_1=0$ 进行双边假设检验。

(2) 与参数的 t 统计量对应的 p 值是多少？

(3) 构建 β_1 的 90%置信区间。

5.3 在网站 http://www.pearsonhighered.com/stock_watson/上，你可以发现数据文件 Birthweight_Smoking，它包含了宾夕法尼亚州(Pennsylvania) 1989 年出生的婴儿随机样本数据。该数据文件中包含了婴儿的出生体重和母亲的多种特征，如母亲在怀孕期间是否吸烟[⊖]。你可以在网站上的 Birthweight_Smoking_Description 里找到具体描述。本练习将研究婴儿出生体重和母亲孕期吸烟的关系。

(1) 在样本中：

①所有婴儿的 Birthweight 的平均值是多少？

②所有吸烟母亲的婴儿的 Birthweight 的平均值是多少？

③所有不吸烟母亲的婴儿的 Birthweight 的平均值是多少？

(2) ①利用样本中的数据估计吸烟母亲和不吸烟母亲的婴儿平均出生体重之差。

②在①中估计的差值的标准误是多少？

③对吸烟母亲和不吸烟母亲的婴儿平均出生体重之差构建 95%置信区间。

(3) 建立 Birthweight 对二元变量 Smoker 的回归方程。

①解释估计出的斜率和截距与(1)和(2)中的答案具有怎样的关系。

②解释 $SE(\hat{\beta}_1)$ 与(2)中②的答案具

⊖ 这些数据是由 Douglas Almond 教授(哥伦比亚大学)、Ken Chay 教授(布朗大学)及 David Lee 教授(普林斯顿大学)提供的，参见他们合著的文章："The Costs of Low Birth Weight," Quarterly Journal of Economics, August 2005, 120(3): 1031-1083。

有怎样的关系。

③构建母亲吸烟对婴儿出生体重影响的 95%置信区间。

(4) 你认为母亲抽烟与其他导致婴儿出生体重偏低的因素无关吗？也就是说，当给定 Smoking(X_i)时，你认为回归误差项 u_i 的条件均值为零吗？(在后面章节的练习中，你会更深入地研究 Birthweight 和 Smoking 的关系。)

附录 5A　OLS 标准误公式

本附录讨论了 OLS 标准误的公式。首先在满足重要概念 4-3 中的最小二乘假设并允许存在异方差的条件下，我们给出了"异方差-稳健"标准误公式，然后给出在同方差的特殊情形下 OLS 估计量的方差及标准误公式。

异方差-稳健标准误

将式(4-19)中的总体方差替换为相应的样本方差并稍做修改，即可得到式(5-4)中定义的估计量 $\widetilde{\sigma}^2_{\hat\beta_1}$。式(4-19)分子中的方差是利用 $\frac{1}{n-2}\sum_{i=1}^{n}(X_i-\overline{X})^2\hat{u}_i^2$ 估计得到的，其中除数用 $n-2$(而不是 n)是考虑了自由度的调整以修正向下的偏差，这类似于 4.3 节 SER 定义中用到的自由度调整。分母中的方差是利用 $\frac{1}{n}\sum_{i=1}^{n}(X_i-\overline{X})^2$ 估计得到的。将这两个估计量分别代替式(4-19)中的 $\mathrm{var}[(X_i-\mu_X)u_i]$ 和 $\mathrm{var}(X_i)$ 即得到式(5-4)中的 $\hat{\sigma}^2_{\hat\beta_1}$。异方差-稳健标准误的一致性讨论见 18.3 节。

$\hat\beta_0$ 的方差估计量为

$$\hat{\sigma}^2_{\hat\beta_0}=\frac{1}{n}\times\frac{\frac{1}{n-2}\sum_{i=1}^{n}\hat{H}_i^2\hat{u}_i^2}{\left(\frac{1}{n}\sum_{i=1}^{n}\hat{H}_i^2\right)^2}\tag{5-26}$$

其中 $\hat{H}_i=1-\left(\overline{X}/\frac{1}{n}\sum_{i=1}^{n}X_i^2\right)X_i$。$\hat\beta_0$ 的标准误为 $\mathrm{SE}(\hat\beta_0)=\sqrt{\hat{\sigma}^2_{\hat\beta_0}}$。估计量 $\hat{\sigma}^2_{\hat\beta_0}$ 与 $\hat{\sigma}^2_{\hat\beta_1}$ 的推导过程相同，均是利用样本均值替代总体期望。

同方差适用的方差

在同方差条件下，给定 X_i 时 u_i 的方差为常数，即 $\mathrm{var}(u_i|X_i)=\sigma^2_u$。如果误差项是同方差的，则重要概念 4-4 中的公式可简化为

$$\sigma^2_{\hat\beta_1}=\frac{\sigma^2_u}{n\sigma^2_X}\tag{5-27}$$

$$\sigma^2_{\hat\beta_0}=\frac{E(X_i^2)}{n\sigma^2_X}\sigma^2_u\tag{5-28}$$

为了得到式(5-27)，把式(4-19)中的分子写为 $\mathrm{var}[(X_i-\mu_X)u_i]=E\{(X_i-\mu_X)u_i-E[(X_i-\mu_X)u_i]\}^2=E\{[(X_i-\mu_X)u_i]^2\}=E[(X_i-\mu_X)^2u_i^2]=E[(X_i-\mu_X)^2\mathrm{var}(u_i|X_i)]$，其中第二个等式用到了 $E[(X_i-\mu_X)u_i]=0$(由第一个最小二乘假设得到)，最后一个等式利用了期望迭代法则(2.3 节)。如果 u_i 是同方差的，则 $\mathrm{var}(u_i|X_i)=\sigma^2_u$，故 $E[(X_i-\mu_X)^2\mathrm{var}(u_i|X_i)]=\sigma^2_uE[(X_i-\mu_X)^2]=\sigma^2_u\sigma^2_X$。将其代入式(4-19)中的分子并化简即得式(5-27)。同理可得式(5-28)。

同方差适用的标准误

用样本均值和方差分别代替式(5-27)和式(5-28)中的总体均值和方差，并利用 SER 的平方估计 u_i 的方差即可得到同方差适用的标准误。这些方差的同方差适用的估计量分别为

$$\widetilde{\sigma}^2_{\hat\beta_1}=\frac{s^2_{\hat u}}{\sum_{i=1}^{n}(X_i-\overline{X})^2}\ (\text{同方差适用})\tag{5-29}$$

$$\widetilde{\sigma}^2_{\hat\beta_0}=\frac{\left(\frac{1}{n}\sum_{i=1}^{n}X_i^2\right)s^2_{\hat u}}{\sum_{i=1}^{n}(X_i-\overline{X})^2}\ (\text{同方差适用})\tag{5-30}$$

其中的 $s^2_{\hat u}$ 见式(4-17)。同方差适用的标准误分别为 $\widetilde{\sigma}^2_{\hat\beta_0}$ 和 $\widetilde{\sigma}^2_{\hat\beta_1}$ 的平方根。

附录5B 高斯-马尔科夫条件和高斯-马尔科夫定理的证明

正如5.5节所讨论的，高斯-马尔科夫定理指出，若高斯-马尔科夫条件成立，则OLS估计量是最佳(最有效)的线性无偏估计量(即BLUE)。本附录首先叙述了高斯-马尔科夫条件，并证明其可由三个最小二乘假设及同方差假设推导出；接着，我们证明了OLS估计量是线性无偏估计量；最后给出了高斯-马尔科夫定理的证明。

高斯-马尔科夫条件

三个高斯-马尔科夫条件分别为：

(1) $E(u_i \mid X_1, X_2, \cdots, X_n)=0$

(2) $\mathrm{var}(u_i \mid X_1, X_2, \cdots, X_n)=\sigma_u^2$，$0<\sigma_u^2<\infty$

(3) $E(u_iu_j \mid X_1, X_2, \cdots, X_n)=0$，$i\neq j$

(5-31)

对任意 $i, j=1, 2, \cdots, n$ 都成立。以上三个条件分别指出在给定 X 的所有观测(X_1, X_2, $\cdots$, X_n)条件下，u_i 的条件均值为0，方差为常数且不同观测间的误差不相关。

高斯-马尔科夫条件(Gauss-Markov conditions)可由三个最小二乘假设(重要概念4-3)及误差项是同方差的假设推导出。由于观测都是独立同分布的(第二个假设)，故 $E(u_i \mid X_1, X_2, \cdots, X_n)=E(u_i \mid X_i)$，又由第一个假设得 $E(u_i \mid X_i)=0$，故条件(1)成立。同理，由第二个假设得 $\mathrm{var}(u_i \mid X_1, X_2, \cdots, X_n)=\mathrm{var}(u_i \mid X_i)$，又因为假定误差项是同方差的，故 $\mathrm{var}(u_i \mid X_i)=\sigma_u^2$ 为常数。而第三个假设(非零有限四阶矩)保证了 $0<\sigma_u^2<\infty$，因此条件(2)成立。条件(3)可由最小二乘假设推出：由第二个假设，即(X_i, Y_i)独立同分布可知，$E(u_iu_j \mid X_1, X_2, \cdots, X_n)=E(u_iu_j \mid X_i, X_j)$。又由第二个假设可知，对于任意的 $i\neq j$，有 $E(u_iu_j \mid X_i, X_j)=E(u_i \mid X_i)E(u_j \mid X_j)$，而对所有的 i 又有 $E(u_i \mid X_i)=0$，故对于任意的 $i\neq j$ 有 $E(u_iu_j \mid X_1, X_2, \cdots, X_n)=0$，于是条件(3)成立。因此，重要概念4-3中的最小二乘假设加上误差项是同方差的假设即可推出式(5-31)中的高斯-马尔科夫条件。

OLS估计量 $\hat{\beta}_1$ 是线性无偏估计量

为了证明 $\hat{\beta}_1$ 是线性的，首先注意到由于 $\sum_{i=1}^{n}(X_i-\overline{X})=0$(根据 $\overline{X}$ 的定义)，故有 $\sum_{i=1}^{n}(X_i-\overline{X})(Y_i-\overline{Y})=\sum_{i=1}^{n}(X_i-\overline{X})Y_i-\overline{Y}\sum_{i=1}^{n}(X_i-\overline{X})=\sum_{i=1}^{n}(X_i-\overline{X})Y_i$，将其代入式(4-5)$\hat{\beta}_1$ 的公式中，得到

$$\hat{\beta}_1=\frac{\sum_{i=1}^{n}(X_i-\overline{X})Y_i}{\sum_{j=1}^{n}(X_j-\overline{X})^2}=\sum_{i=1}^{n}\hat{a}_iY_i \tag{5-32}$$

其中，$\hat{a}_i=\dfrac{(X_i-\overline{X})}{\sum_{j=1}^{n}(X_j-\overline{X})^2}$

由于式(5-32)中的权重 $\hat{a}_i$，$i=1, 2, \cdots, n$ 依赖于 X_1, X_2, $\cdots$, X_n，但不依赖于 Y_1, Y_2, $\cdots$, Y_n，因此OLS估计量 $\hat{\beta}_1$ 是线性估计量。

在高斯-马尔科夫条件下，$\hat{\beta}_1$ 是无偏的，且给定 X_1, X_2, $\cdots$, X_n 时，$\hat{\beta}_1$ 的方差为

$$\mathrm{var}(\hat{\beta}_1 \mid X_1, X_2, \cdots, X_n)=\frac{\sigma_u^2}{\sum_{i=1}^{n}(X_i-\overline{X})^2} \tag{5-33}$$

关于 $\hat{\beta}_1$ 无偏性的证明见附录4C。

高斯-马尔科夫定理的证明

我们首先给出对所有线性无偏估计量(即所有满足式(5-24)和式(5-25)的估计量)$\widetilde{\beta}_1$ 都成立的结论。将 $Y_i=\beta_0+\beta_1X_i+u_i$ 代入 $\widetilde{\beta}_1=\sum_{i=1}^{n}a_iY_i$，整理后得

$$\widetilde{\beta}_1=\beta_0\left(\sum_{i=1}^{n}a_i\right)+\beta_1\left(\sum_{i=1}^{n}a_iX_i\right)+\sum_{i=1}^{n}a_iu_i \tag{5-34}$$

由第一个高斯-马尔科夫条件得，$E\left(\sum_{i=1}^{n}a_iu_i \mid X_1, X_2, \cdots, X_n\right)=\sum_{i=1}^{n}a_iE(u_i \mid X_1, X_2, \cdots, X_n)=0$，因此对式(5-34)两边取条件期望得，$E(\widetilde{\beta}_1 \mid X_1, X_2, \cdots, X_n)=\beta_0\left(\sum_{i=1}^{n}a_i\right)+\beta_1\left(\sum_{i=1}^{n}a_iX_i\right)$。根据假设，$\widetilde{\beta}_1$ 是无偏的，则有 $\beta_0\left(\sum_{i=1}^{n}a_i\right)+\beta_1\left(\sum_{i=1}^{n}a_iX_i\right)=\beta_1$，这个等式要对所有的 β_0 和 β_1 都成立，则必定有

$$\sum_{i=1}^{n}a_i=0\ ;\ \sum_{i=1}^{n}a_iX_i=1 \qquad (5\text{-}35)$$

在高斯-马尔科夫条件下，给定 $X_1, X_2, \cdots, X_n$ 时，$\widetilde{\beta}_1$ 的方差形式比较简单。将式(5-35)代入式(5-34)得到 $\widetilde{\beta}_1-\beta_1=\sum_{i=1}^{n}a_iu_i$，故 $\mathrm{var}(\widetilde{\beta}_1 \mid X_1, X_2, \cdots, X_n)=\mathrm{var}\left(\sum_{i=1}^{n}a_iu_i \mid X_1, X_2, \cdots, X_n\right)=\sum_{i=1}^{n}\sum_{j=1}^{n}a_ia_j\mathrm{cov}(u_i, u_j \mid X_1, X_2, \cdots, X_n)$，由第二个和第三个高斯-马尔科夫条件知，双重求和中的交叉项为 0，因此条件方差的表达式可简化为

$$\mathrm{var}(\widetilde{\beta}_1 \mid X_1, X_2, \cdots, X_n)=\sigma_u^2\sum_{i=1}^{n}a_i^2 \qquad (5\text{-}36)$$

注意到式(5-35)和式(5-36)适用于 $\hat{\beta}_1$，其中权重 $a_i=\hat{a}_i$ 由式(5-32)给出。

下面我们证明式(5-35)中的两个限制条件及式(5-36)中的条件方差表达式意味着除非 $\widetilde{\beta}_1=\hat{\beta}_1$，否则 $\widetilde{\beta}_1$ 的条件方差大于 $\hat{\beta}_1$ 的条件方差。令 $a_i=\hat{a}_i+d_i$，则 $\sum_{i=1}^{n}a_i^2=\sum_{i=1}^{n}(\hat{a}_i+d_i)^2=\sum_{i=1}^{n}\hat{a}_i^2+2\sum_{i=1}^{n}\hat{a}_id_i+\sum_{i=1}^{n}d_i^2$。根据式(5-32)中 $\hat{a}_i$ 的定义，得

$$\sum_{i=1}^{n}\hat{a}_id_i=\frac{\sum_{i=1}^{n}(X_i-\overline{X})d_i}{\sum_{j=1}^{n}(X_j-\overline{X})^2}=\frac{\sum_{i=1}^{n}d_iX_i-\overline{X}\sum_{i=1}^{n}d_i}{\sum_{j=1}^{n}(X_j-\overline{X})^2}$$

$$=\frac{\left(\sum_{i=1}^{n}a_iX_i-\sum_{i=1}^{n}\hat{a}_iX_i\right)-\overline{X}\left(\sum_{i=1}^{n}a_i-\sum_{i=1}^{n}\hat{a}_i\right)}{\sum_{j=1}^{n}(X_j-\overline{X})^2}$$

$$=0$$

其中倒数第二个等式用到了 $d_i=a_i-\hat{a}_i$，最后一个等式利用了式(5-35)（对 a_i 和 $\hat{a}_i$ 都成立）。于是，$\sigma_u^2\sum_{i=1}^{n}a_i^2=\sigma_u^2\sum_{i=1}^{n}\hat{a}_i^2+\sigma_u^2\sum_{i=1}^{n}d_i^2=\mathrm{var}(\hat{\beta}_1 \mid X_1, X_2, \cdots, X_n)+\sigma_u^2\sum_{i=1}^{n}d_i^2$，将其代入式(5-36)中得

$$\mathrm{var}(\widetilde{\beta}_1 \mid X_1, X_2, \cdots, X_n)-\mathrm{var}(\hat{\beta}_1 \mid X_1, X_2, \cdots, X_n)=\sigma_u^2\sum_{i=1}^{n}d_i^2 \qquad (5\text{-}37)$$

故对任意的 $i=1, 2, \cdots, n$，若 d_i 不等于 0，则 $\widetilde{\beta}_1$ 的条件方差大于 $\hat{\beta}_1$ 的条件方差。但若 $d_i=0$，则对所有的 i，$a_i=\hat{a}_i$ 且 $\widetilde{\beta}_1=\hat{\beta}_1$，即证明了 OLS 估计量为 BLUE。

X 非随机时的高斯-马尔科夫定理

稍做修改后的高斯-马尔科夫定理也适用于非随机解释变量，即适用于多次抽样中取值保持不变的解释变量。特别是当第二个最小二乘假设被替换为 $X_1, X_2, \cdots, X_n$ 非随机（在多次抽样中固定不变）且 $u_1, u_2, \cdots, u_n$ 为独立同分布的假设时，由于不同样本中 $X_1, X_2, \cdots, X_n$ 的取值相同，故除了“给定 $X_1, X_2, \cdots, X_n$ 时”不再需要陈述之外，前面关于高斯-马尔科夫定理的讨论及证明都适用。

样本均值是 $E(Y)$ 的有效线性估计量

高斯-马尔科夫定理的一个推论是当 $Y_1, Y_2, \cdots, Y_n$ 独立同分布时，样本均值 $\overline{Y}$ 是 $E(Y_i)$ 最有效的线性估计量。为了理解这一点，考虑回归中没有“X”的情形，此时唯一的解释变量是常数变量 $X_{0i}=1$，则 OLS 估计量 $\hat{\beta}_0=\overline{Y}$。从而在高斯-马尔科夫假设下，$\overline{Y}$ 为 BLUE。注意到由于不存在解释变量，所以高斯-马尔科夫条件中误差项为同方差的条件自然满足，故当 $Y_1, Y_2, \cdots, Y_n$ 独立同分布时，$\overline{Y}$ 为 BLUE。这一结论在重要概念 3-3 中曾提到过。

CHAPTER 6

第 6 章 多元线性回归

第 5 章结尾提到一个令人担忧的问题。在加利福尼亚州的数据集中，学生-教师比较低的学区的测试成绩较高，然而这并不一定能证明小班学区的优越性，真实原因可能仅仅是由于小班学区的学生有其他优势，而这些优势才是使他们在标准化测试中表现突出的原因。遗漏这些因素是否会误导班级规模对考试成绩的因果效应？如果是这样，我们该如何处理？

事实上，这些被遗漏的因素，如学生特征，可能会使班级规模对测试成绩影响的普通最小二乘(OLS)估计结果变得具有误导性，或者更准确地说，这一估计是有偏的。本章将解释遗漏变量偏差并介绍多元回归模型，这是消除遗漏变量偏差的一种方法。多元回归的关键思想是，如果我们能得到遗漏变量的数据，就可以将这些变量作为解释变量加入模型中，以此来保证在其他变量(如学生特征)不变的条件下，估计某个解释变量(学生-教师比)的因果效应。

此外，如果一个人对因果推理不感兴趣，而是对预测感兴趣，那么多元回归模型使得使用多个变量作为解释变量成为可能——也就是说，使用多个解释变量来改进用单个解释变量进行的预测。

本章将解释如何估计多元线性回归模型的系数。多元回归的许多特征与第 4 章和第 5 章所介绍的一元回归类似。多元回归模型的系数可以用 OLS 方法估计，OLS 估计量是随机变量，因为它们是由随机抽样的数据计算而来的；在大样本中，OLS 估计量的抽样分布近似正态分布。

6.1 遗漏变量偏差

第 4 章和第 5 章的实证分析只关注学生-教师比这一因素的影响，而忽略了影响测试成绩的其他潜在的重要因素，从而这些被忽略的因素都被包含在回归模型的误差项中。这些被忽略或被遗漏的因素包括学校特征(如师资力量和计算机的普及率)和学生特征(如家庭背景)等。鉴于加利福尼亚州存在庞大的移民人口，学区中“仍然在学习英语的学生比例”这一学生特征就变得非常重要，因此我们首先考虑这一遗漏变量。

由于忽略了学区中英语学习者的百分比，测试成绩对学生-教师比这一变量的回归斜率的 OLS 估计量可能是有偏的，即 OLS 估计量的抽样分布的均值不等于学生-教师比的单位变化对测试成绩真正的因果效应。我们可以做如下推理：与英语母语学生相比，仍然在学习英语的学生可能在标准化测试中的成绩较差。如果大班学区存在许多仍然在学习英语的学生，则测试成绩对学生-教师比进行 OLS 回归可能会得出一种错误的结论，即参数估计结果很大，但事实上减小班级规模对测试成绩的真实影响却很小，甚至是零。按照第 4 章和第 5 章的分析，为了提高测试成绩，学区的教育主管可能会聘用足够多的新教师以使学生-教师比减少 2 个单位。但如果真实的系数很小或等于零，则她通过这种方式就很难实现提高测试成绩的目标了。

对加利福尼亚州数据的研究验证了这种担忧。学区内学生-教师比和英语学习者(指的是那些母语非英语且尚未熟练掌握英语的学生)比例之间的相关系数为 0.19。这一正的(即使很小)相关系数表明，英语学习者较多的学区，其学生-教师比往往也较大(班级规模更大)。如果学生-教师比与英语学习者百分比不相关，则在测试成绩对学生-教师比的回归中忽略英语学习者百分比这一变量便是可靠的。但是，由于学生-教师比和英语学习者比例相关，测试成绩对学生-教师比回归的 OLS 系数可能就会反映这种影响。

6.1.1　遗漏变量偏差的定义

在回归中，如果某个被遗漏的变量(如英语学习者百分比)是被解释变量(测试成绩)的决定因素之一，并与解释变量(学生-教师比)相关，则此时 OLS 估计量会产生**遗漏变量偏差**(omitted variable bias)。

以下两个条件同时成立时，会产生遗漏变量偏差：①遗漏变量与已包含的解释变量相关；②遗漏变量是被解释变量的决定因素之一。为了更好地解释这一点，可以参考以下三个被遗漏变量的例子。

例 1：英语学习者百分比。英语学习者百分比与学生-教师比相关，即遗漏变量偏差的第一个条件成立。在标准化测试中，和英语母语的学生相比，仍然在学习英语的学生成绩似乎较低，在这种情况下，英语学习者比例是测试成绩的决定因素，遗漏变量偏差的第二个条件成立。因此，测试成绩对学生-教师比回归的 OLS 估计量可能错误地反映了遗漏变量(英语学习者百分比)的影响，即遗漏英语学习者百分比这一变量可能导致遗漏变量偏差。

例 2：测试的时间。在上面的分析中，另一个被遗漏的变量是测试时间。对于这个遗漏变量，遗漏变量偏差的第一个条件不成立，但第二个条件成立。如果每个学区进行测试的时间不同，且时间与班级规模不相关，则第一个条件不成立。然而，测试时间可能影响成绩(一天的学习时间中思维敏锐程度不同)，即第二个条件成立。可见，本例中的测试时间与学生-教师比不相关，因此学生-教师比不会错误地包含“测试时间”效应，即遗漏测试时间这一变量不会导致遗漏变量偏差。

例 3：每个学生的停车空间。另一个遗漏变量例子是每个学生的停车空间(教师停车场的面积除以学生数量)。这个例子满足遗漏变量偏差的第一个条件，但不满足第二个条件。具体而言，对于每个学生对应的教师越多的学校，其教师停车场可能也越大，因此第一个条件成立。然而，由于学生在教室学习而不是停车场，停车空间对学习没有直接影响，因此第二个条件不成立。由于每个学生的停车空间不是测试成绩的决定因素，因此遗漏这一变量不会导致遗漏变量偏差。

遗漏变量偏差的总结见重要概念 6-1。

重要概念 6-1　一元回归中的遗漏变量偏差

遗漏变量偏差是指当解释变量 X 与遗漏变量相关时，OLS 估计量中 X 对 Y 产生的因果效应的偏差。遗漏变量偏差的产生必须满足两个条件：

1. X 与遗漏变量相关。
2. 遗漏变量是被解释变量 Y 的一个决定因素。

遗漏变量偏差和第一个最小二乘假设。遗漏变量偏差意味着重要概念 4-3 中对因果推断列出的第一条最小二乘假设——$E(u_i \mid X_i)=0$ 不成立。我们已经知悉，在一元线性回归模型中误差项 u_i 代表了除 X_i 以外决定 Y_i 的所有其他因素。如果其中一个因素与 X_i 相关，这意味着误差项(包含这个因素)和 X_i 相关。换言之，如果遗漏变量是 Y_i 的决定因素，它被包含在误差项中，如果它又与 X_i 相关，则误差项也与 X_i 相关。由于 u_i 和 X_i 相关，在给定 X_i 时，u_i 的条件均值不再为 0。因此，这种相关性违背了第一条最小二乘假设，而且后果很严重：OLS 估计量是有偏的。即使在大样本条件下，这种偏差也不会消失，即 OLS 估计量是不一致的。

6.1.2 遗漏变量偏差的公式

上一部分关于遗漏变量偏差的讨论可以用数学公式来表达，即 u_i 和 X_i 的相关系数为 $\mathrm{corr}(X_i, u_i)=\rho_{Xu}$。假如第二和第三条最小二乘假设成立，而由于 ρ_{Xu} 不为 0，于是第一条假设不成立。那么 OLS 估计量的极限为(推导见附录 6A)

$$\hat{\beta}_1 \xrightarrow{p} \beta_1+\rho_{Xu}\frac{\sigma_u}{\sigma_X} \tag{6-1}$$

即随着样本容量增加，$\hat{\beta}_1$ 接近 $\beta_1+\rho_{Xu}\frac{\sigma_u}{\sigma_X}$ 的概率越来越大。

式(6-1)概括了上面关于遗漏变量偏差讨论的一些思想：

(1) 无论样本容量大小，遗漏变量偏差都是一个问题。由于 $\hat{\beta}_1$ 不能依概率收敛到其真实值 β_1，$\hat{\beta}_1$ 是有偏的且不一致的；也就是说，当遗漏变量偏差存在时，$\hat{\beta}_1$ 不是 β_1 的一致估计量。式(6-1)中 $\rho_{Xu}\frac{\sigma_u}{\sigma_X}$ 是 $\hat{\beta}_1$ 在大样本中仍然存在的偏差。

(2) 偏差的大小取决于解释变量和误差项的相关系数 ρ_{Xu}。ρ_{Xu} 的绝对值越大，偏差越大。

(3) $\hat{\beta}_1$ 的偏差方向取决于 X 和 u 是正相关还是负相关。例如，我们猜测仍然在学习英语的学生比例对学区测试成绩有负的影响(仍然在学习英语的学生测试成绩较低)，因此，英语学习者百分比这一变量会带着负号进入误差项中。在我们的数据集中，英语学习者百分比与学生-教师比正相关(英语学习者越多的学区，班级规模越大)。因此学生-教师比(X)与误差项(u)负相关，即 $\rho_{Xu}<0$，学生-教师比的系数 $\hat{\beta}_1$ 将会产生负的偏差。换言之，较低的英语学习者百分比对

应着较高的测试成绩和较低的学生-教师比，因此，OLS 估计量表明小班授课提高了测试成绩的其中一个可能原因是，小班学区中的英语学习者较少。

专栏6-1

莫扎特效应：遗漏变量偏差

1993 年《自然》杂志发表的一项研究(Rauscher，Shaw，and Ky，1993)提出，每听莫扎特的音乐 10～15 分钟，便可暂时提高 IQ 8 分或 9 分。这项研究产生了巨大的轰动，政治家和父母们发现了使孩子变聪明的轻松方法。佐治亚州(Georgia)甚至一度给州内所有婴儿发放古典音乐 CD。

“莫扎特效应”的证据是什么？通过回顾多项研究发现，在高中阶段选修音乐或艺术课程的学生与没有选修这些课程的学生相比，英语和数学的测试成绩确实较高[㊀]。但是，对这些研究的进一步分析表明，测试成绩好和这些课程几乎没有关系。相反，作者指出，测试成绩与学习艺术及音乐的相关关系会因为很多其他原因而提高。例如，学业表现好的学生可能有更多的时间或者更有兴趣选修音乐课程，抑或有高深音乐课程的学校可能恰好是那些比较好的学校。

在此用回归的术语来重新表达，即测试成绩和选修音乐课程之间关系的估计可能存在遗漏变量偏差。由于忽略了诸如学生的先天能力或学校的整体质量之类的因素，学习音乐似乎对测试成绩产生了影响，而事实上并没有影响。

那么，莫扎特效应存在吗？一个研究方法是进行随机对照实验。随机对照实验通过将参与者随机分配到实验组和对照组来消除遗漏变量偏差。总体来看，许多对莫扎特效应的对照实验结果都不能证明听莫扎特音乐能提高 IQ 或综合测试成绩。然而，由于一些难以完全被理解的原因，听古典音乐似乎确实有助于暂时性地提高个别方面的能力，如折纸和图形想象能力。所以，你下次临时准备折纸考试时，也尝试听一些莫扎特音乐吧。

6.1.3 通过数据分组处理遗漏变量偏差

应该如何处理遗漏变量偏差呢？在测试成绩的例子中，班级规模与英语学习者比例相关。解决这一问题的方式是：选择一组英语学习者百分比相同但是班级规模不同的学区，对于这些学区，由于英语学习者百分比相同，所以班级规模不受英语学习者百分比的影响。总体来说，本研究建议在保持英语学习者百分比不变的条件下，估计学生-教师比对测试成绩的影响。

表 6-1 报告了在英语学习者百分比相似的学区中，班级规模和测试成绩之间关系的证据。将这些学区分为 8 组：第一，按照英语学习者百分比分布的四分位数，将这些学区分为四类。第二，将这四类中的每一类学区都按照学生-教师比的大小(STR<20 为小，STR≥20 为大)进一步分成两组。

㊀ 参见 2000 年秋季/冬季期的《美育学报》第 34 期，尤其是 Ellen Winner 和 MonicaCooper 的文章(PP. 11-76)，以及 Lois Hetland 的文章(PP. 105-148)。

表 6-1　学生-教师比较低和较高的学区间测试成绩的差异

	学生-教师比<20		学生-教师比≥20		测试成绩的差值，低学生-教师比和高学生-教师比	
	平均测试成绩	学区数量	平均测试成绩	学区数量	差值	t 统计量
所有学区	657.4	238	650.0	182	7.4	4.04
英语学习者百分比						
<1.9%	664.5	76	665.4	27	-0.9	-0.30
1.9%～8.8%	665.2	64	661.8	44	3.3	1.13
8.8%～23.0%	654.9	54	649.7	50	5.2	1.72
>23.0%	636.7	44	634.8	61	1.9	0.68

表 6-1 的第 1 行报告了学生-教师比较低和较高的学区间测试成绩的总体差异，此时还未按英语学习者百分比分布的四分位数进行分组。(式(5-18)曾以回归的形式报告了这个差值，该差值是测试成绩对 D_i 回归的系数的 OLS 估计值，在该回归中，D_i 是虚拟变量，当 $\text{STR}_i<20$ 时，$D_i=1$，否则 $D_i=0$。)在 420 个学区的样本中，学生-教师比较低的学区的平均测试成绩比学生-教师比较高的学区高出 7.4 分。相应的 t 统计量为 4.04，在 1%的显著水平下，拒绝"两组的平均测试成绩相同"的原假设。

表 6-1 的后四行报告了按照英语学习者百分比分布的四分位数分组后的低、高学生-教师比学区之间测试成绩的差异。从表中可以发现与之前不同的结果。在英语学习者百分比最少(<1.9%)的学区，学生-教师比较低的 76 个学区的平均测试成绩为 664.5，学生-教师比较高的 27 个学区的平均测试成绩为 665.4，即对英语学习者百分比最少的学区而言，学生-教师比较低的学区的平均测试成绩比学生-教师比较高的学区低 0.9 分！在第二个四分位数上，学生-教师比较低的学区的平均成绩比学生-教师比较高的学区高 3.3 分；在第三个四分位数上，该差值为 5.2 分，而在英语学习者百分比最高的第四分位数上，该差值仅为 1.9 分。一旦我们将英语学习者百分比固定住，学生-教师比较低和较高的学区之间的平均测试成绩差值仅为总体估计的一半(甚至更少)。

这一发现乍看起来令人感到困惑：为什么测试成绩的总体效应是任何一个四分位数上效应的 2 倍？答案是：英语学习者最多的学区似乎具有最高的学生-教师比和最低的测试成绩。英语学习者百分比最低和最高的四分位数上的学区之间的平均测试成绩相差悬殊，差距近 30 分。英语学习者少的学区，其学生-教师比似乎也较低：英语学习者百分比分布的第一个四分位数上有 74%(103 个学区中的 76 个)的学区是小班(STR<20)，而在英语学习者最多的四分位数上只有 42%(105 个学区中的 44 个)的学区是小班。因此，与其他学区相比，英语学习者最多的学区有较低的测试成绩和较高的学生-教师比。

上述分析增加了学区主管关于测试成绩对学生-教师比的回归中存在遗漏变量偏差的担忧。通过以上英语学习者百分比的四分位数分组观察，表 6-1 后四行所示的测试成绩的差值改善了表 6-1 第 1 行所示的简单均值差值分析的结果。但是，这种分析仍然不能在保证英语学习者百分比不变的条件下，为教育主管提供一种班级规模变化对测试成绩影响的有效估计。然而，通过使用多元回归这种方法可以提供这种有效估计。

6.2 多元回归模型

多元回归模型(multiple regression model)加入了其他变量作为解释变量，扩展了第 4 章和第

5 章的一元回归模型。当用于因果推断时，在其他解释变量(X_{2i}，X_{3i}，以此类推)不变的情况下，该模型能够估计变量 X_{1i} 的变化对 Y_i 的影响。在之前班级规模的问题中，在保证学区内英语学习者百分比(X_{2i})不变的条件下，多元回归模型能够分离出学生-教师比(X_{1i})对测试成绩(Y_i)的影响。当用于预测时，多元回归模型可以通过使用多个变量作为预测因子来改进预测。

在第 4 章中，我们介绍了多元回归在预测中的术语和统计量。第 6.5 节我们回归到因果推断，并规范了多元回归模型的条件，以消除在估计因果效应时的遗漏变量偏差。

6.2.1　总体回归线

假设现在只有两个解释变量 X_{1i} 和 X_{2i}。在多元线性回归模型中，这两个解释变量和被解释变量 Y 之间的均值关系可用如下线性方程表示

$$E(Y_i \mid X_{1i}=x_1, X_{2i}=x_2)=\beta_0+\beta_1 x_1+\beta_2 x_2 \tag{6-2}$$

其中，$E(Y_i \mid X_{1i}=x_1, X_{2i}=x_2)$是在给定 $X_{1i}=x_1$ 和 $X_{2i}=x_2$ 时，Y_i 的条件期望，即如果第 i 个学区的学生-教师比(X_{1i})等于 x_1，第 i 个学区的英语学习者百分比(X_{2i})等于 x_2，那么在学生-教师比和英语学习者百分比给定时，Y_i 的期望值可由式(6-2)给出。

式(6-2)是多元回归模型的**总体回归线**(population regression line)或**总体回归方程**(population regression function)。系数 β_0 是**截距**(intercept)；系数 β_1 是 **X_{1i} 的斜率系数**，或者简称 **X_{1i} 的系数**；系数 β_2 是 **X_{2i} 的斜率系数**，或者简称 **X_{2i} 的系数**。

式(6-2)中系数 β_1 的解释不同于当 X_{1i} 是唯一解释变量时的情况。在式(6-2)中，β_1 表示在**保持 X_2 不变或控制 X_{2i}** 的条件下，当两个观测的 X_1 相差一个单位时，所对应的 Y 的预测差值。

这种对于 β_1 的解释，来自对具有相同的 X_2 值，但 X_1 相差 ΔX_1 个单位的两个观测的预测值(条件期望)的比较。第一个观测的 X 值为(X_1，X_2)，第二个观测的 X 为($X_1+\Delta X_1$，X_2)。对于第一个观测，式(6-2)给出了 Y 的预测值为 $Y=\beta_0+\beta_1 X_1+\beta_2 X_2$。对于第二个观测，$Y$ 的预测值为 $Y+\Delta Y$，其中

$$Y+\Delta Y=\beta_0+\beta_1(X_1+\Delta X_1)+\beta_2 X_2 \tag{6-3}$$

式(6-3)减去等式 $Y=\beta_0+\beta_1 X_1+\beta_2 X_2$，便可得到用 ΔX_1 表示的 ΔY 表达式，即 $\Delta Y=\beta_1 \Delta X_1$。对该方程变形得

$$\beta_1=\frac{\Delta Y}{\Delta X_1}，\text{保持 } X_2 \text{ 固定时} \tag{6-4}$$

因此，系数 β_1 表示在保持 X_2 固定不变时，X_1 相差 1 单位的两个观测的 Y 的预测值之差(Y 的条件期望之差)。我们也可以另一种术语来表述 β_1，即它是在 X_2 保持固定不变时 X_1 对 Y 的**偏效应**(partial effect)。

对多元回归模型的截距 β_0 的解释与一元回归模型中类似：它是当 X_{1i} 和 X_{2i} 都为 0 时 Y_i 的期望值。简而言之，截距 β_0 决定了总体回归线与 Y 轴的交点距原点有多远。

6.2.2　总体多元回归模型

式(6-2)所示的总体回归线描述了 Y 与 X_1、X_2 之间的总体平均关系。然而，类似一元回归的情形，由于存在许多其他影响被解释变量的因素，这种关系并不是精确成立的。除了学生-教师比和仍然在学习英语的学生比例，还有其他影响测试成绩的因素，如学校特征、学生特征和

运气因素等。因此，需要扩展式(6-2)所示的总体回归方程，以包含其他因素。

参考一元回归模型的方法，将 X_{1i} 和 X_{2i} 之外的那些影响 Y_i 的因素作为误差项 u_i 引入式(6-2)。据此，我们有

$$Y_i=\beta_0+\beta_1X_{1i}+\beta_2X_{2i}+u_i,\ i=1,\ 2,\ \cdots,\ n \tag{6-5}$$

式中，下标 i 代表了 n 个样本(学区)观测值中的第 i 个。

式(6-5)表示的是有两个解释变量的**总体多元回归模型**(population multiple regression model)。

可以认为 β_0 是恒等于 1 的解释变量的系数，即考虑 β_0 是 X_{0i} 的系数，其中对于 $i=1$，…，n，$X_{0i}=1$。据此，式(6-5)中的总体多元回归模型也可以写成

$$Y_i=\beta_0X_{0i}+\beta_1X_{1i}+\beta_2X_{2i}+u_i,\ 其中\ X_{0i}=1,\ i=1,\ 2,\ \cdots,\ n \tag{6-6}$$

由于对于所有的观测值，X_{0i} 都取值为 1，因此它有时被称为**常数回归变量**(constant regressor)。同样地，β_0 有时被称为回归中的**常数项**(constant term)。

式(6-5)和式(6-6)所示的两种总体回归模型的表达形式是等价的。

迄今为止，我们只关注和讨论增加一个解释变量的情形。然而，在实际应用中，使用两个以上的解释变量很常见。基于这一推理，我们考虑 k 个解释变量的模型。重要概念 6-2 总结了包含 k 个解释变量 X_{1i}，X_{2i}，…，X_{ki} 的回归模型。

多元回归模型中的同方差和异方差的定义是其在一元模型中的扩展形式。在多元回归模型中，当给定 X_{1i}，X_{2i}，…，X_{ki} 时，如果对于 $i=1$，2，…，n，误差项 u_i 的条件分布方差 $\mathrm{var}(u_i \mid X_{1i}, X_{2i}, \cdots, X_{ki})$ 是常数，即不依赖 X_{1i}，X_{2i}，…，X_{ki} 的取值，则 u_i 是**同方差**的。否则，误差项 u_i 是**异方差**的。

重要概念 6-2 多元回归模型

多元回归模型为

$$Y_i=\beta_0+\beta_1X_{1i}+\beta_2X_{2i}+\cdots+\beta_kX_{ki}+u_i,\ i=1,\ 2,\ \cdots,\ n \tag{6-7}$$

其中：

- Y_i 是被解释变量的第 i 个观测值；X_{1i}，X_{2i}，…，X_{ki} 是 k 个解释变量的第 i 个观测值；u_i 是误差项。
- 总体回归线表示的是 Y 和 X 之间的总体平均关系

$$E(Y \mid X_{1i}=x_1,\ X_{2i}=x_2,\ \cdots,\ X_{ki}=x_k)=\beta_0+\beta_1x_1+\beta_2x_2+\cdots+\beta_kx_k$$

- β_1 是 X_1 的斜率系数，β_2 是 X_2 的斜率系数，以此类推。系数 β_1 表示在控制 X_1，X_2，…，X_k 不变的条件下，X_1 的单位变化所引起的 Y_i 期望值的变化。其他解释变量的系数具有同样的含义。
- 截距 β_0 是当所有解释变量 X 取值为 0 时 Y 的期望值。可以认为，截距项是解释变量 X_{0i} 的系数，且对于所有 i，X_{0i} 都等于 1。

6.3 多元回归的 OLS 估计量

为了具有实际应用价值，我们需要使用样本数据来估计未知的总体系数 β_0，β_1，…，β_k。与一元回归相似，我们可以使用普通最小二乘法估计这些系数。

6.3.1 OLS 估计量

在4.2节中，我们阐述了当给定Y和X的观测样本时，如何使用OLS方法来估计一元回归模型中的截距和斜率系数。其主要思想是通过最小化预测误差平方和来估计这些系数，即选择使$\sum_{i=1}^{n}(Y_i-b_0-b_1X_i)^2$达到最小的估计量$b_0$和$b_1$，由此得到的估计量便是OLS估计量，$\hat{\beta}_0$和$\hat{\beta}_1$。

我们同样可以使用OLS方法来估计多元回归模型中的系数β_0，β_1，…，β_k。设β_0，β_1，…，β_k的估计量分别为b_0，b_1，…，b_k，使用这些估计量计算得到Y_i的预测值为$b_0+b_1X_{1i}+b_2X_{2i}+\cdots+b_kX_{ki}$，同时$Y_i$的预测误差为$Y_i-(b_0+b_1X_{1i}+b_2X_{2i}+\cdots+b_kX_{ki})=Y_i-b_0-b_1X_{1i}-\cdots-b_kX_{ki}$。从而，可以得到$n$组观测的预测误差平方和为

$$\sum_{i=1}^{n}(Y_i-b_0-b_1X_{1i}-\cdots-b_kX_{ki})^2 \tag{6-8}$$

式(6-8)所示的线性回归模型的预测误差平方和是式(4-4)中一元线性回归模型的预测误差平方和的推广。

在式(6-8)中，使预测误差平方和达到最小的系数β_0，β_1，…，β_k的估计量，被称为β_0，β_1，…，β_k的**普通最小二乘(OLS)估计量**，分别记为$\hat{\beta}_0$，$\hat{\beta}_1$，…，$\hat{\beta}_k$。

多元线性回归模型中的OLS术语与一元线性回归模型中的基本一致。利用OLS估计量构建的直线$\hat{\beta}_0+\hat{\beta}_1X_{1i}+\cdots+\hat{\beta}_kX_{ki}$，被称为**OLS回归线**(OLS regression line)。当给定X_{1i}，X_{2i}，…，X_{ki}时，基于OLS回归线便可得到Y_i的**预测值**$\hat{Y}_i=\hat{\beta}_0+\hat{\beta}_1X_{1i}+\cdots+\hat{\beta}_kX_{ki}$。第$i$个观测的**OLS残差**$\hat{u}_i$为$Y_i$与其OLS预测值之差，即$\hat{u}_i=Y_i-\hat{Y}_i$。

我们可以使用试错法来计算OLS估计量，即通过尝试不同的b_0，b_1，…，b_k取值直至式(6-8)中的残差平方和达到最小为止。除此之外，还可以利用微积分来推导OLS估计量，而且这种方法会简单很多。多元回归模型中OLS估计量的计算公式类似于重要概念4-2中一元回归模型中的公式。现代统计软件中都收编了这些公式。在多元回归模型中，我们最好使用矩阵来表示和讨论这些公式，我们在19.1节再给出它们的表达式。

多元回归中关于OLS的相关术语及定义见重要概念6-3。

重要概念6-3　多元回归模型的OLS估计量、预测值和残差

OLS估计量$\hat{\beta}_0$，$\hat{\beta}_1$，…，$\hat{\beta}_k$为使得预测误差平方和$\sum_{i=1}^{n}(Y_i-b_0-b_1X_{1i}-\cdots-b_kX_{ki})^2$达到最小的$b_0$，$b_1$，…，$b_k$取值。同时OLS预测值$\hat{Y}_i$和残差$\hat{u}_i$分别为

$$\hat{Y}_i=\hat{\beta}_0+\hat{\beta}_1X_{1i}+\cdots,\ +\hat{\beta}_kX_{ki},\ i=1,\ 2,\ \cdots,\ n \tag{6-9}$$

$$\hat{u}_i=Y_i-\hat{Y}_i \quad i=1,\ 2,\ \cdots,\ n \tag{6-10}$$

其中OLS估计量$\hat{\beta}_0$，$\hat{\beta}_1$，…，$\hat{\beta}_k$和残差$\hat{u}_i$都是利用n组样本观测数据(X_{1i}，X_{2i}，…，X_{ki}，Y_i)，$i=1$，2，…，n计算得到的。它们分别是未知真实总体系数β_0，β_1，…，β_k和误差项u_i的估计量。

6.3.2 在测试成绩和学生-教师比例子中的应用

在4.2节中，我们基于加利福尼亚州420个学区的观测数据，利用OLS估计了测试成绩

(TestScore)对学生-教师比(STR)回归中的截距和斜率系数，式(4-9)给出了估计的 OLS 回归线，即

$$\widehat{TestScore} = 698.9 - 2.28 \times STR \tag{6-11}$$

从父亲寻找预测考试成绩的方法来看，这种关系并不十分令人满意：其 R^2 只有 0.051；也就是说学生-教师只解释了 5.1%的测试成绩的变化。这个预测是否可以通过包含其他解释变量得到更精确的结果?

为了处理该问题，我们需要估计一个多元回归模型，其中被解释变量为测试成绩(Y_i)，解释变量为学生-教师比(X_{1i})和学区内英语学习者百分比(X_{2i})，基于 420 个学区($i=1, 2, \cdots, 420$)的数据，估计得到的 OLS 回归线为

$$\widehat{TestScore} = 686.0 - 1.10 \times STR - 0.65 \times PctEL \tag{6-12}$$

其中，PctEL 为学区内英语学习者百分比。截距的 OLS 估计值($\hat{\beta}_0$)为 686.0；学生-教师比系数的 OLS 估计值($\hat{\beta}_1$)为-1.10；英语学习者百分比系数的 OLS 估计值($\hat{\beta}_2$)为-0.65。

关于学生-教师比的系数，多元回归模型的估计结果大约是一元回归模型中估计结果的一半：-1.10vs. -2.28。产生这一差异的原因在于，在多元回归模型中，STR 的系数是在控制 PctEL 不变的条件下得到的，而在一元回归模型中，PctEL 并不是固定不变的。

一旦控制了 PctEL，学生-教师比系数的下降幅度与表 6-1 中的结果相似。我们可以看到，对于那些英语学习者百分比处于相同四分位数的学校，学生-教师比较高的学校和学生-教师比较低的学校在测试成绩上的差异小于不保持英语学习者百分比不变的学校之间的差异。如表 6-1 所示，从因果推断的角度来看，在式(6-11)中，最初估计的学生-教师比对测试成绩的影响效应受到遗漏变量偏差的影响。

式(6-12)为父亲提供了可用于预测的多元回归估计，该多元回归使用了两个解释变量；但是，我们还没有回答他的问题，即预测的质量是否得到了改善。为此，我们需要将一元回归模型中的拟合优度推广到多元回归模型中。

6.4 多元回归的拟合优度

多元回归模型中常用的三个概括性统计量分别为回归标准误、回归 R^2 以及调整 R^2(或记作 $\bar{R}^2$)。这三个统计量都度量了 OLS 估计得到的多元回归线对数据的描述或“拟合”效果。

6.4.1 回归标准误

回归标准误(SER)是对误差项 u_i 标准差的估计，故 SER 可用来衡量 Y 的分布在回归线附近的离散程度。在多元回归中，SER 表示为

$$SER = s_{\hat{u}} = \sqrt{s_{\hat{u}}^2}，其中\ s_{\hat{u}}^2 = \frac{1}{n-k-1}\sum_{i=1}^{n}\hat{u}_i^2 = \frac{SSR}{n-k-1} \tag{6-13}$$

式中，SSR 为残差平方和，即 $SSR = \sum_{i=1}^{n}\hat{u}_i^2$。

式(6-13)和 4.3 节中一元回归模型的 SER 的定义的唯一区别在于，这里的除数是 $n-k-1$ 而不是 $n-2$。在 4.3 节中，我们使用除数 $n-2$(而不是 n)调整了由估计两个系数(回归线的斜率和

截距)所引起的向下偏差；这里，除数 $n-k-1$ 调整了由估计 $k+1$ 个系数(k 个斜率系数和截距)所引起的向下偏差。类似于 4.3 节，在这里使用 $n-k-1$ 而不是 n 的做法称之为自由度调整。如果仅有一个解释变量，则 $k=1$，因此 4.3 节中的公式同式(6-13)一样。当 n 较大时，自由度调整的效果可忽略不计。

6.4.2 R^2

回归 $\boldsymbol{R^2}$ 是由解释变量解释(或预测)的 Y_i 样本方差的比例。同等地，R^2 也可表示为 1 减去不能由解释变量解释的 Y_i 方差的比例。

R^2 的数学定义与一元回归模型一样，即

$$R^2=\frac{\text{ESS}}{\text{TSS}}=1-\frac{\text{SSR}}{\text{TSS}} \tag{6-14}$$

其中，被解释平方和为 $\text{ESS}=\sum_{i=1}^{n}(\hat{Y}_i-\bar{Y})^2$，总平方和为 $\text{TSS}=\sum_{i=1}^{n}(Y_i-\bar{Y})^2$。

在多元回归中，除非增加的解释变量的系数估计值恰好为 0，否则只要增加解释变量，R^2 就会增大。为了便于理解这一点，考虑两个解释变量的情形。利用 OLS 去估计包含两个解释变量的模型时，我们会得到使残差平方和达到最小的系数取值，如果第二个解释变量系数的 OLS 估计值恰好为 0，则不论该变量是否加入回归模型中，SSR 都不变；但如果该变量系数的 OLS 估计值不为 0，则相对于排除该变量的模型，其 SSR 必定会降低。在实际中，系数估计值恰好为 0 的情形非常少，所以一般情况下，当模型中加入一个新的解释变量时，其 SSR 将降低。这就意味着增加新的解释变量后的 R^2 通常会增大(不可能会减小)。

6.4.3 调整 R^2

由于 R^2 会随着新变量的加入而增大，所以 R^2 增大并不意味着加入新变量就可以提高模型的解释力或拟合效果。从这个意义上来说，R^2 会高估回归对数据的拟合效果。一种解决办法是利用某个因子来缩小或降低 R^2，而这正是调整 R^2 或 $\bar{R}^2$ 可以做到的。

调整 $\boldsymbol{R^2}$(adjusted R^2)或 $\bar{\boldsymbol{R}}^{\boldsymbol{2}}$ 是 R^2 的一种修正形式，增加新的解释变量后 $\bar{R}^2$ 不一定会增大，其表达式为

$$\bar{R}^2=1-\frac{n-1}{n-k-1}\frac{\text{SSR}}{\text{TSS}}=1-\frac{s_{\hat{u}}^2}{s_Y^2} \tag{6-15}$$

与式(6-14)中 R^2 的第二个定义相比，上式的区别在于：残差平方和与总平方和的比值乘以了一个因子$\frac{n-1}{n-k-1}$。正如式(6-15)中第二个等式指出的，调整 R^2 可表示为 1 减去 OLS 残差的样本方差(经自由度调整后的式(6-13)中所示)与 Y 的样本方差之比。

关于 $\bar{R}^2$，需要注意以下三点：

第一，$\frac{n-1}{n-k-1}$必定大于 1，故 $\bar{R}^2$ 必定小于 R^2。

第二，增加一个解释变量对 $\bar{R}^2$ 会产生两种反向作用。一方面，SSR 降低会使 R^2 增大；另一

方面，由于 k 的增加，因子$\frac{n-1}{n-k-1}$也会增大，所以 $\bar{R}^2$ 究竟是增大还是减小取决于这两种作用的大小。

第三，$\bar{R}^2$ 可能为负。当所有解释变量减少的残差平方和太小以至于无法抵消因子$\frac{n-1}{n-k-1}$的增加时，这种情况便会发生。

6.4.4 在测试成绩例子中的应用

在测试成绩(TestScore)对学生-教师比(STR)和英语学习者百分比(PctEL)的多元回归中，我们估计出了回归线，如式(6-12)所示。该回归线 $R^2=0.426$，$\bar{R}^2=0.424$，回归标准误 SER=14.5。

与遗漏 PctEL 的回归(式(5-8))相比，可以看出，包含 PctEL 的回归的 R^2 由 0.051 增加至 0.426。当 STR 作为唯一解释变量时，TestScore 的变化中仅有一小部分得到了解释；而当 PctEL 被加入回归模型后，超过五分之二(42.6%)的测试成绩变化得到了解释。从这个意义上来说，加入英语学习者百分比极大提高了回归的拟合程度。由于 n 很大且式(6-12)中只有两个解释变量，故 R^2 和调整 R^2 相差很小($R^2=0.426$，$\bar{R}^2=0.424$)。

包含遗漏变量 PctEL 时回归的 SER 为 18.6，而当该变量作为第二个解释变量加入回归模型后，SER 值下降到 14.5。SER 下降意味着，与仅用 STR 做解释变量的回归相比，同时使用 STR 和 PctEL 作为解释变量的回归对标准化测试成绩的预测更加准确。

R^2和调整 R^2的应用。由于 $\bar{R}^2$ 定量描述了被解释变量的变化能够由解释变量解释的程度，故其应用很广泛。但过度依赖 $\bar{R}^2$(或 R^2)会让我们掉入陷阱里。

在以产生可靠的样本外预测为目标的实际应用中，有多个解释变量可以产生良好的样本内拟合，但会降低样本外预测。虽然 $\bar{R}^2$ 在 R^2 的基础上有所改善，但简单地最大化仍然会产生差的样本外预测，我们将在第 14 章回到这个问题。

在以因果推断为目标的实际应用中，在多元回归中是否应该加入一个变量，取决于加入该变量后我们是否可以更好地估计感兴趣的因果效应。多元回归中因果推断的最小二乘假设对用于消除遗漏变量偏差所包含的变量做出了明确要求，现在我们来学习这些假设。

6.5 多元回归中因果推断的最小二乘假设

在这一节中，我们对 OLS 做出了明确要求，以提供关于因果效应的有效推断。我们考虑这样一种情况，即我们感兴趣的是了解多元回归模型中所有 k 个解释变量的因果效应，即所有的系数 β_1，…，β_k 都是感兴趣的因果效应。第 6.8 节给出了当只有部分系数是因果效应，而其余系数是用于控制遗漏变量但没必要有因果解释时的最小二乘假设。附录 6D 提供了多元回归用于预测的最小二乘假设。

多元回归模型中的因果推断有四个最小二乘假设，其中，前三个是将 4.4 节中一元回归模型的最小二乘假设(见重要概念 4-3)推广到多元回归模型的情形，下面只做简单讨论；第四个假设是新引入的，我们将详细讨论。

6.5.1　假设 1：给定 X_{1i}，X_{2i}，…，X_{ki} 时，u_i 的条件均值为 0

第一个假设是：当给定 X_{1i}，X_{2i}，…，X_{ki} 时，u_i 的条件均值为 0。这是将一元回归模型的第一个最小二乘假设推广到多元回归模型的情形。该假设表明，如果 X_{1i}，X_{2i}，…，X_{ki} 是随机分配或类似随机分配的，那么，对于解释变量的任意取值，u_i 的期望值都为 0。如同一元回归模型的情形，这是使 OLS 估计量无偏的关键假设。

6.5.2　假设 2：(X_{1i}，X_{2i}，…，X_{ki}，Y_i)，$i=1$，2，…，n 为独立同分布

第二个假设是：(X_{1i}，X_{2i}，…，X_{ki}，Y_i)，$i=1$，2，…，n 为独立同分布的随机变量。如果数据来自简单随机抽样，则该假设自然成立。4.3 节中有关这一假设的讨论也适用于多元回归模型的情形。

6.5.3　假设 3：不存在大的异常值

第三个最小二乘假设是：不存在大的异常值。所谓的大异常值，是指那些远超数据通常取值范围的观测值。该假设提醒我们，如同一元回归模型的情形，多元回归模型的 OLS 估计量对大的异常值非常敏感。

这一假设可以用数学语言精确表述为，X_{1i}，X_{2i}，…，X_{ki} 和 Y_i 具有非零有限四阶矩：$0<E(X_{1i}^4)<\infty$，…，$0<E(X_{ki}^4)<\infty$ 且 $0<E(Y_i^4)<\infty$。另一种表述方式是，被解释变量和解释变量具有有限峰度。该假设用于推导在大样本条件下 OLS 估计量的性质。

6.5.4　假设 4：不存在完全多重共线性

第四个假设是多元回归模型新引入的假设，它排除了完全多重共线性的情形。若存在完全多重共线性，我们将无法计算 OLS 估计量。如果一个解释变量是其他解释变量的完全线性函数，则称这些解释变量之间存在**完全多重共线性**(perfect multicollinearity)。第四个最小二乘假设是，解释变量之间不存在完全多重共线性。

为什么完全多重共线性会导致无法计算 OLS 估计量？假设你想估计 $TestScore_i$ 对 STR_i 和 $PctEL_i$ 的回归方程中 STR 的系数，却误将 $PctEL_i$ 输入为 STR_i，因而 STR_i 出现了两次；也就是说，你将 $TestScore_i$ 对 STR_i 和 STR_i 进行了回归。由于一个解释变量(第一个 STR)是另一个解释变量(第二个 STR)的完全线性函数，因此存在完全多重共线性。当你估计该回归方程时，根据使用的软件包处理完全多重共线性的方式，可能会有以下两种结果：去掉其中一个 STR，或者拒绝计算 OLS 估计量并提示错误信息。造成这种错误的数学原因是完全多重共线性会使 OLS 估计量公式中的除数为 0。

直觉上看，由于我们试图用回归模型去解决这种不合逻辑的问题，才造成了完全多重共线性。在多元回归中，某个解释变量的系数是在控制其他解释变量不变时，这一解释变量的变化所产生的影响。在我们假设的 TestScore 对 STR 和 STR 的回归中，第一个 STR 的系数是在控制 STR 不变时，STR 的变化对测试成绩的影响，这显然没有任何意义，OLS 不能估计这种无意义的偏效应。

在这一不合逻辑的回归中，完全多重共线性的解决方法很简单，只要纠正输入错误并把其中一个 STR 替换成你原本想加入模型的变量即可。这个例子具有代表性：完全多重共线性的产生往往反映了选取变量时的逻辑错误，或者原先没有察觉到的某些数据集特征。一般通过修正

解释变量的方法来消除完全多重共线性问题。

完全多重共线性的其他例子见 6.7 节，该章节还将定义和讨论不完全多重共线性。

重要概念 6-4 总结了多元回归模型的最小二乘假设。

重要概念 6-4 多元回归模型中因果推断的最小二乘假设

$$Y_i=\beta_0+\beta_1X_{1i}+\beta_2X_{2i}+\cdots+\beta_kX_{ki}+u_i\ ,\quad i=1,\ 2,\ \cdots,\ n$$

其中：β_0，β_1，…，β_k 是因果效应，并且

1. 给定 X_{1i}，X_{2i}，…，X_{ki} 时，u_i 的条件均值为 0；即 $E(u_i\mid X_{1i},\ X_{2i},\ \cdots,\ X_{ki})=0$。
2. $(X_{1i},\ X_{2i},\ \cdots,\ X_{ki},\ Y_i)$，$i=1,\ \cdots,\ n$，是从它们的联合分布中抽取的独立同分布。
3. 不存在大的异常值：X_{1i}，X_{2i}，…，X_{ki} 和 Y_i 具有非零有限四阶矩。
4. 不存在完全多重共线性。

6.6 多元回归模型中 OLS 估计量的分布

由于每次抽样的样本数据不同，因此基于不同的样本数据得到的 OLS 估计量取值也不同。换言之，样本的变化造成了总体回归系数 β_0，β_1，…，β_k 的 OLS 估计量的不确定性。正如一元回归模型的情形，这种变化可以用 OLS 估计量的概率分布来概括。

回忆 4.4 节，在最小二乘假设下，一元线性回归模型中未知参数(β_0 和 β_1)的 OLS 估计量($\hat{\beta}_0$ 和 $\hat{\beta}_1$)是无偏且一致的。在大样本情况下，$\hat{\beta}_0$ 和 $\hat{\beta}_1$ 的抽样分布近似于二维正态分布。

这些结论可直接推广到多元回归分析的情形。在重要概念 6-4 的最小二乘假设下，多元线性回归模型中的 OLS 估计量 $\hat{\beta}_0$，$\hat{\beta}_1$，…，$\hat{\beta}_k$ 是 β_0，β_1，…，β_k 的无偏且一致估计量。在大样本情况下，$\hat{\beta}_0$，$\hat{\beta}_1$，…，$\hat{\beta}_k$ 的联合抽样分布近似于多维正态分布，这是二维正态分布推广到两个或多个联合正态随机变量时的一般情形(参见 2.4 节)。

尽管多个解释变量使涉及的代数运算变得更加复杂，但中心极限定理同样适用于多元回归模型的 OLS 估计量，其理由与中心极限定理适用于一元回归模型中 $\bar{Y}$ 和 OLS 估计量相同：即 OLS 估计量 $\hat{\beta}_0$，$\hat{\beta}_1$，…，$\hat{\beta}_k$ 是随机抽样数据的均值，且如果样本量足够大，这些均值的分布是正态分布。由于矩阵代数是处理多维正态分布的最佳数学工具，所以 OLS 估计量的联合分布的表达式将留到第 19 章介绍。

重要概念 6-5 概括了大样本情况下，多元回归模型重 OLS 估计量的联合分布近似于正态分布。一般而言，解释变量之间存在相关性，因此 OLS 估计量也是相关的。附录 6B 中将以双变量同方差的情形为例，详细讨论 OLS 估计量的联合抽样分布，其一般情形的讨论见 19.2 节。

重要概念 6-5 大样本下 $\hat{\beta}_0$，$\hat{\beta}_1$，…，$\hat{\beta}_k$ 的分布

若最小二乘假设(重要概念 6-4)成立，则在大样本条件下 OLS 估计量 $\hat{\beta}_0$，$\hat{\beta}_1$，…，$\hat{\beta}_k$ 的联合分布是正态分布，且每个 $\hat{\beta}_j\sim N(\beta_j,\ \sigma^2_{\hat{\beta}_j})$，$j=0,\ 1,\ \cdots,\ k$。

6.7 多重共线性

正如 6.5 节所讨论的那样，当其中某个解释变量是其他解释变量的完全线性组合时，模型

存在完全多重共线性。本节将列举几个完全多重共线性的例子，并讨论当回归模型中包含多个二元变量时，完全多重共线性如何产生及如何避免等问题。当某个解释变量与其他解释变量高度相关但不完全相关时，模型存在不完全多重共线性。与完全多重共线性不同，不完全多重共线性既不会妨碍对回归模型进行估计，也不意味着变量选取中存在逻辑问题，但却会导致无法得到一个或多个回归系数的精确估计。

6.7.1　完全多重共线性实例

我们将通过三个假想的回归来继续讨论 6.5 节提及的完全多重共线性问题。这三个例子都是在式(6-12)所示的 $TestScore_i$ 对 STR_i 和 $PctEL_i$ 的回归模型中加入了第三个解释变量。

例 1：英语学习者比例。 $FracEL_i$ 为第 i 个学区的英语学习者的比例，取值在 0～1 之间。若变量 $FracEL_i$ 作为 STR_i 和 $PctEL_i$ 之外的第三个解释变量，则这三个解释变量间存在完全多重共线性。这是由于 $PctEL_i$ 是英语学习者百分比，对于每个学区有 $PctEL_i = 100 \times FracEL_i$，因此，其中一个解释变量($PctEL_i$)可以表示为另一个解释变量($FracEL_i$)的线性函数。

由于存在完全多重共线性，因而无法计算 $TestScore_i$ 对 STR_i、$PctEL_i$ 和 $FracEL_i$ 回归模型中的 OLS 估计量。直觉上看，无法进行 OLS 估计的原因是我们试图在控制英语学习者比例($FracEL_i$)的条件下，计算英语学习者百分比($PctEL_i$)变化 1 个单位对测试成绩的效应。由于英语学习者百分比与英语学习者比例之间存在完全线性关系，从而两者会同时变动，这使得上述问题变得毫无意义且 OLS 估计无法进行。

例 2："不太小的"班级。 假设 NVS_i 为二元变量，当第 i 个学区的学生-教师比"不太小"时，$NVS_i = 1$；即当 $STR_i \geqslant 12$ 时，$NVS_i = 1$，否则 $NVS_i = 0$。该回归也存在完全多重共线性，但不如前面例子那么明显。事实上，我们的数据集中没有 $STR_i < 12$ 的学区；从图 4-2 中也可以看出，STR 的最小值为 14。因此，对于所有观测值，$NVS_i = 1$。回忆式(6-6)，带截距的线性回归模型可看作包含一个对所有 i 都取 1 的常数解释变量 X_{0i}。因此，对于数据集内的所有观测值都有 $NVS_i = 1 \times X_{0i}$，即 NVS_i 可表示为解释变量的完全线性组合，或更具体地，它等于 X_{0i}。

本例说明了完全多重共线性的两个要点：第一，当回归模型包含截距时，常数解释变量 X_{0i} 可能是导致完全多重共线性的原因；第二，完全多重共线性是针对现有的数据而言的。尽管我们能想象到现实中确实存在一个学生-教师比低于 12 的学区，但我们研究所用的数据集中却没有这样的学区，因此不能像前述回归模型那样设定和处理。

例 3：英语母语者比例。 令 $PctES_i$ 表示第 i 个学区英语母语者的比例，即非英语学习者的比例。该回归模型仍存在完全多重共线性。与例 2 类似，解释变量之间的完全多重共线性关系也涉及常数解释变量 X_{0i}：对于每个学区 i，由于都有 $X_{0i} = 1$，因此 $PctES_i = 100 - PctEL_i = 100 \times X_{0i} - PctEL_i$。

本例说明了完全多重共线性的另一要点：完全多重共线性是整个解释变量集的特征。如果去掉截距(即解释变量 X_{0i})或 $PctES_i$，回归模型将都不会存在完全多重共线性。

虚拟变量陷阱。 产生完全多重共线性的另一个可能的原因是解释变量中包括多个二元变量(或虚拟变量)。例如，假设将所有学区分为三类：农村、郊区和城镇，每个学区只属于其中一类。设 $Rural_i$ 为二元变量，当某学区属于农村时取 1，否则取 0；类似地，分别定义二元变量 $Suburban_i$ 和 $Urban_i$。若回归模型中同时包含这三个二元变量和常数项，则解释变量之间存在完全多重共线性：因为每个学区只属于某一类，所以 $Rural_i + Suburban_i + Urban_i = 1 = X_{0i}$，其中 X_{0i} 代表式(6-6)中的常数解释变量。因此，为了估计该回归，必须从这四个变量中去掉一个，即去掉某个二元变量或常数项。通常习惯上保留常数项而去掉一个二元变量。例如，若去掉 $Rural_i$，则 $Suburban_i$ 的系数就表示在控制其他变量的条件下，郊区与农村学区之间平均测试成绩的差异。

一般而言，如果有 G 个二元变量，每个观测值只属于其中一类，若回归模型有截距项且包括全部的 G 个二元变量，则回归模型将由于存在完全多重共线性而无法估计。这种情形称为**虚拟变量陷阱**(dummy variable trap)。避免虚拟变量陷阱的通常做法是，去掉其中一个二元变量，即只将 G 个二元变量中的 $G-1$ 个作为解释变量。此时，某个包含的二元变量的系数表示，在控制其他解释变量不变的条件下，该类个体相对于去掉的某类个体作为基准情形的增量效应。此外，若去掉截距项，则回归模型可包括所有的 G 个二元变量。

完全多重共线性的解决方法。完全多重共线性通常是由错误设定回归模型而导致。这种错误有时很容易被发现(如第一个例子)，有时却不易察觉(如第二个例子)。无论如何，当这种错误发生时，计算机软件一定会提示错误，因为此时它无法计算参数的 OLS 估计量。

当软件提示回归中存在完全多重共线性时，需要修正回归模型以消除该错误。你应该理解多重共线性的来源。当存在完全多重共线性时，有些软件是不可靠的，至少，如果你的解释变量是完全多重共线性的，你该把选择解释变量的权利交给你的电脑。

6.7.2 不完全多重共线性

除了名称相似，不完全多重共线性与完全多重共线性在概念上截然不同。**不完全多重共线性**(imperfect multicollinearity)是指两个或两个以上的解释变量高度相关，即某些解释变量的线性组合与另一个解释变量高度相关。不完全多重共线性对 OLS 估计量的理论不构成任何问题；相反，使用 OLS 的目的之一就是当解释变量之间存在相关性时，分离出不同解释变量的独立影响。

若解释变量之间存在不完全多重共线性，那么至少有一个解释变量的系数的估计值是不准确的。例如，考虑 TestScore 对 STR 和 PctEL 的回归，假设我们想加入第三个解释变量——本学区居民中第一代移民的比例。第一代移民通常将英语作为第二语言，所以变量 PctEL 与第一代移民的比例高度相关，即近期有大量移民的学区往往有许多“仍然在学习英语的学生”。因为这两个变量高度相关，所以利用现有数据，很难在控制第一代移民比例不变的条件下，估计 PctEL 的系数。换言之，该数据集不能提供英语学习者百分比较低而第一代移民比例较高时测试成绩的信息，反之亦然。因此，与 PctEL 和移民比例不存在相关性的情形相比，该回归中 PctEL 的系数估计量的方差会变大。

不完全多重共线性对 OLS 估计量方差的影响的数学表达见附录 6B 中的式(6-20)，它给出了当存在同方差性的特殊情形下，回归模型中有两个解释变量 X_1 与 X_2 时 $\hat{\beta}_1$ 的方差。此时 $\hat{\beta}_1$ 的方差与 $1-\rho^2_{X_1,X_2}$ 成反比，其中 ρ_{X_1,X_2} 为 X_1 与 X_2 之间的相关系数。两个解释变量之间相关系数越大，这一项越接近 0，$\hat{\beta}_1$ 的方差也越大。更一般地，当多元回归模型中解释变量之间存在不完全多重共线性时，其中一个或多个解释变量的系数的估计结果将不准确，这是由于这些系数估计结果的样本方差会很大。

回归模型中存在完全多重共线性通常意味着存在逻辑错误，但不完全多重共线性未必是错误，而通常只是反映了 OLS、你的数据和试图解决的问题的某种特征。如果你选取某些变量加入回归模型中以处理可能存在的遗漏变量偏差，那么不完全多重共线性的存在意味着利用现有数据难以精确估计其中一个或多个变量的偏效应。

6.8 控制变量和条件均值独立

在测试成绩的例子中，我们将英语学习者百分比纳入回归分析中，以解决在估计班级规模影响效应时的遗漏变量偏差。具体来说，通过将英语学习者百分比纳入回归分析，我们能够通过控制英语学习者百分比来估计班级规模对测试成绩的影响。

在本节中，我们明确区分了想要估计其因果效应的变量(即我们感兴趣的变量)和控制变量。**控制变量**(control variable)不是研究中感兴趣的变量，而是在回归中控制某些因素不变的解释变量，如果忽略这些因素，会使得我们感兴趣的因果效应的估计产生遗漏变量偏差。这样的区分需要对重要概念6-4中第一个最小二乘假设进行修正，即其中一些变量改为控制变量。如果该假设成立，则我们感兴趣变量的OLS估计量是无偏的，但控制变量的系数的OLS估计量通常是有偏的，且不能解释为因果效应。

例如，我们来考虑在测试成绩回归中遗漏课外学习机会可能产生的遗漏变量偏差。虽然“课外学习机会”包含的内容广泛且难以度量，但它与学生家庭的经济实力相关，而这是可以度量的。因此，在测试成绩回归中可以加入对家庭经济背景的度量，从而控制那些测试成绩决定因素中被遗漏的与收入相关的因素，如课外学习机会。为此，我们将讨论测试成绩对STR、PctEL及接受免费或折扣午餐的学生百分比(LchPct)的回归。由于只有家庭收入低于一定水平(约为贫困线的150%)的学生才能享受这一待遇，因此LchPct度量了学区内在经济上不占优势的学生比例。所估计的回归方程是

$$\widehat{TestScore}=700.2-1.00\times STR-0.122\times PctEL-0.547\times LchPct \tag{6-16}$$

在这个回归中，在控制英语学习者百分比和有资格享受减价午餐的学生百分比条件下，学生-教师比的系数是学生-教师比对测试成绩的影响效应。假如控制变量LchPct并没有实质性地改变班级规模对测试成绩影响效应的任何结论：STR的系数在式(6-12)中为-1.10，在式(6-16)中为-1.00，变化很小。

如何理解式(6-16)中LchPct的系数？该系数非常大，LchPct=0的学区和LchPct=50%的学区之间的测试成绩差异为27.4分[=0.547×(50-0)]，接近于表4-1中75%百分位数与25%百分位数的测试成绩之差。该系数是否可解释为因果效应呢？假设学区教育主管看到式(6-16)后决定取消学区内的优惠午餐项目，因此该学区内LchPct立即减小为零，但是取消优惠午餐项目真的能使该学区的测试成绩大幅提高吗？常识告诉我们，答案是否定的。事实上，由于一部分学生会挨饿，取消午餐优惠项目的效果可能恰恰相反。为什么可以把感兴趣变量STR的系数解释为因果效应，而控制变量LchPct的系数却不能解释为因果效应呢？

控制变量和条件均值独立

为了区分感兴趣的变量和控制变量，我们修改了线性回归模型中的符号，使其包含k个目标变量(感兴趣的变量)，设为X，以及r个控制变量，设为W。相应地，**包含控制变量的多元回归模型**(multiple regression model with control variable)为

$$Y_i=\beta_0+\beta_1X_{1i}+\cdots+\beta_kX_{ki}+\beta_{k+1}W_{1i}+\cdots+\beta_{k+r}W_{ri}+u_i,\quad i=1,2,\cdots,n \tag{6-17}$$

X的系数β_1，β_2，…，β_k为感兴趣的因果效应。

将控制变量纳入多元回归的原因是，一旦将控制变量保持不变，目标就不再与误差项相关。通过用条件均值独立的假设替换重要概念 6-4 中的假设 1，可以使这一想法变得精确。**条件均值独立**(conditional mean independence)要求在给定目标变量和控制变量的条件下，u_i 的条件期望不依赖于(独立于)目标变量，但它可以依赖于控制变量。

重要概念 6-6 总结了包含控制变量的因果推断的最小二乘假设。第一个假设是关于条件均值独立要求的数学表述，剩下的三个假设是重要概念 6-4 中对应的假设的扩展。

条件均值独立的思想是，一旦你控制了 W，X 就可以当作是随机分配的，在某种意义上，即误差项的条件均值不再依赖于 X。对 W 的控制使得 X 与误差项不相关，这样，OLS 就可以用于估计每个 X 的变化对 Y 的因果效应。然而，由于控制变量依然与误差项相关，因此控制变量的系数受到遗漏变量偏差的影响且不具有因果效应的解释能力。附录 6E 给出了相应的数学公式，该公式表明如果条件均值独立成立，则 X 系数的 OLS 估计量是 X 的因果效应的无偏估计量，但 W 系数的 OLS 估计量一般是有偏的。由于我们只对 X 的系数感兴趣，对 W 的系数并不感兴趣，因此这种偏差并不构成问题。

在班级规模的例子中，LchPct 可能与包含在误差项的因素相关(如课外学习机会)，而正是因为这一相关性使得 LchPct 成为有用的控制变量。LchPct 和误差项之间存在相关性意味着 LchPct 系数的估计值不能解释为因果效应。条件均值独立的假设要求回归中在给定控制变量(PctEL 和 LchPct)时，误差项的均值不依赖于学生-教师比。换言之，条件均值独立表明在 PctEL 和 LchPct 取值都相同的学校中，学生-教师比是类似随机分配的；在回归中加入 PctEL 和 LchPct 后控制了遗漏因素，从而使得 STR 与误差项不相关。这样一来，尽管 LchPct 的系数不能解释为因果效应，但学生-教师比的系数可解释为因果效应。

带有控制变量的多元回归的第一个最小二乘假设对本章一开始想要消除的遗漏变量偏差做出了明确要求：给定控制变量或保证控制变量值不变时，我们感兴趣的解释变量似乎是随机分配的，即在给定控制变量条件下，误差项的均值不再依赖于 X。该要求对于选择控制变量和判断其适当性具有指导作用。

重要概念 6-6　包含控制变量的多元回归模型中因果推断的最小二乘假设

$$Y_i=\beta_0+\beta_1 X_{1i}+\cdots+\beta_k X_{ki}+\beta_{k+1} W_{1i}+\cdots+\beta_{k+r} W_{ri}+u_i,\ i=1,\ 2,\ \cdots,\ n$$

其中，β_0，β_1，…，β_k 是因果效应，W 是控制变量，以及

1. 在给定 W 时，u_i 有条件均值不依赖于 X，即

$$E(u_i \mid X_{1i},\ X_{2i},\ \cdots,\ X_{ki},\ W_{1i},\ W_{2i},\ \cdots,\ W_{ri})=E(u_i \mid W_{1i},\ W_{2i},\ \cdots,\ W_{ri}) \tag{6-18}$$

(条件均值独立)

2. $(X_{1i},\ X_{2i},\ \cdots,\ X_{ki},\ W_{1i},\ W_{2i},\ \cdots,\ W_{ri},\ Y_i)$，$i=1,\ 2,\ \cdots,\ n$ 是从它们的联合分布中抽取的独立同分布。

3. 不存在大的异常值：X_{1i}，X_{2i}，…X_{ki}，W_{1i}，W_{2i}，…，W_{ri} 和 Y_i 具有非零有限四阶矩。

4. 不存在完全多重共线性。

6.9 结论

一元回归模型容易受到遗漏变量偏差的影响，如果某个遗漏变量是被解释变量的决定因素

且与解释变量相关，则因果效应的OLS估计量是有偏的，因为它同时反映了该解释变量与遗漏变量对被解释变量的影响。多元回归模型将遗漏变量加入回归模型中，以此减小或消除遗漏变量偏差。在多元回归模型中，解释变量 X_1 的系数表示在控制其他解释变量不变的条件下，X_1 变动的偏效应。在测试成绩的例子中，将英语学习者百分比作为解释变量加入回归模型后，我们能在保持英语学习者百分比不变的情况下，估计学生-教师比的变动对测试成绩的影响。估计结果显示，这使得之前一元回归中学生-教师比的变化对测试成绩影响的估计值降低了一半。

多元回归的统计理论建立在一元回归统计理论的基础之上。多元回归模型的假设是在一元回归模型的三个最小二乘假设推广的基础上，再加上不存在完全多重共线性的假设。由于只用一组样本估计回归系数，OLS估计量服从联合抽样分布，因此存在抽样的不确定性。实证研究的重要任务之一就是量化这种抽样不确定性，下一章将介绍多元回归模型中量化抽样不确定性的具体方法。

本章小结

1. 若遗漏变量同时满足以下两个条件：①与包含的解释变量相关；②是 Y 的决定因素之一，则会产生遗漏变量偏差。
2. 多元回归模型是包含 X_1，X_2，…，X_k 等多个解释变量的线性回归模型，每个解释变量对应一个回归系数，即存在系数 β_1，β_2，…，β_k，其中系数 β_1 表示在其他解释变量不变的条件下，X_1 的单位变动引起的 Y 的变动，其他回归系数具有同样的含义。
3. 多元回归模型的系数可以使用OLS进行估计。当满足重要概念6-4中的四个最小二乘假设时，因果效应的OLS估计量是无偏的、一致的，且在大样本条件下服从正态分布。
4. 控制变量的作用是保证被遗漏的因素不变，因此我们感兴趣的变量不再与误差项相关。正确地选择控制变量能够消除因果效应的OLS估计量中的遗漏变量偏差。
5. 在多元回归模型中，当一个解释变量是其他解释变量的完全线性组合时，则存在完全多重共线性，通常是由选取解释变量时出错引起的，因此解决完全多重共线性的方法是调整解释变量集。
6. 回归标准误、R^2 和 $\bar{R}^2$ 都是衡量多元回归模型的拟合优度的指标。

重要术语

遗漏变量偏差	多元回归模型	总体回归线
总体回归方程	截距	X_{1i} 的斜率系数
X_{1i} 的系数	X_{2i} 的斜率	X_{2i} 的系数
控制 X_2 不变	控制 X_2	偏效应
总体多元回归模型	常数解释变量	常数项
同方差	异方差	β_0，β_1，…，β_k 的普通最小二乘(OLS)估计量
OLS回归线	预测值	OLS残差
R^2 调整 $R^2(\bar{R}^2)$	完全多重共线性	虚拟变量陷阱
不完全多重共线性	控制变量	包含控制变量的多元回归模型
条件均值独立		

内容复习

6.1 某研究人员想研究计算机普及率对测试成绩的影响。利用类似本章的学区数据，她建立了学区平均测试成绩与每个学生的计算机台数的回归模型。$\hat{\beta}_1$ 是增加每个学生的计算机台数对测试成绩的影响的无偏估计量吗？为什么？如果是有偏的，那么偏差是正还是负？为什么？

6.2 对于一个双变量回归模型：$Y_i=\beta_0+\beta_1X_{1i}+\beta_2X_{2i}+u_i$，若 X_2 不变，X_1 增加 3 个单位，Y 的期望变动是多少？若 X_1 不变，X_2 减少 5 个单位，Y 的期望变动是多少？若 X_1 增加 3 个单位，X_2 减少 5 个单位，Y 的期望变动是多少？

6.3 $\bar{R}^2$ 与 R^2 有何区别？为什么 $\bar{R}^2$ 适用于多元回归模型？

6.4 试解释为什么多元线性回归模型中的两个解释变量之间不能存在完全多重共线性？举出两个变量之间存在完全多重共线性的两个例子。

6.5 试解释为什么当 X_1 与 X_2 高度相关时，难以精确估计 X_1 的偏效应？

习 题

前四个习题要用到基于 2015 年《当前人口调查》的数据计算得到的回归，其估计结果见下表。该数据集包括 7 178 名全职工人的下列信息：最高学历（高中或大学本科）、年龄（25～34 岁）、居住地、婚姻状况及孩子数量。为解答以下问题，设

AHE = 平均时薪

College = 二元变量（大学取 1，高中取 0）

Female = 二元变量（女性取 1，男性取 0）

Age = 年龄（用年表示）

Northeast = 二元变量（居住地位于东北部取 1，否则取 0）

Midwest = 二元变量（居住地位于中西部取 1，否则取 0）

South = 二元变量（居住地位于南部取 1，否则取 0）

West = 二元变量（居住地位于西部取 1，否则取 0）

表 平均时薪对性别、教育及其他特征的回归结果

	被解释变量：平均时薪（AHE）		
解释变量	**(1)**	**(2)**	**(3)**
College(X_1)	10.47	10.44	10.42
Female(X_2)	-4.69	-4.56	-4.57
Age(X_3)		0.61	0.61
Northeast(X_4)			0.74
Midwest(X_5)			-1.54
South(X_6)			-0.44
截距	18.15	0.11	0.33
概括性统计量			
SER	12.15	12.03	12.01
R^2	0.165	0.182	0.185
$\bar{R}^2$			
n	7 178	7 178	7 178

注：数据来源于 2015 年《当前人口调查》。

6.1 计算每个回归的 $\bar{R}^2$。

6.2 利用第（1）列的回归结果，回答下列问题：

（1）平均而言，拥有大学本科学历的工人是否比只有高中学历的工人工资高？高多少？

（2）平均而言，男性是否比女性工资高？高多少？

6.3 利用第（2）列的回归结果，回答下列问题：

（1）年龄是收入的重要决定因素吗？试说明原因。

（2）Sally 是一位29岁的女性，拥有大学学历；Betsy 是一位34岁的女性，拥有大学学历。试分别预测她们的收入。

6.4　利用第(3)列的回归结果，回答下列问题：

（1）平均收入存在明显的地区差异吗？

（2）为什么应从回归模型中去掉 West 变量？若将它加入回归模型会有什么结果？

（3）Juanita 是一位居住在南部的28岁女性，拥有大学学历；Jennifer 是一位居住在中西部的28岁女性，拥有大学学历。试计算她们收入差距。

6.5　本题数据来源于2013年某社区住房销售的220个随机样本数据。设 Price 代表销售价格(单位：千美元)，BDR 代表卧室数量，Bath 代表盥洗室数量，Hsize 代表房屋面积(单位：平方英尺[1])，Lsize 代表占地面积(单位：平方英尺)，Age 表示房龄(单位：年)，Poor 为二元变量，当房屋状态为"差"时取1。得到的回归结果为

$$\widehat{Price}=119.2+0.485BDR+23.4Bath+0.156Hsize+0.002Lsize+0.090Age-48.8Poor$$

$$\bar{R}^2=0.72,\ SER=41.5$$

（1）假设某业主将房屋的某部分闲置空间改造为盥洗室，则该房屋价格预期增加多少？

（2）假设某业主在房屋内增加一间盥洗室，从而使房屋面积增加100平方英尺。则房屋价格预期增加多少？

（3）假设某业主的房屋状态变为"差"，则房屋价格损失多少？

（4）计算回归的 R^2。

6.6　某研究人员计划利用美国县级随机样本数据研究警察对犯罪的影响。他打算建立县犯罪率对该县(人均)警备力量的回归。

（1）说明为什么该回归中可能存在遗漏变量偏差。为了控制遗漏变量，应该在回归中加入哪些变量？

（2）利用你对问题(1)的回答和式(6-1)中遗漏变量偏差的表达式，确定该回归是高估还是低估了警察对犯罪的真实影响。你认为 $\hat{\beta}_1>\beta_1$ 还是 $\hat{\beta}_1<\beta_1$？

6.7　分别评价下列两个研究计划，评价中应包括研究计划中可能存在的问题及改进方法、需要收集的其他数据，以及分析数据时要用到的恰当统计方法。

（1）某研究人员想研究某一大型航空公司在工资设定上是否存在性别歧视，他收集了该公司所有工程师的工资和性别数据，以确定是否存在潜在的工资性别差异。然后他计划进行"均值之差"检验，以确定女性平均工资是否显著低于男性平均工资。

（2）某研究人员想研究入狱是否对工资水平有长期影响，他收集了出狱至少15年的人群和从未入狱的人群的随机样本数据。数据集包括每人的当前工资水平、受教育程度、年龄、种族、性别、工作任期(从事当前工作的时间)、职业、工会职位及是否曾经入狱等信息。该研究人员计划通过建立工资对是否入狱该二元变量的回归模型，并在回归中加入其他决定工资的潜在因素(受教育程度、工作任期和工会职位等)，从

[1] 1平方英尺=0.0929平方米。

而估计入狱对平均工资水平的影响。

6.8 最近一项研究表明，每天睡眠6～7 小时的人的死亡率低于每天睡眠超过 8 小时的人。用于该研究的 110 万个观测值来源于对 30～102 岁美国人的随机调查，并对其中有反馈的人进行了为期 4 年的跟踪调查。睡眠时间为 7 小时的人的死亡率为研究期内所有睡眠时间为 7 小时的人中死亡人数所占比例，并用同样的方法计算睡眠时间为 6 小时的人的死亡率，以此类推。根据该研究的结论，你会建议每晚睡眠 9 小时的人将睡眠时间减少到 6 小时或 7 小时以延长寿命吗？为什么？试解释。

6.9 (Y_i, X_{1i}, X_{2i}) 满足重要概念 6-4 的假设。若你想研究 X_1 对 Y 的因果效应 β_1，设 X_1 与 X_2 不相关，通过 Y 对 X_1 进行回归（即回归模型不包括 X_2）来估计 β_1，那么得到的估计量存在遗漏变量偏差吗？试解释。

6.10 (Y_i, X_{1i}, X_{2i}) 满足重要概念 6-4 的假设，此外，$\text{var}(u_i \mid X_{1i}, X_{2i}) = 4$，且 $\text{var}(X_{1i}) = 6$。从总体中抽取一容量为 $n = 400$ 的随机样本。

(1) 假设 X_1 与 X_2 不相关，计算 $\hat{\beta}_1$ 的方差。（提示：参考附录 6B 中的式(6-20)）。

(2) 假设 $\text{corr}(X_1, X_2) = 0.5$，计算 $\hat{\beta}_1$ 的方差。

(3) 评价这一说法：“若 X_1 与 X_2 相关，则 $\hat{\beta}_1$ 的方差大于 X_1 与 X_2 不相关时 $\hat{\beta}_1$ 的方差。因此，如果你对 β_1 感兴趣，最好从回归中排除与 X_1 相关的变量 X_2。”

6.11 （需运用微积分知识）考虑如下回归模型

$Y_i = \beta_1 X_{1i} + \beta_2 X_{2i} + u_i$，$i = 1, 2, \cdots, n$

（注意回归中不含常数项）利用附录 4B 中的分析方法回答下列问题：

(1) 写出使用 OLS 最小化得到的最小二乘方程。

(2) 分别计算目标函数对 b_1 和 b_2 的偏导数。

(3) 设 $\sum_{i=1}^{n} X_{1i}X_{2i} = 0$，证明 $\hat{\beta}_1 = \dfrac{\sum_{i=1}^{n} X_{1i}Y_i}{\sum_{i=1}^{n} X_{1i}^2}$。

(4) 设 $\sum_{i=1}^{n} X_{1i}X_{2i} \neq 0$，推导 $\hat{\beta}_1$ 关于数据 (Y_i, X_{1i}, X_{2i}) 的函数表达式，$i = 1, 2, \cdots, n$。

(5) 假设回归模型中包含截距项，即 $Y_i = \beta_0 + \beta_1 X_{1i} + \beta_2 X_{2i} + u_i$，证明最小二乘估计量满足 $\hat{\beta}_0 = \overline{Y} - \hat{\beta}_1 \overline{X}_1 - \hat{\beta}_2 \overline{X}_2$。

(6) 如同(5)，假设回归模型中包含截距项，且 $\sum_{i=1}^{n} (X_{1i} - \overline{X}_1)(X_{2i} - \overline{X}_2) = 0$，

证明 $\hat{\beta}_1 = \dfrac{\sum_{i=1}^{n} (X_{1i} - \overline{X}_1)(Y_i - \overline{Y})}{\sum_{i=1}^{n} (X_{1i} - \overline{X}_1)^2} = 0$。

该结果与不包含 X_2 的回归模型中 β_1 的 OLS 估计量有何不同？

6.12 某学区在二年级中开展了一项实验，以估计班级规模对测试成绩的影响。该学区将 50% 的新升入二年级的学生分配到小班（每班 18 人）中，余下的 50% 在正常班级（每班 21 人）中。对新转到该学区的学生进行不同的处理：只有 20% 的学生随机分配到小班中，余下的 80% 分配到正常班级中。当学年结束时，对所有学生进行标准化测试。令 Y_i 表示第 i 个学生的测试成绩；X_i 为二元变量，当学生被分配到小班时取 1，否则取 0；W_i 为二元变量，当学生为新转入时取 1，否则取 0；β_1 表示班级规模由正常变为小班时对测试成绩的影响。

（1）考虑回归 $Y_i=\beta_0+\beta_1X_i+u_i$，你认为 $E(u_i \mid X_i)=0$ 成立吗？β_1 的 OLS 估计量是无偏且一致的吗？试解释。

（2）考虑回归 $Y_i=\beta_0+\beta_1X_i+\beta_2W_i+u_i$，你认为 $E(u_i \mid X_i, W_i)$ 依赖于 X_i 吗？β_1 的 OLS 估计量是无偏且一致的吗？试解释。你认为 $E(u_i \mid X_i, W_i)$ 依赖于 W_i 吗？β_2 的 OLS 估计量是转学（作为新入学学生）的因果效应的无偏且一致估计量吗？试解释。

实证练习

6.1 利用第 5 章实证练习 5.3 中的数据集 Birthweight_Smoking 回答下列问题：

（1）建立 Birthweight 对 Smoker 的回归，说明母亲抽烟对新生儿体重的影响的估计值是多少？

（2）建立 Birthweight 对 Smoker，Alcohol 和 Nprevist 的回归。

①利用重要概念 6-1 的两个条件，说明为什么去掉 Alcohol 和 Nprevist（即（1）中的回归模型）会导致遗漏变量偏差？

②模型（2）中母亲抽烟对新生儿体重的影响的估计值与去掉 Alcohol 和 Nprevist 的模型中得到的估计值有显著差异吗？回归模型（1）更易受到遗漏变量偏差的影响吗？

③Jane 在孕期抽烟但没喝酒，并且有 8 次的产前护理，试利用回归模型预测 Jane 的孩子出生时的体重。

④计算 R^2 和 $\overline{R}^2$，为什么二者非常相近？

⑤如何解释 Nprevist 的系数？该系数是否衡量了产前检查对出生体重的因果效应？如果不是，那么它衡量的是什么？

（3）利用附录 6C 中的“三步法”（即 Frisch-Waugh 定理），估计（2）中多元回归模型的 Smoking 的系数。验证利用“三步法”得到的 Smoking 系数的估计值与（2）中的估计值是否相同。

（4）控制产前护理变量的另一方法是利用 Tripre0 到 Tripre3 的虚拟变量。建立 Birthweight 对 Smoker、Alcohol、Tripre0、Tripre2 和 Tripre3 的回归模型。

①为什么回归中不包括 Tripre1 变量？若把它加入到回归模型中会造成什么结果？

②Tripre0 的系数估计值很大且为负，该系数衡量了什么？试解释该估计值的含义。

③试解释 Tripre2 和 Tripre3 的系数估计值的含义。

④与（2）中的回归模型相比，（4）中的回归模型是否能够解释 Birthweight 变化的更大比例？

6.2 利用第 4 章实证练习 4.1 中的数据集 Growth 并去除马耳他的数据后，完成下列练习：

（1）构建表格以列出 Growth，TradeShare，YearsSchool，Oil，Rev_Coups，Assassinations 和 RGDP60 的样本均值、标准差、最小值和最大值，并列出合适的单位。

（2）建立 Growth 对 TradeShare，YearsSchool，Rev_Coups，Assassinations 和 RGDP60 的回归方程，则 Rev_Coups 的系数估计值是多少？

解释其含义。从实际角度看，这个值是大还是小？

(3) 当一国的所有解释变量均处于均值水平，试预测该国的年均增长率。

(4) 若某国 TradeShare 的取值大于均值一个标准差，重新计算(3)。

(5) 为什么回归模型中没有加入变量 Oil？若加入模型中会有什么后果？

附录6A 式(6-1)的推导

本附录列出了式(6-1)中遗漏变量偏差公式的推导。由附录4C中的式(4-28)可知

$$\hat{\beta}_1=\beta_1+\frac{\frac{1}{n}\sum_{i=1}^{n}(X_i-\overline{X})u_i}{\frac{1}{n}\sum_{i=1}^{n}(X_i-\overline{X})^2} \tag{6-19}$$

在重要概念4-3的后两个假设条件下，$\left(\frac{1}{n}\right)\sum_{i=1}^{n}(X_i-\overline{X})^2\xrightarrow{p}\sigma_X^2$，且$\left(\frac{1}{n}\right)\sum_{i=1}^{n}(X_i-\overline{X})u_i\xrightarrow{p}\mathrm{cov}(u_i,X_i)=\rho_{Xu}\sigma_u\sigma_X$。将这两个极限代入式(6-19)即得式(6-1)。

附录6B 包含两个解释变量且误差项为同方差时的OLS估计量的分布

虽然在多元回归模型中，OLS估计量的方差的一般公式很复杂，但当回归中只包含两个解释变量($k=2$)且误差项为同方差时，其公式可大大简化，从而使我们可以更清楚地了解OLS估计量的分布。

由于误差项为同方差，u_i 的条件方差可以表示为 $\mathrm{var}(u_i|X_{1i},X_{2i})=\sigma_u^2$。当只有两个解释变量 X_{1i} 和 X_{2i} 且误差项为同方差时，在大样本条件下，$\hat{\beta}_1$ 的抽样分布为 $N(\beta_1,\sigma_{\hat{\beta}_1}^2)$，其中该分布的方差 $\sigma_{\hat{\beta}_1}^2$ 为

$$\sigma_{\hat{\beta}_1}^2=\frac{1}{n}\left(\frac{1}{1-\rho_{X_1,X_2}^2}\right)\frac{\sigma_u^2}{\sigma_{X_1}^2} \tag{6-20}$$

式中，ρ_{X_1,X_2} 是两个解释变量 X_1 和 X_2 之间的总体相关系数；$\sigma_{X_1}^2$ 是 X_1 的总体方差。

式(6-20)中，$\hat{\beta}_1$ 抽样分布的方差 $\sigma_{\hat{\beta}_1}^2$ 取决于两个解释变量 X_1 和 X_2 之间相关系数的平方。若 X_1 和 X_2 高度相关，则不论是正相关还是负相关，ρ_{X_1,X_2} 都接近于1，因此式(6-20)分母中的项 $1-\rho_{X_1,X_2}$ 非常小，此时 $\hat{\beta}_1$ 的方差大于 ρ_{X_1,X_2} 接近于0时的情形。

OLS估计量的联合正态大样本分布的另一个特征是，$\hat{\beta}_1$ 与 $\hat{\beta}_2$ 通常是相关的。当误差项为同方差时，OLS估计量 $\hat{\beta}_1$ 与 $\hat{\beta}_2$ 的相关系数是两个解释变量相关系数的相反数(见习题19.18)，即

$$\mathrm{corr}(\hat{\beta}_1,\hat{\beta}_2)=-\rho_{X_1,X_2} \tag{6-21}$$

附录6C Frisch-Waugh定理

多元回归模型的OLS估计量可通过一系列较为简单的回归来计算。考虑式(6-7)中的多元回归模型，β_1 的OLS估计量可通过以下三个步骤计算：

(1) 建立 X_1 对 $X_2, X_3, \cdots, X_k$ 的回归，令 $\widetilde{X}_1$ 表示该回归的残差。

(2) 建立 Y 对 $X_2, X_3, \cdots, X_k$ 的回归，令 $\widetilde{Y}$ 表示该回归的残差。

(3) 建立 $\widetilde{Y}$ 对 $\widetilde{X}_1$ 的回归。

其中，所有的回归模型都包含常数项(截距)。Frisch-Waugh定理表明，上述第三步中的OLS系数等于式(6-7)多元回归模型中 X_1 的OLS系数。

这一结论从数学的角度说明了多元回归模型的系数估计值 $\hat{\beta}_1$ 的含义，即 $\hat{\beta}_1$ 是指在控制其他解释变量不变时，X_1 对 Y 的影响。由于前两个回归(第一步和第二步)剔除了 Y 和 X_1 中与其他解释变量相关的部分，第三个回

归利用 Y 和 X_1 剔除（控制）其他 X 的影响之后的剩余部分进行回归，从而估计 X_1 对 Y 的影响。对 Frisch-Waugh 定理的证明留作第 19 章习题 19.17。

该定理同样表明了如何利用式（5-27）推导出式（6-20）。由于 $\hat{\beta}_1$ 是 $\widetilde{Y}$ 对 $\widetilde{X}_1$ 回归中的 OLS 回归系数，由式（5-27）可知，$\hat{\beta}_1$ 的同方差适用方差为 $\sigma^2_{\hat{\beta}_1}=\dfrac{\sigma^2_u}{n\sigma^2_{\widetilde{X}_1}}$，其中 $\sigma^2_{\widetilde{X}_1}$ 为 $\widetilde{X}_1$ 的方差；又因为 $\widetilde{X}_1$ 是 X_1 对 X_2 回归的残差（注意式（6-20）适用于含两个解释变量（$k=2$）的模型），由式（6-15）可得 $s^2_{\widetilde{X}_1}=(1-\overline{R}^2_{X_1,X_2})s^2_{X_1}$，其中 $\overline{R}^2_{X_1,X_2}$ 为 X_1 对 X_2 回归的调整 R^2。由 $s^2_{\widetilde{X}_1}\xrightarrow{p}\sigma^2_{\widetilde{X}_1}$，$\overline{R}^2_{X_1,X_2}\xrightarrow{p}\rho^2_{X_1,X_2}$ 与 $s^2_{X_1}\xrightarrow{p}\sigma^2_{X_1}$ 即可得到式（6-20）。

附录 6D　多元回归预测的最小二乘假设

本附录将附录 4D 中一元回归用于预测的最小二乘假设扩展到多元回归中，并讨论总结了总体回归线的 OLS 估计量的无偏性和预测的无偏性。

采用附录 4D 中的一元回归用于预测的最小二乘假设的符号，即样本外（“oos”）观测为（X_1^{oos}，X_2^{oos}，…，X_k^{oos}，Y^{oos}）。我们的目标是在给定 X_1^{oos}，X_2^{oos}，…，X_k^{oos} 的条件下预测 Y^{oos}。用（X_{1i}，X_{2i}，…，X_{ki}，Y_i）（$i=1$，2，…，n）作为估计回归系数的数据。多元回归用于预测的最小二乘假设为

$$E(Y\mid X_1, X_2, \cdots, X_k)=\beta_0+\beta_1X_1+\cdots+\beta_kX_k,$$
$$u=Y-E(Y\mid X_1, X_2, \cdots, X_k)$$

其中，

1.（X_1^{oos}，X_2^{oos}，…，X_k^{oos}，Y^{oos}）是从与（X_{1i}，X_{2i}，…，X_{ki}，Y_i）相同的总体分布中随机抽取的，$i=1$，2，…，n。

2.（X_{1i}，X_{2i}，…，X_{ki}，Y_i），$i=1$，2，…，n 是从它们的联合分布中随机抽取的独立同分布。

3. 不存在大的异常值：X_{1i}，X_{2i}，…，X_{ki}，Y_i 具有非零有限四阶矩。

4. 不存在完全多重共线性。

与附录 4D 中只有单个 X 的情形一样，β 被定义为总体条件期望的系数。这些 β 可能有也可能没有因果解释能力。假设 1 确保了使用样本内数据估计的条件期望与用于样本外预测的条件期望相同。其余的假设是技术假设，它们在因果推断中发挥着同样的作用。

当 β 被定义为线性条件期望的系数时，误差项 u 的条件均值必定为 0，即 $E(u_i\mid X_{1i}, X_{2i}, \cdots, X_{ki})=0$。因此，第 19 章的计算表明，OLS 估计量 $\hat{\beta}_0$，$\hat{\beta}_1$，…，$\hat{\beta}_k$ 是总体斜率系数的无偏估计量。在假设 2-4 下，这些条件期望斜率系数的 OLS 估计量是一致的，并且在大样本条件下服从正态分布。

根据 OLS 估计量的无偏性和第一个预测假设条件，可得样本外预测的无偏性，这保证了样本外观测和样本内观测是从同一个分布中独立抽取的。具体来说

$$
\begin{aligned}
&E(\hat{Y}^{oos}\mid X_1^{oos}=x_1^{oos}, x_2^{oos}, \cdots, X_k^{oos}=x_k^{oos})\\
&=E(\hat{\beta}_0+\hat{\beta}_1X_1^{oos}+\cdots+\hat{\beta}_kX_k^{oos}\mid X_1^{oos}=\\
&\quad x_1^{oos}, x_2^{oos}, \cdots, X_k^{oos}=x_k^{oos})\\
&=E(\hat{\beta}_0\mid X_1^{oos}=x_1^{oos}, x_2^{oos}, \cdots, X_k^{oos}=x_k^{oos})+\\
&\quad E(\hat{\beta}_1X_1^{oos}\mid X_1^{oos}=x_1^{oos}, x_2^{oos}, \cdots, X_k^{oos}=x_k^{oos})+\cdots+\\
&\quad E(\hat{\beta}_kX_1^{oos}\mid X_1^{oos}=x_1^{oos}, x_2^{oos}, \cdots, X_k^{oos}=x_k^{oos})\\
&=\beta_0+\beta_1x_1^{oos}+\cdots+\beta_kx_k^{oos}\\
&=E(Y^{oos}\mid X_1^{oos}=x_1^{oos}, x_2^{oos}, \cdots, X_k^{oos}=x_k^{oos})\quad(6\text{-}22)
\end{aligned}
$$

其中，由于样本外观测和样本内观测相互独立，且样本内条件均值的总体斜率系数的 OLS 估计量是无偏的，由此可得第三步。因为样本外观测和样本内观测是从同一个分布中抽取的，由此可得最后一个步。

附录 6E 包含控制变量的多元回归的 OLS 估计量的分布

本附录表明，在包含控制变量的多元回归(式(6-18))的最小二乘假设1下，我们所感兴趣的变量的因果效应的OLS估计量是无偏的。此外，在重要概念6-6的假设2-4下，OLS估计量是因果效应的一致估计量，并且在大样本条件下服从正态分布。控制变量系数的OLS估计量估计了条件期望的斜率系数，并且在大样本条件下围绕斜率系数服从正态分布。然而，控制变量的斜率系数一般不具有因果解释的能力。

与之前一样，假设条件期望是线性的，因此条件均值独立假设为

$$E(u_i \mid X_{1i}, X_{2i}, \cdots, X_{ki}, W_{1i}, W_{2i}, \cdots, W_{ri})$$
$$=E(u_i \mid W_{1i}, W_{2i}, \cdots, W_{ri})$$
$$=\gamma_0+\gamma_1 W_{1i}+\cdots+\gamma_k W_{ki} \qquad (6\text{-}23)$$

其中，γ 是系数。则 Y_i 的条件期望为：

$$E(Y_i \mid X_{1i}, X_{2i}, \cdots, X_{ki}, W_{1i}, W_{2i}, \cdots, W_{ri})$$
$$=E(\beta_0+\beta_1 X_{1i}+\cdots+\beta_k X_{ki}+\beta_{k+1} W_{1i}+\cdots+\beta_{k+r} W_{ri}+ u_i \mid X_{1i}, X_{2i}, \cdots, X_{ki}, W_{1i}, W_{2i}, \cdots, W_{ri})$$
$$=\beta_0+\beta_1 X_{1i}+\cdots+\beta_k X_{ki}+\beta_{k+1} W_{1i}+\cdots+\beta_{k+r} W_{ri}+ E(u_i \mid X_{1i}, X_{2i}, \cdots, X_{ki}, W_{1i}, W_{2i}, \cdots, W_{ri})$$
$$=(\beta_0+\gamma_0)+\beta_1 X_{1i}+\cdots+\beta_k X_{ki}+(\beta_{k+1}+\gamma_1) W_{1i}+\cdots+ (\beta_{k+r}+\gamma_r) W_{ri}$$
$$=\delta_0+\beta_1 X_{1i}+\cdots+\beta_k X_{ki}+\delta_1 W_{1i}+\cdots+\delta_r W_{ri} \qquad (6\text{-}24)$$

其中，第一步使用了式(6-17)，第二步运用了条件期望，第三步使用了式(6-23)，第四步定义了 $\delta_0=\beta_0+\gamma_0$ 以及 $\delta_j=\beta_{k+j}+\gamma_j$，$j=1, 2, \cdots, r$。

根据式(6-24)，我们可以将包含控制变量的多元回归方程重写成

$$Y=\delta_0+\beta_1 X_{1i}+\cdots+\beta_k X_{ki}+\delta_1 W_{1i}+\cdots+\delta_r W_{ri}+v_i \qquad (6\text{-}25)$$

其中，误差项 v_i 的条件均值为0：$E(v_i \mid X_{1i}, X_{2i}, \cdots, X_{ki}, W_{1i}, W_{2i}, \cdots, W_{ri})=0$。因此，对于该回归，重要概念6-4中的最小二乘假设是适用的，并将系数重新解释为式(6-24)中的系数。

根据式(6-25)给出的包含控制变量的多元回归模型的改写形式，可得以下三个结论。首先，OLS为式(6-25)中的 β 和 δ 提供了无偏估计量，并且在重要概念6-6的假设2-4下，OLS估计量是一致的，并且在大样本条件下服从正态分布。其次，在条件均值独立假设下，X 的系数的OLS估计量有因果解释能力，即它们是因果效应 $\beta_1, \cdots, \beta_k$ 的无偏估计量。最后，控制变量的系数一般没有因果解释能力。这是因为这些系数估计了控制变量的所有直接因果效应，再加上一个因 u_i 与控制变量之间的相关性而产生的项(γ)。因此，一般来说，在条件均值独立条件下，控制变量系数的OLS估计量存在遗漏变量偏差，虽然我们感兴趣的变量的系数并不存在遗漏变量偏差。

第 7 章 多元回归中的假设检验和置信区间

根据第 6 章的讨论，多元回归分析提供了一种减少遗漏变量偏差问题的方法，即在回归模型中增加解释变量从而控制这些解释变量的影响。多元回归模型的系数可通过 OLS 估计，由于不同样本下的估计量有所不同，因此和其他估计量一样，OLS 估计量也具有抽样不确定性。

本章将利用标准误、假设检验和置信区间等方法定量分析 OLS 估计量的抽样不确定性。与一元回归模型相比，多元回归中新出现的问题是同时涉及两个或多个回归系数的假设，检验这种“联合”假设需用到一种新的检验统计量，即 F 统计量。

7.1 节将一元回归中的统计推断方法扩展到多元回归中；7.2 节和 7.3 节将介绍如何对两个或多个回归系数进行假设检验；7.4 节将单个系数的置信区间概念推广到多个系数的置信集；在实际应用中，确定回归中应包括哪些解释变量非常重要，因此 7.5 节将讨论该问题的解决方法；在 7.6 节中，我们将利用加利福尼亚州数据集进行多元回归分析，以获得降低学生-教师比对测试成绩的因果效应的改进估计。

7.1 单个系数的假设检验和置信区间

本节将介绍多元回归模型中单个系数的标准误的计算、假设检验以及置信区间的构建方法。

7.1.1 OLS 估计量的标准误

回顾一元回归的情形，我们用样本均值代替期望从而计算 OLS 估计量的方差，即式(5-4)给出的估计量 $\hat{\sigma}^2_{\hat{\beta}_1}$。在最小二乘假设条件下，大数定律意味着样本均值收敛于其对应的总体均值，因此，例如有 $\frac{\hat{\sigma}^2_{\hat{\beta}_1}}{\sigma^2_{\hat{\beta}_1}} \xrightarrow{p} 1$。$\hat{\sigma}^2_{\hat{\beta}_1}$ 的平方根即为 $\hat{\beta}_1$ 的标准误 $SE(\hat{\beta}_1)$，而 $SE(\hat{\beta}_1)$ 正是 $\hat{\beta}_1$ 的标准差的估计量。

上述结论都可以直接推广到多元回归中。第 j 个回归系数的 OLS 估计量 $\hat{\beta}_j$ 的标准差可用其标准误 $SE(\hat{\beta}_j)$ 来估计，利用矩阵很好地表示该标准误(参见 19.2 节)。需要注意的是，一元回归和多元回归的标准误在概念上并没有区别。OLS 估计量的核心思想是，无论回归中有一个、两个还是多个解释变量，估计量在大样本条件下的正态性和标准差估计的一致性都不会改变。

7.1.2　单个系数的假设检验

假如你想在控制学区内英语学习者百分比不变的条件下，检验“学生-教师比对测试成绩没有影响”的假设，这相当于在测试成绩对 STR 和 PctEL 的回归中假设学生-教师比系数 β_1 的真值为零。更一般地，我们可能想要检验第 j 个解释变量的系数 β_j 的真值等于某个特定值(如 $\beta_{j,0}$)。其中，原假设的取值 $\beta_{j,0}$ 或者来自经济理论，或者来自实际应用中的决策问题(类似学生-教师比该例子的做法)。如果备择假设是双边的，则这两个假设的数学表述为

$$H_0: \beta_j = \beta_{j,0} \text{ vs. } H_1: \beta_j \neq \beta_{j,0} (\text{双边备择假设}) \tag{7-1}$$

例如，若第一个解释变量为 STR，则原假设“改变学生-教师比对测试成绩没有影响”对应于原假设为 $\beta_1 = 0$(即 $\beta_{1,0} = 0$)。我们的任务是使用样本数据检验原假设 H_0 和备择假设 H_1。

重要概念 5-2 给出了单变量回归中假设检验的步骤。其中，第一步是计算系数的标准误；第二步是利用重要概念 5-1 中的一般公式计算 t 统计量；第三步是利用表 A-1 中的累积正态分布表计算检验的 p 值，或者比较 t 统计量与选择的显著性水平对应的临界值的大小。这些步骤的理论前提是 OLS 估计量在大样本条件下服从正态分布，在原假设下该分布的均值为假设的真值，并且可以得到该分布的方差的一致估计量。

这些理论前提也适用于多元回归的情形。正如重要概念 6-5 中所指出的，$\hat{\beta}_j$ 的抽样分布近似正态分布，在原假设条件下该分布的均值为 $\beta_{j,0}$，且能得到方差的一致估计量。因此，我们可按照一元回归的假设检验步骤来检验式(7-1)中的原假设。

多元回归中单个系数的假设检验步骤见重要概念 7-1。

重要概念 7-1　检验原假设 $\beta_j = \beta_{j,0}$ 和备择假设 $\beta_j \neq \beta_{j,0}$

1. 计算 $\hat{\beta}_j$ 的标准误 $SE(\hat{\beta}_j)$。
2. 计算 t 统计量

$$t = \frac{\hat{\beta}_j - \beta_{j,0}}{SE(\hat{\beta}_j)} \tag{7-2}$$

3. 计算 p 值

$$p \text{ 值} = 2\Phi(-|t^{act}|) \tag{7-3}$$

其中 t^{act} 为实际计算得到的 t 统计量的值。在 5% 的显著水平下，如果 p 值小于 0.05，或等价地，$|t^{act}| > 1.96$，则拒绝原假设。

回归软件一般会自动计算检验 $\beta_j = 0$ 时的标准误、t 统计量和 p 值。

7.1.3　单个系数的置信区间

多元回归模型中构建置信区间的方法与一元回归模型相同，重要概念 7-2 总结了这一方法。

重要概念 7-1 中的假设检验方法和重要概念 7-2 中的置信区间构建方法都依赖于 OLS 估计量 $\hat{\beta}_j$ 在大样本下的渐近正态性。因此，我们需要记住，这些量化抽样不确定性的方法只有在大样本条件下才能使用。

重要概念 7-2　多元回归中单个系数的置信区间

系数 β_j 的 95%双边置信区间表示该区间包含 β_j 真值的概率为 95%，即 95%的所有可能随机样本中包含了 β_j 的真值。等价地，它是在 5%的显著性水平下，双边假设检验不能拒绝的 β_j 的取值集合。当样本容量足够大时，95%置信区间为

$$\beta_j \text{ 的 95\%置信区间} = [\hat{\beta}_j - 1.96SE(\hat{\beta}_j),\ \hat{\beta}_j + 1.96SE(\hat{\beta}_j)] \tag{7-4}$$

其中，将式(7-4)中的 1.96 换为 1.64，即可得 β_j 的 90%置信区间。

7.1.4　在测试成绩和学生-教师比实例中的应用

在控制学区内英语学习者百分比不变的条件下，我们能否拒绝学生-教师比变动对测试成绩没有影响的原假设？在控制学区内英语学习者百分比不变时，学生-教师比变动对测试成绩影响的 95%置信区间是什么？

现在我们可以回答这些问题了。构建测试成绩对 STR 和 PctEL 的回归，OLS 估计结果见式(6-12)，这里我们重新列出该回归结果，并在系数下方括号内给出了相应的标准误

$$\widehat{TestScore} = \underset{(8.7)}{686.0} - \underset{(0.43)}{1.10} \times STR - \underset{(0.031)}{0.650} \times PctEL \tag{7-5}$$

为了检验 STR 的系数真值为 0 的假设，我们首先利用式(7-2)计算 t 统计量。由于原假设中该系数的真值为 0，t 统计量为 $t=\frac{-1.10-0}{0.43}=-2.54$。相应的 p 值为 $2\Phi(-2.54)=1.1\%$，即我们可以拒绝原假设的最小显著性水平为 1.1%。由于 p 值小于 5%，因此在 5%的显著性水平下拒绝原假设(但在 1%的显著性水平下不能完全拒绝原假设)。

STR 系数的 95%置信区间为 $-1.10\pm1.96\times0.43=(-1.95, -0.26)$，即我们有 95%的把握确信系数的真值落在-1.95 与-0.26 之间。考虑到学区教育主管想要将学生-教师比减小 2 单位，则该变动对测试成绩影响的 95%置信区间为 $(-0.26\times-2, -1.95\times-2)=(0.52, 3.90)$。

在模型中加入每个学生的支出。基于目前的证据和式(7-5)的多元回归分析，你建议学区教育主管缩小班级规模以提高学区的测试成绩。但现在她又提出了更加细致的问题，如果她雇用更多的教师，则这些教师的工资开支要么来自缩减其他开支的预算(不再购买新的计算机，降低维修费用等)，要么要求增加预算(显然，纳税人并不会接受)。所以，她想知道，在控制每个学生的支出和英语学习者百分比不变的条件下，降低学生-教师比对测试成绩的影响是什么？

上述问题可通过估计测试成绩对学生-教师比、每个学生的支出和英语学习者百分比的回归模型来解决。该 OLS 回归线为

$$\widehat{TestScore} = \underset{(15.5)}{649.6} - \underset{(0.48)}{0.29} \times STR + \underset{(1.59)}{3.87} \times Expn - \underset{(0.032)}{0.656} \times PctEL \tag{7-6}$$

式中，Expn 为学区内每个学生每年的总支出，单位为千美元。

回归的结果引人注目，在控制每个学生的支出和英语学习者百分比的情况下，学生-教师比变动对测试成绩的影响的估计值很小，式(7-5)中 STR 系数的估计值为-1.10，但加入解释变量 Expn 后，在式(7-6)中它的估计值仅为-0.29。另外，此时检验系数真值为 0 的 t 统计量为 $t=\frac{-0.29-0}{0.48}=-0.60$，在 10%的显著性水平下不能拒绝总体系数为 0 的假设($|-0.60|<1.64$)。因此，式(7-6)的结果表明，在控制每个学生的总支出不变的情况下，没有证据表明聘用更多教师能提高测试成绩。

对于回归方程式(7-6)的一种解释是，在加利福尼亚州数据集中，学校管理者已有效地分配预算。假设，与事实相反，式(7-6)中 STR 的系数为负且绝对值很大，则学区主管能通过减少其他用途(如课本、技术、运动等)的资金而将其用于雇用更多教师，从而在控制支出的情况下缩小班级规模来提高测试成绩。但是，式(7-6)中 STR 的系数很小且不显著，这表明这种资金的转移对提高测试成绩收效甚微，即学区内的资金已得到有效分配。

注意到当加入 Expn 后，STR 系数的标准误从式(7-5)中的 0.43 提高到式(7-6)中的 0.48。这就验证了 6.7 节中关于不完全多重共线性的讨论，即两个解释变量间的相关性(STR 和 Expn 的相关系数为-0.62)会使得 OLS 估计量的精确度降低。

考虑一个愤怒的纳税人，他声称学生-教师比的系数(β_1)与每个学生支出的系数(β_2)的总体值都为零；即他假设 $\beta_1=0$ 且 $\beta_2=0$。由于式(7-6)中检验 $\beta_2=0$ 的 t 统计量为 $t=3.87/1.59=2.43$，我们似乎可以拒绝该原假设，但这种推理是有缺陷的。纳税人的假设是联合假设，因此我们需要用新的工具 F 统计量来检验它。

7.2 联合假设的检验

本节将介绍多元回归系数的联合假设的表述，以及如何用 F 统计量对此进行检验。

7.2.1 两个或多个系数的假设检验

联合原假设。考虑式(7-6)中测试成绩对学生-教师比、每个学生的支出和英语学习者百分比的回归。愤怒的纳税人假设，在控制英语学习者百分比条件下，无论是学生-教师比还是每个学生的支出都对测试成绩没有影响。由于式(7-6)中 STR 和 Expn 分别是第一个和第二个解释变量，因此该假设的数学表述为

$$H_0:\ \beta_1=0 \text{ 且 } \beta_2=0,\ H_1:\ \beta_1 \text{ 和 } \beta_2 \text{ 不同时为 } 0 \tag{7-7}$$

学生-教师比的系数(β_1)与每个学生支出的系数(β_2)都为 0 的假设是多元回归模型中系数联合假设的一个例子。此时，原假设限制了两个回归系数的取值，因此我们可以说式(7-7)中的原假设对多元回归模型施加了两个参数**约束**(restriction)：$\beta_1=0$ 且 $\beta_2=0$。

一般来说，**联合假设**(joint hypothesis)是指对回归系数施加两个或两个以上约束的假设。考虑如下形式的联合原假设和备择假设

$$H_0:\ \beta_j=\beta_{j,0},\ \beta_m=\beta_{m,0},\ \cdots,\ \text{共 } q \text{ 个约束}; \tag{7-8}$$
$$H_1:\ H_0 \text{ 中的 } q \text{ 个约束中至少有一个不成立}$$

式中，β_j，β_m，…，表示不同的回归系数，$\beta_{j,0}$，$\beta_{m,0}$，…，表示原假设条件下这些系数的取值。式(7-7)中的原假设就是式(7-8)的一个特例。另举一个例子，设某个回归有 $k=6$ 个解释变量，原假设为其中第 2 个、第 4 个和第 5 个解释变量的系数为 0，即 $\beta_2=0$，$\beta_4=0$，$\beta_5=0$，共有 $q=3$ 个约束。

如果构成式(7-8)的原假设 H_0 的等式中至少有一个不成立，则联合原假设是错误的。因此，备择假设为原假设 H_0 中至少有一个等式不成立。

为什么不能逐个检验系数？虽然看似可以利用常用的 t 统计量逐个检验每个约束从而检验联合假设，但下述计算表明这种方法并不可靠。具体地，假设你对式(7-6)中的联合原假设 $\beta_1=0$ 且 $\beta_2=0$ 感兴趣，令 t_1 表示检验原假设 $\beta_1=0$ 的 t 统计量，t_2 表示检验原假设 $\beta_2=0$ 的 t 统计量。如果你使用逐个检验，将会发生什么呢：当 t_1 或 t_2 的绝对值大于 1.96 时拒绝联合原假设吗？

由于这个问题涉及两个随机变量 t_1 和 t_2，对该问题进行回答需要知道 t_1 和 t_2 的联合抽样分布。正如 6.6 节中提到的，在大样本条件下 $\hat{\beta}_1$ 和 $\hat{\beta}_2$ 服从联合正态分布，因此在联合原假设条件下，t 统计量 t_1 和 t_2 服从二维正态分布，其中每个 t 统计量的均值为 0 且方差为 1。

首先考虑两个 t 统计量不相关，即在大样本中相互独立的特殊情况。逐个检验时检验的水平是多少？即当原假设为真时，拒绝原假设的概率为多少？超过 5%！在这种特殊情况下，我们可以准确计算出这种方法的拒绝概率。只有当 $|t_1|\leqslant 1.96$ 且 $|t_2|\leqslant 1.96$ 时不能拒绝原假设，又由于 t 统计量相互独立，则 $\Pr(|t_1|\leqslant 1.96$ 且 $|t_2|\leqslant 1.96)=\Pr(|t_1|\leqslant 1.96)\times\Pr(|t_2|\leqslant 1.96)=0.95^2=0.9025=90.25\%$，所以当原假设为真时，拒绝原假设的概率为 $1-0.95^2=9.75\%$。这种逐个检验的方法增加了拒绝原假设的机会：当第一个 t 统计量无法拒绝原假设时，还可以尝试第二个 t 统计量，从而非常容易拒绝原假设。

如果解释变量相关，则情况将更加复杂。逐个检验方法的显著性水平取决于解释变量间的相关系数。由于逐个检验方法的检验水平存在问题，即原假设为真时的拒绝概率不等于合意的显著性水平，因此我们需要采用新的方法。

一种方法是改进逐个检验法，使其采用不同的临界值以确保总显著性水平等于合意的显著性水平，这种方法称为 Bonferroni 方法，详见附录 7A。其优点是应用广泛，缺点是检验的势较低，即备择假设实际上为真的，它经常无法拒绝原假设。

幸运的是，还有一种更强大的检验联合假设的方法，特别是解释变量之间高度相关时，该方法基于 F 统计量。

7.2.2 F 统计量

***F* 统计量**（*F*-statistic）可用于检验回归系数的联合假设。现代回归软件中都编入了 F 统计量的公式。我们先讨论两个约束条件的情形，然后再推广到 q 个约束的一般情形。

两个约束的 F 统计量。当联合原假设包含两个约束 $\beta_1=0$ 且 $\beta_2=0$ 时，F 统计量通过下述公式将两个 t 统计量 t_1 和 t_2 联系在一起

$$F=\frac{1}{2}\left(\frac{t_1^2+t_2^2-2\hat{\rho}_{t_1,t_2}t_1t_2}{1-\hat{\rho}_{t_1,t_2}^2}\right) \tag{7-9}$$

式中，$\hat{\rho}_{t_1,t_2}$ 为两个 t 统计量之间相关系数的估计量。

为了理解式(7-9)中的 F 统计量，首先假定我们已知 t 统计量之间不相关，因而可以去掉包

含 $\hat{\rho}_{t_1,t_2}$ 的项，此时式(7-9)化简为 $F=\frac{1}{2}(t_1^2+t_2^2)$，即 F 统计量为 t 统计量平方和的均值。在原假设下，t_1 和 t_2 是相互独立的标准正态随机变量(因为我们已假设 t 统计量之间不相关)，F 统计量服从 $F_{2,\infty}$ 分布(参见 2.4 节)。在 β_1 非零或 β_2 非零(或二者均非零)的备择假设下，则 t_1^2 或 t_2^2(或二者)将会很大，从导致该检验拒绝原假设。

一般情况下，t 统计量之间是相关的，式(7-9)中 F 统计量的公式修正了这种相关性。通过该修正使得在原假设条件下，无论 t 统计量之间是否相关，F 统计量在大样本条件下都服从 $F_{2,\infty}$ 分布。

q 个约束的 F 统计量。19.3 节给出了异方差-稳健的 F 统计量公式，用来检验式(7-8)中联合原假设的 q 个约束。回归软件也都包含这个公式，便于在实际应用中计算 F 统计量。

在原假设条件下，F 统计量在大样本条件下服从 $F_{q,\infty}$ 分布，即在大样本条件下，当原假设成立时

$$F \text{ 统计量服从 } F_{q,\infty} \text{ 分布} \tag{7-10}$$

因此，对特定的 q 和所需的显著性水平，可以从表 A-4 的 $F_{q,\infty}$ 分布表中查到 F 统计量的临界值。

利用统计软件计算异方差-稳健的 F 统计量。如果用异方差-稳健标准误计算 F 统计量，则无论误差项是同方差还是异方差，原假设成立和大样本条件下 F 统计量都服从 $F_{q,\infty}$。正如我们在 5.4 节讨论过的，大多数统计软件都默认计算同方差适用的标准误，因此在某些软件包中你必须选择“稳健”的选项才会使用异方差-稳健的标准误(或者更一般地，“协方差矩阵”的异方差-稳健估计值)计算 F 统计量。本节结尾处将讨论同方差适用的 F 统计量。

利用 F 统计量计算 p 值。利用 $F_{q,\infty}$ 分布信息可计算 F 统计量的 p 值。令 F^{act} 表示实际计算得到的 F 统计量，由于原假设成立条件下的 F 统计量在大样本时服从 $F_{q,\infty}$ 分布，因此 p 值为

$$p\text{-value}=\Pr[F_{q,\infty}>F^{act}] \tag{7-11}$$

式(7-11)中的 p 值可通过查 $F_{q,\infty}$ 分布表得到(或者，由于 χ_q^2 随机变量是 $F_{q,\infty}$ 随机变量的 q 倍，因此也可以查 χ_q^2 分布表)。此外，现在大多数统计软件都包括了累积 χ^2 分布和 F 分布的计算公式，因此也可以用计算机软件计算 p 值。

“整体”回归 F 统计量。“整体”回归的 F 统计量检验的是所有斜率系数均为 0 的联合假设，即原假设和备择假设为

$$H_0: \beta_1=0, \beta_2=0, \cdots, \beta_k=0; \ H_1: \text{至少存在一个 } j \text{ 使得 } \beta_j\neq 0, j=1, 2, \cdots, k \tag{7-12}$$

在该原假设条件下，尽管截距(在原假设下是 Y_i 的均值)可能非零，但所有解释变量都无法解释 Y_i 的任何变化。式(7-12)中的原假设是式(7-8)的一个特例，整体回归 F 统计量是在式(7-12)所示的原假设条件下计算得到的 F 统计量。在大样本条件下，当原假设为真时，整体回归 F 统计量服从 $F_{k,\infty}$ 分布。

$q=1$ 时的 F 统计量。当 $q=1$ 时，F 统计量只检验单个约束，即联合原假设退化为单个回归系数的原假设，此时 F 统计量为 t 统计量的平方。

7.2.3 在测试成绩和学生-教师比实例中的应用

现在我们可以在控制学区内英语学习者百分比不变的情况下，检验学生-教师比和每个学生支出的系数都为 0 的原假设，其备择假设为至少有一个系数不为 0。

为了检验该假设，我们需要利用式(7-6)中 TestScore 对 STR、Expn 和 PctEL 的回归结果来计

算检验原假设$\beta_1=0$且$\beta_2=0$的异方差-稳健F统计量，计算得到F统计量为5.43。在原假设条件下，该统计量在大样本下服从$F_{2,\infty}$分布。$F_{2,\infty}$分布的5%临界值为3.00(见表A-4)，1%的临界值为4.61。利用样本数据计算得到的F统计量值5.43大于4.61，因此在1%的显著性水平下拒绝原假设。如果原假设为真，则我们不大可能抽取到F统计量为5.43的样本(p值为0.005)。根据式(7-6)计算的F统计量值，我们可以拒绝纳税人关于学生-教师比和每个学生的支出都不影响测试成绩的假设。

7.2.4 同方差适用的F统计量

我们正在讨论的问题可采用另一种表述方式：放松原假设的q个约束能否显著提高回归的拟合优度呢？我们清楚，当原假设为真时，这种拟合效果的改善不可能仅仅是随机抽样变化导致的结果。这一重新表述表明，F统计量和回归R^2之间存在某种联系：大的F统计量似乎对应着R^2的大幅增加。事实上，如果误差项u_i是同方差的，这种直观表述可用精确的数学公式表示。具体来看，如果误差项是同方差的，F统计量可以用回归拟合效果的改善程度表示，而这种改善用回归残差平方和的减小或回归R^2的增大来度量。由于该统计量只有在误差项为同方差时才是可靠的，所以称这一F统计量为同方差适用的F统计量。相比而言，使用19.3节中的公式计算得到的异方差-稳健的F统计量，无论误差项是同方差还是异方差时都是可靠的。尽管同方差适用的F统计量受到很大限制，但其简单的公式能让我们清楚地认识到F统计量的作用。此外，可以使用标准回归输出计算该简单公式，例如可以在包含回归R^2但不包括F统计量的表中报告。

同方差适用的F统计量可基于两个回归残差平方和计算得到。第一个回归称为**受约束回归**(restricted regression)，其假定原假设为真。当原假设具有式(7-8)的形式，即所有假设值都为0时，受约束回归是这些回归系数都为0，也就是去掉了相关解释变量的回归。第二个回归称为**无约束回归**(unrestricted regression)，其假定备择假设为真。如果无约束回归中的残差平方和远小于受约束回归中的残差平方和，则拒绝原假设。

同方差适用的F统计量(homoskedasticity-only F-statistic)由下式给出

$$F=\frac{\dfrac{SSR_{restricted}-SSR_{unrestricted}}{q}}{\dfrac{SSR_{unrestricted}}{n-k_{unrestricted}-1}} \tag{7-13}$$

式中，$SSR_{restricted}$为受约束回归的残差平方和；$SSR_{unrestricted}$为无约束回归的残差平方和；q为原假设下约束条件的个数；$k_{unrestricted}$为无约束回归中解释变量的个数。

基于以上两个回归的R^2可以得到同方差适用的F统计量的一个等价公式

$$F=\frac{\dfrac{R^2_{unrestricted}-R^2_{restricted}}{q}}{\dfrac{1-R^2_{unrestricted}}{n-k_{unrestricted}-1}} \tag{7-14}$$

如果误差项为同方差，则随着样本容量n的增大，利用式(7-13)或式(7-14)计算得到的同方差适用的F统计量与异方差-稳健的F统计量之间的差异将趋于零。因此，若误差项为同方差，当原假设成立时，同方差适用的F统计量在大样本条件下服从$F_{q,\infty}$分布。

这些公式易于计算，且有很好的直观解释。但可惜的是，这些公式只能应用于误差项为同方差的情形。由于同方差只是一种特殊情形，在经济数据或其他社会科学数据的应用中很少出现，因此在实际应用中，用同方差适用的 F 统计量替代异方差-稳健的 F 统计量得到的结果并不令人满意。

当 n 较小时使用同方差适用的 F 统计量。若误差项为独立同分布、同方差且服从正态分布，则式(7-13)和式(7-14)定义的同方差适用的 F 统计量在原假设条件下服从 $F_{q,n-k_{\text{unrestricted}}-1}$ 分布(参见 19.4 节)，该分布的临界值依赖于 q 和 $n-k_{\text{unrestricted}}-1$(见表 A-5)。正如在 2.4 节中讨论过的，随着 n 增大，分布 $F_{q,n-k_{\text{unrestricted}}-1}$ 将收敛于分布 $F_{q,\infty}$；当样本容量足够大时，这两个分布之间的差异可忽略不计。但在小样本下，二者的临界值不同。

在测试成绩和学生-教师比实例中的应用。为了检验在控制 PctEL 不变的条件下，STR 和 Expn 总体系数为 0 的原假设，我们需要先计算受约束回归和无约束回归的 R^2(或 SSR)。无约束回归包括解释变量 STR、Expn 和 PctEL，由式(7-6)给出，R^2 为 0.436 6，即 $R^2_{\text{unrestricted}}=0.4366$。受约束回归中加入了 STR 和 Expn 的真实系数都为 0 的原假设，即在原假设条件下，总体回归模型中不包括解释变量 STR 和 Expn，仅包括 PctEL(因为原假设未对 PctEL 的系数施加约束)。受约束回归的 OLS 估计结果为

$$\widehat{TestScore}=\underset{(1.0)}{664.7}-\underset{(0.032)}{0.671}\times PctEL,\quad R^2=0.4149 \tag{7-15}$$

因此，$R^2_{\text{restricted}}=0.4149$，约束个数为 $q=2$，观测个数为 $n=420$，无约束回归中解释变量个数为 $k=3$。则利用式(7-14)计算的同方差适用的 F 统计量为

$$F=\frac{\dfrac{0.4366-0.4149}{2}}{\dfrac{1-0.4366}{420-3-1}}=8.01$$

由于 8.01 大于 1%的临界值 4.61，因此在 1%的显著性水平下拒绝原假设。

这个例子说明了同方差适用的 F 统计量的优点和缺点，其优点是计算简单，用计算器即可完成；其主要缺点是同方差适用的 F 统计量与异方差-稳健的 F 统计量可能相差较大，如在本例中检验联合假设的异方差-稳健 F 统计量值为 5.43，而同方差适用的 F 统计量值为 8.01，二者差异较大。

7.3 涉及多个系数的单约束检验

某些经济理论表明，单个约束可能涉及两个或多个回归系数。例如，理论可能意味着原假设是 $\beta_1=\beta_2$ 的形式，即第一个和第二个解释变量的影响相同。在这种情况下，原假设的备择假设为两个系数不相等

$$H_0: \beta_1=\beta_2 \text{ vs. } H_1: \beta_1\neq\beta_2 \tag{7-16}$$

这个原假设只有一个约束，则 $q=1$，但是该约束涉及多个系数(β_1 和 β_2)。为了检验这一假设，我们需要修正现有的方法。具体而言，有两种检验方法，但采用哪种方法更简便则取决于你所使用的软件。

方法 1：直接检验约束。一些统计软件包中有专门用于检验类似式(7-16)所示的约束的命令，其采用 F 统计量，由于 $q=1$，因此在原假设下该统计量服从 $F_{1,\infty}$ 分布。(由 2.4 节可知，标

准正态随机变量的平方服从 $F_{1,\infty}$ 分布，因此 $F_{1,\infty}$ 分布的 95%分位数为 $1.96^2=3.84$。)

方法 2：变换回归。如果统计软件不能直接检验此类约束，那么我们可以通过一个技巧来检验式(7-16)中的假设，这种方法通过重新表示原来的回归方程，将式(7-16)中的约束转化为单个系数的约束。为了具体地说明这一方法，假设回归模型中只有两个解释变量 X_{1i} 和 X_{2i}，则总体回归具有如下形式

$$Y_i=\beta_0+\beta_1X_{1i}+\beta_2X_{2i}+u_i \tag{7-17}$$

接下来介绍这个技巧：通过减去再加上 β_2X_{1i}，可得 $\beta_1X_{1i}+\beta_2X_{2i}=\beta_1X_{1i}-\beta_2X_{1i}+\beta_2X_{1i}+\beta_2X_{2i}=(\beta_1-\beta_2)X_{1i}+\beta_2(X_{1i}+X_{2i})=\gamma_1X_{1i}+\beta_2V_i$，其中 $\gamma_1=\beta_1-\beta_2$，$V_i=X_{1i}+X_{2i}$。于是式(7-17)的总体回归可改写为

$$Y_i=\beta_0+\gamma_1X_{1i}+\beta_2V_i+u_i \tag{7-18}$$

由于该式中的系数 γ_1 为 $\gamma_1=\beta_1-\beta_2$，因此在原假设条件下有 $\gamma_1=0$，而在备择假设下 $\gamma_1\neq0$。因此，通过将式(7-17)转化为式(7-18)，我们将涉及两个系数的单约束转化为一个回归系数的约束。

由于当前的约束只涉及一个回归系数 γ_1，因此可以利用 7.1 节中的 t 统计量检验式(7-16)中的原假设。在实际应用中，先将原有的两个解释变量相加得到新的解释变量 V_i，再估计 Y_i 对 X_{1i} 和 V_i 的回归，则系数之差 $\beta_1-\beta_2$ 的 95%置信区间为 $\hat{\gamma}_1\pm1.96\mathrm{SE}(\hat{\gamma}_1)$。

利用相同的技巧可将这种方法推广到回归模型的其他约束(见习题 7.9)。

第一种方法中的 F 统计量等于第二种方法中 t 统计量的平方，从这个意义上说，两种方法是等价的。

推广到 $q>1$ 的情形。原假设中有 q 个约束，一般其中某些(甚至全部)约束可能涉及多个系数。7.2 节中的 F 统计量可以推广到这类联合假设中，F 统计量可采用 $q=1$ 时所介绍的两种方法进行计算，至于实践中采用哪种方法较好则取决于你所使用的回归软件。

7.4　多个系数的置信集

本节将研究两个或多个回归系数的置信集构建方法。该方法类似于 7.1 节中利用 t 统计量构建单个系数置信区间的方法，但多个系数的置信集是基于 F 统计量来构建的。

两个或多个系数的 **95%置信集**(95% confidence set)是指以 95%的概率包含这些系数真值的集合，因此置信集是单个系数的置信区间在两个或多个系数时的推广。

计算 95%置信区间是找出 5%的显著性水平下 t 统计量不能拒绝的系数取值集合，该方法也可以推广到多个系数的情形。具体而言，假设你想构建两个系数 β_1 和 β_2 的置信集。7.2 节已介绍了如何利用 F 统计量检验联合原假设：$\beta_1=\beta_{1,0}$ 且 $\beta_2=\beta_{2,0}$。假设你想在 5%的显著性水平下检验所有 $\beta_{1,0}$ 和 $\beta_{2,0}$ 的可能取值，对每一组($\beta_{1,0}$，$\beta_{2,0}$)的可能取值计算 F 统计量，如果大于 5%的显著性水平下的临界值 3.00，则拒绝原假设。由于检验中的显著性水平为 5%，因而有 95%的样本不能拒绝 β_1 和 β_2 的总体真值。因此，利用 F 统计量在 5%的显著性水平下不能拒绝的取值集合便构成了 β_1 和 β_2 的 95%置信集。

尽管这种尝试所有 $\beta_{1,0}$ 和 $\beta_{2,0}$ 的可能取值的方法在理论上可行，但在实际应用中使用置信集的公式要简单得多。这个包含任意多个系数的置信集公式是基于第 19.3 节给出的 F 统计量计算得到的。当只有两个系数时，得到的置信集是一个椭圆。

为了说明这一点，基于式(7-6)回归的估计结果，图 7-1 给出了在控制英语学习者百分比

的条件下，学生-教师比和每个学生支出的系数的95%置信集(或置信椭圆)。点(0，0)不在椭圆内，这说明在5%的显著性水平下F统计量拒绝这两个系数都为0的原假设，该结论在7.2节中我们已经知道。图7-1中的椭圆呈现“左低右高”的形状，这是由于解释变量STR和Expn之间的相关系数为负(每个学生支出越多的学校，其学生-教师比往往越低)导致了$\hat{\beta}_1$和$\hat{\beta}_2$之间的相关系数为正。

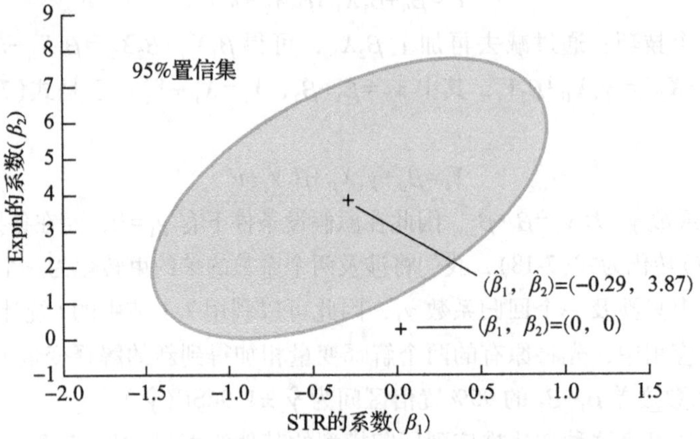

图7-1 式(7-6)中STR和Expn系数的95%置信集

注：STR的系数(β_1)和Expn的系数(β_2)的95%置信集是一个椭圆。该椭圆内包含了在5%的显著性水平下F统计量不能拒绝的β_1和β_2的取值集合。点(β_1，β_2)=(0，0)不在椭圆内，因此在5%的显著性水平下拒绝原假设H_0：$\beta_1=0$且$\beta_2=0$。

7.5 多元回归的模型设定

当估计因果效应时，确定多元回归模型中应包含的解释变量(或者说选择回归模型的设定形式)，是很有挑战性的任务，在这方面并不存在通用规则可循。但不必失望，我们仍有一些原则可以参考。首先应从预防遗漏变量偏差的角度思考，依据你实证分析方面的专业知识，着重获得你感兴趣变量的因果效应的无偏估计，不应主要依赖拟合优度指标(例如R^2或$\bar{R}^2$)。

7.5.1 模型设定与控制变量的选择

在估计感兴趣的效应时，多元回归模型可以控制可能导致遗漏变量偏差的因素。但是如何选择正确的控制变量呢？

重要概念6-5的条件均值独立可以回答上述问题。即为了消除遗漏变量偏差，控制变量必须满足$E(u_i|X_i, W_i)=E(u_i|W_i)$，其中$X_i$为变量或感兴趣的变量，$W_i$为一个或多个控制变量。该条件要求，在具有相同控制变量的观测值中，感兴趣的变量被随机分配，或者，u的均值不再依赖于X，使得感兴趣的变量类似随机分配。如果该条件不成立，则即使保持W不变，仍然存在与X相关的Y的遗漏决定因素，使得结果存在遗漏变量偏差。

实际上，确定包含哪些控制变量需要通过应用程序和判断进行思考。例如，在相同的英语学习者百分比下，不同学区的经济条件可能存在很大差异。因为学区的预算取决于地区的富裕程度，较富裕的学区班级人数会较少，即使在英语学习者百分比相同的情况下也是如此。此外，富裕的家庭往往有更多的课外学习机会。如果是这样，即使控制了英语学习者百分比，该地区的富裕程度也满足重要概念 6-1 中遗漏变量偏差的两个条件。这导致在成绩测试的回归中包含一个或多个额外的控制变量，额外的控制变量衡量该学区的经济条件。

我们解决控制变量选择问题的方法分为两步。第一步，综合利用专业判断、经济理论与数据收集方法等知识，选择核心或基础回归变量集合，这种使用基础回归变量集合的回归有时被称为**基础设定形式**(base specification)。基础设定形式应包括最感兴趣的变量及根据专业判断和经济理论选取的控制变量，但专业判断和经济理论很少起决定性作用，并且根据经济理论选取的变量其数据通常难以获得。因此，第二步是列出候选的**备选设定形式**(alternative specification)，即备选的解释变量集合。如果感兴趣变量的系数估计值和所有备选设定形式中的大小差不多，则说明利用基础设定形式得到的估计值是可靠的。但如果感兴趣变量的系数估计值在不同设定形式中变化很大，则说明最初的设定形式中存在遗漏变量偏差，则要提高对备选设定形式的关注。我们将在第 9.2 节详细介绍模型设定的方法。

7.5.2　R^2 和调整 R^2 在实际应用中的解释

R^2 或 $\overline{R}^2$ 接近于 1，表示解释变量能够很好地预测样本中被解释变量的取值，这使得这两个统计量能够成为评价模型预测能力的有用工具，但现实中我们很容易会过多地解读这两个工具。

在使用 R^2 或 $\overline{R}^2$ 时，要注意以下四个可能出现的“陷阱”：

(1) **R^2 或 $\overline{R}^2$ 的增大并不一定表明加入模型的变量在统计上显著。**无论解释变量是否在统计上显著，将它加入模型中都会使 R^2 增加；尽管不一定会增加 $\overline{R}^2$，但即使 $\overline{R}^2$ 增加了也不一定表示新加入的解释变量的系数在统计上显著。为了确定新加入的变量是否在统计上显著，你需要用 t 统计量进行假设检验。

(2) **高 R^2 或 $\overline{R}^2$ 并不表示解释变量是被解释变量的真实原因。**设想建立测试成绩对每个学生的停车场面积的回归方程。停车场面积与学生-教师比相关，与学校位于郊区或市区相关，也可能与地区收入相关，而这些都与测试成绩相关，故测试成绩对每个学生停车场面积的回归可能会具有较高的 R^2 和 $\overline{R}^2$，但并不存在真实的因果关系。(试想告诉学区教育主管提高测试成绩的方法是增大停车场面积!)

(3) **高 R^2 或 $\overline{R}^2$ 并不表示不存在遗漏变量偏差。**回顾 6.1 节中关于测试成绩对学生-教师比回归中遗漏变量偏差的讨论，其中并未涉及回归的 R^2，这是因为它在讨论中不起任何作用，无论 R^2 是低还是高，都可能存在遗漏变量偏差。反过来，低 R^2 也不一定表示存在遗漏变量偏差。

(4) **高 R^2 或 $\overline{R}^2$ 并不一定表示解释变量集是最合适的，而低 R^2 或 $\overline{R}^2$ 也不一定表示解释变量集不合适。**在多元回归模型中，什么样的解释变量集才是最合适的，这一问题很难回答，对其讨论将贯穿全书。选取解释变量时必须考虑遗漏变量偏差、数据可得性、数据质量，以及最重要的经济理论和实际应用中的各种问题，所有这些问题都不能简单地用较高(或较低)的 R^2 或 $\overline{R}^2$ 来回答。

重要概念 7-3 概括了这些要点。

重要概念 7-3　R^2 或 $\overline{R}^2$：能说明什么，不能说明什么

R^2 和 $\overline{R}^2$ 能够告诉我们，解释变量能否很好地预测或“解释”被解释变量的值。如果 R^2(或

$\bar{R}^2$)的值接近于 1，则解释变量能够很好地预测被解释变量。如果 R^2(或 $\bar{R}^2$)接近于 0，则相反。

R^2 或 $\bar{R}^2$ 不能告诉我们：

1. 回归模型中包含的解释变量是否在统计上显著。
2. 解释变量是不是被解释变量的真实原因。
3. 是否存在遗漏变量偏差。
4. 是否选择了最合适的解释变量集。

7.6 对测试成绩数据集的分析

本节将利用加利福尼亚州的数据集来分析学生-教师比对测试成绩的影响。该分析展示了如何利用多元回归分析降低遗漏变量偏差，同时展示如何利用表格列出回归结果。

对基础设定形式和备选设定形式的讨论。接下来，我们将在控制其他导致遗漏变量偏差的因素的条件下，估计学生-教师比的变动对测试成绩的影响。许多潜在的因素会影响学区的平均测试成绩，其中一些因素与学生-教师比相关，因此在回归中遗漏这些因素会造成遗漏变量偏差。由于例如课外学习机会等的这些因素不能直接度量，因此我们在回归中加入了与这些因素相关的控制变量。如果控制变量的加入能够保证条件均值独立假设成立，那么学生-教师比的系数就表示，在控制其他因素不变的条件下，学生-教师比变动对测试成绩的影响。换句话说，我们的目标是加入这样一种控制变量，一旦它们保持不变，学生-教师比就是类似随机分配的。

此处我们考虑三个影响测试成绩的学生背景特征控制变量：仍然在学习英语的学生百分比、享受学校午餐优惠的学生百分比，以及一个新的变量，即学区内其家庭有资格享受加利福尼亚州收入补贴项目的学生百分比。家庭是否有资格享受收入补贴项目部分取决于家庭收入，但其标准要严于午餐优惠计划。因此后两个变量分别度量了学区内经济困难学生的比例(它们的相关系数为 0.74)。理论和经验判断并不能告诉我们，应该用哪个变量来控制测试成绩的决定因素中那些与经济背景相关的因素。在基础设定形式中，我们选取享受午餐优惠计划的学生百分比，而在备选设定形式中，我们选取家庭享受收入补贴计划的学生百分比。

测试成绩对这些变量的散点图如图 7-2 所示，每个变量都与测试成绩呈现出负相关关系，测试成绩与英语学习者百分比、享受午餐优惠的学生百分比、家庭享受收入补贴计划的学生百分比这三个变量的相关系数依次为-0.64、-0.87 和-0.63。

解释变量应该用什么单位?回归分析中的一个实际问题是解释变量应使用什么单位。在图 7-2 中，变量的单位是百分比，所以数据的取值范围是 0～100。此外，我们也可以用小数而不是百分比来表示这些变量，例如可以用英语学习者比例 $FracEL\left(=\frac{PctEL}{100}\right)$ 来代替 PctEL，其取值范围是 0～1 而不是 0～100。更一般地，回归分析中需要决定被解释变量和解释变量的单位，那么你该如何选择呢?

一般而言，变量采用的单位应使回归结果更易于理解或方便解释。在测试成绩的例子中，被解释变量的单位自然是测试成绩本身。在式(7-5)给出的 TestScore 对 STR 和 PctEL 的回归结果中，PctEL 的系数为-0.650。若将它替换为 FracEL，虽然回归的 R^2 和 SER 不变，但其系数变为-65.0。在使用 PctEL 的回归模型中，其系数表示保持 STR 不变时，英语学习者百分比增加

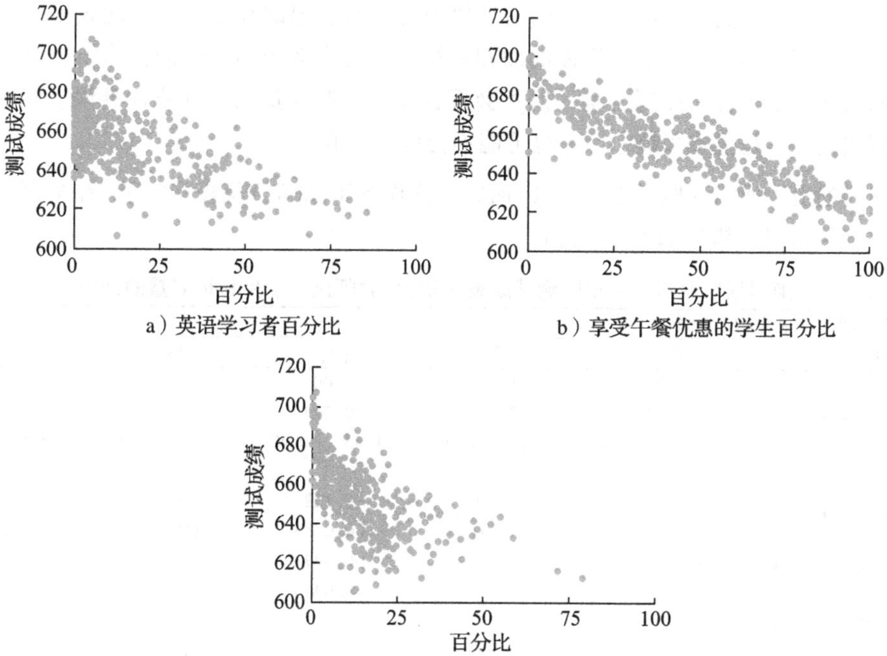

a）英语学习者百分比

b）享受午餐优惠的学生百分比

c）享受收入补贴计划的学生百分比

图 7-2　测试成绩对三个学生特征变量的散点图

注：散点图表明，测试成绩与这三个变量都呈负相关关系，其中与英语学习者百分比的相关系数为 −0.64（图 7-2a）；与享受午餐优惠的学生百分比的相关系数为 −0.87（图 7-2b）；与享受收入补贴的学生百分比的相关系数为 −0.63（图 7-2c）。

1%所引起的测试成绩的变化；而在使用 FracEL 的回归模型中，其系数表示在保持 STR 不变时，英语学习者比例增加 1（即增加 100%）所引起的测试成绩的变化。尽管这两种设定形式在数学上是等价的，但用 PctEL 似乎更便于解释。

在确定解释变量的单位时，还应使得到的回归结果便于读取。例如，如果一个解释变量以美元为单位，其系数为 0.000 003 56，但若将其单位替换为百万美元，则系数为 3.56，这样更容易读取。

用表格展示回归结果。展示多元回归结果的最佳方法是什么？到目前为止，我们利用类似式（7-6）和式（7-19）的回归方程估计式展示回归结果。当只有少数解释变量和回归方程时，这种展示方法很直观，但当解释变量和回归方程较多时，这种展示方法容易引起混淆。此时，一种较好的展示方法是利用表格列出多个回归结果。

表 7-1 列出了测试成绩对不同解释变量集的回归结果，其中每一列代表一次回归结果，且每次回归的被解释变量都是测试成绩。第一行的报告报告了一些统计量，这些统计量可以为我们感兴趣的学生 - 教师比对测试成绩的因果效应提供相关信息。第一个条目是 OLS 估计值，下方圆括号内的值是它的标准误。标准误的下方是总体系数的 95%置信区间。尽管读者可以通过估计值和标准误计算出置信区间，但这样做很不方便，因此表格为读者提供了这一信息。如果读者对检验系数取某个特定值（例如 0）的原假设感兴趣，那么在 5%显著性水平下，我们可以通过检查该值是否包含在 95%置信区间中来实现。

剩下的变量是控制变量和常数项（截距）；对于这些变量，只报告了 OLS 估计值及其标准误。尽管读者希望可以使用提供的信息来计算控制变量系数的置信区间，但是由于控制变量上的系数不具有因果解释能力，这些系数的估计值通常具有有限的独立性，因此表格中并没有报告这些系数的置信区间。正如本书后面的回归一样，在有许多控制变量的情形下，有些时候表格只简单列出回归中包含的控制变量，但不会报告任何控制变量的系数或标准误。同样地，关于截距的值我们并不是很感兴趣，因此也可能不会报告该值。

最后三行列出了回归的概括性统计量（回归标准误 SER 和 $\overline{R}^2$）及样本容量（在本例中，所有回归的样本容量相同，都有 420 个观测值）。

表 7-1　加利福尼亚州小学学区测试成绩对学生-教师比和学生特征变量的回归结果

被解释变量：学区内平均测试成绩					
解释变量	(1)	(2)	(3)	(4)	(5)
学生-教师比(X_1)	-2.28 (0.52) [-3.30, -1.26]	-1.10 (0.43) [-1.95, -0.25]	-1.00 (0.27) [-1.53, -0.47]	-1.31 (0.34) [-1.97, -0.64]	-1.01 (0.27) [-1.54, -0.49]
控制变量					
英语学习者百分比(X_2)		-0.650 (0.031)	-0.122 (0.033)	-0.488 (0.030)	-0.130 (0.036)
享受午餐优惠的学生百分比(X_3)			-0.547 (0.024)		-0.529 (0.038)
享受收入补贴的学生百分比(X_4)				-0.790 (0.068)	0.048 (0.059)
截距	698.9 (10.4)	686.0 (8.7)	700.2 (5.6)	698.0 (6.9)	700.4 (5.5)
概括性统计量					
SER	18.58	14.46	9.08	11.65	9.08
$\overline{R}^2$	0.049	0.424	0.773	0.626	0.773
n	420	420	420	420	420

注：这些回归都是利用附录 4A 中描述的加利福尼亚州 K-8(Kindergarten to Eighth Grade)学区数据得到的估计结果。系数下方圆括号内为相应的异方差-稳健标准误。对于我们感兴趣的变量，学生-教师比，其 95%置信区间由标准误下方的中括号内给出。

迄今为止，我们用方程形式给出的所有信息都可以在表中找到，例如，考虑测试成绩对学生-教师比的回归，不加任何控制变量，该回归的方程形式为

$$\widehat{TestScore} = \underset{(10.4)}{698.9} - \underset{(0.52)}{2.28}\times STR,\ \overline{R}^2=0.049,\ SER=18.58,\ n=420 \tag{7-19}$$

该式包含的所有信息都可以在表 7-1 的第(1)列中找到。学生-教师比系数的估计值(-2.28)为第一行中的数值，标准误(0.52)为系数估计值下方括号内的数值。该表通过报告 95%置信区间增加了式(7-19)中的信息。截距估计值(698.9)及其标准误(10.4)在“截距”行给出（正如 6.2 节中所讨论的，由于截距可看作一个取值总等于 1 的常数解释变量的系数，因此有时这一行也标注为“常数”）。类似地，最后几行列出了 $\overline{R}^2$(0.049)、SER(18.58)及样本容量 n(420)。如果解释变量所处的行中某些条目是空白的，则表示该回归中不包括这些解释变量。

尽管该表没有列出 t 统计量，但可以通过给出的数据进行计算。例如，在第(1)列中，检验“学生-教师比系数为 0”该假设的 t 统计量为 $\frac{-2.28}{0.52}=-4.38$。在 1%的显著水平下拒绝该假设。

第(2)列至第(5)列给出了加入度量学生特征的控制变量后的回归估计结果。其中第(2)列给出了式(7-5)表示的测试成绩对学生-教师比和英语学习者百分比的回归模型的估计结果。

第(3)列给出了基础设定形式，在该设定形式中，解释变量为学生-教师比、英语学习者百

分比和享受优惠午餐的学生百分比，其中后两个变量是控制变量。

第(4)列和第(5)列给出了备选设定形式，备选设定形式考察了用不同方法度量的学生家庭经济背景对测试成绩的影响。第(4)列将享受收入补贴的学生百分比作为解释变量加入到了回归模型中，而第(5)列中把两个度量学生经济背景的变量同时加入到了回归模型中。

对实证结果的讨论。根据上述结果可得出以下三个结论：

1. 控制这些表示学生特征的变量使得学生-教师比对测试成绩的影响的估计值减少了一半左右，但该影响的估计值对回归中具体加入了哪些控制变量不是非常敏感。在所有的回归模型设定形式中，在 5%的显著性水平下，学生-教师比的系数为 0 的原假设被拒绝。在第(2)列至第(5)列的四种包含控制变量的回归模型设定形式中，在保持学生特征不变的条件下，学生-教师比减少 1 时，平均测试成绩会提高 1 分左右。

2. 表示学生特征的变量对测试成绩有较强预测能力。当只有学生-教师比时，它只能解释测试成绩变化的一小部分信息，即第(1)列中的 $\bar{R}^2$ 为 0.049，但加入表示学生特征的变量后 $\bar{R}^2$ 大幅提高。例如基础设定形式中的 $\bar{R}^2$(第(3)列中的回归)为 0.773，学生特征变量系数的符号与图 7-2 中所示一致，即英语学习者较多或贫困学生较多的学区测试成绩较低。

3. 与其他两个控制变量相比，享受收入补贴的学生百分比这一变量是多余的。正如在第(5)列中所报告的，在第(3)列加入该控制变量后对学生-教师比系数的估计值及其标准误的影响非常小。

7.7　结论

第 6 章开头处提到一个令人担忧的问题，在测试成绩对学生-教师比的回归中，遗漏的影响测试成绩的学生特征变量可能与学区内学生-教师比相关。如果是这样，该学区学生-教师比中将包含这些遗漏的学生特征对测试成绩的影响，因此 OLS 估计量会存在遗漏变量偏差。为了减少这种潜在的遗漏变量偏差，我们讨论了加入各种表示学生特征的控制变量(英语学习者百分比及两个度量学生经济背景的变量)后的回归。尽管在保持控制变量不变时，仍有可能在 5%的显著性水平下拒绝“学生-教师比对测试成绩的影响为 0”的原假设，但这样做使得学生-教师比对测试成绩的影响降低了一半。由于消除了由学生特征引起的遗漏变量偏差，因此对学区教育主管而言，多元回归的估计值、假设检验和置信区间比第 4 章和第 5 章中的一元回归的估计结果更有参考价值。

在本章和之前章节的分析中，我们都假定总体回归方程是解释变量的线性形式，即给定解释变量时 Y_i 的条件期望是一条直线，但并没有充分理由支持这样的假定。事实上，对班级规模较大的学区和班级规模较小的学区，缩小班级规模对测试成绩的影响可能大不相同，此时总体回归线不再是 X 的线性函数，而是关于 X 的非线性函数。为了使我们的分析推广到关于 X 的非线性回归函数中，下一章将介绍一些新方法。

本章小结

1. 单个回归系数的假设检验和置信区间与第 5 章中一元线性回归模型中的步骤相同，例如，β_1 的 95%置信区间为 $\hat{\beta}_1 \pm 1.96SE(\hat{\beta}_1)$。
2. 当系数涉及多个约束时的假设称为联合假

设，可利用 F 统计量进行检验。

3. 回归模型形式的设定过程为，首先确定一个处理遗漏变量偏差的基础设定形式。基础设定形式可以通过引入其他解释变量（这些新的解释变量可以控制其他潜在的遗漏变量偏差）进行修正。仅追求高的 R^2 可能导致回归模型无法估计感兴趣的因果效应。

重要术语

约束　联合假设　F 统计量　受约束回归
无约束回归　同方差适用的 F 统计量　95%置信集　基础设定形式
备选设定形式　Bonferroni 检验

内容复习

7.1 对于多元回归模型 $Y_i=\beta_0+\beta_1X_{1i}+\beta_2X_{2i}+u_i$，说明如何检验原假设 $\beta_1=0$？如何检验原假设 $\beta_2=0$？如何检验联合假设 $\beta_1=0$ 且 $\beta_2=0$？为什么联合假设检验的结果不能由前两个检验的结果直接得出？

7.2 举出一个具有高 R^2 但回归系数估计量有偏且非一致的回归例子。说明为什么 R^2 会很高？为什么 OLS 估计量是有偏且非一致的。

7.3 什么是控制变量？控制变量与感兴趣的变量有什么不同？表 7-1 中哪些变量是控制变量？哪些是感兴趣的变量？控制变量的系数是否度量了因果效应？试解释。

习　题

前 6 个习题需要用到基于 2015 年《当前人口调查》的数据计算得到的回归，其估计结果见下表。该数据集包括 7 178 名全职工人的下列信息：最高学历（高中或大学本科）、年龄（25～34 岁）、居住地、婚姻状况及孩子数量。为解答下述习题，设

AHE＝平均时薪
College＝二元变量（大学取 1，高中取 0）
Female＝二元变量（女性取 1，男性取 0）
Age＝（用年表示）
Northeast＝二元变量（居住地位于东北部取 1，否则取 0）
Midwest＝二元变量（居住地位于中西部取 1，否则取 0）
South＝二元变量（居住地位于南部取 1，否则取 0）
West＝二元变量（居住地位于西部取 1，否则取 0）

平均时薪对性别、教育二元变量及其他特征的回归结果

被解释变量：平均时薪（AHE）			
解释变量	(1)	(2)	(3)
College(X_1)	10.47 (0.29)	10.44 (0.29)	10.42 (0.29)
Female(X_2)	−4.69 (0.29)	−4.56 (0.29)	−4.57 (0.29)
Age(X_3)		0.61 (0.05)	0.61 (0.05)
Northeast(X_4)			0.74 (0.47)
Midwest(X_5)			−1.54 (0.40)
South(X_6)			−0.44 (0.37)
截距	18.15 (0.19)	0.11 (1.46)	0.33 (1.47)
概括性统计量和联合检验			
检验地区效应＝0 的 F 统计量			9.32
SER	12.15	12.03	12.01
R^2	0.165	0.182	0.185
n	7 178	7 178	7 178

注：数据来源于 2015 年《当前人口调查》。

7.1 对于这三种回归中的任一种，计算原假设为 College 项的系数为 0，双边备择假设为该系数不为 0 该假设检验的 p 值。

7.2 根据表中第(1)列的回归结果回答：

(1) 由这个回归估计得到的高中学历和大学学历的平均时薪的差异在 5%的显著性水平下显著吗？构建该差异的 95%置信区间。

(2) 由这个回归估计得到的男性和女性的平均时薪的差异在 5%的显著性水平下显著吗？构建该差异的 95%置信区间。

7.3 根据表中第(2)列的回归结果回答：

(1) 年龄是收入的主要决定因素吗？利用适当的统计检验或置信区间解释你的答案。

(2) Sally 是一位 29 岁的女性，拥有大学学历；Betsy 是一位 34 岁的女性，拥有大学学历。构建她们收入差异的 95%置信区间。

7.4 根据表中第(3)列的回归结果回答：

(1) 地区间存在显著差异吗？利用适当的假设检验解释你的答案。

(2) Juanita 是一位居住在南部的 28 岁女性，拥有大学学历；Molly 是一位居住在西部的 28 岁女性，拥有大学学历；Jennifer 是一位居住在中西部的 28 岁女性，拥有大学学历。

①构建 Juanita 和 Molly 收入差异的 95%置信区间。

②解释你将如何构建 Juanita 和 Jennifer 收入差异的 95%置信区间。(如果在回归中加入 West 并去掉 Midwest 会怎样？)

7.5 利用 1992 年的数据(从 1993 年 3 月的《当前人口调查》中随机抽取 4 000 个观测值，并用消费者价格指数转化为 2015 年的美元价格)重新估计表 7-2 中第(2)列中的回归，其结果如下

$$\widehat{AHE} = \underset{(1.65)}{1.30} + \underset{(0.34)}{8.94}College - \underset{(0.30)}{4.38}Female + \underset{(0.05)}{0.67}Age$$

$$SER = 9.88,\ R^2 = 0.21$$

该回归结果与第(2)列给出的 2015 年的回归结果相比，College 的系数在统计上有显著变化吗？

7.6 评价下述论断："在所有的回归中，Female 的系数都是绝对值很大的负数，且在统计上显著，这就提供了有力的统计证据表明在美国劳动力市场中存在性别歧视。"

7.7 第 6 章习题 6.5 给出了如下回归(其中加上了标准误)

$$\widehat{Price} = \underset{(23.9)}{119.2} + \underset{(2.61)}{0.485}BDR + \underset{(8.94)}{23.4}Bath + \underset{(0.011)}{0.156}Hsize + \underset{(0.00048)}{0.002}Lsize + \underset{(0.311)}{0.090}Age - \underset{(10.5)}{48.8}Poor$$

$$R^2 = 0.72,\ SER = 41.5$$

(1) BDR 的系数在统计上显著异于 0 吗？

(2) 一般来说，有 5 个卧室的房屋比只有 2 个卧室的房屋价格要高，这与你在(1)中的答案相符吗？与更一般的回归相符吗？

(3) 某业主购买了附近 2 000 平方英尺的地皮，请给出她的房屋价值变化的 99%置信区间。

(4) 地皮面积的单位是平方英尺，你认为还有其他更合适的单位吗？为什么？

(5) 回归中去掉 BDR 和 Age 后的 F 统计量为 $F=0.08$，那么 BDR 和 Age 的系数在 10%的显著性水平下统计上显著异于 0 吗？

7.8 根据书中表 7-1 回答下列问题：

(1) 计算每个回归的 R^2。

(2) 对第(5)列中的回归，计算检验 $\beta_3 =$

$\beta_4=0$ 的同方差适用 F 统计量，该统计量在 5% 的显著性水平下显著吗？

(3) 对第(5)列的回归，利用附录 7A 中讨论的 Bonferroni 检验法检验 $\beta_3=\beta_4=0$。

(4) 构建第(5)列回归中 β_1 的 99% 置信区间。

7.9 考虑回归模型 $Y_i=\beta_0+\beta_1X_{1i}+\beta_2X_{2i}+u_i$，使用 7.3 节中的方法 2，即变换回归，并利用 t 统计量检验：

(1) $\beta_1=\beta_2$。

(2) $\beta_1+2\beta_2=0$。

(3) $\beta_1+\beta_2=1$。(提示：你必须重新定义回归中的被解释变量。)

7.10 式(7-13)和式(7-14)为同方差适用 F 统计量的两个公式，证明这两个公式是等价的。

实证练习

7.1 利用第 5 章实证练习 5.3 中的数据集 Birthweight_Smoking 回答下列问题。首先，运行三个回归模型：

(a) Birthweight 对 Smoker 的回归。

(b) Birthweight 对 Smoker、Alcohol 和 Nprevist 的回归。

(c) Birthweight 对 Smoker、Alcohol、Nprevist 和 Unmarried 的回归。

(1) 在每个回归模型中，抽烟对婴儿体重影响的估计值为多少？

(2) 利用每个回归模型的估计结果，构建抽烟对婴儿体重影响的 95% 置信区间。

(3) 回归模型(a)中 Smoker 的系数是否存在遗漏变量偏差？试解释。

(4) 回归模型(b)中 Smoker 的系数是否存在遗漏变量偏差？试解释。

(5) 考虑回归模型(c)中 Unmarried 的系数。

①构建系数的 95% 置信区间。

②该系数在统计上显著吗？试解释。

③系数的量纲是否很大？试解释。

④某家庭倡议小组注意到，该系数很大则表明，平均而言，鼓励结婚的公共政策将会使婴儿更健康。你同意吗？(提示：回顾 6.8 节中关于控制变量的讨论。讨论 Unmarried 变量控制了哪些因素，又会对系数的解释产生哪些影响。)

(6) 考虑数据集中的各种其他控制变量。你认为哪一个应该加入回归模型中？使用类似表 7-1 的表格，考察你在问题(2)中构建的置信区间的稳健性。母亲抽烟对婴儿出生时体重的影响的合理 95% 置信区间是多少？

7.2 在第 4 章和第 5 章中关于收入和身高的实证练习中，你估计得到工人的身高对他(或她)的收入影响较大且在统计上显著。对该结果的一种解释是存在遗漏变量偏差，身高与能够影响收入的某个遗漏变量相关。例如，Case 和 Paxson (2008)提出，认知能力(或智力)是遗漏因素。他们描述的机制简单明了：平均而言，在胚胎和幼儿时期的营养不良和环境方面的其他有害因素不利于认知和身体的发展。认知能力会在人生后半段影响收入，因此它是回归中的遗漏变量。

(1) 假设上述机制是正确的。试说明 Earnings 对 Height 的回归如何导致了遗漏变量偏差。这一偏差会导致斜率的估计值过大还是过小？(提示：回顾式(6-1)。)

如果上述机制是正确的，在回归模

型中加入度量认知能力的变量后，估计出的身高对收入的影响应该不再显著。不幸的是，数据集中并没有能够直接度量认知能力的指标，但该数据集中有一项个体“受教育年限”指标。由于认知能力高的学生往往更可能接受更长时间的教育，因此受教育年限可以作为控制认知能力的变量；在该情形中，把教育因素加入回归模型中会消除(至少会减小)遗漏变量偏差问题。

利用受教育年限变量(educ)构建四个二元变量：工人是否有高中以下学历(若 educ<12，则 LT_HS=1，否则取0)，高中学历(若 educ=12，则 HS=1，否则取0)，大学(若 12<educ<16，则 Some_Col=1，否则取0)和学士学位或更高(若 educ≥16，则 College=1，否则取0)。

(2) 首先只考虑女性，构建回归(a) Earnings 对 Height 的回归，(b) Earnings 对 Height 的回归，并加入控制变量 LT_HS，HS 和 Some_Col。

①比较回归(a)和(b)中 Height 的系数的估计值。系数是否发生了大的变化？系数的变化情况是否与“认知能力解释”一致？试解释。

②回归模型中省略了变量 College。为什么？

③检验“所有教育变量的系数都等于0”这一联合原假设。

④讨论 LT_HS，HS 和 Some_Col 的系数的估计值。(每个系数的估计值都为负，LT_HS 系数的绝对值大于 HS 系数的绝对值，而 HS 系数的绝对值又大于 Some_Col 系数的绝对值。为什么？这些系数度量了什么？)

(3) 利用男性的数据重新回答问题(2)。

附录 7A　联合假设的 Bonferroni 检验

7.2 节中的方法是检验多元回归中联合假设的首选方法。但如果研究者只给出了回归结果，没有检验你感兴趣的联合约束，而你也没有原始数据的话，那么你将无法计算 7.2 节中的 F 统计量。本附录介绍了一种当你只有回归结果表的情况下检验联合假设的方法，该方法是建立在 Bonferroni 不等式基础上的一种通用方法的应用。

Bonferroni 检验是基于单个假设的 t 统计量的联合假设检验，即 Bonferroni 检验是 7.2 节中逐个检验的 t 统计量方法的改进。基于临界值 $c>0$ 的联合原假设 $\beta_1=\beta_{1,0}$ 且 $\beta_2=\beta_{2,0}$ 的 Bonferroni 检验使用如下规则：

当 $|t_1|\leqslant c$ 且 $|t_2|\leqslant c$ 时接受原假设；

否则拒绝原假设

(Bonferroni 逐个 t 统计量检验) (7-20)

其中 t_1 和 t_2 分别是检验对 β_1 和 β_2 的约束的 t 统计量。

其中的技巧是选择临界值 c，使得原假设为真时逐个检验拒绝的概率不超过要求的显著性水平，如 5%。我们可通过 Bonferroni 不等式选择临界值 c，以同时考虑到两个被检验的约束及 t_1 和 t_2 之间可能存在的相关性。

7A.1　Bonferroni 不等式

Bonferroni 不等式是概率论中的一个基本结论。令 A 和 B 表示事件，令 $A\cap B$ 表示事件 A 和 B 的交集，令 $A\cup B$ 表示事件 A 和 B 的并集，则 $\Pr(A\cup B)=\Pr(A)+\Pr(B)-\Pr(A\cap B)$。由于 $\Pr(A\cap B)\geqslant 0$，所以 $\Pr(A\cup B)\leqslant \Pr(A)+$

$\Pr(B)$[⊖]。令A表示事件$|t_1|>c$，B表示事件$|t_2|>c$，则利用不等式$\Pr(A\cup B)\leqslant\Pr(A)+\Pr(B)$可得

$$\Pr(|t_1|>c \text{ or } |t_2|>c \text{ or both})\leqslant\Pr(|t_1|>c)+\Pr(|t_2|>c) \tag{7-21}$$

7A.2 Bonferroni检验

由于事件“$|t_1|>c$或$|t_2|>c$或二者同时成立”是逐个检验的拒绝域，因此式(7-21)给出了逐个检验方法的有效临界值。在大样本时的原假设条件下，$\Pr(|t_1|>c)=\Pr(|t_2|>c)=\Pr(|Z|>c)$。因此，式(7-21)表明，在大样本条件下，逐个检验在原假设条件下拒绝的概率为

$$\Pr_{H_0}(\text{逐个检验拒绝})\leqslant 2\Pr(|Z|>c) \tag{7-22}$$

式(7-22)中的不等式提供了选择临界值c的方法，从而使得在原假设下拒绝的概率等于要求的显著性水平。Bonferroni方法可推广到多个系数的情形，若原假设中有q个约束，则只要将式(7-22)右边的因子改为q即可。

表7-2中给出了不同显著性水平及$q=2$、3和4时逐个Bonferroni检验的临界值c。例如，假设要求的显著性水平为5%且$q=2$，根据表7-2，临界值c为2.241，该临界值是标准正态分布的1.25%分位数，故$\Pr(|Z|>2.241)=2.5\%$。因此，式(7-22)告诉我们，在大样本条件下，式(7-20)中逐个检验在原假设条件下的拒绝概率最多为5%。

表7-2 联合假设的逐个t统计量检验的Bonferroni临界值

约束个数(q)	显著性水平		
	10%	5%	1%
2	1.960	2.241	2.807
3	2.128	2.394	2.935
4	2.241	2.498	3.023

表7-2中的临界值要大于检验单个约束时的临界值。例如，$q=2$时，只要有一个t统计量的绝对值大于2.241，则拒绝逐个检验的原假设。这一临界值大于1.96，其原因是修正了7.2节中讨论的由于观察两个t统计量而出现第二次拒绝原假设的机会。

若单个t统计量是基于异方差-稳健标准误得到的，则无论是否存在异方差，Bonferroni检验都是可靠的，但如果t统计量是根据同方差适用的标准误计算的，则Bonferroni检验只有在同方差的情形下才可靠。

7A.3 在测试成绩例子中的应用

检验式(7-6)中学生-教师比和每个学生支出的真实系数联合原假设的t统计量分别为$t_1=-0.60$，$t_2=2.43$。尽管$|t_1|<2.241$，但由于$|t_2|>2.241$，因此在5%的显著性水平下，使用Bonferroni检验，我们可以拒绝联合原假设。但是，t_1和t_2的绝对值都小于2.807，所以在1%的显著性水平下，使用Bonferroni检验，我们不能拒绝联合原假设。然而，利用7.2节中的F统计量，我们可以在1%的显著性水平下拒绝该假设。

⊖ 这个不等式可用于推导其他不等式。例如，它意味着$1-\Pr(A\cup B)\geqslant 1-[\Pr(A)+\Pr(B)]$。令$A^c$和$B^c$分别表示“非$A$”和“非$B$”事件。由于$A\cup B$的补集为$A^c\cap B^c$，故$1-\Pr(A\cup B)=\Pr(A^c\cap B^c)$，由此可得Bonferroni不等式$\Pr(A^c\cap B^c)\geqslant 1-[\Pr(A)+\Pr(B)]$。

第 8 章 非线性回归函数

CHAPTER 8

从第 4 章到第 7 章，我们均假定总体回归函数是线性的，即总体回归函数的斜率是常数。在因果推断的背景下，该常数斜率意味着对于解释变量 X 的所有取值，X 的单位变化对 Y 的影响都是相同的。然而，当 X 的变化对 Y 的影响实际上依赖于一个或多个解释变量的取值时，情况会怎样？在这种情形下，总体回归函数是非线性的。

本章将介绍两类建立非线性回归模型的方法。其中，第一类方法适用于解释变量 X_1 和 Y 的关系依赖于 X_1 本身取值时的情形。例如，对于两组不同规模的班级，一组是规模足够小而便于管理的班级，另一组是规模很大以至于教师仅能维持班级秩序的班级，班级规模减小 1 个单位所产生的影响肯定有差异，因此测试成绩(Y)是学生-教师比(X_1)的非线性函数，且在 X_1 较小时函数图形更陡峭。图 8-1 给出了一个具有该特征的非线性函数的例子，其中图 8-1a 的线性回归函数的斜率为常数，而图 8-1b 的非线性回归函数在 X_1 较小时更陡峭。8.2 节将介绍第一类方法。

当 X_1 变化对 Y 的影响取决于另一个独立变量 X_2 的值时，第二类方法是有用的。例如，仍在学习英语的学生可能特别受益于更多的一对一关注；如果是这样的话，在有许多学生仍在学习英语的学区，降低学生-教师比对测试成绩的影响将大于英语学习者较少的学区。在本例中，学生-教师比(X_1)下降对考试分数(Y)的影响取决于该学区英语学习者百分比(X_2)。如图 8-1c 所示，这种类型的总体回归函数的斜率取决于 X_2 的值。第二类方法将在 8.3 节中介绍。

在 8.2 节和 8.3 节的模型中，总体回归函数是解释变量的非线性函数。虽然这些模型对于 X 是非线性的，但它们是未知参数(系数)的线性函数，它们也属于第 6 章和第 7 章介绍的多元回归模型，因此此类模型中的未知参数也可以利用 OLS 和第 6 章及第 7 章介绍的方法进行估计和检验。在某些应用中，回归函数是 X 和参数的非线性函数，此时参数不能用 OLS 法估计，但可用非线性最小二乘法进行估计，

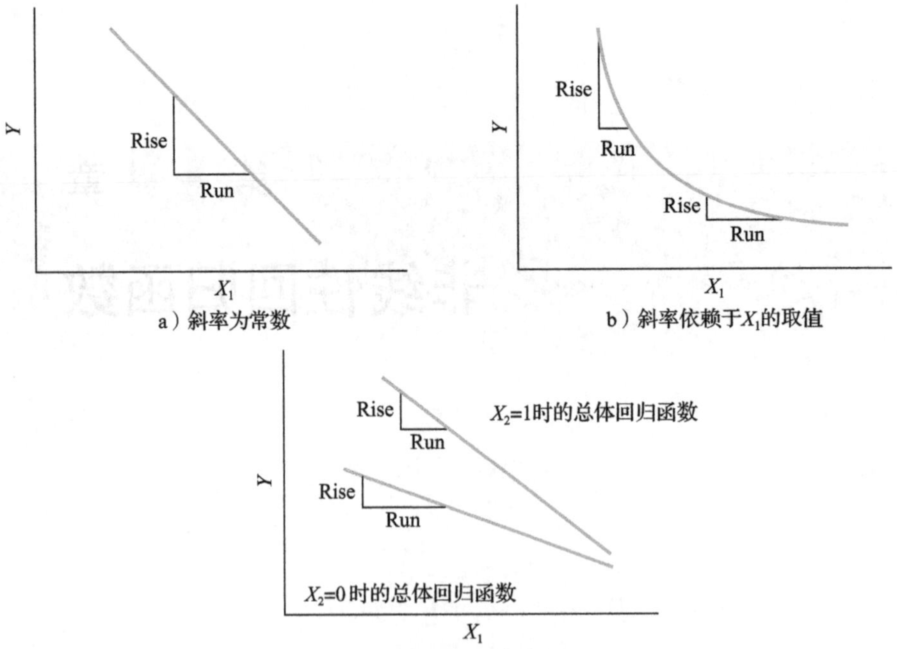

a）斜率为常数　　b）斜率依赖于X_1的取值

c）斜率依赖于X_2的取值

图 8-1　具有不同斜率的总体回归函数

注：图 8-1a 中总体回归函数的斜率为常数；图 8-1b 中总体回归函数的斜率依赖于 X_1 的取值；图 8-1c 中总体回归函数的斜率依赖于 X_2 的取值。

附录 8A 中将讨论这样的例子，并讨论非线性最小二乘估计量。

8.1 节和 8.2 节将介绍包含一个解释变量的非线性回归函数，8.3 节将其推广到包含两个解释变量的情形。为了简化分析，在 8.1～8.3 节的实例中，我们都未考虑其他解释变量，但如果目标是使用非线性模型来估计因果效应，那么分析那些通过控制变量来解决遗漏变量偏差的非线性回归模型也非常重要。在 8.4 节中，我们将把非线性回归函数与控制变量结合起来，研究在保持学生特征不变的条件下，测试成绩和学生-教师比之间可能存在的非线性关系。

本章的目标是介绍非线性回归函数建模的主要方法。在 8.1～8.3 节中，我们假设多元回归中因果推断的最小二乘假设(重要概念 6-4)成立，并针对非线性回归函数进行了修正。在这些假设条件下，非线性回归函数的斜率可以解释为因果效应。当其中一些解释变量是控制变量时(重要概念 6-6 中的假设)，并且当这些函数用于预测时(附录 6D 中的假设)，本章的方法也可用于对非线性总体回归函数的建模。

8.1　非线性回归函数的一般建模方法

本节将展示非线性总体回归函数建模的一般方法，该方法是将多元回归模型推广到非线性回归模型的情形，因此可利用第 6 章和第 7 章中的方法进行估计和检验。我们首先回到加利福尼亚州的测试成绩数据集中，考虑测试成绩和学区收入之间的关系。

8.1.1　测试成绩与学区收入

在第 7 章中，我们发现学生的家庭经济背景是解释其标准化测试成绩的一个重要因素。在分析中，我们通过两个经济背景变量(享受午餐优惠的学生百分比和享受家庭收入补贴的学生百分比)来衡量学区内来自贫困家庭学生的比例。另一种应用更广泛的家庭经济背景衡量方法是采用学区内的人均年收入（“学区收入”）。加利福尼亚州的数据集中包括了用千美元(以 1998 年美元计)表示的学区收入，并且样本中各学区的收入水平差距很大：在我们 420 个学区样本中，学区人均收入的中位数为 13.7(人均收入 13 700 美元)，取值范围在 5.3(人均收入 5 300 美元)到 55.3(人均收入 55 300 美元)之间。

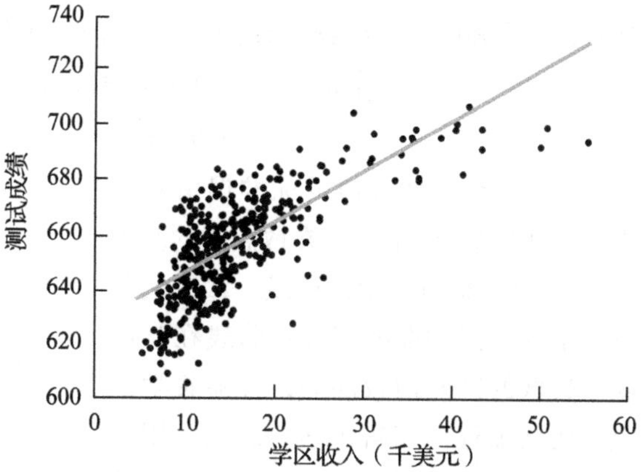

图 8-2　测试成绩对学区收入的散点图及其线性 OLS 回归函数

注：测试成绩与学区收入之间存在正相关关系(相关系数为 0.71)，但线性 OLS 回归线不能充分描述二者之间的关系。

图 8-2 中绘制了加利福尼亚州数据集中五年级学生的测试成绩对学区收入的散点图，以及这两个变量的 OLS 回归线。测试成绩与学区收入之间呈强正相关关系，相关系数为 0.71，表明来自富裕地区的学生比来自贫困地区的学生的测试成绩更高。但这个散点图还有一个特点，即在收入非常低(低于 10 000 美元)和非常高(高于 40 000 美元)的两端，大部分点都落在回归线下方，而当收入在 15 000～30 000 美元时，大部分点都落在回归线上方。这说明测试成绩和学区收入之间存在一种线性回归模型无法刻画的曲线关系。

简言之，学区收入与测试成绩之间似乎不是线性关系，而是非线性关系。非线性函数是斜率不为常数的函数，即若函数 $f(X)$ 的斜率对所有的 X 都相同，则函数 $f(X)$ 是线性的；若函数 $f(X)$ 的斜率依赖于 X 的取值，则函数 $f(X)$ 是非线性的。

如果直线不能充分描述学区收入和测试成绩之间的关系，那应该用什么呢？试想一条能够拟合图 8-2 中散点的曲线，该曲线在地区收入较低时比较陡峭，随着地区收入增加而逐渐变得平缓。从数学上近似该曲线的一种方法是将这种关系建模为二次函数形式，即建立测试成绩关于收入和收入平方的函数模型。

测试成绩(TestScore)关于收入(Income)的二次总体回归模型的数学表达式为

$$\text{TestScore}_i=\beta_0+\beta_1\text{Income}_i+\beta_2\text{Income}_i^2+u_i \tag{8-1}$$

式中，β_0、β_1 和 β_2 是系数；Income_i 为第 i 个学区的收入；Income_i^2 为第 i 个学区收入的平方；u_i 为误差项，同前面一样，表示除收入外的其他决定测试成绩的因素。由于总体回归函数 $E(\text{TestScore}_i \mid \text{Income}_i)=\beta_0+\beta_1\text{Income}_i+\beta_2\text{Income}_i^2$ 是解释变量 Income 的二次函数，因此式(8-1)被称为**二次回归模型**(quadratic regression model)。

如果已知式(8-1)中的系数 β_0、β_1 和 β_2 的取值，我们就能根据学区收入来预测测试成绩。但这些总体系数是未知的，因此需要利用样本数据对其进行估计。

乍一看，要找到能最佳拟合图 8-2 中数据的二次函数的各个系数值似乎很困难，但将式(8-1)与重要概念 6-2 中的多元回归模型相比较，你会发现式(8-1)，实际上，是一个包含两个解释变量的多元回归模型，两个解释变量分别为 Income 和 Income^2。你可以通过生成一个等于 Income 平方的新变量作为第二个解释变量——例如，作为电子表格中的附加列。这样定义了回归变量

Income 和 $Income^2$ 后，式(8-1)中的非线性模型其实只是一个简单的二元回归模型。

由于二次回归模型只是多元回归的变形，因此可利用第6章和第7章描述的 OLS 方法来估计和检验未知的总体系数。基于图8-2中的420个观测数据，利用 OLS 方法估计式(8-1)可得

$$\widehat{TestScore}=607.3+3.85Income-0.0423Income^2,\quad \bar{R}^2=0.554 \qquad (8\text{-}2)$$
$$(2.9)\quad(0.27)\qquad(0.0048)$$

其中，系数估计值的标准误由其下方的圆括号给出。图8-3在散点图的基础上绘制了式(8-2)所示的曲线。二次函数刻画了散点图的曲线特征：曲线在学区收入较低的区间内较陡峭，且随着学区收入的增加逐渐变得平缓。总之，用二次回归函数对数据的拟合效果优于线性函数。

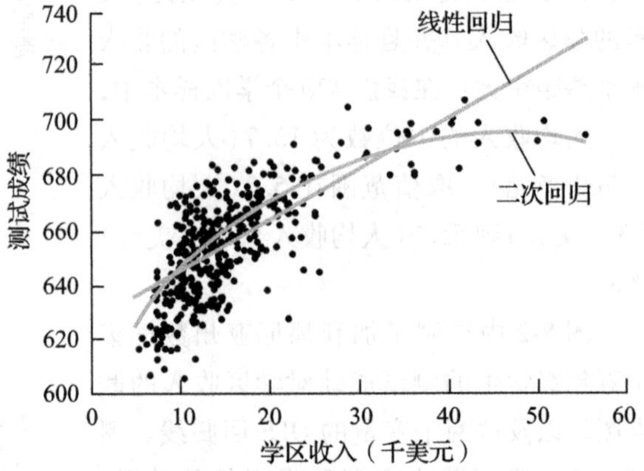

图8-3 测试成绩对地区收入的散点图及其线性和二次回归函数

注：二次回归函数对数据的拟合效果优于线性回归函数。

除了利用图形进行直观比较外，我们还可以进行正式的检验，该检验的原假设为测试成绩和学区收入之间的关系是线性的，备择假设为二者之间的关系是非线性的。若二者为线性关系，则只需去掉式(8-1)中的 $Income^2$ 一项就能得到正确的回归函数形式，即对式(8-1)应有 $\beta_2=0$。因此，我们可通过检验原假设 $\beta_2=0$ 和备择假设 $\beta_2\neq0$ 来检验原假设“总体回归函数是线性的”和备择假设“总体回归函数是二次函数”。

由于式(8-1)只是多元回归模型的一种变形，因此可通过构建 t 统计量来检验原假设 $\beta_2=0$。该 t 统计量为 $t=\dfrac{\hat{\beta}_2-0}{SE(\hat{\beta}_2)}$，由式(8-2)可得 $t=\dfrac{-0.0423}{0.0048}=-8.81$，在5%的显著性水平下，其绝对值大于检验的临界值1.96。同时，t 统计量的 p 值小于0.01%，因此我们可以在所有常用的显著性水平下拒绝 $\beta_2=0$ 的原假设。因此，这一正式的假设检验支持了我们在图8-2和图8-3中观察到的信息，即二次回归模型对数据的拟合效果优于线性模型。

8.1.2 非线性设定形式中 X 的变化对 Y 的影响

暂时将测试成绩的例子放在一边，考虑一个更普遍的问题。在固定其他解释变量 X_1，X_2，…，X_k 不变的情形下，当解释变量 X_1 变化 ΔX_1 时，被解释变量 Y 的变化是多少？当总体回归函数为线性时，该效应很容易计算，根据式(6-4)，Y 的变化为 $\Delta Y=\beta_1\Delta X_1$，其中 β_1 为 X_1 的总体回归系数。但当回归函数为非线性形式时，由于 Y 的期望变化依赖于解释变量的取值，因此其计算较为复杂。

非线性回归函数的一般公式。本章中所讨论的非线性回归模型具有如下形式

$$Y_i=f(X_{1i},X_{2i},\cdots,X_{ki})+u_i,\quad i=1,2,\cdots,n \qquad (8\text{-}3)$$

“非线性回归”这一名称可能有两种含义，意指两类模型。在第一类中，总体回归函数是 X 的非线性函数，却是未知参数 β 的线性函数。在第二类中，总体回归函数是未知参数的非线性

函数，同时也可能是(也可能不是)X 的非线性函数。本章中的模型都属于第一类。对第二类模型的讨论见附录 8A。

其中，$f(X_{1i}, X_{2i}, \cdots, X_{ki})$ 为**非线性回归函数**(nonlinear regression function)，它是解释变量 $X_{1i}, X_{2i}, \cdots, X_{ki}$ 的非线性函数，u_i 为误差项。例如，式(8-1)所示的二次回归模型只有一个解释变量，即 X_1 是 Income，总体回归函数为 $f(\text{Income}_i)=\beta_0+\beta_1\text{Income}_i+\beta_2\text{Income}_i^2$。

由于总体回归函数是给定 $X_{1i}, X_{2i}, \cdots, X_{ki}$ 时 Y_i 的条件期望，因此式(8-3)考虑到了该条件期望是 X_1 的非线性函数的可能性，即 $E(Y_i | X_{1i}, X_{2i}, \cdots, X_{ki})=f(X_{1i}, X_{2i}, \cdots, X_{ki})$，其中 f 可能是非线性函数。如果总体回归函数是线性的，则 $f(X_{1i}, X_{2i}, \cdots, X_{ki})=\beta_0+\beta_1X_{1i}+\cdots+\beta_kX_{ki}$，即式(8-3)转化为重要概念 6-2 中的线性回归模型。但是，式(8-3)也可能是非线性回归函数。

X_1 的变化对 Y 的影响。假设对具有相同 $X_2, X_3, \cdots, X_k$ 值的个体进行实验，并对参与者随机分配处理水平 $X_1=x_1$ 或 $X_1+\Delta X_1=x_1+\Delta x_1$。那么结果的期望差值是保证 $X_2, X_3, \cdots, X_k$ 不变时处理的因果效应。在式(8-3)所示的非线性回归模型中，X_1 的变化对 Y 的影响为 $\Delta Y=f(X_1+\Delta X_1, X_2, X_3, \cdots, X_k)-f(X_1, X_2, \cdots, X_k)$。在预测方面，$\Delta Y=f(X_1+\Delta X_1, X_2, \cdots, X_k)-f(X_1, X_2, \cdots, X_k)$是两个观测值的 Y 的预测值之差，这两个观测的 $X_2, X_3, \cdots, X_k$ 具有相同的取值，但是 X_1 的值不同，具体而言，一个是 $X_1+\Delta X_1$，另一个是 X_1。

由于回归函数 f 是未知的，因此总体因果效应也是未知的。为了估计这个效应，需要先估计总体回归函数。一般将估计所得的函数记为 $\hat{f}$，例如式(8-2)中估计的二次回归函数。X_1 的变化对 Y 的影响的估计值(记为 $\Delta\hat{Y}$)为解释变量分别取 $X_1+\Delta X_1, X_2, \cdots, X_k$ 和 $X_1, X_2, \cdots, X_k$ 时 Y 的预测值之差。

重要概念 8-1 总结了 X_1 的变化对 Y 的预测值变化的计算方法。无论 ΔX_1 是大还是小，无论回归变量是连续的还是离散的，重要概念 8-1 中的计算方法都成立。附录 8B 展示了在只有一个连续型解释变量 X_1 且 ΔX_1 很小的特殊情形下，如何使用微积分求导来求解斜率。

重要概念 8-1　非线性回归模型式（8-3）中由 X_1 的变化引起的 Y 的期望变化

在保持 $X_2, X_3, \cdots, X_k$ 不变的情况下，X_1 变化 ΔX_1 引起的 Y 的期望变化 ΔY 为在 $X_2, X_3, \cdots, X_k$ 保持不变时，X_1 变化前后的总体回归函数值之差，即 Y 的期望变化为以下差值

$$\Delta Y=f(X_1+\Delta X_1, X_2, \cdots, X_k)-f(X_1, X_2, \cdots, X_k) \tag{8-4}$$

该未知总体差值的估计量是两种情形下的预测值之差。令 $\hat{f}(X_1, X_2, \cdots, X_k)$ 是基于总体回归函数的估计量 $\hat{f}$ 得到的 Y 的预测，因此 Y 的预测值变化为

$$\Delta\hat{Y}=\hat{f}(X_1+\Delta X_1, X_2, \cdots, X_k)-\hat{f}(X_1, X_2, \cdots, X_k) \tag{8-5}$$

在测试成绩和学区收入例子中的应用。根据式(8-2)所估计的二次回归函数，当学区收入变化 1 000 美元时，测试成绩的预测值变化是多少？由于回归函数是二次函数，该效应取决于初始的学区收入。我们考虑以下两种情形：学区收入由 10 上升到 11(人均收入从 10 000 美元提高到 11 000 美元)，以及地区收入由 40 上升到 41(人均收入从 40 000 美元提高到 41 000 美元)。

为了计算收入由 10 上升到 11 所引起的 $\Delta\hat{Y}$，我们将式(8-5)应用于二次回归模型中，得

$$\Delta\hat{Y}=(\hat{\beta}_0+\hat{\beta}_1\times 11+\hat{\beta}_2\times 11^2)-(\hat{\beta}_0+\hat{\beta}_1\times 10+\hat{\beta}_2\times 10^2) \tag{8-6}$$

其中，$\hat{\beta}_0$、$\hat{\beta}_1$ 和 $\hat{\beta}_2$ 为 OLS 估计量。

式(8-6)中第一个圆括号内是当 Income = 11 时 Y 的预测值，第二个圆括号内是当 Income = 10

时 Y 的预测值。计算这些预测值要用到式(8-2)中系数的OLS估计值，因此当Income=10时，测试成绩的预测值为 $607.3+3.85\times10-0.0423\times10^2=641.57$，而当Income=11时，测试成绩的预测值为 $607.3+3.85\times11-0.0423\times11^2=644.53$。这两个预测值之差为 $\Delta\hat{Y}=644.53-641.57=2.96$(分)，即人均收入为11 000美元的学区与人均收入10 000美元的学区的测试成绩预测值之差为2.96分。

在第二种情形下，收入由40 000美元提高到41 000美元，式(8-6)的预测值为 $\Delta\hat{Y}=(607.3+3.85\times41-0.0423\times41^2)-(607.3+3.85\times40-0.0423\times40^2)=694.04-693.62=0.42$(分)。由此可见，在初始收入分别为10 000美元和40 000美元两种情形下，收入提高1 000美元所引起的测试成绩预测值的变化不同，前者大于后者(预测值的变化分别为2.96分和0.42分)。换言之，图8-3中所估计的二次回归函数在收入较低(如10 000美元)时比收入较高(如40 000美元)时更为陡峭。

效应估计值的标准误。X 变化对 Y 的影响的估计量取决于总体回归函数的估计量 $\hat{f}$，而不同样本下的 $\hat{f}$ 不同，故 X_1 变化的效应 ΔY 的估计值存在抽样不确定性。一种定量化抽样不确定性的方法是计算真实效应 ΔY 的置信区间。为此，我们需要计算式(8-5)中 $\Delta\hat{Y}$ 的标准误。

当回归函数为线性时，很容易计算 $\Delta\hat{Y}$ 的标准误。此时，X_1 变化的效应的估计值为 $\beta_1\Delta X_1$，因此 $\Delta\hat{Y}$ 的标准误为 $SE(\Delta\hat{Y})=SE(\hat{\beta}_1)\Delta X_1$，95%置信区间为 $\hat{\beta}_1\Delta X_1\pm1.96SE(\hat{\beta}_1)\Delta X_1$。

在本章的非线性回归模型中，可利用7.3节中介绍的“涉及多个系数的单个约束”的检验方法来计算 $\Delta\hat{Y}$ 的标准误。为了说明该方法，考虑式(8-6)中收入由10上升到11时所引起的测试成绩变化的估计值，有 $\Delta\hat{Y}=\hat{\beta}_1\times(11-10)+\hat{\beta}_2\times(11^2-10^2)=\hat{\beta}_1+21\hat{\beta}_2$，则其标准误为

$$SE(\Delta\hat{Y})=SE(\hat{\beta}_1+21\hat{\beta}_2) \tag{8-7}$$

因此，如果我们能计算 $\hat{\beta}_1+21\hat{\beta}_2$ 的标准误，就能得到 $\Delta\hat{Y}$ 的标准误。

一些回归软件有一个专门的命令来直接计算式(8-7)中的标准误。如果没有，还有另外两种计算方法，分别对应7.3节中检验多个系数的单个约束的两种方法。

第一种方法是利用7.3节中的方法1，即计算检验假设 $\beta_1+21\beta_2=0$ 时的 F 统计量值，则 $\Delta\hat{Y}$ 的标准误的计算公式为[⊖]

$$SE(\Delta\hat{Y})=\frac{|\Delta\hat{Y}|}{\sqrt{F}} \tag{8-8}$$

以式(8-2)所示的二次回归为例，检验假设 $\beta_1+21\beta_2=0$ 的 F 统计量为 $F=299.94$。由于 $\Delta\hat{Y}=2.96$，利用式(8-8)可得 $SE(\Delta\hat{Y})=\frac{2.96}{\sqrt{299.94}}=0.17$。因此 Y 的期望变化的95%置信区间为 $2.96\pm1.96\times0.17$ 或(2.63, 3.29)。

第二种方法是利用7.3节中的方法2，即通过变换解释变量，使得变换后的回归方程中的某个变量的系数为 $\beta_1+21\beta_2$。这个变换过程留作习题(习题8.9)。

非线性设定形式中系数的解释。在第6章和第7章的多元回归模型中，对回归系数的解释非常直观。例如，β_1 表示在其他解释变量不变的情况下，X_1 的变化引起 Y 的期望变化。但正如我们所看到的，在非线性回归模型中并非如此，如果将式(8-1)中的 β_1 看作是在保持学区收入

⊖ 注意到 F 统计量是检验该假设的 t 统计量的平方，即 $F=t^2=\left[\frac{\hat{\beta}_1+21\hat{\beta}_2}{SE(\hat{\beta}_1+21\hat{\beta}_2)}\right]^2=\left[\frac{\Delta\hat{Y}}{SE(\Delta\hat{Y})}\right]^2$，解出 $SE(\Delta\hat{Y})$ 即可得到式(8-8)。

平方不变的情况下，学区收入变化的影响，这种解释并没有什么意义。在非线性模型中，对回归函数的解释最好通过以下两种方式：绘制回归函数图，或者计算一个（或多个）解释变量变动对 Y 的影响的预测值，而不是仅仅关注该解释变量的系数。

8.1.3 利用多元回归模型刻画非线性关系的一般方法

本章建立非线性回归模型的一般方法分为五个步骤：

确定可能的非线性关系。最佳做法是根据经济理论及你对实际问题的理解提出一种可能的非线性关系。在分析数据之前，先问问自己：将 Y 和 X 联系起来的回归函数的斜率是否有可能依赖于 X 或其他解释变量的取值。为什么有可能存在这种非线性关系？这种关系具有怎样的非线性形式？例如，考虑 11 岁孩子们的课堂氛围，班级规模由 18 人减少到 17 人的影响可能要大于由 30 人减少到 29 人所带来的影响。

写出非线性函数并利用 OLS 估计其参数。8.2 节和 8.3 节将介绍几种利用 OLS 估计的非线性回归函数，通过这些章节的学习你将了解其中每个函数的特征。

确定非线性模型是否改进了线性模型的拟合效果。即使你认为回归函数应该是非线性形式，也并不代表它真的是非线性的。你必须通过实证检验以确定非线性模型是否合适。在大多数情况下，你可以利用 t 统计量和 F 统计量来检验原假设“总体回归函数是线性的”和备择假设“总体回归函数是非线性的”。

画出所估计的非线性回归函数。估计出的回归函数对数据的拟合效果好吗？由图 8-2 和图 8-3 可以看出，二次回归模型对数据的拟合效果要优于线性模型。

估计 X 变化对 Y 的影响。最后一个步骤是利用估计出的回归和重要概念 8-1 中的方法，计算一个或多个解释变量 X 的变化对 Y 的影响。

8.2 一元非线性函数

本节将介绍两种非线性回归函数的建模方法。简便起见，我们将讨论只包含一个解释变量 X 的非线性回归函数，但在 8.5 节中我们将对该模型进行修正，以加入多个解释变量。

本节讨论的第一个方法是多项式回归，它是上一节中的二次回归模型（用来刻画测试成绩和地区收入之间的关系）的推广。第二个方法是使用 X 或 Y 的对数。尽管这两个方法是分别介绍的，但它们也可以结合起来使用。

附录 8B 将基于微积分方法来处理本节模型。

8.2.1 多项式回归模型

设定非线性回归函数的一种方法是利用 X 的多项式。一般而言，令 r 代表回归中 X 的最高次项的次数，则 r 阶**多项式回归模型**（polynomial regression model）为

$$Y_i=\beta_0+\beta_1X_i+\beta_2X_i^2+\cdots+\beta_rX_i^r+u_i \tag{8-9}$$

当 $r=2$ 时，式（8-9）即为 8.1 节中讨论的二次回归模型。当 $r=3$ 时，则 X 的最高次方为 X^3，此时称式（8-9）为**立方回归模型**（cubic regression model）。

多项式回归模型与第 6 章的多元回归类似，只不过第 6 章的模型中包含多个不同的解释变

量，而本节的解释变量是同一解释变量 X 的不同次方，即解释变量为 X，X^2，X^3 等。因此，多元回归模型的估计和推断方法都可以直接应用到多项式回归模型中，即式(8-9)中的未知系数 β_0，β_1，…，β_r 可通过 OLS 方法进行估计。

检验总体回归函数为线性的原假设。如果总体回归函数是线性的，则总体回归函数中不应出现二次项和高次项。因此，回归函数是线性的原假设(H_0)与回归是关于 r 阶多项式的备择假设(H_1)可表示为

$$H_0: \beta_2=0,\ \beta_3=0,\ \cdots,\ \beta_r=0 \quad \text{vs.} \quad H_1: \text{至少有 1 个 } \beta_j \neq 0,\ j=2,\ \cdots,\ r \tag{8-10}$$

此时，对原假设“回归函数是线性的”的检验可通过检验式(8-10)中的 H_0 和 H_1 来实现。由于 H_0 是对多项式回归模型系数的 $q=r-1$ 个约束的联合假设，从而可利用 7.2 节中介绍的 F 统计量进行检验。

应该采用几阶多项式？换言之，多项式回归模型中应包含 X 的多少次方？这需要在灵活性和统计精确度方面进行权衡：提高回归的阶数 r 会使得回归函数更具有灵活性，可以匹配更多的图形形态，原因是 r 阶多项式的图形最多可以有 $r-1$ 次弯曲(拐点)；但提高 r 也意味着增加了更多的解释变量，可能会降低所估计的系数的精确度。

因此，非线性回归模型的阶数应足够大，以使模型能够充分拟合数据——但也不能太多。不幸的是，这一原则在实际应用中几乎并没有什么用！

确定多项式阶数的一个可行方法是判断式(8-9)中最高次(r 阶)变量的系数是否为 0，如果是，则可以在回归中去掉这些项。由于我们是按顺序检验单个假设，因此该方法称为顺序假设检验，其步骤如下：

(1) 选定最大的 r 值，并估计该 r 阶多项式回归模型。

(2) 利用 t 统计量检验 X^r 的系数，即式(8-9)中的 β_r 为 0 的假设，如果拒绝该假设，则回归中应包含 X^r，采用阶数为 r 的多项式回归。

(3) 如果不能拒绝上一步中的假设 $\beta_r=0$，则去掉回归中的 X^r，并估计 $r-1$ 阶多项式回归。检验 X^{r-1} 的系数为 0 的假设，如果拒绝该假设则采用阶数为 $r-1$ 的多项式回归。

(4) 如果不能拒绝上一步中 $\beta_{r-1}=0$ 的假设，则继续这一过程，直至多项式中最高次项的系数在统计上显著为止。

以上方法还缺少一步：如何确定初始的多项式阶数 r。在很多实际经济问题中，非线性函数都较为平滑；通常不存在急剧的跳跃或“尖峰”。因此，选择较小的多项式阶数比较合适，如 2 阶、3 阶或 4 阶，这样在第一步就应以 $r=2$ 或 3 或 4 开始。

在学区收入和测试成绩例子中的应用。估计得到的测试成绩对学区收入的立方回归模型为

$$\widehat{TestScore} = \underset{(5.1)}{600.1} + \underset{(0.71)}{5.02}Income - \underset{(0.029)}{0.096}Income^2 + \underset{(0.00035)}{0.00069}Income^3$$

$$\bar{R}^2 = 0.555 \tag{8-11}$$

$Income^3$ 项系数的 t 统计量为 1.97，因此在 5%的显著性水平下拒绝回归函数是二次函数的原假设，而接受回归函数为三次函数的备择假设。此外，检验 $Income^2$ 和 $Income^3$ 的系数均为 0 的联合原假设的 F 统计量为 37.7，且其 p 值小于 0.01%，因此拒绝回归函数是线性函数的原假设，而接受回归函数是二次或三次函数的备择假设。

多项式回归模型中系数的解释。我们不能简单解释多项式回归模型中的系数。解释多项式回归的最好方法是画出估计所得的回归函数，并计算 X 变动引起 Y 变动的估计值。

8.2.2　对数回归模型

另一种设定非线性回归函数的方法是利用 Y 或 X 的自然对数。对数变换可以将变量的变动转化为其百分比的变动，且很多关系用百分比表示会更加直观和自然。举例如下：

- 在第 3 章的专栏 3-2“美国大学毕业生收入的性别差异”一文中估计了男性和女性大学毕业生的工资差距，其工资差异的单位是美元。但如果用百分比来表示，将更容易比较工资在职业和时间上的差距。
- 在 8.1 节中，我们发现学区收入和测试成绩之间呈非线性相关，如果利用百分比的变动来表示，这一关系是线性的吗？即当学区收入变化 1%（而不是 1 000 美元）时，所引起的测试成绩的变化是否有可能不依赖于收入的取值？
- 在消费者需求的经济分析中，我们通常关心的是价格上涨 1%将导致需求量下降的百分比。我们称价格上涨 1%所引起的需求量下降的百分比为**价格弹性**（elasticity）。

利用对数回归模型可以较容易估计上述的百分比关系。在介绍这些设定形式之前，我们首先回顾一下指数函数和自然对数函数。

指数函数与自然对数。指数函数及其反函数（自然对数函数）在非线性回归函数建模中具有非常重要的作用。x 的**指数函数**（exponential function）为 e^x（即 e 的 x 次方），其中 e 为常数 2.718 28…，指数函数也可表示为 $\exp(x)$。**自然对数函数**（natural logarithm）是指数函数的反函数，即 $x=\ln(e^x)$，或等价地表示为 $x=\ln[\exp(x)]$。自然对数的底数为 e，虽然也有以其他数为底的对数（如以 10 为底），但在本文中我们只考虑以 e 为底的对数，也就是自然对数。因此，当我们提到“对数”时，一定是指自然对数。

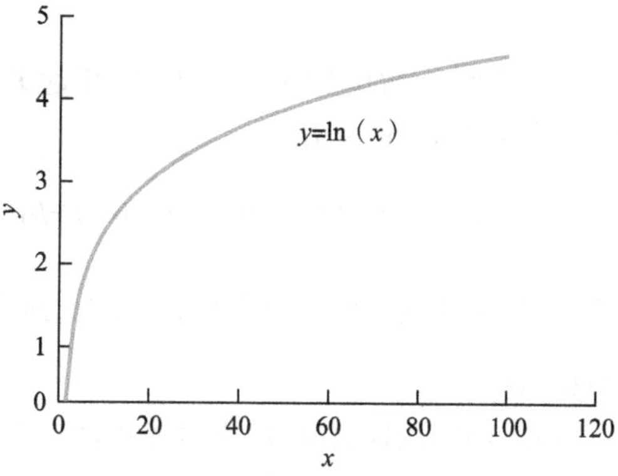

图 8-4　对数函数 $y=\ln(x)$

注：对数函数 $y=\ln(x)$ 随着 x 增大而变得平缓，其定义域为 $x>0$，斜率为 $\frac{1}{x}$。

对数函数 $y=\ln(x)$ 的图形如图 8-4 所示。注意到对数函数的定义域为 $x>0$，且随着 x 的增大，尽管函数一直保持递增，但其斜率则由陡峭变为平缓。对数函数 $\ln(x)$ 的斜率为 $\frac{1}{x}$。

对数函数具有以下性质

$$\ln\left(\frac{1}{x}\right)=-\ln(x) \tag{8-12}$$

$$\ln(ax)=\ln(a)+\ln(x) \tag{8-13}$$

$$\ln\left(\frac{x}{a}\right)=\ln(x)-\ln(a) \tag{8-14}$$

$$\ln(x^a)=a\ln(x) \tag{8-15}$$

对数与百分比。对数与百分比之间的关系依赖于一个关键事实：当 Δx 很小时，$x+\Delta x$ 的对

数与 x 的对数之差约为$\frac{\Delta x}{x}$。公式表示为

$$\ln(x+\Delta x)-\ln(x)\approx\frac{\Delta x}{x}\quad\left(当\frac{\Delta x}{x}很小时\right)\tag{8-16}$$

其中，“≈”表示“约等于”。该近似的推导需用到微积分知识，但通过尝试一些 x 和 Δx 的不同取值便很容易验证。例如，当 $x=100$，$\Delta x=1$ 时，$\frac{\Delta x}{x}=\frac{1}{100}=0.01(1\%)$，而 $\ln(x+\Delta x)-\ln(x)=\ln(101)-\ln(100)=0.00995$(或 0.995%)。因此$\frac{\Delta x}{x}$(等于 0.01)与 $\ln(x+\Delta x)-\ln(x)$(等于 0.009 95)非常接近。当 $\Delta x=5$ 时，$\frac{\Delta x}{x}=\frac{5}{100}=0.05$，而 $\ln(x+\Delta x)-\ln(x)=\ln(105)-\ln(100)=0.04879$。

三种对数回归模型。对数变换有三种情形：对 X 做对数变换而 Y 保持不变；对 Y 做对数变换而 X 保持不变；同时对 X 和 Y 做对数变换。每种情形下对回归系数的解释都不尽相同，接下来我们将分别讨论这三种情形。

情形 I：X 为对数形式而 Y 不是。这种情形下的回归模型为

$$Y_i=\beta_0+\beta_1\ln(X_i)+u_i,\quad i=1,2,\cdots,n\tag{8-17}$$

由于模型中仅对 X 取对数而没有对 Y 取对数，因此有时也称其为**线性-对数模型**(linear-log model)。

在线性-对数模型中，X 变化 1%引起 Y 的变化为 $0.01\beta_1$。为了说明这一点，考虑 X 变化 ΔX 时总体回归函数的差值：

$[\beta_0+\beta_1\ln(X+\Delta X)]-[\beta_0+\beta_1\ln(X)]=\beta_1[\ln(X+\Delta X)-\ln(X)]\approx\beta_1\left(\frac{\Delta X}{X}\right)$，其中最后一步用到了式(8-16)中的近似。如果 X 变化 1%，则$\frac{\Delta X}{X}=0.01$；因此在该模型中 X 变化 1%引起 Y 的变化为 $0.01\beta_1$。

式(8-17)的回归模型与第 4 章中的一元回归模型的唯一区别是方程右端的变量是 X 的对数而不是 X 本身。为了估计式(8-17)中的系数 β_0 和 β_1，首先要利用电子表格或统计软件计算新变量 $\ln(X)$ 的值，然后通过 Y_i 对 $\ln(X_i)$ 的 OLS 回归估计 β_0 和 β_1，并利用 t 统计量对 β_1 进行假设检验，β_1 的 95%置信区间为 $\hat{\beta}_1\pm1.96\mathrm{SE}(\hat{\beta}_1)$。

回到学区收入与测试成绩的关系的例子中。我们采用式(8-17)中的线性-对数形式而非二次函数形式，OLS 估计的回归方程为

$$\widehat{\text{TestScore}}=\underset{(3.8)}{557.8}+\underset{(1.40)}{36.42}\ln(\text{Income}),\quad \bar{R}^2=0.561\tag{8-18}$$

根据式(8-18)，收入提高 1%将会引起测试成绩提高 0.01×36.42=0.36(分)。

为了估计用原来的千美元为单位(不是用对数)表示的 X 变化对 Y 的影响，可以利用重要概念 8-1 中的方法。例如，人均收入分别为 10 000 美元和 11 000 美元的学区，其测试成绩之差 ΔY 的预测值是多少？ΔY 的预测值为两个预测值之差，即 $\Delta\hat{Y}=[557.8+36.42\ln(11)]-[557.8+36.42\ln(10)]=36.42\times[\ln(11)-\ln(10)]=3.47$。类似地，人均收入分别为 40 000 美元和 41 000 美元的学区，其测试成绩之差的预测值为 $36.42\times[\ln(41)-\ln(40)]=0.90$。因此，该回归得到的

结论与二次回归模型得到的结论一致，即贫困学区收入增加 1 000 美元对测试成绩的影响要大于富裕学区。

图 8-5 画出了式(8-18)中估计得到的线性-对数回归函数。由于式(8-18)中的解释变量是收入的自然对数而不是收入，故估计出的回归函数不是一条直线。类似于图 8-3 中的二次回归函数，图 8-5 中的曲线最初也是陡峭的，并随着收入的增加逐渐变得平缓。

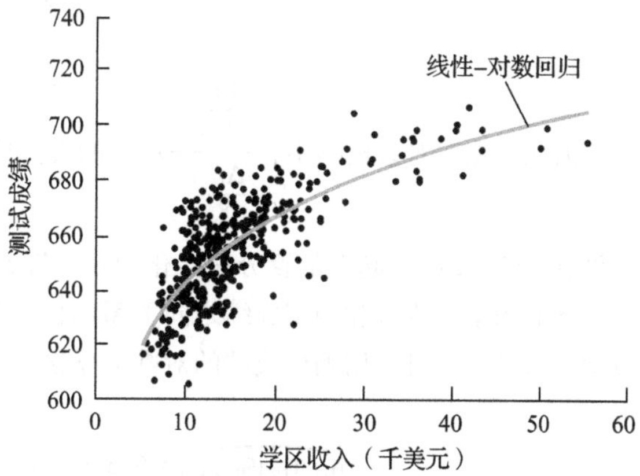

图 8-5 线性-对数回归函数

注：估计出的线性-对数函数 $\hat{Y}=\hat{\beta}_0+\hat{\beta}_1\ln(X)$ 捕捉到了测试成绩与学区收入之间的大部分非线性关系。

情形 Ⅱ：*Y* 为对数形式而 *X* 不是。 在这种情形下，回归模型为

$$\ln(Y_i)=\beta_0+\beta_1X_i+u_i \qquad (8\text{-}19)$$

由于模型中仅对 Y 取对数而没有对 X 取对数，因此称其为**对数-线性模型**(log-linear model)。

在对数-线性模型中，X 变化 1 个单位($\Delta X=1$)引起 Y 的变化为($100\times\beta_1$)%。为了说明这一点，让我们比较解释变量为 X 以及变化 ΔX 时所对应的 $\ln(Y)$ 的期望值。当给定 X 时，$\ln(Y)$ 的期望值为 $\ln(Y)=\beta_0+\beta_1X$；对于 $X+\Delta X$ 时，对应的期望值为 $\ln(Y+\Delta Y)=\beta_0+\beta_1(X+\Delta X)$。因此这两个期望值之差为 $\ln(Y+\Delta Y)-\ln(Y)=[\beta_0+\beta_1(X+\Delta X)]-[\beta_0+\beta_1X]=\beta_1\Delta X$。根据式(8-16)中的近似，当 $\beta_1\Delta X$ 很小时，$\ln(Y+\Delta Y)-\ln(Y)\approx\frac{\Delta Y}{Y}$，故有 $\Delta\frac{Y}{Y}=\beta_1\Delta X$。如果 $\Delta X=1$，即 X 变动 1 个单位，那么 $\frac{\Delta Y}{Y}$ 变动 β_1。用百分比表示，即为 X 变动个 1 个单位引起 Y 的变动为($100\times\beta_1$)%。

接下来，我们利用 3.7 节中大学生毕业年龄与收入关系的实例进行说明。很多雇用合同中都规定，员工每多工作 1 年，其薪酬应增加一定的百分比。这种百分比关系表明可利用式(8-19)中的对数-线性函数来估计年龄(X)增加 1 岁所引起的平均收入(Y)增加的百分比。此时，新的被解释变量变为 $\ln(\text{Earnings}_i)$，而对于未知系数 β_0 和 β_1，可利用 $\ln(\text{Earnings}_i)$ 对 Age_i 的 OLS 回归估计得到。利用 2016 年 3 月《当前人口调查》(CPS)的 13 872 个大学毕业生的观测数据(数据描述详见附录 3A)，我们得到

$$\widehat{\ln(\text{Earnings})}=\underset{(0.019)}{2.876}+\underset{(0.0004)}{0.0095}\text{Age},\quad \bar{R}^2=0.033 \qquad (8\text{-}20)$$

根据该回归可知，年龄每增加 1 岁，预期收入增加 0.95%[=(100×0.009 5)%]。

情形 Ⅲ：*X* 和 *Y* 都为对数形式。 在这种情形下，回归模型为

$$\ln(Y_i)=\beta_0+\beta_1\ln(X_i)+u_i \qquad (8\text{-}21)$$

因为模型中的 X 和 Y 都为对数形式，因此称该模型为**双对数模型**(log-log model)。

在双对数模型中，X 变化 1%将会引起 Y 变化 β_1%，故在该模型中 β_1 表示 Y 关于 X 的弹性。为了说明这一点，再次利用重要概念 8-1，有 $\ln(Y+\Delta Y)-\ln(Y)=[\beta_0+\beta_1\ln(X+\Delta X)]-[\beta_0+\beta_1\ln(X)]=\beta_1[\ln(X+\Delta X)-\ln(X)]$。在等式两边同时应用式(8-16)中的近似，可得

$$\frac{\Delta Y}{Y} \approx \beta_1 \frac{\Delta X}{X} \quad 或 \quad \beta_1 = \frac{\frac{\Delta Y}{Y}}{\frac{\Delta X}{X}} = \frac{100 \times \left(\frac{\Delta Y}{Y}\right)}{100 \times \left(\frac{\Delta X}{X}\right)} = \frac{Y\text{的百分比变化}}{X\text{的百分比变化}} \tag{8-22}$$

因此，在双对数模型中，$\frac{\Delta Y / Y}{\Delta X / X}$表示 Y 的百分比变化和 X 的百分比变化之比。X 变化 1%（即，如果 $\Delta X = 0.01X$）引起 Y 的百分比变化为 β_1，即 β_1 表示 Y 关于 X 的弹性。

下面用学区收入和测试成绩之间关系的例子加以说明。当将它们之间的关系设定为双对数模型的形式时，可利用测试成绩的对数与学区收入对数的回归来估计未知参数。估计得到的方程为

$$\widehat{\ln(TestScore)} = \underset{(0.006)}{6.336} + \underset{(0.0021)}{0.0554}\ln(Income), \quad \bar{R}^2 = 0.557 \tag{8-23}$$

由该回归函数的估计结果可知，收入增加 1% 会使得测试成绩提高 0.055 4%。

图 8-6 画出了式(8-23)估计得到的双对数回归函数。由于 Y 是对数形式，因此图 8-6 中的纵轴表示测试成绩的对数，而散点图表示测试成绩的对数与学区收入之间的关系。

为了便于比较，图 8-6 中还给出了用对数-线性形式估计的回归函数，即

$$\widehat{\ln(TestScore)} = \underset{(0.003)}{6.439} + \underset{(0.00018)}{0.00284}Income, \quad \bar{R}^2 = 0.497 \tag{8-24}$$

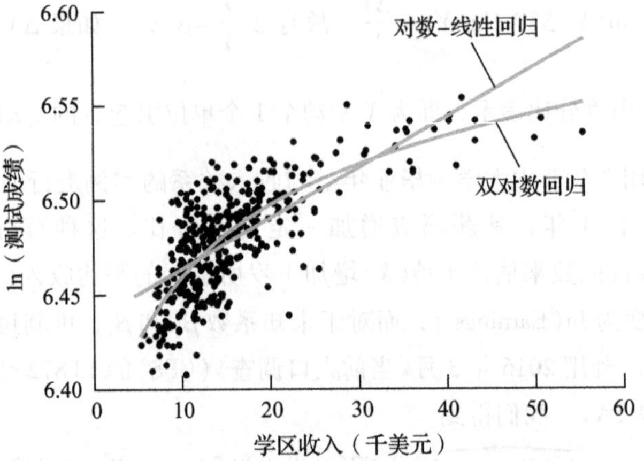

图 8-6　对数-线性回归函数与双对数回归函数

注：在对数-线性回归函数中，ln(Y) 是 X 的线性函数；而在双对数回归函数中，ln(Y) 是 ln(X) 的线性函数。

由于纵轴表示测试成绩的对数，因此式(8-24)的回归函数在图 8-6 中是一条直线。

由图 8-6 可知，双对数回归模型对数据的拟合程度要优于对数-线性模型，即双对数回归的 $\bar{R}^2$(0.557) 高于对数-线性回归的 $\bar{R}^2$(0.497)。即便如此，双对数模型对数据的拟合效果并不特别理想：收入较低时，大部分观测值落在双对数曲线的下方，而在中等收入区域大部分观测值落在回归函数上方。

重要概念 8-2 概括了这三种对数回归模型。

重要概念 8-2 三种对数回归模型

对数变换可应用于被解释变量 Y、解释变量 X 或二者同时应用(但它们的取值都必须为正数)。下表总结了这三种情形及其回归系数 β_1 的含义。

情形	回归设定形式	β_1 的解释
I	$Y_i=\beta_0+\beta_1\ln(X_i)+u_i$	X 变化 1%引起 Y 的变化为 $0.01\beta_1$
II	$\ln(Y_i)=\beta_0+\beta_1X_i+u_i$	X 变化 1 个单位($\Delta X=1$)引起 Y 的变化为 $100\beta_1\%$
III	$\ln(Y_i)=\beta_0+\beta_1\ln(X_i)+u_i$	X 变化 1%($\Delta X=0.01X$)引起 Y 的变化为 $\beta_1\%$，即 β_1 表示 Y 关于 X 的弹性

比较对数设定形式的困难。哪一种对数回归模型对数据的拟合效果最好？根据对式(8-23)和式(8-24)的讨论，我们可利用 $\bar{R}^2$ 来比较对数-线性模型和双对数模型。在上面的例子中，双对数模型的 $\bar{R}^2$ 较高。类似地，也可以利用 $\bar{R}^2$ 对式(8-18)所示的线性-对数回归与 Y 对 X 的线性回归之间进行比较。在测试成绩对学区收入的回归中，线性-对数回归的 $\bar{R}^2$ 为 0.561，而线性回归的 $\bar{R}^2$ 为 0.508，故线性-对数模型能够更好地拟合数据。

我们如何比较线性-对数模型和双对数模型呢？不幸的是，由于这两个模型的被解释变量不同[一个是 Y，一个是 $\ln(Y)$]，所以不能用 $\bar{R}^2$ 进行比较。我们知道 $\bar{R}^2$ 度量了被解释变量的方差中能被解释变量解释的比例，但双对数模型和线性-对数模型的被解释变量不同，因此比较二者的 $\bar{R}^2$ 没有意义。

出于这个原因，在具体应用中的最佳做法是根据经济理论和经验判断来确定用 Y 的对数形式是否有意义。例如，由于工资对比、合同工资增长等数据通常用百分比表示，因此劳动经济学家一般用收入的对数来进行建模。而在测试成绩建模中，人们(至少对我们而言)似乎通常关注测试成绩的分数而非测试成绩增加的百分比，因此我们主要讨论被解释变量为测试成绩的模型，而不是其对数模型。

当 Y 为对数形式时 Y 的预测值的计算。[⊖]若对被解释变量 Y 取对数，则可以利用估计的回归方程直接计算 $\ln(Y)$ 的预测值。然而，若想计算 Y 本身的预测值则还需要使用一些技巧。

为了说明这一点，考虑式(8-19)中的对数-线性回归模型，使用 Y 而不是 $\ln(Y)$ 改写该式。为此，对式(8-19)两边同取指数函数，得

$$Y_i=\exp(\beta_0+\beta_1X_i+u_i)=e^{\beta_0+\beta_1X_i}e^{u_i} \tag{8-25}$$

给定 X_i 时 Y_i 的期望为 $E(Y_i\mid X_i)=E(e^{\beta_0+\beta_1X_i}e^{u_i}\mid X_i)=e^{\beta_0+\beta_1X_i}E(e^{u_i}\mid X_i)$。问题在于即使 $E(u_i\mid X_i)=0$，但 $E(e^{u_i}\mid X_i)\neq1$，故 Y_i 的预测值不能简单地由 $\hat{\beta}_0+\hat{\beta}_1X_i$ 的指数函数得到，即不能简单地令 $\hat{Y}_i=e^{\hat{\beta}_0+\hat{\beta}_1X_i}$。由于缺少因子 $E(e^{u_i}\mid X_i)$，故该预测值是有偏的。

一种解决方法是估计因子 $E(e^{u_i}\mid X_i)$，并利用该估计值计算 Y 的预测值。第 17 章的习题 17.12 提供了几种估计 $E(e^{u_i}\mid X_i)$ 的方法，但这种做法通常很复杂，特别是当 u_i 存在异方差时，将更加复杂，因此我们不再做深入讨论。

另一种解决方法是本书中用到过的，即直接计算 $\ln(Y)$ 的预测值，而不计算 Y 的预测值。这是因为，当被解释变量用对数形式时，通常表示分析中使用对数形式较为方便。我们在实际应用中通常采用这种方法。

⊖ 该部分属于高级计量经济学的内容，可以略过而不影响后面的学习。

8.2.3 测试成绩对学区收入的多项式回归模型和对数回归模型

在实际应用中，经济理论或经验判断只能为我们提供函数的大致形式，但回归函数的真实形式仍是未知的。因此，在应用非线性函数拟合时，必须确定最优的方法或方法组合。下面我们将通过对学区收入和测试成绩关系的实例来说明这个问题，即比较多项式模型和对数模型。

多项式回归设定形式。之前我们考虑了包含 Income 平方(式(8-2))和立方(式(8-11))的两种多项式回归设定形式，由于式(8-11)中 $Income^3$ 的系数在 5%的显著性水平下显著，即立方回归模型改进了二次回归模型，因此我们将立方回归模型作为首选的多项式回归设定形式。

对数设定形式。式(8-18)中的对数回归模型看上去对数据的拟合效果较好，但我们尚未对其做正式的检验。一种方法是在回归模型中加入对数的高次项，如果这些项在统计上不显著异于 0，则我们不能采用对数多项式函数形式，在这个意义上，我们可以得到结论“式(8-18)中的回归设定形式是充分的”。因此，估计得到的立方回归(用收入对数的三次方表示)方程为

$$\widehat{TestScore}=486.1+113.4\ln(Income)-26.93[\ln(Income)]^2+3.06[\ln(Income)]^3,\quad \bar{R}^2=0.560$$
$$(79.4)\quad(87.9)\qquad\qquad(31.7)\qquad\qquad\qquad(3.74)\qquad\qquad(8\text{-}26)$$

由于立方项系数的 t 统计量为 0.818，因此在 10%的显著性水平下不能拒绝其真实系数为 0 的原假设。而对于二次项和立方项的真实系数为 0 的联合原假设，其 F 统计量为 0.44，相应的 p 值为 0.64，所以在 10%的显著性水平下不能拒绝该联合原假设。因此式(8-26)所示的立方对数模型并不能在统计上显著改善式(8-18)所示的对数-线性模型。

立方设定形式与线性-对数设定形式的比较。图 8-7 画出了利用式(8-11)中的立方回归模型和式(8-18)中的线性-对数模型估计得到的回归函数。这两个回归函数非常相似。比较这些设定形式的一种统计工具是 $\bar{R}^2$。线性-对数回归的 $\bar{R}^2$ 为 0.561，立方回归的 $\bar{R}^2$ 为 0.555。由于线性-对数模型在 $\bar{R}^2$ 上具有微弱优势，同时由于线性-对数模型在拟合数据时不涉及收入对数的高阶多项式，因此我们采用式(8-18)所示的线性-对数形式。

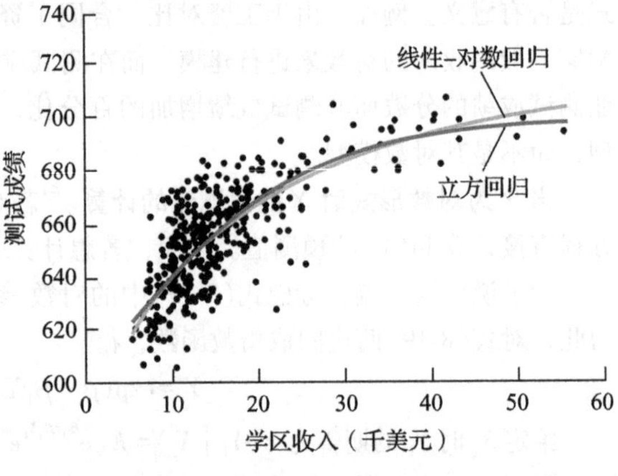

图 8-7 线性-对数回归函数与立方回归函数

注：利用该样本估计出的立方回归函数(式(8-11))和线性-对数回归函数(式(8-18))几乎完全相同。

8.3 解释变量的交互项

我们想知道在英语学习者较多的学区内降低学生-教师比对测试成绩的影响是否大于只有少数英语学习者的学区。这种情况很可能发生，可以设想一下，仍然在学习英语的学生可以从一对一辅导或小班教学中获益更多。若果真如此，学区内英语学习者的比例将与学生-教师比产生

交互作用，从而使得学生-教师比的变化对测试成绩的影响依赖于英语学习者比例。

本节将说明如何在多元回归模型中考虑两个解释变量之间的交互作用。学生-教师比和英语学习者比例之间可能存在的交互作用就是一个例子，更一般的情况是：某个解释变量的变化对 Y 的影响取决于另一个解释变量的取值。我们将分别从以下三种情形加以讨论：两个解释变量都是二元变量；一个解释变量为二元变量，另一个解释变量为连续型变量；两个解释变量都是连续型变量。

8.3.1　两个二元变量的交互作用

考虑收入对数（Y_i，其中 $Y_i=\ln(\text{Earnings}_i)$）对是否拥有大学学位（$D_{1i}$，当第 i 个员工具有大学学历时，$D_{1i}=1$）及性别（D_{2i}，当第 i 个员工为女性时，$D_{2i}=1$）这两个二元变量的回归。Y_i 对这两个二元变量的线性回归模型为

$$Y_i=\beta_0+\beta_1 D_{1i}+\beta_2 D_{2i}+u_i \tag{8-27}$$

在该回归中，β_1 表示在性别保持不变时，大学学位对收入对数的影响；β_2 表示在教育程度保持不变时，女性和男性收入的平均差距。

式(8-27)的设定有一个重大的局限性：当控制性别时，该设定形式下男性和女性拥有大学学历的效应相同，但事实上并不一定如此。用数学语言表述的话，在固定 D_{2i} 不变时，D_{1i} 对 Y_i 的影响可能依赖于 D_{2i}。换言之，拥有大学学历和性别之间可能存在交互作用，因此在就业市场上，文凭的价值对男性和女性是不同的。

尽管式(8-27)的设定形式并没有考虑大学学历和性别的交互作用，但通过引入一个新的解释变量——两个二元变量的乘积 $D_{1i}\times D_{2i}$，可以很容易地予以修正。得到的回归方程为

$$Y_i=\beta_0+\beta_1 D_{1i}+\beta_2 D_{2i}+\beta_3(D_{1i}\times D_{2i})+u_i \tag{8-28}$$

我们称这个新的解释变量 $D_{1i}\times D_{2i}$ 为**交互项**(interaction term)或**交互回归变量**(interacted regressor)，称式(8-28)的回归模型为二元变量**交互回归模型**(interaction regression model)。

式(8-28)中的交互项使得拥有大学学历(将 D_{1i} 由 $D_{1i}=0$ 变为 $D_{1i}=1$ 时)对收入对数(Y_i)的影响取决于性别(D_{2i})。为了从数学上证明这一结论，需要利用重要概念 8-1 中介绍的方法来计算 D_{1i} 变化的总体效应。第一步，在给定 D_{2i} 时计算 $D_{1i}=0$ 时 Y_i 的条件期望，即 $E(Y_i \mid D_{1i}=0, D_{2i}=d_2)=\beta_0+\beta_1\times 0+\beta_2\times d_2+\beta_3\times(0\times d_2)=\beta_0+\beta_2 d_2$，其中用到了条件均值为 0 的假设 $E(u_i \mid D_{1i}, D_{2i})=0$；第二步，计算 D_{1i} 变化后 Y_i 的条件期望，即给定 D_{2i} 相同的取值，计算 $D_{1i}=1$ 时 Y_i 的条件期望，即 $E(Y_i \mid D_{1i}=1, D_{2i}=d_2)=\beta_0+\beta_1\times 1+\beta_2\times d_2+\beta_3\times(1\times d_2)=\beta_0+\beta_1+\beta_2 d_2+\beta_3 d_2$。该变化的效应为两个期望值之差(即式(8-4)中的差)，即

$$E(Y_i \mid D_{1i}=1, D_{2i}=d_2)-E(Y_i \mid D_{1i}=0, D_{2i}=d_2)=\beta_1+\beta_3 d_2 \tag{8-29}$$

因此，在式(8-28)的二元变量交互模型中，获得大学学位(D_{1i} 变化 1 个单位)的效应取决于性别(D_{2i} 的值，也就是式(8-29)中的 $d_2=0$)，如果某人是男性($d_2=0$)，则获得大学学位的效应为 β_1；而如果某人是女性($d_2=1$)，则该效应为 $\beta_1+\beta_3$。因此，交互项的系数表示女性和男性获得大学学位的效应之差。

尽管这个例子是用收入对数、大学学历及性别来描述的，但其说明的问题却具有一般性。二元变量交互回归模型可使得某个二元解释变量变化的效应取决于另一个二元变量的取值。

事实上，我们这里用到的解释回归系数的方法对每个二元变量组合都适用，重要概念 8-3 总结了这种方法。

重要概念 8-3 包含二元变量的回归中系数的解释方法

首先计算二元变量集合所描述的各种可能情形中 Y 的期望值，然后比较这些期望值。每个回归系数都可用某个期望值或某些期望值之差来表示。

在学生-教师比和英语学习者百分比中的应用。设 $HiSTR_i$ 为二元变量，当学生-教师比大于等于 20 时取 1，否则取 0；设 $HiEL_i$ 为二元变量，当英语学习者百分比大于或等于 10%时取 1，否则取 0。则测试成绩对 $HiSTR_i$ 和 $HiEL_i$ 的交互回归模型为

$$\widehat{TestScore}=\underset{(1.4)}{664.1}-\underset{(1.9)}{1.9}HiSTR-\underset{(2.3)}{18.2}HiEL-\underset{(3.1)}{3.5}(HiSTR\times HiEL)$$

$$\bar{R}^2=0.290 \tag{8-30}$$

在保证英语学习者百分比不变的情况下，从低学生-教师比的学区搬到高学生-教师比的学区，该影响的预测值的计算公式见式(8-29)，我们需要用系数估计值代替其中的总体系数。根据式(8-30)的估计值可知该效应为$-1.9-3.5HiEL_i$，即当英语学习者百分比较低时($HiEL_i=0$)，从 $HiSTR_i=0$ 的学区搬到 $HiSTR_i=1$ 的学区对测试成绩的影响为成绩下降 1.9 分。如果英语学习者百分比较高，则测试成绩将下降 1.9+3.5=5.4 分。

式(8-30)估计的回归结果也可用来估计二元变量四种组合下的平均测试成绩，其步骤见重要概念 8-3。可以得到：对于 $HiSTR_i=0$(低学生-教师比)且 $HiEL_i=0$(低英语学习者百分比)的学区，测试成绩的样本均值为 664.1 分；而对于高学生-教师比($HiSTR_i=1$)且低英语学习者百分比($HiEL_i=0$)的学区，测试成绩的样本均值为 662.2(=664.1-1.9)；当 $HiSTR_i=0$ 且 $HiEL_i=1$ 时，测试成绩的样本均值为 645.9(=664.1-18.2)；当 $HiSTR_i=1$ 且 $HiEL_i=1$ 时，测试成绩的样本均值为 640.5(=664.1-1.9-18.2-3.5)。

8.3.2 连续型变量和二元变量的交互作用

接下来考虑收入对数($Y_i=\ln(Earnings_i)$)对工龄(X_i)这一连续型变量和是否拥有大学学历(D_i，当第 i 个人为大学毕业生时 $D_i=1$)这一二元变量的回归。如图 8-8 所示，刻画 Y 与连续型变量 X 之间关系的总体回归线以三种方式依赖于二元变量 D。

在图 8-8a 中，两条回归线只有截距不同。对应的总体回归模型为

$$Y_i=\beta_0+\beta_1X_i+\beta_2D_i+u_i \tag{8-31}$$

这就是我们熟悉的多元回归模型，其总体回归函数关于 X_i 和 D_i 是线性的。当 $D_i=0$ 时，总体回归函数为 $\beta_0+\beta_1X_i$，截距为 β_0，斜率为 β_1；当 $D_i=1$ 时，总体回归函数为 $\beta_0+\beta_1X_i+\beta_2$，则斜率仍为 β_1，但截距为 $\beta_0+\beta_2$。因此 β_2 表示这两条回归线的截距之差，如图 8-8a 所示。用收入的例子表述，β_1 表示在保持大学学历不变的情况下，增加一年工作经验对收入对数的影响；β_2 表示在保持工龄不变的情况下，拥有大学学历对收入的影响。在这种设定形式下，工龄增加一年的效应与是否拥有大学学历并没有关系，即图 8-8a 中的两条直线具有相同的斜率。

在图 8-8b 中，两条回归线的截距和斜率都不相同。不同的斜率使得对于大学毕业生和非大学毕业生，工龄增加一年所产生的影响不同，为此，在式(8-31)中加入一个交互项，得到

$$Y_i=\beta_0+\beta_1X_i+\beta_2D_i+\beta_3(X_i\times D_i)+u_i \tag{8-32}$$

其中，$X_i \times D_i$ 是一个新变量，表示 X_i 和 D_i 的乘积。为了解释该回归中的系数，我们要利用重要概念 8-3 中的步骤。结果表明，当 $D_i=0$ 时，总体回归函数为 $\beta_0+\beta_1 X_i$；当 $D_i=1$ 时，总体回归函数为 $(\beta_0+\beta_2)+(\beta_1+\beta_3)X_i$。因此，如图 8-8b 所示，刻画 Y_i 和 X_i 之间关系的两种不同的总体回归函数取决于 D_i 的值。两截距之差为 β_2，而两斜率之差为 β_3。在收入的例子中，β_1 表示员工没有大学学历($D_i=0$)时工龄增加一年的效应，而对于拥有大学学历的员工，该效应为 $\beta_1+\beta_3$，因此 β_3 表示对大学毕业和非大学毕业的员工，工龄增加一年的效应之差。

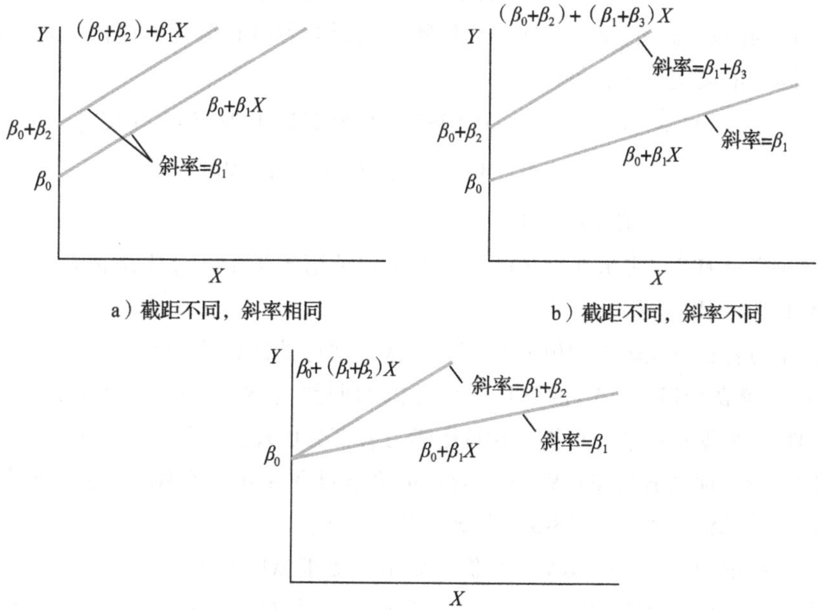

a）截距不同，斜率相同

b）截距不同，斜率不同

c ）截距相同，斜率不同

图 8-8　包含二元变量和连续型变量的回归函数

注：二元变量和连续型变量的交互作用可能产生三种不同的总体回归函数：①$\beta_0+\beta_1X+\beta_2D$，截距不同，但斜率相同；②$\beta_0+\beta_1X+\beta_2D+\beta_3(X\times D)$，截距不同，斜率也不同；③$\beta_0+\beta_1X+\beta_2(X\times D)$，截距相同，但斜率不同。

如图 8-8c 所示，第三种可能情形是：两条回归线的斜率不同，但截距相同。在这种情况下，交互回归模型为

$$Y_i=\beta_0+\beta_1 X_i+\beta_2(X_i \times D_i)+u_i \tag{8-33}$$

其系数同样可通过重要概念 8-3 的方法进行解释。在收入的例子中，这种设定形式考虑到工龄对收入对数的效应在大学毕业生和非大学毕业生之间的差别，但在没有工作经验时二者的期望收入对数是相同的。换言之，这种形式要求大学毕业生和非大学毕业生的总体平均入职工资水平是相同的。这种形式在实际应用中没什么意义，相比较而言，在实践中包含不同截距项和斜率的式(8-32)更常用。

式(8-31)、式(8-32)和式(8-33)的三种设定形式都属于第 6 章所讨论的多元回归模型，加入新变量 $X_i \times D_i$ 后，所有系数都可用 OLS 来估计。

在重要概念 8-4 中总结了包含二元变量和连续型解释变量的三种回归模型。

重要概念 8-4　二元变量和连续型变量的交互作用

通过交互项 $X_i \times D_i$ 可使刻画 Y_i 和连续型变量 X_i 之间关系的总体回归线的斜率依赖于二元变

量 D_i。存在以下三种可能：

1. 截距不同，斜率相同(如图 8-8a)：$Y_i=\beta_0+\beta_1X_i+\beta_2D_i+u_i$
2. 截距不同，斜率不同(如图 8-8b)：$Y_i=\beta_0+\beta_1X_i+\beta_2D_i+\beta_3(X_i\times D_i)+u_i$
3. 截距相同，斜率不同(如图 8-8c)：$Y_i=\beta_0+\beta_1X_i+\beta_2(X_i\times D_i)+u_i$

在学生-教师比和英语学习者百分比例子中的应用。降低学生-教师比对测试成绩的影响是否取决于仍然在学习英语的学生比例的高低呢？一种解决方法是采用某种模型设定形式，以能够反映两条不同的回归线，且这两条回归线依赖于英语学习者百分比的高低。通过使用“斜率不同、截距不同”的设定形式，可得

$$\widehat{\text{TestScore}}=\underset{(11.9)}{682.2}-\underset{(0.59)}{0.97}\text{STR}+\underset{(19.5)}{5.6}\text{HiEL}-\underset{(0.97)}{1.28}(\text{STR}\times\text{HiEL})$$

$$\bar{R}^2=0.305 \tag{8-34}$$

其中，二元变量 HiEL_i 表示在学区内仍然在学习英语的学生百分比是否大于 10%，若大于 10%时取值为 1，否则取值为 0。

对于英语学习者百分比较低($\text{HiEL}_i=0$)的学区，估计的回归线为 $682.2-0.97\text{STR}_i$；对于英语学习者百分比较高($\text{HiEL}_i=1$)的学区，估计的回归线为 $682.2+5.6-0.97\text{STR}_i-1.28\text{STR}_i=687.8-2.25\text{STR}_i$。根据这些估计可知，在英语学习者百分比较低的学区，学生-教师比减少 1 个单位引起测试成绩的预测值提高 0.97 分，而在英语学习者百分比较高的学区，该值为 2.25 分。这两种效应之差(1.28 分)即为式(8-34)中交互项的系数。

通过式(8-34)中的交互回归模型，我们可以估计更细微的政策效应，而不是像之前讨论的那样笼统地估计缩小班级规模的影响。例如，假设某个州政府计划在其英语学习者百分比较高($\text{HiEL}_i=1$)的学区推行新政策，即将学生-教师比降低 2 个单位，而其他学区的班级规模保持不变。将重要概念 8-1 的方法应用到式(8-32)和式(8-34)中，即可得该政策在 $\text{HiEL}_i=1$ 学区实施效果的估计值为 $-2(\hat{\beta}_1+\hat{\beta}_3)=4.50$，而利用式(8-8)和 7.3 节中的方法可计算出该估计效应的标准误为 $SE(-2\hat{\beta}_1-2\hat{\beta}_3)=1.53$。

式(8-34)中的 OLS 回归可用于检验有关总体回归线的几个假设：首先，“两直线相同”的假设实际上等价于“HiEL_i 的系数和交互项 $\text{STR}_i\times\text{HiEL}_i$ 的系数同时为 0”的联合假设，它可通过计算 F 统计量进行检验。得到的 F 统计量为 89.9，因此在 1%的显著性水平下显著拒绝原假设。

其次，“两直线斜率相同”的假设可通过检验“交互项系数是否为 0”进行检验。其 t 统计量为 $-\frac{1.28}{0.97}=-1.32$，绝对值小于 1.64，故在 10%的显著性水平下不能拒绝“两条直线斜率相同”的原假设。

再次，“两直线截距相同”的假设对应于“HiEL 的系数为 0”的约束。检验该约束的 t 统计量为 $t=\frac{5.6}{19.5}=0.29$，所以在 5%的显著性水平下不能拒绝“两直线截距相同”的假设。

这三个检验得出的结论似乎相互矛盾：利用 F 统计量的联合假设检验拒绝了斜率和截距都相同的联合假设，但利用 t 统计量的单个假设检验却不能拒绝。其原因是解释变量 HiEL 和 STR×HiEL 高度相关，这将导致单个系数的标准误很大。虽然不能确定究竟哪个系数不为 0，但存在强有力的证据拒绝两系数同时为 0 的假设。

最后，“回归模型中不应包含学生-教师比”的假设等价于“HiEL的系数和交互项系数同时为0”的联合假设，可通过计算F统计量进行检验，得到的F统计量为5.64，相应的p值为0.004。因此，学生-教师比的系数在1%的显著性水平下是共同统计显著的。

专栏8-1

教育回报与性别差距

教育除了能给人带来精神上的愉悦，还能带来经济上的收益。我们从第3章和第5章的专栏文章可以看出，学历较高的人往往比学历较低的人赚得更多。但至少有三个原因表明之前的分析并不完整。第一，没有控制其他可能与受教育程度相关的收入决定因素，因此教育变量系数的OLS估计量可能存在遗漏变量偏差；第二，第5章中使用的简单线性函数形式意味着，受教育年限每增加一年所引起的收入变化为常数，但我们怀疑教育程度越高带来的收入变化实际上更大；第三，第5章中的专栏文章忽略了第3章所强调的收入性别差距。

这些局限性皆可利用多元回归分析来解决，即通过在回归中加入可能会导致遗漏变量偏差的收入决定因素，并采用教育和收入的非线性函数形式。表8-1列出了利用《当前人口调查》(对CPS数据的描述见附录3A)中30～64岁全职员工的数据估计出的回归结果，其中被解释变量为时薪的对数，即考察受教育年限每增加一年将引起收入的百分比增加(而非用美元表示的收入增加)。

由表8-1可得出四个明显的结论。第一，在回归(1)中忽略性别因素并没有导致明显的遗漏变量偏差，尽管回归(2)中加入的性别变量的系数值较大且在统计上显著，但性别和受教育年限(years of education)几乎不相关，即男性和女性平均受教育水平差不多。

第二，男性和女性的教育回报在经济上和统计上都是显著不同的，对于回归(3)中二者相同的假设，其检验的t统计量为$3.42\left(=\frac{0.006}{0.0018}\right)$。正如紧密的置信区间所证明的那样，对男性和女性的教育回报都是精确估计的。

第三，回归(4)中加入了员工居住地区的控制变量，从而消除了不同地区间受教育年限的系统性差异可能引起的遗漏变量偏差，与回归(3)的结果相比，控制地区因素对受教育年限系数估计值的影响不大。

第四，回归(4)中控制了员工的潜在工作经验(potential experience)，这一变量用毕业后的工作年限衡量，估计出的系数表明潜在工作经验每增加一年的边际价值递减。

回归(4)中估计的男性的教育经历每增加一年的经济收益为11.14%，而女性为11.96%(=0.1114+0.0082)。由于男性和女性的回归函数的斜率不同，因此性别差距受到受教育年限这一变量的影响。例如，接受12年教育对应的性别差距为27.0%(=0.0082×12−0.368，并用百分比表示)，而接受16年教育对应的性别差距较小，为23.7%。

这些教育回报与性别差距的估计值仍存在缺陷，包括存在其他遗漏变量(特别是员工自身的能力特征)的可能，也包括《当前人口调查》中变量测度方法存在的潜在问题。不过，表8-1中的估计值与经济学家小心处理这些缺陷后得到的结果是一致的。计量经济学家David Card(1999)对多项实证研究的调查发现，劳动经济学家对教育回报的最佳估计值一般落在8%～11%。他还发现，教育回报取决于教育质量。如果你想了解更多有关教育回报的问题，可参阅Card(1999)。

表 8-1 教育回报与性别差距：2015 年美国的回归结果

被解释变量：时薪的对数				
解释变量	(1)	(2)	(3)	(4)
Years of education	0.105 6 (0.000 9)	0.108 9 (0.000 9)	0.106 3 (0.001 8)	0.111 4 (0.001 3)
Female		−0.252 (0.005)	−0.342 (0.026)	−0.368 (0.026)
Female×Years of education			0.006 3 (0.001 8)	0.008 2 (0.001 8)
Potential experience				0.014 7 (0.001 3)
Potential experience^2				−0.000 183 (0.000 024)
a. 是否包含地区控制变量?	否	否	否	是
教育回报的 95%置信区间				
结合男性和女性	[0.104, 0.107]	[0.107, 0.111]		
男性			[0.104, 0.109]	[0.109, 0.114]
女性			[0.110, 0.115]	[0.117, 0.122]
$\bar{R}^2$	0.209	0.251	0.251	0.262

资料来源：2016 年 3 月的《当前人口调查》(见附录 3A)。每个回归的样本容量为 n=47 233。Female 为二元变量，取 1 时表示女性，取 0 时表示男性。潜在的工作经验(potential experience)等于完成学业后的年数。回归(4)中包含的地区控制变量为 Midwest，South 和 West，这些变量表示工人在美国的居住地区(省略的区域为 Northeast)。估计值下方的圆括号中报告了相应的异方差-稳健标准误。

8.3.3 两个连续型变量的交互作用

现在假设两个解释变量(X_{1i} 和 X_{2i})都是连续的。例如，当 Y_i 表示第 i 个员工收入的对数，X_{1i} 表示他的工龄，X_{2i} 表示他受教育年限。如果总体回归函数是线性的，则工龄增加一年对收入的影响不依赖于受教育年限，或等价地，受教育年限增加一年对收入的影响不依赖于工龄。但事实上，这两个变量可能存在交互作用，即工龄增加一年对收入的影响依赖于受教育年限。我们可以在线性回归模型中加入交互项(X_{1i} 和 X_{2i} 的乘积)对交互作用进行建模，即

$$Y_i=\beta_0+\beta_1X_{1i}+\beta_2X_{2i}+\beta_3(X_{1i}\times X_{2i})+u_i \tag{8-35}$$

交互项的存在使得 X_1 的单位变化的影响依赖于 X_2 的取值。使用重要概念 8-1 中的方法能说明这一点。利用式(8-35)中交互回归函数计算式(8-4)中的差值，得到 $\Delta Y=(\beta_1+\beta_3X_2)\Delta X_1$(习题 8.10(1))，因此在保持 X_2 不变时，X_1 的变化引起 Y 的变化为

$$\frac{\Delta Y}{\Delta X_1}=\beta_1+\beta_3X_2 \tag{8-36}$$

该值依赖于 X_2。在收入的例子中，若 β_3 为正，则员工受教育年限每增加一年，工龄增加一年对收入对数的影响将增大 β_3。

类似地，可计算在保持 X_1 不变时，X_2 的变动对 Y 的影响为 $\frac{\Delta Y}{\Delta X_2}=\beta_2+\beta_3X_1$。

以上两个计算结果共同表明，交互项系数 β_3 为 “X_1 和 X_2 同时增加 1 个单位的效应” 超过 “X_1 和 X_2 分别单独增加 1 个单位的效应之和” 的部分。即当 X_1 变动 ΔX_1 且 X_2 变动 ΔX_2 时，Y 的期望变化为 $\Delta Y=(\beta_1+\beta_3X_2)\Delta X_1+(\beta_2+\beta_3X_1)\Delta X_2+\beta_3\Delta X_1\Delta X_2$（习题 8.10(3)），其中第一项为固定 X_2 时 X_1 变化的效应，第二项为固定 X_1 时 X_2 变化的效应，最后一项 $\beta_3\Delta X_1\Delta X_2$ 表示 X_1 和 X_2 同时变动时的额外效应。

重要概念 8-5 概括了两个变量之间的交互作用。

重要概念 8-5　多元回归中的交互作用

两个解释变量 X_1 和 X_2 的交互项是它们的乘积 $X_1\times X_2$，将交互项引入回归模型可以使 X_1 的变化对 Y 的影响依赖于 X_2 的取值，反过来，X_2 变化的影响也依赖于 X_1 的取值。

$X_1\times X_2$ 的系数表示 X_1 和 X_2 同时增加 1 单位的效应大于只有 X_1 增加 1 个单位与只有 X_2 增加 1 个单位时的效应之和的部分。无论 X_1 和 X_2 是连续型变量还是二元变量，该结论都成立。

当价格弹性取决于商品特征时，可利用交互项与对数变换相结合的方式来估计价格弹性（见专栏 8-2 “经济学期刊的需求”）。

专栏 8-2

经济学期刊的需求

经济学家需要时刻关注其专业领域内的最新研究，而大多数经济学研究都是最先出现在经济学期刊上，因此经济学家或图书馆都会订阅经济学期刊。

图书馆对经济学期刊的需求弹性如何？为了找出这个问题的答案，我们利用美国图书馆在 2000 年对 180 种经济学期刊的订阅情况数据，研究期刊订阅数量（Y_i）与其订阅价格之间的关系。由于期刊类商品的价值在于它承载的“思想”，所以用每年多少美元或每页多少美元来度量其价格并不合理，而应使用每个“思想”多少美元的度量方式。尽管我们不能直接度量“思想”，但可以用其他研究人员引用该期刊论文的次数来间接度量。因此，我们用期刊内“每篇引用价格”（price per citation）来衡量价格。这个价格的取值范围很大，每篇引用价格从 0.5 美分（如《美国经济评论》）到 20 美分不等或更高。某些期刊的每篇引用价格较高是因为其引用次数少，或者由于它们每年的订阅价格就很高。2017 年某图书馆订阅《计量经济学期刊》（*Journal of Econometrics*）花费了 5 363 美元，而订阅美国经济学会的 8 本经济学期刊（包括《美国经济评论》）仅花费了 940 美元！

由于我们想估计弹性，因此采用了双对数模型（见重要概念 8-2）。图 8-9a 和图 8-9b 的散点图提供了支持对数变换的证据。由于一些老期刊和权威期刊的每篇引用价格很低，因此在订阅量的对数对价格对数的回归中可能存在遗漏变量偏差，因此我们在回归中加入了两个控制变量：刊龄（age）的对数和每年期刊字数（characters per year）的对数。

表 8-2 总结了回归结果，由此可得出以下结论（你能否从表中找到这些结论的依据？）：

1. 对新期刊的需求弹性大于老期刊的需求弹性。
2. 证据表明，模型关于价格对数是线性函数，而非立方函数形式。
3. 保持价格和刊龄不变的情况下，字数越多的期刊需求量越大。

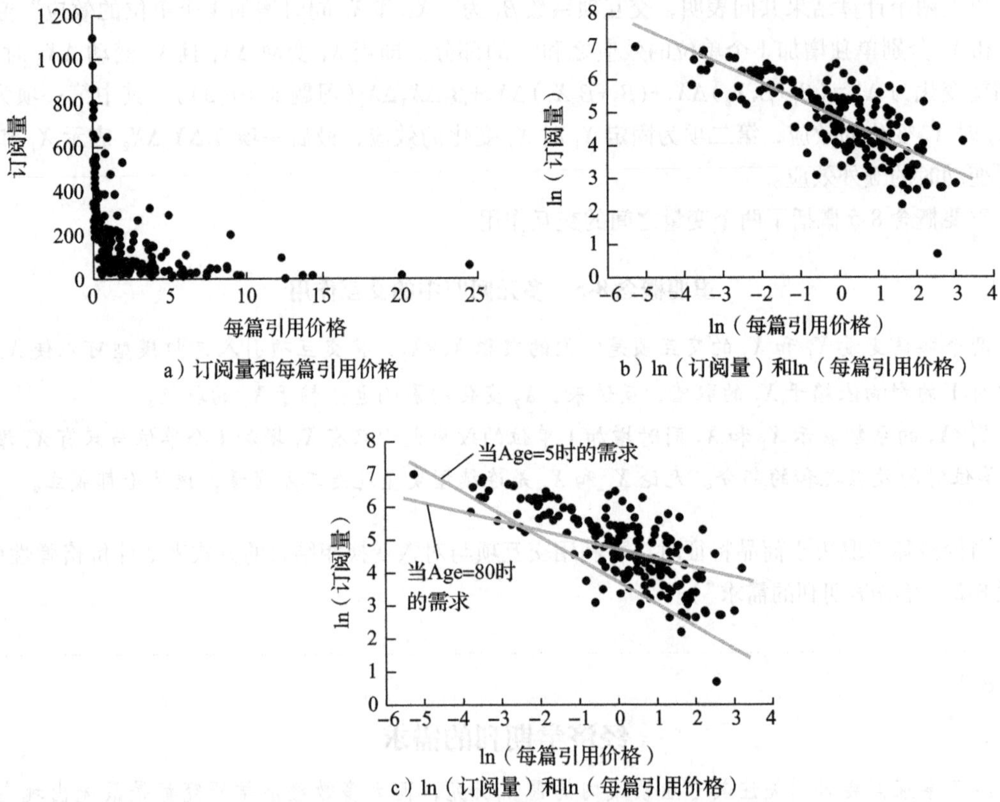

a）订阅量和每篇引用价格

b）ln（订阅量）和ln（每篇引用价格）

c）ln（订阅量）和ln（每篇引用价格）

图 8-9　经济学期刊的图书馆订阅量与价格

注：由图 8-9a 可以看出，2000 年 180 本经济学期刊的图书馆订阅量（数量）和每篇引用价格（价格）之间呈非线性负相关关系。但由图 8-9b 可知，数量对数和价格对数之间的关系近似于线性关系。图 8-9c 又进一步表明对新期刊（Age = 5）的需求比老期刊（Age = 80）更富有弹性。

表 8-2　经济学期刊需求的估计结果

被解释变量：2000 年美国图书馆期刊订阅量的对数：共 180 个观测值				
解释变量	**(1)**	**(2)**	**(3)**	**(4)**
ln(Price per citation)	−0.533 (0.034)	−0.408 (0.044)	−0.961 (0.160)	−0.899 (0.145)
[ln(Price per citation)]^2			0.017 (0.025)	
[ln(Price per citation)]^3			0.003 7 (0.005 5)	
ln(Age)		0.424 (0.119)	0.373 (0.118)	0.374 (0.118)
ln(Age)×ln(Price per citation)			0.156 (0.052)	0.141 (0.040)
ln(Characters÷1 000 000)		0.206 (0.098)	0.235 (0.098)	0.229 (0.096)
***F* 统计量和概括统计量**				
检验二次项和立方项系数的 F 统计量(p 值)			0.25 (0.779)	
SER	0.750	0.705	0.691	0.688
$\bar{R}^2$	0.555	0.607	0.622	0.626

注：F 统计量检验了 [ln(Price per citation)]^2 和 [ln(Price per citation)]^3 的系数都是 0 的假设。所有回归包含一个截距（表中未报告）。系数下方的圆括号内为其标准误，F 统计量下方的圆括号内为其相应的 p 值。

那么，经济学期刊的需求弹性到底是多少？它取决于期刊的刊龄，图 8-9c 中加上了 Age = 80 的老期刊和 Age = 5 的新期刊的需求曲线，其中老期刊的需求弹性为 −0.28（SE = 0.06），而新期刊的需求弹性为 −0.67（SE = 0.08）。

由此可见，该需求是缺乏弹性的：需求量对价格不敏感，特别是对老期刊更是如此。对于图书馆而言，最新的研究成果是必需品而非奢侈品。通过类似的方法，有的学者还估计出香烟的需求弹性范围在 −0.5～−0.3。经济学期刊似乎像香烟，但是对你的健康却有很多的好处！[⊖]

在学生-教师比和英语学习者百分比例子中的应用。之前我们讨论了学生-教师比与表示英语学习者百分比高低的二元变量的交互作用，另一种研究该交互作用的方法是考查学生-教师比与连续型变量——英语学习者百分比（PctEL）之间的交互作用，估计得到的交互回归为

$$\widehat{TestScore} = \underset{(11.8)}{686.3} - \underset{(0.59)}{1.12}STR - \underset{(0.37)}{0.67}PctEL + \underset{(0.019)}{0.0012}(STR \times PctEL)$$

$$\bar{R}^2 = 0.422 \tag{8-37}$$

当英语学习者百分比取中位数（PctEL = 8.85）时，刻画测试成绩和学生-教师比之间关系的直线斜率估计值为 −1.11（= −1.12 + 0.0012×8.85）。当英语学习者百分比取 75% 分位数（PctEL = 23.0）时，估计出的直线较为平缓，其斜率为 −1.09（= −1.12 + 0.0012×23.0）。即对英语学习者百分比为 8.85% 的学区，学生-教师比降低 1 个单位的估计效应是提高测试成绩 1.11 分，而对于英语学习者百分比为 23% 的学区，学生-教师比降低 1 个单位的估计效应是提高测试成绩 1.09 分。然而，这两个估计效应的差异在统计上并不显著：检验交互项系数为 0 这一假设的 t 统计量为 $t = \frac{0.0012}{0.019} = 0.06$，其在 10% 的显著性水平下不显著。

为了着重讨论非线性模型，在 8.1～8.3 节的模型中我们都忽略了学生家庭经济背景等控制变量，因此之前的讨论可能都存在遗漏变量偏差。为得到降低学生-教师比对测试成绩影响的真实结论，需要在上述非线性模型中加入控制变量，下面我们将对此进行讨论。

8.4　学生-教师比对测试成绩的非线性效应

本节将解决以下三个具体问题：第一，在控制了不同学区的经济特征差异之后，学生-教师比降低对测试成绩的影响还依赖于英语学习者的比例吗？第二，该效应是否依赖于学生-教师比的取值？第三，也是最重要的一点，即在模型中同时考虑经济特征变量和非线性特征后，第 4 章中学区教育主管关于将学生-教师比降低 2 个单位的提议会对测试成绩产生多大影响？我们将 8.2 节和 8.3 节中讨论的非线性回归设定形式加以推广，把享受午餐优惠的学生百分比和地区人均收入的对数这两个度量学生经济背景的变量加入回归模型，就可以回答上述问题。由 8.2 节的实证分析可知，收入的对数形式能够捕捉到测试成绩和收入之间非线性关系的大部分特征，因此我们使用收入的对数作为解释变量。考虑到学生-教师比降低时，每个学生的支出将增加

⊖ 这些数据是由加州大学圣巴巴拉分校经济系 Theodore Bergstrom 教授慷慨提供的，若想进一步了解关于经济学期刊的问题，可参见 Bergstrom（2001）。

(无法保持每个学生的支出不变)，因此如同 7.6 节一样，我们没有将每个学生的支出作为解释变量加入回归模型中。

8.4.1 对回归结果的讨论

表 8-3 总结了回归结果，第(1)～(7)列的每一列均表示一个单独的回归。表 8-3 列出了估计的系数、标准误、F 统计量及其 p 值，以及概括性统计量，分别见各行的描述。此外，中间区域给出了将班级规模减小 2 个单位的估计效应(教育主管提出的问题)的 95%置信区间。由于一些设定形式是非线性的，因此给出了各种情形下的置信区间，这些情形包括减小较大班级(22 到 20)或中等班级(20 到 18)的规模，以及较高或较低的英语学习者比例，具体情形视模型设定形式而定。

表 8-3 测试成绩的非线性回归模型

被解释变量：学区内平均测试成绩；共 420 个观测值							
解释变量	(1)	(2)	(3)	(4)	(5)	(6)	(7)
学生-教师比(STR)	-1.00	-0.73	-0.97	-0.53	64.33	83.70	65.29
	(0.27)	(0.26)	(0.59)	(0.34)	(24.86)	(28.50)	(25.26)
STR^2					-3.42	-4.38	-3.47
					(1.25)	(1.44)	(1.27)
STR^3					0.059	0.075	0.060
					(0.021)	(0.024)	(0.021)
英语学习者百分比	-0.122	-0.176					-0.166
	(0.033)	(0.034)					(0.034)
英语学习者百分比≥10%？(二元变量，HiEL)			5.64	5.50	-5.47	816.1	
			(19.51)	(9.80)	(1.03)	(327.7)	
HiEL×STR			-1.28	-0.58		-123.3	
			(0.97)	(0.50)		(50.2)	
$HiEL \times STR^2$						6.12	
						(2.54)	
$HiEL \times STR^3$						-0.101	
						(0.043)	
加入的经济控制变量							
享受午餐优惠的学生百分比	是	是	否	是	是	是	是
学区平均收入(对数)	否	是	否	是	是	是	是
STR 减少 2 个单位的效应的 95%置信区间							
无 HiEL 交互作用	[0.93, 3.06]	[0.46, 2.48]					
22 到 20					[0.61, 3.25]		[0.54, 3.26]
20 到 18					[1.64, 4.36]		[1.55, 4.30]
HiEL=0			[-0.38, 4.25]	[-0.28, 2.41]			
22 到 20						[0.40, 3.98]	
20 到 18						[1.22, 4.99]	
HiEL=1			[1.48, 7.50]	[0.80, 3.63]			
22 到 20						[-0.98, 2.91]	
20 到 18						[-0.72, 4.01]	

（续）

解释变量	(1)	(2)	(3)	(4)	(5)	(6)	(7)
联合假设的 F 统计量和 p 值							
所有 STR 变量和交互作用=0			5.64 (0.004)	5.92 (0.003)	6.31 (<0.001)	4.96 (<0.001)	5.91 (0.001)
STR^2，$STR^3=0$					6.17 (<0.001)	5.81 (0.003)	5.96 (0.003)
HiEL×STR，HiEL×STR^2，HiEL×$STR^3=0$						2.69 (0.046)	
SER	9.08	8.64	15.88	8.63	8.56	8.55	8.57
$\bar{R}^2$	0.773	0.794	0.305	0.795	0.798	0.799	0.798

注：这些回归都是利用附录 4A 中描述的加利福尼亚州 K-8 学区的数据估计得到的。回归包括截距和用 Y 或 N 表示的经济控制变量（表中未报告系数）。系数下方的圆括号内为其标准误，F 统计量下方的圆括号内为其相应的 p 值。

为了方便起见，我们在表 8-3 的回归(1)中重新列出了表 7-1 中回归(3)的结果。该回归没有控制学区收入变量，因此我们首先要做的是检验把收入对数作为控制变量加入模型后的回归结果是否会发生显著变化，其结果见表 8-3 中的回归(2)。从表 8-3 中可以看出，收入对数在 1%的显著性水平下显著；虽然学生-教师比的系数在 1%的显著性水平下显著，但它由于某种原因更接近 0——从-1.00 变为-0.73。从回归(1)到回归(2)中，STR 的系数变化足够大，表明在回归中应加入收入对数作为额外控制以降低遗漏变量偏差。

表 8-3 中的回归(3)是式(8-34)中的交互回归，其中包含了表示英语学习者百分比高低的二元变量，但不包含表示经济特征的控制变量。当在回归中加入经济特征的控制变量（享受午餐优惠的学生百分比以及收入对数）后（表 8-3 中的回归(4)），高比例和低比例英语学习者班级的班级规模效应都有所降低，但在两种回归中，两者的置信区间都很大。基于回归(4)的证据，在 5%的显著性水平下，不能拒绝 STR 的影响在英语学习者百分比较高和较低的学区中相同的假设$\left(t\text{ 统计量为 } t=-\dfrac{0.58}{0.50}=-1.16\right)$。

为了控制回归(4)中的经济变量，回归(5)还通过加入 STR 的平方项和立方项来检验学生-教师比变动的影响是否依赖于学生-教师比的取值（由于在回归(4)中，交互项 HiEL×STR 在 10%的显著性水平下不显著，故在回归(5)中不加入该交互项）。回归(5)中的估计结果表明，学生-教师比具有非线性效应。由于检验“STR^2 和 STR^3 的系数为 0”这一假设的 F 统计量为 6.17，相应的 p 值<0.001，因此在 1%的显著性水平下，拒绝“该关系是线性的”原假设而接受“存在三次方关系”的备择假设。根据估计结果，将班级规模大小从 20 减少到 18 的效果要大于将其从 22 减少到 20 的效果。

回归(6)进一步检验了学生-教师比的影响是否不仅依赖于其自身的取值，还依赖于英语学习者百分比。通过在回归中加入 HiEL 分别与 STR、STR^2 和 STR^3 的交互项，我们可以研究刻画测试成绩和学生-教师比之间关系的总体回归函数（可能是立方形式）是否会因为英语学习者百分比较高或较低而出现差异。为此，我们检验了这三个交互项系数均为 0 的原假设，得到的 F 统计量为 2.69，相应的 p 值为 0.046，因此在 5%的显著水平下拒绝原假设。这说明了英语学习者百分比较高学区和较低学区对应的回归函数是不同的，然而，比较回归(6)和(4)可以清楚地看出，这些差异与二次项和三次项有关。除此之外，回归(6)中所有情形的置信区间都非常大。

回归(7)是回归(5)的变形，其中回归(7)中用连续型变量 PctEL 替换了回归(5)中的二元变量 HiEL，以控制学区内英语学习者百分比这一因素。替换之后的回归结果表明，其他解释变量的系数变化不大，这说明回归(5)中的结论对回归中实际采用何种方法来度量英语学习者百分比并不敏感。

所有的回归结果都在1%的显著性水平下拒绝“回归中不应包含学生-教师比”的假设。

通过图形可以很容易地解释表8-3中的非线性设定形式。图8-10画出了回归(2)、回归(5)和回归(7)中估计得到的刻画测试成绩与学生-教师比之间关系的函数，以及数据的散点图。[⊖]这些估计得到的回归函数说明，在控制回归中其他解释变量取值不变的条件下，测试成绩的预测值是学生-教师比的函数。尽管立方回归函数在学生-教师比取值较大时变得更平缓，但总体来看，估计出的这几个回归函数都很接近。

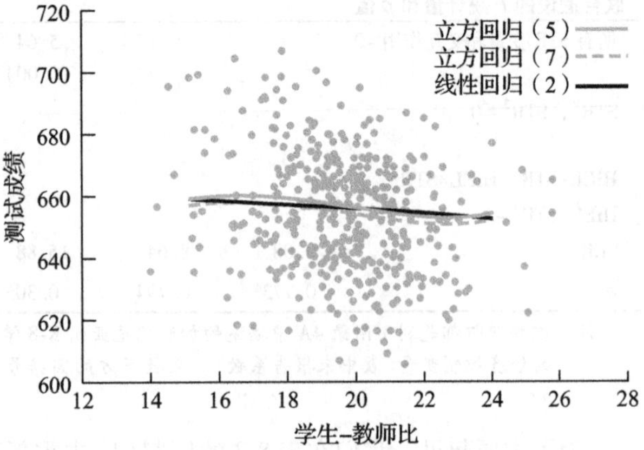

图8-10 刻画测试成绩与学生-教师比关系的三个回归函数

注：表8-3中第(5)列和第(7)列的立方回归结果几乎相同，这表明在测试成绩和学生-教师比之间存在着微弱的非线性关系。

回归(6)表明，联系测试成绩和STR的立方回归函数可能取决于该学区英语学习者百分比的高低。图8-11画出了这两条估计得到的回归函数，从而我们可以分析除了在统计上显著之外，这一差异是否还有什么实际价值。如图8-11所示，当学生-教师比在17～23时(包含了88%的观测值)，两个回归函数形状相似，只相差大约10分，即当STR取值在17～23之间时，英语学习者百分比较低的学区的测试成绩较高，但这两个学区内学生-教师比变化的影响基本相同。当学生-教师比低于16.5时，这两个回归函数是不同的，但我们必须谨慎以免得出错误的结论。

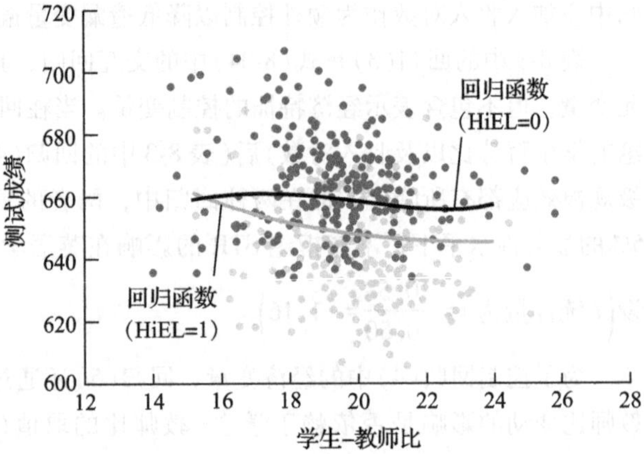

图8-11 英语学习者百分比较高和较低学区的回归函数

注：英语学习者百分比较低(HiEL=0)学区用灰色的点表示，而HiEL=1的学区用黑色的点表示。当17≤STR≤23时，表8-3的回归(6)中对HiEL=0学区的立方回归函数要比HiEL=1的立方回归函数高10分，除此之外，这两个函数在该取值范围内的形状和斜率都很接近。当STR很小或很大时，两个回归函数的斜率相差很大，但落在该范围内的观测值很少。

由于STR<16.5的学区在所有观测值中仅占6%，因此两个非线性回归函数之间的差异仅仅反映了少数几个学生-教师比较低的学区之间的差异。综上，根据图8-11可得，在学生-教师比的大

⊖ 对于每条曲线，通过将除STR以外的每个解释变量设置为其样本均值，并通过将解释变量的这些固定值乘以表8-3中相应的系数估计值，从而可以计算出被解释变量的预测值。通过对各个STR值都进行上述操作，在保持其他解释变量取样本均值的条件下，预测值的图形即为将测试成绩和STR联系起来的回归函数的估计形式。

部分取值范围内，学生-教师比变化对测试成绩的影响并不依赖于英语学习者百分比。

8.4.2 主要发现

通过上述讨论，我们可以回答本节一开始提出的三个问题。

第一，在控制了家庭经济背景因素之后，有较弱的证据证明班级规模缩小的效果依赖于学区内英语学习者百分比是高还是低。虽然估计出减少班级规模的效应在英语学习者百分比高的地区更有效，但对英语学习者百分比高和低的地区之间效果的差异的估计并不精确。除此之外，由图 8-11 可知，在包含大部分样本数据的学生-教师比取值范围内，两个回归函数具有相近的斜率。

第二，在控制了家庭经济背景因素之后，有证据表明学生-教师比对测试成绩的效应是非线性的。非线性估计表明，减少师生比例的效果在中等规模的班级更大，而在非常小或非常大的班级较小。在 1%的水平上可以拒绝线性的原假设。

第三，我们回到第 4 章一开始学区教育主管提出的问题，她想知道学生-教师比降低 2 个单位对测试成绩的影响。在线性形式的回归(2)中，该影响并不依赖于学生-教师比自身的取值，学生-教师比降低 2 个单位会使测试成绩提高 1.46 分(=-0.73×-2)。在非线性设定形式中，该影响还依赖于学生-教师比自身的取值。如果某学区当前学生-教师比为 20，该学区教育主管计划将其减少至 18，则根据回归(5)，这一举措的估计效应是会使测试成绩提高 3.00 分，相应的 95%置信区间为(1.64，4.36)。如果某学区当前学生-教师比为 22，该学区教育主管计划将其减少至 20，则根据回归(5)，该举措的估计效应是测试成绩会提高 1.93 分，相应的 95%置信区间为(0.61，3.25)。(在回归(7)中能得到相似的结果。)因此，根据所在学区的特点，这些来自非线性设定形式的估计结果可以更细致地回答这些问题。

8.5 结论

本章介绍了几种非线性回归函数的建模方法。由于这些模型都是多元回归模型的变形，它们的未知系数都可利用最小二乘法进行估计，且关于系数的假设检验也可利用第 7 章介绍的 t 统计量和 F 统计量来进行。在这些模型中，保持其他解释变量 X_2，X_3，…，X_k 的取值不变时，解释变量 X_1 的变化对 Y 的影响通常依赖于 X_1，X_2，…，X_k 的取值。

本章介绍了很多不同的模型，但在应用中应具体选择哪个模型，你可能会感到困惑。那么，在实际应用中我们应当如何分析可能存在的非线性形式呢？我们在 8.1 节给出了这种分析的一般方法，但该方法需要你不断地判断和决定。如果存在一种对所有实际问题都奏效的“捷径”，自然会非常简便，但实践中的数据分析往往没有那么简单。

在选择非线性回归函数设定形式的过程中，最重要的一步是“开动脑筋”。在观察数据之前，你可以先利用经济理论和专业判断，想想为什么总体回归函数的斜率会依赖于某个或某些解释变量，你预计它们之间会存在怎样的依赖关系？最重要的是，你要考虑哪种非线性形式(如果存在的话)能够更好地切合你的研究对象。仔细思考这些问题能够使你的分析更有针对性。例如，在测试成绩的例子中，我们通过推理想到，仍然在学习英语的学生获得更多关照时可能获益更多，从而我们接着分析了雇用更多教师(降低学生-教师比)对英语学习者百分比较高的学区是否有更大的影响。通过这种不断地推理和思考，我们可以使问题变得更加清晰，从而能够得到更准确的结论：在控制学生家庭经济背景不变的条件下，有效减少班级人数的估计效应并不取决于班级中英语学习者的人数是多还是少。

本章小结

1. 在非线性回归中，总体回归函数的斜率依赖于一个或多个解释变量的取值。
2. 通过计算解释变量的两个不同取值处的回归函数值，可以得出解释变量的变动对 Y 的影响。重要概念 8-1 总结了这一步骤。
3. 多项式回归是指将 X 的不同次方作为解释变量的情形。二次回归是指解释变量包含 X 和 X^2；立方回归是指解释变量包含 X, X^2 和 X^3。
4. 对数的微小变化可以解释为变量的比例或百分比变化，对数回归模型可用来估计比例变化和弹性。
5. 两个变量的乘积称为交互项，在回归方程中加入交互项可以使其中一个变量的斜率依赖于另一个变量的取值。

重要术语

二次回归模型	非线性回归函数	多项式回归函数
立方回归模型	弹性	指数函数
自然对数	线性-对数模型	对数-线性模型
双对数模型	交互项	交互回归变量
交互回归模型	非线性最小二乘	估计量

内容复习

8.1 画出一个增函数(即斜率为正)的图像，且当 X 较小时函数图像较为陡峭，而当 X 较大时函数图像较为平缓。请说明你将利用哪种非线性回归模型来模拟这条曲线。你能列举出具有曲线形式所刻画的经济关系吗?

8.2 柯布-道格拉斯(Cobb-Douglas)生产函数通过方程 $Q=\lambda K^{\beta_1}L^{\beta_2}M^{\beta_3}e^u$ 将产量(Q)与资本(K)、劳动(L)和原材料(M)等生产要素及误差项 u 联系起来，其中 λ、β_1、β_2 和 β_3 为参数。假设你有来自具有相同柯布-道格拉斯生产函数的企业的样本数据，包括企业的产量、生产要素等信息，那么你将如何利用回归分析来估计参数?

8.3 你是否能用 $\overline{R}^2$ 比较双对数模型和对数-线性模型的拟合程度？试解释。

你是否能用 $\overline{R}^2$ 比较双对数模型和线性-对数模型的拟合程度？试解释。

8.4 假设将式(8-30)所示的回归模型中 HiSTR 和 HiEL 替换成 LoSTR 和 LoEL，其中 LoSTR = 1-HiSTR，表示班级规模较低的学区，LoEL = 1-HiEL，表示英语学习者百分比较低的学区，则该式中回归系数的估计值为多少?

8.5 假设你认为内容复习 8.2 中的 β_2 不是常数，而是随着 K 的增大而增大，那么你将如何利用交互项来刻画这种效应?

8.6 你已经估计了 Y 对 X 的线性回归模型，但你的老师认为 X 和 Y 之间的关系是非线性的。试说明你将如何检验线性回归是否合适。

习 题

8.1 某公司 2013 年的销售额为 1.96 亿美元，2014 年增加到 1.98 亿美元。

(1) 利用常用公式 $100\times\frac{(Sales_{2014}-Sales_{2013})}{Sales_{2013}}$ 计算销售额的增长率，并与近似值 $100\times[(\ln(Sales_{2014})-\ln(Sales_{2013})]$ 做比较。

(2) 分别假设 $Sales_{2014}=2.05$，$Sales_{2014}=2.50$ 和 $Sales_{2014}=5.00$，重新计算(1)。

(3) 当变化较小时，这种近似效果如何？当增长率变化增大时，这种近似的效果会下降吗？

8.2 假设某研究人员收集了邻近地区过去几年期间房屋销售的数据，并得到了如下表所示的回归结果。

(1) 根据上表中第(1)列的结果，计算房屋扩建 500 平方英尺时房屋价格的期望变化。构建价格百分比变化的 95%置信区间。

(2) 比较第(1)列和第(2)列，Size 和 ln(Size)哪个能更好地解释房屋价格？

(3) 根据第(2)列，变量 Pool 对价格的影响是多少？(确保你正确使用了单位。)构建该效应的 95%置信区间。

(4) 在第(3)列的回归中加入卧室数量的变量，则增加一个卧室的影响是多少？该影响在统计上显著吗？这一影响为什么会这么小？(提示：其他哪些变量是保持不变的？)

(5) 二次项 $\ln(Size)^2$ 重要吗？

(6) 根据第(5)列的回归结果，分别计算房屋景观好或不好两种情况下增加泳池后价格的期望变化。二者之间存在较大的差异吗？该差异是统计显著的吗？

习题 8.2 的回归结果

被解释变量：ln(Price)					
解释变量	(1)	(2)	(3)	(4)	(5)
Size	0.000 42 (0.000 038)				
ln(Size)		0.69 (0.054)	0.68 (0.087)	0.57 (2.03)	0.69 (0.055)
$[\ln(Size)]^2$				0.007 8 (0.14)	
Bedrooms			0.003 6 (0.037)		
Pool	0.082 (0.032)	0.071 (0.034)	0.071 (0.034)	0.071 (0.036)	0.071 (0.035)
View	0.037 (0.029)	0.027 (0.028)	0.026 (0.026)	0.027 (0.029)	0.027 (0.030)
Pool×View					0.002 2 (0.10)
Condition	0.13 (0.045)	0.12 (0.035)	0.12 (0.035)	0.12 (0.036)	0.12 (0.035)
截距	10.97 (0.069)	6.60 (0.39)	6.63 (0.53)	7.02 (7.50)	6.60 (0.40)
概括性统计量					
SER	0.102	0.098	0.099	0.099	0.099
$\bar{R}^2$	0.72	0.74	0.73	0.73	0.73

注：其中变量的定义如下：Price 表示房屋售价(美元)，Size 表示房屋面积(平方英尺)，Bedrooms 表示卧室个数，Pool 为二元变量(当房屋带泳池时取 1，否则取 0)，View 为二元变量(房屋景观好时取 1，否则取 0)，Condition 为二元变量(当房屋状况良好时取 1，否则取 0)。

8.3 在看过本章中关于测试成绩和班级规模的分析后，某教育学家指出：“根据我的经验，学生表现确实依赖于班级规模，但不是按照本章回归中所描述的方式。当班级人数少于20人时，学生表现好；而当班级人数超过25人时，学生表现通常较差。所以当班级人数少于20人时，减小班级规模不会有多大帮助；而当班级人数多于25人时，增大班级规模也不会有什么损失，但当班级人数在20～25人时，二者的关系是固定不变的。”该教育学家描述了一种“阈值效应”，即学生的表现在班级规模小于20人时是不变的，在班级规模为20人时发生突变，并在20～25人这一区间内，二者关系保持不变，在班级规模为25人时再次突变，当班级人数多于25人时学生表现不变。为了模拟这种阈值效应，定义如下二元变量：

当 STR<20 时，STRsmall=1，否则 STRsmall=0；

当 20≤STR<25 时，STRmoderate=1，否则 STRmoderate=0；

当 STR>25 时，STRlarge=1，否则 STRlarge=0。

(1) 考虑回归 $TestScore_i=\beta_0+\beta_1 STRsmall_i+\beta_2 STRlarge_i+u_i$，按照教育学家的观点，试画出刻画 TestScore 和 STR 关系的图形。

(2) 某研究人员在估计回归 $TestScore_i=\beta_0+\beta_1 STRsmall_i+\beta_2 STRmoderate_i+\beta_3 STRlarge_i+u_i$ 时计算机软件提示错误。为什么？

8.4 阅读 8.3 节中的专栏 8-1“教育回报与性别差距”，并回答：

(1) 考虑一名男性，他接受过16年的教育且具有两年工作经验，根据表 8-1 中第(4)列的回归结果和重要概念 8-1 中的方法，请估计此人增加一年工作经验后平均时薪(AHE)对数的变化。

(2) 解释你在(1)中的答案为什么与这名男士来自哪里没有关系。

(3) 若此人有10年工作经验，重新计算(1)。

(4) 试说明为什么(1)和(2)的答案不同。

(5) (1)和(2)答案的差异在5%的显著性水平下在统计上显著吗？试解释。

(6) 如果此人是女性，那么(1)～(4)的答案会有什么不同？试解释。

(7) 如果你怀疑男性和女性工作经验对收入的影响不同，那么你将如何修正回归模型？

8.5 阅读 8.3 节中的专栏 8-2“经济学期刊的需求”，并回答：

(1) 文中得出了三个结论，根据表中的估计结果说明每一个结论的依据是什么。

(2) 根据回归模型(4)的估计结果，刊龄为80年的期刊需求弹性为-0.28。

①根据所估计的回归结果，这个值是如何计算得到的？

②文中指出弹性估计值的标准误为0.06，该标准误是如何计算得到的？(提示：参考 8.1 节中关于“效应估计值的标准误”的讨论。)

(3) 假设用 1 000 而不是 1 000 000 除以变量 Characters，则第(4)列的回归结果将如何变化？

8.6 根据表 8-3 回答：

(1) 某研究人员怀疑享受午餐优惠的学生百分比对测试成绩的影响是非线性的。特别地，他推测该变量由10%上升到20%时对测试成绩几乎没有影响，但从50%上升到60%时的影响将很大。

①描述一个能模拟这种非线性关系的非线性函数设定形式。

②如何检验该研究人员的推测是

否优于表8-3第(7)列中的线性设定形式？

(2) 某研究人员怀疑在小班学区和大班学区内收入对测试成绩的影响不同。

①描述一个能模拟这种非线性关系的非线性函数设定形式。

②如何检验该研究人员的推测是否优于表8-3第(7)列中的线性设定形式？

8.7 本题是基于对公司高级职位收入“性别差距”的研究（Bertrand and Hallock, 2001）。研究比较了20世纪90年代美国部分上市公司高层主管人员的总薪水。（这些公司每年都要报告其5名最高主管人员的薪酬水平。）

(1) 设 Female 为二元变量，表示女性时取1，表示男性时取0。收入对数对 Female 的回归结果为

$$\widehat{\ln(\text{Earnings})} = \underset{(0.01)}{6.48} - \underset{(0.05)}{0.44}\text{Female},$$
$$\text{SER} = 2.65$$

①Female 系数的估计值为 −0.44，试解释其含义。

②SER 为2.65，试解释其含义。

③该回归能说明高层主管人员中女性收入比男性低吗？试解释。

④该回归能说明存在性别歧视吗？试解释。

(2) 在回归中加入两个新的变量，公司市值（度量公司规模，单位为百万美元）和股票收益（度量公司业绩，单位为百分比）。则该回归方程为

$$\widehat{\ln(\text{Earnings})} = \underset{(0.03)}{3.86} - \underset{(0.04)}{0.28}\text{Female} + \underset{(0.004)}{0.37}\ln(\text{MarketValue}) + \underset{(0.003)}{0.004}\text{Return}$$

$n = 466\,70$，$\bar{R}^2 = 0.345$

①ln(MarketValue)的系数估计值为0.37，试解释其含义。

②Female 系数的估计值为 −0.28，试说明为什么其与(1)中的回归结果不同。

(3) 与小公司相比，大公司是否更有可能雇用女性高层主管人员？试解释。

8.8 X 为取值在5～100之间的连续型变量，Z 为二元变量，粗略地画出下列回归函数的图形（其中横轴为 X，它的取值范围为5～100，纵轴为 $\hat{Y}$）：

(1) $\hat{Y} = 2.0 + 3.0 \times \ln(X)$

(2) $\hat{Y} = 2.0 - 3.0 \times \ln(X)$

(3) ①$\hat{Y} = 2.0 + 3.0 \times \ln(X) + 4.0Z$，$Z = 1$

②与①相同，但 $Z = 0$

(4) ①$\hat{Y} = 2.0 + 3.0 \times \ln(X) + 4.0Z - 1.0 \times Z \times \ln(X)$，$Z = 1$

②与①相同，但 $Z = 0$

(5) $\hat{Y} = 1.0 + 125.0X - 0.01X^2$

8.9 说明如何利用7.3节中的“方法2”计算式(8-8)讨论的置信区间。（提示：需要使用不同定义的解释变量和被解释变量重新估计一个新的回归模型，参见第7章习题7.9。）

8.10 考虑回归模型 $Y_i = \beta_0 + \beta_1 X_{1i} + \beta_2 X_{2i} + \beta_3 (X_{1i} \times X_{2i}) + u_i$，利用重要概念8-1证明：

(1) $\dfrac{\Delta Y}{\Delta X_1} = \beta_1 + \beta_3 X_2$（保持 X_2 不变时，X_1 变化的效应）

(2) $\dfrac{\Delta Y}{\Delta X_2} = \beta_2 + \beta_3 X_1$（保持 X_1 不变时，X_2 变化的效应）

(3) 如果 X_1 变动 ΔX_1，且 X_2 变动 ΔX_2，则 $\Delta Y = (\beta_1 + \beta_3 X_2)\Delta X_1 + (\beta_2 + \beta_3 X_1)\Delta X_2 + \beta_3 \Delta X_1 \Delta X_2$

8.11 推导附录8B中给出的线性模型和双对数模型的弹性表达式。（提示：对于双对数模型，类似于附录8B中对数-线

性模型的处理方法，即假设 u 和 X 相互独立。)

8.12 式(8-28)后面讨论了利用条件均值为零的假设解释二元变量交互项的系数，而本题将证明在条件均值独立的假设下该解释依然适用。考虑第 7 章习题 7.11 中的假想实验。

(1) 假设只利用老生的数据估计回归模型 $Y_i=\gamma_0+\gamma_1X_{1i}+u_i$，证明 γ_1 表示老生班级规模的影响，即 $\gamma_1=E(Y_i\mid X_{1i}=1,\ X_{2i}=0)-E(Y_i\mid X_{1i}=0,\ X_{2i}=0)$，试说明为什么 $\hat{\gamma}_1$ 是 γ_1 的无偏估计量。

(2) 假设只利用新生的数据估计回归模型 $Y_i=\delta_0+\delta_1X_{1i}+u_i$，证明 δ_1 表示新生班级规模的影响，即 $\delta_1=E(Y_i\mid X_{1i}=1,X_{2i}=1)-E(Y_i\mid X_{1i}=0,\ X_{2i}=1)$，试说明为什么 $\hat{\delta}_1$ 是 δ_1 的无偏估计量。

(3) 考虑同时包含老生和新生的回归 $Y_i=\beta_0+\beta_1X_{1i}+\beta_2X_{2i}+\beta_3(X_{1i}\times X_{2i})+u_i$，利用条件均值独立假设 $E(u_i\mid X_{1i},\ X_{2i})=E(u_i\mid X_{2i})$，证明 $\beta_1=\gamma_1$，$\beta_1+\beta_3=\delta_1$ 和 $\beta_3=\delta_1-\gamma_1$(班级规模效应之差)。

(4) 假设同时利用老生和新生的数据及 $E(u_i\mid X_{1i},\ X_{2i})=E(u_i\mid X_{2i})$ 估计(3)中的交互作用，证明 $\hat{\beta}_1$ 和 $\hat{\beta}_3$ 是无偏的，但 $\hat{\beta}_2$ 是有偏的。

实证练习

8.1 铅(Lead)有毒性，特别是对儿童有害，正因为如此，政府严格控制环境中的铅含量。但事实并非总是如此。在 20 世纪早期，美国许多城市的地下水管道含铅，铅随着这些水管进入饮用水中。本题中你将研究含铅的水管对婴儿死亡率的影响。在本书的网站 http://www.pearsonhighered.com/stock_watson/上，你将找到数据集 Lead_Mortality，其中有婴儿死亡率、水管类型(含铅或不含铅)、酸碱度(PH)和在 1900 年 172 个美国城市一些人口变量的统计数据。详细的数据描述见网站上的文件 Lead_Mortality_Description。

(1) 分别计算使用含铅水管的城市和不含铅水管的城市的平均婴儿死亡率(Inf)。这些均值在统计上具有显著差异吗?

(2) 从含铅水管泄漏到水中的铅的数量取决于流经水管的水的化学性质。水的酸性越强(即 PH 值越低)，铅的泄漏量就越大。建立 Inf 对 Lead，PH 和交互项 Lead×PH 的回归。

①回归中包含四个系数(截距项和三个多元回归量的系数)。试说明每个系数度量了什么。

②画出 Lead=0 和 Lead=1 时，刻画 Inf 与 PH 关系的回归函数图。描述回归函数的差异，并将该差异与第①题中讨论的系数联系起来。

③Lead 对婴儿死亡率的影响在统计上显著吗? 试说明。

④Lead 对婴儿死亡率的影响是否依赖于 PH? 这种依赖关系在统计上显著吗?

⑤该样本的 PH 均值是多少? 在该 PH 值水平下，估计 Lead 对婴儿死亡率的影响为多少? 假设 PH 水平比样本均值的 PH 水平低一个标准差，估计 Lead 对婴儿死亡率的影响是多少? 若 PH 水平比样本均值的 PH 水平高一个标准差，估计该影响是多少?

⑥构建当 PH=6.5 时，Lead 对婴儿死亡率的影响的 95%置信区间。

(3) 由于(2)的分析忽略了影响婴儿死

亡率的一些因素，而这些因素可能潜在地与 Lead 和 PH 相关，因此可能存在遗漏变量偏差。使用数据集中的其他变量，检验这个想法。

8.2 在本书的网站 http://www.pearsonhighered.com/stock_watson/上找到数据集 CPS2015，该数据集包括25～34岁的全职工人的最高学历（高中或大学本科）等数据。详细的数据描述见网站上的文件 CPS2015_Description（这些数据与实证练习3.1中使用的 CPS96_15 数据相同，唯一的区别是数据截至2015年）。本题将研究工人年龄和收入的关系（一般而言，年龄较大的工人的工作经验更丰富，往往工作效率更高，收入也较高）。

(1) 建立平均时薪（AHE）对年龄（Age）、性别（Female）和教育（Bachelor）的回归模型。若年龄从25岁增加到26岁，收入将如何变化？若年龄从33岁增加到34岁，收入将如何变化？

(2) 建立平均时薪的对数 ln(AHE) 对 Age、Female 和 Bachelor 的回归模型。若年龄从25岁增加到26岁，收入将如何变化？若年龄从33岁增加到34岁，收入将如何变化？

(3) 建立平均时薪的对数 ln(AHE) 对 ln(Age)、Female 和 Bachelor 的回归模型。若年龄从25岁增加到26岁，收入将如何变化？若年龄从33岁增加到34岁，收入将如何变化？

(4) 建立平均时薪的对数 ln(AHE) 对 Age、Age^2、Female 和 Bachelor 的回归模型。若年龄从25岁增加到26岁，收入将如何变化？若年龄从33岁增加到34岁，收入将如何变化？

(5) 你认为(3)中的回归比(2)好吗？试解释。

(6) 你认为(4)中的回归比(2)好吗？试解释。

(7) 你认为(4)中的回归比(3)好吗？试解释。

(8) 针对有高中学历的男性工人，分别根据(2)、(3)、(4)中的回归结果画出 Age 和 ln(AHE) 之间的关系图。描述这些回归函数之间的异同。对于有大学学历的女性工人，回归函数会发生什么变化？

(9) 建立 ln(AHE) 对 Age、Age^2、Female、Bachelor 和交互项 Female × Bachelor 的回归模型。交互项的系数衡量了什么？Alexis 是一名30岁的女性工人，拥有大学学历，根据回归结果预测她的 ln(AHE) 值；Jane 是一名30岁的女性工人，拥有高中文凭，根据回归结果预测她的 ln(AHE) 值；Bob 是一名30岁的男性工人，拥有大学学历，根据回归结果预测他的 ln(AHE) 值；Jim 是一名30岁的男性工人，拥有高中文凭，根据回归结果预测他的 ln(AHE) 值，并预测 Bob 和 Jim 收入差异。

(10) 对于男性和女性，Age 对收入的影响是否不同？构建并估计一个回归模型，以回答这个问题。

(11) 对于拥有高中学历的工人和大学学历的工人，Age 对收入的影响是否不同？构建并估计一个回归模型，以回答这个问题。

(12) 在估计了以上所有的回归模型（包括你自己想建立的其他回归模型）后，针对年轻工人，请总结年龄对收入的影响。

附录 8A 参数非线性的回归函数

8.2 节和 8.3 节中讨论的非线性回归函数都是指关于解释变量 X 的非线性函数，但仍是关于未知参数的线性函数。由于回归函数关于未知参数是线性的，所以可以通过对原始解释变量进行非线性变换来定义新的解释变量，从而利用 OLS 来估计这些参数。此类非线性回归函数很常见且便于使用。然而，在某些应用中，我们会遇到关于参数的非线性回归函数。此类回归函数不能用 OLS 进行估计，但我们可以利用 OLS 的推广，即非线性最小二乘法进行估计。

8A.1 参数非线性的函数

我们首先讨论两个参数非线性函数的例子，然后再讨论更一般的形式。

Logistic 曲线。假设你正在研究某项技术的市场渗透率，如不同行业中机器学习软件的使用情况。其中，被解释变量为该行业中使用这个软件的公司比例，唯一的解释变量 X 表示行业特征，并且你有 n 个行业的数据。被解释变量的取值范围为 0～1(其中 0 表示没有公司使用该软件，1 表示 100%的公司使用该软件)。由于线性回归模型可能得到小于 0 或大于 1 的被解释变量的预测值，因此我们使用能保证被解释变量的预测值在 0～1 之间的函数才更合理。

Logistic 函数的取值范围是从 0～1，且是平滑增函数。关于单个变量 X 的 logistic 回归模型为

$$Y_i=\frac{1}{1+e^{-(\beta_0+\beta_1 X_i)}}+u_i \qquad (8\text{-}38)$$

其函数图形见图 8-12a。如图 8-12a 所示，logistic 函数图形是一个拉长的 S 形，当 X 取值较小时，其函数值接近 0 且曲线较为平缓；而随着 X 的增大，曲线也变得较为陡峭；当 X 取值较大时，函数值接近 1 且曲线再次变得平缓。

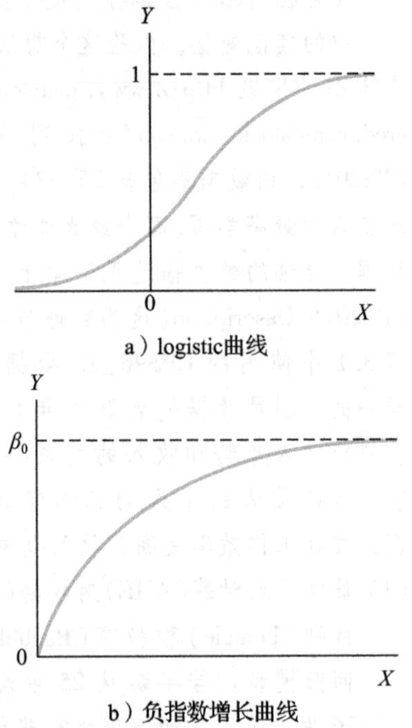

图 8-12 两个参数非线性的函数

注：图 8-12a 画出了式(8-38)所示的 logistic 函数图形，其被解释变量的预测值在 0～1 之间。图 8-12b 画出了式(8-39)所示的负指数增长函数图形，其斜率始终为正，且随着 X 的增大而减小，当 X 趋于无穷时，函数值趋近于 β_0。

负指数增长。8.2 节在模拟测试成绩和收入之间的关系时使用的函数存在一些缺陷。比如，多项式模型可能会造成在收入的某些取值处的斜率为负，而这并不合理；虽然对数设定形式在收入的所有取值范围内斜率都为正，但当收入大幅增加时，测试成绩预测值的增加没有上限，因此根据某些学区收入得出测试成绩的预测值可能会超过卷面满分。

负指数增长模型是一种非线性设定形式，它能够保证在收入的所有取值范围内斜率为正，且它在收入取值很小时斜率最大，随着收入的增加，其斜率不断减小。最重要的是，函数取值有上界(即当收入趋于无穷大时函数的渐近值)。负指数增长回归模型为

$$Y_i=\beta_0\left[1-e^{-\beta_1(X_i-\beta_2)}\right]+u_i \qquad (8\text{-}39)$$

当 β_0 与 β_1 为正时，其函数图形见图 8-12b。

当 X 取值很小时，曲线较陡峭，但随着 X 的增大，函数取值趋近于其渐近值 β_0。

参数非线性的一般函数。logistic 回归模型和负指数增长回归模型都是参数非线性回归模型的特例，而参数非线性回归模型的一般形式可写成

$$Y_i = f(X_{1i}, \cdots, X_{ki}; \beta_0, \cdots, \beta_m) + u_i \tag{8-40}$$

其中有 k 个解释变量和 $m+1$ 个参数 β_0，…，β_m。8.2 节和 8.3 节的模型关于解释变量 X 是非线性的，但关于参数是线性的。在本附录的例子中，参数也是非线性的。如果参数已知，则可利用 8.1 节中介绍的方法计算期望效应，然而，在实际应用中，参数是未知的，必须使用数据进行估计。参数非线性模型不能用 OLS 估计，但可以用非线性最小二乘法进行估计。

8A.2 非线性最小二乘估计

非线性最小二乘法是估计参数非线性模型中未知参数的一般方法。

回忆 5.3 节对于多元线性回归模型中系数 OLS 估计量的讨论。OLS 估计量能够最小化式(5-8)中的预测误差平方和 $\sum_{i=1}^{n}[Y_i - (b_0 + b_1X_{1i} + \cdots + b_kX_{ki})]^2$，理论上可以通过多次尝试 b_0，…，b_k 的不同取值，选取使得预测误差平方和最小的取值来作为 OLS 估计量。

这种方法也可以用来估计式(8-40)所示的非线性回归模型的参数。由于回归函数的系数是非线性的，因此该方法称为**非线性最小二乘(nonlinear least squares)法**。对参数的一组取值 b_0，b_1，…，b_m，构建相应的预测误差平方和

$$\sum_{i=1}^{n}[Y_i - f(X_{1i}, X_{2i}, \cdots, X_{ki}, b_1, b_2, \cdots, b_m)]^2 \tag{8-41}$$

则使得式(8-41)所示的预测误差平方和最小的 b_0，b_1，…，b_m 取值即为 β_0，β_1，…，β_m 的**非线性最小二乘估计量**(nonlinear least squares estimator)。

在线性模型中，我们可以用相对简单的公式表示 OLS 估计量，但在非线性最小二乘法中并没有类似公式，因此必须借助计算机寻找非线性最小二乘估计量的数值解。回归软件中都包含了非线性最小二乘法的算法，这大大简化了实际应用中非线性最小二乘估计量的计算。

若函数 f 和解释变量 X 满足一般条件，则非线性最小二乘估计量具有两个与线性回归模型 OLS 估计量相同的重要性质：估计量是一致的，且在大样本下服从正态分布。在支持非线性最小二乘法的回归软件中，输出结果通常包括估计系数的标准误，因此参数的统计推断和以前一样；具体而言，可以利用重要概念 5-1 中的一般方法来构建 t 统计量，且相应的 95% 置信区间为系数估计值加上或减去 1.96 倍的标准误。类似于线性回归，非线性回归模型中的误差项可能是异方差的，因此应采用异方差-稳健标准误。

8A.3 在测试成绩和地区收入关系中的应用

负指数增长模型具有一些理想特征，即斜率为正数(如果式(8-39)中的 β_1 为正)，且当解释变量趋于无穷时函数有上界 β_0，这两个特征正好可以用来拟合地区收入(X)和测试成绩(Y)的数据。利用加利福尼亚州的测试成绩数据来估计式(8-39)中的 β_0、β_1 和 β_2 得到 $\hat{\beta}_0 = 703.2$(异方差-稳健标准误为 4.44)，$\hat{\beta}_1 = 0.0552$(SE = 0.0068)，以及 $\hat{\beta}_2 = -34.0$(SE = 4.48)。因此估计得到的非线性回归函数为(参数估计值下方为相应的标准误)：

$$\widehat{TestScore} = \underset{(4.44)}{703.2}[1 - e^{-\underset{(0.0068)}{0.0552}(Income + \underset{(4.48)}{34.0})}] \tag{8-42}$$

图 8-13 画出了估计的非线性回归函数、对数回归函数和数据的散点图。这两种设定形式非常相似，区别在于负指数增长曲线在收入水平较高时变得较为平缓，这与存在渐近值的特征相符。

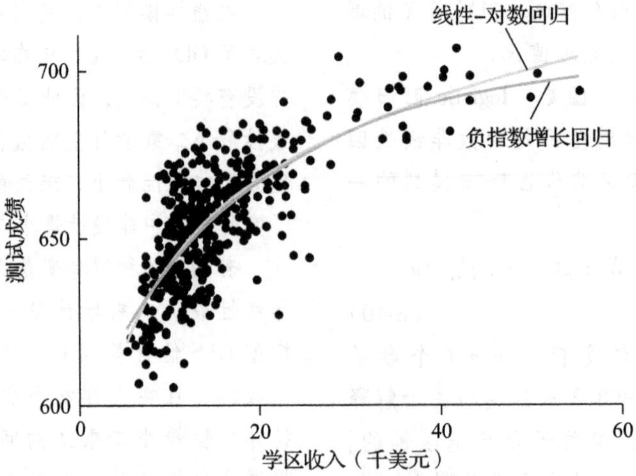

图 8-13 负指数增长回归函数和线性-对数回归函数

注：负指数增长回归函数(式(8-42))和线性-对数回归函数((式 8-18))都反映了测试成绩和地区收入之间的非线性关系。两个函数的区别在于：当收入趋于无穷时，负指数增长函数存在渐近值，而线性-对数回归函数却不存在。

附录 8B 非线性回归函数的斜率和弹性

本附录将利用微积分的知识计算包含连续型解释变量的非线性回归函数中的斜率和弹性，我们将着重考虑 8.2 节中只有单个解释变量 X 的情形，利用偏导数可将该方法推广到多个解释变量的情形。

考虑非线性回归模型 $Y_i=f(X_i)+u_i$，其中 $E(u_i\mid X_i)=0$。当 $X=x$ 时，总体回归函数 $f(X)$ 的斜率为 f 在该处的导数，即 $\left.\frac{\mathrm{d}f(X)}{dX}\right|_{X=x}$。对于式(8-9)的多项式回归，有 $f(X)=\beta_0+\beta_1X+\beta_2X^2+\cdots+\beta_rX^r$，且对任意的常数 a 有 $\frac{dX^a}{dX}=aX^{a-1}$，所以 $\left.\frac{df(X)}{dX}\right|_{X=x}=\beta_1+2\beta_2X+\cdots+r\beta_rX^{r-1}$。故在 x 处的斜率估计值为 $\left.\frac{\hat{d}f(X)}{dX}\right|_{X=x}=\hat{\beta}_1+2\hat{\beta}_2X+\cdots+r\hat{\beta}_rX^{r-1}$，所以斜率估计值的标准误为 $\mathrm{SE}(\hat{\beta}_1+2\hat{\beta}_2X+\cdots+r\hat{\beta}_rX^{r-1})$，对于给定的 x 值，这是回归系数加权和的标准误，可以利用 7.3 节中介绍的方法和式(8-8)进行计算。

当给定 X 的变化百分比时，Y 的变化百分比即为 Y 关于 X 的弹性。该定义适用于当 X 的百分比变化趋于 0 时的极限，故用导数替换式(8-22)中出现的斜率，则弹性可表示为：

$$Y\text{ 关于 }X\text{ 的弹性}=\frac{dY}{dX}\times\frac{X}{Y}=\frac{d\ln Y}{d\ln X}$$

在回归模型中，Y 同时依赖于 X 和误差项 u，因此，一般情况下我们计算的弹性并不是 Y 的百分比变化，而是 Y 中可预测部分的百分比变化，即 $E(Y\mid X)$ 的百分比变化。相应地，$E(Y\mid X)$ 关于 X 的弹性为

$$\frac{dE(Y\mid X)}{dX}\times\frac{X}{E(Y\mid X)}=\frac{dE(Y\mid X)}{d\ln X}$$

线性模型和重要概念 8-2 中三个对数模型的弹性见下表。

情形	总体回归函数	$E(Y\mid X)$ 关于 X 的弹性
线性模型	$Y=\beta_0+\beta_1X+u$	$\frac{\beta_1X}{\beta_0+\beta_1X}$
线性-对数模型	$Y=\beta_0+\beta_1\ln(X)+u$	$\frac{\beta_1}{\beta_0+\beta_1\ln(X)}$
对数-线性模型	$\ln(Y)=\beta_0+\beta_1X+u$	β_1X
双对数模型	$\ln(Y)=\beta_0+\beta_1\ln(X)+u$	β_1

其中双对数模型的弹性是常数，而其他三个模型的弹性都依赖于 X 的取值。

现在我们来推导线性-对数模型和对数-线性模型的弹性表达式。对于线性-对数模型，有 $E(Y|X)=\beta_0+\beta_1\ln(X)$，由于 $\frac{d\ln(X)}{dX}=\frac{1}{X}$，利用链式法则可得 $\frac{dE(Y|X)}{dX}=\frac{\beta_1}{X}$，因此弹性为 $\frac{dE(Y|X)}{dX}\times\frac{X}{E(Y|X)}=\left(\frac{\beta_1}{X}\right)\times\frac{X}{\beta_0+\beta_1\ln(X)}=\frac{\beta_1}{\beta_0+\beta_1\ln(X)}$，与上表中给出的弹性相同。对于对数-线性模型，通常我们还需假设 u 和 X 独立分布，从而式(8-25)中 $E(Y|X)$ 的表达式变为 $E(Y|X)=ce^{\beta_0+\beta_1X}$，其中，$c=E(e^u)$ 是一个取值不依赖于 X 的常数(因为 X 与 u 是独立的)。因此 $\frac{dE(Y|X)}{dX}=ce^{\beta_0+\beta_1X}\beta_1$，且弹性为 $\frac{dE(Y|X)}{dX}\times\frac{X}{E(Y|X)}=ce^{\beta_0+\beta_1X}\beta_1\times\frac{X}{\left(ce^{\beta_0+\beta_1X}\right)}=\beta_1X$。对于线性模型和双对数模型的推导留作本章习题 8.11。

CHAPTER9

第9章 多元回归分析有效性的评估

前5章介绍了如何利用多元回归模型分析变量间的关系。本章将研究多元回归分析在什么情况下是可靠的，在什么情况下是不可靠的。我们将集中讨论旨在估计解释变量(如班级规模)变化对被解释变量(如测试成绩)的因果效应的统计分析，我们要了解多元回归分析给出的因果效应估计在什么情况下是有效的，在什么情况下是无效的。

为了回答这些问题，本章将介绍评估统计分析有效性的一般框架，这一框架适用于回归分析，也适用于其他分析。该框架是建立在内部有效性和外部有效性的概念基础上的。如果某项研究关于因果效应的统计推断对所研究的总体及环境是有效的，则称其具有内部有效性；如果某项研究的统计推断可以推广到其他总体及环境中，则称其具有外部有效性。在9.1节和9.2节中，我们将讨论内部有效性和外部有效性，列出了各种内部有效性和外部有效性可能面临的威胁，并讨论如何在实际应用中识别这些威胁。前两节集中讨论基于观测数据的因果效应估计，9.3节将回到预测问题，并讨论预测有效性面临的威胁。

为了说明内部有效性和外部有效性框架，9.4节将评估第4～8章中关于“降低学生-教师比对测试成绩的影响”这一研究的内部有效性和外部有效性。

9.1 内部有效性和外部有效性

内部有效性和外部有效性的定义见重要概念9-1，它们提供了一个框架，使我们能够评价某个统计或计量研究是否准确回答了我们感兴趣的问题。

内部有效性和外部有效性将我们所研究的总体及环境与(欲将研究结论推广到的)其他总体及环境做了区分。其中，**研究总体**(population studied)是指从中抽样的个人、公司或学区等总体。结论可推广到的其他总体，或**感兴趣的总体**(population of interest)，即我们意将研究所得到的因果推断推广到的总体。例如，某中学(9～12 年级)校长想把我们关于加利福尼亚州小学学区(研究总体)班级规模和测试成绩的结论推广到中学总体(感兴趣的总体)中。

这里的“环境”是指制度、法律、社会、自然和经济环境。例如，在实验室内评估的有机番茄种植方法的结论能否推广到田间，即在实验室环境中有效的有机种植方法能否在现实世界环境中发挥同样的效果，了解这一点是很重要的。下面我们还会介绍研究的总体及环境与感兴趣的总体及环境存在差异的其他例子。

重要概念 9-1　内部有效性和外部有效性

如果某项研究关于因果效应的统计推断对所研究的总体是有效的，则称其具有**内部有效性**(internal validity)。如果统计推断及结论可以推广到其他总体及环境中，则称其具有**外部有效性**(external validity)。

9.1.1　内部有效性的威胁

内部有效性由两部分组成。第一，因果效应的估计量应该是无偏和一致的。例如，如果 $\hat{\beta}_{STR}$ 表示学生-教师比变化 1 个单位对测试成绩影响的 OLS 估计量，则 $\hat{\beta}_{STR}$ 应该是学生-教师比变化的因果效应 β_{STR} 的无偏和一致估计量。

第二，假设检验应该具有合意的显著性水平(在原假设下，被拒绝的实际概率应该等于合意的显著性水平)，置信区间也应该具有合意的置信水平。例如，如果我们构建的置信区间为 $\hat{\beta}_{STR}\pm 1.96SE(\hat{\beta}_{STR})$，则在所研究的重复样本中该置信区间应该以 95%的概率包含真实的因果效应 β_{STR}。

在回归分析中，因果效应是通过估计回归函数得到的，而假设检验是基于估计的回归系数及其标准误来进行的。相应地，在基于 OLS 回归的研究中，内部有效性要求 OLS 估计量是无偏和一致的，同时要求计算的标准误要使置信区间具有合意的置信水平。然而，存在各种各样的原因会使上述条件无法成立，这些原因便构成了内部有效性的威胁。这些威胁导致重要概念 6-4 中的一个或多个最小二乘条件不成立。例如，我们详细讨论过的遗漏变量偏差问题就是一个威胁，它会导致一个或多个解释变量与误差项相关，从而违背了第一个最小二乘假设。如果能够获得遗漏变量或控制变量的数据，则我们可以通过在回归中加入这些变量从而避免遗漏变量偏差带来的威胁。

9.2 节将详细讨论在多元回归分析中内部有效性的各种威胁，并给出如何解决它们的建议。

9.1.2　外部有效性的威胁

外部有效性的潜在威胁来自研究总体及环境和感兴趣的总体及环境之间的差异。

总体间的差异。研究总体和感兴趣的总体之间的差异构成了外部有效性的威胁。例如，实验室中通常利用像老鼠这样的动物总体(研究总体)来研究化学药品的毒性，但其结果却被用来制定人类(感兴趣的总体)的健康和安全准则。老鼠和人类之间的差异是否足够大，以致威胁到此类研究的外部有效性，这仍存在争议。

一般而言，研究总体的真实因果效应与感兴趣的总体的真实因果效应可能不同，这可能是因为所研究总体的选取方法使其与感兴趣的总体出现差异，或因为总体特征不同，或因为地理位置不同，又或是因为研究已经过时。

环境的差异。即使研究总体和感兴趣的总体完全相同，但如果环境存在差异，也可能无法推广研究结果。例如，如果两所大学对酗酒的惩罚措施不同，即使两所大学的学生总体相同，也不能将其中一所大学的反酗酒宣传活动对大学生酗酒的效应推广到另一所大学。在这个例子中，研究所处的法律环境与研究结论欲推广到的法律环境是不同的。

一般而言，环境差异的例子包括制度环境的差异(如公立大学和宗教大学)、法律的差异(如法律制裁的差异)和自然环境的差异(如加利福尼亚州南部的车尾野餐会和阿拉斯加的费尔班克斯的车尾野餐会)。

在测试成绩和学生-教师比实例中的应用。通过第7章和第8章的讨论，我们知道降低学生-教师比对提高测试成绩的效应在统计上是显著的，但实际效应值很小。该分析是基于加利福尼亚州学区的样本得到的。假定这些结论都是内部有效的，则它们究竟可以被推广到什么样的总体和环境中呢?

感兴趣的总体及环境与研究总体及环境越接近，则越可能具有外部有效性。例如，大学生及其教育环境与小学生及其教育环境显然不同，故将基于加利福尼亚小学学区数据估计得到的班级规模效应推广到大学是不合理的。另外，美国各个地区小学的学生及其课程设置和管理形式都很相似，所以将加利福尼亚州的结论推广到美国其他小学学区是相对合理的。

如何评估一项研究的外部有效性。外部有效性评估必须借助对研究总体及环境和感兴趣的总体及环境的具体了解。如果二者之间存在显著差异，则研究的外部有效性就值得怀疑。

有时，围绕不同但相关的总体会存在两个或多个相似研究。如果是这样的话，我们可以通过比较两个研究结果来检验它们的外部有效性。例如，9.4节将分析马萨诸塞州小学学区的测试成绩和班级规模数据，并将其结果与加利福尼亚州的结果进行比较。一般来说，两个或多个研究结论相似，则支持外部有效性，但如果这些结论存在无法解释的差异，则我们有理由怀疑其外部有效性[⊖]。

如何设计具有外部有效性的研究。由于外部有效性的威胁来源于总体及环境缺乏可比性，所以最好在收集数据之前，即研究初期就尽量降低这些威胁。本书对此不做过多论述，有兴趣的读者可以参考 Shadish、Cook 和 Campbell(2002)。

9.2 多元回归分析的内部有效性威胁

在基于回归分析的研究中，如果感兴趣的因果效应的回归系数估计值是无偏和一致的，同时由其标准误得到的置信区间与合意的置信水平一致，则该研究具有内部有效性。本节将讨论造成多元回归系数的 OLS 估计量在大样本下仍然有偏的五个原因，即遗漏变量、回归函数形式

⊖ 对相同主题的众多相关研究进行比较，该方法被称为集成分析(meta-analysis)。例如，第6章专栏6-1“莫扎特效应：遗漏变量偏差”的讨论便是基于集成分析。但是完成多个研究的集成分析有其自身的困难，例如，你如何区分好的研究和坏的研究?当被解释变量不同时又如何比较研究?是否需要给样本更大的研究赋予较高的权重?对集成分析及其面临的困难的讨论超出了本书的范围。感兴趣的读者可参见 Hedges 和 Olkin (1985)、Cooper 和 Hedges(1994)，以及对现有研究中 p 值做出解释的最新文章，Simonsohn、Nelson 和 Simmons(2014)。

的误设、测量误差和变量的测量偏误、数据缺失和样本选择及双向因果关系。这五个偏差产生的原因都是由于回归模型中解释变量与误差项相关，从而违背了重要概念 6-4 中的第一个最小二乘假设。这里将针对每一个原因讨论如何缩小偏差，本节最后将讨论导致标准误非一致的情况及其处理办法。

9.2.1　遗漏变量偏差

由之前的讨论可知，如果回归中遗漏了某个影响 Y 且与一个或多个解释变量相关的变量，就会产生遗漏变量偏差。即使在大样本下，这一偏差仍然存在，故 OLS 估计量是非一致的。如何尽量减少遗漏变量偏差，则取决于我们是否能够获得潜在遗漏变量的数据。

当遗漏变量可观测或有足够的控制变量时，遗漏变量偏差的解决方法。如果你有遗漏变量的数据，那么在多元回归模型中加入该变量便可解决遗漏变量偏差问题。或者，如果你有一个或多个控制变量的数据，且这些控制变量是足够的，即能够保证条件均值独立假设(式(6-18))成立，则加入这些控制变量便可消除感兴趣变量系数的潜在偏差。

在回归中加入新的变量有好处也有坏处。一方面，遗漏变量可能导致遗漏变量偏差；另一方面，如果加入了不该回归的变量(即其总体回归系数为 0)，则会降低其他回归系数估计量的精确度。换句话说，是否要加入该变量取决于感兴趣系数估计量的偏差和方差之间的权衡。在实际应用中，以下四个步骤可以帮助你决定在回归中是否应该加入某个或多个变量。

第一步：确定回归中的主要系数或感兴趣的系数。在测试成绩的回归中，由于一开始提出的问题是关于降低学生-教师比对测试成绩产生的影响的，所以学生-教师比的系数是我们感兴趣的系数。

第二步：考虑该回归中的遗漏变量偏差最可能来源于哪里？回答这一问题需要运用经济理论和专业知识，而且应该在建立回归之前就加以考虑。由于这一步是在分析数据之前进行的，故也称之为先验(“事前”)推理。在测试成绩的例子中，这一步要求确定测试成绩的决定因素，如果忽略这些因素将会导致班级规模效应估计量有偏。由此，我们可以得到回归的基本设定形式，这也是实证分析的出发点，同时也得到了有助于减少遗漏变量偏差的“可疑”控制变量。

第三步：利用第二步中确定的可疑控制变量拓展基本设定形式。如果新加入的控制变量系数在统计上显著，或在加入这些变量后感兴趣的系数估计值明显改变，则回归中应该保留这些变量，于是需要修改基本设定形式。反之，则应该在回归中去掉这些变量。

第四步：以列表形式给出你的详细估计结果，为持有怀疑精神的读者“充分揭示”你所掌握的信息，以便于他们可以从中去得出自己关心的结论。表 7-1 和表 8-3 都是这一方法的例子。例如，在表 8-3 中，第(7)列的回归已经全面概括了相关效应及变量间的非线性关系，我们原本可以只给出第(7)列的回归结果，但我们在表中却同时给出其他回归结果，目的是让持有怀疑精神的读者能够根据这些信息去得出自己想要的结论。

这些步骤见重要概念 9-2。

重要概念 9-2　遗漏变量偏差：回归中是否应该加入更多变量

如果你在多元回归模型中加入其他变量，虽然减少了由遗漏该变量导致的遗漏变量偏差的可能性，但同时感兴趣的系数估计量的方差也会增大。以下是一些有助于帮助你决定是否应该加入其他变量的经验准则：

(1) 确定感兴趣的一个或多个系数。

(2) 利用先验推理确定最可能引起遗漏变量偏差的来源，由此得到基本设定形式和一些“可疑”变量。

(3) 检验这些“可疑”控制变量是否具有非零的系数，并评估加入一个可疑控制变量是否会使我们感兴趣的系数发生有意义的变化。

(4) 给出能“完全揭示”回归结果的表格，从而使其他人可以了解加入可疑变量对感兴趣系数的影响。

当有效控制变量不可观测时，遗漏变量偏差的解决方法。如果你没有关于遗漏变量或其他有效控制变量的数据，则在回归中加入这些变量的方法就不可行。尽管如此，还是有三种解决遗漏变量偏差的方法。这三种方法都是通过采用不同类型的数据来避免遗漏变量偏差的。

第一种方法是利用同一组个体在不同时间点的观测数据。例如，我们收集到了两组数据，分别是同一学区在 1995 年和 2000 年的测试成绩和相关变量的数据。这种形式的数据称为面板数据。正如第 10 章将阐明的，只要这些遗漏变量不随时间而变化，则利用面板数据就可以控制这些不可观测的遗漏变量。

第二种方法是利用工具变量回归。该方法依赖于一个被称为工具变量的新变量。我们将在第 12 章中讨论工具变量回归。

第三种方法是利用研究设计，即利用随机对照实验去分析感兴趣的效应(如班级规模对学生测试成绩的影响)。我们将在第 13 章中讨论随机对照实验。

9.2.2　回归函数形式的误设

如果真实的回归函数是非线性的，但我们估计的却是线性回归模型，则这种**函数形式误设**(functional form misspecification)将会导致 OLS 估计量有偏。这种偏差也是一种遗漏变量偏差，其中的遗漏变量是指能反映回归函数中缺失的非线性部分的信息的变量。例如，如果真实的回归函数为二次多项式，则在回归中遗漏解释变量的二次项将会导致遗漏变量偏差。重要概念 9-3 中概括了由函数形式误设引起的偏差。

函数形式误设的解决方法。当被解释变量连续时(如测试成绩)，可以利用第 8 章介绍的方法解决这种潜在的非线性问题。然而，如果被解释变量是离散的或二元的(例如，当第 i 个人上过大学时，Y_i 等于 1，否则 Y_i 等于 0)，则情况会变得更复杂。我们将在第 11 章中讨论离散型被解释变量的回归。

重要概念 9-3　函数形式误设

当估计的回归函数形式与总体回归函数形式不同时，便会造成遗漏变量偏差。如果函数形式设定有误，则某个变量变化的偏效应估计量通常是有偏的。通过描绘样本数据和所估计的回归函数的图形可以发现函数形式误设问题，并可以通过采用不同的函数形式进行修正。

9.2.3　测量误差和变量的测量偏误

假设在测试成绩对学生-教师比的回归中，我们不小心弄混了数据，得到了学区内五年级的测试成绩对十年级的学生-教师比的回归。虽然五年级的学生-教师比和十年级的学生-教师比相关，但它们仍是不同的，故这一混淆会导致系数估计量的有偏性。由于这种偏差来源于解释变量的测量误差，所以称其为**变量的测量偏误**(errors-in-variable bias)。即使在大样本下这一偏差仍然存在。所以当存在测量误差时，OLS 估计量是非一致的。

导致测量误差的原因有很多。如果数据是通过调查得到的，则受访者给出的答案可能并不真实。例如，《当前人口调查》中有一个问题是关于上一年的收入，某受访者可能不知道他的确切收入或由于其他原因而没有正确回答。另外，如果数据来源于官方电子记录，也可能存在数据首次输入时的错误。

为了了解变量的测量误差如何导致解释变量与误差项相关，我们假设回归中只有一个解释变量 X_i(如实际收入)，但其被误测为 $\widetilde{X}_i$(受访者给出的收入)。由于观测到的是 $\widetilde{X}_i$，而不是 X_i，所以回归方程实际上是基于 $\widetilde{X}_i$ 估计得到的。用误测的变量 $\widetilde{X}_i$ 表示总体回归方程 $Y_i=\beta_0+\beta_1X_i+u_i$，得到

$$Y_i=\beta_0+\beta_1\widetilde{X}_i+[\beta_1(X_i-\widetilde{X}_i)+u_i]=\beta_0+\beta_1\widetilde{X}_i+v_i \tag{9-1}$$

其中，$v_i=\beta_1(X_i-\widetilde{X}_i)+u_i$。因此，用 $\widetilde{X}_i$ 作为解释变量的回归方程的误差项中包含了测量误差，即 $\widetilde{X}_i$ 与 X_i 的差值。如果该差值与误测值 $\widetilde{X}_i$ 相关，则回归变量 $\widetilde{X}_i$ 与误差项相关，从而 $\hat{\beta}_1$ 是有偏且非一致的。

$\hat{\beta}_1$ 偏差的大小及符号取决于 $\widetilde{X}_i$ 与测量误差 $\widetilde{X}_i-X_i$ 的相关系数，而这个相关系数又取决于测量误差的具体性质。

例如，我们假设误测值 $\widetilde{X}_i$ 等于无法测量的真实值 X_i 加上一个纯粹的随机成分 w_i，其中 w_i 的均值为 0，方差为 σ_w^2。因为该误差是纯随机的，所以我们可以假设 w_i 与 X_i 及回归误差项 u_i 都不相关。这一假设构成了**经典测量误差模型**(classical measurement error model)，其中 $\widetilde{X}_i=X_i+w_i$，且 $\mathrm{corr}(w_i, X_i)=0$，$\mathrm{corr}(w_i, u_i)=0$。

在经典测量误差模型中，由简单的代数运算[⊖]即可证明 $\hat{\beta}_1$ 的概率极限为

$$\hat{\beta}_1 \xrightarrow{P} \frac{\sigma_X^2}{\sigma_X^2+\sigma_w^2}\beta_1 \tag{9-2}$$

即如果测量误差的效果等同于在解释变量真实值中加入一个随机要素，则 $\hat{\beta}_1$ 是非一致的。由于 $\frac{\sigma_X^2}{\sigma_X^2+\sigma_w^2}<1$，故 $\hat{\beta}_1$ 即使在大样本下也偏向于 0。在极端情况下，测量误差大到几乎不包含 X_i 的信息，则式(9-2)中方差之比为 0，即 $\hat{\beta}_1$ 依概率收敛至 0。在另一种极端情况下，即当不存在测量误差时，$\sigma_w^2=0$，从而 $\hat{\beta}_1 \xrightarrow{P} \beta_1$。

测量误差的另一种模型是假设受访者给出了他对于真实值的最佳估计值。在这种"最佳猜测"模型中，给定可获得的受访者相关信息时，得到的 $\widetilde{X}_i$ 被设定为 X_i 的条件均值。因为 $\widetilde{X}_i$ 是

⊖ 在测量误差假设下，$v_i=\beta_1(X_i-\widetilde{X}_i)+u_i=-\beta_1w_i+u_i$，$\mathrm{cov}(X_i, u_i)=0$，并且 $\mathrm{cov}(\widetilde{X}_i, w_i)=\mathrm{cov}(X_i+w_i, w_i)=\sigma_w^2$，从而有 $\mathrm{cov}(\widetilde{X}_i, v_i)=-\beta_1\mathrm{cov}(\widetilde{X}_i, w_i)+\mathrm{cov}(\widetilde{X}_i, u_i)=-\beta_1\sigma_w^2$。根据式(6-1)，$\hat{\beta}_1 \xrightarrow{P} \frac{\beta_1-\beta_1\sigma_w^2}{\sigma_{\widetilde{X}_i}^2}$；又 $\sigma_{\widetilde{X}_i}^2=\sigma_X^2+\sigma_w^2$，故 $\hat{\beta}_1 \xrightarrow{P} \frac{\beta_1-\beta_1\sigma_w^2}{\sigma_X^2+\sigma_w^2}=\left[\frac{\sigma_X^2}{\sigma_X^2+\sigma_w^2}\right]\beta_1$。

最佳估计，故测量误差 $\widetilde{X}_i-X_i$ 与 $\widetilde{X}_i$ 不相关(如果测量误差与 $\widetilde{X}_i$ 相关，这种相关性会为预测 X_i 提供有用的信息，因此 $\widetilde{X}_i$ 就不是 X_i 的最佳猜测了)，即 $E[(\widetilde{X}_i-X_i)\widetilde{X}_i]=0$，且如果受访者的个人信息与 u_i 不相关，则 $\widetilde{X}_i$ 与误差项 v_i 也不相关。因此，在"最佳猜测"测量误差模型中，$\hat{\beta}_1$ 是一致的，但由于 $\text{var}(v_i)>\text{var}(u_i)$，故 $\hat{\beta}_1$ 的方差要大于不存在测量误差时的方差。本章习题 9.12 将进一步研究"最佳猜测"测量误差模型。

如果存在刻意误报的情况，则测量误差导致的问题将更加复杂。例如，在调查中假设受访者刻意少报了真实的应纳税收入，如没有包含现金支付。如果每个受访者都只给出其 90% 的收入，则 $\widetilde{X}_i=0.90X_i$，从而 $\hat{\beta}_1$ 将存在 10% 的向上偏差。

尽管式(9-2)中的结论是针对经典测量误差的，但它阐明了一个更一般的命题，即如果存在解释变量的测量误差，则 OLS 估计量即使在大样本下仍可能是有偏的。重要概念 9-4 中概括了变量的测量偏误。

重要概念 9-4 变量的测量偏误

当解释变量的测量存在误差时，OLS 估计量会存在变量测量偏误。该偏误取决于测量误差的性质，且当样本容量较大时依然存在。如果测量的变量等于其真实值加上一个零均值且独立分布的测量误差，则一元回归的 OLS 估计量偏向于 0，式(9-2)给出了其概率极限。

Y 的测量误差。Y 的测量误差所造成的影响不同于 X 的测量误差。如果 Y 具有经典测量误差，则该测量误差会导致回归方差和 $\hat{\beta}_1$ 的方差增大，但不会引起 $\hat{\beta}_1$ 产生偏差。为了理解这一点，假设 Y_i 的测量值为 $\widetilde{Y}_i$，$\widetilde{Y}_i$ 等于真实值 Y_i 加上随机测量误差 w_i，于是估计的回归模型为 $\widetilde{Y}_i=\beta_0+\beta_1X_i+v_i$，其中 $v_i=w_i+u_i$。如果 w_i 是真正随机的，则 w_i 和 X_i 是独立分布的，从而 $E(w_i|X_i)=0$，此时 $E(v_i|X_i)=0$，故 $\hat{\beta}_1$ 是无偏的。然而，由于 $\text{var}(v_i)>\text{var}(u_i)$，故 $\hat{\beta}_1$ 的方差要大于不存在测量误差时的方差。在测试成绩-班级规模的例子中，假设测试成绩中存在完全随机的判分误差，且与解释变量相互独立，则本段所讨论的经典测量误差模型适用于该例中的 $\widetilde{Y}_i$，且得到的 $\hat{\beta}_1$ 是无偏的。更为一般地，在给定解释变量时，Y 测量误差的条件均值为 0，故不会引起 OLS 系数估计量的偏差。

变量测量偏误的解决方法。解决变量测量偏误的最好方法是得到 X 的准确测量值。但如果这一点难以实现，我们还可以通过利用一些计量经济学方法来降低变量的测量偏误。

一种方法是利用工具变量回归。它依赖于一个与真实值 X_i 相关但与测量误差不相关的变量("工具"变量)，我们将在第 12 章中讨论这种方法。

另一种方法是建立测量误差的数学模型，且如果可能的话，用得到的公式调整回归估计值。例如，如果某研究人员认为经典测量误差模型适用，且她可以估计出比值 $\frac{\sigma_w^2}{\sigma_X^2}$，则她可以利用式(9-2)计算 β_1 的估计量，从而修正向下的偏差。因为这种方法需要我们很具体地了解测量误差的性质，很多细节都会因数据集及测量问题的不同而不同，我们在本章节中不再继续深入讨论。

9.2.4 数据缺失和样本选择

数据缺失是经济数据的一个普遍特征。数据缺失是否会对内部有效性构成威胁取决于数据缺失的原因。我们考虑三种情形：①数据缺失是完全随机的；②数据的缺失与 X 有关；③数据缺失与选择过程有关，而选择过程与 Y 有关，但不取决于 X。

当数据缺失完全随机时，即缺失的原因是随机的，而与 X 或 Y 的取值无关，其影响仅仅是减少了样本容量，但不会引起偏差。例如，假设你抽取了 100 位同学的简单随机样本，但随机地丢失了一半的记录，这就好像你从来没有调查过那些同学，而只是对 50 位同学进行简单随机抽样调查，所以随机丢失了记录并不会造成偏差。

当数据缺失是与某个解释变量的取值有关时，其影响也是减少了样本容量而不会引起偏差。例如，在班级规模和测试成绩的例子中，假设我们仅采用学生-教师比超过 20 的学区数据。尽管我们无法得到当 STR(学生-教师比)≤20 时的有关结论，但对于 STR>20 的学区，我们对其班级规模效应的分析不会产生偏差。

相比于前两种情况，如果数据缺失是由选择过程造成的，即选择过程与被解释变量(Y)相关但不取决于解释变量(X)，则这种选择过程会导致误差项与解释变量相关，由此产生的 OLS 估计量偏差被称为**样本选择偏误**(sample selection bias)。3.1 节的专栏 3-1“兰顿获胜”就是民意调查中样本选择偏误的一个例子。在该例中，样本选择方法(随机选择汽车车主的电话号码)与被解释变量(在 1936 年支持总统的人)相关，因为在 1936 年有电话的汽车车主更可能是共和党。样本选择问题可以看作非随机抽样的结果，也可以看作数据缺失问题。在 1936 年民意调查的例子中，选取的是有电话的汽车车主的随机样本，而不是所有选民的随机样本。此外，我们也可以把这个例子想象为随机抽取了所有选民的一个样本，但缺失了那些没有汽车和电话的选民数据，所以该例子也可看作数据缺失问题。数据缺失与被解释变量相关，将会导致样本选择偏误。

重要概念 9-5 中概括了样本选择偏误。㊀

样本选择偏误的解决方法。样本选择偏误的最佳解决方案是通过研究设计来避免它。如果你想在你的统计课程中估计学生的平均身高，那么就用所有本科生的随机抽样样本，而不是对进入篮球场的学生进行抽样。专栏 9-1“股票共同基金跑赢市场了吗”描述了一种基金样本的选择方法，以避免更微妙的样本选择偏误。到目前为止，我们讨论的方法都不能解决样本选择偏误。而对包含样本选择问题的模型的估计方法超出了本书范围，那些方法均建立在第 11 章所介绍的方法基础之上，更多参考资料见第 11 章。

重要概念 9-5　样本选择偏误

当影响数据可得性的抽样过程与被解释变量相关但不取决于解释变量时，就产生了样本选择偏误。样本选择偏误导致一个或多个解释变量与误差项相关，从而使 OLS 估计量有偏且非一致。

专栏 9-1

股票共同基金跑赢市场了吗

股票共同基金是持有股票投资组合的投资工具。小投资者通过购买共同基金的份额可以拥有广泛分散化的投资组合，从而避免了买卖单个公司股票的麻烦和花费(交易成本)。一些共同

㊀ 第 19 章的习题 19.16 给出了三种数据缺失情形的数学处理办法。

基金只是简单地追踪市场(如持有S&P500中的股票)，而其他共同基金则是由全职投资专业人员进行积极管理，他们的任务就是使其基金比整个市场或其他竞争基金获得更高的收益。但这些积极管理的基金达到这一目标了吗？能一直跑赢其他基金和市场吗？

回答这些问题的一种方法是对比近年来获得高收益的共同基金的预期收益与其他基金及市场总体的预期收益。在进行这样的对比时，金融经济学家知道谨慎选择共同基金的样本很重要，然而这一任务并不像看上去那么简单。虽然现在可以购买一些包含基金历史数据的数据库，但那些收益最差的基金由于破产或是被其他基金吞并会从数据库中消失，所以基于目前可获得的基金历史数据的研究存在样本选择偏误：由于排除了收益最低的基金，所以样本的选取是与被解释变量(收益)的取值相关的。过去十年间所有基金的平均收益(包括已不存在基金)要小于十年之后仍存在的那些基金的平均收益，所以只研究后者将会高估其业绩。由于只有较好的基金仍保留在数据集中，故金融经济学家称这种选择偏误为“生存偏差”。

当金融计量经济学家通过加入已不存在的基金数据来修正生存偏差时，其结果可能并不是共同基金经理想要的。修正了生存偏差之后的计量经济学证据表明，积极管理的股票共同基金平均来说并没有跑赢市场，而且过去收益较好并不预示着将来收益也较好。若想进一步了解共同基金和生存偏差的相关内容，可参见Malkiel(2016)、第7章和Carhart(1997)。生存偏差问题也同样会出现在对冲基金业绩的评价中，参见Aggarwal和Jorion(2010)。

9.2.5　双向因果关系

之前我们都假定因果关系是从解释变量到被解释变量的(X引起Y)。但如果因果关系同时也是从被解释变量到一个或多个解释变量的(Y引起X)，那将会怎样呢？如果是这样的话，因果关系既是“向前的”也是“向后的”，即存在**双向因果关系**(simultaneous causality)。如果存在双向因果关系，则OLS回归同时包含了正向和逆向两种效应，因此OLS估计量是有偏且不一致的。

例如，我们之前的研究集中在降低学生-教师比对测试成绩的影响上，因此假定因果关系是从学生-教师比到测试成绩的。但是，如果假定政府会主动补贴测试成绩差的学区以雇用更多的教师，则因果关系将变为双向的：一般地，较低的学生-教师比会带来较高的测试成绩，但同时政府资助项目又使较低的测试成绩带来较低的学生-教师比。

双向因果关系将导致解释变量和误差项相关。在测试成绩的例子中，假定我们遗漏了某个会导致测试成绩变差的因素；由于政府资助项目，该因素导致的低测试成绩反过来又会使学生-教师比降低。换句话说，在总体回归中，学生-教师比与误差项是正相关的。于是便造成了双向因果关系偏差和OLS估计量的非一致性。

通过引入一个表示反向因果关系的新方程，我们可以在数学上明确表示误差项和解释变量之间的相关性。为简单起见，我们仅考虑两个变量X和Y，而忽略其他可能的解释变量。于是，有以下两个方程，一个是由X引起Y，一个是由Y引起X

$$Y_i=\beta_0+\beta_1 X_i+u_i \tag{9-3}$$

$$X_i=\gamma_0+\gamma_1 Y_i+v_i \tag{9-4}$$

我们对式(9-3)比较熟悉，其中β_1表示X变化对Y的效应，u_i表示其他因素。式(9-4)表示Y对X的反向因果关系。在测试成绩的例子中，式(9-3)表示班级规模对测试成绩的效应，而式(9-4)表示由政府资助项目引起的测试成绩对班级规模的反向因果效应。

双向因果关系导致式(9-3)中的 X_i 与误差项 u_i 相关。为了理解这一点，假设 u_i 为正，则 Y_i 将增加。由第二个方程可知，Y_i 增加将会影响 X_i 的取值，若 γ_1 为正，则 Y_i 增加也会使得 X_i 增加。一般来说，如果 γ_1 为非零值，则 X_i 和 u_i 将相关[⊖]。

由于双向因果关系在数学上可以用两个联立方程来表示，所以双向因果关系偏差有时也被称为**联立方程偏差**(simultaneous equations bias)。重要概念 9-6 中概括了双向因果关系偏差。

重要概念 9-6　双向因果关系偏差

在 Y 对 X 的回归中，除了 X 到 Y 的因果关系外，如果还存在 Y 到 X 的因果关系，则会产生双向因果关系偏差，也被称为联立方程偏差。这一反向因果关系使得总体回归中的 X 与误差项相关。

双向因果关系偏差的解决方法。有两种降低双向因果关系偏差的方法：一是利用工具变量回归，详见第 12 章；另一种是设计并实施一项使反向因果关系失效的随机对照实验，详见第 13 章。

9.2.6　OLS 标准误非一致的原因

标准误非一致将会给内部有效性带来一种新的威胁。即使 OLS 估计量是一致的，且样本较大，但非一致的标准误将会使假设检验水平不同于合意的显著性水平，即 95%的置信区间不能在 95%的重复样本中包含真值。

导致标准误非一致主要有两个原因：异方差处理不当以及不同观测之间的误差项存在相关性。

异方差处理不当。正如 5.4 节所讨论的，一般地，某些回归软件默认给出同方差适用的标准误。但当误差项为异方差时，基于这些标准误进行的假设检验和构建的置信区间都是不可靠的。解决方法是利用异方差-稳健标准误，并利用异方差-稳健的方差估计量构建 F 统计量。而现代的软件包中都提供了异方差-稳健标准误的选项。

不同观测之间误差项存在相关性。在某些情况下，不同观测之间的回归误差项是相关的。如果数据是通过在总体中随机抽样得到的，则这种情况便不会发生，因为抽样过程的随机性保证了不同观测之间的误差是独立分布的。然而，有时候，抽样只是部分随机的。最常见的情形是数据来源于同一个体在不同时间点上的重复观测，如同一学区在不同年份的观测数据。如果回归误差项中存在的遗漏变量在时间上具有持续性(如学区人口特征)，则误差项在时间上就会存在“序列”相关性。误差项的序列相关性可能出现在面板数据(如多个学区多年的数据)或时间序列数据(如一个学区多年的数据)中。

另一种导致不同观测之间误差项相关的情形是基于地理位置进行的抽样。如果存在反映地理特征的遗漏变量，则这些遗漏变量可能会导致相邻观测之间误差项的相关性。

⊖ 其数学证明如下：由式(9-4)有 $\text{cov}(X_i, u_i)=\text{cov}(\gamma_0+\gamma_1 Y_i+v_i, u_i)=\gamma_1\text{cov}(Y_i, u_i)+\text{cov}(v_i, u_i)$。假设 $\text{cov}(v_i, u_i)=0$，根据式(9-3)，则有 $\text{cov}(X_i, u_i)=\gamma_1\text{cov}(\beta_0+\beta_1 X_i+u_i, u_i)=\gamma_1\beta_1\text{cov}(X_i, u_i)+\gamma_1\sigma_u^2$，从而得到 $\text{cov}(X_i, u_i)=\dfrac{\gamma_1\sigma_u^2}{1-\gamma_1\beta_1}$。

虽然不同观测之间误差项相关不会导致 OLS 估计量有偏或非一致，但它违背了重要概念 6-4 中的第二个最小二乘假设。其结果将导致无论是同方差适用的还是异方差-稳健的 OLS 标准误都不正确，从而无法构建合意显著性水平下的置信区间。

在很多情况下，我们可以通过使用其他标准误计算公式来解决这一问题。我们在第 10 章(面板数据回归)和第 16 章(时间序列数据回归)中给出对异方差和序列相关都具有稳健性的标准误计算公式。重要概念 9-7 中概括了多元回归中内部有效性所面临的威胁。

重要概念 9-7　多元回归分析的内部有效性威胁

多元回归的内部有效性主要存在以下五种威胁：

1. 遗漏变量。
2. 函数形式误设。
3. 变量的测量误差(解释变量的测量误差)。
4. 样本选择。
5. 双向因果关系。

如果存在其中任意一种，都会导致重要概念 6-4 中的第一个最小二乘假设不成立(如果包含控制变量的话，将导致重要概念 6-6 中的第一个最小二乘假设不成立)，这意味着 OLS 估计量是有偏且不一致的。

标准误计算不准确同样是内部有效性的威胁。当误差项为异方差时，使用同方差适用的标准误是不正确的。如果遗漏变量在不同观测之间不独立，如在面板数据和时间序列数据中可能出现的情况，则需要我们进一步修正标准误计算公式以得到正确的标准误。

将上述列出的威胁因素应用到多元回归研究中，我们便有了评估这一研究内部有效性的系统方法。

9.3 利用回归模型进行预测时的内部有效性和外部有效性

当利用回归模型进行预测时，我们应该更关注外部有效性，而不再是因果效应的无偏估计。第 4 章一开始就提出两个问题。一个是，学区主管想知道如果缩小她所在学区的班级规模，学生测试成绩会提高多少，换句话说，学区主管想知道班级规模的变化对测试成绩的因果效应。另一个是，一位父亲打算搬到一个没有公开测试成绩的学区，他希望根据获得的数据，对该学区的测试成绩做出可靠的预测。这位父亲不需要知道班级规模或任何变量对测试成绩的因果效应。对他来说更重要的是，用加利福尼亚州的学区数据所估计的回归模型，为即将搬去的学区提供准确可靠的测试成绩的预测。

使用多元回归得到可靠的预测有三个要求。第一个要求是，用于估计预测模型的数据和要对其进行预测的观测值来自同一分布。该要求被形式化为预测的第一个最小二乘假设，在附录 6D 中给出了多元预测的情况。如果估计和预测的观测值来自同一总体，则给定 X 时的 Y 的条件期望估计值将推广到要预测的样本外观测值。该要求是进行预测时外部有效性的数学表述。在测试成绩的例子中，如果估计的回归方程对加利福尼亚州的其他学区有用，那么它很可能对其他州的小学学区有用，但对大学而言则不太可能有用。

第二个要求涉及预测变量。在估计因果效应时，选择控制变量以减小遗漏变量偏差的威胁是非常重要的。相反，进行预测的目的是获得准确的样本外预测。为此，无论预测变量对被解释变量是否具有因果解释能力，预测变量都应该在实质上有助于解释 Y 的变化。当存在时间序列数据时，选择预测变量的问题变得更加复杂，因为这样就有机会利用时间的相关性(序列相关性)进行预测，即对变量的未来值进行预测。在第 15 章和第 17 章中讨论了使用多元回归进行时间序列预测。

第三个要求涉及估计量本身。到目前为止，我们主要关注使用 OLS 来进行多元回归。但是，在某些预测中有很多预测因素。实际上，在某些预测中，预测变量的数量可能超过样本量。令人惊讶的是，如果预测变量很多，有些估计量就可以提供比 OLS 更准确的样本外预测。第 14 章使用多个预测变量进行预测，并解释这些专门的估计量。

9.4 实例：测试成绩和班级规模

对内部有效性和外部有效性的研究有助于我们深入考察在加利福尼亚州测试成绩数据分析中学到的和没学到的东西。

9.4.1 外部有效性

加利福尼亚州的分析结论能否推广，换言之，它是否具有外部有效性呢？这取决于拟推广到的总体及环境。现在，我们考虑能否将基于加利福尼亚州数据所得到的结论推广到美国其他公立小学学区测试成绩的预测中。

我们在 9.1 节指出，通过对相同主题的多个研究得出的结论进行比较，我们可以进行外部有效性的评估。在测试成绩和班级规模的例子中，其实还存在其他可比的数据集。在本节，我们将研究一个不同的数据集，即 1998 年马萨诸塞州 220 个公立学区四年级学生的标准化测试成绩数据。虽然马萨诸塞州和加利福尼亚州的测试成绩在细节上有所不同，但它们都衡量了学生的知识和学习能力。类似地，虽然这两个州在小学资金预算和课程设置方面有所不同，但它们的课堂教学组织非常相似。所以，如果分别基于加利福尼亚州和马萨诸塞州的数据得到的学生-教师比对测试成绩的效应相似，则说明加利福尼亚州的研究结果具有外部有效性。相反地，如果我们发现两个州的结果不同，则说明至少有一项研究存在内部有效性或外部有效性问题。

加利福尼亚州和马萨诸塞州数据的比较。同加利福尼亚州的数据一样，马萨诸塞州的数据也是关于小学学区的，且马萨诸塞州数据集中变量的定义与加利福尼亚州数据集中对应变量的定义相同或相似。附录 9A 中给出了关于马萨诸塞州数据集中包括变量定义在内的更多信息。

表 9-1 给出了加利福尼亚州和马萨诸塞州样本的概括性统计量。可见，马萨诸塞州的平均测试成绩相对高一些，但由于两个州的测试不同，因此不能直接比较分数。加利福尼亚州的平均学生-教师比要相对高一些(分别是 19.6 和 17.3)。马萨诸塞州的学区平均收入比加利福尼亚州高 20%，且其收入标准差比加利福尼亚州的要小，即加利福尼亚州的学区收入差距大于马萨诸塞州。平均而言，加利福尼亚州仍在学习英语的学生百分比和接受午餐资助的学生百分比都要高于马萨诸塞州。

表 9-1　加利福尼亚州和马萨诸塞州测试成绩数据集的概括性统计量

	加利福尼亚州		马萨诸塞州	
	均值	标准差	均值	标准差
测试成绩	654.1	19.1	709.8	15.1
学生-教师比	19.6	1.9	17.3	2.3
英语学习者百分比(%)	15.8	18.3	1.1	2.9
享受午餐优惠的学生百分比(%)	44.7	27.1	15.3	15.1
平均学区收入(美元)	15 317	7 226	18 747	5 808
观测个数	420		220	
年份	1999		1998	

测试成绩和平均学区收入。为了节省空间，我们没有画出马萨诸塞州所有数据的散点图。由于第 8 章主要研究的是测试成绩和学区收入之间的关系，所以我们也对马萨诸塞州数据中二者之间的关系感兴趣，其散点图如图 9-1 所示。由图 9-1 可见，该散点图的基本形状与图 8-2 中加利福尼亚州相关数据的散点图类似，即刻画学区收入和测试成绩关系的曲线都是在收入较低时较陡，而在收入较高时较平坦。显然，图中画出的回归直线不能反映这一显而易见的非线性关系。图 9-1 中也给出了立方回归函数和线性-对数回归函数。其中，立方回归函数的 $\bar{R}^2$ 略高于线性-对数回归函数的 $\bar{R}^2$(0.486 和 0.455)。对比图 8-7 和图 9-1，我们发现加利福尼亚州的学区收入和测试成绩之间的非线性关系也存在于马萨诸塞州的数据中。但是，拟合两个州非线性关系的最佳函数形式还是不同的：拟合马萨诸塞州数据的函数是立方回归函数，而拟合加利福尼亚州数据的函数是线性-对数函数。

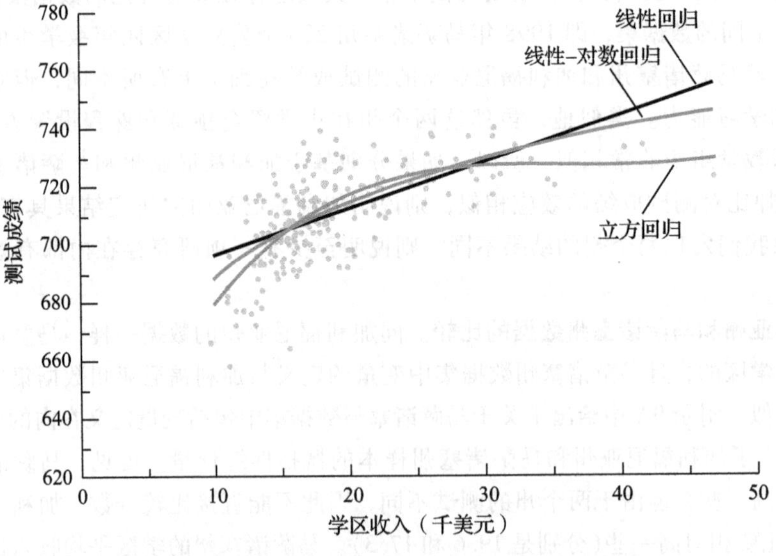

图 9-1　马萨诸塞州数据中测试成绩与学区收入

注：估计的线性回归函数并没有刻画出马萨诸塞州数据中学区收入与测试成绩之间的非线性关系。所估计的线性-对数回归函数和立方回归函数在 13 000～30 000 美元这一收入区间内非常相似，且该区间包含了大部分的观测。

多元回归结果。马萨诸塞州数据的回归结果如表 9-2 所示。表中第 1 列给出的回归只包含学生-教师比这一个变量，回归斜率为负(-1.72)，且在 1%的显著性水平下拒绝系数为 0 的原假设$\left(t=-\frac{1.72}{0.50}=-3.44\right)$。

表 9-2　学生-教师比和测试成绩的多元回归估计结果：马萨诸塞州的证据

被解释变量：学区内四年级学生英语、数学和科学综合测试的平均成绩；共 220 个观测值						
解释变量	**(1)**	**(2)**	**(3)**	**(4)**	**(5)**	**(6)**
学生-教师比(STR)	-1.72	-0.69	-0.64	12.4	-1.02	-0.67
	(0.50)	(0.27)	(0.27)	(14.0)	(0.37)	(0.27)
	[-2.70, -0.73]	[-1.22, -0.16]	[-1.17, -0.11]			[-1.21, -0.14]
STR^2				-0.680		
				(0.737)		
STR^3				0.011		
				(0.013)		
英语学习者百分比(%)		-0.411	-0.437	-0.434		
		(0.363)	(0.303)	(0.300)		
英语学习者百分比>中位数?(二元变量，HiEL)				-12.6		
				(9.8)		
HiEL×STR					0.80	
					(0.56)	
享受午餐优惠的学生百分比(%)		-0.521	-0.582	-0.587	-0.709	-0.653
		(0.077)	(0.097)	(0.104)	(0.091)	(0.72)
学区收入(对数)		16.53				
		(3.15)				
学区收入(Income)			-3.07	-3.38	-3.87	-3.22
			(2.35)	(2.49)	(2.49)	(2.31)
学区收入($Income^2$)			0.164	0.174	0.184	0.165
			(0.085)	(0.089)	(0.090)	(0.085)
学区收入($Income^3$)			-0.002 2	-0.002 3	-0.002 3	-0.002 2
			(0.001 0)	(0.001 0)	(0.001 0)	(0.001 0)
检验排除一组变量的 *F* 统计量和 *p* 值						
所有 STR 变量和交互项=0				2.86	4.01	
				(0.038)	(0.020)	
$STR^2=0$，$STR^3=0$				0.45		
				(0.641)		
$Income^2$，$Income^3$			7.74	7.75	5.85	6.55
			(<0.001)	(<0.001)	(0.003)	(0.002)
HiEL，HiEL×STR					1.58	
					(0.208)	
SER	14.64	8.69	8.61	8.63	8.62	8.64
$\bar{R}^2$	0.063	0.670	0.676	0.675	0.675	0.674

注：这些回归都是基于附录 9A 中所描述的马萨诸塞州小学学区的数据估计得到的。所有的回归都有截距项(未在表中报告出来)。系数下方的圆括号内为其标准误，*F* 统计量下方的圆括号内为其相应的 *p* 值。在回归(1)、(2)、(3)和(6)中，中括号内给出了学生-教师比的系数的 95%置信区间，但是没有给出学生-教师比非线性项的系数的置信区间。

表 9-2 中其他各列给出了在回归函数中加入控制学生特征的其他变量及引入非线性特征时

的估计结果。当控制了英语学习者百分比、享受午餐优惠的学生百分比及平均学区收入时，学生-教师比的系数下降了60%，即从回归(1)中的-1.72下降到回归(2)中的-0.69和回归(3)中的-0.64。

对比回归(2)和回归(3)的 $\bar{R}^2$ 可知，即使保持学生-教师比不变，回归(3)中的立方回归函数形式对于描述测试成绩和学区收入之间的关系也要优于回归(2)中的对数形式。但没有证据表明测试成绩和学生-教师比之间的关系是非线性的：回归(4)中检验 STR^2 和 STR^3 系数同时为0的 F 统计量对应的 p 值为0.641。回归(5)的结果表明，在英语学习者百分比较高的学区内降低学生-教师比产生的效应降低了，这与从加利福尼亚州数据中的发现是相反的；然而，与在加利福尼亚州的数据中一样，这种交互作用的影响是不精确估计的，并且在10%的显著性水平下是不显著的$\left(\text{回归(5)中 HiEL×STR 的 } t \text{ 统计量}\frac{0.80}{0.56}=1.43\right)$。最后，我们从回归(6)中可以看出，当回归中不包含英语学习者百分比(在回归(3)中不显著)时，学生-教师比系数的估计值并没有发生多大变化。总之，在表9-2中，回归(3)中的结果对回归(4)～回归(6)的函数形式设定并不敏感，因此，我们把回归(3)作为基于马萨诸塞州数据分析学生-教师比变化对测试成绩影响的基准估计结果。

马萨诸塞州和加利福尼亚州结果的比较。基于加利福尼亚州的数据，我们得到如下结论：

(1) 在回归中加入控制学生家庭背景特征的变量后，学生-教师比的系数减少了68%，即从-2.28(表7-1中的回归(1))减至-0.73(表8-3中的回归(2))。

(2) 即使在回归中加入了控制学生家庭背景和学区经济特征的变量后，我们仍在1%的显著性水平下拒绝了学生-教师比的真实系数为0的原假设。

(3) 降低学生-教师比的效应并不是显著依赖于学区内英语学习者百分比这一变量的。

(4) 有证据表明测试成绩与学生-教师比之间的关系是非线性的。

我们会不会从马萨诸塞州的数据中得到相同的结论呢？对于上述结论(1)、(2)、(3)，我们的回答是肯定的。如在回归中加入控制变量后，学生-教师比的系数减少了60%，即从-1.72(表9-2中的回归(1))减至-0.69(表9-2中的回归(2))。在加入了控制变量之后，学生-教师比的系数仍然显著，但在马萨诸塞州的数据中这些系数只有在5%的显著性水平下才显著，而在加利福尼亚州的数据中它们在1%的显著性水平下也显著。由于加利福尼亚州的观测数据量几乎是马萨诸塞州观测数据量的2倍，所以加利福尼亚州的估计值更为精确一些也不足为奇。同加利福尼亚州数据一样，在马萨诸塞州的数据中也没有证据表明学生-教师比和衡量学区内英语学习者百分比高低的二元变量之间有交互作用。

然而，结论(4)在马萨诸塞州的数据中并不成立，即在5%的显著性水平下，我们不能拒绝学生-教师比与测试成绩之间存在线性关系的原假设(备择假设为立方回归函数形式)。

由于两个州的标准化测试不一样，故不能直接比较它们的系数，即马萨诸塞州测试中的1分并不等同于加利福尼亚州测试中的1分。但如果将测试成绩换算成相同的单位，则可以比较班级规模效应的估计值了。一种做法是将测试成绩进行标准化处理，即减去样本均值并除以标准差，从而使其均值为0且方差为1。在变换后的测试成绩的回归中，其斜率系数等于原回归中的斜率系数除以测试成绩的标准差，因此在这两个数据集中，将学生-教师比的系数除以测试成绩的标准差后便可以进行比较了。

表9-3给出了上述比较结果。其中第2列给出了在包含英语学习者百分比、享受午餐优惠的

学生百分比及平均学区收入作为控制变量的回归中，学生-教师比系数的 OLS 估计值。第 3 列给出了学区间测试成绩的标准差。最后两列给出了学生-教师比减少 2 个单位(学区主管的建议)对测试成绩效应的估计值，其中前一列以测试成绩为单位，后一列以标准差为单位。对于线性函数形式，基于加利福尼亚州数据估计的 OLS 系数值为-0.73，故减少 2 个单位的学生-教师比预计会使学区测试成绩提高-0.73×(-2)=1.46(分)。由于测试成绩的标准差为 19.1，故对应测试成绩分布的$\frac{1.46}{19.1}=0.076$个标准差，且该估计的标准误为$\frac{0.26\times2}{19.1}=0.027$。非线性模型的效应估计值及其标准差可通过 8.1 节给出的方法计算得到。

表 9-3　学生-教师比和测试成绩：比较加利福尼亚州和马萨诸塞州的估计结果

			学生-教师比减少 2 个单位的效应估计值，单位为：	
	OLS 估计值 $\hat{\beta}_{STR}$	学区间测试成绩的标准差	测试成绩分数	标准差
加利福尼亚州				
线性：表 8-3 回归(2)	-0.73 (0.26)	19.1	1.46 (0.52) [0.46，2.48]	0.076 (0.027) [0.024，0.130]
立方：表 8-3 回归(7) STR 从 20 减至 18	—	19.1	2.93 (0.70) [1.56，4.30]	0.153 (0.037) [0.081，0.226]
立方：表 8-3 回归(7) STR 从 22 减至 20	—	19.1	1.90 (0.69) [0.54，3.26]	0.099 (0.036) [0.028，0.171]
马萨诸塞州				-0.137**
线性：表 9-2 回归(3)	-0.64 (0.27)	15.1	1.28 (0.54) [0.22，2.34]	0.085 (0.036) [0.015，0.154]

注：圆括号内给出了相应的标准误。中括号内给出了减少 2 个单位的学生-教师比的效应的 95%的置信区间。

基于加利福尼亚州数据的线性模型估计结果可知，学生-教师比减少 2 个单位预计使测试成绩提高 0.076 个标准差，标准误为 0.027。而加利福尼亚州数据的非线性模型估计结果表明该效应要大一些，具体多大则取决于学生-教师比的初始值。基于马萨诸塞州数据的估计结果表明，该效应估计值为 0.085 个标准差，标准误为 0.036。

这些估计值本质上是相同的。在线性回归中，马萨诸塞州的 95%置信区间包含了加利福尼亚州的 95%置信区间。减少学生-教师比预计会提高测试成绩，但提高程度较小。例如，在加利福尼亚州的数据中，处于第 50 百分位数的学区和第 75 百分位数的学区之间测试成绩相差 12.2 分(表 4-1)或 0.64(=12.2/19.1)个标准差。而利用线性模型估计的效应只有上述值的 1/10；换句话说，根据该估计结果，减少 2 个单位的学生-教师比使学区向更高分位数移动的幅度等于测试成绩分布的第 50 百分位数到第 75 百分位数的 1/10。尽管对某一学区来说减少 2 个单位的学生-教师比是个很大的变化，但由表 9-3 可知，其效应估计值虽不为 0，但很小。

对马萨诸塞州的数据分析表明，加利福尼亚州的结论是外部有效的，至少可以推广到美国其他州的小学学区。

9.4.2 内部有效性

加利福尼亚州和马萨诸塞州结论的相似性并不能保证它们的内部有效性。9.2 节列出了威胁内部有效性的六种可能性，它们可能导致班级规模对测试成绩的效应估计值有偏。下面我们依次考虑这些威胁。

遗漏变量。在本章和前面章节中介绍的多元回归都控制了学生特征(英语学习者百分比)、家庭经济状况(享受午餐优惠的学生百分比)及地区富裕程度的粗略度量(平均学区收入)。

如果这些控制变量是足够的，则为了进行回归分析，可以认为学生-教师比在这些控制变量取值相同的学区间是类似随机分配的，在这种情形中，条件均值独立的假设成立。然而，这三个变量可能不是某些遗漏因素的有效控制变量。例如，假设即使在移民比例和社会经济特征都相同的学区，其学生-教师比仍与教师质量相关(可能因为较低的学生-教师比会吸引更好的教师)，且教师质量又会影响测试成绩，则遗漏了教师质量这一变量会导致学生-教师比的系数产生偏差。类似地，在社会经济特征相同的学区中，学生-教师比较低的学区的家庭可能会更注重孩子在家里的学习情况。这些遗漏因素都可能导致遗漏变量偏误。

至少从理论上来说，消除遗漏变量偏差的一种方法是做实验。例如，将学生随机分配到不同规模的班级中，然后比较他们随后的标准化测试成绩。实际上这样的研究曾在田纳西州实施过，我们将在第 13 章中对其做详细讨论。

函数形式。本章及第 8 章的分析探讨了多种函数形式。我们发现，一些可能的非线性回归形式在统计上并不显著，而其他一些在统计上显著的非线性回归形式并没有较大程度地改变降低学生-教师比对测试成绩影响的估计值。尽管我们还可以进行更深入的函数形式分析，但上述结论已表明研究结果对不同的非线性函数形式设定并不敏感。

变量的测量偏误。学区内的平均学生-教师比只是班级规模的一种粗略且不精确的度量。例如，由于学区内会有学生转入或转出，所以学生-教师比可能不能准确代表参加考试学生的实际班级规模，从而导致估计的班级规模效应偏向于 0。另一个可能存在测量误差的变量是平均学区收入。这些数据来源于 1990 年的人口普查，但还有一些数据是 1998 年(马萨诸塞州)和 1999 年的(加利福尼亚州)。如果学区的经济结构在 20 世纪 90 年代发生了巨大变化，则对学区实际平均收入的度量是不精确的。

样本选择。加利福尼亚州和马萨诸塞州的数据涵盖了州内所有满足最低规模限制条件的公立小学学区，因此没有理由认为这里存在样本选择问题。

双向因果关系。如果标准化测试成绩会影响学生-教师比，则会产生双向因果关系。例如，如果对学生测试成绩较差的学校或学区实施增加预算的财政机制，则它们会雇用更多的教师，从而影响学生-教师比。在马萨诸塞州，考试过程中并没有实施此类财政机制。而在加利福尼亚州，虽然一系列的法律规定会导致学校预算进行一部分重新分配，但预算的重新分配并不是依据学生测试成绩的好坏。因此，不论是在马萨诸塞州还是加利福尼亚州都不存在双向因果关系。

异方差和不同观测间的误差相关性。本章及前面章节中给出的结论都采用了异方差-稳健标准误，故异方差不会威胁内部有效性。但不同观测之间误差项的相关性会威胁标准误的一致性，这是因为我们没有采用简单随机抽样(样本中包含了州内所有的小学学区)。虽然存在适用于这种情形的标准误公式，但其中涉及的细节过于复杂和特殊，所以我们到高级课程中再做介绍。

9.4.3 讨论和小结

马萨诸塞州和加利福尼亚州的相似结论表明这些研究是外部有效的，即它们的主要结论可以推广到美国其他州小学学区的标准化测试成绩中。

通过控制学生特征、家庭经济背景和学区富裕程度等变量，以及充分讨论和检验回归函数中的非线性形式，我们解决了一些内部有效性的主要威胁。尽管如此，仍存在内部有效性的其他潜在威胁，其中最主要的一个威胁就是遗漏变量偏差，如控制变量没有反映出其他的学区特征或课外学习机会。

基于加利福尼亚州和马萨诸塞州的数据，我们可以回答 4.1 节中学区主管提出的问题，即在控制了家庭经济背景、学生特征和学区富裕程度，以及模拟了回归函数的非线性特征之后，降低 2 个单位的学生-教师比预计会使测试成绩大约提高 0.08 个学区间测试成绩分布的标准差。虽然该效应在统计上是显著的，但值却非常小，这与很多关于缩减班级规模对测试成绩影响的研究结论相符。[⊖]

现在学区主管可以利用这一估计结果来决定是否缩小班级规模。在做决定之前，她必须权衡缩小班级规模所带来的成本和收益。其中成本包括教师的薪酬和增加教室的支出，而收益包括学习成绩的提高(用标准化测试成绩来衡量)，同时还包括一些我们未研究的其他潜在收益，例如较低的辍学率及未来收入的增加。缩小班级规模对标准化测试成绩的效应估计值是学区主管在计算成本和收益时要考虑的一个重要因素。

9.5 结论

内部有效性和外部有效性概念为我们评估计量经济学研究因果效应提供了分析框架。

若回归系数估计量是无偏和一致的，同时标准误也是一致的，则基于多元回归的研究是内部有效的。该研究的内部有效性面临的威胁包括遗漏变量、函数形式(非线性)的误设、解释变量测量不准确(变量有测量误差)、样本选择及双向因果关系。其中，每一种情况都会导致解释变量与误差项相关，从而使 OLS 估计量有偏且不一致。如果不同观测之间的误差项相关，如时间序列数据中常有的情况，或当误差项为异方差的情况下却采用了同方差适用的标准误，则会产生标准误的非一致性，这些也将会危及内部有效性。通过采用适当的标准误计算公式便可解决这个问题。

一项使用回归分析的研究，就像任何一项统计研究一样，如果它的发现可以被推广到研究的总体和环境之外，那么它具有外部有效性。有时，比较两个或更多关于同一主题的研究会有帮助。然而，无论是否有两个或多个这样的研究，评估外部有效性都需要对所研究的总体和环境，以及对结果进行推广的总体和环境之间的相似性做出判断。本书接下来的两部分将研究仅用多元回归分析不能解决的内部有效性威胁的处理方法。第 3 篇将扩展多元回归模型，以减少 OLS 估计量的所有五种潜在偏差，同时第 3 篇还讨论了获得内部有效性的另一种方法，即随机对照实验，且当有许多预测变量时，它将用于预测问题。第 4 篇则介绍时间序列数据，并分析利用时间序列数据估计随时间变化的动态因果效应的方法。

⊖ 如果你想进一步了解班级规模与测试成绩之间的关系，可参见 Ehrenberg 等(2001a，2001b)。

本章小结

1. 我们是通过考察是否具有内部有效性和外部有效性来对统计分析进行评估的。如果某项研究关于因果效应的统计推断对于所研究的总体而言是有效的，则该研究是内部有效的。如果从某一研究总体及环境中得到的推断和结论可以推广到其他总体及环境中，则该研究是外部有效的。
2. 在因果效应的回归估计中，存在两种内部有效性的威胁：一是如果解释变量和误差项相关，则 OLS 估计量有偏且不一致；二是当标准误不正确时，置信区间和假设检验都是无效的。
3. 当存在遗漏变量、使用了不正确的函数形式、一个或多个解释变量测量有误、样本不是从总体中随机抽取或解释变量和被解释变量之间存在双向因果关系时，解释变量和误差项可能相关。
4. 在误差项为异方差的情况下而计算软件却应用了同方差适用的标准误，或者不同观测之间的误差项存在相关性时，标准误是不正确的。
5. 当回归模型仅用于预测时，解释变量的系数无须是因果效应的无偏估计，而关键在于回归模型是外部有效的。

重要术语

研究总体	内部有效性	外部有效性	感兴趣的总体
函数形式误设	变量的测量偏误	经典测量误差模型	样本选择偏误
双向因果关系	联立方程偏差		

内容复习

9.1 内部有效性和外部有效性的区别是什么？研究的总体和感兴趣的总体的区别是什么？

9.2 重要概念 9-2 中利用偏差和方差之间的权衡来描述变量选择问题。这一权衡是指什么？为什么回归中加入控制变量后会使偏差减小而方差增大？

9.3 经济变量通常带有测量误差。这意味着回归分析不可靠吗？试解释。

9.4 假设某州对所有三年级的学生提供了可自愿参与的标准化测试，并将这些数据用于班级规模对测试成绩的研究中。试说明样本选择偏误会如何影响研究结果。

9.5 某研究人员基于城市数据估计了公共安全支出对犯罪率的影响。试说明双向因果关系会如何影响研究结果。

9.6 某研究人员利用两个不同的软件包来估计同一个回归。其中第一个软件包使用的是同方差适用的标准误公式，第二个使用的是异方差–稳健标准误公式。得到的标准误相差很大，研究人员应该选择哪一个呢？为什么？

习 题

9.1 假设你刚刚看了一项关于广告对香烟需求影响的统计研究。基于纽约 20 世纪 70 年代的数据，该研究得出公交上和地铁上的广告比印刷物上的广告更有效。利用外部有效性的概念判断这一结论是否适用于 20 世纪 70 年代的波士顿、洛杉矶及 2018 年的纽约。

9.2 考虑一元回归模型 $Y_i=\beta_0+\beta_1 X_i+u_i$，并

假设它满足重要概念 4-3 中的最小二乘假设。假设 Y_i 存在测量误差，所有收集到的数据为 $\tilde{Y}_i=Y_i+w_i$，其中 w_i 为满足独立同分布且与 Y_i 和 X_i 相互独立的测量误差。考虑总体回归 $\tilde{Y}_i=\beta_0+\beta_1X_i+v_i$，其中 v_i 是被解释变量有测量误差时的 $\tilde{Y}_i$ 的回归误差。

(1) 证明 $v_i=u_i+w_i$。

(2) 证明回归 $\tilde{Y}_i=\beta_0+\beta_1X_i+v_i$ 满足重要概念 4-3 中的最小二乘假设。(假设对所有的 i 和 j，都有 w_i 与 Y_j 和 X_j 独立，且 w_i 有有限四阶矩。)

(3) OLS 估计量是一致的吗？

(4) 可以用一般方法构建置信区间吗？

(5) 评价这一说法，“X 中的测量误差会导致严重后果，而 Y 中的测量误差则不会”。

9.3　劳动经济学家在研究女性收入的决定因素时发现了一个令人困惑的实证结论。基于随机选取的女性雇员的数据，他们建立了女性收入对养育的孩子数量和一系列控制变量(年龄、教育、职业等)的回归模型。他们发现当控制其他因素不变时，孩子越多的女性，其收入越高。解释怎样的样本选择会导致这一结果。(提示：注意到样本中不包含没有工作的女性。)(正是这一困惑促使 James Heckman 对样本选择进行研究，从而获得了 2000 年的诺贝尔经济学奖，参见 Heckman(1974)。)

9.4　在表 9-3 的线性回归中，计算减少 3 个单位的学生-教师比的效应估计值、标准误和置信区间。

9.5　某商品的需求为 $Q=\beta_0+\beta_1P+u$，其中 Q 表示数量，P 表示价格，u 表示除价格之外决定需求的因素。该商品的供给为 $Q=\gamma_0+\gamma_1P+v$，其中 v 表示除价格之外决定供给的因素。假设 u 和 v 的均值都为 0，方差分别为 σ_u^2 和 σ_v^2，且二者不相关。

(1) 求解以上两个联立方程，并说明 Q 和 P 是如何取决于 u 和 v 的。

(2) 分别推导 P 和 Q 的均值。

(3) 分别推导 P 和 Q 的方差，以及 P 和 Q 的协方差。

(4) 利用收集到的随机样本观测值(Q_i, P_i)，建立 Q_i 对 P_i 的回归(其中 Q_i 为被解释变量，P_i 为解释变量)。假设样本足够大。

①利用(2)和(3)的答案推导回归系数的取值。(提示：利用式(4-7)和式(4-8)。)

②某研究人员利用这一回归的斜率作为需求函数斜率(β_1)的估计值，则估计出的斜率是太大还是太小？(提示：需求曲线向下倾斜，而供给曲线向上倾斜。)

9.6　利用 $n=100$ 个独立同分布的观测(Y_i, X_i)得到如下回归结果

$$\hat{Y}=32.1+66.8X$$
$$(15.1)\quad(12.2)$$
$$\text{SER}=15.1,\quad R^2=0.81$$

另一研究人员也对该回归感兴趣，但他在将数据输入到回归程序时犯了一个错误，即把每个观测值都输入了两遍，因此他有 200 个观测(即观测 1 输入了两遍，观测 2 输入了两遍，以此类推)。

(1) 基于这 200 个观测，回归程序会输出什么结果？(提示：将 Y 和 X 的样本均值、方差及协方差的“错误值”表示成“正确值”的函数，并用其来确定回归统计量。)

$$\hat{Y}=\underline{\qquad\quad}+\underline{\qquad\quad}X$$
$$(\underline{\qquad})\quad(\underline{\qquad})$$
$$\text{SER}=\underline{\qquad},\quad R^2=\underline{\qquad}$$

(2) 违背了哪个(若存在)内部有效性条件？

9.7 下列叙述是否正确？试解释。

(1)“如果 X 与误差项相关，则 Y 对 X 的普通最小二乘回归不是内部有效的。”

(2)“内部有效性的 5 个主要威胁都意味着 X 与误差项相关。”

9.8 第 4 章中的式(4-9)中的回归能用于预测马萨诸塞州学区的测试成绩吗？为什么？

9.9 考虑图 8-2 中测试成绩对收入的线性回归和式(8-18)的非线性回归。这两个回归都能提供收入对测试成绩因果效应的可靠估计吗？都能提供预测测试成绩的可靠方法吗？试解释。

9.10 阅读 8.3 节中的专栏 8-1“教育回报与性别差距”。讨论教育对收入的效应估计值的内部有效性和外部有效性。

9.11 阅读 8.3 节中的专栏 8-2“经济学期刊的需求”。讨论每篇引用价格对订阅量的影响估计值的内部有效性和外部有效性。

9.12 考虑一元回归模型 $Y_i=\beta_0+\beta_1X_i+u_i$，并假设它满足重要概念 4-3 中的最小二乘假设。假设现在丢失了回归变量 X_i 的数据，但我们有相关变量 Z_i 的数据，并利用 $\widetilde{X}_i=E(X_i \mid Z_i)$ 来估计 X_i 的值。令 $w_i=\widetilde{X}_i-X_i$。

(1) 证明 $\widetilde{X}_i$ 是基于 Z_i 估计 X_i 的最小均方误差估计量，即令 $\hat{X}_i=g(Z_i)$ 为基于 Z_i 对 X_i 的某一猜测，证明 $E[(\hat{X}_i-X_i)^2]\geqslant E[(\widetilde{X}_i-X_i)^2]$。（提示：回顾第 2 章习题 2.27。）

(2) 证明 $E(w_i \mid =\widetilde{X}_i)=0$。

(3) 假设 $E(u_i \mid Z_i)=0$，并用 $\widetilde{X}_i$ 代替 X_i 作为回归变量。证明 $\hat{\beta}_1$ 是一致的。$\hat{\beta}_0$ 是一致的吗？

9.13 假设回归模型 $Y_i=\beta_0+\beta_1X_i+u_i$ 满足 4.4 节重要概念 4-3 中的最小二乘假设。你和你的朋友收集了 300 组 Y 和 X 的随机样本观测值。

(1) 你的朋友说他不小心弄乱了样本中 20% 的 X 观测值，在这些弄乱了的观测值中，X 值的第 i 个观测值并没有对应 X_i，而是对应 X 的其他观测值。采用 9.2 节的符号，对于 80% 的观测，解释变量的测量值 $\widetilde{X}_i$ 等于 X_i，而对于剩余 20% 的观测，$\widetilde{X}_i$ 等于一个随机选择的 X_j。将 Y_i 对 $\widetilde{X}_i$ 进行回归。证明 $E(\hat{\beta}_1)=0.8\beta_1$。

(2) 试解释如何利用(1)中的 OLS 估计量构建 β_1 的无偏估计。

(3) 假定你的朋友现在告诉你只有 X 的前 60 个观测值被弄乱了，其余的 240 个观测值是正确的。你利用其余 240 组观测值建立 Y 对 X 的回归来估计 β_1。由此得到的 β_1 估计量优于(2)中求出的估计量吗？试解释。

实证练习

9.1 利用第 8 章中的实证练习 8.2 中的数据集 CPS2015 回答下面的问题：

(1) 讨论在第 8 章实证练习 8.2(1)题中回归分析的内部有效性，包括关于可能的遗漏变量偏差、回归函数形式误设、变量的测量误差、样本选择、双向因果关系，以及 OLS 标准误非一致性的讨论。

(2) 第 3 章实证练习 3.1 描述的数据集 CPS96_15 包含了 1996 年和 2015 年的数据。利用这些数据研究第 8 章实证练习 8.2(1)题中得到结论的外部有效性。（注意：记得调整价格因素，正如第 3 章实证练习 3.1(2)

题所做的那样。)

9.2 利用第5章实证练习5.3中的数据集Birthweight_Smoking回答下面的问题。

(1) 在第7章的实证练习7.1(6)题中，你估计了多个回归，并被问到“母亲吸烟对婴儿出生重量的影响的95%置信区间是多少？”

①在第8章你学习了非线性回归，你能想出其他可能会改进你在第7章实证练习7.1(6)题中答案的非线性回归吗？在估计了这些改进的回归模型后，吸烟对婴儿出生重量的影响的95%置信区间又是多少呢？

②讨论你构建置信区间所用的回归的内部有效性，包括关于可能的遗漏变量偏差、回归函数形式误设、变量的测量误差、样本选择、双向因果关系及OLS标准误非一致性的讨论。

(2) 数据集Birthweight_Smoking中包含了宾夕法尼亚州1989年出生的婴儿随机样本数据。分别利用：①加利福尼亚州1989年的相关数据；②伊利诺伊州2019年的相关数据；③韩国2019年的相关数据讨论你的研究的外部有效性。

附录9A　马萨诸塞州的小学测试数据

马萨诸塞州的数据是1998年公立小学的学区平均值。其中，测试成绩来自对马萨诸塞州公立学校1998年春季所有四年级学生的马萨诸塞州综合评估系统(MCAS)测试。这一测试是由马萨诸塞州教育部组织的，所有公立学校必须参加该项测试。这里分析的数据是总成绩，即为测试中英语、数学及科学成绩的总和。

学生-教师比、享受午餐优惠的学生百分比及仍在学习英语的学生百分比数据是1997～1998学年每个小学学区的平均值，数据来源于马萨诸塞州教育部。平均学区收入的数据来源于1990年美国的人口普查。

PART 3

第3篇

回归分析的高级专题

CHAPTER10

第10章 面板数据回归

如果能够获取相关数据，多元回归是分析因果效应的一个非常有用的工具。然而，当某些变量的数据无法获取时，便无法将这些变量纳入回归模型中，从而致使回归系数的 OLS 估计量可能存在遗漏变量偏差。

为此，本章将介绍一种方法，它能够处理那些无法得到观测数据的遗漏变量的影响。这种方法需要一种特殊类型的数据，即面板数据。这些数据是通过对同一组个体在两期或多期内的观测得到的。通过研究被解释变量随时间发生的变化，可以消除那些个体间不同但在时间上保持不变的遗漏变量的影响。

本章的实证案例是关于酒驾问题的：酒精税和酒驾法案对交通死亡事故能起到怎样的作用？我们使用了美国 48 个相邻州在 1982～1988 年 7 年间每一年的交通死亡事故、酒精税、酒驾法案及其他相关变量的数据来研究这一问题。这个面板数据集使我们能够控制那些州与州之间存在差异但在时间上却不发生变化的不可观测变量，如各个州对于酒驾的主流文化态度。同时，它也使我们能够控制那些随时间变化但不随州发生变化的变量，如新型汽车安全性能的提升。

10.1 节描述面板数据的结构，并介绍酒驾的相关数据集。固定效应回归，作为面板数据回归分析的主要工具，是多元回归的扩展，它利用面板数据控制那些随个体发生变化但时间上却保持不变的变量。固定效应回归的介绍见 10.2 节和 10.3 节，其中我们首先介绍只有两个时期时的情形，然后介绍多个时期时的情形。在 10.4 节中，将上述方法推广至包含时间固定效应的情形，即控制那些个体无差异但随时间变化的不可观测变量。10.5 节讨论面板数据回归假设和面板数据回归的标准误。在 10.6 节中，我们利用这些方法研究酒精税和酒驾法案对交通事故死亡人数的影响效应。

10.1 面板数据

在第1.3节中提到的**面板数据**(panel data)，也称纵向数据(longitudinal data)，指的是n个不同个体在T个不同时期被观测到的数据。本章研究的各州交通死亡事故数据就是面板数据。这些数据包含了$n=48$个个体(州)，其中每个个体分别在$T=7$个时期上(1982年，1983年，…，1988年)被观测到，共有$7\times48=336$个观测值。

在描述截面数据时，用下标i表示个体，如Y_i表示第i个个体的变量Y。在描述面板数据时，我们需要引进其他符号从而可同时表示个体和时期。为此我们采用双下标而不是单下标进行标注，其中，第一个下标i表示观测个体，第二个下标t表示观测时期，因此Y_{it}表示n个个体中的第i个个体在T期中的第t期被观测到的变量Y的值。上述符号的概括参见重要概念10-1。

重要概念10-1　面板数据的符号

面板数据是由对同一组个体，即n个个体在两期或多个时期T上观测得到的数据构成的，如表1-3所示。如果数据集包含了变量X和Y的观测值，则该数据可以表示为

$$(X_{it},\ Y_{it}),\ i=1,\ 2,\ \cdots,\ n;\quad t=1,\ 2,\ \cdots,\ T \tag{10-1}$$

式中，i为观测个体；t为观测时期。

关于面板数据的其他术语则描述了是否存在观测值的缺失：**平衡面板**(balanced panel)具备所有观测值，即所有变量在每个个体和每一时期都能被观测到。如果至少有一个个体在至少一个时期中存在数据缺失，则这种面板称为**非平衡面板**(unbalanced panel)。交通死亡事故数据集包含了美国48个相邻州在7年内的所有数据，因此它是平衡面板。然而，如果某些数据缺失了(例如，缺少某些州在1983年的交通死亡事故数据)，则这个数据集就是非平衡面板。本章介绍的方法适用于平衡面板。然而，所有这些方法也可用于非平衡面板，但实际应用中的具体操作取决于所使用的回归软件。

实例：交通事故死亡人数与酒精税

美国每年在高速公路上发生的交通死亡事故大约有40 000起。其中，有近$\frac{1}{4}$的死亡事故与司机酒后驾车相关，并且这一比例在喝酒高峰期内呈上升趋势。一项研究(Levitt and Porter, 2001)估计得到，在凌晨1～3点的时间段内，在路上行驶的司机有25%是酒后驾车，而达到法定醉酒标准的司机引发重大交通事故的可能性至少是那些没有喝酒的司机的13倍。

在本章中，我们将研究各种用于控制酒驾的政策措施如何有效降低交通事故死亡人数。使用的面板数据集中包含了与交通死亡事故和酒精有关的变量，其中包括各州每年的交通事故死亡人数、各州每年与酒驾相关的法律类型，以及各州的啤酒税收。其中交通事故死亡人数用死亡率度量，即州内每年每一万人中死于交通事故的人数。酒精税采用一箱啤酒的“实际”税收来衡量，即啤酒税，并用通货膨胀率调整至1988年的美元价格水平[⊖]。数据的详细描述参见附录10A。

⊖ 为了保证税收在时间上具有可比性，我们采用消费者价格指数(CPI)将它们调整至1988年的美元价格水平。例如，由于通货膨胀，1982年的1美元税收相当于1988年的1.23美元税收。

图 10-1a 为 1982 年死亡率与每箱啤酒的实际税收这两个变量的数据散点图。图中的每一点表示 1982 年某州的死亡率和实际啤酒税收。图中同时画出了死亡率对实际啤酒税收的 OLS 回归线；估计的回归线为

$$\widehat{FatalityRate} = \underset{(0.15)}{2.01} + \underset{(0.13)}{0.15}BeerTax \quad (1982\text{ 数据}) \tag{10-2}$$

其中，实际啤酒税的系数为正，但在 10%的显著性水平下不显著。

由于有多年的数据，因此我们可以用其他年份的数据重新检验这种关系。检验结果见图 10-1b，该散点图与图 10-1a 类似，但使用的是 1988 年的数据。基于这些数据的 OLS 回归线为

$$\widehat{FatalityRate} = \underset{(0.11)}{1.86} + \underset{(0.13)}{0.44}BeerTax \quad (1988\text{ 数据}) \tag{10-3}$$

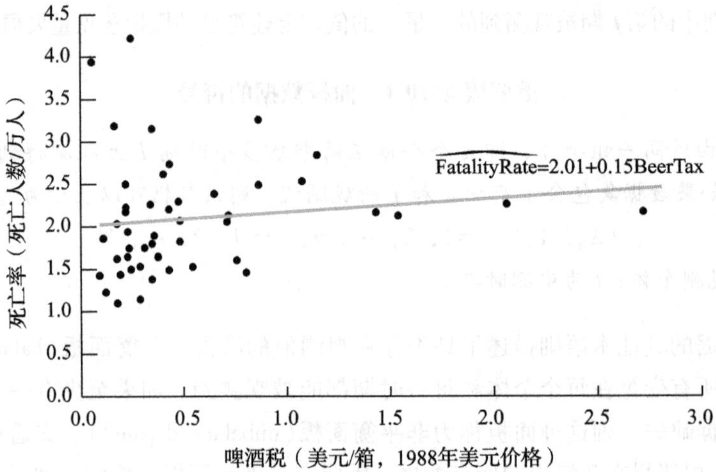

a）1982年数据

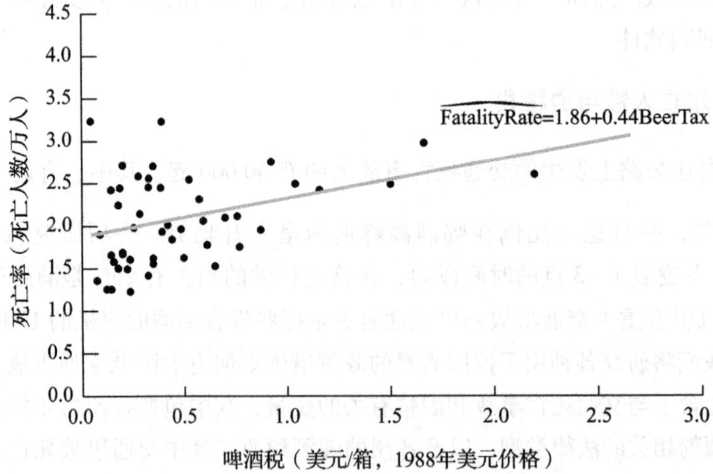

b）1988年数据

图 10-1　交通事故死亡率与啤酒税

注：图 10-1a 为 1982 年美国 48 个州的交通事故死亡率和啤酒税（用 1988 年的美元表示）的散点图。图 10-1b 表示 1988 年数据的散点图。两幅图均显示死亡率与啤酒税正相关。

与基于 1982 年数据的回归相比，式(10-3)中啤酒税的系数在 1%的显著性水平下显著(t 统计量为 3.43)。奇怪的是，利用 1982 年和 1988 年数据回归得到的系数估计值都是正的：从字面上理解，更高的啤酒税对应更多而非更少的交通事故死亡人数。

从中能得出提高啤酒税会导致更多的交通事故死亡人数这一结论吗？不一定，因为这些回归中可能存在巨大的遗漏变量偏差。影响死亡率的因素有很多，包括州内行驶的汽车质量、高速公路是否维修良好、在城市还是农村行驶居多、道路车辆密度情况、社会文化对酒驾的接受度等。这些因素都有可能与酒精税相关，如果相关，就会导致遗漏变量偏差。解决上述潜在遗漏变量偏差问题的一种方法是收集关于这些变量的数据，并把它们加入式(10-2)和式(10-3)的年度截面数据回归中。不幸的是，其中的一些变量，例如社会文化对酒驾的接受度，很难或甚至不可能对其进行度量。

然而，如果这些因素在给定的某个州内不随时间发生变化，那么就可以采用另一种解决方法。因为我们有面板数据，因此即使不能度量这些因素，我们也可以固定这些因素让其保持不变。为此，我们使用包含固定效应的 OLS 回归。

10.2　两期的面板数据："前后"比较

在得到各个州 $T=2$ 个时期上的数据之后，可以将被解释变量在第二个时期的取值与第一个时期的取值相比较。重点关注被解释变量的变化情况，这种"前后"或"差分"的比较分析实际上固定了那些随州发生变化但不随时间变化的不可观测因素。

令 Z_i 表示决定第 i 个州死亡率的变量，该变量不随时间变化(所以省略了下标 t)。例如，Z_i 可能表示当地文化对酒驾行为的态度，因为这种态度变化缓慢，所以可认为它在 1982～1988 年期间保持不变。于是，联系死亡率和 Z_i 及啤酒税的总体线性回归为

$$\text{FatalityRate}_{it}=\beta_0+\beta_1\text{BeerTax}_{it}+\beta_2Z_i+u_{it} \tag{10-4}$$

式中，u_{it} 是误差项，$i=1, 2, \cdots, n$；$t=1, 2, \cdots, T$。

由于 Z_i 不随时间变化，因此在回归模型(10-4)中，该变量不会引起 1982～1988 年期间死亡率的变化。因此，在这个回归模型中，通过分析两个时期内死亡率的变化可以消除 Z_i 的影响。为了从数学上理解这一点，分别考虑 1982 年、1988 年这两年所对应的式(10-4)

$$\text{FatalityRate}_{i1982}=\beta_0+\beta_1\text{BeerTax}_{i1982}+\beta_2Z_i+u_{i1982} \tag{10-5}$$

$$\text{FatalityRate}_{i1988}=\beta_0+\beta_1\text{BeerTax}_{i1988}+\beta_2Z_i+u_{i1988} \tag{10-6}$$

用式(10-6)减去式(10-5)，可消除 Z_i 的影响

$$\text{FatalityRate}_{i1988}-\text{FatalityRate}_{i1982}=\beta_1(\text{BeerTax}_{i1988}-\text{BeerTax}_{i1982})+u_{i1988}-u_{i1982} \tag{10-7}$$

上述设定形式的直观解释为，文化对酒驾的接受度通过影响酒后驾车的程度，进而影响该州的交通死亡率。然而，如果该因素在 1982～1988 年期间保持不变，那么就不会引起该州死亡率的变化。因此，随时间变化的交通死亡人数肯定是由其他因素引起的。在式(10-7)中，这些其他因素就是啤酒税的变化和误差项的变化(它捕捉了决定死亡人数的其他因素的变化情况)。

式(10-7)中用差分形式设定的回归消除了不随时间变化的不可观测变量 Z_i 的影响。换言之，通过分析 Y 和 X 的变化，可以控制不随时间变化的变量，从而消除这种产生遗漏变量偏差的来源。

图 10-2 表示数据集中 48 个州在 1982～1988 年期间死亡率变化对啤酒实际税收变化的散点图。图 10-2 中的每个点代表在 1982～1988 年期间某个州的死亡率的变化和啤酒实际税收的变化。图中画出了利用这些数据估计得到的 OLS 回归线

$$\widehat{\text{FatalityRate}_{1988}-\text{FatalityRate}_{1982}}=\underset{(0.065)}{-0.072}-\underset{(0.36)}{1.04}(\text{BeerTax}_{1988}-\text{BeerTax}_{1982}) \quad (10\text{-}8)$$

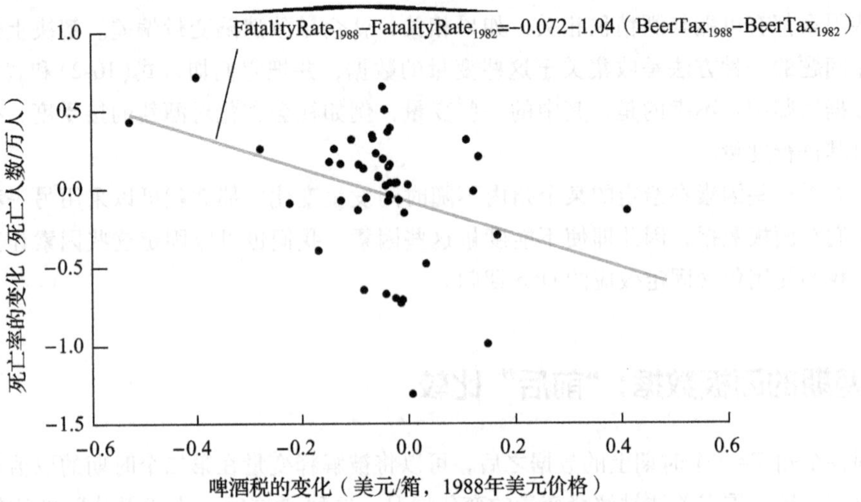

图 10-2　1982～1988 年死亡率和啤酒税的变化

注：图中是 48 个州 1982～1988 年死亡率变化和啤酒实际税收变化的散点图。由图可知，死亡率变化与啤酒实际税收变化负相关。

式(10-8)中包含了截距项，即考虑了在啤酒实际税收不变的情况下死亡率平均变化不为零的可能性。例如，负的截距项(-0.072)反映了 1982～1988 年汽车安全性能对死亡率的改善情况，即平均死亡率降低了。

与截面回归结果相比，啤酒实际税收变化的效应估计值为负，与经济理论预测相一致，并且在 5%的显著性水平下拒绝了总体斜率系数为零的假设。根据系数估计结果可知，如果啤酒实际税收每上涨 1 美元/箱，交通事故死亡率则可减少 1.04 人/万人。该估计结果所表示的影响效应是非常大的：由于数据集中的平均死亡率大概为 2(总体每年的死亡率为 2 人/万人)，因此该估计结果表明仅仅通过增加 1 美元/箱的啤酒税，就可以使交通事故死亡人数下降一半。

通过研究死亡率随时间发生的变化，式(10-8)中的回归模型控制了诸如文化对酒后驾车的接受度等不随时间而变化的固定因素。但是依然存在着很多影响交通安全的其他因素，如果它们随时间变化并且与啤酒实际税收相关，那么忽略这些变量将导致遗漏变量偏差。在 10.6 节中，我们将仔细分析对于这些变量的控制，因此到目前为止，最好不要急于做出关于啤酒实际税收对交通死亡人数的效应的任何实质性结论。

当数据可在两个不同年份被观测到时，这种“前后”或“差分”分析法很有效。然而，我们的数据集包含了 7 个不同年份的观测值，因此丢弃这些可能有用的其他数据实在不明智。但是，当 $T>2$ 时我们不能直接使用这种“前后”分析法。为了分析该面板数据集中的所有观测值，我们将使用固定效应回归方法进行分析。

10.3 固定效应回归

固定效应回归是一种控制面板数据中随个体(州)变化但不随时间变化的遗漏变量的方法。与 10.2 节中的“前后”比较分析法不同，固定效应回归可以用于每个个体存在两期或两期以上观测值的情形。

固定效应模型具有 n 个不同的截距，每个截距对应一个个体。这些截距可以用一系列的二元(或指示)变量来表示。这些二元变量包含了所有在个体间不同但不随时间变化的遗漏变量的影响。

10.3.1 固定效应回归模型

考虑式(10-4)中的回归模型，将被解释变量(Fatality Rate)和解释变量(Beer Tax)分别记作 Y_{it} 和 X_{it}

$$Y_{it}=\beta_0+\beta_1X_{it}+\beta_2Z_i+u_{it} \tag{10-9}$$

其中，Z_i 表示随州发生变化但不随时间变化的不可观测变量(例如，Z_i 表示文化对酒后驾车的接受度)。我们想要估计出 β_1，即保持不可观测的州特征 Z 不变的情况下，X 对 Y 的影响或效应。

由于 Z_i 随州发生变化但不随时间变化，因此式(10-9)中的总体回归模型可以理解为含有 n 个截距，每个截距对应一个州。具体地，令 $\alpha_i=\beta_0+\beta_2Z_i$，则式(10-9)可转化为

$$Y_{it}=\beta_1X_{it}+\alpha_i+u_{it} \tag{10-10}$$

式(10-10)就是**固定效应回归模型**(fixed effects regression model)，其中 α_1，α_2，…，α_n 可视为待估的未知截距，每一个州对应一个截距。式(10-10)中，α_i 为特定州的截距，源于第 i 个州的总体回归线，该总体回归线为 $\alpha_i+\beta_1X_{it}$。总体回归线的斜率系数 β_1 对所有州都相同，但总体回归线的截距对不同的州有不同的取值。

由于式(10-10)中的截距 α_i 可视为属于第 i 个个体的“效应”(在当前的应用中，个体为州)，因此 α_1，α_2，…，α_n 被称为**个体固定效应**(entity fixed effects)。个体固定效应的差异源于随个体变化但不随时间变化的遗漏变量，如式(10-9)中的 Z_i。

固定效应回归模型中特定州的截距也可以用对应州的二元变量来表示。8.3 节讨论了观测值属于两组中的其中一组且两组总体回归线的斜率相同而截距不同的情形(参见图 8-8a)。数学中通常使用表示两组中其中一组的一个二元变量来表示这种总体回归线(参见重要概念 8-4 中的情形一)。如果我们的数据集中只包含两个州，那么二元变量回归模型适用。然而，由于数据集中州的数量多于两个，因此我们需要其他的二元变量来描述式(10-10)中所有特定州的截距。

为了使用二元变量构建固定效应模型，令 $D1_i$ 表示当 $i=1$ 时等于 1 否则等于 0 的二元变量，令 $D2_i$ 表示当 $i=2$ 时等于 1 否则等于 0 的二元变量，以此类推。但在回归方程中不能同时包含所有这 n 个个体的二元变量和一个共同截距项，因为如果这么做的话，解释变量间将存在完全多重共线性(即 6.7 节中的“虚拟变量陷阱”)，所以我们任意地略去第一组的二元变量 $D1_i$。于是，式(10-10)中的固定效应回归模型可以等价地表示为

$$Y_{it}=\beta_0+\beta_1X_{it}+\gamma_2D2_i+\gamma_3D3_i+\cdots+\gamma_nDn_i+u_{it} \tag{10-11}$$

其中，β_0，β_1，γ_2，γ_3，…，γ_n 为待估未知参数。为了推导式(10-11)中的系数与式(10-10)中的截距之间的关系，需比较两个方程式中每个州的总体回归线。在式(10-11)中，第一个州的总体回归方程为 $\beta_0+\beta_1X_{it}$，因此 $\alpha_1=\beta_0$。对于第二个州和其他州，相应的总体回归方程为 $\beta_0+\beta_1X_{it}+\gamma_i$，因此对于 $i\geqslant2$ 有 $\alpha_i=\beta_0+\gamma_i$。

因此，式(10-10)和式(10-11)是表述固定效应回归模型的两种等价方法。在式(10-10)中，用 n 个特定州的截距来表示。而在式(10-11)中，固定效应回归模型具有一个共同截距项和 $n-1$ 个二元解释变量。在两个方程中，解释变量 X 的斜率系数对于每个州都是相同的。式(10-10)中特定州的截距与式(10-11)中的二元解释变量具有相同的来源：随州发生变化但不随时间变化的不可观测变量 Z_i。

推广到具有多个 X 的情形。如果存在与 X 相关、随时间变化且能够被观测到的其他决定 Y 的因素，则应该将这些因素都加入回归方程中，以避免遗漏变量偏差。由此可得多元回归变量的固定效应回归模型，参见重要概念 10-2 中的概括。

重要概念 10-2　固定效应回归模型

固定效应回归模型为

$$Y_{it}=\beta_1X_{1,it}+\cdots+\beta_kX_{k,it}+\alpha_i+u_{it} \tag{10-12}$$

其中，$i=1$，2，…，n；$t=1$，2，…，T。$X_{1,it}$ 表示第一个解释变量在第 i 个个体第 t 期的取值，$X_{2,it}$ 为第二个解释变量的取值，以此类推。α_1，α_2，…，α_n 为对应个体的截距项。

等价地，固定效应回归模型也可以表示为由一个共同截距项、X 及 $n-1$ 个二元变量组成的形式

$$Y_{it}=\beta_0+\beta_1X_{1,it}+\cdots+\beta_kX_{k,it}+\gamma_2D2_i+\gamma_3D3_i+\cdots+\gamma_nDn_i+u_{it} \tag{10-13}$$

其中，当 $i=2$ 时，$D2_i=1$，否则 $D2_i=0$，以此类推。

10.3.2 估计和推断

原则上，固定效应回归模型(式(10-13))中设定的二元变量可由 OLS 来估计。然而，在这个回归方程中有 $k+n$ 个解释变量(k 个 X，$n-1$ 个二元变量和一个截距项)，所以在实际应用中，这个 OLS 回归方程是烦冗的，当个体数量较大时某些软件包将无法估计这种回归方程。对此，计量经济学软件中有专门针对固定效应回归模型 OLS 估计的特定程序。这些特定程序等价于全体二元变量回归的 OLS 估计，但由于这些特定程序运用了一些固定效应回归中特有的代数简化，因此运算速度更快。

“个体中心化” OLS 算法。回归软件对于固定效应模型中 OLS 估计量的计算一般分为两步。第一步，每个变量减去该变量在特定个体层面上的平均值。第二步，使用“个体中心化”变量估计回归方程。具体考虑式(10-10)中只包含单个回归变量的固定效应模型，通过对式(10-10)左右两边同时求平均，可得 $\overline{Y}_i=\beta_1\overline{X}_i+\alpha_i+\overline{u}_i$，其中 $\overline{Y}_i=\left(\frac{1}{T}\right)\sum_{t=1}^{T}Y_{it}$，$\overline{X}_i$ 和 $\overline{u}_i$ 的定义与 $\overline{Y}_i$ 类似。因此由式(10-10)，可得 $Y_{it}-\overline{Y}_i=\beta_1(X_{it}-\overline{X}_i)+(u_{it}-\overline{u}_i)$。令 $\widetilde{Y}_{it}=Y_{it}-\overline{Y}_i$，$\widetilde{X}_{it}=X_{it}-\overline{X}_i$，$\widetilde{u}_{it}=u_{it}-\overline{u}_i$，则

$$\widetilde{Y}_{it}=\beta_1\widetilde{X}_{it}+\widetilde{u}_{it} \tag{10-14}$$

因此，β_1 可以通过“个体中心化”变量 $\widetilde{Y}_{it}$ 对 $\widetilde{X}_{it}$ 的 OLS 回归进行估计。事实上，这一估计量与式(10-11)中通过对包含 $n-1$ 个二元变量的固定效应模型估计得到的 β_1 的 OLS 估计量一样(习题 19.6)。

“前后”(差分)回归与二元变量设定。尽管含有二元变量的式(10-11)与式(10-7)中“前后”回归模型看上去差别很大，然而在 $T=2$ 的特殊情况下，如果去除“前后”设定形式中的截距项，则二元变量设定下 β_1 的估计量与“前后”设定下 β_1 的估计量是等价的。因此，当 $T=2$ 时，通过 OLS 估计 β_1 有三种方法：式(10-7)中的“前后”设定形式(不包含截距项)、式(10-11)中的二元变量设定形式和式(10-14)中的“个体中心化”设定形式。这三种方法是等价的，即通过这三种方法可以得到相同的 β_1 的 OLS 估计量(习题 10.11)。

抽样分布、标准误和统计推断。在截面数据的多元回归中，如果重要概念 6-4 中关于多元回归模型的四个最小二乘假设成立，那么在大样本条件下 OLS 估计量服从正态分布。其方差可由数据估计得到，而方差估计量的平方根，即标准误，可用于(采用 t 统计量的)假设检验及构建置信区间。

同样地，在面板数据多元回归中，如果一系列假设(称为固定效应回归的假设)成立的话，则在大样本条件下固定效应 OLS 估计量也服从正态分布，由数据可以估计出该分布的方差，方差估计量的平方根即标准误，可用于构建 t 统计量和置信区间。在给定标准误的情况下，统计推断——假设检验(包括使用 F 统计量的联合假设)和置信区间的构建——与截面数据多元回归相同。

固定效应回归假设和固定效应回归的标准误将在 10.5 节中进一步讨论。

10.3.3 在交通死亡事故例子中的应用

基于所有 7 年数据(336 个观测值)，可以得到死亡率关于实际啤酒税的固定效应回归线，该回归线的 OLS 估计为

$$\widehat{FatalityRate} = -0.66BeerTax + state\ fixed\ effects \quad (10\text{-}15)$$
$$(0.29)$$

与往常一样，上式略去了州的固定截距估计结果，一方面为了节省空间，另一方面也因为在这个例子中它不是我们最感兴趣的东西。

与式(10-8)中的“前后”设定形式一样，式(10-15)中固定效应回归的系数估计值为负。因此，正如经济理论所预测的，实际啤酒税越高，交通死亡人数越少，这与我们一开始在式(10-2)和式(10-3)截面数据回归中得到的结论相反。由于式(10-8)中的“前后”回归只使用了 1982 年和 1988 年这两年的数据(具体而言，是这两年数据的差分)，而式(10-15)中的固定效应回归使用了所有 7 年的数据，因此这两个回归是不同的。由于使用了更多的数据，式(10-15)中的标准误小于式(10-8)中的标准误。

在死亡率回归中，我们使用州的固定效应能够避免遗漏那些因州而异但不随时间变化的因素(诸如文化对酒后驾车的接受度等)所造成的遗漏变量偏差。然而，有些人也许会怀疑仍然存在可能导致遗漏变量偏差的其他因素。例如，在这一期间汽车变得更加安全了，更多的驾驶员系安全带了；如果实际啤酒税的平均水平在 20 世纪 80 年代中期上涨了，则它可能包含了汽车安全性能整体提升的效应。然而，如果汽车安全性能的提升只随时间变化但不随州变化，则我们可以通过引入时间固定效应来消除它的影响。

10.4 时间固定效应回归

个体固定效应可以控制不随时间变化但随个体变化的变量所产生的影响。同理，时间固定效应可以控制不随个体变化但随时间变化的变量所产生的影响。

由于新车安全性能的提升是在全国范围内发生的，能够减少所有州的交通事故死亡人数，因此，将汽车安全性能作为一个随时间变化但不随州变化的遗漏变量是合理的。为了更明确地体现出汽车安全性能对交通事故死亡率的影响，我们用 S_t 表示汽车安全性能，并在式(10-9)中加入该变量

$$Y_{it}=\beta_0+\beta_1X_{it}+\beta_2Z_i+\beta_3S_t+u_{it} \tag{10-16}$$

其中 S_t 不可观测，单个下标 t 强调汽车安全性能随时间变化但不随州变化。由于 β_3S_t 表示决定 Y_{it} 的变量，若 S_t 与 X_{it} 相关，则回归中遗漏 S_t 就会导致遗漏变量偏差。

10.4.1 只有时间固定效应

我们暂时假设变量 Z_i 没有出现，即将 β_2Z_i 这一项从式(10-16)中去掉，只保留 β_3S_t。我们的目标是在控制 S_t 的条件下估计 β_1。

尽管 S_t 不可观测，但由于它随时间变化而不随州变化，正如可以消除随州变化但不随时间变化的变量 Z_i 的效应一样，我们也可以消除 S_t 的影响。在个体固定效应回归模型中，Z_i 的存在使得固定效应回归模型的形式以式(10-10)表示，其中每个州都有自己的截距项(或固定效应)。类似地，由于 S_t 随时间变化但不随州变化，因此由 S_t 可以得到一个每一时期都有其截距项的回归模型。

只包含单个解释变量 X 的**时间固定效应回归模型**(time fixed effects regression model)为

$$Y_{it}=\beta_1X_{it}+\lambda_t+u_{it} \tag{10-17}$$

该模型中每个时期的截距项 λ_t 都不相同。式(10-17)中的截距项 λ_t 可认为年份 t(或更一般的，时期 t)对 Y 的“效应”，因此 λ_1，λ_2，…，λ_t 被称为**时间固定效应**(time fixed effects)。时间固定效应的变化源于式(10-16)中随时间变化但不随州变化的 S_t 这样的遗漏变量。

正如个体固定效应模型可以用 $n-1$ 个二元指示变量表示一样，时间固定效应模型也可以用 $T-1$ 个二元指示变量表示

$$Y_{it}=\beta_0+\beta_1X_{it}+\delta_2B2_t+\cdots+\delta_TBT_t+u_{it} \tag{10-18}$$

其中，δ_2，…，δ_T 为未知系数，且当 $t=2$ 时，$B2_t=1$，否则 $B2_t=0$，以此类推。同式(10-11)中的固定效应回归模型一样，这个时间固定效应模型中包含了一个共同截距项，同时为了避免完全多重共线性而略去了第一个二元变量($B1_t$)。

当存在其他可观测的解释变量“X”时，则在式(10-17)和式(10-18)中加入这些解释变量。

在交通死亡事故的回归中，时间固定效应的设定形式使得我们能够消除诸如全国范围内引进的随时间变化但在给定年份内不随州变化的安全标准这样的遗漏变量所引起的偏差。

10.4.2 同时包含个体固定效应与时间固定效应

如果某些遗漏变量不随时间变化但随州变化(如各州文化规范)，而其他遗漏变量不随州变

化但随时间变化(如国家安全标准)，那么合理的做法是在模型中同时加入个体(州)固定效应和时间固定效应。

整合的**个体和时间固定效应回归模型**(entity and time fixed effects regression model)为

$$Y_{it}=\beta_1X_{it}+\alpha_i+\lambda_t+u_{it} \tag{10-19}$$

其中，α_i 为个体固定效应，λ_t 为时间固定效应。这个模型也可以等价地用 $n-1$ 个个体二元变量和 $T-1$ 个时间二元变量及一个共同截距项表示

$$Y_{it}=\beta_0+\beta_1X_{it}+\gamma_2D2_i+\cdots+\gamma_nDn_i+\delta_2B2_t+\cdots+\delta_TBT_t+u_{it} \tag{10-20}$$

式中，β_0，β_1，γ_2，γ_3，$\cdots$，γ_n 及 δ_2，δ_3，$\cdots$，δ_T 为未知系数。

当存在其他可观测的回归变量“X”时，则在式(10-19)和式(10-20)中加入这些变量。

整合的个体和时间固定效应回归模型同时消除了由时间上相同的不可观测变量和州间相同的不可观测变量所引起的遗漏变量偏差。

估计。时间固定效应模型与整合的个体和时间固定效应模型都是多元回归模型的变形。因此，它们的系数可以通过加入额外的时间和个体二元变量后由 OLS 进行估计。一种可选的方法是，可以在平衡面板模型中，首先对 Y 和 X 减去它们个体及时间的平均值，然后估计中心化后的 Y 对中心化后的 X 的多元回归方程。这一算法在回归软件中被普遍使用，避免了构建类似式(10-20)中出现的全体二元指示变量集合。另一种等价的方法是从 Y、X 和时间指示变量中减去个体(不是时间间隔)均值，然后估计中心化后的 Y 对中心化后的 X 和中心化后的时间指示变量的多元回归中的 $k+T$ 个系数。最后，如果 $T=2$，则可以采用包含截距项的回归并可用 10.2 节中的“前后”(差分)法估计回归中的个体和时间固定效应。因此，式(10-8)中讨论的“前后”回归，即用 1982～1988 年期间死亡率的变化对 1982～1988 年期间啤酒税的变化和截距项的回归，其斜率系数估计值与使用 1982 年和 1988 年这两年的数据对同时包含个体固定效应和时间固定效应的死亡率对啤酒税的回归进行 OLS 估计得到的斜率系数估计值相同。

在交通死亡事故例子的应用。在州固定效应回归中加入时间固定效应后，可得回归线的 OLS 估计为

$$\widehat{\text{FatalityRate}}=-0.64\text{BeerTax}+\text{State Fixed Effects}+\text{Time Fixed Effects} \tag{10-21}$$
$$(0.36)$$

上述设定形式包含了啤酒税、47 个州的二元变量(州固定效应)、6 个年度二元变量(时间固定效应)及一个共同截距项，因此该回归模型的右边实际上含有 1+47+6+1=55 个变量！考虑到时间和州的二元变量及截距项的系数不是我们感兴趣的内容，故这里没有给出相应的系数估计值。

由此可见，加入时间固定效应对实际啤酒税的系数几乎没有什么影响(比较式(10-15)和式(10-21))。尽管加入时间固定效应后系数估计的精确度降低，但在 10%的显著性水平下依然显著，而在 5%的显著性水平下并不显著($t=-\dfrac{0.64}{0.36}=-1.78$)。

上述啤酒税和交通死亡事故之间关系的估计没有受到时间上相同或州间相同的变量所带来的遗漏变量偏差的影响。然而，很多决定交通死亡人数的因素并不属于这一类，因此这一设定形式很可能仍然存在遗漏变量偏差。对此我们将在 10.6 节中控制一系列因素之后，对啤酒税和旨在消除酒驾行为的法律效应进行更全面的实证研究。在这之前，我们先讨论面板数据回归的假设和固定效应估计量标准误的计算。

10.5 固定效应回归假设和固定效应回归的标准误

在面板数据中，同一个个体的回归误差项可以是跨时间相关的。与异方差一样，这种相关性不会导致固定效应估计量有偏，但会影响固定效应估计量的方差并由此影响标准误的计算。本章介绍的固定效应回归的标准误称为**聚类稳健标准误**（clustered standard errors），不仅对异方差是稳健的，对同一个个体的跨时间相关性也是稳健的。当存在很多个体（n 很大）时，可以使用通常大样本下的正态分布性质和 F 统计量的临界值计算假设检验和置信区间。

本节对聚类稳健标准误进行讨论。我们首先介绍固定效应回归假设，固定效应回归假设将因果推断的最小二乘回归假设扩展到了面板数据中；在这些假设下，当 n 充分大时，固定效应估计量是一致的且渐近服从正态分布。为了使符号尽可能简单，本节集中讨论 10.3 节中介绍的个体固定效应回归模型，即不包含时间固定效应。

10.5.1 固定效应回归假设

重要概念 10-3 概括了固定效应回归的四个假设。这些假设将重要概念 6-4 中关于截面数据的因果推断的四个最小二乘假设推广到了面板数据中。

重要概念 10-3　固定效应回归假设

$Y_{it}=\beta_1 X_{it}+\alpha_i+u_{it}$，$i=1, 2, \cdots, n$，$t=1, 2, \cdots, T$，其中 β_1 是 Y 对 X 的因果效应，同时

1. u_{it} 条件均值为 0，即 $E(u_{it} \mid X_{i1}, X_{i2}, \cdots, X_{iT}, \alpha_i)=0$。
2. $(X_{i1}, X_{i2}, \cdots, X_{iT}, u_{i1}, u_{i2}, \cdots, u_{iT})$，$i=1, 2, \cdots, n$，是从总体联合分布中抽取的 i. i. d.（独立同分布）样本。
3. 不存在大的异常值：(X_{it}, u_{it}) 具有非零的有限四阶矩。
4. 不存在完全多重共线性。

对于多元回归变量，需将 X_{it} 替换为 $X_{1,it}$，$X_{2,it}$，$\cdots$，$X_{k,it}$。

第一个假设是，在给定某个个体的 X 的所有 T 期取值时，误差项的条件均值为 0。这一假设与重要概念 6-4 中截面数据的第一个最小二乘假设具有相同的作用，即表明不存在遗漏变量偏差。要求误差项 u_{it} 的条件均值不依赖于个体 X 的任何取值——过去的、现在的或者是未来的，这比截面数据的第一个最小二乘假设增加了一些细微但重要的内容。如果当前的 u_{it} 与 X 的过去值、当前值或未来值相关，这个假设将不成立。

第二个假设是，单个个体的变量与其他个体的变量具有相同但独立的分布，也就是说，变量在个体 $i=1, 2, \cdots, n$ 间是独立同分布的。如同重要概念 6-4 中截面数据的第二个最小二乘假设，如果个体是从总体中通过简单随机抽样获取的，则固定效应回归的第二个假设成立。

固定效应回归的第三个和第四个假设与重要概念 6-4 中截面数据的第三个和第四个最小二乘假设类似。

在重要概念 10-3 给出的面板数据最小二乘假设下，当 n 充分大时，固定效应估计量是一致的且服从正态分布。具体证明参见附录 10B。

重要概念 10-3 给出的面板数据假设与重要概念 6-4 给出的截面数据假设的一个重要区别在

于假设 2。当每一个观测值相互独立时，即数据通过简单随机抽样取得时，截面数据对应的假设 2 成立。相比之下，若面板数据对应的假设 2 成立，则要求变量在不同个体之间是相互独立的，但对同一个个体内部并不施加这样的约束。举例说明，假设 2 允许同一个个体的 X_{it} 在时间上相关。

对于不同的 s 和 t，如果 X_{is} 与 X_{it} 相关，即给定个体的 X_{it} 在时间上相关，则称 X_{it} 存在**自相关**(autocorrelated，即与自身不同时期的值相关)或**序列相关**(serially correlated)。时间序列数据中普遍存在自相关：今年发生的事情往往与下一年发生的事情相关。在交通死亡事故的例子中，第 i 个州在第 t 年的啤酒税 X_{it} 存在自相关：在大多数时期内，立法机构不会更改啤酒税，因此如果第 i 个州某一年的啤酒税相对于其均值较高，那么在下一年也趋向于较高。同理，思考一下为什么 u_{it} 也可能存在自相关。根据前面所述，u_{it} 中包含了随时间变化的因素，这些因素是 Y_{it} 的决定因素，但并未包含在解释变量中，而这些遗漏的解释变量中的某些变量可能存在自相关。例如，当地经济下滑可能会导致失业并减少上下班交通工具的使用，从而在两年或更长的时间内减少交通死亡事故。同样，对主干道路的改进工程，不仅可以减少工程完工当年的交通事故，也可减少未来几年内的交通事故。遗漏这些可以持续多年的变量就会导致回归误差项的自相关。但不是所有的遗漏因素都会导致 u_{it} 的自相关。例如，恶劣的冬季驾车条件很可能影响死亡事故，但如果某个州的冬季天气状况在当年和下一年之间是相互独立的，那么误差项中包含的这种成分是序列不相关的。不过，一般而言，只要某些遗漏变量是自相关的，u_{it} 就会存在自相关。

10.5.2　固定效应回归的标准误

如果回归误差项存在自相关，则通常用于截面回归的异方差-稳健标准误公式(式(5-3)和式(5-4))将不再正确。理解这一问题的一种方法是与异方差性做类比。在截面数据回归中，如果误差项存在异方差，那么(见 5.4 节的讨论)仅适用于同方差的标准误公式将不再正确，因为此时的公式是在错误的假设(同方差假设)下推导出来的。同理，如果误差项存在自相关，那么通常的标准误公式也将不再正确，因为这些公式也是在错误的假设(无序列相关假设)下推导出来的。

如果 u_{it} 存在潜在的异方差和潜在的同一个体内的序列自相关，则适用的标准误称为**异方差和自相关稳健标准误**(heteroskedasticity-and autocorrelation-robust standard errors)或简称 **HAR 标准误**(HAR standard errors)。本章使用的标准误是 HAR 标准误的其中一种类型，即**聚类稳健标准误**(clustered standard errors)。之所以称为“聚类”，是因为该标准误允许回归误差在同一聚类或组内具有任意形式的相关性。在面板数据中，每个聚类包含一个个体，因此聚类稳健标准误允许存在异方差及同一个个体内任意形式的自相关，但认为个体之间的误差是不相关的。也就是说，聚类稳健标准误允许存在异方差和自相关，这在某种程度上与重要概念 10-3 中的第二个固定效应回归假设一致。

与截面数据回归中的异方差-稳健标准误一样，无论是否存在异方差、自相关或两者同时存在，聚类稳健标准误都是正确的。如果个体数量 n 非常大，则使用聚类稳健标准误进行推断时，可以采用通常的大样本正态分布临界值作为 t 统计量的临界值，用 $F_{q,\infty}$ 的临界值作为用于对 q 个约束条件进行检验的 F 统计量的临界值。

在实际应用中，聚类稳健标准误与不允许 u_{it} 存在自相关的标准误之间可能存在非常大的差异。例如，式(10-21)中 BeerTax 系数的常规(截面数据)异方差-稳健标准误为 0.25，明显小于聚类稳健标准误 0.36，相应地，用于检验 $\beta_1=0$ 的 t 统计量的值分别为 -2.51 和 -1.78。我们介绍聚类稳健标准误的原因在于，它允许同一个个体内部的 u_{it} 存在自相关，而通常的异方差-稳健标准误却不允许。聚类稳健标准误的计算公式参见附录 10B。

10.6 关于酒驾的法律规定和交通事故死亡人数

征收酒精税只是阻止酒驾的其中一种方法。每个州对酒驾的惩罚措施都不一样，如果某州想要打击酒驾行为，既可以通过加强相关法律规定也可以通过提高酒精税来做到这一点。如果是这样的话，即使在包含州和时间固定效应的回归方程中，遗漏这些关于酒驾的法律因素也会导致实际啤酒税对交通死亡事故效应的 OLS 估计量存在遗漏变量偏差。除此之外，车辆使用情况也部分取决于司机是否有工作，同时，税收变化也反映了经济状况(如州预算赤字会导致赋税增加)，所以遗漏州的经济状况同样会导致遗漏变量偏差。因此，在本节中，我们将对前面关于交通死亡事故的分析进行扩展，引入有关酒驾的法律规定和经济状况的相关因素。

具体结果见表 10-1。表的格式与第 7~9 章中的回归结果表格一样：每一列给出了不同的回归，每一行给出了系数估计值及其标准误，并给出了我们感兴趣的变量的系数的 95%置信区间，F 统计量和 p 值，或者其他与回归有关的信息。

表 10-1 酒驾法律对交通死亡人数影响的回归分析

被解释变量：交通事故死亡率(死亡人数/万人)							
解释变量	(1)	(2)	(3)	(4)	(5)	(6)	(7)
啤酒税	0.36 (0.05) [0.26, 0.46]	−0.66 (0.29) [−1.23, −0.09]	−0.64 (0.36) [−1.35, 0.07]	−0.45 (0.30) [−1.04, 0.14]	−0.69 (0.35) [−1.38, 0.00]	−0.46 (0.31) [−1.07, 0.15]	−0.93 (0.34) [−1.60, −0.26]
最低法定饮酒年龄为 18 岁		0.10		0.03 (0.07) [−0.11, 0.17]	−0.01 (0.08) [−0.17, 0.15]		0.04 (0.10) [−0.16, 0.24]
最低法定饮酒年龄为 19 岁				−0.02 (0.05) [−0.12, 0.08]	−0.08 (0.07) [−0.21, 0.06]		−0.07 (0.10) [−0.26, 0.13]
最低法定饮酒年龄为 20 岁				0.03 (0.05) [−0.07, 0.13]	−0.10 (0.06) [−0.21, 0.01]		−0.11 (0.13) [−0.36, 0.14]
饮酒年龄						0.00 (0.02) [−0.05, 0.04]	
强制入狱或强制参加社区服务				0.04 (0.10) [−0.17, 0.25]	0.09 (0.11) [−0.14, 0.31]	0.04 (0.10) [−0.17, 0.25]	0.09 (0.16) [−0.24, 0.42]
驾驶员人均行车里程				0.008 (0.007)	0.017 (0.011)	0.009 (0.007)	0.124 (0.049)
失业率				−0.063 (0.013)		−0.063 (0.013)	−0.091 (0.021)
人均实际收入(对数)				1.82 (0.64)		1.79 (0.64)	1.00 (0.68)

（续）

被解释变量：交通事故死亡率(死亡人数/万人)							
解释变量	(1)	(2)	(3)	(4)	(5)	(6)	(7)
年份	1982～1988	1982～1988	1982～1988	1982～1988	1982～1988	1982～1988	只有 1982 和 1988
州效应	无	有	有	有	有	有	有
时间效应	无	无	有	有	有	有	有
聚类稳健标准误	无	有	有	有	有	有	有
检验排除部分变量的 F 统计量及其 p 值							
时间效应=0			4.22 (0.002)	10.12 (<0.001)	3.48 (0.006)	10.28 (<0.001)	37.49 (<0.001)
饮酒年龄系数=0				0.35 (0.786)	1.41 (0.253)		0.42 (0.738)
失业率，人均收入=0				29.62 (<0.001)		31.96 (<0.001)	25.20 (<0.001)
$\bar{R}^2$	0.091	0.889	0.891	0.926	0.893	0.926	0.899

注：这些回归都是使用美国 48 个州的面板数据估计得到的。回归(1)～回归(6)使用了 1982～1988 年所有年份的数据，回归(7)仅使用了 1982 年和 1988 年这两年的数据。数据集的描述参见附录 10A。系数下方圆括号内的数值为其标准误，系数下方中括号内的数值为其 95%置信区间，F 统计量下方圆括号内的数值为其 p 值。

表 10-1 中的列(1)给出了在不考虑州和时间固定效应的情形下，死亡率对实际啤酒税的 OLS 回归结果。与 1982 年和 1988 年的截面数据回归(式(10-2)和式(10-3))一样，实际啤酒税的系数为正(0.36)：根据这一估计结果，提高啤酒税会增加交通死亡事故！然而，包含了州固定效应的列(2)中的回归(即前面的式(10-15))指出回归(1)中的系数为正是遗漏变量偏差导致的结果(实际啤酒税的系数为-0.66)。当包含了固定效应之后，回归 $\bar{R}^2$ 从 0.091 上升至 0.889。显然，州固定效应解释了大部分的数据变动。

在回归中加入时间效应后，结果变化不大，如列(3)(即前面的式(10-21))所示，只是啤酒税系数的估计精度有轻微下降。列(1)～(3)中的结果表明，遗漏的固定因素(诸如历史和文化因素、总体路况、人口密度、文化对酒驾的接受度等)是州间交通死亡事故变化的重要决定因素。

表 10-1 中接下来的四个回归中除了包含州和时间固定效应外，还加入了其他决定死亡率的潜在因素。列(4)给出的基准设定形式中包含了关于酒驾法律和控制驾车行驶量及州整体经济状况的变量。其中第一个法律变量是最低法定饮酒年龄，用三个二元变量分别表示最低法定饮酒年龄为 18 岁、19 岁和 20 岁(省略的一组为最低法定饮酒年龄为 21 岁及以上)。另一个法律变量是初次由于酒驾获罪所对应的处罚，如强制入狱或强制参加社区服务(省略的一组是轻于以上的处罚)。三个度量驾车行驶量和经济状况的变量为驾驶员人均行驶里程、失业率和人均实际收入(按 1988 年美元计算)对数(收入取对数后，可以用收入的百分比变动来解释系数，参见 8.2 节)。表 10-1 中的最后一个回归来自 10.2 节的“前后”(差分)方法，只使用了 1982 年和 1988 年这两年的数据；回归(7)将式(10-8)中的回归扩展至包含其他回归变量的情形。

由列(4)的回归可以得到以下四个有趣的结论：

(1) 加入其他变量后，降低了啤酒税效应的估计值，从列(3)的-0.64 降低至列(4)的-0.45。一种评价系数大小的方法是，假设一个实际啤酒税处于平均水平的州即将翻倍它的啤酒税。由于数据中实际啤酒税的平均值大约为 0.5 美元/箱(按 1988 年美元计算)，这意味着啤酒税需要上调 0.5 美元/箱。啤酒税增加 0.5 美元/箱的效应估计值是会使死亡率降低 0.45×0.5 = 0.23 人/万人。这一估计效应是非常大的：因为平均死亡率是 2 人/万人，减少 0.23 意味着降低了交通事故死亡人数的约 1/8。然而，这一估计结果是非常不精确的：因为系数的标准误是 0.3，则该效应的 95%置信区间为 -0.45×0.50±1.96×0.30×0.50 = [-0.52, 0.07[⊖]]。这个置信区间很宽，并且包含了 0，因此在 5%的显著性水平下，不能拒绝啤酒税没有效果的原假设。

(2) 精确估计出最低法定饮酒年龄对交通死亡事故的影响很小。根据列(4)的回归结果，相对于最低法定饮酒年龄为 21 岁的州，最低法定饮酒年龄为 18 岁的州的死亡率增加值的 95%置信区间为[-0.11, 0.17]。对于最低法定饮酒年龄变量系数同时为 0 的联合假设，在 10%的显著性水平下不能被拒绝：用于检验三个变量系数同时为 0 的联合假设的 F 统计量的值为 0.35，对应的 p 值为 0.786。

(3) 初次犯罪处罚变量的系数估计值同样很小，并且在 10%的显著性水平下与 0 无显著差异。

(4) 经济变量对交通死亡事故的影响很大。较高的失业率伴随着较少的交通死亡事故：失业率每增加 1%，交通事故死亡人数降低 0.063 人/万人。同理，较高的人均实际收入伴随着较多的交通死亡事故：系数估计值为 1.82，因此人均实际收入每增加 1%，交通事故死亡人数增加 0.018 2 人/万人(该系数的解释参见重要概念 8-2 中的情形 Ⅰ)。根据这些估计值，良好的经济状况伴随着更多的交通死亡事故，这可能是因为当失业率较低时交通密度增加了或者是收入增加后酒精的消费增加了。这两个经济变量在 0.1%的显著性水平下同时显著(F 统计量为 29.62)。

表 10-1 中的列(5)～(7)给出了用于检验上述结论对基准设定形式变动敏感性的回归。其中，列(5)的回归中去掉了控制经济状况的变量，结果导致实际啤酒税的效应估计值增加，并在 5%的显著性水平下显著，但是其他系数并没有发生太大的变化。基于啤酒税系数估计值对经济变量的敏感性，并结合列(4)中这些经济变量的统计显著性，表明在基准设定形式中应该保留这些经济变量。列(6)的回归结果表明，当我们用饮酒年龄对三个饮酒年龄指示变量进行替换时，列(4)中的结果对这种函数形式的改变并不敏感。当使用 1982 年和 1988 年变量的变动值来估计系数时(列(7))，与 10.2 节一样，列(4)中的大部分结果都没有发生变化，除了啤酒税的系数变大并在 1%的显著性水平下显著。

上述分析的目的在于，引入州和时间固定效应后减轻了由不随时间变化(如文化对酒驾的接受度)或不随州变化(如汽车安全性能的创新)的不可观测变量所引起的遗漏变量偏差威胁。然而，同往常一样，我们还应当考虑对有效性可能存在的威胁。一种遗漏变量偏差的潜在来源是本例中所使用的关于酒精税的度量，实际啤酒税可能会随着其他酒精税一起变动，这意味着我们不能把对结果的解释仅仅局限在啤酒上。一个更微妙的可能性是啤酒税的上涨可能与公共教育运动紧密相关。如果是这样的话，则实际啤酒税的变化中可能包含了这类运动及更广泛的运动对减少酒后驾车行为的效应。

综上所述，这些结果刻画了一幅富有争议的关于控制酒驾行为和交通死亡事故的画面。根据这些估计结果，无论是严厉的处罚还是提高最低法定饮酒年龄都不会对死亡事故产生重要影响。相反，一些证据表明提高以实际啤酒税度量的酒精税确实可以减少交通事故死亡人数，可能是因为提高酒精税能够降低酒精消费。然而，啤酒税系数的估计值仍然是不精确的，这意味

⊖ 原书为 0.08，疑有误。——译者注

着根据以上分析得出政策性结论时，我们应当谨慎，同时也应该对这一问题进行更多的研究。[⊖]

10.7　结论

本章介绍了如何利用同一个个体在多个时期上的观测值来控制随个体变化但不随时间变化的不可观测遗漏变量的影响。关键的一点是，如果不可观测变量不随时间变化，那么被解释变量的任何变化一定是由这些固定特征以外的其他因素引起的。例如，如果某州文化对酒驾的接受度在 7 年内基本保持不变，那么能解释该州这 7 年内交通死亡率变化的肯定是其他因素。

为了研究这一点，你需要同一个个体在两期或更多时期的数据，即你需要面板数据。通过面板数据，就可以将第 2 篇中的多元回归模型推广至包含完整个体二元变量集合的模型，即固定效应回归模型，可通过 OLS 进行估计。固定效应回归模型的一种变形是引入时间固定效应，可控制随时间变化但不随个体变化的不可观测变量的影响。回归模型中也可同时纳入个体固定效应和时间固定效应，以同时控制随个体变化但不随时间变化和随时间变化但不随个体变化的不可观测变量的影响。

尽管个体和时间固定效应回归模型具有上述这些优点，但是它不能控制同时随个体和时间发生变化的且不可观测的遗漏变量的影响。除此之外，面板数据方法显然需要用到面板数据，而面板数据通常难以获得。因此，我们还需要其他能够消除不可观测遗漏变量影响的方法，当面板数据方法不能使用时我们就可以使用这些方法。其中一种有效且一般化的方法是工具变量回归，参见第 12 章。

本章小结

1. 面板数据是由多个(n)个体，如州、公司、人等，在两期或更多时期内(T)的观测数据构成的。
2. 个体固定效应回归控制了在个体间不同但在时间上相同的不可观测变量的影响。
3. 当只有两个时期时，固定效应回归可以使用 Y 从第一期到第二期的变化对 X 相应变化的“前后”回归进行估计。
4. 个体固定效应回归可以通过对包含 $n-1$ 个个体二元变量、可观测的解释变量(X)及截距项的回归进行估计。
5. 时间固定效应控制了个体间相同但在时间上不同的不可观测变量的影响。
6. 个体和时间固定效应回归可以通过对包含 $n-1$ 个个体二元变量、$T-1$ 个时间二元变量，加上 X 和截距项的回归进行估计。
7. 在面板数据中，变量通常是自相关的，即在同一个个体内存在跨时间相关性。标准误需要同时考虑这种自相关和潜在的异方差性，其中的一种解决方法是使用聚类稳健标准误。

⊖ 对这些数据的进一步分析可参考 Ruhm(1996)。Wagenaar，Salois and Komro(2009)关于酒精价格和酒精税对酒精消费影响效应的 112 项研究的综合分析表明，啤酒的弹性为-0.46，红酒的弹性为-0.69，烈性酒的弹性为-0.80。该结论表明，与其他措施相比，酒精税对减少酒精消费具有重要的作用。Carpenter 和 Dobkin(2011)的证据与该结论相反，提高最低法定饮酒年龄会大幅降低受影响年龄范围司机的死亡率，尤其是在晚上，虽然他们没有控制表 10-1 中的其他变量。想要了解更多关于酒驾、酒精和经济学上对酒精问题的研究，也可参见 Cook and Moore(2000)、Chaloupka，Grossman and Saffer(2002)、Young and Bielinska-Kwapisz(2006)及 Dang(2008)。

重要术语

面板数据	平衡面板
非平衡面板	固定效应回归模型
个体固定效应	时间固定效应回归模型
时间固定效应	个体和时间固定效应回归模型
自相关	序列相关
异方差和自相关稳健(HAR)标准误	聚类稳健标准误

内容复习

10.1 为什么需要使用 i 和 t 两个下标来描述面板数据? i 表示什么? t 表示什么?

10.2 某研究人员打算使用 $n=1\ 000$ 个工人在 $T=10$ 年(2008～2017年)内的包括收入、性别、教育和年龄的面板数据进行研究。该研究人员感兴趣的是教育对收入的影响。请列举几个与教育和收入都相关的且不可观测的特定个体变量的例子。你能想出可能与教育和收入都相关的特定时间变量的例子吗?你如何在面板数据回归中控制这些特定个体和特定时间的效应?

10.3 你在问题10.2中建立的回归可以用于估计性别对个人收入的影响效应吗?这个回归可以用于估计全国失业率对个人收入的影响效应吗?请解释。

10.4 在问题10.2中所建立的回归情境下,解释给定个体的回归误差为什么可能是序列相关的。

习 题

10.1 本练习涉及表10-1中所概括的关于酒驾的面板数据回归。

(1) 新泽西州(New Jersey)有810万人口。假设新泽西州将啤酒税上调1美元/箱(按1988年美元计算)。基于列(4)中的结果,预测下一年交通事故死亡人数将减少多少,并求出该结果的95%置信区间。

(2) 新泽西州的最低法定饮酒年龄为21岁。假设新泽西州将最低法定饮酒年龄下降至18岁。基于列(4)中的结果,预测下一年交通事故死亡人数的变化,并求出该结果的95%置信区间。

(3) 回归中应包含时间效应吗?为什么?

(4) 某研究人员猜测位于西部地区各州的失业率对交通死亡事故的影响与其他地区的州存在差异。如何检验这个假设?(确定回归的具体形式与所使用的统计检验)。

10.2 考虑在固定效应模型的二元变量表示形式(式(10-11))中加入二元变量 $D1_i$,即令

$$Y_{it}=\beta_0+\beta_1 X_{it}+\gamma_1 D1_i+\gamma_2 D2_i+\cdots+\gamma_n Dn_i+u_{it}$$

(1) 假设 $n=3$。证明二元变量与"常数"解释变量之间存在完全多重共线性,即变量 $D1_i$、$D2_i$、$D3_i$ 与 $X_{0,it}$ 中,其中任何一个变量均可以表示成其他变量的完全线性函数。其中,对所有的 i 和 t,有 $X_{0,it}=1$。

(2) 证明当 n 取其他值时,(1)中的结论同样成立。

(3) 如果用OLS估计该方程的回归系数,会出现什么问题?

10.3　9.2 节中曾列出对回归分析的内部有效性的六种威胁。将其应用到 10.6 节的实证分析中，并总结出关于内部有效性的结论。

10.4　基于式(10-11)中的回归，计算下列情形下的斜率和截距：

(1) 个体 1 在时期 1?

(2) 个体 1 在时期 3?

(3) 个体 3 在时期 1?

(4) 个体 3 在时期 3?

10.5　考虑含有一个解释变量的模型，该模型也可表示为

$$Y_{it}=\beta_0+\beta_1X_{1,it}+\delta_2B2_t+\cdots+\delta_TBT_t+\gamma_2D2_i+\cdots+\gamma_nDn_i+u_{it}$$

其中，当 $t=2$ 时 $B2_t=1$，否则等于 0；当 $i=2$ 时 $D2_i=1$，否则等于 0，以此类推。系数 (β_0, δ_2, δ_3, …, δ_T, γ_2, γ_3, …, γ_n) 与系数(α_1, α_2, …, α_n, λ_1, λ_2, …, λ_T)之间有怎样的关系?

10.6　重要概念 10-3 中的固定效应回归假设意味着当 $t\neq s$ 时，式(10-28)中 $\mathrm{cov}(\widetilde{v}_{it}, \widetilde{v}_{is})=0$ 成立吗？请解释。

10.7　某研究人员认为当路面结冰时会增加交通死亡事故，因此降雪多的州与其他州相比，会发生更多的交通死亡事故。评价下列用于估计降雪量对交通死亡事故影响的研究方法：

(1) 研究人员收集了各州平均降雪量的数据，并将该变量($\mathrm{AverageSnow}_i$)加入表 10-1 的回归方程中。

(2) 研究人员收集了样本中各州每年的降雪量数据，并将该变量加入回归方程中。

10.8　考虑含有观测值(Y_{it}, X_{it})的线性面板数据模型

$$Y_{it}=X_{it}\beta_1+\alpha_i+\lambda_it+u_{it}$$

其中，$t=1, 2, \cdots, T$；$i=1, 2, \cdots, n$；$\alpha_i+\lambda_it$ 为不可观测的特定个体的时间趋势。如何估计 β_1?

10.9　(1) 在固定效应回归模型中，将 T 固定且当 $n\to\infty$ 时，个体固定效应 α_i 有一致估计量吗?(提示：分析不含 X 的模型：$Y_{it}=\alpha_i+u_{it}$。)

(2) 如果 n 较大(如 $n=2\,000$)而 T 较小(如 $T=4$)，你认为 α_i 的估计值近似服从正态分布吗？为什么?(提示：分析模型 $Y_{it}=\alpha_i+u_{it}$。)

10.10　在使用面板数据(包含了大量工人的年收入)研究教育对收入影响的问题中，某研究人员利用固定效应回归建立了某一年收入对年龄、教育、工会地位和工人上一年收入的回归模型。上述回归能给出解释变量(年龄、教育、工会地位和上一年的收入)对收入影响的可靠估计量吗？请解释。(提示：检查该回归是否满足 10.5 节中的固定效应回归假设。)

10.11　令 $\hat{\beta}_1^{DM}$ 表示式(10-22)中给出的个体-中心化估计量，令 $\hat{\beta}_1^{BA}$ 表示不含截距项的“前后”估计量，因此 $\hat{\beta}_1^{BA}=\dfrac{\sum_{i=1}^{n}(X_{i2}-X_{i1})(Y_{i2}-Y_{i1})}{\sum_{i=1}^{n}(X_{i2}-X_{i1})^2}$。证明，当 $T=2$ 时，$\hat{\beta}_1^{DM}=\hat{\beta}_1^{BA}$。(提示：使用式(10-22)之前的 $\widetilde{X}_{it}$ 的定义，证明 $\widetilde{X}_{i1}=-\frac{1}{2}(X_{i2}-X_{i1})$，$\widetilde{X}_{i2}=\frac{1}{2}(X_{i2}-X_{i1})$。)

实证练习

E10.1　美国某些州的法律允许公民携带隐蔽武器。由于这些法律授权地方政府准许那些心智健全且没有犯过重罪的公民申请者(某些州还有其他限制条件)携带隐蔽武器，因此这些法律称为“准许”法律。该法律的支持者认为

如果更多人持有隐蔽武器，则能够阻止罪犯袭击其他人，因此犯罪率会下降。而反对者认为由于意外或一时冲动造成人们使用隐蔽武器，因此犯罪率会上升。在本练习中，你需要分析关于隐蔽武器的法律对暴力犯罪的影响。在本书网站，http://www.pearsonhighered.com/stock_waston，你可以找到数据文件Guns，数据文件中包含了美国50个州和哥伦比亚特区(District of Columbia)1977～1999年的平衡面板数据[⊖]。关于数据的详细描述参见网站上的文件Guns_Description。

(1) 估计A ln(vio)对shall的回归模型和B ln(vio)对shall、incarc_rate、density、avginc、pop、pb1064、pw1064及pm1029的回归模型。

①解释回归B中shall的系数。从实际意义上讲，这个估计值是大还是小？

②在回归B中加入控制变量后，从统计显著性角度看，有没有改变回归A中“准许”法律效应的估计值？从实际意义上看，有没有改变呢？

③列举出一个在州间不同但时间上几乎不变或固定的，且可能导致回归B产生遗漏变量偏差的变量。

(2) 加入州固定效应后的回归结果发生变化了吗？如果变了，哪些结果是可靠的，为什么？

(3) 加入时间固定效应后的回归结果发生变化了吗？如果变了，哪些结果是可靠的，为什么？

(4) 用ln(rob)和ln(mur)代替ln(vio)后重新进行上述分析。

(5) 在你看来，对上述回归分析的内部有效性构成最大威胁的因素是什么？

(6) 基于你的分析，关于隐蔽武器对犯罪率的影响，你能得到什么结论？

附录10A 州交通死亡事故数据集

数据为美国48个州(不包含阿拉斯加州和夏威夷州)在1982～1988年的年度数据。其中交通死亡率为某州每年每万人中死于交通事故的人数。数据源于美国交通部门的死亡事故报告系统。啤酒税(对每箱啤酒征收的税收)数据来源于啤酒机构Brewers Almanac。表10-1中的饮酒年龄变量为二元变量，用于表示最低法定饮酒年龄是否为18岁、19岁或20岁。表10-1中的二元处罚变量描述了各州对首次酒驾的最低处罚要求：如果州法律要求入狱或社区服务，则该变量等于1，否则(较轻的处罚)等于0。各州每年车辆行驶的总里程数据源于美国交通部。个人收入数据源于美国经济分析局，失业率源于美国劳工统计局。

这些数据由北卡罗来纳大学经济系的克里斯托弗·朗姆教授(Christopher J. Ruhm)慷慨提供。

附录10B 固定效应回归的标准误

本附录给出了包含一个解释变量情形下的固定效应回归模型的聚类稳健误差公式。这些公式可扩展至习题19.15的多元回归变量情形。

⊖ 这些数据由斯坦福大学的John Donohue教授提供，数据用于他与Ian Ayres合著的论文：“Shooting Down the ‘More Guns Less Crime’ Hypothesis,” Stanford Law Review，2003，55：1193-1312。

10B.1　n 很大时固定效应估计量的渐近分布

固定效应估计量。 β_1 的固定效应估计量源于式(10-14)中使用个体-中心化回归($\widetilde{Y}_{it}$ 对 $\widetilde{X}_{it}$ 的回归)得到的 OLS 估计量，其中 $\widetilde{Y}_{it}=Y_{it}-\overline{Y}_i$，$\widetilde{X}_{it}=X_{it}-\overline{X}_i$，$\overline{Y}_i=T^{-1}\sum_{t=1}^{T}Y_{it}$，$\overline{X}_i=T^{-1}\sum_{t=1}^{T}X_{it}$。分别用 $\widetilde{X}_{it}$ 和 $\widetilde{Y}_{it}$ 代替式(4-5)中的 $X_i-\overline{X}$ 和 $Y_i-\overline{Y}$，并用双求和代替式(4-5)中的单求和，即得 OLS 估计量公式，其中一个求和是关于个体的($i=1, 2, \cdots, n$)，另一个求和是关于时间的($t=1, \cdots, T$)[㊀]，因此

$$\hat{\beta}_1=\frac{\sum_{i=1}^{n}\sum_{t=1}^{T}\widetilde{X}_{it}\widetilde{Y}_{it}}{\sum_{i=1}^{n}\sum_{t=1}^{T}\widetilde{X}_{it}^2} \tag{10-22}$$

$\hat{\beta}_1$ 抽样分布的推导与附录 4C 中截面数据 OLS 估计量抽样分布的推导类似。将 $\widetilde{Y}_{it}=\beta_1\widetilde{X}_{it}+\widetilde{u}_{it}$(式(10-14))代入式(10-22)的分子中，得到式(4-28)的面板数据版本

$$\hat{\beta}_1=\beta_1+\frac{\frac{1}{nT}\sum_{i=1}^{n}\sum_{t=1}^{T}\widetilde{X}_{it}\widetilde{u}_{it}}{\frac{1}{nT}\sum_{i=1}^{n}\sum_{t=1}^{T}\widetilde{X}_{it}^2} \tag{10-23}$$

接下来，重新整理这个表达式，且两边同乘 $\sqrt{nT}$，得

$$\sqrt{nT}(\hat{\beta}_1-\beta_1)=\frac{\sqrt{\frac{1}{n}}\sum_{i=1}^{n}\eta_i}{\hat{Q}_{\widetilde{X}}},\quad \text{其中}$$

$$\eta_i=\sqrt{\frac{1}{T}}\sum_{t=1}^{T}\widetilde{X}_{it}\widetilde{u}_{it},\ \hat{Q}_{\widetilde{X}}=\frac{1}{nT}\sum_{i=1}^{n}\sum_{t=1}^{T}\widetilde{X}_{it}^2 \tag{10-24}$$

式(10-24)中的规模因子 nT，是观测值的总数。

当 n 很大时的分布与标准误。 在大多数面板数据的应用中，n 都远远大于 T，令 $n\to\infty$ 而保持 T 固定不变，可得近似抽样分布。在重要概念 10-3 中的固定效应回归假设下，当 $n\to\infty$ 时，$\hat{Q}_{\widetilde{x}}\xrightarrow{p}Q_{\widetilde{x}}=ET^{-1}\sum_{t=1}^{T}\widetilde{X}_{it}^2$。同样，对于所有的 $i=1, 2, \cdots, n$，η_i 为独立同分布(基于假设 2)，且均值为 0(基于假设 1)，方差为 σ_η^2(基于假设 3 可知该方差有限)，因此根据中心极限定理有，$\sqrt{\frac{1}{n}}\sum_{i=1}^{n}\eta_i\xrightarrow{d}N(0, \sigma_\eta^2)$。根据式(10-24)可得

$$\sqrt{nT}(\hat{\beta}_1-\beta_1)\xrightarrow{d}N\left(0, \frac{\sigma_\eta^2}{Q_X^2}\right) \tag{10-25}$$

根据式(10-25)，$\hat{\beta}_1$ 大样本分布的方差为

$$\text{var}(\hat{\beta}_1)=\frac{1}{nT}\frac{\sigma_\eta^2}{Q_X^2} \tag{10-26}$$

将式(10-26)中的总体矩用对应的样本矩代替，得到聚类稳健标准误公式

$$\text{SE}(\hat{\beta}_1)=\sqrt{\frac{1}{nT}\frac{s_{\hat{\eta}}^2}{\hat{Q}_{\widetilde{X}}^2}},\quad \text{其中}$$

$$s_{\hat{\eta}}^2=\frac{1}{n-1}\sum_{i=1}^{n}(\hat{\eta}_i-\overline{\hat{\eta}})^2=\frac{1}{n-1}\sum_{i=1}^{n}\hat{\eta}_i^2 \tag{10-27}$$

其中，$\hat{\eta}_i=\sqrt{\frac{1}{T}}\sum_{t=1}^{T}\widetilde{X}_{it}\hat{u}_{it}$ 为 η_i 的样本对应值(将式(10-24)中关于 η_i 表达式中的 $\widetilde{u}_{it}$ 用固定效应回归残差 $\hat{u}_{it}$ 替换得到 $\hat{\eta}_i$)，$\overline{\hat{\eta}}=\left(\frac{1}{n}\right)\sum_{i=1}^{n}\hat{\eta}_i$。由于残差与解释变量不相关(式(4-32))，因此 $\overline{\hat{\eta}}=0$，而 $\overline{\hat{\eta}}=0$ 使得式(10-27)中的最后一个等式成立。注意，$s_{\hat{\eta}}^2$ 仅仅是 $\hat{\eta}_i$ 的样本方差(参见式(3-7))。

即使存在异方差或者自相关(习题 18.15)，当 $n\to\infty$ 时，$s_{\hat{\eta}}^2$ 仍然是 σ_η^2 的一致估计量；

㊀ 双求和是将单求和的下标推广至双下标

$$\sum_{i=1}^{n}\sum_{t=1}^{T}X_{it}=\sum_{i=1}^{n}\left(\sum_{t=1}^{T}X_{it}\right)=\sum_{i=1}^{n}(X_{i1}+X_{i2}+\cdots+X_{iT})$$
$$=(X_{11}+X_{12}+\cdots+X_{1T})+(X_{21}+X_{22}+\cdots+X_{2T})+\cdots+(X_{n1}+X_{n2}+\cdots+X_{nT})$$

式(10-27)中的聚类稳健标准误是异方差-自相关稳健估计量。由于聚类稳健标准误是一致的，当$n\to\infty$时，用于检验$\beta_1=\beta_{1,0}$的t检验统计量在原假设下服从标准正态分布。

对于多元回归的面板数据模型，上述结论均适用。此外，当n很大时，用于检验q个约束的F统计量(基于聚类方差公式计算的)服从一般的$F_{q,\infty}$分布。

为什么第5章中的异方差-稳健估计量对面板数据无效? 这有两个原因。最重要的原因是第5章中的异方差-稳健估计量不允许**聚类**内出现序列相关性。对于两个随机变量U和V，$\text{var}(U+V)=\text{var}(U)+\text{var}(V)+2\text{cov}(U,V)$，因此式(10-24)中$\eta_i$的方差可以表示成方差与协方差的加和形式。令$\widetilde{v}_{it}=\widetilde{X}_{it}\widetilde{u}_{it}$，则

$$
\begin{aligned}
\text{var}(\eta_i) &= \text{var}\left(\sqrt{\frac{1}{T}}\sum_{t=1}^{T}\widetilde{v}_{it}\right)\\
&=\frac{1}{T}\text{var}(\widetilde{v}_{i1}+\widetilde{v}_{i2}+\cdots+\widetilde{v}_{iT})\\
&=\frac{1}{T}[\text{var}(\widetilde{v}_{i1})+\text{var}(\widetilde{v}_{i2})+\cdots+\\
&\quad \text{var}(\widetilde{v}_{iT})+2\text{cov}(\widetilde{v}_{i1},\widetilde{v}_{i2})+\cdots+\\
&\quad 2\text{cov}(\widetilde{v}_{iT-1},\widetilde{v}_{iT})] \qquad (10\text{-}28)
\end{aligned}
$$

第5章中的异方差-稳健估计量忽略了式(10-28)中最后一个表达式中的所有协方差项，因此如果存在序列相关，通常的异方差-稳健方差估计量是不一致的。

第二个原因是，如果T很小，固定效应的估计会导致异方差-稳健方差估计量有偏。而这个问题在截面回归中是不存在的。

只有在一种情形下，通常的异方差-稳健标准误可以用于面板数据中，即$T=2$时的固定效应回归。在这种情形下，固定效应回归等价于10.2节中的差分回归，且异方差-稳健标准误和聚类稳健标准误相等。

要了解能够体现经济面板数据中使用聚类稳健标准误的重要性的相关实例，参见Bertrand，Duflo and Mullainathan(2004)。

扩展：聚类稳健标准误的其他应用。在某些情形下，u_{it}可能在不同个体间相关。例如，在关于收入的研究中，假设家庭是通过简单随机抽样选取的，然后追踪家庭内部的所有成员。由于进入误差项的遗漏因素可能对家庭成员具有共同的影响，因此假设家庭内部成员间的误差项相互独立是不合理的(即使不同家庭之间的成员是相互独立的)。

在家庭成员的实例中，家庭是观测值的自然聚类或组，其中u_{it}在聚类内部相关但在聚类之间不相关。在存在足够多聚类的情况下，我们可以对式(10-27)中的推导公式进行修改，从而允许包含跨个体的聚类(如家庭)或同时跨个体和时间的聚类。

当使用简单随机抽样以外的数据收集方法搜集一些截面数据时，聚类稳健标准误也同样适用。例如，关于测试成绩和学生特征的学生截面数据通过以下方式获得：首先对教室进行简单随机抽样，然后收集抽中的教室内所有学生的数据。由于教室是随机抽样的，来自不同教室的学生间的误差项是不相关的。但是，同一教室的学生间的误差可能是相关的，因此在教室层面进行聚类得到的聚类稳健标准误是合适的。

有关聚类稳健标准误的更多讨论，请见Cameron and Miller(2015)。

10B.2　n较小时的分布和标准误

如果n较小而T很大，则仍有可能使用聚类稳健标准误；但是，t统计量需要与从t_{n-1}临界值表中得出的临界值相比较，检验q个约束的F统计量需要与从$F_{q,n-q}$得出的临界值乘以$\frac{n-1}{n-q}$后的值相比较。在重要概念10-3中的假设和某些关于X_{it}与u_{it}在同一个个体不同时期间的联合分布的附加假设下，上述分布是有效的。尽管在截面数据回归中t分布的有效性要求回归误差服从正态分布且为同方差(5.6节)，但当T很大时，面板数据中使用聚类稳健标准误计算的t分布并不需要这两个条件。

当n较小而T很大时，聚类t统计量服从

t_{n-1} 分布，即使 u_{it} 既不满足正态分布也不满足同方差时也是如此。要想了解这一点，首先需要注意到，如果 T 很大时，则在附加条件下，式(10-24)中的 η_i 服从中心极限定理，故 $\eta_i \xrightarrow{d} N(0, \sigma_\eta^2)$。(这一结论成立的附加假设条件很重要且具技术性，我们将进一步的讨论推迟到第15章对时间序列数据的处理中。)因此，如果 T 很大，那么式(10-24)中的 $\sqrt{nT}(\hat{\beta}_1-\beta_1)$ 是 n 个正态随机变量 η_i 的规模平均数。此外式(10-27)中的聚类公式 $s_{\hat{\eta}}^2$ 就是通常的样本方差公式，而且如果能使用 η_i 进行计算，那么 $\frac{(n-1)s_\eta^2}{\sigma_\eta^2}$ 将服从 χ_{n-1}^2 分布，因此 t 统计量服从 t_{n-1} 分布(参见3.6节)。使用残差计算 $\hat{\eta}_i$ 和 $s_{\hat{\eta}}^2$ 并不改变上述结论。在多元回归的情形下，基于类似的推理可以得到如下结论，即使用聚类方差估计量计算的用于检验 q 个约束条件的 F 统计量，服从的分布为 $\left(\frac{n-1}{n-q}\right)F_{q,n-q}$。(例如，当 $n=10$，$q=4$ 时，F 统计量在5%的显著性水平下的临界值为 $\left(\frac{10-1}{10-4}\right)\times 4.53=6.80$，其中4.53是表A-5b中给出的 $F_{4,6}$ 分布在5%的显著性水平下的临界值。)注意当 n 增大时，t_{n-1} 和 $\left(\frac{n-1}{n-q}\right)F_{q,n-q}$ 的分布分别趋向于通常的标准正态分布和 $F_{q,\infty}$ 分布。[⊖]

如果 n 和 T 都较小，则一般情况下，$\hat{\beta}_1$ 不会服从正态分布，且聚类稳健标准误也无法提供可信的推断。

⊖ 并非所有的软件在 n 较小时都采用 t_{n-1} 和 $\left(\frac{n-1}{n-q}\right)F_{q,n-q}$ 分布计算聚类稳健标准误，因此你需要检查你的软件是如何计算和处理聚类稳健标准误的。

CHAPTER11

第11章 二元被解释变量回归

两个种族不同但其他方面都相同的人到银行申请房屋抵押贷款，银行对待他们的方式会相同吗？他们的抵押贷款申请被批准的可能性相同吗？根据法律规定，他们必须得到同等对待。但实际上是否如此是银行监管机构非常关心的事情。

出于很多正当理由，有些贷款会被批准，而有些贷款会被拒绝。例如，如果申请的贷款还款额占了申请者大部分或全部月收入，则信贷员有正当理由拒绝该贷款。然而，作为一个自然人，信贷员也会在无意中犯错，因此拒绝一个非洲裔美国人申请者的贷款申请并不能证明存在任何种族歧视。因此，许多关于歧视的研究都在寻找歧视的统计证据，即从数据中找到能证明白人和非洲裔美国人受到不同待遇的证据。

然而，如何精确检验房屋抵押贷款市场中是否存在歧视呢？基本出发点是比较非洲裔美国人和白人申请房屋抵押贷款被拒绝的比例。本章所使用的数据来源于 1990 年马萨诸塞州波士顿地区的房屋抵押贷款，其中，非洲裔美国人申请者中有 28%的申请被拒绝，而白人申请者中只有 9%的申请被拒绝。由于非洲裔美国人申请者和白人申请者并不一定“除种族不同外的其他方面都相同”，因此，这个比较并没有真正回答本章一开始提出的问题。与以上方法不同的是，我们需要一种在保持其他申请特征不变的情况下比较被拒绝比例的方法。

这听起来有点像多元回归分析的问题——确实很相似，但又有区别。区别在于被解释变量——申请是否被拒绝——是二元的。在第 2 篇中，我们经常使用二元变量做解释变量，没有造成任何问题。但当被解释变量是二元变量时，情况就变得复杂了：用一条直线去拟合取值只有 0 和 1 两个值的被解释变量，这是什么意思呢？

我们可将回归函数理解为条件概率。有关这个解释将在 11.1 节中介绍，它使我们能够将第 2 篇中的多元回归模型运用到二元被解释变量的情形中。11.1 节介绍这种"线性概率模型"。同时，关于概率预测的解释表明，用其他模型，即非线性回归模型来模拟这些概率可能会更好。这些方法，即"probit"和"logit"回归，将在 11.2 节中进行介绍。11.3 节是选读章节，介绍了用于估计 probit 和 logit 回归系数的方法，即最大似然估计法。在 11.4 节中，我们将这些方法应用于波士顿房屋抵押贷款申请的数据集中，以检验房屋抵押贷款中是否存在种族歧视。

本章研究的二元被解释变量是一种取值有限的被解释变量，即**受限被解释变量**(limited dependent variable)。关于其他类型的受限被解释变量模型——如被解释变量的取值为多个离散值的情形——将在附录 11C 中进行介绍。

11.1 二元被解释变量与线性概率模型

房屋抵押贷款申请能否被批准是二元被解释变量的一个例子，许多其他重要问题也常常涉及二元被解释变量。例如，学费补助对个人上大学有什么影响？青少年是否吸烟取决于什么因素？一国是否接受外国援助取决于什么因素？求职者是否成功取决于什么因素？在这些例子中，我们感兴趣的结果都是二元的：学生上大学或不上大学、青少年吸烟或不吸烟、一国接受或不接受外国援助、求职者得到或没有得到工作。

本节首先讨论二元被解释变量回归与连续被解释变量回归的区别，然后介绍一种最简单的二元被解释变量模型，即线性概率模型。

11.1.1 二元被解释变量

本章所用的实例是，种族是不是导致房屋抵押贷款申请被拒绝的因素。其中，二元被解释变量是房屋抵押贷款申请是否被拒绝。数据是波士顿联邦储备银行(Federal Reserve Bank of Boston)的研究人员在房屋抵押公开法案(Home Mortgage Disclosure Act，HMDA)下编辑得到的与 1990 年马萨诸塞州波士顿地区房屋抵押贷款申请有关的大型数据集中的一部分。波士顿 HMDA 数据的描述参见附录 11A。

抵押贷款的申请是很复杂的。在这些数据涵盖的期间内，批准贷款申请的决定通常是由银行信贷员做出的。信贷员必须评估申请者是否能够偿还贷款，其中一个重要信息是还款额占申请者收入的比例。每个曾借过钱的人都知道，偿还收入的 10%要比偿还收入的 50%容易得多！因此，我们先考虑下面两组变量之间的关系：一个变量为二元被解释变量 deny，当房屋抵押贷款申请被拒绝时取 1，而被批准时取 0。另一个变量为 P/I ratio，该变量为连续变量，表示申请者预期月还款额与其收入之比。

图 11-1 画出了 2 380 个观测值中的 127 个样本的 deny 对 P/I ratio 的散点图(用这一部分数据画出的散点图比较容易理解)。由于变量 deny 是二元的，所以这个散点图与第 2 篇中的散点图看上去很不同，但它仍然阐明了 deny 和 P/I ratio 之间的关系：还款额-收入比小于 0.3 的申请者很少被拒绝，而还款额-收入比大于 0.4 的申请者大多数被拒绝了。

在图 11-1 中，由 127 个观测值估计出的 OLS 回归线对 P/I ratio 与 deny 之间的正相关关系(P/I ratio 越高，被拒绝的比例越高)进行了概括。与往常一样，这条线画出了用解释变量还款额-收入比表示的 deny 预测值的函数图。例如，当 P/I ratio = 0.3 时，deny 的预测值为 0.2。然而，二元变量 deny 的预测值等于 0.2 究竟代表什么意思呢？

回答这个问题或更一般地理解二元被解释变量回归的关键是将这一回归解释为刻画被解释变量等于 1 的概率。因此，预测值为 0.2，表示当 *P/I* ratio = 0.3 时，被拒绝的概率估计值为 20%。换句话说，如果存在许多 *P/I* ratio = 0.3 的申请者，则 20%的申请会被拒绝。

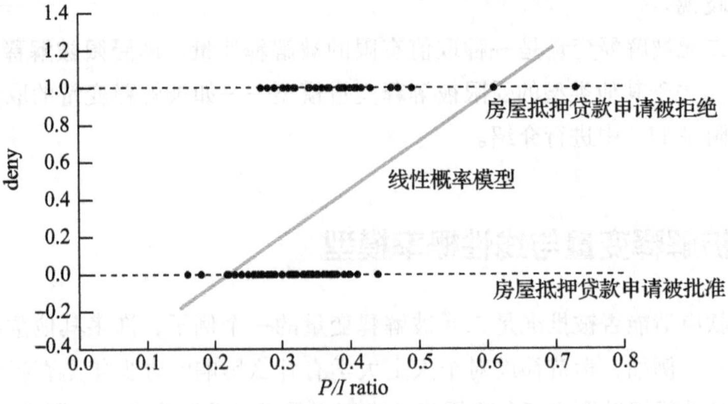

图 11-1 房屋抵押贷款申请被拒绝与还款额-收入比的散点图

注：还款额-收入比(*P/I* ratio)高的房屋抵押贷款申请者的申请更可能被拒绝(如果被拒绝，deny = 1；如果被批准，deny = 0)。线性概率模型用直线模拟给定 *P/I* ratio 条件下申请被拒绝的概率。

该解释源于以下两个事实：首先，由第 2 篇可知，总体回归方程表示给定解释变量时 Y 的期望值 $E(Y \mid X_1, X_2, \cdots, X_k)$。其次，由 2.2 节可知，如果 Y 为 0～1 的二元变量，则它的期望值(或均值)表示 $Y=1$ 的概率，即 $E(Y) = 0 \times \Pr(Y=0) + 1 \times \Pr(Y=1) = \Pr(Y=1)$。在回归的背景下，这一期望值是给定解释变量条件下的期望值，即上述概率是给定 X 条件下的概率。因此，对于二元变量而言，$E(Y \mid X_1, X_2, \cdots, X_k) = \Pr(Y=1 \mid X_1, X_2, \cdots, X_k)$。简言之，对于二元被解释变量而言，由总体回归得到的预测值表示给定 X 时 $Y=1$ 的概率。

应用于二元被解释变量的多元线性回归模型被称为线性概率模型：线性是指它是一条直线，而概率模型是指这一模型刻画了被解释变量等于 1 的概率(在我们的例子中，指的是房屋贷款申请被拒绝的概率)。

11.1.2 线性概率模型

线性概率模型(linear probability model)是第 2 篇中的多元回归模型在被解释变量为二元变量时的称谓。由于被解释变量是二元变量，故总体回归函数表示给定 X 时被解释变量等于 1 的概率。解释变量 X 的系数 β_1 表示 X 变化 1 个单位所引起的 $Y=1$ 的概率变化。同理，由回归方程估计得到的 OLS 预测值 $\hat{Y}_i$ 表示被解释变量等于 1 的概率预测值，OLS 估计值 $\hat{\beta}_1$ 表示 X 变化 1 个单位所引起的 $Y=1$ 的概率变化。

第 2 篇中介绍过的工具几乎都可以应用到线性概率模型中。系数可以通过 OLS 进行估计。95%置信区间为系数估计值±1.96 标准误，多个系数的假设检验可以使用第 7 章中讨论的 F 统计量，变量之间的交互作用可以使用 8.3 节中介绍的方法进行建模。由于线性概率模型中的误差项通常都是异方差的(见习题 11.8)，故有必要使用异方差-稳健标准误进行推断。

一个无法照搬硬套的工具是 R^2。当被解释变量为连续变量时，可以想象 $R^2=1$ 的情形：所有的数据恰好都落在回归线上。但当被解释变量为二元变量时，这是不可能达到的，除非解释变量也是二元变量。因此，R^2 在这里并不是一个特别有用的统计量。我们将在下节中讨论拟合优度。

线性概率模型的概括参见重要概念 11-1。

重要概念 11-1　线性概率模型

线性概率模型是多元线性回归模型在被解释变量 Y_i 为二元变量时的应用

$$Y_i=\beta_0+\beta_1X_{1i}+\beta_2X_{2i}+\cdots+\beta_kX_{ki}+u_i \tag{11-1}$$

由于 Y 是二元变量，则 $E(Y\mid X_1, X_2, \cdots, X_k)=\Pr(Y=1\mid X_1, X_2, \cdots, X_k)$，因此对于线性概率模型，有

$$\Pr(Y=1\mid X_1, X_2, \cdots, X_k)=\beta_0+\beta_1X_1+\beta_2X_2+\cdots+\beta_kX_k$$

回归系数 β_1 表示在保持其他解释变量不变的情况下，X_1 变化 1 个单位所引起的 $Y=1$ 的概率变化，关于 β_2，β_3，…，β_k 的理解以此类推。回归系数可以通过 OLS 估计得到，且通常的(异方差-稳健)OLS 标准误可用于置信区间的构建和假设检验。

在波士顿 HMDA 数据中的应用。基于数据集中所有 2 380 个观测值估计得到的二元被解释变量 deny 对还款额-收入比(P/I ratio)的 OLS 回归方程为

$$\widehat{\text{deny}}=-0.080+0.604P/I\ \text{ratio} \tag{11-2}$$
$$(0.032)\quad(0.098)$$

上式表明，P/I ratio 的系数估计值为正，且在 1%的显著性水平下显著异于 0(t 统计量为 6.13)。因此，申请者的还款额-收入比越高，其贷款申请越可能被拒绝。这个系数可用于计算在给定解释变量时被拒概率的预测变化值。例如，根据式(11-2)，若 P/I ratio 增加 0.1，则被拒概率增加 $0.604\times0.1\approx0.060$，即 6.0 个百分点。

式(11-2)中估计出的线性概率模型可用于预测贷款申请被拒概率。例如，如果还款额为申请者收入的 30%，即 P/I ratio 为 0.3，则根据式(11-2)所得被拒概率的预测值为 $-0.080+0.604\times0.3=0.101$。换言之，根据线性概率模型，$P/I$ ratio 为 30%的申请者，其贷款申请被拒绝的概率为 10.1%。(这与根据图 11-1 中回归线得到的结果(概率为 20%)不同，这是因为图中回归线的估计仅仅用到了估计式(11-2)的 2 380 个观测值中的 127 个数据。)

现在要问：在保持 P/I ratio 不变的情况下，种族对被拒概率的影响是多少？为了简化问题，我们主要讨论非洲裔美国人和白人申请者之间的差别。为了在保持 P/I ratio 不变的情况下估计出种族的影响，我们在式(11-2)中增加了一个二元解释变量，即当申请者为非洲裔美国人时，其取值为 1，而当申请者为白人时取值为 0。估计的线性概率模型为

$$\widehat{\text{deny}}=-0.091+0.559P/I\ \text{ratio}+0.177\text{African Americans} \tag{11-3}$$
$$(0.029)\quad(0.089)\qquad\qquad(0.025)$$

结果显示，African Americans 的系数值为 0.177，表明在保持 P/I ratio 不变的情况下，非洲裔美国人申请者被拒绝的概率比白人申请者高 17.7%，且该系数在 1%的显著性水平下显著(t 统计量为 7.11)。

从字面上理解，上述估计表明在房屋抵押贷款决策过程中可能存在种族歧视，但这个结论可能过于草率。虽然 P/I ratio 对信贷员的决定很重要，但很多其他因素同样也很重要，例如申请者的潜在收入及他的信用历史。在给定 P/I ratio 时，如果这些变量中的任何一个与解释变量 African Americans 相关，则在式(11-3)中遗漏这些变量将会导致遗漏变量偏差。因此，只有当我们

完成了11.3节中更全面的分析之后，才可以得出有关房屋抵押贷款中是否存在种族歧视的结论。

线性概率模型的缺陷。线性特征使得线性概率模型易于使用，但同时也是该模型的主要缺陷。因为概率不可能大于1，因此给定 X 的变化对 $Y=1$ 概率的影响一定是非线性的：尽管 P/I ratio 从0.3到0.4的变化可能对被拒概率有较大的影响，但当 P/I ratio 很大以至于贷款申请非常容易被拒绝时，继续增加 P/I ratio 对被拒概率几乎没什么影响。但是在线性概率模型中，P/I ratio 的变化对被拒概率的影响是固定的，这会导致图11-1中的概率预测值在 P/I ratio 非常低的时候小于0而在 P/I ratio 非常高的时候大于1！这是毫无意义的：概率不可能小于0或大于1。这种荒谬的结论是线性回归不可避免的结果。为了解决这个问题，我们引入专门为二元被解释变量设计的非线性模型，即 probit 和 logit 回归模型。

11.2 probit 回归和 logit 回归

probit 回归和 logit[⊖] 回归是专门为二元被解释变量设计的非线性回归模型。由于包含二元被解释变量 Y 的回归是对 $Y=1$ 的概率进行建模，因此采用能使预测值落在0～1的非线性模型才有意义。由于累积分布函数(c. d. f.)产生的概率介于0和1之间(2.1节)，因此可将其应用到 probit 回归和 logit 回归中。其中，probit 回归使用的是标准正态累积分布函数，logit 回归，也称 logistic 回归(logistic regression)，使用的是 logistic 累积分布函数。

11.2.1 probit 回归

一元 probit 回归。只包含一个解释变量 X 的 probit 回归模型为

$$\Pr(Y=1 \mid X)=\Phi(\beta_0+\beta_1 X) \tag{11-4}$$

式中，Φ 为标准正态累积分布函数(参见表A-1)。

例如，假设 Y 为房屋抵押贷款申请是否被拒绝这一二元变量(deny)，X 为还款额-收入比(P/I ratio)，$\beta_0=-2$，$\beta_1=3$。则如果 P/I ratio $=0.4$ 时，申请被拒绝的概率为多少？由式(11-4)可得，这个概率为 $\Phi(\beta_0+\beta_1 P/I \text{ ratio})=\Phi(-2+3P/I \text{ ratio})=\Phi(-2+3\times0.4)=\Phi(-0.8)$。根据正态累积分布表(表A-1)，$\Phi(-0.8)=\Pr(z\leqslant-0.8)=21.2\%$。也就是说，当 P/I ratio $=0.4$ 时，在系数 $\beta_0=-2$ 且 $\beta_1=3$ 的 probit 模型中，贷款申请被拒绝的概率预测值为21.2%。

在 probit 模型中，$\beta_0+\beta_1 X$ 项扮演了表A-1中标准正态累积分布表中"z"的角色。因此，上一段落中的计算与下述计算方法等价，即首先计算"z 值"，$z=\beta_0+\beta_1 X=-2+3\times0.4=-0.8$，然后查找正态分布尾部 $z=-0.8$ 左边的概率，概率值为21.2%。

式(11-4)中的 probit 系数 β_1 表示 X 变化1个单位所引起的 z 值的变化。如果 β_1 为正，则 X 的增加会引起 z 值增加，从而使得 $Y=1$ 的概率增加；如果 β_1 为负，则 X 的增加会引起 $Y=1$ 的概率下降。尽管 X 对 z 值的影响是线性的，但它对概率的影响是非线性的。因此，在实际应用中，对 probit 模型最简单的解释是使用一个或多个解释变量的值来计算概率预测值或概率预测值的变化。当只有一个解释变量时，概率预测值可以作为 X 的函数来画图。

图11-2画出了利用127个观测值估计 deny 对 P/I ratio 的 probit 回归模型得到的回归函数。

⊖ 发音为 prō-bit 和 lō-jit。

可见，估计得到的 probit 回归函数形如伸长的“S”：当 P/I ratio 取值较小时，回归线接近于 0 且较为平坦；当 P/I ratio 取中间值时，回归线弯曲上升；当 P/I ratio 取较大值时，回归线又变得较为平坦且接近于 1。当还款额-收入比较低时，被拒概率较小。例如，当 P/I ratio = 0.2 时，基于图 11-2 的 probit 估计函数可以计算得到申请被拒绝的概率估计值为 $\Pr(deny=1 \mid P/I\ ratio=0.2)=2.1\%$。当 P/I ratio = 0.3 时，申请被拒绝的概率估计值为 16.1%。当 P/I ratio = 0.4 时，申请被拒绝的概率估计值为 51.9%，而当 P/I ratio = 0.6 时，申请被拒绝的概率估计值为 98.3%。由此可见，根据 probit 模型的估计结果，P/I ratio 较高的申请者被拒绝的概率接近于 1。

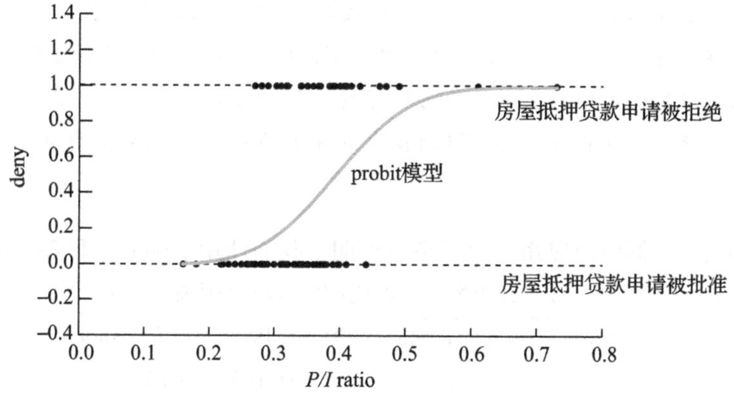

图 11-2 给定 P/I ratio 时被拒概率的 probit 模型

注：probit 模型使用标准正态累积分布函数模拟给定 P/I ratio 时的被拒概率，或更一般地，模拟 $\Pr(Y=1 \mid X)$。与线性概率模型不同，probit 条件概率总是位于 0 和 1 之间。

多元 probit 回归。到目前为止，我们已经学过的所有回归中，如果遗漏与已有解释变量相关的 Y 的决定因素将会导致遗漏变量偏差。probit 回归也不例外。在线性回归中解决这一问题的方法是把这些因素作为解释变量加入回归模型中，这同样也是 probit 模型解决遗漏变量偏差的方法。

多元 probit 模型是一元 probit 模型的扩展，它加入了其他用于计算 z 值的解释变量。相应地，包含两个解释变量 X_1 和 X_2 的 probit 总体回归模型为

$$\Pr(Y=1 \mid X_1, X_2)=\Phi(\beta_0+\beta_1X_1+\beta_2X_2) \tag{11-5}$$

例如，假设 $\beta_0=-1.6$，$\beta_1=2$，$\beta_2=0.5$。如果 $X_1=0.4$ 且 $X_2=1$ 时，则 z 值为 $z=-1.6+2\times 0.4+0.5\times 1=-0.3$。因此，在给定 $X_1=0.4$，$X_2=1$ 时，$Y=1$ 的概率为 $\Pr(Y=1 \mid X_1=0.4, X_2=1)=\Phi(-0.3)=38\%$。

***X* 变化的效应**。一般情况下，回归模型可以用来计算由 X 的变化所引起的 Y 的期望变化。当 Y 为二元变量时，它的条件期望即为取值等于 1 时的条件概率，故由 X 变化引起的 Y 的期望变化是指 $Y=1$ 的概率变化。

由 8.1 节可知，当总体回归函数为 X 的非线性函数时，通过以下三步可估计得到 Y 的期望变化：首先，用估计的回归函数计算 X 取初始值时的预测值；接下来，计算当 X 变化为 $X+\Delta X$ 时的预测值；最后，计算两个预测值之间的差值。这一过程的概述参见重要概念 8-1。正如 8.1 节中强调的，无论非线性模型多么复杂，这种方法总能计算出 X 变化的效应预测值。当把重要概念 8-1 中的方法应用到 probit 模型中时，可以得到 X 的变化对 $Y=1$ 的概率的效应估计。

probit 模型、概率预测和效应估计的概述参见重要概念 11-2。

重要概念 11-2 probit 模型、概率估计和效应估计

多元总体 probit 模型为

$$\Pr(Y=1 \mid X_1, X_2, \cdots, X_k)=\Phi(\beta_0+\beta_1 X_1+\beta_2 X_2+\cdots+\beta_k X_k) \tag{11-6}$$

其中，被解释变量 Y 为二元变量，Φ 为标准正态累积分布函数，X_1、X_2 等为解释变量。该模型最好通过计算概率预测值和解释变量变化的效应来进行解释。

给定 $X_1, X_2, \cdots, X_k$ 时 $Y=1$ 的概率预测值可通过计算 z 值得到，其中 $z=\beta_0+\beta_1 X_1+\beta_2 X_2+\cdots+\beta_k X_k$，然后在正态分布表(表 A-1)中查找该 z 值所对应的值即可。

系数 β_1 表示在保持 $X_2, X_3, \cdots, X_k$ 不变的情况下，X_1 变化 1 个单位所引起的 z 值的变化情况。

解释变量的变化对概率预测值产生的影响可通过下述方法计算得到：①计算解释变量取初始值时的概率预测值；②计算解释变量取新值或变化后所对应的概率预测值；③计算两个概率预测值之差。

在房屋抵押贷款数据中的应用。为了举例说明，我们使用 probit 模型来拟合数据集中与房屋抵押贷款申请是否被拒(deny)和还款额-收入比(*P/I* ratio)相关的 2 380 个观测值

$$\widehat{\Pr(\text{deny}=1 \mid P/I\ \text{ratio})}=\Phi(\underset{(0.16)}{-2.19}+\underset{(0.47)}{2.97}P/I\ \text{ratio}) \tag{11-7}$$

我们很难解释系数估计值-2.19 和 2.97，因为它们是通过 z 值来影响被拒概率的。实际上我们从式(11-7)的 probit 回归估计中能得到的唯一信息是还款额-收入比与被拒概率之间正相关(*P/I* ratio 的系数为正)且这个正相关关系是在统计上是显著的$\left(t=\dfrac{2.97}{0.47}=6.32\right)$。

当 *P/I* ratio 从 0.3 上升至 0.4 时，贷款申请被拒绝的概率预测值将会发生怎样的变化呢？为了回答这个问题，我们按照重要概念 8-1 中的步骤进行计算：首先计算 *P/I* ratio = 0.3 时的被拒概率和 *P/I* ratio = 0.4 时的被拒概率，然后计算两者之差。当 *P/I* ratio = 0.3 时的被拒概率为 $\Phi(-2.19+2.97\times0.3)=\Phi(-1.30)=0.097$。当 *P/I* ratio = 0.4 时的被拒概率为 $\Phi(-2.19+2.97\times0.4)=\Phi(-1.00)=0.159$。被拒概率的变化估计值为 0.159-0.097=0.062。也就是说，当 *P/I* ratio 从 0.3 上升至 0.4 时，对应的被拒概率从 9.7%上升至 15.9%，上升了 6.2 个百分点。

由于 probit 回归函数是非线性的，故 X 的变化效应取决于 X 的初始值。例如，当 *P/I* ratio = 0.5 时，基于式(11-7)的被拒概率估计值为 $\Phi(-2.19+2.97\times0.5)=\Phi(-0.71)=0.239$。因此，*P/I* ratio 从 0.4 上升至 0.5 所引起的概率预测值变化为 0.239-0.159，即 8.0 个百分点，大于 *P/I* ratio 从 0.3 上升至 0.4 时所引起的 6.2 个百分点的增加值。

那么，在保持 *P/I* ratio 不变的情况下，种族对房屋抵押贷款被拒概率有何影响？为了估计这一效应，我们对同时包含解释变量 *P/I* ratio 和 African Americans 的 probit 模型进行估计，得到

$$\widehat{\Pr(\text{deny}=1 \mid P/I\ \text{ratio},\ \text{African Americans})}=\Phi(\underset{(0.16)}{-2.26}+\underset{(0.44)}{2.74}P/I\ \text{ratio}+\underset{(0.083)}{0.71}\text{African Americans}) \tag{11-8}$$

同样，我们也很难直接解释上述系数估计值，但系数估计值的符号和统计显著性很容易解释。African Americans 的系数为正，表明在保持 *P/I* ratio 不变的情况下，非洲裔美国人申请者比

白人申请者的贷款被拒概率更高。这一系数在 1%的显著性水平下显著(African Americans 系数的 t 统计量为 8.55)。对于 P/I ratio = 0.3 的白人申请者，被拒概率的预测值为 7.5%，而对于 P/I ratio = 0.3 的非洲裔美国人申请者，这个值为 23.3%；因此，这两个假想申请者之间的被拒概率之差为 15.8 个百分点。

probit 系数的估计。上述 probit 系数是通过最大似然法估计得到的，这种方法在很多实证应用中都可以得到有效估计量(最小方差)，包括被解释变量为二元变量的回归。在大样本下，最大似然估计量是一致的且服从正态分布，故可以使用常用的方法来构建系数的 t 统计量和置信区间。

估计 probit 模型的统计软件通常使用最大似然估计法，因此这在实际应用中是一种很简便的方法。与回归系数的标准误一样，我们可以同样的方式来使用软件给出的标准误。例如，probit 系数真值的 95%置信区间可以用系数估计值±1.96 标准误来进行构建。同理，使用最大似然估计量计算得到的 F 统计量也可用于检验联合假设。最大似然估计的进一步讨论见 11.3 节，其中涉及的细节参见附录 11B。

11.2.2 logit 回归

logit 回归模型。logit 回归与 probit 回归非常相似，区别在于 logit 回归将式(11-6)中的标准正态累积分布函数 Φ 替换为标准 logistic 累积分布函数，我们用 F 表示该函数。logit 回归的概述参见重要概念 11-3。logistic 累积分布函数的具体函数形式被定义为指数函数形式，参见式(11-9)中的最后一个表达式。

重要概念 11-3 logit 回归

二元被解释变量 Y 的多元总体 logit 模型为

$$\begin{aligned}\Pr(Y=1 \mid X_1, X_2, \cdots, X_k) &= F(\beta_0+\beta_1X_1+\beta_2X_2+\cdots+\beta_kX_k) \\ &= \frac{1}{1+e^{-(\beta_0+\beta_1X_1+\beta_2X_2+\cdots+\beta_kX_k)}}\end{aligned} \tag{11-9}$$

除了累积分布函数不同外，logit 回归与 probit 回归非常相似。

与 probit 一样，最好使用概率预测值和概率预测值之间的差异来解释 logit 回归系数。

logit 模型的系数也可以通过最大似然法进行估计。在大样本下，最大似然估计量是一致的且服从正态分布的，因此可以使用常规方法构建系数的 t 统计量和置信区间。

logit 回归函数与 probit 回归函数非常相似。如图 11-3 所示，图中画出了使用与图 11-1 和图 11-2 相同的 127 个观测值并通过最大似然法估计得到的被解释变量 deny 对解释变量 P/I ratio 的 probit 和 logit 回归函数。由图可见，两个函数的差异非常小。

根据历史经验，使用 logit 回归的主要原因是计算 logistic 累积分布函数的速度要快于正态累积分布函数。但随着计算机计算功能的强大，这种区别就不再重要了。

在波士顿 HMDA 数据中的应用。基于数据集中 2 380 个观测值估计得到的 deny 对 P/I ratio 和 African Americans 的 logit 回归函数为

$$\widehat{\Pr(\text{deny}=1 \mid P/I\ \text{ratio},\ \text{African Americans})} = F(\underset{(0.35)}{-4.13} + \underset{(0.96)}{5.37}P/I\ \text{ratio} + \underset{(0.15)}{1.27}\text{African Americans}) \tag{11-10}$$

African Americans 的系数为正且在1%的显著性水平下显著(t 统计量为8.47)。由此可得，一个 P/I ratio=0.3 的白人申请者的贷款申请被拒绝的概率预测值为 $\frac{1}{1+e^{-(-4.13+5.37\times0.3+1.27\times0)}}=\frac{1}{1+e^{2.52}}=$ 0.074，或7.4%。而一个 P/I ratio=0.3 的非洲裔美国人申请者的贷款申请被拒绝的概率预测值为 $\frac{1}{1+e^{1.25}}=0.222$，或22.2%，两个概率预测值相差14.8个百分点。

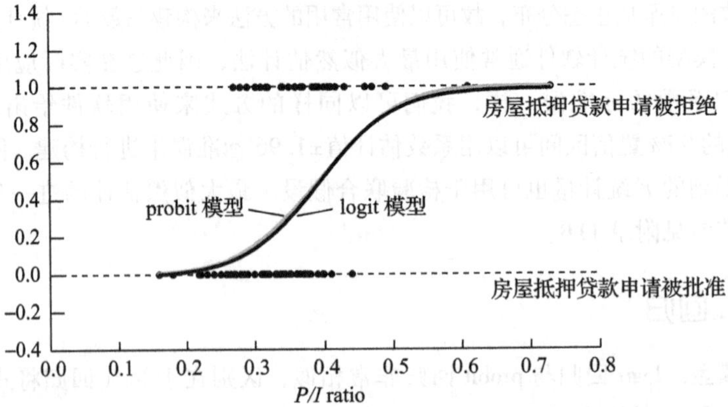

图 11-3 给定 P/I ratio 时被拒概率的 probit 和 logit 模型

注：在给定还款额-收入比的情形下，logit 和 probit 模型计算得到的房屋抵押贷款申请的被拒概率估计值几乎相同。

11.2.3 线性概率模型、probit 模型和 logit 模型的比较

线性概率模型、probit 模型和 logit 模型这三种模型都只是对未知总体回归函数 $E(Y|X)=\Pr(Y=1|X)$ 的近似。其中，线性概率模型最容易使用也最容易理解，但它无法反映真实总体回归函数的非线性特征。probit 和 logit 回归模型都能模拟概率中的这种非线性关系，但它们的回归系数难以解释。那么，在实践中我们应该选择哪一种模型呢？

不存在唯一的正确答案，不同的研究人员会使用不同的模型。probit 和 logit 模型常常能得到相似的结果。例如，根据式(11-8)中估计的 probit 模型，P/I ratio=0.3 的非洲裔美国人申请者和白人申请者的被拒概率之差为15.8个百分点，而基于式(11-10)中的 logit 模型给出的估计差额为14.8个百分点。就实践目的而言，这两个估计值是非常相近的。选择 logit 还是 probit 模型的一种方法是，选择你使用的统计软件最容易实现的那个模型。

线性概率模型对非线性总体回归函数的近似最不合理。尽管如此，当某些数据集中的解释变量很少出现极端值时，线性概率模型依然能够提供一个充分的近似。如在式(11-3)的被拒概率回归中，由线性概率模型得出非洲裔美国人与白人被拒概率之差的估计值为17.7个百分点，虽然大于 probit 和 logit 模型的估计值，但它们很接近。然而，要了解这一点的唯一方法是分别估计线性和非线性模型并比较它们的概率预测值。

11.3 logit 模型和 probit 模型的估计与推断[⊖]

8.2节和8.3节研究的非线性模型是关于解释变量的非线性函数，但依然是未知系数(参

⊖ 本节包含了很多高级内容，略过这部分内容不会影响前后连贯性。

数)的线性函数。因此，这些非线性回归函数的未知系数可通过 OLS 进行估计。与此相反，probit 和 logit 回归函数是关于系数的非线性函数。也就是说，式(11-6)中的 probit 系数 β_0，β_1，…，β_k 出现在标准正态累积分布函数 Φ 中，式(11-9)中的 logit 系数出现在标准 logistic 累积分布函数 F 中。由于总体回归函数是系数 β_0，β_1，…，β_k 的非线性函数，故这些系数无法通过 OLS 进行估计。

本节介绍 probit 和 logit 模型系数估计的标准方法，即最大似然估计方法，其数学推导细节参见附录 11B。由于现代统计软件都已嵌入这种方法，故实践中 probit 和 logit 系数的最大似然估计很容易得到。然而，最大似然估计的理论要比最小二乘理论更加复杂。因此在介绍最大似然方法之前，我们先讨论另一种估计方法，即非线性最小二乘法。

11.3.1　非线性最小二乘估计

当总体回归函数是关于参数的非线性函数，如 probit 回归系数，非线性最小二乘法是估计这类未知参数的一般方法。附录 8A 中介绍的非线性最小二乘估计量，将 OLS 估计量推广到了回归方程是关于参数的非线性函数这种情形中。与 OLS 一样，非线性最小二乘法也是要寻找使得模型预测误差平方和最小的参数值。

具体地，考虑 probit 模型系数的非线性最小二乘估计量。给定 X 时 Y 的条件期望为 $E(Y \mid X_1, X_2, \cdots, X_k) = \Pr(Y=1 \mid X_1, X_2, \cdots, X_k) = \Phi(\beta_0+\beta_1X_1+\cdots+\beta_kX_k)$。probit 系数的非线性最小二乘估计量为使式(11-11)所示的预测误差平方和达到最小时 b_0，b_1，…，b_k 的取值

$$\sum_{i=1}^{n}[Y_i - \Phi(b_0 + b_1X_{1i} + \cdots + b_kX_{ki})]^2 \tag{11-11}$$

非线性最小二乘估计量和线性回归中的 OLS 估计量具有两点相同的重要性质：一致性(当样本容量增大时，参数估计量趋于真值的概率接近于 1)和大样本下服从正态分布。虽然非线性最小二乘估计量具有这些优良性质，但仍存在比非线性最小二乘估计量方差更小的其他估计量，即非线性最小二乘估计量是非有效的。出于这个原因，实践中很少采用 probit 系数的非线性最小二乘估计量，而是使用最大似然估计量。

11.3.2　最大似然估计

似然函数(likelihood function)是抽样的联合概率分布，是未知系数的函数。未知系数的**最大似然估计量**(maximum likelihood estimator，MLE)是使似然函数达到最大时所计算得到的系数值。由于最大似然估计量选择了使似然函数即联合概率分布达到最大的未知系数，故实际上最大似然估计量选择的是使 n 个样本数据被抽中的概率达到最大的参数值。在这个意义上，MLE 是那些“最可能”生成这些数据的系数值。

为了说明最大似然估计，考虑独立同分布(i. i. d.)的二元被解释变量的两个观测值 Y_1 和 Y_2，假设不包含解释变量。因此，Y 是伯努利(Bernoulli)随机变量，其唯一待估参数是 $Y=1$ 的概率 p，即 Y 的均值。

为了获得最大似然估计量，我们需要构建似然函数的表达式，也就是数据的联合概率分布表达式。两个观测值 Y_1 和 Y_2 的联合概率分布为 $\Pr(Y=y_1, Y=y_2)$。由于 Y_1 和 Y_2 是独立分布的，故它们的联合分布是单独两个分布的乘积(式(2-24))，即 $\Pr(Y_1=y_1, Y_2=y_2)=\Pr(Y=y_1)\Pr(Y=y_2)$。伯努利分布的公式为 $\Pr(Y=y)=p^y(1-p)^{1-y}$：当 $y=1$ 时，$\Pr(Y=1)=p^1(1-p)^0=p$，当 $y=0$ 时，

$\Pr(Y=0)=p^0(1-p)^1=1-p$。因此，Y_1 和 Y_2 的联合概率分布为 $\Pr(Y_1=y_1,\ Y_2=y_2)=[p^{y_1}(1-p)^{1-y_1}]\times[p^{y_2}(1-p)^{1-y_2}]=p^{y_1+y_2}(1-p)^{2-(y_1+y_2)}$。

似然函数为联合概率分布，是未知系数的函数。对于 $n=2$ 个独立同分布(i.i.d.)的伯努利随机变量观测值，其似然函数为

$$f(p;\ Y_1,\ Y_2)=p^{(Y_1+Y_2)}(1-p)^{2-(Y_1+Y_2)} \tag{11-12}$$

p 的似然函数估计量是使式(11-12)中的似然函数达到最大的 p 值。与所有的最大化或最小化问题一样，可以使用试错法求解这个问题；也就是说，你可以尝试用不同的 p 值计算似然函数 $f(p;\ Y_1,\ Y_2)$，直到你对最大化该似然函数的结果满意为止。然而，在本例中，通过微积分最大化似然函数可以得到一个 MLE 的简单公式：MLE 为 $\hat{p}=\frac{1}{2}(Y_1+Y_2)$。换句话说，$p$ 的 MLE 估计量恰好是样本均值。实际上，对于一般的 n，伯努利概率 p 的 MLE 估计量 $\hat{p}$ 就是样本均值，即 $\hat{p}=\overline{Y}$(证明参见附录 11B)。在本例中，MLE 估计量是 p 的常用估计量，即样本中 $Y_i=1$ 出现的比例。

上述这个例子与 probit 和 logit 回归模型中未知系数的估计问题类似。但是在 probit 和 logit 模型中，成功概率 p 并非固定不变，而是依赖于 X。换言之，正如式(11-6)和式(11-9)所表示，probit 模型和 logit 模型中的成功概率是 X 的函数。因此，除了成功概率随着观测值的不同而变化(因为成功概率依赖于 X_i)外，probit 和 logit 的似然函数与式(11-12)中的似然函数非常相似。probit 和 logit 似然函数的表达式参见附录 11B。

与非线性最小二乘估计量一样，MLE 估计量是一致的且在大样本下服从正态分布。由于回归软件通常计算的是 probit 系数的 MLE 估计量，所以在实践中使用这种估计量是非常容易的。本章给出的所有 probit 和 logit 系数估计值都是 MLE 估计量。

基于 MLE 的统计推断。由于 MLE 估计量在大样本下服从正态分布，故 probit 和 logit 模型基于 MLE 估计量的统计推断与线性回归模型中基于 OLS 估计量的推断是一样的，即利用 t 统计量进行统计推断，且 95%置信区间为系数估计值±1.96 标准误。而多个系数的联合假设检验则使用 F 统计量，这与第 7 章中讨论的线性回归模型所使用的方法非常相似。由此可见，所有这些统计推断都与线性回归模型中的统计推断类似。

在实际应用中需要注意的一点是，对于联合假设检验，某些统计软件使用的是 F 统计量，而其他软件使用的是 χ^2 统计量。χ^2 统计量为 $q\times F$，其中 q 为待检验的约束个数。在原假设下，由于 F 统计量在大样本下服从 χ_q^2/q 分布，因此 $q\times F$ 在大样本下服从 χ_q^2 分布。由于这两种方法唯一的区别在于是否除以 q，故它们提供的统计推断其实是相同的，但是你必须了解你的统计软件使用的是哪一种方法以便查找正确的临界值。

11.3.3 拟合优度

在 11.1 节中，我们曾提到对于线性概率模型，R^2 是一个非常糟糕的拟合优度。对于 probit 和 logit 模型而言，同样如此。适用于二元被解释变量模型的两种拟合优度是正确预测的比例和伪 R^2。其中，**正确预测的比例**(fraction correctly predicted)遵循如下规则：如果 $Y_i=1$ 且概率预测值高于 50%，或 $Y_i=0$ 且概率预测值低于 50%，那么称 Y_i 是正确预测的，否则称 Y_i 是错误预测的。正确预测的比例是指 n 个观测值 $Y_1,\ Y_2,\ \cdots,\ Y_n$ 中预测正确的比例。

这种拟合优度的优点在于容易理解，缺点在于它没有反映出预测的质量：如果 $Y_i=1$，则概率预测值无论是51%还是90%，都被认为是正确预测的。

伪 R^2(pseudo-R^2)是使用似然函数来度量模型的拟合程度。由于 MLE 使似然函数值达到最大，故在 probit 和 logit 模型中加入其他解释变量会使似然函数值变大，这与增加解释变量会使线性回归的残差平方和减小一样。这表明，可以通过比较包含全部解释变量的最大似然函数值与未包含任何解释变量的最大似然函数值来度量 probit 模型的拟合效果。实际上，这就是所谓的伪 R^2。伪 R^2 的公式参见附录 11B。

11.4 在波士顿 HMDA 数据中的应用

前两节的回归结果表明，在保持还款额-收入比不变的情况下，非洲裔美国人申请者的被拒概率高于白人申请者。然而，信贷员在决定房屋抵押贷款申请时需要考虑很多因素，如果这些因素中的任何因素在不同种族间存在系统性差异，则前面的估计量将存在遗漏变量偏差。

本节将进一步研究波士顿 HMDA 数据中是否存在种族歧视的证据。具体而言，我们的目标是在保持信贷员决定房屋抵押贷款申请时所考虑的申请者特征等因素不变的情形下，估计种族对被拒概率的影响。

在波士顿 HMDA 数据中，对信贷员决定房屋抵押贷款申请而言最重要且可获得的变量见表 11-1。这些是我们在实证模型中将会考虑的变量。前两个变量直接度量了申请者的财务负担，用申请者的收入衡量。其中，第一个变量为 P/I ratio，第二个变量为住房支出-收入的比例。下一个变量是相对于房屋评估价格的贷款额度；如果贷款-估价比接近于 1，则当申请者违约时，银行将难以收回贷款全额。最后三个财务变量概括了申请者的信用历史。如果申请者过去有过不良还贷记录，则信贷员有理由担心该申请者未来偿还房屋抵押贷款的能力或意愿。这三个财务变量度量的是不同类型的信用历史，信贷员对各变量的考量可能有所不同。其中第一个关注的是消费信用，如信用卡还贷；第二个是过去抵押贷款的还款历史记录；第三个度量了严重到出现在公共法律档案中的信用问题，如破产申请。

表 11-1 房屋抵押贷款决策回归模型中包含的变量

变量	定义	样本均值
财务变量		
还款额-收入比	月还款总额与月总收入之比	0.331
住房支出-收入比	月住房支出与月总收入之比	0.255
贷款-估价比	贷款额与资产估价之比	0.738
消费信用评分	1 如果没有“延迟”还款或拖欠还款 2 如果有一次或两次“延迟”还款或拖欠还款 3 如果有两次以上“延迟”还款 4 如果没有足够的信用历史做决策 5 如果有超过 60 天拖欠还款的信用历史 6 如果有超过 90 天拖欠还款的信用历史	2.1
抵押贷款信用评分	1 如果没有延迟抵押贷款还款 2 如果没有抵押贷款还款历史 3 如果有一次或两次延迟抵押贷款还款 4 如果有两次以上延迟抵押贷款还款	1.7

（续）

变量	定义	样本均值
财务变量		
不良公共信用记录	1 如果存在任何公共信用问题记录（破产、案件撤诉、追款） 0 其他情况	0.074
其他申请者特征		
房屋抵押贷款保险被拒绝	1 如果申请者申请抵押贷款的保险被拒绝 0 其他情况	0.020
自主创业	1 如果为自主创业 0 其他情况	0.116
单身	1 如果为单身 0 其他情况	0.393
高中文凭	1 如果申请者高中毕业 0 其他情况	0.948
失业率	1989 年马萨诸塞州内申请者所处行业的失业率	3.8
公寓	1 如果房屋为公寓 0 其他情况	0.288
非洲裔美国人	1 如果申请者为非洲裔美国人 0 其他情况	0.142
房屋抵押贷款被拒	1 如果抵押贷款被拒绝 0 其他情况	0.120

表 11-1 同时也给出了一些与信贷员决策相关的其他变量。有些时候，申请者必须同时申请房屋抵押贷款保险。[㊀]信贷员需要知道这些保险的申请是否被拒绝，而一旦被拒绝，信贷员就会做出负面评估。接下来的四个变量涉及申请者的就业状况、婚姻状况、教育程度，以及申请者所处行业的失业率，这些都与申请者的预期还款能力相关。在失去抵押品赎回权的情况下，房产的属性特征也与贷款申请能否被批准相关，因此接下来的变量为房产是否为公寓。表 11-1 中的最后两个变量为申请者是非洲裔美国人还是白人，以及申请是被拒绝还是获批。在这些数据中，14.2%的申请者为非洲裔美国人，且 12.0%的申请被拒绝。

表 11-2 给出了基于这些变量的回归结果。其中列(1)～(3)中的基本设定形式包含了表 11-1 中的财务变量，外加表示房屋抵押贷款保险申请是否被拒绝及申请者是否为自主创业的变量。在 20 世纪 90 年代，信贷员通常使用贷款-估价比的阈值，因此在基准设定形式中该变量使用了贷款-估价比是否为高(≥0.95)、中(介于 0.8～0.95 之间)、低(<0.8，为了避免多重共线性，该项被省略)的二元变量形式。前三列的解释变量与波士顿联邦储备银行的研究人员在数据原始分析中所使用的基准形式中的解释变量相似。[㊁]列(1)～(3)的唯一区别是对被拒概率所采用的模型不同，分别使用了线性概率模型、logit 模型和 probit 模型。

㊀ 抵押贷款保险是一种保险政策，当借款人违约时由保险公司向银行支付月还款额。在本研究进行期间，如果贷款-估价比超过 80%，一般要求申请者购买抵押贷款保险。

㊁ 列(1)～(3)中的解释变量与 Munnell 等(1996)表 2(1)中解释变量的区别是，Munnell 等(1996)包含了未公开的关于住宅位置和贷款人身份的其他指示变量；由于我们的数据子集只关注独户住宅，因此表示多户住宅的指示变量是无关的；对于净财富，由于这个变量有一些非常大的正值和负值，会造成结果对一些特殊的异常观测值敏感，因此我们也略去了。

表 11-2　基于波士顿 HMDA 数据的房屋抵押贷款被拒概率的回归

被解释变量：如果房屋抵押贷款申请被拒绝，则 deny=1，如果被批准，则 deny=0；共 2 380 个观测值						
回归模型	LPM	logit	probit	probit	probit	probit
解释变量	(1)	(2)	(3)	(4)	(5)	(6)
African Americans	0.084②	0.688②	0.389②	0.371②	0.363②	0.246
	(0.023)	(0.182)	(0.098)	(0.099)	(0.100)	(0.448)
P/I ratio	0.449②	4.76②	2.44②	2.46②	2.62②	2.57②
	(0.114)	(1.33)	(0.61)	(0.60)	(0.61)	(0.66)
住房开支-收入比	-0.048	-0.11	-0.18	-0.30	-0.50	-0.54
	(0.110)	(1.29)	(0.68)	(0.68)	(0.70)	(0.74)
中等贷款-估价比	0.031①	0.46②	0.21②	0.22②	0.22②	0.22②
(0.80≤贷款-估价比≤0.95)	(0.013)	(0.16)	(0.08)	(0.08)	(0.08)	(0.08)
高贷款-估价比	0.189②	1.49②	0.79②	0.79②	0.84②	0.79②
(贷款-估价比>0.95)	(0.050)	(0.32)	(0.18)	(0.18)	(0.18)	(0.18)
消费信用评分	0.031②	0.29②	0.15②	0.16②	0.34②	0.16②
	(0.005)	(0.04)	(0.02)	(0.02)	(0.11)	(0.02)
抵押贷款信用评分	0.021	0.28①	0.15①	0.11	0.16	0.11
	(0.011)	(0.14)	(0.07)	(0.08)	(0.10)	(0.08)
不良公共信用记录	0.197②	1.23②	0.70②	0.70②	0.72②	0.70②
	(0.035)	(0.20)	(0.12)	(0.12)	(0.12)	(0.12)
房屋抵押贷款保险被拒	0.702②	4.55②	2.56②	2.59②	2.59②	2.59②
	(0.045)	(0.57)	(0.30)	(0.29)	(0.30)	(0.29)
自主创业	0.060②	0.67②	0.36②	0.35②	0.34②	0.35②
	(0.021)	(0.21)	(0.11)	(0.11)	(0.11)	(0.11)
单身				0.23②	0.23②	0.23②
				(0.08)	(0.08)	(0.08)
高中文凭				-0.61②	-0.60①	-0.62②
				(0.23)	(0.24)	(0.23)
失业率				0.03	0.03	0.03
				(0.02)	(0.02)	(0.02)
公寓					0.05	
					(0.09)	
African Americans×*P/I* ratio						-0.58
						(1.47)
African Americans×住房支出-收入比						1.23
						(1.69)
其他信用评级指示变量	无	无	无	无	有	无
常数项	-0.183②	-5.71②	-3.04②	-2.57②	-2.90②	-2.54②
	(0.028)	(0.48)	(0.23)	(0.34)	(0.39)	(0.35)
检验排除部分变量的 *F* 统计量及其 *p* 值						
解释变量	(1)	(2)	(3)	(4)	(5)	(6)
申请者单身；高中文凭；行业失业率				5.85	5.22	5.79
				(<0.001)	(0.001)	(<0.001)
其他信用等级指示变量					1.22	
					(0.291)	
种族交互项与 African Americans						4.96
						(0.002)
种族交互项						0.27
						(0.766)
白人与非洲裔美国人被拒概率的预测值之差(百分点)	8.4%	6.0%	7.1%	6.6%	6.3%	6.5%

注：上述回归是基于附录 11A 中描述的波士顿 HMDA 数据集中 n=2 380 个观测值估计得到的。其中，线性概率模型使用 OLS 进行估计，probit 和 logit 回归使用最大似然函数法进行估计。系数下方的圆括号内为其标准误，F 统计量下方的圆括号内为其 p 值。最后一行的概率预测值变化是指除种族以外的其他解释变量都取样本均值的假想申请者的概率预测值差异。

①单个系数在 5%的显著性水平下显著。

②单个系数在 1%的显著性水平下显著。

由于列(2)～(6)中 logit 模型和 probit 模型的系数无法直接解释，因此该表报告的是标准误而不是置信区间。此外，由于这些回归是为了估计信贷员的决策规则，而了解某个变量(尤其是申请者的种族)是否进入该决策规则很有意义。因此，表格通过星号来报告在5%或1%的显著性水平下系数为0的检验是否被拒绝。

由于列(1)中的回归为线性概率模型，故其系数表示解释变量变化1个单位所引起的概率预测值变化的估计值。由此可得，当 *P/I* ratio 上升0.1时，被拒概率将上升4.5个百分点(列(1)中 *P/I* ratio 的系数为0.449，$0.449\times0.1\approx0.045$)。同样地，高的贷款-估价比提高了被拒概率：在列(1)其他变量保持不变的情形下，贷款-估价比超过95%的情形与被省略的贷款-估价比低于80%的情形相比，被拒概率要高出18.9个百分点(系数为0.189)。在其他因素保持不变时，信用评级差的申请者更难以获得贷款。有趣的是，虽然消费信用的系数在统计上是显著的，但抵押贷款信用的系数却不显著。具有诸如破产申请等公共信用问题记录的申请者更难申请到贷款：在其他条件相同的情况下，具有不良公共信用记录的申请者的被拒概率会增加0.197即19.7个百分点。房屋抵押贷款保险遭到拒绝对房屋抵押贷款申请起着决定性的作用：系数估计值为0.702，表示在其他同等条件下，抵押贷款保险申请被拒会使房屋抵押贷款申请被拒绝的概率提升70.2个百分点。在回归中的9个变量(不包含种族)中，除两个变量外，其余所有变量的系数在5%的显著性水平下均显著，这与信贷员做决定时需要考虑多种因素这一现实情况是一致的。

回归(1)中 African Americans 的系数为0.084，表明在保持其他变量不变时，非洲裔美国人与白人申请者的被拒概率之差为8.4个百分点。这个结果在1%的显著性水平下显著($t=3.65$)。

列(2)和列(3)中的 logit 和 probit 估计给出了相似结论。在 logit 和 probit 回归中，除种族以外的其他9个变量系数中，有8个在5%的显著性水平下显著异于0，而 African Americans 的系数在1%的显著性水平下显著。正如11.2节中所讨论的，由于这些模型是非线性的，因此必须选择所有解释变量的特定值来计算白人申请者与非洲裔美国人申请者之间的概率预测值之差。一种常用的选择方法是考虑一个除种族以外其他所有解释变量都取样本均值的“平均”申请者。表11-2的最后一行给出了这个平均申请者的被拒概率之差的估计值。由表11-2可知，不同模型得到的种族差异估计值非常相似：线性概率模型的估计结果为8.4个百分点((列(1))，logit 模型的估计结果为6.0个百分点(列(2))，probit 模型结果为7.1个百分点(列(3))。这些种族效应和 African Americans 系数的估计值都小于本章中解释变量只有 *P/I* ratio 和 African Americans 的回归模型，这表明先前的估计中存在遗漏变量偏差。

列(4)～(6)研究了列(3)中的结果对回归设定形式变化的敏感性。列(4)在列(3)的基础上加入了其他的申请者特征，这些特征有助于预测贷款申请是否被拒绝。例如，申请者至少拥有高中文凭会降低贷款申请被拒绝的概率(该系数估计值为负，且在1%的显著性水平下显著)。然而，控制这些个人特征之后，African Americans 的系数估计值或被拒概率之差的估计值(6.6%)并未发生很大的变化。

列(5)将消费信用划分为6个等级，将抵押贷款信用划分为4个等级，从而检验这两个变量是否应该进入 z 的表达式；同时该回归中还加入了表示房产是否为公寓的变量。结果表明，不能拒绝信用等级变量以线性形式包含在 z 值表达式中的原假设，且公寓指示变量在5%的显著性水平下也不显著。最重要的是，非洲裔美国人申请者与白人申请者被拒概率之差的估计值(6.3%)在本质上与列(3)和列(4)的一样。

列(6)检验了是否存在交互作用。评价非洲裔美国人申请者和白人申请者的还款额-收入比和住房支出-收入比是否存在双重标准？答案似乎是否定的：因为交互项在5%的显著性水平下并不显著。然而，由于种族指示变量与交互项的联合假设在 1%的显著性水平下显著，因此种族仍然具有显著的影响。同样，非洲裔美国人申请者与白人申请者被拒概率之差的估计值(6.5%)本质上与其他 probit 回归结果相同。

在所有的 6 种设定形式中，在保持其他申请者特征不变的情形下，种族对被拒概率的影响均在 1%的显著性水平下显著，且非洲裔美国人申请者与白人申请者被拒概率之差的估计值位于 6.0 个百分点至 8.4 个百分点之间。

如何评价这种差异是大还是小？现假设有两个人申请房屋抵押贷款，一个是白人，另一个是非洲裔美国人，除这一差别外，回归(3)中的其他解释变量都具有相同的取值；具体而言，除种族以外，回归(3)中的其他变量取值均为 HMDA 数据集中的样本均值。在此情形下，白人申请者面临被拒的可能性为 7.4%，而非洲裔美国人申请者面临被拒的可能性为 14.5%。用被拒概率表示的种族差异的估计值为 7.1 个百分点，表明非洲裔美国人申请者被拒的可能性几乎是白人申请者的两倍。

根据法律规定，房屋抵押贷款中不允许存在种族歧视，但表 11-2 中的结果(和波士顿联邦储备银行最初的研究)提供证据表明，房屋抵押贷款申请审批中的确存在种族歧视。这一证据有利于促进银行监管政策的修正。[㊀]然而，经济学家通常喜欢好的争论，而上述结论毫无疑问引发了一场激烈的辩论。

贷款中存在(或曾经存在)种族歧视的论断受到了指责，我们简单回顾一下这场争论的要点。为了有助于理解这些指责，我们可使用第 9 章中的分析框架——即考虑表 11-2 中分析的内部有效性和外部有效性。许多关于波士顿联邦储备银行原始研究的批判都与内部有效性有关：如数据中可能出现的误差、可选的非线性函数形式、其他交互作用等。当时研究所用的原始数据在经过仔细核对后确实发现了一些错误，这里给出的结果(和波士顿联邦储备银行最后发表的研究)是基于“清除后”的数据集。而其他设定形式的估计——包括不同的函数形式或其他的解释变量——也都给出了和表 11-2 类似的种族差异估计结果。内部有效性的一个更难解决的潜在问题是，是否存在从个人贷款面谈中获取的非种族财务相关信息，但这些信息没有被记录在贷款申请中。如果是这样的话，表 11-2 的回归中依然可能存在着遗漏变量偏差。最后，也有一些人质疑外部有效性：即使波士顿在 1990 年存在种族歧视，但由此推断今天其他地方的贷款过程中也存在种族歧视是不对的。此外，通过现代的网上申请可能会产生较少的种族歧视，因为在这种情况下，可以不用直接面对面交流便可批准或拒绝贷款申请。解决外部有效性问题的唯一办法是考虑使用其他地区和年份的数据进行研究。[㊁]

11.5 结论

当被解释变量为二元变量时，总体回归函数表示给定解释变量条件下 $Y=1$ 的概率。估计总体回归函数需要找到一个符合概率解释的函数形式，估计该函数的未知参数，并解释结果。结

㊀ 这些政策变化包括联邦银行监管机构为实现贷款审查公平化所做的努力、美国司法部做出的调查方式的改变以及对银行和其他房屋贷款公司的强化教育。

㊁ 如果你想更深入地了解该主题，一个较好的出发点是 1998 年春天出版的 Journal of Economic Perspectives 中关于种族歧视和经济学的专题论文。在该专题中，Helen Ladd(1998)调查了房屋抵押贷款中存在种族歧视的证据和争论。更加详细的内容参见 Goering and Wienk(1996)。自从波士顿联邦储备银行的研究之后，美国房屋抵押贷款市场发生了巨大的变化，包括放松贷款标准、房价泡沫、2008～2009 年的金融危机及重新收紧贷款标准。关于房屋抵押贷款市场变化的介绍，参见 Green and Wachter(2008)。

果的预测值是概率预测值，解释变量 X 变化的效应可理解为 X 变动所引起的 $Y=1$ 的概率变化。

给定解释变量时，对 $Y=1$ 的概率进行建模的一种方法是使用累积分布函数，其中累积分布函数的参数依赖于解释变量。probit 模型使用正态累积分布函数作为回归函数，而 logit 模型使用 logistic 累积分布函数。由于这些模型是未知参数的非线性函数，故系数的估计比线性回归系数的估计更加复杂。常用的估计方法为最大似然法。在实际应用中，基于最大似然估计的统计推断与多元线性回归的统计推断类似。例如，系数的 95%置信区间为系数估计值±1.96 标准误。

尽管存在潜在的非线性关系，有时我们仍可用线性概率模型——即利用多元线性回归得到的直线来作为总体回归方程的近似。在应用于波士顿 HMDA 数据时，线性概率模型、probit 模型和 logit 模型都给出了相似的底线答案，即所有这三种方法都得到证据：其他方面都相似的非洲裔美国人申请者和白人申请者在房屋抵押贷款申请被拒概率上存在着本质的差异。

二元被解释变量是受限被解释变量模型(即被解释变量被限定在一定范围内)最常见的例子。20 世纪的最后 25 年见证了研究受限被解释变量的计量经济学方法的重要进展(见“诺贝尔经济学奖得主詹姆斯·赫克曼和丹尼尔·麦克法登”的专栏)。其中一些方法的综述参见附录 11C。

专栏 11-1

诺贝尔经济学奖得主詹姆斯·赫克曼和丹尼尔·麦克法登

2000 年的诺贝尔经济学奖联合授予了两位计量经济学家——芝加哥大学的詹姆斯·赫克曼(James Heckman)和加州大学伯克利分校的丹尼尔·麦克法登(Daniel McFadden)，以表彰他们在个人和公司数据分析中的重要贡献。他们的主要贡献是解决了由受限被解释变量带来的难题。

赫克曼因为发展了处理样本选择的工具而获奖。正如 9.2 节中所讨论的，当数据的可得性受到与被解释变量取值相关的抽样过程的影响时，就会出现样本选择偏误。例如，假设你想使用从总体中抽取的随机样本来估计收入和某个解释变量 X 之间的关系。如果你仅仅使用雇用工人(收入为正)的子样本进行回归估计，则 OLS 估计可能面临样本选择偏误。赫克曼的解决方法是先确定一个含有表示工人在职或离职(在子样本内或不在子样本内)的二元被解释变量的初步方程，然后将这个方程和收入方程看作联立方程系统。这种方法已经被推广应用至很多领域的抽样选择问题，这些领域包括劳动经济学、产业组织及金融等。

麦克法登因为发展了分析离散选择数据(高中毕业后是参军、上大学还是工作)的模型而获奖。他首先考虑了对于每个可能选择的个人期望效应最大化问题，其中这些选择可能依赖于观测变量(如工资、工作特征和家庭背景)。然后他推导出包含未知系数的个人选择概率模型，该模型可通过最大似然法进行估计。这些模型及其相关扩展已经被证实对诸如劳动经济学、健康经济学及运输经济学在内的众多领域中的离散选择数据分析十分有用。

要了解关于这两位及其他诺贝尔经济学奖获得者的更多信息，请访问诺贝尔基金会网站 http://www.nobel.se/economics.

Henrik Montgomery/Pressens Bild/AP Images

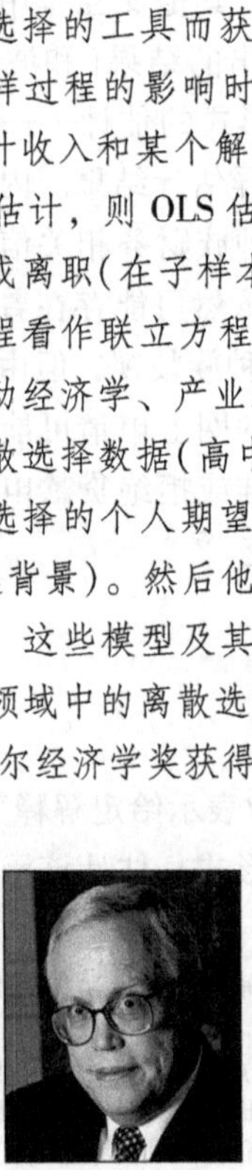

James J. Heckman

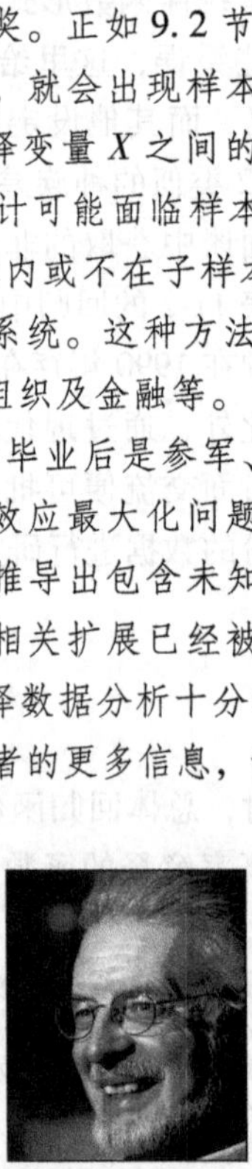

Daniel L. McFadden

Paul Sakuma/AP Images

本章小结

1. 当 Y 为二元变量时，总体回归函数表示给定解释变量 X_1，X_2，…，X_k 取值时 $Y=1$ 的概率。
2. 当 Y 为二元变量时，对应的多元线性回归模型称为线性概率模型，因为 $Y=1$ 的概率是解释变量的线性函数。
3. probit 和 logit 回归模型是当 Y 为二元变量时的非线性回归模型。与线性概率模型不同，probit 和 logit 回归保证了对于 X 的所有取值，$Y=1$ 的概率预测值处于 0～1。
4. probit 回归使用的是标准正态累积分布函数。logit 回归使用的是 logistic 累积分布函数。logit 和 probit 系数通过最大似然法进行估计。
5. probit 和 logit 回归的系数值不易解释。由一个或多个 X 的变化所引起的 $Y=1$ 概率的变化可以使用重要概念 8-1 中介绍的非线性模型的一般过程来计算。
6. 线性概率模型、logit 模型以及 probit 模型系数的假设检验可通过常用的 t 统计量和 F 统计量进行。

重要术语

受限被解释变量	线性概率模型	probit
logit	logistic 回归	似然函数
最大似然估计量(MLE)	正确预测的比例	伪 R^2

内容复习

11.1 假设由线性概率模型得到 Y 的预测值为 1.3，请解释为什么这是没有意义的。

11.2 在表 11-2 中，African Americans 的系数估计值在列(1)为 0.084，列(2)为 0.688，列(3)为 0.389。虽然它们之间存在很大差异，但所有这三个模型得到的关于种族对房屋抵押贷款被拒概率的边际效应估计相似。为什么会这样呢？

11.3 你的一位朋友正在使用个人数据研究大学生抽烟行为的决定因素。她向你咨询应该使用 probit、logit 还是线性概率模型。你给她的建议是什么？为什么？

11.4 为什么使用最大似然法而不是 OLS 来估计 probit 和 logit 模型中的系数？

习 题

习题 11.1～11.5 基于如下情形：随机抽取了 400 名驾驶员的驾照申请，并询问他们是通过了驾驶测试($Pass_i=1$)还是没有通过($Pass_i=0$)；同时又收集了他们的性别数据(如果为男性则 $Male_i=1$，如果为女性则 $Male_i=0$)和驾驶年龄数据($Experience_i$，用年表示)。下表概括了几种模型的估计结果。

被解释变量：Pass							
	probit (1)	logit (2)	线性概率 (3)	probit (4)	logit (5)	线性概率 (6)	probit (7)
Experience	0.031 (0.009)	0.040 (0.016)	0.006 (0.002)				0.041 (0.156)

（续）

被解释变量：Pass							
	probit	logit	线性概率	probit	logit	线性概率	probit
	(1)	(2)	(3)	(4)	(5)	(6)	(7)
Male				-0.333 (0.161)	-0.622 (0.303)	-0.071 (0.034)	-0.174 (0.259)
Male×Experience							-0.015 (0.019)
常数项	0.712 (0.126)	1.059 (0.221)	0.774 (0.034)	1.282 (0.124)	2.197 (0.242)	0.900 (0.022)	0.806 (0.200)

11.1 基于列(1)的结果回答：

(1) 测试通过的概率依赖于 Experience 吗？请解释。

(2) Matthew 有着10年的驾驶年龄，他通过测试的概率为多少？

(3) Christopher 是一名新司机(驾驶年龄为0)，他通过测试的概率为多少？

(4) 样本中 Experience 的取值在0～40年，其中只有4个人的驾驶年龄超过30年。Jade 今年95岁，他从15岁就开始开车。基于模型，Jade 通过测试的概率预测值为多少？你认为这个预测值可信吗？为什么？

11.2 (1) 基于列(2)的结果重新回答习题11.1中的(1)～(3)。

(2) 粗略画出 Experience 在0～60时列(1)和列(2)中 probit 和 logit 回归的概率预测图。probit 和 logit 模型的图形相似吗？

11.3 (1) 基于列(3)的结果重新回答习题11.1中的(1)～(3)。

(2) 粗略画出 Experience 在0～60时列(1)和列(3)中 probit 和线性概率回归模型的概率预测图。你认为在这里使用线性概率模型合适吗？为什么？

11.4 基于列(4)～(6)的结果回答：

(1) 计算男性和女性通过测试的概率估计值。

(2) 模型(4)～(6)存在差别吗？为什么？

11.5 基于列(7)的结果回答：

(1) Akira 是一名拥有10年驾驶年龄的男性，他通过测试的概率为多少？

(2) Jane 是一名有2年驾驶年龄的女性，她通过测试的概率为多少？

(3) Experience 对测试成绩的影响依赖于他/她的性别吗？请解释。

11.6 基于式(11-8)中的 probit 模型估计结果回答下列问题：

(1) 一名非洲裔美国人房屋抵押贷款申请者的 *P/I* ratio 为0.35，则他的申请被拒绝的概率为多少？

(2) 假设该申请者将 *P/I* ratio 降低至0.3，这对他房屋抵押贷款被拒的概率有什么影响？

(3) 对于一位白人申请者，重新回答(1)和(2)。

(4) *P/I* ratio 对抵押贷款被拒概率的边际效应依赖于种族吗？请解释。

11.7 基于式(11-10)中的 logit 模型重新回答习题11.6。logit 和 probit 模型得到的结果相似吗？请解释。

11.8 考虑线性概率模型 $Y_i=\beta_0+\beta_1X_i+u_i$，假设 $E(u_i \mid X_i)=0$

(1) 证明 $\Pr(Y_i=1 \mid X_i)=\beta_0+\beta_1X_i$。

(2) 证明 $\text{var}(u_i \mid X_i)=(\beta_0+\beta_1X_i)[1-(\beta_0+\beta_1X_i)]$。(提示：参见式(2-7)。)

(3) u_i 存在异方差吗？请解释。

(4) (参考11.3节)推导出似然函数。

11.9 使用表 11-2 列(1)给出的线性概率模型估计结果回答下列问题：

(1) 一名白人申请者和一名非洲裔美国人申请者同时申请房屋抵押贷款。除了种族以外，其他解释变量的取值都相同。则非洲裔美国人申请者抵押贷款被拒的可能性比白人高多少？

(2) 构建(1)中答案的 95%置信区间。

(3) 考虑一个可能导致(1)中答案有偏的重要遗漏变量。它是什么？它会使结果出现怎样的偏差？

11.10 (参考 11.3 节和微积分知识)假设随机变量 Y 服从如下概率分布：$\Pr(Y=1)=p$，$\Pr(Y=2)=q$，$\Pr(Y=3)=1-p-q$。从该分布中抽取一个容量为 n 的随机样本，并记为 Y_1，Y_2，…，Y_n。

(1) 推导出参数 p 和 q 的似然函数。

(2) 推导出 p 和 q 的 MLE 公式。

11.11 (参考附录 11C)对于下列情形，你会使用哪个模型：

(1) 解释某人每月手机通话时长的研究？

(2) 解释班级中经济学原理成绩(A～F)的研究？

(3) 消费者在可口可乐、百事可乐或一般可乐之间进行选择的研究？

(4) 每户家庭拥有手机数量的研究？

实证练习

11.1 在 2008 年 4 月份，美国的失业率为 5.0%，到 2009 年 4 月，失业率增长至 9.0%且仍旧在进一步上涨，到 2009 年 10 月，失业率高达 10.0%。在大萧条期间，一些工人比其他工人更可能失业吗？例如，年轻工人比中年工人更可能失业吗？那些有大学学位的工人和没有大学学位的工人呢？或者是男人和女人呢？在本书网站，http://www.pearsonhighered.com/stock_watson，你可以找到数据文件 Emploment_08_09，数据文件中包含了2008 年4 月调查的且当时显示为全职工作的 5 440 名工人的随机样本。关于数据的详细描述见网站上的文件 Employment_08_09_Description。这些工人在一年后即 2009 年 4 月份再次接受调查，询问他们的就业状况(就业、失业或者是退出劳动力)。这个数据集还包含了每个个体的各种人口统计测量指标。使用这些数据回答下列问题：

(1) 2009 年 4 月样本中就业工人的比例为多少？基于你的答案，构建一个工人在 2008 年 4 月就业的条件下，其在 2009 年 4 月的就业概率的 95%置信区间。

(2) 使用线性概率模型做出 Employed 对 Age 和 Age^2 的回归。

①基于这个回归，在 2009 年 4 月，年龄是就业的显著决定因素吗？

②存在年龄对就业概率具有非线性影响的证据吗？

③分别计算 20 岁工人、40 岁工人和 60 岁工人的就业概率。

(3) 使用 probit 回归重新回答(2)。

(4) 使用 logit 回归重新回答(2)。

(5) (2)～(4)中的答案存在重要区别吗？请解释。

(6) 数据集中还包含了度量工人在 2008 年的受教育程度、性别、婚姻状况、地区及周收入等变量。

①构建类似于表 11-2 的表格分析遗漏变量偏差是否会影响(2)～(4)中年龄对就业影响的结论。

②使用你所构建的表格讨论在大萧条期间最容易失业的工人特征。

(7) (1)～(6)中的结果是基于就业概率的结果。然而，未就业的工人可能是①失业或者②不属于劳动力。将就业替换为未就业，(1)～(6)中的结论还成立吗？(提示：使用二元变量 Unemployed 替换 Employed。)

(8) 上述结果涵盖了大萧条期间的就业变化情况，但正常时期的就业是如何变化的呢？在本书网站上，你可以找到数据文件 Employment_06_07，该数据文件度量了相同变量在2006～2007年的取值情况。对这些数据进行分析并讨论经济衰退时期与正常时期就业变化的差异。

11.2 不管你信不信，工作人员曾经可以在办公楼内吸烟。禁烟令是20世纪90年代在部分地区才开始引进的。禁烟令的支持者认为禁烟令不仅可以消除二手烟的外部性，还可以鼓励吸烟者通过减少吸烟机会而促使他们戒烟。在这个练习中，你将使用1991～1993年美国10 000个室内工人的样本数据估计在工作场所禁烟对吸烟的影响，对应的数据见本书网站(http://www.pearsonhighered.con/stock_watson)上的数据文件 Smoking。数据文件中包含了个人是否在工作场所遇到禁烟令、个人是否吸烟及其他个人特征的信息。[⊖]关于数据的详细描述见网站上的文件 Smoking_Description。

(1) 估计①所有工人；②受工作场所禁烟令影响的工人；③不受工作场所禁烟令影响的工人的吸烟概率。

(2) 受工作场所禁烟令影响的工人与不受工作场所禁烟令影响的工人的吸烟概率之差为多少？使用线性概率模型判断这种差异是否显著。

(3) 估计 smoker 为被解释变量，smkban、female、age、age^2、hsdrop、hsgrad、colsome、colgrad、African Americans 及 Hispanic 为解释变量的线性概率模型。将该模型中禁烟令的效应与(2)中的答案进行比较。根据这个回归的特点给出(2)与(3)中禁烟令效应估计值变化的解释。

(4) 在5%的显著性水平下检验(3)的回归中 smkban 系数为0的假设，备择假设为系数不为0。

(5) 检验(3)的回归中吸烟概率不依赖于教育水平的假设。吸烟概率是否随教育水平上升或下降？

(6) 使用 probit 模型重新回答(3)～(5)。

(7) 使用 logit 模型重新回答(3)～(5)。

(8) ①A 先生是一名非西班牙裔美国人且高中退学的白人。假设A先生没有遇到工作场所禁烟令，使用 probit 模型计算A先生吸烟的概率。假设A先生遇到工作场所禁烟令，重新计算A先生吸烟的概率。禁烟令对吸烟概率的影响为多少？

②对B小姐重新计算①。B小姐为非洲裔美国女性，40岁，大学毕业。

③使用线性概率模型重新计算①和②。

④使用 logit 模型重新计算①和②。

⑤根据①～④的答案，logit 模型、probit 模型和线性概率模型估计结果之间存在差异吗？如果存在差异，哪一个模型的结果最合理？在现实意义下这些效应的估计值大吗？

⊖ 这些数据由马里兰大学的 William Evans 教授提供，数据源于他与 Matthew Farrelly 和 Edward Montgomerry 合著的论文“Do Workplace Smoking Bans Reduce Smoking?” American Economic Review，1999，89(4)：728-747。

附录 11A　波士顿 HMDA 数据

波士顿 HMDA 数据集由波士顿联邦储备银行的研究人员收集完成。该数据集包含了房屋抵押贷款申请者的信息及银行和其他收到房屋抵押贷款申请的贷款机构的追踪调查信息。这些数据是关于波士顿大都市地区 1990 年的房屋抵押贷款申请。数据集共有 2 925 个观测值，包含了所有非洲裔美国人和西班牙裔美国人的房屋抵押贷款申请，以及白人房屋抵押贷款申请的随机样本。

为了缩小本章的研究范围，我们仅使用了只有独户住宅(这样就排除了多户住宅的数据)和只有非洲裔美国人及白人申请者(这样就排除了其他少数种族申请者的数据)的数据子集。这样就只剩下 2 380 个观测数据。本章所使用的变量定义见表 11-1。

这些数据由波士顿联邦储备银行研究所的杰弗瑞・图特尔(Goeffrey Tootell)慷慨提供。要了解该数据集的更多信息及波士顿联邦储备银行的研究结论，参见 Munnell 等人(1996)。

附录 11B　最大似然估计

本附录简要介绍本章讨论的二元被解释变量模型中的最大似然估计。我们首先对 n 个独立同分布的伯努利随机变量观测值推导其成功概率 p 的 MLE 估计量。然后建立 probit 和 logit 模型并讨论伪 R^2。最后讨论概率预测值的标准误。本附录中有两处使用了微积分。

11B.1　n 个独立同分布伯努利随机变量的 MLE

MLE 计算的第一步是推导联合概率分布。对 n 个独立同分布伯努利随机变量观测值来说，其联合概率分布是将 11.3 节中 $n=2$ 的情形推广至一般 n 的情形

$$\begin{aligned}\Pr(Y_1=y_1, Y_2=y_2, \cdots, Y_n=y_n) &= [p^{y_1}(1-p)^{(1-y_1)}]\times[p^{y_2}(1-p)^{(1-y_2)}]\times\cdots\times[p^{y_n}(1-p)^{(1-y_n)}]\\ &= p^{(y_1+\cdots+y_n)}(1-p)^{n-(y_1+\cdots+y_n)}\end{aligned} \tag{11-13}$$

似然函数为联合概率分布，同时被视为未知系数的函数。令 $S=\sum_{i=1}^{n}Y_i$，则似然函数为

$$f_{伯努利}(p; Y_1, Y_2, \cdots, Y_n)=p^S(1-p)^{n-S} \tag{11-14}$$

p 的 MLE 估计量是使式(11-4)中似然函数达到最大值的 p 值，我们可以使用微积分最大化似然函数值。但最大化似然函数的对数形式要比最大化似然函数本身更简便(由于对数是严格单调递增的函数，故最大化似然函数或最大化对数似然函数得到的估计量是一样的)。对数似然函数为 $S\ln(p)+(n-S)\ln(1-p)$，该对数似然函数关于 p 的导数为

$$\frac{d}{dp}\ln[f_{伯努利}(p; Y_1, Y_2, \cdots, Y_n)]=\frac{S}{p}-\frac{n-S}{1-p} \tag{11-15}$$

根据一阶条件，令式(11-15)中的导数为 0，求解 p 的方程，得到 MLE 为 $\hat{p}=\frac{S}{n}=\overline{Y}$。

11B.2　probit 模型的 MLE

对于 probit 模型，给定 X_{1i}，X_{2i}，…，X_{ki} 条件下 $Y_i=1$ 的概率为 $p_i=\Phi(\beta_0+\beta_1X_{1i}+\cdots+\beta_kX_{ki})$。其中，第 i 个观测值的条件概率分布为 $\Pr[Y_i=y_i \mid X_{1i}, \cdots, X_{ki}]=p_i^{y_i}(1-p_i)^{1-y_i}$。假设 $(X_{1i}, X_{2i}, \cdots, X_{ki}, Y_i)$ 为独立同分布(i. i. d.)，$i=1, 2, \cdots, n$，则给定 X 时 Y_1，…，Y_n 的联合概率分布为

$$\begin{aligned}&\Pr(Y_1=y_1, Y_2=y_2, \cdots, Y_n=y_n \mid X_{1i}, X_{2i}, \cdots, X_{ki}, i=1, 2, \cdots, n)\\ &=\Pr(Y_1=y_1 \mid X_{11}, X_{21}, \cdots, X_{k1})\times\cdots\times\Pr(Y_n=y_n \mid X_{1n}, X_{2n}, \cdots, X_{kn})\\ &=p_1^{y_1}(1-p_1)^{1-y_1}\times\cdots\times p_n^{y_n}(1-p_n)^{1-y_n}\end{aligned} \tag{11-16}$$

似然函数为联合概率分布，同时被视为未知系数的函数。出于简便，我们考虑似然函数的对数形式，其中对数似然函数为

$$\ln[f_{\text{probit}}(\beta_0, \beta_1, \cdots, \beta_k; Y_1, Y_2, \cdots, Y_n \mid X_{1i}, X_{2i}, \cdots, X_{ki}, i=1, 2, \cdots, n)]$$
$$= \sum_{i=1}^{n} Y_i \ln[\Phi(\beta_0 + \beta_1 X_{1i} + \cdots + \beta_k X_{ki})] + \sum_{i=1}^{n}(1 - Y_i)\ln[1 - \Phi(\beta_0 + \beta_1 X_{1i} + \cdots + \beta_k X_{ki})] \quad (11\text{-}17)$$

其中，这个表达式包含了条件概率的 probit 公式 $p_i = \Phi(\beta_0+\beta_1 X_{1i}+\cdots+\beta_k X_{ki})$。

probit 模型的 MLE 是求解似然函数的最大化问题，或等价地，求解式(11-17)给出的对数似然函数的最大化问题。由于不存在 MLE 的简单公式，因此必须使用计算机的数值算法最大化 probit 似然函数。

在一般条件下，最大似然估计量是一致的，且在大样本下服从正态分布。

11B.3 logit 模型的 MLE

logit 模型的似然函数推导与 probit 模型相同。唯一的区别在于 logit 模型的条件成功概率 p_i 由式(11-9)给出。因此，logit 模型的对数似然函数为式(11-17)，但将其中的 $\Phi(\beta_0+\beta_1 X_{1i}+\cdots+\beta_k X_{ki})$ 替换为 $[1+e^{-(\beta_0+\beta_1 X_{1i}+\cdots+\beta_k X_{ki})}]^{-1}$。与 probit 模型一样，logit 系数的 MLE 公式也不简单，因此也需使用数值算法求解对数似然函数的最大化问题。

11B.4 伪 R^2

伪 R^2 将估计模型的似然函数值与不包含所有解释变量 X 的似然函数值进行比较。具体而言，probit 模型的伪 R^2 为

$$\text{伪 } R^2 = 1 - \frac{\ln(f_{\text{probit}}^{\max})}{\ln(f_{\text{伯努利}}^{\max})} \quad (11\text{-}18)$$

其中 $f_{\text{probit}}^{\max}$ 为 probit 模型(包含 X)似然函数的最大值，$f_{\text{伯努利}}^{\max}$ 是伯努利似然函数(去除所有 X 后的 probit 模型)的最大值。

11B.5 概率预测值的标准误

为了简单起见，这里仅考虑只含一个解释变量的 probit 模型。则解释变量取固定值 x 时的概率预测值为 $\hat{p}(x) = \Phi(\hat{\beta}_0^{\text{MLE}} + \hat{\beta}_1^{\text{MLE}} x)$，其中 $\hat{\beta}_0^{\text{MLE}}$ 和 $\hat{\beta}_1^{\text{MLE}}$ 为两个 probit 系数的 MLE 估计量。由于概率预测值依赖于估计量 $\hat{\beta}_0^{\text{MLE}}$ 和 $\hat{\beta}_1^{\text{MLE}}$，同时由于估计量是随机的，故概率预测值也是随机的。

$\hat{p}(x)$ 的抽样分布的方差可通过用 $\hat{\beta}_0^{\text{MLE}}$ 和 $\hat{\beta}_1^{\text{MLE}}$ 的线性函数去近似 $\hat{\beta}_0^{\text{MLE}}$ 和 $\hat{\beta}_1^{\text{MLE}}$ 的非线性函数 $\Phi(\hat{\beta}_0^{\text{MLE}} + \hat{\beta}_1^{\text{MLE}} x)$，以此计算得到。具体而言，令

$$\hat{p}(x) = \Phi(\hat{\beta}_0^{\text{MLE}} + \hat{\beta}_1^{\text{MLE}} x) \cong c + a_0(\hat{\beta}_0^{\text{MLE}} - \beta_0) + a_1(\hat{\beta}_1^{\text{MLE}} - \beta_1) \quad (11\text{-}19)$$

其中常数 c 和系数 a_0、a_1 依赖于 x，可通过微积分计算得到。(式(11-19)为一阶泰勒展开式；$c = \Phi(\beta_0 + \beta_1 x)$；$a_0$ 和 a_1 为偏导数，$a_0 = \partial\Phi \left.\frac{(\beta_0+\beta_1 x)}{\partial\beta_0}\right|_{\hat{\beta}_0^{\text{MLE}}, \hat{\beta}_1^{\text{MLE}}}$，$a_1 = \left.\frac{\partial\Phi(\beta_0+\beta_1 x)}{\partial\beta_1}\right|_{\hat{\beta}_0^{\text{MLE}}, \hat{\beta}_1^{\text{MLE}}}$。)现在可借助式(11-19)中的近似表达式及式(2-32)所示的两个随机变量和的方差表达式来计算 $\hat{p}(x)$ 的方差

$$\begin{aligned}\text{var}[\hat{p}(x)] &\cong \text{var}[c + a_0(\hat{\beta}_0^{\text{MLE}} - \beta_0) + a_1(\hat{\beta}_1^{\text{MLE}} - \beta_1)] \\ &= a_0^2 \text{var}(\hat{\beta}_0^{\text{MLE}}) + a_1^2 \text{var}(\hat{\beta}_1^{\text{MLE}}) + 2a_0 a_1 \text{cov}(\hat{\beta}_0^{\text{MLE}}, \hat{\beta}_1^{\text{MLE}}) \end{aligned} \quad (11\text{-}20)$$

基于式(11-20)，将 MLE 的方差和协方差的估计值代入，可计算得到 $\hat{p}(x)$ 的标准误。

附录 11C 其他受限被解释变量模型

本附录研究一些除二元变量以外的其他受限被解释变量模型，这些模型在计量经济学中均有所应用。在大多数情况下，受限被解释变量模型中参数的 OLS 估计量是非一致

的，因此一般使用最大似然法进行估计。如果读者想了解更多的细节，可参见 Greene（2018）、Ruud（2000）和 Wooldridge（2002）。

11C.1　删失和截断回归模型

假设你有给定年份内个人购买车辆情况的截面数据。其中，购车者的支出为正，可视为一个连续性随机变量，而未购车者的支出为 0 美元。因此购车支出的分布是一个离散分布（在 0 处）和一个连续分布的混合。

诺贝尔经济学奖得主詹姆斯·托宾（James Tobin）针对具有部分连续和部分离散分布的被解释变量，提出了一个有用的模型（Tobin，1958）。托宾建议根据线性回归模型构建样本中第 i 个个体与解释变量相关的意愿支出水平 Y_i^* 的模型。也就是说，当只存在一个解释变量时，意愿支出水平为

$$Y_i^* = \beta_0 + \beta_1 X_i + u_i,\ i = 1,\ 2,\ \cdots,\ n \tag{11-21}$$

如果 Y_i^*（消费者的意愿支出）超过某个临界值，如车的最低价格，消费者就会购买汽车且支出为 $Y_i = Y_i^*$，这是可观测到的。然而，如果 Y_i^* 小于临界值时，则将观测到支出 $Y_i = 0$ 而不是 Y_i^*。

当用观测到的支出 Y_i 替代 Y_i^* 估计式（11-21）时，OLS 估计量是非一致的。托宾通过假设 u_i 服从正态分布推导出相应的似然函数从而解决了这个问题，得到的 MLE 被应用计量经济学家广泛应用于许多经济问题的分析中。为了纪念托宾的贡献，将误差项服从正态分布假设时的式（11-21）称为 **tobit 回归模型**（tobit regression model）。tobit 模型是删失回归模型的一种特例，之所以称为删失回归模型，是因为大于或小于临界值的被解释变量被“删失”了。

11C.2　样本选择模型

在删失回归模型中，有购车者和未购车者的数据，就像数据是从全体成人中随机抽样得到的一样。然而，如果数据是从销售税记录中收集得到的，那么数据将只包含购车者，不存在非购车者的数据。临界值以上或以下观测不到的数据（即只有购车者的数据）被称为截断数据。**截断回归模型**（truncated regression model）是应用于当被解释变量大于或小于某个临界值时观测值无法获得情形下的回归模型。

截断回归模型是样本选择模型的一个特例，其中的选择机制（购车的个体才能落在样本中）与被解释变量取值（购车支出）有关。正如在 11.5 节中“诺贝尔经济学奖得主詹姆斯·赫克曼和丹尼尔·麦克法登”专栏所讨论的，样本选择模型的一种估计方法是建立两个方程，其中一个关于 Y_i^*，另一个关于 Y_i^* 是否可观测。进一步的讨论可参见 Ruud（2000，第 28 章）、Greene（2018，第 19 章）或 Wooldridge（2010，第 17 章）。

11C.3　计数数据

计数数据（count data）是指被解释变量为计数数字，如消费者一周内在饭店吃饭的次数。当这些数字很大时，可以认为变量是近似连续的，然而当数字很小时，使用近似连续是一个很糟糕的方法。我们可以通过 OLS 估计的线性回归模型来分析计数数据，即使这些计数数据非常小。由该回归得到的预测值可以理解为给定解释变量条件下被解释变量的期望值。因此当被解释变量为在饭店吃饭的次数时，预测值 1.7 表示平均而言每周在饭店吃饭的次数为 1.7 次。然而，与在二元选择模型一样，由于 OLS 未能考虑计数数据的特殊结构，因此可能会得到没有意义的预测值：如每周在饭店吃饭 −0.2 次。与当被解释变量为二元变量时可以使用 probit 或 logit 模型消除无意义的预测值一样，对计数数据也有特定的模型。其中使用最广泛的两种模型为泊松回归模型和负二项式回归模型。

11C.4　有序响应

有序响应数据（ordered response data）是指互斥但具有自然排序的数据，例如获得高中

学历、接受大学教育(但没有毕业)或从大学毕业。与计数数据一样，有序响应数据有自然的排序，但不同的是它们没有自然数值。

由于有序响应数据没有自然数值，因此不适合使用 OLS 方法。有序响应数据通常使用一种 probit 模型的推广形式，即**有序 probit 模型**(ordered probit model)进行分析，其中给定解释变量(如父母的收入)的条件下每种结果的概率可通过使用累积正态分布进行刻画。

11C.5 离散选择数据

离散选择(discrete choice)或**多项选择**(multiple choice)变量可以取多个无序的定性值。经济学中的一个例子是通勤者选择的交通方式：她可以选择乘坐地铁、乘坐公交车、驾车或依赖于自身力量(步行、骑车)。如果我们要分析这些选择，被解释变量则可能出现四种结果(地铁、公交车、骑车和人力)。这些结果并没有自然的顺序，它们只是在不同的定性选项中的一种选择。

计量经济学的任务是在给定诸如个体特征(通勤者的住宅离地铁站的距离)和选项特征(地铁的票价)的条件下对各种选项的选择概率进行建模。正如 11.5 节中讨论的，可以通过效用最大化原理构建离散选择数据的分析模型。我们可以使用 probit 或 logit 形式表示个体选择概率，这些模型称为**多项式 probit 回归模型**(multinomial regression probit model)或**多项式 logit 回归模型**(multinomial regression logit model)。

第 12 章 工具变量回归

CHAPTER12

第 9 章讨论了遗漏变量、变量的测量误差及双向因果关系等导致回归误差项与解释变量相关的问题。其中，遗漏变量偏差可通过在多元回归中加入遗漏变量来解决，但该方法的前提是能够获取相应数据；当存在由 Y 到 X 和由 X 到 Y 的双向因果偏差时，简单多元回归无法解决该问题，从而需要寻找一种新的方法。

工具变量回归(instrumental variables(IV) regression)是当解释变量 X 和误差项 u 相关时，得到未知因果系数(causal coefficients)的一致估计量的一般性方法。为理解工具变量回归的原理，将 X 的变动分为两部分：一部分与 u 相关(引发问题的部分)；另一部分与 u 无关。一旦能够分离出第二部分的信息，就可以集中研究这些与 u 无关的 X 的变动，而忽略那部分使 OLS 估计量有偏的 X 的变动。这就是工具变量回归所做的事情，即从一个或多个附加变量中收集与 u 无关的 X 变动信息，这些附加变量称为**工具变量**(instrumental variable)或简称**工具**(instruments)。工具变量回归用附加变量作为手段或“工具”分离出 X 变动信息中与 u 无关的部分，从而使回归系数估计量具有一致性。

本章前两节描述工具变量回归的机制和假设：为什么工具变量回归是有效的，什么是有效的工具变量，以及如何实现并解释最常见的工具变量回归方法，即两阶段最小二乘法。运用工具变量进行实证分析的关键在于找到有效的工具，故我们在 12.3 节中讨论了评估工具变量是否有效的方法。12.4 节举例说明如何利用工具变量回归估计香烟的需求弹性。最后，12.5 节回答了如何找工具变量这一棘手的问题。

12.1 单个自变量和单个工具变量的 IV 估计量

我们首先考虑一元回归的情形，其中解释变量 X 可能与误差项 u 相关。若 X

与 u 相关，则 OLS 估计量不一致，即使当样本容量很大时，OLS 估计量也不会接近因果系数的真值(参见式(6-1))。正如 9.2 节所讨论的，产生 X 与 u 之间的相关性的原因是多方面的，包括遗漏变量、变量误差(如测量误差)及双向因果关系(不仅存在从 Y 到 X“向后”的因果关系，也存在从 X 到 Y“向前”的因果关系)。不论该相关性的来源是什么，只要找到一个有效的工具变量 Z，就可以通过工具变量法来估计 X 变化 1 个单位对 Y 的影响。

12.1.1 IV 回归模型和假设

设 β_1 为 X 对 Y 的因果效应。将被解释变量 Y_i 和解释变量 X_i 联系起来，且不包含控制变量的模型为

$$Y_i=\beta_0+\beta_1 X_i+u_i,\ i=1,\ 2,\ \cdots,\ n \tag{12-1}$$

其中 u_i 是误差项，代表其他决定 Y_i 的遗漏因素。若 X_i 与 u_i 相关，则 OLS 估计量不一致，而工具变量估计则可以利用“工具”变量 Z 分离出 X 中与 u 不相关的部分。

内生性和外生性。在工具变量回归中有特定术语来区分与总体误差项 u 相关和不相关的变量。与误差项相关的变量称为**内生变量**(endogenous variable)，与误差项不相关的变量则被称为**外生变量**(exogenous variable)。这些术语的来源可追溯到包含多个方程的模型，其中“内生”变量是由模型内部决定的，“外生”变量是由模型外部决定的。如 9.2 节所考虑的，由于政府会主动补贴测试成绩差的学区以雇用更多教师，从而较低的测试成绩可能带来学生-教师比的下降，此时因果关系既包含从学生-教师比到测试成绩，也包括从测试成绩到学生-教师比。在数学上可表示为两个方程组成的联立模型(式(9-3)和式(9-4))，每一个方程对应一个因果关系。如 9.2 节所讨论的，由于测试成绩和学生-教师比是由模型内部决定的，故二者都与总体误差项 u 相关；换言之，在这个例子中，两个变量都是内生的。反之，由模型外部决定的外生变量则与 u 不相关。

有效工具变量的两个条件。一个有效的工具变量(“工具”)Z 必须满足两个条件，即**工具变量相关条件**(instrument relevance condition)和**工具变量外生条件**(instrument exogeneity condition)：

(1) 工具变量相关：$\text{corr}(Z_i,\ X_i)\neq 0$。

(2) 工具变量外生：$\text{corr}(Z_i,\ u_i)=0$。

如果工具变量满足相关性条件，则工具变量的变动与 X_i 的变动有关；如果工具变量满足外生性条件，则它能够捕捉到 X_i 变动中的外生变动部分。于是，满足相关性和外生性条件的工具变量捕捉到 X_i 中的外生变动，从而可用该外生变动来估计系数 β_1。

上述有效工具变量的条件对工具变量回归而言至关重要，本章将反复提到这一点(并推广到包含多个解释变量和多个工具变量的情形)。

12.1.2 两阶段最小二乘估计量

若工具变量 Z 满足相关性和外生性条件，则系数 β_1 的估计可以通过**两阶段最小二乘**(two stage least squares，TSLS)**法**的工具变量估计来实现。顾名思义，两阶段最小二乘估计量是分两个阶段计算得出的。其中，第一阶段把 X 分解为两部分：一是与回归误差相关而引发问题的部分；二是与误差无关而不会引发问题的部分。第二阶段使用不会引发问题的部分估计 β_1。

第一阶段是建立将 X 与 Z 联系起来的总体回归模型

$$X_i=\pi_0+\pi_1 Z_i+v_i \tag{12-2}$$

式中，π_0 为截距；π_1 为斜率；v_i 为误差项。该回归对 X_i 进行了必要的分解。其中一部分为 $\pi_0+\pi_1 Z_i$，即可由 Z_i 预测出的部分。由于 Z_i 是外生的，该部分 X_i 与式(12-1)中的误差项 u_i 无关。X_i 的另一部分为 v_i，它是 X_i 中与 u_i 相关从而引起问题的部分。

两阶段最小二乘法背后的思想是利用 X_i 中不引起问题的部分 $\pi_0+\pi_1 Z_i$，而忽略 v_i。该方法的复杂之处在于 π_0 和 π_1 的值是未知的，故无法计算 $\pi_0+\pi_1 Z_i$。因此，在第一阶段中，我们利用 OLS 估计式(12-2)并取 OLS 回归的预测值 $\hat{X}_i=\hat{\pi}_0+\hat{\pi}_1 Z_i$，其中 $\hat{\pi}_0$ 和 $\hat{\pi}_1$ 为 OLS 估计量。

两阶段最小二乘法的第二阶段非常简单：使用 OLS 建立 Y_i 关于 $\hat{X}_i$ 的回归，由此得到的估计量即为两阶段最小二乘估计量 $\hat{\beta}_0^{TSLS}$ 和 $\hat{\beta}_1^{TSLS}$。

12.1.3　为什么 IV 回归是有效的

以下两个例子旨在从直观上说明：为什么工具变量回归能解决 X_i 和 u_i 相关性所导致的问题。

例 1：Philip Wright 的问题。工具变量估计方法最早于 1928 年发表在菲利普·G. 莱特写的一本书(Philip G. Wright，1928)的附录中，但是 IV 回归的核心思想是菲利普·G. 莱特与儿子休厄尔·莱特(Sewall Wright)共同提出的(参见专栏 12-1“谁发明了工具变量回归”)。菲利普·G. 莱特十分关心当时的一个重要经济问题：如何设定动植物油(如黄油、大豆油)的进口关税？在 20 世纪 20 年代，进口关税是当时美国税收收入的主要来源。而理解关税经济效应的关键在于定量估计商品的需求和供给曲线。由前面可知，供给弹性是价格上涨 1%引起的供给量的百分比变化，而需求弹性是价格上涨 1%引起的需求量的百分比变化。菲利普·G. 莱特需要估计出这些供给和需求弹性。

具体地，考虑黄油需求弹性的估计问题。由重要概念 8-2 可知，$\ln(Y_i)$对 $\ln(X_i)$的线性回归方程的系数是 Y 关于 X 的弹性。在莱特的问题中，这意味着建立如下需求方程

$$\ln(Q_i^{\text{butter}})=\beta_0+\beta_1\ln(P_i^{\text{butter}})+u_i \tag{12-3}$$

式中，Q_i^{butter} 为黄油消费量的第 i 个观测值；P_i^{butter} 为价格；u_i 为影响需求的其他因素，如收入和消费者偏好。

在式(12-3)中，黄油价格上涨 1%将使需求变动 β_1 个百分点，故 β_1 是需求弹性。

菲利普·G. 莱特收集了 1912～1922 年美国黄油年消费总量及平均价格数据，基于这些数据运用 OLS 法估计式(12-3)就可以得到需求弹性，但他注意到一个关键问题：由于供给和需求的交互作用，解释变量($\ln P_i^{\text{butter}}$)很有可能与误差项相关。

为理解这一点，见图 12-1a。图中画出 3 个时期黄油的市场需求和供给曲线。其中，第 1 期的需求和供给曲线分别记为 D_1 和 S_1，其交点表示第 1 期的均衡价格和均衡数量。第 2 期，需求从 D_1 增加到 D_2(由于收入增加)而供给从 S_1 降到 S_2(由于黄油生产成本增加)，此时均衡价格和数量由新的供给和需求曲线的交点决定。第 3 期，影响需求和供给曲线的因素又发生了变化：需求增加到 D_3，供给增加到 S_3，由此确定新的均衡数量和均衡价格。图 12-1b 画出了上述 3 个时期及之后 8 年的均衡数量和均衡价格组合，其中每一条供给和需求曲线都受到非价格因素的影响而产生移动。这个散点图和莱特用数据所做的图十分相似。他指出，由于这些点是由需求和供给两者共同变化确定的，故用 OLS 拟合这些点的直线既不是需求曲线也不是供给曲线的估计。

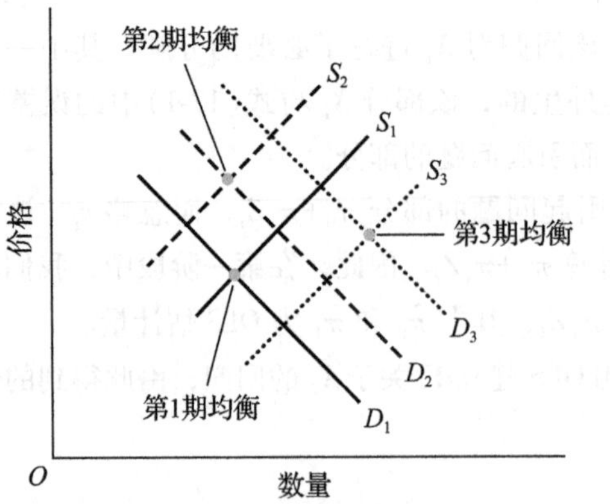

a）三个时期的需求和供给

注：价格和数量由供给和需求曲线的交点决定。其中，第 1 期均衡由需求曲线 D_1 和供给曲线 S_1 的交点决定，第 2 期均衡为 D_2 和 S_2 的交点，第 3 期均衡为 D_3 和 S_3 的交点。

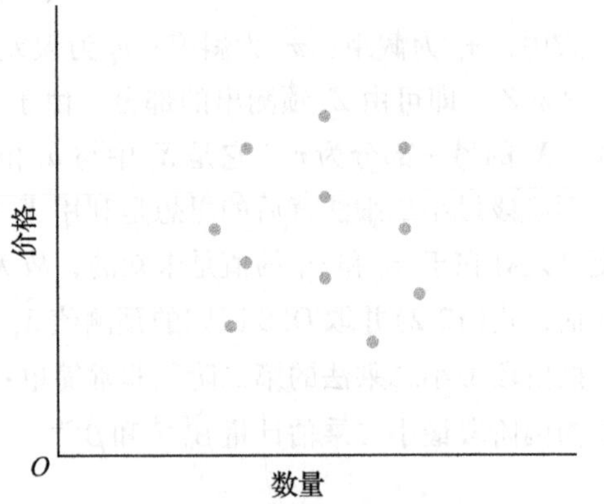

b）11个时期的均衡价格和均衡数量

注：该散点图画出了 11 个不同时期的均衡价格和均衡数量，其背后隐藏着相应的需求和供给曲线。你能从散点图中的点确定相应的需求和供给曲线吗？

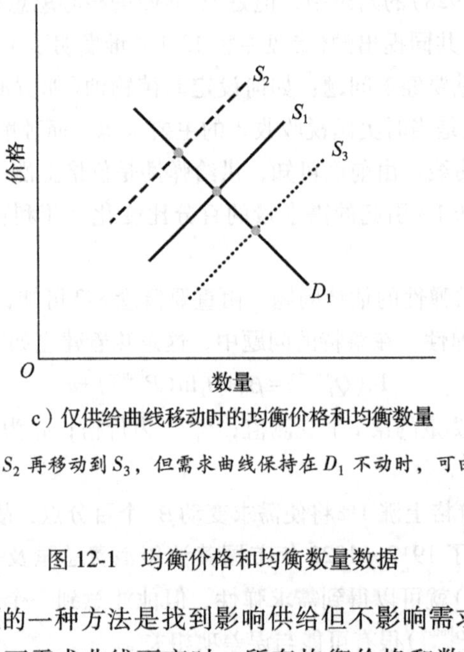

c）仅供给曲线移动时的均衡价格和均衡数量

注：当供给曲线从 S_1 移动到 S_2 再移动到 S_3，但需求曲线保持在 D_1 不动时，可由均衡价格和均衡数量画出需求曲线。

图 12-1 均衡价格和均衡数量数据

莱特意识到解决该问题的一种方法是找到影响供给但不影响需求的第三个变量。图 12-1c 表示当该变量影响供给曲线而需求曲线不变时，所有均衡价格和数量的组合都落在这条稳定的需求曲线上，此时很容易估计出该曲线的斜率。在莱特问题的工具变量公式中，第三个变量，即工具变量，与价格相关(它导致供给曲线发生移动，从而引起价格变动)，但与 u 无关(需求曲线保持不变)。莱特考虑了包括天气因素在内的几种潜在工具变量。例如，某牧场的降雨量低于平均值会使牧草产量减少从而降低给定价格下黄油的产量(使供给曲线向左移动，从而导致均衡价格上升)，因此牧场地区降雨量满足工具变量相关性条件。但牧场降雨量对黄油的需求没有直接影响，因此其与 u_i 的相关系数为 0，即牧场地区降雨量还满足工具外生性条件。

专栏 12-1

谁发明了工具变量回归

工具变量回归最早是在菲利普·G. 莱特 1928 年所著的《动植物油的关税》中(*The Tariff on Animal and Vegetable Oils*)被提出的。关于 20 世纪早期动植物油的生产、运输及销售部分内容可参见该书前 285 页。计量经济学家对附录 B 更感兴趣。附录解释了双向因果关系问题并介绍了两种“引入外部因素(现在称为工具变量估计量)方法”的推导，然后利用工具变量回归估计了黄油和亚麻油的供给和需求弹性。菲利普·G. 莱特是一位默默无闻的经济学家，从未担任过主要学术职务。他的儿子休厄尔则是一位杰出的人口遗传学家和统计学家。许多计量经济学家认为是休厄尔匿名撰写了这一附录。但是附录到底是谁写的，工具变量回归是谁提出的，直到最近才解决。

二人都有可能是作者。菲利普·G. 莱特(1861—1934)于 1887 年获得了哈佛大学经济学硕士学位，此后他在伊利诺伊州一所大学教授数学和经济学(以及文学和物理)。他在一本书评(Wright，1915)中，利用如图 12-1a 和图 12-1b 的图形说明了为什么数量对价格的回归估计出的不是需求曲线而是供给和需求曲线的综合体。在 20 世纪 20 年代早期，休厄尔·莱特(1889—1988)致力于研究遗传学中包含多个因果变量的多方程的统计分析，该研究还帮助他 1930 年在芝加哥大学得到教授一职。

这个谜团的第一条线索来自一些使用文本数据分析的统计调查工作。文体计量学作为统计学的分支，由弗雷德里克·莫斯特勒和戴维·华莱士(Frederick Mosteller and David Wallace，1963)二人共同开创。该学科主要研究写作风格中微妙的、下意识的差别，通过对语法结构和词汇选择的统计分析来识别存在争议的文献的作者。文体计量学将附录 B 与已知菲利普和休厄尔独立撰写的文本作统计比较时，得出的确定结论是：菲利普是作者(参考 stock and Trebbi，2003)。

这就意味着菲利普·G. 莱特发明了工具变量回归吗？并不确定。随着更多关于菲利普和休厄尔的信息逐渐披露，1925 年 12 月至 1926 年 4 月期间，两人的一系列通信往来表明了父子二人共同解决了因果关系的难题并提出工具变量回归。休厄尔提出了一个比较难理解的推导。菲利普承认自己不能理解儿子的推导，所以提出一个完全不同的但更容易理解的推导。1926 年 3 月 4 日的信中菲利普的推导在这里重现，该推导至今还在使用，我们在式(12-5)和式(12-6)中用到了该推导。统计调查和信件来往解开了谜团：菲利普·G. 莱特撰写了附录 B，但是工具变量回归是父亲和儿子共同的智慧结晶。

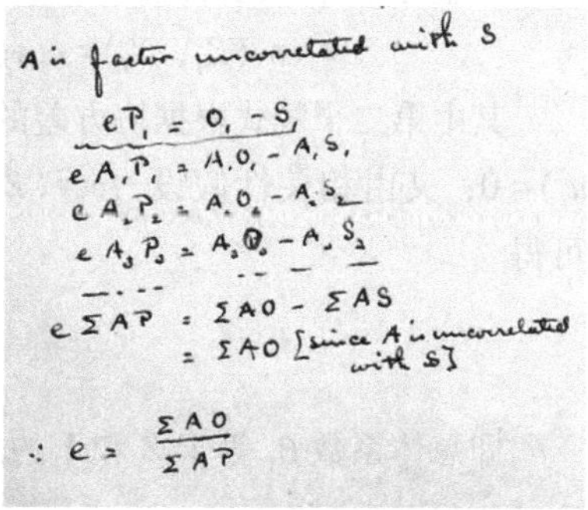
A is factor uncorrelated with S
$eP_1 = O_1 - S_1$
$eA_1P_1 = A_1O_1 - A_1S_1$
$eA_2P_2 = A_2O_2 - A_2S_2$
$eA_3P_3 = A_3O_3 - A_3S_3$
$e\Sigma AP = \Sigma AO - \Sigma AS$
$= \Sigma AO$ [since A is uncorrelated with S]
$\therefore e = \frac{\Sigma AO}{\Sigma AP}$

菲利普·G·莱特在其 1926 年 3 月 4 日给儿子休厄尔的信中推导了供给弹性的 IV 估计量。

菲利普的符号和我们的不同：O 是数量(我们的符号是 Y)，P 是价格(X)。S 是供给的其他决定因素(供给方程中的误差项，u)，A 是外部因素(工具 Z)。所有变量均用均值为 0 的百分比偏差表示(我们使用对数和截距)，e 为供给弹性(β)。下标表示观测值个数。第一行将 $Y=\beta X+u$ 重新排列为 $\beta X=Y-u$。他将两边乘以工具变量，并利用工具变量外生性(因为 A 与 S 不相关)将

$\sum_{i=1}^{n}A_iS_i$（用我们的符号为 $\sum_{i=1}^{n}Z_iu_i$）均值设为0。然后，他利用工具变量的相关性除以 $\sum_{i=1}^{n}A_iP_i$（用我们的符号为 $\sum_{i=1}^{n}Z_iX_i$），从而得到工具变量估计的公式，用我们的符号表示的话，即公式(12-4)。

例 2：班级规模对测试成绩效应的估计。尽管控制了学生和地区的特征，但仍存在其他不可观测变量，如校外学习机会、教师质量等影响因素，故第 2 篇给出的班级规模对测试成绩的效应的估计可能仍存在遗漏变量偏差。若无法获得这些变量或适当控制变量的数据，则不能通过在多元回归中加入这些变量的方法处理该偏差。

工具变量回归提供了解决这一问题的一种方法。考虑一个例子：假设一场夏季地震导致加利福尼亚州部分学校被迫关闭以待整修，距离震中较近的地区则面临“学生过于集中”的问题而临时扩大班级规模。这意味着到震中的距离满足工具变量相关性条件(与班级规模相关)。如果到震中的距离与影响测试成绩的其他因素，如是否在学习英语或地震引起的其他影响成绩的因素无关，则它满足工具外生性条件(与误差项无关)。因此，到震中的距离这个工具变量可以用来解决遗漏变量偏差问题，并估计班级规模对测试成绩的影响。

12.1.4 TSLS 估计量的抽样分布

小样本情形下的 TSLS 估计量的精确分布十分复杂，但其与 OLS 估计量一样，其在大样本下的分布则较为简单：TSLS 估计量是一致的且服从正态分布。

TSLS 估计量的公式。虽然 TSLS 的两阶段看似使估计复杂化了，但仅考虑一个解释变量 X 和一个工具变量 Z 时，TSLS 估计量有一个较简单的公式。令 s_{ZY} 表示 Z 和 Y 之间的样本协方差，s_{ZX} 表示 Z 和 X 之间的样本协方差。如附录 12B 所示，只有一个工具变量的 TSLS 估计量为

$$\hat{\beta}_1^{\mathrm{TSLS}}=\frac{s_{ZY}}{s_{ZX}} \tag{12-4}$$

即 β_1 的 TSLS 估计量为 Z 和 Y 的样本协方差与 Z 和 X 的样本协方差之比。

大样本下 $\hat{\beta}_1^{\mathrm{TSLS}}$ 的抽样分布。由式(12-4)可证，$\hat{\beta}_1^{\mathrm{TSLS}}$ 具有一致性且在大样本下服从正态分布。这里对论证稍做概括，详细推导见附录 12C。

$\hat{\beta}_1^{\mathrm{TSLS}}$ 一致性的推导需要结合 Z_i 的相关性和外生性假设，以及样本协方差是总体协方差的一致估计量等条件。注意到式(12-1)中 $Y_i=\beta_0+\beta_1X_i+u_i$，于是

$$\mathrm{cov}(Z_i,\ Y_i)=\mathrm{cov}(Z_i,\ \beta_0+\beta X_i+u_i)=\beta_1\mathrm{cov}(Z_i,\ X_i)+\mathrm{cov}(Z_i,\ u_i) \tag{12-5}$$

其中第二个等式根据协方差的性质(式(2-34))得到。根据工具变量外生性假设，有 $\mathrm{cov}(Z_i,\ u_i)=0$；又由相关性假设，$\mathrm{cov}(Z_i,\ X_i)\neq0$。因此，如果工具变量是有效的，则由式(12-5)，可得

$$\beta_1=\frac{\mathrm{cov}(Z_i,\ Y_i)}{\mathrm{cov}(Z_i,\ X_i)} \tag{12-6}$$

即总体系数 β_1 等于 Z 和 Y 的总体协方差与 Z 和 X 的总体协方差之比。

正如 3.7 节所讨论的，样本协方差是总体协方差的一致估计量，即 $s_{ZY}\xrightarrow{p}\mathrm{cov}(Z_i,\ Y_i)$，且 $s_{ZX}\xrightarrow{p}\mathrm{cov}(Z_i,\ X_i)$。因此，由式(12-4)和式(12-6)可得 TSLS 估计量是一致的，即

$$\hat{\beta}_1^{\text{TSLS}} = \frac{s_{ZY}}{s_{ZX}} \xrightarrow{p} \frac{\text{cov}(Z_i, Y_i)}{\text{cov}(Z_i, X_i)} = \beta_1 \tag{12-7}$$

式(12-4)也可以用来证明$\hat{\beta}_1^{\text{TSLS}}$在大样本下服从正态分布。证明同其他最小二乘估计量类似：TSLS 估计量是随机变量的平均值，当样本容量足够大时，由中心极限定理可得随机变量的平均值服从正态分布。具体地，式(12-4)中$\hat{\beta}_1^{\text{TSLS}}$的分子为$s_{ZY} = \frac{1}{n-1}\sum_{i=1}^{n}(Z_i - \overline{Z})(Y_i - \overline{Y})$，为$(Z_i-\overline{Z})(Y_i-\overline{Y})$的平均值。利用附录 12C 中的代数运算可证，由中心极限定理，大样本下$\hat{\beta}_1^{\text{TSLS}}$的抽样分布近似为$N(\beta_1, \sigma^2_{\hat{\beta}_1^{\text{TSLS}}})$，其中

$$\sigma^2_{\hat{\beta}_1^{\text{TSLS}}} = \frac{1}{n}\frac{\text{var}[(Z_i-\mu_Z)u_i]}{[\text{cov}(Z_i, X_i)]^2} \tag{12-8}$$

基于大样本分布的统计推断。方差$\sigma^2_{\hat{\beta}_1^{\text{TSLS}}}$可对式(12-8)中的方差和协方差项估计得到，$\sigma^2_{\hat{\beta}_1^{\text{TSLS}}}$的平方根则为 IV 估计量的标准误。在计量经济学软件包中，这些都可通过 TSLS 的回归命令自动完成。由于$\sigma^2_{\hat{\beta}_1^{\text{TSLS}}}$在大样本下服从正态分布，因此关于$\beta_1$的假设检验可采用$t$统计量，其 95%置信区间为$\hat{\beta}_1^{\text{TSLS}} \pm 1.96SE(\hat{\beta}_1^{\text{TSLS}})$。

12.1.5 在香烟需求例子中的应用

菲利普 · G. 莱特对黄油的需求弹性感兴趣，但在今天，其他商品(如香烟等)，更是公共政策争议的焦点。为减少吸烟导致的疾病和死亡，以及这些病人对社会其他成员带来的损害或影响，可以对香烟征收高税额以减少吸烟人数、阻止潜在的新吸烟者。但具体需要设置多高的税额来削减香烟的消费呢？例如，如果目标是削减 20%的香烟消费量，则香烟的税后售价应为多少呢？

答案取决于香烟的需求弹性。若弹性为-1，则减少 20%的香烟消费量可通过将香烟价格上涨 20%实现；若弹性为-0.5，则价格须上涨 40%才能使消费量下降 20%。当然，我们并不知道香烟的需求弹性；必须利用价格和销量数据进行估计。同黄油问题一样，由于供给和需求之间的交互作用，仅仅用销售量对数关于价格对数的简单 OLS 回归无法得到香烟需求弹性的一致估计。

因此，我们基于 1985～1995 年美国 48 个州的年度数据(数据描述参见附录 12A)用 TSLS 估计香烟的需求弹性。这里给出的结果均基于 1995 年各州的截面数据；基于早年面板数据的结果见 12.4 节。

工具变量 $SalesTax_i$ 为一般销售税中对香烟征收的税收，单位：美元/包(实际美元，通过消费价格指数消除通货膨胀的影响)。香烟消费量 $Q_i^{\text{cigarettes}}$ 是州内每人消费的香烟包数，价格 $P_i^{\text{cigarettes}}$ 是包含所有税收的实际香烟平均价格。

在使用 TSLS 之前，必须先考察工具变量有效性的两个条件是否得到满足。我们将在 12.3 节中对该问题进行详细讨论，并给出帮助评估的统计工具。即使有这些统计方法，对两个条件的判断仍然起着很重要的作用，考虑香烟的销售税是否满足这两个条件非常必要。

首先考虑工具变量的相关性条件。香烟的高销售税增加了销售价格 $P_i^{\text{cigarettes}}$，因此每包香烟销售税满足工具变量相关性的条件。

接下来考虑工具变量外生性条件，若销售税是外生的，则必须与需求方程中的误差项无关；

即销售税必须只通过价格间接影响香烟的需求。这看似合理：州与州之间的销售税率差异很大，主要是因为不同州采用不同的税收结构(包括销售税、所得税、财产税和其他税收等)来为公共财政融资。税收结构和税率等选择往往是出于政治考量，而不受与香烟需求有关的因素影响。这一假设的合理性将在 12.4 节中再讨论，这里继续把它当作一项有效假设。

在现代统计软件中，TSLS 的第一阶段一般由软件自动完成，无须手动计算 TSLS 估计量。基于 1995 年 48 个州的数据，得到第一阶段的回归结果为

$$\widehat{\ln(P_i^{\text{cigarettes}})} = 4.62 + 0.031 \text{SalesTax}_i \tag{12-9}$$
$$(0.03)\quad(0.005)$$

回归结果与预期一致，更高的销售税意味着更高的税后价格。R^2 为 47%，说明香烟销售税的变动解释了香烟价格变化的 47%。

在 TSLS 的第二阶段，利用 OLS 建立 $\ln(Q_i^{\text{cigarettes}})$ 对 $\widehat{\ln(P_i^{\text{cigarettes}})}$ 的回归，从而得到回归函数估计结果为

$$\widehat{\ln(Q_i^{\text{cigarettes}})} = 9.72 - 1.08\,\widehat{\ln(P_i^{\text{cigarettes}})} \tag{12-10}$$

第二阶段的解释变量用预测值 $\widehat{\ln(P_i^{\text{cigarettes}})}$ 表示。但是按照常规且简洁的方式表达，我们用 $ln(P_i^{\text{cigarettes}})$ 代替上式中 $\widehat{\ln(P_i^{\text{cigarettes}})}$，从而得到 *TSLS* 估计值和异方差–稳健标准误为

$$\widehat{\ln(Q_i^{\text{cigarettes}})} = 9.72 - 1.08 \ln(P_i^{\text{cigarettes}}) \tag{12-11}$$
$$(1.53)\quad(0.32)$$

奇怪的是，TSLS 估计结果显示，香烟的需求是富有弹性的，即价格上涨 1%，消费量则减少 1.08%。这与香烟使人上瘾的特点似乎不一致。考虑到前面关于工具变量外生性的讨论，我们对这个估计结果不必太认真。即使弹性是通过工具变量估计出来的，这中间仍然可能存在与香烟销售税相关的遗漏变量，其中一个重要变量是收入：收入高的州可能更加依赖所得税为财政融资，相对而言，对销售税的依赖程度会更低。同时，收入也是影响香烟需求的重要因素。因此，我们需要在需求方程中加入收入这一控制变量。在此之前，我们首先将 IV 回归模型推广到包含其他解释变量的情形。

12.2 一般 IV 回归模型

一般的 IV 回归模型中有四类变量：被解释变量 Y；引发问题的内生解释变量，该变量与误差项相关，如香烟价格，记为 X；其他解释变量 W，既可以是控制变量也可以是**包含的外生变量**(included exogenous variables)；工具变量 Z。一般地，可能存在多个内生解释变量(X)、多个其他解释变量(W)和多个工具变量(Z)。

为保证 IV 回归的可行性，工具变量(Z)的个数至少要和内生解释变量(X)的个数相同。12.1 节中只考虑单个内生解释变量和单个工具变量的情形。对这个内生解释变量来说(至少)需要一个工具变量。如果没有这个工具变量，我们无法计算工具变量估计量，TSLS 中便不存在第一阶段回归。

工具变量个数和内生解释变量个数之间的关系可描述为：若工具变量的个数(m)等于内生

解释变量的个数(k)，即 $m=k$，则称回归系数是**恰好识别的**(exactly identified)。若工具变量的个数(m)大于内生解释变量的个数(k)，即 $m>k$，则称回归系数是**过度识别的**(overidentified)。若工具变量的个数(m)小于内生解释变量的个数(k)，即 $m<k$，则称回归系数是**不可识别的**(underidentified)。用 IV 回归方法估计未知系数的前提是恰好识别或过度识别的。

一般 IV 回归模型及其术语的概括见重要概念 12-1。

重要概念 12-1 一般 IV 回归及其术语

IV 回归的一般模型为

$$Y_i=\beta_0+\beta_1 X_{1i}+\cdots+\beta_k X_{ki}+\beta_{k+1} W_{1i}+\cdots+\beta_{k+r} W_{ri}+u_i \quad i=1,2,\cdots,n \tag{12-12}$$

式中，Y_i 为被解释变量；β_0，β_1，…，β_{k+r} 为未知回归系数；X_{1i}，X_{2i}，…，X_{ki} 为 k 个内生解释变量，与 u_i 相关；W_{1i}，W_{2i}，…，W_{ri} 为 r 个包含的外生变量，与 u_i 不相关，或者是控制变量；u_i 为误差项，表示测量误差和遗漏因素或二者之一；Z_{1i}，Z_{2i}，…，Z_{mi} 为 m 个工具变量。

若工具变量个数多于内生解释变量个数($m>k$)，则系数是过度识别的；若 $m<k$，则系数是不可识别的；若 $m=k$，则是恰好识别的。IV 回归模型估计的前提是恰好识别或过度识别的。

IV 回归中的外生解释变量和控制变量。式(12-12)中的 W 变量既可以是外生解释变量，此时 $E(u_i \mid W_i)=0$；也可以是控制变量，此时不需要进行因果效应解释，将其引入模型是为了保证工具变量与误差项不相关。例如，12.1 节指出销售税可能与收入相关，同时经济理论告诉我们收入往往是香烟需求的决定因素之一。若如此，在香烟的需求方程 $\ln(Q_i^{\text{cigarettes}})=\beta_0+\beta_1\ln(P_i^{\text{cigarettes}})+u_i$ 中，销售税与误差项相关而不再是合格的工具变量。将收入引入 IV 回归模型或者将影响收入的其他变量加入模型将消除导致工具变量与误差项潜在相关的根源。一般地，如果 W 是工具变量回归中一个有效的控制变量，W 的引入使工具变量与误差项不相关，从而 X 的系数的 TSLS 估计量是一致的。然而，如果 W 与误差项相关，则 W 的系数的 TSLS 估计量将存在遗漏变量偏差，将不具有因果效应解释能力。工具变量回归中加入控制变量的原理与 7.5 节所讨论的在 OLS 中加入控制变量的原理相似。

W 成为工具变量回归中的有效控制变量的条件与 7.5 节中讨论的 OLS 控制变量条件类似。具体地，引入 W 必须确保 u 的条件均值不依赖于 Z，故条件均值独立假设成立，即 $E(u_i \mid Z_i, W_i)=E(u_i \mid W_i)$。为使论述更清晰，本章正文部分将集中讨论 W 为外生变量的情形，即 $E(u_i \mid W_i)=0$。附录 12F 解释了如何将本章的结论推广到 W 是控制变量的情形，即不再用 $E(u_i \mid W_i)=0$ 这一条件，而改用条件均值独立假设，即 $E(u_i \mid Z_i, W_i)=E(u_i \mid W_i)$。

12.2.1 一般 IV 回归模型中的 TSLS

单个内生解释变量的 TSLS。只有一个内生解释变量 X 和其他外生解释变量时，所考虑的回归方程为

$$Y_i=\beta_0+\beta_1 X_i+\beta_2 W_{1i}+\cdots+\beta_{1+r} W_{ri}+u_i \tag{12-13}$$

如前面所述，X_i 可能与误差项相关，但 W_{1i}，…，W_{ri} 与误差项不相关。

TSLS 第一阶段回归是将 X 与外生解释变量 W 和工具变量(Z)联系在一起

$$X_i=\pi_0+\pi_1 Z_{1i}+\cdots+\pi_m Z_{mi}+\pi_{m+1} W_{1i}+\cdots+\pi_{m+r} W_{ri}+v_i \quad (12\text{-}14)$$

式中，π_0，π_1，…，π_{m+r} 为未知回归系数；v_i 为误差项。

式(12-14)被称为 X 的**简化式**(reduced form)。它把内生解释变量 X 和所有可获得的外生变量(包括回归中的外生解释变量 W 和工具变量 Z)联系在一起。

在TSLS第一阶段，用OLS估计式(12-14)中的未知系数，回归得到的预测值记为 $\hat{X}_1$，$\hat{X}_2$，…，$\hat{X}_n$。

在TSLS第二阶段中，在式(12-13)中用第一阶段的预测值代替 X_i，并估计该式。即用OLS方法估计 Y_i 关于 $\hat{X}_i$，W_{1i}，W_{2i}，…，W_{ri} 的回归方程，得到的 β_0，β_1，…，β_{1+r} 估计量就是TSLS估计量。

推广到多个内生解释变量的情形。当有多个内生解释变量 X_{1i}，X_{2i}，…，X_{ki} 时，TSLS算法中除了对每一内生解释变量都需要做各自对应的第一阶段回归外，其余过程是类似的。第一阶段回归的形式和式(12-14)相同；即被解释变量为一个内生解释变量 X，而解释变量则为所有工具变量(Z)和所有的外生解释变量(W)。经过第一阶段的回归后，我们得到每一个内生解释变量的预测值(拟合值)。

TSLS的第二阶段是用OLS估计式(12-12)，并将内生解释变量(X)用各自的预测值 $\hat{X}$ 代替。所得 β_0，β_1，…，β_{k+r} 的估计量即为TSLS估计量。

在实际应用中，TSLS的两个阶段运算在计量经济学软件中都能通过TSLS估计命令直接完成。一般TSLS估计量的概括见重要概念12-2。

重要概念12-2 两阶段最小二乘法

对于式(12-12)所示的一般IV回归模型，TSLS估计量可以通过以下两阶段计算。

(1) **第一阶段回归**：用OLS方法估计 X_{1i} 对所有工具变量(Z_{1i}，Z_{2i}，…，Z_{mi})和外生解释变量和/或控制变量(W_{1i}，W_{2i}，…，W_{ri})的回归，并计算该回归的预测值，记为 $\hat{X}_{1i}$。对其他内生解释变量 X_{2i}，X_{3i}，…，X_{ki}，重复上述步骤，得到预测值 $\hat{X}_{2i}$，$\hat{X}_{3i}$，…，$\hat{X}_{ki}$。

(2) **第二阶段回归**：用OLS方法估计 Y_i 对内生解释变量预测值($\hat{X}_{1i}$，$\hat{X}_{2i}$，…，$\hat{X}_{ki}$)、外生解释变量和/或控制变量(W_{1i}，W_{2i}，…，W_{ri})及截距项的回归方程。TSLS估计量 $\hat{\beta}_o^{TSLS}$，$\hat{\beta}_1^{TSLS}$，…，$\hat{\beta}_{k+r}^{TSLS}$ 就是第二阶段回归得到的估计量。

在实际应用中，这两个阶段的计算在计量经济学软件中均可通过TSLS估计命令自动完成。

12.2.2 一般IV回归模型中的工具变量相关性和外生性

在一般IV回归模型中，我们需要对工具变量的相关性和外生性条件进行一些调整。

当存在一个内生解释变量和多个工具变量时，工具变量相关性条件是：给定 W 时，至少存在一个 Z 对预测 X 有帮助。当存在多个内生解释变量时，条件变得相对复杂，因为我们在第二阶段回归中必须排除完全多重共线性。直觉告诉我们，当存在多个内生解释变量时，工具变量必须提供关于这些变量外生变动足够多的信息，以整理出其对 Y 的单独影响。

工具变量外生性条件的一般性论述是：每个工具变量必须和误差项 u_i 无关。有效工具变量的一般条件见重要概念12-3。

重要概念 12-3　有效工具变量的两个条件

m 个工具变量构成的集合 Z_{1i}，Z_{2i}，…，Z_{mi} 必须满足如下两个条件才能成为有效的工具变量：

1. 工具变量相关性

- 一般地，令 $\hat{X}_{1i}^*$ 表示 X_{1i} 对工具变量(Z)和外生解释变量(W)回归得到的预测值，同时，令"1"表示所有观测值都取 1 的常数解释变量，则($\hat{X}_{1i}^*$，$\hat{X}_{2i}^*$，…，$\hat{X}_{ki}^*$，W_{1i}，W_{2i}，…，W_{ri}，1)不是完全多重共线性的。
- 如果仅有一个 X，要使前面的条件成立，则要求在 X 对 Z 和 W 的回归中，至少有一个 Z 的系数是非零的。

2. 工具变量外生性

工具变量与误差项无关，即 $\text{corr}(Z_{1i}, u_i)=0$，$\text{corr}(Z_{2i}, u_i)=0$，…，$\text{corr}(Z_{mi}, u_i)=0$。

12.2.3　IV 回归假设和 TSLS 估计量的抽样分布

在满足 IV 回归假设条件下，TSLS 估计量是一致的，且 TSLS 估计量的抽样分布在大样本下服从正态分布。

IV 回归假设。IV 回归假设对重要概念 6-4 中所介绍的多元回归模型中用于因果推断的最小二乘假设进行了调整。

第一个 IV 回归假设修改了重要概念 6-4 中的条件均值假设，使其仅适用于模型中的外生解释变量。与多元回归模型中第二个最小二乘假设一样，第二个 IV 回归假设是，抽样是独立同分布的，即数据通过简单随机抽样得到。第三个 IV 假设是，不存在大的异常值。

第四个工具变量回归假设是重要概念 12-3 中工具变量有效性的两个条件成立。重要概念 12-3 中的工具变量相关性条件假设 TSLS 第二阶段回归中的解释变量不存在完全多重共线性，包含了重要概念 6-4 和重要概念 6-6 中第四个最小二乘假设(无完全多重共线性)。工具变量回归假设的概述见重要概念 12-4。

重要概念 12-4　IV 回归假设

重要概念 12-1 中的 IV 回归模型中的变量和误差满足以下假设条件：

(1) $E(u_i \mid W_{1i}, W_{2i}, \cdots, W_{ri})=0$。

(2) (X_{1i}，X_{2i}，…，X_{ki}，W_{1i}，W_{2i}，…，W_{ri}，Z_{1i}，Z_{2i}，…，Z_{mi})是从其联合分布中抽取的独立同分布样本。

(3) 不存在大的异常值：X、W、Z 和 Y 均具有非零有限四阶矩。

(4) 重要概念 12-3 中工具变量有效性的两个条件成立。

TSLS 估计量的抽样分布。在满足工具变量回归假设条件下，TSLS 估计量是一致的，且在大样本条件下服从正态分布。这已在 12.1 节(及附录 12C)中以单一内生解释变量、单一工具变量及未包含外生解释变量的特例中做出证明。具体地，12.1 节中的推理可以推广到包含多个工具变量和多个内生解释变量的一般情形。一般情形的表达较为复杂，我们将在第 19 章进行介绍。

12.2.4　利用 TSLS 估计量的推断

由于在大样本下 TSLS 估计量的抽样分布是正态分布，故多元回归模型的统计推断(假设检验和置信区间)过程可以推广至 TSLS 回归。例如，统计量的 95%置信区间为 TSLS 估计量±1.96 倍标准误。类似地，关于系数值的联合假设可以用 F 统计量进行检验，同第 7.2 节所述一致。

TSLS 估计量标准误的计算。关于 TSLS 估计量的标准误，我们需要牢记两点：其一，第二阶段回归所给出的 OLS 估计量的标准误是不准确的，因为它不能识别这是两阶段的第二阶段。特别地，第二阶段中的 OLS 标准误没有基于第二阶段内生解释变量的预测值进行调整。计量经济学软件的 TSLS 回归命令中包含了经过必要调整的标准误公式，故在实践中无须担心这一问题。

其二，误差项 u 可能存在异方差。因此，如同我们对多元回归模型的 OLS 估计量使用异方差-稳健标准误一样，这里也应使用异方差-稳健标准误。

12.2.5　在香烟需求例子中的应用

在 12.1 节中，我们用 1995 年美国 48 个州的年消费量数据，基于单个解释变量(每包香烟实际价格取对数)和单个工具变量(每包香烟的实际销售税)的 TSLS 法估计香烟的需求弹性。但是，收入也会影响香烟的需求，这部分信息被隐含在总体回归的误差项中。如 12.1 节所讨论，如果州销售税与其收入情况相关，则它就与香烟需求方程的误差项相关，这违背了工具变量外生性条件。一旦如此，12.1 节中的工具变量估计量就是非一致的，也就意味着工具变量回归出现了某种形式的遗漏变量偏误。我们通过将收入加入回归模型来解决这一问题。

因此，我们考虑将收入的对数加入需求方程中。这里，被解释变量 Y 是消费量对数 $\ln(Q_i^{\text{cigarettes}})$；内生解释变量 X 是实际税后价格的对数 $\ln(P_i^{\text{cigarettes}})$；外生解释变量 W 是各州实际人均收入的对数 $\ln(\text{Inc}_i)$；而工具变量 Z 是每包香烟的实际销售税 SalesTax_i。TSLS 估计值和(异方差-稳健)标准误为

$$\widehat{\ln(Q_i^{\text{cigarettes}})}=\underset{(1.26)}{9.43}-\underset{(0.37)}{1.14}\ln(P_i^{\text{cigarettes}})+\underset{(0.31)}{0.21}\ln(\text{Inc}_i) \tag{12-15}$$

该回归使用了单个工具变量 SalesTax_i，实际上其他工具变量同样可行。除了一般的销售税，各州还对香烟和其他烟草制品使用征收专项税。这些香烟专项税(CigTax_i)构成了另一个可供选择的工具变量。香烟专项税增加了消费者支付的香烟价格，可以证明其满足工具变量相关性条件。如果它与香烟需求方程中的误差项无关，则它便是一个合格的工具变量。

加上该工具变量后，我们就有了两个工具变量，即每包香烟的实际销售税和每包香烟的实际专项税。在具备两个工具和单个内生解释变量的情况下，需求弹性是过度识别的，即工具变量的数量(SalesTax_i 和 CigTax_i，$m=2$)大于内生解释变量的数量($P_i^{\text{cigarettes}}$，$k=1$)。我们可以通过 TSLS 估计需求弹性，其中第一阶段回归的解释变量是外生解释变量 $\ln(\text{Inc}_i)$ 和两个工具变量。

因此，我们基于两个工具变量 SalesTax_i 和 CigTax_i 得到 TSLS 估计结果为

$$\widehat{\ln(Q_i^{\text{cigarettes}})}=\underset{(0.96)}{9.89}-\underset{(0.25)}{1.28}\ln(P_i^{\text{cigarettes}})+\underset{(0.25)}{0.28}\ln(\text{Inc}_i) \tag{12-16}$$

比较式(12-15)和式(12-16)：式(12-16)中价格弹性估计的标准误比式(12-15)中的估计结果小三分之一左右(式(12-16)为 0.25，而式(12-15)为 0.37)。原因在于式(12-16)使用了更多的信息：式(12-15)仅使用了(销售税)一个工具变量，而式(12-16)使用了(销售税和香烟专项税)两个工具变量。与使用一个工具变量相比，两个工具变量能够解释更多的香烟价格变动信息，从而需求弹性估计量的标准误更小。

上述估计可靠吗？从根本上讲，这取决于两个工具变量(这里是两种税收)是否满足工具变量的两个条件。因此，关键之处在于评价这些工具变量是否有效，接下来我们就讨论这一问题。

12.3 检验工具变量有效性

工具变量回归是否有用取决于这些工具变量是否有效：无效的工具变量得出的结果并无意义。因此，在实际应用中，评价工具变量是否有效便显得尤为重要。

12.3.1 假设一：工具变量相关性

在工具变量回归中，工具变量相关性条件起着非常微妙的作用。从某种角度看，工具变量相关性的作用与增加样本容量的作用类似：工具变量越相关，即工具变量能解释更多 X 的变化，这意味着工具变量回归中可以利用更多的信息。相关程度越高，工具变量方法给出的估计量越精确，这与样本容量增大会使得估计更加精确的道理一样。此外，TSLS 统计推断的依据是 TSLS 估计量服从正态分布，但根据中心极限定理，服从正态分布的假设在大样本下才成立——而在小样本下却不一定。工具变量的相关程度越强，就好比样本容量越大一样，这意味着工具变量越相关，TSLS 估计量及其 t 统计量的抽样分布的渐近正态性越好。

对 X 变化的解释能力较弱的工具变量称为**弱工具变量**(weak instruments)。在香烟的例子中，可证明州和香烟产地间的距离是一个弱工具变量：尽管距离越远，运输成本越高(从而使供给曲线向左移动，均衡价格上升)，但由于香烟重量很轻，所以运输成本在香烟价格中只占很小一部分。因此，价格变化中被运输成本(和产地间的距离)所解释的那部分可能非常小。

本节讨论为什么弱工具变量是一个问题，如何检验弱工具变量，以及出现弱工具变量时该如何应对。下面的讨论均假设工具变量是外生的。

为什么弱工具变量是个问题。一旦存在弱工具变量问题，即使样本容量很大，用正态分布去近似 TSLS 估计量的抽样分布的效果也不理想。因此，尽管为大样本，通常的统计推断方法仍缺乏理论依据。实际上，如果工具变量是弱的，则 TSLS 估计量会严重地偏向 OLS 估计量。此外，TSLS 估计量±1.96 倍标准误表示的 95%置信区间包含真值的概率可能也远远低于 95%。简言之，出现弱工具问题时，TSLS 法不再可靠。

为了说明用大样本正态分布近似 TSLS 估计量的抽样分布存在问题，考虑如下特殊情形，即 12.1 节中介绍过的单个内生解释变量、单个工具变量及不包含外生解释变量的情形。如果工具变量满足有效性，由于样本协方差 s_{ZY} 和 s_{ZX} 是一致的，从而 $\hat{\beta}_1^{TSTL}$ 也是一致的；这就是说，$\hat{\beta}_1^{TSTL}=\frac{s_{ZY}}{s_{ZX}}\xrightarrow{P}\frac{\mathrm{cov}(Z_i, Y_i)}{\mathrm{cov}(Z_i, X_i)}=\beta_1$(式(12-7))。但是，现在假设工具变量不仅仅是弱的，甚至实际上是不相关的，即 $\mathrm{cov}(Z_i, X_i)=0$，则有 $s_{ZX}\xrightarrow{P}\mathrm{cov}(Z_i, X_i)=0$，上述式子$\frac{\mathrm{cov}(Z_i, Y_i)}{\mathrm{cov}(Z_i, X_i)}$分母的极

限为 0！显然，当工具变量相关性条件不成立时，$\hat{\beta}_1^{TSTL}$ 一致性的条件不满足。如附录 12D 所述，当其不成立时，会导致 TSLS 估计量的抽样分布即使在样本容量很大的情况下也不再是正态分布。实际上，当工具变量不相关时，$\hat{\beta}_1^{TSTL}$ 的大样本分布不再是一个正态随机变量的分布，而是两个正态随机变量之比的分布！如附录 12D 所讨论的，正态变量之比的分布以 OLS 估计量的大样本值为中心。尽管工具变量完全不相关的情形在实践中很少遇到，但它提出了一个问题：实践中工具变量的相关程度为多大时才能使正态分布的近似结果较优？在一般 IV 回归模型中，这个问题的答案非常复杂。然而，幸运的是，在实际应用中，针对单个内生解释变量的情形，存在一种应对的经验法则。

单一内生解释变量情形中的弱工具变量检验。当只存在单个内生解释变量时，检验弱工具变量的一种方法是计算 F 统计量，该统计量检验的原假设为 TSLS 的第一阶段回归中所有工具变量的系数均为 0。**第一阶段 F 统计量**（first-stage F-statistic）度量了工具变量所包含的信息：包含的信息越多，F 统计量的期望值越大。一个经验法则是，如果第一阶段 F 统计量大于 10（为什么是 10？参见附录 12E），则无须担心弱工具变量问题。这部分的概述见重要概念 12-5。

重要概念 12-5 检验弱工具变量的一个经验法则

第一阶段 F 统计量是指检验两阶段最小二乘法的第一阶段中工具变量 Z_{1i}，Z_{2i}，…，Z_{mi} 的系数均为 0 的假设的 F 统计量。针对仅有单个内生解释变量的情形，如果第一阶段 F 统计量小于 10，则表明工具变量是弱的，即 TSLS 估计量有偏（即使在大样本条件下）且 TSLS 估计量的 t 统计量和置信区间变得不可信。

出现弱工具变量时该怎么办？当拥有很多工具变量时，其中一些工具变量可能比其他弱；当拥有很少的强工具变量及很多弱工具变量时，放弃最弱的工具变量，而在 TSLS 分析中使用相关程度最强的工具变量。放弃弱工具变量可能会带来 TSLS 标准误的增加，但使用弱工具变量得到的标准误并没有任何意义。

然而，如果系数恰好识别，则我们无法放弃弱工具变量。即使系数是过度识别的，也可能无法拥有足够多的强工具变量来完成识别，故放弃某些弱工具变量变得不可行。在这种情况下，我们面临两个选择：第一种选择是找到其他更强的工具变量，但这说起来容易，做起来却很难。这需要深入了解所遇到的问题，甚至可能需要重新设计数据集和实证研究路线。第二种选择是基于弱工具变量继续进行实证分析，但需要使用 TSLS 法以外的其他方法。虽然本章集中研究 TSLS，但还有其他一些工具变量分析方法相对于 TSLS 而言对弱工具不太敏感，这些方法在附录 12E 中会加以介绍。

12.3.2 假设二：工具变量外生性

如果工具变量非外生，则 TSLS 估计量非一致：TSLS 估计量依概率收敛于因果系数值之外的其他数值。工具变量回归的思想是工具变量中包含了与误差项 u_i 无关的 X_i 变动的信息。实际上，如果工具变量是非外生的，则其无法刻画 X_i 的外生变动，从而 IV 回归无法得出一致估计量。上述推理的数学证明见附录 12D。

可以对工具变量外生性假设进行统计检验吗？能，也不能。一方面，当回归系数为恰好识别时，无法检验工具变量为外生的假设。另一方面，如果回归系数是过度识别的，则可以检验过度识别约束，即假设存在足够多的有效工具变量来识别感兴趣的系数，从而可以检验“额外”的工具变量是不是外生的。

首先考虑恰好识别的情形，即拥有的工具变量个数与内生解释变量个数一样多。此时，我们无法进行关于工具变量是否为外生的假设检验。在这种情形下，评价工具变量是否满足外生性条件的唯一方法是听取专家意见及凭借你的个人知识进行判断。例如，菲利普·G. 莱特基于其自身所掌握的农产品供需知识认为，低于平均降雨量可能导致脂肪和油脂的供给曲线移动，但并不会直接移动需求曲线。

评价工具变量是否外生，要求我们必须根据个人知识进行专业判断。然而，当存在比内生解释变量更多的工具变量时，则可以借助统计学工具进行判断，即过度识别约束检验。

专栏 12-2

第一次 IV 回归

在菲利普·G. 莱特和他儿子休厄尔推导出 IV 估计量之后(见专栏“谁发明了工具变量回归?”)，菲利普·G. 莱特着手于它在实践中如何应用。菲利普在 1926 年 3 月 15 日写给休厄尔的信中，列出了 1903 年至 1925 年美国亚麻籽产量相关变量的年度数据表(部分复制于此)。种亚麻籽是为了产油，也被称为亚麻籽油，用于建筑的油性涂料。菲利普想估计其供给弹性。为了得到百分比关系，他首先将数据转换为与长期趋势的百分比偏差。

然后菲利普需要做出一个关键的决定：他应该使用什么工具变量？他选择了东海岸的建筑许可证。他推断，如果有更多的新建筑，对油性涂料的需求会更大，因此对亚麻籽的需求也会更大，所以这一工具是相关的。他进一步推断，东海岸建筑许可证的波动在很大程度上是由更广泛的经济条件驱动的，而这些经济条件与某一年亚麻籽供给受到的干扰无关，因此建筑许可证是外生的。换言之，东海岸建筑许可证的波动是需求的决定因素，而不是供给的决定因素。

经过耗时费力的手动计算，菲利普得出了供给弹性的 IV 估计值为−0.88。这种弹性是一个错误的解释：它表明供给曲线向下倾斜。在 3 月 15 日的信中，菲利普称这一结果“显然荒谬”。

问题出在哪里？尽管菲利普并不知道，但他的 IV 回归的第一阶段 F 统计量为 1.75，远远低于经验法则的界限值 10。如正文和附录 12D 所述，当工具变量不相关时，它的分布集中在 OLS 估计值上，在莱特的数据中为−0.66。第一次工具 IV 回归的工具变量很弱，估计结果偏向 OLS。

但菲利普坚持不懈。为了估计需求弹性，他把长着亚麻籽的中西部地区的降雨作为工具变量。更多的降雨有助于更好的收成，因此降雨和亚麻籽供给相关是合理的；因为中西部的降雨不会影响对油漆的需求，所以降雨对亚麻籽的需求外生是合理的。事实证明，降雨量的第一阶段 F 统计量为 12.8，并得出了需求弹性的 IV 估计值为−0.48。该估计值表明需求曲线向下倾斜(应该如此)，且需求是无弹性的，这与在这一期间没有好的替代品替代的亚麻籽油生产油漆是一致的。

下图是从 1926 年 3 月 15 日菲利普写给休厄尔的信中，对第一次 IV 回归数据集的前五次观察值。

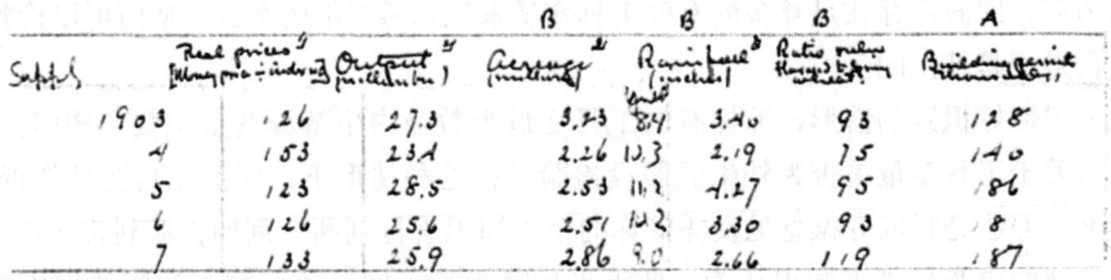

			B	B		B	A
Supply	Real prices	Output	Acreage	Rainfall		Ratio	Building permits
1903	126	27.3	3.23	8.4	3.40	93	128
4	153	23.1	2.26	10.3	2.19	75	140
5	123	28.5	2.53	11.2	4.27	95	186
6	126	25.6	2.51	12.2	3.30	93	8
7	133	25.9	2.86	9.0	2.66	119	187

注：前两列数据是亚麻籽的实际价格和(输出)数量。“B”变量——种植面积、产量、中西部上游降雨量以及当年亚麻籽产量与前一年春小麦产量之比——改变了供给而不是需求，因此它们是需求弹性的潜在工具变量，“A”变量——东海岸的建筑许可证——改变了需求而不是供给，因此，它是供给弹性的一种潜在工具变量。

过度识别约束检验(test of overidentifying restrictions)。现假设有一个内生解释变量和两个工具变量，则可以计算两个不同的TSLS估计量：一个是使用第一个工具变量，另一个使用第二个工具变量。由于样本差异性，这两个估计量将会不同，但如果两个工具变量均是外生的，则两个估计量将会非常接近。然而，如果这两个工具变量得到的结果非常不同，可能会发现其中一个工具变量或两个工具变量存在问题，则有理由得出其中一个工具或两个工具都不是外生的结论。

过度识别约束检验隐含了这种比较。之所以称为隐含，是因为该检验并没有真正地计算出所有可能情况下的工具变量估计结果。它的思路如下：工具变量的外生性意味着工具变量与 u_i 无关。这就意味着工具变量应该近似地与 $\hat{u}_i^{TSTL}$ 无关，其中 $\hat{u}_i^{TSTL}=Y_i-(\hat{\beta}_o^{TSTL}+\hat{\beta}_1^{TSTL}X_{1i}+\cdots+\hat{\beta}_{k+r}^{TSTL}W_{ri})$ 是基于使用所有工具变量(由于样本差异性，所以是近似无关而非精确无关)进行TSLS估计所得到的残差。(注意：这些残差是基于 X 的真实值而不是第一阶段的预测值得到的。)因此，如果工具变量实际上为外生的，则在 $\hat{u}_i^{TSTL}$ 对工具变量和外生解释变量的回归中，工具变量的系数应该为0，从而检验这一假设。

关于过度识别约束检验的计算方法的概述见重要概念12-6。检验的统计量称为 J 统计量，使用同方差适用的 F 统计量计算得到，计算公式为 $J=mF$。

在大样本下，如果工具变量不是弱工具变量且误差是同方差的，则在工具变量为外生的原假设下，J 统计量服从自由度为 $m-k$ 的 χ^2 分布(χ^2_{m-k})。切记，虽然所检验的约束个数为 m，J 统计量渐近分布的自由度也为 $m-k$，因为可能只检验过度识别的约束，即 $m-k$。误差项为异方差情形下的对 J 统计量的修正见19.7节。

为了说明当系数为恰好识别时($m=k$)无法检验解释变量外生性的最简单的方法是考虑仅包含一个内生解释变量($k=1$)的情形。如果存在两个工具变量，就可以对每个工具变量分别计算出TSLS估计量，然后比较二者是否接近。但如果仅有一个工具变量，则你只能计算出一个TSLS估计量，从而无法进行比较。实际上，当系数是恰好识别的，即 $m=k$，过度识别约束检验的 J 统计量恰好为0。

重要概念12-6　过度识别约束检验（J 统计量）

令 $\hat{u}_i^{TSTL}$ 为对式(12-12)进行TSLS估计的残差。用OLS方法估计如下回归的系数

$$\hat{u}_i^{TSLS}=\delta_0+\delta_1 Z_{1i}+\cdots+\delta_m Z_{mi}+\delta_{m+1}W_{1i}+\cdots+\delta_{m+r}W_{ri}+e_i \qquad (12\text{-}17)$$

式中，e_i 为回归误差项。令 F 为检验假设 $\delta_1=\cdots=\delta_m=0$ 的同方差适用 F 统计量。过度识别

约束检验统计量为 $J=mF$。在所有工具变量都为外生的原假设下，如果 e_i 为同方差，则在大样本下 J 服从 χ^2_{m-k}，其中 $m-k$ 为过度识别程度，即工具变量的个数减去内生解释变量的个数。

12.4 在香烟需求例子中的应用[⊖]

至此，我们对香烟需求弹性的估计仍停留在式(12-16)所示的 TSLS 估计中，其中收入为外生解释变量，存在两个工具变量：一般销售税和香烟专项税。现在可以对这些工具变量进行更全面的评价。

正如 12.1 节所述，税收是香烟税后价格的重要组成部分，所以有理由认为这两个工具变量与香烟税后价格是相关的，接下来我们将从实证角度研究这一点。不过，在这之前我们需要讨论两个税收变量是不是外生的问题。

评价一个工具变量外生性的第一步是探究是否外生的原因，这就需要我们思考在香烟需求方程中哪些因素解释了误差项，以及这些因素是否与工具变量相关。

为什么有些州的人均香烟消费量会高于其他州？原因之一可能是州与州之间收入的差异，但各州的收入已经包含在式(12-16)中，故这并不是误差项的组成部分。另一个原因是影响需求的历史因素。例如，种植烟草的州的烟民比例要高于其他州。这一因素与税收相关吗？这很有可能。如果一个州的主要产业是种植烟草和生产香烟，则企业会联合游说和施压，努力使香烟专项税维持在较低水平。这意味着香烟需求中的一项遗漏因素——该州是否种植烟草和生产香烟——可能与香烟专项税相关。

解决误差项与工具变量相关的一种方法是将各州烟草和香烟产业规模信息纳入模型中，这正是我们在需求方程中加入收入作为解释变量的方法。由于我们拥有香烟消费量的面板数据，故可以不依赖于这些信息而使用另一种不同的方法。正如在第 10 章所讨论的，面板数据可以消除随个体(州)变化而不随时间变化的变量的影响，比如有利于州内烟草和香烟产业发展的历史环境因素。第 10 章中给出了两种方法：两个不同时期内的变量变化值和使用固定效应回归。为使分析尽可能简化，我们使用前一方法，即如 10.2 节中所描述的基于两个时期变量变化值的回归分析。

如何选择两个不同时期呢？这取决于我们对问题的理解。因为香烟是易上瘾的，其价格改变后需要一定时间才能促使行为的改变。最初，香烟价格的上升可能对需求几乎没有影响。然而在一段时间后，香烟价格的上升可能会导致一些烟民想要戒烟，或更为重要的一点是，将阻碍非吸烟者养成吸烟的嗜好。需求对价格上升的反应在短期内可能很微弱，但在长期内较明显，即对于香烟这样的易上瘾产品，需求在短期内可能是无弹性的，即短期弹性可能接近于 0，而在长期富有弹性。

因此，在这一分析中，我们将集中研究长期需求价格弹性。我们将考虑跨度为 10 年的香烟数量和价格的变化。具体地，这里所考虑的回归是数量取对数后跨度 10 年的变化量，即 $\ln(Q_{i,1995}^{\text{cigarettes}})-\ln(Q_{i,1985}^{\text{cigarettes}})$，关于对数化价格的 10 年变化量 $\ln(P_{i,1995}^{\text{cigarettes}})-\ln(P_{i,1985}^{\text{cigarettes}})$ 和对数化收入的 10 年变化量 $\ln(\text{Inc}_{i,1995})-\ln(\text{Inc}_{i,1985})$ 的回归。这里使用了两个工具变量：销售税变化 $\text{SalesTax}_{i,1995}-\text{SalesTax}_{i,1985}$，以及香烟专项税的变化 $\text{CigTax}_{i,1995}-\text{CigTax}_{i,1985}$。

⊖ 本节假设读者已学过 10.1 和 10.2 节中 $T=2$ 个时期的面板数据知识。

专栏 12-3

吸烟的外部性

吸烟带来的成本不只由吸烟者承担，吸烟还会产生外部性。一种对香烟征税的经济学解释是将这些外部性"内部化"。从理论上讲，每包香烟的税收应当等同于吸食每包香烟带来的外部性的美元价值。然而，如何用美元来精确度量吸食每包香烟带来的外部性呢？

一些研究采用了计量经济学方法估计吸烟的外部性。由他人承担的负外部性，即成本，包含了政府用于治疗患病烟民的费用、对吸二手烟的非烟民的医疗保障，以及香烟导致的火灾损失。

但是，从纯粹经济学的观点看，吸烟也有正的外部性或收益。吸烟的最大经济收益是烟民支付的社会保障税（公共养老金）往往比其获得的更多，同时也节省了养老院的看护费用——年老的烟民往往不长寿。由于吸烟的负外部性在吸烟者在世时发生，而正外部性产生于逝世后，因此每包香烟的净外部性（每包香烟的净成本，并折现为现值）取决于贴现率。

这些研究对净外部性的美元价值没有达成一致意见。有些人认为适当贴现后的净外部性非常小，小于当前的税收。其他研究整合了难以量化但可能非常重要的成本因素（如由于母亲吸烟导致婴儿不健康的看护费用），这些研究认为外部性可能为每包1美元，或许更多。但所有的研究都同意一点，即如果烟民在中年末期去世，则烟民所支付的税收大于他们在短暂退休时期内的所得。[⊖]

回归结果见表12-1，表中每一列表示的是不同回归的结果。所有的回归都具有相同的解释变量且所有的系数都使用TSLS法估计得到。三个回归的唯一区别在于所使用的工具变量集的差异。在(1)中，工具变量为销售税；在(2)中，工具变量为香烟专项税；在(3)中，两种税收均作为工具变量。

表12-1 基于美国48个州的面板数据对香烟需求的两阶段最小二乘估计

被解释变量：$\ln(Q_{i,1995}^{\text{cigarettes}})-\ln(Q_{i,1985}^{\text{cigarettes}})$			
解释变量	(1)	(2)	(3)
$\ln(P_{i,1995}^{\text{cigarettes}})-\ln(P_{i,1985}^{\text{cigarettes}})$	-0.94	-1.34	-1.20
	(0.21)	(0.23)	(0.20)
	[-1.36, -0.52]	[-1.80, -0.88]	[-1.60, -0.81]
$\ln(\text{Inc}_{i,1995})-\ln(\text{Inc}_{i,1985})$	0.53	0.43	0.46
	(0.34)	(0.30)	(0.31)
	[-0.16, 1.21]	[-0.16, 1.02]	[-0.16, 1.09]
截距	-0.12	-0.02	-0.05
	(0.07)	(0.07)	(0.06)
工具变量	销售税	香烟专项税	销售税和香烟专项税
第一阶段 F 统计量	33.7	107.2	88.6
过度识别约束的 J 检验和 P 值	—	—	4.93
			(0.026)

注：该回归基于美国48个州的面板数据进行估计（相差10年的48个观测值），数据描述详见附录12A。过度识别约束检验 J 统计量的描述见重要概念12-6（其 p 值在圆括号内给出），第一阶段 F 统计量的描述见重要概念12-5。异方差稳健标准误在系数下圆括号内给出，95%置信区间在方括号内给出。

⊖ 吸烟外部性的一项早期研究由 Willard G. Manning et al.（1989）进行；Barendregt，Bonneux 和 van der Maas（1997）计算结果表明，如果人们不再吸烟，社会医疗保障费用将上升。关于吸烟外部性的其他研究见 Chaloupka 和 Warner（2000）。

在工具变量回归中，系数估计的可靠性取决于工具变量的有效性，因此观察表 12-1 的首要任务就是寻找评估工具变量有效性的诊断统计量。

首先，工具变量是否满足相关性？需要查看第一阶段 F 统计量。列(1)中的第一阶段回归为

$$\widehat{\ln(P_{i,1995}^{\text{cigarettes}})-\ln(P_{i,1985}^{\text{cigarettes}})} = \underset{(0.03)}{0.53} - \underset{(0.22)}{0.22}[\ln(\text{Inc}_{i,1995})-\ln(\text{Inc}_{i,1985})] + \underset{(0.0044)}{0.0255}(\text{SalesTax}_{i,1995}-\text{SalesTax}_{i,1985}) \quad (12\text{-}18)$$

因为该回归中仅有一个工具变量，则第一阶段 F 统计量为检验工具变量 $\text{SalesTax}_{i,1995}-\text{SalesTax}_{i,1985}$ 的系数等于 0 的 t 统计量的平方；即 $F=t^2=\left(\frac{0.0255}{0.0044}\right)^2=33.7$。对列(2)和列(3)中的回归而言，第一阶段 F 统计量为 107.2 和 88.6，故上述三个设定中的第一阶段 F 统计量均超过了 10。我们得出了工具变量不弱的结论，从而可以基于 TSLS 系数和标准误进行统计推断(假设检验和置信区间)。

其次，工具变量是否满足外生性？因为列(1)和列(2)中的回归只有一个工具变量和一个内生解释变量，所以这些回归中的系数是恰好识别的，故我们无法在上述回归中使用 J 检验。然而，由于列(3)的回归中有两个工具变量和一个内生解释变量，因此是过度识别的，故存在一个($m-k=2-1=1$)过度识别约束。其 J 统计量为 4.93；由于该统计量服从χ^2 分布且 5%显著性水平下的临界值为 3.84(表 A-3)，所以两个工具变量皆为外生的原假设在 5%的显著性水平下被拒绝(也可以从表中报告的 p 值等于 0.026 得出该结论)。

J 统计量拒绝了两个工具变量均为外生的原假设，其原因在于使用两个工具所得到的系数估计非常不同。当工具变量为销售税时(列(1))，价格弹性估计值为-0.94；但当工具变量为香烟专项税时，价格弹性估计值为-1.34。回忆 J 统计量的基本概念：如果两个工具变量都是外生的，则使用工具变量得到的两个 TSLS 估计量都是一致的，且它们的差异仅仅是由于随机抽样差异所导致的。然而，如果一个工具变量为外生，而另一个为非外生，则基于内生工具变量的估计量就是非一致的，这一点会被 J 统计量发现。在本应用中，两个价格弹性的估计值差异较大，这不可能完全是由抽样差异带来的结果，故 J 统计量拒绝了两个工具变量均为外生的原假设。

J 统计量拒绝原假设意味着列(3)中的回归使用了无效的工具变量(违背工具变量外生性条件)。这一结论对列(1)和列(2)中的估计值有什么意义？J 统计量拒绝原假设，表明至少有一个工具变量是内生的，故存在以下三种可能：销售税外生而香烟专项税非外生，即(1)中的回归是可靠的；香烟专项税外生而销售税非外生，即(2)中的回归是可靠的；或两个税收都不是外生的，即两个回归都不可靠。上述统计证据并没有告诉我们哪一个可能是正确的，所以我们还需要对其进行判断。

我们认为销售税的外生性程度高于香烟专项税，因为政治活动会将香烟专项税的变化同香烟市场和吸烟政策联系在一起。举例而言，如果某个州的人们认为吸烟不再时髦，从而导致吸烟现象减少，则烟民的数量将会减少，同时反对提高香烟专项税的阻力也会减轻，从而可能导致香烟专项税的上升。因此，嗜好(是 u 的一部分)的改变可能与香烟专项税(工具变量)的变化相关。这就意味着，使用香烟专项税作为工具变量进行的 IV 估计值并不可信，而应采用基于销售税作为工具变量得到的价格弹性估计值，即-0.94。

估计值为-0.94，意味着香烟的消费在某种程度上是富有弹性的：价格提高 1%会导致消费

量下降0.94%。这一结果对于香烟这种易上瘾物品显得出乎意料，但这一弹性是基于10年的变化量计算得出的，所以是一个长期弹性。该估计值意味着至少从长期来看增加税收能够减少香烟消费。

基于1985～1990年的5年变化量而非表12-1所示的10年变化量回归得到的结果显示，弹性（使用一般销售税作为工具变量进行估计）为-0.79；由1990～1995年的变化数据计算得到弹性为-0.68。结果表明，5年范围内的需求价格弹性低于10年范围内的需求价格弹性，这一需求价格弹性在长期内较大的结论与香烟需求领域的很多研究结果保持一致。文献中的需求弹性估计值往往为-0.5～-0.3，但这些主要是短期弹性；一些研究认为长期弹性可能是短期弹性的两倍。㊀

12.5 如何寻找有效的工具变量

实践中，IV估计中最困难的部分就是找到既满足相关性又满足外生性的工具变量。这里主要介绍两种方法，反映计量经济学和统计学建模的两种不同观点。

第一种方法是根据经济理论寻找工具变量。例如，菲利普·G. 莱特所掌握的关于农业市场经济的知识让他认识到，应该找到一个移动供给曲线但不移动需求曲线的工具变量，从而引导他考虑到农业区域的天气状况。该方法在金融经济学领域的应用大为成功。一些投资者行为经济模型包含了投资者对未来预期的描述，其中隐含了一些与误差项无关的变量。这些模型有时在数据和参数上是非线性的，在这种情形下，本章讨论的IV估计量无法使用。此时，可以将工具变量方法推广至非线性模型中，即使用广义矩估计方法。然而，经济理论是抽象的，通常考虑不到特定数据集中微小和细节性的差别，故该方法并不总是有效。

第二种构建工具变量的方法是寻找X变化的某些外生根源，而这些根源实际上是造成内生解释变量变化的随机现象。例如，在12.1节的案例中，地震损害使得某些学区的平均班级规模上升，而这一班级规模的变化同影响学生成绩的潜在遗漏变量无关。这种方法往往需要对所研究的问题有充分的了解，同时对数据细节仔细挖掘。下面通过具体的案例加以解释。

12.5.1 三个案例

下面我们列举三个IV回归的实例，以展示研究人员在面对实证问题时如何使用专业知识寻找工具变量。

将罪犯关入监狱能够抑制犯罪吗？这是一个只有经济学家才会问的问题。在服刑期间，罪犯无法在监狱外犯罪，同时将一些罪犯抓捕入狱有助于阻止其他人犯罪。但综合效应的大小，即入狱人数增加1%所引起的犯罪率变化，却是一个实证问题。

估计这种效应的一种方法是将犯罪率（每100 000人的犯罪人数）对入狱率（每100 000人中的罪犯人数）进行回归，并在适当的管辖级别使用年度数据（例如，美国各州）。回归中还包括经济变量（总体经济形势恶化时犯罪将增加）、人口特征变量（年轻人比年长者更容易犯罪）等控制变量。但这里可能存在着由潜在双向因果偏差带来的问题：如果犯罪率上升而警察秉公行事，

㊀ Adda和Cornaglia（2006）的一项严格的经济学研究指出，对吸烟征收更多税收会导致吸食强度上升，即从每支香烟吸收更多的尼古丁。想了解关于吸烟的更多经济学知识，参见Chaloupka和Warner（2000）、Gruber（2001）、Carpenter和Cook（2008）。

则将会出现更多的入狱罪犯。一方面，入狱罪犯增加会导致犯罪率下降；而另一方面，犯罪率增加使得入狱罪犯增加。如图 12-1 讨论的黄油案例一样，由于双向因果关系，建立犯罪率对入狱率的 OLS 回归将会估计出这两种效应的复杂混合结果，而这一问题无法通过寻找更好的控制变量的方法加以解决。

可以考虑通过寻找合适的工具变量并使用 TSLS 法解决双向因果关系偏差。该工具必须与入狱率相关(满足相关性条件)，但同时又与感兴趣的犯罪率方程中的误差项无关(满足外生性条件)。也就是说，工具必须能够影响到入狱率，但同时又与不可观测的犯罪率决定因素无关。

如何寻找既影响入狱率又不直接影响犯罪率的变量呢？我们知道，现存监狱容量的变化是外生的。因为修建监狱需要耗费时间，故短期内容量的限制可能迫使各州提前释放罪犯或减少入狱率。基于这一原因，莱维特(Levitt，1996)认为针对缓解监狱拥挤程度的法律诉讼可以作为工具变量，他基于 1972～1993 年美国各州的面板数据进行实证分析。

衡量监狱过度拥挤的诉讼这一变量是有效的工具变量吗？尽管莱维特没有给出第一阶段 F 统计量，但关于监狱过度拥挤的诉讼减缓了其数据中入狱率的增长速度，这意味着该工具变量是相关的。同时，监狱拥挤的诉讼只受监狱条件的影响，而与犯罪率或其决定因素无关，因此该工具变量是外生的。莱维特将关于监狱过度拥挤的诉讼分成了几类，得到数个工具变量，并对过度识别约束进行检验，得出了基于 J 统计量无法拒绝原假设的结论，支持了工具变量有效的观点。

莱维特利用这些工具变量和 TSLS 估计得出监禁对犯罪率的影响较大。该效应的估计值比用 OLS 方法估计得到的结果高三倍多，这说明 OLS 方法出现了较大的双向因果关系偏差。

缩减班级规模能够提高测试成绩吗？第 2 篇的实证分析表明，小班编制的学校往往较为富有，学生能够获得更多的校内外强化学习机会。在第 2 篇中，我们通过控制关于学生富裕程度、英语口语能力等各种变量，利用多元回归的方法克服了遗漏变量偏差问题，但这样做是否真的足够：如果我们遗漏了重要的信息，则我们对班级规模效应的估计仍然是有偏的。

这种潜在的遗漏变量偏差可以通过加入正确的控制变量来加以克服，但如果这些数据不可得(例如，校外学习机会很难度量)，则我们可以使用另一种可选方法，即工具变量回归。该回归需要一个与班级规模相关(相关性)，同时与构成误差项的测试成绩决定因素(如父母对学习的重视、课外学习机会、教师质量和学校设施等)不相关(外生性)的工具变量。

如何寻找一个既能引起班级规模随机的外生变化，又不与测试成绩的其他决定因素相关的工具变量呢？霍克斯比(Hoxby，2000)提出使用生物学理论。由于出生时间的随机波动，每年前往学前班报到的新生人数都不同。尽管进入学前班的实际儿童人数可能是内生的(有关学校的报道可能会影响父母是否将子女送入私立学校)，但她指出进入学前班的潜在儿童人数，即学区内 4 岁的儿童人数，主要是由于孩子出生日期随机波动所导致的。

潜在入学人数是有效工具变量吗？是否外生取决于它是否同测试成绩的不可观测决定因素相关。显然，潜在入学人数中与生物学相关的波动是外生的，然而，有些家长选择离开管理不善的学区而搬到逐步改善的学区同样影响潜在入学人数的波动。一旦如此，潜在入学人数的增加就可能同诸如学校管理水平等不可观测因素相关，这又会导致工具变量无效。霍克斯比认为在这个原因的作用下，潜在学生人数会在几年内平滑变化，而出生日期的随机波动则会导致入学人数出现短期“峰值”。因此，她使用潜在入学人数与其长期趋势的偏离程度(而非潜在入学人数)作为工具变量。该偏离程度满足工具变量相关性的临界值标准(本研究中第一阶段 F 统计量的值大于 100)。她给出了一个工具外生性的好例子，但正如所有工具变量分析一样，假设的可靠性始终是一个判断的问题。

霍克斯比基于 20 世纪 80～90 年代美国康涅狄格州小学的详细面板数据进行分析。该面板数据集允许引入学校固定效应，这也是除工具变量法以外能够克服学校层面遗漏变量偏差的另一种方法。TSLS 估计表明，班级规模对测试成绩的影响很小，大部分估计结果都不具有统计显著性。

对心脏病采取积极治疗法有助于延长生命吗？对心脏病(急性心肌梗死，AMI)患者进行积极治疗可能有助于延长生命。在新兴治疗手段(本例中为心脏导管插入术[⊖])推广到一般应用之前，必须进行临床试验，即一系列旨在度量其效果和副作用的随机对照实验。但临床试验效果良好是一方面，在实际应用中的效果又是另一方面。

估计心脏导管插入术实际功效的一个出发点是对比接受治疗和没有接受治疗的患者的情况。这就需要建立患者寿命对二元治疗变量(患者是否接受了心脏导管插入术)和其他影响死亡率的控制变量(如年龄、体重、其他健康条件情况等)的回归。指示变量的系数则为接受该治疗所增加的患者期望寿命。然而，OLS 估计存在偏差：心脏导管插入术并非“随机”对患者实施，而是在医生和患者认为其可能有效时才被实施的。如果是否治疗取决于不在模型中但与患者寿命相关的不可观测因素，则治疗变量将会同回归误差项相关。如果最健康的患者接受了治疗，则 OLS 估计量将是有偏的(治疗与遗漏变量相关)，此时接受治疗将会看上去比其真实效果更有效，即高估了疗效。

我们可以通过基于有效工具变量的工具变量回归来消除这一潜在的偏差。工具变量必须既与治疗相关(满足相关性)，又与影响寿命的遗漏的健康因素无关(满足外生性)。

如何寻找这种既影响治疗又不会直接影响健康结果的工具变量呢？麦克莱伦、麦克尼尔和纽豪斯(McClellan，McNeil，and Newhouse，1994)认为可以使用地理位置这一变量。在他们的数据集里大部分医院都不提供心脏导管插入手术，所以许多患者前往普通医院的距离要近于去心脏导管插入术医院的距离。因此，麦克莱伦、麦克尼尔和纽豪斯将患者的住宅到最近的心脏导管插入术医院的距离同住宅到最近普通医院的距离之差作为工具变量，而如果最近的医院为心脏导管插入术医院，则距离为 0，否则为正。如果上述相对距离影响了接受治疗的概率，那么它就是相关的。此外，如果相对距离在心脏病患者中随机分布，则其是外生的。

与最近的心脏导管插入术医院的相对距离是否为有效工具变量呢？麦克莱伦、麦克尼尔和纽豪斯并没有给出第一阶段 F 统计量的值，但他们给出了其不是弱工具的其他经验证据。这一距离测度是外生的吗？他们做出两点论证：首先，基于自身医学专业知识及对医疗保障系统的了解，他们指出到医院的距离与决定心脏病结果的任何不可观测因素无关；其次，他们拥有影响心脏病结果的其他变量(如患者体重等)的数据，而距离与这些可观测的寿命决定因素无关，他们认为，这更加表明距离与误差项中的不可观测因素无关。

基于 1987 年全美 64 岁以上的心脏病患者共 205 021 个样本观测值，麦克莱伦、麦克尼尔和纽豪斯得到了令人震惊的结论：TSLS 估计结果表明，心脏导管插入术对于健康的效应很小，几乎为 0，即心脏导管插入术无法延长患者寿命。相反，OLS 估计则表明，该手术能起到很大作用。他们将这种差异解释为 OLS 估计存在偏差的证据。

⊖ 心脏导管插入术是一种将导管插入血管且引导至心脏以获取心脏及冠状动脉信息的手段。

麦克莱伦、麦克尼尔和纽豪斯的工具变量方法还有一个非常有趣的解释。OLS 分析使用了实际治疗作为回归变量，但由于实际治疗本身是患者和医生做出的决定，故他们指出实际治疗和误差项相关。相反，TSLS 使用的是预期治疗，而预期治疗的变化是由工具变量的变化所导致：距离做心脏导管插入术医院更近的患者更可能接受该治疗。

上述解释隐含了两层含义：首先，IV 回归实际上所估计出的治疗效果并非针对“典型”随机抽取的患者，而是针对那些将距离作为治疗决定的重要参考因素的患者。治疗对这些患者的效果可能与典型患者的效果不同，这也解释了在临床试验中估计的治疗效果好于麦克莱伦、麦克尼尔和纽豪斯的 IV 回归的结果。其次，它给出了在这种情况下寻找工具变量的一般策略：找到一个影响治疗概率的工具，该工具除了通过治疗可能性对结果产生影响之外，与结果并不相关。上述两点在第 13 章的实验和“准实验”研究中都有所应用。

12.6 结论

从黄油价格上涨导致购买量减少的估计出发，我们将工具变量方法推广到一般应用中，以进行一个或多个解释变量同误差项相关时的回归估计。工具变量回归利用工具变量分离出那些在回归中与误差项无关的内生解释变量变动；这是两阶段最小二乘法的第一阶段。它使我们能够在两阶段最小二乘法的第二阶段估计我们感兴趣的效应。

成功的 IV 回归要求工具变量有效，即工具变量既是相关的(不是弱工具变量)，也是外生的。如果工具变量是弱的，则即使在大样本下 TSLS 估计量也可能有偏，且基于 TSLS 的 t 统计量和置信区间的统计推断也不可靠。幸运的是，当只存在一个内生解释变量时，可以简单通过查看第一阶段 F 统计量来检验是否为弱工具变量。

如果工具变量不是外生的，即指一个或多个工具变量与误差项相关，则 TSLS 估计量是不一致的。如果工具变量的个数比内生解释变量多，则可以通过过度识别约束检验的 J 统计量来检查工具变量的外生性。然而，我们无法检验“外生工具变量至少和内生解释变量一样多”这一核心假设。因此，这就需要借助实证分析专家的意见或利用自己对实证应用的理解来评估该假设是否合理。

IV 回归是一种发掘内生解释变量中的已知外生变化的方法，这一点可以用来指导我们在具体应用中寻找潜在工具变量，这一点也是项目评估领域内许多实证分析的基础，与此相关的是，实验和准实验方法经常被用于估计项目、政策或其他干预的效果。在这些应用中又会产生很多其他问题——例如，如果心脏导管插入术案例中不同“患者”对同一“治疗”产生不同反应时，该如何解释工具变量结果。上述问题及其他项目评估问题将在第 13 章进行讨论。

本章小结

1. 工具变量回归是一种当一个或多个解释变量同误差项相关时进行因果系数估计的方法。
2. 内生变量是与方程中的误差项相关的变量；外生变量则与这些误差项无关。
3. 有效工具变量必须满足：①与内生解释变量相关；②是外生的。
4. IV 回归要求工具变量的个数至少与所包含的内生解释变量个数一样多。

5. TSLS估计有两个阶段。第一步，建立内生解释变量对外生解释变量和工具变量的回归；第二步，建立被解释变量对外生解释变量和第一阶段得到的内生解释变量预测值的回归。
6. 弱工具变量(工具变量与内生解释变量几乎无关)会导致TSLS估计量有偏，同时使TSLS置信区间与假设检验结论不可靠。
7. 如果工具变量不是外生的，则TSLS估计量不一致。

重要术语

工具变量(IV)回归	工具变量(工具)	内生变量
外生变量	工具变量相关条件	工具变量外生条件
两阶段最小二乘法	外生解释变量	恰好识别
过度识别	不可识别	简化式
第一阶段回归	第二阶段回归	弱工具变量
第一阶段 F 统计量	过度识别约束检验	

内容复习

12.1 在式(12-3)所示的需求曲线模型中，$\ln(P_i^{\text{butter}})$ 同误差项 u_i 为正相关还是负相关？如果用OLS法估计 β_1，你认为其估计值比 β_1 的真值更大还是更小？并对此做出解释。

12.2 在本章的香烟需求研究中，假设我们以州内人均占有的树木量作为工具变量，则这个工具变量是相关的吗？是外生的吗？是有效工具变量吗？

12.3 假设莱维特(Levitt)在入狱对犯罪率效应的研究中将人均占有律师的人数作为工具变量，则这个工具变量是相关的吗？是外生的吗？是有效工具变量吗？

12.4 McClellan，McNeil和Newhouse(1994)在对心脏导管插入术的效应研究中将患者距离做心脏导管插入术医院和普通医院的距离之差作为工具变量。你如何确定该工具变量是否相关，以及是否外生？

习 题

12.1 参照表12-1中的面板数据IV回归结果回答下列问题：

(1) 假设联邦政府打算对香烟征收一种新型税，预计会使每包香烟的零售价格上涨0.5美元，如果每包香烟当前的价格为7.5美元，使用列(1)中的IV回归预测需求的变化，并构建需求变化的95%置信区间。

(2) 假设美国经济进入衰退期，收入下降2%，使用列(1)中的IV回归预测需求的变化。

(3) 假设衰退期持续不到一年，则你认为用列(1)中的IV回归来回答第(2)问的问题所得到的答案可靠吗？为什么？

(4) 假设列(1)中的 F 统计量为3.7而不是33.7，那么使用这个IV回归来回答第(1)问中的问题所得到的答案可靠吗？为什么？

12.2 考虑如下一元回归模型：$Y_i=\beta_0+\beta_1X_i+u_i$。假设重要概念4-3中的假设均成立。

(1) 证明 X_i 是一个有效工具变量，即证明当 $Z_i=X_i$ 时重要概念12-3的条件成立。

(2) 证明当 Z_i 满足如上选择方式时，重要概念 12-4 中 IV 回归假设成立。

(3) 证明基于 $Z_i=X_i$ 的 IV 估计量与 OLS 估计量相同。

12.3 某同学对式(12-1)中误差项的方差估计十分感兴趣。

(1) 假设她使用 TSLS 第二阶段回归所得到的估计量：$\hat{\sigma}_a^2=\frac{1}{n-2}\sum_{i=1}^{n}(Y_i-\hat{\beta}_o^{\text{TSTL}}-\hat{\beta}_1^{\text{TSTL}}\hat{X}_i)^2$，其中 $\hat{X}_i$ 为第一阶段得到的拟合值。这个估计量是一致的吗？(假设样本容量非常大，且 TSLS 估计量在本质上和 β_0、β_1 相同。)

(2) $\hat{\sigma}_b^2=\frac{1}{n-2}\sum_{i=1}^{n}(Y_i-\hat{\beta}_o^{\text{TSTL}}-\hat{\beta}_1^{\text{TSTL}}X_i)^2$ 是一致的吗？

12.4 考虑有一个内生解释变量和一个工具变量的 TSLS 估计。第一阶段回归所得到的预测值为 $\hat{X}_i=\hat{\pi}_0+\hat{\pi}_1Z_i$。利用样本方差和协方差的定义证明 $s_{\hat{X}Y}=\hat{\pi}_1s_{ZY}$ 和 $s_{\hat{X}}^2=\hat{\pi}_1s_Z^2$，并使用该结论将附录 12B 中式(12-4)的推导过程补充完整。

12.5 考虑如下工具变量回归模型：$Y_i=\beta_0+\beta_1X_i+\beta_2W_i+u_i$ 其中，X_i 与 u_i 相关，Z_i 为工具变量。假设重要概念 12-4 中前三个假设成立，则下面四个情形中，哪一个工具变量假设不成立？

(1) Z_i 与(Y_i，X_i，W_i)独立。

(2) $Z_i=W_i$。

(3) 对所有 i，都有 $W_i=1$。

(4) $Z_i=X_i$。

12.6 在含有一个内生解释变量 X_i 和一个工具变量 Z_i 的 IV 回归模型中，X_i 对 Z_i 回归的 $R^2=0.05$，其中 $n=100$，Z_i 是强工具变量吗？(提示：参考式(7-14)。)而当 $R^2=0.05$ 且 $n=500$ 时，你的结论会有所改变吗？

12.7 在含有一个内生解释变量 X_i 和两个工具变量 Z_{1i}，Z_{2i} 的 IV 回归模型中，J 统计量的值为 J=1.82。

(1) 这是否意味着 $E(u_i|Z_{1i}, Z_{2i})\neq 0$？试解释。

(2) 这是否意味着 $E(u_i|Z_{1i})\neq 0$？试解释。

12.8 某产品市场供给函数为 $Q_i^s=\beta_0+\beta_1P_i+u_i^s$，需求函数为 $Q_i^d=\gamma_0+u_i^d$，市场均衡条件为 $Q_i^s=Q_i^d$，其中 u_i^s 和 u_i^d 为独立同分布随机变量，且均值都为 0。

(1) 证明 P_i 和 u_i^s 相关。

(2) 证明 β_1 的 OLS 估计量不一致。

(3) 如何估计 β_0，β_1 及 γ_0？

12.9 研究人员对关于服兵役对人力资本的影响感兴趣。他收集了 4 000 位年龄为 40 岁的工人的随机样本并建立 OLS 回归 $Y_i=\beta_0+\beta_1X_i+u_i$，其中 Y_i 为工人的年收入，X_i 为二元变量，若服过兵役，其取值为 1，否则为 0。

(1) 解释为什么 OLS 估计可能是不可靠的。(提示：回归中遗漏了哪些变量？它们与服兵役相关吗？)

(2) 越南战争期间，一次征兵的次序由彩票号码决定(将一年 365 天由数字 1～365 随机排列，出生日期排第一位的人被最先征调，其次是生日排第二的人，以此类推)。解释如何利用彩票作为工具变量估计服兵役对收入的影响？(关于该问题的更多信息，请参阅 Joshua D. Angrist(1990)。)

12.10 考虑工具变量回归模型 $Y_i=\beta_0+\beta_1X_i+\beta_2W_i+u_i$，$Z_i$ 为工具变量。现假设没有 W_i 的数据，从而估计了忽略 W_i 后的回归模型。

(1) 假设 Z_i 同 W_i 不相关，则该 IV 估计量是一致的吗？

(2) 假设 Z_i 同 W_i 相关，则该 IV 估计量是一致的吗？

实证练习

12.1 生育如何影响劳动力供给？即女性再生一个小孩时，她的劳动力供给将下降多少？本练习将用到美国 1980 年人口普查中已婚女性的数据来估计这一效应。[㊀] 数据见本文网站 http://www.pearsonhighered.com/stock_watson 中的数据文件 Fertility，关于数据的详细描述见文件 Fertility_Description。该数据集包含了年龄为 21～35 岁且有两个及两个以上孩子的已婚女性信息。

(1) 利用 OLS 估计 weeksworked 对指示变量 morekids 的回归，从平均水平看，有两个以上孩子的女性的工作时间要少于有两个孩子的女性吗？少多少？

(2) 解释为什么(1)中的 OLS 回归不能合理估计 morekids 对 weeksworked 的因果效应。

(3) 数据集包含了变量 samesex，当最大的两个孩子性别相同时，其值等于 1(男孩-男孩或女孩-女孩)，否则等于 0。则前两个孩子性别相同时，该夫妇生第三个孩子的可能性是否更大？该效应大吗？是否统计显著？

(4) 解释为什么 samesex 是 weeksworked 对 morekidsIV 回归中的一个有效工具变量。

(5) samesex 是弱工具变量吗？

(6) 将 samesex 作为工具变量估计 weeksworked 对 morekids 的 IV 回归，生育对劳动供给的影响有多大？

(7) 当劳动供给的回归中引入变量 ageml、African Americans、Hispan 和 othrace 后，估计结果会有所改变吗(将这些变量作为外生解释变量)？并解释原因。

12.2 观看暴力性影片是否会导致暴力行为？如果是，当一部暴力影片上映后，暴力犯罪事件将更加频繁。若相反，则观看影片能使其他诱发暴力行为的事件(如酒精消费)减少，从而暴力事件发生次数下降。在本文网站 http://www.pearsonhighered.com/stock_watson 中可以找到 Movies 数据文件 Movies，其中包含了 1995～2004 年期间共 516 个周末暴力事件发生次数和影片观看人数。[㊁] 关于数据的描述见文件 Movies_Description。数据集中包括美国强暴力影片(如 Hannibal)、轻微型暴力影片(如 Spider-Man)及非暴力影片(如 Finding Nemo)上映期间周末观看人数数据，还包括在同一周末美国部分地区暴力事件发生的次数。此外，数据集中还包括年份、月份、周末是否处于节假日，以及天气数据等。

(1) ①暴力事件发生次数的对数(ln_assaults = ln(assaults))对年份和月份指示变量进行回归，暴力事件是否具有季节性？即是否存在某些月份暴力事件发生更频繁？解释你的结论。

②电影观看总人数(attend = attend_

㊀ 数据由马里兰大学的 William Evans 教授提供，数据来源于他同 Joshua Angrist 合著的论文 "Children and Their Parents' Labor Supply: Evidence from Exogenous Variation in Family Size," American Economic Review, 1998, 88(3): 450-477。

㊁ 数据由加州大学圣迭戈分校 Gordon Dahl 和加州大学伯克利分校 Stefano DellaVigna 提供，来源于他们合著的论文 "Does Movie Violence Increase Violent Crime?" Quarterly Journal of Economics, 2009, 124(2): 677-734。

v+attend_m+attend_n）对年份和月份指示变量回归，观看电影的行为是否具有季节性？解释你的结论。

（2）进行 ln_assaults 对 attend_v、attend_m、attend_n、年份指示变量、月份指示变量，以及天气和是否为节假日等控制变量的回归。

①基于上述回归，观看强暴力影片会增加或减少暴力事件吗？如果会，增加或减少多少？该效应估计值在统计上是否显著？

②强暴力影片的观看相比轻微型暴力影片的观看对暴力事件的影响有无区别？与观看非暴力影片的影响是否有区别？

③假设一部强暴力大片上映，周末电影院的观看人数增加了 600 万；与此同时，轻微型暴力影片观看人数减少了 200 万，非暴力影片减少 100 万。试预测其对暴力事件的影响，并构建暴力事件变化的 95% 置信区间。（提示：回顾 7.3 节及式（8-7）和式（8-8）的内容。）

（3）很难控制所有影响暴力事件且与观看影片人数相关的因素。例如，天气的影响只能通过数据集已有的天气变量进行粗略估计。然而，数据集中还包括一些工具变量集—pr_attend_v，pr_attend_m，pr_attend_n 等与观看人数有关，但与其他既影响暴力事件又影响影片观看人数等可能因素（如天气）不相关。这些工具变量在预测给定周末的电影观看人数时用的是先验历史信息，而不是与特定周末相关的信息。例如，如果一个影片上映后第二周的观看人数很多，则可以预测第一周观看人数也很多（这些工具变量的构建方法详见 Dahl and Della Vigna 合著的论文）。以变量 pr_attend_v，pr_attend_m，pr_attend_n 作为变量 attend_v、attend_m 和 attend_n 的工具变量，进行（2）中的回归（包含年份、月份、节假日及天气控制变量）。并用该 IV 回归结果回答（2）中的①～③。

（4）（3）中工具变量选取的直观想法是某周末的电影观看人数与相邻几周相关。每一条记录中，数据集包含了临近几周电影观看人数。用变量 attend_v_f，attend_m_f，attend_n_f 和 attend_v_b，attend_m_b，attend_n_b 代替（3）中的工具变量再做回归。并根据该 IV 回归结果回答（2）中的①～③。

（5）（3）和（4）中一共列出了 9 个工具变量，识别时只需要 3 个即可。试做重要概念 12-6 中介绍的过度识别检验。关于工具变量有效性你能得出什么结论？

（6）基于你的分析，关于暴力电影对于（短期）暴力行为的影响，你能得出什么结论？

12.3　（参考附录 12E）查阅本文网站 http://www.pearsonhighered.com/stock_watson 找到数据集 WeakInstrument，其中包含了 200 个观测值（Y_i，X_i，Z_i），对 $Y_i=\beta_0+\beta_1 X_i+u_i$ 进行工具变量回归。

（1）计算 $\hat{\beta}_1^{TSTL}$ 及其标准误，并构建 β_1 的 95% 置信区间。

（2）计算 X_i 对 Z_i 回归的 F 统计量。存在“弱工具变量”问题的证据吗？

（3）利用安德森-鲁宾（Anderson-Rubin）检验步骤构建 β_1 的 95% 置信区间。（为了进行该过程，假设 $-5\leqslant\beta_1\leqslant 5$。）

(4) 讨论(1)和(3)中置信区间的差异。哪一个更可靠?

附录 12A　香烟消费面板数据集

该数据集包括了 1985～1995 年美国 48 个州的年度数据。其中，消费量为每个财政年度由各州的税收数据推算而来的每年人均香烟销售数量，价格为每个财政年度内每包香烟含税实际(通货膨胀调整后)平均零售价格，收入为实际人均收入。一般销售税为适用于全部消费品的州际平均销售税，单位：美分/包。香烟专项税为仅对香烟征收的税收。本章回归中所有的价格、收入和税收数据都通过消费价格指数进行平减，因此是以不变(实际)美元价格来表示的。再次感谢麻省理工学院的 Jonathan Gruber 教授为我们提供这些数据。

附录 12B　式(12-4)中 TSLS 估计量公式的推导

TSLS 的第一阶段是使用 OLS 建立 X_i 对工具变量 Z_i 的回归，从而计算出 OLS 预测值 $\hat{X}_i$。第二阶段用 OLS 建立 Y_i 对 $\hat{X}_i$ 的回归。因此，以预测值 $\hat{X}_i$ 的形式所表示出的 TSLS 估计量公式就是将重要概念 4-2 中的 X_i 用 $\hat{X}_i$ 代替后的 OLS 估计量公式。即 $\hat{\beta}_1^{TSTL}=\dfrac{s_{\hat{X}Y}}{s_{\hat{X}}^2}$，其中 $s_{\hat{X}}^2$ 为 $\hat{X}_i$ 的样本方差，$s_{\hat{X}Y}$ 为 Y_i 和 $\hat{X}_i$ 的样本协方差。

由于 $\hat{X}_i$ 是通过第一阶段回归得到的 X_i 的预测值，即 $\hat{X}_i=\hat{\pi}_0+\hat{\pi}_1 Z_i$，则样本方差和协方差的定义意味着 $s_{\hat{X}Y}=\hat{\pi}s_{ZY}$ 及 $s_{\hat{X}}^2=\hat{\pi}_1^2 s_Z^2$(习题 12.4)。因此，TSLS 估计量可以写作 $\hat{\beta}_1^{TSTL}=\dfrac{s_{\hat{X}Y}}{s_{\hat{X}}^2}=\dfrac{s_{ZY}}{\hat{\pi}_1 s_Z^2}$。最后，由于 $\hat{\pi}_1$ 为 TSLS 第一阶段的 OLS 斜率系数，$\hat{\pi}_1=\dfrac{s_{ZX}}{s_Z^2}$，将 $\hat{\pi}_1$ 的公式代入 $\hat{\beta}_1^{TSTL}=\dfrac{s_{ZY}}{\hat{\pi}_1 s_Z^2}$ 中，即可得到式(12-4)中的 TSLS 估计量公式。

附录 12C　TSLS 估计量的大样本分布

本附录研究 12.1 节中所讨论的 TSLS 估计量的大样本分布，该设定形式中包含了一个工具变量、一个内生解释变量，且不存在外生解释变量。

首先，我们推导出由误差表示的 TSLS 估计量公式，这也是我们进行下一步讨论的基础。该公式类似于附录 4C 中式(4-28)的 OLS 估计量表达式。

由式(12-1)可知，$Y_i-\bar{Y}=\beta_1(X_i-\bar{X})+(u_i-\bar{u})$。相应地，$Z$ 和 Y 之间的样本协方差可以表示为

$$
\begin{aligned}
s_{ZY}&=\frac{1}{n-1}\sum_{i=1}^{n}(Z_i-\bar{Z})(Y_i-\bar{Y})\\
&=\frac{1}{n-1}\sum_{i=1}^{n}(Z_i-\bar{Z})[\beta_1(X_i-\bar{X})+(u_i-\bar{u})]\\
&=\beta_1 s_{ZX}+\frac{1}{n-1}\sum_{i=1}^{n}(Z_i-\bar{Z})(u_i-\bar{u})\\
&=\beta_1 s_{ZX}+\frac{1}{n-1}\sum_{i=1}^{n}(Z_i-\bar{Z})u_i
\end{aligned}
\tag{12-19}
$$

其中，$s_{ZX}=\left(\dfrac{1}{n-1}\right)\sum_{i=1}^{n}(Z_i-\bar{Z})(X_i-\bar{X})$，最后一个等式成立是因为 $\sum_{i=1}^{n}(Z_i-\bar{Z})=0$。将 s_{ZX} 的定义式和式(12-19)中最后一个表示式代入 $\hat{\beta}_1^{TSLS}$ 的定义，并且分子分母同时乘以 $\dfrac{n-1}{n}$ 可得

$$
\hat{\beta}_1^{TSLS}=\beta_1+\frac{\frac{1}{n}\sum_{i=1}^{n}(Z_i-\bar{Z})u_i}{\frac{1}{n}\sum_{i=1}^{n}(Z_i-\bar{Z})(X_i-\bar{X})}
\tag{12-20}
$$

重要概念 12-4 中 IV 回归假设成立时 $\hat{\beta}_1^{TSLS}$ 的大样本分布

式(12-20)中 TSLS 的估计量与附录 4C 中式(4-28)类似，除了其分子为 Z 而非 X，且分母为 Z 和 X 的协方差而非 X 的方差。由于这些相似性，且 Z 是外生的，附录 4C 中 OLS 估计量在大样本下服从正态分布的推导可以推广至 $\hat{\beta}_1^{TSLS}$。

具体地，当样本容量较大时，$\bar{Z}\approx\mu_Z$，因此分子近似于 $\bar{q}=\left(\frac{1}{n}\right)\sum_{i=1}^{n}q_i$，其中 $q_i=(Z_i-\mu_Z)u_i$，由于工具变量是外生的，故 $E(q_i)=0$。由重要概念 12-4 中的 IV 回归假设可得 q_i 是方差为 $\sigma_q^2=\mathrm{var}[(Z_i-\mu_Z)u_i]$ 的独立同分布。由此可知 $\mathrm{var}(\bar{q})=\sigma_{\bar{q}}^2=\frac{\sigma_q^2}{n}$，同时根据中心极限定理，在大样本条件下 $\frac{\bar{q}}{\sigma_{\bar{q}}}$ 服从 $N(0,1)$。

因为样本协方差是总体协方差的一致估计量，即 $s_{ZX}\xrightarrow{p}\mathrm{cov}(Z_i,X_i)$，又因为工具变量是相关的，故其不为 0。根据式(12-20)可知 $\hat{\beta}_1^{TSLS}\approx\beta_1+\frac{\bar{q}}{\mathrm{cov}(Z_i,X_i)}$，因此在大样本下，$\hat{\beta}_1^{TSLS}$ 近似服从 $N(\beta_1,\sigma_{\hat{\beta}_1^{TSLS}}^2)$，其中 $\sigma_{\hat{\beta}_1^{TSLS}}^2=\frac{\sigma_{\bar{q}}^2}{[\mathrm{cov}(Z_i,X_i)]^2}=\left(\frac{1}{n}\right)\frac{\mathrm{var}[(Z_i-\mu_Z)u_i]}{[\mathrm{cov}(Z_i,X_i)]^2}$，即式(12-8)所给出的表达式。

附录 12D 工具变量非有效时 TSLS 估计量的大样本分布

本附录讨论了在 12.1 节的设定形式(一个 X 和一个 Z)中，当工具变量有效性的某个条件不成立时 TSLS 估计量的大样本分布。如果工具变量相关性条件不成立，则 TSLS 估计量的大样本分布是非正态的，仅是两个正态随机变量之比。如果工具变量外生性条件不成立，则 TSLS 估计量不一致。

弱工具变量下 $\hat{\beta}_1^{TSLS}$ 的大样本分布

首先考虑工具变量不相关 $\mathrm{cov}(Z_i,X_i)=0$ 的情形，则附录 12C 中的推导出现分母为 0 的情况。为避免这一问题，我们观察式(12-20)中总体协方差等于 0 时分母项的取值。

首先，重新表述式(12-20)。由于样本均值的一致性，故在大样本下，$\bar{Z}$ 趋于 μ_Z，$\bar{X}$ 趋于 μ_X。因此式(12-20)中分母项近似于 $\left(\frac{1}{n}\right)\sum_{i=1}^{n}(Z_i-\mu_Z)(X_i-\mu_X)=\left(\frac{1}{n}\right)\sum_{i=1}^{n}r_i=\bar{r}$，其中 $r_i=(Z_i-\mu_Z)(X_i-\mu_X)$。令 $\sigma_r^2=\mathrm{var}[(Z_i-\mu_Z)(X_i-\mu_X)]$，$\sigma_{\bar{r}}^2=\frac{\sigma_r^2}{n}$，同时 $\bar{q}$、σ_q^2 和 $\sigma_{\bar{q}}^2$ 的定义遵循附录 12C。则式(12-20)意味着，在大样本下，有

$$\hat{\beta}_1^{TSLS}\approx\beta_1+\frac{\bar{q}}{\bar{r}}=\beta_1+\left(\frac{\sigma_{\bar{q}}}{\sigma_{\bar{r}}}\right)\left(\frac{\frac{\bar{q}}{\sigma_{\bar{q}}}}{\frac{\bar{r}}{\sigma_{\bar{r}}}}\right)$$

$$=\beta_1+\left(\frac{\sigma_q}{\sigma_r}\right)\left(\frac{\frac{\bar{q}}{\sigma_{\bar{q}}}}{\frac{\bar{r}}{\sigma_{\bar{r}}}}\right)\tag{12-21}$$

如果工具变量不相关，则 $E(r_i)=\mathrm{cov}(Z_i,X_i)=0$。因此，$\bar{r}$ 是随机变量 r_i 的样本平均数，而 r_i，$i=1,\cdots,n$ 为独立同分布(第二个最小二乘假设)，其方差为 $\sigma_r^2=\mathrm{var}[(Z_i-\mu_Z)(X_i-\mu_X)]$(由第三个 IV 回归假设可知其是有限的)且均值为 0(因为工具变量不相关)。根据中心极限定理可得到 $\frac{\bar{r}}{\sigma_{\bar{r}}}$ 近似服从 $N(0,1)$。因此，式(12-21)中最后一个表达式意味着，在大样本下，$\hat{\beta}_1^{TSLS}-\beta_1$ 的分布为 aS 的分布，其中 $a=\frac{\sigma_q}{\sigma_r}$，而 S 是两个随机变量之比，每个随机变量都服从标准正态分布(这两个标准正态随机变量是相关的)。

换言之，当工具变量不相关时，分别把中心极限定理应用到 TSLS 估计量的分子和分

母中，可以得到TSLS估计量的大样本分布是两个正态随机变量之比的分布。由于X_i和u_i相关，故这两个正态随机变量相关，因此当工具变量不相关时，TSLS估计量的大样本分布比较复杂。实际上，使用不相关工具变量的TSLS估计量的大样本分布以OLS估计量的概率极限为中心。因此当工具变量不相关时，TSLS既不能消除OLS中的偏差，同时它在大样本下也不服从正态分布。

弱工具变量的情形是介于不相关工具变量和正态分布(附录12C中)之间。当工具变量为弱但并非不相关时，TSLS估计量的分布仍然是非正态的，故这里给出的工具变量不相关极端情形下的一般结论同样适用于弱工具变量情形。

工具变量内生时$\hat{\beta}_1^{TSLS}$的大样本分布

式(12-20)最后一个表达式的分子依概率收敛到$\text{cov}(Z_i, u_i)$。如果工具变量是外生的，上式等于0，同时TSLS估计量是一致的(假设工具变量不是弱工具变量)。然而，如果工具变量不是外生的，且其不是弱工具变量，有$\hat{\beta}_1^{TSLS} \xrightarrow{p} \beta_1 + \frac{\text{cov}(Z_i, u_i)}{\text{cov}(Z_i, X_i)} \neq \beta_1$，即不满足外生性时，TSLS估计量不一致。

附录12E 存在潜在弱工具变量时的工具变量分析方法

本附录讨论当存在潜在弱工具变量情况时的工具变量分析方法。这里集中讨论含有一个内生解释变量的情形(式(12-13)和式(12-14))。

弱工具变量的检验

重要概念12-5的经验法则指出，当第一阶段F统计量小于10时意味着工具变量是弱的。这一经验法则的一个来源是TSLS估计量偏差的近似表达式。令β_1^{OLS}表示OLS估计量β_1的概率极限，而$\beta_1^{OLS}-\beta_1$表示OLS估计量的渐近偏差(如果解释变量是内生的，则$\hat{\beta}_1 \xrightarrow{p} \beta_1^{OLS} \neq \beta_1$)。可以证明存在多个工具变量时，TSLS估计量的偏差近似于$E(\hat{\beta}_1^{TSLS})-\beta_1 \approx \frac{\beta_1^{OLS}-\beta_1}{E(F)-1}$，其中$E(F)$是第一阶段$F$统计量的期望。如果$E(F)=10$，那么TSLS的偏差大约是OLS偏差的$\frac{1}{9}$，或稍多于10%，而这在大多数实际应用中是可以接受的。将$E(F)>10$替换为$F>10$，就得到了重要概念12-5中的经验法则。

以上想法涉及存在多个工具时TSLS估计量偏差的近似公式。但在大多数应用中，工具变量的个数m较小。Stock和Yogo(2005)给出了弱工具变量的正式检验方法，避免了m较大时近似带来的问题。在Stock-Yogo检验中，原假设是工具变量为弱工具变量，备择假设是工具变量为强工具变量，其中强工具变量的定义为其TSLS估计量的偏差最多为OLS估计量偏差的10%。该检验需要比较第一阶段F统计量(出于技术考虑，这里仅使用同方差适用的F统计量)与临界值(这一临界值受到工具个数的影响)的大小。然而，在5%的显著水平下，临界值的范围是9.08～11.52，因此比较F是否大于10的经验法则是Stock-Yogo检验的一个较好近似。

β的假设检验和置信集

若工具变量为弱工具变量，则TSLS估计量有偏且不服从正态分布。因此$\beta_1=\beta_{1,0}$假设对应的TSLS的t统计量不再可靠，β_1的TSLS置信区间同样不可靠。然而，无论工具变量是强或弱甚至不相关，仍存在其他方法可以检验这一假设并构建β_1的置信区间。当存在一个内生解释变量时，选择莫雷拉(Moreira, 2003)的条件似然比(CLR)检验较为合适。而一种适用于任意个数的内生解释变量的检验方法是基于安德森-鲁宾(Anderson-Rubin, 1949)统计量的检验。因为安德森-鲁宾统计量在概念上较简单，故先对其做简单介绍。

$\beta_1=\beta_{1,0}$ 的安德森-鲁宾检验分为两步进行。第一步，计算变量 $Y_i^*=Y_i-\beta_{1,0}X_i$。第二步，建立 Y_i^* 对外生解释变量(W)和工具变量(Z)的回归。安德森-鲁宾统计量是检验 Z 的系数全为 0 的 F 统计量。在原假设 $\beta_1=\beta_{1,0}$ 成立的条件下，若工具变量满足外生性条件(重要概念 12-3 的第二个条件)，则它们在第二步回归中应与回归误差项无关，从而拒绝原假设的概率仅为 5%。

正如我们在 3.3 节和 7.4 节所讨论的，可以通过假设检验中无法拒绝的一系列参数取值来构建置信集。所以，不被 5% 的安德森-鲁宾检验所拒绝的 β_1 的取值构成了 β_1 的 95% 置信集。当采用同方差适用的公式进行计算时，安德森-鲁宾置信集就可以通过求解二次方程的方法进行构建(见实证练习 E12.3)。安德森-鲁宾统计量背后的逻辑推理不需要假设工具变量相关，而且无论工具变量是强或弱甚至不相关，安德森-鲁宾置信集在大样本下的覆盖概率均为 95%。

CLR 统计量同样可以用来检验假设 $\beta_1=\beta_{1,0}$。似然比统计量比较了原假设下的似然值(见附录 11B)和备择假设下的似然值，如果备择假设下的似然值充分大于原假设下的似然值，则拒绝原假设。本文中我们较熟悉的很多检验统计量，如多元回归中的同方差适用 F 统计量，在误差项为同方差且服从正态分布的假设条件下，可由似然比统计量推出。但与本文其他检验不同，CLR 检验的临界值依赖于数据，尤其是依赖于衡量工具变量强弱的统计量。无论工具变量是强或弱甚至不相关，只要设定正确的临界值，CLR 检验就有效。CLR 置信区间是 CLR 检验无法拒绝的 β_1 的取值集合。

当工具变量为强工具变量时，CLR 检验等价于 TSLS 的 t 检验；当工具变量为弱工具变量时，这一检验也具有很强的检验功效。CLR 的缺陷在于当存在不止一个内生解释变量时很难计算。在这种情况下，推荐使用安德森-鲁宾检验(和置信集)；然而，当工具变量为强工具变量(此时 TSLS 有效)且系数是过度识别时，安德森-鲁宾检验的功效弱于 TSLS 的 t 检验。

β 的估计

当工具变量不满足相关性时，如果没有进一步的限制，即使在大样本下也无法得到 β_1 的无偏估计量。对于弱工具变量，CLR 检验或安德森-鲁宾检验的系数置信区间比点估计更为可靠。

弱工具变量情形下 IV 回归的估计、假设检验和置信区间问题成为当前研究的一个前沿领域。要想了解这一领域的更多信息，请浏览本书网站。

附录 12F　含有控制变量的 TSLS

在重要概念 12-4 中，我们假设变量 W 是外生的。这里考虑 W 为非外生，它们仅是为了保证 Z 的外生性而引入的控制变量。在 TSLS 中使用控制变量的逻辑类似于 OLS 中的逻辑：如果一个控制变量能够有效地控制一个遗漏因素，则工具变量同误差项就会不相关。因为控制变量同误差项相关，则控制变量的系数不具有因果解释。TSLS 中控制变量的数学推导类似 OLS 中控制变量的数学推导过程，同时放松误差项“条件均值为 0”的假设，而是假定给定 Z 和 W 的条件下，误差项的条件均值不再依赖 Z。本附录使用了附录 6E 的结论(带控制变量的 OLS)，在学习本附录之前应简单回顾一下附录 6E。

考虑式(12-12)中具有一个 X 和一个 W 的 IV 回归模型

$$Y_i=\beta_0+\beta_1X_i+\beta_2W_i+u_i \tag{12-22}$$

我们将重要概念 12-4 中的第一个 IV 回归假设[$E(u_i \mid W_i)=0$]替换为假设在给定 W_i 的条件下，u_i 的均值不依赖于 Z_i

$$E(u_i \mid W_i,\ Z_i)=E(u_i \mid W_i) \tag{12-23}$$

下一步与附录 6E 中的式(6-23)～式(6-25)

中包含控制变量的回归对应。假设 $E(u_i \mid W_i)$ 对 W_i 是线性的，因此 $E(u_i \mid W_i)=\gamma_0+\gamma_1 W_i$，其中 γ_0 和 γ_1 为系数。得

$$\begin{aligned} Y_i &= \beta_0+\beta_1 X_i+\beta_2 W_i+u_i-E(u_i \mid W_i, Z_i)+ \\ &\quad E(u_i \mid W_i, Z_i) \\ &= \beta_0+\beta_1 X_i+\beta_2 W_i+\varepsilon_i+\gamma_0+\gamma_1 W_i \end{aligned} \tag{12-24}$$

其中，第一行在式(12-22)的右侧加上和减去 $E(u_i \mid W_i, Z_i)$，第二行定义 $\varepsilon_i=u_i-E(u_i \mid W_i, Z_i)$，使用条件均值独立假设和线性得出 $E(u_i \mid W_i, Z_i)=E(u_i \mid W_i)=\gamma_0+\gamma_1 W_i$。因此，可得

$$Y_i=\delta_0+\beta_1 X_i+\delta_1 W_i+\varepsilon_i \tag{12-25}$$

其中，$\delta_0=\beta_0+\gamma_0$ 和 $\delta_1=\beta_2+\gamma_1$。现有 $E(\varepsilon_i \mid W_i, Z_i)=E[(u_i-E(u_i \mid W_i, Z_i) \mid W_i, Z_i)]=E(u_i \mid W_i, Z_i)-E(u_i \mid W_i, Z_i)=0$，推出 $\mathrm{corr}(Z_i, \varepsilon_i)=0$。因此，IV 回归假设 1 和工具变量外生性条件(见重要概念 12-3 中条件 2)对于误差项为 ε_i 的式(12-24)同时成立，因此如果 IV 回归假设 1 替换为式(12-23)中的条件均值独立，则重要概念 12-4 中原始的 IV 回归假设可以应用到式(12-25)的修正回归中。

因为重要概念 12-4 中的 IV 回归假设对式(12-25)成立，因此本章讨论过的所有推断方法(包括弱工具变量和强工具变量)都可以应用于式(12-25)。特别当工具变量是强工具变量时，式(12-25)中的系数的 TSLS 估计量是一致的，且 TSLS 检验与置信区间也是有效的。

与包含控制变量的 OLS 方法类似，在 TSLS 中控制变量 W 的系数也不具有因果解释。TSLS 估计出的式(12-25)中的 δ_1 的结果是一致的，但 δ_1 是 β_2(W 的直接因果效应)和 γ_1(反映了 W 和由 W 控制的 u_i 中的遗漏因素之间的相关性)的加总。

在表 12-1 中的香烟消费回归中，将对数化收入 10 年变化值的系数解释为需求的收入弹性看似十分合理。然而，如果收入的增长与受教育年限的增长相关，并且如果教育能够减少吸烟，则估计出的收入增长对香烟消费的效应包括其自身的因果效应(β_2，收入弹性)加上它与教育的相关性所产生的效应(γ_1)。如果后一个效应为负($\gamma_1<0$)，则表 12-1 中的收入系数($\delta_1=\beta_2+\gamma_1$)将低估收入弹性，但只要式(12-23)中的条件均值独立性假设成立，即使收入弹性的估计值不具有一致性，价格弹性的 TSLS 估计量也具有一致性。

第13章 实验和准实验

CHAPTER13

在很多领域，如心理学和医学领域，人们普遍使用实验方法来估计因果效应。在一种新药被批准大量使用之前，通常会进行实验，实验人员会随机选择一些患者，使其接受这种药物治疗，同时随机选择另外一些患者，接受一种无害且没有治疗作用的替代物(一种“安慰剂”)的治疗。只有当这种随机对照实验能够提供令人信服的统计证据，证明这种药是安全且有效时，这种药才会被批准广泛使用。

为什么要在计量经济学课程中学习随机对照实验？主要有三个理由：第一，理想化的随机对照实验提供了一种基准，当我们用可观测的数据来估计因果效应时，可以依据这一基准来判断估计的合理性；第二，当我们进行随机对照实验时，实验结果具有重要的影响，所以，理解实验的局限性和有效性威胁，与理解实验的优点是同等重要的；第三，外部环境有时能够提供一种随机化的环境，换言之，由于发生某一外部事件，一些个体得到了处理，并且这些处理“似乎”是随机实施的，或者这一随机性可能是以一些控制变量为条件的。这种“似乎”随机性提供了一种准实验或自然实验。此时，许多用于随机对照实验的分析方法(经过一些修正)可以用于分析准实验。

本章主要讨论经济学中的实验和准实验。本章用到的统计工具包括多元线性回归、面板数据回归及工具变量(IV)回归。本章与其他章的不同之处并不在于所使用的工具，而在于所分析的数据类型，以及分析实验和准实验时遇到的特殊机会和挑战。

本章提到的方法经常被用于经济社会中的项目评估。**项目评估**(program evaluation)主要是分析项目效果、政策效果，以及某些其他类型的介入或处理的效果。一个职业培训项目对提高收入有什么影响？最低工资的提高对低技能工人的就业有什么影响？让来自中等收入家庭的学生获得低成本的学生助学贷款对他们的大学入学率有什么影响？在本章，我们将讨论如何运用实验或准实验方法来评估这些项目。

在13.1节中，我们首先介绍如何运用随机对照实验来估计第1、3、4章中所讨论的因果效应。在现实中，以人为研究对象的实验会遇到一些实际问题，这些问题会带来内部有效性威胁和外部有效性威胁。有关这些威胁及相应处理方法，将在13.2节中进行讨论。13.3节分析了一个重要的随机对照实验。这个实验发生在20世纪80年代末期，在这个实验中，田纳西州的小学生被随机分配到不同规模的班级中。13.4节运用准实验方法估计因果效应，准实验的有效性威胁将在13.5节中进行讨论。13.6节将讨论实验和准实验研究中可能会同时遇到的问题，即当处理效应因个体而异，以及当存在总体异质性时，如何解读因果效应的估计结果。

13.1 潜在结果、因果效应和理想化实验

本节将解释如何运用随机对照实验来估计个体水平因果效应的总体均值，以及如何运用多元回归分析工具分析这类实验中的数据。

13.1.1 潜在结果和平均因果效应

假设你正在考虑是否接受一种药物治疗，或者报名参加一项职业培训项目，抑或做计量经济学习题。一个很自然的问题是，这么做(接受一种处理)对你有什么好处？你会想象到两个情景：接受了处理和没有接受处理。在每一种情景中，都会有一个可评估的结果(如药物治疗的进展、有没有找到一份工作、你的计量经济学成绩)。对你而言，这两种情景的潜在结果的差异便是处理的因果效应。

更广义地讲，一个**潜在结果**(potential outcomes)就是一个个体在潜在处理下得到的结果。这一个体的因果效应是接受处理和不接受处理的潜在结果之间的差异。一般而言，个体的因果效应可以随个体的不同而不同。例如，药物治疗的效果可能与你的年龄、是否吸烟或者其他健康状况有关。问题在于，我们无法对一个单个个体的因果效应进行度量。因为，一个个体要么接受了处理，要么没有接受处理，我们只能观测到这两个潜在结果中的某一个，而无法同时观测到两个潜在结果。

尽管单个个体的因果效应无法度量，但在许多应用中，我们只需要知道总体的平均因果效应就已经足够。例如，在评估职业培训项目时，我们只需要权衡受训者的平均花费和受训者找到工作的平均成功次数。我们所研究的个体因果效应的总体均值被称为**平均因果效应**(average causal effect)或**平均处理效应**(average treatment effect)。

我们可以利用理想化的随机对照实验，来估计一个给定总体的平均因果效应。如何能够做到这一点呢？

首先，假设研究对象是从我们所研究的总体中随机抽选的。因为这些研究对象是通过简单随机抽样选取的，他们的潜在结果及因果效应都来自相同的分布，所以，样本因果效应的期望值就是总体的平均因果效应。紧接着，我们假设这些研究对象被随机分配到处理组或对照组。因为个体的处理状态是随机分配的，所以个体的处理状态与他的潜在结果便是相互独立的。因此，接受处理的期望结果与没有接受处理的期望结果的差值就是因果效应的期望值。因此，当满足从总体中随机抽取样本和将个体随机分配到处理组与对照组这两个条件时，处理组与对照组的潜在结果

差异的期望值就是总体的平均因果效应。正如在 3.5 节中所提出的，相对于不处理($X_i=0$)，处理($X_i=1$)对 Y_i 产生的因果效应等于条件期望之差 $E(Y_i \mid X_i=1)-E(Y_i \mid X_i=0)$，$E(Y_i \mid X_i=1)$ 和 $E(Y_i \mid X_i=0)$ 分别表示理想化随机对照实验中处理组和对照组 Y 的期望值。附录 13C 将给出以上推理的数学处理。

一般而言，个体因果效应可能同时依赖于可观测变量和不可观测变量。我们前面已经遇到过因果效应依赖于可观测变量的情况，例如，第 8 章讨论了小班教学的效果可能依赖于学生是否在学习英语。13.5 节考虑了仅仅依赖可观测变量的因果效应情况。13.6 节将把依赖于不可观测变量的因果效应纳入讨论中。

13.1.2 分析实验数据的计量经济学方法

我们可以通过比较均值的差异，或者使用一个包含用以表达是否接受处理的示性函数和其他控制变量的回归方程来分析随机对照实验的数据。在后一种设定中，带控制变量的差异估计量可以被用于更加复杂的随机化方案中，即随机性依赖于可观测的协变量。

差异估计量(differences estimator)是指处理组和对照组的样本均值之差(见 3.5 节)，可以通过将结果变量 Y 对二元处理变量 X(用以表示是否接受处理的二元变量)进行回归得到

$$Y_i=\beta_0+\beta_1X_i+u_i,\quad i=1,\ 2,\ \cdots,\ n \tag{13-1}$$

正如在 4.4 节中所讨论的，如果 X 是随机分配的，则 $E(u_i \mid X_i)=0$，此时式(13-1)中 β_1 的 OLS 估计量是因果效应的无偏且一致估计量。

带附加解释变量的差异估计量。我们可以通过在回归方程中加入控制变量 W 来提高差异估计量的有效性，即得到带附加解释变量的差异估计量

$$Y_i=\beta_0+\beta_1X_i+\beta_2W_{1i}+\cdots+\beta_{1+r}W_{ri}+u_i,\qquad i=1,\ 2,\ \cdots,\ n \tag{13-2}$$

如果 W 对 Y 有解释作用，则加入 W 会降低回归的标准差，通常也会降低 $\hat{\beta}_1$ 的标准差。正如在 7.5 节和附录 6E 中所讨论的，为了使式(13-2)中因果效应 β_1 的估计量 $\hat{\beta}_1$ 无偏，必须满足条件均值独立假设，即 $E(u_i \mid X_i,\ W_i)=E(u_i \mid W_i)$。如果 W_i 是预处理个体特征，如性别，则该条件得到满足：如果是预处理(pretreatment)特征变量，且 X_i 是随机分配的，则 X_i 独立于 u_i 和 W_i，因此 $E(u_i \mid X_i,\ W_i)=E(u_i \mid W_i)$。式(13-2)中的解释变量 W 不能包括实验结果(给定实验结果，X_i 不是随机分配的)。与通常情况一样，即使在条件均值独立的条件下，控制变量的系数也没有因果效应的含义。

估计依赖于观测值的因果效应。正如在第 8 章所讨论的，若因果效应的大小依赖于观测值，则可以通过在回归方程中加入 X_i 的非线性函数或 X_i 的交互项来估计。例如，如果 W_{1i} 是一个表示性别的二元变量，则男性和女性不同的因果效应可以通过在回归方程式(13-2)中加入交互项 $W_{1i}\times X_i$ 进行估计。

基于协变量的随机化。若分配到处理组的概率依赖于一个或多个可观测变量 W，则这一随机化被称作**基于协变量的随机化**(randomization based on covariates)。如果随机化依赖于协变量，则一般而言，式(13-1)的差异估计量存在遗漏变量偏差。例如，考虑一个假想实验，用于估计强制性计量经济学作业(相对于自主性作业)的因果效应。在这个实验中，假设存在随机分配，但经济学专业学生($W_i=1$)被分配到处理组(强制性作业，$X_i=1$)的概率高于非经济学专业学生($W_i=0$)。如果经济学专业的学生在课程中通常比非经济学专业的学生表现优秀，那么就存在

遗漏变量偏差，因为"被分配到处理组"与"成为经济学专业的学生"这一遗漏变量是相关的。

由于在给定 W_i 时，X_i 是随机分配的，所以这一遗漏变量偏差可以通过使用包含附加控制变量 W_i 的差异估计量来进行消除。给定 W_i 时，X_i 是随机分配的，这意味着 u_i 的均值独立于 X_i，即 $E(u_i \mid X_i, W_i)=E(u_i \mid W_i)$。因此，如果处理效应对于经济学专业与非经济学专业的学生是相同的，则包含控制变量的因果推断的第一条最小二乘假设(重要概念 6-6)得到满足，并且当 X_i 基于 W_i 随机分配时，式(13-2)中的 OLS 估计量 $\hat{\beta}_1$ 是因果效应的无偏估计量。如果处理效应对于经济学专业和非经济学专业的学生是不同的，则需要在式(13-2)中加入交互项 $X_i \times W_i$，该项使得包含控制变量的因果推断的第一条最小二乘假设得到满足。

13.2 实验的有效性威胁

回忆重要概念 9-1：对所研究的总体而言，如果关于因果效应的统计推断是有效的，则称这一统计研究是内部有效的。当统计推断及其结论能推广到其他总体和环境时，则称这一统计研究是外部有效的。当我们对以人为研究对象的实验进行统计分析时，现实中的很多问题会给这一分析的内部有效性和外部有效性带来威胁。

13.2.1 内部有效性威胁

随机对照实验的内部有效性威胁包括未能完全随机分组、没有遵循处理协议、中途退出实验、实验效应和实验样本过小。

未能完全随机分组。如果处理没有被随机分配，而是部分依赖于研究主体的特征或偏好，则实验结果将同时反映处理效应和非随机分配的效应。例如，在职业培训项目的实验中，假设按照参与者的姓氏字母是否落入字母表的前半部分或后半部分为依据，由此来决定是否被分配到处理组。因为姓氏与种族有关，所以处理组和对照组的种族分布会存在系统性差异。不同种族之间在工作经验、教育水平和其他劳动市场特征等方面存在差异，从而导致处理组与对照组在这些遗漏因素(这些因素会影响实验结果)方面存在系统性差异。

我们有办法对随机化进行检验。如果处理是被随机分配的，则 X_i 将和回归式中的前处理个体特征解释变量 W 不相关。因此，**随机处理检验**(test for random receipt of treatment)是指检验 X_i 对 $W_{1i}, W_{2i}, \cdots, W_{ri}$ 的回归中，$W_{1i}, W_{2i}, \cdots, W_{ri}$ 前的系数是否为 0 这一原假设。在职业培训项目的例子中，首先以是否接受职业培训(X_i)为被解释变量，以性别、种族、过往教育背景等前处理特征变量(W_i)为解释变量进行回归。其次计算 F 统计量，以检验 W 前的系数是否联合为 0，即原假设为处理是随机分配的，备择假设为处理依赖于性别、种族、过往教育背景等预处理特征变量(W_i)。如果实验的随机分配是以协变量为条件的，则在建立回归模型时，应该将这些协变量加入。[⊖]

没有遵循处理协议。在现实实验中，参加实验的人员并不总是按要求行事。以职业培训项

⊖ 在这个例子中，X_i 是二元变量，因此，正如在第 11 章中所讨论的，X_i 对 $W_{1i}, W_{2i}, \cdots, W_{ri}$ 的回归是一个线性概率模型，必须使用异方差-稳健标准误。当 X_i 是二元变量时，检验 $E(X_i \mid W_{1i}, W_{2i}, \cdots, W_{ri})$ 不依赖于 $W_{1i}, W_{2i}, \cdots, W_{ri}$，该假设的另一种方法是利用 probit 或者 logit 模型(参考 11.2 节)。

目实验为例，一些被分配到处理组的实验人员可能最终并未参加培训，从而得不到处理。同样，被分配到对照组的人员反而可能会参加培训。

参与实验的个体不完全按照随机处理协议参加实验，被称为对处理协议的**部分服从**(partial compliance)。假设主持实验的人员知道处理有没有被实施(例如，受训者有没有参加培训班)，把实际被实施的处理记作 X_i。在部分服从的情形下，即使初始分配是随机的，但由于个体是否接受处理存在选择行为，致使 X_i 与 u_i 存在相关性。因此，没有遵循处理协议将导致 OLS 估计量有偏。

如果我们有关于实际实施的处理(X_i)及初始随机分配情况的数据，就可以用工具变量回归来估计处理效应。**处理效应的工具变量估计**(instrumental variables estimation of the treatment effect)是利用初始随机分配(Z_i)作为实际实施的处理(X_i)的工具变量来估计式(13-1)，如果存在控制变量的话，则估计式(13-2)。我们知道，一个合格的工具变量必须满足两个条件，即工具变量相关性及外生性(见重要概念 12-3)。只要处理协议是被部分遵守的，实际处理水平则会由初始随机分配水平部分决定，故工具变量 Z_i 满足相关性条件。如果初始分配是随机的，则 Z_i 与 u_i 独立(如果随机化是以协变量 W_i 为条件，则在给定 W_i 的情况下，Z_i 和 u_i 是条件均值独立的)，即工具变量满足外生性条件。因此，在初始随机分配和部分服从的实验中，初始随机分配是一个有效的工具变量。

中途退出实验(attrition)是指被研究个体在被随机分配到处理组或对照组后退出实验的情况。有时候，中途退出原因与实验本身无关。例如，职业培训项目实验的参与者可能需要照顾生病的家人，从而退出实验。然而，如果中途退出实验的原因和处理本身有关，则中途退出实验会导致因果效应的 OLS 估计量有偏。例如，假设职业培训项目中最有能力的受训者凭借在培训项目中获得的职业技能，得到了一份离开实验环境的工作，因此在实验结束时，处理组中留下来的将是能力相对较差的人，则未测量的特征(如能力)的分布在对照组和处理组中将不同(实验使最能干的受训者离开了)。换言之，实验结束后留在样本中的那些人的处理变量 X_i 和 u_i 相关，所以差异估计量将会是有偏的。与处理有关的中途退出实验使得样本选择呈现非随机性，从而将导致选择偏误(重要概念 9-4)。

专栏 13-1

霍桑效应

20 世纪二三十年代，通用电气公司在它的霍桑工厂进行了一系列关于工人生产率的研究。在其中的一项实验中，研究者通过改变电灯泡的瓦数，以观察照明是否会影响电器装配部门女性员工的生产率。在其他实验中，通用电气的研究人员还分别提高或降低休息时间、改变工作车间的布局陈设，以及缩短工作天数。关于这些实验早期有影响力的报告显示，无论电灯变暗还是变亮，无论工作天数变长还是变短，无论工作环境变好还是变差，生产率都会持续上升。研究人员得到结论：生产率的提高并不是由工作环境改变所决定的，而是因为作为实验参与者的工人们感觉到自己受到了关注和重视，因此他们越来越努力地工作。数年后，人们由于成为实验参与者而改变其行为方式的现象被称为霍桑效应。

但是，这个故事还有一个小问题：在仔细检查了原始的霍桑实验数据后，并没有发现霍桑效应(Gillespie，1991；Jones，1992)。尽管如此，在某些实验中，尤其是那些实验结果和实验对象存在利害关系的实验，仅仅成为实验对象本身就会导致实验对象改变其行为方式。一般而言，尽管霍桑效应在原始的霍桑实验数据中并没有得到证明，但霍桑效应和实验效应会对内部有效性带来威胁。

实验效应。实验效应是指，在以人为对象的实验中，仅仅因为成为实验对象本身就会导致实验对象改变其行为方式。有时候，这一现象被称为**霍桑效应**(Hawthorne effect)。

在某些实验中，“双盲实验”会减轻霍桑效应或实验效应。在“双盲实验”中，尽管研究者和实验对象都知道他们参与了实验，但他们并不清楚自己是在处理组或对照组的哪一组。例如，在药物实验中，研究人员有时会把真正的药物和安慰剂做成外形完全一样，以至投放药物的人员和接受治疗的患者都搞不清楚他们正在使用的药物是安慰剂还是真正受测试的药物。如果这个实验是“双盲实验”，则处理组和对照组的组员将存在同样的实验效应，从而两组之间实验结果的差异可以归因于药物作用。

在现实的经济实验中，进行双盲实验经常是不可行的。例如，在职业培训项目中，实验对象和培训教师都清楚实验对象是否正在参加培训。在一个没有被精心设计的实验中，这种实验效应不容忽视。例如，如果实验项目中的教师认为未来受雇用的机会依赖于这次实验的结果，则他们可能会格外努力以使实验项目获得成功。为了判断实验效应会不会导致实验结果的偏误，研究人员需要对实验实施的具体细节进行考察。

样本规模过小。由于以人为实验对象的实验通常成本较高，实验样本有时会很小。小样本不会导致因果效应估计量有偏，但小样本确实意味着因果效应没有得到精确估计。同时，样本过小会威胁到置信区间及假设检验的有效性。因为统计推断是以正态分布临界值和异方差-稳健标准误为基础的，而这恰恰是在大样本下的近似，小样本下的统计分析通常需要假设扰动项为正态分布(见 3.6 节和 5.6 节)。然而，实验数据的正态性假设与可观测数据的正态性假设一样，都是有问题的。

13.2.2 外部有效性威胁

外部有效性威胁导致实验结果难以推广到其他总体和环境。

样本的代表性不足。我们在推广实验结果时，必须保证我们所研究的总体与我们感兴趣的总体之间具有充分的相似性。如果职业培训项目的实验对象为有犯罪前科的人，则实验结果就有可能推广到其他有犯罪前科的人。然而，由于对犯罪记录很忌讳，所以实验结果可能无法推广到那些无犯罪前科的人。

实验项目与实际项目的差异。为了能够有效推广实验结果，必须保证我们所关心的政策或项目与我们所研究的政策或项目有充分的相似性。一个在严格监控下小范围实施的实验项目可能与现实中实际实施的项目截然不同。如果实际实施的项目规模较大且范围较广，则范围的扩大可能使得项目无法得到与实验相同的质量控制，或者得到的资金支持较少，这都会使得范围较大的实际项目不如小范围的实验项目那么有效。实验项目和实际项目的另一个差异可能是持续时间的不同，实验项目只持续到实验结束，而实际项目可能会持续更长的时间。

一般均衡效应。一个与范围和持续时间相关的问题涉及经济学家所说的一般均衡效应。把一个小范围、短期的实验项目推广为广泛实施的、永久的项目可能会充分改变经济环境，以至于实验结果无法被推广。举例说明，一个小型的、实验性的职业培训项目，可能是雇主提供的补充培训，但如果这一职业培训项目被广泛实施和推广，它就会替代雇主提供的培训项目，从而降低项目给受训员工带来的净收益。用计量经济学术语来表达：在保持市场环境或政策环境不变的条件下，一个内部有效的小规模实验能够正确度量因果效应，但一般均衡效应告诉我们，当这些项目被广泛实施时，这些环境因素实际上不可能保持不变。

13.3　减小班级规模效应的实验估计

在这里，我们回到第 2 篇提出的问题：降低班级规模对测试成绩有什么影响？在 20 世纪 80 年代后期，田纳西州进行了一项耗资千万美元的大型随机对照实验，目的是确定降低班级规模是否能够有效提高初等教育水平。这一实验结果深刻影响了我们对降低班级规模效应的理解。

13.3.1　实验设计

田纳西州的这一降低班级规模实验，被称为 STAR(student-teacher achievement ratio)项目。该实验计划用 4 年的时间评估降低班级规模对教学效果的影响。该项实验由田纳西州议会资助，耗资约为 1 200 万美元。本研究主要比较三种不同的班级配置方案：常规班级，即每个班级有 22～25 名学生，由一位教师带班，没有助教；小班级，即每个班级有 13～17 名学生，一位教师带班，没有助教；带助教的常规班级，即在常规班级的基础上附加一位助教。

参加实验的学校必须拥有上述至少一种班级配置，这些学校的学生在 1985～1986 学年被随机分配到一种班级，教师也被随机分配到一种班级。

根据最初的实验协议，学生在历时 4 年(从学前班到小学三年级)的实验中必须留在最初分配给自己的班级中。然而，由于家长的抱怨和投诉，最初在学前班被分配到常规班级(有或没有助教)的学生在小学一年级的期初被再次随机分配到带助教或不带助教的常规班级；最初被分配到小班级的学生都留在了小班级中。直接从小学一年级开始入学的学生(学前班是可上可不上的)，在实验的第二年，被随机分配到三种班级中的一个。参加实验的学生每年都会参加阅读和数学的标准化测试(Stanford Achievement Test)。

为达到实验规定的班级规模，项目支付了聘请额外教师和助教的费用。在研究的第一年里，大约有 6 400 名学生分别被分配到了 108 个小班级、101 个常规班级和 99 个带助教的常规班级。在 4 年的研究过程中，总共有 80 个学校的 11 600 位学生参与了实验。

偏离实验设计。实验协议规定了学生可以在实验刚开始时要求重新随机分配，但不能在实验过程中调换班级类型。然而，由于各种原因(如学生不适应班级环境或同学间关系不融洽)，大约 10%的学生在实验过程中调换了班级，而调换班级的行为是对随机分配计划的偏离。考虑到真实的调换原因，调换班级可能会导致实验结果的偏误。如果仅仅由于和实验无关的个性冲突原因而调换班级，则不会导致实验结果出现偏误。然而，如果这些调换是因为家长关心孩子的教育而强迫学校把孩子调换到小班，则这些调换行为就违反了实验协议，因而可能会夸大小班的教学效果。另一种偏离实验协议的情况是，学生由于搬入学区或搬出学区导致班级规模的增减。

13.3.2 对 STAR 数据的分析

由于存在两个处理组(小班级和带助教的常规班级),因此差异估计量的回归方程需要进行修正才能分析两个处理组和一个对照组的情况。通过在回归方程中引入两个二元变量就能完成这一修正,一个二元变量表示学生是否在小班级,另一个二元变量则表示学生是否在带助教的常规班级,修正后的总体回归模型如下

$$Y_i = \beta_0 + \beta_1 \text{SmallClass}_i + \beta_2 \text{RegAide}_i + u_i \tag{13-3}$$

式中,Y_i 代表测试成绩;当第 i 个学生在小班级中时,$\text{SmallClass}_i = 1$,否则为 0;当第 i 个学生在带助教的常规班级中时,$\text{RegAide}_i = 1$,否则为 0。β_1 代表小班级(相对于不带助教的常规班级)对测试成绩的影响,β_2 代表带助教的常规班级(相对于不带助教的常规班级)对测试成绩的影响。该实验的差异估计量可使用 OLS 对式(13-3)中的参数 β_1 和 β_2 得到。

由于实验的设计,观测变量不服从独立同分布。特别地,一旦一所学校被选中,学校里的所有学生都会参与进来。由于某所学校的学生通常来自同一地区,他们有相似但未观察到的特点,例如父母教育,因此,式(13-3)中的误差项 u_i 在同一所学校的学生之间相关。虽然这种相关性不会导致估计量有偏,但标准误的计算方法需要允许这种相关性。由于聚类标准误允许个体内部(学校内)的相关性,而不允许个体之间(学校之间)的相关性(参见 10.5 节和附录 10B),因此我们计算聚类在学校层面的标准误。

表 13-1 分别给出了式(13-3)中差异估计量的估计结果。表 13-1 中,被解释变量 Y_i 是指学生在标准化测试中取得的成绩(数学和阅读分数的加总)。根据表 13-1 的估计结果,对学前班学生来说,如果被分配到小班级,相对于被分配到不带助教的常规班级而言,他们的成绩能够提高 13.9 分,然而带助教的常规班级的效应估计值只有 0.31 分。在每一个年级,小班级对测试成绩没有改善的原假设均在 0.5%的显著性水平下(双边检验)被拒绝。然而,在一年级之外的其他年级,即使在 10%的显著性水平下,我们也无法拒绝“带助教的常规班级(相对于不带助教的常规班级)对测试成绩没有改善”这一原假设。虽然小班级对测试成绩的改善估计值在一年级中是最大的,但估计值的量级在学前班、二年级、三年级等不同年级是十分接近的。

表 13-1 STAR 项目:班级规模对标准化测试成绩效应的差异估计值

解释变量	年级			
	学前班	一年级	二年级	三年级
小班级	13.90	29.78	19.39	15.59
	(4.23)	(4.79)	(5.12)	(4.21)
	[5.48, 22.32]	[20.24, 39.32]	[9.18, 29.61]	[7.21, 23.97]
带助教的常规班级	0.31	11.96	3.48	-0.29
	(3.77)	(4.87)	(4.91)	(4.04)
	[-7.19, 7.82]	[2.27, 21.65]	[-6.31, 13.27]	[-8.35, 7.77]
截距	918.04	1 039.39	1 157.81	1 228.51
	(4.82)	(5.82)	(5.29)	(4.66)
观测个数	5 786	6 379	6 049	5 967

注:这些回归使用的数据是附录 13A 所描述的 STAR 项目公共数据集。其中被解释变量为学生在标准化测试中数学和阅读的总成绩。系数下方的圆括号内给出了聚类在学校层面的标准误,方括号内给出了 95%置信区间。

表 13-1 中的差异估计值显示,减小班级规模对学生的测试成绩有影响,但在常规班级中加入助教的影响就小得多,几乎为 0。正如在 13.1 节中所讨论到的,在表 13-1 的回归中加入其他

解释变量(式(13-2)中的解释变量 W)能够得到因果效应的更有效的估计值。此外，如果因为违反实验协议而导致处理的非随机化，则包含其他解释变量的回归结果与不包含其他解释变量的回归结果(表 13-1 中所给出的)存在较大差异，即二者给出不同的差异估计值。出于以上原因，式(13-3)所示的包含其他解释变量的回归结果在表 13-2 中给出。表 13-2 报告的是学前班阶段的实验效应估计结果。表 13-2 的第(1)列重复了表 13-1 第(1)列的结果，第(2)～(4)报告了加入刻画教师、学校和学生特征的解释变量后的实验效应。

表 13-2 STAR 项目：包含其他解释变量时的差异估计值(学前班)

解释变量	(1)	(2)	(3)	(4)
小班级	13.90 (4.23) [5.48, 22.32]	14.00 (4.25) [5.55, 22.46]	15.93 (4.08) [7.81, 24.06]	15.89 (3.95) [8.03, 23.74]
带助教的常规班级	0.31 (3.77) [-7.19, 7.82]	-0.60 (3.84) [-8.25, 7.05]	1.22 (3.64) [-6.04, 8.47]	1.79 (3.60) [-5.38, 8.95]
教师的教学年限		1.47 (0.44) [0.60, 2.34]	0.74 (0.35) [0.04, 1.45]	0.66 (0.36) [-0.05, 1.37]
男孩				-12.09 (1.54)
享受免费午餐的资格				-34.70 (2.47)
非洲裔美国人				-25.43 (4.52)
非洲裔美国人或白人以外的种族				-8.50 (12.64)
学校的指示变量	无	无	有	有
$\bar{R}^2$	0.01	0.02	0.22	0.28
观测个数	5 786	5 766	5 766	5 748

注：这些回归使用的数据是附录 13A 所描述的 STAR 项目公共数据集。其中被解释变量为学生在标准化测试中数学和阅读的总成绩。所有回归都包含截距(未报告)。由于数据缺失导致不同回归的观测变量个数不同。系数下方的圆括号内给出了聚类在学校层面的标准误，方括号内给出了 95%置信区间。

表 13-2 的主要结论是：加入其他解释变量后，两种处理的因果效应估计值(见表中的(2)～(4)列)与第(1)列的结果是相似的。换言之，加入这些可观测解释变量后，并没有改变因果效应的估计结果。这使我们更加相信，对小班级的随机分配并不依赖于不可观测变量。正如预期的一样，加入其他解释变量后增加了回归的 $\bar{R}^2$ 值，班级规模效应估计值的标准误也从第(1)列的 4.23 下降到第(4)列的 3.95。

由于在同一个学校内，教师会被随机分配到不同类型的班级中，因此实验使我们能够估计教师经验对测试成绩的影响。用 13.1 节的术语来表达，即随机化是以协变量 W 为条件的，其中 W 是表征每个学校的所有二元变量。也就是说，W 表示学校的所有固定效应。因此，在给定 W 的条件下，工作经验是被随机分配到每个班级中的，这预示着式(13-2)中的 u_i 满足条件均值独立假设，其中变量 X 是班级规模处理变量及教师的教学年限，变量 W 是学校的所有固定效应。由于教师在不同学校之间并没有被随机分配，因此当回归(表 13-2 第(2)列)中没有加入学校固定效应时，教师的教学年限会与误差项相关。例如，更富裕学区的教师可能有更长的教学年限。

当学校固定效应被加入回归方程后，教师教学年限这一变量的系数估计值降低了一半，即从表 13-2 的第(2)列的 1.47 降到表 13-2 第(3)列的 0.74。由于教师在同一所学校内是随机分配的，因此第(3)列给出了教学年限对测试成绩影响的无偏估计值。班级规模效应估计值 0.74，虽然该估计值未能得到精确估计，但估计值大小适中：10 年的教学经验预测可以提高测试成绩 7.4 分，95%置信区间为[0.4，14.5]。

我们很想解读表 13-2 列出的其他系数，但像控制变量的系数一样，总的来说它们不具有因果效应解释能力。

解读班级规模效应的估计结果。从现实角度看，表 13-1 和表 13-2 中的班级规模效应是偏大还是偏小？有两个方法来回答这个问题：第一，我们可以将测试成绩的变化估计值以测试成绩的标准差为单位来重新表述，从而使得表 13-1 中的估计值可以在不同年级之间进行比较；第二，我们可以将班级规模效应的估计值和表 13-2 中的其他系数进行比较。

因为对不同的年级而言，测试成绩的概率分布是不同的，故我们不能将表 13-1 中的效应在不同年级之间进行直接比较。我们在 9.4 节碰到过这个问题，当时我们使用加利福尼亚州和马萨诸塞州的数据分别估计了学生-教师比的下降对测试成绩的影响，然后我们想比较二者的大小。因为这两项测试是不同的，所以我们不能直接比较系数大小。9.4 节给出的解决方案是把效应估计值的单位转化为测试成绩的标准差，这样一来，可以将学生-教师比降低 1 个单位引起测试成绩的变化用标准差来度量。我们在这里也运用这个方法，从而表 13-1 中的效应估计值便可以在不同年级之间进行比较。举个例子，学前班学生的测试成绩标准差是 73.75，因此表 13-1 中学前班的小班效应是$\frac{13.9}{73.75}=0.19$，对应的标准差为$\frac{4.23}{73.75}=0.06$。

表 13-3 总结了以测试成绩标准差为单位度量的表 13-1 中班级规模效应的估计值。以标准差为单位的结果显示，小班效应在学前班、小学二年级和小学三年级等年级是相似的，且大约是测试成绩标准差的$\frac{1}{5}$。类似地，带助教的常规班级效应在学前班、小学二年级和三年级等年级大约为 0。小学一年级的处理效应估计值更大，然而，在一年级阶段，小班效应和带助教的常规班级效应之间的差异估计值为 0.20，这一结果和其他年级的情况相同。因此，对一年级估计结果的一个解释是，对照组中的学生(不带助教的常规班级)由于某些不寻常的原因碰巧在这一年没有发挥好，或者仅仅是由随机抽样变动所导致的。

表 13-3　以测试成绩标准差为单位表示的班级规模效应估计值

处理组	年级			
	学前班	一年级	二年级	三年级
小班级	0.19 (0.06)	0.33 (0.05)	0.23 (0.06)	0.21 (0.06)
带助教的常规班级	0.00 (0.05)	0.13 (0.05)	0.04 (0.06)	0.00 (0.06)
测试成绩的样本标准差(s_Y)	73.75	91.25	84.08	73.27

注：表中前两行的估计值和标准误是由表 13-1 中的效应估计值除以本实验中相应年级成绩的样本标准差(本表最后一行)计算得到的。圆括号内给出的是聚类在学校层面的标准误。

评价小班效应估计值大小的另一种方法是对表 13-2 中的处理效应估计值和其他系数的估计值进行比较。在学前班阶段，小班效应的估计值是 13.90(表 13-2 的第(1)列)。表 13-2 中第(4)

列的估计结果显示，在保持种族、教师教学年限、享受免费午餐等变量不变的条件下，在标准化测试中，男生的成绩比女生低近 12 分。因此，小班效应在一定程度上大于男女生之间的成绩差异。另外，表 13-2 中第(4)列显示，教师教学年限的系数估计值为 0.66，即一位拥有 20 年教学经验的教师会使测试成绩提高 13 分。因此，小班效应大约和拥有一位 20 年教学经验的教师的效应一样。从以上比较中可以看出，小班授课的影响非常大。

其他结果。计量经济学家、统计学家及研究初等教育的专家对这个实验进行了广泛的研究，我们在这里简要总结一下他们的发现。首先，小班效应集中在低年级阶段，这一点可从表 13-3 中看到；除了一年级的结果比较反常以外，小班级和常规班级之间的成绩差距在各个年级中基本保持不变(学前班阶段为 0.19 个标准差，二年级阶段为 0.23 个标准差，三年级阶段为 0.21 个标准差)。因为最初被分配到小班级的学生此后一直待在小班级，从而一直待在小班并不会产生超额收益；相反，最初分配产生的收益会一直保留到高年级，但处理组和对照组之间的差距并没有变大。另一个发现是，正如表 13-3 第 2 列所显示的，在常规班级中配备助教的收益有限。关于这个实验结果的解读，我们潜在的担忧是，一些学生并没有遵守实验协议(一些学生出现转班现象)。如果在实验前对学前班的初始排班是随机的，且对测试成绩没有直接影响，则初始的排班可以作为一个工具变量，它在一定程度上(但不完全)决定了最终的排班结果。Krueger (1999)采用了这种方法。他用两阶段最小二乘法估计了班级规模对测试成绩的影响，其中的工具变量是初始的排班计划。他发现，两阶段最小二乘估计值和 OLS 估计值是相似的，由此他得出结论：偏离实验协议不会给 OLS 估计值带来很大的偏误。所有这些结果的外部有效性问题在于，它们仅适用于较窄的衡量标准，即年轻人的考试成绩。Chetty 等人(2011 年)使用税收数据检查 STAR 实验中学生的长期结果。令人惊讶的是，他们发现，随机分配到幼儿园小班学习的学生比随机分配到常规班级的同龄人的上大学率更高。[⊖]

13.3.3 比较班级规模效应的观测估计和实验估计

STAR 项目实验提供了一个机会，将因果效应的实验估计值与使用观察数据得出的估计值进行比较，这在经济学上是罕见的。我们在第 2 篇给出了利用加利福尼亚州和马萨诸塞州学区观测数据得出的班级规模效应的估计结果。在那些数据中，班级规模不是随机分配的，而是由当地学校主管根据教育目标和预算现实之间的平衡来决定的。我们该如何对这些观测估计值和从 STAR 项目中得到的实验估计值进行比较呢？

为了把加利福尼亚州和马萨诸塞州的估计结果与表 13-3 中的估计结果相比较，我们需要考察相同幅度的班级规模减小量，并用可比的单位来表示这些预测值，例如以标准差为单位来衡量。在 STAR 实验进行的四年间，小班级平均比常规班级少近 7.5 名学生，因此我们利用观测估计值来预测每班减少 7.5 名学生对测试成绩的影响。根据表 9-3 第一列中基于线性设定的 OLS 估计值，加利福尼亚州的学生-教师比降低 7.5，测试成绩将提高 5.5 分($0.73\times7.5\approx5.5$)。加利福尼亚州测试成绩的标准差为 38 分，因此降低 7.5 名学生的效应是 0.14 个标准差

⊖ 想了解更多关于 STAR 项目的信息，可参见 Mosteller(1995)、Mosterller、Light 和 Sachs(1996)，以及 Krueger (1999)。Ehrenberg、Brewer、Gamoran 和 Willams(2001a，2001b)讨论了 STAR 项目，并将它置于有关班级规模政策及相关主题的讨论中。关于对 STAR 项目的批评，可参考 Hanushek(1999a)。有关班级规模和测试成绩关系的更一般性讨论，可参考 Hanushek(1999b)。

$\left(\frac{5.5}{38}=0.14\right)$。[⊖]加利福尼亚州的斜率估计值的标准差为0.26(见表9-3)，因此以标准差为单位来衡量的话，减少7.5名学生的效应估计值的标准差为0.05$\left(\approx 0.26\times\frac{7.5}{38}\right)$。因此，根据加利福尼亚州的数据可知，若以测试成绩的标准差为单位，班级规模减少7.5名学生的效应估计值为0.14个标准差，而标准误为0.05。表13-4对这些计算结果和马萨诸塞州的类似计算结果进行了总结，表中还列出了来自表13-2中的学前班阶段的STAR实验估计结果。

表13-4 基于STAR数据、加利福尼亚州及马萨诸塞州观测数据得到的学生-教师比降低7.5的效应估计值

研究	$\hat{\beta}_1$	学生-教师比变化	学生间测试成绩的标准差	效应估计值	95%置信区间
STAR(学前班)	-13.90 (4.23)	小班级对比常规班级	73.8	0.19 (0.06)	[0.08, 0.30]
加利福尼亚州	-0.73 (0.26)	-7.5	38.0	0.14 (0.05)	[0.04, 0.24]
马萨诸塞州	-0.64 (0.27)	-7.5	39.0	0.12 (0.05)	[0.02, 0.22]

注：基于STAR数据的系数估计值$\hat{\beta}_1$来自表13-2的第(1)列。基于加利福尼亚州和马萨诸塞州数据的系数估计值来自表9-3的第(1)列。效应估计值分别是小班级相对于常规班级的效应(对于STAR研究)或学生-教师比降低7.5的效应(对加利福尼亚州和马萨诸塞州研究)。学生-教师比降低的95%置信区间为效应估计值±1.96倍标准误。效应估计值下方圆括号内的数值是其标准误。

根据加利福尼亚州和马萨诸塞州观测数据得到的效应估计值小于STAR实验估计值。不同的研究得到了不同的估计结果，这可能是由于随机抽样的可变性所致的，因此比较这三个效应估计值的置信区间会更有意义。根据学前班阶段的STAR数据估计得到的小班效应95%的置信区间(表13-4的最后一列)为0.08～0.30，基于加利福尼亚州观测数据估计得到的95%置信区间是0.04～0.24，对于马萨诸塞州，估计得到的95%置信区间是0.02～0.22。由此可见，根据加利福尼亚州和马萨诸塞州数据估计得到的95%置信区间包含了基于STAR数据估计得到的95%置信区间的大部分数值。从这个角度看，这三项研究得到的估计值的取值范围惊人地相似。

有很多原因可以解释实验估计值和观测估计值的差异。其中的一个原因是，正如在9.4节中所讨论的，观测估计值中仍存在内部有效性威胁。例如，由于学生搬进或者搬出了学区，学区的学生-教师比数据可能并没有反映真实的学生-教师比情况，从而会导致测量误差偏误，使得马萨诸塞州和加利福尼亚州的学生-教师比的系数偏向于0。另外，在观测研究中所用的学生-教师比可能与STAR项目中的实际学生数根本不是一回事。其他原因与外部有效性有关。STAR项目的实验环境是20世纪80年代的南部地区，这与20世纪90年代的加利福尼亚州和马萨诸塞州的情况可能差异很大，且三项研究所针对的年级也存在差异(STAR项目关注学前班到小学三年级，马萨诸塞州关注的是四年级，而加利福尼亚州关注的则是五年级)。鉴于以上这些原因，导致所得的估计值不同，但可以认为这三项研究的结果是非常相似的。观测研究的估计值与STAR实验的估计值很相似，这一点表明：这两项观测估计值的内部有效性威胁是很小的。

⊖ 在表9-3中，效应估计值使用学区间测试成绩的标准差来表示；但在表13-3中，效应估计值则使用学生间测试成绩的标准差来表示。学生间测试成绩的标准差要大于学区间测试成绩的标准差。例如，在加利福尼亚州，学生间测试成绩的标准差为38，而学区间测试成绩的标准差为19.1。

13.4　准实验

随机对照实验的统计知识和研究方法可以被运用到非实验的环境中。**准实验**(quasi-experiment)又被称为**自然实验**(natural experiment)，在准实验中，随机性是通过个体环境的变化产生的，从而使得处理看上去是类似随机分配的。这些个体环境的变化可能源于多变且不易预测的法律制度、所处地区、政策或项目实施的时点、自然随机事件(如生日、降雨等)或者其他与所研究的因果效应无关的因素。

我们考虑两种类型的准实验：在第一种准实验中，我们把个人(或更一般的主体)是否接受处理看作似乎是随机决定的。在这种情况下，我们可以利用 OLS 估计以二元处理变量 X_i 作为解释变量的回归模型，从而得到因果效应的估计结果。在第二种准实验中，这种“似乎”的随机变化只是部分决定处理水平。在这种情况下，因果效应可通过工具变量回归进行估计，其中，我们用“似乎”随机变化的来源作为工具变量。

在给出一些例子后，这一节将拓展 13.1 节和 13.2 节中的计量经济学方法，并将它们运用到准实验数据的分析中去。

13.4.1　例子

我们将通过举例来说明两种类型的准实验。在例 1 中，处理本身“似乎”是随机决定的。在例 2 和例 3 中，“似乎”随机的变化只是影响，而不是完全决定处理水平。

例 1：外来移民的劳动力市场效应。外来移民会不会降低工资？经济理论显示，如果外来移民的流入导致劳动力供给增加，则劳动力的“价格”(工资)会降低。然而，在保持其他条件不变，外来移民倾向去劳动力需求更大的城市，故外来移民对工资影响的 OLS 估计值将会有偏误。为了估计外来移民对工资的影响，一个理想化的随机对照实验会将不同数量的外来移民(不同的“处理”)随机分配到不同的劳动力市场(“研究对象”)，并测算这些处理对工资的影响(“实验结果”)。然而，这样的实验在操作层面、资金层面及道德层面都面临很大的问题。

为了研究该问题，劳动经济学家 David Card(1990)采用了一个准实验的方法。在实验中，大量的古巴移民人口在“马列尔偷渡事件”(Mariel boatlift)中来到迈阿密和佛罗里达的劳动力市场，这也导致了古巴在 1980 年暂时提高了对出国移民的限制。半数的外来移民定居在迈阿密，部分是因为迈阿密之前就存在大规模的古巴社区。Card 通过比较相同一段时间内迈阿密低技能工人和美国类似城市中同类工人的工资，估计了外来移民的增加对工资的因果效应。他总结到，大规模的外来移民对低技能工人工资的影响是可以忽略的。

例 2：参军对个体收入的影响。参军的经历会不会提高你在劳动力市场中的表现呢？雇主可能会对你在参军期间学到的一些技能感兴趣。然而，如果我们利用个体收入对先前服兵役的经历进行回归以估计服兵役经历对退役后收入的影响，则这一效应的 OLS 估计量可能存在偏误，这是因为是否参军这件事情至少在一定程度上是由个体选择或个体特征所决定的。

为了避免这种选择偏误，Joshua Angrist(1990)采用了准实验方法进行研究。在这个实验中，他检验了那些曾经在越南战争中为美国军队服役过的人的资料。在这段时间内，一个年轻男子是否会被征召入伍，在部分程度上由基于出生日期的全国抽签系统决定：被随机分配到小的抽签数字的人有资格入伍，抽签数字大的人则没有。但实际上，是否入伍是由复杂的规则所决定的，包括身体检查和某些豁免，同时还有些年轻人自愿入伍服役，因此是否服役只是部分受到你在抽签系统获得的资格的影响。因此，抽签系统分配的服役资格可以作为工具变量，它部分决定了最终是否服兵役，并且是随机分配的。在这个案例中，存在一种真正的随机分配方案，即通过抽签入伍的分配，但由于这种随机分配方案并没有作为评估服兵役因果效应的随机实验的一部分而被执行，从而这是一个准实验。Angrist 得到的结论是：服兵役的长期效应是降低了白种人(而不是非白种人)退伍老兵的收入。

例3：心脏导管插入手术的效应。12.5 节描述了 McClellan、McNeil 和 Newhouse(1994)的研究，在这个研究中，他们利用了心脏病患者的住宅到最近的心脏导管插入术医院的距离同住宅到最近的普通医院的距离之差作为接受心脏导管插入手术的工具变量。这项研究是一个准实验，在这个实验中，二者距离之差在一定程度上决定了患者是否接受手术，即是否接受手术这一处理被距离这一变量部分决定。实际上，心脏导管插入手术这一处理是由患者的个人特征及患者和医生的决策共同决定的。然而，如上所述，这一处理也受到附近医院是否能实施这一手术的影响。如果患者的住宅位置是类似随机分配的，且对健康结果没有直接影响(它仅会通过影响心脏导管插入手术的实施概率而影响健康结果)，则到心脏导管插入术医院的相对距离是一个有效的工具变量。

13.4.2　倍差估计量

在控制可观测变量 W 的条件下，如果准实验中的处理是类似随机分配的，则处理效应可以用式(13-2)所示的差异估计量的回归模型进行估计。但是，由于研究人员未能控制实验的随机化，即使在控制了 W 后，处理组和对照组的样本仍然存在差异。为此，一种解决方法是不再比较结果 Y，而是比较处理前和处理后结果的变化，以此来调整两个组在处理前关于 Y 值的差异。由于这个估计量衡量了组间变化的差异或随时间变化的差异，因此该估计量被称为倍差估计量。例如，在 Card(1990)关于外来移民对低技能工人工资影响的研究中，他使用倍差估计量比较了迈阿密的工资变化和美国其他城市的工资变化。

倍差估计量。令 $\overline{Y}^{\text{treatment,before}}$ 表示实验前处理组 Y 的样本均值，$\overline{Y}^{\text{treatment,after}}$ 表示实验后处理组 Y 的样本均值，$\overline{Y}^{\text{control,before}}$ 和 $\overline{Y}^{\text{control,after}}$ 分别表示实验前后对照组的样本均值。实验前后处理组中 Y 的均值变化为 $\overline{Y}^{\text{treatment,after}}-\overline{Y}^{\text{treatment,before}}$，同一时期对照组中 Y 的均值变化为 $\overline{Y}^{\text{control,after}}-\overline{Y}^{\text{control,before}}$。**倍差估计量**(differences-in-differences estimator)是处理组中 Y 的均值变化减去对照组中 Y 的均值变化

$$\hat{\beta}_1^{\text{diffs-in-diffs}}=(\overline{Y}^{\text{treatment,after}}-\overline{Y}^{\text{treatment,before}})-(\overline{Y}^{\text{control,after}}-\overline{Y}^{\text{control,before}})=\Delta\overline{Y}^{\text{treatment}}-\Delta\overline{Y}^{\text{control}} \tag{13-4}$$

式中，$\Delta\overline{Y}^{\text{treatment}}$ 为处理组中 Y 的平均变化；$\Delta\overline{Y}^{\text{control}}$ 为对照组中 Y 的平均变化。如果处理是随机分配的，则 $\hat{\beta}_1^{\text{diffs-in-diffs}}$ 是因果效应的无偏和一致估计量。

倍差估计量可以用回归符号表示，令 ΔY_i 表示第 i 个个体实验后的 Y 值减去实验前的 Y 值，则倍差估计量是下列回归中 β_1 的 OLS 估计量

$$\Delta Y_i=\beta_0+\beta_1 X_i+u_i \tag{13-5}$$

图 13-1 给出了倍差估计量的图示。在图中，处理组在实验前 Y 的样本均值是 40，对照组在实验前 Y 的样本均值为 20。实验结束后，对照组 Y 的样本均值增加到 30，而处理组 Y 的样本均值增加到 80。因此，处理后的样本均值之差为 50。然而，该均值差异的一部分是由于处理组和对照组在处理前的均值差异造成的：处理组的起点比对照组高。倍差估计量衡量了处理组相对

于对照组的收益，在本例中，为(80−40)−(30−20)= 30。通过关注 Y 在实验过程中的变化，倍差估计量移除了对照组和处理组之间 Y 的初始值存在差异的影响。

附加额外解释变量的倍差估计量。倍差估计量可以扩展到包含其他解释变量 W_{1i}，W_{2i}，…，W_{ri} 的情形，这些变量刻画了实验前的个体特征或者它们也可能是控制变量。可以用多元回归模型将这些其他解释变量包括进来

$$\Delta Y_i=\beta_0+\beta_1 X_i+\beta_2 W_{1i}+\cdots+\beta_{1+r} W_{ri}+u_i,\ i=1,\ 2,\ \cdots,\ n \tag{13-6}$$

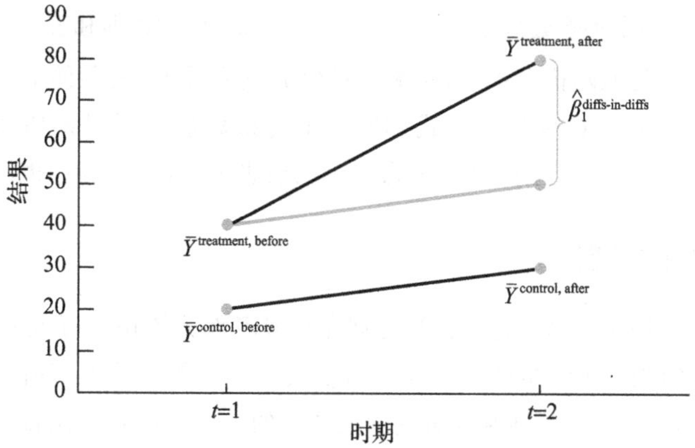

图 13-1　倍差估计量

注：接受处理之后处理组和对照组之间的差异为 80−30=50，但由于接受处理之前处理组的 Y 比对照组高 40−20=20，所以此前的计算高估了处理效应。倍差估计量是最终和最初结果差异之差，即 $\hat{\beta}_1^{\text{diffs-in-diffs}}=(80-30)-(40-20)=50-20=30$。同样，倍差估计量也是处理组的平均变化减去对照组的平均变化，即 $\hat{\beta}_1^{\text{diffs-in-diffs}}=\Delta\bar{Y}^{\text{treatment}}-\Delta\bar{Y}^{\text{control}}=(80-40)-(30-20)=30$。

式(13-6)中，β_1 的 OLS 估计量是**附加额外解释变量的倍差估计量**(differences-in-differences estimator with additional regressors)。如果在给定 W_{1i}，W_{2i}，…，W_{ri} 的条件下，X_i 是类似随机分配的，则 u_i 满足条件均值独立假设，从而式(13-6)中 β_1 的 OLS 估计量是无偏的。

这里描述的倍差估计量只考虑了两期，即实验前和实验后两个时期。在某些情况下，我们会遇到包含多期的面板数据。利用第 10 章的面板数据回归方法，可将倍差估计量拓展到多期的情形。

运用重复截面数据的倍差估计量。一个**重复截面数据**(repeated cross-sectional data)集是一个关于截面数据的集合，其中每个截面数据对应到一个不同的时期。例如，数据集包含 2004 年 400 个个体的观测数据和 2005 年 500 个其他个体的观测数据，共有 900 个不同个体的观测数据。重复截面数据的一个应用案例是政治民意调查，即通过一系列随机抽选的可能选民的调查结果来测量民众的政治偏好。该调查在不同的时期重复进行，每次调查选取不同的调查对象。

采用重复截面数据的前提是，如果个体(或者更一般的实体)是从相同的总体中随机抽取的，则前一期截面数据中的个体可以作为后一期截面数据中的处理组和对照组中个体的代理。

假设存在两期，则重复截面数据对应的回归模型为

$$Y_{it}=\beta_0+\beta_1 X_{it}+\beta_2 G_i+\beta_3 D_t+\beta_4 W_{1it}+\cdots+\beta_{3+r} W_{rit}+u_{it} \tag{13-7}$$

式中，X_{it} 表示第 i 个个体在第 t 期接受的实际处理；G_i 是表示个体是否在处理组(或者如果观测值处于实验前的时期，则表示是否在代理处理组)的二元变量；D_t 是二元变量，第一个时期取 0，第二个时期取 1。如果第 i 个个体在第二个时期处于处理组，则他接受处理，即 $X_{it}=1$。

故在式(13-7)中，$X_{it}=G_i \times D_t$，也就是说，X_{it} 是 G_i 和 D_t 的交互项。

给定 W 的情况下，如果准实验使得处理 X_{it} 是类似随机分配的，则我们可以用式(13-7)中 β_1 的 OLS 估计量来估计因果效应。如果存在两个以上的时期，则需要对式(13-7)加以改进，将其改为包含 $T-1$ 个二元变量以表示不同时期的形式(参见 10.4 节)。

13.4.3 工具变量估计量

假设准实验产生了一个影响处理接受情况的变量 Z_i，若 Z_i 的数据和表示实际接受处理 X_i 的数据都能够得到，且 Z_i 是类似随机分配的(或者在控制其他变量 W_i 的条件下是类似随机分配的)，则 Z_i 是 X_i 的一个有效的工具变量，且式(13-2)中的系数能够通过两阶段最小二乘法得到。式(13-2)中出现的任何控制变量在 β_1 的两阶段最小二乘估计的第一阶段中也作为控制变量出现。

13.4.4 断点回归估计量

准实验的另一个应用场景是：是否接受处理完全或者部分依赖于可观测变量 W 是否超过了某个阈值。例如，假定当一个学生的学年末平均绩点(GPA)低于某个阈值，则这个学生将被要求参加暑期学校。[⊖]那么，估计该强制性暑期学校效果的一个方法是，比较那些平均绩点刚刚低于阈值的学生(因此，需要参加暑期学校)和那些平均绩点刚刚超过阈值的学生(因此，不需要参加暑期学校)在实验后的结果。实验结果 Y 可以是下一学年的 GPA、学生是否退学或未来的收入。只要该阈值除了拥有要求学生参加强制性暑期学校的作用以外，再没有其他任何特殊点，就可以将结果在断点处的跳跃看成是暑期学校的影响。图 13-2 给出了一个假想的数据散点图，其中如果 GPA(W)小于阈值($w_0=2.0$)，则要求学生接受处理(参加暑期学校，X)。散点图显示，假想的学生样本中下一年 GPA(Y)是本年 GPA 的一个函数。散点图同时给出了总体回归函数。如果阈值 w_0 的作用仅仅在于确定参加暑期学校，则下一年 GPA 在 w_0 处发生的跳跃可以看作是对暑期学校影响的估计。

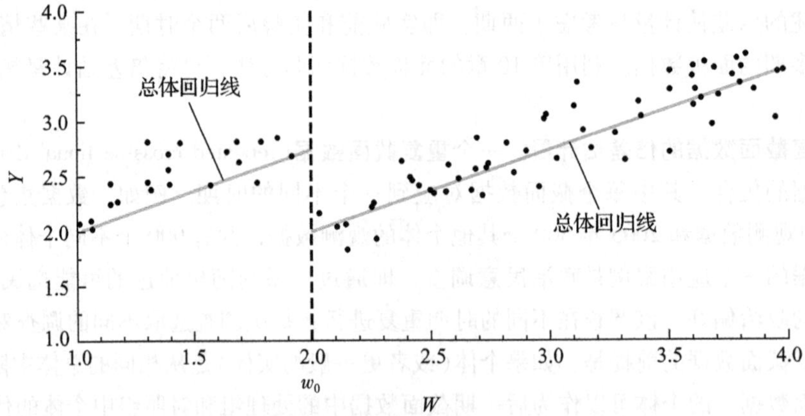

图 13-2 一个假想的断点回归设计散点图

注：假设二元变量 X 和 W 有关，且在 W 小于阈值 $w_0=2.0$ 时取值为 1，否则取值为 0。只要阈值 w_0 的唯一作用是强制处理，则处理效应就可以通过回归函数在 $W=2.0$ 处的跳跃或断点的大小得出。

⊖ 本例是 Jordan Matsudaira(2008)设计的，是关于中小学暑期学校效应的断点回归研究的简化版本，其中，是否参加暑期学校部分取决于年末测试成绩。

由于在阈值处出现了跳跃或断点，因此把那些将断点用于阈值处接受处理的概率的研究称为**断点回归**(regression discontinuity)设计。共有两种断点回归设计：精确断点回归设计和模糊断点回归设计。

精确断点回归设计。在精确断点回归设计中，是否接受处理完全由 W 是否大于阈值决定：所有 $W<w_0$ 的学生参加暑期学校，所有 $W\geqslant w_0$ 的学生不用参加暑期学校。也就是说，如果 $W<w_0$ 则 $X_i=1$，如果 $W\geqslant w_0$ 则 $X_i=0$。此时，阈值处 Y 的跳跃等于 $W=w_0$ 处子总体的平均处理效应，这也可以作为我们感兴趣的更大总体中平均处理效应的近似值。如果除了由处理所导致的不连续(断点)之外，回归函数是 W 的线性函数，则处理效应可以通过下列回归方程中 β_1 估计得到

$$Y_i=\beta_0+\beta_1X_i+\beta_2W_i+u_i \tag{13-8}$$

如果回归方程是非线性的，则可以使用 W 的非线性函数(参见 8.2 节)。

模糊断点回归设计。在模糊断点回归设计中，跨越阈值是决定是否接受处理的一个因素，但并不是唯一的决定因素。例如，假设 GPA 在阈值以下的一些学生没有参加暑期学校，而 GPA 在阈值以上的学生反而参加了暑期学校。如果是否接受处理的决定过程非常复杂，而阈值规则只是这个复杂决策过程中的一部分，则此时模糊断点回归适用。在模糊断点设计中，一般而言，X_i 与式(13-8)中的扰动项相关。如果超越阈值仅仅增加了接受处理的概率，则此时可以使用工具变量方法。具体而言，反映是否超越阈值的二元变量 Z_i(当 $W_i<w_0$ 时，$Z_i=1$；当 $W_i\geqslant w_0$ 时，$Z_i=0$)会影响是否真正接受处理，且 Z_i 与 u_i 不相关，故 Z_i 可以作为 X_i 的工具变量。因此，在模糊断点回归中，β_1 可以通过对式(13-8)进行工具变量估计得到，用表示 $W_i<w_0$ 的二元变量作为工具变量。

13.5　准实验的潜在问题

与所有的实证研究一样，准实验也面临着内部及外部有效性威胁。对内部有效性的一个特别重要的潜在威胁是：类似随机化是否被当作是真正随机的。

13.5.1　内部有效性威胁

13.2 节所列出的随机对照实验的内部有效性威胁也可以用于准实验，但需要一些修正。

未能完全随机分组。准实验依赖于诸如法律变化、突发不相关事件等个体环境的差异，来提供类似随机化的处理分配。如果这种类似随机方案无法提供一个随机化的处理水平 X(或工具变量 Z)，则 OLS 估计量通常是有偏的(或工具变量估计是不一致的)。

在真实的实验中，一个用以检验非随机化的方法是检查处理组和对照组的系统性差异。例如，通过将 X(或 Z)关于个体特征(W)进行回归，并检验 W 项前的系数为 0 的假设。如果存在不能由准实验的性质来解释的差异，这就是准实验没有产生真正随机化的证据。即使 X(或 Z)和 W 之间不存在关系，X(或 Z)仍有可能与误差项中的某些不可观测因素相关。因为这些因素是不可观测的，这种可能性无法被检验，必须通过专家的经验和判断来评估类似随机化假设的有效性。

没有遵守处理协议。在一个真实的实验中，当处理组中的成员没有接受处理，或者对照组中的成员接受了处理，又或者两者同时发生时，没有遵守处理协议的问题就产生了。在这种情况下，因果效应的 OLS 估计量存在选择偏误。在一个准实验中，没有遵守处理协议的另一种情况是：类似随机化影响了(但不是决定了)处理水平。在这种情况下，基于准实验的工具变量估

计量具有一致性，即使 OLS 估计量不具有一致性。

中途退出实验。关于中途退出实验，准实验与真实实验的相似点在于：当中途退出实验是由于个人的选择或者特征而发生时，则会引致处理水平与扰动项的相关性。中途退出实验会导致样本选择偏误，故因果效应的 OLS 估计量是有偏且非一致的。

实验效应。准实验的一个优势在于：由于准实验不是真实发生的实验，个体没有理由认为他们是实验对象，因此，准实验中不存在类似霍桑效应的实验效应。

准实验中的工具变量有效性。评估一项使用工具变量回归的研究的重要一步是仔细考虑工具变量是不是真的有效。在准实验研究中，工具变量是类似随机决定的，这一条件总的来说仍然是正确的。正如在第 12 章中所讨论的，工具变量的有效性需要满足工具变量的相关性及工具变量的外生性。由于工具变量的相关性能够通过使用重要概念 12-5 中总结的统计方法来验证，所以，在这里，我们重点关注第二点，即如何判断工具变量外生性。

尽管随机分配的工具变量看起来必然是外生的，然而，实际可能并非如此。考虑 13.4 节中的例子。Angrist(1990)在研究服兵役的经历对退役后收入的因果效应时，利用抽签系统分配的服役资格，即抽签数字作为工具变量。抽签数字事实上是随机分配的，但是，正如 Angrist(1990)指出并讨论的，如果一个较小的抽签数字导致了人们采用逃避抽签或避免被抽中的行为，且这一逃避行为随后影响了他们的收入，则一个较小的抽签数字(Z_i)会和影响收入的不可观测因素(u_i)相关。也就是说，即使 Z_i 是随机分配的，但 Z_i 和 u_i 依然是相关的。下面看第二个例子：McClellan、McNeil 和 Newhouse(1994)在关于心脏导管插入术对心脏病患者死亡率影响的研究中，把到心脏导管插入术医院的相对距离当作是类似随机分配的。但正如作者所强调和检验的，如果住得离心脏导管插入术医院近的患者比那些住得远的患者要更健康(或许是因为更容易得到医护服务)，则相对距离可能和回归方程的扰动项中的遗漏变量相关。简言之，一个工具变量仅仅是随机决定的或者仅仅是类似随机决定的，并不意味着这个工具变量必然是外生的，即并不意味着 $\text{corr}(Z_i, u_i)=0$。因此，即使工具变量是从准实验中得到的，我们依然要严格检查其外生性。

13.5.2　外部有效性威胁

准实验研究使用的是观测数据，因此准实验研究的外部有效性威胁通常与 9.1 节中讨论的基于观测数据的常规回归研究的情形相似。

在这里，我们需要重点考虑的问题是，在准实验研究中，那些产生类似随机性的特殊事件可能导致外部有效性威胁。例如，13.4 节讨论过的 Card(1990)关于外来移民对劳动力市场效应的研究中，Card(1990)使用了在“马列尔偷渡事件”中流入美国的古巴外来移民引致的类似随机性。然而，古巴的外来移民、迈阿密及迈阿密的古巴社区具有特殊性，而这种特殊性使得我们难以将研究结论推广到来源于其他国家的移民或移民到其他地区。再如，Angrist(1990)研究了越战期间在美国军队服役的经历对劳动力市场的影响，这一研究结论很难推广到和平时期的服役效应。在通常情况下，一项研究能否推广到特定的总体和环境中，依赖于研究的细节，我们必须“一事一议”地进行审查和评估。

13.6　异质性总体下的实验和准实验估计

正如 13.1 节中所讨论的，因果效应可能因个体的不同而不同。13.1 节讨论了随着可观测变量(如性别)而变化的因果效应估计。在本节中，我们将考虑因果效应中存在不可观测变动的后果。我们把因果效应中存在不可观测变动的情形称为具有异质性总体。为了简化问题且把讨论聚焦在不可观测异质性上，在这一节中我们将省略控制变量 W。然而，我们本节的结论对包含控制变量的回归依然适用。

如果总体是具有异质性的，则第 i 个个体拥有他自己的因果效应 β_{1i}，即 β_{1i} 是第 i 个个体接受或不接受处理的潜在实验结果之差(用 13.1 节中的术语表达)。例如，对于一个简历写作培训项目来说，如果第 i 个个体已经知道了如何书写简历，则 β_{1i} 可能等于 0。运用这些符号，总体回归方程可以表示为

$$Y_i=\beta_0+\beta_{1i}X_i+u_i \tag{13-9}$$

附录 13C 从异质性总体的潜在结果框架中推导出了等式(13-9)。因为 β_{1i} 随着总体内个体的变化而变化，并且个体是从总体中随机抽取的，因此 β_{1i} 是一个随机变量，并且像 u_i 一样，反映了个体间的不可观测差异(例如，之前有没有参加过简历写作培训的差异)。平均因果效应是因果效应的总体均值，记作 $E(\beta_{1i})$，即它是研究总体中随机抽取的成员的因果效应的期望值。

如果总体异质性是以式(13-9)的形式存在的，则 13.1 节、13.2 节和 13.4 节中所介绍的估计量估计的是什么？我们首先考虑当 X_i 是类似随机决定时的 OLS 估计量，在这种情况下，OLS 估计量是平均因果效应的一致估计量。然而，对于 IV 估计量，这通常是不正确的。相反，当 X_i 受到 Z_i 的部分影响时，运用 Z 作为工具变量得到的工具变量估计量是因果效应的加权平均，其中，受到工具变量影响最大的个体的权重最大。

13.6.1　异质性因果效应的 OLS 估计

如果因果效应存在异质性，且 X_i 是被随机分配的，则差异估计量是平均因果效应的一致估计量。这个结果可以从 13.1 节及附录 13C 的讨论中得到，该讨论使用了潜在结果的框架。在这里，我们不采用潜在结果分析方法来证明以上结论，而是将第 3 章和第 4 章的概念直接运用到式(13-9)所表示的随机系数回归模型中。

式(13-1)中，β_1 的 OLS 估计量是 $\hat{\beta}_1=\frac{s_{XY}}{s_X^2}$(式(4-5))。如果观测是独立同分布的，则样本协方差和样本方差是总体协方差和方差的一致估计量，因此，$\hat{\beta}_1\xrightarrow{p}\frac{\sigma_{XY}}{\sigma_X^2}$。如果 X_i 是随机分配的，则 X_i 的分布是与其他个体特征(无论是可观测的或不可观测的)相互独立的，尤其是与 β_{1i} 相互独立。因此，OLS 估计量 $\hat{\beta}_1$ 的极限为

$$\hat{\beta}_1=\frac{s_{XY}}{s_X^2}\xrightarrow{p}\frac{\sigma_{XY}}{\sigma_X^2}=\frac{\operatorname{cov}(\beta_0+\beta_{1i}X_i+u_i,\ X_i)}{\sigma_X^2}=\frac{\operatorname{cov}(\beta_{1i}X_i,\ X_i)}{\sigma_X^2}=E(\beta_{1i}) \tag{13-10}$$

式中，第三个等式由重要概念 2.3 中的协方差公式和 $\operatorname{cov}(u_i,X_i)=0$ 得到，而 $\operatorname{cov}(u_i,X_i)=0$ 由 $E(u_i|X_i)=0$(式(2-28))得到；最后一个等式是利用 β_{1i} 与 X_i 相互独立这一条件，即当 X_i 是随机决定时，X_i 与 β_{1i} 是相互独立的(习题 13.9)。因此，当 X_i 是随机分配时，$\hat{\beta}_1$ 为平均因果效应 $E(\beta_{1i})$ 的一致估计量。

13.6.2　异质性因果效应的工具变量估计

假设因果效应是以 Z_i(初始随机或类似随机分配的处理)作为 X_i(实际接受的处理)的工具变

量，通过 Y_i 对 X_i 的工具变量回归估计得到。假设 Z_i 是一个有效的工具变量(满足相关性及外生性条件)，且 Z_i 对 X_i 的影响存在异质性。特别地，假设 X_i 与 Z_i 以线性形式相关联

$$X_i=\pi_0+\pi_{1i}Z_i+v_i \tag{13-11}$$

式中，系数 π_{1i} 随着个体的不同而不同。式(13-11)是两阶段最小二乘法中的第一阶段方程，在这里允许 Z_i 对 X_i 的影响随着个体的不同而变化。

TSLS 估计量为 $\hat{\beta}_1^{\text{TSLS}}=\dfrac{s_{ZY}}{s_{ZX}}$(式(12-4))，即 Z 和 Y 的样本协方差与 Z 和 X 样本协方差的比值。如果观测是独立同分布的，则这些样本协方差是总体协方差的一致估计量，因此 $\hat{\beta}_1^{\text{TSLS}}\xrightarrow{p}\dfrac{\sigma_{ZY}}{\sigma_{ZX}}$。假设工具变量 Z_i 是随机的或者类似随机的，因此 Z_i 与(u_i，v_i，π_{1i}，β_{1i})是相互独立的，并且 $E(\pi_{1i})\neq 0$(工具变量相关性)。附录 13B 证明，在这些假设条件下

$$\hat{\beta}_1^{\text{TSLS}}=\frac{s_{ZY}}{s_{ZX}}\xrightarrow{p}\frac{\sigma_{ZY}}{\sigma_{ZX}}=\frac{E(\beta_{1i}\pi_{1i})}{E(\pi_{1i})} \tag{13-12}$$

换言之，TSLS 估计量依概率收敛到 β_{1i} 和 π_{1i} 乘积的期望值与 π_{1i} 期望值的比值。

式(13-12)中最后的比例项是个体因果效应 β_{1i} 的加权平均值，权数为 $\dfrac{\pi_{1i}}{E(\pi_{1i})}$，它衡量了工具变量影响第 i 个个体是否接受处理的相对程度。因此，TSLS 估计量是个体因果效应加权平均值的一致估计量，其中权重最大的个体是那些工具变量对其影响最大的个体。由 TSLS 估计的加权平均因果效应被称为**局部平均处理效应**(local average treatment effect，LATE)。“局部”这个词强调的是，这是一个把最大的权重分配给那些工具变量对其影响最大的个体的加权平均。

有三种特例，在这些特例中，局部平均处理效应等于平均处理效应：

1. 所有个体的处理效应相同。这种情况对应于，对所有的 i，都有 $\beta_{1i}=\beta_1$。因此，式(13-12)的最终表达式可以简化为 $\dfrac{E(\beta_{1i}\pi_{1i})}{E(\pi_{1i})}=\dfrac{\beta_1 E(\pi_{1i})}{E(\pi_{1i})}=\beta_1$。

2. 工具变量影响每个个体的程度相等。这种情况对应于，对所有的 i，都有 $\pi_{1i}=\pi_1$。在这种情况下，式(13-12)的最终表达式可以简化为 $\dfrac{E(\beta_{1i}\pi_{1i})}{E(\pi_{1i})}=\dfrac{E(\beta_{1i})\pi_1}{\pi_1}=E(\beta_{1i})$。

3. 处理效应的异质性和工具变量对个体影响的异质性是无关的。这种情况对应于 β_{1i} 和 π_{1i} 是随机的，且 $\text{cov}(\beta_{1i},\pi_{1i})=0$。由于 $E(\beta_{1i}\pi_{1i})=\text{cov}(\beta_{1i},\pi_{1i})+E(\beta_{1i})E(\pi_{1i})$(式(2-35))，如果 $\text{cov}(\beta_{1i},\pi_{1i})=0$，则 $E(\beta_{1i}\pi_{1i})=E(\beta_{1i})E(\pi_{1i})$ 且式(13-12)最后一项表达式可以简化为 $\dfrac{E(\beta_{1i}\pi_{1i})}{E(\pi_{1i})}=\dfrac{E(\beta_{1i})E(\pi_{1i})}{E(\pi_{1i})}=E(\beta_{1i})$。

在以上三种情况下，在工具变量对个体的影响、处理效应或二者中同时存在总体异质性，但局部平均处理效应(LATE)等于平均处理效应。也就是说，在以上三种情况中，TSLS 估计量都是平均处理效应的一致估计。

除了这三种特殊情况，总体而言，LATE 与平均处理效应是不同的。例如，假设 Z_i 对总体中一半个体的处理决策没有影响(对他们来说，$\pi_{1i}=0$)，但 Z_i 对另一半总体的处理决策存在相同的、非零的影响(对他们来说，π_{1i} 是非零常数)。那么，TSLS 估计量是处理决策受工具变量影响的那一半总体的平均处理效应的一致估计量。具体而言，假设工人们有资格参加一项职业

培训项目，且被随机分配了一个优先权数字 Z，它将影响到他们参与这个项目的可能性。其中，有一半工人知道他们会从这个项目中获益，从而可能决定参加此项目。对这一半工人而言，$\beta_{1i}=\beta_1^+>0$，$\pi_{1i}=\pi_i^+>0$。另一半工人知道这个项目对他们来说没有什么效果，因此，即使他们能够参加这个项目，他们也不会参加，即对于这一半工人而言，$\beta_{1i}=\beta_i^-$，$\pi_{1i}=0$。因此，平均处理效应为 $E(\beta_{1i})=\dfrac{1}{2}(\beta_1^++\beta_1^-)$。局部平均处理效应为$\dfrac{E(\beta_{1i}\pi_{1i})}{E(\pi_{1i})}$。此时，$E(\pi_{1i})=\dfrac{1}{2}\pi_1^+$，$E(\beta_{1i}\pi_{1i})=\dfrac{1}{2}(\beta_1^-\times 0+\beta_1^+\pi_1^+)=\dfrac{1}{2}\beta_1^+\pi_1^+$，因此$\dfrac{E(\beta_{1i}\pi_{1i})}{E(\pi_{1i})}=\beta_1^+$。因此，在这个例子中，局部平均处理效应(LATE)是会参加项目的那一半工人的因果效应，而不赋予在任何情况下都不会参加项目的那一半工人任何权重。相反，不管工人是否会参加这个项目，平均处理效应对于所有个体赋予的权重都是一样的。由于个体是否决定参与职业培训项目部分取决于他们对这个项目给他们带来收益的理解，因此，在这个例子中，LATE 大于平均处理效应。

启示。如果决定是否接受处理取决于处理对那个个体的效应，则总体而言 TSLS 估计量不是平均处理效应的一致估计量。相反地，TSLS 估计的是 LATE，其中，那些受工具变量影响最大的个体的因果效应得到的权重最大。

这个结论会导致一个令人困惑的局面：如果两位研究人员使用了两个不同的但都满足相关性及外生性的工具变量，结果可能会得到因果效应的不同估计值，即使在大样本条件下也是如此。产生这一差异的原因是研究人员在估计总体中的局部平均因果效应时，隐含地对个体因果效应赋予了不同的权重。事实上，如果两个工具变量估计得到不同的局部平均因果效应，即使两个工具变量都是有效的，过度识别的 J 检验也会给出拒绝的结论。虽然两个估计量都能通过式(13-12)中各自不同的加权平均形式来提供对因果效应分布的某些认识，但总的来说，这两个估计量都不是平均因果效应的一致估计量。[㊀]

例子：心脏导管插入手术研究。12.5 节和 13.4 节讨论了 McClellan、McNeil 和 Newhouse(1994)关于心脏导管插入手术对心脏病患者死亡率影响的研究。作者使用了工具变量回归，将到心脏导管插入术医院的相对距离作为工具变量。根据他们的 TSLS 估计值，他们发现心脏导管插入手术对健康结果没有影响，或者影响很小。这个结果是令人震惊的：在被批准大规模使用前，类似心脏导管插入手术这样的医疗手段经过了严格的临床实验，而且，与十年前进行的大型外科手术相比，心脏导管插入术更安全，且对患者的长期健康更有好处。为什么这一研究却认为心脏导管插入术没有效果呢？

一个可能的答案是，心脏导管插入术的处理效应存在异质性。对一些患者来说，这个治疗过程是有效的干预，但对其他患者却不是这样。对那些更健康的患者而言，这个手术的效果可能更小，或者给定任何手术都存在风险这一前提，心脏导管插入术从总体来看或许是没有效果的。因此，心脏病患者总体的平均因果效应应该是正的。然而，IV 估计量测算的是边际效应，而不是平均效应。这里的边际效应是指对那些到医院的距离是决定其是否接受处理的重要因素

㊀ 关于总体异质性对项目评估估计量的影响的更多讨论见 Heckman、LaLonde 和 Smith(1999，第7节)，以及 Heckman 在获得诺贝尔经济学奖时所做的报告(Heckman，2001，第7节)。后一篇文献和 Angrist、Graddy、Imbens(2000)详细讨论了随机效应模型(该模型将 β_{1i} 处理成随个体发生变化)，并给出了式(13-12)结论的一般形式。局部平均处理效应的概念由 Angrist 和 Imbens(1994)引入，同时他们在一般条件下证明了局部平均处理效应不等于平均处理效应。

的患者的效应。而这些患者是相对更健康的，对他们来说，心脏导管插入术是相对无效的。如果是这样，McClellan、McNeil 和 Newhouse 的 TSLS 估计量测算的是心脏导管插入术对边际患者(对他们而言，手术相对无效)的效应，而不是平均患者(对他们而言，手术可能是有效的)的效应。

13.7　结论

在第 13.1 节中，我们用理想化随机对照实验的期望结果定义了因果效应。如果理想化随机对照实验是可获得的或可以实施的，即使随机对照实验可能受到潜在内部和外部的有效性威胁，它依然能够为所研究的因果效应提供令人信服的证据。

尽管随机对照实验有很多优势，但它在经济学中的运用面临严重障碍，包括道德考虑和成本问题。然而，我们可以将实验方法的基本思想运用到准实验中。在准实验中，特殊环境使得实验看上去是类似随机的。在准实验中，因果效应可以通过使用倍差估计量来得到，或者还可以在回归方程中加入其他控制变量。如果这种类似随机性只是部分影响了处理，则可以使用工具变量回归。准实验的一大优点在于，数据中类似随机性的来源通常是明显的，可以通过具体的方法来评估。准实验面临的一个重大威胁是，有时候这种类似随机性并不是真正随机的，从而是否接受处理(或工具变量)会与遗漏变量相关，由此导致了因果效应估计量的偏误。

准实验是可观测数据集和真实随机对照实验之间的一座桥梁。本章中用于分析准实验的 OLS、面板数据估计和工具变量回归等计量经济学方法都是在之前章节的不同背景下发展起来的。准实验与第 2 篇和第 3 篇先前章节内容的不同之处在于这些方法的解读方式及应用这些方法的数据集。准实验给计量经济学家提供了一种思考方式，即思考如何获得新数据集、如何看待工具变量、如何评估外生性假设合理性的方式，其中外生性假设是 OLS 和工具变量估计的基础。[⊖]

本章小结

1. 平均因果效应是指在一个理想化随机对照实验中处理组和控制组平均结果的期望差异。在现实中，以人为研究对象的实验会由于各种原因而偏离理想化实验设计，这些原因包括实验对象没有服从处理协议等。
2. 如果实际处理水平 X_i 是随机的，则可以建立结果变量对 X_i 的回归模型，以此来估计处理效应。如果被分配的处理 Z_i 是随机的，但实际处理 X_i 部分由个体选择决定，则我们可以使用工具变量回归(以 Z_i 为工具变量)来估计处理效应。如果处理(或被分配的处理)的随机性是以某些变量 W 为条件的，则这些控制变量需要被加入回归方程中。
3. 在一个准实验中，我们将法律、环境或自然事件的变化当作对处理组和控制组的类似随机分配。如果实际处理是类似随机的，则因果效应可以通过回归来估计(可能包含其他描述处理前特征的解释变量)；如果被分配的处理是类似随机的，则可以通过工具变量回归估计因果效应。
4. 断点回归估计基于以下条件：在一个准实

⊖ Shadish、Cook 和 Campbell(2002)全面梳理了社会科学和心理学中的实验和准实验。发展经济学的一个重要研究分支集中在发展中国家的健康和教育项目的实验性评估。读者可参见 Kremer、Miguel 和 Thornton(2009)及 MIT 的贫困行动实验室(Proverty Action Laboratory)的网站(http://www.provertyactionlab.org)。Deaton(2010)对这个研究提出了一些建设性的批评意见。

验中，处理与否依赖于可观测变量是否超过了阈值。

5. 对准实验研究内部有效性的一大威胁在于，类似随机化是否真的导致了外生性。如果个体存在行为反应，回归误差项会根据准实验中的处理而改变，使得处理不再是外生的。

6. 如果处理效应随着个体的不同而不同，且实际处理是随机分配或者是类似随机分配，则 OLS 估计量是平均因果效应的一致估计量。然而，IV 估计量是个体处理效应的加权平均，其中受工具变量影响最大的个体被赋予的权重最大。

重要术语

项目评估	潜在结果	平均因果效应
平均处理效应	差异估计量	附加额外解释变量的差异估计量
基于协变量的随机化	随机处理检验	部分服从
处理效应的工具变量估计	中途退出实验	霍桑效应
准实验	自然实验	倍差估计量
附加额外解释变量的倍差估计量	重复截面数据	断点回归
局部平均处理效应		

内容复习

13.1 一位研究新型化肥对农作物产量影响的研究人员计划进行如下实验，他准备把不同数量的化肥分配到 100 块大小为 1 英亩[⊖]的土地上。共存在 4 种处理水平：处理水平 1 是不使用化肥，处理水平 2 是使用制造商推荐的化肥数量的 50%，处理水平 3 和处理水平 4 分别为使用制造商推荐使用数量的 100%和 150%。研究人员准备把处理水平 1 分配到前 25 块土地，把处理水平 2 分配到之后的 25 块土地，以此类推。你能不能提出一个更好的分配方案？为什么你的分配方案比这位研究人员的方案要好？

13.2 现对一种降胆固醇药物进行临床试验。基于随机分配，将这种药物分配给 500 位患者，将安慰剂分配到另外 500 位患者。你如何估计这种药物的处理效应？假设你现在拥有每位患者的体重、年龄及性别数据，你如何使用这些数据提高你的估计效果？请解释。假设你拥有患者在参加实验前的胆固醇水平数据，你能不能使用这些数据提高你的估计效果？请解释。

13.3 研究 STAR 数据的研究人员报告，有些家长对学校校长施压，要求将他们的孩子分配到小班中。假设一些校长屈服于这种压力，将一些学生分配到了小班中，则以上变化会如何降低研究的内部有效性？假设你现在拥有校长介入前的每位学生的随机分配数据，你将如何使用这些信息来提高研究的内部有效性？

13.4 解释实验效应(例如霍桑效应)对以上三个问题中的实验会产生什么影响？

13.5 考虑 13.4 节表述的准实验。解释为什么服役经历会对退役后收入存在异质性因果效应，即解释为什么式(13-9)中的 β_{1i} 依赖于 i。解释抽签结果为什么会对服役概率存在异质性因果效应，即解释为什么式(13-11)中的 π_{1i} 依赖于 i。如果存在异质性因果效应，TSLS 估计量估计的是什么？

⊖ 1 英亩 = 4 046.86 米^2。

习 题

13.1 使用表13-1中的结果，计算每个年级的小班级相对常规班级的处理效应估计值、标准误及90%置信区间(在这个练习中，忽略有助教的常规班级)。

13.2 使用表13-2第(4)列所示的回归结果进行以下计算。两个班级A和B的解释变量取值和表13-2第(4)列中的相同，除了：

(1) 班级A是一个小班级，班级B是一个常规班级。构建平均测试成绩的期望差异的90%置信区间。

(2) 班级A有一位5年教学经验的老师，班级B有一位10年教学经验的老师。构建平均测试成绩的期望差异的90%置信区间。

(3) 班级A是一个小班级，有一位5年教学经验的老师，班级B是一个常规班级，拥有一位10年教学经验的老师。构建平均测试成绩的期望差异的90%置信区间。(提示：在STAR中，老师被随机分配到不同类型的班级中。)

(4) 为什么第(4)列没有截距项？

13.3 假设在一个研究SAT预备课程对SAT成绩的因果效应的随机对照实验中，报告了如下结果：

	处理组	对照组
平均SAT成绩	1 241	1 201
SAT成绩的标准差	93.2	97.1
男生的数量	55	45
女生的数量	45	55

(1) 估计SAT预备课程对测试成绩的平均处理效应。

(2) 是否有非随机分配的证据？请解释。

13.4 一项新法律将提高明年A市的最低工资，但不会提高B市(与A市很像的城市)的最低工资。你今年从A市和B市中随机选择的餐馆样本中收集就业数据，并计划明年回到餐馆继续收集数据。令Y_{it}表示餐厅i在第t年的就业水平。

(1) 假设你对分析进行设计，使得今年和明年对相同的餐馆进行抽样。说明你将如何使用这些数据来估算提高最低工资对餐馆就业的平均因果效应。

(2) 假设你对分析进行设计，使得今年和明年对不同的独立选择的餐馆进行抽样。说明你将如何使用这些数据来估算提高最低工资对餐馆就业的平均因果效应。

(3) 使用(1)中相同的餐厅或使用(2)中不同的餐厅，哪种抽样设计可能会得到更精确的平均因果效应估计值？(提示：你可能会发现本题对求解习题13.6有帮助。)

13.5 考虑一项大学生宿舍互联网连接对大学生考试成绩的研究。在一个大宿舍楼中，一半的房间被随机安装了高速互联网接口(处理组)，并收集了所有住宿人员的考试成绩。下面哪些是内部有效性威胁，为什么？

(1) 在当年年中，所有男性运动员搬入联谊会所而退出了研究(没有观测到他们的期末成绩)。

(2) 学校为被分配到控制组的工程系学生提供了局域网服务，因此他们可以分享私有的互联网连接。

(3) 处理组的艺术专业学生从未学过如何登录他们的互联网账户。

(4) 被分配到处理组的经济系学生为控制组的学生提供了互联网连接，并收取一定费用。

13.6 假设我们现有$T=2$期的随机对照实验

的面板数据，其中第一次观测值($t=1$)在实验前得到，第二次观测($t=2$)在处理后得到。假设处理是一个二元变量，也就是说，如果第 i 个个体在处理组且 $t=2$，则 $X_{it}=1$，否则 $X_{it}=0$。此外我们进一步假设可以使用以下设定形式估计处理效应

$$Y_{it}=\alpha_i+\beta_1X_{it}+u_{it}$$

其中，α_i 是个体固定效应(见式(10-10))，均值为 0，方差为 σ_α^2；u_{it} 为误差项且是同方差的，而且对所有的 i，有 $\operatorname{cov}(u_{i1}, u_{i2})=0$，$\operatorname{cov}(u_{it}, \alpha_i)=0$。令 $\hat{\beta}_1^{\text{differences}}$ 表示差异估计量，也就是 Y_{i2} 对 X_{i2} 和常数项进行回归得到的 OLS 估计量；令 $\hat{\beta}_1^{\text{diffs-in-diffs}}$ 表示倍差估计量，也就是 $\Delta Y_i=Y_{i2}-Y_{i1}$ 对 $\Delta X_i=X_{i2}-X_{i1}$ 和常数项进行回归得到的 OLS 估计量。

(1) 证明 $n\operatorname{var}(\hat{\beta}_1^{\text{differences}})\longrightarrow\dfrac{(\sigma_u^2+\sigma_\alpha^2)}{\operatorname{var}(X_{i2})}$。

(提示：使用附录 5A 所示的 OLS 估计量方差的同方差适用公式。)

(2) 证明 $n\operatorname{var}(\hat{\beta}_1^{\text{diffs-in-diffs}})\longrightarrow\dfrac{2\sigma_u^2}{\operatorname{var}(X_{i2})}$。

(提示：注意 $X_{i2}-X_{i1}=X_{i2}$。为什么?)

(3) 基于上述两题的答案，为什么在只考虑有效性的情况下，你会更倾向于使用倍差估计量而不是差异估计量?

13.7 假设你拥有 $T=2$ 的两期实验的面板数据。考虑具有个体固定效应和时间固定效应且个体特征 W_i(如性别)不随时间而变化的面板数据回归模型。令处理变量为二元变量，当 $t=2$ 且个体在处理组时，$X_{it}=1$，否则 $X_{it}=0$。考虑如下的总体回归模型

$$Y_{it}=\alpha_i+\beta_1X_{it}+\beta_2(D_t\times W_i)+\beta_0D_t+v_{it}$$

其中，α_i 为个体固定效应；D_t 是二元变量，当 $t=2$ 时，$D_t=1$，当 $t=1$ 时，$D_t=0$；$D_t\times W_i$ 是 D_t 和 W_i 的乘积，且 α 和 β 都是未知参数。令 $\Delta Y_i=Y_{i2}-Y_{i1}$。从该总体回归模型推导式(13-6)(由于只有一个 W 变量，因此 $r=1$)。

13.8 假设你现在拥有和习题 13.7 相同的数据(两期的面板数据，n 个观测值)，但忽略解释变量 W。考虑替代的回归模型

$$Y_{it}=\beta_0+\beta_1X_{it}+\beta_2G_i+\beta_3D_t+u_{it}$$

其中，如果个体处在处理组，则 $G_i=1$，而如果个体处在控制组，$G_i=0$。证明 β_1 的 OLS 估计量是式(13-4)所示的倍差估计量(提示：参见 8.3 节)。

13.9 推导式(13-10)中最后一个等式。(提示：使用协方差的定义，并且由于实际处理 X_i 是随机的，故 β_{1i} 和 X_i 相互独立。)

13.10 考虑包含异质性回归系数的回归模型

$$Y_i=\beta_0+\beta_{1i}X_i+v_i$$

其中，(v_i, X_i, β_{1i}) 是独立同分布的随机变量，$\beta_1=E(\beta_{1i})$。

(1) 证明该模型可以写为 $Y_i=\beta_0+\beta_1X_i+u_i$，其中 $u_i=(\beta_{1i}-\beta_1)X_i+v_i$。

(2) 假设 X_i 是随机分配的，即 $E[\beta_{1i}|X_i]=\beta_1$ 且 $E[v_i|X_i]=0$，证明 $E[u_i|X_i]=0$。

(3) 证明重要概念 4-3 中第一个和第二个假设成立。

(4) 假设不存在大的异常值，因此 (u_i, X_i) 具有有限的四阶矩。是否能够使用 OLS 及第 4 章和第 5 章的方法对 β_{0i} 和 β_{1i} 的平均值进行估计和统计推断?

(5) 假设 X_i 是非随机分配的，$E[v_i|X_i]=0$，但 β_{1i} 和 X_i 正相关，因此当 X_i 的取值大于平均值时，β_{1i} 的取值也大于平均值。请问：重要概念 4-3 中的假设是否满足? 如果不满足，违背了哪个假设? β_1 的 OLS 估计是否无偏于 $E(\beta_{1i})$?

13.11 在第12章中，我们使用了州际面板数据，并以销售税为工具变量估计了香烟的需求价格弹性。考虑表12-1中的特定回归(1)。在这种情况下，局部平均处理效应不同于平均处理效应吗？请解释。

13.12 考虑附录13C的潜在结果框架。假设X_i是二元处理变量，且和潜在结果$Y_i(1)$、$Y_i(0)$相互独立。令$TE_i = Y_i(1) - Y_i(0)$表示个体i的处理效应。

(1) 能不能得到$E[Y_i(1)]$和$E[Y_i(0)]$的一致估计量？如果可以，请解释如何才能得到；如果不可以，请解释原因。

(2) 能不能得到$E(TE_i)$的一致估计量？如果可以，请解释如何得到；如果不可以，请解释原因。

(3) 能不能得到$\text{var}[Y_i(1)]$和$\text{var}[Y_i(0)]$的一致估计量？如果可以，请解释如何得到；如果不可以，请解释原因。

(4) 能不能得到$\text{var}(TE_i)$的一致估计量？如果可以，请解释如何得到；如果不可以，请解释原因。

(5) 能不能得到总体中处理效应的中位数的一致估计量？请解释。

实证练习

13.1 一位潜在的雇主收到了两封简历，其中一封来自白人申请者，而另一封相似简历则来自非洲裔美国人申请者。这个雇主会不会更有可能通知白人申请者来面试？为了回答这个问题，Marinanne Bertrand和Sendhil Mullainathan进行了一项随机对照试验。由于种族信息一般来说不会列在简历中，因此他们根据“听上去像白人的名字”(如Emily Walsh或者Gregory Baker)以及“听上去像非洲裔美国人的名字”(如Lakisha Washington或Jamal Jones)来区分差异。他们编造了一大堆简历，并将预先设定的“种族”(基于名字听上去像白人还是非洲裔美国人)随机分配到每份简历。这些简历被寄给潜在的雇主，看看哪一份简历会有回电(答复)。实验数据及其详细描述分别见本书网站 http://www.pearsonhighered.com/stock_watson/中的文件Names及Names_Description。[⊖]

(1) 答复率(callback rate)被定义为潜在雇主回电话的简历比例。白人的答复率是多少？非洲裔美国人呢？求两个答复率之差的95%置信区间。这个差异统计量显著吗？从实际意义上来讲算大吗？

(2) 非洲裔美国人或白人答复率差异对男性和女性有所不同吗？

(3) 高质量的简历和低质量的简历之间的答复率差异是多少？白人申请者的高质量或低质量简历之间的答复率差异是多少？非洲裔美国人的高质量或低质量简历之间的答复率差异是多少？这种高质量或低质量简历答复率差异在白人和非洲裔美国人之间存在显著差异吗？

(4) 该项研究的作者声称种族是被随机分配到简历中的。是否存在非随机分配的证据？

⊖ 这些数据由芝加哥大学的Marianna Bertrand教授提供，并用于他和Sendhil Mullainathan合著的论文，“Are Emily and Greg More Employable Than Lakisha and Jamal? A Field Experiment on Labor Market Discriminations”，American Economic Review，2004，94(4)：991-1013。

附录13A STAR项目数据集

STAR项目公共数据集包含了从1985～1986学年到1988～1989学年这四年的测试成绩、处理组、学生及教师特征的数据。本章分析的测试成绩数据是标准化测试中数学和阅读的总成绩。表13-2的二元变量“男孩”表示学生是男孩(=1)还是女孩(=0)；二元变量“非洲裔美国人”及“非洲裔美国人或者白人以外的种族”表示学生的种族。二元变量“享受免费午餐的资格”表示学生在学校中是否有资格享受免费午餐。“教师的教学年限”指测试数据使用的所在班级的教师的总教学年限。这个数据集也显示了在给定的年份中，学生处在哪个学校，从而也可以构建表示学校特征的二元指示变量。

附录13B 异质性因果效应的IV估计

本附录推导了个体处理效应及工具变量对接受处理的影响存在异质性时，式(13-12)所示的TSLS估计量的概率极限。具体地，我们假设IV回归模型满足重要概念12-4的假设条件，除了异质性的处理效应(如式(13-9)和式(13-11))所示。进一步假设，Z_i是随机分配或者类似随机分配的，所以(u_i，v_i，π_{1i}，β_{1i})与Z_i独立同分布；同时假设$E(\pi_{1i})\neq 0$，所以工具变量在平均意义上是相关的。

由于(X_i，Y_i，Z_i)，$i=1, 2, \cdots, n$独立同分布，具有四阶矩，因此我们可以运用重要概念2-6中的大数定律得到

$$\hat{\beta}_1^{TSLS}=\frac{s_{ZY}}{s_{ZX}}\xrightarrow{p}\frac{\sigma_{ZY}}{\sigma_{ZX}} \tag{13-13}$$

(参见附录3C和习题18.2。)我们的任务现在变成用π_{1i}和β_{1i}的矩来表示σ_{ZY}和σ_{ZX}。现在$\sigma_{ZY}=E[(Z_i-\mu_Z)(X_i-\mu_X)]=E[(Z_i-\mu_Z)X_i]$。将式(13-11)代入$\sigma_{ZX}$的表达式中，可得

$$\begin{aligned}\sigma_{ZX}&=E[(Z_i-\mu_Z)(\pi_0+\pi_{1i}Z_i+v_i)]\\&=\pi_0E(Z_i-\mu_Z)+E[\pi_{1i}Z_i(Z_i-\mu_Z)]+\text{cov}(Z_i, v_i)\\&=\sigma_Z^2E(\pi_{1i})\end{aligned} \tag{13-14}$$

其中，第三个等式成立是因为$E(Z_i-\mu_Z)=0$；因为Z_i与v_i相互独立，所以$\text{cov}(Z_i, v_i)=0$，并且由于π_{1i}和Z_i相互独立，所以$E[\pi_{1i}Z_i\cdot(Z_i-\mu_Z)]=E(\pi_{1i})E[Z_i(Z_i-\mu_Z)]=\sigma_Z^2E(\pi_{1i})$。

现在考虑σ_{ZY}。将式(13-11)代入式(13-9)中，可得$Y_i=\beta_0+\beta_{1i}(\pi_0+\pi_{1i}Z_i+v_i)+u_i$，因此

$$\begin{aligned}\sigma_{ZY}&=E[(Z_i-\mu_Z)Y_i]\\&=E[(Z_i-\mu_Z)(\beta_0+\beta_{1i}\pi_0+\beta_{1i}\pi_{1i}Z_i+\beta_{1i}v_i+u_i)]\\&=\beta_0E(Z_i-\mu_Z)+\pi_0E[\beta_{1i}(Z_i-\mu_Z)]+\\&\quad E[\beta_{1i}\pi_{1i}Z_i(Z_i-\mu_Z)]+E[\beta_{1i}v_i(Z_i-\mu_Z)]+\\&\quad \text{cov}(Z_i, u_i)\end{aligned} \tag{13-15}$$

假设(u_i，v_i，β_{1i}，π_{1i})与Z_i相互独立，由于$E(Z_i-\mu_Z)=0$，这意味着式(13-15)最后一个等式中的五项可以简化为：$\beta_0E(Z_i-\mu_Z)=0$，$\pi_0E[\beta_{1i}(Z_i-\mu_Z)]=\pi_0E(\beta_{1i})E(Z_i-\mu_Z)=0$，$E[\beta_{1i}\pi_{1i}Z_i(Z_i-\mu_Z)]=E(\beta_{1i}\pi_{1i})E[Z_i(Z_i-\mu_Z)]=E(\beta_{1i}\pi_{1i})\sigma_Z^2$，$E[\beta_{1i}v_i(Z_i-\mu_Z)]=E(\beta_{1i}v_i)\cdot E(Z_i-\mu_Z)=0$，以及$\text{cov}(Z_i, u_i)=0$。因此，式(13 15)的最后一个表达式可以简化为

$$\sigma_{ZY}=\sigma_Z^2E(\beta_{1i}\pi_{1i}) \tag{13-16}$$

将式(13-14)和式(13-16)代入式(13-13)中，可得$\beta_1^{TSLS}\xrightarrow{p}\frac{\sigma_Z^2E(\beta_{1i}\pi_{1i})}{\sigma_Z^2E(\pi_{1i})}=\frac{E(\beta_{1i}\pi_{1i})}{E(\pi_{1i})}$，即得到式(13-12)。

附录13C 分析实验数据的潜在结果框架

本附录为13.1节的潜在结果框架提供了数学处理。如果处理效应是固定不变的，则潜在结果框架可推导出式(13-1)所示的回归模型。如果在给定协变量的条件下，分配是随机的，

则潜在结果框架可以推导出式(13-2)和条件均值独立。我们考虑一个二元处理变量，令 $X_i=1$ 表示接受处理。

令 $Y_i(1)$ 表示个体 i 接受处理的潜在结果，令 $Y_i(0)$ 表示个体 i 不接受处理的潜在结果，则个体 i 的处理效应为 $Y_i(1)-Y_i(0)$，总体的平均处理效应为 $E[Y_i(1)-Y_i(0)]$。由于个体要么接受处理，要么不接受处理，因此我们只能观测到一种潜在结果。被观测到的结果 Y_i 与潜在结果的关系为

$$Y_i=Y_i(1)X_i+Y_i(0)(1-X_i) \quad (13\text{-}17)$$

如果一些个体接受了处理，而另一些个体却没有，则两组观测结果的期望差异为 $E(Y_i \mid X_i=1)-E(Y_i \mid X_i=0)=E[Y_i(1) \mid X_i=1]-E[Y_i(0) \mid X_i=0]$。无论处理是如何决定的，这一关系均成立。

此外，如果个体被随机分配到处理组和对照组，则 X_i 与所有个体特征变量均独立，尤其与 $[Y_i(1),\ Y_i(0)]$ 相互独立。在随机分配下，处理组和对照组之间的期望差异为

$$\begin{aligned}E(Y_i \mid X_i=1)-E(Y_i \mid X_i=0)&=E[Y_i(1) \mid X_i=1]-E[Y_i(0) \mid X_i=0]\\&=E[Y_i(1)]-E[Y_i(0)]\\&=E[Y_i(1)-Y_i(0)]\end{aligned} \quad (13\text{-}18)$$

其中，第二个等号运用了随机分配下 $[Y_i(1),\ Y_i(0)]$ 与 X_i 相互独立的事实，第三个等式运用了期望的线性（见式(2-29)）。因此，如果 X_i 是随机分配的，则两组实验结果的期望差异就是总体的平均处理效应。

潜在结果框架可以直接用本书所采用的回归符号进行表示。令 $u_i=Y_i(0)-E[Y_i(0)]$，并记 $E[Y_i(0)]=\beta_0$。同时，记 $Y_i(1)-Y_i(0)=\beta_{1i}$，因而 β_{1i} 表示个体 i 的处理效应。从式(13-17)开始，我们得到

$$\begin{aligned}Y_i&=Y_i(1)X_i+Y_i(0)(1-X_i)\\&=Y_i(0)+[Y_i(1)-Y_i(0)]X_i\\&=E[Y_i(0)]+[Y_i(1)-Y_i(0)]X_i+\{Y_i(0)-E[Y_i(0)]\}\\&=\beta_0+\beta_{1i}X_i+u_i\end{aligned} \quad (13\text{-}19)$$

因此，从式(13-17)观测结果和潜在结果的关系出发，通过简单的符号变化，便可得式(13-9)所示的随机系数回归模型。如果 X_i 是随机分配的，则 X_i 和 $[Y_i(1),\ Y_i(0)]$ 相互独立，因此 X_i 与 β_{1i} 和 u_i 相互独立。如果处理效应是固定不变的，则 $\beta_{1i}=\beta_1$，故式(13-19)变为式(13-1)。如果 Y_i 被错误测量，那么式(13-19)的第一行将会包含测量误差，这会归入最后一行的 u_i 中。

正如在 13.1 节所讨论的，在一些实验中，X_i 是基于第三个变量 W_i 的值而随机分配的。如果 W_i 与潜在结果之间不相互独立，则一般来说两组之间的期望差异不等于平均处理效应。换言之，式(13-18)不成立。然而，若给定 W_i，X_i 是随机分配的，这意味着，在给定 W_i 的条件下，X_i 和 $[Y_i(1),\ Y_i(0)]$ 是相互独立的。如果给定 W_i，X_i 和 $[Y_i(1),\ Y_i(0)]$ 是相互独立的，则有时将这个条件称为非混淆假设。

如果处理效应不随个体而改变，且如果 $E(Y \mid X_i,\ W_i)$ 是线性的，则非混淆假设意味着式(13-2)中的回归误差项满足条件均值独立性。根据附录 6E，在这些条件下，式(13-2)中 β_1 的 OLS 的估计量是无偏的，然而，在一般情况下，γ 的 OLS 估计量是有偏的，这是因为 $E(u_i \mid W_i)\neq 0$。为了证明在这些条件下回归误差项满足条件均值独立性，令 $Y_i(0)=\beta_0+\gamma W_i+u_i$，其中 γ 是 W_i 对 $Y_i(0)$ 的因果效应（如果存在），令 $Y_i(1)-Y_i(0)=\beta_1$（处理效应为常数）。那么，采用推导式(13-19)的思路可得出 $Y_i=\beta_0+\beta_1X_i+\gamma W_i+u_i$，即式(13-2)。因此，$E(u_i \mid X_i,\ W_i)=E[Y_i(0)-\beta_0-\gamma W_i \mid X_i,\ W_i]=E[Y_i(0)-\beta_0-\gamma W_i \mid W_i]=E(u_i \mid W_i)$，其中第二个等式由非混淆假设得出，该等式意味着 $E[Y_i(0) \mid X_i,\ W_i]=E[Y_i(0) \mid W_i]$。

第 14 章 多元回归和大数据预测

CHAPTER14

第 4 章从两个关于小学生成绩的问题出发。一位学区主管想知道如果她减少学校的学生-教师比，是否会提高测试成绩，如果会提高，究竟能提高多少。一位父亲在决定学区房选址时，想要预测哪些学校的学生成绩更好。回答校长的问题时，需要我们估计学生-教师比与测试成绩之间的因果关系，而估计因果关系是本书第 4～13 章的重点。相比之下，回答父亲的问题需要我们在给定一个或多个相关变量(第 4 章中给出的是学生-教师比，第 6 章中扩展了包括学校和学区特征的其他信息)的情况下预测学校的测试成绩。

统计预测指使用原始数据估计预测模型，然后将该模型应用于新的样本外观测。目标是准确的样本外预测。在预测问题中，既没有特定的感兴趣的解释变量，也没有控制变量；只有预测因子和要预测的变量。

如果预测因子很少，并且附录 6D 中的最小二乘假设成立，那么普通最小二乘法就可以很好地预测。但现代数据集通常有许多预测因子。例如，本章的实证案例是利用学校和学区特征数据预测学校层面的测试成绩。我们使用了加利福尼亚州 3 932 所小学的数据；这些观测数据的一半用来估计预测模型，另一半用来测试它们的性能。[⊖]对于本章的大部分内容，我们考虑一个包含 817 个预测因子的数据集，该数据集在 14.6 节扩展到了 2 065 个预测因子。在许多使用截面数据的预测应用中(如预测企业的销售额、预测医疗程序的患者治疗效果或预测州和地方政府对服务的需求)，预测学校测试成绩的问题是其中的一种典型问题。在这样的预测应用中，预测因子的数量几乎可以与观察值的数量相同，甚至更大。

由于有如此多的预测因子，OLS 会对数据过度拟合，并做出糟糕的样本外预测。幸运的是，可以通过使用广泛称为收缩估计量的估计量来改进 OLS。这些估计

⊖ 在加州，一个学区通常包含多所独立的学校。第 4～9 章使用的测试成绩数据集包含了学区层面的数据，而这里使用的数据是学校层面的数据。

量是有偏的（它们“缩小”了估计量），并且这些系数通常没有因果解释能力。但值得注意的是，当预测因此较多时，引入偏差可以有效地减小估计量的方差，从而提高整体样本外预测的准确度。

本章考虑使用从更大的总体（顾客、患者、学校）中抽样的截面数据来对估计样本外的其他总体成员的结果进行预测。一个相关的问题是对未来事件的预言，比如下个月将增加多少工作岗位。对未来的预言通常被称为预测，我们采用这个术语。预测使用时间序列数据，时间序列数据引入了其他符号和处理技术。我们将在第 4 篇中讨论预测。

许多预测因子的可用性是样本量非常大的数据集提供的机会之一。分析大数据集的领域有很多名称，包括机器学习、数据科学和我们接下来使用的“大数据”这个术语。

14.1　什么是“大数据”

数据集可能很大，因为有很多观测值，或者相对于观测值数量有很多的预测因子，或者两者都有。大数据集可以是非标准的——例如，包含文本或图像。

大数据集提供了新的应用领域。本章重点介绍的其中一个领域就是当预测因子的数量 k 比观察值数量 n 多时进行的预测。本章考虑的预测方法从线性回归开始，因此拥有许多预测因子对应着拥有许多解释变量。如果具有许多不同的原始预测因子，可能会出现这种情况，或者，如果考虑关于原始预测因子的非线性函数的预测，也可能会出现这种情况。即使仅以几十个原始预测因子（包括平方、立方和交互项）出发，也会很快将解释变量的数量扩展到成百上千个。

伴随大数据而出现的第二个应用领域是分类。我们以前在使用二元被解释变量进行回归时遇到过这个问题。第 11 章的 logit 和 probit 模型预测的是被解释变量为 1 的概率——在实证应用中，即贷款申请被拒绝的概率。解决该问题的另一种方式是将数据集分为两组或两类：可能被拒绝的申请和可能被接受的申请。从预测的角度来看，其目的是建立一个模仿贷款员决策过程的贷款申请模型。换句话说，通过拟合该模型，一台机器（计算机）将了解（估计）借贷人员的决策过程。然后，使用该机器学习模型，计算机可以自己为将来的应用做出接受或拒绝的决策。实际上，在线房屋贷款申请行业在很大程度上依赖于机器学习，这种机器学习已应用于数据量非常大的贷款申请数据集，以评估申请人申请抵押的资格。

第三个应用领域涉及检验多个假设。例如，在回归情境中，可能存在一组代表不同处理方法的系数，计量经济学家对确定哪一种（如果有的话）方法是有效的比较感兴趣。由于 F 统计量检验的是一组系数的联合假设，因此不太适合检验许多处理方法以找出哪些处理方法是有效的。为了确定哪种处理效应不为零，检测多个单独假设要求使用为大数据应用程序开发的专门方法。

第四个应用领域涉及处理非标准数据，如文本和图像。关键步骤是将这些非标准数据转换为数值数据，然后可以使用高维数据集的技术来处理这些数据。14.7 节讨论了处理文本数据的方法。

第五个相关的应用领域是模式识别，如面部识别或将文本从一种语言翻译成另一种语言。这一领域已经在使用“深度学习”等程序方面取得了很大的进展，这些程序本质上是使用大量的观测值来估计（“训练”）的高度非线性模型。

所有这些问题的一个共同特征是，处理大型数据集会带来计算方面的挑战。这些挑战包括有效地存储和访问大型数据集，以及开发用于评估模型的快速算法。这些计算问题很重要；然而，在本章中我们不讨论这些问题，而是把它们留给计算机科学课程。

将机器学习应用于大数据集，日渐成为我们日常生活的一部分，从帮助医生诊断的软件，到针对在线投放广告的技术，再到执法人员使用的面部识别算法。在经济学中的应用包括，基于卫星数据估计本地收入，使用详细的客户数据预测公司的销售额，解释社交媒体网站上的网络数据，在高频资产价格数据库中搜索模式以用于计算机化的交易算法，以及使用最新数据预测宏观经济增长。非标准数据(尤其是文本数据)的计算机分析越来越多地在计量经济学应用中发挥作用。

本章不能涵盖大数据的所有这些用途，因此，本章重点介绍在经济学应用中最重要的一项：多元预测问题。尽管这个不断发展的领域的名称(机器学习、数据科学等)使其显得困难而新颖，但本章所讨论的方法的核心是线性回归分析的扩展形式，它适应了大数据集的机遇和挑战。

14.2 多元预测问题与 OLS

本章考虑了使用描述学校、学生和社区的变量预测学校测试成绩的问题。完整的数据集包括 2013 年在加利福尼亚州 3 932 所小学收集的数据。任务是利用这些数据构建一个可以提供良好的样本外预测的预测模型，即可以对数据集以外的学校进行预测。为了模拟样本外预测问题，在本章的大部分内容中，我们使用一半的观测值($n=1\,966$)来估计预测模型。剩余的一半观测数据作为测试数据集保留，用于评估模型的性能，我们将在第 14.6 节中使用。

需要预测的变量是学校五年级学生的平均测试成绩。主要数据集包含 817 个与学校和社区特征相关的变量；表 14-1 总结了这些变量。为便于比较，第 14.6 节使用了更小和更大的数据集。关于这些数据的详细描述参见附录 14A。

表 14-1　包含 817 个预测因子的学校测试成绩数据集中的变量

主要变量(38)	
有资格享受免费或减价午餐的学生比例	种族变量(8)：学生是美洲原住人、亚洲人、非洲裔美国人、菲律宾人、西班牙裔美国人、夏威夷人、两种或两种以上、没有报告的比例
有资格享用免费午餐的学生比例	教师数量
英语学习者的比例	一年级教师的比例
教师平均工作年限	二年级教师的比例
每个学生的教学开支	兼职比例(教师人数除以全职教师人数)
本地人口的中位数收入	按类别划分的每名学生开支，学区层面(7)
学生-教师比	按种类划分的每名学生开支，学区层面(5)
注册学生人数	按收入来源划分的每名学生收入，学区层面(4)
精通英语的学生比例	**种族多样性指数**
+主要变量的平方项(38)	
+主要变量的立方项(38)	
+主要变量的所有交互项($38\times37/2=703$)	
预测因子总数$=k=38+38+38+703=817$	

如果使用表 14-1 中的主要变量，则只有 38 个解释变量。然而，8.4 节中关于学区测试成绩数据的分析揭示了测试成绩回归中几个有趣的非线性和交互作用关系。例如，表 8-3 中的回归分析表明，测试成绩与学生-教师比之间存在非线性关系，而且这种关系与该学区中是否有大量

的英语学习者而异。在第8.4节中，这些非线性通过假如学生-教师比和交互项的三次多项式来处理。如表14-1所示，包括交互项、平方项和立方项，预测因子的数量增加到了817个。在14.6节中，我们考虑了一个更大的数据集，其中包含2 065个预测因子，这超过了估计样本中的1 966个观测值！使用817个回归量进行回归，已经远远超出了本文迄今所做的任何尝试，更不用说2 065个回归量了。

一个自然的起点是OLS。不幸的是，当预测因子的数量大于样本量时，OLS可能会产生相当糟糕的预测。幸运的是，当预测因子的数量大于样本量时，除了OLS之外，有其他的估计方法可以产生更可靠的预测。根据高斯-马尔科夫定理，这一事实似乎令人惊讶，该定理说，只要高斯-马尔科夫条件成立，OLS估计量在所有无偏估计量中方差最小(附录5B)。造成这个惊人结果并且没有违反高斯-马尔科夫定理的原因是这些可选的估计量是有偏的。虽然估计量是有偏的，但是它们的方差比OLS估计量的方差要小得多，因此可以产生更好的预测。

14.2.1 均方预测误差

为了比较预测模型，我们需要一个预测精度的定量测度方式。正如我们在本书中所做的，我们将使用误差的平方——在本例中，是样本外预测的误差。使用平方预测误差意味着小的误差得到小的权重，而大的误差得到大的权重。这在许多预测问题中是有意义的，在这些问题中，小的误差影响很小，但是非常大的误差会削弱预测的有用性和可靠性。

均方预测误差(mean squared prediction error，MSPE)是模型用于对数据集以外的观测进行预测时，产生的预测误差的平方的期望值。

从数学上说，MSPE是

$$\mathrm{MSPE}=E[Y^{oos}-\hat{Y}(X^{oos})]^2 \tag{14-1}$$

其中，X^{oos}和Y^{oos}是对X和Y的样本外观测值("oos")，$\hat{Y}(x)$是预测因子为x值时Y的预测值。通常，X是k个独立预测因子的简写。式(14-1)中的表示符号参见附录6D(预测的最小二乘假设)。该符号区分了用于估计产生$\hat{Y}(x)$的预测模型的n个观测值$(X_i, Y_i)(i=1, 2, \cdots, n)$和用于预测的样本外观测值。样本外观测不用于预测模型的估计。

从最小化MSPE的角度来看，可能的最佳预测是条件均值，即$E(Y^{oos}\mid X^{oos})$(参见附录2B和习题14.8)。这个最佳预测，$E(Y^{oos}\mid X^{oos})$，有时被称为**oracle预测**(oracle prediction)。由于条件均值是未知的，oracle预测在实际中无法使用(它是不可行的)；然而，它是判断所有可行预测的基准。在回归模型中，oracle预测对应于使用真实(未知)总体回归系数进行的预测。

MSPE体现了预测误差的两个来源。首先，即使条件均值已知，预测也不完美：oracle预测会产生预测误差$Y^{oos}-E(Y^{oos}\mid X^{oos})$。其次，$E(Y^{oos}\mid X^{oos})$是未知的，估计它的参数——即估计预测模型$\hat{Y}(x)$的系数——会引入一个额外的误差来源。

14.2.2 预测的第一个最小二乘假设

学校测试成绩的应用案例使用了一些(但不是所有)加利福尼亚州学校的数据来估计预测模型。我们有信心，这个预测模型将推广到加利福尼亚州的其他学校；然而，我们对它适用于欧洲学校的信心要低得多，对它适用于印度学校的信心更低。

预测的第一个最小二乘假设使上述直觉变得精确。附录6D中提出了这一假设，即样本外观测与用于估计模型的样本内观测从同一个分布中抽取：

预测的第一个最小二乘假设：(X^{oos}, Y^{oos})与估计样本$[(X_i, Y_i), i=1, \cdots, n]$从相同的总体分布中随机抽取。

由于样本内和样本外的观测值来自相同的分布，因此条件均值 $E(Y|X)$是样本内和样本外观测值的预测值。

预测的第一个最小二乘假设是关于外部有效性的表述：样本内模型可以推广到感兴趣的样本外观测。

虽然我们把这个假设称为预测的第一个最小二乘假设，但这个要求适用于最小二乘法以外的估计方法。我们假定该条件在本章的其余部分都成立。

14.2.3 包含标准化解释变量的预测回归模型

本章使用了一个修正的线性回归模型，该模型中所有的解释变量都是标准化的；也就是说，它们被转化为均值为 0、方差为 1 的变量。此外，将被解释变量转换为均值为 0 的变量。通过使用标准化的解释变量，所有回归系数都有相同的单位，这是第 14.3～14.5 节的方法中使用的一个特性。

令$(X_{1i}^*, \cdots, X_{ki}^*, Y_i^*)$，$i=1, 2, \cdots, n$ 为原始数据，其中 X_{ji}^* 为第 j 个原始解释变量的第 i 个观测值。标准化后的解释变量为 $X_{ji}=\dfrac{(X_{ji}^*-\mu_{X_j^*})}{\sigma_{X_j^*}}$，其中 $\mu_{X_j^*}$ 和 $\sigma_{X_j^*}$ 分别为 $X_{j1}^*, X_{j2}^*, \cdots, X_{jn}^*$ 的总体均值和标准差。被转化（减去均值）后的被解释变量为 $Y_i=Y_i^*-\mu_{Y^*}$，其中 μ_{Y^*} 为 Y_1^*，$Y_2^*, \cdots, Y_n^*$ 的总体均值。

用上述符号，**标准化预测回归模型**（standardized predictive regression model）是 Y（均值为 0）对 k 个标准化的 X 的回归

$$Y_i=\beta_1X_{1i}+\beta_2X_{2i}+\cdots+\beta_kX_{ki}+u_i \tag{14-2}$$

式（14-2）中没有截距，这是因为所有的变量的均值为 0。

由于解释变量是标准化的，所以回归系数具有相同的单位：在保持其他 X 不变的情况下，β_j 是 X_j^* 变化一个标准差所对应的 Y 的预测值的变化值。

由于本章的重点是预测，我们全部采用附录 6D 中对回归模型的预测解释；也就是说，$E(Y|X)=\sum_{j=1}^{k}\beta_jX_j$ 以及 $E(u|X)=0$。

通常，式（14-2）中的线性结构意味着预测关于系数是线性的；然而，回归函数关于预测因子可以是非线性的，这是因为 X 可以包含非线性项，如平方项或交互项。

标准化预测回归模型中的 MSPE。在式（14-2）所示的标准化回归模型中，预测因子的样本外观测值的预测为 $\hat{Y}(X^{oos})=\hat{\beta}_1X_1^{oos}+\cdots+\hat{\beta}_kX_k^{oos}$。预测误差是 $Y^{oos}-(\hat{\beta}_1X_1^{oos}+\cdots+\hat{\beta}_kX_k^{oos})=u^{oos}-((\hat{\beta}_1-\beta_1)X_1^{oos}+\cdots+(\hat{\beta}_k-\beta_k)X_k^{oos})$，其中，最后一个表达式通过使用式（14-2）得到，u^{oos} 为样本外观测值的误差 u 的值。由于 u^{oos} 与用于估计系数的数据相互独立，且与 X^{oos} 不相关，因此标准化预测回归模型式（14-1）中的 MSPE 可表示为两个两部分之和

$$\text{MSPE}=\sigma_u^2+E[(\hat{\beta}_1-\beta_1)X_1^{oos}+\cdots+(\hat{\beta}_k-\beta_k)X_k^{oos}]^2 \tag{14-3}$$

式（14-3）中的第一项 σ_u^2 是 oracle 预测误差的方差，即使用真实（未知）条件均值 $E(Y|X)$进

行预测的预测误差的方差。

式(14-3)中的第二项是由估计回归系数引起的预测误差。第二项表示需要估计系数而不是使用 oracle 预测的成本(以增加的均方预测误差衡量)。

由于均方是方差与偏差的平方之和(式(2-33)),所以式(14-3)中的第二项是由于估计β产生的预测方差与预测偏差平方之和。当决定使用哪个估计量时,目标是使式(14-3)中的第二项尽可能小。正如我们将看到的,当有许多预测因子时,这需要在估计系数的偏差与它们的方差之间进行权衡取舍。

使用样本均值和方差的标准化。实际上,原始变量的总体均值和标准差是未知的。因此,我们使用样本内均值和方差来标准化解释变量,并且对被解释变量也减去其均值。

由于解释变量是标准化的,被解释变量被减去均值,因此需要额外的步骤来生成样本外观测值的预测。具体来说,必须使用样本内均值和标准偏差对预测变量的样本外观测值进行标准化,并且被解释变量的样本内均值必须加回到预测中。公式见附录 14E。

14.2.4 OLS 的 MSPE 和收缩原理

在式(14-2)回归误差u为同方差的这种特殊情况下,OLS 的 MSPE 为

$$\text{MSPE}_{\text{OLS}} \approx \left(1+\frac{k}{n}\right)\sigma_u^2 \tag{14-4}$$

式(14-4)中的近似在某些特殊情况下是成立的(习题 14.12),当n很大且$\frac{k}{n}$很小时,该近似在更一般的情况下成立。在只有一个解释变量的情形下,附录 14B 给出了式(14-4)的推导。当包含k个解释变量时,使用矩阵代数对式(14-4)进行推导,附录 19G 给出了相应的推导。

该表达式(式(14-4))有一个简单的解释。如式(14-3)所述,oracle 预测的 MSPE(即使用β的真值进行的预测)为σ_u^2。当用 OLS 估计k个回归系数时,相对于最佳 MSPE,MSPE 增加了一个因子$\left(1+\frac{k}{n}\right)$。因此,使用 OLS 的成本(以 MSPE 衡量)取决于解释变量的数量与样本量的比值。

例如,在关于学校测试成绩的实证案例中,假设使用表 14-1 中的 38 个主要解释变量来预测考试成绩。虽然 38 个解释变量听起来很多,但是$\frac{k}{n}=\frac{38}{1\,966}\approx 0.02$,所以使用 OLS 相对于 oracle 预测的 MSPE 损失仅为2%。在许多应用程序中,2%的损失可能并不重要。然而,在有 817 个回归量的数据集中,$\frac{k}{n}=\frac{817}{1\,966}\approx 0.40$,40%的恶化程度已经足够大,值得研究 MSPE 低于 OLS 的估计量。

由于 OLS 在式(14-2)的预测结果下是无偏的,因此膨胀因子$\left(1+\frac{k}{n}\right)$完全来自 OLS 估计量的方差。在高斯-马尔科夫条件下,OLS 估计量的方差是所有线性无偏估计量中最小的。因此,当$\frac{k}{n}$很大时,人们自然会对取得进展感到沮丧。但是,在 20 世纪 60 年代早期的多元预测问题中,有一个重大的概念突破,即发现如果允许估计量存在偏差,那么估计量的方差可以减少很多,以至于 MSPE 可以小于 OLS 的 MSPE。

收缩原理。**收缩估计量**(shrinkage estimator)通过将 OLS 估计量朝着一个特定数字进行"收缩"来引入偏差，从而减少估计量的方差。由于均方误差是方差与偏差平方之和(式(2-33))，因此如果估计量方差减少得足够多，那么方差的减少就能完全抵消偏差平方的增加。结果是一个均方误差小于 OLS 的估计量。

James 和 Stein(1961)开发了第一个通过引入偏差以实现减少估计量的均方误差这一目标的估计量。当解释变量不相关时，James-Stein 估计量可以写成 $\widetilde{\beta}^{JS}=c\hat{\beta}$，其中 $\hat{\beta}$ 是 OLS 估计量，c 是小于 1 且依赖于数据的因子。由于 c 小于 1，James-Stein 估计量将 OLS 估计量向 0 进行缩小，因此该估计量是偏向于 0 的。当 β 的真值很小时，James-Stein 估计量的均方误差小于 OLS 估计量的均方误差并不奇怪。然而，James 和 Stein 证明了，如果误差是正态分布的，无论 β 的真值如何，只要 $k\geqslant 3$，其估计量的均方误差都比 OLS 估计量的均方误差小。

James 和 Stein 的非凡成果是结合大数据使用的多元预测方法的基础，他们的结果延伸出了一系列收缩估计量，其中包括岭回归和 Lasso 估计量，这些估计量分别是第 14.3 节和第 14.4 节的主题。

14.2.5 MSPE 的估计

MSPE 是一个总体期望，因此是未知的。然而，它可以通过样本数据进行估计。在这里，我们讨论两种估计 MSPE 的方法。第一个是分割样本估计，它直接引用了 MSPE 的定义，并将样本分为两个子样本，一个用于估计，另一个用于预测。第二个称为 m 倍交叉验证，这种估计方法将上述思想进行了扩展，并且通过将样本划分为 m 个子样本从而更对称和更有效地使用数据。

使用分割样本估计 MSPE。回想一下，MSPE 是随机抽取的 X 的预测误差的方差，其中这些观察值不用于估计 β。此定义建议通过将数据集分为两部分来估计 MSPE：用于估计的子样本和用于模拟样本外预测的"测试"子样本。用于估计的子样本用来估计 β，得到估计值 $\widetilde{\beta}$，该估计值可以通过 OLS 或其他估计量获得。然后，该估计值用于对测试子样本中的 n_{test} 个观测值中的每一个观测值做出预测 $\hat{Y}$。然后，使用生成的 n_{test} 个预测误差来估计 MSPE

$$\widehat{\text{MSPE}}_{\text{split-sample}}=\frac{1}{n_{\text{test}}}\sum_{\text{observations in test subsample}}(Y_i-\hat{Y}_i)^2 \tag{14-5}$$

通过 m 倍交叉验证估计 MSPE。分割样本过程通过将观测值任意地分割成两个子样本，然后用于不同的目的，来不对称地处理数据。通过对数据进行对称处理，可以改进该估计量。具体地说，这两个子样本可以通过交换，即将用于估计 β 的子样本和用于估计 MSPE 的子样本互相交换，分别用于估计 MSPE 和 β，由此生成得到 MSPE 的两个估计量。

将这个想法延伸到 m 个不同的、随机选择的子样本。这个过程称为 m 倍交叉验证。在 **m 倍交叉验证中**，对 MSPE 有 m 个单独的估计，每个估计都是通过在估计 β 时按顺序去掉 m 个子样本中的一个子样本，并使用该遗漏下来的子样本来估计 MSPE 而产生的。MSPE 的 m 倍交叉验证估计量是 MSPE 的 m 个估计量的平均值。重要概念 14-1 中总结了 MSPE 的 m 倍交叉验证估计。

重要概念 14-1　m 倍交叉验证

MSPE 的 m 倍交叉验证估计量是根据以下六个步骤确定的。

1. 将测试样本分成 m 个随机选择的大小近似相等的子集。
2. 使用合并的子样本 2，3，…，m 来计算 β 的估计值 $\widetilde{\beta}$。

3. 使用 $\widetilde{\beta}$ 和式(14-12)计算子样本1中观测值的预测值 $\hat{Y}$ 和预测误差 $Y-\hat{Y}$。

4. 使用子样本1作为测试样本，使用子样本1中的预测值和式(14-5)估计 MSPE；将该估计值称为 $\widehat{\text{MSPE}}_1$。

5. 将子样本2作为遗漏下来的测试样本，重复步骤2～4，然后再对子样本3进行上述操作，以此类推，一共可以得到 m 个估计值 $\widehat{\text{MSPE}}_i$，$i=1$，…，m。

6. 然后，通过对 MSPE 的 m 个子样本估计值求均值，从而来估计 MSPE 的 m 倍交叉验证估计量

$$\widehat{\text{MSPE}}_{\text{m-fold cross validation}} = \frac{1}{m}\sum_{i=1}^{m}\left(\frac{n_i}{\frac{n}{m}}\right)\widehat{\text{MSPE}}_i \tag{14-6}$$

其中 n_i 是子样本 i 中的观测值数量，圆括号中的因子考虑了不同子样本中观测值数量的不同。

在 m 倍交叉验证中，一个未解决的问题是如何选择 m。m 大小的确定面临着权衡取舍。m 的值越大，每次估计 β 时使用的观测值就越多，β 的估计就越有效。从这个角度来看，理想情况下，我们可以使用所谓的留一法交叉验证估计量，即 $m=n-1$。但 m 的值较大，就意味着 β 需要估计 m 次。在 k 值很大(数百个或更多)的应用案例中，这可能需要相当长的计算时间，而留一法交叉验证也需要太长的计算运行时间。因此，选择 m 必须考虑到您和您的计算机运行需要时间的实际限制。在本章中的学校测试成绩实证案例中，考虑到我们使用的计算机，我们将 m 设定为一个折中值，$m=10$，因此 β 的每个子样本估计量使用了90%的样本。

不管 β 是如何估计的，m 倍交叉验证估计量在一般情形下就可用于估计 MSPE。它甚至适用于只能表示为算法而不能表示为参数的模型。这种普适性使得它在大数据的实证工作中得到了广泛的应用。

14.3 岭回归

第14.3节和第14.4节介绍了两个与多个预测因子一起使用的收缩估计量。本节讨论的方法，岭回归，通过在残差平方和的基础上加上一个随参数估计值的平方递增的惩罚，将参数估计值缩小到0。通过最小化这两项之和(称为被惩罚的残差平方和)，岭回归在估计量中引入了偏差，但降低了方差。在某些应用中，与 OLS 相比，岭回归可以使得 MSPE 得到很大的改进。

14.3.1 通过惩罚和岭回归进行收缩

将系数估计值向0收缩的一种方法是对较大的估计值进行惩罚。岭回归估计正是基于这一思想。具体地说，**岭回归**(ridge regression)估计量最小化了被惩罚的残差平方和，被惩罚的残差平方和即在残差平方和上加一个随系数平方和递增的惩罚因子

$$S^{\text{Ridge}}(b;\lambda_{\text{Ridge}}) = \sum_{i=1}^{n}(Y_i - b_1X_{1i} - \cdots - b_kX_{ki})^2 + \lambda_{\text{Ridge}}\sum_{j=1}^{k}b_j^2 \tag{14-7}$$

其中 $\lambda_{\text{Ridge}} \geqslant 0$。参数 λ_{Ridge} 被称为岭收缩参数。岭回归估计量是使 $S^{\text{Ridge}}(b;\lambda_{\text{Ridge}})$ 最小的 b 的值。

式(14-7)右边的第一项通常是系数值 b 的残差平方和。如果这是唯一的一项，那么岭估计量和 OLS 估计量将是相同的。然而，第二项是新增的。第二项随着系数平方和递增。式(14-7)中的第二项称为**惩罚项**(penalty term)，因为它对估计量选择大的系数估计值进行了惩罚。如式(14-7)所示，通过收缩参数对惩罚项进行放缩，并将其与残差平方和相加，得到的结果称为**被惩罚的残差平方和**(penalized sum of squared residuals)。

惩罚项使岭回归估计量趋近于 0。图 14-1 显示了当只有一个解释变量时，岭惩罚是如何起作用的。当没有惩罚项时，是最小化残差平方和，从而得到 OLS 估计量。加入惩罚项将惩罚函数的最小值移向于 0。因此，岭回归系数估计值将比 OLS 估计更接近于 0；也就是说，岭回归估计量被缩小趋向于 0。

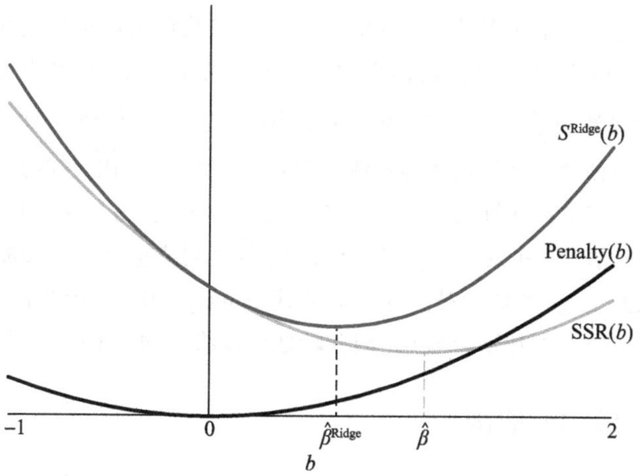

图 14-1 岭回归惩罚函数的构成

注：岭回归估计量使 $S^{Ridge}(b)$ 最小化，$S^{Ridge}(b)$ 是残差平方和 SSR(b) 加上随参数估计值平方递增的惩罚。在 OLS 估计量 $\hat{\beta}$ 处 SSR 最小化。加入惩罚后使得岭估计量 $\hat{\beta}^{Ridge}$ 向 0 缩小。

收缩的大小取决于收缩参数 λ_{Ridge}。如果 $\lambda_{Ridge}=0$，则不存在收缩，岭回归估计量等于 OLS 估计量。λ_{Ridge} 越大，对给定值 b 的惩罚越大，估计量向 0 的收缩越大。由于我们使用的是标准化预测回归模型，所有的系数都有相同的单位，因此一个收缩参数 λ_{Ridge} 可以用于所有的系数。

利用微积分对式(14-7)中被惩罚的残差平方和进行最小化，从而给出岭回归估计量的一个简单表达式。附录 14C 在单个解释变量的情形对该表达式进行了推导。当 $k>2$ 时，最好用矩阵符号表示岭回归估计量的表达式，参见附录 19G。

在解释变量不相关的特殊情形下，岭回归估计量为

$$\hat{\beta}_j^{Ridge}=\left(\frac{1}{1+\dfrac{\lambda_{Ridge}}{\sum_{i=1}^{n}X_{ji}^2}}\right)\hat{\beta}_j \tag{14-8}$$

其中 $\hat{\beta}_j$ 是 β_j 的 OLS 估计量。在这种情况下，岭回归估计量将 OLS 估计量向 0 缩小，就像 James-Stein 估计量一样。当回归系数相关时，尽管整体岭回归估计值向 0 缩小，但岭回归估计值有时可能大于 OLS 估计值零。

当存在完全多重共线性时，如 $k>n$ 时，OLS 估计量不再可以计算，而岭估计量可以。

14.3.2 通过交叉验证估计岭收缩参数

岭回归估计量依赖于收缩参数 λ_{Ridge}。当 λ_{Ridge} 可以任意取值时，一个更好的策略是选择可以使岭回归估计量很好地处理手头数据的 λ_{Ridge}。

最初，人们可能会认为，可以通过最小化式(14-7)中的 $S^{Ridge}(b;\ \lambda_{Ridge})$ 来估计收缩参数 λ_{Ridge}。但是，对于 b 的任何试验值，将 $S^{Ridge}(b;\ \lambda_{Ridge})$ 关于 λ_{Ridge} 最小化只会导致 λ_{Ridge} 的取值为0；但是，当 $\lambda_{Ridge}=0$ 时，岭回归估计量就是OLS估计量！这种方法产生OLS估计量的原因是它提供了最佳的样本内拟合，而这是由OLS给出的。相反，预测的目标是要具有良好的样本外拟合，即一个低的MSPE。

这一观点建议，选择最小化MSPE估计值的 λ_{Ridge}。该策略可以通过使用MSPE的 m 倍交叉验证估计量(重要概念14-1)来实现。具体来说，假设有两个 λ_{Ridge} 的候选值(例如0.1和0.2)，并选择一些 m 值。令重要概念14-1中的 $\widetilde{\beta}$ 表示使用 $\lambda_{Ridge}=0.1$ 得到的岭回归估计量。给定 $\widetilde{\beta}$ 后，计算测试样本中的预测，并使用这些预测计算该估计量的 $\widehat{MSPE}$。现在使用 $\lambda_{Ridge}=0.2$ 重复上述步骤。现在有两个MSPE估计值，一个对应于 $\lambda_{Ridge}=0.1$，另一个对应于 $\lambda_{Ridge}=0.2$，因此应选择提供最低MSPE估计值的 λ_{Ridge} 值。对 λ_{Ridge} 的多个取值重复上述步骤，可生成使 m 倍交叉验证MSPE最小化的 λ_{Ridge} 的估计量。尽管该估计量可能为0——因此最佳的岭估计量是OLS估计量，但通常最好的收缩参数不会为0，因此岭估计量将不同于OLS估计量。

14.3.3 学校测试成绩的应用

我们使用表14-1中的817个预测因子与1 966个观测值来拟合学校测试成绩的预测模型，从而来说明岭回归的实证应用。

图14-2绘制了MSPE的10倍交叉验证估计量的平方根，其中MSPE是岭收敛参数 λ_{Ridge} 的函数。图中画出了MSPE的平方根，从而提供一个典型的样本外预测误差大小的估计值。对于给定的 λ_{Ridge} 值，可以按照重要概念14-1中的描述计算MSPE。$m=10$ 的选择代表了在希望使用尽可能多的观测值来估计参数和对每个 λ_{Ridge} 值重复该估计 m 次所产生的计算负担之间的平衡。

如图14-2所示，MSPE呈U形。它在 $\lambda_{Ridge}=2\,233$ 处取得最小值，因此岭收缩参数的10倍交叉验证估计值为 $\hat{\lambda}_{Ridge}=2\,233$。

MSPE的平方根(在 $\hat{\lambda}_{Ridge}$ 处计算)为39.5。相比之下，使用OLS得到的MSPE的平方根(使用相同的817个预测因子和1 966个观测值估计)要大得多，为78.2。由于OLS估计量是 $\lambda_{Ridge}=0$ 时的岭估计量，原则上OLS量的MSPE的平方根也可以在图14-2中以点($\lambda_{Ridge}=0$，MSPE平方根=78.2)的形式显示；但是由于OLS估计量的MSPE的平方根太大，以至于它超出了本图的范围。

OLS-MSPE远大于岭-MSPE的事实，为14.2节中讨论的主要理论观点提供了实证证明：当存在许多预测因子时，通过收缩将偏差引入到参数估计值中，可以使得预测的方差减少的幅度大于偏差的幅度，从而做出更准确的预测。

由于选择 $\hat{\lambda}_{Ridge}$ 是为了最小化交叉验证的MSPE，因此在 $\hat{\lambda}_{Ridge}$ 处求得的交叉验证MSPE不再是MSPE的无偏估计量。在第14.6节中，我们采用剩余的1 966个观测值(目前尚未使用)，来获得使用 $\hat{\lambda}_{Ridge}$ 的岭回归的MSPE的无偏估计量。

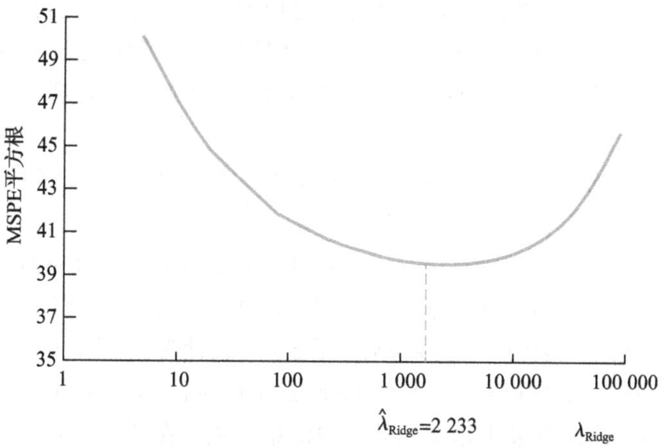

图 14-2　作为收缩参数函数的岭回归预测的 MSPE 平方根(λ_{Ridge} 的对数刻度)

注：MSPE 通过使用 10 倍交叉验证对学校测试成绩数据集估计得到，其中有 k λ = 817 个预测因子，n = 1 966 个观测值。

将岭回归系数与 OLS 系数进行比较也很有意义。14.6 节中对此进行比较，其中这些系数也分别与在 14.4 节和 14.5 节中讨论的方法(Lasso 和主成分)进行了比较。

14.4　Lasso 回归

在 OLS 和岭回归中，没有一个估计系数正好为 0，因此所有解释变量都用于进行预测。但是，在某些应用中，只有少数预测因子可能是有用的，而其余因子则无关紧要。例如，在表 14-1 的预测因子中，除了 38 个预测因子是线性的，其他所有预测因子都被构建为 38 个主要变量的平方项、立方项或交互项。如果真实的条件期望值在实际上关于 38 个主要变量是线性的，则这 817-38 = 779 个变量的系数将会为 0。

只有一小部分预测因子的系数为非零的回归模型称为**稀疏模型**(sparse model)。如果模型是稀疏的，则可以通过将很多系数恰好估计为 0 来改进预测。

本节讨论的估计量 Lasso(least absolute shrinkage and selection operator，最小绝对收缩和选择算法)是为稀疏模型设计的。像岭回归一样，Lasso 将系数估计值缩小到 0。与岭回归不同，它将很多系数估计值精确地设置为 0，从而将这些解释变量从模型中删除。此外，与岭回归相比，它保留的解释变量受到的收缩程度更小。因此，Lasso 提供了一种选择解释变量子集的方法，然后以一个适度的收缩量来估计这些解释变量的系数。

与岭回归一样，Lasso 也可用于 $k>n$ 时的情形。同时，与岭回归一样，Lasso 有一个收敛参数，可以通过最小化交叉验证的 MSPE 对该参数进行估计。

14.4.1　使用 Lasso 收缩

Lasso 估计量最小化了被惩罚的残差平方和，其中惩罚项随着系数绝对值之和递增

$$S^{\text{Lasso}}(b;\ \lambda_{\text{Lasso}}) = \sum_{i=1}^{n}(Y_i - b_1X_{1i} - \cdots - b_kX_{ki})^2 + \lambda_{\text{Lasso}}\sum_{j=1}^{k}|b_j| \qquad (14\text{-}9)$$

其中 λ_{Lasso} 称为 Lasso 收缩参数。Lasso 估计量是使 $S^{Lasso}(b;\ \lambda_{Lasso})$ 达到最小值的 b 的值。与岭回归一样，如果收缩参数 $\lambda_{Lasso}=0$，则 Lasso 估计量最小化了残差平方和，在这种情况下，Lasso 估计量就是 OLS 估计量。式(14-9)中的第二项对 b 较大的值进行惩罚，因此将 Lasso 估计值向 0 缩小。[⊖]

Lasso 名称的第一部分——最小绝对收缩——反映了式(14-9)中惩罚项的本质。岭回归惩罚项随 b 的平方递增，Lasso 惩罚项随 b 的绝对值递增。

Lasso 名称的第二部分——选择算法——产生的原因是 Lasso 将许多系数恰好估计为 0，从而去掉了一些预测因子。因此 Lasso 实际上选择了要在模型中使用的预测因子的子集。

图 14-3 在 $k=1$ 的情形下说明了 Lasso 将某些系数恰好估计为 0 的原因。该图展示了式(14-9)中的残差平方和、Lasso 惩罚项以及相加后的 Lasso 最小化函数。图 14-3a 和图 14-3b 仅在 OLS 估计值上有所不同，OLS 估计值最小化式(14-9)中的第一项。在图 14-3a 中，OLS 估计值远离 0 $(\hat{\beta}=1.0)$，Lasso 将其缩小到一个较小的值$(\hat{\beta}^{Lasso}=0.5)$。在图 14-3b 中，代表残差平方和的曲线移到了左边，因此图中的 OLS 估计值更小$(\hat{\beta}=0.4)$，而 Lasso 估计值恰好为 0$(\hat{\beta}^{Lasso}=0)$。产生恰好为 0 的估计值是由于图 14-3b 中的残差平方和函数在 0 附近非常平坦，因此惩罚项取代残差平方和起主要作用，并将估计值推向于 0。

附录 14D 给出了 $k=1$ 时 Lasso 估计量的公式。该公式从数学上证明，对于 OLS 估计量充分小的值，Lasso 估计量恰好为 0。

当 OLS 估计值较大时，岭估计量和 Lasso 估计量的表现也不同。对于较大的 b 值，岭惩罚大于 Lasso 惩罚。因此，当 OLS 估计值较大时，Lasso 对其的收缩程度小于岭，但当 OLS 估计值较小时，Lasso 对其的收缩大于岭——在某些情形下，一直趋近至 0。

图 14-3 考虑了单个解释变量的情形，在这种情形下，Lasso 总是将 OLS 估计值向 0 收缩。如果有多个预测因子时，则 Lasso 通常会将 OLS 估计值向 0 收缩；然而，有可能某些系数的 Lasso 估计值比 OLS 估计值大。

Lasso 估计量的计算。与 OLS 回归和岭回归不同，当 $k>1$ 时，Lasso 估计量没有简单的表达式，因此 Lasso 最小化问题必须使用计算机进行数值求解。机器学习中有许多计算方面的进步，其中一个就是计算 Lasso 估计量的算法的不断发展。一些计量经济学软件包嵌入了这些算法，这些计量软件可以直接使用 Lasso 估计量。

通过交叉验证估计收缩参数。如在岭回归中一样，可以通过最小化 MSPE 的估计值来估计 Lasso 调整参数。估计 λ_{Lasso} 的算法与第 14.3 节介绍的估计 λ_{Lasso} 的算法相同。

关于岭估计量和 Lasso 估计量的警告。岭估计量和 Lasso 估计量在一个重要方面不同于本书中使用的其他估计量。在 OLS 中，无论使用 k 个原始解释变量还是解释变量的 k 个线性组合，只要避免了完全多重共线性，回归模型的拟合优度都是相同的。例如，可以使用一个截距和一个虚拟变量表示男性，或使用一个截距和一个虚拟变量表示女性，或同时使用一个男性虚拟变量和一个女性虚拟变量但没有截距来进行表示；所有这些设定形式都可以产生相同的 OLS 回归

⊖ 岭惩罚项和 Lasso 惩罚项都可以写为 $\lambda\sum_{j=1}^{k}|b_j|^p$，其中 $p=2$ 表示岭惩罚项，$p=1$ 表示 Lasso 惩罚项。表达式 $\left(\lambda\sum_{j=1}^{k}|b_j|^p\right)^{\frac{1}{p}}$ 称为 b 的 L_p 长度，其中 $p=2$ 对应于通常的欧氏距离。因此，岭有时被称为 L_2 惩罚，Lasso 有时被称为 L_1 惩罚。

拟合优度以及相同的预测结果。此外，使用这三种设定中的任何一种对模型中的其他系数估计值不会产生影响。

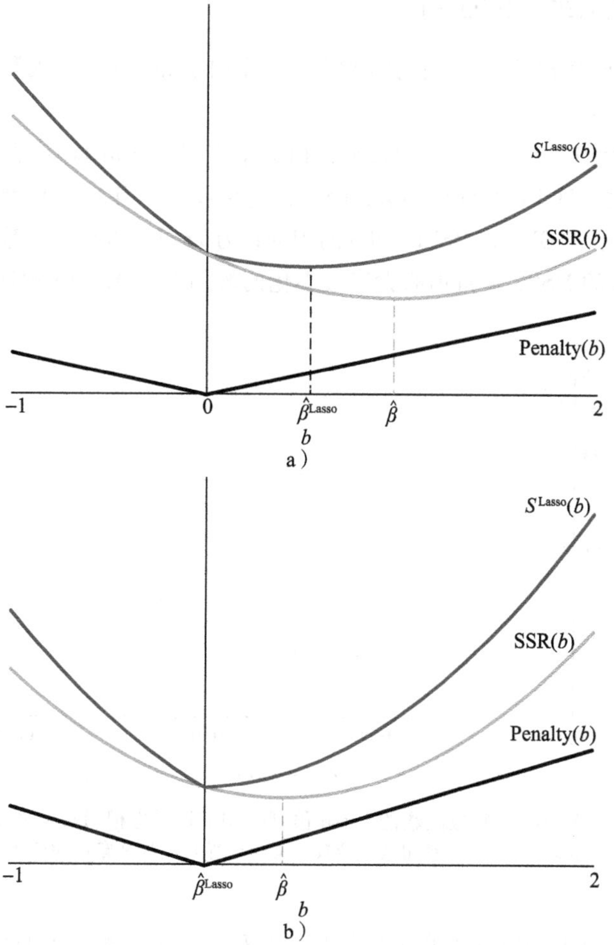

图 14-3　Lasso 估计量最小化了残差平方和与惩罚项(关于 b 的绝对值的线性函数)之和

注：对于只有一个解释变量的情形，a）当 OLS 估计量远离 0 时，Lasso 估计量会向 0 收缩；b）当 OLS 估计量接近于 0 时，Lasso 估计量恰好为 0。

相比之下，对于岭估计量和 Lasso 估计量来说，回归的拟合优度、系数估计值和预测在一般情况下取决于你选择了哪种解释变量的线性组合。对于 Lasso，这是非常明显的，这是因为系数的总体值随着线性组合的变化而变化。例如，在(截距，男性)的设定形式中，关于男性的系数不同于在(女性，男性)的设定形式中关于男性的系数。因此，Lasso 可能会从(截距，男性)设定形式中删除男性变量，但不会从(女性，男性)的设定形式中删除男性变量。如果是这样的话，则(截距，男性)和(女性，男性)这两种设定形式将选择不同的预测因子，因此将做出不同的预测。

线性组合的选择对岭回归重要的原因更加微妙，其原因是不同的线性组合之间会有不同的相关性。附录 19G 中对此结果进行了解释。

岭估计量和 Lasso 估计量依赖于解释变量线性组合的选择，这意味着在使用这些估计量时，需要思考解释变量的选择——关于解释变量线性组合的选择对 OLS 或第 14.5 节的主成分(或就此而言，对 logit、probit 或 IV 回归）无关紧要。

14.4.2 学校测试成绩中的应用

现在，我们使用与第 14.3 节中相同的 817 个预测因子和 1 966 个观测值来估计 Lasso 预测模型。

图 14-4 绘制了 MSPE 的 10 倍交叉验证估计值的平方根，它是 Lasso 收缩参数 λ_{Lasso} 的函数。当收缩参数为 4 527 时，MSPE 达到最小值，因此 $\hat{\lambda}_{Lasso}=4\,527$。当 λ_{Lasso} 估计值为 4 527 时，MSPE 为 39.7，该 MSPE 远小于 OLS 的 MSPE（OLS 的 MSPE 为 78.2，OLS 估计量等价于 $\lambda_{Lasso}=0$ 时的 Lasso 估计量），Lasso 的 MSPE 接近但略大于最小化的岭回归的 MSPE（岭回归的 MSPE 为 39.5，参见 14.3 节）。

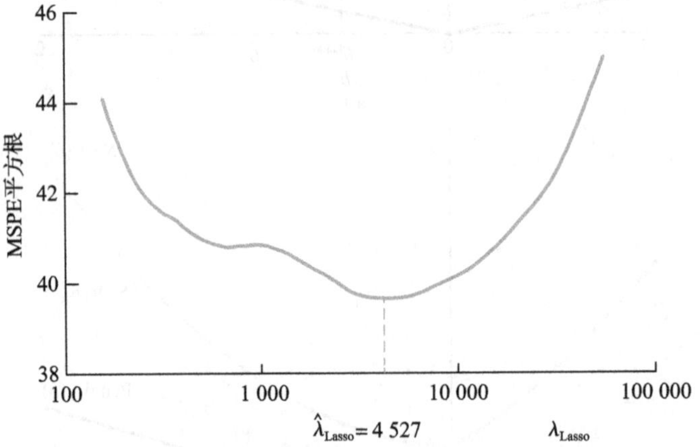

图 14-4 作为收缩参数函数的 Lasso 预测的 MSPE 平方根（Lasso 对数刻度）

注：MSPE 通过使用 10 倍交叉验证对学校测试成绩数据集估计得到，其中有 $k=817$ 个预测因子，$n=1\,966$ 个观测值。

Lasso 对 817 个预测因子的系数进行了估计，但仅有 56 个预测因子的系数估计值是非零的；因此，Lasso 估计量排除了表 14-1 中 761 个，即 93%的候选预测因子。在保留的预测因子中，除了 4 个以外，其余都是表 14-1 中 38 个主要预测因子之间的交互项。

14.5 主成分

当解释变量完全多重共线性时，至少有一个解释变量可以从数据集中删除，由于删除的解释变量可以通过保留的解释变量完美地重构，因此删除解释变量并不会丢失任何信息。这一观察结果表明，放弃一个与其他解释变量高度相关但又不完全相关的变量，可能不会造成什么信息损失。这种见解形成了处理许多预测因子的替代策略的基础：利用解释变量之间的相关性来减少解释变量的数量，同时尽可能保留原始解释变量中的信息。主成分分析实现了这一策略，并能极大地减少解释变量，从而可以使用 OLS 进行估计和预测。

本节首先说明当有两个解释变量时主成分分析的工作方式。然后，当解释变量数量很多时，我们学习更相关的情况。

14.5.1　两个解释变量的主成分

一组标准化变量 X 的**主成分**(principal components)是这些变量的线性组合，选择这些线性组合使主成分之间相互不相关，并按顺序尽可能多地包含原始变量中的信息。具体地说，对第一个主成分的线性组合权重进行选择以最大化其方差，在这种意义上，它捕获了尽可能多的 X 的变化。控制第一个主成分不变，对第二个主成分的线性组合权重进行选择，使其与第一个主成分不相关，并尽可能多地捕获 X 的方差。控制前两个主成分不变，第三个主成分与前两个不相关并尽可能多地捕捉 X 的方差，以此类推。若 $k \leqslant n$ 且不存在完全多重共线性，则主成分的总数为 k，若 $k>n$，则主成分的总数为 n。

当有两个解释变量 X 时，很容易看出这个过程是如何进行的。当 X_1 和 X_2 是相关系数为 0.7 的标准正态随机变量时，图 14-5 对这个过程进行了说明。第一个主成分是具有最大方差的加权平均，$PC_1 = w_1X_1+w_2X_2$，其中 w_1 和 w_2 为主成分权重。选择权重相当于选择变量相加的方向，或者，等价地，选择变量分散最大的方向。如图 14-5 所示，变量在 45° 直线方向上的分散程度最大。沿着这个方向，变量以相等的权重相加。

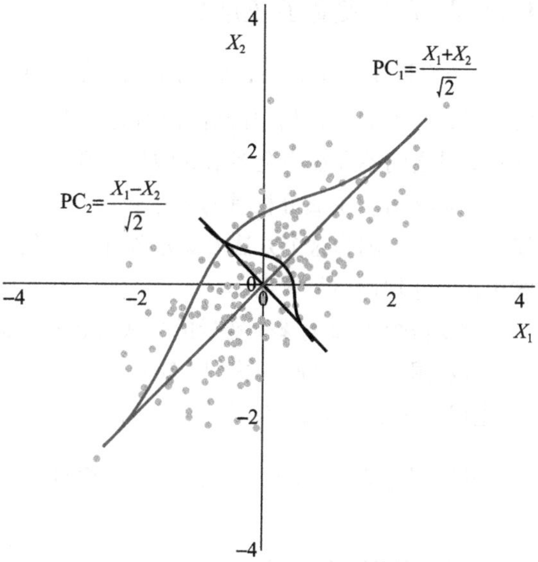

图 14-5　总体相关系数为 0.7 的两个标准正态随机变量 X_1 和 X_2 的 200 个观测值的散点图

注：第一个主成分(PC_1)通过对 X_1 和 X_2 相加使这些变量的线性组合的方差最大化，第二个主成分(PC_2)与第一个主成分不相关，通过两个变量相减得到。主成分权重被归一化，从而使权重平方和相加为 1。

在没有进一步限制的情况下，通过简单地增加 w_1 和 w_2 总是可以增加线性组合的方差。因此，为了使主成分问题有解，需要通过要求权重平方和等于 1 来实现对权重的限制；即 $w_1^2+w_2^2=1$。沿着 45° 线，权重是相等的，因此 $w_1=w_2=\frac{1}{\sqrt{2}}$，$PC_1=\frac{X_1+X_2}{\sqrt{2}}$，这是在习题 14.11 中通过数学推导出的结果。

选择第二个主成分使其与第一个主成分不相关，且其权重平方和也等于 1。当有两个变量时，这两个要求意味着 $PC_2=\frac{X_1-X_2}{\sqrt{2}}$。这相当于在图 14-5 中沿着向下倾斜的 45° 线对变量进行相加。如图所示，这个方向上变量的分散程度是最小的。因此，当只有两个解释变量时，第一个主成分使线性组合的方差最大，第二个主成分使线性组合的方差最小。

这两个主成分的方差分别是 $\mathrm{var}(PC_1)=1+|\rho|$ 和 $\mathrm{var}(PC_2)=1-|\rho|$，其中 $\rho=\mathrm{corr}(X_1, X_2)$(习题 14.11)。这些表达式证实，如果变量之间相关，则 PC_1 的方差大于 PC_2 的方差。

这些表示 PC_1 和 PC_2 方差的表达式还有一个更微妙的特征：$\mathrm{var}(PC_1)+\mathrm{var}(PC_2)=\mathrm{var}(X_1)+$

$\mathrm{var}(X_2)$。[⊖]这提供了对主成分的 R^2 解释：第一个主成分解释的总方差比例为$\frac{\mathrm{var}(PC_1)}{\mathrm{var}(X_1)+\mathrm{var}(X_2)}$，第二个主成分解释的比例为$\frac{\mathrm{var}(PC_2)}{\mathrm{var}(X_1)+\mathrm{var}(X_2)}$。加在一起后，这两个主成分解释了 X 的所有方差。对于图 14-5 中的两个变量 X，它们之间的相关系数是 0.7，因此第一个主成分解释了$\frac{1+\rho}{2}=85\%$的 X 的方差，而第二个主成分解释了剩余 15%的 X 的方差。

如果只有两个变量，就没有理由使用主成分来减少它们的数量。当有许多相关的变量时，主成分就起作用了，在这种情况下，这些变量中的大部分变动可以被少数几个主成分捕获。

14.5.2 *k* 个变量的主成分

k 个变量 X_1，X_2，…，X_k 的主成分是这些变量的线性组合，主成分之间互不相关，它们的权重平方和为 1，并且在控制前面所有主成分不变时，该主成分最大化了其线性组合的方差。假设各变量之间不存在完全多重共线性，则 X 的主成分数量为 n 和 k 的最小值。

当 $k>2$ 时，主成分权重的表达式比 $k=2$ 时更复杂。幸运的是，有一种快速计算主成分及其权重的方法。因为这个方法需要矩阵计算，我们推迟到附录 19G 对其介绍。这种计算主成分的方法在统计软件中很常见。

重要概念 14-2 对 k 个变量的主成分进行了总结。

碎石图(scree plot)。式(14-10)中的等式生成一个有用的图形，称为碎石图，用于可视化第 j 个主成分捕获的 X 的变动量。

碎石图是第 j 个主成分的样本方差相对于 X 的总样本方差$\left(\text{即}\frac{\mathrm{var}(PC_j)}{\sum_{j=1}^{k}\mathrm{var}(X_j)}\text{的样本值}\right)$相对于主成分数 j 的图。因为这个比值可以解释第 j 个主成分的 R^2，所以碎石图可以读出由任何一个特定的主成分解释的 X 的样本方差的比重。由于主成分之间是不相关的，因此通过第 p 个主成分这些比值的累积和是由前 p 个主成分解释的 X 的总样本方差的比重。

图 14-6 是关于表 14-1 中 817 个变量数据集的前 50 个主成分的碎石图。第一个主成分解释了 18%的这 817 个 X 的总样本方差，第二个主成分解释了 11%的总方差。因此，29%，即超出四分之一的总方差，可以被仅仅这两个主成分解释。前 10 个主成分解释了 63%的总方差，前 40 个主成分解释了 92%的总方差。

重要概念 14-2 X 的主成分

k 个变量 X_1，X_2，…，X_k 的主成分是 X 的线性组合，这些主成分具有如下性质：

(1) 线性组合的权重平方和为 1；

(2) 第一主成分最大化其线性组合的方差；

(3) 第二主成分在与第一个主成分不相关的前提下，最大化其线性组合的方差；

⊖ 对于 $k=2$，这可以通过对两个主成分方差的两个表达式进行相加来验证：$\mathrm{var}(PC_1)+\mathrm{var}(PC_2)=(1+|\rho|)+(1-|\rho|)=2=\mathrm{var}(X_1)+\mathrm{var}(X_2)$，其中，由于 X_1 和 X_2 是标准化的随机变量，具有单位方差，因此最后一个等式成立。

(4) 一般而言，第 j 个主成分与前 $j-1$ 个主成分不相关，并最大化其线性组合的方差。

- 假设 X 不存在完全多重共线性，则主成分的数量为 n 和 k 的最小值。
- 主成分的样本方差之和等于 X 的样本方差之和

$$\sum_{j=1}^{\min(n,k)} \mathrm{var}(PC_j) = \sum_{j=1}^{k} \mathrm{var}(X_j) \tag{14-10}$$

- $\dfrac{\mathrm{var}(PC_j)}{\sum_{j=1}^{k} \mathrm{var}(X_j)}$ 是由第 j 个主成分解释的 X 总方差的比重。这种度量就像 X 总方差的 R^2。

图 14-6 中，在前几个主成分之后，曲线变得越来越平坦，这是许多包含了高度相关的变量的数据集的典型特征，就像包含了 817 个变量的学校测试成绩数据集中一样，变量之间是高度相关的。该特征为碎石图提供了名称：它看起来像悬崖，有巨石或碎石，层叠成山谷。

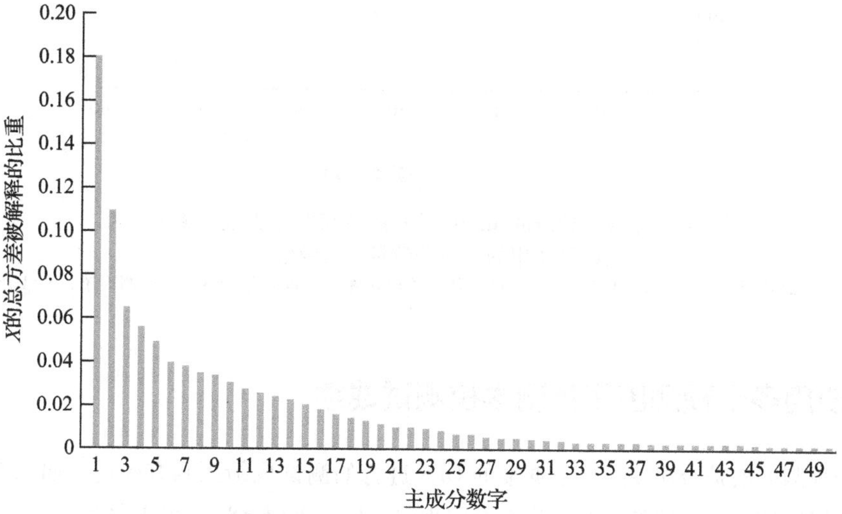

图 14-6　包含 817 个变量的学校数据集的碎石图(前 50 个主成分)

注：画出来的数值表示由指定的主成分解释的 817 个解释变量的总方差的比重。第一个主成分解释了 18%的 817 个 X 的总方差，前 10 个主成分共同解释了 63%的总方差。

利用主成分进行预测。 817 个预测因子中如此多的变动被前 10 个或前 50 个主成分捕获，这一事实表明，可以用更少的主成分来代替 817 个预测因子，并将这些主成分用作解释变量。由于解释变量少了很多，因此可以用 OLS 估计系数。

关键问题是在回归中包含多少个主成分。就像岭收缩参数和 Lasso 收缩参数一样，主成分的数量 p 可以通过最小化 MSPE 来估计，其中 MSPE 是通过 m 倍交叉验证估计得到的。

如式(14-3)所述，计算样本外观测的预测值需要使用每个预测因子的样本内均值和方差对观测值进行标准化。在主成分回归的情形下，主成分的样本外预测值还必须通过将使用样本内数据值估计得到的权重(w)用于标准化后的 X 来计算。具体细节在附录 14E 中讨论。

14.5.3　学校测试成绩中的应用

图 14-7 绘制了关于学校测试成绩主成分预测因子的 MSPE 的 10 倍交叉验证估计值的平方根，该平方根是关于作为解释变量使用的主成分的数量 p 的函数；主成分的计算使用了与 14.3

和 14.4 节相同的 817 个预测因子和 1 966 个观测值。最初，增加用作预测因子的主成分的数量导致 MSPE 急剧下降。在 $p=5$ 个主成分后，改善速度减慢，在 $p=23$ 个主成分后，MSPE 基本持平。MSPE 在 46 个预测因子处最小，因此 46 是 p 的交叉验证估计值；即 $\hat{p}=46$。使用 46 个主成分，MSPE 为 39.7，与 Lasso 相同，略高于岭。

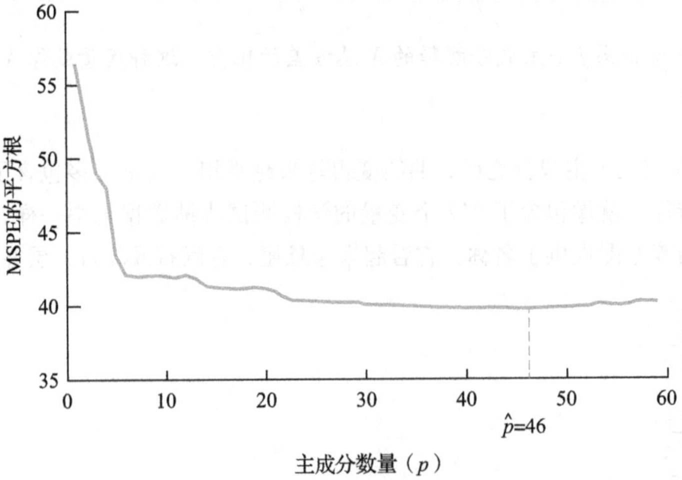

图 14-7　主成分预测的 MSPE 平方根（MSPE 平方根是关于作为预测因子使用的主成分数量 p 的函数）

注：MSPE 通过使用 10 倍交叉验证对学校测试成绩数据集估计得到，其中有 $k=817$ 个预测因子，$n=1\,966$ 个观测值。

14.6　使用多个预测因子预测学校测试成绩

多因子预测方法是否比使用小数据集的 OLS 进行的测试成绩预测有改进？如果有，多因子预测方法如何比较？为了找到答案，我们使用小（$k=4$）、大（$k=817$）和非常大（$k=2\,065$）的数据集来预测学校测试成绩。对于小数据集，使用 OLS 进行预测。对于其他数据集，则使用 OLS、岭回归、Lasso 和主成分。

正如第 14.2 节所强调的，预测的重点是样本外预测。由于 m 倍 MSPE 用于估计岭收缩参数、Lasso 收敛参数和包含的主成分的数量 p，MSPE 不再提供不同预测方法之间的真实样本外比较。因此，我们留出一半的观察值用于评估估计模型的性能；我们称这些留下来的观测值为保留的测试样本。

具体来说，我们使用以下步骤（此处针对岭回归进行了说明）来评估预测性能。使用估计样本中的 1 966 个观测值，我们通过 10 倍交叉验证来估计收缩参数 λ_{Ridge}。对于包含 817 个预测因子的数据集，可以得到第 14.3 节中报告的估计值 $\hat{\lambda}_{\text{Ridge}}$。使用该收缩参数估计值，并使用估计样本中的所有 1 966 个观测值重新估计岭回归系数。然后，将这些系数估计值用于预测保留测试样本中所有观测值的样本外观测值 $Y^{*\text{oos}}$。Lasso 和主成分使用类似的步骤。

表 14-2 列出了三组预测因子。小集合中的 4 个预测因子与第 5～9 章中关于学区层面测试成绩回归中的一些解释变量相似。大集合中的 817 个预测因子是表 14-1 中的那些因子。非常大的集合在表 14-1 的 38 个主要变量的基础上，增加了学校附近居民的人口统计数据（年龄分布、性别、婚姻状况、教育和移民状况）以及学校和地区的二元变量，总共有 65 个主要解释变量。对

于非常大的数据集，这 65 个主要解释变量又通过交互项、平方项和立方项进一步增加预测因子的数量，总共有 2 065 个预测因子——大于估计样本中的观测值数量(1 966 个)！

表 14-2 三组预测因子，学校测试成绩数据集

小(k=4)	
学校层面的学生-教师比数据	
当地人口的中位数收入	
教师平均工作年限	
每个学生的教学支出	
大(k=817)	
表 14-1 中的完整数据集	
非常大(k=2 065)	
主要变量是表 14-1 中的 38 个主要变量，加上以下 27 个变量，共 65 个主要变量，其中 5 个是二元变量：	
人口	移民身份变量(4)
当地人口的年龄分布变量(8)	特许学校(二元)
当地人口中男性的比例	学校有全年校历(二元)
当地人口婚姻状况变量(3)	学校位于统一学区(大城市)(二元)
当地人口受教育程度变量(4)	学校在洛杉矶(二元)
当地房屋业主自住的比例	学校在圣地亚哥(二元)
+60 个非二元变量的平方项和立方项(60+60)	
+所有非二元变量的交互项(60×59/2=1 770)	
+二元变量与非二元人口统计变量之间的所有交互项(5×22=110)	
变量总数=65+60+60+1 770+110=2 065	

表 14-3 总结了这一比较的结果。有四个特点很突出，第一，OLS 使用小数据集得到的 MSPE 比使用大数据集得到的 MSPE 小得多(因为 $k>n$，因此 OLS 不能在非常大的数据集中计算)。当存在多个解释变量时，OLS 无法使用额外的信息来提高样本外预测。

表 14-3 关于学校测试成绩的预测模型的样本外表现

预测因子集合	OLS	岭回归	Lasso	主成分
小(k=4)				
λ 或 p 的估计值	—	—	—	—
样本内 MSPE 的平方根	53.6	—	—	—
样本外 MSPE 的平方根	52.9	—	—	—
大(k=817)				
λ 或 p 的估计值	—	2 233	4 527	46
样本内 MSPE 的平方根	78.2	39.5	39.7	39.7
样本外 MSPE 的平方根	64.4	38.9	39.1	39.5
非常大(k=2 065)				
λ 或 p 的估计值	—	3 362	4 221	69
样本内 MSPE 的平方根	—	39.2	39.2	39.6
样本外 MSPE 的平方根	—	39.0	39.1	39.6

注：样本内 MSPE 是使用估计样本中的 1 966 个观测值计算得到的 10 倍交叉验证估计值。对于多因子预测方法，通过最小化样本内 MSPE 来估计收缩参数或 p。样本外 MSPE 是一个分割样本估计值，基于保留的测试样本中的 1 966 个观测值并使用从完整的估计样本估计出的模型计算得到。

第二，对于多因子预测方法，将预测因子数量从 4 个增加到 817 个有很大的好处，MSPE 的平方根大约下降了四分之一。然而，使用非常大的预测因子集合并不会带来进一步的好处。

第三，MSPE 的样本内估计值(10 倍交叉验证估计值)与样本外估计值相似。事实上，样本外 MSPE 稍小于样本内的 MSPE。这个令人惊讶的结果有两个原因。首先，10 倍 MSPE 在任何时候仅使用 90%的数据来估计系数(即 0.9×1 966＝1 769 个观测值)，而用于 MSPE 样本外预测的系数则使用估计样本中的所有 1 966 个观测值来估计。因此，后一种系数估计更为精确。第二，两个估计值都存在随机抽样变化。更普遍的观点是，样本内 10 倍 MSPE 为样本外 MSPE 提供了良好的指导。

第四，对于所有的多因子预测方法，保留的测试样本中的 MSPE 通常是相似的。这并非总是如此，在此应用中碰巧是这样。对于这些数据，岭回归具有少许的优势，在大数据集中使用岭回归可获得最低的样本外 MSPE。

表 14-4 列出了包含 817 个预测因子的数据集中的其中 7 个变量的系数；7 个变量中有 4 个变量属于小数据集。尽管这些系数中没有一个具有因果解释能力，但通过在不同方法和数据集中比较这些系数，可以了解不同方法的工作原理。由于解释变量是标准化的，所以所有系数的单位相同。㊀

表 14-4 小数据集(包含 4 个变量)和大数据集(包含 817 个变量)中被选择的标准化解释变量的系数估计值

预测因子	$k=4$	$K=817$			
	OLS	OLS	岭回归	Lasso	主成分
学生-教师比	4.51	118.03	0.31	0	0.25
当地人口的中位数收入	34.46	−21.73	0.38	0	0.30
教师平均工作年限	1.00	−79.59	−0.11	0	−0.17
每个学生的教学支出	0.54	−1 020.77	0.11	0	0.19
学生-教师比×每个学生的教学支出		−89.79	0.72	2.31	0.84
学生-教师比×英语学习者比例		−81.66	−0.87	−5.09	−0.55
有资格享受免费或减价午餐的学生比例×兼职教师指数		29.42	−0.92	−8.17	−0.95

注：兼职教师指数衡量兼职教师比例。对于 OLS、岭回归和 Lasso，表 14-4 中的系数直接由估计算法得到。对于主成分，表 14-4 中的系数是由主成分回归系数(式(14-13)中的 γ)结合主成分权重计算得到的。主成分方法的 β 系数的公式使用矩阵代数表示，附录 19G 给出了相应的公式。

表 14-4 有几个显著特点。对于小数据集中的模型，系数的大小与第 9 章使用学区层面的数据得出的结果一致；例如，中位数收入增加一个单位的标准差所预测的测试成绩会提高 34 分(测试成绩在学校间的标准差是 64 分)。然而，在大数据集中，许多 OLS 系数非常大，并且系数是不稳定的。当包含很多解释变量时，OLS 可以通过对特定变量估计出大的系数值来拟合个别观测值，而这似乎就是正在发生的事情。这种过度拟合正是 OLS 的预测性能从小数据集向大数据集转变时变差的原因。相比之下，多因子预测方法的系数估计值要小得多，并且没有出现荒谬的数值。对于表中的 7 个预测因子，岭回归的系数和主成分的系数在数值上比较相似。然而，Lasso 的系数与岭回归和主成分的系数有很大不同。最值得注意的是，许多 Lasso 的系数(总共有 92%的系数)为 0，包括小数据集中的四个变量的系数。对于表中的三个非零系数，它们与岭回

㊀ 通过使用主成分并将主成分预测的两个步骤结合起来，得到主成分这一列中关于 X 的系数。具体来说，主成分是 X 的线性组合，并且主成分回归模型是主成分的线性组合。因此，预测可以写成 X 的线性组合，其中的权重同时包括主成分权重和回归权重。相关公式见附录 19G。

归和主成分的系数具有相同的符号，但比它们要大得多，这是 Lasso 收缩倾向的一个经验证据，对于小系数，Lasso 的收缩程度大于岭，而对于大系数，Lasso 的收缩程度小于岭。

另一种比较预测模型的方法是观察它们的预测。图 14-8 显示了使用包含 817 个变量的数据集的四个模型得出四组预测的散点图，其中这些预测是对保留测试集中的 1 966 个观测值所做出的预测。

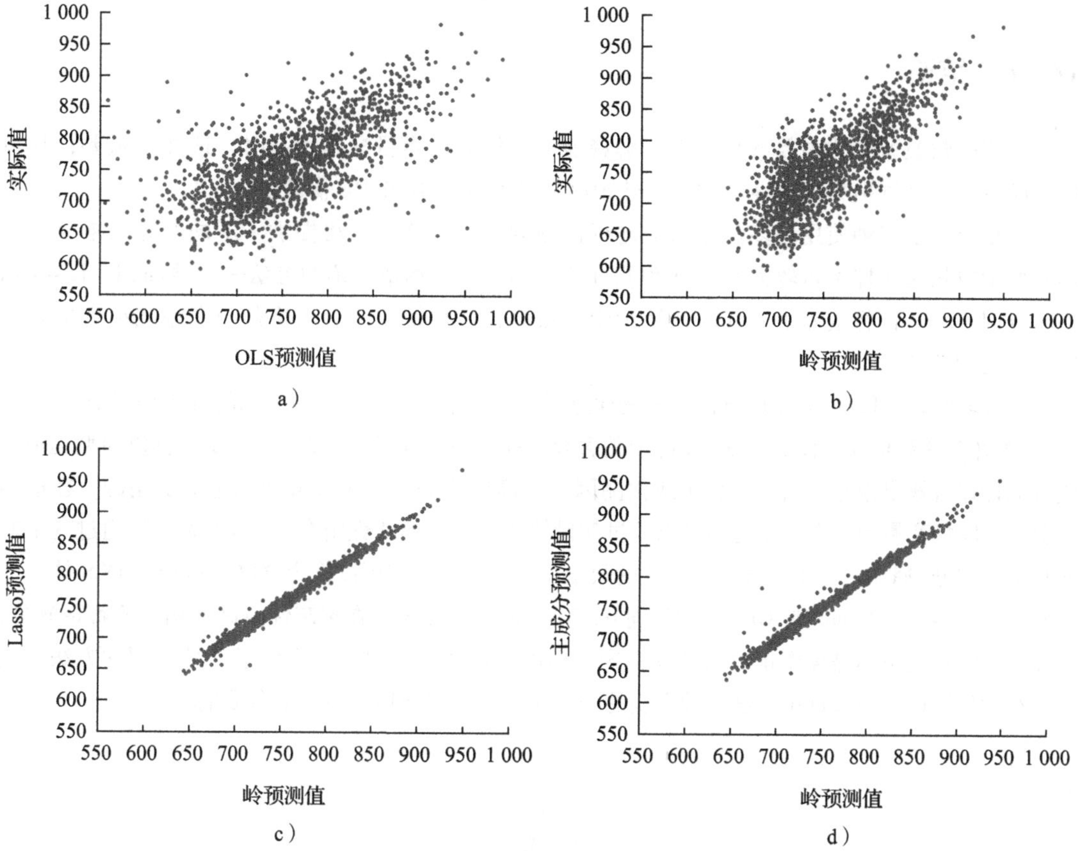

图 14-8　使用包含 817 个预测因子的数据集得到的样本外预测的散点图

注：a）实际值与 OLS 预测值对比，b）实际值与岭预测值对比，c）Lasso 预测值与岭预测值对比，d）主成分预测值与岭预测值对比。

具体来说，图 14-8a 显示了实际测试成绩与 OLS 预测值对比的散点图，图 14-8b 是实际测试成绩与岭预测值对比的散点图。图 14-8c 和图 14-8d 分别是 Lasso 预测值与岭预测值对比的散点图以及主成分预测值与岭预测值对比的散点图。

在图 14-8a 和图 14-8b 中，散点在 45°线上的分布越紧密，预测效果越好。与 OLS 相比，岭预测值的散点图更加紧密，因此可以更好地进行样本外预测。（这些散点图低估了岭对 OLS 的改善，因为 OLS 的一些预测值超出了图的纵轴范围。）

图 14-8c 和图 14-8d 中，沿着 45°线的点的聚类表明，岭、Lasso 和主成分的预测值通常非常相似。尽管如此，我们可以看到关于不少学校的预测相差至少 15 个百分点，这是一个相当大的数字。因此，尽管根据 MSPE（表 14-3），这三种模型的预测表现非常相似，但对于任何给定的学校，预测可能会有很大的不同。

从这个应用中我们可以得出最重要的结论是，对于大数据集，当 OLS 失效时，多因子预测方法将成功。这一成功的原因是，多因子预测方法允许系数估计值在某种程度上存在偏差，从而将其方差减小到足以弥补增加的偏差。另一个重要的结论是，m 倍交叉验证的 MSPE 的 m 倍交叉验证估计值与使用保留测试样本计算的 MSPE 非常接近。然而，还有一个发现虽然并不能一概而论，但是这三种方法在这些数据中的表现同样出色。

14.7 结论

预测回归模型中的系数不具有因果解释能力。然而，当目标是预测时，这并不重要；其目的很简单，就是做出尽可能准确的样本外预测，其准确性由 MSPE 衡量。

本章介绍了三种使用许多预测因子进行预测的方法。这些方法提供了不同的方法来克服当解释变量数相对于样本量较大时 OLS 预测性能差的问题。本章介绍的方法——岭回归、Lasso 和主成分回归——都将偏差引入 β 的估计量中。然而，这种偏差的引入将预测误差减小到足以产生较小的 MSPE。

尽管岭回归、Lasso 和主成分回归都是通过引入偏差来减少方差，但它们的方法是完全不同的。Lasso 将许多系数精确地设置为 0，实际上是丢弃了那些预测因子。该方法在 oracle 预测模型是稀疏或近似稀疏时效果很好。当预测因子或预测因子组高度相关时，主成分回归是最适用的，在这种情况下，解释变量中的大多数变动可以通过变量的相对较少的线性组合(具体地说，是通过变量的前几个主成分)捕获。由于这些主要成分的数量相对较少，它们可以作为解释变量用于 OLS 估计的多元回归模型中。岭回归将 OLS 估计值向 0 缩小，但不依赖于存在稀疏性或高度相关的解释变量；因此，当解释变量不是高度相关的且没有先验理由假设稀疏性时，它提供了一种有用的方法。碰巧，在学校测试成绩数据中，这三种方法的表现相似，但这种巧合一般不会发生。

专栏 14-1

文本数据

文本包含了很多信息！这就是你阅读报纸或在社交媒体上看帖子的原因。这些信息使你及时了解政治动态，并帮助你决定今晚做什么。通过阅读这些资源，你可以使用文本信息——文本数据——对于你相关的结果做出预测。

统计学和机器学习的一个主要成就是弄清楚如何使用计算机来阅读文本，并使用文本数据进行预测。在概念层面上，从分析数字到分析文本是一个巨大的飞跃。这样做的关键步骤是将文本数据转换为数字数据。

将文本数据转换为数字数据的一种方法是建立一个单词或短语列表，然后计算这些单词或短语在给定文本摘录(例如，一篇报纸文章或博客文章)中出现的次数。这些单词或短语的计数是总结文本的数字数据。观测的单位是文本的摘录，而观测值数量是被分析的摘录的数量。这种将一组文本提取为单词或短语的出现次数的方法是由 Frederick Mosteller 和 David Wallace(1963)开发的，是文本计量学领域的基础(参见专栏 12-1“谁发明了工具变量回归”)。

将文本提取成单词或短语出现次数的方法有自己的术语。文本中的单词列表称为单词包。感兴趣的单词和短语的列表被称为字典。字典可能只包含与预测问题相关的单词或短语，或者它可能包含单词包中的所有单词，但不包括(例如)冠词、代词和连词。

单词计数现在可以用作预测因子(X)来预测感兴趣的变量 Y。因此，这种文字处理方法将文本和数字数据结合起来的看似棘手的问题变成了回归问题。

因为字典通常包含许多单词，所以预测因子的数量相对于文本的数量(n)可能会很大。如果是这样，OLS 将倾向于产生较差的预测，但是本章介绍的方法可以直接应用。例如，主成分分析在这种情况下可能是一个有用的工具，因为单词经常以组的形式出现(可以将一篇关于棒球比赛的文章中使用的单词与一篇关于宏观经济条件的文章相比较)。将所有这些片段放在一起，就得到了以文本为输入并产生 Y 的预测的预测模型。

正如第 14.1 节所讨论的，使用许多取数值的预测因子进行预测只是机器学习方法提供的机会之一。例如，专栏 14-1“文本数据”描述了如何使用本节中的工具来分析文本数据。同样，主成分分析及其扩展可以将图像转化为数值数据，然后用本章描述的多因子预测方法进行分析。虽然机器学习中的许多程序是新的，计算算法和工具是复杂的，但它们的核心是回归分析、估计和测试的关键思想，这也是本文第 1～3 篇的核心。

机器学习在经济学中的应用还很年轻，许多激动人心的应用正在等待着我们。相关例子和进一步阅读，请参见 Jean 等(2016)(使用卫星图像预测贫困)、Davisand Heller(2017)(检查暑期工作项目的处理异质性)以及 Kleinberg 等人(2018)(机器学习在刑事判决中的应用)。㊀

本章小结

1. 预测的目的是对样本外观测值做出准确的预测，也就是说，对未用于估计预测模型的观测值做出准确的预测。
2. 预测模型中的系数不具有因果解释能力。
3. 大数据集提供的机会之一是使用许多预测因子进行预测。然而，当解释变量数相对于样本量较大时，OLS 预测效果较差。
4. 采用方差较小的预测方法，以引入估计偏差为代价，可以克服最小二乘法的不足。用 MSPE 衡量的话，这些预测方法可以产生比 OLS 预测性能更好的预测结果。
5. 岭回归和 Lasso 是使被惩罚的残差平方和最小化的收缩估计量。惩罚项对估计出回归系数的大值引入了成本。惩罚的权重(收缩参数)可以通过最小化 MSPE 的 m 倍交叉验证估计量来估计。
6. 一组相关变量的主成分以较少的线性组合捕获了这些变量的大部分变动。这些主成分可用于预测回归，加入预测回归中的主成分的数量可通过最小化 MSPE 的 m 倍交叉验证估计量来估计。

重要术语

均方预测误差	oracle 预测	预测的第一个最小二乘假设
标准化预测回归模型	收缩估计量	m 倍交叉验证
岭回归	惩罚项	被惩罚的残差平方和

㊀ 机器学习领域正在迅速发展。由 Gareth James 等人合著于 2013 年出版的教科书《统计学习导论》，是机器学习领域的教材导论，学生在学习完本书第一～三篇的内容之后可学习该教科书。

稀疏模型　　　　Lasso　　　　主成分
碎石图

内容复习

14.1 通过使用来自小学随机样本的数据，研究人员用平均测试成绩对有资格享受免费或减价午餐的学生比例进行了回归。回归表明系数为负且具有很高的统计显著性，并且产生较高的 R^2。该回归对确定学校进餐对学生考试成绩的因果效应有用吗？为什么？该回归对预测测试成绩有用吗？为什么？

14.2 交叉验证使用样本内观测值。即使计量经济学家没有样本外观测值，这种方法如何估计样本外观测值的 MSPE 呢？

14.3 使用收缩估计量估计的回归系数是有偏的。为什么这些有偏估计量比无偏估计量产生更准确的预测？

14.4 岭回归和 Lasso 是基于惩罚的两个回归估计量。解释它们之间的相似之处和不同之处。

14.5 假设一个包含 10 个变量的数据集生成的碎石图是平坦的。这说明变量之间的相关性如何？这说明在预测回归中使用这些变量的前几个主要成分的有效性如何？

习　题

14.1 研究人员对预测亚利桑那州小学的平均测试成绩很感兴趣。她从随机选择的 200 所亚利桑那州小学中收集了三个变量的数据：标准化考试的平均测试成绩(TestScore)，有资格享受低价午餐的学生比例(RPM)，学校教师的平均教学年限(TExp)。下表显示了该样本的样本均值和标准差。

变量	样本均值	样本标准差
TestScore	750.1	65.9
RPM	0.60	0.28
TExp	13.2	3.8

将 RPM 和 TExp 标准化并从 TestScore 中减去样本均值之后，她估计出以下回归：

$$\widehat{TestScore}=-48.7\times RPM+8.7\times TExp,\quad SER=44.0$$

(1) 你想使用估计出来的回归预测一所样本外学校的平均测试成绩，该学校的 RPM=0.52，TExp=11.1。

①计算学校 RPM 和 TExp 的转换(标准化)值；也就是说，基于 X^{*oos} 值计算 X^{oos} 值，如同前面所讨论的式(14-2)。

②计算这所学校平均测试成绩的预测值。

(2) 这所学校的实际平均测试成绩为 775.3 分。计算你的预测误差。

(3) 上述回归由使用标准化的解释变量和去均值后的 TestScore 值估计得到。假设使用 TestScore、RMP 和 TExp 的原始数据估计了回归。计算该回归的截距和斜率系数的值。

(4) 使用你在(3)中计算的回归系数来预测一所样本外学校的平均测试成绩，该学校的 RPM = 0.52，TExp = 11.1。验证该预测是否与(1)②中计算的预测相同。

14.2 一所学校的校长正在设法筹集资金，以便让她所有的学生都能吃到减价午餐；目前，只有 40% 的学生有资格享受减价午餐。她可以使用习题 14.1 中的回归来估计新政策对测试成绩的影响吗？请解释原因。

14.3　请描述回归的标准误和回归的样本外预测的 MSPE 的平方根之间的关系。

14.4　一家大型线上零售商销售数千种产品。该零售商有每个顾客购买产品的详细数据。请解释你将如何使用这些数据来预测一个随机选择的客户购买的下一个产品。

14.5　Y 为随机变量，均值 $\mu=2$，方差 $\sigma^2=25$。

（1）假设你知道 μ 的值。

①对 Y 值的最佳（最低的 MSPE）预测值是什么？也就是说，Y 的 oracle 预测是什么？

②该预测的 MSPE 是多少？

（2）假设你不知道 μ 的值，但你可以从相同的总体中得到一个大小为 $n=10$ 的随机样本。令 $\overline{Y}$ 为该随机样本的样本均值。用 $\overline{Y}$ 来预测 Y 的值。

①证明预测误差可以分解为 $Y-\overline{Y}=(Y-\mu)-(\overline{Y}-\mu)$，其中 $(Y-\mu)$ 是 oracle 预测的预测误差，而 $(\mu-\overline{Y})$ 是使用 $\overline{Y}$ 作为 μ 的估计值的预测误差。

②证明 $(Y-\mu)$ 的均值为 0，即 $(\overline{Y}-\mu)$ 的均值为 0，以及 $Y-\overline{Y}$ 的均值为 0。

③证明 $(Y-\mu)$ 和 $(\overline{Y}-\mu)$ 不相关。

④证明 $\overline{Y}$ 的 MSPE 为 $\text{MSPE}=E(Y-\mu)^2+E(\overline{Y}-\mu)^2=\text{var}(Y)+\text{var}(\overline{Y})$。

⑤证明 $\text{MSPE}=25\left(1+\frac{1}{10}\right)=27.5$。

14.6　在习题 14.5(2) 中，假设你用 $\frac{\overline{Y}}{2}$ 代替 $\overline{Y}$ 来预测 Y。

（1）计算预测的偏差。

（2）计算预测误差的均值。

（3）计算预测误差的方差。

（4）计算预测的 MSPE。

（5）用 $\frac{\overline{Y}}{2}$ 进行预测是否比用 $\overline{Y}$ 进行预测具有更低的 MSPE？

（6）假设 $\mu=10$（而不是 $\mu=2$），用 $\frac{\overline{Y}}{2}$ 进行预测是否比用 $\overline{Y}$ 进行预测具有更低的 MSPE？

（7）在现实环境中，μ 的值是未知的。你会对那些在决定使用 $\overline{Y}$ 还是 $\frac{\overline{Y}}{2}$ 的人提出什么建议？

14.7　在习题 14.5(2) 中，假设你使用 $\overline{Y}-1$ 而不是 $\overline{Y}$ 来预测 Y。

（1）计算预测的偏差。

（2）计算预测误差的均值。

（3）计算预测误差的方差。

（4）计算预测的 MSPE。

（5）用 $\overline{Y}-1$ 进行预测是否比用 $\overline{Y}$ 进行预测具有更低的 MSPE？

（6）用 $\overline{Y}-1$ 进行预测是否比用习题 14.6 中的 $\frac{\overline{Y}}{2}$ 进行预测具有更低的 MSPE？

14.8　设 X 和 Y 为两个随机变量。用 $\mu(x)$ 表示 $X=x$ 时 Y 的均值，用 $\sigma^2(x)$ 表示 Y 的方差。

（1）证明当 $X=x$ 时，Y 的最佳（最小 MSPE）预测为 $\mu(x)$，得到的 MSPE 为 $\sigma^2(x)$。（提示：复习附录 2B。）

（2）假设 X 是随机选择的。请利用（1）中的结果证明，Y 的最佳预测值为 $\mu(X)$，得到的 MSPE 为 $E[Y-\mu(X)]^2=E[\sigma^2(X)]$。

14.9　你有一个样本容量 $n=1$，数据为 $y_1=2$，$x_1=1$ 的样本。你对回归 $Y=X\beta+u$ 中的 β 值感兴趣（注意该回归中没有截距）。

(1) 画出作为 b 的函数的残差平方和 $(y_1-bx_1)^2$。

(2) 证明 β 的最小二乘估计值是 $\hat{\beta}^{OLS}=2$。

(3) 使用 $\lambda_{Ridge}=1$，画出作为 b 的函数的惩罚项 $\lambda_{Ridge}b^2$。

(4) 使用 $\lambda_{Ridge}=1$，画出岭惩罚后的残差平方和 $(y_1-bx_1)^2+\lambda_{Ridge}b^2$。

(5) 找到 $\hat{\beta}^{Ridge}$ 的值。

(6) 使用 $\lambda_{Ridge}=0.5$，重复(3)和(4)。找到 $\hat{\beta}^{Ridge}$ 的值。

(7) 使用 $\lambda_{Ridge}=3$，重复(3)和(4)。找到 $\hat{\beta}^{Ridge}$ 的值。

(8) 使用你在(1)～(4)中为各种 λ_{Ridge} 值画出的图来解释为什么 λ_{Ridge} 越大会导致 OLS 估计值收缩程度越大。

14.10 你有一个样本容量 $n=1$，数据为 $y_1=2$，$x_1=1$ 的样本。你对回归 $Y=X\beta+u$ 中的 β 值感兴趣。(注：该回归中没有截距。)

(1) 画出作为 b 的函数的残差平方和 $(y_1-bx_1)^2$。

(2) 证明 β 的最小二乘估计值是 $\hat{\beta}^{OLS}=2$。

(3) 使用 $\lambda_{Lasso}=1$，画出作为 b 的函数的 Lasso 惩罚项 $\lambda_{Lasso}|b|$。

(4) 使用 $\lambda_{Lasso}=1$，画出 Lasso 被惩罚后的残差平方和 $(y_1-bx_1)^2+\lambda_{Lasso}|b|$。

(5) 找到 $\hat{\beta}^{Lasso}$ 的值。

(6) 使用 $\lambda_{Lasso}=0.5$，重复(3)和(4)。找到 $\hat{\beta}^{Lasso}$ 的值。

(7) 使用 $\lambda_{Lasso}=5$，重复(3)和(4)。找到 $\hat{\beta}^{Lasso}$ 的值。

(8) 使用你在(1)～(4)中为各种 λ_{Lasso} 值画出的图来解释为什么 λ_{Lasso} 越大会导致 OLS 估计值收缩程度越大。

14.11 设 X_1 和 X_2 为两个正相关的随机变量，方差均为1。

(1) (需要使用微积分)第一个主成分 PC_1，是使 $var(w_1X_1+w_2X_2)$ 最大化的 X_1 和 X_2 的线性组合，其中 $w_1^2+w_2^2=1$。证明 $PC_1=\frac{(X_1+X_2)}{\sqrt{2}}$。(提示：首先导出 $var(w_1X_1+w_2X_2)$ 作为 w_1 和 w_2 的函数的表达式。)

(2) 第二个主成分是 $PC_2=\frac{(X_1-X_2)}{\sqrt{2}}$。证明 $cov(PC_1, PC_2)=0$。

(3) 证明 $var(PC_1)=1+\rho$，$var(PC_2)=1-\rho$，其中 $\rho=cor(x_1, x_2)$。

14.12 考虑固定效应面板数据模型 $Y_{jt}=\alpha_j+u_{jt}$，其中 $j=1, \cdots, k$，$t=1, \cdots, T$。假设 u_{jt} 为个体间在第 t 期且 $E(u_{jt})=0$，$var(u_{jt})=\sigma_u^2$ 的独立同分布。

(1) α_j 的 OLS 估计量是使残差平方和 $\sum_{j=1}^{k}\sum_{t=1}^{T}(Y_{jt}-\alpha_j)^2$ 尽可能小的 α_j 的值。证明 OLS 估计量为 $\hat{\alpha}_j=\overline{Y}_j=\frac{1}{T}\sum_{t=1}^{T}Y_{jt}$。

(2) 证明：

①$\hat{\alpha}_j$ 是 α_j 的无偏估计量。

②$var(\hat{\alpha}_j)=\frac{\sigma_u^2}{T}$。

③$cov(\hat{\alpha}_i, \hat{\alpha}_j)=0$，当 $i\neq j$ 时。

(3) 你对预测个体 j(即 $Y_{j,T+1}$)的样本外观测值感兴趣，并使用 $\hat{\alpha}_j$ 作为预测因子。证明 $MSPE=\sigma_u^2+\frac{\sigma_u^2}{T}$。

(4) 你对预测随机选择的个体的样本外观测值很感兴趣，也就是说，对于 $Y_{j,T+1}$，其中 j 是随机选择的。再次使用 $\hat{\alpha}_j$ 作为预测因子。证明 $MSPE=\sigma_u^2+\frac{\sigma_u^2}{T}$。

(5) 样本内观测值的总数为 $n=kT$。证明在(3)和(4)中 $MSPE=\sigma_u^2\left(1+\frac{k}{n}\right)$。

实证练习

E14.1 在本书网站 http://www.pearsonhighered.com/stock_watson/上，你将找到一个数据集 CASchools_EE14_Insample，该数据集包含本章使用的数据集中的 $n=500$ 所学校的子集。数据包括测试成绩和 20 个原始预测变量的数据；有关变量的说明，请参见 CASchools_EE141_Description。在本练习中，你将构建本书中所描述的预测模型，并使用这些模型预测 500 所样本外学校的测试成绩。(在求解本练习之前，请阅读文本网站上的 EE141_SoftwareNotes 文件。)

(1) 从 20 个原始预测因子中，构建所有预测因子的平方项，以及所有的交互项(即乘积 $X_{ji}X_{ki}$，对所有的 j 和 k)。将 20 个原始预测因子，它们的平方项以及所有交互项收集到包含 k 个预测因子的集合中。确认你有 $20+20+\frac{20\times19}{2}=230$ 个预测因子。原始预测因子的其中一个变量是二元变量 charter_s。从 230 个预测因子列表中删除预测因子$(\text{charter_s})^2$，留下 229 个预测因子用于分析。为什么$(\text{charter_s})^2$ 应该从原始预测因子列表中删除?

(2) 计算每个预测因子的样本均值和标准差，然后使用这些数值来计算标准化解释变量。计算 TestScore 的样本均值，然后从 TestScore 中减去其样本均值以计算其去均值后的值。

(3) 使用 OLS，将 TestScore 去均值后的值对标准化解释变量进行回归。

①你在回归中包含截距了吗？请解释原因。

②计算回归的标准误。

(4) 使用 $\lambda_{\text{Ridge}}=300$ 的岭回归，将 TestScore 去均值后的值对标准化解释变量进行回归。比较标准化回归系数的 OLS 估计值和岭估计值。

(5) 使用 $\lambda_{\text{Lasso}}=1\,000$ 的 Lasso，将 TestScore 去均值后的值对标准化解释变量进行回归。有多少 Lasso 系数估计值不等于 0？哪些预测因子具有非零系数？

(6) 计算 229 个预测因子的碎石图。标准化回归量中有多少方差被第一个主成分捕获到？有多少方差被前两个主成分捕获到？有多少方差被前 15 个主成分捕获到？

(7) 从 229 个预测因子中计算出 15 个主成分。将 TestScore 去均值后的值对这 15 个主成分进行回归。

(8) 在本书网站上，你找到数据集 CASchools_EE14_OutOfSample，它包含了来自另一个 $n=500$ 所学校的数据。

①使用在(3)、(4)、(5)和(7)中估计的 OLS、岭回归、Lasso 和主成分预测模型，预测这 500 所学校的平均测试成绩，计算每种方法的均方预测误差的平方根。

②画出 4 个类似于图 14-8 的散点图，你从图中可以知道什么？

(9) 估计 λ_{Ridge}，λ_{Lasso} 主成分的数量(使用来自样本内数据集的 10 倍交叉验证法)。

(10) 使用 λ_{Ridge}，λ_{Lasso} 的估计值以及(9)中的主成分的数量来预测样

本外学校的测试成绩。这些预测是否比你在(8)中计算的预测更准确?差异是否与你在(9)中交叉验证计算所期望的相符?

附录14A 加州学校考试成绩数据集

本章使用的测试成绩来自2013年春季对五年级学生进行的加利福尼亚州标准考试(加利福尼亚州标准化考试和报告项目的一部分)。加利福尼亚州各学校的平均测试成绩从加州教育部获得,在那里你还可以找到本章使用的其他学校和学区数据。其余的学校和地区数据源于教育数据网(www.ed-data.org)。所有学校和学区数据均为2012~2013学年的数据。除了学校和学区数据外,2013年的人口统计数据是通过人口普查数据(对每个学校编写邮政编码并进行调查)构建的。这些数据来源于美国社区调查(见factfinder.census.gov)。有关更多的详细信息,请访问本书网站http://www.pearsonhighered.com/stock_watson/上的复制文件。

附录14B $k=1$ 时式(14-4)的推导

对于一元回归方程,给定值 $X=x$ 时,标准化预测回归模型(式(14-2))的OLS预测为 $\hat{Y}(x)=\hat{\beta}x$。式(14-3)中第二项为 $E[(\hat{\beta}-\beta)\cdot X^{oos}]^2=E(\hat{\beta}-\beta)^2E(X^{oos})^2=E(\hat{\beta}-\beta)^2$,其中第一个等式使用 $\hat{\beta}$ 和 X^{oos} 的独立性($\hat{\beta}$ 使用样本内数据估计),第二个等式使用解释变量是标准化的这一事实,因此 $E(X^{oos})^2=\text{var}(X^{oos})=1$。由于在预测模型中OLS估计量是无偏的,所以 $E(\hat{\beta}-\beta)^2=\text{var}(\hat{\beta})=\dfrac{\sigma_u^2}{n\sigma_X^2}=\dfrac{\sigma_u^2}{n}$,其中第二个等式使用等式(5-27)中在同方差条件下OLS估计量的大样本方差公式,而最后一个等式使用 $\sigma_X^2=1$ 的事实,这是因为式(14-2)中的解释变量都是通过使用总体均值和方差标准化了的。由式(14-3)可知,在同方差条件下,$k=1$ 时,对于大 n,OLS的 $\text{MSPE}\approx\left(1+\dfrac{1}{n}\right)\sigma_u^2$,即 $k=1$ 时的式(14-4)。

附录14C $k=1$ 时的岭回归估计量

当 $k=1$ 时,岭估计量最小化被惩罚的平方和,$S^{\text{Ridge}}(b;\lambda_{\text{Ridge}})=\sum_{i=1}^{n}(Y_i-bX_i)^2+\lambda_{\text{Ridge}}b^2$。将 $S^{\text{Ridge}}(b;\lambda_{\text{Ridge}})$ 对 b 进行求导,并将导数设为0,可得 $\sum_{i=1}^{n}X_i(Y_i-\hat{\beta}^{\text{Ridge}}X_i)+\lambda_{\text{Ridge}}\hat{\beta}^{\text{Ridge}}=0$。求解 $\hat{\beta}^{\text{Ridge}}$ 得到 $\hat{\beta}^{\text{Ridge}}=\dfrac{\sum_{i=1}^{n}X_iY_i}{\sum_{i=1}^{n}X_i^2+\lambda_{\text{Ridge}}}=\left(1+\dfrac{\lambda_{\text{Ridge}}}{\sum_{i=1}^{n}X_i^2}\right)^{-1}\hat{\beta}$,其中 $\hat{\beta}=\dfrac{\sum_{i=1}^{n}X_iY_i}{\sum_{i=1}^{n}X_i^2}$ 是OLS估计量。

附录14D $k=1$ 时的Lasso估计量

当 $k=1$ 时,Lasso最小化被惩罚后的残差平方和,$S^{\text{Lasso}}(b;\lambda_{\text{Lasso}})=\sum_{i=1}^{n}(Y_i-bX_i)^2+\lambda_{\text{Lasso}}|b|$。图14-3的检验表明,当 $k=1$ 时,$\hat{\beta}$ 和 $\hat{\beta}^{\text{Lasso}}$ 必须具有相同的符号。假设 $\hat{\beta}$ 为正。

然后，在相关范围 $b \geqslant 0$ 内，Lasso 最小化 $\sum_{i=1}^{n}(Y_i - bX_i)^2 + \lambda_{\text{Lasso}} b$，其关于 b 的导数为 $-2\sum_{i=1}^{n} X_i(Y_i - bX_i) + \lambda_{\text{Lasso}}$。对于 $\hat{\beta}^{\text{Lasso}}>0$，将该导数设置为 0，即意味着 $-2\sum_{i=1}^{n} X_i(Y_i - \hat{\beta}^{\text{Lasso}} X_i) + \lambda_{\text{Lasso}} = 0$；否则，$\hat{\beta}^{\text{Lasso}}=0$。求解 $\hat{\beta}^{\text{Lasso}}$，可得

$$\hat{\beta}^{\text{Lasso}} = \max\left(\hat{\beta} - \frac{\frac{1}{2}\lambda_{\text{Lasso}}}{\sum_{i=1}^{n} X_i^2},\ 0\right)，当 \hat{\beta} \geqslant 0 \quad (14\text{-}11)$$

类似的推论表明，当 $\hat{\beta}<0$ 时，$\hat{\beta}^{\text{Lasso}} = \min\left(\hat{\beta} + \frac{\frac{1}{2}\lambda_{\text{Lasso}}}{\sum_{i=1}^{n} X_i^2},\ 0\right)$。

附录 14E　在标准化回归模型中计算样本外预测

本章的估计量均采用式(14-2)中的标准化预测回归模型计算。计算一个样本外观测值的预测需要首先标准化样本外观测值，然后计算去均值的样本外观测值，然后再加回 Y 的样本内均值。这些转换必须对样本外数据和样本内数据使用相同的均值、方差以及权重。本附录首先对岭回归和 Lasso 中如何计算样本外预测进行详细介绍，然后再详细介绍主成分回归中如何计算样本外预测。

14E.1　使用式(14-2)的标准化回归模型进行样本外预测(岭和 Lasso)

根据第 14.2 节，令 $X_1^{*\text{oos}}$，$X_2^{*\text{oos}}$，…，$X_k^{*\text{oos}}$ 表示 k 个预测因子的原始、未变换过的样本外观测值，$Y^{*\text{oos}}$ 表示对要预测的变量的样本外观测值。第 j 个预测因子变换后的样本外观测值为 $X_j^{\text{oos}} = \frac{(X_j^{*\text{oos}} - \overline{X}_j^*)}{s_{X_j^*}}$，其中 $\overline{X}_j^*$ 和 $s_{X_j^*}$ 是第 j 个预测因子的样本内均值和标准差。令 $\widetilde{\beta}_j$ 是 β_j 的某种估计量，例如，岭回归估计量或 Lasso 估计量。那么用原始预测因子表示的原始被解释变量的预测值为

$$\hat{Y}^{*\text{oos}} = \overline{Y}^* + \sum_{j=1}^{k} \widetilde{\beta}_j \left(\frac{X_j^{*\text{oos}} - \overline{X}_j^*}{s_{X_j^*}}\right) \quad (14\text{-}12)$$

其中，$\overline{Y}^*$、$\overline{X}_j^*$、$s_{X_j^*}$、$\widetilde{\beta}_j (j=1, 2, \cdots, k)$ 均使用估计样本进行计算。

14E.2　使用主成分回归进行样本外预测

要使用主成分回归计算一个样本外观测值的预测值，还需要使用样本内权重计算主成分的样本外值。令 γ 表示在 Y 的回归中前 p 个主成分上的系数

$$Y_i = \gamma_1 \text{PC}_{1i} + \gamma_2 \text{PC}_{2i} + \cdots + \gamma_p \text{PC}_{pi} + v_i \quad (14\text{-}13)$$

其中 v_i 表示误差项。$Y^{*\text{oos}}$ 的预测遵循如下步骤进行计算：

1. 计算估计样本中的主成分：

a. 如前式(14-2)所述，对样本内观测值 Y^* 和 X^*，计算去均值后的 Y 和标准化后的 X。

b. 计算 X 的样本内主成分；称之为 PC_1，PC_2，…，$\text{PC}_{\min(n,k)}$。

2. 给定 p，估计式(14-13)中的回归系数；将这些估计值称为 $\hat{\gamma}_1^{\text{PC}}$，$\hat{\gamma}_2^{\text{PC}}$，…，$\hat{\gamma}_p^{\text{PC}}$。

3. 计算主成分的样本外值：

a. 使用样本内均值和步骤 1(a)的标准差对样本外预测因子 $X^{*\text{oos}}$ 进行标准化。将此转换后的观测值表示为 X^{oos}。

b. 使用步骤 1(b)中的样本内权重计算样本外观测值的主成分；将这些主成分称为 PC_1^{oos}，PC_2^{oos}，…，PC_p^{oos}。

4. 计算样本外观测值的预测值，为 $\hat{Y}^{*\text{oos}} = \overline{Y}^* + \sum_{j=1}^{p} \hat{\gamma}_j^{\text{PC}} \text{PC}_j^{\text{oos}}$。

PART

4

第4篇

经济时间序列数据的回归分析

CHAPTER15

第15章 时间序列回归和预测导论

时间序列数据(同一个体在多个时点的观测数据)能被用于回答那些横截面数据所不能回答的问题。其中，一类问题就是，一个变量 X_i 的变化对另一个变量 Y_i 的因果效应将如何随时间变化？换言之，X 的变化对 Y 的动态因果效应是什么？例如，一项要求乘客使用安全带的法律在生效初期及当驾驶员适应了这项法律之后，对交通事故死亡率的因果效应是什么？另一类问题是你对未来某个变量的最佳预测是什么？例如，你对下个月通货膨胀率、利率或股票价格的最佳预测是什么？这两类问题(第一类问题有关动态因果效应，第二类问题有关经济预测)都能通过使用时间序列数据来解答。

本章及第16、17章将介绍时间序列数据的分析技术，并利用这些技术来进行预测和估计动态因果效应。本章将介绍基础概念及时间序列回归工具，并使用这些工具进行经济预测。第16章将使用这些方法估计动态因果效应。第17章将讨论一些时间序列中更高级的专题，包括如何对多变量时间序列进行预测，以及如何对不同时间段波动性的变化进行建模。

经济预测是对经济变量未来值的预测。企业在计划产量时使用经济预测。政府在制定下一年的预算时需要使用对财政收入的预测。美联储之类的央行的经济学家预测的经济变量包括了通胀率和国内生产总值增长率，这是制定货币政策的一部分。华尔街投资者凭借利润预测来决定是否投资一家企业。

经济预测是对更一般的统计预测的应用，统计预测是指使用给定的一系列数据预测数据集外的观测值。经济预测是指对时间序列数据的未来值的统计预测。与更一般的预测一样，预测模型(一般)不具有因果效应解释能力。

15.1节介绍了一些经济时间序列数据的例子，并且介绍了时间序列分析的基本概念。15.2节提出了一些预测问题，并且介绍了衡量预测精确度的工具，即均方预测误差。这一节还介绍了平稳性概念，平稳性意味着变量之间的历史关系在未来也是成立的，因此可以依赖过去的数据做预测。15.3 节中介绍了自回归，在这种时间序列模型中，解释变量是被解释变量的历史值，在 15.4 节中解释了如何将其他解释变量纳入模型中。例如，我们发现，相对于只使用国内生产总值增长率的滞后值，期限利差(长期利率和短期利率的差)的加入改善了对美国国内生产总值增长率的预测。15.5 节讨论了如何估计均方预测误差，以及如何计算预测区间，即可能包含预测变量真实值的范围。15.6 节中介绍了预测模型中滞后阶数的选择方法。15.7、15.8 节考察了平稳性不成立的两种常见情形——趋势和突变，并展示了当存在这两种情形时，应如何修改预测回归模型。

15.1 时间序列数据和序列相关介绍

一般而言，对时间序列数据的分析通常从画图开始，本节也将如此。

15.1.1 美国的实际 GDP

国内生产总值(GDP)测度了在一个给定时期内，一个经济系统中生产的所有最终产品和服务的市场价值。图 15-1a 画出了 1960～2017 年的美国年度实际 GDP 数值。其中，“实际”意味着这些数据已根据通货膨胀做了价格调整。GDP 的数值均用 2009 年的美元不变价来衡量，即每年的价格水平均以 2009 年基期价格水平来计算。因为美国 GDP 近似于指数增长，从而图 15-1a 中给出的数据是 GDP 的对数值。在过去的 58 年间，GDP 经历了快速增长，从 1960 年的近 3 万亿美元上升到 2017 年的 17 万亿美元。以 GDP 的对数值来计算，这远远超过 5 倍的增长相当于其对数值增加了 1.7。然而，GDP 的增长率不是固定的，该图展示了在 1960～1961 年、1970 年、1974～1975 年、1980 年、1981～1982 年、1990～1991 年、2001 年及 2007～2009 年等经济衰退期间 GDP 的下降，在图 15-1 中用阴影表示。

15.1.2 滞后、一阶差分、对数值及增长率

时间序列变量 Y 在时点 t 的观测值用 Y_t 表示，观测值的总数用 T 表示。观测之间的间隔，即时点 t 和时点 $t+1$ 之间的时间间隔是一个单位(例如，一周、一个月、一个季度(3 个月)或一年)。对时间序列变量 Y 的一组(T 个)观测值可以表示为 Y_1，Y_2，…，Y_T，或者 $\{Y_t\}$，其中 $t=1, 2, \cdots, T$。这种表示方式和截面数据的表示方式类似，在截面数据中，观测值常用 $i=1, 2, \cdots, n$ 表示。给定数据集，时期 $t=1$ 意味着这是该数据集中的第一期，而 $t=T$ 意味着这是该数据集中的最后一期。例如，本章中所研究的 GDP 数据是季度数据，故时间间隔(一期)为一个季度。图 15-1b 中的数据是从 1960 年第一季度(1960：Q1)到 2017 年第四季度(2017：Q4)期间的 GDP 的季度增长率，总共有 $T=232$ 个观测值。

Y 在时期 $t-1$ 和时期 t 之间数值变化量是 Y_t-Y_{t-1}，这个变化量是变量 Y_t 的**一阶差分**(first difference)。在时间序列数据中，用“Δ”表示一阶差分，故 $\Delta Y_t=Y_t-Y_{t-1}$。

我们用特别的术语和记号来表示 Y 的未来值和过去值。Y 的前一期数值被称作 Y 的**一阶滞后值**(first lagged value)，或更简洁地称为**一阶滞后**(first lag)，记作 Y_{t-1}。它的 **j 阶滞后值**(j^{th} lagged value)，或简称为 **j 阶滞后**(j^{th} lag)，是 j 个时期前的数值，记作 Y_{t-j}。相似地，Y_{t+1} 表示 Y 未来一期的数值。

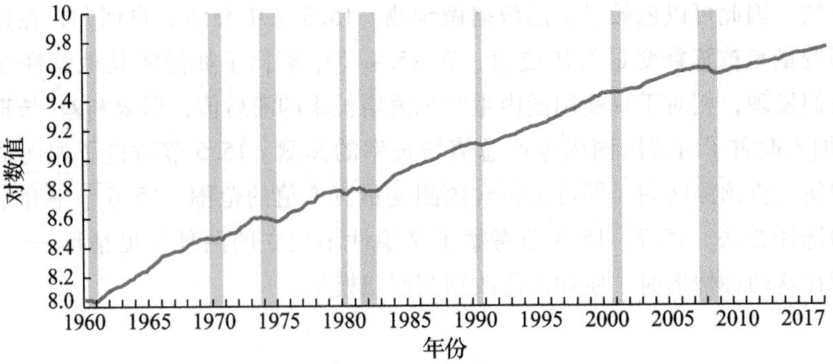

a）美国GDP（以2009年的美元衡量，单位：10亿美元）

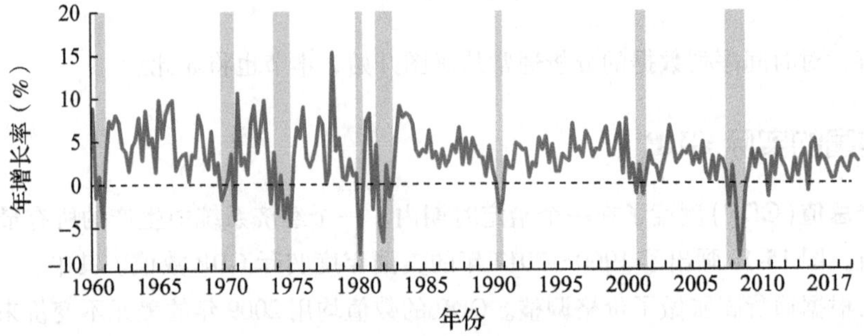

b）美国GDP增长率

图 15-1　美国实际 GDP 的对数值及其增长率(1960～2017 年)

注：GDP 从 1960 年的 3 万亿美元增长到 2017 年的 17 万亿美元，使用 2009 年的美元进行通胀调整。远超 5 倍的 GDP 增长相当于其对数值增长了 1.7。GDP 增长率不是固定的，季度增长率变化很大。

经济时间序列数据经常在取对数值或取对数值的差分之后进行分析，这样做的一个原因是许多经济时间序列呈现近似指数增长的态势，即平均而言，长期中的序列增长率每年保持在一个固定的百分比。这一点意味着，序列的对数值近似线性增长，这也就是为什么图 15-1a 画出了美国 GDP 的对数值。这样做的另一个原因是，许多经济时间序列变量的标准差大约与它的水平值成正比。这也意味着，序列对数值的标准差近似于一个常数。无论是哪一种情况，将时间序列数据转化成对数形式都是有用的，因为对数值的变化相当于原始序列的百分比变化。⊖

滞后、一阶差分、对数和增长率在重要概念 15-1 中进行总结。

重要概念 15-1　滞后、一阶差分、对数和增长率

Y_t 的一阶滞后记作 Y_{t-1}；j 阶滞后记作 Y_{t-j}。

一个序列的一阶差分，ΔY_t，是该序列从 $t-1$ 期到 t 期的变化量，即 $\Delta Y_t = Y_t - Y_{t-1}$。

⊖ 一个变量的对数值变化近似等于变量的比例变化，即，$\ln(X+a)-\ln(X)\approx\frac{a}{X}$，当$\frac{a}{X}$很小时，这一近似效果最好(见式(8-16)及相关讨论)。现在用 Y_{t-1} 代替 X，用 ΔY_t 代替 a 且注意到，$Y_t = Y_{t-1}+\Delta Y_t$。这意味着序列 Y_t 从第 $t-1$ 期到第 t 期的比例变化近似为 $\ln(Y_t)-\ln(Y_{t-1})=\ln(Y_{t-1}+\Delta Y_t)-\ln(Y_{t-1})\approx\frac{\Delta Y_t}{Y_{t-1}}$(见式(18-16))。表达式 $\ln(Y_t)-\ln(Y_{t-1})$ 是 $\ln(Y_t)$ 的一阶差分，即 $\Delta\ln(Y_t)$。因此，$\Delta\ln(Y_t)\approx\frac{\Delta Y_t}{Y_{t-1}}$。将比例变化乘以 100 就得到了百分比变化，因此序列 Y_t 的百分比变化近似为 $100\Delta\ln(Y_t)$。

Y_t 的对数的一阶差分是 $\Delta\ln(Y_t)=\ln(Y_t)-\ln(Y_{t-1})$。

一个时间序列 Y_t 从 $t-1$ 期到 t 期的百分比变化近似为 $100\Delta\ln(Y_t)$。当百分比变化很小时，这种近似是很精确的。

我们运用表 15-1 中美国的 GDP 数据来展示滞后、变化量和百分比变化的含义。表的第 1 列报告了时间或时间段，其中 2016 年第四季度用 2016：Q4 表示，2017 年第一季度用 2017：Q1 表示，以此类推。表的第 2 列报告了相应季度的 GDP 数值，第 3 列报告了 GDP 的对数值，第 4 列报告了 GDP 的增长率。例如，从 2016 年第四季度到 2017 年第一季度，GDP 从 16.851 万亿美元增长到 16.903 万亿美元。若用百分比变化来表示，则增长率为 $100\times\frac{16.903-16.851}{16.851}=0.31\%$，这是从一个季度到下一个季度的百分比变化。按照惯例，通常会报告季度宏观经济时间序列的年度增长率，即如果该序列继续以相同的速度增长，一年内 GDP 的百分比增长。由于一年有四个季度，假设每个季度的增速相同，则 2017 年 GDP 的年度增长率为 $0.31\times4=1.24$，或 1.24%。

表 15-1 2016 年第四季度～2017 年第四季度期间美国的 GDP

季度	美国 GDP(10 亿，以 2009 年的价格计算)	GDP_t 的对数值，$\ln(GDP_t)$	GDP 的年度增长率，$GDPGR_t=400\times\Delta\ln(GDP_t)$	一阶滞后，即 $GDPGR_{t-1}$
2016：Q4	16 851	9.732	1.74	2.74
2017：Q1	16 903	9.735	1.23	1.74
2017：Q2	17 031	9.743	3.01	1.23
2017：Q3	17 164	9.751	3.11	3.01
2017：Q4	17 272	9.757	2.50	3.11

注：GDP 的季度增长率是其对数的一阶差分。通过乘以 400 转化为年度增长率。一阶滞后值是 GDP 增长率在前一个季度的值。所有数字是经过四舍五入得到的。

在表 15-1 中，百分比变化通过计算对数的差分来得到，这一点在重要概念 15-1 中进行了总结。从 2016 年第四季度到 2017 年第一季度，GDP 的对数差分为 $\ln(16\,903)-\ln(16\,851)=0.003\,08$，从而得到季度增长率的近似值为 $100\times0.003\,08=0.308\%$。若以年度增长率来表示，则是 $0.308\times4=1.23$，或 1.23%。这些计算总结如下

$$\text{GDP 的年增长率}=GDPGR_t\approx400[\ln(GDP_t)-\ln(GDP_{t-1})]=400\Delta\ln(GDP_t) \tag{15-1}$$

其中，GDP_t 是第 t 期的 GDP 数值。因子 400 是把比例变化转化为百分比(乘以 100)，同时把季度增长率转化为年度增长率(乘以 4)。

表 15-1 的最后一列报告了滞后项。2017 年第一季度 GDPGR 的一阶滞后值是 1.74%，即 2016 年第四季度 GDPGR 的值。

图 15-1b 画出了从 1960 年第一季度到 2017 年第四季度的 GDP 增长率。它表明，GDP 增长率变化很大。例如，在 1978 年第二季度 GDP 以超过 15%的年度增长率增长，然而在 2008 年第二季度，GDP 年增长率下降到 8%多一点。在整个时期中，平均增长率为 3.0%(使得 GDP 从 1960 年的 3.1 万亿美元增长到 2017 年的 17.3 万亿美元)，样本标准差为 3.3%。

15.1.3 自相关

在时间序列数据中，某一时期的 Y 值总是和前一期值相关。时间序列变量和自身滞后值的相关性被称为**自相关**(autocorrelation)或**序列相关**(serial correlation)。一阶自相关或**自相关系数**

(autocorrelation coefficient)是 Y_t 和 Y_{t-1} 的相关系数，即两个相邻时间点数值的相关系数。二阶自相关是 Y_t 和 Y_{t-2} 的相关系数，j 阶自相关是 Y_t 和 Y_{t-j} 的相关系数。类似地，**j 阶自协方差**(j^{th} autocovariance)是 Y_t 和 Y_{t-j} 的协方差。自相关和自协方差的含义见重要概念 15-2。

重要概念 15-2　自相关（序列相关）和自协方差

序列 Y_t 的 j 阶自协方差是 Y_t 和它的 j 阶滞后值 Y_{t-j} 的协方差，j 阶自相关系数是 Y_t 和 Y_{t-j} 的相关系数。即

$$j\text{ 阶自协方差}=\text{cov}(Y_t,\ Y_{t-j}) \tag{15-2}$$

$$j\text{ 阶自相关}=\rho_j=\text{corr}(Y_t,\ Y_{t-j})=\frac{\text{cov}(Y_t,\ Y_{t-j})}{\sqrt{\text{var}(Y_t)\,\text{var}(Y_{t-j})}} \tag{15-3}$$

j 阶自相关系数有时也被称为 j 阶序列相关系数。

重要概念 15-2 中的 j 阶总体自协方差及自相关系数能够用 j 阶样本自协方差和自相关系数，即 $\widehat{\text{cov}}(Y_t,\ Y_{t-j})$ 和 $\hat{\rho}_j$ 来估计

$$\widehat{\text{cov}(Y_t,\ Y_{t-j})}=\frac{1}{T}\sum_{t=j+1}^{T}(Y_t-\overline{Y}_{j+1:T})\ (Y_{t-j}-\overline{Y}_{1:T-j}) \tag{15-4}$$

$$\hat{\rho}_j=\frac{\widehat{\text{cov}(Y_t,\ Y_{t-j})}}{\widehat{\text{var}(Y_t)}} \tag{15-5}$$

其中，$\overline{Y}_{j+1:T}$ 表示 Y_t 在观测期 $t=j+1$，$j+2$，…，T 的样本均值，$\widehat{\text{var}(Y_t)}$ 为 Y 的样本方差。㊀

GDP 增长率(即 GDPGR)前四个样本的自相关系数分别为 $\hat{\rho}_1=0.33$，$\hat{\rho}_2=0.26$，$\hat{\rho}_3=0.10$，$\hat{\rho}_4=0.11$。这些数值意味着 GDP 增长率存在轻微的正自相关；如果某期 GDP 的增长率大于平均增长率，则下一期的增长率也倾向于大于平均增长率。

15.1.4　经济时间序列的其他例子

经济时间序列的差异很大。图 15-2 画出了经济时间序列的四个例子，包括美国失业率、美元和英镑之间的汇率、日本工业生产指数的对数值，以及 Willshire 5000 市场总指数的日价值的百分比变化。

美国失业率(图 15-2a)是失去工作的那部分劳动力，《当期人口调查》(*Current Population Survey*)对其进行了度量(见附录 3A)。图 15-2a 显示，在经济衰退时期(图 15-1 的阴影区域)，失业率大幅上升，而在经济扩张时期，失业率下降。

英镑兑美元汇率(图 15-2b)是 1 英镑的美元价格。在 1972 年前，发达国家实施的是一种固定汇率制度，即“布雷顿森林体系”，在固定汇率制度下，政府致力于保持汇率稳定。在 1972 年，通货膨胀的压力导致该体系解体；随后允许主要货币浮动，即货币价值由外汇市场的外汇供给和需求决定。在 1972 年前，汇率基本是固定的，除了 1968 年出现的一次货币贬值。在那次货币贬值中，英镑相对于美元的官方价值下降到了 2.40 美元。从 1972 年开始，汇率在一个大范围内波动。

㊀ 在式(15-4)中，对 $T-j$ 项求和后除以 T，而样本协方差的一般公式(见式(3-24))是求和后除以式中的观测个数减去自由度。式(15-4)是计算协方差的常用公式。式(15-5)利用了 $\text{var}(Y_t)$ 等于 $\text{var}(Y_{t-1})$ 这一假设，暗含了 Y 的平稳性假设，平稳性将在 15.3 节介绍。

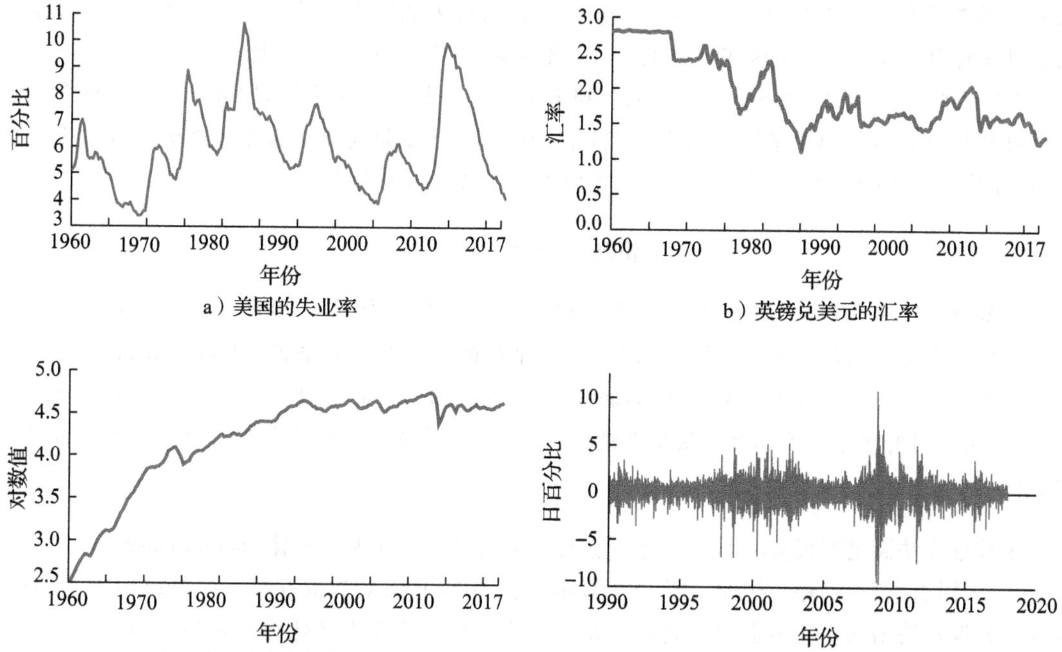

a）美国的失业率

b）英镑兑美元的汇率

c）日本工业生产指数的对数

d）Willshire 5000市场总指数的日价值的百分比变化

图 15-2　四个经济时间序列

注：显然，这四个时间序列具有不同的形态。失业率（图 15-2a）在萧条期间上升，而在经济恢复及扩张时期下降。美元和英镑之间的汇率（图 15-2b）在 1972 年布雷顿森林体系解体后出现了不连续的变化。日本的工业生产指数的对数值（图 15-2c）的增长率逐渐降低。Willshire 5000 市场总指数的日价值的百分比变化（图 15-2d）本质上是不可预测的，但它的方差会发生变化，这个序列呈现出“波动集群”现象。

日本工业生产指数（图 15-2c）衡量了日本工业商品的产量变化。图 15-2c 中画出了该指数的对数值，该序列的变动可（部分地）解读为经济增长率。在 20 世纪 60 时代和 20 世纪 70 年代早期，日本工业产量快速增长，但在 20 世纪 70 年代晚期和 20 世纪 80 年代增速放缓，自 20 世纪 90 年代早期开始，工业产量的增长几乎停滞。

Willshire 5000 市场总指数是美国所有上市公司的股票价格指数。图 15-2d 画出了从 1990 年 1 月 2 日到 2017 年 12 月 29 日期间（总共 7 305 个观测值）该指数每个交易日的日百分比变化。与图 15-2 中其他序列不同的是，日百分比变化的序列几乎不存在序列相关；如果存在序列相关性，你就可以利用日百分比变化的滞后值进行预测，并且可以通过在预期市场将上涨的时候买入股票，而在预期市场将下跌的时候卖出股票来赚钱。尽管该指数的变化是不可预测的，但图 15-2d 揭示了该序列波动性的变化模式。例如，日百分比变化的标准差在 1998～2003 年和 2007～2012 年相对较大，而在 1994、2004 和 2017 年相对较小。这种“波动集群”（volatility clustering）特征在很多金融时间序列中被发现，对这种特殊形式异方差的建模将在 17.5 节中介绍。

15.2　平稳性和均方预测误差

15.2.1　平稳性

时间序列预测使用过去的数据来预测未来。这样做的前提是，未来与过去是相似的，因为未来数据之间的相关关系(更一般地说，是分布)将与过去数据之间的相关关系类似。但如果未来和过去有根本性不同，则这些历史关系可能不再是预测未来的可靠依据。

在时间序列分析中，“历史关系可推广到未来”这一思想可由**平稳性**(stationarity)概念来总结。重要概念 15-3 给出了平稳性的精确定义，即时间序列变量的概率分布不随时间而改变。在平稳性假设下，使用历史数据估计的回归模型可以用来预测未来值。

重要概念 15-3 平稳性

如果一个时间序列 Y_t 的概率分布不随时间变化，即对任意 T 值而言，(Y_{s+1}，Y_{s+2}，…，Y_{s+T})的联合分布不依赖于 s，则这个时间序列是平稳的，否则是非平稳的(nonstationary)。如果对任何 T 来说，一对时间序列 X_t 和 Y_t 的联合分布(X_{s+1}，Y_{s+1}，X_{s+2}，Y_{s+2}，…，X_{s+T}，Y_{s+T})都不依赖于 s，则这对时间序列被称为是联合平稳的。平稳性要求未来和过去相似，至少在概率分布上要如此。

平稳性无法满足有很多原因，在这些情况下时间序列被称为**非平稳**(nonstationary)。一个原因是无条件均值存在趋势。例如，图 15-1 显示，美国 GDP 的对数值存在一个持续的向上趋势，反映了长期经济增长。在给定的时间点，如果总体回归系数发生变化将导致另一种非平稳。检验和处理这两种非平稳类型的方法将在 15.6 节和 15.7 节中介绍。在此之前，我们假设时间序列是平稳的。

15.2.2 预测和预测误差

本章讨论的问题是如何预测时间序列变量 Y 在可用数据结束一段时间后的值，也就是说，使用 T 期的数据预测 Y_{T+1} 的值。该预测可以回答如下问题：给定截至本季度的数据，下一季度 GDP 增长率的预测值是多少？由于预测是针对下一期的，所以这种预测被称为**提前一步预测**(one-step ahead forecast)。一个更具挑战性的问题是，根据截至当前季度的数据，对未来 8 个季度的 GDP 增长率的预测值是多少？回答这个问题，需要在更长的时间范围内进行预测，这被称为**提前多步预测**(multi-step ahead forecast)。提前多步预测将在第 17 章中讨论。

我们令 $\hat{Y}_{T+1|T}$ 表示 Y_{T+1} 的提前一步预测的候选预测值。在这种表示中，下标 $T+1|T$ 表示使用 T 期数据得到的 Y 在第 $T+1$ 期的预测值，符号(^)表示该预测基于估计模型得到。例如，假设你有 1960 年第一季度到 2017 年第三季度的 GDP 增长率(Y)的季度观测值。提前一步预测是使用这些数据预测 2017 年第四季度的 GDP 增长率，预测结果记为 $\hat{Y}_{2017:Q4|2017:Q3}$。

由于未来是未知的，预测误差不可避免。**预测误差**(forecast error)是 Y_{T+1} 的实际值和预测值之差

$$预测误差 = Y_{T+1} - \hat{Y}_{T+1|T} \tag{15-6}$$

预测是指对用于预测的数据集之外的未来数据做预测，即对样本外的未来观测值做预测。预测误差是预测时犯下的错误，只有当时间到了，观测到 Y_{T+1} 的实际值后才会实现。

15.2.3 均方预测误差

由于预测误差不可避免，所以预测的目标不是消除误差，而是使误差尽可能地小，也就是说，使预测尽可能地精确。为了明确这一目标，我们需要一个定量的方法来衡量预测误差很小

的含义。最常用的衡量方法，也是本书中所使用的方法，是**均方预测误差**（mean squared forecast error，MSFE），即预测误差平方的期望值

$$\text{MSFE}=E[(Y_{T+1}-\hat{Y}_{T+1|T})^2] \tag{15-7}$$

时间序列的 MSFE 与第 14.2 节中介绍的横截面数据样本外预测的均方预测误差相对应。

在实践中，较大的预测误差可能比较小的预测误差要付出更大的代价。一系列小的预测误差通常只会给使用者带来一些小问题，但是一个非常大的预测误差将会使整个预测受到质疑。MSFE 通过使用预测误差的平方来体现这一思想，因此大的误差会比小的误差受到更大的惩罚。

根均方预测误差（root mean squared forecast error，RMSFE）是 MSFE 的平方根。由于 RMSFE 的单位与 Y 相同，因此更容易解释。如果预测是无偏的，则预测误差的均值为零，RMSFE 是使用给定模型做出的样本外预测的标准差。

MSFE 包含两个随机性来源：一是未来值 Y_{T+1} 的随机性；二是估计预测模型所产生的随机性。例如，假如预测者使用一个非常简单的模型，其中 Y_{T+1} 的值用序列的历史平均值 μ_Y 预测（该简单模型是预测股票回报的一个合理起点，正如本节的专栏“你能战胜市场吗”中所探讨的那样）。因为均值是未知的，所以必须估计，比如用 $\hat{\mu}_Y$。在本例中，预测为 $\hat{Y}_{T+1|T}=\hat{\mu}_Y$，预测误差为 $Y_{T+1}-\hat{Y}_{T+1|T}=Y_{T+1}-\hat{\mu}_Y$，$\text{MSFE}=E[(Y_{T+1}-\hat{\mu}_Y)^2]$。通过加上和减去 μ_Y，如果 Y_{T+1} 和 $\hat{\mu}_Y$ 不相关，那么 MSFE 可以写为 $\text{MSFE}=E[(Y_{T+1}-\mu_Y)^2]+E[(\hat{\mu}_Y-\mu_Y)^2]$。该表达式的第一项为在总体均值已知时预测者所犯的错误：该项捕获了 Y_{T+1} 围绕总体均值的未来（样本外）随机波动。表达式中的第二项是由于总体均值未知而产生的额外误差，因此预测者需要对其进行估计。

从 MSFE 的角度看，最佳的可行预测值为给定样本内观测值时 Y 的条件均值，即 $E(Y_{T+1}|Y_1, Y_2, \cdots, Y_T)$（见附录 2B）。该最佳预测，被称为 **oracle 预测**（oracle forecast）。由于 oracle 预测最小化了 MSFE，因此它是评估实际预测的概念基准。

MSFE 是一个未知的总体期望，因此在实践中应用它的话必须使用数据对它进行估计。我们将在 15.4 节中讨论 RMSFE 的估计。

专栏 15-1

你能战胜市场吗

你是否曾经幻想过战胜股票市场而一夜暴富呢？如果你认为市场价格会上涨，则你今天应该买进股票，然后在市场下跌前卖掉它们。如果你善于预测股票价格的波动，则这种积极的交易策略得到的收益会高于被动的“买入持有”策略，即买入股票后什么都不做的策略。显而易见，这种技巧在于拥有一个对未来股票价格的可靠预测。

基于股票收益历史数据的预测有时被称为“动量”预测：如果本月股票价格上涨了，由于惯性，它下个月可能还会上涨。如果是这样的话，收益序列是自相关的，故自回归模型可以提供有用的预测。你可以对一只特定股票或股票指数实施动量交易策略。

表 15-2 给出了股票价格指数（CRSP 市值加权指数）月超额收益的自回归模型估计结果，样本区间为 1960 年 1 月至 2012 年 12 月。其中，月超额收益是指上月末买进、本月末卖出股票获得的收益减去如果你投资无风险资产（美国国债）原本可以获得的收益，月超额收益数据采用百分比表示。股票收益包括价格变动的资本收益（或损失）加上这个月内收到的红利。关于数据的详细描述见附录 15A。

表 15-2 月超额收益的自回归模型：1960 年 1 月至 2002 年 12 月

被解释变量：CRSP 市值加权指数的超额收益			
	(1)	(2)	(3)
设定形式	AR(1)	AR(2)	AR(3)
解释变量			
超额收益$_{t-1}$	0.050 (0.051)	0.053 (0.051)	0.054 (0.051)
超额收益$_{t-2}$		-0.053 (0.048)	-0.054 (0.048)
超额收益$_{t-3}$			0.009 (0.050)
超额收益$_{t-4}$			-0.016 (0.047)
截距项	0.312 (0.197)	0.328 (0.199)	0.331 (0.202)
超额收益滞后项系数的 F 统计量(p 值)	0.968 (0.325)	1.342 (0.261)	0.707 (0.587)
$\overline{R}^2$	0.000 6	0.001 4	-0.002 2

注：超额收益是用月百分比度量的。数据描述见附录 15A。所有回归模型都使用 1960 年 1 月至 2002 年 12 月期间的数据(T=526 个观测数据)估计，其中更早的观测用于计算滞后变量的初始值。解释变量行中的数据表示系数，圆括号内为异方差-稳健标准误。最后两行分别列出了用于检验"回归模型中所有系数均为 0"这一假设的异方差-稳健 F 统计量(圆括号内为其 p 值)和调整 R^2，或 $\overline{R}^2$。

表 15-2 给出的结果令人沮丧。AR(1)模型中滞后项的系数在统计上是不显著的，而在 AR(2)模型和 AR(4)模型中，"所有滞后项系数为 0"的联合原假设不能被拒绝。实际上，其中一个模型的调整 R^2 为负值，另外两个略大于零，表明这些模型对预测没有任何帮助。

这些结果与有效资本市场理论相一致。该理论认为，由于股票价格早已包含了现在可获得的所有信息，因此超额收益是不可预测的。理由很简单：如果市场参与者认为某只股票下个月的超额收益为正，则他们现在就会买这只股票，但这么做会使股票价格上涨，直到不存在任何正的超额收益为止。因此，我们无法利用过去公开的可得信息预测未来的超额收益，至少利用表 15-2 中的回归模型无法做到这一点。

15.3 自回归

如果你想要预测未来，最好从刚刚过去的事情开始。例如，如果你想要预测下一季度的 GDP 增长率，你可能会使用当前季度和过去几个季度的 GDP 增长率数据。要做到这一点，预测者需要使用自回归。

15.3.1 一阶自回归模型

自回归(autoregression)将时间序列变量 Y_t 的条件均值表示为其自身滞后值的线性函数。在这个条件期望中，**一阶自回归**(first-order autoregression)只使用 Y_t 的一个滞后。也就是说，在一阶自回归中，$E(Y_t \mid Y_{t-1}, Y_{t-2}, \cdots)=\beta_0+\beta_1 Y_{t-1}$。一阶自回归（AR(1)）模型写成回归模型的形式为

$$Y_t=\beta_0+\beta_1 Y_{t-1}+u_t \tag{15-8}$$

其中，u_t 为误差项。式(15-8)所示的一阶自回归是包含两个未知系数 β_0 和 β_1 的总体自回归。

式(15-8)中未知的总体回归系数 β_0 和 β_1 可以用普通最小二乘估计。如何去估计 β_0 和 β_1 可能看起来会令人困惑：与模型右侧包含 X 的横截面回归不同，式(15-8)的左边和右边都有 Y！解决这一问题需要明白，右边解释变量 Y_{t-1} 是被解释变量 Y 的一阶滞后，是不同于被解释变量 Y_t 的。即，式(15-8)具有标准回归模型的形式，其中 X 是 Y 的一阶滞后。因此，为了估计 β_0 和 β_1，你必须先创建一个新的变量，即 Y 的一阶滞后，然后将其作为解释变量。这样做就能得到 OLS 估计量，$\hat{\beta}_0$ 和 $\hat{\beta}_1$。

具体来说，可以考虑估计 GDP 增长率的一阶自回归。表 15-1 第 4 列给出了 2016 年第四季度至 2017 年第四季度被解释变量 $Y_t=GDPGR_t$ 的观测值，表 15-1 最后一列给出了解释变量 $Y_{t-1}=GDPGR_{t-1}$ 的观测值。因此，OLS 估计量可通过将表 15-1 第 4 列中的数据（扩展到样本起点）对最后一列中的数据以及截距项进行回归得到。为了估计这个 AR(1)模型，我们使用从 1962 年第一季度至 2017 年第四季度的观测数据，来说明预测和预测误差的计算。使用 1962 年第一季度至 2017 年第三季度的数据估计得到的一阶自回归结果为

$$\widehat{GDPGR}_t = \underset{(0.322)}{1.950} + \underset{(0.073)}{0.341} GDPGR_{t-1} \tag{15-9}$$

其中，如前几章一样，圆括号内的数字表示系数估计值的标准差，$\widehat{GDPGR}$ 表示基于回归线的估计结果得到的 GDPGR 在 t 期的预测值。

预测和预测误差。若式(15-8)中的总体回归系数已知，则利用 T 期的数据做提前一步预测 Y_{T+1}，即为 $\beta_0+\beta_1 Y_T$。虽然 β_0 和 β_1 是未知的，但是预测者可以使用他们的 OLS 估计值代替。相应地，基于式(15-8)所示的 AR(1)模型做出的预测为

$$\hat{Y}_{T+1 \mid T}=\hat{\beta}_0+\hat{\beta}_1 Y_T \tag{15-10}$$

式中，$\hat{\beta}_0$ 和 $\hat{\beta}_1$ 表示截止到 T 期的历史数据得到的估计值。预测误差是 $Y_{T+1}-\hat{Y}_{T+1 \mid T}$。

在 GDP 增长率例子中的应用。根据式(15-9)所示的 AR(1)模型，利用截止到 2017 年第三季度的数据，预测者在 2017 年第三季度对 2017 年第四季度的 GDP 增速的预测是什么？根据表 15-1，2017 年第三季度的 GDP 增速为 3.11%（即 $GDPGR_{2017:Q3}=3.11$），把该数值代入式(15-8)中，则得到 2017 年第四季度的 GDP 增速预测值为 $\widehat{GDPGR}_{2017:Q4 \mid 2017:Q3}=1.950+0.341\times GDPGR_{2017:Q3}=1.950+0.341\times 3.11=3.0$（精确到小数点后一位）。因此，基于 AR(1)模型预测 2017 年第四季度的 GDP 增长率为 3.0%。由于 2017 年第四季度的 GDP 增长率是已知的，所以能够评估此次预测的预测误差。表 15-1 显示 2017 年第四季度 GDP 的真实增长率为 2.5%，由此可见，AR(1)的预测值高了 0.5 个百分点，即预测误差为 −0.5。[⊖]

式(15-9)所示的 AR(1)模型的 $\bar{R}^2$ 只有 0.11，因此 GDP 增长率的滞后值只能解释 GDP 增速变化的一小部分信息。因此，除了一阶滞后外，加入额外的变量是否能够提高预测模型的拟合度是一个值得关注的问题。

⊖ 两个百分数之间的算术差的单位是百分点，例如，如果年利率是 3.5%，上升到 3.8%，那么它就上升了 0.3 个百分点。

15.3.2 *P* 阶自回归模型

AR(1)模型使用 Y_{t-1} 来预测 Y_t，但这样做会忽略高阶滞后项中包含的有用信息。若想利用这些信息，一个方法是在 AR(1)模型中加入其他滞后项，即得到 p 阶自回归模型。

***P* 阶自回归(AR(*p*))模型**把 Y_t 作为其 p 阶滞后值的线性函数，即在 AR(p)模型中，解释变量为 Y_{t-1}，Y_{t-2}，…，Y_{t-p} 和一个截距项。AR(p)模型中滞后项的个数 p，被称为自回归模型的滞后阶数，或滞后长度。

例如，GDP 增长率的 AR(2)模型将 GDP 的两个滞后项作为解释变量。使用 1962：Q1～2017：Q3 的数据进行估计，得到 AR(2)模型的估计结果为

$$\widehat{GDPGR}_t = \underset{(0.37)}{1.60} + \underset{(0.08)}{0.28}GDPGR_{t-1} + \underset{(0.08)}{0.18}GDPGR_{t-2} \tag{15-11}$$

式(15-11)中新加入的滞后项 $GDPGR_{t-2}$ 的系数在 5%的显著性水平下显著不为 0：t 统计量为 2.30(p 值为 0.02)。$\bar{R}^2$ 也从 AR(1)模型的 0.11 提高到 AR(2)模型的 0.14。

关于 AR(p)模型的介绍见重要概念 15-4。

重要概念 15-4 自回归

p 阶自回归模型(AR(p))将 Y_t 表示为 p 个滞后值的线性函数

$$Y_t = \beta_0 + \beta_1 Y_{t-1} + \beta_2 Y_{t-2} + \cdots + \beta_p Y_{t-p} + u_t \tag{15-12}$$

其中，$E(u_t \mid Y_{t-1}, Y_{t-2}, \cdots) = 0$。滞后项的个数 p 被称为自回归模型的滞后阶数，或滞后长度。

AR(*p*)模型的预测和误差项的性质。假设给定 Y_t 的所有滞后值，u_t 的条件期望为 0，即 $E(u_t \mid Y_{t-1}, Y_{t-2}, \cdots) = 0$。这一假设意味着以下两点。

第一，基于该序列的所有历史值对 Y_{T+1} 的最佳预测只依赖于最近的 p 个滞后值。特别地，令 $Y_{T+1|T} = E(Y_{T+1} \mid Y_T, Y_{T-1}, \cdots)$ 表示在给定 Y_t 所有历史值的条件下 Y_{T+1} 的条件均值。那么，基于所有历史值，$Y_{T+1|T}$ 是 oracle 预测，是所有预测中 MSFE 最小的预测(习题 15.5)。如果 Y_t 服从 AR(p)过程，那么 Y_{T+1} 基于 Y_T，Y_{T-1}，…的 oracle 预测是

$$Y_{T+1|T} = \beta_0 + \beta_1 Y_T + \beta_2 Y_{T-1} + \cdots + \beta_p Y_{T-p+1} \tag{15-13}$$

在实践中，系数 β_0，β_1，…，β_p 未知，因此在使用式(15-13)进行预测时，将使用各个系数的估计值。

第二，误差项 u_t 是序列不相关的，这个结果源于式(2-28)(习题 15.5)。

在 GDP 增长率例子中的应用。使用截止到 2017 年第三季度的数据，我们基于式(15-11)所示的 AR(2)模型来预测 2017 年第四季度的 GDP 增长率，预测结果是什么？为了计算这个结果，我们把 2017 年第二季度和 2017 年第三季度的 GDP 增长率数据代入到式(15-11)中：$GDPGR_{2017:Q4|2017:Q3} = 1.60 + 0.28 \times GDPGR_{2017:Q3} + 0.18 \times GDPGR_{2017:Q2} = 1.60 + 0.28 \times 3.11 + 0.18 \times 3.01 \approx 3.0$，其中 2017 年第二季度和 2017 年第三季度的 GDPGR 数据来自表 15-1 的第 4 列。预测误差是真实值 2.5%减去预测值，即 2.5%−3.0%=−0.5%，与 AR(1)模型得到的预测误差基本相同。

15.4　包含其他预测变量的时间序列模型和自回归分布滞后模型

经济理论通常会提出对预测有帮助的其他变量。将这些其他变量(或预测变量)加入自回归模型中，可以得到一个包含多个预测变量的时间序列回归模型。当自回归模型中包含其他变量及它们的滞后项时，得到的便是自回归分布滞后模型。

15.4.1　利用期限利差预测 GDP 增长率

长期债券与短期债券的利率是同时变化的，但变化量并不相同。图 15-3 给出了 10 年期的美国国债和 3 个月期的美国国债在 1960～2017 年的利率变化。这两个利率表现出相同的长期趋势：二者在 20 世纪 60 年代均处在较低水平，在 20 世纪 70 年代经历增长且在 20 世纪 80 年代的早期达到高峰，自此之后，二者均开始下滑。然而，两种利率的缺口(或利率差)并不是一个常数：尽管短期利率总的来说低于长期利率，但在经济衰退开始之前，二者的缺口变小，甚至消失。经济衰退期在图中用阴影表示。长期利率和短期利率之间的差值被称为**期限利差**(term spread)，图 15-3 画出了期限利差。期限利差总体来说是正的，但在经济衰退之前降低到 0 或 0 以下。

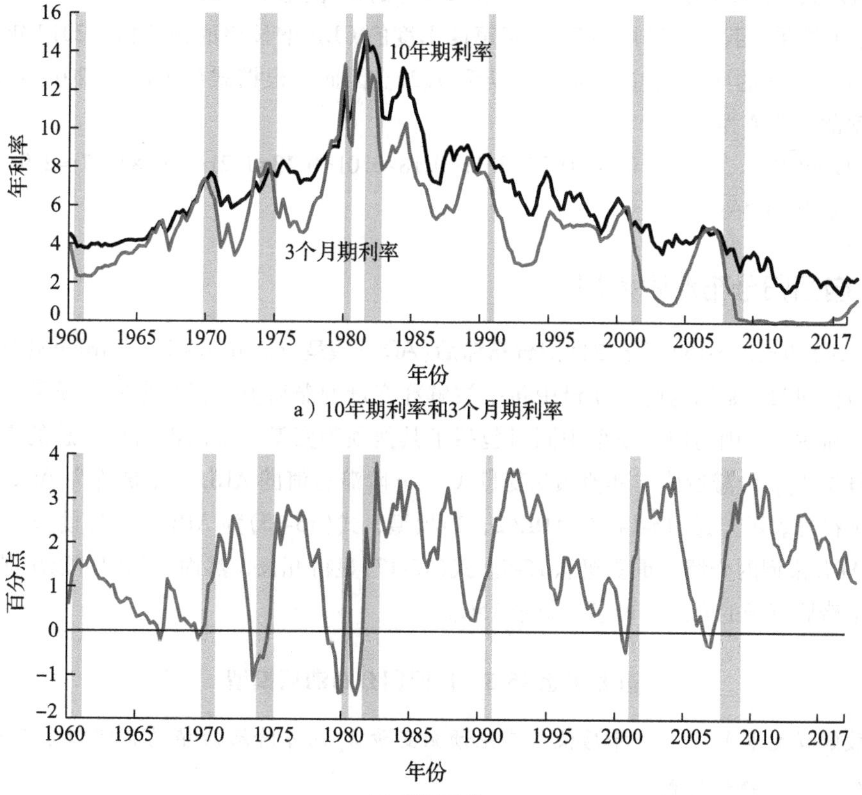

图 15-3　利率和期限利差(1960～2017 年)

注：美国国债的长期利率和短期利率共同变化，但变化幅度并不相同。长期利率和短期利率的差被称为期限利差。期限利差在美国经济衰退之前大幅下降，衰退时期在图中用阴影区域表示。

图 15-3 表明，期限利差可能包含一些 GDP 增长率滞后值所不包括的关于 GDP 未来增长率的信息。将期限利差的一阶滞后项加入式（15-11）所示的 AR(2)模型并进行回归，结果证实了我们的猜测

$$\widehat{GDPGR}_t = \underset{(0.47)}{0.94} + \underset{(0.08)}{0.27}GDPGR_{t-1} + \underset{(0.08)}{0.19}GDPGR_{t-2} + \underset{(0.18)}{0.42}TSpread_{t-1} \quad (15\text{-}14)$$

期限利差的一阶滞后项系数的 t 统计量为−2.34，故这一项在 1%的显著性水平上是显著的。回归的 $\bar{R}^2$ 为 0.16，比 AR(2)模型的 $\bar{R}^2$(0.14)有所提高。

将 2017 年第二季度和 2017 年第三季度的 GDP 增长率数值及 2017 年第三季度的期限利差（1.21）代入式（15-14）中，我们便可以得到 2017 年第四季度的 GDP 增长率预测值。预测结果为 2.9%，预测误差为−0.4%。

如果期限利差的一阶滞后对预测 GDP 增长率有帮助，加入更多的滞后项可能会对预测有更大的帮助。于是，我们在模型中加入期限利差的二阶滞后项，得

$$\widehat{GDPGR}_t = \underset{(0.46)}{0.94} + \underset{(0.08)}{0.25}GDPGR_{t-1} + \underset{(0.08)}{0.18}GDPGR_{t-2} - \underset{(0.42)}{0.13}TSpread_{t-1} + \underset{(0.43)}{0.62}TSpread_{t-2} \quad (15\text{-}15)$$

期限利差二阶滞后项系数的 t 统计量为 1.46（p 值为 0.14），说明该系数在 10%的显著性水平下不显著。式（15-15）的 $\bar{R}^2$ 为 0.16，与式（15-14）的 $\bar{R}^2$ 值基本一致。

根据以上结果，我们可以得到 2017 年第四季度的 GDP 增长率的预测值。2017 年第二季度和 2017 年第三季度的期限利差分别为 1.37 和 1.21。因此，根据式（15-15），2017 年第四季度 GDP 增长率的预测值为

$$\widehat{GDPGR}_{2017:Q4|2017:Q3} = 0.94+0.25\times3.11+0.18\times3.01-0.13\times1.21+0.62\times1.37\approx2.9 \quad (15\text{-}16)$$

预测误差为−0.4%。

15.4.2 自回归分布滞后模型

式（15-14）和式（15-15）属于**自回归分布滞后（ADL）模型**（autoregressive distributed lag model）。我们称它为自回归，是因为解释变量中包括被解释变量的滞后值，正如自回归模型一样；我们称它为分布滞后，是因为回归模型中同时包括了其他预测变量的多阶滞后值。总的来说，包含被解释变量 Y_t 的 p 阶滞后值与其他预测变量 X_t 的 q 阶滞后值的 ADL 模型被称为 **ADL(p，q)模型**。用这种符号表示，式（15-14）是 ADL(2，1)模型，式（15-15）为 ADL(2，2)模型。

关于 ADL 模型的介绍见重要概念 15-5。式（15-17）显得冗长，然而，我们可以用滞后算子来表示。关于滞后算子的介绍，可参考附录 15C。

重要概念 15-5　自回归分布滞后模型

包含被解释变量 Y_t 的 p 阶滞后值与其他预测变量 X_t 的 q 阶滞后值的自回归分布滞后模型，记作 ADL(p，q)，模型形式为

$$Y_t=\beta_0+\beta_1 Y_{t-1}+\beta_2 Y_{t-2}+\cdots+\beta_p Y_{t-p}+\delta_1 X_{t-1}+\delta_2 X_{t-2}+\cdots+\delta_q X_{t-q}+u_t \quad (15\text{-}17)$$

其中，β_0，β_1，…，β_p，δ_1，δ_2，…，δ_q 为未知系数，u_t 为误差项，且 $E(u_t | Y_{t-1}, Y_{t-2}, \cdots, X_{t-1}, X_{t-2}, \cdots)=0$。

ADL 模型假设给定 Y 和 X 的所有历史值，误差项的条件均值为 0，即 $E(u_t \mid Y_{t-1}, Y_{t-2}, \cdots, X_{t-1}, X_{t-2}, \cdots) = 0$，这意味着误差项不包含 Y 和 X 的任何历史信息。换言之，本模型的滞后阶数 p 和 q 是正确的滞后阶数，即除了式(15-17)所示的滞后项外，模型不再包含 X 和 Y 的任何其他滞后项。

15.4.3　多元预测的最小二乘假设

包含多个预测变量的时间序列模型拓展了 ADL 模型，使得 ADL 模型包含多个预测变量和它们的滞后项。关于这个模型的介绍见重要概念 15-6。由于存在多个预测变量及其滞后项，因此我们采用双下标来表示回归系数和解释变量。

重要概念 15-6　时间序列预测的最小二乘假设

假设时间序列回归模型包含 k 个其他预测变量，其中，第一个预测变量有 q_1 个滞后项，第二个预测变量有 q_2 个滞后项，以此类推。则该模型可表示为

$$Y_t = \beta_0 + \beta_1 Y_{t-1} + \beta_2 Y_{t-2} + \cdots + \beta_p Y_{t-p} + \delta_{11} X_{1t-1} + \delta_{12} X_{1t-2} + \cdots + \delta_{1q_1} X_{1t-q_1} + \cdots + \delta_{k1} X_{kt-1} + \delta_{k2} X_{kt-2} + \cdots + \delta_{kq_k} X_{kt-q_k} + u_t \tag{15-18}$$

其中：

(1) $E(u_t \mid Y_{t-1}, Y_{t-2}, \cdots, X_{1t-1}, X_{1t-2}, \cdots, X_{kt-1}, X_{kt-2}, \cdots) = 0$。

(2) 随机变量$(Y_t, X_{1t}, \cdots, X_{kt})$具有平稳分布，并且随着 j 变大时，$(Y_t, X_{1t}, \cdots, X_{kt})$和$(Y_{t-j}, X_{1t-j}, \cdots, X_{kt-j})$相互独立。

(3) 不存在大的异常值，即 $X_{1t}, X_{2t}, \cdots, X_{kt}$ 和 Y_t 具有非零的有限四阶矩。

(4) 不存在完全多重共线性。

重要概念 15-6 中的时间序列模型假设与附录 6D 中(使用横截面数据的多元回归模型做预测)的四个最小二乘假设相对应。

第一个假设是：给定所有解释变量及解释变量的所有滞后项，误差项的条件均值为 0。该假设拓展了 AR 模型及 ADL 模型的假设，且意味着利用 Y 和 X 的所有历史值对 Y_t 的 oracle 预测可由式(15-18)给出。

横截面数据的第二个最小二乘假设为$(X_{1i}, X_{2i}, \cdots, X_{ki}, Y_i)$，$i=1, 2, \cdots, n$，为独立同分布的(i. i. d.)，而时间序列回归模型的第二个假设则根据时间序列的数据特点对其进行了修正，可用两部分来表述。

第一，时间序列数据是从平稳分布中抽取的，因此今天的数据分布与过去的分布是相同的。显而易见，时间序列数据的这个假设相当于横截面数据中独立同分布假设中的“同分布”(identically distributed)部分：时间序列变量(包括其滞后项)的联合分布不随时间而变化。在实践中，许多时间序列看上去是非平稳的，这意味着这个假设在实践中往往不成立。若时间序列变量是非平稳的，则时间序列回归会出现问题，例如，预测可能是有偏的。

平稳性的假设意味着用于估计模型的数据的条件均值也是我们感兴趣的样本外观测值的条件均值。因此，平稳性假设也是关于外部有效性的假设，它起到的作用与附录 6D 中做预测的第一个最小二乘假设一致。

第二，时间序列回归的第二个假设的另一部分是：随着时间间隔变大，随机变量呈现出相

互独立的性质。这个假设替代了附录 6D 中的独立分布假设。这个假设有时也被称为**弱相依**(weak dependence)，它保证了在大样本中，数据存在足够的随机性，从而大数定律和中心极限定理得以成立。如果读者想知道弱相依条件的精确数学表述，可参考 Hayashi(2000，第二章)。

第三个假设(不存在异常值)和第四个假设(不存在完全多重共线性)都和横截面数据对应的假设相同。

在重要概念 15-6 的假设下，时间序列回归模型中的统计推断过程与截面数据中的情形一样。

15.5 MSFE 的估计和预测区间

MSFE 的估计值可以反映预测的不确定性，并用于构建预测区间。

15.5.1 MSFE 的估计

式(15-7)中定义的 MSFE 是一个依赖于 Y 的分布和预测模型的期望值。因为它是一个期望值，所以它的值是未知的，必须根据数据来估计。

自然而然地，我们希望通过用样本外观测值的平均值代替式(15-7)中的期望来估计 MSFE。然而，样本外的数据没有被观测到，所以这种方法是不可行的。随着复杂度的增加，可用于估计 MSFE 的常用方法有三种。这三种方法都必须依赖于样本内的数据。最简单的估计方法只关注未来的不确定性，而忽略与回归系数估计相关的不确定性。第二种估计方法在平稳性的假设前提下，考虑了未来的不确定性和估计误差，使得模型估计的条件期望适用于样本外预测。第三种估计方法不仅包括了不确定性和估计误差，还额外考虑了条件期望在样本过程中可能发生变化的可能性。

前两种方法是基于由式(15-7)导出的 MSFE 表达式和平稳性假设。我们给出了 AR(p)的表达式，将它直接扩展成包含重要概念 15-6 中的其他预测变量的模型。在平稳假设下

$$\mathrm{MSFE}=\sigma_u^2+\mathrm{var}(\hat{\beta}_0+\hat{\beta}_1 Y_T+\cdots+\hat{\beta}_p Y_{T-p+1}) \tag{15-19}$$

对于 AR(1)，上述结果的证明见习题 15.12。

式(15-19)的第一项是 Y_{T+1} 在其条件均值附近的方差。这是 oracle 预测的方差。式(15-19)中的第二项源于自回归系数是未知的，必须通过估计得到。

方法 1：使用回归的标准误估计 MSFE。因为 OLS 估计量的方差与 $\frac{1}{T}$ 成正比，所以式(15-19)的第二项也与 $\frac{1}{T}$ 成正比。因此，如果观测值 T 相对于自回归滞后 p 的数量较大，则第二项相对于第一项的贡献较小。也就是说，如果 T 比 p 大，式(15-19)简化为近似的 $\mathrm{MSFE}\approx\sigma_u^2$，这种简化又表明可以通过下式估计 MSFE

$$\widehat{\mathrm{MSFE}}_{\mathrm{SER}}=s_{\hat{u}}^2,\ 其中\ s_{\hat{u}}^2=\frac{\mathrm{SSR}}{T-p-1} \tag{15-20}$$

其中 SSR 为自回归残差平方和。统计量 $s_{\hat{u}}^2$ 是回归标准误(SER)的平方，最初定义在式(6-13)中，并在式(15-20)中使用自回归符号重新表示。

方法 2：采用最终预测误差估计 MSFE。如果 T 相对 p 不够大，估计的自回归系数的抽样误

差会很大，以至于式(15-19)中的第二项不容忽视。在额外假设误差是同方差的情况下，**最终预测误差**(final prediction error，FPE)是 MSFE 的估计值，包含了式(15-19)中的两项。在假设误差是同方差的情况下，$\mathrm{var}(\hat{\beta}_0+\hat{\beta}_1 Y_T+\cdots+\hat{\beta}_p Y_{T-p+1})\approx\sigma_u^2\left(\frac{p+1}{T}\right)$(见附录 19G)；将该表达式代入式(15-19)得 $\mathrm{MSFE}=\sigma_u^2+\sigma_u^2\frac{p+1}{T}=\sigma_u^2\left(1+\frac{p+1}{T}\right)$。FPE 使用了该最终表达式，连同估计量 s_u^2 来估计 MSFE

$$\widehat{\mathrm{MSFE}}_{\mathrm{FPE}}=\left(\frac{T+p+1}{T}\right)s_{\hat{u}}^2=\left(\frac{T+p+1}{T-p-1}\right)\frac{\mathrm{SSR}}{T} \tag{15-21}$$

通过调整估计自回归系数时的抽样不确定性，FPE 估计量改善了对式(15-20)中的 SER 平方的估计。

方法 3：采用伪样本外预测估计 MSFE。MSFE 的第三种估计方法使用数据来模拟样本外预测。该方法首先将数据集分为两部分：初始估计样本(前 $T-P$ 期观测值)和保留样本(后 P 期观测值)。利用初始估计样本对预测模型进行估计，然后利用预测模型对保留样本中的第一个观测值进行预测。然后，增加估计样本，估计样本变为初始估计样本加上保留样本中的第一个观测值，重新估计预测模型，利用预测模型对原保留样本中的第二个观测值进行预测。重复这个过程，直到对原保留样本中的最后一个观测值做出预测，此时一共产生了 p 个预测值和 p 个预测误差。p 个预测误差可以用于估计 MSFE。[⊖]

重要概念 15-7　伪样本外预测

伪样本外预测的计算方法分为以下几步：

(1) 选择观测的数量 P，即将被用来进行伪样本外预测的样本量；例如，P 可以是样本长度的 10%或 20%，令 $s=T-P$。

(2) 利用数据集中剩下的部分(即 $t=1, 2, \cdots, s$)来估计预测模型。

(3) 计算第 $s+1$ 期的预测值，记为 $\widetilde{Y}_{s+1|s}$。

(4) 计算预测误差，$\widetilde{u}_{s+1}=Y_{s+1}-\widetilde{Y}_{s+1|s}$。

(5) 对剩下的数据，即时期从 $s=T-P+1$ 到 $T-1$，重复步骤(2)～步骤(4)(对每个时期重新估计预测模型)。伪样本外预测值是 $\{\widetilde{Y}_{s+1|s}, s=T-P, \cdots, T-1\}$，伪样本外预测误差为 $\{\widetilde{u}_{s+1}, s=T-P, \cdots, T-1\}$。

这种方法首先使用数据的子样本估计模型，然后使用该模型对保留样本做预测。这种方法被称为**伪样本外预测**(pseudo out-of-sample forecasting)：之所以称为“样本外”，是因为用于预测的观测值没有用于模型估计，之所以称为“伪”，是因为保留样本的数据并不是真正的样本外观测值。重要概念 15-7 对伪样本外预测的构建进行了总结。

利用由此得到的伪样本外预测误差 $\widetilde{u}_s$，s $=T-P+1, \cdots, T$，此时，MSFE 的伪样本外估计值为

$$\widehat{\mathrm{MSFE}}_{\mathrm{POOS}}=\frac{1}{P}\sum_{s=T-P+1}^{T}\widetilde{u}_s^2 \tag{15-22}$$

⊖ 阅读第 14 章时读者将会认识到，这种估计 MSFE 的方法与通过交叉验证估计均方预测误差相关。

与式(15-20)中的 SER 平方的估计值和式(15-21)中的最终预测误差估计值相比，式(15-22)中的伪样本外估计值既有优点也有缺点。其主要优点是不依赖于平稳性假设，因此条件均值可以在估计样本和保留样本之间存在差异。例如，自回归的系数在两个样本中不需要相同，而且伪样本外预测误差也不需要均值为 0。因此，由系数变化产生的任何预测偏差都可以被$\widehat{MSFE}_{POOS}$捕捉到，但式(15-20)和式(15-21)中的两个估计量并不能捕捉到这种预测偏差(这两个估计量都依赖于式(15-19)，该公式是根据平稳性假设推导出来的)。伪样本外估计的三个缺点分别是：首先，这种估计方法更难计算；其次，如果 Y 事实上是平稳的，那么由于式(15-22)只用到 P 个预测误差，这种方法得到的 MSFE 估计值将比式(15-20)和式(15-21)得到的两个估计值有更大的抽样变异性；最后，这种方法需要选择保留样本的个数 P。

P 的选择需要在系数估计值的精度和估计 MSFE 时可用的观测值个数之间进行权衡。在实践中，将观测值总数的 10%或 20%作为 P，该数量可以对上述两方面做合理的平衡。

在 GDP 增长率中的应用。对于式(15-9)中的 AR(1)模型，$\widehat{RMSFE}_{SER}=3.05$，$\widehat{RMSFE}_{FPE}=3.07$，$\widehat{RMSFE}_{POOS}=2.60$(用最后 44 个季度或样本的 20%计算得到)。对于式(15-11)中的 AR(2)模型，$\widehat{RMSFE}_{SER}=3.01$，$\widehat{RMSFE}_{FPE}=3.03$，$\widehat{RMSFE}_{POOS}=2.52$。FPE 估计值大于 SER 估计值，这是因为 FPE 估计值考虑了未知自回归系数估计值的方差。RMSFE 的伪样本外估计值比样本内估计值要小。这在一定程度上反映了 20 世纪 80 年代初 GDP 增长的变动性的下降，这一时期被称为“大缓和”(Great Moderation)时期，在图 15-1b 中得到了明显体现。

15.5.2 预测不确定性和预测区间

在任何估计问题中，最好能给出关于该估计值的不确定性的度量，预测也不例外。度量预测不确定性的一个工具是根均方预测误差(RMSFE)。在加入“误差项 u_t 服从正态分布”这个假设后，15.3 节中介绍的 RMSFE 估计值可以用来构建预测区间，即以某个概率包含变量未来真值的区间。

预测区间(forecast intervals)。预测区间在很多方面和置信区间类似，只是它与预测有关。例如，一个 95%的预测区间是以 95%的概率包含预测变量未来真值的区间。

预测区间和置信区间的很重要的一个区别在于：95%的置信区间的常用公式(估计量±1.96 倍标准误)是以中心极限定理为基础的，因此该结果对很大范围内的误差项分布设定都成立。与之不同的是，因为式(15-15)中的预测误差包含了误差项 u_{T+1} 的取值，为了计算预测区间，需要估计误差项的分布，或对其分布做出一些假设。

在实践中，通常假设 u_{T+1} 服从正态分布。在平稳性假设下，预测误差为 u_{T+1} 与回归系数估计误差之和。在大样本下，第二项近似服从正态分布(根据中心极限定理)，与 u_{T+1} 不相关。因此，如果 u_{T+1} 服从正态分布，则预测误差近似服从正态分布，其方差等于 MSFE(见习题 15.12)。

后两个 MSFE 的估计量，即$\widehat{MSE}_{FPE}$ 和$\widehat{MSE}_{POOS}$ 包含了估计误差，且都可以用于构建预测区间。如果 u_{T+1} 服从正态分布，那么 95%的预测区间为 $\hat{Y}_{T|T+1}\pm1.96\ \widehat{RMSE}$，其中$\widehat{RMSE}$ 是式(15-21)的$\widehat{RMSE}_{FPE}$ 或式(15-22)的$\widehat{RMSE}_{POOS}$。

我们这里主要讨论误差项 u_t 为同方差时的情形。如果 u_t 是异方差的，则可能需要开发一种异方差模型，从而在给定 Y 和 X 的近期值后可以估计式(15-19)中的 σ_u^2 项。对这种条件异方差的建模方法将在第 17 章中介绍。

扇形图(fan charts)。为了表示一个变量未来值的可能范围，专业预测者有时会报告多个预测区间。综合起来，多个预测区间总结了变量未来值的完整分布。与仅仅预测变量的均值相比，对变量未来值分布的预测提供了更多的信息。

预测分布通常以扇形图的形式表示。扇形图通过阴影覆盖的预测区间来描绘未来某一日期的分布，并与不断扩大的预测范围相连接。英格兰银行是扇形图的早期使用者之一，用扇形图向公众和货币政策制定者传达预测路径和不确定性(参考专栏“血河”)。

专栏 15-2

血河

作为货币政策信息公开的一部分，英格兰银行会定期公开其对通货膨胀的预测。这些预测是将英格兰银行的计量经济学家开发的计量经济模型的预测结果与银行资深员工及货币政策委员会的专家判断相结合。这些预测结果是以一系列预测区间的形式给出的，以反映这些经济学家对未来通货膨胀可能路径的预测。在英格兰银行的“通货膨胀报告”中，英格兰银行将这些预测范围用红色表示，将中心地带用深红色表示。尽管英格兰银行将这个图平淡无奇的称为“扇形图”，但出版社把这些红色阴影区域称为“血河”。

图 15-4 给出了 2017 年 2 月的血河图(在这个图中，阴影部分以黑色表示，而不是红色，因此你需要发挥你的想象力)。这个图表显示，在 2017 年 2 月，银行的经济学家预测通货膨胀率将从 2017 年早期的低于 2.0% 上升到 2018 年第一季度的 2.7%。经济学家认为，预期需求增加和英镑贬值是通货膨胀率上升的原因。结果，第二年的通货膨胀比他们预测的要高，在 2018 年早期达到 3.0%。

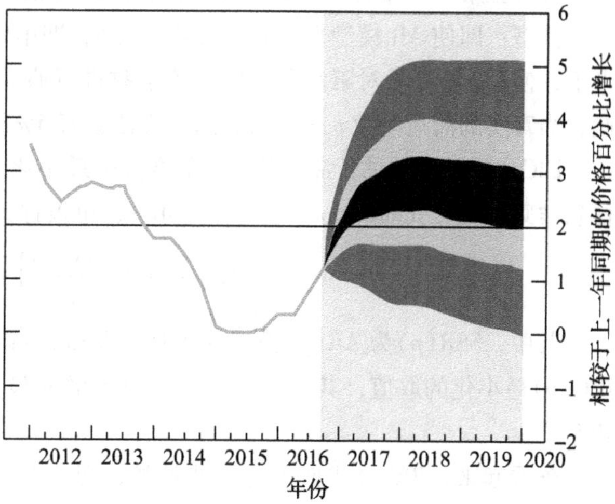

图 15-4 血河

注：英格兰银行在 2017 年 2 月的扇形图给出了通货膨胀的预测范围。

资料来源：图片的使用经英格兰银行授权。

英格兰银行是中央银行信息公开的先驱，其他国家的中央银行现在也会发布通货膨胀预测。货币政策当局制定政策时往往有很大难度，它会影响国民的福祉。身处信息时代的英格兰银行的经济学家指出，对公众而言，理解中央银行的经济观点和决策逻辑尤为重要。

如果想看真正的血河，请访问英格兰银行的网站 http://www.bankofengland.co.uk。想了解更多关于英格兰银行通货膨胀预测的表现，可参考 Clemants(2004)。

15.6 运用信息准则选择滞后阶数

15.3 节和 15.4 节中介绍的 GDP 增长率预测模型所使用的预测变量滞后阶数为一阶或二阶。

一般而言，采用一阶滞后确实有道理，也容易被理解。但是，为何不选用高阶滞后呢？更一般地，在一个时间序列回归中，我们应该加入多少滞后项呢？本节将介绍一些选择滞后阶数的统计方法，首先介绍自回归模型中滞后阶数的选择，然后介绍包含多个预测变量的时间序列回归模型中滞后阶数的选择。

15.6.1 确定自回归模型的滞后阶数

在选择自回归模型的滞后阶数时，我们需要权衡加入更多滞后项的边际收益和增加额外估计误差的边际成本。一方面，如果自回归模型中的阶数太低，则可能会遗漏包含在较远滞后项中有价值的信息。另一方面，如果滞后阶数太高，你就需要估计更多的系数，从而给预测带来额外的估计误差。

***F*统计量方法**。选择滞后阶数 p 的一个方法是：首先建立高阶的自回归模型，然后对最后一个滞后项进行假设检验。例如，你可能一开始估计的是 AR(6)模型，然后检验第 6 个滞后项的系数在 5%的显著性水平下是否显著。如果不显著，则去掉第 6 个滞后项，估计 AR(5)模型，并接着检验第 5 个滞后项系数的显著性，以此类推。这个方法的缺点在于，有时会得出一个庞大的模型：即使 AR 模型真实的滞后阶数为 5，即第 6 个滞后项的系数为 0，但在 5%的显著性水平下，使用 t 统计量对第 6 个滞后项的系数进行假设检验时，可能会错误地拒绝该原假设。因此，当真实的滞后阶数 p 为 5 时，这种方法会有 5%的概率认为滞后阶数为 6。

BIC。另外一种估计滞后阶数 p 的方法是最小化“信息准则”。其中一种信息准则为**贝叶斯信息准则**(Bayes information criterion，BIC)，也被称为 Schwarz 信息准则(SIC)，其表达式为

$$\mathrm{BIC}(p)=\ln\left[\frac{\mathrm{SSR}(p)}{T}\right]+(p+1)\frac{\ln(T)}{T} \tag{15-23}$$

其中，SSR(p)为 AR(p)模型的残差平方和。p 的 BIC 估计值 $\hat{p}$ 是 $p=0$，1，…，$p_{\max}$ 中使得 BIC(p)最小化的取值，其中 $p_{\max}$ 是我们所考虑的最大 p 值，$p=0$ 对应于只包含一个截距项的模型。

乍看起来，BIC 公式似乎有一些神秘，但它是符合直觉的。现在考虑式(15-23)中的第一项。由于回归方程的系数通过 OLS 方法估计，残差平方和会随着滞后阶数的增加而减少(至少不会增加)。第二项为待估参数的个数(滞后项数量 p 加上一个常数项)乘以$\frac{\ln(T)}{T}$。当你加入一个滞后项时第二项会随之增加，从而对增加滞后项施加了惩罚。BIC 准则权衡了这两股力量，最小化 BIC 的滞后阶数是真实滞后阶数的一致估计量。附录 15E 给出了该论断的数学证明。

作为例子，考虑 GDP 增长率自回归模型的滞后阶数。表 15-3 给出了自回归最高阶数为 6($p_{\max}=6$)时 BIC 的计算过程。例如，对式(15-8)中的 AR(1)模型，$\frac{\mathrm{SSR}(1)}{T}=9.247$，因此 $\ln\left[\frac{\mathrm{SSR}(1)}{T}\right]=2.224$。由于 $T=223$(1962：Q1～2017：Q3)，$\frac{\ln(T)}{T}=0.024$，$(p+1)\frac{\ln(T)}{T}=2\times 0.024=0.048$。因此，$\mathrm{BIC}(1)=2.224+0.048=2.273$。

表 15-3 显示，当滞后长度 $p=2$ 时，BIC 最小。因此，滞后阶数的 BIC 估计值为 2。表 15-3 显示，随着滞后阶数的增加，R^2 随之提高，SSR 随之降低。滞后阶数从零阶到一阶时，R^2 提高的程度大于滞后阶数从一阶到二阶的 R^2 提高程度。BIC 能够帮助我们精确决定 R^2 必须增加多少

才能够证明加入额外的滞后项是合理的。

表 15-3　贝叶斯信息准则(BIC)以及 1962：Q1～2017：Q3 期间美国 GDP 增长率自回归模型的 R^2

p	$\frac{SSR(p)}{T}$	$\ln\left[\frac{SSR(p)}{T}\right]$	$(p+1)\frac{\ln(T)}{T}$	BIC(p)	R^2
0	10.477	2.349	0.024	2.373	0.000
1	9.247	2.224	0.048	2.273	0.117
2	8.954	2.192	0.073	2.265	0.145
3	8.954	2.192	0.097	2.289	0.145
4	8.920	2.188	0.121	2.310	0.149
5	8.788	2.173	0.145	2.319	0.161
6	8.779	2.172	0.170	2.342	0.162

AIC。BIC 并不是唯一的信息准则，另一种信息准则为**赤池信息准则**(Akaike information criterion，AIC)

$$\mathrm{AIC}(p)=\ln\frac{\mathrm{SSR}(p)}{T}+(p+1)\frac{2}{T} \tag{15-24}$$

AIC 和 BIC 的差别在于 BIC 中的 $\ln(T)$ 被 AIC 中的 2 所代替，因此 AIC 中的第二项会更小。例如，对 GDP 增长率自回归模型中使用的 223 个观测值来说，$\ln(T)=\ln(223)=5.41$，在这种情况下，BIC 中的第二项是 AIC 中第二项的两倍多。因此，在 AIC 中 SSR 要降低更多才能说明加入更多的滞后项是正确的。

AIC 准则有一个吸引人之处：在大样本中，它选择 p 以最小化最终预测误差估计的 MSFE，即最小化了式(15-21)中的 $\widehat{\mathrm{MSFE}}$。[㊀]然而，从理论上讲，AIC 中的第二项没有足够大到可以确保选择了正确的滞后阶数，即使大样本下也是如此。因此，p 的 AIC 估计值是非一致的。正如在附录 15E 中所讨论的，在大样本下，AIC 会以非零概率高估 p 的值。

AIC 和 BIC 在实践中得到了广泛的应用。如果你担心 BIC 给出的滞后阶数太少，AIC 会提供一个合理的选择。[㊁]

信息准则计算的注释。使用 AIC 和 BIC 来选择具有不同滞后阶数的回归模型，必须采用相同的数据来估计它们。例如，表 15-3 中所有的回归方程都使用了从 1962 年第一季度到 2017 年第三季度的数据(总共 223 个观测值)进行估计。由于自回归模型中包含了 GDP 增长率的滞后项，这意味着回归需要使用 GDP 增长率的早期值(1962 年第一季度之前的值)作为初始值。换言之，表 15-3 中讨论的每一个回归都包含了 $GDPGR_t$，$GDPGR_{t-1}$，…，$GDPGR_{t-p}$ 的观测值，$t=$ 1962:Q1，…，2017:Q3，即被解释变量和解释变量有 223 个观测值，因此式(15-23)和式(15-24)

㊀ 从式(15-21)开始写 $\widehat{\mathrm{MSFE}}_{FPE}=\left[\frac{T+p+1}{T-(p+1)}\right]\frac{SSR}{T}=\left[\frac{1+(p+1)/T}{1-(p+1)/T}\right]\frac{SSR}{T}$。对该表达式取对数得到，$\ln(\widehat{\mathrm{MSFE}}_{FPE})=\ln\left(1+\frac{p+1}{T}\right)-\ln\left(1-\frac{p+1}{T}\right)+\ln\left(\frac{SSR}{T}\right)\approx 2\left(\frac{p+1}{T}\right)+\ln\left(\frac{SSR}{T}\right)$，其中，最后一个表达式使用了如下近似：当 x 很小时，$\ln(1+x)\approx x$(式(8-16))。最后一个表达式是式(15-24)中的 AIC。当 $\frac{p+1}{T}$ 很小时，$\widehat{\mathrm{MSFE}}_{FPE}\approx$ AIC 近似成立。

㊁ BIC 和 AIC 解决的是同样的问题，即限制参数的数目以进行估计，正如在第 14.3 节和第 14.4 节中讨论的岭回归的被惩罚最小二乘法和 Lasso 方法一样。第 14 章讨论的变量选择问题和这里讨论的滞后选择问题之间的一个区别是，在使用横截面数据的一般预测问题中，潜在的解释变量没有自然排序。然而，在滞后项选择问题中，很自然地认为第一个滞后将是最有用的预测因子，其次是第二个滞后，以此类推，因此预测变量有一个自然的顺序。AIC 和 BIC 利用了这种自然顺序。

中的 $T=223$。

15.6.2　包含多个预测变量的时间序列回归模型的滞后阶数选择

包含多个预测变量的时间序列回归模型（式(15-18)）滞后阶数的选择问题和自回归模型类似：滞后项太少会丢失有价值的信息而降低预测准确性，而滞后项太多则会增加估计误差。滞后项的选择必须在得到更多信息和估计更多系数之间达到平衡。

F 统计量方法。与单变量自回归模型一样，在包含多个预测变量的时间序列回归模型中确定滞后阶数的一个方法是，使用 F 统计量对滞后项前的系数进行联合假设检验。例如，在对式(15-15)的讨论中，我们对期限利差的二阶滞后项前的系数进行了检验，检验的原假设是系数为 0，备择假设为系数不为 0。该检验在 10% 的显著性水平下不能拒绝原假设，从而意味着期限利差的二阶滞后项应从回归方程中剔除。如果待比较的模型数量较少，则 F 统计量方法简单易用。然而，一般来说，F 统计量方法可能会高估滞后阶数，从而导致相当大的预测误差。

信息准则。与自回归模型的情形一样，BIC 和 AIC 能够用来估计包含多个预测变量的时间序列回归模型的滞后阶数。如果回归模型有 K 个系数（包括截距项），BIC 为

$$\mathrm{BIC}(K)=\ln\left[\frac{\mathrm{SSR}(K)}{T}\right]+K\frac{\ln(T)}{T} \tag{15-25}$$

AIC 准则的定义方式相似，只是式(15-25)中的 $\ln(T)$ 被数值 2 所替换。在实际应用中，我们对每一个候选模型均使用 BIC 或 AIC，将 BIC 或 AIC 取值最小的模型作为我们最终选择的模型。

在使用信息准则估计滞后阶数时，有两个重要的问题需要考虑。首先，正如在自回归模型中所讨论的，所有候选模型必须用同样的样本进行估计。式(15-25)中的符号 T 表示用来估计模型的观测值数量，它必须对所有的模型都一样。第二，当存在多个预测变量时，这个方法对计算的要求很高，因为需要计算很多不同的模型（许多不同滞后项的组合）。在实践中，一个捷径是对所有解释变量使用相同的滞后阶数，即设定 $p=q_1=\cdots=q_k$，因此只需要比较 $p_{\max}+1$ 个模型（分别为 $p=0, 1, \cdots, p_{\max}$）。利用信息准则对加入期限利差的 GDP 增长率的 ADL 模型进行检验后，我们最后选择式(15-15)的 ADL(2, 2) 模型。

15.7　非平稳性 Ⅰ：趋势

在重要概念 15-6 中，我们假设被解释变量和解释变量是平稳的。但是，如果解释变量和被解释变量是非平稳的，则常规的假设检验、置信区间和预测将变得不再可靠。非平稳会导致什么问题？我们用什么方法来解决？这些都取决于非平稳性的特征或类型。

在本节和下一节中，我们讨论经济时间序列模型中非常常见的两种非平稳性：趋势及突变。在每一部分中，我们都会首先描述非平稳的性质，然后讨论这种非平稳性可能导致的后果。接下来，我们会讨论非平稳性的检验，以及如何解决由非平稳性所带来的问题。我们首先讨论第一种类型的非平稳性。

15.7.1　趋势是什么

趋势（trend）是一个变量随时间变化而呈现出的一种持续性的、长期的移动。时间序列变量会围绕其趋势上下波动。

图 15-1a 显示，美国 GDP 的对数值存在一个明显的向上趋势。图 15-2a、图 15-2b 和图 15-2c 中的序列都存在趋势，但它们的趋势是很不同的。失业率的趋势从 20 世纪 60 年代后期开始上升，一直持续到了 20 世纪 80 年代早期，之后开始下降，直到 21 世纪初期又开始上升。英镑兑美元汇率在 1972 年固定汇率制度终结之后，存在一个持久且明显的下降趋势。日本工业生产指数对数值序列的趋势比较复杂：一开始是高速增长，接着是中速增长，最后接近零增长。

确定性和随机性趋势。时间序列的趋势有两种，分别为确定性趋势和随机性趋势。**确定性趋势**(deterministic trend)是时间的一个非随机函数。例如，确定性趋势可能是时间的线性函数；如果美国 GDP 对数值存在一个确定性线性趋势，且每个季度都会上升 0.75 个百分点，则这个趋势可以写成 $0.75t$，其中 t 为时间变量。相比较而言，**随机性趋势**(stochastic trend)是随机的且随时间而变化。例如，随机性趋势可能在一段长时间的上升后出现一段长时间的下降，正如图 15-2a 中的失业率趋势一样。然而，随机性趋势可能更复杂。例如，如果你仔细观察图 15-1a，就会发现 GDP 增长率的趋势并不是固定不变的；例如，20 世纪 60 年代的 GDP 增长速度比 20 世纪 70 年代的增长速度要快，且 20 世纪 90 年代的 GDP 增长速度比 21 世纪初的增长速度要快。

像很多计量经济学家一样，我们认为在建模中使用随机性趋势要比使用确定性趋势更合适。例如，尽管美国失业率在 20 世纪 70 年代不断上升，但它并不注定会永远上升，或注定会再次下降。我们现在明白，失业率的缓慢上升是由人口变化(如年轻劳动者的流入)、糟糕的运气(如石油冲击及生产率下降)及货币政策错误等因素综合作用所导致的。类似地，英镑兑美元汇率从 1972 年到 1985 年经历下降趋势，随后开始上升。这些变化同样也是由错综复杂的经济力量导致的；因为这些经济力量如此多变且难预测，所以趋势中存在很大的不可预测或随机性成分，认识到这一点将非常有用。

出于这些原因的考虑，我们将主要关注经济时间序列中的随机性趋势，而不是确定性趋势。并且，当我们提到时间序列数据的“趋势”这个术语时，我们指的是随机性趋势，除非我们有特别说明。

随机游走模型。具有随机趋势的单变量模型中，最简单的是随机游走模型。如果一个时间序列 Y_t 的变化量是独立同分布的，则称该时间序列变量 Y_t 服从**随机游走**(random walk)，即

$$Y_t = Y_{t-1} + u_t \tag{15-26}$$

其中，u_t 是独立同分布的。然而，更一般地，我们将服从式(15-26)且 u_t 的条件均值为 0[$E(u_t \mid Y_{t-1}, Y_{t-2}, \cdots) = 0$]的模型称为随机游走。满足 $E(\Delta Y_t \mid Y_{t-1}, Y_{t-2}, \cdots) = 0$ 的时间序列也被称为鞅。

随机游走的基本思想是序列在明天的取值等于序列在今天的取值加上一个不可预测的变化：因为 Y_t 遵循的路径由随机变量 u_t 决定，从而路径是“随机游走”。因为 $E(u_t \mid Y_{t-1}, Y_{t-2}, \cdots) = 0$，所以 $E(Y_t \mid Y_{t-1}, Y_{t-2}, \cdots) = Y_{t-1}$。换句话说，如果 Y_t 服从随机游走，则对序列明天取值的最佳预测为今天的取值。

如果 Y_t 服从方差随时间增长的随机游走。由于方差不是常数，Y_t 是非平稳的(见习题 15.13)。

如图 15-1a 所示的美国 GDP 对数序列，一些序列存在一个明显的上升趋势，在这种情况下，序列必须包含一个使序列有上升趋势的调整项。这个调整项或者“漂移”项扩展了随机游走模型。这个扩展后的模型被称为**带漂移的随机游走**(random walk with drift)

$$Y_t = \beta_0 + Y_{t-1} + u_t \tag{15-27}$$

其中，$E(u_t \mid Y_{t-1}, Y_{t-2}, \cdots) = 0$，$\beta_0$ 是随机游走的漂移项。如果 β_0 为正，则 Y_t 平均来看是上

升的。在带漂移项的随机游走模型中，序列明天取值的最优估计是序列今天的取值加上漂移项β_0。

随机游走模型虽然简单，却很有用，它是本书中所使用的最基本的趋势模型。

随机性趋势、自回归模型和单位根。随机游走模型是式(15-8)所示的 AR(1)模型的特殊形式，其中$\beta_1=1$。换言之，如果Y_t服从 AR(1)且$\beta_1=1$，则Y_t包含一个随机性趋势且是非平稳的。但是，如果β_1的绝对值小于1，且u_t是平稳的，则Y_t和它的滞后项的联合分布不依赖于时间t(附录 15B 详述了该结论)，故Y_t是平稳的。

使 AR(p)为平稳过程的条件比使 AR(1)为平稳过程的条件更复杂。它的正式表述涉及多项式$1-\beta_1 z-\beta_2 z^2-\beta_3 z^3-\cdots-\beta_p z^p$的根(满足$1-\beta_1 z-\beta_2 z^2-\beta_3 z^3-\cdots-\beta_p z^p=0$的根)。为了使 AR($p$)平稳，这个多项式根的绝对值必须大于1。以 AR(1)模型为例，多项式的根为$z=\dfrac{1}{\beta_1}$。因此，根的绝对值大于1等价于β_1的绝对值小于1。

如果 AR(p)有一个根为1，我们称这个序列有一个**单位自回归根**，简单地说，**单位根**(unit root)。如果Y_t有一个单位根，则它包含一个随机性趋势。如果Y_t是平稳的(因此不含单位根)，则它不包含随机性趋势。出于这个原因，我们将不加区别地使用术语随机性趋势和单位根。

15.7.2 随机性趋势产生的问题

如果一个时间序列具有随机性趋势(有一个单位根)，那么对自回归系数的 OLS 估计量做统计推断可能具有误导性。更重要的是，两个相互独立但都具有随机性趋势的序列，很有可能会被误认为是相关的，这种情况称为伪回归。

OLS 估计量和t统计量的向下偏误和非正态分布。如果解释变量具有随机趋势，那么在原假设下，即使是在大样本下，其通常的 OLS 估计的t统计量在原假设条件下也可能服从非正态分布，自回归系数的估计值有向0的偏误。这种非正态分布意味着传统的置信区间是无效的，假设检验不能像通常那样进行。

OLS 估计量的向下偏误给预测带来了一个问题。回想一下，oracle 预测使用的是条件均值。如果为获得条件均值而建立的 AR(1)模型中的系数为1(单位根)，那么 OLS 估计量的取值往往小于1，其抽样分布的均值也小于1。在预测应用中，这可能导致预测产生系统性偏差。此外，由于检验系数的t统计检验量的分布不是正态的，即使在大样本中，基于t统计量的标准推断也不能发现这种向下偏误的预测错误。幸运的是，正如本文后面所讨论的，有很多方法可以检测一个序列是否有单位根，从而避免这些问题。

伪回归(spurious regression)。随机性趋势会导致两个原本没有相关性的时间序列呈现出相关性，这个问题被称为伪回归。

例如，美国失业率从20世纪60年代到20世纪80年代一直保持稳定增长，在同一时期，日本工业生产指数(图 15-2c 给出了对数值)也保持稳定的增长。如果我们建立这两个时间序列之间的回归，通常会得到“二者关系显著”的结论。用1962～1985年的数据进行 OLS 估计，得到回归方程为

$$\widehat{\text{美国失业率}}_t=-2.37+2.22\times\ln(\text{日本工业生产指数}_t),\quad \bar{R}^2=0.34 \qquad (15\text{-}28)$$
$$(1.19)\quad(0.32)$$

斜率项对应的t统计量为7，按照常规的标准来看，这两个序列存在很强的正向关系。同时，$\bar{R}^2$也比较高。然而，利用1986～2017年的数据对该方程进行估计，则得到回归结果为

$$\widehat{美国失业率_t}=42.37-7.92\times\ln(日本工业生产指数_t),\ \bar{R}^2=0.14 \tag{15-29}$$
$$(7.74)\quad(1.69)$$

式(15-28)和式(15-29)所示的回归结果差异很大。从结果来看，式(15-28)指出两个时间序列之间存在正向关系，而式(15-29)则指出两个序列之间存在负向关系。

产生这一矛盾结果的原因在于：两个序列都存在随机性趋势。这些趋势在 1965～1985 年碰巧保持一致，而在 1986～2017 年却碰巧相反。事实上，在经济学和政治学领域内，没有充分理由能让我们相信这两个序列中的随机趋势是相关的。简言之，这些回归是伪回归。

式(15-28)和式(15-29)说明，当序列包含随机性趋势时，OLS 的回归结果可能具有误导性(习题 15.6 通过计算机模拟验证了该结果)。在一种特殊情况下，回归结果是可靠的。这种特殊情况是指，当两个序列的趋势成分是相同的，即这两个序列包含共同的随机趋势，在这种情况下，我们称这两个序列是协整的。第 17 章将介绍如何通过计量经济学方法检验及分析具有协整关系的经济时间序列。

15.7.3 检测随机性趋势：单位 AR 根的检验

检验时间序列是否存在趋势，第一步是查看其时间序列图。如果这个序列看起来可能会有一个趋势，那么可以用 Dickey-Fuller 检验来检验这个序列是否存在随机趋势。

AR(1)模型的 Dickey-Fuller 检验。式(15-27)的随机游走是 AR(1)模型的特例，其中，$\beta_1=1$。在 AR(1)模型的框架下，Y_t 具有随机性趋势的假设检验可以通过以下检验进行

$$H_0:\ \beta_1=1,\ H_1:\ \beta_1<1,\ 其中\ Y_t=\beta_0+\beta_1 Y_{t-1}+u_t \tag{15-30}$$

式(15-30)中的原假设是 AR(1)有一个单位根，单边备择假设为 AR(1)模型是平稳的。

这个检验有一个简化形式。将式(15-30)的两边同时减去 Y_{t-1}，并且令 $\delta=\beta_1-1$，式(15-30)可转化为

$$H_0:\ \delta=0,\ H_1:\ \delta<0,\ 其中\ \Delta Y_t=\beta_0+\delta Y_{t-1}+u_t \tag{15-31}$$

式(15-31)中，检验 $\delta=0$ 的 t 统计量被称为 **Dickey-Fuller 统计量**(Dickey-Fuller statistic，以它的发明者 David Dickey 和 Wayne Fuller 命名，1979)。Dickey-Fuller 统计量使用“非稳健”标准误进行计算，即使用的是附录 5A 中给出的“同方差适用”标准误。[⊖]

ADF 统计量的临界值。在序列有单位根的原假设下，Dickey-Fuller 统计量的分布是非正态的，即使在大样本下依然如此。因此，当使用 Dickey-Fuller 统计量检验单位根时，必须使用不同的临界值。

表 15-4 的第一行给出了式(15-31)所示的原假设和备择假设的 ADF 检验的临界值。由于平稳性的备择假设意味着式(15-31)中的参数 δ 小于 0，因此 ADF 检验是单边的。例如，如果回归方程不包含时间趋势，则在 5%的显著性水平下拒绝原假设的 ADF 统计量临界值为-2.86。

表 15-4 增广的 Dickey-Fuller 统计量在大样本下的临界值

确定性解释变量	10%	5%	1%
只包含截距项	-2.57	-2.86	-3.43
包含截距项与时间趋势	-3.12	-3.41	-3.96

⊖ 在存在一个单位根的原假设下，通常的“非稳健”标准误产生的 t 统计量事实上是对异方差稳健的，这是个令人惊讶且特殊的结果。

表 15-4 给出的 ADF 统计量临界值比标准正态分布的单边临界值-1.28（10%的显著性水平下）和-1.64（5%的显著性水平下）要大得多（负值的绝对值更大）。ADF 统计量的非正态分布说明，含有随机性趋势的时间序列的 t 统计量分布是非正态的。

AR(p)模型的 Dickey-Fuller 检验。式（15-31）中的 Dickey-Fuller 检验只适用于 AR(1)模型。将 Dickey-Fuller 检验拓展到 AR(p)模型需要将 ΔY_t 的 $p-1$ 阶滞后项作为其他解释变量加入回归方程中，式（15-31）变为

$$\Delta Y_t=\beta_0+\delta Y_{t-1}+\gamma_1\Delta Y_{t-1}+\gamma_2\Delta Y_{t-2}+\cdots+\gamma_{p-1}\Delta Y_{t-p+1}+u_t \tag{15-32}$$

在原假设 $\delta=0$ 下，Y_t 有随机趋势，而在备择假设 $\delta<0$ 下，Y_t 是平稳的。检验式（15-32）中 $\Delta=0$ 的假设所用的 t 统计量被称为**增广的 Dickey-Fuller（ADF）统计量**（augmented Dickey-Fuller (ADF) statistic）。一般而言，滞后阶数 p 是未知的，但可以通过使用信息准则来估计它。研究显示，在 ADF 检验中，使用较多的滞后阶数比使用较少的滞后阶数要好，因此在进行 ADF 检验时，建议使用 AIC 准则而不是 BIC 准则来估计滞后阶数 p。[㊀]

对备择假设为"时间序列是围绕线性确定性时间趋势波动的平稳过程"的检验。以上检验关注的均是随机性趋势，即原假设是"序列具有单位根"，备择假设为"序列是平稳的"。这种备择假设设定对不存在长期增长的时间序列（如失业率序列）而言是合适的，但对其他呈现出长期增长趋势的经济时间序列（如美国 GDP 序列）而言，这种不含趋势的平稳性备择假设是不合适的，应该使用的备择假设应该是：时间序列是带确定性时间趋势的平稳过程。这类备择假设的一个特殊形式是：时间趋势是线性的；换句话说，趋势项是时间 t 的线性函数。此时的原假设为"时间序列有一个单位根"，而备择假设为"时间序列没有单位根，但有一个确定性的时间趋势"。

如果 Y_t 的备择假设是，"Y_t 是带确定性时间趋势的平稳过程"，那么时间趋势 t（观测数）必须作为一个额外的解释变量加入回归方程，在这种情况下，Dickey-Fuller 回归就变成了

$$\Delta Y_t=\beta_0+\alpha t+\delta Y_{t-1}+\gamma_1\Delta Y_{t-1}+\gamma_2\Delta Y_{t-2}+\cdots+\gamma_{p-1}\Delta Y_{t-p+1}+u_t \tag{15-33}$$

其中，α 是未知系数。在原假设 $\delta=0$ 下，Y_t 有随机趋势，而在备择假设 $\delta<0$ 下，Y_t 是平稳的。ADF 统计量现在用于检验式（15-33）中的假设 $\delta=0$ 的 t 统计量，表 15-4 给出了单边 ADF 检验的临界值。[㊁]

美国 GDP 序列是否包含随机性趋势？原假设为"美国 GDP 对数值是含有随机趋势的自回归过程"，而备择假设为"美国 GDP 对数值是平稳的自回归过程"。该检验可以通过 ADF 方法来进行。如果 $\ln GDP_t$ 是 AR(3)过程，则 ADF 回归方程如下

$$\begin{aligned}\widehat{\Delta\ln(GDP_t)}=\ &0.162 + 0.0001t-0.019\ln(GDP_{t-1})+\\ &(0.080)\quad(0.001)\quad(0.010)\\ &0.261\Delta\ln(GDP_{t-1})+0.165\Delta\ln(GDP_{t-2})\\ &(0.066)\qquad\qquad(0.066)\end{aligned} \tag{15-34}$$

ADF 统计量是检验 $\ln(GDP_{t-1})$ 前的系数是否为 0 的 t 统计量；式（15-34）中的 t 统计量为 -1.95。表 15-4 显示，10%的显著性水平下的临界值为-3.12。因为 ADF 统计量的值-1.95 大

㊀ 关于 Dickey-Fuller 和其他单位根检验统计量的有限样本性质的模拟研究，见 Stock（1994）与 Haldrup 和 Jansson（2006）。

㊁ 关于使用 Dickey-Fuller 检验非线性时间趋势的拓展，详见 Maddala 和 Kim（1998）。

于-3.12，因此 ADF 检验在 10%的显著性水平下无法拒绝序列有单位根的原假设。基于式(15-34)的回归结果，我们不能拒绝(在 10%的显著性水平下)美国 GDP 对数值有自回归单位根的原假设，即序列 ln(GDP)包含随机性趋势，而不是围绕线性趋势平稳。

15.7.4 避免由随机性趋势带来的问题

当时间序列存在趋势时，可靠的方法是通过序列变换使它不再包含趋势。如果序列具有随机性趋势，即序列有单位根，则序列的一阶差分序列将不含趋势。例如，若 Y_t 服从随机游走，则 $Y_t=\beta_0+Y_{t-1}+u_t$，于是 $\Delta Y_t=\beta_0+u_t$ 是平稳的。因此，利用一阶差分能够去除序列中的随机性趋势。

然而，在实践中，你很难百分之百确定一个序列是否包含随机性趋势。一般来说，无法拒绝原假设并不意味着原假设为真，这只能表示没有足够证据证明它是错误的。因此，利用 ADF 检验得出无法拒绝有单位根的原假设并不意味着序列真的有一个单位根。然而，虽然无法拒绝有单位根的原假设并不意味着序列有一个单位根，但我们依然可以认为自回归模型的真实系数近似为 1，并使用该序列的差分序列而不是其水平量。[⊖]

15.8 非平稳性 II：突变

第二种非平稳性是指，总体回归函数随着样本而变化。在经济学中，突变会由于很多不同的原因而发生，例如，经济政策的变化、经济结构的变化或由于创新引起的产业变化。如果这些变化或者“**突变**”（breaks)发生了，则基于忽略这些变化的回归模型而做出的统计推断及预测将是有偏误的。因此检验预测模型是否存在突变问题，以及存在突变情况下如何调整模型，这些非常重要。

15.8.1 什么是突变

突变是指总体回归方程的系数在某一个特定时间发生了离散变化，或在一段较长时间内发生了缓慢变化。

宏观经济数据发生离散变化的原因之一是宏观经济政策发生了较大变化。例如，1972 年固定汇率的布雷顿森林体系的解体使英镑兑美元汇率发生了突变现象，这一点从图 15-2b 中很容易看出来。在 1972 年之前，汇率是较为稳定的(除了 1968 年发生的一次贬值，在那次贬值中，英镑相对于美元的价值下降了)，但自从 1972 年以来，汇率开始了大规模的波动。

突变也可能是缓慢变化的，在这种情况下，总体回归方程是随着时间逐渐变化的。例如，总体回归方程的渐变现象可能是因为经济政策的缓慢转变或经济结构的持续性变化而发生。本节介绍的突变检验方法对以上两种突变情形都适用，即离散变化和缓慢变化。

突变导致的问题。在样本区间内，如果总体回归函数发生了突变，则对全样本进行回归得到的 OLS 估计量度量的是变量之间的“平均”关系，即估计结果融合了两段不同时期内的变量关系。根据突变发生的时间及突变的大小，“平均”回归函数可能和真实的回归函数有很大不

⊖ 如果想更多了解经济时间序列中的随机性趋势及它带来的问题，参见 Stock 和 Watson(1988)。

同，这将导致预测效果很差。

15.8.2 突变的检验

发现突变的一种方法是检验回归系数的离散变化。如何进行检验呢？这将依赖于**突变点**(break date)(突变发生时点)是否已知。

突变点已知的突变检验。在某些应用中，你可能会想知道在一个给定时间点是否发生了突变。例如，如果你正在利用 20 世纪 70 年代以来的数据学习国际贸易关系，你可能会假设利率的总体回归函数在 1972 年(当固定汇率的布雷顿森林体系解体时)发生了一次突变。

如果突变发生的时点是已知的，则可以用第 8 章中介绍的二元变量交互回归(重要概念 8-4)来检验不存在系数突变的原假设。为了使问题变得简单，我们考虑 ADL(1, 1)模型，因此方程中存在一个截距项、Y_t 的一个滞后项及 X_t 的一个滞后项。令 τ 表示假设的突变时点，令 $D_t(\tau)$ 表示一个二元变量，在突变发生前，其取值为 0，而在突变发生后则取值为 1。因此，加入二元变量后的回归方程为

$$Y_t=\beta_0+\beta_1 Y_{t-1}+\delta_1 X_{t-1}+\gamma_0 D_t(\tau)+\gamma_1[D_t(\tau)\times Y_{t-1}]+\gamma_2[D_t(\tau)\times X_{t-1}]+u_t \tag{15-35}$$

如果不存在突变，则总体回归函数在两部分样本下是相同的，因此含有二元变量 $D_t(\tau)$ 的项将不会出现在式(15-35)中。换言之，在不存在突变的原假设下，$\gamma_0=\gamma_1=\gamma_2=0$。在存在突变的备择假设下，总体回归函数在突变时点 τ 的前后存在不同，在这种情况下，至少有一个系数 γ 不为 0。这个检验经常被称为突变点已知的邹氏检验(Chow test)，即以它的发明者 Gregory Chow (1960)命名。

如果方程中包含多个预测变量或更多的滞后项，则可构建所有解释变量的二元变量交互项，并检验所有含有 $D_t(\tau)$ 的项对应的系数皆为 0 的假设。

通过一些修正，我们可以仅仅检验某一部分系数是否发生突变，即只对某些解释变量设置二元交互项。

突变点未知的突变检验。突变发生的具体时点通常是未知的，或者我们只知道突变点的范围。例如，你怀疑一个突变可能在两个时点(τ_0 和 τ_1)之间发生。邹氏检验已经拓展到可以用来检验这类已知突变点范围的突变。我们首先计算从 τ_0 到 τ_1 所有时点的邹氏检验 F 统计量，然后用计算出的最大的 F 统计量来检验这类未知时点的突变。这种修正后的邹氏检验也被称为 **Quandt 似然比(QLR)检验统计量**(Quandt likelihood ratio (QLR) statistic)(Quandt, 1960)，或称为 sup-Wald 统计量。

因为 QLR 统计量是很多 F 统计量中最大的一个，从而它的分布和单个 F 统计量是不同的。QLR 统计量的临界值必须从一个特殊的分布中得到。类似常规的 F 统计量，这个分布依赖于待检验的约束个数 q，即备择假设下允许发生突变或变化的系数个数(包括截距项)。此外，QLR 统计量的分布也依赖于$\frac{\tau_0}{T}$和$\frac{\tau_1}{T}$，即用于计算 F 统计量的子样本端点 τ_0 和 τ_1 与总样本容量的比例。

为了使大样本下的 QLR 统计量的渐近分布具有良好的性质，子样本的端点 τ_0 和 τ_1 不能太接近于样本的起点和终点。出于这个原因，在实践中，我们通常是在“修剪”的样本范围或子集内计算 QLR 统计量。通常使用 15%的剔除量，即令 $\tau_0=0.15T$，$\tau_1=0.85T$(四舍五入后的整数)。经过 15%的剔除后，F 统计量是使用样本中间位置的 70%数据来计算的。

表 15-5 给出了经过 15%的样本剔除后的 QLR 统计量的临界值。我们通过比较 QLR 统计量的临界值和 $F_{q,\infty}$ 统计量的临界值后发现，QLR 统计量的临界值更大。这反映了 QLR 统计量是许多 F 统计量中最大值的这一事实。通过对很多可能的突变时点进行 F 检验，QLR 统计量有很多拒绝原假设的机会，这导致 QLR 的临界值要大于单个 F 统计量临界值。

表 15-5 经过 15%剔除后的 QLR 统计量临界值

约束条件数量(q)	10%	5%	1%	约束条件数量(q)	10%	5%	1%
1	7.12	8.68	12.16	11	2.40	2.62	3.09
2	5.00	5.86	7.78	12	2.33	2.54	2.97
3	4.09	4.71	6.02	13	2.27	2.46	2.87
4	3.59	4.09	5.12	14	2.21	2.40	2.78
5	3.26	3.66	4.53	15	2.16	2.34	2.71
6	3.02	3.37	4.12	16	2.12	2.29	2.64
7	2.84	3.15	3.82	17	2.08	2.25	2.58
8	2.69	2.98	3.57	18	2.05	2.20	2.53
9	2.58	2.84	3.38	19	2.01	2.17	2.48
10	2.48	2.71	3.23	20	1.99	2.13	2.43

注：这些临界值适用于 $\tau_0=0.15T$ 和 $\tau_1=0.85T$(四舍五入到整数)，因此对位于中间 70%样本内的所有可能突变点计算了 F 统计量。约束条件个数 q 为每个 F 统计量检验的约束个数。其他剔除比例的临界值见 Andrews(2003)。

QLR 检验可以通过使用日期的二元指标与相关变量之间的交互项，然后计算得到的 F 统计量的最大值，从而仅对部分回归系数的突变点进行检验。这种情况下的 QLR 检验临界值也列在表 15-5 中，其中约束条件数量(q)是需要检验的约束条件的数量。

如果在被检验区间存在一个离散突变点，那么 F 统计量达到最大值的时点就是突变点 τ 的估计值。

当回归方程存在多个突变，或者当突变是以一种缓慢变化的形式发生时，QLR 统计量在大样本下会以很大的概率拒绝“不存在突变”的原假设。这意味着，QLR 统计量检测到的是回归系数的不稳定性，而不仅仅是单个离散突变。因此，如果 QLR 统计量拒绝了原假设，这意味着回归模型存在一次离散突变，或存在多次离散突变，或存在缓慢变化。

重要概念 15-8 总结了 QLR 统计量。

重要概念 15-8 系数稳定性的 QLR 检验

令 $F(\tau)$ 表示检验回归系数在时点 τ 发生突变的 F 统计量，例如，在式(15-35)所示的回归方程中，F 统计量检验的原假设为：$\gamma_0=\gamma_1=\gamma_2=0$。QLR(或 sub-Wald)检验统计量是 $\tau_0\leqslant\tau\leqslant\tau_1$ 范围内值最大的 F 统计量

$$\text{QLR}=\max[F(\tau_0),\ F(\tau_0+1),\ \cdots,\ F(\tau_1)] \tag{15-36}$$

(1) 类似 F 统计量，QLR 统计量能被用于检验回归方程中所有或部分系数的突变。

(2) 在大样本下，当原假设成立时 QLR 统计量的分布依赖于待检验约束条件数量 q 以及 $\frac{\tau_0}{T}$ 和 $\frac{\tau_1}{T}$。剔除 15%的样本后(令 $\tau_0=0.15T$ 和 $\tau_1=0.85T$，四舍五入后取整)的 QLR 临界值如表 15-5 所示。

(3) QLR 统计量能够检测出回归模型系数的单个离散突变、多个离散突变以及缓慢变化。

(4) 如果回归方程存在一个离散的突变点，则使 QLR 统计量取最大值时对应的时点是突变时点的估计量。

警告：你很可能不知道突变时点，即使你认为你知道。有时候，专家可能会相信他或她知道突变发生的时点，从而使用邹氏检验而不是 QLR 检验。但是，如果专家的这个判断是基于他或她对于这个有待分析序列的了解所做出的，实际上也是利用数据估计出来的，只不过他或她采用的是一种非正式方法而已。对突变时点的初始估计意味着常规用的 F 临界值不能用于该突变时点的邹氏检验。因此，在这种情况下使用 QLR 统计量仍然是合适的。

应用：期限利差的预测能力是稳定的吗？QLR 检验给了我们一种检验 GDP—期限利差关系在 1962～2017 年是否稳定的方法。我们把重点放在检验式(15-15)所示的 ADL(2, 2)模型中期限利差滞后项和截距项的系数是否存在突变。

在该例子中，原假设为“式(15-15)中的截距项，以及 $TSpread_{t-1}$ 和 $TSpread_{t-2}$ 的系数为常数，即 ADL(2, 2)模型不存在突变”，而备择假设为“这些系数在某个时点发生突变，即 ADL(2, 2)模型存在突变”，我们使用邹氏 F 统计量对该假设进行检验，F 统计量的值由图 15-5 给出，我们使用的是中间 70%的样本量。例如，检验 1975 年第一季度是否存在突变的 F 统计量为 2.07，数值见图 15-5，每一个 F 统计量都设定了三个约束条件(截距项和期限利差的两个滞后项前的系数不变)，故 q 为 3。最大的 F 统计量出现在 1980 年第四季度，取值为 6.47，因此，QLR 统计量就是 6.47，将 6.47 和表 15-5 中 $q=3$ 的临界值进行比较，这些系数是稳定的原假设在 1%的显著性水平下被拒绝(在 1%显著性水平下的临界值为 6.02)。因此，存在显著的统计证据表明，在样本期内，这三个系数中至少有一个发生了突变。

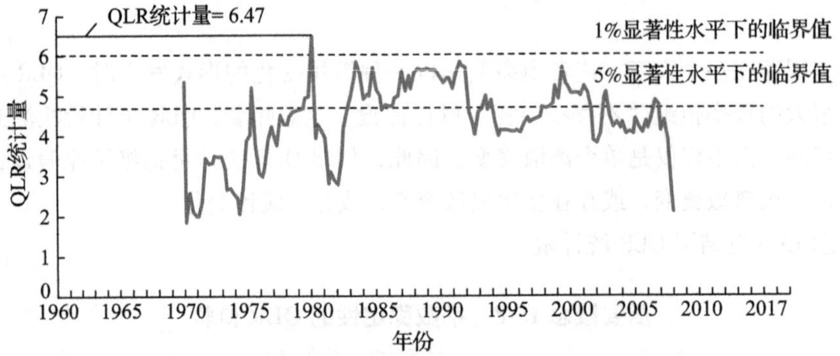

图 15-5　检验式(15-15)在不同时点是否存在突变的 F 统计量

注：在一个给定的突变时点上，图中的 F 统计量是检验式(15-15)中 $TSpread_{t-1}$，$TSpread_{t-2}$ 前的系数或截距项至少有一个发生突变的原假设。例如，1975 年第一季度的 F 统计量为 2.07。QLR 统计量是这些 F 统计量中的最大值，为 6.47，该数值大于在 1%显著性水平下的临界值 6.02。

15.8.3　使用伪样本外预测检测突变

对模型预测效果的最终检验是它在样本外预测中的表现，即利用估计得到的模型进行“现实”预测。为了估计 MSFE，在重要概念 15-7 中介绍的伪样本外预测模拟了预测模型的实时预测效果，可用于检测样本所处的时间段的末端是否存在突变。

最直接和最有用的方法是通过时间序列图，绘制样本内预测值、伪样本外预测值和该序列的实际值。预测模型在伪样本外预测中的表现明显恶化表明该预测模型失败。另一种检验方法是将比较$\widehat{MSFE}_{POOS}$与$\widehat{MSFE}_{FPE}$，$\widehat{MSFE}_{FPE}$使用与$\widehat{MSFE}_{POOS}$相同的估计样本(第一个 $T-P$ 观测值)。如果序列是平稳的，这两个 MSFE 的估计值应该在数值上是接近的。$\widehat{MSFE}_{POOS}$的值比$\widehat{MSFE}_{FPE}$大得多，表明存在某种非平稳性，可能是预测方程出现了问题。

应用：期限利差对 GDP 增长率的预测能力改变了吗？ 在 1%的显著性水平下，我们使用 QLR 统计量拒绝了"期限利差的预测能力是稳定的"这个原假设，支持了在 20 世纪 80 年代早期存在突变。那么，ADL(2，2)模型在 20 世纪 80 年代(突变点)之后提供稳定的预测结果了吗？

如果 ADL(2，2)模型中的系数在 1981 年第一季度到 2017 年第三季度期间的某一段时间发生了变化，则使用 1981 年第一季度以来的数据计算的伪样本外预测效果将变差。使用 ADL(2，2)模型计算的 2003 年第一季度到 2017 年第三季度的伪样本外预测值(使用 1981 年第一季度到 2002 年第四季度的数据进行估计，方法参见重要概念 5-7)由图 15-6 给出，图 15-6 同时给出了这段时间内 GDP 增长率的真实值。伪样本外预测误差是 GDP 增长率真实值与预测值之差，即图 15-6 中两条线的差值。例如，在 2006 年第四季度，GDP 增长率的真实值为 3.1%，该时点的伪样本外预测值为 1.6%，因此伪样本外预测误差为 1.5%。换句话说，若用截止到 2006 年第三季度数据估计的 ADL(2，2)模型来进行预测，将得到 2006 年第四季度 GDP 增长率的预测值为 1.6%，其真实值为 3.1%。

图 15-6　美国 GDP 增长率和伪样本外预测

注：总体而言，使用式(15-15)所示的 ADL(2，2)模型进行的伪样本外预测比较好地重现了从 2003 年到 2017 年的 GDP 增长率，但未能预测出 2008 年金融危机后 GDP 的严重下降。

如果把伪样本外预测误差的均值、标准差与样本内拟合程度相比较，会怎么样？如果预测模型是稳定的，那么伪样本外预测均值应该为 0。事实上，2003 年第一季度到 2017 年第四季度的伪样本外预测误差的均值为−0.57，且检验"预测误差均值为 0"这一原假设的 t 统计量为−2.00；因此，在 5%的显著性水平下，预测误差均值为 0 的原假设被拒绝。也就是说，由 1981 年第一季度到 2002 年第四季度的数据计算出$\widehat{RMSFE}_{FPE}=2.45$，由 2003 年第一季度到 2017 年第四季度的数据计算出$\widehat{RMSFE}_{POOS}=2.29$，这些数值表明样本外预测得到了很小的改进。我们仔细观察图 15-6 后发现，除了 2008 年年末和 2009 年年初(金融危机萧条期间以及之后)这段时间外，伪样本外预测的表现非常好。剔除 2008 年第四季度的数据后，$\widehat{RMSFE}_{POOS}$从 2.29 下降到 1.85。

根据以上结果，除了金融危机后的 2008 年年末 GDP 快速下降的时期，ADL(2，2)模型在 2003 年第一季度到 2017 年第四季度这段伪样本外期间的预测表现比该模型在 1981 年第一季度

到 2002 年第四季度这段样本内期间的预测表现要更好。[㊀]

15.8.4　避免由突变带来的问题

根据突变特点的不同，调整总体回归模型的最佳方法也不同。如果离散突变发生在某一特定时点，则 QLR 统计量将以很高的概率识别出突变，同时突变发生的时点也能被估计出来。因此，回归方程可以通过引入二元变量来进行调整。如果所有系数都存在突变，则简化为使用突变后的数据来重新估计回归模型。如果确实存在一个离散突变，则回归系数的统计推断和以往一样，例如，对 t 统计量可使用正态临界值。此外，也可以将回归模型用于预测。

如果突变不是离散的，而是缓慢且持续变化的，则补救方法将更复杂且超出了本书的范围。[㊁]

15.9　结论

一般而言，时间序列变量总是存在序列相关的。这种相关性意味着，能够使用序列的当期值及滞后值来预测序列的未来值。我们对时间序列回归进行讨论的出发点是自回归模型，在该模型中，解释变量为被解释变量的滞后值。如果可以得到其他预测变量，则它们的滞后值也可以作为解释变量加入回归方程中。本章讨论了一些方法，包括如何设定和估计预测回归模型，如何在多个预测回归模型中做选择，如何处理数据中的趋势，以及如何评估预测模型的稳定性。

本章中介绍的时间序列回归可用于预测，一般来说，对时间序列回归的系数不做因果解释。然而，在某些应用中，我们的任务是估计时间序列变量之间的因果关系而不是预测，换句话说，我们的任务是估计 X 的变化对 Y 产生的动态因果效应。这将在下一章进行介绍。

本章小结

1. 用于预测的回归模型不需要具有因果效应含义。
2. 时间序列变量往往和它的滞后值存在相关性，即存在序列相关性。
3. 预测精度由均方预测误差来衡量。
4. p 阶自回归模型是多元线性回归模型且解释变量为被解释变量的前 p 个滞后项。滞后阶数 p 可以使用信息准则进行估计，如 BIC 或 AIC。
5. 在自回归模型中加入其他变量及它们的滞后值可以提高预测能力。在时间序列回归预测的最小二乘假设下（重要概念 15-6），OLS 估计量在大样本下服从正态分布，统计推断过程和横截面数据中的情形一样。
6. 使用预测区间是量化预测不确定性的一种方法。如果误差项服从正态分布，则 68% 的预测区间近似为预测值加减根均方预测误差的估计值。
7. 包含随机性趋势的序列是非平稳的。ADF 统计量可以用于检验序列是否存在带随机游走的随机性趋势。可以通过差分的方法

㊀ 并不仅仅只有 ADL(2, 2)模型无法预测 2008 年第四季度的 GDP 增长率。费城联邦储备银行的研究者在 2008 年的第三季度调查了 47 名专业预测者，并且向他们询问了他们对第四季度的 GDP 增长率预测。这 47 个预测的中位数是 0.7%，低于 ADL(2, 2)的预测值 2.0%。然而，2008 年第四季度的 GDP 增长率事实上为-8.5%。

㊁ 更多关于离散突变的估计及检验见 Hansen(2001)。想了解有关渐变系数的估计和预测的高级讨论，可参见 Hamilton(1994，第 13 章)。

剔除该随机性趋势。

8. 如果总体回归函数随时间改变，则忽略这种不稳定性的 OLS 估计得到的统计推断及预测是不可信的。QLR 统计量可以用来检验突变，且如果找到了一个离散突变，则需要在考虑突变的情况下对方程重新进行估计。
9. 伪样本外预测可以用来估计根均方预测误差、比较不同的预测模型，以及评估模型稳定性。

重要术语

国内生产总值(GDP)	一阶差分	j 阶滞后
一阶滞后	自相关	序列相关
自相关系数	j 阶自协方差	平稳性
非平稳性	提前一步预测	提前多步预测
预测误差	均方预测误差(MSFE)	根均方预测误差(RMSFE)
oracle 预测	自回归	一阶自回归
p 阶自回归(AR(p))模型	期限利差	自回归分布滞后(ADL)模型
ADL(p, q)	弱相依	最终预测误差
伪样本外预测	预测区间	扇形图
贝叶斯信息准则(BIC)	赤池信息准则(AIC)	趋势
确定性趋势	随机性趋势	随机游走
带漂移的随机游走	单位根	伪回归
Dickey Fuller(DF)统计量		增广的 Dickey Fuller(ADF)统计量
突变	突变点	Quandt 似然比(QLR)统计量
滞后算子	滞后多项式	自回归移动平均(ARMA)模型

内容复习

15.1 观察图 15-2c 给出的日本工业生产指数对数值。这个序列是平稳的吗？请解释。假设你计算了这个序列的一阶差分。它是平稳的吗？请解释。

15.2 很多金融经济学家认为随机游走模型很好地描述了股票价格的对数值。这意味着股票价格的百分比变化是不可预测的。一位金融分析师声称他有一个比随机游走模型预测能力更好的模型。解释你将如何检验这位分析师的话，即如何检验他的模型预测能力更好。

15.3 一位研究人员估计了带截距项的 AR(1)模型，发现 β_1 的 OLS 估计值是 0.95，标准误为 0.02。95%的置信区间包括 $\beta_1=1$ 吗？请解释。

15.4 假设你怀疑式(15-15)的截距项在 1992 年第一季度发生了变化。你将如何根据这个变化改进模型？你如何检验截距项的变化？如果你不知道截距项的具体变化时间，你将如何进行检验？

习 题

15.1 考虑 AR(1)模型，即 $Y_t=\beta_0+\beta_1 Y_{t-1}+u_t$，假设这一过程是平稳的。

(1) 证明 $E(Y_t)=E(Y_{t-1})$。(提示：阅读重要概念 15-3。)

(2) 证明 $E(Y_t)=\dfrac{\beta_0}{1-\beta_1}$。

15.2 工业生产指数(IP_t)是月度时间序列数据，它测度了各月的工业产品生产量。本题使用了美国的工业生产指数。所有的回归都利用1986年1月～2017年12月期间的样本来估计。令 $Y_t=1\,200\ln\left(\dfrac{IP_t}{IP_{t-1}}\right)$。

(1) 预测人员声称 Y_t 表示IP的月度百分比变化，这正确吗？为什么？

(2) 假设预测者使用AR(4)模型对 Y_t 进行估计：

$$\underset{(0.488)}{Y_t=0.749}+\underset{(0.088)}{0.071Y_{t-1}}+\underset{(0.053)}{0.170Y_{t-2}}+\underset{(0.078)}{0.216Y_{t-3}}+\underset{(0.064)}{0.167Y_{t-4}}$$

使用以下给出的从2017年7月～2017年12月的 IP_t 数据，借助AR(4)模型预测2018年1月的 Y_t：

日期	2017：M7	2017：M8	2017：M9
IP	105.01	104.56	104.82
日期	**2017：M10**	**2017：M11**	**2017：M12**
IP	106.58	106.86	107.30

(3) 预测者担心生产存在季度性变化，因此预测者在自回归模型中加入了 Y_{t-12} 变量。Y_{t-12} 的系数估计值是−0.061，标准误为0.043。这个系数在统计上显著吗？

(4) 预测者担心可能存在突变，她对常数项和AR系数进行了QLR检验(样本剔除比例为15%)。QLR统计量为1.80。存在突变证据吗？请解释。

(5) 预测者担心可能在模型中加入了太少或太多的滞后项，预测者在相同的样本下估计了AR(p)模型，p=0，1，…，6。下表给出了每个估计的残差平方和。请使用BIC准则来估计滞后阶数。如果使用AIC准则，结果有变化吗？

AR阶数	0	1	2	3
SSR	21 045	20 043	18 870	17 838
AR阶数	**4**	**5**	**6**	
SSR	17 344	17 377	17 306	

15.3 使用和习题15.2相同的数据，一位研究人员检验了 $\ln(IP_t)$ 的随机性趋势，使用的模型如下

$$\widehat{\Delta\ln(IP_t)}=\underset{(0.013)}{0.026}+\underset{(0.000\,067)}{0.000\,097t}-\underset{(0.0037)}{0.007\,0\ln(IP_{t-1})}+\underset{(0.050)}{0.068\Delta\ln(IP_{t-1})}+\underset{(0.049)}{0.169\Delta\ln(IP_{t-2})}+\underset{(0.050)}{0.219\Delta\ln(IP_{t-3})}+\underset{(0.051)}{0.173\Delta\ln(IP_{t-4})}$$

其中，括号内给出的是同方差适用的标准误，解释变量 t 是线性时间趋势项。

(1) 使用ADF检验方法检验 $\ln(IP_t)$ 是否存在随机性趋势(单位根)。

(2) 这些结果支持习题15.2的模型设定吗？请解释。

15.4 预测者在习题15.2中的AR(4)模型基础上加入了 ΔR_t 的四个滞后项，其中 R_t 是美国3个月期国债利率。

(1) 对 ΔR_t 四个滞后项的 F 统计量为3.91。利率能不能帮助预测IP增长率？请解释。

(2) 研究人员同时进行了 ΔR_t 对常数项、ΔR_t 的四个滞后项及IP增长率的四个滞后项的回归。关于IP

增长率的四个滞后项的 F 统计量为 1.48。IP 增长率是否有助于预测利率？请解释。

15.5 证明下列关于条件均值、预测和预测误差的命题：

(1) 令 W 为均值为 μ_W、方差为 σ_W^2 的随机变量，且令 c 为常数。证明 $E[(W-c)^2]=\sigma_W^2+(\mu_W-c)^2$。

(2) 考虑使用 Y_{t-1}，Y_{t-2}，…对 Y_t 进行预测。令 f_{t-1} 表示对 Y_t 的预测，其中下标 $t-1$ 意味着预测使用的是截止到 $t-1$ 期的样本。令 $E[(Y_t-f_{t-1})^2 \mid Y_{t-1}, Y_{t-2}, \cdots]$ 为预测 f_{t-1} 的条件均方预测误差。证明：当 $f_{t-1}=Y_{t|t-1}$ 时，条件均方预测误差最小，其中 $Y_{t|t-1}=E(Y_t \mid Y_{t-1}, Y_{t-2}, \cdots)$。(提示：复习附录 2B。)

(3) 令 u_t 表示式(15-12)的误差项。证明当 $j \neq 0$ 时，$\text{cov}(u_t, u_{t-j})=0$。(提示：使用式(2-28)。)

15.6 在本习题中你将利用蒙特卡罗实验研究 15.7 节讨论的伪回归现象。在蒙特卡罗研究中，我们使用电脑生成人工数据，接着利用这些人工数据计算被研究的统计量。当统计量分布的数学表达很复杂(正如这里的情况)或者未知的时候，这个方法让我们有可能计算统计量的分布。在本习题中，拟将生成两组数据，即 Y_t 和 X_t，它们是独立的随机游走过程。具体步骤如下：

(1) 使用电脑生成一个 $T=100$ 的独立同分布的标准正态随机变量序列。命名这些变量为 e_1，e_2，…，e_{100}。设定 $Y_1=e_1$，$Y_t=Y_{t-1}+e_t$，其中 $t=2, 3, \cdots, 100$。

(2) 用电脑生成一个 $T=100$ 的独立同分布的标准正态随机变量序列 a_1，a_2，…，a_{100}。设定 $X_1=a_1$，$X_t=X_{t-1}+a_t$，其中 $t=2, 3, \cdots, 100$。

(3) 建立 Y_t 对常数项和 X_t 的回归，计算 OLS 估计量、回归的 R^2，以及检验原假设“β_1(X_t 的系数)等于 0”的同方差适用的 t 统计量。

回答以下问题：

(1) 运行一次上述算法。根据 5% 显著性水平的临界值 1.96，使用上面的 t 统计量来检验“$\beta_1=0$”的原假设。你的回归 R^2 是多少？

(2) 对(1)重复 1 000 次，保存每次的 R^2 和 t 统计量。构建 R^2 和 t 统计量的直方图。R^2 及 t 统计量分布的 5%、50% 及 95% 的分位数为多少？在这 1 000 个模拟数据集中有多少比例的 t 统计量的绝对值超过了 1.96？

(3) 对不同观测次数，如 $T=50$ 和 $T=200$，重复(2)的步骤。当样本容量增加时，拒绝原假设的比例接近 5% 吗？这与你设定 Y 和 X 独立分布的情况相符吗？当 T 变大时，该比例存在极限吗？极限是多少？

15.7 假设 Y_t 服从平稳的 AR(1) 过程，即 $Y_t=2.5+0.7Y_{t-1}+u_t$。其中 u_t 为独立同分布，均值为 0，方差为 9。

(1) 计算 Y_t 的均值和方差。(提示：参见习题 15.1。)

(2) 计算 Y_t 的前两阶自协方差。(提示：阅读附录 15B。)

(3) 计算 Y_t 的前两阶自相关系数。

(4) 假设 $Y_T=102.3$，计算 $Y_{T+1|T}=E(Y_{T+1} \mid Y_T, Y_{T-1}, Y_{T-2}, \cdots)$。

15.8 假设 Y_t 是美国每月新开工住宅建设工程数。因为天气原因，Y_t 具有明显的季节性；例如，1 月的住宅建设开工率很低，而 6 月却很高。令 μ_{Jan} 表示 1 月开工的住宅工程的平均值，令 μ_{Feb}，μ_{Mar}，…，μ_{Dec} 表示其他月份的平均值。证明 μ_{Jan}，μ_{Feb}，μ_{Mar}，…，μ_{Dec} 能够通过对模型

$Y_t=\beta_0+\beta_1\text{Feb}_t+\beta_2\text{Mar}_t+\cdots+\beta_{11}\text{Dec}_t+u_t$ 的 OLS 估计得到，其中 Feb_t 是二元变量，当 t 为 2 月时，其取值为 1，Mar_t 也是二元变量，当 t 为 3 月时，其取值为 1，以此类推。（提示：证明 $\beta_0+\beta_2=\mu_{\text{Mar}}$，以此类推。）

15.9 q 阶的移动平均模型有如下形式

$$Y_t=\beta_0+e_t+b_1e_{t-1}+b_2e_{t-2}+\cdots+b_qe_{t-q}$$

其中，e_t 是序列不相关的随机变量，均值为 0，方差为 σ_e^2。

(1) 证明 $E(Y_t)=\beta_0$。

(2) 证明 $\text{var}(Y_t)=\sigma_e^2(1+b_1^2+b_2^2+\cdots+b_q^2)$。

(3) 证明对于 $j>q$，自相关系数 $\rho_j=0$。

(4) 假设 $q=1$，推导 Y 的自协方差。

15.10 一位研究人员剔除了 25% 的样本后对 $q=5$ 的约束条件进行了 QLR 检验。使用表 15-5 和附表 4 中 $F_{m,\infty}$ 的临界值，回答以下问题。

(1) QLR F 统计量为 4.2，是否应该在 5% 的显著性水平下拒绝原假设？

(2) QLR F 统计量为 2.1，是否应该在 5% 的显著性水平下拒绝原假设？

(3) QLR F 统计量为 3.5，是否应该在 5% 的显著性水平下拒绝原假设？

15.11 假设 ΔY_t 服从 AR(1) 过程，$\Delta Y_t=\beta_0+\beta_1\Delta Y_{t-1}+u_t$。

(1) 证明 Y_t 服从 AR(2) 模型。

(2) 用 β_0 和 β_1 来表示 Y_t 的 AR(2) 模型系数。

15.12 考虑平稳 AR(1) 模型 $Y_t=\beta_0+\beta_1Y_{t-1}+u_t$，其中 u_t 是独立同分布的，均值为 0，方差为 σ_u^2。该模型是使用 $t=1$ 到 T 时间段的数据进行估计的，得到 OLS 估计值 $\hat\beta_0$ 和 $\hat\beta_1$，你感兴趣的是预测 Y 在 $T+1$ 时点的值，即 Y_{T+1}。用 $\hat Y_{T+1|T}=\hat\beta_0+\hat\beta_1Y_T$ 表示预测值

(1) 证明预测误差为 $Y_{T+1}-\hat Y_{T+1|T}=u_{T+1}-[(\hat\beta_0-\beta_0)+(\hat\beta_1-\beta_1)Y_T]$。

(2) 证明 u_{T+1} 与 Y_T 无关。

(3) 证明 u_{T+1} 与 $\hat\beta_0$ 和 $\hat\beta_1$ 无关。

(4) 证明 $\text{var}(Y_{T+1}-\hat Y_{T+1|T})=\sigma_u^2+\text{var}[(\hat\beta_0-\beta_0)+(\hat\beta_1-\beta_1)Y_T]$。

15.13 假设 Y_t 服从随机游走，$Y_t=Y_{t-1}+u_t$，$t=1,\cdots T$，其中，$Y_0=0$，u_t 是独立同分布的，均值为 0，方差为 σ_u^2。

(1) 计算 Y_t 的均值和方差。

(2) 计算 Y_t 和 Y_{t-k} 之间的协方差。

(3) 使用 (1) 和 (2) 的结果证明 Y_t 为非平稳的。

实证练习

15.1 在本书网站 http://www.pearsonhighered.com/stock_watson 上，你将找到数据文件 USMacro_Quarterl 中，该数据文件中包含了几个美国宏观经济时间序列的季度数据；关于数据的详细描述见文件 USMacro_Description。变量 PCEP 是美国国民收入和生产账户中个人消费支出的价格指数。在本练习中，你将利用 PCEP 构建通货膨胀率的预测模型。我们使用 1963 年第一季度到 2017 年第四季度的数据为样本（必要时，我们会使用 1963 年前的数据作为滞后变量的初始值）。

(1) ① 计算通货膨胀率，即 $\text{Infl}=400\times[\ln(\text{PCEP}_t)-\ln(\text{PCEP}_{t-1})]$。Infl 的单位是什么？（美元？百分比？每季度的百分比？每年的百分比？还是其他？请解释。）

② 画出 1963 年第一季度到 2017 年第四季度的 Infl 图形。基于这个图，你认为 Infl 存在随机性趋势吗？请解释。

(2) ① 计算 ΔInfl 的前四个自相关系数。

② 画出 1963 年第一季度到 2017 年

第四季度的 ΔInfl。这个图看上去是波浪形状还是锯齿形状？请解释该现象是否与第①个问题中所计算的一阶自相关系数相一致。

(3) ① 使用 $\Delta \mathrm{Infl}_t$ 对 $\Delta \mathrm{Infl}_{t-1}$ 进行 OLS 回归。本季度的通货膨胀变化是否有助于预测下一个季度的通货膨胀变化？请解释。

② 估计 ΔInfl 的 AR(2) 模型。AR(2) 比 AR(1) 更好吗？请解释。

③ 对于 $p=0$, 1, …, 8, 分别估计 AR(p) 模型。使用 BIC 选择的滞后阶数是多少？使用 AIC 选择的滞后阶数是多少？

④ 使用 AR(2) 模型预测从 2017 年第四季度到 2018 年第一季度的通货膨胀变化，即预测 $\Delta \mathrm{Infl}_{2018:Q1}$ 的值。

⑤ 使用 AR(2) 模型预测 2018 年第一季度的通货膨胀水平，即预测 $\mathrm{Infl}_{2018:Q1}$ 的值。

(4) ① 使用式(15-32)进行 ADF 检验，在方程中加入 ΔInfl 的两个滞后项(因此式(15-32)中的 $p=3$)来检验 Infl 是否存在随机性趋势。

② 在检验 Infl 的随机性趋势时，比较基于式(15-32)的 ADF 检验和基于式(15-33)的 ADF 检验，哪一个更好？

③ 在第①个问题中，你使用了 ΔInfl 的两个滞后项。你应该加入更多的滞后项还是更少的滞后项？请解释。

④ 基于你在第①个问题中进行的检验，Infl 存在单位根吗？请解释。(提示：无法拒绝原假设是不是意味着原假设是真的？)

(5) 对样本进行 15% 的剔除后使用 QLR 检验 ΔInfl 的 AR(2) 模型的稳定性。AR(2) 模型稳定吗？请解释。

(6) ① 使用对 ΔInfl 建立的 AR(2) 模型，利用以 1963 年第一季度为起点的样本，对 2003 年第一季度到 2017 年第四季度这一期间进行伪样本外预测。(即计算 $\widehat{\Delta \mathrm{Infl}}_{2003:Q1|2002:Q4}$, $\widehat{\Delta \mathrm{Infl}}_{2003:Q2|2003:Q1}$, …, $\widehat{\Delta \mathrm{Infl}}_{2017:Q4|2017:Q3}$)

② 伪样本外预测有偏误吗？即预测误差的均值是否为 0？

③ 伪样本外预测的 RMSFE 为多少？这和 AR(2) 模型在 1963 年第一季度和 2002 年第四季度期间的样本内拟合表现是否一致？

④ 在 2008 年第四季度存在一个大的异常值。为什么 2008 年第四季度的通货膨胀会下降那么多？(提示：收集石油价格的数据。2008 年的石油价格发生了什么？)

15.2 阅读专栏 15-1 "你能战胜市场吗"。接下来去课程网站，在那里你能找到专栏文章中所用数据的扩展版本；数据文件为 Stock_Returns_1931_2002，数据描述文件为 Stock_Returns_1931_2002_Description。

(1) 基于 1932 年 1 月～2002 年 12 月期间样本的回归结果，重复计算表 15-2 所报告的内容。

(2) 使用 1932 年 1 月以来的样本进行回归，构建 1983 年 1 月～2002 年 12 月期间超额收益的伪样本外预测。

(3) (1) 和 (2) 的结果是否意味着专栏的结论有重要变化？请解释。

附录 15A　第 15 章使用的时间序列数据

美国宏观经济时间序列数据由美国各个政府机构搜集发布。美国商务部的经济分析局公布国民收入和生产账户，其中包括了本章使用的 GDP 数据。失业率是由 BLS 的《当前人口调查》(见附录 3A) 计算得到的。这里使用的季度数据是通过对月度数据取平均得到的。10 年期的国债利率、3 个月期的国债利率及英镑兑美元汇率是日数据的季度均值，由美联储公布。日本工业生产指数由 OECD 公布。Wilshire 5000 市场总指数的日百分比变化由 $100\Delta\ln(W5000_t)$ 计算得到，其中 $W5000_t$ 是该指数的日数据；因为股票在周末和假期不进行交易，因此分析时段为一个工作日。我们从圣路易斯联邦储备银行的联邦储蓄经济数据(FRED)网站得到所有这些数据，在那里你能找到上千个宏观经济变量的时间序列数据。

表 15-2 中的回归使用了美国的金融月度数据。股票价格 (P_t) 用股票价格的宽基 (NYSE 和 AMEX) 市值加权指数，该指数由证券价格研究中心 (CRSP) 制定。月度的超额收益由 $100\times\left\{\ln\left[\frac{P_t+\text{Div}_t}{P_{t-1}}\right]-\ln(\text{TBill}_t)\right\}$ 计算，其中 Div_t 是支付的 CRSP 指数中的股票股息，TBill_t 为第 t 个月 30 天国债的总收益 (1 加上利率)。股息率为过去 12 个月的股息除以本月的价格。我们感谢 Motohiro Yogo 提供数据和帮助。

附录 15B　AR(1) 模型的平稳性

本附录旨在证明：如果 $|\beta_1|<1$ 且 u_t 平稳，则 Y_t 是平稳的。回忆重要概念 15-3，如果无论 T 取何值，$(Y_{s+1}, Y_{s+2}, \cdots, Y_{s+T})$ 的联合分布都不依赖于 s，则 Y_t 是平稳的。为了简单起见，我们只证明 $T=2$ 的情形。并且简单地假设 $\beta_0=0$，$\{u_t\}$ 为独立同分布的，且服从 $N(0, \sigma_u^2)$。

第一步是用 u_t 表示 Y_t。因为 $\beta_0=0$，式 (15-8) 意味着 $Y_t=\beta_1 Y_{t-1}+u_t$。将 $Y_{t-1}=\beta_1 Y_{t-2}+u_{t-1}$ 代入这个方程中，我们得到 $Y_t=\beta_1(\beta_1 Y_{t-2}+u_{t-1})+u_t=\beta_1^2 Y_{t-2}+\beta_1 u_{t-1}+u_t$。再重复一次该过程，我们得到 $Y_t=\beta_1^3 Y_{t-3}+\beta_1^2 u_{t-2}+\beta_1 u_{t-1}+u_t$，重复无穷多次后得到

$$Y_t = u_t+\beta_1 u_{t-1}+\beta_1^2 u_{t-2}+\beta_1^3 u_{t-3}+\cdots = \sum_{i=0}^{\infty}\beta_1^i u_{t-i} \tag{15-37}$$

因此，Y_t 是 u_t 现值和过去值的加权平均。由于 u_t 服从正态分布，且正态分布的加权平均也是正态分布 (参见 2.4 节)，因此 Y_{s+1} 和 Y_{s+2} 的联合分布是双变量的正态分布。回顾 2.4 节，双变量的正态分布可以由这两个变量的均值、方差和协方差完全决定。因此，为了证明 Y_t 的平稳性，我们需要证明 (Y_{s+1}, Y_{s+2}) 的均值、方差、协方差不依赖于 s。以下的推导可以推广到 $(Y_{s+1}, Y_{s+2}, \cdots, Y_{s+T})$ 的分布不依赖于 s 的证明过程中。

Y_{s+1} 和 Y_{s+2} 的均值和方差可以使用式 (15-37) 计算，用下标 $s+1$ 或 $s+2$ 替代 t。首先，因为对所有 t，$E(u_t)=0$，因此 $E(Y_t)=E\left(\sum_{i=0}^{\infty}\beta_1^i u_{t-i}\right)=\sum_{i=0}^{\infty}\beta_1^i E(u_{t-i})=0$，所以 Y_{s+1} 和 Y_{s+2} 的均值为 0 且不依赖于 s。其次，因为 $\text{var}(Y_t)=\text{var}\left(\sum_{i=0}^{\infty}\beta_1^i u_{t-i}\right)=\sum_{i=0}^{\infty}(\beta_1^i)^2\text{var}(u_{t-i})=\sigma_u^2\sum_{i=0}^{\infty}(\beta_1^2)^i=\frac{\sigma_u^2}{1-\beta_1^2}$，其中最后一个等式可以由 $\sum_{i=0}^{\infty}a^i=\frac{1}{1-a}$ (当 $|a|<1$ 时) 得到，因此，$\text{var}(Y_{s+1})=\text{var}(Y_{s+2})=\frac{\sigma_u^2}{1-\beta_1^2}$。最后，由于 $Y_{s+2}=\beta_1 Y_{s+1}+u_{s+2}$，$\text{cov}(Y_{s+1}, Y_{s+2})=E(Y_{s+1}, Y_{s+2})=$

$E[Y_{s+1}(\beta_1 Y_{s+1}+u_{s+2})]=\beta_1 \mathrm{var}(Y_{s+1})+\mathrm{cov}(Y_{s+1}, u_{s+2})=\beta_1 \mathrm{var}(Y_{s+1})=\dfrac{\beta_1\sigma_u^2}{1-\beta_1^2}$。

协方差也不依赖于 s，即 Y_{s+1} 和 Y_{s+2} 的联合概率分布不依赖于 s，故他们的联合分布是平稳的。如果 $|\beta_1|\geqslant 1$，式(15-37)不收敛而导致 Y_t 的方差无限大，从而该证明过程不成立。因此，如果 $|\beta_1|<1$，Y_t 就平稳；如果 $|\beta_1|\geqslant 1$，Y_t 就不平稳。

前面的论证是在 $\beta_0=0$ 和 u_t 服从正态分布的假设下提出的。如果 $\beta_0\neq 0$。除了 Y_{s+1} 和 Y_{s+2} 的均值是 $\dfrac{\beta_0}{1-\beta_1}$ 和式(15-37)必须对这个非零均值进行修正外，论证过程都是相似的。u_t 独立同分布且服从正态分布的假设可以用 u_t 是一个具有有限方差的平稳序列的假设来替换，因为根据式(15-37)，Y_t 仍然可以表示为当前的 u_t 和过去的 u_t 的函数，只要 u_t 的分布是平稳的，并且在式(15-37)中的无限求和表达式是有意义的，即该表达式是收敛的，那么 Y_t 的分布是平稳的，这要求 $|\beta_1|<1$。

附录 15C　滞后算子符号

在本章及后面两章中，我们将采用滞后算子符号来表述。令 L 表示**滞后算子**(lag operator)，它的作用是将一个变量转换为其滞后值，即 $LY_t=Y_{t-1}$。连续使用两次滞后算子，可以得到二阶滞后：$L^2Y_t=L(LY_t)=LY_{t-1}=Y_{t-2}$。更一般地，连续使用 j 次滞后算子，可以得到 j 阶滞后。简言之，滞后算子具有以下性质

$$LY_t=Y_{t-1},\ L^2Y_t=Y_{t-2},\ 且\ L^jY_t=Y_{t-j} \tag{15-38}$$

我们可以利用滞后算子定义**滞后多项式**(lag polynomial)，滞后多项式是滞后算子的多项式

$$a(L)=a_0+a_1L+a_2L^2+\cdots+a_pL^p=\sum_{j=0}^{p}a_jL^j \tag{15-39}$$

其中，a_0，a_1，…，a_p 是滞后算子多项式的系数，$L^0=1$。滞后算子的阶数为 p。用 $a(L)$ 乘以 Y_t 得到

$$\begin{aligned}a(L)Y_t&=\left(\sum_{j=0}^{p}a_jL^j\right)Y_t\\&=\sum_{j=0}^{p}a_j(L^jY_t)=\sum_{j=0}^{p}a_jY_{t-j}\\&=a_0Y_t+a_1Y_{t-1}+\cdots+a_pY_{t-p}\end{aligned} \tag{15-40}$$

式(15-40)意味着式(15-12)的 AR(p)模型可以简洁地写成

$$a(L)Y_t=\beta_0+u_t \tag{15-41}$$

其中，$a_0=1$，$a_j=-\beta_j$，$j=1$，2，…，p。类似地，一个 ADL(p，q)模型可以写成

$$a(L)Y_t=\beta_0+c(L)X_{t-1}+u_t \tag{15-42}$$

其中 $a(L)$ 是 p 阶的滞后多项式($a_0=1$)，且 $c(L)$ 是 $q-1$ 阶的滞后多项式。

附录 15D　ARMA 模型

自回归移动平均(ARMA)模型(autoregressive-moving average (ARMA) model)通过对 u_t 序列相关性的建模对自回归模型进行了拓展，具体而言，它将误差项表示为另一个不可观测的误差项的分布滞后(或移动平均)。使用滞后算子符号，令 $u_t=b(L)e_t$，其中 $b(L)$ 是 q 阶滞后多项式，$b_0=1$，e_t 不存在序列相关，且它为不可观测的随机变量，则 ARMA(p，q)模型为

$$a(L)Y_t=\beta_0+b(L)e_t \tag{15-43}$$

其中，$a(L)$ 是 p 阶滞后多项式，$a_0=1$。

AR 和 ARMA 模型都可以看作近似 Y_t 自协方差的方法，原因在于：任意拥有有限方差的平稳时间序列 Y_t 均可以写成包含序列不相关误差项的 AR 或者 MA 模型(尽管 AR 或 MA 模型可能

是无限阶的)。第二个结论是，平稳过程可表达为移动平均的形式，即所谓的 Wold 分解定理，它是平稳时间序列分析的理论基础。

只要滞后多项式的阶数足够高，AR、MA、ARMA 族模型都很丰富。在一些情况下，相对于一个只有少数滞后项的纯 AR 模型，带较小的 p 和 q 的 ARMA(p, q)模型能更好地近似时间序列的自协方差。然而，ARMA 模型的估计比 AR 模型估计要更复杂，ARMA 模型也更难以推广到包含其他解释变量的情形。

附录 15E　BIC 滞后阶数估计量的一致性

本附录旨在证明：在大样本下，自回归模型滞后阶数的 BIC 估计量 $\hat{p}$ 是一致的，即 $\Pr(\hat{p}=p)\to 1$。这一点对 AIC 估计量不成立：即使在大样本下，AIC 也会高估 p。

15E.1　BIC

我们首先考虑一种特殊情况：自回归真实滞后阶数为 1，我们用 BIC 对包含零阶、一阶或二阶滞后项的自回归模型进行选择。证明过程如下：①$\Pr(\hat{p}=0)\to 0$；②$\Pr(\hat{p}=2)\to 0$，$\Pr(\hat{p}=1)\to 1$。该证明过程在一般情况 $0\leqslant p\leqslant p_{\max}$ 下的推广要求证明 $\Pr(\hat{p}<p)\to 0$ 和 $\Pr(\hat{p}>p)\to 0$；其证明过程同下面的①和②。

15E.2　①和②的证明

①的证明。选择 $p=0$ 的前提是 $\text{BIC}(0)<\text{BIC}(1)$，即 $\text{BIC}(0)-\text{BIC}(1)<0$。现在 $\text{BIC}(0)-\text{BIC}(1)=\left[\ln\left(\frac{\text{SRR}(0)}{T}\right)+\frac{\ln T}{T}\right]-\left[\ln\left(\frac{\text{SRR}(1)}{T}\right)+\frac{2(\ln T)}{T}\right]=\ln\left(\frac{\text{SRR}(0)}{T}\right)-\ln\left(\frac{\text{SRR}(1)}{T}\right)-\frac{\ln T}{T}$，由于 $\frac{\text{SRR}(0)}{T}=\left[\frac{T-1}{T}\right]s_Y^2\xrightarrow{p}\sigma_Y^2$，$\frac{\text{SRR}(1)}{T}=\left[\frac{T-1}{T}\right]s_Y^2\xrightarrow{p}\sigma_u^2$，且 $\frac{\ln(T)}{T}\to 0$；把这些结果放在一起后，由于 $\sigma_Y^2>\sigma_u^2$，可得 $\text{BIC}(0)-\text{BIC}(1)\xrightarrow{p}\ln\sigma_Y^2-\ln\sigma_u^2>0$。由此得到 $\Pr[\text{BIC}(0)-\text{BIC}(1)]\to 0$，故 $\Pr(\hat{p}=0)\to 0$。

②的证明。选择 $\hat{p}=2$ 的前提是 $\text{BIC}(2)<\text{BIC}(1)$ 或 $\text{BIC}(2)-\text{BIC}(1)<0$。因为 $T[\text{BIC}(2)-\text{BIC}(1)]=T\left\{\left[\ln\left(\frac{\text{SRR}(2)}{T}\right)+\frac{3(\ln T)}{T}\right]-\left[\ln\left(\frac{\text{SRR}(1)}{T}\right)+\frac{2(\ln T)}{T}\right]\right\}=T\ln\left(\frac{\text{SRR}(2)}{\text{SRR}(1)}\right)+\ln T=-T\ln\left[1+\frac{F}{(T-2)}\right]+\ln T$，其中 $F=\frac{\text{SSR}(1)-\text{SSR}(2)}{\frac{\text{SSR}(2)}{(T-2)}}$ 为对 AR(2) 模型中 $\beta_2=0$ 这一假设进行检验时所使用的同方差适用的 F 统计量(见式(7-13))。如果 u_t 为同方差，则 F 的渐近分布为 χ_1^2；如果不是，则 F 拥有其他的渐近分布。因此，$\Pr[\text{BIC}(2)-\text{BIC}(1)<0]=\Pr\{T[\text{BIC}(2)-\text{BIC}(1)]<0\}=\Pr\left\{-T\ln\left[1+\frac{F}{(T-2)}\right]+(\ln T)<0\right\}=\Pr\left\{T\ln\left[1+\frac{F}{(T-2)}\right]>\ln T\right\}$ 随着 T 增加，$T\ln\left[1+\frac{F}{(T-2)}\right]-F\xrightarrow{p}0$(当 $a\to 0$ 时，$\ln(1+a)\approx a$)。因此 $\Pr[\text{BIC}(2)-\text{BIC}(1)<0]\to\Pr(F>\ln T)\to 0$，故 $\Pr(\hat{p}=2)\to 0$。

15E.3　AIC

在上面所考虑的特殊情况(即自回归真实滞后阶数为 1，用信息准则选择滞后项是零阶、一阶还是二阶)下，对 BIC 的证明①也适用于 AIC，用 2 代替其中的 $\ln T$ 项，因此有 $\Pr(\hat{p}=0)\to 0$。②中所有的步骤也对 AIC 成立，只要用 2 代替其中的 $\ln T$ 项；因此 $\Pr[\text{AIC}(2)-\text{AIC}(1)<0]\to\Pr(F>2)>0$。如果 u_t 为同方差，则 $\Pr(F>2)\to\Pr(\chi_1^2>2)=0.16$ 因此 $\Pr(\hat{p}=2)\to 0.16$。一般而言，使用 AIC 准则选择 p 时，$\Pr(\hat{p}<p)\to 0$，由于 $\Pr(\hat{p}>p)$ 趋向一个正数，因此 $\Pr(\hat{p}=p)$ 不趋向于 1。

第 16 章

动态因果效应估计

在 1983 年的电影《交易所》(*Trading Places*)中，由丹·阿克罗伊德(Dan Aykroyd)和艾迪·墨菲(Eddie Murphy)扮演的角色利用了佛罗里达州橙子冬季种植情况的内部消息在橙汁期货市场赚了数百万美元。期货市场是指在未来的某个时间以一个约定的价格进行交易的市场。在现实生活中，橙汁期货交易员确实会密切关注佛罗里达州的天气：佛罗里达州的霜冻天气会冻坏橙子，几乎所有美国的橙汁都产于佛罗里达州，因此佛罗里达州的霜冻天气会导致供给减少、价格上涨。但精确地讲，佛罗里达州的糟糕天气究竟会导致价格上涨多少？价格是立即上涨，还是存在滞后性？如果存在滞后，滞后时间为多久？如果橙汁期货交易员想要赚钱，他必须弄清楚这些问题。

本章将讨论如何估计 X 的变化对 Y 的当期值及未来值的影响，即 X 的变化对 Y 的**动态因果效应**(dynamic causal effect)。例如，佛罗里达州的一次霜降将如何影响橙汁价格的变化路径？我们将通过分布滞后模型来讨论如何建模、如何估计动态因果效应。在分布滞后模型中，Y_t 被表示为 X_t 当期值和过去值的函数。16.1 节将介绍如何使用分布滞后模型估计佛罗里达州的寒冷天气对橙汁价格的影响。16.2 节将更详细地研究动态因果效应的确切含义。

估计动态因果效应的一种方法是使用普通最小二乘法估计分布滞后模型的系数。正如 16.3 节中所讨论的，如果在给定 X 的当期值及滞后值的条件下，回归方程误差项的条件期望为 0(这个条件被称为外生性条件，详见第 12 章)，则系数的 OLS 估计量是一致的。由于 Y_t 的部分决定变量被遗漏在模型的误差项中，而这些遗漏变量往往存在序列相关性，因此分布滞后模型的误差项也可能存在序列相关，这种可能性要求使用“异方差和自相关一致”(HAC)标准误，具体讨论见 16.4 节。

16.5 节将讨论第二种估计动态因果效应的方法。这种方法是针对误差项的序列相关性对误差项建立自回归模型，从而得到一个新的自回归分布滞后(ADL)模型，并以此来估计动态因果效应。此外，我们也可以使用广义最小二乘法(GLS)来估计最初的分布滞后模型中的系数。然而，ADL 和 GLS 方法都要求比上面所提到的外生性条件更强的假设条件，即严格外生性条件(strict exogeneity)。在该假设条件下，给定 X 序列在所有期的值(包括过去值、当期值和未来值)，回归误差项的条件期望为 0。

16.6 节将更加全面地分析橙汁价格和天气之间的关系。在这个实例中，天气状况是外生的(虽然 16.6 节的讨论指出，经济理论显示天气不一定是严格外生的)。因为外生性条件是估计动态因果效应的必要条件，16.7 节将讨论这个条件在几个宏观经济学及金融学实例中是否成立。

本章的内容以第 15 章前四节(即 15.1～15.4 节)内容为基础，除了 16.6 节中的部分内容(可以略过)外，本章不需要用到 15.5～15.7 节的内容。

16.1 橙汁数据的初步分析

作为佛罗里达州橙子种植区域的中心，奥兰多通常是晴空万里、阳光明媚，但也时不时会有降温，如果温度长时间保持在冰点以下，橙子的产量会受到影响。如果降温太剧烈，橙子树就会被冻住。霜冻之后，橙汁的供给将减少，从而价格将上涨。价格将在哪一个时刻上涨呢?这个问题有些复杂。橙汁是“耐用品”，或者是可以储存的商品：换句话说，在低温下它能被储存(尽管使用冷库是有成本的)。因此，橙汁的价格并不仅仅依赖于它的当期供给，还依赖于对未来供给的预期。今天的霜冻意味着橙汁的未来供给将降低，但因为今天储存在冷库的橙汁能被用来满足今天及未来的需求，橙汁的价格在今天就会上升。然而，当发生霜冻后，橙汁的价格会上涨多少呢？不仅橙汁期货交易员对这个问题的答案感兴趣，经济学家也对这个问题感兴趣。要想了解橙汁价格如何根据天气情况发生变化，首先我们需要分析橙汁价格和天气的数据。

图 16-1 给出了从 1950 年 1 月到 2000 年 12 月的橙汁价格、橙汁价格百分比变化及佛罗里达州橙子种植区的温度等月度数据。图 16-1a 中的橙汁价格是用批发市场的橙汁实际价格来衡量的。我们使用最终产品生产者价格指数对价格进行平减，以消除通货膨胀的影响。图 16-1b 给出的橙汁价格月度百分比变化是相邻两个月间价格变化的百分比。图 16-1c 给出的温度数据记录了奥兰多的每月冰冻度日的数量。为了计算该数据，我们需要计算每天最低温度(华氏温度)低于冰点以下的度数，然后按月加总即可。例如，1950 年 11 月中只有两天的温度低于冰点，分别是 11 月 25 日和 29 日，这两天的温度分别是 31℉和 29℉，从而冰冻度日的数量为 4[(32−31)+(32−29)= 4]。有关数据的更多细节，详见附录 16A。观察图 16-1，你可能会发现橙汁价格的波动幅度较大，部分波动看似和佛罗里达州的低温天气有关。

为了进行量化分析，我们首先建立一个刻画橙汁价格和气温之间关系的回归模型。模型中的被解释变量是橙汁价格的月度百分比变化($\%ChgP_t$，$\%ChgP_t = 100\times\Delta\ln(P_t^{OJ})$，其中 P_t^{OJ} 是橙汁的实际价格)。解释变量是每月的冰冻度日数量(FDD_t)。使用 1950 年 1 月到 2000 年 12 月的数据估计模型(本章中所有回归都使用这一时间段的数据进行估计，样本长度 T=612)，得到如下结果

$$\widehat{\%ChgP_t} = -0.40 + 0.47FDD_t \qquad (16\text{-}1)$$
$$(0.22)\ (0.13)$$

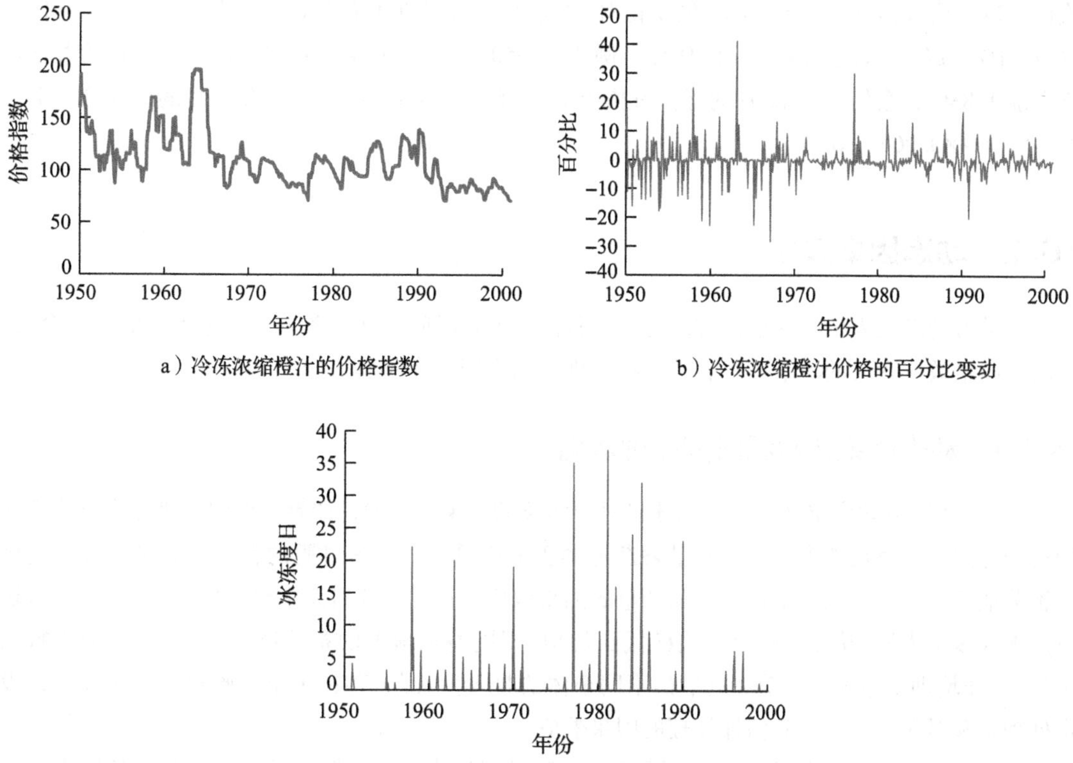

a）冷冻浓缩橙汁的价格指数

b）冷冻浓缩橙汁价格的百分比变动

c）佛罗里达州奥兰多地区每月的冰冻度天数

图 16-1　1950～2000 年的橙汁价格和佛罗里达州天气

注：有些月和月之间的橙汁价格变化很大。其中多数较大的变动与橙汁种植之乡奥兰多的冰冻天气保持一致。

这里报告的标准误不是通常的 OLS 标准误，而是当误差项和解释变量存在序列相关时的异方差和自相关一致(HAC)标准误。关于 HAC 标准误的讨论见 16.4 节。

根据这个回归方程可知，一个月中的冰冻度日数每增加 1 个单位，橙汁价格在这个月就将上涨 0.47%。如果一个月的冰冻度日数为 4(如 1950 年的 11 月)，则橙汁价格会上涨 1.88%(4×0.47%=1.88%)。

因为式(16-1)所示的回归方程只包含了一个同期的气温变量，因此它没有捕捉到突然降温对下个月橙汁价格的滞后效应。为了捕捉到这个滞后效应，我们需要在式(16-1)中加入 FDD 的同期值及滞后值，比如加入 FDD 的滞后 6 期变量

$$\begin{aligned}\widehat{\%ChgP_t} = &-0.65 + 0.47FDD_t + 0.14FDD_{t-1} + 0.06FDD_{t-2} + \\ &(0.23)\ (0.14)\qquad (0.08)\qquad (0.06) \\ &0.07FDD_{t-3} + 0.03FDD_{t-4} + 0.05FDD_{t-5} + 0.05FDD_{t-6} \\ &(0.05)\qquad (0.03)\qquad (0.03)\qquad (0.04)\end{aligned} \tag{16-2}$$

式(16-2)是一个分布滞后模型。在式(16-2)中，FDD_t 前的系数估计了当月的冰冻度日数对当月橙汁价格造成的影响：当月冰冻度日数每增加 1 个单位，当月的橙汁价格就会增加 0.47%；FDD_t 的一阶滞后项，即 FDD_{t-1} 前的系数估计了当月的橙汁价格受到上月冰冻度日数造成的影响；二阶滞后项前的系数估计了两个月前的冰冻度日数对当月橙汁价格造成的影响，以此类推。等价地，FDD_t 一阶滞后项前的系数估计了霜冻发生一个月后 FDD 对橙汁价格的影响。因此，

式(16-2)的系数估计了 FDD_t 的单位变化对 $\%ChgP_t$ 的当期值和未来值的效应；换言之，它们是 FDD_t 对 $\%ChgP_t$ 的动态因果效应的估计。例如，1950 年 11 月的 4 个冰冻度日会使当月的橙汁价格上涨 1.88%，会使当年 12 月的橙汁价格上涨 0.56%（=4×0.14），使次年 1 月的橙汁价格上涨 0.24%（=4×0.06），等等。

16.2 动态因果效应

在学习动态因果效应的估计方法之前，我们应该花时间仔细思考一下动态因果效应的含义。对动态因果效应含义的清晰理解有助于我们理解动态因果效应的估计。

16.2.1 动态因果效应和时间序列数据

1.2 节将因果效应定义为理想化随机对照实验的结果：例如，如果一位园艺研究人员将肥料随机分配到一些番茄地中，然后衡量番茄地的番茄产量，则被施过肥的番茄地和没有被施过肥的番茄地的产量之差便是肥料对番茄产量的因果效应。这一实验概念中包含多个实验对象（多块番茄地或多个人），从而实验数据是横截面类型（不同番茄地上的番茄产量），或者是面板数据类型（工作培训实验项目之前和之后的不同个体的收入）。因为存在多个实验对象，所以可以设定处理组和对照组，并由此估计处理的因果效应。

在应用时间序列数据时，我们需要修正这种以理想化随机对照实验结果为基础的因果效应定义。具体而言，我们可以考虑一个重要的宏观经济问题：估计一次没有被预期到的短期利率变化对一个给定国家的当期和未来经济活动的因果效应，其中经济活动用 GDP 来衡量。按照 1.2 节中的定义，我们需要把不同的经济体随机分配到处理组和控制组。处理组中的中央银行随机改变利率，而控制组中的中央银行不改变利率。然后记录两个组在随后几年中的经济活动变化（用 GDP 来衡量）。但是，如果我们只对某个特定国家（如美国）的这种因果效应感兴趣，我们该怎么做呢？这个实验要求我们克隆出不同的美国，并且把一些克隆体随机分配到处理组，把剩下的克隆体分配到控制组。显然，这种随机对照实验是不可行的。

然而，在时间序列数据中，我们可以把随机对照实验看作在不同时点上（例如 20 世纪 70 年代、20 世纪 80 年代，以此类推）对同一个实验对象（如美国经济）给予不同的处理（如随机改变利率）。在这个框架下，一个研究对象同时扮演了处理组和对照组的角色：有时候美联储会改变利率，而在另外一些时候美联储保持利率不变。因为我们能够收集到不同时点上的数据，所以我们能够估计动态因果效应，即我们所感兴趣的处理对实验结果影响的时间路径。例如，假设短期利率无意间上涨 2%，且这种上涨持续一个季度，则这个加息政策可能在一开始对产出的效应可以忽略不计；但在两个季度后，GDP 增长速度可能开始下降，且下降幅度在半年后达到最大；然后在接下来的两年时间内，GDP 增长速度又会逐渐回归到正常水平。这一因果效应的时间路径就是利率变化对 GDP 的动态因果效应。

作为第二个例子，我们考虑 1 个单位的冰冻度日对橙汁价格变化的因果效应。我们可以想象有很多个假想实验，且每个实验都会产生不同的因果效应。其中，第一个实验是固定其他地区的气温不变（比如可以固定得克萨斯州的葡萄种植区和其他柑橘种植区的天气情况不变），只改变佛罗里达州的橙子种植区的天气情况。这个实验在固定其他地区天气条件不变的情况下度量了偏效应。在第二个实验中，我们改变所有地区的天气，而不再固定其他地区的天气条件不变。如果种植竞争类农作物的不同地区之间的天气状况是相关的，则这两个动态因果效应是不同的。在本章中，我们考虑后一种实验中的因果效应，它度量了佛罗里达州天气变化对价格的动态效应，但并未固定其他地区的天气状况不变。

动态因果效应和分布滞后模型。因为动态因果效应是随时间变化而产生的，从而用来估计动态因果效应的计量经济学模型需要包含滞后项。为了达到这个目的，我们可以将 Y_t 表示为 X_t 的当期值及 r 个滞后项的形式

$$Y_t=\beta_0+\beta_1 X_t+\beta_2 X_{t-1}+\beta_3 X_{t-2}+\cdots+\beta_{r+1} X_{t-r}+u_t \tag{16-3}$$

其中，u_t 是误差项，它包含了 Y_t 的测量误差及被遗漏的解释变量。式(16-3)所示的模型被称为**分布滞后模型**(distributed lag model)。

为了说明式(16-3)的含义，我们可以考虑一个修正版本的番茄产量与化肥实验：因为今天使用的化肥可能会在土地中留存好几年，因此园艺研究人员想要分析施肥对番茄产量的因果效应将如何随时间而变化。于是，她设计了一个为期 3 年的实验，她把她的番茄种植地随机划分为四个组：第一组只在第一年施肥，第二组只在第二年施肥，第三组只在第三年施肥，第四组作为对照组，不进行施肥。四块地上的番茄年年都在生长，然后在第三年称重每块地上的番茄产量。三个处理组分别由二元变量 X_{t-2}，X_{t-1} 和 X_t 表示，其中 t 表示第三年(对番茄产量称重的那一年)，如果土地属于第一组(即在第一年施肥)，则 $X_{t-2}=1$；如果土地在第二年施肥，则 $X_{t-1}=1$；如果土地在第三年施肥，则 $X_t=1$。结合式(16-3)来分析(将该式运用到一块土地上)，在最后一年施肥的因果效应为 β_1，在第二年施肥的因果效应为 β_2，在第一年施肥的因果效应为 β_3。如果施肥的因果效应在施肥当年是最大的，则 β_1 将大于 β_2 和 β_3。

更一般地，X_t 的系数 β_1 度量了 X_t 的单位变化对 Y_t 的当期因果效应或即时因果效应。X_{t-1} 的系数 β_2 度量了 X_{t-1} 的单位变化对 Y_t 的因果效应，或等价地，它度量了 X_t 的单位变化对 Y_{t+1} 的因果效应；换句话说，β_2 是 X 的单位变化对 Y 未来一期的值的因果效应。总体而言，X_{t-h} 的系数度量了 X 的单位变化对 Y 未来 h 期的值的因果效应。动态因果效应是 X_t 的变化对 Y_t、Y_{t+1} 和 Y_{t+2} 等的因果效应，即动态因果效应是对 Y 的当期值和未来值的因果效应所组成的序列。因此，在式(16-3)所示的分布滞后模型中，动态因果效应是系数 β_1，β_2，…，β_{r+1} 所组成的序列。

时间序列分析的隐含条件。在使用时间序列模型分析动态因果效应时需要一些隐含的前提条件。首先，在我们的样本考察期内，动态因果效应不能发生变化。数据的联合平稳性(见重要概念 15-3)能够保证这一点。正如 15.7 节中所讨论的，我们可以使用 Quant 似然比(QLR)统计量来检验总体回归函数的稳定性，可以估计在不同子样本下的动态因果效应。第二个隐含条件是，解释变量 X 必须和误差项不相关，我们接下来开始讨论这个隐含条件。

16.2.2 两种类型的外生性

12.1 节定义了外生解释变量和内生解释变量。其中，外生解释变量是指解释变量和回归误差项不存在相关性，内生解释变量是指解释变量和误差项存在相关性。这个术语可以追溯到多方程模型，其中内生变量是指由模型决定的变量，而外生变量是指由模型之外的因素决定的变量。粗略地讲，如果我们想要使用式(16-3)的分布滞后模型来估计动态因果效应，解释变量 X 必须和误差项不相关，即 X 必须是外生的。然而，因为我们要处理的是时间序列数据，我们需要重新定义外生性的概念。事实上，我们使用的外生性概念有两种。

第一种外生性概念是指，给定 X_t 的当期值和所有的过去值，误差项的条件均值为 0，即 $E(u_t \mid X_t, X_{t-1}, X_{t-2}, \cdots)=0$。这个概念修正了横截面数据多元回归中的零均值假设(重要概念 6-4 中的假设 1)，在那里只要求 $E(u_t \mid X_t, X_{t-1}, \cdots, X_{t-r})=0$，其中 $X_t, X_{t-1}, \cdots, X_{t-r}$ 是包含在回归方程中的解释变量。相比之下，条件期望中包含 X_t 的所有滞后值意味着所有更早期的因果效应(即滞后阶数超过 r 的因果效应)均为 0。因此，在这个假设下，式(16-3)中的 r 阶分布滞后系数构成了所有非零的动态因果效应。我们可以把这个假设 $E(u_t \mid X_t, X_{t-1}, X_{t-2}, \cdots)=0$ 称为基于过去和现在的外生性，但是，由于该概念和第 12 章中的外生性概念类似，所以我们仍使用术语**外生性**(exogeneity)。

关于外生性的第二个概念是指，给定 X_t 的当期值、所有的过去值及所有未来值，误差项的条件均值为 0，即 $E(u_t \mid \cdots, X_{t+2}, X_{t+1}, X_t, X_{t-1}, X_{t-2}, \cdots)=0$，这被称为**严格外生性**(strict exogeneity)；为了简单起见，我们也将它称为基于过去、现在和未来的外生性。本章引入严格外生性概念的原因在于，当 X 是严格外生时，动态效应估计量比式(16-3)所示的分布滞后模型系数的 OLS 估计量更有效。

外生性和严格外生性的差别在于，严格外生性将 X 的未来值也加入条件期望中。因此，严格外生性能够推导出外生性，但反之不成立。理解这两个概念之间差异的一种方法是，考虑这两个概念中所隐含的 X 和 u 的相关性。如果 X 是外生的，则 u_t 和 X_t 的当期值及过去值不相关。如果 X 是严格外生的，则 u_t 还和 X_t 的未来值不相关。如果 Y_t 的变化会导致 X_t 的未来值发生变化，则即使 X_t 是外生的，它也不是严格外生的。

作为一个例子，让我们考虑式(16-3)所描述的番茄产量与化肥实验。因为在这一假想实验中，化肥是被随机分配的，因此它是外生的。由于今天的番茄产量不会依赖于明天的化肥使用量，因此化肥这个变量也是严格外生的。

作为第二个例子，让我们考虑橙汁价格的例子。Y_t 是橙汁价格的月度百分比变化，X_t 是那个月的冰冻度日数。从橙汁市场的角度来看，由于天气不受人类的控制，我们可以把天气(每月的冰冻度日数)看作是类似随机分配的。如果 FDD 的效应是线性的，且在 r 个月后对价格不再产生影响，则天气是外生的。但是，天气是严格外生的吗？如果在给定 FDD 未来值的条件下，u_t 的均值非零，则 FDD 不是严格外生的。回答这个问题需要我们仔细分析 u_t 所包含的内容。特别地，如果橙汁市场参与者在决定买入量及卖出量时会使用 FDD 的预测值信息，则在这种情况下，橙汁价格及误差项 u_t 可能包含了 FDD 未来值的信息。这意味着，u_t 将和 FDD_t 的未来值相关。根据这个逻辑，因为 u_t 包含了佛罗里达州未来天气的预测信息，从而 FDD 是外生的，但它不是严格外生的。这个例子与番茄产量与化肥实验例子的区别在于：番茄种植不会受未来施肥的影响，而橙汁市场参与者会受到佛罗里达州未来天气预测信息的影响。16.6 节将对橙汁价格数据进行更详细的分析，届时我们会再次回到 FDD 严格外生性问题的讨论。

关于外生性的两个概念见重要概念 16-1 中的总结。

重要概念 16-1　分布滞后模型和外生性

在分布滞后模型中

$$Y_t=\beta_0+\beta_1 X_t+\beta_2 X_{t-1}+\beta_3 X_{t-2}+\cdots+\beta_{r+1} X_{t-r}+u_t \tag{16-4}$$

存在两种不同的外生性，即存在两种不同的外生性条件：

基于过去和现在的外生性(外生性)

$$E(u_t \mid X_t, X_{t-1}, X_{t-2}, \cdots)=0 \tag{16-5}$$

基于过去、现在和未来的外生性(严格外生性)

$$E(u_t \mid \cdots, X_{t+2}, X_{t+1}, X_t, X_{t-1}, X_{t-2}, \cdots)=0 \tag{16-6}$$

如果 X 是严格外生的，则它一定是外生的，但外生性条件不能推导出严格外生性条件。

16.3 使用外生解释变量估计动态因果效应

如果 X 是外生的，则我们可以通过对式(16-4)所示的分布滞后模型进行 OLS 估计得到 X 的动态因果效应。本节将讨论在什么条件下基于 OLS 估计量的统计推断是可信的，同时本节将介绍动态乘数和累积动态乘数的概念。

16.3.1 分布滞后模型的假设

分布滞后模型的四个基本假设与横截面数据多元回归模型的四个基本假设类似(见重要概念 6-4)，但分布滞后模型的基本假设已针对时间序列数据做了修正。

第一个假设：X 是外生的。这个假设拓展了横截面数据多元回归模型中的零条件均值假设，将该假设拓展到了"给定 X 的所有滞后值"的情形。正如 16.2 节所讨论的，这个假设意味着式(16-3)中的系数包含了所有非零的动态因果效应。因此，总体回归函数总结了 X 对 Y 的动态因果效应。

第二个假设由两部分组成：①变量是平稳的；②当时间间隔变大时，不同期的变量值是相互独立的。这个假设和 ADL 模型中的对应假设是一样的(重要概念 15-6 中的第二个假设)，且 15.4 节中关于这个假设的讨论在这里也适用。

第三个假设：不存在大的异常值，即变量具有大于八阶的非零有限矩。这比本书其他部分使用的有限四阶矩的假设要强。正如 16.4 节所讨论的，这一较强的假设可以用在 HAC 方差估计量的推导中。

第四个假设：变量之间不存在完全多重共线性。这一假设和横截面数据多元回归模型中的假设一样。

关于分布滞后模型的假设见重要概念 16-2 中的总结。

重要概念 16-2　分布滞后模型的假设

分布滞后模型由重要概念 16-1 中的式(16-4)给定，其中 β_1, β_2, $\cdots$, β_{r+1} 是动态因果效应，且

(1) X 是外生的，即 $E(u_t \mid X_t, X_{t-1}, X_{t-2}, \cdots)=0$。

(2) ①随机变量 X_t 和 Y_t 是平稳的。②当 j 变大时，(X_t, Y_t) 和 (X_{t-j}, Y_{t-j}) 相互独立。

(3) 不存在大的异常值：Y_t 和 X_t 具有大于八阶的非零有限矩。

(4) 不存在完全多重共线性。

推广到多个 X 的情形。 分布滞后模型可以直接推广到多个 X 的情形：其他变量 X 和它们的滞后项可以作为解释变量加入分布滞后模型中，这些新加入的解释变量也必须服从重要概念 16-2 中的模型假设。尽管推广到多个 X 的做法在概念上简单直接，但这么做会使得表述变得

复杂，不利于我们对分布滞后模型估计和推断思想的理解。正是出于这个原因，本章没有直接涉及多个 X 的情形。

16.3.2 存在序列相关的 u_t、标准误和推断

在分布滞后模型中，误差项 u_t 可能存在序列相关，即 u_t 可能和它的滞后项存在相关性。自相关可能由于包含在 u_t 中的遗漏变量存在自相关而导致。例如，假设对橙汁的需求依赖于收入，从而收入是影响橙汁价格的一个变量，特别是潜在橙汁消费者的总收入。那么，在这种情况下，在橙汁价格对冰冻度日数的分布滞后模型中，总收入就是一个遗漏变量。然而，收入是序列相关的：收入在经济衰退期下降，而在经济扩张期上升。因此，收入是序列相关的，且由于收入是误差项的一部分，导致 u_t 也是序列相关的。这个例子具有典型性：因为遗漏变量的序列相关性而导致的 u_t 的序列相关性。

u_t 的自相关性不会影响 OLS 估计的一致性，也不会引入偏误。但是，如果误差项是自相关的，则由 OLS 得到的标准误是非一致的，我们必须使用另一个公式来计算标准误。因此，序列相关和异方差具有相似性：当误差项实际上是异方差时，同方差适用的标准误是“错误”的，因为当误差项为异方差时，使用同方差适用的标准误得到的统计推断是错误的。类似地，当误差项存在序列相关时，基于独立同分布(i. i. d.)的误差项计算的标准误是“错误的”，因为它会导致统计推断具有误导性。这个问题的解决方法是采用 HAC 标准误，见 16.4 节中的讨论。

16.3.3 动态乘数和累积动态乘数

动态因果效应的另一个名称是动态乘数。累积动态乘数是直到某一给定的滞后项的累积因果效应；因此，累积动态乘数衡量的是 X 对 Y 的累积因果效应。

动态乘数。X 的单位变化在 h 期后对 Y 的因果效应，即式(16-4)中的 β_{h+1}，这被称为 h 期**动态乘数**(dynamic multiplier)。因此，X 对 Y 的动态乘数是式(16-4)中 X_t 和它的滞后项前的系数。例如，β_2 是一期动态乘数，β_3 是二期动态乘数，以此类推。使用这个术语，零期动态乘数或者说**影响因子**(impact effect)是 β_1，即 X 的变化对同期 Y 的因果效应。

因为动态乘数是使用 OLS 估计得到的，从而它们的标准误是 OLS 回归系数的 HAC 标准误。

累积动态乘数。h 期**累积动态乘数**(cumulative dynamic multiplier)是 X 的单位变化对之后 h 期 Y 值的累积因果效应。因此，累积动态乘数是动态乘数的累积和。用式(16-4)中的系数来表述，零期累积乘数为 β_1，一期累积乘数为 $\beta_1+\beta_2$，h 期累积动态乘数为 $\beta_1+\beta_2+\cdots+\beta_{h+1}$。所有的单个动态乘数之和 $\beta_1+\beta_2+\cdots+\beta_{r+1}$ 表示 X 的变化对 Y 的累积长期因果效应，被称为**长期累积动态乘数**(long-run cumulative dynamic multiplier)。

例如，考虑式(16-2)的回归。增加 1 个单位的冰冻度日的即时效应是橙汁价格上涨 0.47%。下一个月价格变化的累积效应是当月效应和上一个月的动态效应之和，即价格的累积效应是初始上涨的 0.47%加上随后较小上涨的 0.14%，共为 0.61%。类似地，两个月的累积动态乘数为 0.47%+0.14%+0.06%=0.67%。

累积动态乘数可以直接使用式(16-4)分布滞后模型的修正模型进行估计。修正后的模型为

$$Y_t=\delta_0+\delta_1\Delta X_t+\delta_2\Delta X_{t-1}+\delta_3\Delta X_{t-2}+\cdots+\delta_r\Delta X_{t-r+1}+\delta_{r+1}X_{t-r}+u_t \quad (16\text{-}7)$$

式(16-7)中的系数 δ_1，δ_2，…，δ_{r+1}，实际上是累积动态乘数。通过代数运算(习题 16.5)，能够证明式(16-7)和式(16-4)的回归是等价的，即 $\delta_0=\beta_0$，$\delta_1=\beta_1$，$\delta_2=\beta_1+\beta_2$，$\delta_3=\beta_1+\beta_2+\beta_3$，以此类推。$X_{t-r}$ 前的系数 δ_{r+1} 是长期累积动态乘数，即 $\delta_{r+1}=\beta_1+\beta_2+\cdots+\beta_{r+1}$。此外，式(16-7)系数的 OLS 估计量和式(16-4)对应的系数累积和是一样的。例如，$\hat{\delta}_2=\hat{\beta}_1+\hat{\beta}_2$。使用式(16-7)估计累积动态乘数的好处在于：因为方程系数的 OLS 估计量是累积动态乘数，式(16-7)中系数的 HAC 标准误便是累积动态乘数的 HAC 标准误。

16.4　异方差和自相关一致标准误

如果误差项 u_t 是自相关的，虽然 OLS 系数估计量是一致的，但通常使用的截面数据的 OLS 标准误是非一致的。这意味着，常规的统计推断(基于常规的 OLS 标准误的假设检验及置信区间)是有误导性的。例如，OLS 估计量±1.96 倍常规标准误的置信区间包含系数真值的概率不是 95%，即使在大样本下依然如此。本部分首先推导具有序列相关的误差项下的 OLS 估计量的方差，然后开始讨论异方差和自相关一致(HAC)标准误。

本节将讨论时间序列模型下的 HAC 标准误。第 10 章介绍了一种 HAC 标准误，以及适用于面板数据的聚类稳健标准误。尽管用于面板数据的聚类稳健标准误和用于时间序列数据的 HAC 标准误具有相同的作用，但根据不同的数据结构得出的计算公式不同。本节内容不需以第 10 章内容作为预备知识。

16.4.1　误差项存在序列相关时的 OLS 估计量的分布

为了简化分析，考虑没有滞后项的分布滞后模型中的 OLS 估计量 $\hat{\beta}_1$。具体而言，此时考虑如下模型

$$Y_t=\beta_0+\beta_1X_t+u_t \tag{16-8}$$

模型符合重要概念 16-2 中的基本假设。本节将证明 $\hat{\beta}_1$ 的方差可以表示为两部分的乘积，这两部分分别是误差项不存在序列相关时的 $\mathrm{var}(\hat{\beta}_1)$ 及针对自相关($(X_t-\mu_x)u_t$ 中的自相关)的校正因子。

正如附录 4C 中的推导，重要概念 4-2 中 OLS 估计量 $\hat{\beta}_1$ 可以写为

$$\hat{\beta}_1=\beta_1+\frac{\frac{1}{T}\sum_{t=1}^{T}(X_t-\bar{X})u_t}{\frac{1}{T}\sum_{t=1}^{T}(X_t-\bar{X})^2} \tag{16-9}$$

式(16-9)将式(4-28)中的数学符号 i 和 n 换成了 t 和 T。因为 $\bar{X}\xrightarrow{p}\mu_X$ 及 $\frac{1}{T}\sum_{t=1}^{T}(X_t-X)^2\xrightarrow{p}\sigma_X^2$，所以在大样本下，$\hat{\beta}_1-\beta_1$ 近似为

$$\hat{\beta}_1-\beta_1\approx\frac{\frac{1}{T}\sum_{t=1}^{T}(X_t-\mu_X)u_t}{\sigma_X^2}=\frac{\frac{1}{T}\sum_{t=1}^{T}v_t}{\sigma_X^2}=\frac{\bar{v}}{\sigma_X^2} \tag{16-10}$$

其中，$v_t=(X_t-\mu_X)u_t$，$\bar{v}=\frac{1}{T}\sum_{t=1}^{T}v_t$。因此

$$\mathrm{var}(\hat{\beta}_1)=\mathrm{var}\left(\frac{\bar{v}}{\sigma_X^2}\right)=\frac{\mathrm{var}(\bar{v})}{(\sigma_X^2)^2} \tag{16-11}$$

如果 v_t 是独立同分布的(正如重要概念 4-3 中假设)，则 $\mathrm{var}(\bar{v})=\frac{\mathrm{var}(v_t)}{T}$，即重要概念 4-4 中 $\hat{\beta}_1$ 方差的计算公式适用。然而，如果 u_t 和 X_t 存在序列相关，则 v_t 也将存在序列相关，因此 $\mathrm{var}(\bar{v})\neq\frac{\mathrm{var}(v_t)}{T}$，即重要概念 4-4 中的计算公式不适用。相比之下，如果 v_t 是序列相关的，则 $\bar{v}$ 的方差计算公式为

$$\begin{aligned}\mathrm{var}(\bar{v})&=\mathrm{var}\left[\frac{(v_1+v_2+\cdots+v_T)}{T}\right]\\&=\frac{[\mathrm{var}(v_1)+\mathrm{cov}(v_1,\ v_2)+\cdots+\mathrm{cov}(v_1,\ v_T)+\mathrm{cov}(v_2,\ v_1)+\mathrm{var}(v_2)+\cdots+\mathrm{var}(v_T)]}{T^2}\\&=\frac{[T\mathrm{var}(v_t)+2(T-1)\mathrm{cov}(v_t,\ v_{t-1})+2(T-2)\mathrm{cov}(v_t,\ v_{t-2})+\cdots+2\mathrm{cov}(v_t,\ v_{t-T+1})]}{T^2}\\&=\frac{\sigma_v^2}{T}f_T\end{aligned} \tag{16-12}$$

其中

$$f_T=1+2\sum_{j=1}^{T-1}\left(\frac{T-j}{T}\right)\rho_j \tag{16-13}$$

其中，$\rho_j=\mathrm{corr}(v_t,\ v_{t-j})$。在大样本下，$f_T\longrightarrow f_\infty=1+2\sum_{j=1}^{\infty}\rho_j$。

结合式(16-10)中 $\hat{\beta}_1$ 的表达式及式(16-12)中 $\mathrm{var}(\bar{v})$ 的表达式，我们能够得到当 v_t 存在序列相关时的 $\hat{\beta}_1$ 的方差表达式

$$\mathrm{var}(\hat{\beta}_1)=\left[\frac{1}{T}\frac{\sigma_v^2}{(\sigma_X^2)^2}\right]f_T \tag{16-14}$$

其中，f_T 由式(16-13)给定。

式(16-14)中 $\hat{\beta}_1$ 的方差表达式是两项的乘积。首先，第一项在方括号中，表示不存在序列相关时 $\hat{\beta}_1$ 的方差表达式，见重要概念 4-4；第二项是校正因子 f_T，它根据可能存在的序列相关性来校正 OLS 估计量的方差。因为式(16-14)中校正因子 f_T 的存在，使用式(5-4)计算的 OLS 标准误是不正确的。换言之，如果 $v_t=(X_t-\mu_X)u_t$ 是序列相关的，则方差的估计量被因子 f_T 做了校正。

16.4.2 HAC 标准误

如果由式(16-13)定义的 f_T 已知，则 $\hat{\beta}_1$ 的方差可以用常用的截面数据的方差估计量乘以 f_T 来估计。但是，因子 f_T 是依赖于 v_t 的自相关系数，我们必须对它进行估计。无论误差项是不是异方差，以及无论 v_t 是否存在序列相关，调整后的 $\hat{\beta}_1$ 的方差估计量都是一致的。所以称这个估计量为 $\hat{\beta}_1$ 方差的**异方差和自相关一致(HAC)**[heteroscedasticity-and autocorrelation-consistent (HAC)]估计量，HAC 方差估计量的平方根为 $\hat{\beta}_1$ 的 **HAC 标准误**。

HAC 方差公式。$\hat{\beta}_1$ 的方差的 HAC 估计量是

$$\tilde{\sigma}_{\hat{\beta}_1}^2=\hat{\sigma}_{\hat{\beta}_1}^2\hat{f}_T \tag{16-15}$$

其中，$\hat{\sigma}^2_{\hat{\beta}_1}$ 是不存在序列相关时的 $\hat{\beta}_1$ 的方差估计量，见式(5-4)，$\hat{f}_T$ 是式(16-13)中校正因子的估计量。

要构建 $\hat{f}_T$ 的一致估计量是有难度的。为了说明这一点，我们考虑两个极端情况。首先来看第一个极端情况：给定式(16-13)所示的计算公式，我们很自然想到用样本自相关系数 $\hat{\rho}_j$[定义见式(15-5)]来替代总体自相关系数 ρ_j，由此得到估计量 $1+2\sum_{j=1}^{T-1}\left(\frac{T-j}{T}\right)\hat{\rho}_j$。但是，这个估计量包括了太多自相关系数的估计，它是非一致的。从直觉上来看，由于每个自相关系数的估计值都存在误差，而估计量 $1+2\sum_{j=1}^{T-1}\left(\frac{T-j}{T}\right)\hat{\rho}_j$ 包含了太多自相关系数的估计值，因此这个估计量存在很大的误差，即使在大样本下依然如此。在另一个极端情况下，我们使用一部分的样本自相关系数，例如，只使用一阶样本自相关系数，而忽略高阶的样本自相关系数。尽管这里不存在估计太多总体自相关系数的问题，但它有另外一个问题：因为它忽略了太多的高阶自相关系数，因此，它是非一致的。简言之，使用太多样本自相关系数会使得估计量的方差过大，但用太少的自相关系数则会忽略高阶的自相关系数，因此这两种极端情况下的 f_T 估计量都是非一致的。

在实践中，为了平衡以上两种情况，我们可以根据样本容量的大小来选择 $\hat{f}_T$ 表达式中包含的自相关系数的数量。如果样本容量很小，则 f_T 估计量只包含少量的样本自相关系数，但如果样本容量很大，则 f_T 中将包含更多的样本自相关系数(但仍然远少于样本容量 T)。令 $\hat{f}_T$ 由下式给定

$$\hat{f}_T = 1+2\sum_{j=1}^{m-1}\left(\frac{m-j}{m}\right)\tilde{\rho}_j \tag{16-16}$$

其中，$\tilde{\rho}_j=\frac{\sum_{t=j+1}^{T}\hat{v}_t\hat{v}_{t-j}}{\sum_{t=1}^{T}\hat{v}_t^2}$，$\hat{v}_t=(X_t-\overline{X})\hat{u}_t$。式(16-16)中的参数 m 被称为 HAC 估计量的**截断参数**(truncation parameter)，这是因为估计中使用的样本自相关系数的个数被缩短(或被截断)到 $m-1$ 个，而不是式(16-13)中的 $T-1$ 个。

为了使 $\hat{f}_T$ 具有一致性，虽然 m 比 T 要小得多，但 m 必须随着样本容量的增加而增加。在实践中，我们可以使用以下公式来选择 m

$$m=0.75T^{\frac{1}{3}} \tag{16-17}$$

四舍五入取整数。这一公式给出了决定 m 的一个基准。[⊖]

如果你对所研究的序列有更多的了解，则可以修正式(16-17)所示的截断参数 m。一方面，如果 v_t 存在很多阶的自相关，则你可以修正式(16-17)以使截断参数 m 值变大；另一方面，如果 v_t 存在很少阶的自相关，则你可以减小 m。由于在选择 m 时存在模糊性，所以在实践中最好尝试一个或两个备选的截断参数，以确保你的结果对 m 的选择不敏感。

如果 $\hat{f}_T$ 的估计量由式(16-16)给出，则式(16-15)给出的 HAC 估计量被称为 **Newey-West 方差估计量**(Newey-West variance estimator)，这是以其发明者(计量经济学家 Whitney Newey 和 Ken-

⊖ 当 u_t 和 X_t 是一阶自相关系数为 0.5 的一阶自回归过程时，式(16-17)给出了 m 的“最佳选择”，其中的“最佳”是指使得 $E\left(\tilde{\sigma}^2_{\hat{\beta}_1}-\sigma^2_{\hat{\beta}_1}\right)^2$ 达到最小。式(16-17)是基于 Andrews(1991，式(5-3))推导的更一般的公式。

neth West)来命名的。他们证明，当使用式(16-17)设定截断参数时，在基本假设下，该估计量是 $\hat{\beta}_1$ 的方差的一致估计量(Newey 和 West，1987)。他们的证明(以及 Andrews(1991)的证明)中假设 v_t 有高于四阶的矩，这可以由“Y_t 和 X_t 存在大于八阶的非零有限矩”假设来保证，这也是我们在重要概念 16-2 中加入第三个基本假设的原因。

其他的 HAC 估计量。 Newey-West 方差估计量并不是唯一的 HAC 估计量。例如，式(16-16)中的权重 $\frac{m-j}{m}$ 可以由其他权重代替。如果使用其他权重，则式(16-17)给出的截断参数选择规则不再适用，我们必须为这些权重设计新的截断参数选择规则。关于这方面的讨论超出了本书的范围。如果想了解更多这方面的信息，可参考 Hayashi(2000，6.6 节)。

拓展到多元回归模型。 本章中讨论的所有问题可推广到包含多个滞后项的分布滞后模型(重要概念 16-1 中所给出的模型)，或者更一般地，可推广到误差项存在序列相关的多元回归模型中。特别地，如果误差项存在序列相关，则使用的常规 OLS 标准误在统计推断时会导致偏误，应该使用 HAC 标准误。如果使用的 HAC 方差估计量是 Newey-West 估计量(使用 $\frac{m-j}{m}$ 作为权重的 HAC 估计量)，则能够使用式(16-17)作为截断参数的选择规则。多元回归模型的 HAC 标准误公式已经嵌入现代回归软件中。由于这个公式涉及矩阵代数运算，我们在这里忽略其推导，要了解更多细节可参考 Hayashi(2000，6.6 节)。

HAC 标准误概述见重要概念 16-3。

16.5 严格外生解释变量的动态因果效应估计

当 X_t 是严格外生时，我们可以使用两个方法来估计动态因果效应。第一种方法是估计自回归分布滞后模型(而不是直接估计分布滞后模型)，通过自回归分布滞后模型的系数估计量来计算动态乘数。第二种方法是使用广义最小二乘法(GLS)估计分布滞后模型的系数。尽管通过 GLS 估计出的系数个数和 OLS 估计出的系数个数一样，但 GLS 估计量的方差更小。为了更直观地说明这一点，我们将这两种方法应用到一个误差项为 AR(1)过程且只含有一个滞后项的分布滞后模型中。附录 16B 将该估计量拓展到有高阶自回归误差广义分布滞后模型。

重要概念 16-3　HAC 标准误

问题： 重要概念 16-1 所示的分布滞后模型中的误差项 u_t 可能存在序列相关。如果是这样，则 OLS 系数估计量是一致的，但 OLS 标准误的估计量不是一致的，从而使得假设检验结果和置信区间存在误导性。

解决方法： 应该使用异方差和自相关一致标准误来计算系数估计量的方差。HAC 估计量包含了 $m-1$ 个自协方差和方差的估计；当只有一个解释变量时，相关公式见式(16-15)和式(16-16)。在实践中，使用 HAC 标准误需要我们选择截断参数 m，式(16-17)可以作为一种选择基准。然后，我们可以根据解释变量和误差项中自相关阶数的高低来增加或减少 m。

16.5.1　误差项为 AR(1) 过程的分布滞后模型

假设 X 的变化对 Y 的因果效应只持续两期；换言之，即时效应是 β_1，下一期的效应为 β_2，但在此之后不再存在任何影响。符合这种设定的模型如下

$$Y_t=\beta_0+\beta_1 X_t+\beta_2 X_{t-1}+u_t \tag{16-18}$$

正如 16.2 节所讨论的，式(16-18)中的误差项存在序列相关。当误差项存在序列相关时，如果我们用 OLS 方法估计分布滞后模型，则基于 OLS 标准误的统计推断便具有误导性。出于这个原因，16.3 节和 16.4 节曾强调，我们可以利用 OLS 方法估计式(16-18)中的 β_1 和 β_2，但其标准误应采用 HAC 标准误。

在本节中，对 u_t 的序列相关性我们采用不同的方法处理。当 X_t 严格外生时，这种方法假设 u_t 服从 AR 过程，我们利用 AR 模型的设定可以推导出比 OLS 估计量更有效的估计量。

具体而言，假定 u_t 服从 AR(1) 模型

$$u_t=\phi_1 u_{t-1}+\widetilde{u}_t \tag{16-19}$$

其中，ϕ_1 是自回归参数，$\widetilde{u}_t$ 不存在序列相关性，由于式(16-19)中没有截距项，因此 $E(u_t)=0$。式(16-18)和式(16-19)意味着，我们可以把误差项存在序列相关的分布滞后模型改写为误差项不存在序列相关的自回归分布滞后模型。我们对式(16-18)等号两边取一阶滞后，得到 $Y_{t-1}=\beta_0+\beta_1 X_{t-1}+\beta_2 X_{t-2}+u_{t-1}$，然后用式(16-18)减去 ϕ_1 乘以该滞后项，得到

$$\begin{aligned} Y_t-\phi_1 Y_{t-1} &=(\beta_0+\beta_1 X_t+\beta_2 X_{t-1}+u_t)-\phi_1(\beta_0+\beta_1 X_{t-1}+\beta_2 X_{t-2}+u_{t-1}) \\ &=\beta_0+\beta_1 X_t+\beta_2 X_{t-1}-\phi_1\beta_0-\phi_1\beta_1 X_{t-1}-\phi_1\beta_2 X_{t-2}+\widetilde{u}_t \end{aligned} \tag{16-20}$$

其中第二个等式使用了 $u_t=\phi_1 u_{t-1}+\widetilde{u}_t$。整理式(16-20)，我们得到：

$$Y_t=\alpha_0+\phi_1 Y_{t-1}+\delta_0 X_t+\delta_1 X_{t-1}+\delta_2 X_{t-2}+\widetilde{u}_t \tag{16-21}$$

其中，

$$\alpha_0=\beta_0(1-\phi_1),\ \delta_0=\beta_1,\ \delta_1=\beta_2-\phi_1\beta_1,\ \delta_2=-\phi_1\beta_2 \tag{16-22}$$

其中，β_0，β_1 和 β_2 是式(16-18)中的系数，ϕ_1 是式(16-19)中的自相关系数。

式(16-21)是包括 X 同期值和两个滞后值的 ADL 模型。我们称式(16-21)为式(16-18)和式(16-19)所示的误差项存在序列相关的分布滞后模型的 ADL 表示。

重新组合式(16-20)中的各项，可得到与式(16-21)和式(16-22)等价的表达式。令 $\widetilde{Y}_t=Y_t-\phi_1 Y_{t-1}$ 为 Y_t 的**准差分**(quasi-difference)(之所以称它“准”差分是因为它不是 Y_t 和 Y_{t-1} 的差，而是 Y_t 和 $\phi_1 Y_{t-1}$ 之间的差)。类似地，令 $\widetilde{X}_t=X_t-\phi_1 X_{t-1}$ 为 X_t 的准差分。因此，式(16-20)可以写为

$$\widetilde{Y}_t=\alpha_0+\beta_1\widetilde{X}_t+\beta_2\widetilde{X}_{t-1}+\widetilde{u}_t \tag{16-23}$$

我们将式(16-23)称为误差项为 AR(1) 过程的分布滞后模型(式(16-18)和式(16-19)所示的模型)的准差分形式。

式(16-21)所示的 ADL 模型(参数约束见式(16-22))和式(16-23)所示的准差分模型是等价的。在这两个模型中，误差项 u_t 不存在序列相关。但是，这两种表达方式意味着不同的估计策略。在讨论这些估计策略之前，我们首先讨论一些假设条件：在什么假设条件下，这两种估计方法给出的动态乘数估计量是一致的。

ADL 和准差分模型的条件零均值假设。因为式(16-21)(参数约束见式(16-22))和式(16-23)

是等价的，因此估计的适用条件是相同的。为了方便起见，我们仅考虑式(16-23)。

式(16-23)所示的准差分模型是包含准差分变量的分布滞后模型，且其误差项不存在序列相关。因此，用OLS估计式(16-23)中系数的条件是重要概念16-2中分布滞后模型的最小二乘假设。用$\widetilde{u}_t$和$\widetilde{X}_t$表示的话，最关键的是第一个假设，即对于式(16-23)，$\widetilde{X}_t$是外生的，即

$$E(\widetilde{u}_t \mid \widetilde{X}_t, \widetilde{X}_{t-1}, \cdots)=0 \tag{16-24}$$

式(16-24)中的条件包含了$\widetilde{X}_t$的高阶滞后项，这能够保证总体回归函数只包含式(16-23)中出现的滞后项，除此之外不再包含$\widetilde{X}_t$的更高阶滞后项。

因为$\widetilde{X}_t=X_t-\phi_1X_{t-1}$，即$X_t=\widetilde{X}_t+\phi_1X_{t-1}$，因此以$\widetilde{X}_t$及其所有滞后项为条件，等价于以$X_t$及$X_t$的所有滞后项为条件。因此，式(16-24)等价于$E(\widetilde{u}_t \mid X_t, X_{t-1}, \cdots)=0$。此外，因为$\widetilde{u}_t=u_t-\phi_1u_{t-1}$，这意味着

$$\begin{aligned}0 &=E(\widetilde{u}_t \mid X_t, X_{t-1}, \cdots)\\ &=E(u_t-\phi_1u_{t-1} \mid X_t, X_{t-1}, \cdots)\\ &=E(u_t \mid X_t, X_{t-1}, \cdots)-\phi_1E(u_{t-1} \mid X_t, X_{t-1}, \cdots)\end{aligned} \tag{16-25}$$

为了保证式(16-25)对一般的ϕ_1值成立，必须有$E(u_t \mid X_t, X_{t-1}, \cdots)=0$和$E(u_{t-1} \mid X_t, X_{t-1}, \cdots)=0$。通过更换时间下标，条件$E(u_{t-1} \mid X_t, X_{t-1}, \cdots)=0$可以转化为

$$E(u_t \mid X_{t+1}, X_t, X_{t-1}, \cdots)=0 \tag{16-26}$$

总的来说，式(16-24)中的条件零均值假设对一般的ϕ_1值成立等价于式(16-26)成立。

式(16-26)可以由X_t的严格外生性条件推导出，但不能由X_t的外生性条件推导出。因此，如果X_t是严格外生的，则式(16-23)满足最小二乘假设，但仅有X_t的外生性条件是不够的。

由于式(16-21)和式(16-22)所示的ADL模型等价于式(16-23)所示的准差分模型，因此准差分模型适用的条件均值假设(即$E(u_t \mid X_{t+1}, X_t, \cdots)=0$)也是ADL模型适用的条件均值假设。

我们现在开始讨论这两种表达形式对应的估计策略：ADL的系数估计及准差分模型的系数估计。

16.5.2 ADL模型的OLS估计

第一个策略是使用OLS法对式(16-21)所示的ADL模型进行估计。我们之前的推导显示，ADL模型的误差项是不存在序列相关的(在误差项服从一阶自回归模型的假设下)。因此，可以使用通常的OLS标准误；换言之，当我们使用OLS法对式(16-21)所示的ADL模型参数进行估计时，我们不需要使用HAC标准误。

ADL模型的参数估计本身并不是动态乘数的估计，但动态乘数可以利用ADL参数计算得到。动态乘数计算的一般方法是将估计后的回归函数表示为X_t的当期值及滞后值的函数，即消去回归方程中Y_t的滞后项。将Y_t的滞后项表达式反复代入估计后的回归函数中。具体而言，我们考虑如下估计的回归函数

$$\hat{Y}_t=\hat{\phi}_1Y_{t-1}+\hat{\delta}_0X_t+\hat{\delta}_1X_{t-1}+\hat{\delta}_2X_{t-2} \tag{16-27}$$

我们在上式中忽略了截距项，因为截距项对动态乘数的计算没有作用。对式(16-27)两边同时取一阶滞后，得到$\hat{Y}_{t-1}=\hat{\phi}_1Y_{t-2}+\hat{\delta}_0X_{t-1}+\hat{\delta}_1X_{t-2}+\hat{\delta}_2X_{t-3}$，因此用$\hat{Y}_{t-1}$替代式(16-27)中的$\hat{Y}_{t-1}$，整理方程后，我们得到

$$\hat{Y}_t=\hat{\phi}_1(\hat{\phi}_1 Y_{t-2}+\hat{\delta}_0 X_{t-1}+\hat{\delta}_1 X_{t-2}+\hat{\delta}_2 X_{t-3})+\hat{\delta}_0 X_t+\hat{\delta}_1 X_{t-1}+\hat{\delta}_2 X_{t-2}$$
$$=\hat{\delta}_0 X_t+(\hat{\delta}_1+\hat{\phi}_1\hat{\delta}_0)X_{t-1}+(\hat{\delta}_2+\hat{\phi}_1\hat{\delta}_1)X_{t-2}+\hat{\phi}_1\hat{\delta}_2 X_{t-3}+\hat{\phi}_1^2 Y_{t-2} \quad (16\text{-}28)$$

重复这一过程，即不断替代式中的 Y_{t-2}、Y_{t-3}，以此类推，从而得到

$$\hat{Y}_t=\hat{\delta}_0 X_t+(\hat{\delta}_1+\hat{\phi}_1\hat{\delta}_0)X_{t-1}+(\hat{\delta}_2+\hat{\phi}_1\hat{\delta}_1+\hat{\phi}_1^2\hat{\delta}_0)X_{t-2}+$$
$$\hat{\phi}_1(\hat{\delta}_2+\hat{\phi}_1\hat{\delta}_1+\hat{\phi}_1^2\hat{\delta}_0)X_{t-3}+\hat{\phi}_1^2(\hat{\delta}_2+\hat{\phi}_1\hat{\delta}_1+\hat{\phi}_1^2\hat{\delta}_0)X_{t-4}+\cdots \quad (16\text{-}29)$$

式(16-29)中的系数是动态乘数的估计量，即利用式(16-21)中 ADL 模型的系数估计量计算得到。如果系数估计值满足式(16-22)所示的系数约束，则高于两阶的滞后项系数(X_{t-2}，X_{t-3} 等滞后项前的系数)皆为 0。[⊖]但是，在这个估计策略下，系数估计值可能并不完全满足系数约束条件，故式(16-29)中高于两阶的滞后项的系数估计值可能不为 0。

16.5.3 GLS 估计

当 X_t 是严格外生时，第二个估计动态乘数的方法是使用**广义最小二乘法**(generalized least squares，GLS)，即估计式(16-23)。为了描述 GLS 估计量，我们先假设 ϕ_1 是已知的。由于在实践中，ϕ_1 是未知的，因此这个 GLS 估计方法是不可行的，这个方法也被称为不可行的 GLS 估计量。但是，这个不可行 GLS 估计方法，能够通过使用 ϕ_1 的估计量来改进，这便得到了可行的 GLS 估计量。

不可行的 GLS。假设 ϕ_1 已知，则准差分变量 $\tilde{X}_t$ 和 $\tilde{Y}_t$ 能够直接计算出来。正如在讨论式(16-24)和式(16-26)时所谈到的，如果 X_t 是严格外生的，则 $E(\tilde{u}_t \mid \tilde{X}_t, \tilde{X}_{t-1}, \cdots)=0$。因此，如果 X_t 是严格外生的，且 ϕ_1 已知，则式(16-23)中的系数 α_0，β_1 和 β_2 能够通过 OLS 估计得到。得到的 β_1 和 β_2 估计量[即当 ϕ_1 已知时，式(16-23)中的斜率系数的 OLS 估计量]是**不可行的 GLS 估计量**(infeasible GLS estimator)。之所以称为不可行的 GLS 估计量，是因为 ϕ_1 实际上是未知的，从而 $\tilde{X}_t$ 和 $\tilde{Y}_t$ 不能够直接计算出来，故这些 OLS 估计量便无法得到。

可行的 GLS。**可行的 GLS 估计量**(feasible GLS estimator)使用 ϕ_1 的估计值 $\hat{\phi}_1$ 来计算准差分变量。具体而言，β_1 和 β_2 的可行 GLS 估计量为式(16-23)中 β_1 和 β_2 的 OLS 估计量，即 $\tilde{Y}_t$ 关于 $\tilde{X}_t$、$\tilde{X}_{t-1}$ 和常数项的回归模型的 OLS 估计量，其中 $\tilde{X}_t=X_t-\hat{\phi}_1 X_{t-1}$，$\tilde{Y}_t=Y_t-\hat{\phi}_1 Y_{t-1}$。

$\hat{\phi}_1$ 的估计量可以通过以下方法得到：首先，对式(16-18)进行 OLS 估计。其次，使用 OLS 残差 $\hat{u}_t$ 代替不可观测的误差项 u_t，对式(16-19)中的 ϕ_1 进行 OLS 估计。这个版本的 GLS 估计量被称为 Cochrane-Orcutt(1949)估计量。

对 Cochrane-Orcutt 方法的一个拓展是不断重复上述过程：使用上述 β_1 和 β_2 的 GLS 估计量来重新计算式(16-18)的残差；使用新的残差序列重新估计 ϕ_1；使用这个改进的 ϕ_1 估计量来计算改进的准差分变量；使用这些改进的准差分变量值重新估计 β_1 和 β_2；重复这个过程，直到 β_1 和 β_2 的估计量收敛。这个方法被称为迭代的 Cochrane-Orcutt 估计量。

GLS 估计量的有效性。GLS 估计量的优点是：当 X 是严格外生的且 $\tilde{u}_t$ 为同方差时，GLS 估计量是线性估计量中最有效的，至少在大样本下是这样。为了说明这一点，首先考虑不可行 GLS 估计量。如果 $\tilde{u}_t$ 是同方差的，ϕ_1 已知(因此可以把 $\tilde{X}_t$ 和 $\tilde{Y}_t$ 当作可观测的变量)，且如果

⊖ 将这些等式代入式(16-22)以证明，如果这些等式成立，则 $\delta_2+\phi_1\delta_1+\phi_1^2\delta_0=0$

X_t 是严格外生的，则高斯-马尔科夫定理表明式(16-23)中 α_0、β_1 和 β_2 的 OLS 估计量是所有线性条件无偏估计量中最有效的。换言之，式(16-23)的系数 OLS 估计量是最优的线性无偏估计量，即 BLUE(见 5.5 节)。由于式(16-23)的 OLS 估计量是不可行的 GLS 估计量，这意味着不可行的 GLS 估计量是 BLUE。可行的 GLS 估计量与不可行的 GLS 估计量相类似，但可行的 GLS 估计中的 ϕ_1 是未知而被估计出来的。因为 ϕ_1 的估计量是一致的，并且它的方差与 T 成反比，所以在大样本下，可行和不可行的 GLS 估计量的方差相同。因此，如果 X 是严格外生的，则可行 GLS 估计量在大样本下是 BLUE。特别地，如果 X 是严格外生的，则 GLS 估计量比 16.3 节中所讨论的分布滞后模型系数的 OLS 估计量更有效。

这里讨论的 Cochrane-Orcutt 和迭代 Cochrane-Orcutt 估计量是 GLS 估计的特殊情况。一般来说，要使用 GLS 估计，我们首先需要将模型进行转换，使其误差项变成同方差且不存在序列相关，其次再使用 OLS 方法对转换后的模型系数进行估计。总体而言，如果 X 是严格外生的，则 GLS 估计量在大样本下是一致的且是 BLUE。但如果 X 只是(基于过去和现在)外生的，则 GLS 估计量不是一致的。GLS 的数学推导需要运用矩阵代数，从而我们将在 19.6 节再进行讨论。

16.6 橙汁价格和霜冻天气

在本节中，我们将使用时间序列分析工具进一步分析佛罗里达州的天气情况和橙汁价格之间的关系：第一，霜冻天气对橙汁价格的影响会持续多久？第二，在样本期的 51 年中，动态因果效应是不是稳定的？如果不稳定，则发生了什么变化？

我们首先使用 16.3 节中的方法展开我们的分析，换句话说，我们将使用 OLS 方法对分布滞后模型进行估计。其中，解释变量为每月冰冻度日数(FDD_t)及其滞后项，被解释变量为橙汁价格的月度百分比变化($\%ChgP_t$)。为了使分布滞后模型系数的估计量是一致的，FDD 必须是外生的。正如 16.2 节所讨论的，这个假设在这里是适当的。换言之，因为人类不会影响天气，所以我们把天气当作类似随机分配的做法是合理的(对于这一假设，我们在下面部分讨论)。如果 FDD 是外生的，我们能够使用 OLS 对这个分布滞后模型(见重要概念 16-1 中式(16-4))的动态因果效应进行估计。

正如 16.3 节和 16.4 节所讨论的，分布滞后模型中的误差项可能存在序列相关，因此我们应该使用 HAC 标准误。我们使用式(16-17)作为 Newey-West 标准误的截断参数选择规则：因为观察个数为 612 期，根据选择规则，$m=0.75\times T^{\frac{1}{3}}=0.75\times 612^{\frac{1}{3}}=6.37$。但因为 m 必须为整数，我们将 m 设为 7；关于标准误对截断参数选择的敏感度我们将在下面进行讨论。

表 16-1 中的列(1)报告了$\%ChgP_t$ 对 FDD_t，FDD_{t-1}，…，FDD_{t-18} 的分布滞后回归模型的 OLS 估计结果。回归模型的系数(表 16-1 报告了部分系数)是每月冰冻度日数的单位变化对接下来 18 个月橙汁价格的因果效应估计值。例如，当月的冰冻度日数增加 1 个单位，当月的橙汁价格将上涨 0.50%。当月冰冻度日数增加 1 个单位对接下来几个月橙汁价格的因果效应变得更小：当月冰冻度日数增加 1 个单位，1 个月后的橙汁价格上涨 0.17%，2 个月后的橙汁价格上涨 0.07%。回归的 R^2 值为 0.12，这意味着 FDD 的当期值及过去值无法很好地解释橙汁价格的变化。

表 16-1 冰冻度日数(FDD)对橙汁价格的动态效应：部分动态乘数估计值及累积动态乘数估计值

滞后期数	(1) 动态乘数	(2) 累积动态乘数	(3) 累积动态乘数	(4) 累积动态乘数
0	0.50 (0.14)	0.50 (0.14)	0.50 (0.14)	0.51 (0.15)
1	0.17 (0.09)	0.67 (0.14)	0.67 (0.13)	0.70 (0.15)
2	0.07 (0.06)	0.74 (0.17)	0.74 (0.16)	0.76 (0.18)
3	0.07 (0.04)	0.81 (0.18)	0.81 (0.18)	0.84 (0.19)
4	0.02 (0.03)	0.84 (0.19)	0.84 (0.19)	0.87 (0.20)
5	0.03 (0.03)	0.87 (0.19)	0.87 (0.19)	0.89 (0.20)
6 · · ·	0.03 (0.05)	0.90 (0.20)	0.90 (0.21)	0.91 (0.21)
12 · · ·	−0.14 (0.08)	0.54 (0.27)	0.54 (0.28)	0.54 (0.28)
18	0.00 (0.02)	0.37 (0.30)	0.37 (0.31)	0.37 (0.30)
包含月度指示变量	否	否	否	是 $F=1.01$ $(p=0.43)$
HAC 标准误阶段参数(m)	7	7	14	7

注：所有回归都是利用 1950 年 1 月～2000 年 12 月(共 T=612 个月)的观测数据(其描述见附录 16A)和 OLS 估计得到的。被解释变量为橙汁价格的月百分比变化(%ChgP_t)。回归(1)是包含每月冰冻度日数及其 18 个滞后值，即 FDD_t，FDD_{t-1}，…，FDD_{t-18} 的分布滞后模型，给出的系数为动态乘数的 OLS 估计值。累积动态乘数为动态乘数的累积和。所有回归都包含截距项，这里没有列出。利用最后一行中的截断参数计算的 Newey-West HAC 标准误在圆括号内给出。

动态乘数图能够更直观地显示结果。表 16-1 中列(1)的动态乘数及 95%的置信区间在图 16-2a 中给出，其中置信区间的端点值是根据“系数估计值±1.96HAC 标准误”来计算的。由此可见，虽然估计结果显示，冰冻度日数增加 1 单位，接下来 6 个月的橙汁价格都有上涨，但除了当月的橙汁价格上涨幅度比较大以外，随后几个月的上涨幅度很小。我们可以从图 16-2a 看出，尽管动态乘数的估计值都为正，但除第一个月的动态乘数在 5%的显著性水平下显著以外，其他月份的动态乘数均不显著。

表 16-1 的列(2)报告了这个模型的累积动态乘数，即列(1)中动态乘数的累积和。图 16-2b 给出了这些累积动态乘数及其 95%置信区间。1 个月后，冰冻度日数对橙汁价格增长的累积因果效应为 0.67%，2 个月后的累积动态因果效应为 0.74%，6 个月后，累积动态因果效应为 0.90%。我们能从图 16-2b 看到，因为最初 7 个月的动态乘数估计值为正，累积动态乘数在最初 7 个月内不断增加。但是，在第 8 个月，动态乘数是负的，因此橙汁价格开始从顶峰缓慢下降。18 个月后，价格的累积上升仅有 0.37%；换言之，长期的累积动态乘数只有 0.37%，且长期累积动态乘数在 10%的显著性水平下不显著$\left(t=\frac{0.37}{0.30}=1.23\right)$。

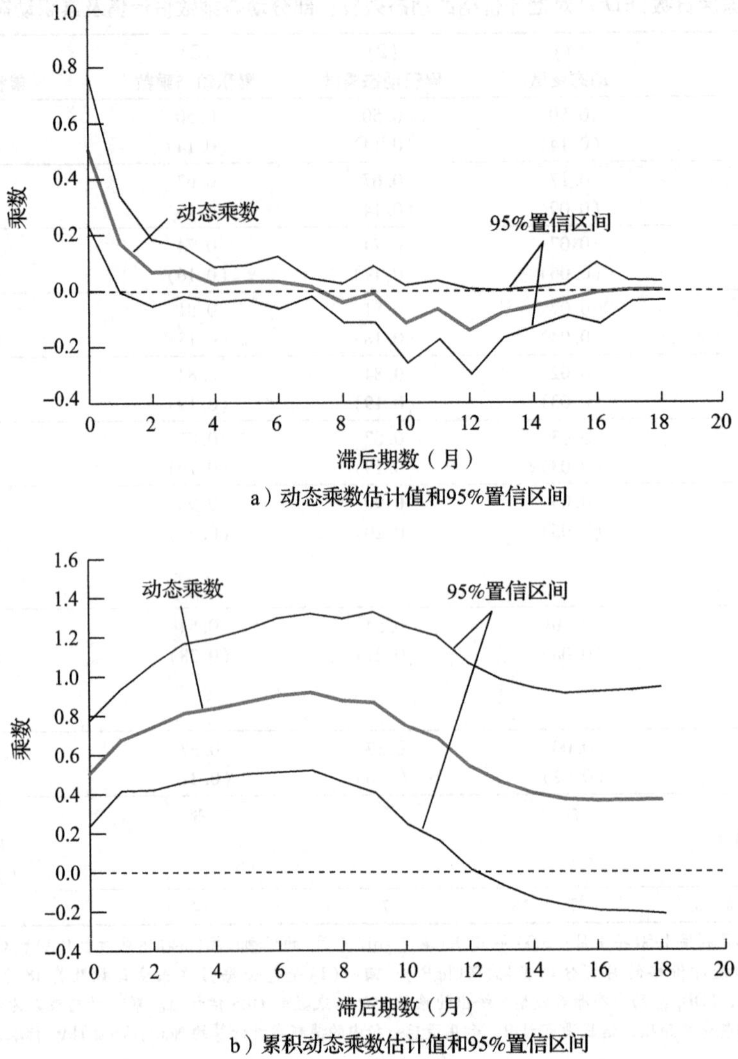

图 16-2 冰冻度日数对橙汁价格的动态效应

注：动态乘数估计值表明，冰冻将导致橙汁价格的立即上涨。后续的价格上涨要比初始上涨幅度小得多。累积动态乘数估计值表明，冰冻对橙汁价格水平有持续影响，冰冻 7 个月后价格达到最高。

敏感度分析。在实证分析中，我们需要检查实证结果是否对实证分析的细节变化敏感。我们从三个方面进行检查：①对 HAC 标准误计算的敏感度；②潜在遗漏变量偏差；③动态乘数估计值的稳定性。

首先，我们检查表 16-1 中列(2)报告的标准误是否对 HAC 截断参数的选择敏感。表 16-1 的列(3)报告了当截断参数为 14 时的模型回归结果(保持模型的其他设定不变)。结果显示，列(3)的结果和列(2)的系数估计值相同，仅有标准误发生了变化，但变化并不大。我们得出结论：实证结果对 HAC 截断参数的选择不敏感。

其次，我们检查了遗漏变量偏差的一个可能来源。佛罗里达州的霜冻天气并不是在一年中随机分配的，霜冻只发生在冬天(这是当然的)。如果橙汁的需求是季节性的(冬天的橙汁需求是不是比夏天更大?)，则橙汁需求的季节性变化模式可能和 FDD 相关，最终导致遗漏变量偏误。用于生产橙汁的橙子销售量是内生的：橙汁的数量和价格是由供求力量同时决定的。因此，正如 9.2 节所讨论的，在模型中加入销售数量会导致双向因果关系偏误。尽管如此，需求的季节性成分能够通过加入季节性变量来描述。因此，表 16-1 的列(4)报告了加入 11 个月度二元变量后的回归结果，其中一个二元变量表示是否为 1 月，另一个表示是否为 2 月，以此类推(为了避免和截距项的完全多重共线性，必须略去一个二元变量)。这些二元变量在 10%的显著性水平下并不是联合显著($p=0.43$)的，动态乘数估计结果基本上与不包括月度二元变量的模型结果一样。我们得出结论：需求的季节性波动并不是遗漏变量偏差的一个重要来源。

动态乘数是稳定的吗？[⊖]为了评估动态乘数的稳定性，我们需要检查分布滞后模型的参数是否随时间而变化。由于我们不清楚具体的突变点，因此我们使用 QLR 统计量检验回归系数的稳定性(重要概念 15-9)。用于检验表 16-1 中列(1)所有回归系数稳定性的 QLR 统计量(剔除 15%的样本且使用 HAC 方差估计量)为 21.19，自由度 $q=20$(FDD_t 及 18 个滞后项的系数，还有一个截距项)。表 15-5 给出 1%的显著性水平下的临界值为 2.43，因此 QLR 在 1%的显著性水平下拒绝原假设。

另一个判断动态乘数稳定性的方法是用不同的子样本对它们进行估计。图 16-3 画出了第一个阶段(1950～1966 年)的累积动态乘数估计值、中间阶段(1967～1983 年)的累积动态乘数估计值和最后阶段(1984～2000 年)的累积动态乘数估计值，以上结果是通过对每个子样本进行回归得到的。这些估计结果比较有趣且值得注意：在 20 世纪 50 年代到 20 世纪 60 年代早期，一个冰冻度日数对价格的因果效应较大且持久。然而，这个因果效应的大小在 20 世纪 70 年代有所下降，尽管它的持续性依然很高。在 20 世纪 80 年代晚期到 20 世纪 90 年代，冰冻度日数的短期因果效应与 20 世纪 70 年代的情况相同，但这个短期效应的持续性大大降低，在一年后基本消失。这些估计结果显示，佛罗里达州的冰冻天气对橙汁价格的动态因果效应在 20 世纪下半叶变小了，持续性也下降了。专栏 16-1“迁徙中的橙子树”给出了动态因果效应不稳定的一种可能解释。

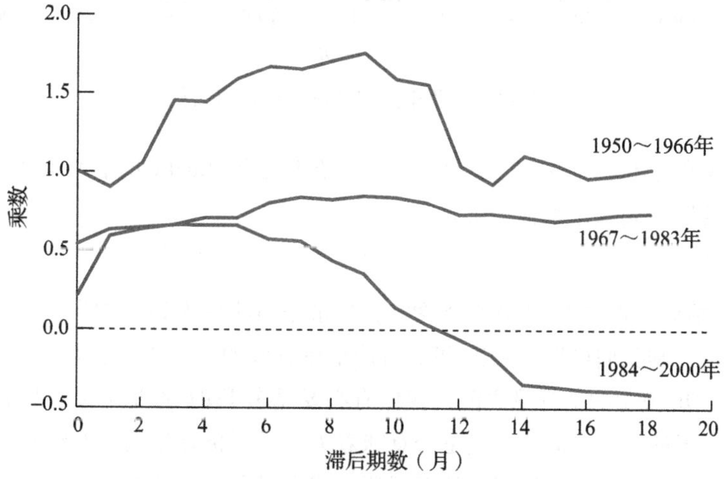

图 16-3　不同样本期的累积动态效应估计值

注：冰冻天气对橙汁价格的动态效应在 20 世纪下半叶发生了显著变化。1950～1960 年冰冻天气对橙汁价格的影响要大于之后的影响，而 1984～2000 年的冰冻天气影响的持续性要短于之前的时期。

⊖　此处关于稳定性的讨论使用了 15.7 节的材料，如果这些材料没有被涉及，可以忽略此处的讨论。

专栏 16-1

迁徙中的橙子树

为什么图 16-3 中给出的动态乘数随时间变化如此之大？一个可能的原因是市场发生了变化，另一个原因是种植区南迁。

根据佛罗里达州的柑橘管理部门报告，20 世纪 80 年代的严重霜冻天气（图 16-1c）迫使柑橘种植者寻找更温暖的气候。正如图 16-4 所示，美国霜冻最严重的北部地区及西部地区的柑橘种植面积从 1981 年的 232 000 英亩下降到 1985 年的 53 000 英亩，南部和中部地区的柑橘种植面积从 1985 年的 413 000 英亩上升到 1993 年的 588 000 英亩。随着种植区南迁，北部的霜冻天气只损失了小部分橙子，正如图 16-3 所示，在更北部的城市（奥兰多），橙汁价格对温度的敏感性更低。

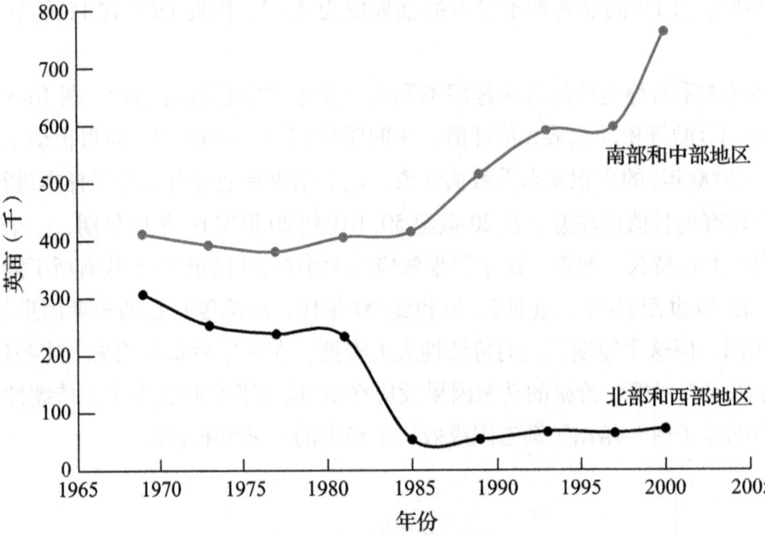

图 16-4 佛罗里达州的橙子树种植面积

好的，橙子树自己不会迁移，这个问题可以交给麦克白（MacBeth），但是橙子种植区的南迁的确为“非平稳性”一词赋予新的含义。[⊖]

ADL 和 GLS 估计。正如 16.5 节所讨论的，如果分布滞后模型中的误差项存在序列相关且 FDD 是严格外生的，则我们可以得到比 OLS 估计量更有效的动态乘数估计。但是，在使用 GLS 估计量或者基于 ADL 模型的估计量之前，我们有必要思考 FDD 是否真的是严格外生的。的确，人类不能影响每一天的天气，但这一点是否意味着天气是严格外生的呢？给定 FDD 的所有过去值、现在值和未来值，分布滞后模型中的误差项 u_t 条件均值是否为 0？

在表 16-1 中列（1）所示的分布滞后模型中，误差项表示橙汁价格与基于过去 18 个月的天气

⊖ 自 2000 年以来，佛罗里达州生产橘汁的企业经历了多次其他变化。市场对橘汁的需求下降，同时来自巴西的进口增加。尤其重要的是，细菌性病害和柑橘黄龙病的传播使得柑橘无法成熟、柑橘树枯萎。在 2000～2015 年间，佛罗里达州的柑橘产量下降了近 60%。我们感谢佛罗里达州立大学的 James Cobbe 教授，他给我们讲述了橙子种植区南迁的故事。

情况所预测的橙汁价格总体均值的差。这一差异可能是由很多原因导致的，其中的一个原因是，橙汁期货交易员在交易中使用了天气预测值信息。例如，如果预测到冬天会特别冷，则交易员会把这个因素考虑到橙汁定价中，因此橙汁价格将高于基于总体回归方程的预测值；换句话说，误差项将为正值。如果预测是准确的，则未来天气将被证明确实非常冷。因此，当现期价格反常的高(u_t>0)，未来的冰冻度日数将为正(X_{t+1}>0)，从而 corr(X_{t+1}, u_t)为正。更简单地说，尽管橙汁交易员不会影响天气，但他们能够预测天气(见专栏 16-2)，从而使得价格和天气的回归方程中的误差项和未来的天气状况存在相关性。换句话说，FDD 是外生的，但如果上述推理正确，则 FDD 不是严格外生的，故 GLS 和 ADL 估计量不是动态乘数的一致估计量。因此，在这个例子中，我们不使用这些估计量。

专栏 16-2

新闻速递：　商品交易员通过迪士尼乐园传递寒流

虽然在一年的大部分时间里，佛罗里达州奥兰多迪士尼乐园的天气都是怡人的，但时不时也会遭遇寒流。如果你在一个冬天的夜晚游览迪士尼乐园，你是否应该带一件保暖外套？一些人会关注电视中的天气预报节目，但懂行的人会做得更好：他们会查看纽约橙汁期货市场的当天收盘价！

金融经济学家理查德·罗尔(Richard Roll)对橙汁价格和天气之间的关系进行了详细研究。罗尔(1984)检查了奥兰多的低温天气对橙汁价格的因果效应，但他也研究了橙汁期货合约(约定在未来某个时间购买橙汁的合约)价格的变化对天气的“因果效应”。罗尔使用了 1975～1981 年间纽约棉花交易所的橙汁期货合同价格的日数据，以及奥兰多夜晚温度的日数据。他发现，橙汁期货合同价格的上涨能够预测奥兰多在下一个夜晚的寒冷天气，特别是寒流天气。事实上，在预测佛罗里达寒冷天气方面，市场是如此有效，以至于交易日的合约价格上涨能够预测出美国政府官方天气预报的预测误差。

罗尔的研究没有发现的东西也很有趣：尽管罗尔使用的天气数据能够解释一部分橙汁期货价格的变化，但只解释了一小部分，大部分并没有被解释。他因此提出橙汁期货市场存有“过度波动性”，即橙汁期货市场的波动性超过了基本面所能解释的范围。理解金融市场为什么会存在过度波动性(如果存在的话)是金融经济学研究的一大重要领域。

罗尔的研究结果也指出了预测动态因果效应和估计动态因果效应之间的差异。橙汁期货价格是寒冷天气的一个有用的预测变量，但这并不意味着商品期货交易员能够导致天气下降。换句话说，迪士尼乐园的参观者可能在橙汁期货价格上涨后挨冻，但他们并不是因为橙汁价格上涨而挨冻的。

16.7　外生性合理吗

正如横截面数据回归分析一样，把分布滞后模型的系数解读为动态因果效应是以 X 的外生性假设为前提的。如果 X_t 或它的滞后项与 u_t 存在相关性，则 X_t 不是外生的，即 u_t 的条件均值依赖于 X_t 或它的滞后项。有很多原因会导致解释变量和误差项存在相关性，但在经济时间序列中，一个特别重要的原因是存在双向因果关系。双向因果关系会导致内生解释变量(正如9.2节和12.1节所讨论的)。在16.6节中，我们详细讨论了霜冻天气的外生性和严格外生性假设。在本节中，我们将结合四个经济学例子来讨论外生性假设。

16.7.1 美国收入和澳大利亚出口

美国是澳大利亚出口产品的重要需求国。为了研究澳大利亚出口对美国总收入波动的敏感性，我们建立如下回归模型：以美国收入为解释变量，以澳大利亚对美国的出口为被解释变量。严格来说，由于世界经济是一体化的，从而这个回归存在双向因果关系：澳大利亚出口需求的衰减会导致澳大利亚收入的衰减，这又会导致澳大利亚对美国的进口需求下降，进而导致美国总收入的下降。但是，在实际生活中，这个效应是很小的，因为美国经济体量比澳大利亚经济体量大得多。因此，在该回归中，我们可以将美国总收入看作外生的。

相反，如果我们建立的模型是以欧盟对美国的出口为被解释变量，则把美国总收入看作为外生的做法就不合理了。由于欧盟对美国出口产品的需求构成了美国出口总需求的很大部分，因此美国对欧盟出口需求的降低会降低欧盟收入，这又会导致欧盟对美国进口需求的降低，从而降低美国总收入。由于存在这些国际贸易的关联性，欧盟对美国的出口和美国的收入是同时确定的，因此在这个回归模型中，美国收入不是外生的。这个例子说明，我们必须根据具体情况判断变量的外生性：在解释澳大利亚出口的回归模型中，美国收入的外生性假定是合理的，但在解释欧盟出口的回归模型中，美国收入的外生性假定是不合理的。

16.7.2 石油价格和通货膨胀

自20世纪70年代的油价上涨以来，宏观经济学家就开始对估计原油国际市场价格对美国通货膨胀率的因果效应产生了兴趣。由于国际市场的油价在很大程度上是由海外的产油国所设定的，因此人们一开始会认为石油价格是外生的。但石油价格和天气不一样：OPEC组织的成员方会从战略高度来决定石油产量水平，在进行这一决策时他们会考虑很多因素，包括世界经济状况。鉴于石油价格(或产量)在很大程度上是基于当今和未来世界经济形势(其中包括美国的通货膨胀率)而设定的，所以石油价格是内生的。

16.7.3 货币政策和通货膨胀

掌管货币政策的中央银行需要知道货币政策对通货膨胀的因果效应。因货币政策的一个重要工具是短期利率，他们需要知道短期利率的变化对通货膨胀的动态因果效应。尽管短期利率是由中央银行决定的，但短期利率并不是随机决定的(像理想化随机对照实验中那样)，它是内生的：中央银行会根据当前及未来经济状态来决定短期利率，这期间自然要考虑当前和未来的通货膨胀状况。由此可见，通货膨胀会依赖于利率(高利率降低总需求)，但利率也依赖于通货膨胀的当期值、过去值及(期望)未来值。因此，短期利率是内生的，使用OLS回归得到的短期利率对通货膨胀率的因果效应估计值不是一致的。

16.7.4 GDP增长率和期限利差

在第15章中，我们使用了期限利差的滞后值来预测未来的GDP增长率。因为期限利差的滞后项发生在过去，人们可能认为 GDP 增长率的当期值对期限利差的过去值不存在反馈，因此期限利差的过去值能被看作是外生的。但是，期限利差的过去值并不是像在实验中那样随机分配的；相反，期限利差的过去值是和 GDP 增长率的过去值同时决定的。由于 GDP 和构成期限利差的利率是同时被决定的，因此误差项 u_t 中所包含的决定 GDP 增长率的其他变量和期限利差的过去值存在相关性，即期限利差不是外生的。由于期限利差不是严格外生的，因此使用 ADL 模型（如式（15-20）所示的模型）得到的动态因果效应估计值不是一致的。

16.8　结论

时间序列数据为我们估计 X 对 Y 的动态因果效应提供了机会。如果我们想要使用分布滞后模型来估计动态因果效应，则 X 必须是外生的，正如在理想化随机对照实验中设定的那样。如果 X 不仅是外生的，而且是严格外生的，则我们可以使用自回归分布滞后模型或者 GLS 来估计动态因果效应。

在一些应用中，如估计佛罗里达州的霜冻天气对橙汁价格的因果效应，解释变量（冰冻度日数）的外生性假设是合理的，从而使用 OLS 对分布滞后模型进行回归估计出的动态因果效应是一致的。然而，经济理论表明，天气不是严格外生的，因此 ADL 或 GLS 方法是不合适的。此外，在我们感兴趣的很多回归中，均存在双向因果关系，在这种情况下，解释变量不是外生的，也不是严格外生的。总而言之，我们需要结合经济学理论、专业知识和谨慎态度来判断解释变量是不是外生的（或严格外生的）。

本章小结

1. 时间序列分析的动态因果效应是在随机对照实验背景下来定义的，即同一主体（实体）在不同时期受到不同的（随机分配）处理。当 X 的时间路径是随机决定的且 X 与影响 Y 的其他因素相互独立时，Y 对 X 及其滞后项的分布滞后模型中的系数可以被解读为动态因果效应。
2. 在 Y 对 X 及其滞后项的分布滞后模型中，如果误差项 u_t 的条件均值不依赖于 X 的现在值和过去值，则 X 是（基于过去和现在）外生的。如果 u_t 的条件均值不仅不依赖于 X 的过去值和现在值，也不依赖于 X 的未来值，则 X 是严格外生的。
3. 在 Y 对 X 及其滞后项的分布滞后模型中，如果 X 是外生的，则模型系数的 OLS 估计量是动态因果效应的一致估计量。一般而言，模型中的误差项 u_t 是序列相关的，故常规的标准误是有偏误的，必须使用 HAC 标准误。
4. 如果 X 是严格外生的，则动态乘数可以使用基于 ADL 模型的 OLS 估计或使用基于分布滞后模型的 GLS 估计得到。
5. 外生性是一个很强的假设，由于存在双向因果关系，这一假设在经济时间序列数据中经常不成立。严格外生性是一个更强的假设。

重要术语

动态因果效应　　　　分布滞后模型

外生性
动态乘数
累积动态乘数
异方差和自相关一致(HAC)标准误
Newey-West 方差估计量
广义最小二乘法(GLS)
可行的 GLS 估计量
严格外生性
即时效应
长期累积动态乘数
截断参数
准差分
不可行的 GLS 估计量

内容复习

16.1　在 20 世纪 70 年代，人们经常估计被解释变量为名义 GDP(Y)且解释变量为货币供给(X)及其滞后项的分布滞后模型。在什么条件下，该模型的系数估计值是货币供给对名义 GDP 的因果效应？在诸如美国这样的现代化经济体中，这些假设条件满足吗？

16.2　假设 X 是严格外生的。某研究人员估计了一个 ADL(1, 1)模型，且计算了回归残差，发现残差项具有高度的序列相关性。这位研究人员是应该估计一个加入更多滞后项的新 ADL 模型，还是简单地对 ADL(1, 1)系数估计值使用 HAC 标准误？

16.3　假设已经估计完一个分布滞后模型，其中被解释变量为 ΔY_t 而非 Y_t。请解释在这种情况下如何计算 X_t 对 Y_t 的动态乘数？

16.4　假设你把 FDD_{t+1} 作为其他解释变量加入式(16-2)中。如果 FDD 是严格外生的，你认为 FDD_{t+1} 的系数是否等于 0？如果 FDD 只是外生的，而不是严格外生的，你的答案会改变吗？

习　题

16.1　油价上涨应该对发达国家的几次经济衰退负责。为了量化油价对实体经济的效应，研究人员建立了类似本章所讨论的模型。令 GDP_t 表示美国的季度实际 GDP 值，$\left(Y_t = 100\times\ln\left(\frac{GDP_t}{GDP_{t-1}}\right)\right)$ 为 GDP 的季度百分比变化。计量经济学家兼宏观经济学家詹姆斯 · 汉密尔顿(James Hamilton)提出，只有当油价高于它的近期滞后值时，油价才会对经济产生负向影响。具体地，我们令 $O_t = \max\{0$, 时点 t 的油价与过去 3 年中油价最高值之间的百分比差异$\}$。利用 1960 年第一季度到 2017 年第四季度数据，估计得到如下分布滞后模型

$$\begin{aligned}\hat{Y}_t = \underset{(0.1)}{1.0} - \underset{(0.013)}{0.006}O_t - \underset{(0.011)}{0.014}O_{t-1} - \underset{(0.010)}{0.020}O_{t-2} - \\ \underset{(0.009)}{0.024}O_{t-3} - \underset{(0.012)}{0.036}O_{t-4} - \underset{(0.007)}{0.013}O_{t-5} + \\ \underset{(0.010)}{0.005}O_{t-6} - \underset{(0.008)}{0.007}O_{t-7} + \underset{(0.008)}{0.005}O_{t-8}\end{aligned}$$

(1) 假设油价比它的近期峰值跳升 25%，且一直维持在这一新的水平上(因此 $O_t = 25$，$O_{t+1} = O_{t+2} = \cdots = 0$)。请问未来两年内每个季度的 GDP 增长率将受到何种影响？

(2) 给出前一题答案的 95%置信区间。

(3) 未来 8 个季度中 GDP 增长的累积变化是多少？

(4) 检验 O_t 及其滞后值的系数联合为 0 的 HAC F 统计量为 5.45，这些系数显著不为 0 吗？

16.2 宏观经济学家同时注意到，利率随着油价的跳升而变化。令 R_t 表示 3 个月期的国债利率(以年化利率表示)。基于 1960 年第一季度到 2017 年第四季度的数据，估计得到如下的分布滞后模型

$$\begin{aligned}\Delta\hat{R}_t = &\underset{(0.05)}{0.03} + \underset{(0.010)}{0.013}O_t + \underset{(0.010)}{0.013}O_{t-1} - \\ &\underset{(0.008)}{0.004}O_{t-2} - \underset{(0.015)}{0.024}O_{t-3} - \underset{(0.010)}{0.000}O_{t-4} + \\ &\underset{(0.015)}{0.006}O_{t-5} - \underset{(0.015)}{0.005}O_{t-6} - \\ &\underset{(0.010)}{0.018}O_{t-7} - \underset{(0.006)}{0.004}O_{t-8}\end{aligned}$$

(1) 假设油价比它的近期峰值跳升 25%，且一直维持在这一新的水平上(因此 $O_t = 25$，$O_{t+1} = O_{t+2} = \cdots = 0$)。请问在接下来两年内每个季度的利率变化是多少？

(2) 给出前一题答案的 95%置信区间。

(3) 油价的这一变动对 t+8 期利率的影响有多大？如何将你的答案和累积动态乘数联系起来？

(4) 检验 O_t 及其滞后值的系数联合为 0 的 HAC F 统计量为 1.92，这些系数显著不为 0 吗？

16.3 考虑两个不同的随机实验。在实验 A 中，石油价格随机设定，且中央银行通过常规政策规则对经济条件(包括石油价格的变化)做出反应。在实验 B 中，石油价格随机设定，且中央银行保持利率固定，即不对石油价格变化做出反应。在这两个实验中，GDP 增长率都可观测。现在假设石油价格在习题 16.1 的回归方程中具有外生性。则习题 16.1 是在哪一个实验条件下估计动态因果效应呢？A 还是 B？

16.4 假设石油价格是严格外生的，讨论你怎么对习题 16.1 的估计结果进行改进？

16.5 从式(16-4)推导式(16-7)，且证明 $\delta_0 = \beta_0$，$\delta_1 = \beta_1$，$\delta_2 = \beta_1 + \beta_2$，$\delta_3 = \beta_1 + \beta_2 + \beta_3$，等。(提示：$X_t = \Delta X_t + \Delta X_{t-1} + \cdots + \Delta X_{t-p+1} + X_{t-p}$。)

16.6 考虑回归模型 $Y_t = \beta_0 + \beta_1 X_t + u_t$，其中 u_t 服从平稳的 AR(1)模型，即 $u_t = \phi_1 u_{t-1} + \tilde{u}_t$，$\tilde{u}_t$ 是均值为 0，方差为 $\sigma^2_{\tilde{u}}$，且 $|\phi_1| < 1$ 的独立同分布；解释变量 X_t 服从平稳的 AR(1)模型，即 $X_t = \gamma_1 X_{t-1} + e_t$，$e_t$ 是均值为 0，方差为 $\sigma^2_{\tilde{u}}$，且 $|\gamma| < 1$ 的独立同分布；对所有的 t 和 i，e_t 与 $\tilde{u}_t$ 相互独立。

(1) 证明 $\mathrm{var}(u_t) = \dfrac{\sigma^2_{\tilde{u}}}{1-\phi_1^2}$，$\mathrm{var}(X_t) = \dfrac{\sigma^2_e}{1-\gamma_1^2}$。

(2) 证明 $\mathrm{cov}(u_t, u_{t-j}) = \phi_1^j \mathrm{var}(u_t)$，$\mathrm{cov}(X_t, X_{t-j}) = \gamma_1^j \mathrm{var}(X_t)$。

(3) 证明 $\mathrm{corr}(u_t, u_{t-j}) = \phi_1^j$，$\mathrm{corr}(X_t, X_{t-j}) = \gamma_1^j$。

(4) 考虑式(16-14)中的 σ^2_v 和 f_T。

①证明 $\sigma^2_v = \sigma^2_X \sigma^2_u$，其中 σ^2_X 是 X 的方差，σ^2_u 是 u 的方差。

②推导 f_∞ 的表达式。

16.7 考虑回归模型 $Y_t = \beta_0 + \beta_1 X_t + u_t$，其中 u_t 服从平稳的 AR(1)模型，即 $u_t = \phi_1 u_{t-1} + \tilde{u}_t$，$\tilde{u}_t$ 是均值为 0，方差为 $\sigma^2_{\tilde{u}}$ 的独立同分布，且 $|\phi_1| < 1$。

(1) 假设对于所有的 t 和 j，X_t 与 $\tilde{u}_j$ 相互独立。X_t 是外生的吗？X_t 是严格外生的吗？

(2) 假设 $X_t = \tilde{u}_{t+1}$。X_t 是外生的吗？X_t 是严格外生的吗？

16.8 考虑习题 16.7 中的模型，且 $X_t = \tilde{u}_{t+1}$。

(1) 系数 β_1 的 OLS 估计量是一致的吗？请解释。

(2) 解释为什么 β_1 的 GLS 估计量不是

一致的。

(3) 证明不可行 GLS 估计量 $\hat{\beta}_1^{\text{GLS}} \xrightarrow{p} \beta_1 - \frac{\phi_1}{1+\phi_1^2}$。

(提示:将遗漏变量公式(6-1)运用到式(16-23)所示的准差分模型中。)

16.9 考虑"只有常数项"的回归模型,即 $Y_t=\beta_0+u_t$,其中 u_t 服从平稳的 AR(1)模型,即 $u_t=\phi_1 u_{t-1}+\widetilde{u}_t$,$\widetilde{u}_t$ 是均值为 0,方差为 $\sigma_{\widetilde{u}}^2$ 的独立同分布,且 $|\phi_1|<1$。

(1) 证明 OLS 估计量 $\hat{\beta}_0 = T^{-1}\sum_{t=1}^{T} Y_t$。

(2) 证明(不可行的)GLS 估计量 $\hat{\beta}_0^{\text{GLS}} = (1-\phi_1)^{-1}(T-1)^{-1}\sum_{t=2}^{T}(Y_t-\phi_1 Y_{t-1})$。(提示:$\beta_0$ 的 GLS 估计量是 $(1-\phi_1)^{-1}$ 乘以式(16-23)中 α_0 的 OLS 估计量。为什么?)

(3) 证明 $\hat{\beta}_0^{\text{GLS}}$ 可以写成 $\hat{\beta}_0^{\text{GLS}} = (T-1)^{-1}\sum_{t=2}^{T-1} Y_t + (1-\phi_1)^{-1}(T-1)^{-1}(Y_T - \phi_1 Y_1)$。(提示:使用(2)中的方程。)

(4) 推导 $\hat{\beta}_0-\hat{\beta}_0^{\text{GLS}}$ 的表达式,讨论为什么当 T 很大时,该差值很小。

16.10 考虑 ADL 模型 $Y_t=3.1+0.4Y_{t-1}+2.0X_t-0.8X_{t-1}+\widetilde{u}_t$,其中 X_t 是严格外生的。

(1) 推导 X 对 Y 的即时效应。

(2) 推导前五个动态乘数。

(3) 推导前五个累积动态乘数。

(4) 推导长期累积动态乘数。

16.11 假设,$a(L)=(1-\phi L)$,$|\phi_1|<1$,并且 $b(L)=1+\phi L+\phi^2L^2+\phi^3L^3+\cdots$

(1) 证明乘积 $b(L)a(L)=1$,因此 $b(L)=a(L)^{-1}$。

(2) 为什么限制条件 $|\phi_1|<1$ 很重要?

16.12 假设,$Y_t=\beta_0+u_t$,u_t 服从平稳的 AR(1)过程,$u_t=\phi_1 u_{t-1}+\widetilde{u}_t$,$\widetilde{u}_t$ 是均值为 0,方差 $\sigma_{\widetilde{u}}^2$ 的独立同分布,$|\phi_1|<1$。

(1) 证明 $\beta_0=\mu_Y=E(Y_t)$。

(2) 令 $\overline{Y}_{1:T}=\frac{1}{T}\sum_{t=1}^{T}Y_t$,其中 $\overline{Y}_{1:T}$ 表示从 1 到 T 期的观测值 Y_t 的样本均值,证明 β_0 的 OLS 估计量为 $\hat{\beta}_0=\overline{Y}_{1:T}$。

(3) 证明 $\text{var}(\sqrt{T}(\overline{Y}_{1:T}-\mu_Y))\rightarrow\frac{\sigma_{\widetilde{u}}^2}{(1-\phi_1)^2}$

(4) 假设 $\overline{Y}_{1:T}$ 近似服从均值为 μ_Y 和方差为 $\frac{\sigma_{\widetilde{u}}^2}{[T(1-\phi_1)^2]}$ 的正态分布。假设 $T=200$,$\sigma_{\widetilde{u}}^2=7.9$,$\phi_1=0.3$,$Y$ 的样本均值为 $\overline{Y}_{1:T}=2.8$。请为 μ_Y 构建一个 95% 的置信区间。

(5) 假设你对 Y_t 从 $T+1$ 到 $T+h$ 期的均值感兴趣,即 $\overline{Y}_{T+1:T+h}=\frac{1}{h}\sum_{t=T+1}^{T+h}Y_t$,其中 h 是一个足够大的数。证明 $\overline{Y}_{T+1:T+h}$ 均值为 μ_Y,方差为 $\frac{\sigma_{\widetilde{u}}^2}{h(1-\phi_1)^2}$。

(6) 假设 $\overline{Y}_{T+1:T+h}$ 近似服从正态分布。假设 $h=100$,$\sigma_{\widetilde{u}}^2=7.9$,$\phi_1=0.3$ 和 $\mu_Y=2.9$。构建 $\overline{Y}_{T+1:T+h}$ 的 95% 预测区间。

(7) 令 $r=\frac{h}{T}$。请证明 $\text{var}(\sqrt{T}(\overline{Y}_{T+1:T+h}-\overline{Y}_{1:T}))\rightarrow(1+r^{-1})\frac{\sigma_{\widetilde{u}}^2}{(1-\phi_1)^2}$,其中当 $T\to\infty$ 时,r 为固定值。

(8) 证明 $\overline{Y}_{T+1:T+h}-\overline{Y}_{1:T}$ 的均值为 0,方差为 $\left(\frac{1}{T}+\frac{1}{h}\right)\frac{\sigma_{\widetilde{u}}^2}{(1-\phi_1)^2}$。

(9) 使用(8)中的结果来证明当 T 和 h 较大时,预测区间 $\overline{Y}_{1:T}\pm 1.96\sqrt{\left(\frac{1}{T}+\frac{1}{h}\right)\frac{\sigma_{\widetilde{u}}^2}{(1-\phi_1)^2}}$ 将以 95% 的概率包含 $\overline{Y}_{T+1:T+h}$。(假设 $\overline{Y}_{T+1:T+h}-$

$\overline{Y}_{1:T}$ 近似服从正态分布。)

(10) 假设 $T=200$，$h=100$，$\sigma_{\tilde{u}}^2=7.9$，$\phi_1=0.3$，$\overline{Y}_{1:T}=2.8$。请构建 $\overline{Y}_{T+1:T+h}$ 的 95%预测区间。

实证练习

16.1 在本练习中，你将估计石油价格对宏观经济活动的效应，使用工业生产指数(IP)的月度数据及在习题 16.1 中的 O_t 月度数据。在本书网站 http://www.pearsonhighered.com/stock_watson 上找到相关数据，数据文件为 USMacro_Monthly。

(1) 计算 IP 的月度增长率，即 $ip\_growth_t = 100 \times \ln\left(\frac{IP_t}{IP_{t-1}}\right)$。计算在 1960 年 1 月～2017 年 12 月的样本区间中，ip_growth 的均值及标准误。ip_growth 的单位是什么(百分比？每年百分比？每月百分比？还是其他)？

(2) 画出 O_t 的图。为什么有那么多的 O_t 值等于0？为什么没有负的 O_t 值？

(3) 估计 ip_growth 关于 O_t 当期值及 18 个滞后值的分布滞后模型。你选择的 HAC 截断参数 m 的值是多少？为什么？

(4) 关于 O_t 及其滞后项的系数是联合显著的吗？

(5) 构建类似图 16-2 的图，画出动态乘数、累积动态乘数及 95%的置信区间。从现实角度出发，评论这些乘数的大小。

(6) 假设美国的高需求(即 ip_growth 的值较高)将导致石油价格的上涨，O_t 是外生的吗？问题(5)中的乘数估计值可信吗？请解释。

16.2 在数据文件 USMacro_Quarterly 中，你将找到美国的两组价格序列：你在实证练习 15.1 中使用的个人消费支出价格指数(PCEP)及消费价格指数(CPI)。这些序列是对美国消费者价格的测度。CPI 是以一篮子商品的价格为计算基础，且每 5～10 年会对商品进行更新。PCEP 是一篮子商品价格的链式加权，且每月对这一篮子商品进行更新。经济学家认为，由于 CPI 中没有考虑当商品相对价格发生变化时而产生的商品间替代效应，故 CPI 存在高估通货膨胀的问题。如果这个替代偏误(因为存在替代效应，导致 CPI 高估通货膨胀)很重要，则用 CPI 计算的通货膨胀率会系统性地高于用 PCEP 计算的通货膨胀率。令 $\pi_t^{CPI}=400\times[\ln(CPI_t)-\ln(CPI_{t-1})]$，$\pi_t^{PCEP}=400\times[\ln(PCEP_t)-\ln(PCEP_{t-1})]$，$Y_t=\pi_t^{CPI}-\pi_t^{PCEP}$，因此 π_t^{CPI} 是基于 CPI 计算的季度通货膨胀，π_t^{PCEP} 是基于 PCEP 计算的季度通货膨胀，Y_t 是这两个指标之差。使用从 1963 年第一季度到 2017 年第四季度的数据，进行下列练习：

(1) 计算 π_t^{CPI} 和 π_t^{PCEP} 的样本均值。这些点估计值与“CPI 存在显著的替代偏误”这一说法相符吗？

(2) 计算 Y_t 的样本均值。解释为什么它在数值上等于(1)中计算的均值之差。

(3) 证明 Y 的总体均值等于这两个通货膨胀率的总体均值之差。

(4) 考虑“只有常数项”的回归模型：$Y_t=\beta_0+u_t$。证明 $\beta_0=E(Y)$。你认为 u_t 存在序列相关吗？请解释。

(5) 构建 β_0 估计值的 95%置信区间。你选择的 HAC 截断参数是多少？为什么？

(6) 是否存在 CPI 的均值大于 PCEP 的均值的统计证据？

(7) 是否存在 β_0 不稳定的证据？进行 QLR 检验。（提示：确保你在 QLR 检验中使用了 HAC 标准误。）

16.3 在数据文件 USMacro_Quarterly 中，你可以找到在第 15 章中分析过的关于美国实际 GDP（GDPC1）的数据。在本练习中，你需要构建美国实际 GDP 平均增长率的 95%置信区间；此外，你需要构建 2018 年第一季度到 2067 年第四季度的实际 GDP 平均增长率的 95%预测区间。在尝试本实证练习之前，你应该先回答练习 16.12 的问题。

(1) 计算实际 GDP 增长率：$Y_t = 400 \times [\ln(GDPC1_t) - \ln(GDPC1_{t-1})]$。绘制 1960 年至 2017 年期间的时间序列图，并验证其与图 15-1b 所绘制的相同。

(2) 使用 1960 年第一季度到 2017 年第四季度的数据：

①估计 Y_t 的 AR(1) 模型。在习题 16.12 中，用 $\hat{\phi}_1$ 表示 AR(1) 模型的系数估计值，用 $\hat{\sigma}_{\tilde{u}}$ 表示回归的标准误。

②计算 Y_t 的样本均值。

(3) 假设 Y_t 服从 AR(1) 过程，使用在习题 16.12 中得到的结果，以及在上一问①中得到的 ϕ_1 和 $\sigma_{\tilde{u}}$ 的估计值，以及②中得到的样本均值，来

① 构建实际 GDP 平均增长率 μ_Y 的 95%置信区间。

② 构建 2018 年第一季度到 2067 年第四季度的实际 GDP 平均增长率的 95%预测区间，即 $\overline{Y}_{2018Q1:2067Q4}$。

(4) 使用 1960 年第一季度到 2017 第四季度的数据：

① 将 Y_t 对一个常数做回归（没有其他解释变量）。使用具有四阶滞后的 Newey-West HAC 估计量构建常数估计值的标准误。

② 利用这次回归的结果对 μ_Y（实际 GDP 的平均增长率）构建一个 95%置信区间。

③ 利用这次回归的结果，构建 2018 年第一季度到 2067 年第四季度期间实际 GDP 平均增长率的 95%预测区间，即 $\overline{Y}_{2018Q1:2067Q4}$。

(5) 第(4)问中②和③的区间与第(3)问中的①和②的区间是否相似？它们应该相似吗？解释一下。

附录 16A　橙汁数据集

橙汁价格数据来自由美国劳工统计局收集的生产者价格指数（PPI）加工食品组中的冷冻橙汁部分（BLS 序列号 wpu02420301）。将橙汁价格序列除以成品的 PPI 来调整通货膨胀。冰冻度日序列是从美国商务部国家海洋和大气管理局（NOAA）得到，它是通过奥兰多机场区域记录在案的最低温度序列来构建的。构建 FDD 序列的时间点与橙汁价格序列的时间点应相匹配。具体地，橙汁价格是通过每月中旬对生产者样本的调查收集得到，尽管不同月的确切日期有所不同。相应地，FDD 序列记录的是某月 11 日到下月 10 日的冰冻度日数，即每个月的 FDD 是将本月 11 日到次月 10 日期间每日的冰冻度日数进行加总而成的。因此，2 月的 $\%ChgP_t$ 为 1 月中旬到 2 月中旬实际橙汁价格的百分比变化，而 2 月的 FDD_t 为 1 月 11 日到 2 月 10 日的冰冻度日数。

附录 16B　使用滞后算子表示的 ADL 模型及广义最小二乘法

第 16.5 节针对分布滞后模型中误差项为 AR(1) 的情况，引入了自回归分布滞后模型。

本附录使用附录 15C 中引入的滞后算子符号，将 ADL 模型扩展到误差项为 AR(p)的情形。

16B.1 使用滞后算子表示的分布滞后、ADL 及准差分模型

正如附录 15C 所讨论的，滞后算子 L 具有性质 $L^jX_t=X_{t-j}$，分布滞后多项式 $\beta_1X_t+\beta_2X_{t-1}+\cdots+\beta_{r+1}X_{t-r}$ 可以表述为 $\beta(L)X_t$，其中 $\beta(L)=\sum_{j=0}^{r}\beta_{j+1}L^j$，$L_0=1$。因此，重要概念 16-1 中的式(16-4)可以使用滞后算子符号表述为

$$Y_t=\beta_0+\beta(L)X_t+u_t \qquad (16\text{-}30)$$

此外，如果误差项 u_t 服从 AR(p)过程，则可将其写为

$$\phi(L)u_t=\widetilde{u}_t \qquad (16\text{-}31)$$

其中，$\phi(L)=\sum_{j=0}^{p}\phi_jL^j$，$\phi_0=1$，且 u_t 不存在序列相关(注意：当 $p=1$ 时，这里定义的 ϕ_1 是式(16-19)中定义的 ϕ_1 的相反数)。

为了推导 ADL 模型，在式(16-30)两边乘以 $\phi(L)$，因此得到

$$\phi(L)Y_t=\phi(L)[\beta_0+\beta(L)X_t+u_t]$$
$$=\alpha_0+\delta(L)X_t+\widetilde{u}_t \qquad (16\text{-}32)$$

其中，$a_0=\phi(1)\beta_0$，$\delta(L)=\phi(L)\beta(L)$，

$$\phi(1)=\sum_{j=0}^{p}\phi_j \qquad (16\text{-}33)$$

式(16-32)是 ADL(p, q)模型，模型包括同时期的 X，其中 p 是 Y 的滞后项数量，q 是 X 的滞后项数量。

为了推导准差分模型，注意到 $\phi(L)\beta(L)X_t=\beta(L)\phi(L)X_t=\beta(L)\widetilde{X}_t$，其中，$\widetilde{X}_t=\phi(L)X_t$。因此通过整理式(16-32)，我们得到

$$\widetilde{Y}_t=\alpha_0+\beta(L)\widetilde{X}_t+\widetilde{u}_t \qquad (16\text{-}34)$$

其中，$\widetilde{Y}_t$ 是 Y_t 的准差分，即 $\widetilde{Y}_t=\phi(L)Y_t$。

16B.2 滞后多项式的逆

令 $a(x)=\sum_{j=0}^{p}a_jx^j$ 表示 p 阶多项式。用 $b(x)$表示 $a(x)$的逆，即满足 $b(x)a(x)=1$。如果多项式 $a(x)$的根的绝对值大于 1，则 $b(x)$可以写成关于 x 的一个非负指数的多项式形式：$b(x)=\sum_{j=0}^{\infty}b_jx^j$。因为 $b(x)$是 $a(x)$的逆，所以它可表示为 $a(x)^{-1}$ 或者 $\frac{1}{a(x)}$。

滞后多项式 $a(L)$的逆也可以用相同方法来定义：$a(L)^{-1}=\frac{1}{a(L)}=b(L)=\sum_{j=0}^{\infty}b_jL^j$，其中 $b(L)a(L)=1$。举例说明：如果 $a(L)=(1-\phi L)$，$|\phi|<1$，则 $a(L)^{-1}=1+\phi L+\phi^2L^2+\phi^3L^3\cdots=\sum_{j=0}^{\infty}\phi^jL^j$。(见习题 16.11。)

16B.3 OLS 和 GLS 估计量

ADL 模型系数的 OLS 估计量可以通过对式(16-32)进行 OLS 估计得到。初始的分布滞后模型系数为 $\beta(L)$，可用估计出的系数表示为 $\beta(L)=\phi(L)^{-1}\delta(L)$；换言之，$\beta(L)$中的系数满足 $\phi(L)\beta(L)=\delta(L)$这一约束。因此，根据 ADL 模型系数的 OLS 估计量 $\hat{\delta}(L)$和 $\hat{\phi}(L)$，可计算得到动态乘数估计量为

$$\hat{\beta}^{\mathrm{ADL}}(L)=\hat{\phi}(L)^{-1}\hat{\delta}(L) \qquad (16\text{-}35)$$

式(16-29)的系数表达式是式(16-35)的特例，即当 $p=1$ 且 $q=2$ 的情形。

可行 GLS 估计量计算过程如下：获得 $\phi(L)$的初始估计量，计算准差分变量值，利用这些准差分变量值来估计式(16-34)中的 $\beta(L)$，(如果需要的话)迭代直至收敛。迭代得到的可行 GLS 估计量是式(16-32)对应的非线性最小二乘估计量，它满足式(16-33)中关于参数的非线性约束。

ADL 系数的估计条件。第 16.5 节讨论了关于 AR(1)模型的 ADL 系数的一致性估计的条件，将其扩展到误差项为 AR(p)的一般模型。关于式(16-34)的条件零均值假设是

$$E(\widetilde{u}_t\mid\widetilde{X}_t,\widetilde{X}_{t-1},\cdots)=0 \qquad (16\text{-}36)$$

因为 $\widetilde{u}_t=\phi(L)u_t$，且 $\widetilde{X}_t=\phi(L)X_t$，该条件等价于

$$E(u_t \mid X_t, X_{t-1}, \cdots)+\phi_1 E(u_{t-1} \mid X_t, X_{t-1}, \cdots)$$
$$+\cdots+\phi_p E(u_{t-p} \mid X_t, X_{t-1}, \cdots)=0 \quad (16\text{-}37)$$

为了使式(16-37)对一般取值的 ϕ_1, ϕ_2, …, ϕ_p 成立，它必须满足式(16-37)中的每个条件期望都为0；等价地，它得满足

$$E(u_t \mid X_{t+p}, X_{t+p-1}, X_{t+p-2}, \cdots)=0 \quad (16\text{-}38)$$

该条件并不是由 X(过去和现在)是外生所隐含的，但如果 X 是严格外生的话，那么该条件成立。事实上，在 p 为无穷大时(因此分布滞后模型中的误差项服从无穷阶自回归)，式(16-38)中的条件成为重要概念16-1中关于严格外生性的条件。

第17章 时间序列回归的其他专题

本章将以预测为起点继续讨论时间序列回归中的其他专题。在第15章中，我们介绍了单个变量的预测问题，但在实践中，你可能需要预测两个或多个变量，如预测GDP增长率和通货膨胀率。17.1节将介绍如何利用向量自回归模型(VAR)来预测多个变量，该模型运用两个或多个变量的滞后值来预测这些变量的未来值。在第15章着重介绍了提前一期(如一个季度)的预测方法，但提前两期、三期甚至更多期的预测也十分重要。17.2节将介绍进行多期预测的方法。

17.3节和17.4节将继续讨论15.6节中所讨论的问题——随机趋势。17.3节将介绍更多的随机趋势模型。17.4节将介绍协整的概念，即两个变量含有相同的随机趋势时，就会产生协整关系。虽然每个变量都存在随机趋势，但它们的线性组合可能不存在随机趋势。

在一些时间序列数据中，尤其是金融时间序列数据，方差会随时间而变动：在一段时间内波动性较强，而在另一段时间内波动性较弱，因此数据显示出波动集群现象。17.5节将讨论这种波动集群性，并介绍误差项方差随时间而变化的模型，即误差项为条件异方差的模型。条件异方差模型有若干应用，其中一个应用是计算预测区间，预测区间的宽度随时间而变化，这反映了不同时期的不确定性大小存在差异；另一个应用是预测某一资产(如股票)收益的不确定性，这有利于评估持有该资产的风险，或有利于预测依赖于此风险的衍生资产价格。

17.6节介绍了当存在很多预测变量时进行预测所面临的挑战，如发达经济体的宏观经济数据等。本节借鉴第14章介绍的内容，重点介绍一种常用于大型数据集预测的方法，该方法使用主成分分析将大型时间序列数据集中的信息缩减为少量时间序列。上述方法的理论框架是动态因子模型，它也可以用于除预测外的研究。

17.1　向量自回归

第 15 章重点介绍了对于 GDP 增长率的预测，但现实中的经济预测人员可能还要预测许多其他重要的宏观经济变量，如通货膨胀率、失业率和期限利差等。一种方法是对每一个变量都运用 15.4 节介绍的方法建立一个独立的模型进行预测，另一种方法是只建立一个模型同时对所有变量进行预测，以得到各变量相互一致的预测值。一种利用一个模型同时预测多个变量的方法是建立向量自回归(VAR)模型。VAR 模型将单变量的自回归模型推广到多个时间序列变量的情形，即将单变量自回归推广到包含多个时间序列变量的一个“向量”中。

17.1.1　VAR 模型

包含两个时间序列变量 Y_t 和 X_t 的**向量自回归**(vector autoregression，VAR)模型由两个方程组成：一个方程的被解释变量是 Y_t；另一个方程的被解释变量是 X_t。两个方程的解释变量都是 Y_t 和 X_t 的滞后值。更一般地，包含 k 个时间序列变量的 VAR 模型由 k 个方程组成，每个变量对应一个方程，所有方程的解释变量均是全部变量的滞后值。VAR 模型的系数可通过使用最小二乘法对每个方程进行估计得到。

关于 VAR 模型的概述见重要概念 17-1。

重要概念 17-1　向量自回归

一个向量自回归(VAR)模型包含 k 个回归方程，每个方程的解释变量为全部 k 个变量的滞后值。VAR 将单变量自回归模型推广到多个时间序列变量或“向量”中。每一个方程的滞后期是相同的，均等于 p，所有方程组成的系统被称为 VAR(p)。

当只包含 Y_t 和 X_t 两个变量时，VAR(p)由以下两个方程组成

$$Y_t=\beta_{10}+\beta_{11}Y_{t-1}+\cdots+\beta_{1p}Y_{t-p}+\gamma_{11}X_{t-1}+\cdots+\gamma_{1p}X_{t-p}+u_{1t} \tag{17-1}$$

$$X_t=\beta_{20}+\beta_{21}Y_{t-1}+\cdots+\beta_{2p}Y_{t-p}+\gamma_{21}X_{t-1}+\cdots+\gamma_{2p}X_{t-p}+u_{2t} \tag{17-2}$$

式中，β 和 γ 是未知系数；u_{1t} 和 u_{2t} 为误差项。

VAR 假设将重要概念 15-6 中的时间序列回归假设应用到每个方程中。VAR 模型系数的估计值可通过对每个方程进行 OLS 估计得到。

VAR 的推断。在 VAR 模型的假设下，OLS 估计量是一致的，且在大样本条件下服从联合正态分布。因此，可通过常规方法进行统计推断。例如，系数的 95%置信区间为系数估计值±1.96 倍标准差。

由于包含 k 个变量的 VAR 模型是由 k 个方程组成的一个集合或系统，因此它会涉及一些新的假设检验，如进行联合假设检验时可能会遇到约束条件涉及多个方程的情形。

例如，在式(17-1)和式(17-2)所示的两变量 VAR(p)中，你可能想要检验模型真实的滞后期长度为 p 还是 $p-1$，即你需要检验两个方程中 Y_{t-p} 和 X_{t-p} 的系数是否都为 0。该假设检验的原假设为这些系数都为 0，即

$$H_0:\beta_{1p}=0,\ \beta_{2p}=0,\ \gamma_{1p}=0,\ \gamma_{2p}=0 \tag{17-3}$$

备择假设为这四个系数中至少有一个不为 0，因此原假设涉及两个方程中的系数，每个方程

涉及两个系数。

由于系数估计值在大样本下服从联合正态分布，因此关于这些系数的约束可以用 F 统计量进行检验。由于 F 统计量的精确公式中包含对多个方程符号的处理，过程比较复杂，所以我们在此处忽略它。但在实践中，大多数统计软件都包含能自动进行这些假设检验的程序。

应该在 VAR 模型中加入多少个变量？ VAR 模型中的每一个方程包含的参数个数与变量个数有关。例如，在一个包含 5 个变量、4 期滞后项的 VAR 模型中，每个方程都需要估计 21 个系数（5 个变量中每个变量的 4 期滞后项和一个截距），则整个 VAR 模型需要估计 105 个系数。如 14.2 节中所介绍的，用 OLS 估计这么多系数会增加估计误差，这将导致预测精度下降，估计误差由预测均方误差（MSFE）衡量。如果使用 OLS 估计 VAR 系数，系数的数量应小于样本量，因此 VAR 模型中变量的数量应较少。

在本节中，考虑使用 OLS 估计系数的小型 VAR 模型。由于小型 VAR 只包含很少的变量，因此应谨慎选择 VAR 模型中的变量。一种准则是确保模型中的变量都是相关联的，从而保证在预测时每一个变量都是有用的。例如，根据实证经验和经济理论，我们知道 GDP 增长率、期限利差和通货膨胀率是相互联系的，这意味着在用 VAR 模型进行预测时，每一个变量都是有用的。在 VAR 中加入一个无关变量会引入估计误差且不会增加预测信息，从而会降低预测精度。

另一种方法是使用多变量进行预测，但需使用除 OLS 外的其他方法进行估计。17.6 节将介绍多变量预测方法。

确定 VAR 中的滞后阶数。可以利用 F 统计量和信息准则来确定 VAR 模型的滞后阶数。将 15.5 节中介绍的单方程信息准则加以推广，就可以用于多方程系统的情形。为了定义信息准则，这里需要用到矩阵的相关知识（见附录 19A）。令 Σ_u 表示 VAR 模型中误差项的 $k\times k$ 阶协方差矩阵，$\hat{\Sigma}_u$ 为协方差矩阵的估计值，$\hat{\Sigma}_u$ 中第 i 行、第 j 列的元素为 $\frac{1}{T}\sum_{t=1}^{T}\hat{u}_{it}\hat{u}_{jt}$，$\hat{u}_{it}$ 为第 i 个方程的 OLS 残差，$\hat{u}_{jt}$ 为第 j 个方程的 OLS 残差，则 VAR 模型的贝叶斯信息准则（BIC）为

$$\mathrm{BIC}(p)=\ln[\det(\hat{\Sigma}_u)]+k(kp+1)\frac{\ln(T)}{T} \tag{17-4}$$

其中，$\det(\hat{\Sigma}_u)$ 为矩阵 $\hat{\Sigma}_u$ 的行列式。将式（17-4）中的 $\ln(T)$ 改为 2 即可计算赤池信息量准则（AIC）。

式（17-4）拓展了 15.5 节给出的单方程情形下的 BIC 表达式。当只有一个方程时，第一项简化为 $\ln\left[\frac{SSP(p)}{T}\right]$。式（17-4）中的第二项是对加入其他解释变量的惩罚；$k(kp+1)$ 为 VAR 中回归系数的总个数（有 k 个方程，其中每个方程包含一个截距项和 k 个时间序列变量中每个变量的 p 个滞后项）。

在 VAR 模型中，运用 BIC 准则对滞后阶数进行判断的准则同单方程情形类似，即在 p 的备选数值中，滞后阶数估计值 $\hat{p}$ 是使 BIC(p) 最小的那个 p 值。

利用 VAR 进行因果关系分析。到目前为止，我们着重讨论了可利用 VAR 模型进行预测。VAR 模型的另一个用途就是分析经济时间序列之间的因果关系；事实上，宏观经济学家兼计量经济学家 Christopher Sims（1980）提出 VAR 模型的初衷就在于此（见专栏"时间序列计量经济学的诺贝尔奖获得者"）。用于因果推断的 VAR 模型，便是我们熟知的结构 VAR 建模，之所以称为"结构"，是因为用 VAR 对潜在的经济结构进行建模。在结构 VAR 分析过程中不仅需要用到本节介绍的与预

测相关的知识，还需要用到一些其他的分析工具。用 VAR 进行预测与用 VAR 进行结构化建模在概念上的最大区别是，结构化建模还需要一些具体的假设，即假设哪些变量是外生的，哪些变量不是外生的，而这些假设可根据经济理论和专业知识获得。关于结构 VAR 的讨论是在联立方程系统框架下进行的，这超出了本书的范围。关于 VAR 在预测和政策分析方面的介绍，详见 Stock 和 Watson(2001)。关于结构 VAR 建模的研究生教材，参见 Kilian 和 Lütkepohl(2017)。

17.1.2 GDP 增长率和期限利差的 VAR 模型

举例说明，考虑由 GDP 增长率 $GDPGR_t$ 和期限利差 $TSpread_t$ 组成的双变量 VAR 模型，该模型包含两个方程：一个方程的被解释变量为 $GDPGR_t$；另一个方程的被解释变量为 $TSpread_t$。这两个方程中的解释变量都是 $GDPGR_t$ 和 $TSpread_t$ 的滞后项。15.7 节中的 QLR 检验发现，20 世纪 80 年代早期存在一个明显的突变点，因此我们用 1981 年第一季度到 2017 年第三季度的数据对 VAR 模型进行估计。

VAR 模型的第一个方程为 GDP 增长率方程

$$\widehat{GDPGR}_t = \underset{(0.50)}{0.54} + \underset{(0.11)}{0.29}GDPGR_{t-1} + \underset{(0.08)}{0.20}GDPGR_{t-2} - \underset{(0.35)}{0.86}TSpread_{t-1} + \underset{(0.39)}{1.18}TSpread_{t-2} \tag{17-5}$$

调整 R^2 为 $\bar{R}^2=0.27$。

VAR 模型的第二个方程为期限利差方程，其解释变量与 GDPGR 方程一样，但被解释变量为期限利差

$$\widehat{TSpread}_t = \underset{(0.12)}{0.44} + \underset{(0.02)}{0.01}GDPGR_{t-1} - \underset{(0.03)}{0.05}GDPGR_{t-2} + \underset{(0.10)}{1.06}TSpread_{t-1} - \underset{(0.11)}{0.22}TSpread_{t-2} \tag{17-6}$$

调整 R^2 为 $\bar{R}^2=0.82$。

式(17-5)和式(17-6)统称为 GDP 增长率 $GDPGR_t$ 和期限利差 $TSpread_t$ 的 VAR(2)模型。

我们可以根据 VAR 中的方程进行可预测性检验。检验原假设“GDP 增长率方程(式(17-5))中 $TSpread_{t-1}$ 和 $TSpread_{t-2}$ 系数都为 0”的 F 统计量为 5.60，相应 p 值小于 0.001。因此我们拒绝原假设并得出结论：在给定 GDP 增长率的滞后项时，期限利差有助于预测 GDP 增长率。检验原假设“期限利差方程(式(17-6))中 $GDPGR_t$ 的两个滞后项系数都为 0”的 F 统计量为 3.22，相应的 p 值小于 0.04。因此，在 5%的显著性水平下，GDP 的增长率可以帮助预测期限利差。

GDP 增长率和期限利差提前一期的预测值可根据 15.4 节中所介绍的方法得到。基于式(17-5)，GDP 增长率在 2017 年第四季度的预测值为 $\widehat{GDP}_{2017:Q_4|2017:Q_3}=2.8\%$。类似地，基于 2017 年第三季度之前的数据，利用式(17-6)可得期限利差在 2017 年第四季度的预测值为 $\widehat{TSpread}_{2017:Q_4|2017:Q_3}=1.3\%$。2017 年第四季度的实际发生值分别为 $GDPGR_{2017:Q_4}=2.5\%$ 和 $TSpread_{2017:Q_4}=1.2\%$。

17.2 多期预测

到目前为止，我们对预测的讨论都集中于提前一期的预测。但是，在实际中，预测者需要对变量未来更远时期进行预测。本节将介绍两种多期预测的方法，也称为多阶段预测。第一种方法是构建迭代预测，即每一次预测向前迭代一期，本节将详细介绍这种方法。第二种方法是

运用回归模型直接对变量进行预测，在该方法中，回归方程的被解释变量是我们想要预测的多期变量。正如本节结尾处所讨论的原因，在大部分的实际应用中，我们建议大家运用迭代方法而不是直接方法。

17.2.1　多期迭代预测

迭代预测的本质是利用预测模型做提前一期的预测，即使用截至第 T 期的数据来预测第 $T+1$ 期的值，随后在预测 $T+2$ 期的值时，将第 $T+1$ 期的预测值视为已知。因此，提前一期预测(又称提前一步预测)是提前两期预测的中间步骤。不断重复或迭代这一过程，直至计算出想要的第 h 期预测。

迭代 AR 预测方法：AR(1)。迭代 AR(1)预测使用 AR(1)模型作为提前一期预测的模型。例如，考虑 GDPGR 的一阶自回归模型(式(15-9))

$$\widehat{GDPGR}_t = \underset{(0.32)}{1.95} + \underset{(0.07)}{0.34}GDPGR_{t-1} \tag{17-7}$$

计算提前两个季度 $GDPGR_{2018:Q_1}$ 的预测值的第一步是，基于式(17-7)，利用截至 2017 年第三季度的数据来得到提前一期 $GDPGR_{2017:Q_4}$ 的预测值 $\widehat{GDPGR}_{2017:Q4|2017:Q3} = 1.95 + 0.34GDPGR_{2017:Q_3} = 1.95 + 0.34 \times 3.11 = 3.0$。第二步是将该预测值代入式(17-7)中得到 $\widehat{GDPGR}_{2018:Q4|2017:Q3} = 1.95 + 0.34GDPGR_{2017:Q_4|2017:Q_3} = 1.95 + 0.34 \times 3.0 = 3.0$。因此，基于截至 2017 年第三季度的数据，我们预测到 2018 年第一季度的 GDP 增长率为 3.0%。

迭代 AR 预测方法：AR(p)。迭代 AR(p)是迭代 AR(1)方法的推广，用 AR(p)对 Y_{T+2} 进行预测时，将 Y_{T+1} 用其预测值 $\hat{Y}_{T+1|T}$ 代替，并将该预测值视为已知。例如，考虑基于 15.3 节中的 AR(2)模型(式(15-11))对 GDP 增长率进行提前两期预测

$$\widehat{GDPGR}_t = \underset{(0.37)}{1.60} + \underset{(0.08)}{0.28}GDPGR_{t-1} + \underset{(0.08)}{0.18}GDPGR_{t-2} \tag{17-8}$$

在 15.3 节中，利用截至 2017 年第三季度的数据，基于 AR(2)计算 $GDPGR_{2017:Q_4}$ 的预测值为 $\widehat{GDPGR}_{2017:Q4|2017:Q3} = 3.0$。因此，基于 AR(2)的提前两期预测为 $\widehat{GDPGR}_{2018:Q1|2017:Q3} = 1.60 + 0.28\widehat{GDPGR}_{2017:Q4|2017:Q3} + 0.18GDPGR_{2017:Q_3} = 1.60 + 0.28 \times 3.0 + 0.18 \times 3.1 = 3.0$。根据这个迭代 AR(2)的预测值，2018 年第一季度的 GDP 增长率为 3.0%。

基于迭代 VAR 方法的多变量预测。利用 VAR 模型进行多变量的多期迭代预测的方法大致与利用 AR 模型进行单变量的多期迭代预测相同。主要的区别在于：在多变量预测中，某一变量的提前两期(第 $T+2$ 期)预测值取决于 VAR 中所有变量在 $T+1$ 的预测值。例如，在由 $GDPGR_t$ 和 $TSpread_t$ 两个变量组成的 VAR 模型中，为了计算 GDP 增长率在 $T+2$ 期的预测值，需要首先利用截至第 T 期的数据计算出 $GDPGR_{T+1}$ 和 $TSpread_{T+1}$ 的预测值，将它们作为预测 $GDPGR_{T+2}$ 的中间步骤。更一般地，为了计算提前 h 期的 VAR 迭代预测，需要先计算出所有变量在第 T 期至第 $T+h$ 期之间的预测值。

举例说明：利用截至 2017 年第三季度的数据，根据 17.1 节中所介绍的由 $GDPGR_t$ 和 $TSpread_t$ 两个变量组成的 VAR(2)模型(式(17-5)和(17-6))，我们来计算 $GDPGR_{2018:Q_1}$ 的迭代 VAR 预测值。第一步是由 VAR 计算出提前一期预测值 $\widehat{GDPGR}_{2017:Q4|2017:Q3}$ 和 $\widehat{TSpread}_{2017:Q4|2017:Q3}$。这些提前一期

预测值是根据 17.1 节中式(17-5)和式(17-6)计算而来，分别为 $\widehat{GDPGR}_{2017:Q4|2017:Q3}=2.8$ 和 $\widehat{TSpread}_{2017:Q4|2017:Q3}=1.3$。第二步将这些预测值代入式(17-5)和式(17-6)以得到提前两期预测值

$$\begin{aligned}\widehat{GDPGR}_{2018:Q1|2017:Q3} &= 0.54+0.29\widehat{GDPGR}_{2017:Q4|2017:Q3}+0.20GDPGR_{2017:Q3}- \\ &\quad 0.86\widehat{TSpread}_{2017:Q4|2017:Q3}+1.28TSpread_{2017:Q3} \qquad (17\text{-}9)\\ &= 0.54+0.29\times2.8+0.20\times3.1-0.86\times1.3+1.28\times1.2 \\ &= 2.4\end{aligned}$$

因此，基于截至 2017 年第三季度数据的迭代 VAR(2) 预测结果为，GDP 增长率在 2018 年第一季度将达到 2.4%。

关于多期迭代预测的概述见重要概念 17-2。

重要概念 17-2 多期迭代预测

多期迭代 AR 预测(iterated multi-period AR forecast)计算过程如下：首先计算提前一期预测，然后利用该预测值计算提前两期预测，以此类推。基于 AR(p)的提前两期和提前三期迭代预测为

$$\hat{Y}_{T+2|T}=\hat{\beta}_0+\hat{\beta}_1\hat{Y}_{T+1|T}+\hat{\beta}_2Y_T+\hat{\beta}_3Y_{T-1}+\cdots+\hat{\beta}_pY_{T-p+2} \qquad (17\text{-}10)$$

$$\hat{Y}_{T+3|T}=\hat{\beta}_0+\hat{\beta}_1\hat{Y}_{T+2|T}+\hat{\beta}_2\hat{Y}_{T+1|T}+\hat{\beta}_3Y_T+\cdots+\hat{\beta}_pY_{T-p+3} \qquad (17\text{-}11)$$

其中，$\hat{\beta}$ 为 AR(p)系数的 OLS 估计值。重复上述过程(迭代)可得未来更多期的预测值。

多期迭代 VAR 预测(iterated multi-period VAR forecast)计算过程如下：首先计算出 VAR 中所有变量的提前一期预测值，然后利用这些预测值计算提前两期预测值，重复这一过程，直至得到想要的预测期的预测值。重要概念 17-1 中两变量 VAR(p)的提前两期 Y_{T+2} 的迭代预测值为

$$\begin{aligned}\hat{Y}_{T+2|T}&=\hat{\beta}_{10}+\hat{\beta}_{11}\hat{Y}_{T+1|T}+\hat{\beta}_{12}Y_T+\hat{\beta}_{13}Y_{T-1}+\cdots+\hat{\beta}_{1p}Y_{T-p+2}+ \\ &\quad \hat{\gamma}_{11}\hat{X}_{T+1|T}+\hat{\gamma}_{12}X_T+\hat{\gamma}_{13}X_{T-1}+\cdots+\hat{\gamma}_{1p}X_{T-p+2}\end{aligned} \qquad (17\text{-}12)$$

其中，式(17-12)中的系数为 VAR 系数的 OLS 估计值。反复迭代即可得未来更多期的预测值。

17.2.2 多期直接预测

多期直接预测不需要进行迭代，而是通过单个回归方程进行预测。模型中的被解释变量为待预测变量的提前多期变量，解释变量为相关预测变量。之所以称这种方法为直接预测是因为可以直接利用该方法中的回归系数进行多期预测。

多期直接预测法。假设你想用截至第 T 期的数据来预测变量在第 $T+2$ 期的值。多期直接预测法以 ADL 模型为出发点，但需要对解释变量进行更多期的滞后操作。例如，如果模型中使用了预测变量的两期滞后，则此时的被解释变量为 Y_t，而解释变量为 Y_{t-2}，Y_{t-3}，X_{t-2} 和 X_{t-3}。此时，可直接利用回归方程的系数和 Y_T，Y_{T-1}，X_T 和 X_{T-1} 的数据来计算 Y_{T+2} 的预测值，不需要进行任何迭代。更一般地，在提前 h 期的直接预测回归中，为得到提前 h 期的预测，所有预测变量都需要滞后 h 期。

例如，关于提前两个季度的 $GDPGR_t$ 的预测，利用 $GDPGR_{t-2}$ 和 $TSpread_{t-2}$ 各两个滞后值进行预测，首先要估计如下回归

$$\underset{(0.63)}{\widehat{GDPGR}_{t|t-2}=0.56}+\underset{(0.07)}{0.31}GDPGR_{t-2}+\underset{(0.09)}{0.04}GDPGR_{t-3}+\underset{(0.46)}{0.56}TSpread_{t-2}+\underset{(0.45)}{0.04}TSpread_{t-3} \qquad (17\text{-}13)$$

将 $GDPGR_{2017:Q_3}$，$GDPGR_{2017:Q_2}$，$TSpread_{2017:Q_3}$ 和 $TSpread_{2017:Q_2}$ 的值代入式(17-13)，可得到GDP 增长率的提前两个季度的预测值(2018 年第一季度)为

$$\widehat{GDPGR}_{2018:Q1|2017:Q3}=0.56+0.31GDPGR_{2017:Q_3}+0.04GDPGR_{2017:Q_2}+0.56TSpread_{2017:Q_3}+0.04TSpread_{2017:Q_2}=2.4 \tag{17-14}$$

如果要计算提前三个季度$GDPGR_{T+3}$ 的直接预测值，需要将式(17-13)中的所有解释变量再滞后一个季度，然后再重新对这一回归模型进行估计。如果要计算提前 h 期$GDPGR_{T+h}$ 的直接预测值，则此时的回归模型中，被解释变量为$GDPGR_t$，解释变量应为$GDPGR_{t-h}$ 和$TSpread_{t-h}$，以及其他$GDPGR_{t-h}$ 和$TSpread_{t-h}$ 的滞后项。

多期直接回归模型的标准误。在多期直接回归模型中，被解释变量为相应变量在未来两期或三期的取值，所以多期回归模型中的误差项是序列相关的。为了说明这一点，考虑 GDP 增长率的提前两期预测，并假设原油价格在下一季度会出现意料之外的上涨。由于预测值中不包含这个意料之外的事件，因此当前所做的关于 GDP 增长率提前两期的预测值也会高于实际值。同时，由于事先不知道原油价格会上涨，因此在前一个季度和本季度的提前两期预测值都过高。正是由于这种意外干扰事件，导致多期回归模型误差项出现序列相关。

正如 16.4 节中所讨论的，如果误差项是序列相关的，则计算出的 OLS 标准误就是不准确的，或更准确地说，在此基础上进行的统计推断是不可靠的。因此在多期直接预测中需要异方差和自相关一致(HAC)标准误。式(17-13)的多期直接回归中给出的标准误就是 Newey-West HAC 标准误，其中所用到的截断参数是根据式(16-17)计算的：对于本例中的数据(样本期长度 $T=147$)，由式(16-17)可得，$m=4$。对于更长时期的预测，由于重叠的项数更多，因此误差的序列相关程度也更高：一般地，在提前 h 期的预测回归方程中，误差项的前 $h-1$ 阶自相关系数都是非零的。所以，在时期更长的多期预测中，由式(16-17)得到的截断参数应大于 m。

关于多期直接预测的概述，见重要概念 17-3。

重要概念 17-3 多期直接预测

如果我们要利用 Y_t 和预测变量 X_t 的 p 期滞后项对 Y_t 进行提前 h 期的**多期直接预测**(direct multi-period forecast)，首先要对以下回归模型进行估计

$$Y_t=\delta_0+\delta_1 Y_{t-h}+\cdots+\delta_p Y_{t-p-h+1}+\delta_{p+1}X_{t-h}+\cdots+\delta_{2p}X_{t-p-h+1}+u_t \tag{17-15}$$

然后运用上述模型的系数估计值和截至第 T 期的数据来预测 Y_{T+h}。

17.2.3 你应该用哪个模型进行预测

在大多数情况下，建议使用迭代法进行多期预测，有以下两个原因：第一，从理论上讲，如果提前一期预测模型(用来计算迭代预测值的 AR 或 VAR 模型)的设定是正确的，则提前一期回归(然后用于迭代)得到的参数估计值比提前多期直接回归的参数估计值更有效。第二，从实践角度看，预测人员需要预测的不仅仅是一期的预测值，还需要预测多期的预测值。由于迭代预测的所有预测值都是通过同一个模型计算出来的，因此迭代预测的时间路径比多期直接预测的时间路径稳定。由于多期直接预测在计算不同预测值时要利用不同的模型，因此参数估计值中的抽样误差会增加多期直接预测值序列时间路径的随机波动。

但在某些情况下，直接预测优于迭代预测。一种情况是，当你确定提前一期预测模型(AR

或 VAR)的设定形式不正确时，直接预测优于迭代预测。例如，在 VAR 模型中，你可能认为你想要预测的那个变量对应的方程设定是正确的，但其他方程的设定是不正确的(如可能缺少相关的非线性项)，则此时多期迭代预测是有偏的，尽管直接预测的方差较大，但迭代预测的 MSFE 可能大于直接预测的 MSFE。

17.3 单整阶数和单位根检验统计量的非正态性

本节将围绕 15.6 节所介绍的随机趋势深入讨论两方面的问题。第一，某些时间序列并不服从随机游走过程，因此我们介绍一种随机游走模型的拓展形式，并讨论对此类序列建模的意义。第二，我们将讨论单位根的 ADF 检验统计量的分布是非正态分布的原因。

17.3.1 描述趋势的其他模型及单整阶数

回顾 15.6 节介绍的随机游走模型，该模型将第 t 期的趋势设定为第 $t-1$ 期的趋势加上一个随机误差项。若 Y_t 服从带漂移项 β_0 的随机游走过程，则

$$Y_t=\beta_0+Y_{t-1}+u_t \tag{17-16}$$

其中，u_t 是序列不相关的，又由 15.6 节知，若某序列服从随机游走过程，则它含有一个单位根。

虽然随机游走模型能够描述很多宏观经济时间序列的长期运动趋势，但有些经济时间序列中的趋势比式(17-16)中所描述的更平滑，即从本期到下一期的变化幅度并不大。此时，我们需要另一个模型来描述该趋势。

描述平滑趋势的模型之一是令时间序列变量的一阶差分服从随机游走过程，即

$$\Delta Y_t=\beta_0+\Delta Y_{t-1}+u_t \tag{17-17}$$

其中，u_t 是序列不相关的。因此，若 Y_t 的变化量如式(17-17)所描述，则 ΔY_t 服从随机游走过程，即 $\Delta Y_t-\Delta Y_{t-1}$ 是平稳的。一阶差分的差分 $\Delta Y_t-\Delta Y_{t-1}$ 称为 Y_t 的**二阶差分**(second difference)，记为 $\Delta^2 Y_t=\Delta Y_t-\Delta Y_{t-1}$。由此可知，若 Y_t 的变化如式(17-17)所描述，则 Y_t 是二阶差分平稳的，即序列 Y_t 的一阶差分序列含有单位根。

“单整阶数”。可以用新的术语对以上两种关于趋势的模型进行区分。如果一个序列服从随机游走过程，则称其为**一阶单整**(integrated of order one)，记为 $\boldsymbol{I(1)}$。如果一个序列的变化量如式(17-17)所描述，则称其为**二阶单整**(integrated of order two)，记为 $\boldsymbol{I(2)}$。不含随机趋势的序列，即为平稳序列，称为**零阶单整**(integrated of order zero)，记为 $\boldsymbol{I(0)}$。

$I(1)$和$I(2)$中的**单整阶数**(order of integrated)是指为使一个序列平稳，需要对其进行差分的次数。如果 Y_t 为 $I(1)$，则 Y_t 的一阶差分 ΔY_t 是平稳的；若 Y_t 为 $I(2)$，则 Y_t 的二阶差分 $\Delta^2 Y_t$ 是平稳的。若 Y_t 为 $I(0)$，则 Y_t 是平稳的。

关于单整阶数的概述见重要概念 17-4。

重要概念 17-4 单整阶数、差分和平稳

若 Y_t 是一阶单整的，即若 Y_t 为 $I(1)$，则 Y_t 有一个单位根，其一阶差分 ΔY_t 是平稳的。

若 Y_t 是二阶单整的，即若 Y_t 为 $I(2)$，则 ΔY_t 有一个单位根，其二阶差分 $\Delta^2 Y_t$ 是平稳的。

若 Y_t 是 **d 阶单整**的，即若 Y_t 为 $\boldsymbol{I(d)}$，则为了消除随机趋势，必须对 Y_t 进行 d 次差分，即 $\Delta^d Y_t$ 是平稳的。

如何检验一个序列是 $I(2)$ 还是 $I(1)$。若 Y_t 为 $I(2)$，则 ΔY_t 为 $I(1)$，故 ΔY_t 有一个单位根。但若 Y_t 为 $I(1)$，则 ΔY_t 是平稳的。因此，检验 ΔY_t 是否具有单位根，其所对应的原假设是 Y_t 为 $I(2)$，备择假设是 Y_t 为 $I(1)$。若拒绝"ΔY_t 具有单位根"的假设，则拒绝"Y_t 为 $I(2)$"的假设，即接受"Y_t 为 $I(1)$"的备择假设。

$I(2)$ 和 $I(1)$ 序列的实例：价格水平和通货膨胀率。通货膨胀率是价格水平的增长率。回顾 15.2 节，时间序列 X_t 的增长率可用 X_t 对数的一阶差分来计算，即 $\Delta\ln(X_t)$ 是 X_t 的增长率。如果 P_t 是每个季度的价格水平序列，则 $\Delta\ln(P_t)$ 是价格的增长率，且 $\ln fl_t = 400\times\Delta\ln(P_t)$ 为季度通货膨胀率（用年化通胀率表示）。同式（15-1）中的 GDPGR 表示 GDP 增长率一样，乘数 400 能够将以小数表示的变化率转化为百分比变化（乘以 100），并将季度百分比变化转化为年化增长率（乘以 4）。

在第 15 章的实证练习 15.1 中，你利用美国个人消费支出的价格指数 P_t 计算并分析了通货膨胀率 Infl_t。在该练习中，你得出了美国通货膨胀率服从随机游走过程的结论，即通货膨胀率为 $I(1)$。若通货膨胀率为 $I(1)$，则通过一阶差分可消除它的随机性趋势，因此 ΔInfl_t 是平稳的。通货膨胀率为 $I(1)$ 等价于 $\Delta\ln(P_t)$ 为 $I(1)$，也等价于 $\ln(P_t)$ 为 $I(2)$。

图 17-1 画出了价格水平的对数序列和通货膨胀率序列。价格水平的对数序列（图 17-1a）的长期趋势要比通货膨胀率序列（图 17-1b）的长期趋势更平滑。价格水平的对数序列表现出的这种平滑变动趋势是 $I(2)$ 的典型特征。

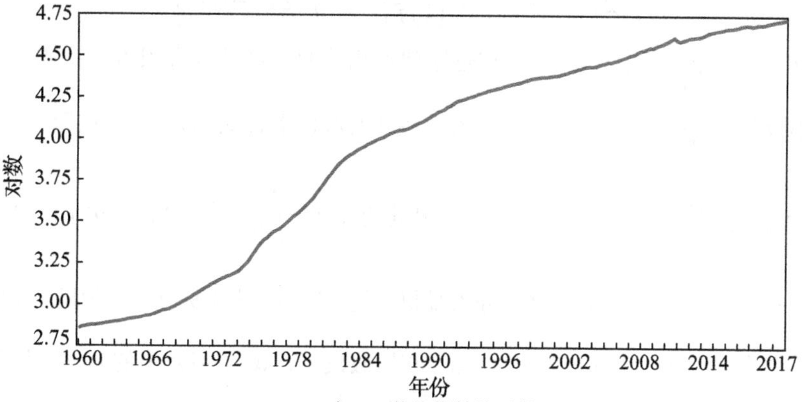

a）PCE价格指数的对数

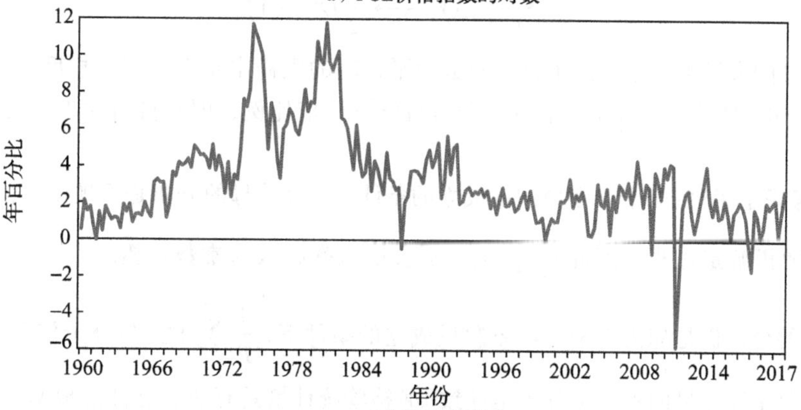

b）通货膨胀

图 17-1　1960～2017 年美国物价水平的对数和通货膨胀率

注：价格对数的趋势（图 17-1a）比通货膨胀的趋势（图 17-1b）更平滑。

17.3.2 为什么单位根检验统计量不服从正态分布

在 15.7 节中我们曾强调，当解释变量不平稳时，单位根检验统计量在大样本下不服从正态分布。在含有单位根的原假设下，DF(Dickey-Fuller)回归中的解释变量 Y_{t-1} 是非平稳的。该非平稳的后果是：单位根检验统计量不服从正态分布，即使在大样本下依然如此。

我们可以从数学角度对上述非正态性进行解释。考虑最简单的 DF 回归模型，即 ΔY_t 对单个解释变量 Y_{t-1} 进行回归，且回归模型中不包含截距项。注意到等式(15-32)中回归的 OLS 估计量为 $\hat{\delta}=\dfrac{\sum_{t=1}^{T}Y_{t-1}\Delta Y_t}{\sum_{t=1}^{T}Y_{t-1}^2}$，因此

$$T\hat{\delta}=\frac{\frac{1}{T}\sum_{t=1}^{T}Y_{t-1}\Delta Y_t}{\frac{1}{T^2}\sum_{t=1}^{T}Y_{t-1}^2} \tag{17-19}$$

[脚注标记 ⊖]

考虑式(17-19)中的分子。新加一个假设 $Y_0=0$，通过代数运算得到(习题 17.5)

$$\frac{1}{T}\sum_{t=1}^{T}Y_{t-1}\Delta Y_t=\frac{1}{2}\left[\left(\frac{Y_T}{\sqrt{T}}\right)^2-\frac{1}{T}\sum_{t=1}^{T}(\Delta Y_t)^2\right] \tag{17-20}$$

在原假设成立的条件下，$\Delta Y_t=u_t$，它是序列不相关的，且具有有限方差，则式(17-20)中的第二项有概率极限 $\frac{1}{T}\sum_{t=1}^{T}(\Delta Y_t)^2\xrightarrow{p}\sigma_u^2$。在 $Y_0=0$ 的假设下，式(17-20)中的第一项可写成 $\frac{Y_T}{\sqrt{T}}=\sqrt{\frac{1}{T}}\sum_{t=1}^{T}\Delta Y_t=\sqrt{\frac{1}{T}}\sum_{t=1}^{T}u_t$，它满足中心极限定理，即 $\frac{Y_T}{\sqrt{T}}\xrightarrow{d}N(0,\sigma_u^2)$。因此 $\left(\frac{Y_T}{\sqrt{T}}\right)^2-\frac{1}{T}\sum_{t=1}^{T}(\Delta Y_t)^2\xrightarrow{d}\sigma_u^2(Z^2-1)$，其中 Z 为正态随机变量。然而，由于标准正态随机变量的平方服从自由度为 1 的 χ^2 分布。因此，由式(17-20)可知，在原假设下，式(17-19)中的分子服从下列极限分布

$$\frac{1}{T}\sum_{t=1}^{T}Y_{t-1}\Delta Y_t\xrightarrow{d}\frac{\sigma_u^2}{2}(\chi_1^2-1) \tag{17-21}$$

式(17-21)的大样本分布不同于解释变量为平稳时的大样本正态分布。相反，该 DF 回归中 Y_{t-1} 的系数的 OLS 估计量的分子所服从的分布与(χ_1^2-1)成比例，即与自由度为 1 的 χ^2 分布减去 1 成比例。

以上只考虑了 $T\hat{\delta}$ 的分子。在原假设成立的条件下，其分母的分布是不规律的：因为在原假设下 Y_t 服从随机游走过程，因此 $\frac{1}{T}\sum_{t=1}^{T}Y_{t-1}^2$ 不会依概率收敛为常数。相反，即使在大样本下，式(17-19)中的分母仍是随机变量：在原假设成立的条件下，$\frac{1}{T^2}\sum_{t=1}^{T}Y_{t-1}^2$ 与分子依分布联合收敛。式(17-19)中分子和分母的不寻常分布是导致 DF 检验统计量具有非正态性的根源，也是 ADF 检验统计量具有特殊临界值的原因。

⊖ 原书缺少式(17-18)，但不影响上下文阅读。——译者注

17.4 协整

在某些情况下，两个或多个序列具有相同的随机趋势，我们将这种特殊情况称为协整。协整分析可以揭示出时间序列变量之间的长期均衡关系。

17.4.1 协整与误差修正

如果两个或多个包含随机趋势的时间序列在长期内相伴而行，则它们包含共同的趋势成分，即它们有**共同趋势**(common trend)。例如，图 15-3 是 90 天期和 10 年期美国国债利率。两种利率表现出相同的长期趋势：二者在 20 世纪 60 年代时都很低，在 20 世纪 70 年代上升，并在 20 世纪 80 年代早期达到峰值，接着在 20 世纪 90 年代下降。然而，图 15-3b 显示长短期利率之间的差异——期限利差并没有明显的趋势，即长期利率减去短期利率后似乎消除了二者各自的趋势。换言之，尽管两个利率不同，但它们似乎存在共同的随机性趋势：当二者相减时，消除了两个序列中的趋势，因此这两个序列一定有共同的随机趋势。

当两个或多个序列有共同的随机趋势时，我们称它们是协整的。对**协整**(cointegration)的正式定义(该定义是由计量经济学家 Clive Granger 提出的；详见专栏 17-1“时间序列计量经济学的诺贝尔奖获得者”)见重要概念 17-5。本节将介绍一个是否存在协整关系的检验方法，讨论与协整变量有关的回归系数的估计问题，并说明如何运用协整关系来进行预测。首先，我们着重讨论只有两个变量 X_t 和 Y_t 的情形。

向量误差修正模型。如果 X_t 和 Y_t 是协整的，则可以将 X_t 和 Y_t 的一阶差分用于 VAR 建模，同时对此模型进行拓展，即将 $Y_t-\theta X_t$ 作为其他解释变量加入模型中，得到

$$\Delta Y_t=\beta_{10}+\beta_{11}\Delta Y_{t-1}+\cdots+\beta_{1p}\Delta Y_{t-p}+\gamma_{11}\Delta X_{t-1}+\cdots+\gamma_{1p}\Delta X_{t-p}+\alpha_1(Y_{t-1}-\theta X_{t-1})+u_{1t} \tag{17-22}$$

$$\Delta X_t=\beta_{20}+\beta_{21}\Delta Y_{t-1}+\cdots+\beta_{2p}\Delta Y_{t-p}+\gamma_{21}\Delta X_{t-1}+\cdots+\gamma_{2p}\Delta X_{t-p}+\alpha_2(Y_{t-1}-\theta X_{t-1})+u_{2t} \tag{17-23}$$

$Y_t-\theta X_t$ 项被称为**误差修正项**(error correction term)：如果两个变量相差很大，由于它们具有相同的趋势，可以认为随着时间的推移，两个变量会越来越接近，从而使“误差” $Y_t-\theta X_t$ 得到“修正”。

将式(17-22)和式(17-23)组成的模型称为**向量误差修正模型**(vector error correction model (VECM))。在 VECM 中，$Y_t-\theta X_t$ 的过去值有助于预测 ΔY_t 或 ΔX_t 的未来值。

重要概念 17-5　协整

假设 X_t 和 Y_t 都是一阶单整的。若存在某个系数 θ，使得 $Y_t-\theta X_t$ 为零阶单整，则称 X_t 和 Y_t 是协整的，系数 θ 被称为**协整系数**(cointegrating coefficient)。

若 X_t 和 Y_t 协整，则它们具有相同或共同的随机趋势。通过差分运算 $Y_t-\theta X_t$ 能够消除这种共同的随机趋势。

17.4.2 如何判断两个变量是协整的

有三种方法可以确定两个变量是否存在协整关系：①利用专业知识和经济理论；②根据时

间序列图判断是否有共同的随机趋势；③进行协整检验。实践中应同时使用这三种方法。

例如，可以利用利率期限结构的预期理论来判断图 15-3 中两个利率是否存在协整关系，该理论认为 10 年期国库券的利率等于期限为 10 年里发行的 3 个月期国库券的利率预期值的平均值。所以，如果 3 个月期国库券的利率包含随机性趋势，则根据该理论可知，10 年期国库券利率也应该包含相同的随机趋势(习题 17.2)。图 15-3 中两个利率图表明，两个序列都是 $I(1)$，但期限利差可能是 $I(0)$，因此两个序列可能是协整的。

将上面介绍的单位根检验过程加以扩展，可用来检验协整关系。这些检验基于以下观点：若 X_t 和 Y_t 具有协整系数 θ 的协整关系，则 $Y_t-\theta X_t$ 是平稳的；否则 $Y_t-\theta X_t$ 是非平稳的——为 $I(1)$。可通过检验原假设"$Y_t-\theta X_t$ 有单位根"来检验假设"X_t 和 Y_t 不是协整的"——$Y_t-\theta X_t$ 为 $I(1)$；若拒绝原假设，则 X_t 和 Y_t 是协整的。上述检验的具体过程取决于协整系数 θ 是否已知。

θ 已知时的协整检验。在许多情形下，可以根据专业知识或经济理论来确定 θ 的取值。当 θ 已知时，可用 ADF 单位根检验进行协整检验，即先构建序列 $z_t=Y_t-\theta X_t$，然后检验 z_t 是否含有单位根。

作为说明，将 ADF 检验应用于 1962 年至 2017 年的期限利差(10 年期和 90 天国库券利率之差)，并进行有截距和(AIC 确定的)六期滞后的 ADF 检验，得出 ADF 统计量为-4.13。该值小于表 15-4 中的-3.43，因此在 1%的显著性水平下拒绝 X_t 和 Y_t 不是协整(期限利差有一个单位根)的原假设。

θ 未知时的协整检验。如果协整系数 θ 未知，必须先估计协整系数，之后再对误差修正项进行单位根检验。正是这一步使得在后续的单位根检验时需要使用不同的临界值。

具体而言，第一步，用 OLS 估计下列回归模型以得到协整系数 θ

$$Y_t=\alpha+\theta X_t+z_t \tag{17-24}$$

第二步，对上述回归的残差 $\hat{z}_t$ 用 Dickey-Fullert 检验(包含截距，但不包含时间趋势)，以检验其是否有单位根。以上所述的两步过程被称为恩格尔-格兰杰 ADF 协整检验或 **EG-ADF 检验**(Engle and Granger)。

EG-ADF 统计量的临界值见表 17-1[⊖]。表中第一行的临界值适用于式(17-26)中有一个解释变量的情形，即考察两个变量(X_t 和 Y_t)之间协整关系的情形。后面几行适用于含有多个协整变量的情形，本节结尾将讨论这一问题。

表 17-1　恩格尔-格兰杰 ADF 统计量的临界值

式(17-24)中 X 的个数	10%	5%	1%
1	-3.12	-3.41	-3.96
2	-3.52	-3.80	-4.36
3	-3.84	-4.16	-4.73
4	-4.20	-4.49	-5.07

17.4.3　协整系数的估计

若 X_t 和 Y_t 是协整的，则式(17-24)所示的协整回归中系数的 OLS 估计量是一致的。但一般

⊖ 表 17-1 的临界值取自 Fuller(1976)与 Phillips 和 Quliaris(1990)。表 17-1 中临界值的选择采纳了 Hansen(1992)的建议，从而不论 X_t 和 Y_t 中是否含有漂移项，表 17-1 中的临界值都适用。

情况下，OLS 估计量(如同 ADF 检验统计量，出于相同的原因)不服从正态分布，且无论计算 t 统计量时是否利用 HAC 标准误，基于 t 统计量的推断都可能是错误的。由于 θ 的 OLS 估计量存在这些缺点，计量经济学家又提出了许多协整系数的其他估计量。

其中，在实践应用中，一种简便易用的估计量为**动态 OLS 估计量**(dynamic OLS estimator (DOLS))(Stock 和 Waston，1993)。DOLS 估计量基于式(17-24)的修正形式，该修正形式中包含了 X_t 变化的过去值、现在值和未来值

$$Y_t = \beta_0 + \theta X_t + \sum_{j=-p}^{p} \delta_j \Delta X_{t-j} + u_t \tag{17-25}$$

因此，式(17-25)中的解释变量为 X_t，ΔX_{t+p}，…，ΔX_{t-p}。式(17-25)中 θ 的 OLS 估计量就是 θ 的 DOLS 估计量。

如果 X_t 和 Y_t 是协整的，则在大样本条件下，DOSL 估计量是有效的。而且，基于 HAC 标准误进行的有关式(17-25)中的 θ 和 δ 的统计推断也是可靠的。例如，在大样本条件下，运用 DOLS 估计量和 HAC 标准误构建的 t 统计量服从标准正态分布。

例如，使用图 15-3 的数据和 $p=4$ 个提前项和滞后项，对 90 天国债利率和 10 年国债利率进行 DOLS 回归，协整系数的 DOLS 估计值为 1.02。截断参数 $m=5$ 时的 HAC 标准误为 0.05。所以，在 10%的显著性水平下，不能拒绝 $\theta=1$ 的原假设。该结果和期限利差是平稳的这一发现，与利率期限结构理论是一致的。

17.4.4 推广到多个协整变量的情形

上面所讨论的概念、检验和估计量都可以推广到多于两个变量的情形。例如，如果有三个变量 X_{1t}、X_{2t} 和 Y_t，每个变量都为 $I(1)$，且若 $Y_t-\theta_1 X_{1t}-\theta_2 X_{2t}$ 是平稳的，则它们之间是协整的，且协整系数为 θ_1 和 θ_2。当存在三个或三个以上变量时，可能会存在多个协整关系。例如，考虑以下三个利率序列之间的关系：3 个月期利率($R3m$)，1 年期利率($R1y$)和 10 年期利率($R10y$)。如果它们都是 $I(1)$，则利率期限结构的预期理论表明它们都是协整的，其中一个协整关系为 $R10y_t-R3m_t$，第二个协整关系为 $R1y_t-R3m_t$。($R10y_t-R1y_t$ 也是一个协整关系，但由于这个协整关系与其他两个协整关系之间存在完全多重共线性，因此与其他两个协整关系相比，它并没有包含任何额外信息。)

多变量的 EG-ADF 检验的检验过程同两变量情形相同，只是需要对式(17-24)进行一定的修正，使其包含 X_{1t}、X_{2t} 两个解释变量；表 17-1 给出了 EG-ADF 检验的临界值，表中的变量个数为第一阶段 OLS 协整回归中解释变量的个数。在多个 X 存在一个协整关系的情形下，DOLS 估计量中包含每个 X 的水平值和每个 X 一阶差分的提前项和滞后项。关于多个变量之间协整关系的检验，见 Hamilton(1994)。

即使经济理论并不能给出协整系数的具体数值，它的重要性在于实践中对计算得到的协整关系进行检查。由于协整检验可能具有误导性(协整检验经常会错误地拒绝没有协整关系的原假设，也经常会错误地接受原假设)，因此在估计和使用协整关系时，依靠经济理论、专业知识和相关常识尤为重要。

17.5 波动集群性和自回归条件异方差

许多经济时间序列都会出现波动性时大时小的情况，即波动性出现集群现象。本节将介绍

两个用于量化波动集群性(又称为条件异方差)的模型。

17.5.1 波动集群性

许多金融和宏观经济变量的波动性都会随时间变化。例如图 17-2 给出了 Wilshire 5000 总市场指数的日百分比变化，该序列在某些时间段(如 2001～2008 年)的波动性较强，而在其他时间内的波动性较弱，如 2004 年和 2017 年。时间序列的这种波动性时高时低的特征被称为**波动集群性**(volatility clustering)。因为波动是以集群形式出现的，所以尽管很难预测 Wilshire 5000 指数的日百分比变化值，但我们可以对日百分比变化的方差进行预测。

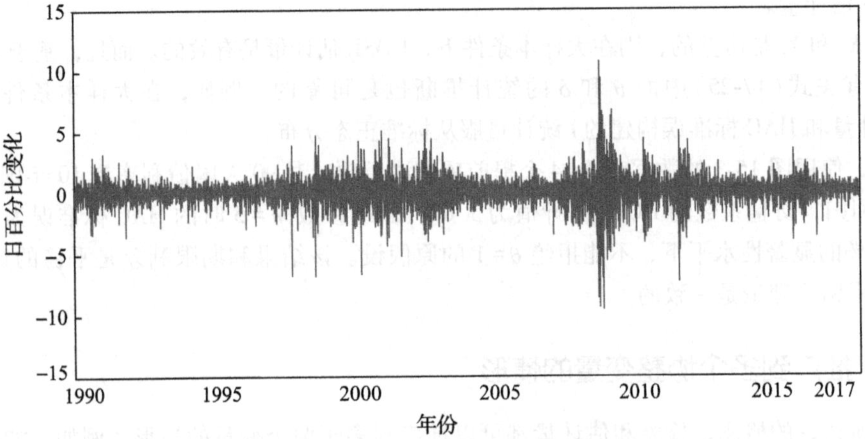

图 17-2 1990～2017 年 Wilshire 5000 市场总指数的日百分比变化

注：Wilshire 5000 总市场指数的日百分比变化呈现出波动集群性，其中有一些时期具有高波动性，例如 2008 年，而在有些时期的波动性相对较小，2004 年。

之所以要对我们感兴趣的序列的方差进行预测，主要有以下原因。

第一，一些资产价格变化的方差能够衡量持有这项资产的风险：股票价格日变化的方差越大，其持有人的预期收益(或损失)就越大。相对而言，风险厌恶的投资者不倾向于在股票市场的高波动时期入市。

第二，某些金融衍生品(如期权)的价值取决于基础资产的方差。期权交易者想得到关于未来波动性最精准的预测，以帮助他们决定在哪个价位上买入或卖出期权。

第三，对方差的预测有助于得到更准确的预测区间。假设你正在预测未来的通货膨胀率，如果预测误差为常数，则可以通过 15.5 节所介绍的回归标准误或最终预测误差来构成预测区间。但是，如果预测误差的方差随时间变化，则预测区间的宽度也会随时间而变化。在通货膨胀受到较大的干扰或冲击的时期，预测区间的宽度应该较宽；在波动性相对较弱的时期，预测区间应相对较窄。如果预测误差变化平缓，则可以使用式(15-22)中 MSFE 的伪样本外预测误差估计，但要获得波动性的较强变化(如图 17-2 所示的波动性变化)，则必须使用其他方法。

波动集群性可被视为误差项的方差在时间上的聚集：如果某个时期的误差项方差较小，则它在下一期的方差往往也较小。换言之，波动集群性意味着，误差项表现出具有时变特征的异方差。

当数据的观测频率较高时，可以使用一种称为实际波动率的方法直接测量波动率。当数据的观测频率较低时，可以估计波动率模型并使用它来估计当前波动率。下面依次介绍这两种方法。

17.5.2 实际波动率

假设你有每日资产回报率数据，如图 17-2 所示。估计给定月份波动性的一种方法是计算该月资产收益率的样本方差。对于高频测量的资产回报率，与回报率的变动相比，平均回报率通常很小，如图 17-2 所示。出于该原因，对于资产回报率，更一般而言，对于可以采用高频测量的序列，回报率的波动性不是通过样本方差来衡量，而是简单地用均方来衡量。因此，变量 X_t 在 h 期内的**实际波动率**（realized volatility）为，在 h 个连续时期内计算得到的 X 的样本均方根。

$$RV_t^h = \sqrt{\frac{1}{h}\sum_{s=t-h+1}^{t} X_s^2} \tag{17-26}$$

采用图 17-2 中 2015～2017 年的数据，绘制 20 天的实际波动率，如图 17-3 所示。图中可明显看出实际波动率给出了波动性集群的平滑度量。

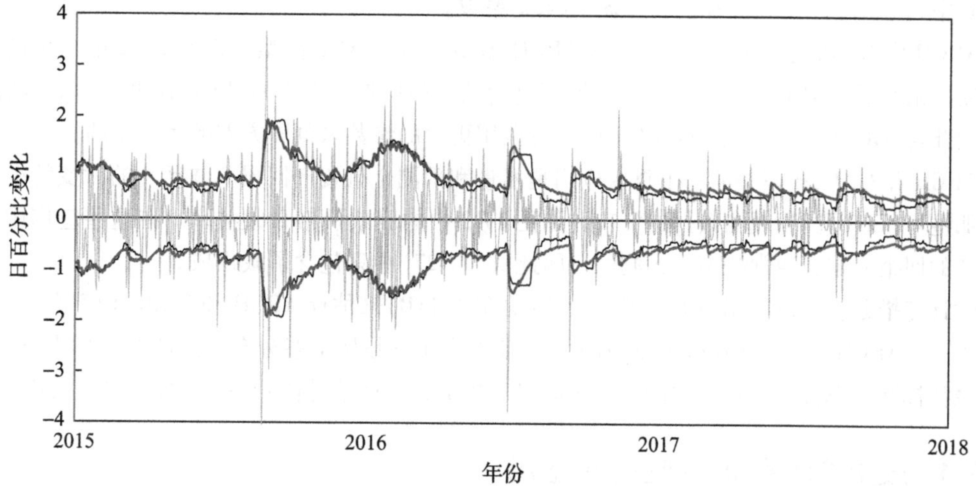

图 17-3　2015～2017 年 Wilshire 5000 总市场指数的日百分比变化和 20 天的实际波动率范围以及 GARCH(1，1)范围

注：2015～2017 年，股票价格变化的波动性差异很大。波动率低时的波动范围窄，波动率高时的波动范围宽。20 天的实际波动率范围（黑色）和 GARCH(1，1)范围（灰色）相似。

实践中实际波动率的计算是使用高频数据而非日数据。例如，公司股票交易的频率是非常高的，每隔 5 分钟测量一次价格。因此，可以使用该高频数据计算每日甚至几个小时内的实际波动率。高频实际波动率是高频交易中常使用的工具之一。

17.5.3 自回归条件异方差

当数据的观测频率较低时，另一种方法是估计方差随时间变化的模型。前面提到的刻画波动集群性的两个模型为**自回归条件异方差（ARCH）**（autoregressive conditional heteroskedasticity）模型和该模型的推广——**广义 ARCH（GARCH）**模型。

ARCH。考虑 ADL(1，1)回归模型

$$Y_t = \beta_0 + \beta_1 Y_{t-1} + \gamma_1 X_{t-1} + u_t \tag{17-27}$$

ARCH 模型是由计量经济学家 Robert Engle（Engle，1982；参见专栏“时间序列计量经济学的诺贝尔奖获得者”）提出的，其假设误差 u_t 服从均值为 0、方差为 σ_t^2 的正态分布，且 σ_t^2 依赖

于 u_t 过去值的平方值。具体地，p 阶 ARCH 模型，记为 ARCH(p)，模型结构如下

$$\sigma_t^2=\alpha_0+\alpha_1 u_{t-1}^2+\alpha_2 u_{t-2}^2+\cdots+\alpha_p u_{t-p}^2 \tag{17-28}$$

其中 α_0，α_1，…，α_p 为未知系数。如果这些系数为正，且如果近期误差项的平方较大，则 ARCH 模型会预测到当期误差项的方差 σ_t^2 较大。

虽然这里只对式(17-27)所示的 ADL(1，1)模型的误差项进行了描述，但 ARCH 模型可以应用于任何时间序列模型的误差项方差中，只要这些模型误差项的条件均值为 0。这些模型包括高阶 ADL 模型、自回归模型，以及包含多个预测变量的时间序列回归模型。

GARCH。计量经济学家 Tim Bollerslev(Bollerslev，1986)提出广义 ARCH(GARCH)模型，该模型对 ARCH 模型进行了拓展，假设方差不仅依赖于误差项滞后项的平方，还依赖于其自身的滞后项。GARCH(p，q)模型为

$$\sigma_t^2=\alpha_0+\alpha_1 u_{t-1}^2+\alpha_2 u_{t-2}^2+\cdots+\alpha_p u_{t-p}^2+\phi_1\sigma_{t-1}^2+\cdots+\phi_q\sigma_{t-q}^2 \tag{17-29}$$

其中 α_0，α_1，…，α_p，ϕ_1，…，ϕ_q 为未知系数。

ARCH 模型类似于分布滞后模型，GARCH 模型类似于 ADL 模型。正如 16 章中介绍的，在估计动态乘数时，ADL 模型比分布滞后模型更简洁。相似地，由于 GARCH 模型包含 σ_t^2 的滞后项，因此与 ARCH 模型相比，GARCH 模型可以用更少的参数来刻画方差的缓慢变动。

ARCH 和 GARCH 模型的一个重要应用是衡量和预测金融资产回报率波动性的时变特征，尤其是那些可以获得高频观测数据的资产，如图 17-2 中的股票价格日收益率。在这些应用中，由于资产的回报率本身通常是不可预测的，因此式(17-27)中只包含了截距项。

估计与推断。可以利用最大似然估计法(见附录 11B)来估计 ARCH 和 GARCH 模型。在大样本条件下，ARCH 和 GARCH 模型系数的最大似然估计量服从正态分布，因此在大样本下，t 统计量服从标准正态分布，且系数的置信区间可利用最大似然估计值±1.96 倍标准误来构建。

17.5.4 股票价格波动性例子中的应用

利用 1990 年 1 月 2 日至 2017 年 12 月 29 日的股票交易数据，估计关于 Wilshire 5000 股票价格日百分比变化 R_t 的 GARCH(1，1)模型，得到

$$\underset{(0.010)}{\hat{R}_t=0.063} \tag{17-30}$$

$$\hat{\sigma}_t^2=\underset{(0.002)}{0.013}+\underset{(0.008)}{0.088}u_{t-1}^2+\underset{(0.009)}{0.908}\sigma_{t-1}^2 \tag{17-31}$$

由于 Wilshire 5000 价格的日百分比变化序列本身不可预测，因此式(17-30)中不包含预测变量的滞后项。

GARCH 模型中的两个系数(u_{t-1}^2 的系数和 σ_{t-1}^2 的系数)在 5%的显著性水平下都是显著的。通过计算 GARCH 模型(习题 17.9)中 u_{t-1}^2 和 σ_{t-1}^2 的系数之和可以度量方差运动的持续性。在本例中，两个系数之和(0.99)较大，这表明条件方差变动的持续性较强。换言之，GARCH 模型的估计结果意味着，股票价格在高波动时期的持续时间较长。这个结论与图 17-2 中观察到的现象是一致的。

根据式(17-30)中的残差和式(17-31)中的系数估计值，我们可以计算时期 t 的条件方差 $\hat{\sigma}_t^2$。Wilshire 5000 回报率的 GARCH(1，1)模型和 20 天的实际波动率给出了收益率时变标准差的定

量近似估计值，这从图 17-3 中 2015～2017 年样本期间可以得出。在 2015 年上半年，条件标准差的范围较小，表明由 Wilshire 5000 组成的股票投资组合的投资者面临较低的风险。但是在 2015 年下半年条件标准差的范围扩大，表明股价日波动较大。

应用这些数据计算实际波动率在定量分析上与 GARCH 的范围相似。实际波动率的优点是，不需要模型假设便可估计方差变化。GARCH 模型的优点：第一，可以预测波动率；第二，可以应用于低频观测的数据，如月度或季度数据。通常，实际波动率和 GARCH 模型是量化波动集群性的两种互补方法。

17.6 使用动态因子模型和主成分进行包含多个预测变量的预测㊀

发达经济体的统计机构定期报告数百或数千个描述宏观经济的时间序列数据。这些数据包括来自国民收入和产品账户（消费、投资、进口、出口和政府支出）的详细信息、价格和工资、通货膨胀、工业或部门的产出和生产、特定市场（如住房）的数据，资本市场（包括利率和资产价格）的数据。这些数据中的每一个都可能包含可以改善宏观经济预测的信息。但是按照第 14 章的解释，预测变量较多时——可能超过时间序列观测值的数量——使用 OLS 估计的回归的样本外预测的表现较差。为了利用这些丰富的数据，必须使用其他方法。

本节重点介绍一种方法，该方法使用数据集的主成分来减少要估计的系数的数量。使用主成分进行预测在 14.5 节介绍过。此处将处理扩展到时间序列数据。这样做的框架是动态因子模型（DFM），该模型对由少量未观测到的变量引起的大量时间序列的联动进行建模，这些少量未观测到的变量即所谓的动态因子。估计 DFM 的步骤之一是使用主成分来估计这些未观测到的因子，DFM 也可以用于预测以外的目的。

DFM 是使用许多时间序列预测变量进行预测时所用的一种常用方法，但并非唯一方法。另一种方法是估计包含许多预测变量的 VAR 模型，但使用收缩方法（包括贝叶斯方法）来估计这些系数。关于 VAR 的贝叶斯估计的研究生教材，参见 Kilian 和 Lütkepohl（2017）。

17.6.1 动态因子模型

发达经济体的一个主要经验规律是，宏观经济变量之间存在广泛的共同运动：当经济的一部分变强时，其他部分也会变强。几年之后，许多经济变量的共同运动产生了所谓的经济周期。宏观经济变量在短期内（月或季度）和长期内也会共同变动。宏观经济波动理论建立在这种广泛观测到的共同现象的经验规律上，并将这些共同现象归因于相对较少的驱动力，如生产率的提高、货币政策、财政政策以及需求或消费者偏好的变化。

动态因子模型（dynamic factor model）抓住了这样一个概念，即有少量（r）个公因子，它们驱动大量（N）个时间序列变量之间的共同运动。DFM 认为这些驱动因子是未观测到的。将这些因子视为未观测到的，承认了宏观经济学家不知道宏观经济波动的所有来源，即使他们知道，这些来源也很难直接测量（例如，很难测量技术进步）。在 DFM 中，可以观测到的宏观经济变量，如 GDP 增长率和失业率，被建模为依赖于这些常见的未观测到的因子和其他被忽略的驱动因子或测量误差。

㊀ 本节引用了 14.5 节中的内容，应先阅读 14.5 节。

用数学公式表述的话，DFM 有两个部分。第一部分是将 N 个可观测变量 X_{it} 与 r 个因子 F_{1t}，…，F_{rt} 和一个误差项 u_{it} 联系起来。

$$X_{it}=\Lambda_{i0}+\Lambda_{i1}F_{1t}+\cdots+\Lambda_{ir}F_{rt}+u_{it},\ i=1,\ 2,\ \cdots,\ N \tag{17-32}$$

其中 Λ_{i1}，Λ_{i2}，…，Λ_{ir} 为将 r 因子与第 i 个可观测变量联系起来的未知系数。u_{it} 是均值为 0 的误差项，表示 X_{it} 特有的遗漏因素(即不同变量之间是不一样的)和测量误差。

DFM 的第二部分设定 r 个因子遵循 VAR。为了方便表示，我们在这里只写出滞后一期的 VAR[即 VAR(1)]；然而，在模型中也可以包含多个滞后项

$$\begin{aligned} F_{1t} &= A_{11}F_{1t-1}+A_{12}F_{2t-1}+\cdots+A_{1r}F_{rt-1}+\eta_{1t} \\ &\vdots \\ F_{rt} &= A_{r1}F_{1t-1}+A_{r2}F_{2t-1}+\cdots+A_{rr}F_{rt-1}+\eta_{rt} \end{aligned} \tag{17-33}$$

其中 A 为未知的 VAR 系数，η 是均值为 0 的误差项。式(17-33)中的因子 VAR 是将重要概念 17-1 中双变量 VAR 拓展到了多变量(r 个因子)VAR。

假设误差项 u_{it} 序列不相关，并且与因子 VAR 的误差项不相关，即 $E(u_{it}u_{jt+k})=0$，$i\neq j$，并且 $E(u_{it}\eta_{jt+k})=0$，对于所有的 k 都成立。因此所有的共同变动都与公因子有关。由于式(17-33)中没有截距项，因此因子的均值是 0。

X_t 的**共同部分**(common component)是 X_{it} 由因子解释的部分，即基于总体参数，在给定因子时 X_{it} 的预测值。在式(17-32)中，为 $\Lambda_{i1}F_{1t}+\cdots+\Lambda_{ir}F_{ir}$。式(17-32)中的误差项 u_{it} 称为 X_{it} 的**特定成分**(idiosyncratic component)，因为这是不能由公因子解释的 X_{it} 的一部分。通常特定成分可以是序列相关的，这将影响使用 DFM 进行预测的方式。[⊖]

17.6.2 DFM：估值和预测

从使用许多预测变量进行预测的角度来看，DFM 通过使用少量的因子替换大量的时间序列来解决包含许多预测变量时的问题。如果因子可以观测，则式(17-32)中的 Λ 系数和式(17-33)中的 VAR 系数都可用 OLS 进行估计。然而，困难的是因子不可观测。但是，可以用观测到的 N 个 X 的主成分对因子进行估计，然后将这些因子估计值作为估计未知的 DFM 系数的数据。

使用主成分估计 DFM 和因子。将 14.5 节描述的主成分分析法拓展到时间序列数据。正如 14.5 节所讨论的，首先必须使用其样本均值和标准差对变量 X 进行标准化；然后使用标准化后的 X 计算主成分。在 14.5 节中，前 r 个主成分记为PC_1，PC_2，…，PC_r。在 DFM 中，这些主成分是公因子的估计值，在 t 期的值记为 $\hat{F}_{1t}$，$\hat{F}_{2t}$，…，$\hat{F}_{rt}$，其中 Λ 表示该因子是估计得到的。事实上，如果因子模型的假设是正确的，那么主成分是因子的一致估计值，从这个意义上讲，当 N 和 T 都很大时，使用这些因子(如果可以观测到)得到的预测和使用主成分得到的预测将是相同的。

给定因子估计值 $\hat{F}_{1t}$，$\hat{F}_{2t}$，…，$\hat{F}_{rt}$，式(17-32)和式(17-33)中 DFM 的系数 Λ 和 A 可以用 OLS 估计，其中因子估计值作为数据。

解释主成分本身很重要，例如，可能想要把第一个主成分(第一个因子估计值)解释为衡量整体经济活动，第二个解释为衡量通货膨胀，以此类推。但这种解释往往是不合理的。原因是，只能由线性组合中识别出这些因子，如果没有进一步的假设，这些因子本身是不能识别的。换

⊖ 式(17-32)和式(17-33)是 DFM 的静态形式，是 DFM 最直接适用于主成分估计的形式。Stock 和 Watson(2016)讨论了 DFM 的其他形式以及估计因子的其他方法。

句话说，在动态因子模型中识别的是序列的共同组成部分，但是因子本身并没有被识别出。对于预测来说，这一识别问题无关紧要，因为无论使用因子还是因子的线性组合，都会产生相同的预测(回想一下，对于 OLS，使用截距和二元变量 male 进行的预测，与使用截距和二元变量 female 进行的预测相同)。

因子数量的确定。在第 14 章中主成分的数量通过 m 倍交叉验证确定。这种方法需要将数据随机分成 m 个子样本，然后估计 m 个子样本的系数。不幸的是，m 倍交叉验证在时间序列数据中存在两个问题。第一，时间序列观测值不是相互独立的，因此遗漏样本中的数据与估计样本中的数据不是相互独立的。第二，如果一个子样本被遗漏了，即使是连续的子样本，由于模型中包含了滞后项，因此会丢失其他观测值。

出于这些原因，确定 DFM 的因子数量往往依赖于碎石图和信息标准。

包含时间序列数据的碎石图与包含横截面数据的碎石图相同，14.5 节对此进行了说明。

用于确定 DFM 中因子数量的信息标准与用于确定自回归(式(15-23))或 VAR(式(17-4))的滞后项长度的信息标准具有相似的结构。具体来说，当增加因子时信息准则会惩罚残差平方和。Bai 和 Ng(2002)介绍了确定 r 的信息准则。他们提出的一个特定准则在模拟中被证明是有效的

$$\mathrm{IC}(r)=\ln\left\{\frac{1}{NT}\sum_{i=1}^{N}\sum_{t=1}^{T}\left[X_{it}-(\hat{\Lambda}_{i0}+\hat{\Lambda}_{i1}\hat{F}_{1t}+\cdots+\hat{\Lambda}_{ir}\hat{F}_{rt})\right]^{2}\right\}+r\left(\frac{N+T}{NT}\right)\ln[\min(N,\ T)] \tag{17-34}$$

其中，$\hat{\Lambda}$ 是 Λ 的 OLS 估计值，使用前 r 个主成分作为解释变量估计得到，最后一项是对使用 r 个主成分施加的惩罚项。

式(17-34)中的 Bai-Ng 惩罚项与因子数量 r 成正比，比例值为常数，大小取决于变量的数量(N)和时间序列观测值的数量(T)。当 $N=T$，该惩罚项是 BIC 惩罚项$\frac{\ln(T)}{T}$的 2 倍。

使用式(17-34)中的信息准则对因子数量的估计与自回归和 VAR 一样：在一组 r 个候选值中，r 的估计值是使 IC(r)最小化的 r 值。

使用因子估计值进行预测。使用因子估计值进行预测的方法有两种，与 17.2 节中所述的多期迭代预测和多期直接预测进行多期预测相似。

这两种方法的出发点都是将式(17-32)扩展为自回归分布滞后模型，由于 u_{it} 通常是序列相关的，因此 u_{it} 的过去值对预测 u_{it} 和 X_{it} 是有用的。因此，得出式(16-21)的论证适用于此，因此 u_{it} 中的序列相关性意味着 X_{it} 的滞后值也可能是有用的预测变量。加上这些滞后项，式(17-32)变为

$$X_{it}=\Lambda_{i0}+\Lambda_{i1}F_{1t}+\cdots+\Lambda_{ir}F_{rt}+\beta_{1}X_{it-1}+\cdots+\beta_{p}X_{it-p}+u_{it} \tag{17-35}$$

式(17-35)的右边取决于 F_{1t}，F_{2t}，…，F_{rt}，这些因子在时期 $t-1$ 时是未知的。因此，因子的当前值(或其主成分估计值)不能作为预测变量。可以采用迭代和直接预测两种不同的方法来解决这个问题。

在迭代方法中，式(17-35)中各因子的同期值被从估计的因子 VAR 中得到的预测值代替，因此，$T+1$ 期的提前一步预测，通过使用截至 T 期的数据，为

$$\hat{X}_{iT+1|T}=\hat{\Lambda}_{i0}+\hat{\Lambda}_{i1}\hat{F}_{1T+1|T}+\cdots+\hat{\Lambda}_{ir}\hat{F}_{rT+1|T}+\cdots+\hat{\beta}_{1}X_{iT}+\cdots+\hat{\beta}_{p}X_{iT-p+1} \tag{17-36}$$

其中，$\hat{\Lambda}$ 和 $\hat{\beta}$ 是式(17-36)中 Λ 和 β 的估计值，式(17-32)使用 $\hat{F}_{1t}$，$\hat{F}_{2t}$，…，$\hat{F}_{rt}$ 和 X 的滞后项作为解释变量，其中 $\hat{F}_{1T+1|T}$，$\hat{F}_{2T+1|T}$，…，$\hat{F}_{rT+1|T}$ 是使用因子 VAR 计算得到的因子的提前一步预测值。对时间范围 $h>1$ 的预测使用因子和 X_i 的迭代 VAR 预测值计算得到。

直接预测法基于重要概念 17-3。具体来说，使用因子估计值的提前 h 步的直接预测回归为

$$X_{it}=\delta_0+\delta_1\hat{F}_{1t-h}+\cdots+\delta_r\hat{F}_{rt-h}+\delta_{r+1}X_{it-h}+\cdots+\delta_{r+p}X_{it-h-p}+u_{it} \tag{17-37}$$

由于有不同的回归，所以对于每个预测时期范围 h，δ 系数不同。对于给定的时期范围，式(17-37)中的系数可通过 OLS 估计得到，然后使用这些系数估计值进行直接预测。

通常，这些系数是使用截至某一特定日期的数据估计得到的，然后这些系数被冻结并用于实时预测。这就引入了 DFM 预测的一个巧妙之处：用于进行实时预测的因子的最终观测数据，可能不会出现在估计数据集中。正如附录 14E 所述，由于系数是用样本内主成分估计得到的，因此必须使用与估计样本相同的权数、标准化均值和方差来构建样本外的主成分。

DFM 的其他用途。DFM 不仅仅可以用于预测。

其中一个应用是构建经济指标。如果有大量的相似序列，那么使用一个指标来捕获这些序列的共同变动是非常有用的。在这种情况下，单因子模型是合适的。单因子(第一主成分)的估计值总结了所有变量之间的共同变动。这种方法通常用于从经济活动的多个度量中计算出同时变动的经济指数。

DFM 的另一个用途是估计变量的当前值。之所以会出现这个问题，是因为经济数据的发布通常会有滞后。例如，一个人可能对当月的就业变化感兴趣，但这些数据要到下个月才会发布。“预测”经济数据当前值的任务称为**即时预测**(nowcasting)。即时预测主要的技术挑战是，数据会在任何一个月内发布，因此即时预测模型必须能够在数据到达时将它们合并起来。DFM 非常适合这一做法，但必须能够处理缺失的观测值，这些方法超出了本书的范围。纽约联邦储备银行使用 DFM 来做 GDP 的实时预测，并根据当周的数据每周更新。[㊀]

17.6.3　美国宏观经济数据的应用

我们使用由 131 个美国季度宏观经济时间序列组成的数据集来说明动态因子模型的估计和使用，数据时间跨度为 1960 年第一季度至 2017 年第四季度。这些序列的概述见表 17-2，关于序列的其他信息见附录 17A。数据集中的变量包括经济活动的标准度量、工资和物价通胀、利率以及对宏观经济具有重要意义的大型市场数据，包括住房和石油市场数据。通常将数据转换为增长率(如对 GDP)或一阶差分(如对利率)以消除随机趋势。然后，在估计前对这些数据进行标准化处理，通过减去它们的样本均值并除以样本标准差实现标准化处理。

表 17-2　季度宏观经济数据集

类别	用于因子估计的序列数量
国民收入和产品账户	13
工业生产	8
就业和失业	30
订单、库存和销售额	6
房屋动工及许可	6
价格	22
生产率和劳动收入	5
利率	10
货币和信贷	6
国际贸易	8
资产价格、财富、家庭资产负债表	10
其他	2
石油市场变量	5
总计	**131**

在某些类别中，可在多个加总层面获得某些序列，GDP 是消费、投资、政府支出和净出口的总和，因此，GDP 与它的组成部分是完全多重共线的。同样，总就业是整个经济不同部门就业的总和。为了估计这些因子，加总的序列(如

㊀ 纽约联邦储备银行关于 GDP 的即时预测发布在 https://www.newyorkfed.org/research/policy/nowcast。

GDP、总就业）由于没有提供比它们的组成部分更多的信息，已从数据集中排除。表 17-2 最后一列列出了用于计算主成分因子估计值的序列的数量。

图 17-4 画出了 1960～2017 年间数据集中 131 个序列的前 30 个主成分的碎石图。显然，这些序列的大部分变动可被前几个主成分捕捉到。第一个主成分解释了这些序列总方差的 20%，第二个主成分解释了 9%，前四个主成分共同解释了 39%。

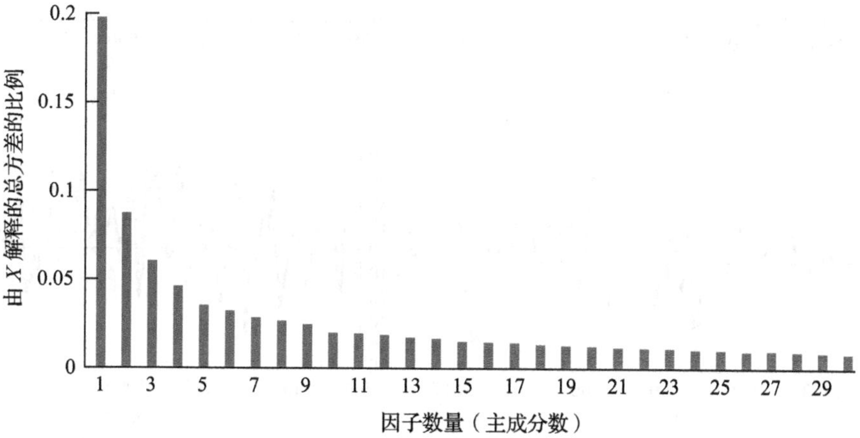

图 17-4　1960～2017 年宏观经济数据集的前 30 个因子的碎石图

注：第一个因子解释了这些序列总方差的 20%，前四个因子共同解释了这些序列总方差的 39%。

碎石图明确了需要使用的因子数量。显然，第一个和第二个因子是重要的，并且在第三个和第四个因子之后，R^2 出现了大幅度下降。然而，在第十个因子之前，这种下降似乎并没有稳定下来，因此，我们不能从这种视觉分析中得出结论。当使用 $r=4$ 个因子时，Bai-Ng 信息准则（式(17-34)）达到最小。该估计值在碎石图中属于合理范围，因此在本例中我们采用 $r=4$。

图 17-5 绘制了 GDP、就业、石油价格和标准普尔 500 指数回报率的四季度增长率（四季度增长率是从季度 t 到季度 $t+4$ 序列的百分比增长率，使用对数近似来计算百分比变动）。图中还绘制了每个序列的共同部分，使用四个因子估计得到。在这些序列中，GDP 和就业数据并不在用于估计这些因子的数据集中，因为它们是数据集中其他序列的加总，而石油价格和股票回报率在用于估计这些因子的 131 个序列中。

从图 17-5 中可以得到一个令人吃惊的结论：仅使用 131 个宏观经济变量的前四个主成分计算出的共同部分可以捕捉到这些序列大量变动。即使是标准普尔 500 指数的四季度回报率中的很大一部分也可以用这四个因子来解释。但这并不意味着股票回报率是可以预测的；相反，这意味着股票回报率在很大程度上受到同期总体经济活动发展的影响。

最后，我们用四个因子估计值对 GDP 增长率进行预测，并与第 15 章中的 AR 和 ADL 预测进行比较。考虑时间范围 $h=1$、4 和 8 时的 GDP 累积增长率的直接预测，其中，增长率用年增长率衡量。例如，对于四季度时间范围，被解释变量为 $400\ln\left(\frac{GDP_t}{GDP_{t-4}}\right)$，它等于 t、$t-1$、$t-2$、$t-3$ 时期的用年增长率表示的季度增长率的均值。检验的三个预测模型分别是基于 AR(2) 模型得出的 h 期增长率的直接预测，基于包含期限利率的 ADL(2，2)得出的 h 期增长率的直接预测，以及基于包含滞后两期 GDP 增长率的四因子预测模型得出的 h 期增长率的直接预测。

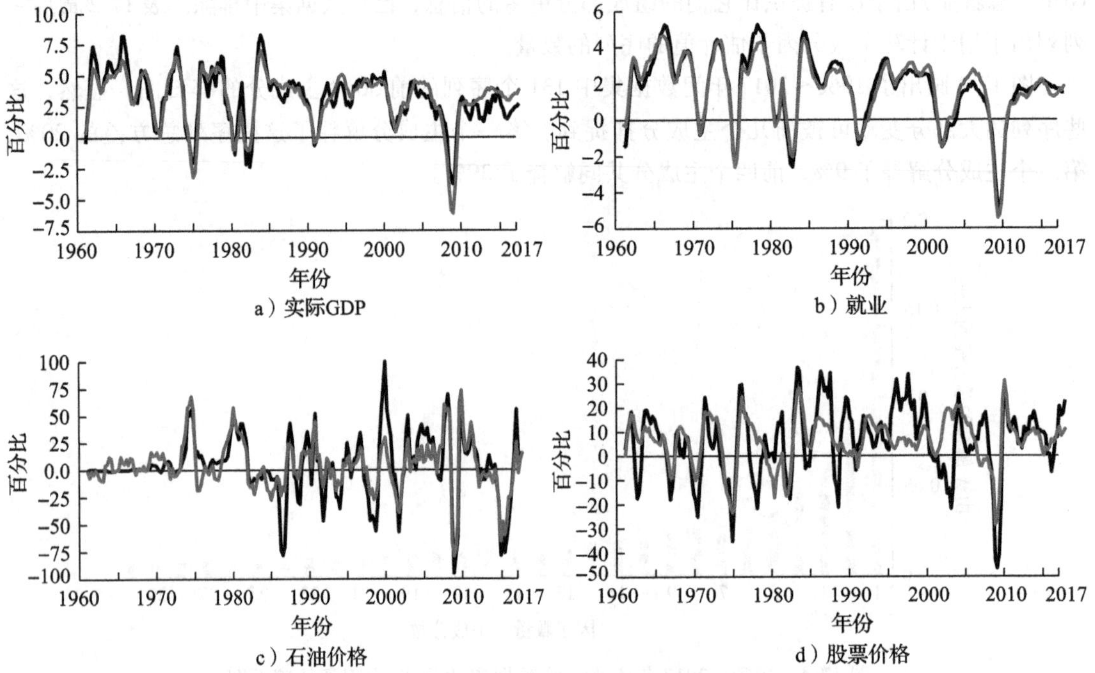

图 17-5 1960～2017 年四季度增长率，实际值和共同组成部分

注：GDP、就业、石油价格和标准普尔 500 股票价格指数的实际序列用黑线表示，这些变量的共同组成部分的估计值用灰线表示，估计值使用 1960～2017 年包含 131 个宏观经济数据的数据集并基于四因子 DFM 模型估计得到。

表 17-3 报告了用伪样本外根均方预测误差$\widehat{RMSFE}_{POOS}$（式（15-22））衡量的预测表现能力。表中第一列是直接预测回归中的解释变量。根据 15.8 节，样本内时期始于 1981 年的第一季度，结束于 2002 年第四季度的前 h 期；伪样本外期间始于 2002 年的第四季度，结束于 2017 年的第四季度。

表 17-3 2002 年第四季度～2017 年第四季度期间累积 GDP 增长率的直接预测比较：GDP 滞后项、期限利差和主成分分析

	$\widehat{RMSFE}_{POOS}$		
预测变量	$h=1$	$h=4$	$h=8$
$GDPGR_{t-h}$，$GDPGR_{t-h-1}$	2.25	1.91	1.74
$GDPGR_{t-h}$，$GDPGR_{t-h-1}$，$TSpread_{t-h}$，$TSpread_{t-h-1}$	2.29	1.94	1.77
$GDPGR_{t-h}$，$GDPGR_{t-h-1}$，$\hat{F}_{1t-h}$，$\hat{F}_{2t-h}$，$\hat{F}_{3t-h}$，$\hat{F}_{4t-h}$	2.14	1.40	1.48

注：根均方预测误差由 2002 年第四季度至 2017 年第四季度该预测期的伪样本外预测估计得到（式（15-22））。预测模型使用 1981 年第一季度到 2002 年第四季度前 h 期之间的数据估计得到，其中 h 是预测时间范围。被解释变量是用年增长率表示的 GDP 的累积 h 季度增长率，使用对数表示，即 $\left(\frac{400}{h}\right)\ln\left(\frac{GDP_t}{GDP_{t-h}}\right)$。解释变量在第一列中给出，其中 $\hat{F}_{1t}$ 表示由估计样本中的第一个主成分估计得出的第一个因子，以此类推。

根据表中的结果，值得注意的有三个方面。首先，$\widehat{RMSFE}_{POOS}$ 随着时间范围的长度 h 增加而减小。从长远来看，其原因之一是季度 GDP 有大量的暂时性测量误差，通过考虑一到两年的增长率，这些误差被平滑（平均）了。这种季度“噪音”在图 15-1b 的季度 GDP 增长率时间序列图中可以明显看出。

其次，对于所有的时间范围 h，使用期限利差进行的预测比直接用 AR(2) 进行的预测在样本外时期表现更差。这似乎与期限利差提供的样本内拟合情况改善相反：在 $h=1$ 的估计样本（样本时期为 1981：Q_1～2002：Q_3）中，检验$TSpread_{t-1}$ 与$TSpread_{t-2}$ 的系数均为 0 的 F 检验统计量，在 1%的显著水平下是显著的。显然，基于样本内时期估计得到的滞后项的系数并没有捕捉到伪样本外时期期限利差与 GDP 之间的关系，这说明这种关系是非平稳的。在现实世界中，样本内时期和样本外时期之间的一个重要区别是，自 2008 年开始，美联储推出了新的货币政策工具来管理长期和短期利率，从而改变了期限利差与经济活动之间的关系。

第三，对于所有时间范围 h，因子预测都优于 AR 和 ADL 预测。进一步研究这些预测会发现，这种改进主要是由于在 2009 年秋季金融危机之后的衰退和初期复苏期间，因子预测的表现要好得多。在这次经济衰退期间，许多宏观变量之间的强烈负向共同变动都表明经济正在经历严重衰退，而 AR 预测却忽略了这一特征。相比之下，在 2005 年和 2013 年之后这些相对平稳的时期，AR(2)直接预测的预测表现略优于因子预测。

专栏 17-1

时间序列计量经济学的诺贝尔奖获得者

罗伯特·恩格尔(Robert Engle)和克莱夫·格兰杰(Clive Granger)获得了 2003 年诺贝尔经济学奖，以表彰他们在时间序列计量经济学基础理论方面的贡献。恩格尔受到与图 17-2 类似的波动集群性现象的启发。他想知道此类序列是否平稳，是否可用计量经济学模型来解释和预测这种时变波动性。从而恩格尔提出了 17.5 节中所介绍的自回归条件异方差(ARCH)模型。ARCH 模型及其拓展形式有助于对资产回报波动性进行建模，由此得到的波动性预测结果可用于金融衍生品定价和评估持有金融资产的风险变化情况。目前波动性的衡量和预测已成为金融计量经济学的核心议题之一，ARCH 模型及在其基础上拓展的模型在波动性建模方面起着重要作用。

格兰杰研究关注的是如何处理经济时间序列数据中的随机趋势。格兰杰的早期研究成果表明，当变量含有随机趋势时，运用传统的 t 统计量和 R^2 可能会错误地认为两个原本无关变量存在相关关系；即式(14-28)和式(14-29)讨论的“伪回归”问题。但是，含随机趋势的变量之间的回归一定是伪回归吗？格兰杰发现，当变量之间有共同趋势(存在协整关系)时，我们可以利用向量误差修正模型揭示变量间的关系。协整分析方法目前已成为现代计量经济学的主要内容。

2011 年，托马斯·萨金特(Thomas Sargent)和克里斯托弗·西蒙(Christopher Sims)获得了诺贝尔经济学奖，以表彰他们在宏观经济领域中因果关系实证研究方面的贡献。萨金特因提出了一种利用对未来预期分析因果关系的模型而成名。西蒙因提出结构 VAR(SVAR)模型而成名。西蒙的主要发现与 VAR 模型的预测误差项[式(17-1)和式(17-2)中的误差项 u_t]有关。他意识到，这些误差项是由于未预期到的宏观经济“冲击”产生的，并且在多数情况下，这些冲击有明确的来源，如 OPEC(石油价格冲击)、美联储(利率冲击)或国会(税收冲击)。通过厘清 VAR 模型误差项中各种冲击的来源，西蒙能够估计这些冲击对 VAR 中变量的动态因果效应。尽管冲击的来源并非无可争议，SVAR 已成为估计宏观经济领域中动态因果效应的标准工具。

2013 年，尤金·法玛(Eugene Fama)，拉尔斯·皮特·汉森(Lars Peter Hansen)和罗伯特·席勒(Robert Shiller)获得了诺贝尔经济学奖，以表彰他们在资产定价实证分析方面的贡献。第 15 章中的专栏“你能战胜市场吗”和第 16 章中的专栏“新闻速递：商品交易员通过迪士尼乐园传递寒流”部分受到法玛的“有效市场”(不可预测性)成果和席勒的“非理性繁荣”(不可解释的波动性)成果的启发。汉森由于在研究资产回报是否与期望效用理论一致时，提出了“广义矩方法”(GMM)而获此殊荣。微观经济学认为投资者应使投资的边际成本(因为投资而不是消费所减少的今天效用)等于边际收益(因为投资回报促进了消费所增加的明天效用)。但因为边际效用难以度量，且资产回报是不确定的，所以对这一命题进行检验会非常复杂。汉森提出了 GMM 方法来检验资产定价模型。事实证明，汉森的 GMM 方法的应用范围远不止在金融领域，现在已广泛应用于计量经济学领域。19.7 节将介绍 GMM。

若想了解更多关于诺贝尔经济学奖的内容，请访问诺贝尔基金会的网站 http://www.nobel.se/economics。

17.7 结论

本章介绍了时间序列分析中最常用的几个工具和概念，许多其他时间序列分析工具都是为了解决某个特定应用问题而提出来的。如果你想了解更多关于经济预测的内容，可参考 Diebold(2017)和 Enders(2009)的入门教材。关于更高级的时间序列分析方法，可参考 Hamilton(1994)和 Hayashi(2000)。关于更高级的向量自回归处理方法，可参考 Kilian 和 Lütkepohl(2017)，关于动态因子模型的更多内容，可参考 Stock 和 Watson(2016)。

本章小结

1. 向量自回归模型是 k 个时间序列变量进行建模，其中每一个变量都依赖于其自身的滞后项和其他 $k-1$ 个变量的滞后项。运用 VAR 模型得到的每一个变量的预测值都是相互一致的，即它们是基于相同信息得到的预测。
2. 可以通过多期迭代预测或多期直接预测方法对变量进行提前两期或多期预测。
3. 两个具有共同随机趋势的序列是协整的，即如果 X_t 和 Y_t 为 $I(1)$，但 $Y_t-\theta X_t$ 为 $I(0)$，则 X_t 和 Y_t 是协整的。若 X_t 和 Y_t 是协整的，则误差修正项 $Y_t-\theta X_t$ 有助于预测 ΔX_t 和 ΔY_t。向量误差修正模型是关于 ΔX_t 和 ΔY_t 的 VAR 模型，但在 VAR 模型中加入了滞后一期的误差修正项。
4. 波动集群性是指序列的方差时大时小，这种现象在经济时间序列(特别是金融时间序列)中是常见的。实际波动率是使用滚动根均方估计量的时变波动率的一个估计值。
5. 刻画波动集群性的 ARCH 模型将回归误差项的条件方差表示为近期回归误差项平方的函数。GARCH 模型是对 ARCH 模型的拓展，即在 ARCH 模型的基础上加入了条件方差的滞后项。实际波动率和 ARCH/GARCH 模型估计得到的预测区间宽度取决于近期回归残差的波动性。
6. 大量时间序列的共同运动有时可以用前几个主成分来描述，这些主成分也可以用于预测。这么做的框架是动态因子模型，该模型假定少数未观察到的因子驱动着大量宏观经济变量的共同变动。

重要术语

向量自回归(VAR)	多期迭代 AR 预测	多期迭代 VAR 预测
多期直接预测	二阶差分	

零阶($I(0)$)单整，一阶单整($I(1)$)，二阶单整($I(2)$)

单整阶数	D 阶单整	共同趋势
协整	协整系数	误差修正项
向量误差修正模型(VECM)	EG-ADF 检验	动态 OLS(DOLS)估计量
波动集群性	实际波动率	自回归条件异方差(ARCH)
广义 ARCH(GARCH)	动态因子模型	主成分
特定成分	即时预测	

内容复习

17.1 某宏观经济学家想要对以下宏观经济变量进行预测：GDP、消费、投资、政府购买、出口、进口、短期利率、长期利率和通货膨胀率。他有上述每个变量 1970～2017 年的季度数据。他应该运用这些变量组成的 VAR 模型进行预测吗？为什么？你能提出另一种预测方法吗？

17.2 假设 Y_t 服从 $\beta_0=0$，$\beta_1=0.7$ 的平稳 AR(1)模型。若 $Y_t=5$，则 Y_{t+2} 的预测值($Y_{t+2|t}$)是多少？当 $h=30$ 时，$Y_{t+h|t}$ 的预测值是多少？你认为该预测值合理吗？

17.3 一种持久收入消费理论认为实际 GDP 的对数(Y)和实际消费的对数(C)是协整的，且协整系数为 1。通过如下两种方式说明对上述判断的理解：①画出数据图；②使用检验统计量。

17.4 考虑 ARCH 模型 $\sigma_t^2=1.0+0.8u_{t-1}^2$。试说明为什么该模型会导致波动集群性。(提示：考虑当 u_{t-1}^2 很大时会怎样？)

17.5 假设一位预测员有用于预测 Y 的 110 个预测变量(X)和 150 个月度时间序列观测数据。请解释为什么 Y_t 对 X 的一期滞后项的 OLS 回归可能会产生较差的提前一步预测，使用主成分估计得到的动态因子模型如何解决这个问题？

习 题

17.1 假设 Y_t 服从平稳的 AR(1)模型，即 $Y_t=\beta_0+\beta_1Y_{t-1}+u_t$。

(1) 证明 Y_t 的提前 h 期预测为 $Y_{t+h|t}=\mu_Y+\beta_1^h(Y_t-\mu_Y)$，其中 $\mu_Y=\dfrac{\beta_0}{1-\beta_1}$。

(2) 假设 X_t 和 Y_t 是相关的，即 $X_t=\sum_{i=0}^{\infty}\delta^iY_{t+i|t}$，其中 $|\delta|<1$. 证明 $X_t=\left[\dfrac{\mu_Y}{1-\delta}\right]+\left[\dfrac{Y_t-\mu_Y}{1-\beta_1\delta}\right]$。

17.2 一种利率期限结构的预期理论认为，长期利率等于短期利率未来预期值的均值加上期限溢价，其中期限溢价为 $I(0)$。具体地，令 Rk_t 表示 k 期利率，$R1_t$ 表示一期利率，e_t 表示 $I(0)$ 的期限溢价，则 $Rk_t=\dfrac{1}{k}\sum_{i=0}^{k-1}R1_{t+i|t}+e_t$。其中 $R1_{t+i|t}$ 为在 t 时期对 $t+i$ 时期的 $R1$ 的预测值。假设 $R1_t=R1_{t-1}+u_t$。

(1) 证明 $Rk_t=R1_t+e_t$。

(2) 证明 Rk_t 和 $R1_t$ 存在协整关系，协整系数为多少？

(3) 现在假设$\Delta R1_t=0.5\,\Delta R1_{t-1}+u_t$，你在问题(2)中的答案会如何变化？

(4) 现在假设 $R1_t=0.5R1_{t-1}+u_t$，你在问题(2)中的答案会如何变化？

17.3 假设 $E(u_t|u_{t-1},u_{t-2},\cdots)=0$ 且 u_t 服

从 ARCH 过程，即 $\sigma_t^2=1.0+0.5u_{t-1}^2$。

(1) 令 $E(u_t^2)=\text{var}(u_t)$ 为 u_t 的无条件方差。证明 $\text{var}(u_t)=2$。(提示：利用期望迭代法则 $E(u_t^2)=E[E(u_t^2 \mid u_{t-1})]$。)

(2) 假设在给定其滞后值的条件下，u_t 的分布为 $N(0, \sigma_t^2)$。若 $u_{t-1}=0.2$，则 $\Pr(-3 \leqslant u_t \leqslant 3)$ 为多少？若 $u_{t-1}=2.0$，则 $\Pr(-3 \leqslant u_t \leqslant 3)$ 为多少？

17.4 假设 Y_t 服从平稳的 AR(p) 模型，即 $Y_t=\beta_0+\beta_1 Y_{t-1}+\cdots+\beta_p Y_{t-p}+u_t$，其中 $E(u_t \mid Y_{t-1}, Y_{t-2}, \cdots)=0$。令 $Y_{t+h \mid t}=E(Y_{t+h} \mid Y_t, Y_{t-1}, \cdots)$，证明对于 $h>p$，$Y_{t+h \mid t}=\beta_0+\beta_1 Y_{t-1+h \mid t}+\cdots+\beta_p Y_{t-p+h \mid t}$。

17.5 证明式(17-20)。(提示：利用 $\sum_{t=1}^{T} Y_t^2=\sum_{t=1}^{T}(Y_{t-1}+\Delta Y_t)^2$ 证明 $\sum_{t=1}^{T} Y_t^2=\sum_{t=1}^{T} Y_{t-1}^2+2\sum_{t=1}^{T} Y_{t-1}\Delta Y_t+\sum_{t=1}^{T}\Delta Y_t^2$，并解出 $\sum_{t=1}^{T} Y_{t-1}\Delta Y_t$。)

17.6 Y_t 对 X_t 的当期值、过去值和未来值的回归结果如下

$$Y_t=3.0+1.7X_{t+1}+0.8X_t-0.2X_{t-1}+u_t$$

(1) 对回归模型中的各项进行整理，使它具有式(17-25)中的形式，θ、δ_{-1}、δ_0 和 δ_1 的值分别是多少？

(2) ①设 X_t 为 $I(1)$，u_t 为 $I(1)$，则 Y 和 X 是协整的吗？

②设 X_t 为 $I(0)$，u_t 为 $I(1)$，则 Y 和 X 是协整的吗？

③设 X_t 为 $I(1)$，u_t 为 $I(0)$，则 Y 和 X 是协整的吗？

17.7 假设 $\Delta Y_t=u_t$，其中 u_t 是服从 $N(0, 1)$ 的独立同分布，考虑回归 $Y_t=\beta X_t+\text{error}$，其中 $X_t=\Delta Y_{t+1}$，error 为回归误差。证明 $\hat{\beta}\xrightarrow{d}\frac{1}{2}(\chi_1^2-1)$。(提示：利用类似式(17-21)的分析思路对 $\hat{\beta}$ 的分子进行分析，并运用大数定律对分母进行分析。)

17.8 考虑以下两变量 VAR 模型，模型中含有一阶滞后项，不含截距项：

$$Y_t=\beta_{11}Y_{t-1}+\gamma_{11}X_{t-1}+u_{1t}$$
$$X_t=\beta_{21}Y_{t-1}+\gamma_{21}X_{t-1}+u_{2t}$$

(1) 证明 Y 的提前两期迭代预测可表示为 $Y_{t \mid t-2}=\delta_1 Y_{t-2}+\delta_2 X_{t-2}$，并用 VAR 中的系数推导 δ_1 和 δ_2 的表达式。

(2) 根据(1)中的答案，提前多期迭代预测与多期直接预测有区别吗？请解释。

17.9 (1) 假设 $E(u_t \mid u_{t-1}, u_{t-2}, \cdots)=0$，$\text{var}(u_t \mid u_{t-1}, u_{t-2}, \cdots)$ 服从 ARCH(1) 模型，即 $\sigma_t^2=\alpha_0+\alpha_1 u_{t-1}^2$，$u_t$ 是平稳的。证明 $\text{var}(u_t)=\frac{\alpha_0}{1-\alpha_1}$。(提示：利用期望迭代法则 $E(u_t^2)=E[E(u_t^2 \mid u_{t-1})]$。)

(2) 将(1)中的结果推广到 ARCH(p) 模型中。

(3) 证明对平稳 ARCH(p) 模型而言，$\sum_{i=1}^{p}\alpha_i<1$。

(4) 将(1)中的结果推广到 GARCH(1, 1)模型中。

(5) 证明对平稳 GARCH(1, 1)模型而言，$\alpha_1+\phi_1<1$。

17.10 考虑协整模型 $Y_t=\theta X_t+v_{1t}$。$X_t=X_{t-1}+v_{2t}$，其中 v_{1t} 和 v_{2t} 是均值为 0 且不存在序列相关的随机变量，对所有的 t 和 j 都有 $E(v_{1t}v_{2t})=0$。推导关于 X 和 Y 的向量误差修正模型(式(17-22)和式(17-23))。

实证练习

17.1 本题是实证练习 14.1 的推广。在本书网站 http://www.pearsonnhighered.com/stock_watson 上可以找到数据文件 USMacro_Quarterly，该数据集包含了一些美国宏观经济变量的季度数据；关于数据的详细描述见 USMacro_Description 文件。利用个人消费支出价格指数计算通货膨胀率 Infl。对于所有的回归，样本期均为 1963 年第一季度至 2017 年第四季度（其中 1963 年之前的数据可以作为回归中滞后项的初始值）。

(1) 利用截至 2017 年第四季度的通货膨胀率数据和估计的 AR(2)模型：

① 预测从 2017 第四季度至 2018 年第一季度通货膨胀率的变化 $\Delta Infl_{2018:Q_1}$。

② 预测从 2018 第一季度至 2018 年第二季度通货膨胀率的变化 $\Delta Infl_{2018:Q_2}$。（使用迭代预测法。）

③ 预测从 2017 第四季度至 2018 年第二季度通货膨胀率的变化 $Infl_{2018:Q_2}-Infl_{2017:Q_4}$。

④ 预测 2018 年第二季度通货膨胀率的水平值 $Infl_{2018:Q_2}$。

(2) 使用直接预测法重新计算(1)。

17.2 在本书网站 http://www.pearsonnhighered.com/stock_watson 上可以找到数据文件 USMacro_Quarterly，该数据集包含实际 GDP（用 2009 年美元计价）的季度数据。计算实际 GDP 增长率，$GDPGR_t=400\times[\ln(GDP_t)-\ln(GDP_{t-1})]$。

① 利用 1960 年第一季度至 2017 年第四季度的 $GDPGR_t$ 数据，估计误差项服从 GARCH(1，1)的 AR(2)模型。

② 画出 AR(2)模型的残差图，并画出类似图 17-3 中的 $\pm\hat{\sigma}_t$ 波动带。

③ 一些宏观经济学家声称，在 1983 年前后 GDP 增长率的波动性存在明显的降低，即所谓的“大缓和”。在②中画出的图形是否存在大缓和的明显证据？请解释。

附录 17A 美国季度宏观数据集

美国季度数据集中的变量来自圣路易斯联邦储备银行（Federal Reserve Bank of St. Louis）维护的宏观经济时间序列 FRED 在线数据库。表 17-2 列出了这些变量的类别。在数据集中用于估计因子的国民收入和产品账户变量为个人消费支出的三个测量指标（耐用品、非耐用品和服务），私人投资的四个测量指标（非住宅建筑、非住宅知识产权、非住宅固定设备和住宅建筑），联邦政府支出，联邦政府收入，州和地方政府消费，出口和进口（所有变量均为实际值）。通过（在大多数情况下）计算季度增长率或一阶差分，可以消除随机趋势。关于序列的详细信息和完整列表，请参阅本书的在线文档。

PART 5

第5篇

回归分析的计量经济学理论

CHAPTER18

第18章 一元线性回归理论

为什么应用计量经济学家要学习计量经济学理论呢？主要有以下几个原因：扎实的理论基础可以把计量经济软件这个“黑匣子”变成灵活的工具箱，从而有助于我们从中选择正确的工具来分析问题；学习理论知识有助于我们理解各种方法的工作原理，以及各种方法应用的假设前提。最重要的是，熟悉计量经济理论有助于我们明确各种方法的局限性，从而有助于我们了解何时应该寻求新的方法。

本章将介绍一元线性回归模型的基本理论。该部分是对第 4 章和第 5 章内容的拓展，因此在阅读本章之前，务必要先熟悉这两章的内容。

本章从两个方面扩展了第 4 章和第 5 章中的知识点。

第一，本章给出了有关 OLS 估计量和 t 统计量的抽样分布的数学推导过程，分别介绍了在满足重要概念 4-3 中用于因果推断的三个最小二乘假设且在大样本下的数学推导过程，以及满足同方差和正态误差项这两个额外假设条件且在有限样本下的数学推导过程。18.1 节、18.2 节、18.3 节和附录 18B 给出了这五个扩展的最小二乘假设，并从纯数学的角度推导了满足重要概念 4-3 中三个最小二乘假设且在大样本下 OLS 估计量和 t 统计量的渐近正态分布。18.4 节给出了在同方差和正态误差项这两个额外假设条件下 OLS 估计量和 t 统计量的精确分布。

第二，本章提出了解决异方差的另一种方法，从而对第 4 章和第 5 章内容进行扩展。第 4 章和第 5 章中介绍的方法为：当误差项存在异方差时，用异方差-稳健标准误进行统计推断。但这样做并不完美，因为如果误差项存在异方差，则在理论上应该存在比 OLS 估计量更有效的估计量。所以，我们应该寻求这样的估计量。实际上，这一估计量被称为加权最小二乘估计量，18.5 节将对其进行介绍。加权最小二乘法需要事先知道异方差（给定 X 条件下 u 的条件方差）的具体形式。知道关于异方差的具体信息后，加权最小二乘估计量会优于 OLS 估计量。但很多时候，这种信息是无法获取的，在这种情况下，使用异方差-稳健标准误的 OLS 估计方法是首选。

18.1 扩展的最小二乘假设和 OLS 估计量

本节介绍的假设条件是对第 4 章中三个最小二乘假设条件的扩展。后续内容将在更强的假设条件下推导关于 OLS 估计量的精确理论结果，这与在第 4 章中较弱(但较符合现实)的假设条件下推导出的渐近结果是不同的。

18.1.1 扩展的最小二乘假设

扩展的最小二乘假设 1、2 和 3。扩展的最小二乘假设中前三个假设为重要概念 4-3 中的三个假设：给定 X_i 时，u_i 的条件均值为0；对于 $i=1, 2, \cdots, n$，(X_i, Y_i)是从其联合分布中抽取的独立同分布；X_i 和 u_i 均具有非零有限四阶矩。

在这三个假设下，OLS 估计量具有无偏性、一致性和渐近正态性。若这三个假设条件成立，则第 4 章介绍的统计推断(基于 t 统计量的假设检验和形式为±1.96 倍标准误的 95%置信区间)在大样本条件下是合理的。然而，如果要保证 OLS 估计量的有效性或得到 OLS 估计量的精确分布，则我们还需要更强的假设条件。

扩展的最小二乘假设 4。第 4 个扩展的最小二乘假设为：u_i 是同方差的，即 $\text{var}(u_i|X_i)=\sigma_u^2$，其中 σ_u^2 为常数。5.5 节中已讨论过，若这个假设成立，则在给定 $X_1, X_2, \cdots, X_n$ 条件下，OLS 估计量是所有线性无偏估计量中最有效的。

扩展的最小二乘假设 5。第 5 个扩展的最小二乘假设为：给定 X_i 时，u_i 的条件分布为正态分布。

在最小二乘假设 1 和假设 2 以及扩展的最小二乘假设 4 和 5 成立的条件下，u_i 是服从 $N(0, \sigma_u^2)$的独立同分布，且 X_i 和 u_i 相互独立。为了理解这一点，我们注意到，扩展的最小二乘假设 5 指出，$u_i|X_i$ 的条件分布为 $N[0, \text{var}(u_i|X_i)]$。由假设 4 可知，$\text{var}(u_i|X_i)=\sigma_u^2$，从而 $u_i|X_i$ 的条件分布为 $N(0, \sigma_u^2)$。由于该分布不依赖于 X_i，因此 X_i 和 u_i 相互独立。又由假设 2 可知，对所有 $i\neq j$，u_i 与 u_j 相互独立。因此，在扩展的最小二乘假设 1、2、4、5 下，X_i 和 u_i 相互独立，且 u_i 是服从 $N(0, \sigma_u^2)$的独立同分布。

18.4 节将证明，当五个扩展的最小二乘假设均成立时，OLS 估计量的精确分布是正态分布，同方差适用的 t 统计量的精确分布是学生 t 分布。

假设 4 和假设 5 比前三个假设的限制性更强。前三个假设在实际应用中比较合理，后两个假设在现实中常常不成立，但它们具有理论意义。因为当其中一个或两个成立时，OLS 估计量具有第 4 章和第 5 章中没有讨论过的其他性质。因此，探索较强假设条件下的模型估计有助于加强我们对线性回归模型的 OLS 估计量和估计理论的理解。

重要概念 18-1 总结了一元回归模型的五个扩展的最小二乘假设。

重要概念 18-1　一元回归模型的五个扩展的最小二乘假设

一元线性回归模型为

$$Y_i=\beta_0+\beta_1X_i+u_i,\ i=1,\ 2,\ \cdots,\ n \tag{18-1}$$

其中，β_1 为 X 对 Y 的因果效应。

扩展的最小二乘假设为

(1) $E(u_i \mid X_i)=0$（条件零均值）；

(2) (X_i, Y_i)，$i=1, 2, \cdots, n$，为从其联合分布中抽取的独立同分布；

(3) X_i 和 u_i 具有非零有限四阶矩；

(4) $\mathrm{var}(u_i \mid X_i)=\sigma_u^2$（同方差）；

(5) 给定 X_i 时，u_i 的条件分布为正态分布（正态误差项）。

18.1.2 OLS 估计量

为便于查阅，这里重述 β_0 和 β_1 的 OLS 估计量为

$$\hat{\beta}_1=\frac{\sum_{i=1}^{n}(X_i-\overline{X})(Y_i-\overline{Y})}{\sum_{i=1}^{n}(X_i-\overline{X})^2} \tag{18-2}$$

$$\hat{\beta}_0=\overline{Y}-\hat{\beta}_1\overline{X} \tag{18-3}$$

式(18-2)和式(18-3)的详细推导见附录 4B。

18.2 渐近分布理论基础

渐近分布理论是关于大样本下统计量（包括估计量、检验统计量与置信区间）分布的理论。该理论研究的是统计量在大样本下的分布情况，其中“渐近”是指，当样本量 $n\to\infty$ 时的统计量的表现特征。

尽管样本量不可能无限大，但渐近分布理论在计量经济学和统计学中起到了关键作用，主要有两个原因：第一，如果实证研究中的样本量非常大，则渐近极限性质能够为有限样本分布提供一种非常好的近似；第二，与精确分布相比，渐近分布的形式更为简单，从而更加方便实用。鉴于这两个原因，在实际应用中，依据渐近分布理论，我们可以使用简单可靠的统计推断方法（包括基于 t 统计量的假设检验和基于±1.96 倍标准误构建的 95%置信区间）。

渐近分布理论的两大理论基础是 2.6 节介绍的大数定律和中心极限定理。本节首先进一步讨论大数定律和中心极限定理，包括大数定律的证明过程。接下来将介绍另外两个工具，即斯拉斯基定理和连续映射定理，它们推广了大数定律和中心极限定理的用途。最后给出一个实例，即运用上述定理来证明：在原假设成立的条件下，用于检验假设 $E(Y)=\mu_0$ 的 t 统计量（基于 $\overline{Y}$ 构建的）服从标准正态分布。

18.2.1 依概率收敛和大数定律

2.6 节给出了依概率收敛和大数定律的概念。这里将给出依概率收敛的精确数学定义，然后给出大数定律的详细内容及其证明过程。

一致性和依概率收敛。令 S_1，S_2，…，S_n 表示随机变量的一个序列。例如，S_n 可以是随机变量 Y 的 n 个样本的均值 $\overline{Y}$。对于任意正常数 δ，当 $n\to\infty$ 时，S_n 落在 $\mu\pm\delta$ 区间内的概率趋于 1，

则称随机变量序列$\{S_n\}$**依概率收敛**(converge in probability)于μ(即$S_n \xrightarrow{p} \mu$)。即对于任意的$\delta>0$，当$n \to \infty$，有

$$S_n \xrightarrow{p} \mu，当且仅当 \Pr(|S_n-\mu| \geqslant \delta) \longrightarrow 0 \tag{18-4}$$

若$S_n \xrightarrow{p} \mu$成立，则称S_n为μ的**一致估计量**(consistent estimator)。

大数定律。大数定律是指，当Y_1，Y_2，…，Y_n满足一定条件时，样本均值$\overline{Y}$依概率收敛到总体均值。根据Y_1，Y_2，…，Y_n所满足的假设条件的不同，概率理论学家建立了不同版本的大数定律。本书所采用的大数定律为：Y_1，Y_2，…，Y_n是从有限方差总体中随机抽取的独立同分布。相应地，本书中的大数定律(重要概念 2-6 中曾介绍过)为

$$若 Y_1，Y_2，\cdots，Y_n 为独立同分布，E(Y_i)=\mu_Y 且 \mathrm{var}(Y_i)<\infty，则 \overline{Y} \xrightarrow{p} \mu_Y \tag{18-5}$$

关于大数定律的思想可参见图 2-8：当样本容量增加时，$\overline{Y}$的分布集中在总体均值μ_Y附近。抽样分布的特点之一是，随着样本容量的增加，$\overline{Y}$的方差减小；另一特点是，当n增大时，$\overline{Y}$落在$\mu_Y \pm \delta$区间之外的概率趋近于 0。从大数定律的证明过程中可以看出，抽样分布的这两个性质是相互联系的。

大数定律的证明。切比雪夫不等式给出了$\overline{Y}$的方差与$\overline{Y}$落在$\mu_Y \pm \delta$区间内的概率之间的关系，附录 18B(见式(18-42))给出了切比雪夫不等式及其证明。用$\overline{Y}$来表示的话，切比雪夫不等式变成：对任意常数$\delta>0$，有

$$\Pr(|\overline{Y}-\mu_Y| \geqslant \delta) \leqslant \frac{\mathrm{var}(\overline{Y})}{\delta^2} \tag{18-6}$$

由于Y_1，Y_2，…，Y_n独立同分布，方差为δ_Y^2，因此$\mathrm{var}(\overline{Y})=\frac{\delta_Y^2}{n}$；于是，对任意的$\delta>0$，$\frac{\mathrm{var}(\overline{Y})}{\delta^2}=\frac{\delta_Y^2}{(\delta^2 n)} \longrightarrow 0$。根据式(18-6)知，对任意$\delta>0$，有$\Pr(|\overline{Y}-\mu_Y| \geqslant \delta) \longrightarrow 0$，从而大数定律得证。

几个例子。一致性是渐近分布理论中的基本概念，我们在这里列举一些关于总体均值μ_Y的估计量的例子，其中有些估计量是一致的，有些是不一致的。假设Y_i，$i=1$，2，…，n是服从$N(0, \delta_Y^2)$的独立同分布，其中$0<\delta_Y^2<\infty$。考虑下面三个μ_Y的估计量：①$m_a=Y_1$；②$m_b=\left(\frac{1-a^n}{1-a}\right)^{-1}\sum_{i=1}^{n} a^{i-1}Y_i$，其中$0<a<1$；③$m_c=\overline{Y}+\frac{1}{n}$。这些估计量是一致的吗？

第一个估计量m_a为Y_i的第一个观测，因此$E(m_a)=E(Y_1)=\mu_Y$，故m_a是无偏的。然而，m_a并不是一致的：因为$\Pr(|m_a-\mu_Y| \geqslant \delta)=\Pr(|Y_1-\mu_Y| \geqslant \delta)$，即使$\delta$充分小时，这个式子也为正(因为$\delta_Y^2>0$)。所以，当$n \to \infty$时，$\Pr(|m_a-\mu_Y| \geqslant \delta)$不趋于 0，故$m_a$不是一致的。这个结果并不意外，因为$m_a$中只包含了第一个观测的信息，当样本容量增大时，其分布不会集中在μ_Y附近。

第二个估计量m_b是无偏的，但不是一致的。它之所以无偏，是因为

$$E(m_b)=E\left[\left(\frac{1-a^n}{1-a}\right)^{-1}\sum_{i=1}^{n} a^{i-1}Y_i\right]=\left(\frac{1-a^n}{1-a}\right)^{-1}\sum_{i=1}^{n} a^{i-1}\mu_Y=\mu_Y$$

由于 $\sum_{i=1}^{n} a^{i-1} = (1-a^n)\sum_{i=1}^{\infty} a^i = \frac{1-a^n}{1-a}$，因此 m_b 的方差为

$$\mathrm{var}(m_b) = \left(\frac{1-a^n}{1-a}\right)^2 \sum_{i=1}^{n} a^{2(i-1)}\sigma_Y^2 = \sigma_Y^2 \frac{(1-a^{2n})(1-a)^2}{(1-a^2)(1-a^n)^2} = \sigma_Y^2 \frac{(1+a^n)(1-a)}{(1-a^n)(1+a)}$$

当 $n \longrightarrow \infty$ 时，上式具有极限 $\mathrm{var}(m_b) \longrightarrow \frac{\sigma_Y^2(1-a)}{(1+a)} > 0$，因此该估计量的方差不趋近于 0，$m_b$ 的分布不集中在 μ_Y 附近，从而该估计量虽是无偏的，但不是一致的。这个结论似乎令人意外，因为该估计量中包含了所有观测值的信息。但是，由于该估计量给很多观测值所赋予的权重很小（第 i 个观测值的权重与 a^{i-1} 成比例，当 i 很大时，权重很小），从而导致估计量无法充分消除抽样误差，故该估计量不是一致的。

第三个估计量 m_c 是有偏的，但它是一致的，其偏差为 $\frac{1}{n}$：$E(m_c) = E\left(\overline{Y} + \frac{1}{n}\right) = \mu_Y + \frac{1}{n}$。当样本容量增大时，偏差趋于 0。$m_c$ 之所以是一致的，是因为 $\Pr(|m_c - \mu_Y| \geqslant \delta) = \Pr\left(\left|\overline{Y} + \frac{1}{n} - \mu_Y\right| \geqslant \delta\right)$。从附录 18B 中的式（18-43）可知，根据切比雪夫不等式的一般形式有，对于任意随机变量 W 和任意正数 δ，有 $\Pr(|W| \geqslant \delta) \leqslant \frac{E(W^2)}{\delta^2}$，从而有 $\Pr\left(\left|\overline{Y} + \frac{1}{n} - \mu_Y\right| \geqslant \delta\right) \leqslant \frac{E\left[\left(\overline{Y} + \frac{1}{n} - \mu_Y\right)^2\right]}{\delta^2}$。当 n 增大时，$E\left[\left(\overline{Y} + \frac{1}{n} - \mu_Y\right)^2\right] = \mathrm{var}(\overline{Y}) + \frac{1}{n^2} = \frac{\sigma^2}{n} + \frac{1}{n^2} \longrightarrow 0$。从而有 $\Pr\left(\left|\overline{Y} + \frac{1}{n} - \mu_Y\right| \geqslant \delta\right) \longrightarrow 0$，即 m_c 是一致估计量。以上例子说明，尽管在有限样本条件下估计量可能是有偏的，但如果随着样本量的增大，偏差逐渐消失，则估计量仍然可能是一致的（习题 18.10）。

18.2.2 中心极限定理和依分布收敛

当 $n \longrightarrow \infty$ 时，如果随机变量序列的分布收敛到一个极限值，则称该随机变量序列依分布收敛。中心极限定理指出，在一般情况下，标准化后的样本均值依分布收敛于正态随机变量。

依分布收敛。 令 $F_1, F_2, \cdots, F_n$ 分别表示随机变量序列 $S_1, S_2, \cdots, S_n$ 的累积分布函数。例如，S_n 可能是标准化处理后的样本均值，即 $\frac{\overline{Y}-\mu_Y}{\sigma_{\overline{Y}}}$。如果分布函数 $\{F_n\}$ 收敛于 S 的分布 F，则称随机变量序列 S_n **依分布收敛**（converge in distribution）于 S，记为 $S_n \xrightarrow{d} S$，即

$$S_n \xrightarrow{d} S，\text{当且仅当} \lim_{n\to\infty} F_n = F(t) \tag{18-7}$$

其中，对上述极限分布 F 中所有的连续点 t，该极限都成立。分布 F 为 S_n 的**渐近分布**（asymptotic distribution）。

依概率收敛（p）和依分布收敛（d）两个概念的区别在于：若 $S_n \xrightarrow{p} \mu$，则当 n 增大时，S_n 以较大的概率接近 μ。相比而言，若 $S_n \xrightarrow{d} S$，则当 n 增大时，S_n 的分布接近 S 的分布。

中心极限定理。 这里运用依分布收敛的概念重述中心极限定理，重要概念 2-7 中介绍的中心极限定理为：若 $Y_1, Y_2, \cdots, Y_n$ 独立同分布，且 $0 < \sigma_Y^2 < \infty$，则 $\frac{\overline{Y}-\mu_Y}{\sigma_{\overline{Y}}}$ 的渐近分布为 $N(0, 1)$。

因为 $\sigma_{\bar{Y}}=\dfrac{\sigma_Y}{\sqrt{n}}$，所以$\dfrac{\bar{Y}-\mu_Y}{\sigma_{\bar{Y}}}=\sqrt{n}\dfrac{\bar{Y}-\mu_Y}{\sigma_Y}$。从而中心极限定理可以表述为$\sqrt{n}(\bar{Y}-\mu_Y)\xrightarrow{d}\sigma_Y Z$，其中 Z 为标准正态随机变量，即当 $n\longrightarrow\infty$ 时，$\sqrt{n}(\bar{Y}-\mu_Y)$的分布收敛于 $N(0,\ \sigma_Y^2)$，记为

$$\sqrt{n}(\bar{Y}-\mu_Y)\xrightarrow{d}N(0,\ \sigma_Y^2) \tag{18-8}$$

即，若 Y_1，Y_2，…，Y_n 独立同分布，且 $0<\sigma_Y^2<\infty$，则$\sqrt{n}(\bar{Y}-\mu_Y)$的分布收敛于均值为 0、方差为 σ_Y^2 的正态分布。

推广到时间序列数据。由 2.6 节可知，大数定律和中心极限定理适用于观测样本为独立同分布的情形。但正如第 14 章介绍的，很多时间序列数据并不满足独立同分布假设，如果要将上述定理应用到时间序列数据中，还需要进行一定的扩展。本质上讲，这些扩展是纯技术性工作，扩展后的定理的结论不变(适用于时间序列数据的大数定律和中心极限定理)，只是适用的假设条件有所不同而已。上述问题在 16.4 节已有简单介绍，关于时间序列变量的渐近分布理论的数学处理超出了本书范围，感兴趣的读者可参阅 Hayashi(2000，第 2 章)。

18.2.3　斯拉斯基定理和连续映射定理

斯拉斯基定理(Slutsky’ s theorem)将一致性和依分布收敛结合在一起。假设 $a_n\xrightarrow{p}a$，其中 a 为常数，$S_n\xrightarrow{d}S$，则

$$a_n+S_n\xrightarrow{d}a+S,\ a_nS_n\xrightarrow{d}aS,\ \text{当 } a\neq 0 \text{ 时},\ \frac{S_n}{a_n}\xrightarrow{d}\frac{S}{a} \tag{18-9}$$

这三个结果合起来称为斯拉斯基定理。

连续映射定理(continuous mapping theorem)讨论的是随机变量序列 S_n 的连续函数 g 的渐近性质。定理分为两部分：第一部分，若 S_n 依概率收敛于常数 a，则 $g(S_n)$依概率收敛到 $g(a)$；第二部分，若 S_n 依分布收敛于 S，则 $g(S_n)$依分布收敛于 $g(S)$。即如果 g 为连续函数，则

$$\begin{aligned}&(1)\ \text{若 } S_n\xrightarrow{p}a,\ \text{则 } g(S_n)\xrightarrow{p}g(a)\\&(2)\ \text{若 } S_n\xrightarrow{d}S,\ \text{则 } g(S_n)\xrightarrow{d}g(S)\end{aligned} \tag{18-10}$$

关于(1)的一个例子：若 $s_Y^2\xrightarrow{p}\sigma_Y^2$，则$\sqrt{s_Y^2}=s_Y\xrightarrow{p}\sigma^2$。

关于(2)的一个例子：若 $S_n\xrightarrow{d}Z$(Z 为标准正态随机变量)，且令 $g(S_n)=S_n^2$，因为 g 为连续函数，根据连续映射定理有 $g(S_n)\xrightarrow{d}g(Z)$，则 $S_n^2\xrightarrow{d}Z^2$。换言之，S_n^2 的分布收敛于标准正态随机变量的平方，即χ_1^2 分布，即 $S_n^2\xrightarrow{d}\chi_1^2$。

18.2.4　在基于样本均值的 *t* 统计量中的应用

现在我们利用中心极限定理、大数定律和斯拉斯基定理证明：在原假设下，如果 Y_1，Y_2，…，Y_n 独立同分布且 $0<E(Y_i^4)<\infty$，由 $\bar{Y}$ 构建的 t 统计量服从标准正态分布。

式(3-8)和式(3-11)给出了检验假设 $E(Y_i)=\mu_0$ 的 t 统计量为

$$t=\frac{\overline{Y}-\mu_0}{\frac{s_Y}{\sqrt{n}}}=\frac{\sqrt{n}(\overline{Y}-\mu_0)}{\sigma_Y}\div\frac{s_Y}{\sigma_Y} \tag{18-11}$$

其中，对第一个等式的分子和分母同除以 σ_Y 得到第二个等式。

由于 Y_1，Y_2，…，Y_n 的二阶矩存在(因为存在有限四阶矩，见习题 18.5)，且 Y_1，Y_2，…，Y_n 为独立同分布的，因此式(18-11)最后一个等式的第一项符合中心极限定理满足的条件：在原假设成立时，$\sqrt{n}\frac{\overline{Y}-\mu_0}{\sigma_Y}\xrightarrow{d}N(0,1)$。此外，$s_Y^2\xrightarrow{p}\sigma_Y^2$(证明过程见附录 3C)，故$\frac{s_Y^2}{\sigma_Y^2}\xrightarrow{p}1$，即式(18-11)第二项中的比值趋于1(习题 18.4)，因此 $S_n=\sqrt{n}\frac{\overline{Y}-\mu_0}{\sigma_Y}\xrightarrow{d}N(0,1)$且 $a_n=\frac{s_Y}{\sigma_Y}\xrightarrow{p}1$。根据斯拉斯基定理可得 $t\xrightarrow{d}N(0,1)$。

18.3　OLS 估计量和 t 统计量的渐近分布

由第 4 章可知，在满足重要概念 4-3 中假设(重要概念 18-1 中的前三个假设)的条件下，OLS 估计量 $\hat{\beta}_1$ 是一致的，且$\sqrt{n}(\hat{\beta}_1-\beta_1)$服从渐近正态分布。此外，在原假设 $\beta_1=\beta_{1,0}$ 成立的条件下，检验该假设的 t 统计量服从渐近标准正态分布。本节将总结这些结论，并给出相应的数学证明。

18.3.1　OLS 估计量的一致性和渐近正态性

从重要概念 4-4 可知，在大样本条件下，$\hat{\beta}_1$ 的分布为

$$\sqrt{n}(\hat{\beta}_1-\beta_1)\xrightarrow{d}N\left(0,\frac{\mathrm{var}(v_i)}{[\mathrm{var}(X_i)]^2}\right) \tag{18-12}$$

其中，$v_i=(X_i-\mu_X)u_i$。附录 4C 给出了简要证明过程，但其中省略了部分细节，且用到一个尚未证明的近似公式。该证明的省略步骤已作为习题 18.3 列在课后习题中。由式(18-12)知，$\hat{\beta}_1$ 是一致的(习题 18.4)。

18.3.2　异方差-稳健标准误的一致性

在满足最小二乘的前三个假设下，需要运用 $\hat{\beta}_1$ 的异方差-稳健标准误进行统计推断。具体地

$$\frac{\hat{\sigma}_{\hat{\beta}_1}^2}{\sigma_{\hat{\beta}_1}^2}\xrightarrow{p}1 \tag{18-13}$$

其中，$\sigma_{\hat{\beta}_1}^2=\frac{\mathrm{var}(v_i)}{n[\mathrm{var}(X_i)]^2}$，$\hat{\sigma}_{\hat{\beta}_1}^2$ 为式(5-4)中定义的异方差-稳健标准误的平方，即

$$\hat{\sigma}_{\hat{\beta}_1}^2=\frac{1}{n}\frac{\frac{1}{n-2}\sum_{i=1}^{n}(X_i-\overline{X})^2\hat{u}_i^2}{\left[\frac{1}{n}\sum_{i=1}^{n}(X_i-\overline{X})^2\right]^2} \tag{18-14}$$

为了证明式(18-13)，首先利用 $\sigma_{\hat{\beta}_1}^2$ 和 $\hat{\sigma}_{\hat{\beta}_1}^2$ 的定义重新将式(18-13)中的比率表示为

$$\frac{\hat{\sigma}_{\hat{\beta}_1}^2}{\sigma_{\hat{\beta}_1}^2}=\left[\frac{n}{n-2}\right]\left[\frac{\frac{1}{n}\sum_{i=1}^{n}(X_i-\overline{X})^2\hat{u}_i^2}{\operatorname{var}(v_i)}\right]\div\left[\frac{\frac{1}{n}\sum_{i=1}^{n}(X_i-\overline{X})^2}{\operatorname{var}(X_i)}\right]^2 \tag{18-15}$$

下面我们将证明式(18-15)等号右边三项均依概率收敛于 1。显然地，第一项收敛于 1，而且根据样本方差的一致性(详见附录 3C)可知，最后一项也依概率收敛于 1。接下来证明第二项依概率收敛于 1，即证明 $\frac{1}{n}\sum_{i=1}^{n}(X_i-\overline{X})^2\hat{u}_i^2\xrightarrow{p}\operatorname{var}(v_i)$。

分两步对 $\frac{1}{n}\sum_{i=1}^{n}(X_i-\overline{X})^2\hat{u}_i^2\xrightarrow{p}\operatorname{var}(v_i)$ 进行证明：第一步证明 $\frac{1}{n}\sum_{i=1}^{n}v_i^2\xrightarrow{p}\operatorname{var}(v_i)$；第二步证明 $\frac{1}{n}\sum_{i=1}^{n}(X_i-\overline{X})^2\hat{u}_i^2-\frac{1}{n}\sum_{i=1}^{n}v_i^2\xrightarrow{p}0$。

现假设 X_i 和 u_i 存在八阶矩[即 $E(X_i^8)<\infty$，$E(u_i^8)<\infty$]，该假设比最小二乘假设 3(假设 3 只要求 X_i 和 u_i 存在四阶矩)更强。要证明第一步，首先证明 $\frac{1}{n}\sum_{i=1}^{n}v_i^2$ 服从式(18-5)中的大数定律。该结论要求 v_i^2 必须是独立同分布的(这可由最小二乘假设 2 得到)且 $\operatorname{var}(v_i^2)$ 必须是有限的。接下来运用柯西-施瓦茨不等式(附录 18B)证明 $\operatorname{var}(v_i^2)<\infty$：$\operatorname{var}(v_i^2)\leqslant E(v_i^4)=E[(X_i-\mu_X)^4u_i^4]\leqslant\{E[(X_i-\mu_X)^8]E(u_i^8)\}^{\frac{1}{2}}$。因此，如果 X_i 和 u_i 存在八阶矩，则 v_i^2 具有有限方差，且满足式(18-5)所示的大数定律。

第二步证明 $\frac{1}{n}\sum_{i=1}^{n}(X_i-\overline{X})^2\hat{u}_i^2-\frac{1}{n}\sum_{i=1}^{n}v_i^2\xrightarrow{p}0$。因为 $v_i=(X_i-\mu_X)u_i$，即相当于证明

$$\frac{1}{n}\sum_{i=1}^{n}[(X_i-\overline{X})^2\hat{u}_i^2-(X_i-\mu_X)^2u_i^2]\xrightarrow{p}0 \tag{18-16}$$

为证明该结论，可以将 $\hat{u}_i$ 写成如下形式 $\hat{u}_i=u_i-(\hat{\beta}_0-\beta_0)-(\hat{\beta}_1-\beta_1)X_i$，并对式(18-16)括号中的内容进行展开，反复运用柯西-施瓦茨不等式，同时利用 $\hat{\beta}_0$ 和 $\hat{\beta}_1$ 的一致性。具体的推导细节留作习题 18.9。

在前面的推导过程中，我们假设 X_i 和 u_i 存在八阶矩，但这个条件并不是必要的，我们也可以在 X_i 和 u_i 存在四阶矩的条件下，证明 $\frac{1}{n}\sum_{i=1}^{n}(X_i-\overline{X})^2\hat{u}_i^2\xrightarrow{p}\operatorname{var}(v_i)$。但该证明过程超出了本书的范围，详见 Hayashi(2000，2.5 节)。

18.3.3 异方差-稳健 t 统计量的渐近正态性

下面我们将证明：在原假设下，如果满足前三个最小二乘假设，则用于检验 $\beta_1=\beta_{1,0}$ 的异方差-稳健 OLS 的 t 统计量服从渐近正态分布。利用异方差-稳健标准误 $SE(\hat{\beta}_1)=\hat{\sigma}_{\hat{\beta}_1}$(定义见式(18-14))构建的 t 统计量为

$$t=\frac{\hat{\beta}_1-\beta_{1,0}}{\hat{\sigma}_{\hat{\beta}_1}}=\frac{\sqrt{n}(\hat{\beta}_1-\beta_{1,0})}{\sqrt{n\sigma_{\hat{\beta}_1}^2}}\div\sqrt{\frac{\hat{\sigma}_{\hat{\beta}_1}^2}{\sigma_{\hat{\beta}_1}^2}} \tag{18-17}$$

从式(18-12)以及 $\sigma_{\hat{\beta}_1}^2$ 的定义可知，式(18-17)中第二个等号后的第一项依分布收敛于标准正

态随机变量。此外，由于异方差-稳健标准误是一致的(式(18-13))，因此 $\sqrt{\frac{\hat{\sigma}^2_{\hat{\beta}_1}}{\sigma^2_{\hat{\beta}_1}}}\xrightarrow{p}1$(习题 18.4)。由斯拉斯基定理可知，$t\xrightarrow{d}N(0, 1)$。

18.4 误差项服从正态分布时的精确抽样分布

在小样本下，OLS 估计量和 t 统计量的分布情况取决于回归误差项的分布情况。5.6 节介绍过，如果回归误差项是同方差且服从正态分布，则上述估计量和统计量的分布就会简单很多。具体地，在满足重要概念 18-1 的 5 个扩展最小二乘假设时，给定 X_1, X_2, …, X_n 的条件下，OLS 估计量服从正态分布，t 统计量服从学生 t 分布。下面以 $\hat{\beta}_1$ 为例来证明上述结论。

18.4.1 误差项服从正态分布时 $\hat{\beta}_1$ 的分布

如果误差项是独立同分布的，服从正态分布，且误差项与解释变量相互独立，则在给定 X_1, X_2, …, X_n 的条件下，$\hat{\beta}_1$ 的分布为 $N(\beta_1, \sigma^2_{\hat{\beta}_1|X})$，其中

$$\sigma^2_{\hat{\beta}_1|X}=\frac{\sigma^2_u}{\sum_{i=1}^{n}(X_i-\overline{X})^2} \tag{18-18}$$

要证明该结论需要：①证明其服从正态分布；②证明 $E(\hat{\beta}_1 \mid X_1, X_2, \cdots X_n)=\beta_1$；③证明式(18-18)。

对①的证明，注意到给定 X_1, X_2, …, X_n, $\hat{\beta}_1-\beta_1$ 可以表示为 u_1, u_2, …, u_n 的加权平均

$$\hat{\beta}_1=\beta_1+\frac{\frac{1}{n}\sum_{i=1}^{n}(X_i-\overline{X})u_i}{\frac{1}{n}\sum_{i=1}^{n}(X_i-\overline{X})^2} \tag{18-19}$$

推导过程详见附录 4C(式(4-28)，为方便起见，这里对其重述)。根据扩展的最小二乘假设 1、2、4、5 可知，u_i 独立同分布，服从 $N(0, \sigma^2_u)$，且与 X_i 独立。由于正态分布随机变量的加权平均仍服从正态分布，从而在给定 X_1, X_2, …, X_n 的条件下，$\hat{\beta}_1$ 服从正态分布。

要证明②，对式(18-19)两边取条件期望，得到

$$E[(\hat{\beta}_1-\beta_1)\mid(X_1, X_2, \cdots, X_n)]=E\left[\frac{\sum_{i=1}^{n}(X_i-\overline{X})u_i}{\sum_{i=1}^{n}(X_i-\overline{X})^2}\,\middle|\,X_1, X_2, \cdots, X_n\right]$$

$$=\frac{\left[\sum_{i=1}^{n}(X_i-\overline{X})E(u_i\mid X_1, X_2, \cdots, X_n)\right]}{\left[\sum_{i=1}^{n}(X_i-\overline{X})^2\right]}=0$$

其中，最后一个等式用到了 $E(u_i\mid X_1, X_2, \cdots, X_n)=E(u_i\mid X_i)=0$ 且 $\sum_{i=1}^{n}(X_i-\overline{X})^2\neq 0$。因此 $\hat{\beta}_1$ 是条件无偏的，即

$$E(\hat{\beta}_1 \mid X_1, X_2, \cdots, X_n)=\beta_1 \tag{18-20}$$

要证明③，我们需要使用给定 X_1，X_2，…，X_n 时误差项相互独立的条件，利用式(18-19)计算 $\hat{\beta}_1$ 的条件方差为

$$\begin{aligned}\operatorname{var}(\hat{\beta}_1 \mid X_1, X_2, \cdots, X_n) &= \operatorname{var}\left[\frac{\sum_{i=1}^{n}(X_i-\bar{X})u_i}{\sum_{i=1}^{n}(X_i-\bar{X})^2} \mid X_1, X_2, \cdots, X_n\right] \\ &= \frac{\sum_{i=1}^{n}(X_i-\bar{X})^2\operatorname{var}(u_i \mid X_1, X_2, \cdots, X_n)}{\left[\sum_{i=1}^{n}(X_i-\bar{X})^2\right]^2} = \frac{\sigma_u^2\sum_{i=1}^{n}(X_i-\bar{X})^2}{\left[\sum_{i=1}^{n}(X_i-\bar{X})^2\right]^2}\end{aligned} \tag{18-21}$$

消去式(18-21)最后一个表达式分子和分母中相同的项，就可得到式(18-18)所示的条件方差公式。

18.4.2　同方差适用 t 统计量的分布

检验原假设 $\beta_1=\beta_{1,0}$ 的同方差适用 t 统计量为

$$t=\frac{\hat{\beta}_1-\beta_{1,0}}{\mathrm{SE}(\hat{\beta}_1)} \tag{18-22}$$

其中，$\mathrm{SE}(\hat{\beta}_1)$ 是 $\hat{\beta}_1$ 同方差适用的标准误的计算结果。将 $\mathrm{SE}(\hat{\beta}_1)$ 的公式(附录 5A 中式(5-29))代入式(18-22)得到

$$t=\frac{\hat{\beta}_1-\beta_{1,0}}{\sqrt{\dfrac{s_{\hat{u}}^2}{\sum_{i=1}^{n}(X_i-\bar{X})^2}}}=\frac{\hat{\beta}_1-\beta_{1,0}}{\sqrt{\dfrac{\sigma_u^2}{\sum_{i=1}^{n}(X_i-\bar{X})^2}}}\div\sqrt{\frac{s_{\hat{u}}^2}{\sigma_u^2}}=\frac{\dfrac{\hat{\beta}_1-\beta_{1,0}}{\sigma_{\hat{\beta}_1 \mid X}}}{\sqrt{\dfrac{W}{n-2}}} \tag{18-23}$$

其中，$s_{\hat{u}}^2=\frac{1}{n-2}\sum_{i=1}^{n}\hat{u}_i^2$，$W=\frac{\sum_{i=1}^{n}\hat{u}_i^2}{\sigma_u^2}$。给定 X_1，X_2，…，X_n 且原假设成立时，$\hat{\beta}_1$ 的分布为 $N(\beta_{1,0}\sigma_{\hat{\beta}_1 \mid X}^2)$。从而，式(18-23)最后一项的分子服从 $N(0,1)$ 分布。19.4 节将证明 W 服从自由度为 $n-2$ 的 χ^2 分布，且 W 与式(18-23)最后一项的分子是相互独立的。由学生 t 分布的定义(附录 18A)可知，在满足五个扩展的最小二乘假设条件下，同方差适用 t 统计量服从自由度为 $n-2$ 的学生 t 分布。

我们应该对哪部分进行自由度调整？我们对 $s_{\hat{u}}^2$ 进行自由度调整，是为了确保 $s_{\hat{u}}^2$ 是 σ_u^2 的无偏估计，且确保当误差项服从正态分布时 t 统计量服从学生 t 分布。因为 $W=\frac{\sum_{i=1}^{n}\hat{u}_i^2}{\sigma_u^2}$ 服从自由度为 $n-2$ 的 χ^2 分布，其均值 $E(W)=n-2$，从而 $E\left[\frac{W}{n-2}\right]=\frac{n-2}{n-2}=1$。对 W 的定义式进行变换，可得 $E\left[\frac{1}{n-2}\sum_{i=1}^{n}\hat{u}_i^2\right]=\sigma_u^2$。因此，自由度调整使得 $s_{\hat{u}}^2$ 是 σ_u^2 的无偏估计量。对式(18-23)中最后一个表

达式的分母除以 $n-2$ 而不是除以 n，这一点与附录 18A 中给出的学生 t 分布的定义相一致，即当误差项服从正态分布时，使用经过自由度调整的标准误计算出的 t 统计量服从学生 t 分布。

18.5 加权最小二乘法

在前四个扩展的最小二乘假设下，OLS 估计量在所有的线性(Y_1，Y_2，…，Y_n 的线性函数)、条件无偏(以 X_1，X_2，…，X_n 为条件)估计量中是有效的，即 OLS 估计量为 BLUE，这是 5.5 节中介绍的高斯-马尔科夫定理，附录 5B 对该定理进行了证明。高斯-马尔科夫定理阐述了 OLS 估计量的优良性质，但定理的一个重要缺陷是要求误差项为同方差的。在实践中经常会遇到误差项为异方差的情况，此时高斯-马尔科夫定理不再成立，OLS 估计量就不再是 BLUE。

本节提供了对 OLS 方法的一种改进，称为**加权最小二乘**(weighted least squares，WLS)法。当误差项存在异方差时，WLS 估计量比 OLS 估计量更有效。

如果要运用 WLS 方法，则我们需要知道条件方差函数，即 $\text{var}(u_i \mid X_i)$ 的一些信息。下面我们考虑两个例子：第一个例子是：条件方差已知，且同某一因子成比例，此时 WLS 估计量是 BLUE。第二个例子是：我们只知道条件方差 $\text{var}(u_i \mid X_i)$ 的函数形式，但该函数中包含待估未知参数。在满足一些额外的假设条件下，这个例子中的 WLS 估计量是渐近 BLUE，此时 WLS 估计量的渐近分布同参数已知时估计量的分布相同。本节将比较运用 WLS 和异方差-稳健标准误来处理异方差的优缺点。

18.5.1 异方差为已知时的 WLS

假设条件方差 $\text{var}(u_i \mid X_i)$ 与某一因子成比例，即

$$\text{var}(u_i \mid X_i) = \lambda h(X_i) \tag{18-24}$$

其中，λ 为常数，h 为已知函数。将被解释变量和解释变量同时除以 h 的平方根，然后利用 OLS 法来估计变换后的回归方程，此时得到的估计量即为 WLS 估计量。以一元回归模型为例，回归模型两边同时除以 $\sqrt{h(X_i)}$，得

$$\widetilde{Y}_i = \beta_0 \widetilde{X}_{0i} + \beta_1 \widetilde{X}_{1i} + \widetilde{u}_i \tag{18-25}$$

其中，$\widetilde{Y}_i = \dfrac{Y_i}{\sqrt{h(X_i)}}$，$\widetilde{X}_{0i} = \dfrac{1}{\sqrt{h(X_i)}}$，$\widetilde{X}_{1i} = \dfrac{X_{1i}}{\sqrt{h(X_i)}}$，$\widetilde{u}_i = \dfrac{u_i}{\sqrt{h(X_i)}}$。

WLS 估计量(WLS estimator)为式(18-25)中 β_1 的 OLS 估计量，即 $\widetilde{Y}_i$ 对 $\widetilde{X}_{0i}$ 和 $\widetilde{X}_{1i}$ 进行 OLS 回归得到的估计量，其中 $\widetilde{X}_{0i}$ 的系数代替了原回归模型中的截距项。

在满足重要概念 18-1 中前三个最小二乘假设下，如果式(18-24)中的异方差形式为已知，则 WLS 估计量为 BLUE。这是因为，对变量进行加权处理后，回归模型的误差项 $\widetilde{u}_i$ 变成同方差的，即

$$\text{var}(\widetilde{u}_i \mid X_i) = \text{var}\left[\frac{u_i}{\sqrt{h(X_i)}} \mid X_i\right] = \frac{\text{var}(u_i \mid X_i)}{h(X_i)} = \frac{\lambda h(X_i)}{h(X_i)} = \lambda \tag{18-26}$$

故 $\widetilde{u}_i$ 的条件方差 $\text{var}(\widetilde{u}_i \mid X_i)$ 为常数。因此，式(18-25)满足前四个最小二乘假设。严格地说，附录 5B 中证明的高斯-马尔科夫定理是针对式(18-1)的情形，即包含截距项 β_0 时的情形，

但式(18-25)的截距项被 $\beta_0\widetilde{X}_{0i}$ 代替，因此不适用于式(18-25)。然而，多元回归情形下扩展的高斯-马尔科夫定理(19.5 节)适用于加权回归方程((式 18-25))中 β_1 的估计。因此，式(18-25)中 β_1 的 OLS 估计量(即 β_1 的 WLS 估计量)为 BLUE。

在实际应用中，函数 h 通常是未知的，此时我们就无法计算出式(18-25)中的加权变量及 WLS 估计量。因此，上述 WLS 估计量被称为**不可行的 WLS 估计量**(infeasible WLS estimator)。实践中要想运用 WLS 方法，首先要对函数 h 进行估计，接下来我们讨论此问题。

18.5.2　异方差函数形式已知时的 WLS

若已知异方差的函数形式，可以对异方差函数 h 进行估计，运用估计出来的函数计算 WLS 估计量。

例 1：u 的方差为 X 的二次函数。假设已知条件方差为二次函数

$$\operatorname{var}(u_i \mid X_i)=\theta_0+\theta_1 X_i^2 \tag{18-27}$$

其中，θ_0 和 θ_1 为未知参数，且 $\theta_0>0$，$\theta_1 \geqslant 0$。

由于 θ_0 和 θ_1 未知，因此无法直接计算加权变量 $\widetilde{Y}_i$，$\widetilde{X}_{0i}$ 和 $\widetilde{X}_{1i}$，但可以先估计 θ_0 和 θ_1，再利用这些估计值计算 $\operatorname{var}(u_i \mid X_i)$。令 $\hat{\theta}_0$ 和 $\hat{\theta}_1$ 分别为 θ_0 和 θ_1 的估计量，令 $\widehat{\operatorname{var}}(u_i \mid X_i)=\hat{\theta}_0+\hat{\theta}_1 X_i^2$。定义加权变量 $\hat{\widetilde{Y}}_i=\frac{Y_i}{\sqrt{\widehat{\operatorname{var}}(u_i \mid X_i)}}$，$\hat{\widetilde{X}}_{0i}=\frac{1}{\sqrt{\widehat{\operatorname{var}}(u_i \mid X_i)}}$，$\hat{\widetilde{X}}_{0i}=\frac{X_{1i}}{\sqrt{\widehat{\operatorname{var}}(u_i \mid X_i)}}$，则 WLS 估计量为 $\hat{\widetilde{Y}}_i$ 对 $\hat{\widetilde{X}}_{0i}$ 和 $\hat{\widetilde{X}}_{1i}$ 的回归(其中 $\beta_0\widetilde{X}_{0i}$ 代替截距项 β_0)中对应系数的 OLS 估计量。

在计算 WLS 估计量之前，首先对条件方差函数进行估计，即估计式(18-27)中的 θ_0 和 θ_1。可以通过 $\hat{u}_i^2$ 对 X_i^2 的回归得到 θ_0 和 θ_1 的一致估计量，其中 $\hat{u}_i^2$ 为第 i 个 OLS 残差的平方。

假设条件方差函数如式(18-27)所示，且 $\hat{\theta}_0$ 和 $\hat{\theta}_1$ 是 θ_0 和 θ_1 的一致估计量。在满足重要概念 18-1 中的前三个假设和其他相关矩条件(用于估计 θ_0 和 θ_1)时，WLS 估计量的渐近分布与 θ_0 和 θ_1 已知时的渐近分布相同。因此，基于 θ_0 和 θ_1 估计值的 WLS 估计量的渐近分布与不可行的 WLS 估计量的渐近分布相同，从而基于 θ_0 和 θ_1 估计值而得到的 WLS 估计量是渐近 BLUE。

通过估计条件方差函数中的未知参数，我们可以顺利得到上述 WLS 估计量，因此该方法有时被称为**可行的 WLS**(feasible WLS)或估计的 WLS(estimated WLS)。

例 2：方差依赖于第三个变量。当条件方差依赖于未出现在回归函数中的第三个变量 W_i 时，也可以运用 WLS 方法。具体地，假设我们有 Y_i，X_i，W_i，$i=1, 2, \cdots, n$ 三个变量的数据，且总体回归函数只与 X_i 有关，而与 W_i 无关，但条件方差却只与 W_i 有关、与 X_i 无关。即总体回归函数为 $E(Y_i \mid X_i, W_i)=\beta_0+\beta_1 X_i$，条件方差为 $\operatorname{var}(u_i \mid X_i, W_i)=\lambda h(W_i)$，其中 λ 为常数，h 为待估函数。

例如，假设研究人员想要建立刻画某州失业率和州经济政策变量(X_i)之间关系的模型。然而，已有失业率(Y_i)数据是通过抽样调查得到的关于真实失业率(Y_i^*)的估计值，即 Y_i 对 Y_i^* 的度量存在误差，且测量误差源于随机调查误差，即 $Y_i=Y_i^*+v_i$，其中 v_i 是由抽样调查引起的测量误差。在本例中，调查的样本数量 W_i 并不是影响该州真实失业率的因素之一。从而可以认为总体回归函数与 W_i 无关，即 $E(Y_i^* \mid X_i, W_i)=\beta_0+\beta_1 X_i$。故有如下两个方程

$$Y_i^*=\beta_0+\beta_1 X_i+u_i^* \tag{18-28}$$

$$Y_i = Y_i^* + v_i \tag{18-29}$$

其中，式(18-28)刻画了州经济政策变量和该州真实失业率之间的关系，式(18-29)刻画了抽样调查得出的失业率 Y_i 和真实失业率 Y_i^* 之间的关系。

由式(18-28)和式(18-29)所示的模型可以推导出一个总体回归函数，该回归函数的误差项的条件方差与 W_i 相关，但与 X_i 无关。式(18-28)中的误差项 u_i^* 表示模型中未包含的其他信息，式(18-29)中的误差项 v_i 表示调查产生的误差。若 u_i^* 为同方差，则 $\text{var}(u_i^* \mid X_i, W_i) = \sigma_{u^*}^2$ 为常数。然而，调查误差的方差与样本容量 W_i 成反比，即 $\text{var}(v_i \mid X_i, W_i) = \frac{a}{W_i}$，其中 a 为常数。因为 v_i 为随机调查误差，所以我们可以假定它与 u_i^* 不相关，故 $\text{var}(u_i^* + v_i \mid X_i, W_i) = \sigma_{u^*}^2 + \frac{a}{W_i}$。将式(18-28)代入式(18-29)，我们可以得到一个误差项存在异方差的回归模型

$$Y_i = \beta_0 + \beta_1 X_i + u_i \tag{18-30}$$

$$\text{var}(u_i \mid X_i, W_i) = \theta_0 + \theta_1 \left(\frac{1}{W_i}\right) \tag{18-31}$$

其中，$u_i = u_i^* + v_i$，$\theta_0 = \sigma_{u^*}^2$，$\theta_1 = a$，$E(u_i \mid X_i, W_i) = 0$。

若 θ_0 和 θ_1 已知，则可利用式(18-31)中的条件方差函数来得到 β_0 和 β_1 的 WLS 估计量。然而，在这个例子中，θ_0 和 θ_1 是未知的，则需要利用 OLS 残差(来自式(18-30)中的 OLS 估计)的平方对 $\frac{1}{W_i}$ 进行回归以估计 θ_0 和 θ_1，然后再利用估计出的条件方差函数来构建可行的 WLS 的权重。

需要强调的是，$E(u_i \mid X_i, W_i) = 0$ 这一假设条件非常关键。一旦该条件不成立，则加权处理后的误差项不再满足条件零均值假设，WLS 估计量也就不再是一致的。换言之，如果 W_i 是 Y_i 的决定因素，则式(18-30)应为同时包含 X_i 和 W_i 的多元回归模型。

可行的 WLS 的一般方法。一般情况下，可行的 WLS 方法可分为以下五个步骤：

(1) 建立 Y_i 对 X_i 的回归模型，并利用 OLS 方法估计模型，得到回归残差 $\hat{u}_i$，$i = 1, 2, \cdots, n$。

(2) 估计条件方差函数 $\text{var}(u_i \mid X_i)$。若条件方差函数如式(18-27)所示，则需建立 $\hat{u}_i^2$ 对 X_i^2 的回归模型。一般而言，这一步包含对条件方差函数 $\text{var}(u_i \mid X_i)$ 进行估计。

(3) 利用估计出的条件方差函数来计算条件方差函数的预测值 $\widehat{\text{var}}(u_i \mid X_i)$。

(4) 利用估计出的条件方差函数平方根的倒数作为被解释变量和解释变量(含截距)的权重，对原模型进行变换。

(5) 利用 OLS 方法估计加权后的回归模型，得到的系数估计量便是 WLS 估计量。

当 u 的方差取决于其他变量而不是 X(如例 2 中 W)时，第二步和第三步进行相应的调整。回归软件通常会自动完成上述过程中的第四步和第五步。

18.5.3 选异方差-稳健标准误还是 WLS

到目前为止，我们有两种方法来处理异方差问题：一种是运用 WLS 方法估计 β_0 和 β_1，并在统计推断中使用 WLS 回归的标准误；另一种是使用 OLS 方法估计 β_0 和 β_1，但在统计推断中使用异方差-稳健标准误。在实际应用中究竟应该选取哪种方法呢？我们需要对二者的优缺点进行

权衡。

WLS 的优点是 WLS 估计量比 OLS 估计量更有效，至少在大样本下是这样；WLS 的缺点是需要知道条件方差函数并对其中的参数进行估计。如果条件方差函数为式(18-27)所示的二次形式，则这一步很容易实现。但在实际中，条件方差函数通常是未知的。如果条件方差函数的设定形式不准确，则用 WLS 方法得到的标准差也不正确，从而导致无法进行正确且有效的统计推断。

运用异方差-稳健标准误的优点是不管是否知道条件方差函数的形式，运用该方法得出的统计推断都是渐近有效的。该方法的另一个优点是现在很多计量软件能够直接给出异方差-稳健标准误的估计值，不需要进行额外的计算。其缺点是：OLS 估计量的方差大于 WLS 估计量的方差(基于准确的条件方差函数设定形式计算出来的)。

在实际应用中，我们很难知道 $\mathrm{var}(u_i \mid X_i)$ 的函数形式，这给 WLS 方法的使用带来了困难。当模型中只含有一个解释变量时，解决该问题已经足够困难，何况是含有多个解释变量的情形。这一问题制约了 WLS 在实际中的应用。相比之下，现在很多回归软件都直接给出异方差-稳健标准误的估计值，从而使用异方差-稳健标准误很方便，而且在常规的假设条件下便可以进行有效的统计推断，特别是我们并不需要条件方差的函数形式。所以，尽管 WLS 方法在理论上存在很多优势，但我们仍建议使用异方差-稳健标准误方法来处理实际问题中可能存在的异方差。[⊖]

本章小结

1. 通过 OLS 估计量的渐近正态性和异方差-稳健标准误的一致性可知，如果重要概念 18-1 中的前三个最小二乘假设成立，在原假设条件下，异方差-稳健的 t 统计量服从渐近标准正态分布。
2. 在给定解释变量的条件下，若回归误差项是独立同分布且服从正态分布，则给定解释变量条件下的 $\hat{\beta}_1$ 具有精确的正态分布。此外，在原假设成立时，同方差适用的 t 统计量服从自由度为 $n-2$ 的学生 t 分布。
3. 加权最小二乘(WLS)法是指对赋权后的回归模型进行的 OLS 估计，其中为所有变量所赋的权重是条件方差 $\mathrm{var}(u_i \mid X_i)$ 或其估计量的倒数平方根。虽然 WLS 估计量比 OLS 估计量更渐近有效，但运用 WLS 法需要知道条件方差函数的形式，这一点在实践中很难实现。

重要术语

依概率收敛	一致估计量	依分布收敛	渐近分布
斯拉斯基定理	连续映射定理	加权最小二乘(WLS)法	WLS 估计量
不可行的 WLS	可行的 WLS	正态概率密度函数	二维正态概率密度函数

⊖ 本章重点讨论了单个处理效应，β_1 的情形。异质性处理效应为 WLS 带来了其他的困难。假设处理 X 是随机分配的，并且观测值(实验单位)是从总体中随机抽取的(重要概念 18-1 中的假设 2)，则 OLS 是平均因果效应的一致估计量，但 WLS 不是(习题 18.13)。

内容复习

18.1 假定重要概念 18-1 中的假设 4 成立，在大样本下运用异方差–稳健标准误构建了 β_1 的 95%置信区间。该置信区间是否渐近有效？即在 n 较大时，β_1 的真值出现在该区间的次数是否为总抽样次数的 95%？假定重要概念 18-1 中的假设 4 不成立，但仍用大样本下同方差适用的标准误构建 β_1 的 95%置信区间。该置信区间是否渐近有效？

18.2 设 A_n 为依概率收敛到 3 的随机变量的一个序列，B_n 为依分布收敛于标准正态分布的随机变量的一个序列。A_nB_n 的渐近分布是什么？利用该渐近分布计算 $\Pr(A_nB_n<2)$ 的近似值。

18.3 设 Y 和 X 满足如下回归模型：$Y=1.0+2.0X+u$。现有 Y 和 X 的观测值，其中 $0\leqslant X\leqslant 20$，且当 $0\leqslant x\leqslant 10$ 时，条件方差 $\text{var}(u_i\mid X_i=x)=1$，当 $10\leqslant x\leqslant 20$ 时，$\text{var}(u_i\mid X_i=x)=16$。画出这些观测值$(X_i, Y_i)$的散点图，$i=1, 2, \cdots, n$。WLS 的权重在 $x\leqslant 10$ 还是 $x>10$ 上更大一些？为什么？

18.4 在上一个问题中，研究人员决定不用 WLS，而是利用 $x\leqslant 10$ 和 $x>10$ 这两个阶段的观测值分别计算 OLS 估计量，然后取这两个 OLS 估计量的平均。相比 WLS 估计量，它是否更有效？

习 题

18.1 考虑不含截距项的回归模型：$Y_i=\beta_1X_i+u_i$（即截距项 β_0 的真值为 0）。

(1) 推导受约束回归模型 $Y_i=\beta_1X_i+u_i$ 中 β_1 的最小二乘估计量的表达式。由于它是在 $\beta_0=0$ 这个约束条件下得到的，故称之为 β_1 的受约束最小二乘估计量 $\hat{\beta}_1^{RLS}$。

(2) 在满足重要概念 18-1 的前三个最小二乘假设时，推导 $\hat{\beta}_1^{RLS}$ 的渐近分布。

(3) 证明 $\hat{\beta}_1^{RLS}$ 是线性的（式(5-24)），且在满足重要概念 18-1 中的假设 1 和 2 时，它是条件无偏的（式(5-25)）。

(4) 在高斯–马尔科夫条件（满足重要概念 18-1 中的前四个假设）下推导 $\hat{\beta}_1^{RLS}$ 的条件方差。

(5) 比较(4)中 $\hat{\beta}_1^{RLS}$ 的条件方差和高斯–马尔科夫条件下 OLS 估计量 $\hat{\beta}_1$（包含截距项的回归中）的条件方差。哪一个估计量更有效？利用方差公式解释原因。

(6) 在满足重要概念 18-1 中的五个扩展的最小二乘假设下，推导 $\hat{\beta}_1^{RLS}$ 的精确抽样分布。

(7) 考虑估计量 $\widetilde{\beta}_1=\dfrac{\sum_{i=1}^{n}Y_i}{\sum_{i=1}^{n}X_i}$，在高斯–马尔科夫条件下推导 $\text{var}(\widetilde{\beta}_1\mid X_1, X_2, \cdots, X_n)-\text{var}(\hat{\beta}_1^{RLS}\mid X_1, X_2, \cdots, X_n)$的表达式，并利用该表达式证明 $\text{var}(\widetilde{\beta}_1\mid X_1, X_2, \cdots, X_n)\geqslant\text{var}(\hat{\beta}_1^{RLS}\mid X_1, X_2, \cdots, X_n)$。

18.2 设(X_i, Y_i)独立同分布且具有有限四阶矩。证明样本协方差是总体协方差的一致估计量，即 $s_{XY}\xrightarrow{p}\sigma_{XY}$，其中 s_{XY} 的定义见式(3-24)。（提示：利用附录 3C 中的知识和柯西–施瓦茨不等式。）

18.3 该习题是对附录 4C 中 $\hat{\beta}_1$ 的渐近分布的推导过程的细化。

(1) 利用式(18-19)推导下式

$$\sqrt{n}(\hat{\beta}_1-\beta_1)=\frac{\sqrt{\frac{1}{n}}\sum_{i=1}^{n}v_i}{\frac{1}{n}\sum_{i=1}^{n}(X_i-\bar{X})^2}-\frac{(\bar{X}-\mu_X)\sqrt{\frac{1}{n}}\sum_{i=1}^{n}u_i}{\frac{1}{n}\sum_{i=1}^{n}(X_i-\bar{X})^2}$$

其中，$v_i=(X_i-\mu_X)u_i$。

(2) 利用中心极限定理、大数定律和斯拉斯基定理证明上述等式中最后一项依概率收敛于 0。

(3) 利用柯西-施瓦茨不等式和重要概念 18-1 中的第三个假设条件，证明 $\text{var}(v_i)<\infty$。$\frac{\sqrt{\frac{1}{n}}\sum_{i=1}^{n}v_i}{\sigma_V}$ 满足中心极限定理吗？

(4) 利用中心极限定理和斯拉斯基定理推导式(18-12)的结论。

18.4　证明以下结论：

(1) 证明若 $\sqrt{n}(\hat{\beta}_1-\beta_1)\xrightarrow{d}N(0, a^2)$，其中 a^2 为常数，则 $\hat{\beta}_1$ 是一致的。(提示：利用斯拉斯基定理。)

(2) 证明若 $\frac{s_u^2}{\sigma_u^2}\xrightarrow{p}1$，则 $\frac{s_u}{\sigma_u}\xrightarrow{p}1$。

18.5　设随机变量 W 满足 $E(W^4)<\infty$，证明 $E(W^2)<\infty$。

18.6　证明若 $\hat{\beta}_1$ 是条件无偏的，则它是无偏的；即证明若 $E(\hat{\beta}_1 | X_1, X_2, \cdots, X_n)=\beta_1$，则 $E(\hat{\beta}_1)=\beta_1$。

18.7　设 X 和 u 为连续型随机变量且 (X_i, u_i)，$i=1, 2, \cdots, n$，为独立同分布。

(1) 证明：(u_i, u_j, X_i, X_j) 的联合概率密度函数在 $i\neq j$ 时可表示为 $f(u_i, X_i)f(u_j, X_j)$，其中 $f(u_i, X_i)$ 为 u_i 和 X_i 的联合密度函数。

(2) 证明：当 $i\neq j$ 时，$E(u_iu_j | X_i, X_j)=E(u_i | X_i)E(u_j | X_j)$。

(3) 证明：$E(u_i | X_1, X_2, \cdots, X_n)=E(u_i | X_i)$。

(4) 证明：当 $i\neq j$ 时，$E(u_iu_j | X_1, X_2, \cdots, X_n)=E(u_i | X_i)E(u_j | X_j)$。

18.8　考虑重要概念 18-1 中的回归模型，并假定假设 1、2、3、5 成立。将假设 4 替换为 $\text{var}(u_i | X_i)=\theta_0+\theta_1 |X_i|$，其中 $|X_i|$ 为 X_i 的绝对值，$\theta_0>0$，$\theta_1\geqslant 0$。

(1) β_1 的 OLS 估计量是 BLUE 吗?。

(2) 假设 θ_0 和 θ_1 已知，β_1 的 BLUE 估计量是什么？

(3) 给定 $X_1, X_2, \cdots, X_n$ 时，推导 OLS 估计量 $\hat{\beta}_1$ 的精确抽样分布。

(4) 给定 $X_1, X_2, \cdots, X_n$ 时，推导 β_1 的 WLS 估计量(θ_0 和 θ_1 已视为已知)的精确抽样分布。

18.9　在满足重要概念 18-1 中的假设 1 和 2 且 X_i 与 u_i 具有八阶矩的条件下，证明式(18-16)。

18.10　令 $\hat{\theta}$ 表示参数 θ 的估计量，其中 $\hat{\theta}$ 可能是有偏的。证明当 $n\to\infty$ 时，若 $E[(\hat{\theta}-\theta)^2]\to 0$(即 θ 的均方误差趋于 0)，则 $\hat{\theta}\xrightarrow{p}\theta$。(提示：利用式(18-43)，其中 $W=\hat{\theta}-\theta$。)

18.11　假设 X、Y 服从由式(18-38)给出的联合正态分布。

(1) 证明在给定 $X=x$ 时，Y 的概率密度函数可写为 $f_{Y|X=x}(y)=\frac{1}{\sigma_{Y|X}\sqrt{2\pi}}\cdot\exp\left[-\frac{1}{2}\left(\frac{y-\mu_{Y|X}}{\sigma_{Y|X}}\right)^2\right]$，其中，$\sigma_{Y|X}=\sqrt{\sigma_Y^2(1-\rho_{XY}^2)}$ 且 $\mu_{Y|X}=\mu_Y+(\sigma_{XY} | \sigma_X^2)(x-\mu_X)$。(提示：利用条件概率分布的定义 $f_{Y|X=x}(y)=\frac{g_{X,Y}(x, y)}{f_X(x)}$。其中，$g_{X,Y}$ 是 X 和 Y 的联合概率密度，f_X 是 X 的边缘概率密度。)

(2) 运用(1)中的结论证明：$Y | X=$

$x \sim N(\mu_{Y|X}, \sigma^2_{Y|X})$。

(3) 运用(2)中的结论证明：对于任意 a 和 b，有 $E(Y|X=x)=a+bx$。

18.12 (1) 假设 $u \sim N(0, \sigma_u^2)$，证明 $E(e^u)=e^{\frac{1}{2}\sigma_u^2}$。

(2) 假设在给定 $X=x$ 时，u 的条件分布为 $N(0, a+bx^2)$。其中 a 和 b 均为正的常数。证明：$E(e^u|X=x)=e^{\frac{1}{2}(a+bx^2)}$。

18.13 考虑异质性回归模型 $Y_i=\beta_{0i}+\beta_{1i}X_i+u_i$，其中 β_{0i}，β_{1i} 为随机变量，对于不同的观测值其取值不同。假设 $E(u_i|X_i)=0$ 且 (β_{0i}, β_{1i}) 与 X_i 独立，观测组是从人群中随机抽取的。

(1) 设 $\hat{\beta}_1^{OLS}$ 为式(18-2)中 β_1 的 OLS 估计量，证明 $\hat{\beta}_1^{OLS} \xrightarrow{p} E(\beta_1)$，其中 $E(\beta_1)$ 为总体中 β_{1i} 的平均值。(提示：见式(13-10)。)

(2) 假设 $\mathrm{var}(u_i|X_i)=\theta_0+\theta_1X_i^2$，其中 θ_0 和 θ_1 为已知正数。令 $\hat{\beta}_1^{WLS}$ 表示加权最小二乘估计量，请问 $\hat{\beta}_1^{WLS} \xrightarrow{p} E(\beta_1)$ 是否成立？请解释。

18.14 假设 Y_i，$i=1, 2, \cdots, n$ 独立同分布，$E(Y_i)=\mu$，$\mathrm{var}(Y_i)=\sigma^2$ 且 Y_i 具有有限四阶矩。证明：

① $E(Y_i^2)=\mu^2+\sigma^2$。

② $\overline{Y} \xrightarrow{p} \mu$。

③ $\frac{1}{n}\sum_{i=1}^{n} Y_i^2 \xrightarrow{p} \mu^2+\sigma^2$。

④ $\frac{1}{n}\sum_{i=1}^{n}(Y_i-\overline{Y})^2=\frac{1}{n}\sum_{i=1}^{n}Y_i^2-\overline{Y}^2$。

⑤ $\frac{1}{n}\sum_{i=1}^{n}(Y_i-\overline{Y})^2 \xrightarrow{p} \sigma^2$。

⑥ $s^2=\frac{1}{n-1}\sum_{i=1}^{n}(Y_i-\overline{Y})^2 \xrightarrow{p} \sigma^2$。

18.15 Z 为标准正态随机变量，即 $Z \sim N(0, 1)$，W 服从自由度为 n 的 χ_n^2 分布，V 服从自由度为 m 的 χ_m^2 分布。当 $n \longrightarrow \infty$ 且 m 固定时，证明：

(1) $\frac{W}{n} \xrightarrow{p} 1$。

(2) $\frac{Z}{\sqrt{\frac{W}{n}}} \xrightarrow{d} N(0, 1)$。用该结论说明 t_∞ 分布就是标准正态分布。

(3) $\frac{\frac{V}{m}}{\frac{W}{n}} \xrightarrow{d} \frac{\chi_m^2}{m}$。用该结论说明 $F_{m,\infty}$ 分布就是 $\frac{\chi_m^2}{m}$。

附录 18A 正态分布及其相关分布和连续型随机变量的矩

本附录对正态分布及其相关分布进行定义与介绍。为方便查阅，这里重述 2.4 节介绍过的 χ^2 分布、F 分布和学生 t 分布的定义。下面我们将首先介绍连续型随机变量概率分布和矩的定义。

18A.1 连续型随机变量的概率分布和矩

如 2.1 节所述，如果 Y 是连续型随机变量，则可以通过概率密度函数对其概率分布进行描述。Y 位于两个数值中间的概率是其概率密度函数曲线下方位于这两个数值之间图形的面积。因为 Y 是连续的，所以这一概率的计算过程会涉及积分知识，而不像离散型随机变量那样简单加和。

令 f_Y 表示 Y 的概率密度函数。由于概率不能为负，因此对所有 y，有 $f_Y(y) \geqslant 0$，则 Y 落在 a 和 $b(a<b)$ 之间的概率为

$$\Pr(a \leqslant Y \leqslant b)=\int_a^b f_Y(y)\,\mathrm{d}y \quad (18\text{-}32)$$

Y 在实轴上取值，因此 $\Pr(-\infty \leqslant Y \leqslant$

$+\infty)=1$，即 $\int_{-\infty}^{+\infty} f_Y(y)\,dy=1$。

与离散型随机变量类似，连续型随机变量的期望和矩也等于变量取值的加权平均，此处需要用积分代替离散型随机变量中的加和（如式(2-3)中的求和）。因此，Y 的期望值为

$$E(Y)=\mu_Y=\int y f_Y(y)\,dy \qquad (18\text{-}33)$$

其中，积分范围为使 f_Y 非零的 Y 的取值的集合。方差为 $(Y-\mu_Y)^2$ 的期望值，而随机变量的 r 阶矩为 Y^r 的期望值，r 阶中心距为 $(Y-\mu_Y)^r$ 的期望值，故

$$\mathrm{var}(Y)=E(Y-\mu_Y)^2=\int (y-\mu_Y)^2 f_Y(y)\,dy \qquad (18\text{-}34)$$

$$E(Y^r)=\int y^r f_Y(y)\,dy \qquad (18\text{-}35)$$

同理，可利用积分符号来定义 r 阶中心矩，即 $E(Y-\mu_Y)^r$。

18A.2　正态分布

一维正态分布。服从正态分布的随机变量的**概率密度函数**（正态概率密度函数）为

$$f_Y(y)=\frac{1}{\sigma\sqrt{2\pi}}\exp\left[-\frac{1}{2}\left(\frac{y-\mu}{\sigma}\right)^2\right] \qquad (18\text{-}36)$$

其中，$\exp(x)$ 为 x 的指数函数。式(18-36)中的因子 $\frac{1}{\sigma\sqrt{2\pi}}$ 确保了 $\Pr(-\infty\leqslant Y\leqslant\infty)-\int_{-\infty}^{\infty} f_Y(y)\,dy=1$。

正态分布的均值为 μ，方差为 σ^2。由于正态分布是对称的，因此所有大于和等于3的奇数阶中心矩都等于0。四阶中心矩为 $3\sigma^4$。一般地，若 Y 服从 $N(\mu,\sigma^2)$，则其偶数阶中心矩为

$$E(Y-\mu)^k=\frac{k!}{2^{\frac{k}{2}}\left(\frac{k}{2}\right)!}\sigma^k(k\text{ 为偶数}) \qquad (18\text{-}37)$$

当 $\mu=0$，$\sigma^2=1$ 时，我们称该正态分布为标准正态分布。记标准正态分布的概率密度函数为 ϕ，累积分布函数为 Φ。因此，标准正态密度为 $\phi(y)=\frac{1}{\sqrt{2\pi}}\exp(-\frac{1}{2}y^2)$ 且 $\Phi(y)=\int_{-\infty}^{y}\phi(s)\,ds$。

二维正态分布。两个随机变量 X 和 Y 的**二维正态概率密度函数**为

$$g_{X,Y}(x,y)=\frac{1}{2\pi\sigma_X\sigma_Y\sqrt{1-\rho_{XY}^2}}\times\exp\left\{\frac{1}{-2(1-\rho_{XY}^2)}\left[\left(\frac{x-\mu_X}{\sigma_X}\right)^2-2\rho_{XY}\left(\frac{x-\mu_X}{\sigma_X}\right)\left(\frac{y-\mu_Y}{\sigma_Y}\right)+\left(\frac{y-\mu_Y}{\sigma_Y}\right)^2\right]\right\} \qquad (18\text{-}38)$$

其中，ρ_{XY} 为 X 和 Y 之间的相关系数。

当 X 和 Y 不相关，$\rho_{XY}=0$ 时，$g_{X,Y}(x,y)=f_X(x)f_Y(y)$，其中 f 为式(18-36)中正态分布的概率密度函数。这表明，在 X 和 Y 服从联合正态分布的情况下，如果二者不相关，则它们就是独立的。这一点仅对正态分布成立，对其他分布一般不成立。

多维正态分布是对二维正态分布的推广。用矩阵符号来表示多维正态分布函数会更加方便，详见附录19A。

条件正态分布。设 X 和 Y 服从联合正态分布，则给定 X 时 Y 的条件分布为 $N(\mu_{Y|X},\sigma_{Y|X}^2)$，其中均值 $\mu_{Y|X}=\mu_Y+\left(\frac{\sigma_{XY}}{\sigma_X^2}\right)(X-\mu_X)$，方差 $\sigma_{Y|X}^2=(1-\rho_{XY}^2)\sigma_Y^2$。给定 $X=x$ 时，该条件分布的均值为 x 的线性函数，但方差不依赖于 x（习题18-11）。

18A.3　其他相关分布

χ^2分布。令 $Z_1, Z_2, \cdots, Z_n$ 表示 n 个相互独立且均服从标准正态分布的随机变量。则随机变量

$$W=\sum_{i=1}^{n} Z_i^2 \qquad (18\text{-}39)$$

服从自由度为 n 的 χ^2 分布，记为 χ_n^2。因为 $E(Z_i^2)=1$，$E(Z_i^4)=3$，所以 $E(W)=n$，

$\mathrm{var}(W)=2n$。

学生 t 分布。设 Z 服从标准正态分布，W 服从 χ_m^2 分布，且 Z 和 W 独立，则随机变量

$$t=\frac{Z}{\sqrt{\frac{W}{m}}} \tag{18-40}$$

服从自由度为 m 的学生 t 分布，记为 t_m。t_∞ 分布即为标准正态分布(见习题 18.15)。

F 分布。令 W_1，W_2 分别表示服从自由度为 n_1 和 n_2 的 χ^2 分布的独立随机变量。则随机变量

$$F=\frac{\frac{W_1}{n_1}}{\frac{W_2}{n_2}} \tag{18-41}$$

服从自由度为(n_1, n_2)的 F 分布，记为 F_{n_1,n_2}。

可见，F 分布依赖于分子的自由度 n_1 和分母的自由度 n_2。当分母的自由度增大时，可运用 $\chi_{n_1}^2$ 分布除以 n_1 来对 F_{n_1,n_2} 分布进行近似。在极限条件下，$F_{n_1,\infty}$ 分布等于 $\chi_{n_1}^2$ 分布除以 n_1，即 $\frac{\chi_{n_1}^2}{n_1}$(见习题 18.15)。

附录 18B 两个不等式

这里对切比雪夫不等式和柯西-施瓦茨不等式进行叙述和证明。

18B.1 切比雪夫不等式

切比雪夫不等式利用随机变量 V 的方差给出了 V 落在均值 $\pm\delta$ 范围外的概率的上限，其中 δ 为正的常数

$$\Pr(|V-\mu_V|\geqslant\delta)\leqslant\frac{\mathrm{var}(V)}{\delta^2}\text{(切比雪夫不等式)} \tag{18-42}$$

为证明式(18-42)，令 $W=V-\mu_V$，并令 f 为 W 的概率密度函数，δ 为任意正数。则有

$$\begin{aligned}E(W^2)&=\int_{-\infty}^{\infty}w^2f(w)\,\mathrm{d}w\\&=\int_{-\infty}^{-\delta}w^2f(w)\,\mathrm{d}w+\int_{-\delta}^{\delta}w^2f(w)\,\mathrm{d}w+\\&\quad\int_{\delta}^{\infty}w^2f(w)\,\mathrm{d}w\\&\geqslant\int_{-\infty}^{-\delta}w^2f(w)\,\mathrm{d}w+\int_{\delta}^{\infty}w^2f(w)\,\mathrm{d}w\\&\geqslant\delta^2\left[\int_{-\infty}^{-\delta}f(w)\,\mathrm{d}w+\int_{\delta}^{\infty}f(w)\,\mathrm{d}w\right]\\&=\delta^2\Pr(|W|\geqslant\delta)\end{aligned} \tag{18-43}$$

第一个等式为 $E(W^2)$ 的定义；第二个等式是将整个积分区域划分为三个部分，然后分别进行积分的结果；第一个不等式成立是因为去掉了一个非负项；第二个不等式成立是因为在积分范围内有 $W^2\geqslant\delta^2$；最后一个等式成立是因为利用了 $\Pr(W\geqslant\delta)$ 的定义。将 $W=V-\mu_V$ 代入最后一个表达式中，因为 $E(W^2)=E[(V-\mu_V)^2]=\mathrm{var}(V)$，整理即可得式(18-42)中的不等式。若 V 是离散的，则将上述证明过程中的积分符号改为求和符号即可。

18B.2 柯西-施瓦茨不等式

柯西-施瓦茨不等式是将相关系数不等式 $|\rho_{XY}|\leqslant 1$ 推广到包含非零均值情形。柯西-施瓦茨不等式为

$$|E(XY)|\leqslant\sqrt{E(X^2)E(Y^2)}$$

$$\text{(柯西-施瓦茨不等式)} \tag{18-44}$$

式(18-44)的证明过程与附录 2A 中相关系数不等式的证明过程类似。令 $W=Y+bX$，其中 b 为常数。则有 $E(W^2)=E(Y^2)+2bE(XY)+b^2E(X^2)$。令 $b=\frac{-E(XY)}{E(X^2)}$，于是(对上式化简后)上式可表达为 $E(W^2)=E(Y^2)-\frac{[E(XY)]^2}{E(X^2)}$。由于 $E(W^2)\geqslant 0$(因为 $W^2\geqslant 0$)，则必有 $[E(XY)]^2\leqslant E(X^2)E(Y^2)$，两边取平方根就得到了柯西-施瓦茨不等式。

第 19 章 多元线性回归理论

CHAPTER 19

本章将介绍多元线性回归理论，主要有四项内容：第一，本章将用矩阵形式来表述多元线性回归模型，从而大大简化 OLS 估计量及检验统计量的表达式。第二，本章将介绍在大样本下(运用渐近分布理论)和小样本下(假设误差项是同方差且服从正态分布)OLS 估计量的抽样分布。第三，本章将分析多元回归模型系数的有效估计理论，并介绍广义最小二乘(GLS)法。当模型误差项存在异方差或序列相关时，运用该方法能够有效估计模型系数。第四，本章将介绍线性回归中工具变量(IV)回归的渐近分布理论和相关处理方法，包括误差项存在异方差时的线性 IV 回归的广义矩估计(GMM)。

19.1 节运用矩阵语言来表述多元回归模型和 OLS 估计量，同时给出多元回归模型的扩展最小二乘假设。其中，前四个假设与重要概念 6-4 中前四个假设是一致的，构成了第 6、7 章所涉及的渐近分布理论的基础。另外两个扩展的最小二乘假设条件比较强，可以使我们更进一步了解多元回归模型 OLS 估计量的理论性质。

接下来的三节将介绍 OLS 估计量和检验统计量的抽样分布。19.2 节给出当模型满足重要概念 6-4 中的最小二乘假设时 OLS 估计量和 t 统计量的渐近分布。19.3 节总结和扩展了 7.2 节和 7.3 节中关于多个系数的假设检验，并给出相应 F 统计量的渐近分布。19.4 节将介绍当误差项是同方差且服从正态分布时，OLS 估计量和检验统计量的精确样本分布。尽管在很多实际应用中，关于误差项是同方差且服从正态分布的这一假设并不合理，但在该假设下得到的精确样本分布却具有重要的理论意义，很多统计软件给出的 p 值都是根据这些分布计算得到的。

之后两节将介绍多元回归模型系数的有效估计理论。19.5 节将高斯-马尔科夫定理推广到多元回归模型中。19.6 节将介绍广义最小二乘(GLS)法。

本章最后一节将介绍当工具变量是有效且强工具变量时，一般 IV 回归模型中的 IV 估计。本节还将推导误差项存在异方差时的两阶段最小二乘估计量的渐近分布，并给出 TSLS 估计量标准差的表达式。TSLS 估计量是众多 GMM 估计量中的一种。本节借助线性 IV 回归模型对 GMM 估计进行了简要介绍，证明了当误差项为同方差时 TSLS 估计量是有效的 GMM 估计量。

数学预备知识。本章内容需要用到矩阵符号和线性代数中一些基本工具。这里假设读者已掌握线性代数基本知识。附录 19A 对本章所用到的向量、矩阵和相关矩阵运算知识进行了介绍。此外，19.1 节推导 OLS 估计量的过程还需要用到多元微积分的知识。

19.1 多元回归模型和 OLS 估计量的矩阵形式

多元线性回归模型和 OLS 估计量可以利用矩阵符号重新进行简洁的表示。

19.1.1 多元回归模型的矩阵形式

总体多元线性回归模型（重要概念 6-2）为

$$Y_i=\beta_0+\beta_1X_{1i}+\beta_2X_{2i}+\cdots+\beta_kX_{ki}+u_i,\ i=1,\ 2,\ \cdots,\ n \tag{19-1}$$

为了将多元回归模型表示成矩阵形式，在此，我们定义如下向量和矩阵

$$\boldsymbol{Y}=\begin{pmatrix}Y_1\\Y_2\\\vdots\\Y_n\end{pmatrix},\quad \boldsymbol{U}=\begin{pmatrix}u_1\\u_2\\\vdots\\u_n\end{pmatrix},\quad \boldsymbol{X}=\begin{pmatrix}1 & X_{11} & \cdots & X_{k1}\\1 & X_{12} & \cdots & X_{k2}\\\vdots & \vdots & \ddots & \vdots\\1 & X_{1n} & \cdots & X_{kn}\end{pmatrix}=\begin{pmatrix}X_1'\\X_2'\\\vdots\\X_n'\end{pmatrix}\text{和}\ \boldsymbol{\beta}=\begin{pmatrix}\beta_0\\\beta_1\\\vdots\\\beta_k\end{pmatrix} \tag{19-2}$$

$\boldsymbol{Y}$ 为 $n\times1$ 维列向量，$\boldsymbol{X}$ 为 $n\times(k+1)$ 阶矩阵，$\boldsymbol{U}$ 为 $\mathrm{n}\times1$ 维列向量，$\boldsymbol{\beta}$ 为 $(\mathrm{k}+1)\times1$ 维列向量。在本章中，我们用加粗的黑斜体字表示矩阵和向量。具体符号表示如下：

$\boldsymbol{Y}$ 表示被解释变量的 n 个观测值组成的 $n\times1$ 维列向量。

$\boldsymbol{X}$ 为 $k+1$ 个解释变量（包括截距项中的“常数”解释变量）的 n 个观测数据所组成的 $n\times(k+1)$ 阶矩阵。

$(k+1)\times1$ 维列向量 $\boldsymbol{X}_i$ 为 $k+1$ 个解释变量的第 i 次观测值，即 $\boldsymbol{X}_i'=(1\quad X_{1i}\quad\cdots\quad X_{ki})$，其中 $\boldsymbol{X}_i'$ 为 $\boldsymbol{X}_i$ 的转置。

$\boldsymbol{U}$ 表示 n 个误差项组成的 $n\times1$ 维列向量。

$\boldsymbol{\beta}$ 表示 $k+1$ 个未知回归系数组成的 $(k+1)\times1$ 维列向量。

重要概念 19-1 多元回归模型的扩展最小二乘假设

多元线性回归模型如下

$$Y_i=\boldsymbol{X}_i'\boldsymbol{\beta}+u_i,\ i=1,\ 2,\ \cdots,\ n \tag{19-3}$$

扩展的最小二乘假设为：

(1) $E(u_i\mid\boldsymbol{X}_i)=0$（$u_i$ 具有条件零均值）。

(2) $(\boldsymbol{X}_i,\ Y_i)$，$i=1,\ 2,\ \cdots,\ n$ 为从其联合分布中抽取的独立同分布。

(3) $\boldsymbol{X}_i$ 和 u_i 具有非零有限四阶矩。

(4) $\boldsymbol{X}$ 为列满秩（不存在完全多重共线性）。

(5) $\mathrm{var}(u_i\mid\boldsymbol{X}_i)=\sigma_u^2$（同方差）。

(6) 给定 $\boldsymbol{X}_i$ 时，u_i 的条件分布是正态分布(正态误差项)。

第 i 个观测的多元回归模型(式(19-1))，用向量 $\boldsymbol{\beta}$ 和 $\boldsymbol{X}_i$ 重新表示，可写为

$$Y_i = X_i'\boldsymbol{\beta} + u_i,\ i=1,\ 2,\ \cdots,\ n \tag{19-4}$$

式(19-4)中的第一个解释变量为“常数”解释变量，其取值始终等于 1，系数为截距项。因此，式(19-4)中没有单独列出截距项，而是用系数向量 $\boldsymbol{\beta}$ 中的第一个元素来表示。

用式(19-4)表示所有 n 个观测值，便得到多元回归模型的矩阵形式

$$\boldsymbol{Y} = \boldsymbol{X\beta} + \boldsymbol{U} \tag{19-5}$$

19.1.2 扩展的最小二乘假设

如上所述，多元回归模型的扩展最小二乘假设共有六项，前四项为重要概念 6-4 中多元回归模型中用于因果推断的四项最小二乘假设，另外两个假设是误差项是同方差且服从正态分布。我们在分析 OLS 估计量的有效性时会用到同方差假设，而在研究 OLS 估计量和检验统计量的精确抽样分布时会用到正态误差项假设。

重要概念 19-1 总结了扩展的最小二乘假设。

除了表述方式不同外，重要概念 19-1 中的前三个假设条件与重要概念 6-4 中的前三个假设条件相同。

重要概念 19-1 中的第四个假设与重要概念 6-4 中的第四个假设，虽然在形式上存在差异，但实际上是一样的：两者均假设解释变量之间不存在完全多重共线性。当一个解释变量可以表示成其他解释变量的线性组合时，便会出现完全多重共线性。在式(19-2)表示的矩阵中，完全多重共线性意味着 $\boldsymbol{X}$ 中的一列可以表示成其他列的线性组合，即 $\boldsymbol{X}$ 不是列满秩的。所以，要求 $\boldsymbol{X}$ 的秩为 $\boldsymbol{X}$ 的列数 $k+1$，其实就是要求解释变量之间不存在完全多重共线性。

重要概念 19-1 中的第五个假设为：在给定 $\boldsymbol{X}_i$ 的条件下，误差项是同方差的(即误差项是条件同方差的)；第六个假设为：在给定 $\boldsymbol{X}_i$ 时，u_i 的条件分布为正态分布。这两个假设与重要概念 18-1 中的最后两个假设相同，此处只是在多元回归情形下对其进行重新表述。

$\boldsymbol{U}$ 的均值向量和协方差矩阵。通过重要概念 19-1，我们可以使用更简洁的方式表述在给定解释变量 $\boldsymbol{X}$ 的条件下，$\boldsymbol{U}$ 的条件分布的均值向量和协方差矩阵(关于随机变量的均值和协方差矩阵的定义见附录 19B)。具体地，重要概念 19-1 中前两项假设意味着 $E(u_i \mid \boldsymbol{X}) = E(u_i \mid \boldsymbol{X}_i) = 0$，且对于所有的 $i \neq j$，$\text{cov}(u_i,\ u_j \mid \boldsymbol{X}) = E(u_i u_j \mid \boldsymbol{X}) = E(u_i u_j \mid \boldsymbol{X}_i,\ \boldsymbol{X}_j) = E(u_i \mid \boldsymbol{X}_i) E(u_j \mid \boldsymbol{X}_j) = 0$(习题 18.7)。假设 1、2 和 5 意味着，$E(u_i^2 \mid \boldsymbol{X}) = E(u_i^2 \mid \boldsymbol{X}_i) = \sigma_u^2$。结合这些结果，从而有

$$\text{在假设 1 和 2 成立的条件下，有 } E(\boldsymbol{U} \mid \boldsymbol{X}) = \boldsymbol{0}_n \tag{19-6}$$

$$\text{在假设 1、2 和 5 成立的条件下，有 } E(\boldsymbol{UU}' \mid \boldsymbol{X}) = \sigma_u^2 \boldsymbol{I}_n \tag{19-7}$$

式中，$\boldsymbol{0}_n$ 为 n 维零向量；$\boldsymbol{I}_n$ 为 $n \times n$ 阶单位阵。类似地，由重要概念 19-1 中的假设 1、2、5 和 6 可知，在给定 $\boldsymbol{X}$ 的条件下，n 维随机向量 $\boldsymbol{U}$ 的条件分布为多元正态分布(定义见附录 19B)。即

$$\text{在假设 1、2、5 和 6 成立的条件下，给定 } \boldsymbol{X} \text{ 时，} \boldsymbol{U} \text{ 的条件分布为 } N(\boldsymbol{0}_n,\ \sigma_u^2 \boldsymbol{I}_n) \tag{19-8}$$

19.1.3 OLS 估计量

OLS 估计量使预测误差平方和 $\sum_{i=1}^{n}(Y_i - b_0 - b_1 X_{1i} - \cdots - b_k X_{ki})^2$(式(6-8))达到最小值。将

预测误差平方和对系数向量中的每个元素分别求偏导数，然后令每个偏导数均等于 0，从而得到 $k+1$ 个方程组成的方程组，求解方程组便可得到 OLS 估计量 $\hat{\boldsymbol{\beta}}$。

预测误差平方和关于第 j 个回归系数 $b_j(j=0, 1, \cdots, k)$ 的偏导数为

$$\frac{\partial}{\partial b_j}\sum_{i=1}^{n}(Y_i - b_0 - b_1X_{1i} - \cdots - b_kX_{ki})^2 \tag{19-9}$$
$$= -2\sum_{i=1}^{n}X_{ji}(Y_i - b_0 - b_1X_{1i} - \cdots - b_kX_{ki})$$

其中，当 $j=0$ 时，$X_{0i}=1$。式(19-9)右边的导数为 $k+1$ 维向量 $-2\boldsymbol{X}'(\boldsymbol{Y}-\boldsymbol{X}\boldsymbol{b})$ 的第 j 个元素，$\boldsymbol{b}$ 为由 b_0，b_1，…，b_k 组成的 $k+1$ 维向量。共有 $k+1$ 个这样的偏导数方程，每一个偏导数方程都对应向量 $\boldsymbol{b}$ 中的一个元素。由此可得 $k+1$ 个方程组成的方程组，令方程组中每个方程均等于 0，可得 OLS 估计量 $\hat{\boldsymbol{\beta}}$ 的一阶条件。即 $\hat{\boldsymbol{\beta}}$ 为如下 $k+1$ 个方程组成的方程组的解

$$\boldsymbol{X}'(\boldsymbol{Y}-\boldsymbol{X}\hat{\boldsymbol{\beta}}) = \boldsymbol{0}_{k+1} \tag{19-10}$$

等价地，还可将上述方程表示为 $\boldsymbol{X}'\boldsymbol{Y}=\boldsymbol{X}'\boldsymbol{X}\hat{\boldsymbol{\beta}}$。

求解方程组(19-10)，可得 OLS 估计量 $\hat{\boldsymbol{\beta}}$ 的矩阵表示形式为

$$\hat{\boldsymbol{\beta}} = (\boldsymbol{X}'\boldsymbol{X})^{-1}\boldsymbol{X}'\boldsymbol{Y} \tag{19-11}$$

式中，$(\boldsymbol{X}'\boldsymbol{X})^{-1}$ 为矩阵 $\boldsymbol{X}'\boldsymbol{X}$ 的逆。

“不存在完全多重共线性”这一条件的作用。重要概念 19-1 中的最小二乘假设的第四个假设条件要求 $\boldsymbol{X}$ 列满秩，从而矩阵 $\boldsymbol{X}'\boldsymbol{X}$ 满秩，即 $\boldsymbol{X}'\boldsymbol{X}$ 为非奇异矩阵(可逆)。因此，不存在完全多重共线性的假设保证了$(\boldsymbol{X}'\boldsymbol{X})^{-1}$ 的存在，因此式(19-10)中给出的线性方程组存在唯一解，且可以通过式(19-11)计算得到 OLS 估计量。换言之，如果 $\boldsymbol{X}$ 不是列满秩的，则式(19-10)中给出的线性方程组的解不唯一，并且 $\boldsymbol{X}'\boldsymbol{X}$ 是奇异阵，因此无法计算$(\boldsymbol{X}'\boldsymbol{X})^{-1}$，也就无法利用式(19-11)计算 $\hat{\boldsymbol{\beta}}$。

19.2 OLS 估计量和 t 统计量的渐近分布

样本容量足够大且满足重要概念 19-1 前四项假设时，OLS 估计量服从渐近联合正态分布，协方差矩阵的异方差-稳健估计量是一致的，且异方差-稳健 OLS 的 t 统计量也服从渐近标准正态分布。这些结论的推导需要用到多元正态分布(附录 19B)和多元中心极限定理。

19.2.1 多元中心极限定理

重要概念 2-7 中的中心极限定理只适用一维随机变量的情形。要得到 $\hat{\boldsymbol{\beta}}$ 中各元素的联合渐近分布，则需要用到针对向量型随机变量的多元中心极限定理。

多元中心极限定理将研究重点从单变量扩展到向量型随机变量 $\boldsymbol{W}$ 的样本均值，其中 $\boldsymbol{W}$ 为 m 维的。适用于标量型随机变量的中心极限定理与多元中心极限定理的区别在于方差的假设条件不同。重要概念 2-7 中所介绍的中心极限定理要求方差非零且有限。而在多元中心极限定理的情形下，要求协方差矩阵是正定且有限的。如果向量型随机变量 $\boldsymbol{W}$ 的协方差矩阵为正定且有限，则对任意非零的 m 维向量 $\boldsymbol{c}$，有 $0<\mathrm{var}(\boldsymbol{c}'\boldsymbol{W})<\infty$ (习题 19.3)。

重要概念 19-2 给出了多元中心极限定理的完整表述。

重要概念 19-2　多元中心极限定理

假设 $\boldsymbol{W}_1$，$\boldsymbol{W}_2$，…，$\boldsymbol{W}_n$ 为独立同分布的 m 维随机变量，均值向量为 $E(\boldsymbol{W}_i)=\boldsymbol{\mu}_W$，协方差矩阵为 $E[(\boldsymbol{W}_i-\boldsymbol{\mu}_W)(\boldsymbol{W}_i-\boldsymbol{\mu}_W)']=\boldsymbol{\Sigma}_W$，其中 $\boldsymbol{\Sigma}_W$ 正定且有限。令 $\overline{\boldsymbol{W}}=\frac{1}{n}\sum_{i=1}^{n}\boldsymbol{W}_i$，则 $\sqrt{n}(\overline{\boldsymbol{W}}-\boldsymbol{\mu}_W)\xrightarrow{d}N(\boldsymbol{0}_m,\ \boldsymbol{\Sigma}_W)$。

19.2.2 $\hat{\boldsymbol{\beta}}$ 的渐近正态性

在大样本条件下，OLS 估计量服从多元渐近正态分布

$$\sqrt{n}(\hat{\boldsymbol{\beta}}-\boldsymbol{\beta})\xrightarrow{d}N(\boldsymbol{0}_{k+1},\ \boldsymbol{\Sigma}_{\sqrt{n}(\hat{\boldsymbol{\beta}}-\boldsymbol{\beta})})，其中\ \boldsymbol{\Sigma}_{\sqrt{n}(\hat{\boldsymbol{\beta}}-\boldsymbol{\beta})}=\boldsymbol{Q}_X^{-1}\boldsymbol{\Sigma}_V\boldsymbol{Q}_X^{-1} \tag{19-12}$$

$\boldsymbol{Q}_X$ 为解释变量二阶矩组成的 $(k+1)\times(k+1)$ 阶矩阵，即 $\boldsymbol{Q}_X=E(\boldsymbol{X}_i\boldsymbol{X}_i')$，$\boldsymbol{\Sigma}_V$ 为 $\boldsymbol{V}_i=\boldsymbol{X}_i\mu_i$ 的 $(k+1)\times(k+1)$ 阶协方差矩阵，即 $\boldsymbol{\Sigma}_V=E(\boldsymbol{V}_i\boldsymbol{V}_i')$。若重要概念 19-1 中的第二个最小二乘假设成立，则意味着 $\boldsymbol{V}_i(i=1,\ 2,\ \cdots,\ n)$ 是独立同分布的。

用 $\hat{\boldsymbol{\beta}}$ 而非 $\sqrt{n}(\hat{\boldsymbol{\beta}}-\boldsymbol{\beta})$ 的形式来表示式(19-12)中的渐近正态分布为

在大样本下，$\hat{\boldsymbol{\beta}}$ 近似服从 $N(\boldsymbol{\beta},\ \boldsymbol{\Sigma}_{\hat{\boldsymbol{\beta}}})$，其中

$$\boldsymbol{\Sigma}_{\hat{\boldsymbol{\beta}}}=\frac{\boldsymbol{\Sigma}_{\sqrt{n}(\hat{\boldsymbol{\beta}}-\boldsymbol{\beta})}}{n}=\frac{\boldsymbol{Q}_X^{-1}\boldsymbol{\Sigma}_V\boldsymbol{Q}_X^{-1}}{n} \tag{19-13}$$

式(19-13)中的协方差矩阵 $\boldsymbol{\Sigma}_{\hat{\boldsymbol{\beta}}}$ 为 $\hat{\boldsymbol{\beta}}$ 的近似正态分布的协方差矩阵，而式(19-12)中 $\boldsymbol{\Sigma}_{\sqrt{n}(\hat{\boldsymbol{\beta}}-\boldsymbol{\beta})}$ 为 $\sqrt{n}(\hat{\boldsymbol{\beta}}-\boldsymbol{\beta})$ 的渐近正态分布的协方差矩阵。这两个协方差矩阵之间相差一个因子 n，这是因为 $\sqrt{n}(\hat{\boldsymbol{\beta}}-\boldsymbol{\beta})$ 多乘了一个因子 n。

式(19-12)的推导。为了推导式(19-12)，利用式(19-3)和式(19-11)将 $\hat{\boldsymbol{\beta}}$ 的表达式改写为 $\hat{\boldsymbol{\beta}}=(\boldsymbol{X}'\boldsymbol{X})^{-1}\boldsymbol{X}'\boldsymbol{Y}=(\boldsymbol{X}'\boldsymbol{X})^{-1}\boldsymbol{X}'(\boldsymbol{X}\boldsymbol{\beta}+\boldsymbol{U})$，因此

$$\hat{\boldsymbol{\beta}}=\boldsymbol{\beta}+(\boldsymbol{X}'\boldsymbol{X})^{-1}\boldsymbol{X}'\boldsymbol{U} \tag{19-14}$$

故 $\hat{\boldsymbol{\beta}}-\boldsymbol{\beta}=(\boldsymbol{X}'\boldsymbol{X})^{-1}\boldsymbol{X}'\boldsymbol{U}$，因此

$$\sqrt{n}(\hat{\boldsymbol{\beta}}-\boldsymbol{\beta})=\left(\frac{\boldsymbol{X}'\boldsymbol{X}}{n}\right)^{-1}\left(\frac{\boldsymbol{X}'\boldsymbol{U}}{\sqrt{n}}\right) \tag{19-15}$$

要证明式(19-12)，首先证明式(19-15)中的“分母”矩阵 $\left(\frac{\boldsymbol{X}'\boldsymbol{X}}{n}\right)$ 是 $\boldsymbol{Q}_X$ 的一致估计量，再证明“分子”矩阵 $\left(\frac{\boldsymbol{X}'\boldsymbol{U}}{\sqrt{n}}\right)$ 服从重要概念 19-2 中的多元中心极限定理。具体证明过程见附录 19C。

19.2.3 异方差-稳健标准误

用样本矩代替 $\boldsymbol{\Sigma}_{\sqrt{n}(\hat{\boldsymbol{\beta}}-\boldsymbol{\beta})}$ 定义(式(19-12))中相应的总体矩，便可以得到 $\boldsymbol{\Sigma}_{\sqrt{n}(\hat{\boldsymbol{\beta}}-\boldsymbol{\beta})}$ 的异方差-稳健估计量。因此，$\sqrt{n}(\hat{\boldsymbol{\beta}}-\boldsymbol{\beta})$ 的协方差矩阵的异方差-稳健估计量为

$$\hat{\boldsymbol{\Sigma}}_{\sqrt{n}(\hat{\boldsymbol{\beta}}-\boldsymbol{\beta})}=\left(\frac{\boldsymbol{X}'\boldsymbol{X}}{n}\right)^{-1}\hat{\boldsymbol{\Sigma}}_{\hat{V}}\left(\frac{\boldsymbol{X}'\boldsymbol{X}}{n}\right)^{-1}，其中\ \hat{\boldsymbol{\Sigma}}_{\hat{V}}=\frac{1}{n-k-1}\sum_{i=1}^{n}\boldsymbol{X}_i\boldsymbol{X}_i'\hat{u}_i^2 \tag{19-16}$$

同 6.4 节多元回归模型中的 SER 一样，我们对估计量 $\hat{\boldsymbol{\Sigma}}_{\hat{V}}$ 进行了自由度调整，旨在修正由于

估计 $k+1$ 个系数而造成的协方差矩阵潜在的向下偏误。

关于 $\hat{\boldsymbol{\Sigma}}_{\sqrt{n}(\hat{\boldsymbol{\beta}}-\boldsymbol{\beta})} \xrightarrow{p} \boldsymbol{\Sigma}_{\sqrt{n}(\hat{\boldsymbol{\beta}}-\boldsymbol{\beta})}$ 的证明过程与 18.3 节给出的一元回归模型的异方差-稳健标准误一致性的证明过程类似。

异方差-稳健标准误。$\hat{\boldsymbol{\beta}}$ 的协方差矩阵 $\boldsymbol{\Sigma}_{\hat{\boldsymbol{\beta}}}$ 的异方差-稳健估计量为

$$\hat{\boldsymbol{\Sigma}}_{\hat{\boldsymbol{\beta}}} = n^{-1}\hat{\boldsymbol{\Sigma}}_{\sqrt{n}(\hat{\boldsymbol{\beta}}-\boldsymbol{\beta})} \tag{19-17}$$

第 j 个回归系数的异方差-稳健标准误为 $\hat{\boldsymbol{\Sigma}}_{\hat{\boldsymbol{\beta}}}$ 对角线上第 j 个元素的算术平方根。即第 j 个系数的异方差-稳健标准误为

$$\mathrm{SE}(\hat{\boldsymbol{\beta}}_j) = \sqrt{(\hat{\boldsymbol{\Sigma}}_{\hat{\boldsymbol{\beta}}})_{jj}} \tag{19-18}$$

其中 $(\hat{\boldsymbol{\Sigma}}_{\hat{\boldsymbol{\beta}}})_{jj}$ 为 $\hat{\boldsymbol{\Sigma}}_{\hat{\boldsymbol{\beta}}}$ 中第 (j, j) 个元素。

其他的异方差-稳健方差估计量。关于等式(19-16)的方差估计量叫作 HC1 方差估计量。这个 HC1 估计量是实证研究中一种最常用的估计量，但是它并不是唯一的异方差-稳健方差估计量。研究表明，在小样本中，HC1 估计量是有偏的，标准误过小。Ervin(2000)提供的模拟证据表明，在小样本中，HC1 可以通过一个变量得到改进，该变量通过 X 的函数对每个残差的平方进行加权。Imbens 和 Kolesar(2016)指出，除了这种偏误，在小样本中，方差估计量的抽样可变性使得正态近似很差，他们建议改用 t 统计量的 t 近似，以及不同于 HC1 的方差估计量，或者采用 Long 和 Ervin(2000)建议的方差估计量。然而，Angrist 和 Pischke(2009)认为，当样本量超过 50 时，HC1 估计量导致的扭曲可以忽略不计。与现代计量经济学实践相一致的是，本文关注的是大样本，其中 HC1 估计量工作良好。

19.2.4　解释变量变化效应的置信区间

8.1 节介绍了两种计算解释变量变化效应(解释变量的变化引起被解释变量 Y 的变化)的标准误的方法。我们用矩阵符号可以更简洁地表示这些效应的标准误和置信区间。

假设解释变量的第 i 个观测值较初始值发生了变化，即从值 $\boldsymbol{X}_{i,0}$ 变化到 $\boldsymbol{X}_{i,0}+\boldsymbol{d}$，故变化量为 $\Delta\boldsymbol{X}_i=\boldsymbol{d}$，其中 $\boldsymbol{d}$ 为 $k+1$ 维向量。需要注意的是，这里 $\boldsymbol{X}$ 的这个变化涉及多个解释变量(即 $\boldsymbol{X}_i$ 中的多个元素)的变化。例如，如果解释变量中包含了一个独立变量和该变量的平方项，此时向量 $\boldsymbol{d}$ 中的元素分别是这两个变量变化后的值与初始值之差。

$\boldsymbol{X}_i$ 变化的预期效应为 $\boldsymbol{d}'\boldsymbol{\beta}$，其估计量为 $\boldsymbol{d}'\hat{\boldsymbol{\beta}}$。因为正态分布变量的线性组合仍服从正态分布，所以 $\sqrt{n}(\boldsymbol{d}'\hat{\boldsymbol{\beta}}-\boldsymbol{d}'\boldsymbol{\beta})=\boldsymbol{d}'\sqrt{n}(\hat{\boldsymbol{\beta}}-\boldsymbol{\beta}) \xrightarrow{d} N(0, \boldsymbol{d}'\boldsymbol{\Sigma}_{\sqrt{n}(\hat{\boldsymbol{\beta}}-\boldsymbol{\beta})}\boldsymbol{d})$，从而解释变量变化所带来的这一效应的标准误为 $(\boldsymbol{d}'\hat{\boldsymbol{\Sigma}}_{\hat{\boldsymbol{\beta}}}\boldsymbol{d})^{1/2}$。其 95% 的置信区间为

$$\boldsymbol{d}'\hat{\boldsymbol{\beta}} \pm 1.96\sqrt{\boldsymbol{d}'\hat{\boldsymbol{\Sigma}}_{\hat{\boldsymbol{\beta}}}\boldsymbol{d}} \tag{19-19}$$

19.2.5　t 统计量的渐近分布

重要概念 7-1 给出了检验 $\beta_j=\beta_{j,0}$ 的 t 统计量，该 t 统计量是运用式(19-18)中的异方差-稳健标准误构建而成的。运用类似于 18.3 节中的论证过程，我们很容易看出，该 t 统计量服从渐近标准正态分布。

19.3 联合假设检验

7.2 节介绍了多个约束条件的假设检验，但其中每一个约束条件都只涉及一个系数。7.3 节介绍了涉及两个或多个系数的单个约束条件的假设检验。19.1 节中给出了这两种假设的统一表述方式，即把它们表述成关于系数向量的线性约束条件。其中，每一个约束条件都可能涉及多个回归系数。如果重要概念 19-1 中的前四个假设条件成立，则在原假设下，用于检验原假设的异方差-稳健 F 统计量的渐近分布是 $F_{q,\infty}$ 分布。

19.3.1 联合假设的矩阵表示

考虑有 q 个($q \leqslant k+1$)约束条件的联合假设检验，且每一个约束条件都涉及一个或多个回归系数。用矩阵形式表述如下

$$\boldsymbol{R\beta}=\boldsymbol{r} \tag{19-20}$$

式中，$\boldsymbol{R}$ 为列满秩的 $q\times(k+1)$ 阶非随机矩阵；$\boldsymbol{r}$ 为 $q\times1$ 维非随机向量；$\boldsymbol{R}$ 的行数为原假设中约束条件的个数 q。

7.2 和 7.3 节中所考虑的原假设均可以用形如式(19-20)的式子来表示，例如，对于 7.2 节讨论的联合假设 $\beta_0=0$，$\beta_1=0$，…，$\beta_{q-1}=0$，我们可用式(19-20)中的形式来表述，即设 $\boldsymbol{R}=[\boldsymbol{I}_q\boldsymbol{0}_{q\times(k+1-q)}]$，$\boldsymbol{r}=\boldsymbol{0}_q$。

我们也可以用式(19-20)中的形式来表示 7.3 节中介绍的联合假设。例如，当 $k=2$ 时，假设 $\beta_1+\beta_2=1$ 可用式(19-20)中的形式表述，通过设 $\boldsymbol{R}=[0 1 1]$，$r=1$ 和 $q=1$。

19.3.2 F 统计量的渐近分布

检验式(19-20)中联合假设的异方差-稳健 F 统计量

$$F=(\boldsymbol{R}\hat{\boldsymbol{\beta}}-\boldsymbol{r})'[\boldsymbol{R}\hat{\boldsymbol{\Sigma}}_{\hat{\boldsymbol{\beta}}}\boldsymbol{R}']\frac{\boldsymbol{R}\hat{\boldsymbol{\beta}}-\boldsymbol{r}}{q} \tag{19-21}$$

若重要概念 19-1 中的前四个假设成立，则在原假设下

$$F\xrightarrow{d}F_{q,\infty} \tag{19-22}$$

由 $\hat{\boldsymbol{\beta}}$ 的渐近正态性和协方差矩阵的异方差-稳健估计量 $\hat{\boldsymbol{\Sigma}}_{\sqrt{n}(\hat{\boldsymbol{\beta}}-\boldsymbol{\beta})}$ 的一致性可以推导出上述结论。具体地，首先由式(19-12)和附录 19B 中的式(19-74)可知，在原假设成立的条件下，$\sqrt{n}(\boldsymbol{R}\hat{\boldsymbol{\beta}}-\boldsymbol{r})=\sqrt{n}\boldsymbol{R}(\hat{\boldsymbol{\beta}}-\boldsymbol{\beta})\xrightarrow{d}N(\boldsymbol{0},\boldsymbol{R}\boldsymbol{\Sigma}_{\sqrt{n}(\hat{\boldsymbol{\beta}}-\boldsymbol{\beta})}\boldsymbol{R}')$。然后由式(19-77)可知，在原假设下，$(\boldsymbol{R}\hat{\boldsymbol{\beta}}-\boldsymbol{r})'[\boldsymbol{R}\boldsymbol{\Sigma}_{\hat{\boldsymbol{\beta}}}\boldsymbol{R}']^{-1}(\boldsymbol{R}\hat{\boldsymbol{\beta}}-\boldsymbol{r})=[\sqrt{n}\boldsymbol{R}(\hat{\boldsymbol{\beta}}-\boldsymbol{\beta})]'[\boldsymbol{R}\boldsymbol{\Sigma}_{\sqrt{n}(\hat{\boldsymbol{\beta}}-\boldsymbol{\beta})}\boldsymbol{R}']^{-1}[\sqrt{n}\boldsymbol{R}(\hat{\boldsymbol{\beta}}-\boldsymbol{\beta})]\xrightarrow{d}\chi_q^2$。但由于 $\hat{\boldsymbol{\Sigma}}_{\sqrt{n}(\hat{\boldsymbol{\beta}}-\boldsymbol{\beta})}\xrightarrow{p}\boldsymbol{\Sigma}_{\sqrt{n}(\hat{\boldsymbol{\beta}}-\boldsymbol{\beta})}$，由斯拉斯基定理可知，$[\sqrt{n}\boldsymbol{R}(\hat{\boldsymbol{\beta}}-\boldsymbol{\beta})]'[\boldsymbol{R}\hat{\boldsymbol{\Sigma}}_{\sqrt{n}(\hat{\boldsymbol{\beta}}-\boldsymbol{\beta})}\boldsymbol{R}']^{-1}[\sqrt{n}\boldsymbol{R}(\hat{\boldsymbol{\beta}}-\boldsymbol{\beta})]\xrightarrow{d}\chi_q^2$，或等价地 $\left(\text{因为 }\hat{\boldsymbol{\Sigma}}_{\hat{\boldsymbol{\beta}}}=\frac{\hat{\boldsymbol{\Sigma}}_{\sqrt{n}(\hat{\boldsymbol{\beta}}-\boldsymbol{\beta})}}{n}\right)$，$F\xrightarrow{d}\frac{\chi_q^2}{q}$，从而该统计量服从 $F_{q,\infty}$ 分布。

19.3.3 多个系数的置信集

如 7.4 节所述，向量 $\boldsymbol{\beta}$ 中两个或多个元素的置信集是使得 F 统计量不能拒绝原假设的取值

的集合。理论上，可以通过对 $\boldsymbol{\beta}$ 的不同取值反复进行 F 检验来计算该集合。然而，与单个系数的置信区间类似，我们也可通过利用检验统计量的计算公式来推导置信集的显式表达式。

下面给出向量 $\boldsymbol{\beta}$ 中两个或多个系数的置信集的计算过程。令 $\boldsymbol{\delta}$ 表示一个 q 维向量，它包含了我们想要计算置信集的系数。例如，想要建立回归系数 β_1 和 β_2 的置信集，则 $q=2$，且 $\boldsymbol{\delta}=(\beta_1, \beta_2)'$。一般地，我们将上式表示成 $\boldsymbol{\delta}=\boldsymbol{R\beta}$，其中矩阵 $\boldsymbol{R}$ 只包含 0 和 1(如在式(19-20)后面所讨论的)。检验假设 $\boldsymbol{\delta}=\boldsymbol{\delta}_0$ 的 F 统计量为 $F=(\hat{\boldsymbol{\delta}}-\boldsymbol{\delta}_0)'[\boldsymbol{R}\hat{\boldsymbol{\Sigma}}_{\hat{\boldsymbol{\beta}}}\boldsymbol{R}'](\hat{\boldsymbol{\delta}}-\boldsymbol{\delta}_0)/q$，其中 $\boldsymbol{\delta}=\boldsymbol{R\beta}$。$\boldsymbol{\delta}$ 的 95%置信集是那些 F 检验不能拒绝原假设时的 $\boldsymbol{\delta}_0$ 的取值所组成的集合。所以，当 $\boldsymbol{\delta}=\boldsymbol{R\beta}$ 时，$\boldsymbol{\delta}$ 的 95%置信集为

$$\{\boldsymbol{\delta}:(\hat{\boldsymbol{\delta}}-\boldsymbol{\delta})'[\boldsymbol{R}\hat{\boldsymbol{\Sigma}}_{\hat{\boldsymbol{\beta}}}\boldsymbol{R}']^{-1}(\hat{\boldsymbol{\delta}}-\boldsymbol{\delta})/q\leqslant c\} \tag{19-23}$$

式中，c 为 $F_{q,\infty}$ 分布的 95%分位数(5%的临界值)。

式(19-23)所示的集合中的所有点都位于使得式(19-23)取等号的所有点所围成的椭圆内部(当 $q>2$ 时为椭圆超平面)。因此，我们可以通过求解式(19-23)中的椭圆边界来计算 $\boldsymbol{\delta}$ 的置信集。

19.4　正态误差项假设下回归统计量的分布

19.2 节和 19.3 节给出的分布是根据大数定律和中心极限定理得到的，因此只有在样本容量较大的条件下，上述分布才适用。然而，如果在给定 X 时，误差项是同方差且服从正态分布，则即使在有限样本条件下，OLS 估计量也服从多元正态分布。另外，在有限样本条件下，回归标准差平方的分布同自由度为 $n-k-1$ 的 χ^2 分布成比例；同方差适用的 t 统计量服从自由度为 $n-k-1$ 的学生 t 分布，且同方差适用的 F 统计量服从 $F_{q,n-k-1}$ 分布。本节运用矩阵工具对上述有关 OLS 统计量的结论进行分析，首先给出 OLS 统计量的矩阵表示。

19.4.1　OLS 统计量的矩阵表示

我们用矩阵符号可以更简洁地表述 OLS 预测值、残差及残差平方和。在这过程中，我们会经常用到两个特殊的矩阵，即 $\boldsymbol{P}_X$ 和 $\boldsymbol{M}_X$。

矩阵 $\boldsymbol{P}_X$ 和 $\boldsymbol{M}_X$。在多元回归模型中，OLS 估计量的推导过程中用到两个 $n\times n$ 阶对称矩阵 $\boldsymbol{P}_X$ 和 $\boldsymbol{M}_X$

$$\boldsymbol{P}_X=\boldsymbol{X}(\boldsymbol{X}'\boldsymbol{X})^{-1}\boldsymbol{X}' \tag{19-24}$$

$$\boldsymbol{M}_X=\boldsymbol{I}_n-\boldsymbol{P}_X \tag{19-25}$$

若矩阵 $\boldsymbol{C}$ 为方阵，且 $\boldsymbol{CC}=\boldsymbol{C}$，则称矩阵 $\boldsymbol{C}$ 为幂等矩阵(见附录 19A)。因为 $\boldsymbol{P}_X=\boldsymbol{P}_X\boldsymbol{P}_X$，$\boldsymbol{M}_X=\boldsymbol{M}_X\boldsymbol{M}_X$(习题 19.5)，且 $\boldsymbol{P}_X$ 和 $\boldsymbol{M}_X$ 均为对称矩阵，因此 $\boldsymbol{P}_X$ 和 $\boldsymbol{M}_X$ 为对称幂等矩阵。

矩阵 $\boldsymbol{P}_X$ 和 $\boldsymbol{M}_X$ 还有其他性质(习题 19.5)，这些性质可以从式(19-24)和(19-25)的定义中直接得到

$$\boldsymbol{P}_X\boldsymbol{X}=\boldsymbol{X},\ \boldsymbol{M}_X\boldsymbol{X}=\boldsymbol{0}_{n\times(k+1)}$$

$$\text{rank}(\boldsymbol{P}_X)=k+1,\ \text{rank}(\boldsymbol{M}_X)=n-k-1 \tag{19-26}$$

式中，$\text{rank}(\boldsymbol{P}_X)$ 为 $\boldsymbol{P}_X$ 的秩。

利用矩阵 $\boldsymbol{P}_X$ 和 $\boldsymbol{M}_X$ 能把 n 维向量 $\boldsymbol{Z}$ 分解成两部分：一部分位于由 $\boldsymbol{X}$ 的列所生成的向量空间，而另一部分则与 $\boldsymbol{X}$ 的各列是正交的。换言之，$\boldsymbol{P}_X\boldsymbol{Z}$ 为 $\boldsymbol{Z}$ 在由 $\boldsymbol{X}$ 的列所生成的空间上的投影，

$\boldsymbol{M}_X\boldsymbol{Z}$ 则是 $\boldsymbol{Z}$ 的另一部分，它与 $\boldsymbol{X}$ 的各列正交且 $\boldsymbol{Z}=\boldsymbol{P}_X\boldsymbol{Z}+\boldsymbol{M}_X\boldsymbol{Z}$。

OLS 预测值和残差。运用矩阵 $\boldsymbol{P}_X$ 和 $\boldsymbol{M}_X$ 可以简洁地表示 OLS 预测值及残差。OLS 预测值 $\hat{\boldsymbol{Y}}=\boldsymbol{X}\hat{\boldsymbol{\beta}}$ 和 OLS 残差 $\hat{\boldsymbol{U}}=\boldsymbol{Y}-\hat{\boldsymbol{Y}}$ 可表示为(习题 19.5)

$$\hat{\boldsymbol{Y}}=\boldsymbol{P}_X\boldsymbol{Y} \tag{19-27}$$

$$\hat{\boldsymbol{U}}=\boldsymbol{M}_X\boldsymbol{Y}=\boldsymbol{M}_X\boldsymbol{U} \tag{19-28}$$

运用式(19-27)和式(19-28)中的表达式可以证明 OLS 残差和预测值是正交的，即式(4-35)成立：$\hat{\boldsymbol{Y}}'\hat{\boldsymbol{U}}=\boldsymbol{Y}'\boldsymbol{P}_X'\boldsymbol{M}_X\boldsymbol{Y}=0$，其中第二个等式成立是因为 $\boldsymbol{P}_X'\boldsymbol{M}_X=\boldsymbol{0}_{n\times n}$，这可由式(19-26)中的 $\boldsymbol{M}_X\boldsymbol{X}=\boldsymbol{0}_{n\times(k+1)}$ 推导出。

回归标准误。4.3 节中定义的 SER 为 $s_{\hat{u}}$，其中

$$s_{\hat{u}}^2=\frac{1}{n-k-1}\sum_{i=1}^{n}\hat{u}_i^2=\frac{1}{n-k-1}\hat{\boldsymbol{U}}'\hat{\boldsymbol{U}}=\frac{1}{n-k-1}\boldsymbol{U}'\boldsymbol{M}_X\boldsymbol{U} \tag{19-29}$$

其中，最后一个等式由 $\hat{\boldsymbol{U}}'\hat{\boldsymbol{U}}=(\boldsymbol{M}_X\boldsymbol{U})'(\boldsymbol{M}_X\boldsymbol{U})=\boldsymbol{U}'\boldsymbol{M}_X\boldsymbol{M}_X\boldsymbol{U}=\boldsymbol{U}'\boldsymbol{M}_X\boldsymbol{U}$(因为 $\boldsymbol{M}_X$ 是对称幂等矩阵)推出。

19.4.2　独立正态误差项下 $\hat{\boldsymbol{\beta}}$ 的分布

由于 $\hat{\boldsymbol{\beta}}=\boldsymbol{\beta}+(\boldsymbol{X}'\boldsymbol{X})^{-1}\boldsymbol{X}'\boldsymbol{U}$(式(19-14))，且在给定 $\boldsymbol{X}$ 时，$\boldsymbol{U}$ 的条件分布为 $N(\boldsymbol{0}_n,\ \sigma_u^2\boldsymbol{I}_n)$(式(19-8))，因此给定 $\boldsymbol{X}$ 时，$\hat{\boldsymbol{\beta}}$ 的条件分布是均值为 $\boldsymbol{\beta}$ 的多元正态分布，其协方差矩阵为

$$\begin{aligned}\boldsymbol{\Sigma}_{\hat{\boldsymbol{\beta}}|\boldsymbol{X}}&=E[(\hat{\boldsymbol{\beta}}-\boldsymbol{\beta})(\hat{\boldsymbol{\beta}}-\boldsymbol{\beta})'\mid\boldsymbol{X}]=E[(\boldsymbol{X}'\boldsymbol{X})^{-1}\boldsymbol{X}'\boldsymbol{U}\boldsymbol{U}'\boldsymbol{X}(\boldsymbol{X}'\boldsymbol{X})^{-1}\mid\boldsymbol{X}]\\&=(\boldsymbol{X}'\boldsymbol{X})^{-1}\boldsymbol{X}'(\sigma_u^2\boldsymbol{I}_n)\boldsymbol{X}(\boldsymbol{X}'\boldsymbol{X})^{-1}=\sigma_u^2(\boldsymbol{X}'\boldsymbol{X})^{-1}\end{aligned}$$

于是，在重要概念 19-1 的六个假设均成立的条件下，给定 $\boldsymbol{X}$ 时，$\hat{\boldsymbol{\beta}}$ 的有限样本分布为

$$\hat{\boldsymbol{\beta}}\sim N(\boldsymbol{\beta},\ \boldsymbol{\Sigma}_{\hat{\boldsymbol{\beta}}|\boldsymbol{X}})\text{，其中 }\boldsymbol{\Sigma}_{\hat{\boldsymbol{\beta}}|\boldsymbol{X}}=\sigma_u^2(\boldsymbol{X}'\boldsymbol{X})^{-1} \tag{19-30}$$

19.4.3　$s_{\hat{u}}^2$ 的分布

若重要概念 19-1 中六个假设都成立，则 $s_{\hat{u}}^2$ 有精确样本分布，该精确样本分布与自由度为 $n-k-1$ 的 χ^2 分布成比例

$$s_{\hat{u}}^2\sim\frac{\sigma_u^2}{n-k-1}\times\chi_{n-k-1}^2 \tag{19-31}$$

式(19-31)的证明需要从式(19-29)着手。由于在给定 $\boldsymbol{X}$ 时，$\boldsymbol{U}$ 的条件分布为正态分布，且 $\boldsymbol{M}_X$ 是对称幂等矩阵，因此二次型 $\dfrac{\boldsymbol{U}'\boldsymbol{M}_X\boldsymbol{U}}{\sigma_u^2}$ 服从 χ^2 分布，该分布的自由度为 $\boldsymbol{M}_X$ 的秩(附录 19B 中的式(19-78))。又由式(19-26)知，$\boldsymbol{M}_X$ 的秩为 $n-k-1$，因此 $\dfrac{\boldsymbol{U}'\boldsymbol{M}_X\boldsymbol{U}}{\sigma_u^2}$ 服从 χ_{n-k-1}^2 分布，故得式(19-31)。

自由度调整保证了 $s_{\hat{u}}^2$ 是无偏的。若随机变量服从 χ_{n-k-1}^2 分布，则其期望为 $n-k-1$；从而 $E(\boldsymbol{U}'\boldsymbol{M}_X\boldsymbol{U})=(n-k-1)\sigma_u^2$，$E(s_{\hat{u}}^2)=\sigma_u^2$。

19.4.4　同方差适用的标准误

给定 $\boldsymbol{X}$ 的条件下，将样本方差 $s_{\hat{u}}^2$ 代入式(19-30)，用 $s_{\hat{u}}^2$ 代替 $\boldsymbol{\Sigma}_{\hat{\boldsymbol{\beta}}|\boldsymbol{X}}$ 表达式中的总体方差 σ_u^2，

就得到 $\hat{\boldsymbol{\beta}}$ 的协方差矩阵的同方差适用估计量 $\widetilde{\boldsymbol{\Sigma}}_{\hat{\boldsymbol{\beta}}}$

$$\widetilde{\boldsymbol{\Sigma}}_{\hat{\boldsymbol{\beta}}}=s_{\hat{u}}^2(\boldsymbol{X}'\boldsymbol{X})^{-1}\text{（同方差适用）} \tag{19-32}$$

给定 $\boldsymbol{X}$ 的条件下，$\hat{\beta}_j$ 的方差估计量为 $\widetilde{\boldsymbol{\Sigma}}_{\hat{\boldsymbol{\beta}}}$ 中的第(j, j)个元素。因此，$\hat{\beta}_j$ 的同方差适用标准误为 $\widetilde{\boldsymbol{\Sigma}}_{\hat{\boldsymbol{\beta}}}$ 中对角线上第 j 个元素的平方根。即 $\hat{\beta}_j$ 的同方差适用标准误为

$$\widetilde{\mathrm{SE}}(\hat{\beta}_j)=\sqrt{(\widetilde{\boldsymbol{\Sigma}}_{\hat{\boldsymbol{\beta}}})_{jj}}\text{（同方差适用）} \tag{19-33}$$

19.4.5 t 统计量的分布

令 $\widetilde{t}$ 表示用同方差适用的标准误构建的用于检验假设 $\beta_j=\beta_{j,0}$ 的 t 统计量，则

$$\widetilde{t}=\frac{\hat{\beta}_j-\beta_{j,0}}{\sqrt{(\widetilde{\boldsymbol{\Sigma}}_{\hat{\boldsymbol{\beta}}})_{jj}}} \tag{19-34}$$

在重要概念 19-1 的六个假设下，$\widetilde{t}$ 统计量的精确抽样分布是自由度为 $n-k-1$ 的学生 t 分布，即

$$\widetilde{t}\sim t_{n-k-1} \tag{19-35}$$

式(19-35)的证明见附录 19D。

19.4.6 F 统计量的分布

如果重要概念 19-1 中的六个假设均成立，则利用同方差适用的协方差矩阵估计量构建的用于检验式(19-20)所示假设的 F 统计量在原假设下服从精确 $F_{q,n-k-1}$ 分布。

同方差适用的 F 统计量。同方差适用的 F 统计量与式(19-21)中的异方差-稳健 F 统计量相类似，不同之处在于同方差适用的 F 统计量在计算过程中用的是同方差适用估计量 $\widetilde{\boldsymbol{\Sigma}}_{\hat{\boldsymbol{\beta}}}$，而不是异方差-稳健估计量 $\hat{\boldsymbol{\Sigma}}_{\hat{\boldsymbol{\beta}}}$。将表达式 $\widetilde{\boldsymbol{\Sigma}}_{\hat{\boldsymbol{\beta}}}=s_{\hat{u}}^2(\boldsymbol{X}'\boldsymbol{X})^{-1}$ 代入式(19-21)中的 F 统计量表达式，可得到用于检验式(19-20)中原假设的同方差适用 F 统计量为

$$\widetilde{F}=\frac{(\boldsymbol{R}\hat{\boldsymbol{\beta}}-\boldsymbol{r})'[\boldsymbol{R}(\boldsymbol{X}'\boldsymbol{X})^{-1}\boldsymbol{R}']^{-1}(\boldsymbol{R}\hat{\boldsymbol{\beta}}-\boldsymbol{r})/q}{s_{\hat{u}}^2} \tag{19-36}$$

如果重要概念 19-1 中的六个假设均成立，则在原假设下，有

$$\widetilde{F}\sim F_{q,n-k-1} \tag{19-37}$$

式(19-37)的证明见附录 19D。

式(19-36)中的 F 统计量称为 Wald F 统计量(以统计学家 Abraham Wald 的名字命名)。式(7-13)中给出的同方差适用 F 统计量的公式与式(19-36)中的 Wald 统计量公式有所不同，但实际上二者仅仅是同一个统计量的两种不同形式，即这两种表达形式是等价的，习题 19.13 证明了该结论。

19.5 误差项为同方差时 OLS 估计量的有效性

在多元回归模型的高斯-马尔科夫条件下，$\boldsymbol{\beta}$ 的 OLS 估计量是所有线性条件无偏估计量中方差最小的，即 OLS 估计量是最佳线性无偏估计量(BLUE)。

19.5.1　多元回归模型的高斯-马尔科夫条件

多元回归模型的**高斯-马尔科夫条件**(Gauss-Markov conditions for multiple regression)为

$$\begin{aligned}&(1)\ E(\boldsymbol{U}\mid\boldsymbol{X})=\boldsymbol{0}_n;\\&(2)\ E(\boldsymbol{U}\boldsymbol{U}'\mid\boldsymbol{X})=\sigma_u^2\boldsymbol{I}_n;\\&(3)\ \boldsymbol{X}\text{ 为列满秩。}\end{aligned}\tag{19-38}$$

多元回归模型的高斯-马尔科夫条件可由重要概念 19-1 中的前五个假设(式(19-6)和式(19-7))推出。式(19-38)将一元回归模型中的高斯-马尔科夫条件推广到多元回归模型中(其中条件(2)包含了式(5-31)中的第二和第三个条件)。

19.5.2　线性条件无偏估计量

这里先介绍线性无偏估计量的定义，然后证明 OLS 估计量为线性无偏估计量。

线性条件无偏估计量。若$\boldsymbol{\beta}$的估计量是 Y_1，Y_2，…，Y_n 的线性函数，称该估计量是线性估计量。即如果估计量 $\widetilde{\boldsymbol{\beta}}$ 是 $\boldsymbol{Y}$ 的线性函数，则 $\widetilde{\boldsymbol{\beta}}$ 可以写成以下形式

$$\widetilde{\boldsymbol{\beta}}=\boldsymbol{A}'\boldsymbol{Y}\tag{19-39}$$

其中，$\boldsymbol{A}$ 为 $n\times(k+1)$ 阶的权重矩阵，其中权重可能依赖于 $\boldsymbol{X}$ 或非随机常数，但不依赖于 $\boldsymbol{Y}$。

在给定 X 的条件下，如果一个估计量的条件抽样分布的均值为$\boldsymbol{\beta}$，则该估计量是条件无偏的。即若 $E(\widetilde{\boldsymbol{\beta}}\mid\boldsymbol{X})=\boldsymbol{\beta}$，则 $\widetilde{\boldsymbol{\beta}}$ 是条件无偏的。

OLS 估计量是线性且条件无偏的。比较式(19-11)和式(19-39)可知，OLS 估计量是 $\boldsymbol{Y}$ 的线性函数；具体地，$\hat{\boldsymbol{\beta}}=\hat{\boldsymbol{A}}'\boldsymbol{Y}$，其中 $\hat{\boldsymbol{A}}=\boldsymbol{X}(\boldsymbol{X}'\boldsymbol{X})^{-1}$。下面证明$\hat{\boldsymbol{\beta}}$ 是条件无偏的，由式(19-14)可知，$\hat{\boldsymbol{\beta}}=\boldsymbol{\beta}+(\boldsymbol{X}'\boldsymbol{X})^{-1}\boldsymbol{X}'\boldsymbol{U}$。两边取条件期望，有 $E(\hat{\boldsymbol{\beta}}\mid\boldsymbol{X})=\boldsymbol{\beta}+E[(\boldsymbol{X}'\boldsymbol{X})^{-1}\boldsymbol{X}'\boldsymbol{U}\mid\boldsymbol{X}]=\boldsymbol{\beta}+(\boldsymbol{X}'\boldsymbol{X})^{-1}\boldsymbol{X}'\cdot E(\boldsymbol{U}\mid\boldsymbol{X})=\boldsymbol{\beta}$，其中最后一个等式是通过高斯-马尔科夫的第一个假设条件 $E(\boldsymbol{U}\mid\boldsymbol{X})=0$ 推出来的。

19.5.3　多元回归的高斯-马尔科夫定理

多元回归的高斯-马尔科夫定理给出了 OLS 估计量是所有线性条件无偏估计量中有效(方差最小)的条件。需要说明的是，$\hat{\boldsymbol{\beta}}$ 是向量，其“方差”为协方差矩阵，从而就产生了一个问题：当估计量的“方差”为矩阵时，一个估计量的方差小于另一个估计量方差的含义是什么?

对于该问题，高斯-马尔科夫定理比较的是$\boldsymbol{\beta}$ 的其他线性条件无偏估计量中各个元素线性组合的方差同$\hat{\boldsymbol{\beta}}$ 对应的线性组合的方差之间的大小。具体地，令 $\boldsymbol{c}$ 为一个非随机的 $k+1$ 维向量，考虑以下两个线性组合 $\boldsymbol{c}'\widetilde{\boldsymbol{\beta}}$(其中 $\widetilde{\boldsymbol{\beta}}$ 为线性条件无偏估计量)和 $\boldsymbol{c}'\hat{\boldsymbol{\beta}}$，因为 $\boldsymbol{c}'\widetilde{\boldsymbol{\beta}}$ 和 $\boldsymbol{c}'\hat{\boldsymbol{\beta}}$ 都是 $\boldsymbol{c}'\boldsymbol{\beta}$ 的线性条件无偏估计量，且它们都是标量，从而可以比较它们方差的大小。

多元回归的高斯-马尔科夫定理指出，$\boldsymbol{c}'\boldsymbol{\beta}$ 的 OLS 估计量是有效的，即在所有 $\boldsymbol{c}'\boldsymbol{\beta}$ 的线性条件无偏估计量中，$\boldsymbol{c}'\hat{\boldsymbol{\beta}}$ 的条件方差最小。值得注意的是，该结论对于任意线性组合都是成立的。从这个意义上讲，OLS 估计量是 BLUE。

重要概念 19-3 总结了多元回归的高斯-马尔科夫定理，附录 19E 给出了定理的证明。

重要概念 19-3　多元回归的高斯-马尔科夫定理

假设式(19-38)中多元回归的高斯-马尔科夫条件成立，则 OLS 估计量$\hat{\boldsymbol{\beta}}$ 是 BLUE。即，令

$\widetilde{\boldsymbol{\beta}}$ 表示 $\boldsymbol{\beta}$ 的线性条件无偏估计量，令 $\boldsymbol{c}$ 表示一个非随机的 $k+1$ 维向量。对任意非零向量 $\boldsymbol{c}$，有 $\text{var}(\boldsymbol{c}'\hat{\boldsymbol{\beta}} \mid \boldsymbol{X}) \leqslant \text{var}(\boldsymbol{c}'\widetilde{\boldsymbol{\beta}} \mid \boldsymbol{X})$，当且仅当 $\hat{\boldsymbol{\beta}}=\widetilde{\boldsymbol{\beta}}$ 时取等号。

19.6 广义最小二乘法[⊖]

在实际中，我们通常都会假设样本是独立同分布的。例如，假设 Y_i 和 $\boldsymbol{X}_i$ 表示个人信息，如收入、学历、性格等，这里假设每个个体都是从总体中随机抽取的样本。在本例子中，由于是简单随机抽样，所以$(\boldsymbol{X}_i, Y_i)$独立同分布，对 $i \neq j$，$(\boldsymbol{X}_i, Y_i)$和$(\boldsymbol{X}_j, Y_j)$是相互独立的，u_i 和 u_j 也相互独立。从而当 $i \neq j$ 时，u_i 和 u_j 不相关。在高斯-马尔科夫条件中，只要每个观测值是相互独立的，则假设 $E(\boldsymbol{UU}' \mid \boldsymbol{X})$为对角阵便是合理的。

但是，在实际计量经济分析中，样本观测值之间可能不是相互独立的，从而误差项可能存在序列相关。特别地，当数据是时间序列数据时，就很容易出现上述问题。如 16.3 节所讨论，模型中的遗漏因素在相邻两个时期中可能相关，从而导致误差项(包含了遗漏因素的信息)出现序列相关。总之，某一时期的误差项并不一定与下一个时期的误差项独立，它们之间可能是相关的。

误差项存在序列相关会导致基于 OLS 的统计推断产生两个问题：其一，无论使用异方差-稳健标准误还是同方差适用的标准误，都无法得到准确的统计推断。16.4 节对异方差和自相关一致(HAC)标准误进行了介绍，此处不再赘述。

其二，如果误差项存在序列相关，则 $E(\boldsymbol{UU}' \mid \boldsymbol{X})$是非对角阵，高斯-马尔科夫定理的第二个假设条件不再成立，OLS 估计量不再是 BLUE。本节将介绍一个新的估计量——**广义最小二乘估计量**，即使当误差项的协方差矩阵不再是对角矩阵时，该估计量仍是 BLUE。18.5 节介绍的加权最小二乘法是 GLS 的一个特例，它对应的协方差矩阵是对角阵，且对角阵上的第 i 个元素为 $\boldsymbol{X}_i$ 的函数。同 WLS 一样，GLS 方法也是首先对回归模型进行变换，使变换后模型的误差项满足高斯-马尔科夫条件。GLS 估计量就是变换后模型的系数的 OLS 估计量。

19.6.1 GLS 假设

使用 GLS 需要满足四个假设条件。其中，第一个假设为：在给定 $\boldsymbol{X}_1, \boldsymbol{X}_2, \cdots, \boldsymbol{X}_n$ 时，u_i 的均值为 0，即

$$E(\boldsymbol{U} \mid \boldsymbol{X}) = \boldsymbol{0}_n \tag{19-40}$$

该假设可由重要概念 19-1 中的前两个假设推出，即如果 $E(u_i \mid \boldsymbol{X}_i)=0$ 且$(\boldsymbol{X}_i, Y_i)$，$i=1, 2, \cdots, n$ 为独立同分布，则 $E(\boldsymbol{U} \mid \boldsymbol{X}) = \boldsymbol{0}_n$。然而，因为 GLS 方法的目的是克服误差项之间的序列相关性，从而不需要保留独立同分布假设。下面在介绍完 GLS 估计量后，将对式(19-40)的重要性进行讨论。

GLS 的第二个假设为，给定 $\boldsymbol{X}$ 时，$\boldsymbol{U}$ 的条件协方差矩阵为 $\boldsymbol{X}$ 的函数，即

$$E(\boldsymbol{UU}' \mid \boldsymbol{X}) = \boldsymbol{\Omega}(\boldsymbol{X}) \tag{19-41}$$

式中，$\boldsymbol{\Omega}(\boldsymbol{X})$是关于 $\boldsymbol{X}$ 的 $n \times n$ 阶正定矩阵。

⊖ 16.5 节在分布滞后模型的背景下对 GLS 估计量进行了介绍。本部分介绍的有关 GLS 的内容并不需要以 16.5 节作为基础。但在阅读本章之前熟悉 16.5 节中的知识将有助于对本章内容的理解。

根据该假设，我们可以推出 GLS 的两个应用，其一是用来解决独立抽样中可能产生的异方差问题。当存在异方差时，$\boldsymbol{\Omega}(\boldsymbol{X})$ 是对角元素为 $\lambda h(\boldsymbol{X}_i)$ 的对角阵，其中 λ 为常数，h 为函数。此时的 GLS 估计量就是 18.5 节中所介绍的 WLS 估计量。

其二是用来解决误差项为同方差但存在序列相关的问题。在实际中，遇到该问题时我们需要建立序列相关模型。例如，我们可以假设误差项只同相邻项相关。即 $\text{corr}(u_i, u_{i-1})=\rho\neq0$，但当 $|i-j|\geqslant2$ 时，$\text{corr}(u_i, u_j)=0$。在这种情况下，$\boldsymbol{\Omega}(\boldsymbol{X})$ 的对角线上的元素为 σ_u^2，第一条非对角线(紧挨着对角线的两条线)上的元素为 $\rho\sigma_u^2$，其余都为 0。因此 $\boldsymbol{\Omega}(\boldsymbol{X})$ 的取值并不依赖于 $\boldsymbol{X}$，即 $\boldsymbol{\Omega}_{ii}=\sigma_u^2$，而当 $|i-j|=1$ 时，$\boldsymbol{\Omega}_{ij}=\rho\sigma_u^2$；当 $|i-j|>1$ 时，$\boldsymbol{\Omega}_{ij}=0$。16.5 节对 GLS 中可能涉及的其他序列相关模型进行了介绍(习题 19.8 中也有所涉及)，如一阶自回归模型等。

前面所有有关截面数据的最小二乘假设中都涉及一个假设，即 $\boldsymbol{X}_i$ 和 u_i 具有非零有限四阶矩。但在 GLS 下，证明渐近性所需的矩假设条件取决于函数 $\boldsymbol{\Omega}(\boldsymbol{X})$ 的性质($\boldsymbol{\Omega}(\boldsymbol{X})$ 是已知的还是被估计出来的)和需构建的统计量(GLS 估计量和 t 统计量等)。针对不同的例子和模型，所需的假设条件可能会不同，所以此处没有给出具体矩假设条件。只是在讨论 GLS 估计量的大样本性质时，我们假设满足所需的相关假设条件。为完整起见，我们将 GLS 的第三个假设表述为：$\boldsymbol{X}_i$ 和 u_i 满足适当的矩条件。

GLS 的第四个假设为：$\boldsymbol{X}$ 列满秩，即解释变量之间不存在完全多重共线性。重要概念 19-4 对 GLS 的假设条件进行了总结。

重要概念 19-4　GLS 假设

在线性回归模型 $\boldsymbol{Y}=\boldsymbol{X\beta}+\boldsymbol{U}$ 中，GLS 假设为

(1) $E(\boldsymbol{U}|\boldsymbol{X})=\boldsymbol{0}_n$。

(2) $E[\boldsymbol{UU}'|\boldsymbol{X}]=\boldsymbol{\Omega}(\boldsymbol{X})$，其中 $\boldsymbol{\Omega}(\boldsymbol{X})$ 为 $n\times n$ 正定矩阵。

(3) $\boldsymbol{X}_i$ 和 u_i 满足适当的矩条件。

(4) $\boldsymbol{X}$ 列满秩(不存在完全多重共线性)。

分两种情况对 GLS 进行介绍，第一种情况是 $\boldsymbol{\Omega}(\boldsymbol{X})$ 已知，第二种情况是 $\boldsymbol{\Omega}(\boldsymbol{X})$ 的函数形式已知，但需要对其中的参数进行估计。为了简单起见，在接下来的表述中我们将 $\boldsymbol{\Omega}(\boldsymbol{X})$ 写成 $\boldsymbol{\Omega}$。

19.6.2　$\boldsymbol{\Omega}$ 已知时的 GLS

当 $\boldsymbol{\Omega}$ 已知时，GLS 估计量利用 $\boldsymbol{\Omega}$ 对回归模型进行变换，使得变换后的模型的误差项满足高斯-马尔科夫条件。具体地，令 $\boldsymbol{F}$ 表示矩阵 $\boldsymbol{\Omega}^{-1}$ 的平方根，即 $\boldsymbol{F}$ 满足 $\boldsymbol{F}'\boldsymbol{F}=\boldsymbol{\Omega}^{-1}$(见附录 19A)。$\boldsymbol{F}$ 具有如下性质：$\boldsymbol{F\Omega F}'=\boldsymbol{I}_n$。现对式(19-3)两边左乘 $\boldsymbol{F}$，得

$$\widetilde{\boldsymbol{Y}}=\widetilde{\boldsymbol{X}}\boldsymbol{\beta}+\widetilde{\boldsymbol{U}} \tag{19-42}$$

其中 $\widetilde{\boldsymbol{Y}}=\boldsymbol{FY}$，$\widetilde{\boldsymbol{X}}=\boldsymbol{FX}$，$\widetilde{\boldsymbol{U}}=\boldsymbol{FU}$。

GLS 的核心思想是，在满足 GLS 假设条件下，式(19-42)所示的变换后的模型满足高斯-马尔科夫条件。即通过对所有的变量乘以 $\boldsymbol{\Omega}$ 的逆矩阵的平方根，使得变换后的模型的误差项具有零均值，且协方差矩阵为单位阵。我们可以从数学上加以证明：由 GLS 第一个假设(式(19-40))可知，$E(\widetilde{\boldsymbol{U}}|\widetilde{\boldsymbol{X}})=E(\boldsymbol{FU}|\boldsymbol{FX})=\boldsymbol{F}E(\boldsymbol{U}|\boldsymbol{FX})=\boldsymbol{0}_n$。此外，$E(\widetilde{\boldsymbol{U}}\widetilde{\boldsymbol{U}}'|\widetilde{\boldsymbol{X}})=E[(\boldsymbol{FU})\cdot(\boldsymbol{FU})'|\boldsymbol{FX}]=\boldsymbol{F}E(\boldsymbol{UU}'|\boldsymbol{FX})\boldsymbol{F}'=\boldsymbol{F\Omega F}'=\boldsymbol{I}_n$。第二个等式成立是因为 $(\boldsymbol{FU})'=\boldsymbol{U}'\boldsymbol{F}'$，最后一个等

式是由矩阵 $\boldsymbol{F}$ 的定义推出。由此可知，式(19-42)中经过转换的模型满足重要概念 19-4 中的高斯-马尔科夫条件。

GLS 估计量 $\widetilde{\boldsymbol{\beta}}^{GLS}$ 为式(19-42)中 $\boldsymbol{\beta}$ 的 OLS 估计量，即 $\widetilde{\boldsymbol{\beta}}^{GLS}=(\widetilde{\boldsymbol{X}}'\widetilde{\boldsymbol{X}})^{-1}(\widetilde{\boldsymbol{X}}'\widetilde{\boldsymbol{Y}})$。由于变换后的回归模型满足高斯-马尔科夫条件，因此 GLS 估计量是所有关于 $\widetilde{\boldsymbol{Y}}$ 的线性估计量中最优的条件无偏估计量。因为 $\widetilde{\boldsymbol{Y}}=\boldsymbol{FY}$，这里假定 $\boldsymbol{F}$ 已知且可逆(因为 Ω 是正定的)，所以 $\widetilde{\boldsymbol{Y}}$ 的线性估计量也是 $\boldsymbol{Y}$ 的线性估计量。从而，式(19-42)中 $\boldsymbol{\beta}$ 的 OLS 估计量也是所有关于 $\boldsymbol{Y}$ 的线性估计量中最优的条件无偏估计量。换句话说，满足 GLS 假设时，GLS 估计量是 BLUE 的。

可以直接利用 $\boldsymbol{\Omega}$ 来表示 GLS 估计量，即从原则上讲，不需要计算平方根矩阵 $\boldsymbol{F}$。因为 $\widetilde{\boldsymbol{Y}}=\boldsymbol{FY}$，$\widetilde{\boldsymbol{X}}=\boldsymbol{FX}$，所以 $\widetilde{\boldsymbol{\beta}}^{GLS}=(\boldsymbol{X}'\boldsymbol{F}'\boldsymbol{FX})^{-1}(\boldsymbol{X}'\boldsymbol{F}'\boldsymbol{FY})$。又因为 $\boldsymbol{F}'\boldsymbol{F}=\boldsymbol{\Omega}^{-1}$，故

$$\widetilde{\boldsymbol{\beta}}^{GLS}=(\boldsymbol{X}'\boldsymbol{\Omega}^{-1}\boldsymbol{X})^{-1}(\boldsymbol{X}'\boldsymbol{\Omega}^{-1}\boldsymbol{Y}) \tag{19-43}$$

在实际应用中，$\boldsymbol{\Omega}$ 通常是未知的，通过式(19-43)无法计算出 GLS 估计量，因此该估计量也称为**不可行的 GLS**(infeasible GLS)估计量。但是，如果 Ω 的函数形式已知而函数参数未知，则可对 $\boldsymbol{\Omega}$ 进行估计，从而可以计算出 GLS 估计量。

19.6.3 $\boldsymbol{\Omega}$ 包含未知参数时的 GLS

如果已知 $\boldsymbol{\Omega}$ 的函数形式但需要估计其中一些参数，则可以利用参数估计值来计算协方差矩阵 $\boldsymbol{\Omega}$。例如，考虑式(19-41)后面所讨论的例子，此时 $\boldsymbol{\Omega}(\boldsymbol{X})$ 的取值不依赖于 $\boldsymbol{X}$ 且 $\boldsymbol{\Omega}_{ii}=\sigma_u^2$，当 $|i-j|=1$ 时 $\boldsymbol{\Omega}_{ij}=\rho\sigma_u^2$，当 $|i-j|>1$ 时 $\boldsymbol{\Omega}_{ij}=0$。于是 $\boldsymbol{\Omega}$ 有两个未知参数 σ_u^2 和 ρ。我们可以运用 OLS 回归的残差来对这些参数进行估计，具体地，用 $s_{\hat{u}}^2$ 估计 σ_u^2，用 OLS 残差的相邻一期的样本相关系数估计 ρ，从而可用这些参数估计值计算 $\boldsymbol{\Omega}$ 的估计量 $\hat{\boldsymbol{\Omega}}$。

一般地，假设 $\boldsymbol{\Omega}$ 的估计量为 $\hat{\boldsymbol{\Omega}}$，则基于 $\hat{\boldsymbol{\Omega}}$ 的 GLS 估计量为

$$\hat{\boldsymbol{\beta}}^{GLS}=(\boldsymbol{X}'\hat{\boldsymbol{\Omega}}^{-1}\boldsymbol{X})^{-1}(\boldsymbol{X}'\hat{\boldsymbol{\Omega}}^{-1}\boldsymbol{Y}) \tag{19-44}$$

式(19-44)中 GLS 估计量被称为**可行的 GLS**(feasible GLS)估计量，之所以称其为“可行”，是因为如果协方差阵中的未知参数是可以估计的，则上述 GLS 估计量就是可计算的。

19.6.4 条件零均值假设和 GLS

为使 OLS 估计量是一致估计量，模型必须满足第一个最小二乘假设条件：$E(u_i|\boldsymbol{X}_i)=0$。但第一个 GLS 假设为 $E(u_i|\boldsymbol{X}_1, \boldsymbol{X}_2, \cdots, \boldsymbol{X}_n)=0$。换句话说，OLS 估计的第一个假设为在给定解释变量的第 i 个观测值时，第 i 个观测所对应的误差项的条件均值为零，而 GLS 估计的第一个假设为，在给定解释变量的所有观测值时，u_i 的条件均值为零。

正如 19.1 节所述，$E(u_i|\boldsymbol{X}_i)=0$ 和样本为独立同分布这两个假设条件成立意味着 $E(u_i|\boldsymbol{X}_1, \boldsymbol{X}_2, \cdots, \boldsymbol{X}_n)=0$。所以，当样本为独立同分布时，GLS 为 WLS，此时由重要概念 19-1 中第一个最小二乘假设可以推导出第一个 GLS 假设。

当样本不是独立同分布时，不能从 $E(u_i|\boldsymbol{X}_i)=0$ 直接推出第一个 GLS 假设，即第一个 GLS 假设条件更强。虽然两个条件之间的区别很小，但在时间序列数据中却非常重要。16.5 节围绕解释变量为“基于过去和现在”外生还是“严格”外生对上述问题进行了讨论。我们在这里运用矩阵工具对该问题进行更广泛的讨论。在讨论过程中，我们假设 $\boldsymbol{U}$ 同方差、$\boldsymbol{\Omega}$ 已知且其非对角线上的元素非零。

第一个 GLS 假设的作用。为了弄清楚这些假设为什么会出现差异，我们可以对比 GLS 和 OLS 估计量一致性的论证过程。

首先，我们来看 GLS 估计量的一致性。将式(19-3)代入式(19-43)，可得$\widetilde{\boldsymbol{\beta}}^{GLS}=\boldsymbol{\beta}+\left(\frac{\boldsymbol{X}'\boldsymbol{\Omega}^{-1}\boldsymbol{X}}{n}\right)^{-1}\left(\frac{\boldsymbol{X}'\boldsymbol{\Omega}^{-1}\boldsymbol{U}}{n}\right)$。在第一个 GLS 假设成立的条件下，有 $E(\boldsymbol{X}'\boldsymbol{\Omega}^{-1}\boldsymbol{U})=E[\boldsymbol{X}'\boldsymbol{\Omega}^{-1}\cdot E(\boldsymbol{U}\mid\boldsymbol{X})]=\boldsymbol{0}_n$。此外，若 $\boldsymbol{X}'\boldsymbol{\Omega}^{-1}\boldsymbol{U}/n$ 的方差趋于 0 且$\frac{\boldsymbol{X}'\boldsymbol{\Omega}^{-1}\boldsymbol{X}}{n}\xrightarrow{p}\widetilde{\boldsymbol{Q}}$，其中 $\widetilde{\boldsymbol{Q}}$ 为可逆矩阵，则 $\widetilde{\boldsymbol{\beta}}^{GLS}\xrightarrow{p}\boldsymbol{\beta}$。特别地，当 $\boldsymbol{\Omega}$ 非对角线上的元素非零时，$\boldsymbol{X}'\boldsymbol{\Omega}^{-1}\boldsymbol{U}=\sum_{i=1}^{n}\sum_{j=1}^{n}\boldsymbol{X}_i(\boldsymbol{\Omega}^{-1})_{ij}u_j$ 包含 i，j 不相等时的 $\boldsymbol{X}_i$ 和 u_j 的乘积，其中$(\boldsymbol{\Omega}^{-1})_{ij}$ 表示 $\boldsymbol{\Omega}^{-1}$ 的第$(i,\ j)$个元素。因此，仅有 $E(u_i\mid\boldsymbol{X}_i)=0$，无法推出 $\boldsymbol{X}'\boldsymbol{\Omega}^{-1}\boldsymbol{U}$ 均值为0。此外，要求矩阵$(\boldsymbol{\Omega}^{-1})_{ij}$ 中所有非零元素的$(i,\ j)$对应的 $E(u_i\mid\boldsymbol{X}_j)=0$。根据误差项的协方差矩阵结构，$(\boldsymbol{\Omega}^{-1})_{ij}$ 不全为 0。例如，若 u_i 服从一阶自回归模型(16.5 节所讨论的)，则满足 $|i-j|\leqslant 1$ 的第$(i,\ j)$个元素$(\boldsymbol{\Omega}^{-1})_{ij}$ 不为 0。通常情况下，$\boldsymbol{\Omega}^{-1}$ 中所有元素都可能不为 0，所以要使 $\boldsymbol{X}'\boldsymbol{\Omega}^{-1}\boldsymbol{U}/n\xrightarrow{p}\boldsymbol{0}_{(k+1)\times 1}$(从而$\widetilde{\boldsymbol{\beta}}^{GLS}$ 是一致的)，需要满足 $E(\boldsymbol{U}\mid\boldsymbol{X})=\boldsymbol{0}_n$，即必须满足第一个 GLS 假设。

相比而言，让我们回顾前面章节中关于 OLS 估计量一致性的讨论。将式(19-14)变形成$\hat{\boldsymbol{\beta}}=\boldsymbol{\beta}+\left(\frac{\boldsymbol{X}'\boldsymbol{X}}{n}\right)^{-1}\frac{1}{n}\sum_{i=1}^{n}\boldsymbol{X}_iu_i$。若 $E(u_i\mid\boldsymbol{X}_i)=0$，则 $\frac{1}{n}\sum_{i=1}^{n}\boldsymbol{X}_iu_i$ 的均值为0，若该项方差趋于0，则它依概率收敛于 0。此外，若满足 $\boldsymbol{X}'\boldsymbol{X}/n\xrightarrow{p}\boldsymbol{Q}_X$，则 $\hat{\boldsymbol{\beta}}\xrightarrow{p}\boldsymbol{\beta}$。

第一个 GLS 假设是否为限制性的？ 第一个 GLS 假设要求第 i 个观测对应的误差项与解释变量的所有观测值不相关，但在时间序列分析中，该假设的合理性会受到质疑。16.6 节已讨论过该问题，当时我们研究的是橙汁价格与佛罗里达州天气状况之间的关系，我们认为在这个例子中假设误差项与天气状况的当期值和过去值无关是合理的，即第一个 OLS 假设条件成立。然而，该误差项与未来的天气状况(天气状况的未来值)相关，从而第一个 GLS 假设条件不成立。

这个例子揭示了时间序列分析中经常会遇到的问题，即某变量的当期值可能会依赖我们对未来的预期：这意味着当期的误差项会与解释变量的未来预测值相关，从而当期的误差项会与解释变量的未来实际值相关。因此，第一个 GLS 假设比第一个 OLS 假设更强。相应地，在一些经济时间序列分析中，虽然 OLS 估计量是一致的，但 GLS 估计量却是不一致的。

19.7 工具变量和广义矩估计

本节介绍工具变量(IV)估计理论及其估计量的渐近分布。这里假设重要概念 12-3 和重要概念 12-4 节中所介绍的有关 IV 回归的假设均成立，且工具变量是强工具变量。虽然这些假设是针对独立同分布的截面数据，但在满足一定条件下，本节推导出的结论也可以运用到时间序列数据中。本节最后将简单介绍上述方法在时间序列数据中的推广。本节中所有的渐近结论都是在强工具变量的假设条件下推导出来的。

首先，我们先给出用矩阵形式表示的工具变量回归模型、两阶段最小二乘(TSLS)估计量和该估计量在误差项存在异方差时的渐近分布。然后，我们证明在误差项为同方差的特殊情形下，在所有的工具变量估计量(工具变量为外生变量的线性组合)中，TSLS 估计量是渐近有效的。而且，J 统计量渐近服从χ^2 分布，其自由度为过度识别的约束条件个数。最后，本节将在误差项为异方差的情形下讨论工具变量估计量的有效性和过度识别检验。在这种情形下，有效工具变量估计量被称为有效广义矩(GMM)估计量(Hansen(1983))。

19.7.1 工具变量估计量的矩阵表示

本节中，我们令 $\boldsymbol{X}$ 表示回归模型中解释变量的 $n\times(k+r+1)$ 阶矩阵，故 $\boldsymbol{X}$ 中包括了内生解释变量(重要概念 12-1 中的 X)和外生解释变量(重要概念 12-1 中的 W)。所以，利用重要概念 12-1 中的写法，$\boldsymbol{X}$ 的第 i 行为 $\boldsymbol{X}_i'=(1\quad X_{1i}\quad X_{2i}\quad\cdots\quad X_{ki}\quad W_{1i}\quad W_{2i}\quad\cdots\quad W_{ri})$。同时，令 $\boldsymbol{Z}$ 表示所有外生变量组成的 $n\times(m+r+1)$ 阶矩阵，这些外生变量由包括在回归模型中的外生解释变量(W)和不在回归模型中的外生变量(工具变量)组成。用重要概念 12-1 中的记法，Z 的第 i 行为 $\boldsymbol{Z}_i'=(1\quad Z_{1i}\quad Z_{2i}\quad\cdots\quad Z_{mi}\quad W_{1i}\quad W_{2i}\quad\cdots\quad W_{ri})$。

利用这些符号，重要概念 12-1 中的 IV 回归模型的矩阵形式为

$$\boldsymbol{Y}=\boldsymbol{X\beta}+\boldsymbol{U} \tag{19-45}$$

式中，$\boldsymbol{U}$ 为回归模型中误差项组成的 $n\times1$ 维向量，其第 i 个元素为 u_i。

矩阵 $\boldsymbol{Z}$ 中包含所有外生解释变量，因此在重要概念 12-4 中的 IV 回归假设下，有

$$E(\boldsymbol{Z}_iu_i)=\boldsymbol{0}(\text{工具变量外生性}) \tag{19-46}$$

因为有 k 个内生解释变量，所以第一阶段的回归由 k 个回归方程组成。

TSLS 估计量。TSLS 估计量是工具变量估计量的一种，该方法中的工具变量为基于第一阶段 OLS 回归所得到的 $\boldsymbol{X}$ 的拟合值。令 $\hat{\boldsymbol{X}}$ 表示该拟合值矩阵，从而 $\hat{\boldsymbol{X}}$ 的第 i 行$(\hat{X}_{1i}\quad\hat{X}_{2i}\quad\cdots\quad\hat{X}_{ki}\quad W_{1i}\quad W_{2i}\quad\cdots\quad W_{ri})$，其中 $\hat{X}_{1i}$ 为 X_{1i} 对 $\boldsymbol{Z}$ 回归而得到的拟合值，以此类推。由于 W 包含在 $\boldsymbol{Z}$ 中，从而 W_{1i} 对 Z 回归所得到的拟合值就是 W_{1i}，以此类推，故 $\hat{\boldsymbol{X}}=\boldsymbol{P_ZX}$，其中 $\boldsymbol{P_Z}=\boldsymbol{Z}(\boldsymbol{Z}'\boldsymbol{Z})^{-1}\boldsymbol{Z}'$(见式(19-27))。于是，TSLS 估计量为

$$\hat{\boldsymbol{\beta}}^{\mathrm{TSLS}}=(\hat{\boldsymbol{X}}'\hat{\boldsymbol{X}})^{-1}\hat{\boldsymbol{X}}'\boldsymbol{Y} \tag{19-47}$$

由于 $\hat{\boldsymbol{X}}=\boldsymbol{P_ZX}$，$\hat{\boldsymbol{X}}'\hat{\boldsymbol{X}}=\boldsymbol{X}'\boldsymbol{P_ZX}$，$\hat{\boldsymbol{X}}'\boldsymbol{Y}=\boldsymbol{X}'\boldsymbol{P_ZY}$，因此 TSLS 估计量可表示为

$$\hat{\boldsymbol{\beta}}^{\mathrm{TSLS}}=(\boldsymbol{X}'\boldsymbol{P_ZX})^{-1}\boldsymbol{X}'\boldsymbol{P_ZY} \tag{19-48}$$

19.7.2 TSLS 估计量的渐近分布

将式(19-45)代入式(19-48)，重新整理结果，并乘以$\sqrt{n}$后得到如下表达式

$$\sqrt{n}(\hat{\boldsymbol{\beta}}^{\mathrm{TSLS}}-\boldsymbol{\beta})=\left(\frac{\boldsymbol{X}'\boldsymbol{P_ZX}}{n}\right)^{-1}\frac{\boldsymbol{X}'\boldsymbol{P_ZU}}{\sqrt{n}}=\left[\frac{\boldsymbol{X}'\boldsymbol{Z}}{n}\left(\frac{\boldsymbol{Z}'\boldsymbol{Z}}{n}\right)^{-1}\frac{\boldsymbol{Z}'\boldsymbol{X}}{n}\right]^{-1}\left[\frac{\boldsymbol{X}'\boldsymbol{Z}}{n}\left(\frac{\boldsymbol{Z}'\boldsymbol{Z}}{n}\right)^{-1}\frac{\boldsymbol{Z}'\boldsymbol{U}}{\sqrt{n}}\right] \tag{19-49}$$

其中，第二个等式是由 $\boldsymbol{P_Z}$ 的定义推出。当工具变量回归假设成立时，$\boldsymbol{X}'\boldsymbol{Z}/n\xrightarrow{p}\boldsymbol{Q_{XZ}}$，$\boldsymbol{Z}'\boldsymbol{Z}/n\xrightarrow{p}\boldsymbol{Q_{ZZ}}$ 其中 $\boldsymbol{Q_{XZ}}=E(\boldsymbol{X}_i\boldsymbol{Z}_i')$，$\boldsymbol{Q_{ZZ}}=E(\boldsymbol{Z}_i\boldsymbol{Z}_i')$。另外，在工具变量回归假设下，$\boldsymbol{Z}_iu_i$ 是均值为 0(式(19-46))，方差为正定协方差矩阵的独立同分布，因此$\dfrac{\boldsymbol{Z}'\boldsymbol{U}}{\sqrt{n}}$满足多元中心极限定理的条件(重要概念 19-2)，且

$$\frac{\boldsymbol{Z}'\boldsymbol{U}}{\sqrt{n}}\xrightarrow{d}\boldsymbol{\psi_{ZU}},\text{其中 }\boldsymbol{\psi_{ZU}}\sim N(\boldsymbol{0},\boldsymbol{H}),\ \boldsymbol{H}=E(\boldsymbol{Z}_i\boldsymbol{Z}_i'u_i^2) \tag{19-50}$$

$\boldsymbol{\psi}_{ZU}$ 为$(m+r+1)\times 1$维向量。

将式(19-50)和$\frac{\boldsymbol{X}'\boldsymbol{Z}}{n}\xrightarrow{p}\boldsymbol{Q}_{XZ}$，$\frac{\boldsymbol{Z}'\boldsymbol{Z}}{n}\xrightarrow{p}\boldsymbol{Q}_{ZZ}$ 代入式(19-49)可知，在满足工具变量回归假设下，TSLS 估计量服从渐近正态分布

$$\sqrt{n}(\hat{\boldsymbol{\beta}}^{\text{TSLS}}-\boldsymbol{\beta})\xrightarrow{d}(\boldsymbol{Q}_{XZ}\boldsymbol{Q}_{ZZ}^{-1}\boldsymbol{Q}_{ZX})^{-1}\boldsymbol{Q}_{XZ}\boldsymbol{Q}_{ZZ}^{-1}\boldsymbol{\psi}_{ZU}\sim N(\boldsymbol{0},\ \boldsymbol{\Sigma}^{\text{TSLS}}) \tag{19-51}$$

其中

$$\boldsymbol{\Sigma}^{\text{TSLS}}=(\boldsymbol{Q}_{XZ}\boldsymbol{Q}_{ZZ}^{-1}\boldsymbol{Q}_{ZX})^{-1}\boldsymbol{Q}_{XZ}\boldsymbol{Q}_{ZZ}^{-1}\boldsymbol{H}\boldsymbol{Q}_{ZZ}^{-1}\boldsymbol{Q}_{ZX}(\boldsymbol{Q}_{XZ}\boldsymbol{Q}_{ZZ}^{-1}\boldsymbol{Q}_{ZX})^{-1} \tag{19-52}$$

其中，$\boldsymbol{H}$ 的定义见式(19-50)。

TSLS 估计量的标准误。式(19-52)看起来很复杂，但它提供了一种估计 $\boldsymbol{\Sigma}^{\text{TSLS}}$ 的方法，即利用样本矩代替总体矩来估计 $\boldsymbol{\Sigma}^{\text{TSLS}}$，从而得到协方差矩阵估计量为

$$\hat{\boldsymbol{\Sigma}}^{\text{TSLS}}=(\hat{\boldsymbol{Q}}_{XZ}\hat{\boldsymbol{Q}}_{ZZ}^{-1}\hat{\boldsymbol{Q}}_{ZX})^{-1}\hat{\boldsymbol{Q}}_{XZ}\hat{\boldsymbol{Q}}_{ZZ}^{-1}\hat{\boldsymbol{H}}\hat{\boldsymbol{Q}}_{ZZ}^{-1}\hat{\boldsymbol{Q}}_{ZX}(\hat{\boldsymbol{Q}}_{XZ}\hat{\boldsymbol{Q}}_{ZZ}^{-1}\hat{\boldsymbol{Q}}_{ZX})^{-1} \tag{19-53}$$

其中，$\hat{\boldsymbol{Q}}_{XZ}=\frac{\boldsymbol{X}'\boldsymbol{Z}}{n}$，$\hat{\boldsymbol{Q}}_{ZZ}=\frac{\boldsymbol{Z}'\boldsymbol{Z}}{n}$，$\hat{\boldsymbol{Q}}_{ZX}=\frac{\boldsymbol{Z}'\boldsymbol{X}}{n}$，且

$$\hat{\boldsymbol{H}}=\frac{1}{n}\sum_{i=1}^{n}\boldsymbol{Z}_i\boldsymbol{Z}_i'\hat{u}_i^2,\ 其中\ \hat{\boldsymbol{U}}=\boldsymbol{Y}-\boldsymbol{X}\hat{\boldsymbol{\beta}}^{\text{TSLS}} \tag{19-54}$$

其中，$\hat{\boldsymbol{U}}$ 为 TSLS 残差向量，$\hat{u}_i$ 为该向量中的第 i 个元素(第 i 个观测值所对应的 TSLS 残差)。TSLS 标准差为$\frac{\hat{\boldsymbol{\Sigma}}^{\text{TSLS}}}{n}$对角线元素的平方根。

19.7.3 误差项为同方差时 TSLS 估计量的性质

若误差项为同方差，则在所有以 $\boldsymbol{Z}$ 的线性组合为工具变量的 IV 估计量中，TSLS 估计量是渐近有效的，可以将该结论视为适用 IV 估计的高斯-马尔科夫定理，它是 TSLS 估计量得以应用的重要基础。

误差项为同方差时 TSLS 估计量的分布。若误差项为同方差，即若 $E(\hat{u}_i^2\mid \boldsymbol{Z}_i)=\sigma_u^2$，则 $\boldsymbol{H}=E(\boldsymbol{Z}_i\boldsymbol{Z}_i'u_i^2)=E[E(\boldsymbol{Z}_i\boldsymbol{Z}_i'u_i^2\mid \boldsymbol{Z}_i)]=E[\boldsymbol{Z}_i\boldsymbol{Z}_i'E(u_i^2\mid \boldsymbol{Z}_i)]=\boldsymbol{Q}_{ZZ}\sigma_u^2$。此时，式(19-52)中 TSLS 估计量的渐近分布的方差可简化为

$$\boldsymbol{\Sigma}^{\text{TSLS}}=(\boldsymbol{Q}_{XZ}\boldsymbol{Q}_{ZZ}^{-1}\boldsymbol{Q}_{ZX})^{-1}\sigma_u^2(\text{同方差适用}) \tag{19-55}$$

TSLS 方差矩阵的同方差适用估计量为

$$\tilde{\boldsymbol{\Sigma}}^{\text{TSLS}}=(\hat{\boldsymbol{Q}}_{XZ}\hat{\boldsymbol{Q}}_{ZZ}^{-1}\hat{\boldsymbol{Q}}_{ZX})^{-1}\hat{\sigma}_u^2,\ 其中\ \hat{\sigma}_u^2=\frac{\hat{\boldsymbol{U}}'\hat{\boldsymbol{U}}}{n-k-r-1}(\text{同方差适用}) \tag{19-56}$$

同方差适用的 TSLS 标准误为$\frac{\hat{\boldsymbol{\Sigma}}^{\text{TSLS}}}{n}$对角线元素的平方根。

以 Z 的线性组合为工具变量的 IV 估计量。以 $\boldsymbol{Z}$ 的线性组合作为工具变量的 IV 估计量可以通过两种等价方法来得到。两种方法均从相同的矩条件入手，即在工具变量外生的假设条件下，误差 $\boldsymbol{U}=\boldsymbol{Y}-\boldsymbol{X\beta}$ 与外生解释变量不相关；换言之，如果 $\boldsymbol{\beta}$ 为真值，由式(19-46)得

$$E[(\boldsymbol{Y}-\boldsymbol{X\beta})'\boldsymbol{Z}]=0 \tag{19-57}$$

式(19-57)为 $m+r+1$ 个方程组成的方程组，该方程组包含向量 $\boldsymbol{\beta}$ 中的 $k+r+1$ 个未知元素。由于 $\boldsymbol{\beta}$ 取真值时，上述方程均成立，因此当 $m>k$ 时，上述方程组是冗余的。当上述方程组为恰好识别($m=k$)时，用样本矩代替相应的总体矩后，便可求解出方程组$(\boldsymbol{Y}-\boldsymbol{Xb})'\boldsymbol{Z}=\boldsymbol{0}$ 中的 $\boldsymbol{b}$，即为

$\boldsymbol{\beta}$ 的 IV 估计量。然而，当方程组为过度识别($m>k$)时，由于方程的个数大于待估参数的个数，因此同一组 $\boldsymbol{b}$ 值难以满足所有的方程，即该方程组通常无解。

当存在过度识别时，另一种估计 $\boldsymbol{\beta}$ 的方法是通过求解式(19-58)所示的最小化问题，使其达到最小值的$\hat{\boldsymbol{\beta}}_A^{\mathrm{IV}}$ 便是我们想要的估计量。其中 $\boldsymbol{A}$ 表示$(m+r+1)\times(m+r+1)$阶对称半正定权重矩阵

$$\min_b(\boldsymbol{Y}-\boldsymbol{Xb})'\boldsymbol{ZAZ}'(\boldsymbol{Y}-\boldsymbol{Xb}) \tag{19-58}$$

将式(19-58)中的目标函数对 $\boldsymbol{b}$ 求偏导，令偏导数等于 0，从而得到$\hat{\boldsymbol{\beta}}_A^{\mathrm{IV}}$ 为

$$\hat{\boldsymbol{\beta}}_A^{\mathrm{IV}}=(\boldsymbol{X}'\boldsymbol{ZAZ}'\boldsymbol{X})^{-1}\boldsymbol{X}'\boldsymbol{ZAZ}'\boldsymbol{Y} \tag{19-59}$$

比较式(19-59)和式(19-48)可知，TSLS 估计量是 $\boldsymbol{A}=(\boldsymbol{Z}'\boldsymbol{Z})^{-1}$ 时的 IV 估计量，即 TSLS 估计量是当 $\boldsymbol{A}=(\boldsymbol{Z}'\boldsymbol{Z})^{-1}$ 时式(19-58)中最小化问题的解。

将式(19-51)和式(19-52)中的计算应用于$\hat{\boldsymbol{\beta}}_A^{\mathrm{IV}}$，可得

$$\sqrt{n}(\hat{\boldsymbol{\beta}}_A^{\mathrm{IV}}-\boldsymbol{\beta})\xrightarrow{d}N(\boldsymbol{0},\boldsymbol{\Sigma}_A^{\mathrm{IV}})，其中$$

$$\boldsymbol{\Sigma}_A^{\mathrm{IV}}=(\boldsymbol{Q}_{XZ}\boldsymbol{AQ}_{ZX})^{-1}\boldsymbol{Q}_{XZ}\boldsymbol{AHAQ}_{ZX}(\boldsymbol{Q}_{XZ}\boldsymbol{AQ}_{ZX})^{-1} \tag{19-60}$$

第二种以 $\boldsymbol{Z}$ 的线性组合作为工具变量的 IV 估计方法是将 $\boldsymbol{ZB}$ 视为工具变量，其中 $\boldsymbol{B}$ 为$(m+r+1)\times(k+r+1)$阶行满秩矩阵。此时，由$(k+r+1)$个方程组成的方程组$(\boldsymbol{Y}-\boldsymbol{Xb})'\boldsymbol{ZB}=0$ 存在唯一解。解这个关于 $\boldsymbol{b}$ 的方程组，可得$\hat{\boldsymbol{\beta}}^{\mathrm{IV}}=(\boldsymbol{B}'\boldsymbol{Z}'\boldsymbol{X})^{-1}(\boldsymbol{B}'\boldsymbol{Z}'\boldsymbol{Y})$，将 $\boldsymbol{B}=\boldsymbol{AZ}'\boldsymbol{X}$ 代入该表达式得式(19-59)。

所以，以 $\boldsymbol{Z}$ 的线性组合作为工具变量得到的 IV 估计量相同。通常情况下运用第一种方法，即通过解式(19-58)中的最小化问题得到 IV 估计量。本书采用的是这种方法。

同方差条件下 TSLS 估计量的渐近有效性。若误差项为同方差，则 $\boldsymbol{H}=\boldsymbol{Q}_{ZZ}\sigma_u^2$，式(19-60)中 $\boldsymbol{\Sigma}_A^{\mathrm{IV}}$ 的表达式可以化为

$$\boldsymbol{\Sigma}_A^{\mathrm{IV}}=(\boldsymbol{Q}_{XZ}\boldsymbol{AQ}_{ZX})^{-1}\boldsymbol{Q}_{XZ}\boldsymbol{AQ}_{ZZ}\boldsymbol{AQ}_{ZX}(\boldsymbol{Q}_{XZ}\boldsymbol{AQ}_{ZX})^{-1}\sigma_u^2 \tag{19-61}$$

在误差项为同方差的条件下，要证明 TSLS 估计量在所有以 $\boldsymbol{Z}$ 的线性组合为工具变量的 IV 计量中是渐近有效的，则需证明在同方差假设下，式(19-62)对任意半正定矩阵 $\boldsymbol{A}$ 和任意$(k+r+1)\times 1$ 维向量 $\boldsymbol{c}$ 均成立，即

$$\boldsymbol{c}'\boldsymbol{\Sigma}_A^{\mathrm{IV}}\boldsymbol{c}\geqslant\boldsymbol{c}'\boldsymbol{\Sigma}^{\mathrm{TSLS}}\boldsymbol{c} \tag{19-62}$$

其中，$\boldsymbol{\Sigma}^{\mathrm{TSLS}}=(\boldsymbol{Q}_{XZ}\boldsymbol{Q}_{ZZ}^{-1}\boldsymbol{Q}_{ZX})^{-1}\sigma_u^2$(式(19-55))。有关不等式(19-62)的证明过程见附录(19F)。式(19-62)中所运用的有效性判断标准与重要概念 19-3 中高斯-马尔科夫定理相同。所以，在误差项为同方差的情况下，TSLS 估计量是渐近有效的。

误差项为同方差时的 *J* 统计量。*J* 统计量(重要概念 12-6)检验的原假设为“所有过度识别的约束条件均成立”，备择假设为“至少有一个约束不成立”。

J 统计量的思想如下：如果过度识别约束条件成立，则 u_i 与工具变量不相关，因此在对 $\boldsymbol{Z}$ 的回归模型中，所有的总体回归系数均为 0。在实践中，$\boldsymbol{U}$ 是不可观测的，可用 TSLS 残差 $\hat{\boldsymbol{U}}$ 来估计，因此 $\hat{\boldsymbol{U}}$ 对 $\boldsymbol{Z}$ 的回归中的系数应该不显著。所以，*J* 统计量应为同方差适用的 $\boldsymbol{F}$ 统计量(用于检验原假设“$\boldsymbol{U}$ 对 $\boldsymbol{Z}$ 的回归模型中的系数均为 0”)与$(m+r+1)$的乘积，渐近服从χ^2 分布。

通过式(7-13)可以得到同方差适用的 *J* 统计量的计算公式。无约束回归为 $\hat{\boldsymbol{U}}$ 对$(m+r+1)$个解释变量 $\boldsymbol{Z}$ 的回归，而受约束回归为不含解释变量的回归。故用式(7-13)中的符号有 $\mathrm{SSR}_{\mathrm{unrestricted}}=\hat{\boldsymbol{U}}'\boldsymbol{M}_Z\hat{\boldsymbol{U}}$，$\mathrm{SSR}_{\mathrm{restricted}}=\hat{\boldsymbol{U}}'\hat{\boldsymbol{U}}$，从而 $\mathrm{SSR}_{\mathrm{unrestricted}}-\mathrm{SSR}_{\mathrm{restricted}}=\hat{\boldsymbol{U}}'\boldsymbol{M}_Z\hat{\boldsymbol{U}}-\hat{\boldsymbol{U}}'\hat{\boldsymbol{U}}=\hat{\boldsymbol{U}}'\boldsymbol{P}_Z\hat{\boldsymbol{U}}$，得到 *J* 统计量为

$$J=\frac{\hat{\boldsymbol{U}}'\boldsymbol{P}_Z\hat{\boldsymbol{U}}}{\dfrac{\hat{\boldsymbol{U}}'\boldsymbol{M}_Z\hat{\boldsymbol{U}}}{(n-m-r-1)}} \tag{19-63}$$

重要概念 12-6 中介绍的 J 统计量只检验那些不包含在回归模型中的工具变量的系数是否为 0。虽然这两种方法的计算步骤不同，但得到的 J 统计量是一样的(习题 19-14)。附录 19F 证明了在原假设 $E(u_i\boldsymbol{Z}_i)=0$ 成立时，有

$$J \xrightarrow{d} \chi^2_{m-k} \tag{19-64}$$

19.7.4 线性模型的广义矩估计

当误差项存在异方差时，在以 $\boldsymbol{Z}$ 的线性组合为工具变量的所有 IV 估计量中，TSLS 估计量不再是有效的。这种情况下的有效估计量被称为有效广义矩估计量(GMM)。且当误差项存在异方差时，式(19-63)所示的 J 统计量不再服从 χ^2 分布，但用有效 GMM 估计量构建的 J 统计量服从自由度为 $m-k$ 的 χ^2 分布。

类似地，回顾当模型只包含外生解释变量且误差项存在异方差的情形：如果误差项存在异方差，则 OLS 估计量不再是所有线性无偏估计量中的有效估计量(不满足高斯-马尔科夫条件)，并且同方差适用的 F 统计量不再服从 F 分布，即使在大样本中也是如此。在回归模型只包含外生解释变量且存在异方差时，加权最小二乘估计量才是有效的估计量；同理，在存在异方差的 IV 回归模型中，有效估计量所使用的加权矩阵同 TSLS 估计量不同，由此所得到的估计量称为有效 GMM 估计量。

GMM 估计。广义矩方法(generalized method of moments，GMM)是估计线性或非线性模型参数的一般方法，该方法通过设定每一个样本矩等于 0 来估计参数，进而达到对多个方程的最优拟合。在 GMM 中，我们将这些方程称为矩条件，通常无法找到一个同时满足上述所有矩条件的解，因此我们不要求同时满足所有矩条件，而是最小化一个二次目标函数。

在以外生解释变量 $\boldsymbol{Z}$ 为工具变量的线性 IV 回归模型中，GMM 估计量由最小化式(19-58)的解组成。因此，运用不同权重矩阵 $\boldsymbol{A}$ 构建的工具变量 $\boldsymbol{Z}$ 计算得到的所有 GMM 估计量和运用 $\boldsymbol{Z}$ 的线性组合作为工具变量计算得到的所有 IV 估计量是相同的。在线性 IV 估计模型中，GMM 估计量只是通过式(19-58)解出的估计量的不同名称而已。

GMM 估计量的渐近有效性。在所有的 GMM 估计量中，**有效 GMM**(efficient GMM)估计量是具有最小渐近方差矩阵(最小方差矩阵的定义见式(19-62))的 GMM 估计量。所以，式(19-62)中的结论可重新表述为：当误差项为同方差时，TSLS 估计量是线性回归模型的有效 GMM 估计量。

为了推导出误差项为异方差时的有效 CMM 估计量的表达式，我们可以回顾：当误差项为同方差时，$\boldsymbol{H}$($\boldsymbol{Z}_i u_i$ 的方差矩阵，见式(19-50))等于 $\boldsymbol{Q}_{ZZ}\sigma_u^2$，令 $\boldsymbol{A}=(\boldsymbol{Z}'\boldsymbol{Z})^{-1}$ 可得渐近有效权重矩阵，从而推出 TSLS 估计量。在大样本条件下，使用权重矩阵 $\boldsymbol{A}=(\boldsymbol{Z}'\boldsymbol{Z})^{-1}$ 等价于使用 $\boldsymbol{A}=(\boldsymbol{Q}_{ZZ}\sigma_u^2)^{-1}=\boldsymbol{H}^{-1}$。与上面关于 TSLS 估计量的推理类似：当误差项存在异方差时，通过设定 $\boldsymbol{A}=\boldsymbol{H}^{-1}$，并求解以下最小化问题，便可以得到有效的 IV 估计量。

$$\min_b(\boldsymbol{Y}-\boldsymbol{Xb})'\boldsymbol{ZH}^{-1}\boldsymbol{Z}'(\boldsymbol{Y}-\boldsymbol{Xb}) \tag{19-65}$$

上述类比是合理的：式(19-65)中最小化问题的解是有效 GMM 估计量。令 $\widetilde{\boldsymbol{\beta}}^{\text{Eff. GMM}}$ 表示式(19-65)中最小化问题的解。由式(19-59)可知，该估计量为

$$\widetilde{\boldsymbol{\beta}}^{\text{Eff. GMM}}=(\boldsymbol{X}'\boldsymbol{ZH}^{-1}\boldsymbol{Z}'\boldsymbol{X})^{-1}\boldsymbol{X}'\boldsymbol{ZH}^{-1}\boldsymbol{Z}'\boldsymbol{Y} \tag{19-66}$$

把 $\boldsymbol{A}=\boldsymbol{H}^{-1}$ 代入式(19-60)并进行简化，可得到：

$$\sqrt{n}(\widetilde{\boldsymbol{\beta}}^{\text{Eff. GMM}}-\boldsymbol{\beta})\xrightarrow{d}N(\boldsymbol{0},\ \boldsymbol{\Sigma}^{\text{Eff. GMM}}),\quad 其中\ \boldsymbol{\Sigma}^{\text{Eff. GMM}}=(\boldsymbol{Q}_{XZ}\boldsymbol{H}^{-1}\boldsymbol{Q}_{ZX})^{-1} \tag{19-67}$$

我们可以证明对任意向量 $\boldsymbol{c}$，有 $\boldsymbol{c}'\boldsymbol{\Sigma}_A^{\mathrm{IV}}\boldsymbol{c} \geqslant \boldsymbol{c}'\boldsymbol{\Sigma}^{\mathrm{Eff.\,GMM}}\boldsymbol{c}$，其中 $\boldsymbol{\Sigma}_A^{\mathrm{IV}}$ 的定义见式(19-60)，从而证明 $\widetilde{\boldsymbol{\beta}}^{\mathrm{Eff.\,GMM}}$ 为有效 GMM 估计量。详细证明过程见附录 19F。

可行的有效 GMM 估计。式(19-66)中定义的 GMM 估计量包含未知协方差矩阵 $\boldsymbol{H}$，所以它是不可行的估计量。但可以通过用 $\boldsymbol{H}$ 的一致估计量替换式(19-65)中最小化问题的矩阵 $\boldsymbol{H}$ 或替换式(19-66)中的 $\boldsymbol{H}$，便可以得到可行的有效 GMM 估计量。

有效 GMM 估计量的计算过程分为两步，第一步，估计 $\boldsymbol{\beta}$，得到 $\boldsymbol{\beta}$ 的任意一致估计量。运用这个 $\boldsymbol{\beta}$ 估计量来计算回归方程的残差，使用得到的残差估计 $\boldsymbol{H}$。第二步，运用 $\boldsymbol{H}$ 的估计量计算最优权重矩阵 $\boldsymbol{H}^{-1}$，并计算有效 GMM 估计量。具体地，在线性 IV 回归模型中，通常运用 TSLS 法估计 $\boldsymbol{\beta}$，运用估计后得到的残差来估计 $\boldsymbol{H}$。如果第一步运用的是 TSLS 估计，则第二步计算出的可行的有效 GMM 估计量为

$$\hat{\boldsymbol{\beta}}^{\mathrm{Eff.\,GMM}} = (\boldsymbol{X}'\boldsymbol{Z}\hat{\boldsymbol{H}}^{-1}\boldsymbol{Z}'\boldsymbol{X})^{-1}\boldsymbol{X}'\boldsymbol{Z}\hat{\boldsymbol{H}}^{-1}\boldsymbol{Z}'\boldsymbol{Y} \tag{19-68}$$

其中，$\hat{\boldsymbol{H}}$ 见式(19-54)。

由于 $\hat{\boldsymbol{H}} \xrightarrow{p} \boldsymbol{H}$，因此 $\sqrt{n}(\hat{\boldsymbol{\beta}}^{\mathrm{Eff.\,GMM}} - \widetilde{\boldsymbol{\beta}}^{\mathrm{Eff.\,GMM}}) \xrightarrow{p} 0$（习题 19.12），且

$$\sqrt{n}(\hat{\boldsymbol{\beta}}^{\mathrm{Eff.\,GMM}} - \boldsymbol{\beta}) \xrightarrow{d} N(\boldsymbol{0}, \boldsymbol{\Sigma}^{\mathrm{Eff.\,GMM}}) \tag{19-69}$$

其中，$\boldsymbol{\Sigma}^{\mathrm{Eff.\,GMM}} = (\boldsymbol{Q}_{XZ}\boldsymbol{H}^{-1}\boldsymbol{Q}_{ZX})^{-1}$（式(19-67)）。换言之，式(19-68)中的估计量 $\hat{\boldsymbol{\beta}}^{\mathrm{Eff.\,GMM}}$ 是渐近有效的 GMM 估计量。

异方差-稳健 *J* 统计量(heteroskedasticity-robust J-statistic)，也称为**适用 GMM 的 *J* 统计量**(GMM J-statistic)，它是适用 TSLS 的 *J* 统计量的变体，即用有效 GMM 估计量和权重函数计算出来的 *J* 统计量。具体地，适用 GMM 的 *J* 统计量为

$$J^{\mathrm{GMM}} = \frac{(\boldsymbol{Z}'\hat{\boldsymbol{U}}^{\mathrm{GMM}})'\hat{\boldsymbol{H}}^{-1}(\boldsymbol{Z}'\hat{\boldsymbol{U}}^{\mathrm{GMM}})}{n} \tag{19-70}$$

其中，$\hat{\boldsymbol{U}}^{\mathrm{GMM}} = \boldsymbol{Y} - \boldsymbol{X}\hat{\boldsymbol{\beta}}^{\mathrm{Eff.\,GMM}}$ 为回归方程的残差，该残差是由(可行的)有效 GMM 估计量计算出来的；$\boldsymbol{H}^{-1}$ 为用于计算 $\hat{\boldsymbol{\beta}}^{\mathrm{Eff.\,GMM}}$ 的权重矩阵。

在原假设 $E(\boldsymbol{Z}_i u_i) = \boldsymbol{0}$ 成立时，$J^{\mathrm{GMM}} \xrightarrow{d} \chi^2_{m-k}$（见附录 19F）。

时间序列数据的 GMM。本节结论均是在适用于截面数据的工具变量回归假设下推导出来的。但在许多实例中，这些结论可以推广到基于时间序列数据的 IV 回归和 GMM 估计中。有关时间序列数据 GMM 的数学处理方法超出本书范围(感兴趣的读者可参见 Hayashi(2000)，第 6 章)，此处仅对其核心思想进行总结。在这里，我们假定读者已经熟知第 14、16 章的内容。且在接下来的讨论中，假定所有变量都是平稳的。

我们需要区分以下两种情形，分别是误差项 u_i 存在序列相关和不存在序列相关的情形。如果误差项存在序列相关，则 GMM 估计量的渐近分布仍是正态分布，但式(19-50)所示的 $\boldsymbol{H}$ 的计算公式不再适用。此时 $\boldsymbol{H}$ 的正确表达式与 $\boldsymbol{Z}_i u_i$ 的自协方差阵有关，具体形式类似于式(16-14)，即与误差项存在序列相关时 OLS 估计量的方差的表达式类似。我们仍然可以使用 $\boldsymbol{H}$ 的一致估计量来构建有效 GMM 估计量，但该一致估计量必须通过第 16 章所介绍的 HAC 方法计算得到。

当误差项 $\boldsymbol{Z}_i u_i$ 不存在序列相关时，则无须使用 HAC 方法计算 $\boldsymbol{H}$ 的估计量，且本节给出的公式可以直接运用到时间序列数据的 GMM 中。在现代宏观经济和金融领域，我们经常会遇到一些模型的误差项表示无法预期或无法预测的扰动，此时模型通常假设 $\boldsymbol{Z}_i u_i$ 不存在序列相关。例如，考虑仅包含一个内生解释变量而不包含外生解释变量的模型，即模型形式为 $Y_t = \beta_0 + \beta_1 X_t + u_t$。假

设经济理论表明在给定过去信息时，u_i 是不可预测的，这意味着如下矩条件成立

$$E(u_t \mid Y_{t-1}, X_{t-1}, Z_{t-1}, Y_{t-2}, X_{t-2}, Z_{t-2}, \cdots)=0 \tag{19-71}$$

其中，Z_{t-1} 为某个其他变量的滞后值。式(19-71)所示的矩条件意味着，所有滞后变量 Y_{t-1}，X_{t-1}，Z_{t-1}，Y_{t-2}，X_{t-2}，Z_{t-2}，…都可以作为候选的有效工具变量(均满足外生性条件)。此外，由于 $u_{t-1}=Y_{t-1}-\beta_0-\beta_1X_{t-1}$，故式(19-71)所示的矩条件等价于 $E(u_t \mid u_{t-1}, X_{t-1}, Z_{t-1}, Y_{t-2}, X_{t-2}, Z_{t-2}, \cdots)=0$。由于 u_t 不存在序列相关，故不需要使用 HAC 估计 $\boldsymbol{H}$。因此，在式(19-71)中的矩条件为真时，本节给出的 GMM 理论(包括有效 GMM 估计和适用 GMM 的 J 统计量)都可直接运用到满足矩条件(式(19-71))的时间序列数据中。

本章小结

1. 多元线性回归模型的矩阵形式为 $\boldsymbol{Y}=\boldsymbol{X\beta}+\boldsymbol{U}$，其中 $\boldsymbol{Y}$ 为由被解释变量的观测值组成的 $n\times1$ 维向量，$\boldsymbol{X}$ 为由 $k+1$ 个解释变量(包括常数)的 n 组观测值组成的 $n\times(k+1)$ 阶矩阵，$\boldsymbol{\beta}$ 为 $k+1$ 维未知参数向量，$\boldsymbol{U}$ 为 $n\times1$ 维误差向量。
2. OLS 估计量为 $\hat{\boldsymbol{\beta}}=(\boldsymbol{X}'\boldsymbol{X})^{-1}\boldsymbol{X}'\boldsymbol{Y}$。在重要概念 19-1 的前四个最小二乘假设都满足的条件下，$\hat{\boldsymbol{\beta}}$ 是一致估计量且渐近服从正态分布。若误差项为同方差，则 $\hat{\boldsymbol{\beta}}$ 的条件协方差矩阵为 $\mathrm{var}(\hat{\boldsymbol{\beta}} \mid \boldsymbol{X})=\sigma_u^2(\boldsymbol{X}'\boldsymbol{X})^{-1}$。
3. 关于 $\boldsymbol{\beta}$ 的一般线性约束条件可表示为关于 $\boldsymbol{\beta}$ 的 q 个方程 $\boldsymbol{R\beta}=\boldsymbol{r}$，该表达形式可用于检验涉及多个系数的联合假设，也可以用来构建 $\boldsymbol{\beta}$ 中各个元素的置信集。
4. 在给定 $\boldsymbol{X}$ 的条件下，若回归误差项独立同分布且服从正态分布，则 $\boldsymbol{\beta}$ 服从精确正态分布且同方差适用的 t 统计量和 F 统计量分别服从精确 t_{n-k-1} 和 $F_{q,n-k-1}$ 分布。
5. 高斯-马尔科夫定理指出，若误差项为同方差、无序列相关且 $E(u_i \mid \boldsymbol{X})=0$，则 OLS 估计量在所有线性条件无偏估计量中是有效的(OLS 为 BLUE)。
6. 若误差项的协方差矩阵 $\boldsymbol{\Omega}$ 不与单位阵成比例，但 $\boldsymbol{\Omega}$ 已知或可估，则 GLS 估计量比 OLS 更渐近有效。但一般情况下，GLS 要求 u_i 与解释变量的所有观测值不相关，而不是像 OLS 中那样仅要求 u_i 同 $\boldsymbol{X}_i$ 不相关。所以在实践中应谨慎检验该假设是否成立。
7. TSLS 估计量是线性模型的 GMM 估计量中的一种。在 GMM 中，通过使回归误差和外生变量之间的样本协方差达到最小对系数进行估计，即求解 $\min_b[(\boldsymbol{Y}-\boldsymbol{Xb})'\boldsymbol{Z}]\boldsymbol{A}[\boldsymbol{Z}'(\boldsymbol{Y}-\boldsymbol{Xb})]$，其中 $\boldsymbol{A}$ 为权重矩阵。当 $\boldsymbol{A}=[E(\boldsymbol{Z}_i\boldsymbol{Z}_i'u_i^2)]^{-1}$ 时，便可以得到渐近有效 GMM 估计量。当误差项为同方差时，线性 IV 回归模型的渐近有效 GMM 估计量为 TSLS 估计量。

重要术语

多元回归的高斯-马尔科夫条件	多元回归的高斯-马尔科夫定理
广义最小二乘(GLS)法	不可行的 GLS
可行的 GLS	广义矩方法(GMM)
有效 GMM	异方差-稳健 J 统计量
适用 GMM 的 J 统计量	均值向量
协方差矩阵	

内容复习

19.1　一位研究人员为了研究工人的收入和性别之间的关系，建立了如下回归模型 $Y_i=\beta_0+X_{1i}\beta_1+X_{2i}\beta_2+u_i$，其中 X_{1i} 为二元变量，第 i 个人为女性时取值为 1；X_{2i} 也是二元变量，第 i 个人为男性时取值为 1。对 $n=5$ 的样本集，用式(19-2)中的矩阵形式表示该模型。证明由于 $\boldsymbol{X}$ 为列线性相关，因此 $\boldsymbol{X}$ 非满秩。说明如何重新设定模型形式以消除模型中的完全多重共线性。

19.2　假设你在分析仅含一个解释变量的线性回归模型，且具有 500 个观测值，请问在下列情形下你将如何构建 β_1 的置信区间：

(1) 重要概念 19-1 中的假设 1 至假设 4 成立，但假设 5 或假设 6 不一定成立。

(2) 假设 1 至假设 5 成立，但假设 6 不一定成立(给出两种置信区间的构建方法)。

(3) 假设 1 至假设 6 成立。

19.3　假设重要概念 19-1 中的假设 1 至假设 5 成立，但假设 6 不成立。请问式(19-31)中的结果成立吗？请解释。

19.4　若式(19-41)成立且 $\boldsymbol{\Omega}$ 未知，你能计算 $\boldsymbol{\beta}$ 的 BLUE 估计量吗？若 $\boldsymbol{\Omega}$ 已知呢？

19.5　构建一个回归模型，使该模型满足以下假设：$E(u_i \mid \boldsymbol{X}_i)=0$，但 $E(\boldsymbol{U} \mid \boldsymbol{X}) \neq \boldsymbol{0}_n$。

习　题

19.1　考虑式(8-1)所示的测试成绩对收入和收入平方项的总体回归函数。

(1) 用式(19-5)中的矩阵形式表示式(8-1)中的回归模型，并给出 $\boldsymbol{Y}$、$\boldsymbol{X}$、$\boldsymbol{U}$ 和 $\boldsymbol{\beta}$ 的定义。

(2) 如何对以下假设进行检验，原假设为测试成绩与收入之间呈线性关系；备择假设为二者之间呈二次关系？用式(19-20)的形式表示原假设。$\boldsymbol{R}$、$\boldsymbol{r}$ 和 $\boldsymbol{q}$ 分别是什么？

19.2　考虑如下模型，该模型含有一个被解释变量、两个解释变量。下表给出了根据 20 个样本计算出的上述三个变量的样本均值和样本协方差：

	样本均值	样本协方差		
		Y	X_1	X_2
Y	6.39	0.26	0.22	0.32
X_1	7.24		0.80	0.28
X_2	4.00			2.40

(1) 计算 β_0、β_1、β_2 的 OLS 估计值，并计算 $s_{\hat{u}}^2$ 和回归 R^2。

(2) 假设重要概念 19-1 中的六个假设均成立，请在 5%的显著水平下检验假设 $\beta_1=0$。

19.3　令 $\boldsymbol{W}$ 为 $m\times1$ 维向量，其协方差阵为 $\boldsymbol{\Sigma}_{\boldsymbol{W}}$，$\boldsymbol{\Sigma}_{\boldsymbol{W}}$ 有限且正定。令 $\boldsymbol{c}$ 表示任意非随机的 $m\times1$ 维向量，设 $\boldsymbol{Q}=\boldsymbol{c}'\boldsymbol{W}$。

(1) 证明：$\mathrm{var}(\boldsymbol{Q})=\boldsymbol{c}'\boldsymbol{\Sigma}_{\boldsymbol{W}}\boldsymbol{c}$。

(2) 假设 $\boldsymbol{c}\neq\boldsymbol{0}_m$，证明 $0<\mathrm{var}(\boldsymbol{Q})<\infty$。

19.4　考虑第 4 章中的回归模型 $Y_i=\beta_0+\beta_1X_i+u_i$，并假定重要概念 4-3 中的假设条件均成立。

(1) 将上述模型表示成式(19-2)和式(19-3)所示的矩阵形式。

(2) 证明模型满足重要概念 19-1 中的假设 1 至假设 4。

(3) 利用式(19-11)中 $\hat{\boldsymbol{\beta}}=(\boldsymbol{X}'\boldsymbol{X})^{-1}\boldsymbol{X}'\boldsymbol{Y}$ 的一般公式推导重要概念 4-2 中 $\hat{\beta}_0$ 和 $\hat{\beta}_1$ 的表达式。

(4) 证明：式(19-13)中 $\boldsymbol{\Sigma}_{\hat{\boldsymbol{\beta}}}$ 的第(1,

1)个元素等于重要概念 4-4 中给出的 $\sigma_{\hat{\beta}_0}^2$ 的表达式。

19.5 令 $\boldsymbol{P}_X$ 和 $\boldsymbol{M}_X$ 的定义如式(19-24)和(19-25)所示：

(1) 证明：$\boldsymbol{P}_X\boldsymbol{M}_X=\boldsymbol{0}_{n\times n}$，且 $\boldsymbol{P}_X$ 和 $\boldsymbol{M}_X$ 为幂等矩阵。

(2) 推导式(19-27)和式(19-28)。

(3) 证明 $\text{rank}(\boldsymbol{P}_X)=k+1$，$\text{rank}(\boldsymbol{M}_X)=n-k-1$。(提示：用习题 19.10 的结论，且对矩阵 $\boldsymbol{A}$，$\boldsymbol{B}$，有 $\text{trace}(\boldsymbol{AB})=\text{trace}(\boldsymbol{BA})$。)

19.6 考虑如下矩阵形式的回归模型 $\boldsymbol{Y}=\boldsymbol{X\beta}+\boldsymbol{W\gamma}+\boldsymbol{U}$，其中 $\boldsymbol{X}$ 为 $n\times k_1$ 阶解释变量矩阵，$\boldsymbol{W}$ 为 $n\times k_2$ 阶解释变量矩阵。则正如习题 19.17 所示，OLS 估计量 $\hat{\boldsymbol{\beta}}$ 可表示为

$$\hat{\boldsymbol{\beta}}=(\boldsymbol{X}'\boldsymbol{M}_W\boldsymbol{X})^{-1}(\boldsymbol{X}'\boldsymbol{M}_W\boldsymbol{Y})$$

令 $\hat{\beta}_1^{BV}$ 为式(10-11)中"二元变量"固定效应的 OLS 估计量，$\hat{\beta}_1^{DM}$ 为式(10-14)中"中心化"固定效应的 OLS 估计量，即从 X 和 Y 中减去个体的样本均值。利用上面给出的 $\hat{\boldsymbol{\beta}}$ 表达式证明 $\hat{\beta}_1^{BV}=\hat{\beta}_1^{DM}$。(提示：将式(10-11)写成包含所有固定效应 D_{1i}，D_{2i}，…，D_{ni} 且不含截距项的形式。把所有固定效应包含在 W 中。写出矩阵 $\boldsymbol{M}_W\boldsymbol{X}$ 的表达式。)

19.7 考虑回归模型 $Y_i=\beta_1X_i+\beta_2W_i+u_i$，为简单起见，模型中去掉了截距项且假定所有变量的均值为 0。假设 X_i 与 (W_i,u_i) 独立，但 W_i 与 u_i 可能相关，令 $\hat{\beta}_1$、$\hat{\beta}_2$ 表示该模型的 OLS 估计量。证明

(1) 无论 W_i 与 u_i 是否相关，都有 $\hat{\beta}_1\xrightarrow{p}\beta_1$。

(2) 如果 W_i 与 u_i 相关，则 $\hat{\beta}_2$ 非一致。

(3) 令 $\hat{\beta}_1^r$ 表示 Y 仅对 X 回归(即不含变量 W 的受约束回归模型)的系数的 OLS 估计量。在 W_i 与 u_i 可能相关的情形下，$\hat{\beta}_1$ 的渐近方差是否小于 $\hat{\beta}_1^r$ 的渐近方差？请解释。

19.8 考虑如下回归模型 $Y_i=\beta_0+\beta_1X_i+u_i$，其中 $u_1=\tilde{u}_1$，且 $u_i=0.5u_{i-1}+\tilde{u}_i$，$i=2,3,\cdots,n$。假设 $\tilde{u}_i$ 独立同分布，均值为 0、方差为 1，且对所有 i 和 j，u_i 与 X_j 相互独立。

(1) 推导 $E(\boldsymbol{UU}')=\boldsymbol{\Omega}$ 的表达式。

(2) 说明如何在不利用矩阵 $\boldsymbol{\Omega}$ 的情况下运用 GLS 估计上述模型。(提示：对模型进行变换，使得回归误差为 $\tilde{u}_1$，$\tilde{u}_2$，…，$\tilde{u}_n$。)

19.9 该习题表明，当重要概念 6-6 中的条件均值独立假设成立时，部分回归系数的 OLS 估计量是一致的。考虑矩阵形式表示的多元回归模型 $\boldsymbol{Y}=\boldsymbol{X\beta}+\boldsymbol{W\gamma}+\boldsymbol{U}$，其中 $\boldsymbol{X}$ 和 $\boldsymbol{W}$ 分别为 $n\times k_1$ 和 $n\times k_2$ 阶解释变量矩阵。令 X_i' 和 W_i'表示 $\boldsymbol{X}$ 和 $\boldsymbol{W}$ 的第 i 行(同式(19-4))。假设①$E(u_i\mid\boldsymbol{X}_i,\boldsymbol{W}_i)=\boldsymbol{W}_i'\boldsymbol{\delta}$，其中 $\boldsymbol{\delta}$ 为 $k_2\times1$ 维未知参数向量；②$(\boldsymbol{X}_i,\boldsymbol{W}_i,\boldsymbol{Y}_i)$为独立同分布；③$(\boldsymbol{X}_i,\boldsymbol{W}_i,u_i)$具有有限非零四阶矩；④不存在完全多重共线性。其实这些是重要概念 19-1 中的假设 1 至假设 4，只是我们在这里用条件均值独立假设代替了常用的条件零均值假设。

(1) 利用习题 19.6 中给出的 $\hat{\boldsymbol{\beta}}$ 的表达式证明 $\hat{\boldsymbol{\beta}}-\boldsymbol{\beta}=(n^{-1}\boldsymbol{X}'\boldsymbol{M}_W\boldsymbol{X})^{-1}(n^{-1}\boldsymbol{X}'\boldsymbol{M}_W\boldsymbol{U})$。

(2) 证明 $n^{-1}\boldsymbol{X}'\boldsymbol{M}_W\boldsymbol{X}\xrightarrow{p}\boldsymbol{\Sigma}_{XX}-\boldsymbol{\Sigma}_{XW}\boldsymbol{\Sigma}_{WW}^{-1}\boldsymbol{\Sigma}_{WX}$，其中 $\boldsymbol{\Sigma}_{XX}=E(\boldsymbol{X}_i\boldsymbol{X}_i')$，$\boldsymbol{\Sigma}_{XW}=E(\boldsymbol{X}_i\boldsymbol{W}_i')$，以此类推。(若对所有 i、j，如果 $\boldsymbol{A}_{n,ij}\xrightarrow{p}\boldsymbol{A}_{ij}$，则有 $\boldsymbol{A}_n\xrightarrow{p}\boldsymbol{A}$，其中，$\boldsymbol{A}_{n,ij}$ 和 $\boldsymbol{A}_{ij}$ 分别为 $\boldsymbol{A}_n$ 和 $\boldsymbol{A}$ 的第(i,j)个元素。)

(3) 证明假设①和②意味着 $E(\boldsymbol{U}\mid\boldsymbol{X},\boldsymbol{W})=\boldsymbol{W\delta}$。

(4) 利用(3)的结论和期望迭代法则证

明 $n^{-1}\boldsymbol{X}'\boldsymbol{M}_W\boldsymbol{U}\xrightarrow{p}\boldsymbol{0}_{k_1\times 1}$。

(5) 利用(1)～(4)的结果证明：在条件①至④成立时，有 $\hat{\boldsymbol{\beta}}\xrightarrow{p}\boldsymbol{\beta}$。

19.10 假设 $\boldsymbol{C}$ 是对称幂等矩阵。

(1) 证明：$\boldsymbol{C}$ 的特征值为0或1。(提示：由 $\boldsymbol{Cq}=\gamma\boldsymbol{q}$ 知，$0=\boldsymbol{Cq}-\gamma\boldsymbol{q}=\boldsymbol{CCq}-\gamma\boldsymbol{q}=\gamma\boldsymbol{Cq}-\gamma\boldsymbol{q}=\gamma^2\boldsymbol{q}-\gamma\boldsymbol{q}$，然后解出 γ。)

(2) 证明：$\text{trace}(\boldsymbol{C})=\text{rank}(\boldsymbol{C})$。

(3) 令 $\boldsymbol{d}$ 为 $n\times 1$ 维向量。证明：$\boldsymbol{d}'\boldsymbol{Cd}\geqslant 0$。

19.11 假设 $\boldsymbol{C}$ 是秩为 r 的 $n\times n$ 阶对称幂等矩阵，且令 $\boldsymbol{V}\sim N(\boldsymbol{0}_n,\ \boldsymbol{I}_n)$。

(1) 证明：$\boldsymbol{C}=\boldsymbol{AA}'$，其中 $\boldsymbol{A}$ 为 $n\times r$ 阶矩阵，且 $\boldsymbol{A}'\boldsymbol{A}=\boldsymbol{I}_r$。(提示：$\boldsymbol{C}$ 为半正定矩阵，可表示为附录19A所示的 $\boldsymbol{Q\Lambda Q}'$。)

(2) 证明：$\boldsymbol{A}'\boldsymbol{V}\sim N(\boldsymbol{0}_r,\ \boldsymbol{I}_r)$。

(3) 证明：$\boldsymbol{V}'\boldsymbol{CV}\sim\chi_r^2$。

19.12 (1) 证明 $\widetilde{\boldsymbol{\beta}}^{\text{Eff. GMM}}$ 为有效GMM估计量，即证明式(19-66)中的 $\widetilde{\boldsymbol{\beta}}^{\text{Eff. GMM}}$ 为式(19-65)的解。

(2) 证明：$\sqrt{n}(\hat{\boldsymbol{\beta}}^{\text{Eff. GMM}}-\widetilde{\boldsymbol{\beta}}^{\text{Eff. GMM}})\xrightarrow{p}0$。

(3) 证明：$J^{\text{GMM}}\xrightarrow{d}\chi_{m-k}^2$。

19.13 考虑带约束条件 $\boldsymbol{Rb}=\boldsymbol{r}$ 的残差平方和最小化问题，其中 $\boldsymbol{R}$ 是秩为 q 的 $q\times(k+1)$ 阶矩阵。令 $\widetilde{\boldsymbol{\beta}}$ 表示求解受约束最小化问题而得到的 $\boldsymbol{b}$ 值。

(1) 证明最小化问题的拉格朗日函数为 $L(\boldsymbol{b},\ \boldsymbol{r})=(\boldsymbol{Y}-\boldsymbol{Xb})'(\boldsymbol{Y}-\boldsymbol{Xb})+\boldsymbol{\gamma}'(\boldsymbol{Rb}-\boldsymbol{r})$，其中 $\boldsymbol{\gamma}$ 为 $q\times 1$ 维的拉格朗日乘数向量。

(2) 证明：$\widetilde{\boldsymbol{\beta}}=\hat{\boldsymbol{\beta}}-(\boldsymbol{X}'\boldsymbol{X})^{-1}\boldsymbol{R}'[\boldsymbol{R}(\boldsymbol{X}'\boldsymbol{X})^{-1}\boldsymbol{R}']^{-1}(\boldsymbol{R}\hat{\boldsymbol{\beta}}-\boldsymbol{r})$。

(3) 证明：$(\boldsymbol{Y}-\boldsymbol{X}\widetilde{\boldsymbol{\beta}})'(\boldsymbol{Y}-\boldsymbol{X}\widetilde{\boldsymbol{\beta}})-(\boldsymbol{Y}-\boldsymbol{X}\hat{\boldsymbol{\beta}})'(\boldsymbol{Y}-\boldsymbol{X}\hat{\boldsymbol{\beta}})=(\boldsymbol{R}\hat{\boldsymbol{\beta}}-\boldsymbol{r})'\cdot[\boldsymbol{R}(\boldsymbol{X}'\boldsymbol{X})^{-1}\boldsymbol{R}']^{-1}(\boldsymbol{R}\hat{\boldsymbol{\beta}}-\boldsymbol{r})$。

(4) 证明：式(19-36)中的 $\widetilde{F}$ 等价于式(7-13)中的同方差适用的 F 统计量。

19.14 考虑如下回归模型 $\boldsymbol{Y}=\boldsymbol{X\beta}+\boldsymbol{U}$。将 $\boldsymbol{X}$ 分块为 $[\boldsymbol{X}_1\boldsymbol{X}_2]$，$\boldsymbol{\beta}$ 分块为 $[\boldsymbol{\beta}_1'\boldsymbol{\beta}_2']'$，其中 $\boldsymbol{X}_1$ 有 k_1 列，$\boldsymbol{X}_2$ 有 k_2 列。假设 $\boldsymbol{X}_2'\boldsymbol{Y}=\boldsymbol{0}_{k_1\times 1}$，令 $\boldsymbol{R}=[\boldsymbol{I}_k\boldsymbol{0}_{k_1\times k_2}]$。

(1) 证明：$\hat{\boldsymbol{\beta}}'(\boldsymbol{X}'\boldsymbol{X})\hat{\boldsymbol{\beta}}=(\boldsymbol{R}\hat{\boldsymbol{\beta}})'[\boldsymbol{R}(\boldsymbol{X}'\boldsymbol{X})^{-1}\boldsymbol{R}]^{-1}(\boldsymbol{R}\hat{\boldsymbol{\beta}})$。

(2) 考虑式(12-17)中的回归模型。令 $\boldsymbol{W}=[\boldsymbol{1}\quad\boldsymbol{W}_1\quad\boldsymbol{W}_2\quad\cdots\quad\boldsymbol{W}_r]$，其中 $\boldsymbol{1}$ 为元素全为1的 $n\times 1$ 维向量，$\boldsymbol{W}_1$ 为第 i 个元素是 W_{1i} 的 $n\times 1$ 维向量，其他变量以此类推。令 $\hat{\boldsymbol{U}}^{\text{TSLS}}$ 表示两阶段最小二乘法的残差向量。

① 证明：$\boldsymbol{W}'\hat{\boldsymbol{U}}^{\text{TSLS}}=0$。

② 证明：运用重要概念12-6中的 J 统计量的计算方法(利用同方差适用的 F 统计量)和运用式(19-63)所示的公式计算出的 J 统计量是相同的。(提示：利用(1)和(2)和习题19.13的结论。)

19.15 (聚类稳健标准误的一致性)考虑面板数据模型 $Y_{it}=\beta X_{it}+\alpha_i+u_{it}$，其中所有变量均为标量。假定重要概念10-3中的假设1、2和4均成立，对假设3中的条件进行加强，使 X_{it} 和 u_{it} 具有非零且有限的八阶矩。假设误差项存在序列相关，故假设5不成立。令 $\boldsymbol{M}=\boldsymbol{I}_T-T^{-1}\boldsymbol{\iota\iota}'$，其中 $\boldsymbol{\iota}$ 为元素全为1的 $T\times 1$ 维向量。同时令 $\boldsymbol{Y}_i=(Y_{i1}\quad Y_{i2}\quad\cdots\quad Y_{iT})'$，$\boldsymbol{X}_i=(X_{i1}\quad X_{i2}\quad\cdots\quad X_{iT})'$，$\boldsymbol{u}_i=(u_{i1}\quad u_{i2}\quad\cdots\quad u_{iT})'$，$\widetilde{\boldsymbol{Y}}_i=\boldsymbol{MY}_i$，$\widetilde{\boldsymbol{X}}_i=\boldsymbol{MX}_i$，$\widetilde{\boldsymbol{u}}_i=\boldsymbol{Mu}_i$。关于该问题的渐近计算，我们均假定 T 是固定的，且令 $n\to\infty$。

(1) 证明10.3节中 β 的固定效应估计

量可表示为 $\hat{\beta}=\left(\sum_{i=1}^{n}\widetilde{X}_i'\widetilde{X}_i\right)^{-1}\cdot\sum_{i=1}^{n}\widetilde{X}_i'\widetilde{Y}_i$。

(2) 证明：$\hat{\beta}-\beta=\left(\sum_{i=1}^{n}\widetilde{X}_i'\widetilde{X}_i\right)^{-1}\cdot\sum_{i=1}^{n}\widetilde{X}_i'u_i$。（提示：$M$ 是幂等的。）

(3) 令 $Q_{\widetilde{X}}=T^{-1}E(\widetilde{X}_i'\widetilde{X}_i)$，$\hat{Q}_{\widetilde{X}}=\frac{1}{nT}\sum_{i=1}^{n}\sum_{t=1}^{T}\widetilde{X}_{it}^2$。证明：$\hat{Q}_{\widetilde{X}}\xrightarrow{p}Q_{\widetilde{X}}$。

(4) 令 $\eta_i=\frac{\widetilde{X}_i u_i}{\sqrt{T}}$，$\sigma_\eta^2=\mathrm{var}(\eta_i)$。证明：$\frac{1}{\sqrt{n}}\sum_{i=1}^{n}\eta_i\xrightarrow{d}N(0,\ \sigma_\eta^2)$。

(5) 利用(2)～(4)的结果证明式(10-25)，即证明：$\sqrt{nT}(\hat{\beta}-\beta)\xrightarrow{d}N\left(0,\ \frac{\sigma_\eta^2}{Q_{\widetilde{X}}^2}\right)$。

(6) 令 $\sigma^2_{\eta,\text{clustered}}$ 表示利用真实误差而非残差计算出的不可行的聚类稳健方差估计量，故 $\widetilde{\sigma}^2_{\eta,\text{clustered}}=\frac{1}{nT}\cdot\sum_{i=1}^{n}(\widetilde{X}_i'u_i)^2$。证明：$\widetilde{\sigma}^2_{\eta,\text{clustered}}\xrightarrow{p}\sigma_\eta^2$。

(7) 令 $\hat{\widetilde{u}}_i=\widetilde{Y}_i-\hat{\beta}\widetilde{X}_i$，且 $\hat{\sigma}^2_{\eta,\text{clustered}}=\frac{n}{n-1}\frac{1}{nT}\sum_{i=1}^{n}(\widetilde{X}_i'\hat{\widetilde{u}}_i)^2$（式(10-27)的矩阵形式）。证明：$\hat{\sigma}^2_{\eta,\text{clustered}}\xrightarrow{p}\sigma_\eta^2$。（提示：利用类似式(18-16)的证明方法证明 $\hat{\sigma}^2_{\eta,\text{clustered}}-\hat{\sigma}^2_{\eta,\text{clustered}}\xrightarrow{p}0$，然后利用(6)中答案进行推导。）

19.16 本题将讨论 9.2 节中提到的数据缺失问题。考虑如下回归模型 $Y_i=X_i\beta+u_1$，$i=1,2,\cdots,n$，其中所有的变量均为标量，为方便起见，我们假设模型中不含截距项。

(1) 假设重要概念 4-3 中的最小二乘假设条件均成立，证明 β 的最小二乘估计量是无偏且一致的。

(2) 假设存在样本缺失。令 I_i 表示二元随机变量，当第 i 个观测值不缺失时，其取值为 1，若缺失时，其取值为 0。假设 $\{I_i,\ X_i,\ u_i\}$ 独立同分布。

① 证明 OLS 估计量可以写成如下形式

$$\hat{\beta}=\left(\sum_{i=1}^{n}I_iX_iX_i'\right)^{-1}\left(\sum_{i=1}^{n}I_iX_iY_i\right)=\beta+\left(\sum_{i=1}^{n}I_iX_iX_i'\right)^{-1}\left(\sum_{i=1}^{n}I_iX_iu_i\right)。$$

② 假设数据的缺失是"完全随机"的，即 $\Pr(I_i=1\mid X_i,\ u_i)=p$，其中 p 为常数，证明 $\hat{\beta}$ 是无偏且一致的。

③ 假设第 i 个样本缺失的概率与 X_i 相关，与 u_i 无关，即 $\Pr(I_i=1\mid X_i,\ u_i)=p(X_i)$，证明 $\hat{\beta}$ 是无偏且一致的。

④ 假设第 i 个样本缺失的概率与 X_i、u_i 均相关，即 $\Pr(I_i=1\mid X_i,\ u_i)=p(X_i,\ u_i)$，此时 $\hat{\beta}$ 是无偏的吗？是一致的吗？请解释。

(3) 假设 $\beta=1$，X_i 和 u_i 相互独立的标准正态随机变量（因此 X_i 和 u_i 都服从 N(0, 1)）。假设当 $Y_i\geq 0$ 时 $I_i=1$；$Y_i<0$ 时 $I_i=0$。此时 $\hat{\beta}$ 是无偏的吗？是一致的吗？请解释。

19.17 考虑如下矩阵形式表示的回归模型 $\boldsymbol{Y}=\boldsymbol{X\beta}+\boldsymbol{W\gamma}+\boldsymbol{U}$，其中 $\boldsymbol{X}$ 和 $\boldsymbol{W}$ 表示解释变量矩阵，$\boldsymbol{\beta}$ 和 $\boldsymbol{\gamma}$ 表示未知回归系数向量，令 $\widetilde{\boldsymbol{X}}=\boldsymbol{M_W X}$，$\widetilde{\boldsymbol{Y}}=\boldsymbol{M_W Y}$，其中 $\boldsymbol{M_W}=\boldsymbol{I}-\boldsymbol{W}(\boldsymbol{W}'\boldsymbol{W})^{-1}\boldsymbol{W}$。

(1) 证明：$\boldsymbol{\beta}$ 和 $\boldsymbol{\gamma}$ 的 OLS 估计量可以写成

$$\begin{bmatrix}\hat{\boldsymbol{\beta}}\\ \hat{\boldsymbol{r}}\end{bmatrix}=\begin{bmatrix}\boldsymbol{X}'\boldsymbol{X} & \boldsymbol{X}'\boldsymbol{W}\\ \boldsymbol{W}'\boldsymbol{X} & \boldsymbol{W}'\boldsymbol{W}\end{bmatrix}^{-1}\begin{bmatrix}\boldsymbol{X}'\boldsymbol{Y}\\ \boldsymbol{W}'\boldsymbol{Y}\end{bmatrix}$$

(2) 证明：

$$\begin{bmatrix} X'X & X'W \\ W'X & W'W \end{bmatrix}^{-1} = \begin{bmatrix} (X'M_WX)^{-1} & -(X'M_WX)^{-1}X'W(W'W)^{-1} \\ -(W'W)^{-1}W'X(X'M_WX)^{-1} & (W'W)^{-1}+(W'W)^{-1}W'X(X'M_WX)^{-1}X'W(W'W)^{-1} \end{bmatrix}$$

(提示：证明两个矩阵的乘积为单位阵。)

(3) 证明：$\hat{\beta}=(X'M_WX)^{-1}X'M_WY$。

(4) Frisch-Waugh 定理(见附录 6B)指出，$\hat{\beta}=(\widetilde{X}'\widetilde{X})^{-1}\widetilde{X}'\widetilde{Y}$。运用(3)中结论证明该定理。

19.18　考虑一个二元同方差线性回归模型，令 $\rho_{X_1,X_2}=\text{corr}(X_1, X_2)$。证明：当 n 增大时，$\text{corr}(\hat{\beta}_1, \hat{\beta}_2)\to -\rho_{X_1,X_2}$(式(6-21))。

附录 19A　矩阵代数概要

这里对第 19 章中用到的向量、矩阵和矩阵代数等知识进行总结，旨在复习线性代数中的相关概念和定理。

19A.1　向量和矩阵的定义

向量(vector)是 n 个数或 n 个元素的集合，可以将其表示成一列(**列向量**(column vector))或一行(**行向量**(row vector))。n 维列向量 $\boldsymbol{b}$ 和 n 维行向量 $\boldsymbol{c}$ 可分别表示为

$$\boldsymbol{b}=\begin{bmatrix} b_1 \\ b_2 \\ \vdots \\ b_n \end{bmatrix},\quad \boldsymbol{c}=[c_1 \quad c_2 \quad \cdots \quad c_n]$$

一般地，b_1 为 $\boldsymbol{b}$ 的第一个元素，b_i 为 $\boldsymbol{b}$ 的第 i 个元素。在本书中，我们运用加粗黑斜体符号来表示向量或矩阵。

矩阵(matrix)是按行和列放置的数或元素的集合。矩阵的维数为 $n\times m$，其中 n 为行数，m 为列数。$n\times m$ 的矩阵 $\boldsymbol{A}$ 为

$$\boldsymbol{A}=\begin{bmatrix} a_{11} & a_{12} & \cdots & a_{1n} \\ a_{21} & a_{22} & \cdots & a_{2n} \\ \vdots & \vdots & \ddots & \vdots \\ a_{n1} & a_{n2} & \cdots & a_{nn} \end{bmatrix}$$

其中，a_{ij} 为 $\boldsymbol{A}$ 的第(i, j)个元素，即 a_{ij} 是出现在第 i 行和第 j 列的元素。$n\times m$ 阶矩阵可以看成由 n 个行向量组成，也可以看成由 m 个列向量组成。为了能够将一维的数字与向量、矩阵区别开来，我们将一维的数字称为**标量**(scalar)。

19A.2　矩阵类型

方阵、对称阵和对角阵。行数等于列数的矩阵称为**方阵**(square)。若方阵的第(i, j)个元素等于第(j, i)个元素，称该方阵是**对称的**(symmetric)。主对角线之外的元素都等于 0 的方阵称为**对角阵**(diagonal)，即若方阵 $\boldsymbol{A}$ 为对角阵，则当 $i\neq j$ 时，$a_{ij}=0$。

特殊矩阵。**单位阵**(identity matrix)$\boldsymbol{I}_n$ 为主对角线上的元素都是 1 的 $n\times n$ 阶对角阵。**零矩阵**(null matrix)$\boldsymbol{0}n\times m$ 为所有元素都等于 0 的 $n\times m$ 阶矩阵。

转置。矩阵的**转置**(transpose)是将矩阵的行和列进行交换，即矩阵的转置是将 $n\times m$ 阶矩阵 $\boldsymbol{A}$ 变换为 $m\times n$ 阶矩阵，记为 $\boldsymbol{A}'$，其中 $\boldsymbol{A}$ 中第(i, j)个元素变为 $\boldsymbol{A}'$ 中第(j, i)个元素；换言之，矩阵 $\boldsymbol{A}$ 的转置是将 $\boldsymbol{A}$ 的行变换为 $\boldsymbol{A}'$ 的列。若 a_{ij} 为 $\boldsymbol{A}$ 的第(i, j)个元素，则 $\boldsymbol{A}'$($\boldsymbol{A}$ 的转置)为

$$\boldsymbol{A}'=\begin{bmatrix} a_{11} & a_{21} & \cdots & a_{n1} \\ a_{12} & a_{22} & \cdots & a_{n2} \\ \vdots & \vdots & \ddots & \vdots \\ a_{1m} & a_{2m} & \cdots & a_{nm} \end{bmatrix}$$

向量转置是矩阵转置的特例。向量的转置可以将一个列向量化为行向量；即若 $\boldsymbol{b}$ 为 $n\times1$ 维列向量，则其转置是 $1\times n$ 维行向量：

$$\boldsymbol{b}'=[b_1 \quad b_2 \quad \cdots \quad b_n]。$$

行向量的转置是列向量。

19A.3 矩阵代数：矩阵加法和矩阵乘法

矩阵加法。相同维数的矩阵 $\boldsymbol{A}$ 和 $\boldsymbol{B}$（都为 $n\times m$）可加。两矩阵之和就是相对应元素之和：$\boldsymbol{C}=\boldsymbol{A}+\boldsymbol{B}$，则 $c_{ij}=a_{ij}+b_{ij}$。向量加法是矩阵加法的特例：若 $\boldsymbol{a}$ 和 $\boldsymbol{b}$ 都为 $n\times1$ 维列向量，则 $\boldsymbol{c}=\boldsymbol{a}+\boldsymbol{b}$ 的结果为对应元素相加之和，即 $c_i=a_i+b_i$。

向量和矩阵乘法。令 $\boldsymbol{a}$ 和 $\boldsymbol{b}$ 表示两个 $n\times1$ 维列向量，则 $\boldsymbol{a}$ 的转置（为行向量）和 $\boldsymbol{b}$ 的乘积为 $\boldsymbol{a}'\boldsymbol{b}=\sum_{i=1}^{n}a_ib_i$。当 $\boldsymbol{b}=\boldsymbol{a}$ 时，上式变为 $\boldsymbol{a}'\boldsymbol{a}=\sum_{i=1}^{n}a_i^2$。

类似地，若矩阵 $\boldsymbol{A}$ 和 $\boldsymbol{B}$ 可乘，则 $\boldsymbol{A}$ 的列数等于 $\boldsymbol{B}$ 的行数。具体地，假设矩阵 $\boldsymbol{A}$ 的阶数为 $n\times m$，$\boldsymbol{B}$ 的阶数为 $m\times r$，则 $\boldsymbol{A}$ 和 $\boldsymbol{B}$ 的乘积为 $n\times r$ 阶矩阵；即 $\boldsymbol{C}=\boldsymbol{AB}$，其中 $\boldsymbol{C}$ 的第 (i,j) 个元素为 $c_{ij}=\sum_{k=1}^{m}a_{ik}b_{kj}$。换言之，$\boldsymbol{AB}$ 的第 (i,j) 个元素为 $\boldsymbol{A}$ 的第 i 个行向量与 $\boldsymbol{B}$ 的第 j 个列向量的乘积。

标量 d 与矩阵 $\boldsymbol{A}$ 相乘后的第 (i,j) 个元素为 da_{ij}，即 $\boldsymbol{A}$ 的每个元素都乘以标量 d。

矩阵加法与乘法的性质。现有矩阵 $\boldsymbol{A}$ 和 $\boldsymbol{B}$，则

① $\boldsymbol{A}+\boldsymbol{B}=\boldsymbol{B}+\boldsymbol{A}$；

② $(\boldsymbol{A}+\boldsymbol{B})+\boldsymbol{C}=\boldsymbol{A}+(\boldsymbol{B}+\boldsymbol{C})$；

③ $(\boldsymbol{A}+\boldsymbol{B})'=\boldsymbol{A}'+\boldsymbol{B}'$；

④ 若 $\boldsymbol{A}$ 为 $n\times m$ 阶矩阵，则 $\boldsymbol{AI}_m=\boldsymbol{A}$，$\boldsymbol{I}_n\boldsymbol{A}=\boldsymbol{A}$；

⑤ $\boldsymbol{A}(\boldsymbol{BC})=(\boldsymbol{AB})\boldsymbol{C}$；

⑥ $(\boldsymbol{A}+\boldsymbol{B})\boldsymbol{C}=\boldsymbol{AC}+\boldsymbol{BC}$；

⑦ $(\boldsymbol{AB})'=\boldsymbol{B}'\boldsymbol{A}'$。

矩阵乘法一般不满足交换性，即在一般情况下，$\boldsymbol{AB}\neq\boldsymbol{BA}$，只有在部分特殊情形下矩阵乘法满足交换性，如当 $\boldsymbol{A}$ 和 $\boldsymbol{B}$ 都为 $n\times n$ 阶对角矩阵时，则 $\boldsymbol{AB}=\boldsymbol{BA}$。

19A.4 矩阵的逆、矩阵平方根及其他

矩阵的逆。$\boldsymbol{A}$ 为方阵，若 $\boldsymbol{A}$ 的**逆**（inverse）存在，则矩阵 $\boldsymbol{A}$ 的逆是满足 $\boldsymbol{A}^{-1}\boldsymbol{A}=\boldsymbol{I}_n$ 的矩阵 $\boldsymbol{A}^{-1}$。若逆矩阵 $\boldsymbol{A}^{-1}$ 存在，则称 $\boldsymbol{A}$ 是**可逆的**（invertible）或**非奇异的**（nonsingular）。若 $\boldsymbol{A}$ 和 $\boldsymbol{B}$ 都可逆，则 $(\boldsymbol{AB})^{-1}=\boldsymbol{B}^{-1}\boldsymbol{A}^{-1}$。

正定和半正定矩阵。令 $\boldsymbol{V}$ 为 $n\times n$ 阶方阵，若对任意的 $n\times1$ 维非零向量 $\boldsymbol{c}$ 有 $\boldsymbol{c}'\boldsymbol{Vc}>0$，则称 $\boldsymbol{V}$ 是**正定的**（positive definite）。若对任意的 $n\times1$ 维非零向量 $\boldsymbol{c}$ 有 $\boldsymbol{c}'\boldsymbol{Vc}\geqslant0$，则称 $\boldsymbol{V}$ 是**半正定的**（positive semidefinite）。正定矩阵都是可逆的。

线性独立。$\boldsymbol{a}_1$、$\boldsymbol{a}_2$ 为 $n\times1$ 维向量，若不存在非零标量 c_1 和 c_2 使 $c_1\boldsymbol{a}_1+c_2\boldsymbol{a}_2=\boldsymbol{0}_{n\times1}$，则称 $\boldsymbol{a}_1$、$\boldsymbol{a}_2$ **线性独立**（linearly independent）。更一般地，对 k 个向量 $\boldsymbol{a}_1$，$\boldsymbol{a}_2$，…，$\boldsymbol{a}_k$，若不存在非零标量 c_1，c_2，…，c_k 使得 $c_1\boldsymbol{a}_1+c_2\boldsymbol{a}_2+\cdots+c_k\boldsymbol{a}_k=\boldsymbol{0}_{n\times1}$，则称向量 $\boldsymbol{a}_1$，$\boldsymbol{a}_2$，…，$\boldsymbol{a}_k$ 是线性独立的。

矩阵的秩。一个 $n\times m$ 阶矩阵 $\boldsymbol{A}$ 的**秩**（rank）为 $\boldsymbol{A}$ 中线性独立的列数。记为 rank($\boldsymbol{A}$)。若 $\boldsymbol{A}$ 的秩等于 $\boldsymbol{A}$ 的列数，则称 $\boldsymbol{A}$ 为列满秩。对于列满秩矩阵 $\boldsymbol{A}$，不存在 $m\times1$ 维非零向量 $\boldsymbol{c}$ 使 $\boldsymbol{Ac}=\boldsymbol{0}_{n\times1}$ 成立。若 $\boldsymbol{A}$ 为 $n\times n$ 阶方阵且 rank($\boldsymbol{A}$)$=n$，则 $\boldsymbol{A}$ 为非奇异矩阵。若 $n\times m$ 阶矩阵 $\boldsymbol{A}$ 为列满秩，则 $\boldsymbol{A}'\boldsymbol{A}$ 为非奇异矩阵。

矩阵的迹。一个 $n\times n$ 阶矩阵 $\boldsymbol{A}$ 的**迹**（trace）为 $\boldsymbol{A}$ 的对角线元素之和，记为 $\text{trace}(\boldsymbol{A})=\sum_{i=1}^{n}a_{ii}$。对于 $n\times n$ 阶矩阵 $\boldsymbol{A}$、$\boldsymbol{B}$ 和 $n\times1$ 维向量 $\boldsymbol{c}$，迹满足以下性质：$\text{trace}(\boldsymbol{A})=\text{trace}(\boldsymbol{A}')$，$\text{trace}(\boldsymbol{A}+\boldsymbol{B})=\text{trace}(\boldsymbol{A})+\text{trace}(\boldsymbol{B})$，$\text{trace}(\boldsymbol{AB})=\text{trace}(\boldsymbol{BA})$，$\text{trace}(\boldsymbol{BAB}^{-1})=\text{trace}(\boldsymbol{A})$，且 $\boldsymbol{c}'\boldsymbol{Bc}=\text{trace}(\boldsymbol{Bcc}')$。

矩阵平方根。令 $\boldsymbol{V}$ 表示 $n\times n$ 阶对称正定方阵，则 $\boldsymbol{V}$ 的矩阵平方根被定义为满足 $\boldsymbol{F}'\boldsymbol{F}=\boldsymbol{V}$ 这一条件的 $n\times n$ 阶矩阵 $\boldsymbol{F}$。正定矩阵的矩阵平方根总是存在，但并不唯一。矩阵平方根

满足$FV^{-1}F'=I_n$。而且，正定矩阵的矩阵平方根可逆，故$F'^{-1}VF^{-1}=I_n$。

特征根和特征向量。令A表示$n×n$阶矩阵。若$n×1$维向量q和标量λ满足$Aq=\lambda q$，其中$q'q=1$，则λ为A的**特征根**(eigenvalue)，q为与该特征根对应的**特征向量**(eigenvector)。$n×n$阶矩阵由n个特征根和n个特征向量组成，其中n个特征根可以有重根。

若V为$n×n$阶对称正定矩阵，则V的所有特征根均为正实数，且对应的所有特征向量都为实向量。用V的特征根和特征向量可将V表示成$V=Q\Lambda Q'$的形式，其中Λ为对角元素等于V的特征根的$n×n$阶对角阵，Q为由V的特征向量组成的$n×n$阶矩阵，其第i列为Λ的第i个对角元素λ_i所对应的特征向量。因为特征向量是正交的，从而有$Q'Q=I_n$。V的迹等于特征向量之和：$\text{trace}(V)=\text{trace}(Q\Lambda Q')=\text{trace}(\Lambda Q'Q)=\text{trace}(\Lambda)=\sum_{i=1}^{n}\lambda_i$。

幂等矩阵。若C为方阵，且$CC=C$，则矩阵C是幂等的。若C为$n×n$阶对称幂等矩阵，则C为半正定的，且C有r个特征值等于1，另外$n-r$个特征值等于0，其中$r=\text{rank}(C)$(习题19.10)。

附录19B 多元分布

本附录将总结关于由多个随机变量组成的向量的分布的定义和性质。首先定义n维随机向量V的均值向量和协方差矩阵，其次对多元正态分布进行介绍，最后讨论服从联合正态分布的随机变量的线性组合和二次函数的分布特征。

19B.1 均值向量和协方差矩阵

由m个随机变量组成的$m×1$维随机向量为$V=(V_1\quad V_2\quad\cdots\quad V_m)'$，其一阶矩和二阶矩分别是均值向量和协方差矩阵。因为V是向量，其中每个元素均值组成的向量即为**均值向量**(mean vector)，即$E(V)=\mu_V$。均值向量中的第i个元素为向量V中第i个元素的均值。V的**协方差矩阵**(covariance matrix)的对角元素为对应随机变量的方差，即$\text{var}(V_i)$，$i=1,2,\cdots,m$。第(i,j)个非对角元素为对应两个随机变量之间的协方差$\text{cov}(V_i,V_j)$。协方差矩阵Σ_V的矩阵形式为

$$\Sigma_V=E[(V-\mu_V)(V-\mu_V)']=\begin{bmatrix}\text{var}(V_1) & \cdots & \text{cov}(V_1,V_m)\\ \vdots & \ddots & \vdots\\ \text{cov}(V_m,V_1) & \cdots & \text{var}(V_m)\end{bmatrix}\tag{19-72}$$

19B.2 多元正态分布

若$m×1$维随机向量V具有如下联合概率密度函数

$$f(V)=\frac{1}{\sqrt{(2\pi)^m\det(\Sigma_V)}}\exp\left[-\frac{1}{2}(V-\mu_V)'\Sigma_V^{-1}(V-\mu_V)\right]\tag{19-73}$$

其中，$\det(\Sigma_V)$为矩阵Σ_V的行列式，则V服从均值向量为μ_V、协方差矩阵为Σ_V的多元正态分布，记为$N(\mu_V,\Sigma_V)$。

多元正态分布的一个重要性质是：如果两个服从联合正态分布的随机变量之间不相关(它们的协方差矩阵是对角阵)，则它们相互独立。换言之，如果V_1，V_2服从正态分布，且分别为$m_1×1$和$m_2×1$维的，则如果$\text{cov}(V_1,V_2)=E[(V_1-\mu_{V_1})(V_2-\mu_{V_2})']=0_{m_1×m_2}$，则$V_1$，$V_2$独立。

若$\{V_i\}$独立同分布且均服从$N(0,\sigma_v^2)$，则$\Sigma_V=\sigma_v^2I_m$，且多元正态分布概率密度函数是这m个随机变量的单变量正态概率密度函数的乘积。

19B.3 正态随机变量的线性组合和二次型的分布

多元正态随机变量的线性组合服从正态分

布，且由多元正态随机变量组成的二次型服从 χ^2 分布。令 $\boldsymbol{V}$ 表示服从 $N(\boldsymbol{\mu}_V,\ \boldsymbol{\Sigma}_V)$ 的 $m\times1$ 维随机向量，$\boldsymbol{A}$ 和 $\boldsymbol{B}$ 分别为 $a\times m$ 和 $b\times m$ 阶的非随机矩阵，$\boldsymbol{d}$ 为 $a\times1$ 维的非随机向量。则

$$\boldsymbol{d}+\boldsymbol{AV}\text{ 服从 }N(\boldsymbol{d}+\boldsymbol{A\mu}_V,\ \boldsymbol{A\Sigma}_V\boldsymbol{A}')\tag{19-74}$$

$$\operatorname{cov}(\boldsymbol{AV},\ \boldsymbol{BV})=\boldsymbol{A\Sigma}_V\boldsymbol{B}'\tag{19-75}$$

若 $\boldsymbol{A\Sigma}_V\boldsymbol{B}'=\boldsymbol{0}_{a\times b}$，则 $\boldsymbol{AV}$、$\boldsymbol{BV}$ 独立，且

$$\tag{19-76}$$

$$(\boldsymbol{V}-\boldsymbol{\mu}_V)'\boldsymbol{\Sigma}_V^{-1}(\boldsymbol{V}-\boldsymbol{\mu}_V)\text{ 服从 }\chi^2_m\text{ 分布}\tag{19-77}$$

令 $\boldsymbol{U}$ 表示 m 维多元标准正态随机变量，服从 $N(\boldsymbol{0},\ \boldsymbol{I}_m)$。若 $\boldsymbol{C}$ 为对称幂等矩阵，则

$$\boldsymbol{U}'\boldsymbol{CU}\text{ 服从 }\chi^2_r\text{ 分布，其中 }r=\operatorname{rank}(\boldsymbol{C})\tag{19-78}$$

式(19-78)的证明见习题 19.11。

附录 19C　推导 $\hat{\boldsymbol{\beta}}$ 的渐近分布

由式(19-12)可知，$\sqrt{n}(\hat{\boldsymbol{\beta}}-\boldsymbol{\beta})$ 渐近服从正态分布，本附录给出该结论的推导。这一结论意味着 $\hat{\boldsymbol{\beta}}\xrightarrow{p}\boldsymbol{\beta}$。

首先，我们讨论式(19-15)中的“分母”矩阵 $\dfrac{\boldsymbol{X}'\boldsymbol{X}}{n}=\dfrac{1}{n}\sum_{i=1}^{n}\boldsymbol{X}_i\boldsymbol{X}_i'$。该矩阵的第$(j,\ l)$个元素为 $\dfrac{1}{n}\sum_{i=1}^{n}\boldsymbol{X}_{ji}\boldsymbol{X}_{li}$。根据重要概念 19-1 中的第二个假设可知，$X_i$ 是独立同分布的，从而 $X_{ji}X_{li}$ 是独立同分布的。根据重要概念 19-1 中的第三个假设可知，$\boldsymbol{X}_i$ 的每个元素具有四阶矩，于是由柯西-施瓦茨不等式(附录 18B)可知 $X_{ji}X_{li}$ 具有二阶矩。由于 $X_{ji}X_{li}$ 是独立同分布且具有二阶矩，$\dfrac{1}{n}\sum_{i=1}^{n}X_{ji}X_{li}$ 遵循大数定律，从而有 $\dfrac{1}{n}\sum_{i=1}^{n}X_{ji}X_{li}\xrightarrow{p}E(X_{ji}X_{li})$。上述结论对 $\dfrac{\boldsymbol{X}'\boldsymbol{X}}{n}$ 中的每一个元素均成立，因此 $\dfrac{\boldsymbol{X}'\boldsymbol{X}}{n}\xrightarrow{p}E(\boldsymbol{X}_i\boldsymbol{X}_i')=\boldsymbol{Q}_X$。

接下来我们考虑式(19-15)中的“分子”矩阵 $\dfrac{\boldsymbol{X}'\boldsymbol{U}}{\sqrt{n}}=\sqrt{\dfrac{1}{n}}\sum_{i=1}^{n}\boldsymbol{V}_i$，其中 $\boldsymbol{V}_i=\boldsymbol{X}_iu_i$。根据重要概念 19-1 中的第一个假设和期望迭代法则可知，$E(\boldsymbol{V}_i)=E[\boldsymbol{X}_iE(u_i\mid\boldsymbol{X}_i)]=\boldsymbol{0}_{k+1}$。由第二个最小二乘假设可知，$\boldsymbol{V}_i$ 独立同分布。令 $\boldsymbol{c}$ 表示有限的 $k+1$ 维向量，利用柯西-施瓦茨不等式，有 $E[(\boldsymbol{c}'\boldsymbol{V}_i)^2]=E[(\boldsymbol{c}'\boldsymbol{X}_iu_i)^2]=E[(\boldsymbol{c}'\boldsymbol{X}_i)^2(u_i)^2]\leqslant\sqrt{E[(\boldsymbol{c}'\boldsymbol{X}_i)^4]E(u_i^4)}$。又由第三个最小二乘假设可知，上式是有限的。因为上述结论对任意向量 $\boldsymbol{c}$ 均成立，故 $E(\boldsymbol{V}_i\boldsymbol{V}_i')=\boldsymbol{\Sigma}_V$ 有限。又假设 $E(\boldsymbol{V}_i\boldsymbol{V}_i')=\boldsymbol{\Sigma}_V$ 正定，于是，重要概念 19-2 中的多元中心极限定理适用于 $\sqrt{\dfrac{1}{n}}\sum_{i=1}^{n}\boldsymbol{V}_i=\dfrac{1}{\sqrt{n}}\boldsymbol{X}'\boldsymbol{U}$，即

$$\frac{1}{\sqrt{n}}\boldsymbol{X}'\boldsymbol{U}\xrightarrow{d}N(\boldsymbol{0}_{k+1},\ \boldsymbol{\Sigma}_V)\tag{19-79}$$

由式(19-15)、式(19-79)、$\dfrac{\boldsymbol{X}'\boldsymbol{X}}{n}$ 的一致性、第四个最小二乘假设(确保 $(\boldsymbol{X}'\boldsymbol{X})^{-1}$ 存在)和斯拉斯基定理可以推得式(19-12)中的结论。

附录 19D　推导正态误差项下 OLS 检验统计量的精确分布

本附录将给出式(19-35)和式(19-37)的证明过程，即在重要概念 19-1 中的六个假设条件和原假设均成立的条件下，推导同方差适用的 t 统计量和同方差适用的 F 统计量的精

确分布。

19D.1 式(19-35)的证明

若①Z服从标准正态分布；②W服从χ_m^2分布；③Z和W相互独立，则随机变量$\frac{Z}{\sqrt{W/m}}$服从自由度为m的t分布(附录18A)。下面我们将$\widetilde{t}$变形为该形式，由于$\hat{\boldsymbol{\Sigma}}_{\hat{\beta}}=\left(\frac{s_{\hat{u}}^2}{\sigma_u^2}\right)\boldsymbol{\Sigma}_{\hat{\beta}\mid X}$，故式(19-34)可表示为

$$\widetilde{t}=\frac{\frac{\hat{\beta}_j-\beta_{j,0}}{\sqrt{(\boldsymbol{\Sigma}_{\hat{\beta}\mid X})_{jj}}}}{\sqrt{\frac{W}{(n-k-1)}}} \tag{19-80}$$

其中，$W=(n-k-1)\left(\frac{s_{\hat{u}}^2}{\sigma_u^2}\right)$。令$Z=\frac{\hat{\beta}_j-\beta_{j,0}}{\sqrt{(\boldsymbol{\Sigma}_{\hat{\beta}\mid X})_{jj}}}$，$m=n-k-1$。由上述定义可知，$\widetilde{t}=\frac{Z}{\sqrt{\frac{W}{m}}}$。为了证明式(19-35)中的结论，首先证明$Z$、$W$和$m$满足上述条件①～③。

① 由式(19-30)可知，在原假设下，$Z=\frac{\hat{\beta}_j-\beta_{j,0}}{\sqrt{(\boldsymbol{\Sigma}_{\hat{\beta}\mid X})_{jj}}}$服从标准正态分布，即条件①成立。② 由式(19-31)可知，W服从χ_{n-k-1}^2分布，即条件②成立。③ 为证明③，我们首先证明$\hat{\beta}_j$和$s_{\hat{u}}^2$相互独立。

由式(19-14)和式(19-29)可知，$\hat{\boldsymbol{\beta}}-\boldsymbol{\beta}=(\boldsymbol{X}'\boldsymbol{X})^{-1}\boldsymbol{X}'\boldsymbol{U}$，$s_{\hat{u}}^2=\frac{(\boldsymbol{M}_X\boldsymbol{U})'(\boldsymbol{M}_X\boldsymbol{U})}{n-k-1}$。如果$(\boldsymbol{X}'\boldsymbol{X})^{-1}\boldsymbol{X}'\boldsymbol{U}$和$\boldsymbol{M}_X\boldsymbol{U}$独立，则$\hat{\boldsymbol{\beta}}-\boldsymbol{\beta}$和$s_{\hat{u}}^2$独立。因为$(\boldsymbol{X}'\boldsymbol{X})^{-1}\boldsymbol{X}'\boldsymbol{U}$和$\boldsymbol{M}_X\boldsymbol{U}$均为$\boldsymbol{U}$的线性组合，且在给定$\boldsymbol{X}$的条件下，$\boldsymbol{U}$服从$N(\boldsymbol{0}_{n\times1},\sigma_u^2\boldsymbol{I}_n)$分布。又因为$\boldsymbol{M}_X\boldsymbol{X}(\boldsymbol{X}'\boldsymbol{X})^{-1}=\boldsymbol{0}_{n\times(k+1)}$(式(19-26))，可知$(\boldsymbol{X}'\boldsymbol{X})^{-1}\boldsymbol{X}'\boldsymbol{U}$和$\boldsymbol{M}_X\boldsymbol{U}$独立(式(19-76))。所以，在重要概念19-1中的六个假设均成立时

$$\hat{\boldsymbol{\beta}}\text{ 和 }s_{\hat{u}}^2\text{ 相互独立} \tag{19-81}$$

这就证明了条件③，从而式(19-35)得证。

19D.2 式(19-37)的证明

F_{n_1,n_2}分布为随机变量$\frac{W_1/n_1}{W_2/n_2}$的分布，其中①W_1服从$\chi_{n_1}^2$分布；②W_2服从$\chi_{n_2}^2$分布；③W_1和W_2相互独立(附录18A)。为了将$\widetilde{F}$表示成以上形式，令$W_1=(\boldsymbol{R}\hat{\boldsymbol{\beta}}-\boldsymbol{r})'[\boldsymbol{R}(\boldsymbol{X}'\boldsymbol{X})^{-1}\boldsymbol{R}'\sigma_u^2]^{-1}(\boldsymbol{R}\hat{\boldsymbol{\beta}}-\boldsymbol{r})$，$W_2=\frac{(n-k-1)s_{\hat{u}}^2}{\sigma_u^2}$。将上述定义式代入式(19-36)，可得$\widetilde{F}=\frac{W_1/q}{W_2/(n-k-1)}$。故由$F$分布的定义可知，若①至③成立，其中$n_1=q$，$n_2=n-k-1$，则$\widetilde{F}$服从$F_{q,n-k-1}$分布。

①在原假设下，$\boldsymbol{R}\hat{\boldsymbol{\beta}}-\boldsymbol{r}=\boldsymbol{R}(\hat{\boldsymbol{\beta}}-\boldsymbol{\beta})$。由于$\hat{\boldsymbol{\beta}}$服从式(19-30)中的条件正态分布，且$\boldsymbol{R}$为非随机矩阵，因此，在给定$\boldsymbol{X}$时，$\boldsymbol{R}(\hat{\boldsymbol{\beta}}-\boldsymbol{\beta})$服从$N(\boldsymbol{0}_{q\times1},\boldsymbol{R}(\boldsymbol{X}'\boldsymbol{X})^{-1}\boldsymbol{R}'\sigma_u^2)$分布。于是，由附录19B中的式(19-77)可知，$(\boldsymbol{R}\hat{\boldsymbol{\beta}}-\boldsymbol{r})'[\boldsymbol{R}(\boldsymbol{X}'\boldsymbol{X})^{-1}\boldsymbol{R}'\sigma_u^2]^{-1}(\boldsymbol{R}\hat{\boldsymbol{\beta}}-\boldsymbol{r})$服从$\chi_q^2$分布，因此上述定义满足假设①。

②的证明过程见式(19-31)。

③上面已证明$\hat{\boldsymbol{\beta}}-\boldsymbol{\beta}$和$s_{\hat{u}}^2$相互独立(式(19-81))。由此得$\boldsymbol{R}\hat{\boldsymbol{\beta}}-\boldsymbol{r}$和$s_{\hat{u}}^2$相互独立，于是$W_1$和$W_2$相互独立，即满足假设③，证毕。

附录 19E 多元回归模型的高斯-马尔科夫定理的证明过程

本附录给出了多元回归中高斯-马尔科夫定理(重要概念19-3)的证明过程。令$\widetilde{\boldsymbol{\beta}}$表示$\boldsymbol{\beta}$的线性条件无偏估计量，有$\widetilde{\boldsymbol{\beta}}=\boldsymbol{A}'\boldsymbol{Y}$且$E(\widetilde{\boldsymbol{\beta}}\mid\boldsymbol{X})=\boldsymbol{\beta}$，其中$\boldsymbol{A}$为$n\times(k+1)$阶矩阵，其取值可能依赖于$\boldsymbol{X}$和非随机常数。下面证明对任意的$k+1$维向量$\boldsymbol{c}$，有$\mathrm{var}(\boldsymbol{c}'\hat{\boldsymbol{\beta}})\leqslant\mathrm{var}(\boldsymbol{c}'\widetilde{\boldsymbol{\beta}})$，

当且仅当 $\widetilde{\boldsymbol{\beta}}=\hat{\boldsymbol{\beta}}$ 时等号成立。

由于 $\widetilde{\boldsymbol{\beta}}$ 是线性估计量，可表示为 $\widetilde{\boldsymbol{\beta}}=\boldsymbol{A}'\boldsymbol{Y}=\boldsymbol{A}'(\boldsymbol{X}\boldsymbol{\beta}+\boldsymbol{U})=(\boldsymbol{A}'\boldsymbol{X})\boldsymbol{\beta}+\boldsymbol{A}'\boldsymbol{U}$。由第一个高斯-马尔科夫假设条件可知，$E(\boldsymbol{U}\mid\boldsymbol{X})=\boldsymbol{0}_{n\times1}$，因此有 $E(\widetilde{\boldsymbol{\beta}}\mid\boldsymbol{X})=(\boldsymbol{A}'\boldsymbol{X})\boldsymbol{\beta}$。又因为 $\widetilde{\boldsymbol{\beta}}$ 是条件无偏的，所以 $E(\widetilde{\boldsymbol{\beta}}\mid\boldsymbol{X})=\boldsymbol{\beta}=(\boldsymbol{A}'\boldsymbol{X})\boldsymbol{\beta}$，由此得 $\boldsymbol{A}'\boldsymbol{X}=\boldsymbol{I}_{k+1}$。故 $\widetilde{\boldsymbol{\beta}}=\boldsymbol{\beta}+\boldsymbol{A}'\boldsymbol{U}$，于是 $\mathrm{var}(\widetilde{\boldsymbol{\beta}}\mid\boldsymbol{X})=\mathrm{var}(\boldsymbol{A}'\boldsymbol{U}\mid\boldsymbol{X})=E(\boldsymbol{A}'\boldsymbol{U}\boldsymbol{U}'\boldsymbol{A}\mid\boldsymbol{X})=\boldsymbol{A}'E(\boldsymbol{U}\boldsymbol{U}'\mid\boldsymbol{X})\boldsymbol{A}=\sigma_u^2\boldsymbol{A}'\boldsymbol{A}$，上式第三个等式之所以成立是因为 $\boldsymbol{A}$ 的取值依赖 $\boldsymbol{X}$ 但不依赖于 $\boldsymbol{U}$，最后一个等式是由第二个高斯-马尔科夫条件推得。因此，如果 $\widetilde{\boldsymbol{\beta}}$ 是线性无偏的，则在高斯-马尔科夫条件下

$$\boldsymbol{A}'\boldsymbol{X}=\boldsymbol{I}_{k+1} \text{ 且 } \mathrm{var}(\widetilde{\boldsymbol{\beta}}\mid\boldsymbol{X})=\sigma_u^2\boldsymbol{A}'\boldsymbol{A} \tag{19-82}$$

式(19-82)中的结论同样适用于 $\hat{\boldsymbol{\beta}}$，其中 $\boldsymbol{A}=\hat{\boldsymbol{A}}=\boldsymbol{X}(\boldsymbol{X}'\boldsymbol{X})^{-1}$。由第三个高斯-马尔科夫条件可知，$(\boldsymbol{X}'\boldsymbol{X})^{-1}$ 是存在的。

令 $\boldsymbol{A}=\hat{\boldsymbol{A}}+\boldsymbol{D}$，即 $\boldsymbol{D}$ 为矩阵 $\boldsymbol{A}$ 和 $\hat{\boldsymbol{A}}$ 之差。注意到 $\hat{\boldsymbol{A}}'\boldsymbol{A}=(\boldsymbol{X}'\boldsymbol{X})^{-1}\boldsymbol{X}'\boldsymbol{A}=(\boldsymbol{X}'\boldsymbol{X})^{-1}$（根据式(19-82)）和 $\hat{\boldsymbol{A}}'\hat{\boldsymbol{A}}=(\boldsymbol{X}'\boldsymbol{X})^{-1}\boldsymbol{X}'\boldsymbol{X}(\boldsymbol{X}'\boldsymbol{X})^{-1}=(\boldsymbol{X}'\boldsymbol{X})^{-1}$，因此 $\hat{\boldsymbol{A}}'\boldsymbol{D}=\hat{\boldsymbol{A}}'(\boldsymbol{A}-\hat{\boldsymbol{A}})=\hat{\boldsymbol{A}}'\boldsymbol{A}-\hat{\boldsymbol{A}}'\hat{\boldsymbol{A}}=\boldsymbol{0}_{(k+1)\times(k+1)}$。将 $\boldsymbol{A}=\hat{\boldsymbol{A}}+\boldsymbol{D}$ 代入式(19-82)中的条件方差公式，得到

$$\begin{aligned}\mathrm{var}(\widetilde{\boldsymbol{\beta}}\mid\boldsymbol{X})&=\sigma_u^2(\hat{\boldsymbol{A}}+\boldsymbol{D})'(\hat{\boldsymbol{A}}+\boldsymbol{D})\\&=\sigma_u^2[\hat{\boldsymbol{A}}'\hat{\boldsymbol{A}}+\hat{\boldsymbol{A}}'\boldsymbol{D}+\boldsymbol{D}'\hat{\boldsymbol{A}}+\boldsymbol{D}'\boldsymbol{D}]\\&=\sigma_u^2(\boldsymbol{X}'\boldsymbol{X})^{-1}+\sigma_u^2\boldsymbol{D}'\boldsymbol{D}\end{aligned} \tag{19-83}$$

其中，最后一个等式之所以成立，是因为 $\hat{\boldsymbol{A}}'\hat{\boldsymbol{A}}=(\boldsymbol{X}'\boldsymbol{X})^{-1}$ 和 $\hat{\boldsymbol{A}}'\boldsymbol{D}=\boldsymbol{0}_{(k+1)\times(k+1)}$。因为 $\mathrm{var}(\hat{\boldsymbol{\beta}}\mid\boldsymbol{X})=\sigma_u^2(\boldsymbol{X}'\boldsymbol{X})^{-1}$，由式(19-82)和式(19-83)知，$\mathrm{var}(\widetilde{\boldsymbol{\beta}}\mid\boldsymbol{X})-\mathrm{var}(\hat{\boldsymbol{\beta}}\mid\boldsymbol{X})=\sigma_u^2\boldsymbol{D}'\boldsymbol{D}$。因此，线性组合 $\boldsymbol{c}'\boldsymbol{\beta}$ 的这两个估计量的方差之差为

$$\mathrm{var}(\boldsymbol{c}'\widetilde{\boldsymbol{\beta}}\mid\boldsymbol{X})-\mathrm{var}(\boldsymbol{c}'\hat{\boldsymbol{\beta}}\mid\boldsymbol{X})=\sigma_u^2\boldsymbol{c}'\boldsymbol{D}'\boldsymbol{D}\boldsymbol{c}\geqslant\boldsymbol{0} \tag{19-84}$$

式(19-84)中的不等式对任意线性组合 $\boldsymbol{c}'\boldsymbol{\beta}$ 都成立，且只有当 $\boldsymbol{D}=\boldsymbol{0}_{n\times(k+1)}$）时，即如果 $\boldsymbol{A}=\hat{\boldsymbol{A}}$ 或 $\widetilde{\boldsymbol{\beta}}=\hat{\boldsymbol{\beta}}$ 时，等号成立。因此，在 $\boldsymbol{c}'\boldsymbol{\beta}$ 的所有线性条件无偏估计量中，$\boldsymbol{c}'\hat{\boldsymbol{\beta}}$ 的方差最小，即 OLS 估计量为 BLUE。

附录 19F IV 和 GMM 估计中部分结论的证明

19F.1 同方差条件下 TSLS 估计量的有效性（式(19-62)的证明过程）

当误差项 u_i 为同方差时，$\boldsymbol{\Sigma}_A^{\mathrm{IV}}$（式(19-61)）和 $\boldsymbol{\Sigma}^{\mathrm{TSLS}}$（式(19-55)）之差为

$$\begin{aligned}\boldsymbol{\Sigma}_A^{\mathrm{IV}}-\boldsymbol{\Sigma}^{\mathrm{TSLS}}&=(\boldsymbol{Q}_{XZ}\boldsymbol{A}\boldsymbol{Q}_{ZX})^{-1}\boldsymbol{Q}_{XZ}\boldsymbol{A}\boldsymbol{Q}_{ZZ}\boldsymbol{A}\\&\quad\boldsymbol{Q}_{ZX}(\boldsymbol{Q}_{XZ}\boldsymbol{A}\boldsymbol{Q}_{ZX})^{-1}\sigma_u^2-\\&\quad(\boldsymbol{Q}_{XZ}\boldsymbol{Q}_{ZZ}^{-1}\boldsymbol{Q}_{ZX})^{-1}\sigma_u^2\\&=(\boldsymbol{Q}_{XZ}\boldsymbol{A}\boldsymbol{Q}_{ZX})^{-1}\boldsymbol{Q}_{XZ}\boldsymbol{A}\\&\quad[\boldsymbol{Q}_{ZZ}-\boldsymbol{Q}_{ZX}(\boldsymbol{Q}_{XZ}\boldsymbol{Q}_{ZZ}^{-1}\boldsymbol{Q}_{ZX})^{-1}\boldsymbol{Q}_{XZ}]\\&\quad\boldsymbol{A}\boldsymbol{Q}_{ZX}(\boldsymbol{Q}_{XZ}\boldsymbol{A}\boldsymbol{Q}_{ZX})^{-1}\sigma_u^2\end{aligned} \tag{19-85}$$

其中第二个等式中括号内的第二项由 $(\boldsymbol{Q}_{XZ}\boldsymbol{A}\boldsymbol{Q}_{ZX})^{-1}\boldsymbol{Q}_{XZ}\boldsymbol{A}\boldsymbol{Q}_{ZX}=\boldsymbol{I}_{(k+r+1)}$ 推得。令 $\boldsymbol{F}$ 表示 $\boldsymbol{Q}_{ZZ}$ 的矩阵平方根，因此有 $\boldsymbol{Q}_{ZZ}=\boldsymbol{F}'\boldsymbol{F}$ 且 $\boldsymbol{Q}_{ZZ}^{-1}=\boldsymbol{F}^{-1}\boldsymbol{F}^{-1\prime}$。（该式成立是因为 $(\boldsymbol{F}'\boldsymbol{F})^{-1}=\boldsymbol{F}^{-1}\boldsymbol{F}'^{-1}$ 且 $\boldsymbol{F}'^{-1}=\boldsymbol{F}^{-1\prime}$。）整理可得式(19-85)中的最后一个表达式为

$$\begin{aligned}\boldsymbol{\Sigma}_A^{\mathrm{IV}}-\boldsymbol{\Sigma}^{\mathrm{TSLS}}&=(\boldsymbol{Q}_{XZ}\boldsymbol{A}\boldsymbol{Q}_{ZX})^{-1}\boldsymbol{Q}_{XZ}\boldsymbol{A}\boldsymbol{F}'\\&\quad[\boldsymbol{I}-\boldsymbol{F}^{-1\prime}\boldsymbol{Q}_{ZX}(\boldsymbol{Q}_{XZ}\boldsymbol{F}^{-1}\boldsymbol{F}^{-1\prime}\boldsymbol{Q}_{ZX})^{-1}\boldsymbol{Q}_{XZ}\boldsymbol{F}^{-1}]\\&\quad\times\boldsymbol{F}\boldsymbol{A}\boldsymbol{Q}_{ZX}(\boldsymbol{Q}_{XZ}\boldsymbol{A}\boldsymbol{Q}_{ZX})^{-1}\sigma_u^2\end{aligned} \tag{19-86}$$

其中括号内的第二个表达式中用到了 $\boldsymbol{F}'\boldsymbol{F}^{-1\prime}=\boldsymbol{I}$ 的结论。因此

$$\boldsymbol{c}'(\boldsymbol{\Sigma}_A^{\mathrm{IV}}-\boldsymbol{\Sigma}^{\mathrm{TSLS}})\boldsymbol{c}=\boldsymbol{d}'[\boldsymbol{I}-\boldsymbol{D}(\boldsymbol{D}'\boldsymbol{D})^{-1}\boldsymbol{D}]\boldsymbol{d}\sigma_u^2 \tag{19-87}$$

其中，$\boldsymbol{d}=\boldsymbol{F}\boldsymbol{A}\boldsymbol{Q}_{ZX}(\boldsymbol{Q}_{XZ}\boldsymbol{A}\boldsymbol{Q}_{ZX})^{-1}\boldsymbol{c}$，$\boldsymbol{D}=\boldsymbol{F}^{-1\prime}\boldsymbol{Q}_{ZX}$。因为 $\boldsymbol{I}-\boldsymbol{D}(\boldsymbol{D}'\boldsymbol{D})^{-1}\boldsymbol{D}'$ 为对称幂等矩阵（习题 19.5），其特征值为 0 或 1，且 $\boldsymbol{d}'[\boldsymbol{I}-\boldsymbol{D}(\boldsymbol{D}'\boldsymbol{D})^{-1}\boldsymbol{D}']\boldsymbol{d}\geqslant0$（习题 19.10）。从而 $\boldsymbol{c}'(\boldsymbol{\Sigma}_A^{\mathrm{IV}}-\boldsymbol{\Sigma}^{\mathrm{TSLS}})$

$c\geqslant 0$，即在同方差条件下 TSLS 估计量是有效的。

19F.2 同方差条件下 J 统计量的渐近分布

J 统计量的定义见式(19-63)。首先我们有

$$\begin{aligned}\hat{U}&=Y-X\hat{\beta}^{\text{TSLS}}\\&=Y-X(X'P_ZX)^{-1}X'P_ZY\\&=(X\beta+U)-X(X'P_ZX)^{-1}X'P_Z(X\beta+U)\\&=U-X(X'P_ZX)^{-1}X'P_ZU\\&=[I-X(X'P_ZX)^{-1}X'P_Z]U\end{aligned}\tag{19-88}$$

所以

$$\begin{aligned}\hat{U}P_Z\hat{U}&=U'[I-P_ZX(X'P_ZX)^{-1}X']\\&\quad P_Z[I-X(X'P_ZX)^{-1}X'P_Z]U\\&=U'[P_Z-P_ZX(X'P_ZX)^{-1}X'P_Z]U\end{aligned}\tag{19-89}$$

$Z'Z$ 是对称正定矩阵，可用其矩阵平方根表示为 $Z'Z=(Z'Z)^{\frac{1}{2}'}(Z'Z)^{\frac{1}{2}}$，因为矩阵平方根可逆，$(Z'Z)^{-1}=(Z'Z)^{-\frac{1}{2}}(Z'Z)^{-\frac{1}{2}'}$，其中 $(Z'Z)^{-\frac{1}{2}}=[(Z'Z)^{\frac{1}{2}}]^{-1}$。$P_Z$ 可表示为 $P_Z=Z'(Z'Z)^{-1}Z'=BB'$，其中 $B=Z(Z'Z)^{-\frac{1}{2}}$。将 P_Z 这一表达式代入式(19-89)中的最后一个表达式，可得

$$\begin{aligned}\hat{U}'P_Z\hat{U}&=U'[BB'-BB'X(X'BB'X)^{-1}X'BB']U\\&=U'B[I-B'X(X'BB'X)^{-1}X'B]B'U\\&=U'BM_{B'X}B'U\end{aligned}\tag{19-90}$$

其中，$M_{B'X}=I-B'X(X'BB'X)^{-1}X'B$ 为对称幂等矩阵。

在原假设下，对式(19-90)中最后一个表达式中的各项取概率极限和分布极限，可得 $\hat{U}'P_Z\hat{U}$ 的渐近分布。当原假设 $E(Z_iu_i)=0$，$Z'U/\sqrt{n}$ 的均值为 0，且满足中心极限定理，从而 $Z'U/\sqrt{n}\xrightarrow{d}N(0,\ Q_{ZZ}\sigma_u^2)$。此外 $Z'Z/n\xrightarrow{p}Q_{ZZ}$，$X'Z/n\xrightarrow{p}Q_{XZ}$。因此 $B'U=(Z'Z)^{-\frac{1}{2}'}Z'U=(Z'Z/n)^{-\frac{1}{2}'}(Z'U/\sqrt{n})\xrightarrow{d}\sigma_u z$，其中 z 服从 $N(\mathbf{0}_{m+r+1},\ I_{m+r+1})$。此外 $B'X/\sqrt{n}=(Z'Z/n)^{-\frac{1}{2}'}(Z'X/n)\xrightarrow{p}Q_{ZZ}^{-\frac{1}{2}}Q_{ZX}$，所以 $M_{B'X}\xrightarrow{p}I-Q_{ZZ}^{-\frac{1}{2}}Q_{ZX}(Q_{XZ}Q_{ZZ}^{-\frac{1}{2}'}Q_{ZZ}^{-\frac{1}{2}}Q_{ZX})^{-1}=Q_{XZ}Q_{ZZ}^{-\frac{1}{2}'}=M_{Q_{ZZ}^{-\frac{1}{2}}Q_{ZX}}$，即有

$$\hat{U}'P_Z\hat{U}\xrightarrow{d}(z'M_{Q_{XZ}Q_{ZZ}^{-\frac{1}{2}}}z)\sigma_u^2\tag{19-91}$$

在原假设下，TSLS 估计量是一致的，且 $\hat{U}$ 对 Z 的回归模型中的系数依概率收敛于 0（式(19-91)的推论），所以 J 统计量定义式中的分母是 σ_u^2 的一致估计量，即

$$\frac{\hat{U}'M_Z\hat{U}}{(n-m-r-1)}\xrightarrow{p}\sigma_u^2\tag{19-92}$$

由 J 统计量的定义式和式(19-91)、式(19-92)，可知

$$J=\frac{\hat{U}'P_Z\hat{U}}{\hat{U}'M_Z\hat{U}/(n-m-r-1)}\xrightarrow{d}z'M_{Q_{ZZ}^{-\frac{1}{2}}Q_{XZ}}z\tag{19-93}$$

因为 z 为标准正态随机向量，$M_{Q_{ZZ}^{-\frac{1}{2}}Q_{ZX}}$ 为对称幂等矩阵，所以 J 统计量服从 χ^2 分布，且自由度为 $M_{Q_{ZZ}^{-\frac{1}{2}}Q_{ZX}}$ 的秩（式(19-78)）。因为 $Q_{ZZ}^{-\frac{1}{2}}Q_{ZX}$ 为 $(m+r+1)\times(k+r+1)$ 阶矩阵，且 $m>k$，因此 $M_{Q_{ZZ}^{-\frac{1}{2}}Q_{ZX}}$ 的秩为 $m-k$（习题 19.5）。即得 $J\xrightarrow{d}\chi_{m-k}^2$，即式(19-64)中的结论。

19F.3 有效 GMM 估计量的有效性

不可行的有效 GMM 估计量 $\tilde{\beta}^{\text{Eff.GMM}}$ 的定义见式(19-66)。要证明该估计量的有效性，则需要证明对任意的向量 c，有 $c'(\Sigma_A^{\text{IV}}-\Sigma^{\text{Eff.GMM}})c\geqslant 0$。该证明过程与本附录 19F.1 中 TSLS 估计量的有效性证明过程非常类似，只需用 H^{-1} 代替式(19-85)及后面证明过程中的 $Q_{ZZ}\sigma_u^2$ 即可。

19F.4 适用 GMM 的 J 统计量的分布

适用 GMM 的 J 统计量定义见式(19-70)。在原假设成立时，$J^{\text{GMM}}\xrightarrow{d}\chi_{m-k}^2$ 的证明过程与

同方差条件下适用 TSLS 的 J 统计量的证明过程十分类似。

附录 19G　包含多个预测因子的回归：MPSE、岭回归和主成分分析

本附录对第 14 章中使用的各种结果的推导进行介绍，这些推导需要使用矩阵运算。

19G.1　使用 OLS 估计的线性回归的 MSPE

我们首先推导式(14-4)，即在同方差条件下 OLS 估计量的均方预测误差(MSPE)。

令 $k\times1$ 维向量 $\boldsymbol{X}^{oos}$ 表示需要预测的样本外观测("OOS")的 X 的值。使用这种符号，式(14-3)中的 MSPE 可以使用矩阵符号表示为

$$\text{MSPE}=\sigma_u^2+E[(\hat{\boldsymbol{\beta}}-\boldsymbol{\beta})'\boldsymbol{X}^{oos}]^2 \quad (19\text{-}94)$$

其中，$\hat{\boldsymbol{\beta}}$ 表示 $\boldsymbol{\beta}$ 的估计量，而不仅仅是 OLS 估计量。

在预测的最小二乘假设条件下，假设样本外观测值是从作为估计样本的同一个总体中抽取的独立同分布。在这种假设条件下，式(19-94)中的 MSPE 可以表示为

$$\text{MSPE}=\sigma_u^2+\text{trace}\{E[(\hat{\boldsymbol{\beta}}-\boldsymbol{\beta})(\hat{\boldsymbol{\beta}}-\boldsymbol{\beta})']\boldsymbol{Q}_X\} \quad (19\text{-}95)$$

其中 $\boldsymbol{Q}_X=E(\boldsymbol{X}'\boldsymbol{X})$。通过改写式(19-94)中的 $E[(\hat{\boldsymbol{\beta}}-\boldsymbol{\beta})'\boldsymbol{X}^{oos}]^2$，$E[(\hat{\boldsymbol{\beta}}-\boldsymbol{\beta})'\boldsymbol{X}^{oos}]^2=E[\boldsymbol{X}^{oos\prime}(\hat{\boldsymbol{\beta}}-\boldsymbol{\beta})(\hat{\boldsymbol{\beta}}-\boldsymbol{\beta})'\boldsymbol{X}^{oos}]=\text{trace}E[(\hat{\boldsymbol{\beta}}-\boldsymbol{\beta})(\hat{\boldsymbol{\beta}}-\boldsymbol{\beta})'\boldsymbol{X}^{oos}\boldsymbol{X}^{oos\prime}]=\text{trace}E[(\hat{\boldsymbol{\beta}}-\boldsymbol{\beta})(\hat{\boldsymbol{\beta}}-\boldsymbol{\beta})']\boldsymbol{Q}_X$，可得式(19-95)，其中第二个等式中使用了迹的性质：$\boldsymbol{a}'\boldsymbol{B}\boldsymbol{a}=\text{trace}(\boldsymbol{B}\boldsymbol{a}\boldsymbol{a}')$，其中 $\boldsymbol{B}$ 为 $n\times n$ 阶矩阵，$\boldsymbol{a}$ 为 $n\times1$ 维向量。此外，最后一个等式使用了假设：样本外观测值与估计观测值相互独立，并且是从相同的分布中抽取的，因此 $E(\boldsymbol{X}^{oos}\boldsymbol{X}^{oos\prime})=\boldsymbol{Q}_X$。

通过将式(19-14)中 OLS 的表达式代入式(19-95)中并进行简化，可得 OLS 的 MSPE。首先注意，在同方差的假设下，对于 OLS 估计量有

$$\begin{aligned}E[(\hat{\boldsymbol{\beta}}-\boldsymbol{\beta})(\hat{\boldsymbol{\beta}}-\boldsymbol{\beta})']&=E[(\boldsymbol{X}'\boldsymbol{X})^{-1}\boldsymbol{X}'\boldsymbol{u}\boldsymbol{u}'\boldsymbol{X}(\boldsymbol{X}'\boldsymbol{X})^{-1}]\\&=E[(\boldsymbol{X}'\boldsymbol{X})^{-1}\boldsymbol{X}'E(\boldsymbol{u}\boldsymbol{u}'\mid\boldsymbol{X})\boldsymbol{X}(\boldsymbol{X}'\boldsymbol{X})^{-1}]\\&=E[(\boldsymbol{X}'\boldsymbol{X})^{-1}\boldsymbol{X}'\boldsymbol{X}(\boldsymbol{X}'\boldsymbol{X})^{-1}]\sigma_u^2\\&=E[(\boldsymbol{X}'\boldsymbol{X})^{-1}]\sigma_u^2\end{aligned}$$

其中第一个等式使用了式(19-14)；第二个等式使用了期望迭代法则；第三个等式使用了同方差的假设，因此 $E(\boldsymbol{u}\boldsymbol{u}'\mid\boldsymbol{X})=\sigma_u^2\boldsymbol{I}_n$；通过对第三个等式进行化简可得最后一个等式。将 $E[(\hat{\boldsymbol{\beta}}-\boldsymbol{\beta})(\hat{\boldsymbol{\beta}}-\boldsymbol{\beta})']=E[(\boldsymbol{X}'\boldsymbol{X})^{-1}]\sigma_u^2$ 代入到式(19-95)中，并且在右边的第二项乘以并除以 $\frac{1}{n}$ 可得

$$\text{MSPE}_{\text{OLS}}=\sigma_u^2+\frac{1}{n}\text{trace}\left\{E\left[\left(\frac{\boldsymbol{X}'\boldsymbol{X}}{n}\right)^{-1}\right]\boldsymbol{Q}_X\right\}\sigma_u^2 \quad (19\text{-}96)$$

式(19-96)是在满足预测的最小二乘假设下，结合同方差误差项的假设条件，使用 OLS 估计量进行预测所得到的 MSPE。

当 n 相对于 k 很大时，式(14-4)是式(19-96)的近似。在这种情形下，$\frac{\boldsymbol{X}'\boldsymbol{X}}{n}\approx\boldsymbol{Q}_X$（特别地，对于固定的 k，$\frac{\boldsymbol{X}'\boldsymbol{X}}{n}\xrightarrow{p}\boldsymbol{Q}_X$），因此 $\text{trace}\left\{E\left[\left(\frac{\boldsymbol{X}'\boldsymbol{X}}{n}\right)^{-1}\right]\boldsymbol{Q}_X\right\}\approx\text{trace}\{\boldsymbol{Q}_X^{-1}\boldsymbol{Q}_X\}=\text{trace}\{\boldsymbol{I}_k\}=k$。将此代入式(19-96)中并合并同类项，可得式(14-4)

$$\text{MSPE}_{\text{OLS}}\approx\left(1+\frac{k}{n}\right)\sigma_u^2 \quad (19\text{-}97)$$

与最终预测误差(FPE)的关系。式(19-79)用于式(15-21)中时间序列预测的最终预测误差(FPE)的推导[需要改变式(15-21)中的符号，将 n 替换为 T，k 替换为 $p+1$]。截面数据和时间序列数据这两种情形的关键区别在于样本外观测值与样本内观测值之间的联系。在此处的推导过程中，样本内观测值和样本外观测值是相互独立的。如果时间序列应用中的预测值与用于估计系数的数据相互独立，

那么此处的推导结果可直接使用。然而，由于样本(用于样本外预测)中的最终观测值与样本内观测值相关，所以通常情况下并非如此。然而，如果样本量很大，则回归系数估计值与预测因子之间的相关性很小，当样本量相对于解释变量的数量较小时，式(19-97)仍可以作为式(15-21)的近似。

19G.2 岭回归

式(14-8)提供了单个解释变量系数的岭回归估计量的表达式。本附录对多个解释变量系数的岭回归估计量的表达式进行推导。

岭回归估计量是使式(14-7)中被惩罚的残差平方和达到最小的估计量，用矩阵符号表示可写为

$$S^{\text{Ridge}}(b;\ \lambda_{\text{Ridge}})=(\boldsymbol{Y}-\boldsymbol{X}\boldsymbol{b})'(\boldsymbol{Y}-\boldsymbol{X}\boldsymbol{b})+\lambda_{\text{Ridge}}\boldsymbol{b}'\boldsymbol{b} \tag{19-98}$$

对式(19-98)等号右边求导并将其设为 0，由此可得岭回归估计量 $\hat{\boldsymbol{\beta}}^{\text{Ridge}}$ 的求解方程组，$-2\boldsymbol{X}'(\boldsymbol{Y}-\boldsymbol{X}\hat{\boldsymbol{\beta}}^{\text{Ridge}})+2\lambda_{\text{Ridge}}\hat{\boldsymbol{\beta}}^{\text{Ridge}}=\boldsymbol{0}$(类似式(19-9)和式(19-10)对于 OLS 估计量的求解)。通过求解该方程组，可得岭回归估计量

$$\hat{\boldsymbol{\beta}}^{\text{Ridge}}=(\boldsymbol{X}'\boldsymbol{X}+\lambda_{\text{Ridge}}\boldsymbol{I}_k)^{-1}\boldsymbol{X}'\boldsymbol{Y} \tag{19-99}$$

根据该公式，可得两个含义，这两个含义在 14.3 节和 14.4 节中分别讨论过。

首先，如果估计样本中的解释变量不相关，岭回归估计量可以写成 OLS 估计量的形式，该估计量向 0 收缩，收缩因子取决于数据，即 $\hat{\beta}_j^{\text{Ridge}}=\left(1+\dfrac{\lambda_{\text{Ridge}}}{\sum_{i=1}^{n}X_{ji}^2}\right)^{-1}\hat{\beta}_j$，即式(14-8)。此外，如果使用样本标准差对解释变量进行标准化处理，正如在第 14 章所处理的，则岭收缩因子简化为 $\left[1+\dfrac{\lambda_{\text{Ridge}}}{(n-1)}\right]^{-1}$。为了证明上述结果，注意到如果解释变量互不相关，则 $\boldsymbol{X}'\boldsymbol{X}$ 是对角阵，因此 $\boldsymbol{X}'\boldsymbol{X}+\lambda_{\text{Ridge}}\boldsymbol{I}_k$ 也是对角阵，第 j 个元素 $\sum_{i=1}^{n}X_{ji}^2+\lambda_{\text{Ridge}}$。然后简化式(19-99)，因此第 j 个系数 β_j 的岭估计量为 $\hat{\beta}_j^{\text{Ridge}}=\left(\sum_{i=1}^{n}X_{ji}^2+\lambda_{\text{Ridge}}\right)^{-1}\sum_{i=1}^{n}X_{ji}Y_i=\left(1+\dfrac{\lambda_{\text{Ridge}}}{\sum_{i=1}^{n}X_{ji}^2}\right)^{-1}\left(\sum_{i=1}^{n}X_{ji}^2\right)^{-1}\sum_{i=1}^{n}X_{ji}Y_i=\left(1+\dfrac{\lambda_{\text{Ridge}}}{\sum_{i=1}^{n}X_{ji}^2}\right)^{-1}\hat{\beta}_j$ 其中，$\hat{\beta}_j$ 是这些解释变量的 OLS 估计量。因此，当解释变量不相关时，岭回归估计量通过因子 $\left(1+\dfrac{\lambda_{\text{Ridge}}}{\sum_{i=1}^{n}X_{ji}^2}\right)^{-1}$ 将 OLS 估计量向 0 收缩。此外，如果解释变量使用样本标准差标准化后，则 $\sum_{i=1}^{n}X_{ji}^2=n-1$，在这种情形下，$\hat{\boldsymbol{\beta}}^{\text{Ridge}}=\left[1+\dfrac{\lambda_{\text{Ridge}}}{(n-1)}\right]^{-1}\hat{\boldsymbol{\beta}}$。

其次，正如第 14.4 节所讨论的，使用岭回归估计量做的预测，会随着作为预测因子的解释变量的线性组合的变化而变化。特别地，如果 $\boldsymbol{X}$ 表示预测因子矩阵，那么用 $\boldsymbol{X}$ 和 $\boldsymbol{XA}$ 做的岭预测会不同，其中 $\boldsymbol{A}$ 是 $k\times k$ 阶非奇异矩阵。对于 OLS，无论使用 $\boldsymbol{X}$ 还是 $\boldsymbol{XA}$ 做预测，得到的预测结果都是相同的，因此这是岭预测和 OLS 预测两者之间非常重要的不同点。

为了证明上述结果，考虑使用 $\boldsymbol{XA}$ 计算得到的岭回归估计量，用 $\hat{\boldsymbol{\beta}}_{\boldsymbol{A}}^{\text{Ridge}}$ 表示。不使用线性变换而直接使用 X 计算得到的岭回归估计量为 $\hat{\boldsymbol{\beta}}_{\boldsymbol{I}}^{\text{Ridge}}$。对样本内和样本外预测因子进行相同的线性变换，线性变换后的样本外观测值为 $\boldsymbol{A}'\boldsymbol{X}^{\text{oos}}$。因此，使用 $\hat{\boldsymbol{\beta}}_{\boldsymbol{A}}^{\text{Ridge}}$ 计算得到的样本外预测值为 $\hat{Y}_A^{\text{oos}}=(\boldsymbol{A}'\boldsymbol{X}^{\text{oos}})'\hat{\boldsymbol{\beta}}_{\boldsymbol{A}}^{\text{Ridge}}=\boldsymbol{X}^{\text{oos}\prime}\boldsymbol{A}\hat{\boldsymbol{\beta}}_{\boldsymbol{A}}^{\text{Ridge}}$，使用未线性变换的 $\boldsymbol{X}$ 得到的样本外预测值为 $\hat{Y}_I^{\text{oos}}=\boldsymbol{X}^{\text{oos}\prime}\hat{\boldsymbol{\beta}}_{\boldsymbol{I}}^{\text{Ridge}}$。根据式(19-99)，岭回归估计量为 $\hat{\boldsymbol{\beta}}_{\boldsymbol{A}}^{\text{Ridge}}=[(\boldsymbol{XA})'(\boldsymbol{XA})+\lambda_{\text{Ridge}}\boldsymbol{I}_k]^{-1}(\boldsymbol{XA})'\boldsymbol{Y}=(\boldsymbol{A}'\boldsymbol{X}'\boldsymbol{XA}+\lambda_{\text{Ridge}}\boldsymbol{I}_k)^{-1}\boldsymbol{A}'\boldsymbol{XY}=[\boldsymbol{A}'(\boldsymbol{X}'\boldsymbol{X}+\lambda_{\text{Ridge}A}{}'^{-1}\boldsymbol{A}^{-1})\boldsymbol{A}]^{-1}\boldsymbol{A}'\boldsymbol{XY}=\boldsymbol{A}^{-1}[\boldsymbol{X}'\boldsymbol{X}+\lambda_{\text{Ridge}}(\boldsymbol{AA}')^{-1}]^{-1}\boldsymbol{XY}$，其中通过使用矩阵逆的性质进行合并同类项可得这些等式。因此，对于样本外观测值的岭预测为 $\hat{Y}_A^{\text{oos}}=\boldsymbol{X}^{\text{oos}\prime}\boldsymbol{A}\hat{\boldsymbol{\beta}}_{\boldsymbol{A}}^{\text{Ridge}}=$

$X^{oos\prime}[X'X+\lambda_{Ridge}(AA')^{-1}]^{-1}XY$，而使用未线性变换的 X 得到的预测为 $\hat{Y}_I^{oos}=X^{oos\prime}(X'X+\lambda_{Ridge}I_k)^{-1}XY$。由于 $\hat{Y}_A^{oos}$ 中包含矩阵 $(AA')^{-1}$，而 $\hat{Y}_I^{oos}$ 中未包含矩阵 $(AA')^{-1}$，因此这两个预测结果是不同的。只有当线性变换是正交时，即当 $AA'=I_k$ 时，$(AA')^{-1}=I_k$，因此两个预测结果是相同的。

无论是否对 X 进行线性变换 A（只要 A 是非奇异的），OLS 得到的预测值相同，这是因为 OLS 预测值是 $\lambda_{Ridge}=0$ 时的岭预测值。通过将 $\lambda_{Ridge}=0$ 分别代入到岭预测 $\hat{Y}_A^{oos}$ 和 $\hat{Y}_I^{oos}$ 的表达式中，即可得出该结论。

19G.3 主成分分析

本节介绍 X 的主成分的公式，并证明主成分的方差之和等于 X 的方差之和（式(14-10)）。本节总结了使用前 r 个主成分计算得到的样本外预测的表达式，如第 14.5 节所示，该表达式用预测因子的样本外观测值 X^{oos} 表示。

在重要概念 14-2 中，X 的第 j 个主成分定义为 X 的线性组合，这些主成分具有以下性质①线性组合的权重平方和为 1；②第 j 个主成分与前 $j-1$ 个主成分不相关；③在①和②的前提下，第 j 个主成分最大化其线性组合的方差。现在，我们用数学语言对这些性质进行表述，并推导出主成分的明确公式。特别地，我们将证明用于形成前 r 个主成分的线性组合权重为 $X'X$ 矩阵 r 个最大特征值所对应的特征向量。

令 PC_j 表示第 j 个主成分，令 W_j 表示用于构建 PC_j 的 $k\times1$ 维权重向量，因此 $PC_j=XW_j$。PC_j 的平方和为 $PC'_jPC_j=W_j'X'XW_j$，权重平方和为 $W_j'W_j$。由于 X 的均值为 0（X 已被标准化处理），因此第 j 个主成分的样本方差为 $\frac{PC'_jPC_j}{(n-1)}$。通过求解下列最优化问题对权重 W_j 进行选择

$$\max_{W_j} PC'_jPC_j=W_j'X'XW_j$$

$$\text{其中对于 } i<j\text{，均需满足 } W_j'W_j=1$$

$$\text{且 } PC'_jPC_i=0 \qquad (19\text{-}100)$$

对于 $j=1$，该受约束最优化问题为在满足 $W_1'W_1=1$ 的前提下，选择 W_1 以最大化 $W_1'X'XW_1$。通过最大化拉格朗日方程 $W_1'X'XW_1-\lambda_1(W_1'W_1-1)$ 可求解该最优化问题，其中 λ_1 为朗格朗日乘子。通过对该拉格朗日方程关于 W_1 进行求导并将其设置为 0，可得

$$X'XW_1=\lambda_1W_1 \qquad (19\text{-}101)$$

式(19-101)证明了 W_1 是 $X'X$ 的特征向量，λ_1 为对应的特征值，其中特征向量被归一化从而具有单位长度。在此基础上，对式(19-101)两边同乘 W_1'可得 $W_1'X'XW_1=PC_1'PC_1=\lambda_1$，因此最大化 PC'_1PC_1 要求 λ_1 是 $X'X$ 的最大特征值，且 W_1 是对应于 $X'X$ 的最大特征值的特征向量。

现在考虑 W_2。现有两个约束条件，$W_2'W_2=1$ 以及 $PC_2'PC_1=W_2X'XW_1{}'=0$，因此拉格朗日方程为 $W_2'X'XW_2-\lambda_2(W_2'W_2-1)-\gamma_{21}W_2'X'XW_1$，其中，$\lambda_2$ 和 γ_{21} 为拉格朗日乘子。通过对该拉格朗日方程关于 W_2 进行求导并将其设置为 0，可得

$$X'XW_2=\lambda_2W_2+\frac{1}{2}\gamma_{21}X'XW_1 \qquad (19\text{-}102)$$

首先对式(19-101)两边同乘 W_2'，可得：$W_2'X'XW_1=\lambda_1W'_2W_1$；由 $W'_2W_1=0$ 可得 $W_2'X'XW_1=0$。现对式(19-102)两边同乘 W_1'，可得：$W_1'X'XW_2=\lambda_2W_2'W_1'+\frac{1}{2}\gamma_{21}W_1'X'XW_1=\frac{1}{2}\gamma_{21}W_1'X'XW_1$，由于 $W_1'X'XW_2-W_1'W_2=0$，因此必有 $\gamma_{21}=0$。因此式(19-102)简化为 $X'XW_2=\lambda_2W_2$，因此 W_2 是 $X'X$ 的特征向量，λ_2 为对应的特征值。通过对 $X'XW_2=\lambda_2W_2$ 两边同乘 W_2'并进行归一化处理，可得 $W_2'X'XW_2=\lambda_2$。因此通过选择 W_2，使其为 $X'X$ 的第二大特征值所对应的特征向量即可最大化拉格朗日方程。

上述计算过程表明，W_j 是 $X'X$ 的第 j 个最大特征值 λ_j 所对应的特征向量。因此，$PC_j'PC_j=\lambda_j$，当 $i\neq j$ 时，$PC_j'PC_i=0$。如果 $k<n$，$X'X$ 只有前 k 个特征值不为零，因此主成分的

数量为 $\min(n,\ k)$。

由于矩阵的迹等于特征值之和，因此

$$\text{trace}(\boldsymbol{X'X}) = \sum_{j=1}^{\min(n,\ k)} \lambda_j = \sum_{j=1}^{\min(n,\ k)} \boldsymbol{PC}_j'\boldsymbol{PC}_j \tag{19-103}$$

最后，我们介绍一种用样本外预测因子的观测值 X^{oos} 表示的样本外预测的表达式。前 r 个样本外主成分的值为 $\boldsymbol{PC}_{1:r}^{oos} = [\boldsymbol{PC}_1^{oos}\ \ \boldsymbol{PC}_2^{oos}\ \ \cdots\ \ \boldsymbol{PC}_r^{oos}] = \boldsymbol{W}_{1:r}'\boldsymbol{X}^{oos}$，其中 $\boldsymbol{W}_{1:r} = [\boldsymbol{W}_1\ \ \boldsymbol{W}_2\ \ \cdots\ \ \boldsymbol{W}_r]$ 是估计样本中 $\boldsymbol{X'X}$ 的前 r 个特征向量。令 $\hat{\boldsymbol{\gamma}}$ 表示估计样本中 Y 对前 r 个主成分进行回归所得到的 $r\times1$ 维 OLS 系数估计值向量。由此可得，Y^{oos} 的主成分预测为 $\hat{Y}^{oos} = \hat{\boldsymbol{\gamma}}'\boldsymbol{PC}_{1:r}^{oos}$。用原始解释变量表示的话，主成分预测为

$$\hat{Y}^{oos} = \hat{\boldsymbol{\gamma}}'\boldsymbol{W}_{1:r}'\boldsymbol{X}^{oos} \tag{19-104}$$

该表达式用于计算表 14-4 中的主成分预测。

附　录

APPENDIX

表 A-1　标准正态分布累积密度函数，$\Phi(z)=\Pr(Z\leqslant z)$

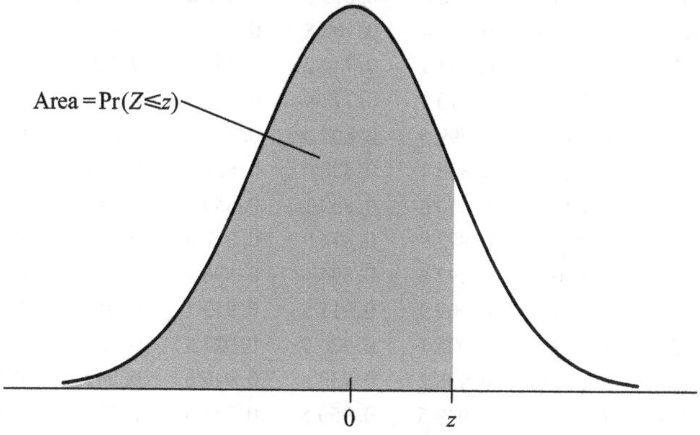

z	z的第二位小数									
	0	1	2	3	4	5	6	7	8	9
−2.9	0.001 9	0.001 8	0.001 8	0.001 7	0.001 6	0.001 6	0.001 5	0.001 5	0.001 4	0.001 4
−2.8	0.002 6	0.002 5	0.002 4	0.002 3	0.002 3	0.002 2	0.002 1	0.002 1	0.002 0	0.001 9
−2.7	0.003 5	0.003 4	0.003 3	0.003 2	0.003 1	0.003 0	0.002 9	0.002 8	0.002 7	0.002 6
−2.6	0.004 7	0.004 5	0.004 4	0.004 3	0.004 1	0.004 0	0.003 9	0.003 8	0.003 7	0.003 6
−2.5	0.006 2	0.006 0	0.005 9	0.005 7	0.005 5	0.005 4	0.005 2	0.005 1	0.004 9	0.004 8
−2.4	0.008 2	0.008 0	0.007 8	0.007 5	0.007 3	0.007 1	0.006 9	0.006 8	0.006 6	0.006 4
−2.3	0.010 7	0.010 4	0.010 2	0.009 9	0.009 6	0.009 4	0.009 1	0.008 9	0.008 7	0.008 4
−2.2	0.013 9	0.013 6	0.013 2	0.012 9	0.012 5	0.012 2	0.011 9	0.011 6	0.011 3	0.011 0
−2.1	0.017 9	0.017 4	0.017 0	0.016 6	0.016 2	0.015 8	0.015 4	0.015 0	0.014 6	0.014 3
−2.0	0.022 8	0.022 2	0.021 7	0.021 2	0.020 7	0.020 2	0.019 7	0.019 2	0.018 8	0.018 3
−1.9	0.028 7	0.028 1	0.027 4	0.026 8	0.026 2	0.025 6	0.025 0	0.024 4	0.023 9	0.023 3
−1.8	0.035 9	0.035 1	0.034 4	0.033 6	0.032 9	0.032 2	0.031 4	0.030 7	0.030 1	0.029 4
−1.7	0.044 6	0.043 6	0.042 7	0.041 8	0.040 9	0.040 1	0.039 2	0.038 4	0.037 5	0.036 7
−1.6	0.054 8	0.053 7	0.052 6	0.051 6	0.050 5	0.049 5	0.048 5	0.047 5	0.046 5	0.045 5
−1.5	0.066 8	0.065 5	0.064 3	0.063 0	0.061 8	0.060 6	0.059 4	0.058 2	0.057 1	0.055 9

（续）

z	z的第二位小数									
	0	1	2	3	4	5	6	7	8	9
-1.4	0.0808	0.0793	0.0778	0.0764	0.0749	0.0735	0.0721	0.0708	0.0694	0.0681
-1.3	0.0968	0.0951	0.0934	0.0918	0.0901	0.0885	0.0869	0.0853	0.0838	0.0823
-1.2	0.1151	0.1131	0.1112	0.1093	0.1075	0.1056	0.1038	0.1020	0.1003	0.0985
-1.1	0.1357	0.1335	0.1314	0.1292	0.1271	0.1251	0.1230	0.1210	0.1190	0.1170
-1.0	0.1587	0.1562	0.1539	0.1515	0.1492	0.1469	0.1446	0.1423	0.1401	0.1379
-0.9	0.1841	0.1814	0.1788	0.1762	0.1736	0.1711	0.1685	0.1660	0.1635	0.1611
-0.8	0.2119	0.2090	0.2061	0.2033	0.2005	0.1977	0.1949	0.1922	0.1894	0.1867
-0.7	0.2420	0.2389	0.2358	0.2327	0.2296	0.2266	0.2236	0.2206	0.2177	0.2148
-0.6	0.2743	0.2709	0.2676	0.2643	0.2611	0.2578	0.2546	0.2514	0.2483	0.2451
-0.5	0.3085	0.3050	0.3015	0.2981	0.2946	0.2912	0.2877	0.2843	0.2810	0.2776
-0.4	0.3446	0.3409	0.3372	0.3336	0.3300	0.3264	0.3228	0.3192	0.3156	0.3121
-0.3	0.3821	0.3783	0.3745	0.3707	0.3669	0.3632	0.3594	0.3557	0.3520	0.3483
-0.2	0.4207	0.4168	0.4129	0.4090	0.4052	0.4013	0.3974	0.3936	0.3897	0.3859
-0.1	0.4602	0.4562	0.4522	0.4483	0.4443	0.4404	0.4364	0.4325	0.4286	0.4247
-0.0	0.5000	0.4960	0.4920	0.4880	0.4840	0.4801	0.4761	0.4721	0.4681	0.4641
0.0	0.5000	0.5040	0.5080	0.5120	0.5160	0.5199	0.5239	0.5279	0.5319	0.5359
0.1	0.5398	0.5438	0.5478	0.5517	0.5557	0.5596	0.5636	0.5675	0.5714	0.5753
0.2	0.5793	0.5832	0.5871	0.5910	0.5948	0.5987	0.6026	0.6064	0.6103	0.6141
0.3	0.6179	0.6217	0.6255	0.6293	0.6331	0.6368	0.6406	0.6443	0.6480	0.6517
0.4	0.6554	0.6591	0.6628	0.6664	0.6700	0.6736	0.6772	0.6808	0.6844	0.6879
0.5	0.6915	0.6950	0.6985	0.7019	0.7054	0.7088	0.7123	0.7157	0.7190	0.7224
0.6	0.7257	0.7291	0.7324	0.7357	0.7389	0.7422	0.7454	0.7486	0.7517	0.7549
0.7	0.7580	0.7611	0.7642	0.7673	0.7704	0.7734	0.7764	0.7794	0.7823	0.7852
0.8	0.7881	0.7910	0.7939	0.7967	0.7995	0.8023	0.8051	0.8078	0.8106	0.8133
0.9	0.8159	0.8186	0.8212	0.8238	0.8264	0.8289	0.8315	0.8340	0.8365	0.8389
1.0	0.8413	0.8438	0.8461	0.8485	0.8508	0.8531	0.8554	0.8577	0.8599	0.8621
1.1	0.8643	0.8665	0.8686	0.8708	0.8729	0.8749	0.8770	0.8790	0.8810	0.8830
1.2	0.8849	0.8869	0.8888	0.8907	0.8925	0.8944	0.8962	0.8980	0.8997	0.9015
1.3	0.9032	0.9049	0.9066	0.9082	0.9099	0.9115	0.9131	0.9147	0.9162	0.9177
1.4	0.9192	0.9207	0.9222	0.9236	0.9251	0.9265	0.9279	0.9292	0.9306	0.9319
1.5	0.9332	0.9345	0.9357	0.9370	0.9382	0.9394	0.9406	0.9418	0.9429	0.9441
1.6	0.9452	0.9463	0.9474	0.9484	0.9495	0.9505	0.9515	0.9525	0.9535	0.9545
1.7	0.9554	0.9564	0.9573	0.9582	0.9591	0.9599	0.9608	0.9616	0.9625	0.9633
1.8	0.9641	0.9649	0.9656	0.9664	0.9671	0.9678	0.9686	0.9693	0.9699	0.9706
1.9	0.9713	0.9719	0.9726	0.9732	0.9738	0.9744	0.9750	0.9756	0.9761	0.9767
2.0	0.9772	0.9778	0.9783	0.9788	0.9793	0.9798	0.9803	0.9808	0.9812	0.9817
2.1	0.9821	0.9826	0.9830	0.9834	0.9838	0.9842	0.9846	0.9850	0.9854	0.9857
2.2	0.9861	0.9864	0.9868	0.9871	0.9875	0.9878	0.9881	0.9884	0.9887	0.9890
2.3	0.9893	0.9896	0.9898	0.9901	0.9904	0.9906	0.9909	0.9911	0.9913	0.9916
2.4	0.9918	0.9920	0.9922	0.9925	0.9927	0.9929	0.9931	0.9932	0.9934	0.9936
2.5	0.9938	0.9940	0.9941	0.9943	0.9945	0.9946	0.9948	0.9949	0.9951	0.9952
2.6	0.9953	0.9955	0.9956	0.9957	0.9959	0.9960	0.9961	0.9962	0.9963	0.9964
2.7	0.9965	0.9966	0.9967	0.9968	0.9969	0.9970	0.9971	0.9972	0.9973	0.9974
2.8	0.9974	0.9975	0.9976	0.9977	0.9977	0.9978	0.9979	0.9979	0.9980	0.9981
2.9	0.9981	0.9982	0.9982	0.9983	0.9984	0.9984	0.9985	0.9985	0.9986	0.9986

注：该表可用来计算 $\Pr(Z \leqslant z)$，其中 Z 为标准正态随机变量。例如，$z=1.17$ 时对应的概率值为 0.8790，该数值在表格中对应的行标为 1.1，列标为 7。

表 A-2　*t* 检验的双边和单边检验临界值

自由度	显著性水平				
	20%(双边) 10%(单边)	10%(双边) 5%(单边)	5%(双边) 2.5%(单边)	2%(双边) 1%(单边)	1%(双边) 0.5%(单边)
1	3.08	6.31	12.71	31.82	63.66
2	1.89	2.92	4.30	6.96	9.92
3	1.64	2.35	3.18	4.54	5.84
4	1.53	2.13	2.78	3.75	4.60
5	1.48	2.02	2.57	3.36	4.03
6	1.44	1.94	2.45	3.14	3.71
7	1.41	1.89	2.36	3.00	3.50
8	1.40	1.86	2.31	2.90	3.36
9	1.38	1.83	2.26	2.82	3.25
10	1.37	1.81	2.23	2.76	3.17
11	1.36	1.80	2.20	2.72	3.11
12	1.36	1.78	2.18	2.68	3.05
13	1.35	1.77	2.16	2.65	3.01
14	1.35	1.76	2.14	2.62	2.98
15	1.34	1.75	2.13	2.60	2.95
16	1.34	1.75	2.12	2.58	2.92
17	1.33	1.74	2.11	2.57	2.90
18	1.33	1.73	2.10	2.55	2.88
19	1.33	1.73	2.09	2.54	2.86
20	1.33	1.72	2.09	2.53	2.85
21	1.32	1.72	2.08	2.52	2.83
22	1.32	1.72	2.07	2.51	2.82
23	1.32	1.71	2.07	2.50	2.81
24	1.32	1.71	2.06	2.49	2.80
25	1.32	1.71	2.06	2.49	2.79
26	1.32	1.71	2.06	2.48	2.78
27	1.31	1.70	2.05	2.47	2.77
28	1.31	1.70	2.05	2.47	2.76
29	1.31	1.70	2.05	2.46	2.76
30	1.31	1.70	2.04	2.46	2.75
60	1.30	1.67	2.00	2.39	2.66
90	1.29	1.66	1.99	2.37	2.63
120	1.29	1.66	1.98	2.36	2.62
∞	1.28	1.64	1.96	2.33	2.58

注：表中的临界值可以用来检验备择假设为双边(≠)和单边(>)的假设检验，备择假设为<的单边检验临界值是备择假设为>的单边检验临界值的相反数。例如，2.13 是显著性水平为 5%，自由度为 15 的 *t* 分布的双边检验临界值。

表 A-3 χ^2 分布的临界值

自由度	显著性水平		
	10%	5%	1%
1	2.71	3.84	6.63
2	4.61	5.99	9.21
3	6.25	7.81	11.34
4	7.78	9.49	13.28
5	9.24	11.07	15.09
6	10.64	12.59	16.81
7	12.02	14.07	18.48
8	13.36	15.51	20.09
9	14.68	16.92	21.67
10	15.99	18.31	23.21
11	17.28	19.68	24.72
12	18.55	21.03	26.22
13	19.81	22.36	27.69
14	21.06	23.68	29.14
15	22.31	25.00	30.58
16	23.54	26.30	32.00
17	24.77	27.59	33.41
18	25.99	28.87	34.81
19	27.20	30.14	36.19
20	28.41	31.41	37.57
21	29.62	32.67	38.93
22	30.81	33.92	40.29
23	32.01	35.17	41.64
24	33.20	36.41	42.98
25	34.38	37.65	44.31
26	35.56	38.89	45.64
27	36.74	40.11	46.96
28	37.92	41.34	48.28
29	39.09	42.56	49.59
30	40.26	43.77	50.89

注：表中给出了 χ^2 分布 90%、95%、99%的分位点，分别对应显著性水平为 10%、5%、1%的 χ^2 检验的临界值。

表 A-4　$F_{m,\infty}$ 分布的临界值

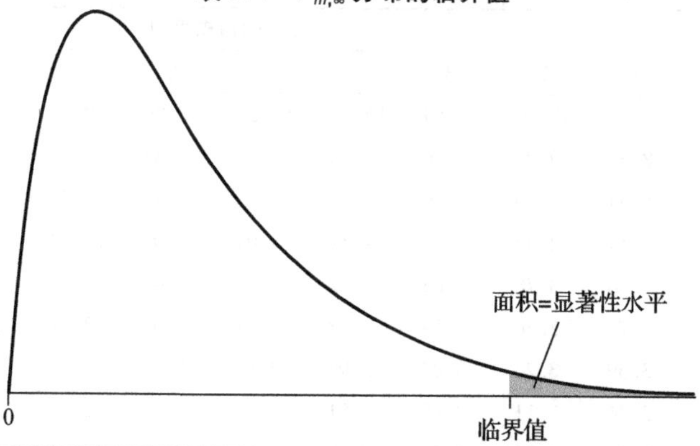

自由度	显著性水平		
	10%	5%	1%
1	2.71	3.84	6.63
2	2.30	3.00	4.61
3	2.08	2.60	3.78
4	1.94	2.37	3.32
5	1.85	2.21	3.02
6	1.77	2.10	2.80
7	1.72	2.01	2.64
8	1.67	1.94	2.51
9	1.63	1.88	2.41
10	1.60	1.83	2.32
11	1.57	1.79	2.25
12	1.55	1.75	2.18
13	1.52	1.72	2.13
14	1.50	1.69	2.08
15	1.49	1.67	2.04
16	1.47	1.64	2.00
17	1.46	1.62	1.97
18	1.44	1.60	1.93
19	1.43	1.59	1.90
20	1.42	1.57	1.88
21	1.41	1.56	1.85
22	1.40	1.54	1.83
23	1.39	1.53	1.81
24	1.38	1.52	1.79
25	1.38	1.51	1.77
26	1.37	1.50	1.76
27	1.36	1.49	1.74
28	1.35	1.48	1.72
29	1.35	1.47	1.71
30	1.34	1.46	1.70

注：表中给出了 $F_{m,\infty}$ 分布 90%、95%、99% 的分位点，分别对应显著性水平为 10%、5%、1% 的 $F_{m,\infty}$ 检验的临界值。

表 A-5a　F_{n_1,n_2} 分布的临界值(显著性水平为 10%)

分母的自由度(n_2)	分子的自由度(n_1)									
	1	2	3	4	5	6	7	8	9	10
1	39.86	49.50	53.59	55.83	57.24	58.20	58.90	59.44	59.86	60.20
2	8.53	9.00	9.16	9.24	9.29	9.33	9.35	9.37	9.38	9.39
3	5.54	5.46	5.39	5.34	5.31	5.28	5.27	5.25	5.24	5.23
4	4.54	4.32	4.19	4.11	4.05	4.01	3.98	3.95	3.94	3.92
5	4.06	3.78	3.62	3.52	3.45	3.40	3.37	3.34	3.32	3.30
6	3.78	3.46	3.29	3.18	3.11	3.05	3.01	2.98	2.96	2.94
7	3.59	3.26	3.07	2.96	2.88	2.83	2.78	2.75	2.72	2.70
8	3.46	3.11	2.92	2.81	2.73	2.67	2.62	2.59	2.56	2.54
9	3.36	3.01	2.81	2.69	2.61	2.55	2.51	2.47	2.44	2.42
10	3.29	2.92	2.73	2.61	2.52	2.46	2.41	2.38	2.35	2.32
11	3.23	2.86	2.66	2.54	2.45	2.39	2.34	2.30	2.27	2.25
12	3.18	2.81	2.61	2.48	2.39	2.33	2.28	2.24	2.21	2.19
13	3.14	2.76	2.56	2.43	2.35	2.28	2.23	2.20	2.16	2.14
14	3.10	2.73	2.52	2.39	2.31	2.24	2.19	2.15	2.12	2.10
15	3.07	2.70	2.49	2.36	2.27	2.21	2.16	2.12	2.09	2.06
16	3.05	2.67	2.46	2.33	2.24	2.18	2.13	2.09	2.06	2.03
17	3.03	2.64	2.44	2.31	2.22	2.15	2.10	2.06	2.03	2.00
18	3.01	2.62	2.42	2.29	2.20	2.13	2.08	2.04	2.00	1.98
19	2.99	2.61	2.40	2.27	2.18	2.11	2.06	2.02	1.98	1.96
20	2.97	2.59	2.38	2.25	2.16	2.09	2.04	2.00	1.96	1.94
21	2.96	2.57	2.36	2.23	2.14	2.08	2.02	1.98	1.95	1.92
22	2.95	2.56	2.35	2.22	2.13	2.06	2.01	1.97	1.93	1.90
23	2.94	2.55	2.34	2.21	2.11	2.05	1.99	1.95	1.92	1.89
24	2.93	2.54	2.33	2.19	2.10	2.04	1.98	1.94	1.91	1.88
25	2.92	2.53	2.32	2.18	2.09	2.02	1.97	1.93	1.89	1.87
26	2.91	2.52	2.31	2.17	2.08	2.01	1.96	1.92	1.88	1.86
27	2.90	2.51	2.30	2.17	2.07	2.00	1.95	1.91	1.87	1.85
28	2.89	2.50	2.29	2.16	2.06	2.00	1.94	1.90	1.87	1.84
29	2.89	2.50	2.28	2.15	2.06	1.99	1.93	1.89	1.86	1.83
30	2.88	2.49	2.28	2.14	2.05	1.98	1.93	1.88	1.85	1.82
60	2.79	2.39	2.18	2.04	1.95	1.87	1.82	1.77	1.74	1.71
90	2.76	2.36	2.15	2.01	1.91	1.84	1.78	1.74	1.70	1.67
120	2.75	2.35	2.13	1.99	1.90	1.82	1.77	1.72	1.68	1.65
∞	**2.71**	**2.30**	**2.08**	**1.94**	**1.85**	**1.77**	**1.72**	**1.67**	**1.63**	**1.60**

注：表中为 F_{n_1,n_2} 分布的 90% 分位点，对应显著性水平为 10% 的 F 检验的临界值。

表 A-5b　F_{n_1,n_2} 分布的临界值(显著性水平为 5%)

分母的自由度(n_2)	分子的自由度(n_1)									
	1	2	3	4	5	6	7	8	9	10
1	161.40	199.50	215.70	224.60	230.20	234.00	236.80	238.90	240.50	241.90
2	18.51	19.00	19.16	19.25	19.30	19.33	19.35	19.37	19.39	19.40
3	10.13	9.55	9.28	9.12	9.01	8.94	8.89	8.85	8.81	8.79
4	7.71	6.94	6.59	6.39	6.26	6.16	6.09	6.04	6.00	5.96
5	6.61	5.79	5.41	5.19	5.05	4.95	4.88	4.82	4.77	4.74
6	5.99	5.14	4.76	4.53	4.39	4.28	4.21	4.15	4.10	4.06
7	5.59	4.74	4.35	4.12	3.97	3.87	3.79	3.73	3.68	3.64
8	5.32	4.46	4.07	3.84	3.69	3.58	3.50	3.44	3.39	3.35
9	5.12	4.26	3.86	3.63	3.48	3.37	3.29	3.23	3.18	3.14
10	4.96	4.10	3.71	3.48	3.33	3.22	3.14	3.07	3.02	2.98
11	4.84	3.98	3.59	3.36	3.20	3.09	3.01	2.95	2.90	2.85
12	4.75	3.89	3.49	3.26	3.11	3.00	2.91	2.85	2.80	2.75
13	4.67	3.81	3.41	3.18	3.03	2.92	2.83	2.77	2.71	2.67
14	4.60	3.74	3.34	3.11	2.96	2.85	2.76	2.70	2.65	2.60
15	4.54	3.68	3.29	3.06	2.90	2.79	2.71	2.64	2.59	2.54
16	4.49	3.63	3.24	3.01	2.85	2.74	2.66	2.59	2.54	2.49
17	4.45	3.59	3.20	2.96	2.81	2.70	2.61	2.55	2.49	2.45
18	4.41	3.55	3.16	2.93	2.77	2.66	2.58	2.51	2.46	2.41
19	4.38	3.52	3.13	2.90	2.74	2.63	2.54	2.48	2.42	2.38
20	4.35	3.49	3.10	2.87	2.71	2.60	2.51	2.45	2.39	2.35
21	4.32	3.47	3.07	2.84	2.68	2.57	2.49	2.42	2.37	2.32
22	4.30	3.44	3.05	2.82	2.66	2.55	2.46	2.40	2.34	2.30
23	4.28	3.42	3.03	2.80	2.64	2.53	2.44	2.37	2.32	2.27
24	4.26	3.40	3.01	2.78	2.62	2.51	2.42	2.36	2.30	2.25
25	4.24	3.39	2.99	2.76	2.60	2.49	2.40	2.34	2.28	2.24
26	4.23	3.37	2.98	2.74	2.59	2.47	2.39	2.32	2.27	2.22
27	4.21	3.35	2.96	2.73	2.57	2.46	2.37	2.31	2.25	2.20
28	4.20	3.34	2.95	2.71	2.56	2.45	2.36	2.29	2.24	2.19
29	4.18	3.33	2.93	2.70	2.55	2.43	2.35	2.28	2.22	2.18
30	4.17	3.32	2.92	2.69	2.53	2.42	2.33	2.27	2.21	2.16
60	4.00	3.15	2.76	2.53	2.37	2.25	2.17	2.10	2.04	1.99
90	3.95	3.10	2.71	2.47	2.32	2.20	2.11	2.04	1.99	1.94
120	3.92	3.07	2.68	2.45	2.29	2.18	2.09	2.02	1.96	1.91
∞	**3.84**	**3.00**	**2.60**	**2.37**	**2.21**	**2.10**	**2.01**	**1.94**	**1.88**	**1.83**

注：表中为 F_{n_1,n_2} 分布的 95%分位点，对应显著性水平为 5%的 F 检验的临界值。

表 A-5c　F_{n_1,n_2} 分布的临界值(显著性水平为 1%)

分母的自由度(n_2)	分子的自由度(n_1)									
	1	2	3	4	5	6	7	8	9	10
1	4 052.00	4 999.00	5 403.00	5 624.00	5 763.00	5 859.00	5 928.00	5 981.00	6 022.00	6 055.00
2	98.50	99.00	99.17	99.25	99.30	99.33	99.36	99.37	99.39	99.40
3	34.12	30.82	29.46	28.71	28.24	27.91	27.67	27.49	27.35	27.23
4	21.20	18.00	16.69	15.98	15.52	15.21	14.98	14.80	14.66	14.55
5	16.26	13.27	12.06	11.39	10.97	10.67	10.46	10.29	10.16	10.05
6	13.75	10.92	9.78	9.15	8.75	8.47	8.26	8.10	7.98	7.87
7	12.25	9.55	8.45	7.85	7.46	7.19	6.99	6.84	6.72	6.62
8	11.26	8.65	7.59	7.01	6.63	6.37	6.18	6.03	5.91	5.81
9	10.56	8.02	6.99	6.42	6.06	5.80	5.61	5.47	5.35	5.26
10	10.04	7.56	6.55	5.99	5.64	5.39	5.20	5.06	4.94	4.85
11	9.65	7.21	6.22	5.67	5.32	5.07	4.89	4.74	4.63	4.54
12	9.33	6.93	5.95	5.41	5.06	4.82	4.64	4.50	4.39	4.30
13	9.07	6.70	5.74	5.21	4.86	4.62	4.44	4.30	4.19	4.10
14	8.86	6.51	5.56	5.04	4.69	4.46	4.28	4.14	4.03	3.94
15	8.68	6.36	5.42	4.89	4.56	4.32	4.14	4.00	3.89	3.80
16	8.53	6.23	5.29	4.77	4.44	4.20	4.03	3.89	3.78	3.69
17	8.40	6.11	5.18	4.67	4.34	4.10	3.93	3.79	3.68	3.59
18	8.29	6.01	5.09	4.58	4.25	4.01	3.84	3.71	3.60	3.51
19	8.18	5.93	5.01	4.50	4.17	3.94	3.77	3.63	3.52	3.43
20	8.10	5.85	4.94	4.43	4.10	3.87	3.70	3.56	3.46	3.37
21	8.02	5.78	4.87	4.37	4.04	3.81	3.64	3.51	3.40	3.31
22	7.95	5.72	4.82	4.31	3.99	3.76	3.59	3.45	3.35	3.26
23	7.88	5.66	4.76	4.26	3.94	3.71	3.54	3.41	3.30	3.21
24	7.82	5.61	4.72	4.22	3.90	3.67	3.50	3.36	3.26	3.17
25	7.77	5.57	4.68	4.18	3.85	3.63	3.46	3.32	3.22	3.13
26	7.72	5.53	4.64	4.14	3.82	3.59	3.42	3.29	3.18	3.09
27	7.68	5.49	4.60	4.11	3.78	3.56	3.39	3.26	3.15	3.06
28	7.64	5.45	4.57	4.07	3.75	3.53	3.36	3.23	3.12	3.03
29	7.60	5.42	4.54	4.04	3.73	3.50	3.33	3.20	3.09	3.00
30	7.56	5.39	4.51	4.02	3.70	3.47	3.30	3.17	3.07	2.98
60	7.08	4.98	4.13	3.65	3.34	3.12	2.95	2.82	2.72	2.63
90	6.93	4.85	4.01	3.53	3.23	3.01	2.84	2.72	2.61	2.52
120	6.85	4.79	3.95	3.48	3.17	2.96	2.79	2.66	2.56	2.47
∞	**6.63**	**4.61**	**3.78**	**3.32**	**3.02**	**2.80**	**2.64**	**2.51**	**2.41**	**2.32**

注：表中为 F_{n_1,n_2} 分布的 99%分位点，对应显著性水平为 1%的 F 检验的临界值。

参考文献

Adda, Jérôme, and Francesca Cornaglia. 2006. "Taxes, Cigarette Consumption, and Smoking Intensity." *American Economic Review* 96(4): 1013–1028.

Aggarwal, Rajesh K., and Philippe Jorion. 2010. "The Performance of Emerging Hedge Funds and Managers." *Journal of Financial Economic's* 96: 238–256.

Almond, Douglas, Kenneth Y. Chay, and David S. Lee. 2005. "The Costs of Low Birth Weight." *Quarterly Journal of Economics* 120(3): 1031–1083.

American Association for Public Opinion Research. 2017. "An Evaluation of 2016 Election Polls in the United States." http://www.aapor.org/getattachment/Education-Resources/Reports/AAPOR-2016-Election-Polling-Report.pdf.aspx.

Anderson, Theodore W., and Herman Rubin. 1949. "Estimators of the Parameters of a Single Equation in a Complete Set of Stochastic Equations." *Annals of Mathematical Statistics* 21: 570–582.

Andrews, Donald W. K. 1991. "Heteroskedasticity and Autocorrelation Consistent Covariance Matrix Estimation." *Econometrica* 59(3): 817–858.

Andrews, Donald W. K. 2003. "Tests for Parameter Instability and Structural Change with Unknown Change Point: A Corrigendum." *Econometrica* 71: 395–397.

Angrist, Joshua. 1990. "Lifetime Earnings and the Vietnam Era Draft Lottery: Evidence from Social Security Administrative Records." *American Economic Review* 80(3): 313–336.

Angrist, Joshua, and William Evans. 1998. "Children and Their Parents' Labor Supply: Evidence from Exogenous Variation in Family Size." *American Economic Review* 88(3): 450–477.

Angrist, Joshua, Kathryn Graddy, and Guido Imbens. 2000. "The Interpretation of Instrumental Variables Estimators in Simultaneous Equations Models with an Application to the Demand for Fish." *Review of Economic Studies* 67(232): 499–527.

Angrist, Joshua and Jörn-Steffen Pischke. 2009. *Mostly Harmless Econometrics: An Empiricist's Companion*. Princeton: Princeton University Press.

Ayres, Ian, and John Donohue. 2003. "Shooting Down the 'More Guns Less Crime' Hypothesis." *Stanford Law Review* 55: 1193–1312.

Bai, Jushan, and Serena Ng. 2002. "Determining the Number of Factors in Approximate Factor Models." *Econometrica* 70: 191–221.

Barendregt, Jan J., L. Bonneux, and P. J. van der Maas. 1997. "The Health Care Costs of Smoking." *New England Journal of Medicine* 337(15): 1052–1057.

Beck, Thorsten, Ross Levine, and Norman Loayza. 2000. "Finance and the Sources of Growth." *Journal of Financial Economics* 58: 261–300.

Benartzi, Shlomo, and Richard H. Thaler. 2007. "Heuristics and Biases in Retirement Savings Behavior." *Journal of Economic Perspectives* 21(3): 81–104.

Benjamin, Daniel J., et al. 2018. "Redefine Statistical Significance." *Nature Human Behaviour* 2: 6–10.

Bergstrom, Theodore A. 2001, Fall. "Free Labor for Costly Journals?" *Journal of Economic Perspectives* 15(4): 183–198.

Bertrand, Marianne, Esther Duflo, and Sendhil Mullainathan. 2004. "How Much Should We Trust Differences-in-Differences Estimates?" *Quarterly Journal of Economics* 119(1): 249–275.

Bertrand, Marianne, and Kevin Hallock. 2001. "The Gender Gap in Top Corporate Jobs." *Industrial and Labor Relations Review* 55(1): 3–21.

Bertrand, Marianne, and Sendhil Mullainathan. 2004. "Are Emily and Greg More Employable than Lakisha and Jamal? A Field Experiment on Labor Market Discrimination." *American Economic Review* 94(4): 991–1013.

Beshears, John, James J. Choi, David Laibson, and Brigitte C. Madrian. 2008. "The Importance of Default Options for Retirement Saving Outcomes: Evidence from the United States." In *Lessons from Pension Reform in the Americas*, edited by Stephen J. Kay and Tapen Sinha, 59–87. Oxford, UK: Oxford University Press.

Bettinger, Eric P., Bridget Terry Long, Philip Oreopoulos, and Lisa Sanbonmatsu. 2012. "The Role of Application Assistance and Information in College Decisions: Results from the H&R Block FAFSA Experiment." *Quarterly Journal of Economics* 127(3): 1205–1242.

Bollerslev, Tim. 1986. "Generalized Autoregressive Conditional Heteroskedasticity." *Journal of Econometrics* 31(3): 307–327.

Cameron, A. Colin and Douglas L. Miller. 2015. "A Practitioner's Guide to Cluster-Robust Inference." *Journal of Human Resources* 50(2): 317–372.

Card, David. 1990. "The Impact of the Mariel Boatlift on the Miami Labor Market." *Industrial and Labor Relations Review* 43(2): 245–257.

Card, David. 1999. "The Causal Effect of Education on Earnings." In *The Handbook of Labor Economics*, edited by Orley C. Ashenfelter and David Card, chap. 30. Amsterdam: Elsevier.

Carhart, Mark M. 1997. "On Persistence in Mutual Fund Performance." *Journal of Finance* 52(1): 57–82.
Carpenter, Christopher, and Philip J. Cook. 2008. "Cigarette Taxes and Youth Smoking: New Evidence from National, State, and Local Youth Risk Behavior Surveys," *Journal of Health* 27(2): 287–299.
Carpenter, Christopher, and Carlos Dobkin. 2011. "The Minimum Legal Drinking Age and Public Health." *Journal of Economic Perspectives* 25(2): 133–156.
Case, Anne, and Christina Paxson. 2008. "Stature and Status: Height, Ability, and Labor Market Outcomes." *Journal of Political Economy* 116(3): 499–532.
Chaloupka, Frank J., Michael Grossman, and Henry Saffer. 2002. "The Effect of Price on Alcohol Consumption and Alcohol-Related Problems." *Alcohol Research & Health* 26: 22–34.
Chaloupka, Frank J., and Kenneth E. Warner. 2000. "The Economics of Smoking." In *The Handbook of Health Economics*, edited by Joseph P. Newhouse and Anthony J. Cuyler, chap. 29. New York: North Holland.
Chetty, Raj, John N. Friedman, Nathaniel Hilger, Emmanuel Saez, Diane Whitmore Schanzenbach, and Danny Yagan. 2011. "How Does Your Kindergarten Classroom Affect Your Earnings? Evidence from Project Star." *Quarterly Journal of Economics* 126(4): 1593–1660.
Chow, Gregory. 1960. "Tests of Equality Between Sets of Coefficients in Two Linear Regressions." *Econometrica* 28(3): 591–605.
Clay, Karen, Werner Troesken, and Michael Haines. 2014. "Lead and Mortality." *Review of Economics and Statistics* 96(3): 458–470.
Clements, Michael P. 2004. "Evaluating the Bank of England Density Forecasts of Inflation." *Economic Journal* 114: 844–866.
Cochrane, D., and Guy Orcutt. 1949. "Application of Least Squares Regression to Relationships Containing Autocorrelated Error Terms." *Journal of the American Statistical Association* 44(245): 32–61.
Cook, Philip J., and Michael J. Moore. 2000. "Alcohol." In *The Handbook of Health Economics*, edited by Joseph P. Newhouse and Anthony J. Cuyler, chap. 30. New York: North Holland.
Cooper, Harris, and Larry V. Hedges. 1994. *The Handbook of Research Synthesis*. New York: Russell Sage Foundation.
Dahl, Gordon, and Stefano DellaVigna. 2009. "Does Movie Violence Increase Violent Crime?" *Quarterly Journal of Economics* 124(2): 677–734.
Dang, Jennifer N. 2008. *Statistical Analysis of Alcohol-Related Driving Trends, 1982–2005*. Technical Report DOT HS 810 942. Washington, DC: U.S. National Highway Traffic Safety Administration.
Davis, Jonathan M. V., and Sara B. Heller. 2017. "Using Causal Forests to Predict Treatment Heterogeneity: An Application to Summer Jobs." *American Economic Review* 107(5): 546–550.
Deaton, Angus. 2010, June. "Instruments, Randomization, and Learning About Development." *Journal of Economic Literature* 48: 424–455.
Dickey, David A., and Wayne A. Fuller. 1979. "Distribution of the Estimators for Autoregressive Time Series with a Unit Root." *Journal of the American Statistical Association* 74(366): 427–431.
Diebold, Francis X. 2017. *Forecasting*, Department of Economics, University of Pennsylvania, http://www.ssc.upenn.edu/~fdiebold/Textbooks.html
Ehrenberg, Ronald G., Dominic J. Brewer, Adam Gamoran, and J. Douglas Willms. 2001a. "Class Size and Student Achievement." *Psychological Science in the Public Interest* 2(1): 1–30.
Ehrenberg, Ronald G., Dominic J. Brewer, Adam Gamoran, and J. Douglas Willms. 2001b. "Does Class Size Matter?" *Scientific American* 285(5): 80–85.
Eicker, F. 1967. "Limit Theorems for Regressions with Unequal and Dependent Errors." In *Proceedings of the Fifth Berkeley Symposium on Mathematical Statistics and Probability*, 1:59–82. Berkeley: University of California Press.
Enders, Walter. 2009. *Applied Econometric Time Series*. 3rd ed. New York: Wiley.
Engle, Robert F. 1982. "Autoregressive Conditional Heteroskedasticity with Estimates of the Variance of United Kingdom Inflation." *Econometrica* 50(4): 987–1007.
Engle, Robert F., and Clive W. J. Granger. 1987. "Cointegration and Error Correction: Representation, Estimation and Testing." *Econometrica* 55(2): 251–276.
Evans, William, Matthew Farrelly, and Edward Montgomery. 1999. "Do Workplace Smoking Bans Reduce Smoking?" *American Economic Review* 89(4): 728–747.
Fuller, Wayne A. 1976. *Introduction to Statistical Time Series.* New York: Wiley.
Gillespie, Richard. 1991. *Manufacturing Knowledge: A History of the Hawthorne Experiments.* New York: Cambridge University Press.
Goering, John, and Ron Wienk, eds. 1996. *Mortgage Lending, Racial Discrimination, and Federal Policy*. Washington, DC: Urban Institute Press.
Granger, Clive W. J. 1969. "Investigating Causal Relations by Econometric Models and Cross-Spectral Methods." *Econometrica* 37(3): 424–438.
Granger, Clive W. J., and A. A. Weiss. 1983. "Time Series Analysis of Error-Correction Models." In *Studies in Econometrics: Time Series and Multivariate Statistics*, edited by S. Karlin, T. Amemiya, and L. A. Goodman, 255–278. New York: Academic Press.
Green, Richard K., and Susan M. Wachter. 2008. "The Housing Finance Revolution." In *Housing, Housing Finance, and Monetary Policy: Symposium Proceedings*, 21–67. Kansas City, MO: Federal Reserve Bank of Kansas City.
Greene, William H. 2018. *Econometric Analysis*. 8th ed. Upper Saddle River, NJ: Prentice Hall.
Gruber, Jonathan. 2001. "Tobacco at the Crossroads: The Past and Future of Smoking Regulation in the

United States." *Journal of Economic Perspectives* 15(2): 193–212.
Haldrup, Niels, and Michael Jansson. 2006. "Improving Size and Power in Unit Root Testing." In *Econometric Theory*. Vol. 1 of *Palgrave Handbook of Econometrics*, edited by Terrence Mills and Kerry Patterson, 255–277. Basingstoke, UK: Palgrave MacMillan.
Hamilton, James D. 1994. *Time Series Analysis*. Princeton, NJ: Princeton University Press.
Hansen, Bruce. 1992. "Efficient Estimation and Testing of Cointegrating Vectors in the Presence of Deterministic Trends." *Journal of Econometrics* 53(1–3): 86–121.
Hansen, Bruce. 2001, Fall. "The New Econometrics of Structural Change: Dating Breaks in U.S. Labor Productivity." *Journal of Economic Perspectives* 15(4): 117–128.
Hansen, Lars Peter. 1982. "Large Sample Properties of Generalized Method of Moments Estimators." *Econometrica* 50(4): 1029–1054.
Hanushek, Eric. 1999a. "Some Findings from an Independent Investigation of the Tennessee STAR Experiment and from Other Investigations of Class Size Effects." *Educational Evaluation and Policy Analysis* 21: 143–164.
Hanushek, Eric. 1999b. "The Evidence on Class Size." In *Earning and Learning: How Schools Matter*, edited by S. Mayer and P. Peterson, chap. 7. Washington, DC: Brookings Institution Press.
Hayashi, Fumio. 2000. *Econometrics*. Princeton, NJ: Princeton University Press.
Heckman, James J. 1974. "Shadow Prices, Market Wages, and Labor Supply." *Econometrica* 42: 679–694.
Heckman, James J. 2001. "Micro Data, Heterogeneity, and the Evaluation of Public Policy: Nobel Lecture." *Journal of Political Economy* 109(4): 673–748.
Heckman, James J., Robert J. LaLonde, and Jeffrey A. Smith. 1999. "The Economics and Econometrics of Active Labor Market Programs." In *Handbook of Labor Economics*, edited by Orley Ashenfelter and David Card, chap. 31. Amsterdam: Elsevier.
Hedges, Larry V., and Ingram Olkin. 1985. *Statistical Methods for Meta-analysis*. San Diego, CA: Academic Press.
Hetland, Lois. 2000. "Listening to Music Enhances Spatial-Temporal Reasoning: Evidence for the 'Mozart Effect.'" *Journal of Aesthetic Education* 34(3–4): 179–238.
Hoxby, Caroline M. 2000. "The Effects of Class Size on Student Achievement: New Evidence from Population Variation." *Quarterly Journal of Economics* 115(4): 1239–1285.
Huber, P. J. 1967. "The Behavior of Maximum Likelihood Estimates Under Nonstandard Conditions." In *Proceedings of the Fifth Berkeley Symposium on Mathematical Statistics and Probability*, 1:221–233. Berkeley: University of California Press.
Imbens, Guido W., and Joshua D. Angrist. 1994. "Identification and Estimation of Local Average Treatment Effects." *Econometrica* 62: 467–476.
Imbens, Guido. W. and Kolesár, Michal. 2016. "Robust standard errors in small samples: Some practical advice," *Review of Economics and Statistics*, 98(5): 701–712.
Imbens, Guido W., and Jeffrey M. Wooldridge. 2009. "Recent Developments in the Econometrics of Program Evaluation." *Journal of Economic Literature* 47(1): 5–86.
James, W., and Charles Stein. 1961. "Estimation with Quadratic Loss." In *Proceedings of the Fourth Berkeley Symposium on Mathematical Statistics and Probability*, 1:361–379. Berkeley: University of California Press.
Jean, Neal, Marshall Burke, Michael Xie, W. Matthew Davis, David B. Lobell, and Stefano Ermon. 2016. "Combining Satellite Imagery and Machine Learning to Predict Poverty." *Science* 353(6301): 790–794.
Jones, Stephen R. G. 1992. "Was There a Hawthorne Effect?" *American Journal of Sociology* 98(3): 451–468.
Kilian, Lutz, and Helmut Lütkepohl. 2017. *Structural Vector Autoregressive Analysis*. Cambridge: Cambridge University Press.
Kleinberg, Jon, Himabindu Lakkaraju, Jure Leskovec, Jens Ludwig, and Sendhil Mullainathan. 2018. "Human Decisions and Machine Predictions." *Quarterly Journal of Economics* 133(1): 237–293.
Kremer, Michael, Edward Miguel, and Rebecca Thornton. 2009. "Incentives to Learn." *Review of Economics and Statistics* 91: 437–456.
Krueger, Alan B. 1999. "Experimental Estimates of Education Production Functions." *Quarterly Journal of Economics* 14(2): 497–562.
Ladd, Helen. 1998, Spring. "Evidence on Discrimination in Mortgage Lending." *Journal of Economic Perspectives* 12(2): 41–62.
Levitt, Steven D. 1996. "The Effect of Prison Population Size on Crime Rates: Evidence from Prison Overcrowding Litigation." *Quarterly Journal of Economics* 111(2): 319–351.
Levitt, Steven D., and Jack Porter. 2001. "How Dangerous Are Drinking Drivers?" *Journal of Political Economy* 109(6): 1198–1237.
List, John. 2003. "Does Market Experience Eliminate Market Anomalies?" *Quarterly Journal of Economics* 118(1): 41–71.
Long, J. Scott and Laurie H. Ervin. 2000. "Using Heteroscedasticity Consistent Standard Errors in the Linear Regression Model," *The American Statistician*, 543(3): 217–224.
Maddala, G. S., and In-Moo Kim. 1998. *Unit Roots, Cointegration, and Structural Change*. Cambridge: Cambridge University Press.
Madrian, Brigette C., and Dennis F. Shea. 2001. "The Power of Suggestion: Inertia in 401(k) Participation and Savings Behavior." *Quarterly Journal of Economics* 116(4): 1149–1187.
Malkiel, Burton G. 2016. *A Random Walk Down Wall Street*. New York: Norton.

Manning, Willard G., Emmett B. Keeler, Joseph P. Newhouse, Elizabeth M. Sloss, and Jeffrey Wasserman. 1989. "The Taxes of Sin: Do Smokers and Drinkers Pay Their Way?" *Journal of the American Medical Association* 261(11): 1604–1609.

Matsudaira, Jordan D. 2008. "Mandatory Summer School and Student Achievement." *Journal of Econometrics* 142: 829–850.

McClellan, Mark, Barbara J. McNeil, and Joseph P. Newhouse. 1994. "Does More Intensive Treatment of Acute Myocardial Infarction in the Elderly Reduce Mortality?" *Journal of the American Medical Association* 272(11): 859–866.

Moreira, M. J. 2003. "A Conditional Likelihood Ratio Test for Structural Models." *Econometrica* 71: 1027–1048.

Mosteller, Frederick. 1995, Summer/Fall. "The Tennessee Study of Class Size in the Early School Grades." *Future of Children: Critical Issues for Children and Youths* 5(2): 113–127.

Mosteller, Frederick, Richard Light, and Jason Sachs. 1996, Winter. "Sustained Inquiry in Education: Lessons from Skill Grouping and Class Size." *Harvard Educational Review* 66(4): 631–676.

Mosteller, Frederick, and David L. Wallace. 1963. "Inference in an Authorship Problem." *Journal of the American Statistical Association* 58: 275–309.

Munnell, Alicia H., Geoffrey M. B. Tootell, Lynne E. Browne, and James McEneaney. 1996. "Mortgage Lending in Boston: Interpreting HMDA Data." *American Economic Review* 86(1): 25–53.

Newey, Whitney, and Kenneth West. 1987. "A Simple Positive Semi-definite, Heteroskedastic and Autocorrelation Consistent Covariance Matrix." *Econometrica* 55(3): 703–708.

Nobel Committee for the Economic Sciences Prize. 2017. "Easy Money or a Golden Pension? Integrating Economics and Psychology." https://www.nobelprize.org/nobel_prizes/economic-sciences/laureates/2017/popular-economicsciences2017.pdf.

Phillips, Peter C. B., and Sam Ouliaris. 1990. "Asymptotic Properties of Residual Based Tests for Cointegration." *Econometrica* 58(1): 165–194.

Quandt, Richard. 1960. "Tests of the Hypothesis That a Linear Regression System Obeys Two Separate Regimes." *Journal of the American Statistical Association* 55(290): 324–330.

Rauscher, Frances, Gordon L. Shaw, and Katherine N. Ky. 1993. "Music and Spatial Task Performance." *Nature* 365(6447): 611.

Roll, Richard. 1984. "Orange Juice and Weather." *American Economic Review* 74(5): 861–880.

Ruhm, Christopher J. 1996. "Alcohol Policies and Highway Vehicle Fatalities." *Journal of Health Economics* 15(4): 435–454.

Ruud, Paul. 2000. *An Introduction to Classical Econometric Theory*. New York: Oxford University Press.

Shadish, William R., Thomas D. Cook, and Donald T. Campbell. 2002. *Experimental and Quasi-Experimental Designs for Generalized Causal Inference.* Boston: Houghton Mifflin.

Simonsohn, Uri, Leif D. Nelson, and Joseph P. Simmons. 2014. "P-curve: A Key to the File-Drawer." *Journal of Experimental Psychology: General* 143(2): 534–547.

Sims, Christopher A. 1980. "Macroeconomics and Reality." *Econometrica* 48(1): 1–48.

Stock, James H. 1994. "Unit Roots, Structural Breaks, and Trends." In *Handbook of Econometrics*, vol. 4, edited by Robert Engle and Daniel McFadden, chap. 46. Amsterdam: Elsevier.

Stock, James H., and Francesco Trebbi. 2003. "Who Invented Instrumental Variable Regression?" *Journal of Economic Perspectives* 17: 177–194.

Stock, James H., and Mark W. Watson. 1988. "Variable Trends in Economic Time Series." *Journal of Economic Perspectives* 2(3): 147–174.

Stock, James H., and Mark W. Watson. 1993. "A Simple Estimator of Cointegrating Vectors in Higher-Order Integrated Systems." *Econometrica* 61(4): 783–820.

Stock, James H., and Mark W. Watson. 2001, Fall. "Vector Autoregressions." *Journal of Economic Perspectives* 15(4): 101–115.

Stock, James H., and Mark W. Watson. 2016. "Dynamic Factor Models, Factor-Augmented Vector Autoregressions, and Structural Vector Autoregressions in Macroeconomics." In *Handbook of Macroeconomics*, vol. 2A, edited by John Taylor and Harald Uhlig, 415–525. Amsterdam: Elsevier.

Stock, James H., and Motohiro Yogo. 2005. "Testing for Weak Instruments in Linear IV Regression." In *Identification and Inference in Econometric Models: Essays in Honor of Thomas J. Rothenberg*, edited by Donald W. K. Andrews and James H. Stock, chap. 5. Cambridge: Cambridge University Press.

Tobin, James. 1958. "Estimation of Relationships for Limited Dependent Variables." *Econometrica* 26(1): 24–36.

Wagenaar, Alexander C., Matthew J. Salois, and Kelli A. Komro. 2009. "Effects of Beverage Alcohol Price and Tax Levels on Drinking: A Meta-Analysis of 1003 Estimates from 112 Studies." *Addiction* 104: 179–190.

White, Halbert. 1980. "A Heteroskedasticity-Consistent Covariance Matrix Estimator and a Direct Test for Heteroskedasticity." *Econometrica* 48: 827–838.

Winner, Ellen, and Monica Cooper. 2000. "Mute Those Claims: No Evidence (Yet) for a Causal Link Between Arts Study and Academic Achievement." *Journal of Aesthetic Education* 34(3–4): 11–76.

Wooldridge, Jeffrey. 2010. *Economic Analysis of Cross Section and Panel Data*. 2nd ed. Cambridge, MA: MIT Press.

Wright, Philip G. 1915. "Moore's Economic Cycles." *Quarterly Journal of Economics* 29: 631–641.

Wright, Philip G. 1928. *The Tariff on Animal and Vegetable Oils*. New York: Macmillan.

Young, Douglas J., and Agnieszka Bielinska-Kwapisz. 2006. "Alcohol Prices, Consumption, and Traffic Fatalities." *Southern Economic Journal* 72: 690–703.

推荐阅读

中文书名	原作者	中文书号	定价
货币金融学(美国商学院版，原书第5版)	弗雷德里克 S. 米什金 哥伦比亚大学	978-7-111-65608-1	119.00
货币金融学(英文版 · 美国商学院版，原书第5版)	弗雷德里克 S. 米什金 哥伦比亚大学	978-7-111-69244-7	119.00
《货币金融学》学习指导及习题集	弗雷德里克 S. 米什金 哥伦比亚大学	978-7-111-44311-7	45.00
投资学（原书第10版）	滋维 · 博迪 波士顿大学	978-7-111-56823-0	129.00
投资学（英文版 · 原书第10版）	滋维 · 博迪 波士顿大学	978-7-111-58160-4	149.00
投资学（原书第10版）习题集	滋维 · 博迪 波士顿大学	978-7-111-60620-8	69.00
公司理财（原书第11版）	斯蒂芬 A.罗斯 MIT斯隆管理学院	978-7-111-57415-6	119.00
期权、期货及其他衍生产品（原书第10版）	约翰 · 赫尔 多伦多大学	978-7-111-60276-7	169.00
期权、期货及其他衍生产品（英文版 · 原书第10版）	约翰 · 赫尔 多伦多大学	978-7-111-70875-9	169.00
债券市场：分析与策略（原书第8版）	弗兰克 · 法博齐 耶鲁大学	978-7-111-55502-5	129.00
金融市场与金融机构（原书第9版）	弗雷德里克 S. 米什金 哥伦比亚大学	978-7-111-66713-1	119.00
现代投资组合理论与投资分析（原书第9版）	埃德温 J. 埃尔顿 纽约大学	978-7-111-56612-0	129.00
投资银行、对冲基金和私募股权投资（原书第3版）	戴维 · 斯托厄尔 西北大学凯洛格商学院	978-7-111-62106-5	129.00
收购、兼并和重组：过程、工具、案例与解决方案（原书第7版）	唐纳德 · 德帕姆菲利斯 洛杉矶洛约拉马利蒙特大学	978-7-111-50771-0	99.00
风险管理与金融机构（原书第5版）	约翰 · 赫尔 多伦多大学	978-7-111-67127-5	99.00
金融市场与机构(原书第6版)	安东尼 · 桑德斯 纽约大学	978-7-111-57420-0	119.00
金融市场与机构(原书第6版 · 英文版)	安东尼 · 桑德斯 纽约大学	978-7-111-59409-3	119.00
货币联盟经济学（原书第12版）	保罗 · 德 · 格劳威 伦敦政治经济学院	978-7-111-61472-2	79.00

推荐阅读

中文书名	原作者	中文书号	定价
经济学(微观部分)	迪恩 · 卡尔兰 耶鲁大学	978-7-111-55139-3	75.00
经济学(宏观部分)	迪恩 · 卡尔兰 耶鲁大学	978-7-111-55610-7	55.00
经济学(微观部分)（英文版）	迪恩 · 卡尔兰 耶鲁大学	978-7-111-55558-2	79.00
经济学(宏观部分)（英文版）	迪恩 · 卡尔兰 耶鲁大学	978-7-111-55865-1	59.00
经济学（微观）（第5版）	格伦.哈伯德 哈佛大学	978-7-111-55140-1	75.00
经济学（宏观）（第5版）	格伦.哈伯德 哈佛大学	978-7-111-54091-1	55.00
经济学（微观）（第5版）(英文版)	格伦.哈伯德 哈佛大学	978-7-111-55348-1	79.00
经济学（宏观）（第5版）(英文版)	格伦.哈伯德 哈佛大学	978-7-111-54776-1	59.00
微观经济学	奥斯坦 · 古尔斯比 芝加哥大学	978-7-111-54110-3	89.00
中级微观经济学（第4版）	杰弗里 · 佩罗夫 加州大学伯克利分校	978-7-111-27372-1	85.00
管理经济学（第12版）	克里斯托弗 · 托马斯 南佛罗里达大学	978-7-111-58696-8	89.00
管理经济学（第14版）	詹姆斯 R. 麦圭根 JRM投资公司	978-7-111-61105-9	99.00
宏观经济学（第7版）	奥利维尔 · 布兰查德 麻省理工学院	978-7-111-61920-8	99.00
宏观经济学：政策与实践（第2版）	弗雷德里克 S. 米什金. 哥伦比亚大学	978-7-111-56741-7	79.00
国际宏观经济学（第2版）	约翰E.马丁森 百森商学院	978-7-111-57753-9	109.00